ADAPT

AGILE DIGITAL ANTICIPATORY PARTICIPATORY THINKING

전면개정판

인간과 조직을 위한

행정학

김정인

People and Organizations

박영사

머리말

인간과 조직을 위한 행정학: A.D.A.P.T. 정부 구현을 위하여(전면개정판)

2020년 2월 인간과 조직을 위한 행정학(이하, 인조행)이 처음 세상에 나온 후 4년의 시간이 흘렀다. 생각해 보면 이 책은 코로나19(팬데믹)와 포스트코로나19(엔데믹)의 시작을 각각 함께하고 있는 셈이다. 지난 3~4년 여의 시간은 전 세계 모든 사람에게 암울한 시간이었던 듯하다. 돌이켜보면 나 역시 그 시간은 걱정하고 불안해하며, 그냥 빨리 지나가기만을 바랐다. 하지만 2024년부터는 나를 비롯한 모든 이들의 삶의 순간순간이 지난 3~4년 여의 힘든 시간을 보상받는, 그래서 시간이 조금 더 천천히 흘러가기를 절로 바라마지않는, 행복의 시간들로만 채워지기를 바란다.

생각해 보면 코로나19 팬데믹 발생 이후 더욱 빨라진 변화, 불확실성, 예측불가능성이 난무하는 이 시대에 그나마 조금이라도 더 행복하게 살 수 있는 방법이 바로 '적응'이 아닌가 싶다. '내가 코로나19 팬데믹의 변화에, 그 상황에 보다 잘 적응했다면 지난 3~4년 여의 시간을 조금 더 의미있게 보낼 수 있지 않았을까?'하는 생각이 계속해서 머릿속을 맴돈다. '적응'은 인간을 포함한 모든 생물에게 어떤 변화에든 살아남을 수 있도록 한 신의 배려가 아닐까? 앞으로는 더욱더 변화에 '보다 잘 적응하는 사람, 보다 잘 적응하는 정부'만이 생존할 수 있지 않을까? 어제와는 완전히 다른 오늘, 내일을 예측할 수 없는 오늘 이 시간… 앞으로의 보다 나은 삶에 대해 끊임없이 치열하게 고민한 끝에, 나는 "이제 사람도 정부도 탄탄한 기본기를 바탕으로 하여 변화하는 상황에 'A.D.A.P.T.'하는 것이 더욱 절실히 필요하다"는 결론에 다다르게 되었다. 'A.D.A.P.T.'는 민첩한(Agile), 디지털 방식의(Digital), 예견적(Anticipatory), 참여적(Participatory), 지능적 혹은 사고적(Thinking)의 영어단어 앞 글자를 딴 두문자

어다. 'ADAPT'의 사전적 의미는 '새로운 상황에 맞추다(조정하다) 혹은 (상황에) 적응하다'이다. 어떤 상황에든 적응하고, 상황에 맞게 조정하기 위해서는 탄탄한 기본기를 바탕으로 '민첩성'과 '디지털화', '예견성', '참여', '지능형 사고'를 갖출 필요가 있는 것이다. 그래서 이번에 전면개정한 인조행의 콘셉트를 'A.D.A.P.T. 정부 구현을 위하여'로 정하게 되었다.

　사실 인조행 초판 발간 후 다양한 법령들의 제·개정, 새로운 정책의 시행 등으로 인해 내용의 수정·보완 사항들이 발생하는 것을 보면서 개정작업의 필요성을 느꼈었다. 무엇보다 코로나19 팬데믹 기간 동안 급변하는 디지털 환경 속에서 더욱 다양한 이야기들을 인조행에 담고 싶었다. 미국 조지아 대학교 박사논문 지도교수님이신 J. Edward Kellough 교수님께서 내게 해 주신 말씀이 문득 기억났다. 당시 영어를 완벽하게 이해한 것은 아니지만 대략 이런 내용이었던 것으로 기억한다. "내가 쓴 논문이나, 책, 글들은 내 자식과 같은 느낌이다. 매번 세심하게 돌봐주지 않으면 안 된다." 이 말씀의 의미를 이제는 오롯이 이해할 수 있을 듯하다. 인조행 초판이 출판된 뒤 오탈자, 변경된 내용 업데이트 등 세세한 사항들을 제대로 돌보지 않으면 이 책의 의미가 퇴색될 수도 있겠다는 생각이 들기 시작한 것이다. 덜컥 겁이 났다. 사실 인조행 개정작업은 2023년 초부터 시작됐었다. 하지만 나에게는 초판 발간 작업보다 개정작업이 더욱 어렵게 느껴졌다. '인조행이 의미 있는 역할을 하는, 좋은 책이 되었으면 좋겠다!' 이런 욕심이, 바람이 생기고 나니 한 문장 한 문장을 써나가는 것이 큰 부담으로 여겨지기 시작한 것이다. 인조행에 'A.D.A.P.T. 정부 구현'을 위한 의미를 담아내야겠다고 생각한 이후부터는 설렘 반, 두려움 반으로 밤잠을 설치는 일들도 많았다. 몇 번 마음을 다잡은 끝에 드디어 2024년 청룡의 해를 맞아 인조행 개정판을 출간하게 되었다.

　인조행 개정판은 다음과 같은 구성으로 이루어져 있다. 우선 인조행 개정판은 크게 3부로 구성되어 있으며, 제1부와 제2부는 A.D.A.P.T. 정부 구현에 기본, 즉 코어(core)가 되는 내용들을 제시하였다. 보다 구체적으로 제1부에서는 국가, 정부, 시장, 시민사회에 대한 논의를 통해 'A.D.A.P.T. 정부 구현을 위한 행정에 대한 이해'를 돕고자 하였다. 제2부에서는 '효과적 A.D.A.P.T. 정부 운영을 위한 행정관리'와 관련된 다양한 논의들을 제시하였으며, 주로 조직, 인사, 재무적 관점에서 행정관리에 대한 이해를 돕고자 하였다. 마지막 제3부에서는 정부 운영의 기본기를 바탕으로 변화하는 사회환경에 더욱 적절하게 적응하기 위한 방안, 즉 'A.D.A.P.T. 정부에서의 공공서비스 정책'에 대해 논의하였다. 특히 제3부의 마지막 장인 19장에서는 A.D.A.P.T. 정부 구현을 위한 정부혁신, 그리고 미래정부 혁신방향을 제시하고자 하였다.

인조행 개정판은 다른 행정학 교과서들과는 차별화되는 다음과 같은 주요 특징들을 지니고 있다. 첫째, 행정학 입문자들이 종종 혼동하는 개념 중 하나인 '국가', '정부', '행정'이 어떤 특징과 차이점을 지니는지를 체계적으로 정리하였다. 나 역시 행정학 강의를 하면서 학생들에게 이런 질문들을 받았었다. '국가와 정부는 같은 거 아닌가요?', '국가가 하는 게 행정인가요?' 등등. 하지만 어떤 행정학 교과서에도 이러한 개념들 정리는 찾아볼 수가 없었다. 이번 인조행 개정판에서는 국가, 정부의 개념부터 학생들이 이해하기 쉽게 정리하고자 노력하였다.

둘째, 인조행 개정판에서는 오늘날 큰 주목을 받고 있는 다양한 인공지능(AI) 기술 중 ChatGPT를 활용하여 개념, 사례 등을 정리하고자 하였다. 각 장의 마지막 부분에 'ChatGPT와 함께 하는 개념 정리'를 별도로 제시하여, 주요 개념의 이해 폭을 넓히고자 하였다. ChatGPT에게 수많은 질문을 던지고 대화해 보면서 분명하게 느낀 점은 학문의 영역에서 ChatGPT를 전격 도입하는 것은 불가능할 뿐만 아니라 큰 문제를 유발시킬 것이며, 반드시 ChatGPT는 아이디어를 확장하는 차원에서 보조적인 수단으로만 활용해야 한다는 것이다. 따라서 본서에서도 'ChatGPT에 따르면 개념, 아이디어를 이렇게도 정리할 수 있더라'를 소개하는 정도의 의도로 해당 파트를 제시하였다.

셋째, 모든 장마다 해당 장의 학습 내용을 실제(practice)에 적용해 볼 수 있는 '행정 사례 연습' 파트를 제시하였다. 행정에 있어서 학생들이 답답함을 느끼는 사항 중 하나가 '행정학을 공부하는데 어디에, 어떻게 적용할 수 있지?'하는 부분일 것이다. 인조행 개정판에서는 다양한 사례 제시를 통해 행정학 학습 내용과 실제 사례(theory-practice)를 연계하고, 적용/응용하는 방법들을 학생들에게 보여주고자 하였다.

마지막으로, 인조행 개정판에서는 최신 정부의 다양한 법령 및 정책, 제도들을 담았다. 마지막 교정을 보면서까지 가장 최신의 업데이트된 정책 정보들을 담기 위해 노력하였다. 이러한 저자의 노력 때문에 2~3배 더 큰 노고를 감수해야 하셨던 박영사 관계자들께 감사드린다.

　개정 작업을 하는 동안 '당시에는 가장 최신(new)이었던, 그래서 사랑을 받고 관심을 받았던 많은 것들이 시간이 지나면 낡은(old) 것이 되고 지금에는 틀린 것, 잘못된 것 혹은 불필요한 것이 되어 외면받는 것들'이 되어 버리는 인생의 진리도 되새기게 된다. 하지만 그 와중에도 탄탄한 기본기를 가진 것들은 결국 다시 사람들이 찾게 되는 모습을 보면서 '단단한 기본을 다지고 그를 바탕으로 응용하고 변화하여 적응력을 높여야 한다'는 내 삶의 방향에 대한 각오도 다지게 된다. 불과 1~2년 전에는 사람들에게 주목받았던 제도, 정책들이 이제는 역사의 뒤편으로, 단지 기록으로만 남게 되는 사례들을 본다. 하지만 기본기가 제대로 갖춰진 정책이나 제도들은 결국 시간이 지난 뒤 다시 세상의 주목을 받게 되는 현상들을 보면서 '인조행'이라는 '내가 온 마음을 다해 세상에 내놓은 책'에 대한 다짐도 하게 된다. '기본을 더욱 탄탄하게 하면서도 변화하는 내용들을 담아내어 A.D.A.P.T.하는 책이 되도록 돌보겠다'는 다짐을…

　사랑하는 나의 어머니도 이와 같은 마음이었으리라. 당신의 일부이기도 한 당신의 자식이 어떤 어려운 상황에서도 단단한 기본기를 바탕으로 꿋꿋하게 잘 적응해서 행복하게 살기를 바라는 마음. 이제 조금 있으면 어머니의 다섯 번째 기일이 다가온다. 직접 살을 부빌 수는 없지만, 이제 더는 그 따뜻한 체온을 느낄 수는 없지만, 사랑하는 어머니가 언제나 나와 함께하며 나를 응원해 주고 계신다고 믿는다. 나를 낳아주신 어머니에게 내가 온 마음을 다해 낳아 돌보고 있는 인조행 개정판을 보여드리고 싶다. 언제나 그립고, 사랑하고, 고마운 당신께 다시 한번 이 책을 바치노라고.

　항상 나를 믿고 지지해 주는 너무도 소중한 내 가족, 그리고 내가 학문적 관심을 지속할 수 있도록 훌륭한 멘토가 되어주시는 정홍익 교수님과 J. Edward Kellough 교수님께 깊은 감사를 드린다. 이번 개정판 출판에도 변함없는 지지와 아낌없는 지원을 해 주신 박영사의 안종만·안상준 대표님, 정연환 과장님과 장유나 차장님 외 박영사 관계자들께 고개 숙여 깊이 감사드린다.

2024년 2월
저자 김 정 인

차 례

인간과 조직을 위한 행정학: A.D.A.P.T. 정부 구현을 위하여(전면개정판)

제1부 A.D.A.P.T. 정부 구현을 위한 행정에 대한 이해

제1장 국가와 정부

제4장	행정환경의 변화

제5장 공공가치, 행정가치, 공직가치

제2부 효과적 A.D.A.P.T 정부 운영을 위한 행정관리

제6장 조직의 이해와 조직구조

제7장 조직관리

제8장 동기부여와 조직혁신

제10장 인사제도와 공직윤리

2. 인사행정의 제도적 기반 ·· 333

    1) 제도적 기반의 의의 ·· 333

    2) 실적제의 등장과 정착 ······································ 334
        (1) 엽관제와 정실주의 _ 334
        (2) 실적제 _ 337

    3) 직업공무원제도 ··· 339

    4) 공직분류제도: 계급제와 직위분류제 ······················ 342
        (1) 공직분류 기준 _ 342
        (2) 계급제의 의의와 효과 _ 343
        (3) 직위분류제의 의의와 효과 _ 344
        (4) 계급제와 직위분류제의 조화 _ 346
        (5) 계급제와 직위분류제 개혁: 고위공무원단제도를 중심으로 _ 348

3. 공무원의 권리와 의무 ··· 352

    1) 공무원의 권리와 의무 논의 ································· 352

    2) 공무원의 권리: 신분보장과 공무원노동조합 ················ 353
        (1) 신분보장 _ 353
        (2) 공무원노동조합 _ 354

    3) 공무원의 의무: 정치적 중립성 ····························· 355

4. 공직윤리 ·· 357

    1) 공직윤리의 의의와 중요성 ································· 357

    2) 공직윤리의 유형 ··· 358

    3) 공직윤리 저해원인: 공직부패 ······························ 360

    4) 공직윤리 강화방안 ··· 362
        (1) 행정통제 수단 활용방안 _ 362
        (2) 공직윤리 강화방안: 간접적 전략 _ 362
        (3) 공직윤리 강화방안: 직접적 전략 _ 363
        (4) 내부고발 및 내부고발자 보호 _ 366
        (5) 이해충돌방지 의무 제도화 _ 367

제11장 인사관리

제12장 **다양성관리와 인사혁신**

제13장 **정부예산과 재무행정**

제3부　A.D.A.P.T. 정부에서의 공공서비스 정책

제14장　정책유형과 정책행위자

제15장 정책수단과 정책과정

제16장 지방 거버넌스와 지방자치 관련 정책

제17장 공공서비스 전달과 시민참여 정책

제18장 **성과관리와 성과평가**

제19장 정부규제, 갈등조정 그리고 정부혁신

Public Administration for People and Organizations

제1부

A.D.A.P.T. 정부 구현을 위한 행정에 대한 이해

제1장

국가와 정부

행정학은 정부와 관련된 다양한 활동 과정을 다루는 학문이다. 따라서 행정학을 이해하기 위해서는 행정이 무엇인가를 살펴볼 필요가 있고, 행정을 이해하기 위해서는 가장 먼저 국가와 정부 개념을 살펴볼 필요가 있다. 이때 정부와 시장의 관계에 대한 논의는 필수적이다. 본 장에서는 국가와 정부의 개념과 특징을 중심으로 살펴보도록 한다.

1. 국가와 정부의 발달
2. 시장과 정부

제1장

국가와 정부

1. 국가와 정부의 발달

1) 국가의 의미와 생성

국가(state)란 무엇인가? 국가의 기원을 메소포타미아 문명에서 찾는 학자도 있고,

고도의 관료제를 갖춘 수천 년 전 중국에서 찾는 학자도 있다(Fukuyama, 2004). 국가는 지리적·인구적·사회적·정치적·문화적 요인 등 매우 다양한 요인에 의해 수 세기에 걸쳐 형성·발전된 제도인 것이다. 사전적 의미로 국가는 '일정한 영토를 보유하며, 사람들로 구성되고, 주권을 지닌 실체', '일정한 영토를 차지하고 조직된 정치 형태 및 정부를 지니며 대내외적 자주권을 행사하는 정치적 실체', '하나의 정부 아래 조직된 정치 공동체로 간주되는 영토'와 같이 정의되고 있다.[1], [2] 학자들은 국가에 대한 개념을 다양하게 정의하고 있으나, 그들 사이에는 유사성을 띠는 측면이 있다. 군주론에서 마키아벨리는 국가의 특징을 국민에 대한 명령권이라고 설명하면서, 국가의 통치 형태는 공화국이나 군주국 등으로 다양하게 존재할 수 있음을 강조하였다(홍성방, 2007). 또한 막스 베버는 국가를 "주어진 영토 안에서 합법적이고 독점적으로 물리력을 사용할 권리를 인정하는 인간 공동체"로 정의한 바 있다(Fukuyama, 2004: 21; 법률저널, 2010). 특히 막스 베버에 의하면 국가는 영토적 독점권, 폭력에 기반한 국가 권력, 폭력사용에 대한 독점권에 대한 정당성 등의 특징을 지닌다.[3] 이처럼 사전적 의미로도, 학자들 간에도 국가에 대한 개념 정의는 다양하게 제시되지만, 국가는 영토, 국민, 주권이라는 세 가지 요소로 구성되며, 국가마다 고유의 정부형태, 정치구조, 언어, 정체성, 합법성, 독점성, 강제성, 공동체성, 전통 등을 지닌 실체임을 강조하는 점은 유사한 측면이 있다.

국가라는 용어는 플라톤, 아리스토텔레스 등 고대 철학자들에 의해서 사용되었지만, 현재 우리에게 익숙한 국가의 의미는 근대국가 생성 이후에서 찾을 수 있다(홍성방, 2007). 근대국가는 17세기 이후 설립된 국가의 형태로서 영토에 기반한 거주민들의 집합체를 의미한다.[4] 이러한 근대국가는 역사적으로 종교개혁, 전쟁, 자본주의의 발전 등

---

1) https://dictionary.cambridge.org/dictionary/english/nation
2) 국가에 대한 논의가 필요한 이유는 국가는 각 나라의 가장 큰 정치조직체이며, 다른 조직(예: 종교단체, 시민단체, 대학, 기업 등)보다 공식적이고, 강력한 지위와 권력을 지니고 있기 때문이다. 이러한 국가는 하나의 민족(nation)으로만 구성되는 것이 아니다. 그러나 근대국가로 접어들고 국민국가(nation-state)라는 개념이 형성되면서 국가와 민족은 상호결합(융합)되었다(권형기, 2022).
3) 막스 베버가 정의한 국가의 특징은 근대국가를 다른 국가유사체인 도시국가, 제국, 봉건지배체제 등과 차이를 두어 설명했다는 점에서 의의를 지니나, 현대국가의 특징을 고려할 때 국가의 물리적 폭력 사용의 정당성에 대하여 많은 의문이 존재하며, 근대국가의 가장 큰 특징이라고 할 수 있는 시민들과 지배자들에 의해 부여되는 정체성(identity)이 부족하다는 측면에서 한계를 지닌다(권형기, 2022: 107).
4) 근대국가가 형성되기 이전에도 국가와 유사한 (정치)조직은 존재하였다. 대표적 예가 바로 고대에서부터 17세기까지 기간 중 가장 큰 정치조직으로 존재했던 제국(empire)이다. 제국은 황제 또는 왕 등에 의한

을 통해 영토에 기반을 두고 주권을 지닌 국민국가(nation-state)로 발전하였다. 즉, 1517년 프로테스탄트 종교개혁을 통해 교회로부터의 독립이, 전쟁을 통해 군주들의 영토 통합이, 자본주의 발전을 통해 신흥 상인계급이 등장하게 되면서 국가의 의미도 변화해 간 것이다. 특히 근대국가 형성의 결정적 계기가 된 것은 국가체계를 공식적으로 수립하게 되는 1648년 베스트팔렌조약(Peace of Westfalen)이다.5) 이 조약을 통해 국가 지배자가 각자의 영토 내에서 종교적이든 세속적이든 모든 문제에 대해 독립적인 주권을 지니게 됨을 인정하였으며, 이로 인해 각자의 영토 보장과 상호 간의 주권 인정이라는 차원에서 근대국가가 처음 시작된 것이다(권형기, 2022: 110-111).

근대국가는 다음과 같은 특징을 지닌다. 첫째, 근대국가의 가장 큰 특징은 시민들 (예: 상인계급)과 지배자들(예: 군주)에게 정체성(identity)이 부여된다는 것이다.6) 근대국가 시민들은 자신들의 국가에 대한 통합된 정체성과 일체감(예: 애국심, 충성심)을 지니고 있었다. 물론 근대국가 시민들의 특정 정부형태에 대한 선호도는 다를 수 있지만 국가 자체에 대한 정체성(애국심)을 유지하고 있다는 점에서 특징을 지닌다(권형기, 2022: 107). 둘째, 근대국가는 시민의 자각적인 인식이 반영된 국가로서 사상적으로는 개인의 자유주의를 기반으로 한다(유민봉, 2021: 150-151). 신흥세력인 시민은 주로 지주나 상공업에 종사하는 부르주아 계급이면서 동시에 일정 정도의 부(富)와 교양을 지닌 사람들이었다. 이들에게는 국가의 적극적인 개입이 없어도 스스로의 이성적인 행동을 통해 사회질서를 유지할 수 있다는 믿음이 있었다. 셋째, 근대국가의 역할은 제한(최소)적이었다. 근대국가는 개인의 자유주의를 근원적인 사상으로 간주하였기에 개인의 자유는 어느 누구로부터도 침해받지 않기를 원했다. 이에 시민들은 근대국가가 외부로부터의 침입을 제한(국방·안보)하고 개인 자유와 재산을 유지(치안 유지)하는 정도로 제한적인 역할을 하는 것에만 머무르기를 원했다. 넷째, 근대국가는 자본주의 경제체제를 추구하였다. 교양과 재산을 지닌 시민들의 직업은 대부분 상공업에 종사하는 경우가 많았기에 그들은 자

중앙권력이 지배하지만 국가와는 달리 고정된 영토를 지니지 않으며, 각 영토에 대한 구체적인 규칙들이 존재하지 않는다는 점에서 국가와 차이가 있었다(권형기, 2022: 108).

5) 베스트팔렌조약은 장기간의 종교전쟁을 종료하고, 유럽 지도자들 자신과 자신의 백성들이 스스로 종교를 선택하기로 한 조약이다(두산백과사전, 2023).

6) 근대국가의 시민은 현대사회의 시민과 다소 다른 개념으로 이해될 수 있다. 근대국가의 시민은 주로 상공인계층과 같이 어느 정도의 재산과 교양을 소유한 사람들로서 현대사회의 시민과는 달리 그 범위가 제한적이었다.

유롭게 자신의 이익을 추구할 수 있도록 경제활동이 보장되기를 바랐다. 특히 이러한 자본주의 경제체제는 산업혁명과 함께 발달해 갔다. 다섯째, 근대국가는 정치적으로 시민들에 의한 대의민주주의를 추구하고 법치주의를 추구하였다. 시민들이 스스로 대표자를 선출하여 의회를 구성하고, 그들에 의해 선출된 의회가 정해진 법에 의해서만 지배하는 것을 허용하였다. 근대국가에서는 의회에서 국가 운영의 기본방침과 매우 구체적인 내용까지 결정하였기 때문에 행정부(집행부)는 의회의 뜻에 따라 단순히 집행 기능만을 수행하였다(정정길 외, 2019: 12).

2) 국가와 정부의 관계: 제한정부론(최소정부론) 관점

그렇다면 국가와 정부는 어떤 관계에 있는가? 예를 들어, '대한민국'은 국가이지만 정부는 아니다. 반면, 문재인 정부, 윤석열 정부는 '정부'라는 용어를 사용하여 규정될 수 있지만, 국가라고 명명되지는 않는다. 이처럼 국가와 정부는 유사한 측면이 있지만 동일한 개념은 아닌 것이다. 앞서 설명한 국가의 특징에서 살펴보았듯이 정부는 국가의 중요한 구성요소이기에 국가가 정부보다는 넓은 개념으로 이해될 수 있다. 뿐만 아니라 국가(특히 근대국가)는 구성요소인 국민, 영토, 주권에 의해 형성되며, 일단 형성되고 나면 지속성을 지닌다. 또한 근대국가는 국민들에 의해 선택되지 않는 특징을 지닌다. 기본적으로 출생(出生)에 의해 국적이 부여되는 것이다.7) 반면 정부는 국민에 의해 선택될 수 있다는 점에서 차이가 있다. 특히 선거라는 제도를 통해 정부는 국민에 의해 직접 선택된다는 점에서 국가보다 지속성이 낮다고 할 수 있다. 즉, 국가는 영토, 국민, 주권이 존재하는 한 영속성을 지니지만 정부의 정책이념, 인력구조, 정부형태 등은 국민에 의해 선택되어 변할 수 있다는 점에서 차이가 있다(권형기, 2022: 105). 이와 관련해 정부는 "국가권력을 위임받아 (국가의 업무를) 실제 집행하는 공적 강제력의 조직"으로 정의할 수 있다(홍성방, 2007: 10).

정부와 국가의 관계는 근대국가 이후 상호의존성을 지니면서 발달하였다. 역사적으로 정부는 17세기 홉스(T. Hobbes)와 로크(J. Locke)의 사회계약이론 이후 본격적으로 구성이 논의되었다. 특히 로크의 사회계약이론은 정부 구성과 조직에 중요한 사상적 배

---

7) 이밖에도 우리나라의 경우 「국적법」에서 국가(대한민국)의 국민이 되는 요건을 정하고 있다.

표 1-1	국가와 정부 비교	

기준	국가	정부
특징	지역적, 주권적 실체(entity)	국가 내에서 행정 및 법률 시행을 책임지는 조직
구성요소	국민, 주권, 영토	정치체제/정부형태에 따라 다양
국가와 정부의 관계	국가는 정부를 포함	국가의 구성요소
영속성	근대국가는 형성되면 쉽게 바뀌지 않음	정책이념, 인력구조, 정부형태 등은 변화할 수 있음
국민에 의한 선택 가능성	국민에 의한 국가 선택 가능성은 상대적으로 낮음	국민에 의한 선택 가능성이 높음

출처: 정정길 외(2019); 권형기(2022); 홍성방(2007) 등의 내용을 바탕으로 저자 정리.

경이 되었다(이하 유홍림, 2022: 56-57). 로크의 사회계약이론은 자연권의 절대성을 강조하고, 경제와 시민사회의 발전을 중요시했다는 점에서는 홉스의 사회계약이론과 유사하지만 근본적인 차이를 지닌다. 무엇보다도 로크의 사회계약이론은 홉스와 달리 국가와 교회, 공적 영역과 사적 영역의 분리를 강조하였다. 각 영역의 고유성과 자율성을 우선적으로 존중하면서 동시에 분리된 두 영역의 조화를 추구하고자 한 것이다. 이러한 로크의 사상적 배경은 '제한정부론(최소정부론)'의 근간이 되었다. 제한정부론은 개인의 권리 확보를 강조하며, 또한 개인의 자발적 동의를 기반으로 형성되는 정부관을 의미한다. 이에 의하면 정부의 존재 이유는 개인, 즉 시민들의 권리를 보장하기 위한 것이며, 시민들에 의해 정부가 형성된다는 것이다. 이러한 차원에서 로크의 제한정부론은 시민의 자유, 시장원리, 자본주의 발달, 의회 권한을 중시하는 근대국가와 유사하다고 할 수 있다. 이 같은 제한정부론에 의하면 정부는 의회(입법부)와 의회가 제정한 법에 의해 통치되며, 상대적으로 정부(행정부)의 자율적 재량 범위는 좁다고 할 수 있다(유민봉, 2021).

　로크는 정부가 정치사회를 기반으로 형성됨을 강조하였다(이하 유홍림, 2022: 58). 정치사회가 일차적으로 형성된 다음 정부는 이차적으로 조직되고 구성된다는 것이다. 특히 로크는 계약에 의해 형성되는 정치사회와 달리 정부 구성은 신탁에 의해 이루어진다고 보았다. 정치사회는 모든 사람들이 자신의 생명, 자유, 그리고 재산권을 명시적 또는 암묵적으로 보장받기 위해 사회적으로 계약을 하는 가운데 형성되며, 이 과정에서 정치

그림 1-1   로크와 홉스

존 로크(John Lock)   토마스 홉스(Thomas Hobbes)
(1632.8.29.~1704.10.28.)   (1588.4.5.~1679.12.4.)

출처: https://www.wikipedia.org/ 검색.

사회 형성에 대한 결정은 다수결 원칙에 기반한다. 반면 정부 구성은 계약이 아닌 신탁 관계에 의해 이루어진다. 정부권력은 신탁 권력(fiduciary power)으로 형성되기에 정부가 주어진 기능과 역할을 제대로 수행하지 못할 때 다수의 사회구성원들은 정부를 다시 구성하고 조직할 수 있는 것이다. 즉, 로크는 시민들의 정부에 대한 저항권을 인정하였으며, 정부와 시민사회를 구분하면서 정치권력을 제약할 수 있는 가능성을 강조하였다. 로크는 정부의 자의적인 권력 남용을 제한하기 위하여 집행권(행정권)과 입법권의 분리를 주장하고, 특히 사회구성원들의 의견을 대변할 수 있는 입법권 우위를 강조하였다.

정부와 근대국가의 유사성은 사상적 기반에서도 나타난다. 제한정부론(최소정부론)은 근대 이후 자유민주주의를 기반으로 발전하였다. 경제적 자유주의와 정치적 민주주의 모두를 지향하는 자유민주주의는 산업혁명(경제적 자유주의)과 시민혁명(정치적 민주주의)을 거치면서 발전하였다(유홍림, 2022). 다시 말해, 경제적 자유주의는 시장 자본주의의 한 형태로서 19세기 자유주의 국가인 야경국가론과도 연계되어 발전하였으며, 정치적 자유주의는 중립성(neutrality)과 최소 규범의 원칙을 강조며 발전하였다(유홍림, 2022). 이러한 점에서 경제적 자유주의와 정치적 자유주의 모두 개인의 자유를 강조하고 최소한의 규범만을 강조하였다는 점에 제한정부론(최소정부론)의 사상적 배경이 되었다.

제한정부론의 특징은 정부와 시장의 관계에서 잘 나타난다. 특히 애덤 스미스(A. Smith)가 1776년에 저술한 국부론에서부터 자본주의 시장경제와 자유민주주의에서는 시장이 중요한 정책행위자로 간주되었다.

시장주의자들은 '보이지 않는 손(invisible hand)'의 역할을 강조하면서 "사람은 모두 이성적(합리적 혹은 경제적)이므로 자신의 이익만을 추구하는 활동을 할지라도 이러한 활동은 결과적으로 사회 공동의 이익을 향상시킨다"라고 주장하였다(주운현 외, 2018: 28-29). 자유로운 경쟁을 통해 사회의 공동선이 실현될 수 있으며, 이를 달성하기 위해 시장에 대한 정부의 규제는 최소한으로 이루어져야 한다는 것이다. 그 결과 정부의 기능은 국방과 치안에 한정될 필요가 있다는 것이 시장주의자들의 주장이었다. 이들에 의하면 정부란 소극적으로 국방과 사회 질서 유지에 집중해야 하며, 개인의 자유를 최대한으로 존중해 주는 것이 바람직하다. 정부의 적극적 사회문제 해결보다는 시장의 자율기

그림 1-2 **애덤 스미스와 국부론**

애덤 스미스(Adam Smith)　　　　　국부론(The Welth of Nations)
(1723.6.5.~1790.1.12.)　　　　　　　　(1776)

출처: https://www.wikipedia.org/ 검색.

능 존중을 강조한 것이다. 즉, 시장주의자들은 보이지 않는 손에 의한 자원배분의 효율성 달성이 가능하다고 간주하며, '최소의 행정이 최선의 정부'임을 주장하였다(이종수 외, 2022: 39).

3) 정부관의 변화와 전문행정의 등장[8]

바람직한 정부는 무엇인가? 근대국가와 제한정부론(최소정부론)에서는 정부의 기능을 최소화하는 것이 가장 바람직한 정부로 고려되었다. 그러나 17세기부터 진행되어온 근대국가, 제한정부론(최소정부론), 개인의 자유와 권리 강화, 시장의 기능 강화는 산업혁명 이후 정치·경제·사회 전반의 이해관계자가 다양해지고 사회 구조가 복잡해지면서 19세기 중·후반부터 상당한 문제를 초래하였다. 시장기능의 우수성에도 불구하고, 시장실패 현상들이 나타나기 시작한 것이다.

이러한 시장의 문제점을 해결하기 위해 19세기 후반 유럽과 미국에서는 전문행정, 그리고 전문성과 중립성을 지닌 관료의 역할을 강조하였다. 18세기 프랑스에서 관료제라는 용어가 처음 등장하였으며, 이후 유럽에서는 근대적(고전적) 관료제에 대한 다양한 시각들이 발달하였다. 이와 관련한 대표적인 논의가 베버(M. Weber)의 이념형으로 제시된 관료제인 것이다(이하 임의영, 2020: 36-38). 베버가 강조한 관료제는 법률 또는 행정규정과 같은 법규에 의한 공식적 권한이 존재하며, 계층제를 기반으로 명확한 계통화와 상·하위 체제가 형성되고, 사무의 관리는 문서로 수행되며, 관료의 직무수행은 전문적인 훈련을 전제로 형성되고, 관료의 직무활동은 전임적으로 이루어진다. 유럽에서 관료

---

8) 정부관(perspectives on government)은 다양하게 제시되지만 일반적으로는 크게 두 가지로 설명된다(김성준, 2020: 25-29). 첫 번째 정부관은 정부를 독자적인 목표를 지닌 유기체(organism)로 보는 관점이다. 이는 정부 자체를 인격체로 보며 독립적인 목표를 지닌 행동주체로서 간주하는 것이다. 두 번째 정부관은 정부를 하나의 유기체가 아닌 민주적 과정으로 인식하고, 정치과정에 참여하는 구성원들의 집합체로 고려하는 것이다. 이외에도 정부관은 이념에 따라 진보주의 정부관과 보수주의 정부관으로도 구분할 수 있으며(이종수 외, 2022), 정부의 기능과 역할이 어느 정도인가에 따라 최소 정부관과 적극적 정부관으로 구분할 수 있다. 근대국가와 제한정부론(최소정부론)은 최소 정부관의 대표적인 예이다. 이러한 정부관은 역사적으로 변화해 왔다. 근대국가와 제한정부론에서는 최소 행정이 최선의 정부로, 20세기 들어서는 최대의 봉사가 최선의 정부로, 1980년대 이후에는 작은정부로서 최소의 정부가 최선의 정부로, 최근 거버넌스 시대에는 더 나은 정부가 최선의 정부로 간주되고 있다. 이와 같이 정부관은 역사적으로 끊임없이 변화하고 있다.

제의 등장은 기존 제한정부론(최소정부론) 정부관에서 벗어나 정부가 보다 적극적으로 사회문제를 해결할 수 있다는 적극적 정부관으로 변화하는 모습을 보여주었다.

이러한 현상은 유럽뿐만 아니라 미국에서도 나타났다. 미국 초기의 정치체제는 자유주의와 민주주의를 기반으로 한 것이었다. 이러한 정치체제를 바탕으로 '최소의 행정이 최선의 정부'라는 국정철학, 공직순환과 아마추어리즘 등이 강조되었다(이종수 외, 2022). 미국 정치체제의 대표적인 특징은 엽관제(spoils system) 도입으로 볼 수 있다. 1829년 민주당의 잭슨(A. Jackson)이 미국 제7대 대통령으로 당선되면서, 선거에서 승리한 정당이 관직을 독차지하는 엽관주의를 공식적인 인사제도로 도입하였다. 이는 건국 이후 미국 행정부에 누적되어 있던 특정 지역 및 계층 중심의 관료 파벌을 해결하기 위한 개혁정치로 설명된다. 그러나 18세기 중엽 시작된 영국발 산업혁명이 미국으로 확산되면서 사회가 더욱 복잡해졌고, 이로 인한 정부의 역할이 과거보다 더욱 확대·강화되었다. 이러한 상황에서 엽관주의는 비효율성과 공직부패라는 부정적 현상을 초래하고 있었고, 엽관주의의 폐해를 극복하고자 진보주의운동(progressive movement)이라는 공직개혁운동이 발생하였다. 진보주의운동은 정치와 행정을 분리하여 정치적으로는 시민참여의 기회를 확대하고, 행정적으로는 전문성과 능률성을 강화하고자 하는 개혁방안이었다(김태룡, 2017).

진보주의운동이 펼쳐지는 가운데, 미국 제20대 대통령인 가필드(J. A. Garfield)가 1881년에 같은 공화당 당원으로부터 암살당하는 초유의 사태가 발생하면서 엽관주의를 폐지하고자 하는 정치적 움직임은 더욱 거세졌다. 당시 상원(上院) 공무원제도 개혁위원회의 위원장이었던 펜들턴(G. H. Pendleton)의 이름을 딴 펜들턴 법(Pendleton Act)이 1883년에 제정되면서(네이버지식백과, 2023a) 오늘날까지도 미국에 중요한 영향을 미치고 있는 연방공무원법이 마련되었다. 즉, 미국에서 실적제(merit system) 운용의 발판이 이때 마련된 것이다. 이는 정치적 중립성과 능력 중심의 인사제도를 기반으로 하면서, 시험제도를 통해 누구나 공직에 입문할 수 있도록 하는 기회도 마련해 주었다. 이와 유사한 맥락에서 윌슨(W. Wilson)의 정치−행정이원론이 시작되었으며, 정치와 행정의 차이를 강조한 굿노(F. J. Goodnow)[9]는 시정개혁운동(municipal reform movement)[10]의 방향

---

9) 굿노(1859~1939)는 "미국 행정학의 학문적 초석을 다진 행정학자로, 컬럼비아 대학 교수, 존스홉킨스 대학 총장 등을 역임했다. 비교행정법의 시각에서 서술한 *Politics and Administration*(1900)을 통해, 그는

을 설정하였다. 당시 정치－행정이원론자들은 엽관주의의 폐해를 극복하고 정당정치의 오염으로부터 탈피하여 행정에 만연해 있던 낭비와 비효율, 부패를 청산하고자 하였다. 이러한 노력을 통해 미국 공무원제도와 관료제 발전의 기틀이 마련된 것이다(이종수 외, 2022). 이와 같이 19세기 후반 유럽과 미국에서 나타난 정부관은 정부의 기능과 역할을 축소하는 최소 정부관에서 벗어나 관료의 전문성, 중립성, 합법성 등을 중시하며 정부의 전문적이고 적극적인 역할을 마련하는 방안으로 변화하였다. 기존 근대국가는 정부의 역할을 최소화하고 입법과 정치가 우선되며 시장 우위를 강조하는 시대였다면, 19세기는 전문화된 관료를 중심으로 하는 전문행정이 시작되는 시대라고 할 수 있다. 이러한 상황에서 입법(정치) 우위 근대국가에서 벗어나 행정의 고유 영역을 찾기 위한 움직임이 시작되었는데 이것이 바로 행정학의 태동과 관련된 정치－행정이원론의 등장이다.

4) 정치-행정이원론의 등장

정치－행정이원론(politics－administration dichotomy)의 패러다임에 따르면 행정에는 정치와 다른 고유한 영역이 존재하기 때문에 행정을 정치와 분리해야 한다고 주장한다 (Svara, 1998). 정치－행정이원론은 행정학의 기원과도 관련이 있다.[11] 행정학이 정치학과 분리되어 독자적인 분과학문으로 발전한 것은 행정과 정치를 분리시켜서 행정학만의 고유한 학문적 정체성을 구축하고, 동시에 행정과 정치의 기능을 철저히 구분하고자 하는 노력에서 시작되었다(박재창, 2008). 정치－행정이원론에 의하면 민주사회에서는 선출직 공직자인 정치인과 직업관료인 행정인 사이에 규범적 관계가 형성되어 있다 (Svara, 1998). 즉, 정치인은 정책 의사결정을, 직업관료는 결정된 정책을 효율적으로 집행하는 역할을 각각 담당한다는 것이다. 윌슨(1897)에 따르면 정책은 의회라는 입법부(정치권)에서 결정하는 것이며 집행은 상대적으로 전문성이 높은 행정부(관료)에 의해 이

정치는 국가의 의지를 표명하고 정책을 구현하는 것이며, 행정은 이를 실천하는 것이라고 주장하면서 양자를 구별했다"(네이버지식백과, 2023b).

10) 시정개혁운동은 1870년대부터 시작되었으며, 미국 행정학의 탄생에 큰 기여를 하였다. 좋은 정부를 구현하기 위하여 시정의 과학적 연구와 능률, 절약의 실천방안을 강조하였으며, 테일러의 과학적 관리법을 시정부 운영에 적극적으로 적용하고자 하였다(김태룡, 2017).

11) 행정과 정치의 유사성은 행정과 경영의 차이점으로, 행정과 정치의 차이점은 행정과 경영의 유사성으로 논의되기도 한다.

루어진다. 이러한 점에서 정치－행정이원론은 의회민주주의를 전제한 것이라고 할 수 있다(정정길 외, 2019: 12).

정치－행정이원론에 의하면 '정치＝입법부', '행정＝행정부'라는 공식처럼 행정과 정치의 관계를 분석하였다. 이러한 정치－행정이원론 패러다임이 발생한 계기는 정치를 담당하는 입법부는 부패하기가 쉽기 때문에, 부패된 정치로부터 행정을 담당하는 행정부를 분리시켜 행정과정의 합리성과 능률성을 증진시켜야 한다고 요구하는 목소리가 커진 데 있다(박재창, 2008). 19세기 서구에서 부패한 입법부에 대한 불신, 그리고 합리성과 능률성을 우선시하는 행정부에 대한 신뢰가 정치－행정이원론 패러다임의 시작을 알린 것이다.[12] 특히 미국에서는 1829년 잭슨 대통령에 의해 공식적인 공직인사제도로 운영되던 엽관제(spoils system)의 폐해가 심각해지면서, 1883년 펜들턴 의원이 정치와 행정을 분리하고, 행정을 정치적 중립성과 능력을 겸비한 공직자들이 안정적으로 운영할 수 있도록 하는 실적제(merit system)의 도입을 주장하였다. 이로써 미국에서도 정치－행정이원론적 패러다임의 기틀이 마련된 것이다.

정치－행정이원론에 의하면 행정에는 정치와 구분되는 고유의 영역이 존재한다. 정치－행정이원론을 주장한 대표적인 학자인 윌슨에 의하면 '행정의 영역은 경영(business)의 한 영역'이며, 행정은 관리하는 것이고(행정＝관리), 행정의 목적은 능률성을 극대화하는 것이며, 행정과 경영은 유사성을 가진다는 것이다(Wilson, 1887).[13] 이후 이러한 논의는 굿노와 화이트(L. D. White) 등의 학자들에 의해 더욱 발전하였다(Goodnow, 1900; White, 1926).[14]

정치－행정이원론을 주장한 학자들에 따르면 행정과 정치의 차이는 다음과 같이 제시될 수 있다(국정관리학회, 2014: 26－27). 첫째, 정치는 궁극적으로 권력추구를 목적으

---

12) 정치의 영역을 담당하는 주체는 정치인 또는 선출직 공무원이며, 행정의 영역을 담당하는 주체는 임명직 공무원인 직업관료이다. 정치－행정이원론에서는 이들이 자신들에게 부여된 책무를 수행하는 과정에서 스스로를 엄격하게 분리된 주체들로 인식함으로써, 폐쇄체계론적 세계관을 가지고 있었던 것이다(박재창, 2008).

13) 윌슨은 그가 1887년 발표한 논문 *The Study of Administration*에서 이와 같이 주장하였으며, 이후 1913년부터 1921년까지 미국 28대 대통령을 역임하는 동안에도 행정의 정책집행 및 관리의 전문성을 강화하기 위해 노력하였다.

14) 정치는 정책 또는 국가의지를 강조하며 행정은 정책집행을 강조한다(Goodnow, 1900). 또한 정치는 행정을 침범해서는 안 되며 행정의 사명은 능률 극대화에 있다고 본다(White, 1926).

| 그림 1-3 | 윌슨, 굿노, 화이트 |

우드로 윌슨(W. Wilson)   프랭크 굿노(F. Goodnow)   레오날드 화이트(L. D. White)
(1856.12.28.~1924.2.3.)   (1859.1.18.~1939.11.15.)   (1891.1.17.~1958.2.23.)

출처: https://www.wikipedia.org/ 검색.

로 하지만 행정은 주어진 목표를 합리적으로 달성하는 것을 목적으로 한다. 둘째, 정치는 자유·평등·민주 등의 이념적·본질적·상징적 가치를 우선적으로 추구하지만, 행정은 능률성·효과성·생산성 등과 같은 수단적·과정적·실천적 가치도 중요하게 고려한다. 셋째, 정치는 입법부와 정당조직이 주요 주체가 되지만, 행정은 행정부와 직업관료가 주요 주체가 된다. 넷째, 정치는 탄력적, 임시적 성격이 강하고 안정성이 낮으나, 행정은 공식성이 강하고 안정성이 높다.

정치-행정이원론의 대표적인 예로 1910년대 미국의 행정관리 시대를 들 수 있다. 1910년대 이후 미국의 행정학은 과학적 원리, 고전적 조직이론, 합리적 관리기법을 접목시켜 관리과학으로서 자리를 잡기 시작하였다(행정관리 시대). 일명 '좋은 정부'를 구현하기 위하여 '절약과 능률(economy & efficiency)'을 중시하는 경영학과 유사한 내용을 포함한 관리과학이 전통행정학의 중심이 된 것이다. 특히 당시 발달한 행정관리론은 과학적 관리법의 영향을 직접적으로 받은 사무관리론과 모든 조직에 공통적으로 적용되는 일반 조직원리를 탐구하는 조직관리론으로 구분되었다(김태룡, 2017).[15] 행정관리 시대

---

15) 그러나 미국 행정관리 시대의 전통행정학은 다양한 측면에서 비판을 받았다. 첫째, 1930년대 경제대공황

의 대표적 논의는 귤릭(L. Gulick)이 제시한 관리의 7가지 핵심기능, 즉 계획(Planning), 조직(Organizing), 인사(Staffing), 지휘(Directing), 조정(Coordinating), 보고(Reporting), 예산(Budgeting) — POSDCoRB를 통해 확인할 수 있다.16) 또한 이 시기에 행정학 최초의 교과서인 화이트의 행정연구입문과 윌로비(W. Willoughby)의 행정의 원리 등이 소개되면서 전통행정학이 학문적으로도 정립될 수 있었다. 이와 같이 전통행정학은 '정치−행정이원론'과 '행정의 원리(예: 명령통일의 원리)'라는 두 가지 중요한 행정 패러다임을 담고 있었던 것이다(정정길 외, 2019).

정치−행정이원론의 패러다임은 행정관리 시대 이후에도 지속되었다. 사이먼(H. A. Simon)이 주창한 행정행태론에서도 정치와 행정의 분리 논의는 지속되고 있다.17) 행정행태론에서는 '정치=가치', '행정=사실' 관점을 강조하며 가치와 사실을 구분해야 한다고 주장한다. 정치는 한 사회의 구성원들이 향유하는 총만족의 중앙값을 지향하는 작업, 즉 정치적 합리성(political rationality)의 극대화를 추구하는 작업이지만, 행정은 공동의 목적을 달성하기 위해 여러 사람이 추구하는 합리적인 협동작업, 즉 과학적 합리성(scientific rationality), 경제적 합리성(economic rationality), 관료제적 합리성(bureaucratic rationality), 조직적 합리성(organizational rationality)을 추구하는 작업이기에 정치와 행정은 구분된다는 것이다(박재창, 2008: 98−99).

이 발생하자 이에 대한 적극적 대응이 필요해진 것이다. 당시 행정국가의 등장과 함께 정치−행정일원론 패러다임이 등장하였다. 둘째, 전통 행정학의 행정원리에 대한 보편성과 과학성 부재가 강한 비판을 받았다. 왈도(D. Waldo)는 전통행정학에 대해 민간기업의 경영원리를 무비판적으로 도입하다 보니 국정운영 적용에 한계가 발생한 것이라고 비판하였으며, 사이먼은 전통행정학에서 제시하는 행정원리들이 과학적 근거가 부족한 격언들(proverbs)에 지나지 않는다고 비판하였다(Simon, 1946). 셋째, 전통행정학은 행정 환경 변화를 적극적으로 반영하지 못했다는 비판을 받는다. 넷째, 전통행정학에 대한 비판은 조직이론 측면에서도 제기되었다. 고전적 조직이론에 대한 비판으로 등장한 것이 신고전적 조직이론, 생태론 등이 된다. 이러한 문제를 극복하기 위해 1950년대부터는 행정학에 행정의 현실을 반영하기 위한 노력의 일환으로 행태주의, 비교행정, 발전행정 등과 같은 다양한 접근방법이 등장하였다. 또한 1960년대에는 공공문제에 운영연구(Operation Research, OR)와 체제분석(System Analysis, SA) 등 과학적 기법을 적용하는 노력도 경주되었다. 뿐만 아니라, 정책학에 대한 연구가 본격적으로 실행되었으며, 가치문제와 사회적 적실성, 변화, 사회적 형평성 등을 중요하게 다루는 신행정도 행정학의 주요 영역으로 등장하였다(이종수 외, 2022). 특히 신행정학은 민주적 규범가치를 중시하였으며, 1980년대 발달한 행위이론과 비판행정학에도 중요한 영향을 미쳤다.

16) 이와 관련한 대표적인 조직설계 원리로는 분업의 원리, 명령 통일의 원리, 부성화의 원리, 통솔범위의 원리 등이 제시된다.
17) 이를 새 정치−행정이원론(new politics−administration dichotomy)이라고도 한다(신승춘 외, 2019).

정치와 행정을 별도로 분리해 논의하는 관점은 이후 공공선택론에서도 적용된다. 공공선택론에 따르면 정치인(입법부)과 행정인(행정부) 간 정보비대칭성이 존재하기 때문에 정치와 행정은 일치되지 않고 분리될 수밖에 없다는 것이다. 니스카넨(W. A. Niskanen)은 행정인이 자신의 후견인으로부터 지대를 추구하는 행위를 지속하기 때문에 정치인의 행정인에 대한 통제가 어려워진다고 보았다(Niskanen, 1971). 행정인, 즉 관료들의 이익극대화 행태로 인해 정치와 행정이 분리된다는 것이다. 뿐만 아니라, 정치와 행정의 분리는 각각의 전략적인 판단에 의해서도 이루어진다. 피터스(B. G. Peters)에 따르면 정치인은 행정실패의 책임을 행정부에 떠넘기려는 의회의 음모론적 동기에 의해(Peters, 1995), 밀러(G. Miller)에 따르면 관료집단이 의회의 영향력을 의도적으로 차단하고 자신들의 이익과 권력을 추구하기 위해 정략적으로 정치와 행정의 간극을 넓힌다고 보았다(Miller, 2000). 특히 관료들은 행정을 정치에서 분리하는 것을 자신들의 자율적 의사결정 권한을 확대하기 위한 수단으로 활용하고 있으며, 이러한 수단을 모색하는 가운데 신공공관리론이 등장하게 되었다고 주장한다(Box et al., 2001). 다시 말해, 정치와 행정의 관계는 시장과 정부의 관계를 통해서도 살펴볼 필요가 있다는 것이다.

2. 시장과 정부

1) 시장실패 의의와 유형

시장은 개별 행위자에 의해 재화나 서비스가 자발적으로 교환되는 장소이다. 그러나 시장의 자율성과 우수성에도 불구하고, 시장기능은 의도한 대로 운용되지 않았다. 다시 말해, 독과점 발생이나 부의 양극화 등 시장실패 현상이 발생하기 시작한 것이다. 이와 관련한 대표적인 사례가 1930년대 발생한 세계 경제대공황이었다. 이처럼 시장에서 자원배분이 효율적으로 운영되지 못하는 상태를 '시장실패(market failure)'라고 정의한다(전상경, 1992: 83). 시장실패의 발생유형은 크게 네 가지로 설명할 수 있다(이하

Weimer & Vining, 2005).[18]

　첫째, 재화가 공공재적 성격을 지닐 때 시장실패가 발생할 가능성이 높다. 재화가 공공재일 때, 즉 재화에 대한 비용을 지불하지 않은 사람도 재화나 서비스에서 배제하지 않는 '비배제성(non-excludability)'과 한 사람의 재화에 대한 소비가 그 재화에 대한 다른 사람의 소비를 방해하지 않는 '비경합성(non-rivalry)'을 지닐 때 시장실패가 발생할 가능성이 높다는 것이다. 시장에서 공공재의 공급이 이루어진다면 공급이 거의 이루어지지 않거나, 과소공급이 발생할 가능성이 높다. 이러한 현상은 집단행동의 딜레마(collective action dilemma)로도 설명될 수 있다. 집단행동의 딜레마는 "이기적인 개인들의 합리적 선택이 집단수준에서는 비합리적 결과로 초래되는 현상"(Dawes & Messick, 2000: 111; 김태은, 2018: 89)을 말한다. 따라서 이러한 집단행동의 딜레마를 방지하기 위해서는 정부가 공공재를 직접 공급하거나 혹은 계약생산을 할 수 있어야 한다. 즉, 조세를 통해 재원을 조달하여 정부예산으로 공공재를 제공해야 한다는 것이다.[19]

　둘째, 외부성(externality)에 의해서도 시장실패가 발생할 수 있다. 외부효과는 "어떤 경제활동과 관련하여 다른 사람에게 의도하지 않은 혜택이나 손해를 가져다주면서도 이에 대한 대가를 받지도 않고 비용을 지불하지도 않는 상태"를 의미한다(매경시사사전, 2019a). 외부효과는 제3자에게 비용을 부담시키는 외부불경제 또는 부정적 외부효과와 제3자에게 편익을 증가시키는 긍정적 외부효과가 있다. 외부효과 문제를 해결하기 위한 정부정책은 외부효과를 내부화(internalization)시키는 것이다. 다시 말해, 부정적 외부효과는 세금 또는 벌칙부과 등의 규제정책으로, 긍정적 외부효과는 보조금과 활동장려 등 배분정책을 통해 해결될 수 있다는 것이다(정정길 외, 2013).

　셋째, 독점(monopoly)으로 인해 시장실패가 발생할 수 있다. 경쟁이 없는 독점이 발생하면 필연적으로 지대(rent)가 발생하고, 결국 효율적인 자원배분이 이루어지지 않아 사회 전체의 경제적 후생이 감소하는 것이다. 재화나 서비스의 독점공급자는 자신의

---

18) 이외에도 시장의 경기변동과 소득분배 과정에서 시장실패가 발생할 수 있다. 경기변동 자체를 시장실패라고 간주할 수 있으며(시장은 자기교정 능력이 없기 때문에 정부대책이 없으면 문제가 해결되지 않음), 시장에서 최적분배가 발생하더라도 소득분배 문제는 해결되지 않는 것이다.

19) 그러나 정부가 공공재를 공급할 때 시장가격의 선호가 존재하지 않기 때문에 재화의 공급방법과 양을 결정하기 어렵다. 이러한 경우 재화와 서비스에 대한 지불의사가 있는 사용자들을 대상으로 '지불의사(willingness to pay)'를 측정하는 방법이 있다(이용모 외, 2023).

이윤을 극대화하기 위해 공급을 제한하고 지대추구(rent-seeking) 활동을 하게 되는데, 이러한 경우에 시장실패가 발생하는 것이다. 또한 경쟁시장의 경우 생산자는 이윤극대화를 위해 비용을 절감하려고 노력하지만, 독점시장의 경우 생산자는 비용을 절감하고자 하는 동기가 없다. 이로 인해 자원배분의 비효율성(allocative inefficiency)이 발생하는 것이다. 즉, 독점으로 인해 재화와 서비스 생산의 최소비용 달성 동기가 억제되고 이로 인해 X-비효율성이 발생된다(Leibenstein, 1976).[20] 이러한 시장의 독점 문제를 극복하기 위하여 정부는 독과점을 규제하기도 하고[예: 「독점규제 및 공정거래에 관한 법률」 (공정거래법)], 불가피한 경우에는 국유화하거나 또는 공급가격의 상한선을 설정하기도 한다(<표 1-2> 참조).

표 1-2 재화의 유형별 정부정책

구분		배제가능성	
		배제 가능	배제 불가

경합 가능성	경합적	순수사유재(private goods)
		• 배제비용 낮음
		• 민간기업 생산
		• 시장에 의한 배분
		• 판매로부터 재원조달
		  (예: 라면, 구두, 자동차)
		• 정부정책: 재산권 보호, 시장질서 유지
			공유재(common pool goods)
			• 집합적 소비, 혼잡발생
			• 민간기업 또는 공공부문 생산
			• 시장 또는 정부예산을 통한 배분
			• 판매 또는 조세로 재원조달
			  (예: 공원, 출근길 도로)
			• 정부정책: 정부 규제와 간섭, 민영화, 공동자원관리

	비경합적	요금재(toll goods)
		• 외부효과 존재
		• 민간기업(보조금 지급) 생산
		• 판매로부터 재원조달
		  (예: 영화, 케이블TV, 고속도로)
		• 정부정책: 민간회사들의 재화공급 참여. 그러나 이는 규모의 경제라는 장점이 나타나지 않아 정부개입 필요. 대표적 예는 공기업 등의 공공기관
			순수공공재(public goods)
			• 배제비용이 높음
			• 정부 직접생산 또는 계약생산
			• 공공예산을 통한 배분
			• 조세수입을 통한 재원조달
			  (예: 국방, 치안, 등대 등)
			• 정부정책: 직접생산, 계약, 정부예산으로 충당

출처: 남궁근(2017: 46).

---

20) 이는 운영 비효율성, 비용 비효율성, 생산 비효율성이라고도 일컬어진다. X-비효율성은 시장의 독점에서만 나타나는 현상이 아니라, 정부공급(독점)에서 나타나기도 한다. 따라서 이는 정부실패의 한계로 제시될 수 있다.

넷째, 불완전한 정보(정보비대칭)에 의해서도 시장실패가 발생한다. 소비자와 생산자 간에 정보비대칭이 발생할 경우 역선택(adverse selection)과 도덕적 해이(moral haz-ard)가 초래될 수 있다. 정부는 정보비대칭 문제를 극복하기 위하여 다양한 규제 방안을 마련하고 있다(예: 모든 자동차 소유주에 대한 자동차보험 의무가입, 모든 국민의 건강보험 의무가입 등).

2) 시장실패 치유로서의 행정국가/현대복지국가 등장

시장실패를 치유하기 위하여 정부의 역할이 확대되었다. 이러한 과정에서 근대 입법국가에서 벗어나 정부 특히 행정부의 역할을 강조하는 행정국가(administrative state)가 19세기 후반 유럽과 미국에서 등장하였으며, 20세기 중반 이후까지 전성기를 맞이하였다. 행정국가는 정부의 역할이 시장과 비교하여 점차 확대되고, 이러한 정부의 역할은 주로 행정부 또는 관료제에 의해 결정되고 수행되는 국가를 의미한다. 즉, 행정국가화 현상은 "과거 의회 중심의 정부가 행정부 중심으로 변화하는 현상"이다(정정길 외, 2019: 12). 근대국가는 의회에서 제정한 법이 우선되는 국가였다면, 행정국가는 관료제와 행정부를 중심으로 하여 행정부가 입법부와 사법부 보다 우월적인 위치에 있는 국가를 의미한다. 행정국가의 대표적인 정책이 바로 세계 경제대공황을 극복하기 위해 마련된 뉴딜정책이었다. 시장실패를 해결하기 위해 미국에서는 케인스 경제이론을 기반으로 한 뉴딜정책이 시행되면서 행정국가 혹은 현대복지국가가 등장하게 되었다. 특히 제2차 세계대전 이후 행정국가와 복지국가 확대 과정에서 정부의 공공정책 개입은 더욱 정당화되었다.[21] 이러한 정부개입의 정당성은 선출직 공직자와 공무원이 사익보다는 공익을 추구해 시장실패를 적극적으로 해결할 수 있을 것이라는 가정에 기반했다(남궁근, 2017).

행정국가는 다음과 같은 특징을 지닌다. 첫째, 행정국가는 근대국가와 달리 정부가 보다 적극적으로 시장실패 문제와 복지문제 등을 해결하려 한다는 특징이 있다(유민봉,

---

21) 예를 들어, 영국을 비롯한 유럽 국가들은 제2차 세계대전 이후 저소득층을 위한 복지, 보건, 교육, 경제 등 모든 분야에서 관료의 전문성을 기반으로 문제를 해결하려는 정부의 적극적 역할을 강조하였으며, 미국에서도 1960년대 인종 문제해결, 저소득층 문제해결, 빈곤과 실업률을 해결하기 위하여 정부의 적극적 역할이 중시되는 행정국가화 현상이 나타났다(정정길 외, 2019).

2021). 근대국가의 제한된 정부 역할에서 벗어나 행정국가에서는 정부가 다양한 문제 (예: 교통, 환경, 복지, 경제 등)를 직접적이고 적극적으로 해결하려고 하였다. 둘째, 행정 (부)과(와) 관료의 역할이 강조되면서 정치 및 입법과정에서 다루어지지 못하는 복잡한 문제를 행정(부)과(와) 관료에 위임하여 처리하게 되면서 행정(부)과(와) 관료의 기능과 역할이 증대되었다. 이 과정에서 관료의 재량이 더욱 증대되는 특징이 나타났다. 셋째, 행정(부) 특히 관료의 전문성을 강조하여 사회문제를 행정(부) 또는 관료가 주도적으로 해결하려 한다는 특징이 있다. 행정(부) 우위 시대인 행정국가에서는 행정(부)가 다른 행정주체보다 더욱 많은 정보와 지식을 소유하고 있었다. 이러한 행정국가 시대에서는 관료만이 전문화된 지식을 보유할 수 있다고 믿었다.

따라서 행정국가 현상은 다음과 같은 영향을 초래하였다(이하 정정길 외, 2019: 13). 첫째, 행정국가는 행정의 전문성 강화와 실적주의 강화라는 측면에서 긍정적인 영향을 미쳤지만, 반면 이로 인해 행정의 민주성과 책무성을 저해하는 계기가 되기도 하였다. 선출직이 아닌 관료는 정치적 책임을 지지 않기 때문에 국민의 의사와 다른 민주성이 결여된 정책을 결정할 가능성이 높았다. 둘째, 관료의 전문성 강화와 민주성 저해 가능 성으로 인해 관료/행정 통제의 중요성이 부각되었다. 행정의 복잡화와 전문화로 인하여 더 이상 의회(입법부)가 행정을 통제할 수 없게 되면서 행정의 통제와 책임성이 더욱 중 요시되었다. 이러한 행정국가의 발달은 정치-행정일원론의 등장과도 높은 관련성을 지닌다.

3) 행정국가와 정치-행정일원론의 등장

정치-행정일원론 패러다임은 정치와 행정을 뚜렷하게 구분하기 어렵다는 주장에 서 시작되었다. 특히 정치-행정일원론은 1930년대 세계 경제대공황 이후 경기회복 및 사회문제 해결에 대한 정부의 적극적인 역할을 강조하는 행정국가가 등장하면서 시작 되었다고 볼 수 있다. 경제대공황으로 발생된 여러 가지 국가적 어려움을 행정부의 정 책입안 기능 강화로 극복해 보고자 한 것이다. 정부의 역할을 강조하는 행정국가 시대 에 접어들어 '행정부의 정책기능', 즉 행정관료들의 적극적인 정책결정과정 참여 주장이 타당성을 얻으면서 정치-행정일원론 패러다임이 시작되었다(박재창, 2008: 104). 정치-

행정일원론은 행정관료의 '위임입법'을 통한 행정부의 준입법권 확대를 주요 특징으로 한다. 행정관료는 정치인보다 전문가적 판단력과 식견이 높기 때문에 정책결정과정에 적극적으로 참여함으로써 국가적 문제를 해결해야 한다는 것이다. 이러한 주장을 펼친 대표적인 학자로는 통치기능설을 주장한 디목(M. Dimock)과 애플비(P. Appleby)가 있다.

정치−행정일원론의 발달배경을 다원주의 관점에서도 찾아볼 수 있다. 정치−행정 일원론은 "행정관료(제)도 하나의 이익집단으로서 자신의 선호나 이익을 위해 정치활동 을 한다"는 의미로 해석할 수 있다(정용덕, 1996: 45). 다원주의 관점에서 정치−행정일원 론은 행정관료의 역할 증대로 해석될 수 있는 것이다. 미국과 같이 권력분립이 엄격하 고 행정부 내의 관료주의가 강하지 않은 국가에서는 행정관료들이 오히려 정치인들과 정책결정과정에서 직접적인 상호작용을 할 수 있다. 따라서 정책과정 전반에서의 관료 역할은 오히려 강화된다고 할 수 있다. 이처럼 다원주의 관점에서 정치−행정일원론은 관료의 정책결정 기능 강화로 해석될 수 있다.

그러나 정치−행정일원론이 행정관료들의 기술적 전문성에 의한 정책결정 참여만 을 의미하는 것은 아니다.[22] 행정도 정치와 같은 맥락에서 사회의 공공가치를 실현하 고, 민주성을 우선 추구하며, 행정 참여자들 사이에 권위적으로 가치를 배분하는 기능 을 한다. 행정인에 의한 자원의 사회적 재배분 과정도 모두 공적인 의사결정을 포함하 며, 더 나아가 정치적인 과정으로도 볼 수 있다(Mosher, 1968). 따라서 정책에 대한 가 치판단을 위해 행정인들의 정책결정과정 참여가 필수적으로 요구되는 것이다. 특히 정 치−행정일원론은 1960년대 미국 신행정학(New Public Administration)의 등장과 함께 더 욱 발전하였다.[23] 신행정학에서는 정책수립 및 집행과정에 존재하는 다양한 이해관계 자들(예: 정치집단)의 영향과 압력 그리고 정치·사회 변화를 추구하는 세력들이 주장하 는 가치와 이념에도 관심을 기울였다. 무엇보다 신행정학자들(예: Marini, Frederickson)은 민주주의 이념을 실현하고자 하는 사회적 요구에 중점을 두어 '어떤 행정을 추구할 것

---

22) 정치−행정일원론은 정부의 기능을 행정의 관리기능과 정치기능으로 구분하지 않고 오히려 정책기능이 라는 다소 불명확하고 모호한 개념으로 설명하고 있다(박재창, 2008).

23) 신행정학은 1969년 왈도가 제안한 새로운 행정학의 흐름이다. 미노브룩 회의에서 신행정학자들은 행정에 대해 행정기관의 해야 할 일과 목적에 충실해야 하며, 형평성 원리와 공공정책 처방에 관심을 두고 시민 의 기대에 부응해야 한다고 주장하였다(Marini, 1971). 이는 발전행정론과 같은 맥락으로도 이해될 수 있 으며, 새 정치−행정일원론으로 분류될 수 있다(신승춘 외, 2019).

인가?'에 대해 고민하였다(윤우곤, 1998).

신행정학과는 다른 흐름이지만 1960년대 와이드너(E. Weidner)와 에스만(M. Esman)이 주창한 발전행정론에서도 정치-행정일원론 패러다임이 적용된다.[24] 발전행정론은 기존의 정치우위론과는 반대되는 주장을 펼친다. 즉, 발전행정론가들(예: Riggs)은 행정우위론을 주장하면서, 행정은 국가발전을 위해 정책과정 전반에 참여하여 적극적으로 사회변화를 유도해야 한다고 강조한다. 발전행정론에 따르면 신생국이나 개발도상국에서는 행정 및 정부관료제가 국가발전을 위해 주도적인 역할을 해야 한다고 주장한다(신승춘 외, 2019: 24-25). 발전행정론은 개발도상국의 국가발전을 위해 정부관료제의 제도화 등이 필요하다는 주장을 제시하였으며, 개발도상국에서 정부관료제가 제도화된 이후에도 사회의 요구와 도전에 적극적으로 대응하기 위한 정부의 역할이 중요하다는 점을 강조하였다. 발전행정론에서는 국가발전계획 수립부터 정책의사결정, 정책집행 등 국가발전을 위해 정부관료제의 역할이 중요함을 강조한 것이다(이정희, 2019).[25] 이처럼 신행정학뿐만 아니라 발전행정론에서도 정치-행정일원론적 패러다임의 특성을 찾아볼 수 있다.

4) 행정국가 비판과 정부실패

정부가 전문성을 가지고 사회문제를 적극적으로 해결할 수 있다는 믿음은 신화(myth)에 불과했다. 실업률 해소와 성공적인 복지정책 수행을 위한 정부의 지나친 개입은 오히려 정부의 비효율성과 정부규모 비대라는 부정적 결과를 초래한 것이다. 특히 1960년대 이후 정부의 기능과 규모가 효과적으로 운영되지 못함으로써 '정부실패

---

24) 발전행정론은 제3세계 국가 등 발전도상국의 '국가발전사업을 지원하기 위한 목적으로 연구'되었으며, 1950년대부터 시작되어 1960년대에 전성기를 누렸다(네이버지식백과, 2023c).

25) 이러한 발전행정론은 개발도상국의 국가발전에는 적절하게 활용될 수 있을지 모르지만, 그럼에도 불구하고 과도한 행정 의존성과 행정 우위성 강조로 행정의 지나친 권력화, 비민주화, 관료주의화 문제를 야기하였으며 행정 대응성과 책임성을 저해시키는 한계가 발생하였다(박동서, 1991). 또한 발전행정론은 가치판단에 있어서도 한계를 지닌다. 발전이라는 개념을 서구문화식으로 해석할 가능성이 높아 서구에 대한 지나친 편견이 존재하기 쉽고, 발전이라는 개념 자체에 주관적이고 규범적인 성격이 강하게 나타남으로써 경험적 검증이 어렵다. 또한 관료가 지나치게 강한 권력을 가짐으로써 정치적 기능까지 담당하여 정치영역의 발전을 저해할 가능성이 높다(김규정, 1987).

(government failure)' 현상이 발생하였다. 정부(비시장)실패에 대한 명확한 정의가 있는 것은 아니지만 정부실패는 정부가 원인이 되어 발생하는 시장실패를 의미한다(Levy, 1995). 특히 공공선택론자들에 의하면 정부의 시장개입이 시장실패 문제를 해결하기보다는 오히려 상황을 악화시켜 더 큰 시장실패의 원인이 된다고 가정한다. 정부실패를 주장한 대표적인 학자로는 울프(C. Wolf)가 있다. 울프는 '비시장실패(non-market fail-ures)' 이론을 제시하며, 시장실패의 원인이 시장에만 있지 않다는 주장을 펼쳤다(Wolf, 1979). 물론 비시장의 범위를 어떻게 설정하느냐에 따라 공공단체 및 비영리단체도 포함할 수 있지만, 비시장에서는 정부가 가장 큰 영향력을 발휘한다는 점을 고려해 볼 때 비시장실패를 정부실패로 간주할 수 있다(전상경, 1992).

시장실패가 시장수요와 공급의 왜곡으로 인해 발생했듯이 정부(비시장)실패도 정부수요와 공급의 왜곡으로 발생한다(전상경, 1992).[26] 정부수요의 특징은 시장수요보다 과다 측정되는 측면이 있다는 것이다. 이는 시장에서의 문제현상 발생 시 일반 시민들의 국가개입에 대한 욕구가 커지고, 정치과정에서도 특수 이익집단의 수요 창출 욕구가 커지며, 정치인들이 무책임하게 정부활동을 확대하는 측면이 있기 때문이다. 또한 정치인들은 높은 시간할인율(단기적 시각)을 지니며, 정책 편익집단은 로비활동 등을 통해 정부수요를 증폭시키는 경향이 있기 때문이다(Wolf, 1989). 정부공급에서도 마찬가지 현상이 나타난다. 정치인과 관료의 정치과정을 통해 공급이 결정되기 때문에 정부공급에 있어서도 왜곡현상이 발생한다. 그 이유는 정부생산물에 대한 명확한 규정이 어렵고, 법적으로 인정된 독점공급이 이루어지며, 정책목표와 수단의 인과성이 낮고, 성과평가 메커니즘이 결여되어 있기 때문이다(Wolf, 1989). 이로 인해 정부(비시장)실패가 발생한다는 것이다.

여기에서는 정부(비시장)실패 이론을 주창한 울프가 제시하고 있는 정부실패 원인 및 유형을 소개하고자 한다(Wolf, 1979). 울프에 따르면, 정부(비시장)실패의 발생원인 및

---

26) 그러나 정부실패를 정치제도와 관련하여 설명할 수 있다. 일부 학자들(예: Weimer & Vining)은 정부실패가 자유민주주의 정치체제와 관련하여 발생한다고 주장한다. 구체적으로, 직접민주주의에서 유권자가 투표권을 행사하는 과정에서 문제가 생겨 정부실패가 발생할 수 있으며, 직접민주주의가 오히려 다수의 독재문제를 야기하여 정부실패가 발생할 수 있다는 것이다. 대의민주주의 과정에서 지대추구행위, 지역구 대표 강요로 인한 결탁행위 등이 정부실패를 유발시키며, 관료의 대리인문제로도 정부실패가 야기된다는 것이다. 또한 분권화로 인한 비용문제가 정부실패를 발생시키기도 한다고 주장한다(Weimer & Vining, 2005).

유형은 다음과 같다. 첫째, 비시장에서의 경제활동은 수입이 조세로 충당되기 때문에 시장과는 다르게 비용과 수입이 분리된다. 이 경우 비시장 경제활동의 주체는 비용을 줄이려는 노력을 하지 않게 된다. 이로 인해 X－비효율성과 배분적 비효율성이 발생하고, 결과적으로 비시장실패가 발생하는 것이다. 둘째, 내부성(internalities)[27])과 조직목표로 인해 비시장 실패가 발생한다. 비시장조직에서는 내부기준이 외부 가격체계와 연계

표 1-3 시장실패·정부실패와 정책수단

구분	유형	결과	정책	
			주요수단	보조수단
시장 실패	공공재	• 순수공공재: 과소공급 • 공유재: 과다소비, 과소투자 • 요금재: 과소공급	공공부문 공급	시장메커니즘, 인센티브, 규제
	외부효과	• 긍정적 외부효과: 과소공급 • 부정적 외부효과: 과다공급	인센티브, 규제	시장메커니즘, 공공부문 공급
	독점	• 평균비용의 감소: 과소공급 • 감독비용 증가: 과소공급, X－비효율성	규제, 공공부문 공급	－

	정보
	비대칭성
		• 재화품질의 과대평가: 과다소비,
		  남용, 도덕적 해이
		• 재화품질의 과소평가: 과소소비,
		  역선택
			규제	공공부문 공급,
				사회보험

정부 실패	비용과 수입의 분리	• 가외적인 비용 증가로 인한 비효율성 초래	－	
	내부기준과 조직의 목적	• 비시장조직 내부와 외부 기준 분리로 비효율성 초래		
	파생적 외부효과	• 제3자에 대한 비용부담으로 비효율성 초래		
	분배의 불공정	• 권력과 특권으로 정부실패		

출처: 남궁근(2017).

---

27) "내부성(internalities)이라는 용어는 1979년 미국 랜드연구소의 찰스 울프가 정부실패의 유형을 가리키는 용어로 사용한 데서 비롯된 말이다. 내부성은 사회적 공익목표와 연계되지 않고 괴리를 보이는 경우가 많다. 즉, 관료가 행정활동에 관한 목표나 기준을 설정함에 있어서 자신의 개인적 이익이나 소속기관의 이익을 고려함으로써 사회 전체의 공익을 위한 목표보다 자신이 소속한 조직의 내부목표를 우선시하는 성향이 있는데, 이것이 곧 내부성으로 정부실패의 요인이 된다"(네이버지식백과, 2023d).

되지 않으며, 시장을 고려하지 않고 비시장조직 자체 기준에 의해 목표가 설정되기 때문에 원가인식 부족, 인력과 예산 극대화 추구로 인한 배분적 비효율성 그리고 X-비효율성이 발생하게 된다. 또한 전형적인 관료제 문제 중 하나인 목표대치 현상(goal-displacement)[28]이 발생하여 비시장실패가 발생하게 되는 것이다. 셋째, 파생적 외부효과로 인해 비시장실패가 발생한다. 시장실패를 해결하기 위한 정부개입은 오히려 의도하지 않은 부정적 부산물을 파생시킨다는 것이다. 이로 인해 비시장실패가 발생한다고 본다. 넷째, 비시장에서는 권력과 특권이 작용할 수 있기 때문에 배분적 불공평(distributional inequity) 문제가 발생할 수 있는데, 이로 인해서도 비시장실패가 발생한다고 본다(<표 1-3> 참조).

5) 끊임없이 변화하는 정부의 역할[29]

정부실패를 해결하기 위한 다양한 학문적 흐름과 행정개혁 그리고 정부의 역할은 1970년대 이후부터 지금까지 이어져 오고 있다. 1970년대 미국 행정학의 발달은 정부 역할의 재정립과 관련되어 있다. 당시 시대적으로 베트남 전쟁, 민권운동, 워터게이트 사건, 에너지 위기 등이 발생하면서, 국내·외적으로 존재하는 위기를 극복하기 위해 새로운 정부의 역할이 요구되기 시작하였다. 특히 당시 정부가 새롭게 등장하기 시작한 행정문제들을 제대로 해결하지 못하면서 국민들의 정부에 대한 신뢰는 급격히 낮아지게 되었다. 이러한 시대적 배경에서 '정부실패' 개념이 등장하였고, 정부의 역할을 축소시켜야 한다는 감축관리론이 제기되었다. 1970년대 미국 행정환경의 변화는 미국 행정학의 변화도 동시에 가져왔다. 경제성장 등과 관련해 정부성과에 대한 국민의 관심이 증가하면서 공공행정에 민간기법을 적극적으로 도입하려는 시도가 있었으며, 이러한 차원에서 '공공선택론(public choice theory)'이 행정학의 주요 접근방법으로 등장하였다(김태룡, 2017).

---

28) "조직이 설정한 목표를 달성하는 과정에서 그 수단이 오히려 목표가 되고, 원래 목표는 수단으로 뒤바뀌어 버리는 현상을 의미한다. 다시 말해서 목표대치란 목표달성의 효과성과 능률성을 지나치게 강조한 결과 수단적 가치가 종국적 가치(終局的 價値)의 자리를 차지해 버리는 현상을 말한다"(네이버지식백과, 2023e).

29) 자세한 논의는 본서 제19장을 참조하기 바란다.

공공선택론에 의하면 정치인은 득표 극대화 성향(Downs, 1967)을 지니고 있고, 관료 역시 정책 산출물이 아닌 예산 극대화 성향(Niskanen, 1971)을 지니고 있다고 한다. 따라서 공공선택론자들(예: Downs, 1967)은 정부의 정책개입 정당성 주장과는 달리 정책 집행 주체인 관료가 공익보다는 사익을 추구하는 것이 문제라고 주장한다. 이 때문에 정부의 규모를 축소할 필요가 있다는 것이다. 이처럼 작은 정부를 추구해야 한다는 주장의 타당성은 애덤 스미스를 추종한 하이에크(F. Hayek)의 시장주의 논의에 의해서도 제시되었다. 하이에크에 의하면 정부의 시장개입은 단기적 관점에서 국가 경기부양에 긍정적인 영향을 미칠 수 있지만, 장기적 관점에서는 오히려 시장의 효율성과 시장의 성장동력을 저하시키게 된다고 비판하였다(Hayek, 1979). 개인의 자유와 창의성 그리고 자유시장경제를 존중하는 그의 이론은 '노예의 길(The Road of Serfdom)'과 같은 저서(1944)를 통해서도 전 세계에 전파되었으며, 시장주의 발달의 이론적 토대가 되었다. 이를 근거로 1970년대 이후 정부의 기능은 상대적으로 축소되었고, 정부정책에 있어 민영화, 민간위탁, 규제완화 등의 논의가 활성화되었다.

1980년대까지 지속된 국민들의 정부성과에 대한 불신은 '작은 정부'에 대한 열망을 더욱 고취시켰으며, 공무원 인력 감축, 규제완화, 정부지출 삭감 등 정부의 활동을 가능한 억제하고자 하였다(정정길 외, 2019). 이러한 흐름 가운데 윌다브스키(A. B. Wildavsky)와 사바스(E. S. Savas) 등이 주장한 '민영화(privatization)' 논의를 포함한 '신공공관리(New Public Management, NPM)'가 행정학의 주요 이론으로 등장한다.30) 또한 1980년대 시장주의 강화와 함께 관료제에 대한 비판, 직업공무원제에 대한 불신, 정부 책임성과 윤리성 강화 등이 요구되었다. 특히 블랙스버그 선언(Blacksburg Manifesto)31) 등을 통해 공무원들의 행정윤리와 책임성을 강조하는 전문직업주의(professionalism)가 강화되었다(김동원, 2003). 뿐만 아니라, 하몬(M. Harmon) 등과 같은 행정행위론 학자들이 관료제에 대한 비판으로 반실증주의, 현상학, 상호작용주의, 해석사회학 등을 주장하였다(김태룡, 2017).

---

30) 신공공관리의 핵심적인 특징 세 가지는 경쟁강조, 성과강조, 고객강조 등으로 제시될 수 있다(김정인, 2018).

31) "미국 사회에서 일어나고 있는 필요 이상의 관료 공격, 대통령의 반관료적 성향, 정당 정치권의 반정부 어조 따위와 같이 행정의 정당성을 침해하는 정치·사회적 문제점을 지적하고 그 원인의 일부가 행정학 연구의 문제점에서 비롯되었음을 주장한 선언"이다(네이버국어사전, 2019).

특히 1990년대 미국에서는 행정과 직업공무원제에 대한 이중적인 평가가 나타났다. 스바라(J. Svara), 웜슬리(G. Wamsley), 테리(L. Terry), 굿셀(C. Goodsell) 등과 같이 '행정재정립운동(refounding movement)'을 강조한 학자들은 정책과정 전반에서의 공무원 역할을 강조하였으며, 동시에 직업공무원제를 적극적으로 옹호하여 정부 '재발견' 필요성을 주장하였다. 이와는 달리 민간부문의 정부영역 참여 확대, 정부생산성 강화 등 정부의 역할변화를 강력하게 요구하는 오스본(D. Osborne)과 게블러(T. Gaebler) 등 학자들에 의해 '정부재창조(reinventing government)'가 주장되었다(김태룡, 2017).[32]

2000년대 이후 정부의 역할은 더욱 다양해졌다. 무엇보다 사회환경이 점차 불확실해지고, 유동적이며, 예측하기 어려워졌고, 급속한 기술 발달로 인해 더 이상 정부가 모든 문제를 해결하는 정부 만능시대는 불가능에 가까워졌다. 동시에 시장기능에 대한 비판적 관점에서 신공공관리의 기능과 역할에 대한 회의도 점차 증가하게 되었다. 이러한 비판의 일환으로 덴하트(R. Denhardt)는 신공공서비스론을, 안셀(C. Ansell)과 개시(A. Gash)는 협력적 거버넌스론을 제시하였다. 특히 안셀과 개시는 이제 더 이상 정부도, 시장도 행정의 핵심 행위자가 되지 못하며 사회문제 해결을 위해서는 시민사회 등을 주축으로 하는 다양한 행위자들의 참여가 필수적이라고 주장하였다(Ansell & Gash, 2008). 특히 2008년 발생한 리먼 브라더스의 파산 사건[33]은 신자유주의 처방에 대한 근원적인 질문을 제기하였으며, 기존과는 다른 시장실패에 대한 새로운 처방으로 정부규제 강화와 정부개입주의의 정당성을 뒷받침하는 근거가 마련되었다. 시장실패에 대한 해결방안으로 정부의 영향력을 더욱 강화하는 '반보수주의 정책지향성'이 제기된 것이다(김태룡, 2017). 이에 대한 대표적인 예로서 오바마(B. Obama) 정부의 오바마 케어(Obama care)와 신보호무역주의(new protectionism) 등장이 있다.[34]

---

32) 정부재창조와 관련된 논의는 본서 제2장의 신공공관리 설명에서 제시한다.

33) 2008년 발생한 리먼 브라더스(Lehman Brothers)의 파산으로 시작된 금융 위기를 의미한다. 서브프라임 모기지론(집을 살 때 융자를 받는 모기지 제도)의 붕괴로 리먼 브라더스는 결국 부채를 감당하지 못해 파산했으며, 이로 인해 세계경제에 큰 위기가 초래되었다(다음 백과사전, 2023).

34) 오바마 케어는 미국의 의료보험시스템 개혁법안으로 미국 국민의 건강보험 가입을 의무화하는 것을 골자로 한다. 정식명칭은 2014년 시행된 「환자보호 및 부담적정보험법」(Patient Protection and Affordable Care Act, PPACA)이다(매일경제신문 시사용어사전, 2019a). 그리고 신보호무역주의는 미국의 만성적 국제수지 적자와 빈번한 국제통화 위기, 브레튼우즈 체제 붕괴, 오일 쇼크 등으로 많은 국가들이 무역과 외화에 대한 규제 조치를 강화해 보호무역주의화하는 경향을 의미한다(매경시사사전, 2019b).

2020년 이후에는 더욱 급속한 환경변화가 이어지면서 이전과는 완전히 다른 정부의 역할이 요구되고 있다. 첫째, 2020년 확산된 코로나19 팬데믹 현상은 전 세계인들의 보건의료·정치·경제·사회 등 생활패턴을 전면적으로 변화시켰고, 이전과는 다른 정부의 역할을 강조하였다. 코로나19 팬데믹과 같은 예상치 못한 위기발생에 효과적으로 대응하기 위해서는 시민문화를 기반으로 하면서도 정부범위와 정부역량(힘)이 확장된 강한 정부의 역할이 필요한 것이다(박광국·김정인, 2020). 그러나 오늘날의 강한 정부는 과거 행정국가/현대복지국가와 같은 큰 정부 혹은 독점적이고 권위적인 정부가 아니라 시민들과의 상호신뢰를 바탕으로 시민들의 적극적인 참여와 협력을 통해 역할을 증대시키는 정부이다. 둘째, 생성형 AI의 발달, 디지털 대전환 등으로 정부는 디지털 기술을 적극 활용하고 있다. 디지털 정부 구현, 능동적 환경변화에 효과적으로 대응하기 위해 보다 유연한 애자일(agile) 정부를 지향하고 있는 것이다. 특히 현대환경의 급속한 변화에 있어 전통적인 베버식 관료제 운영의 효과성에 대한 비판이 지속적으로 제기되면서 베버식 관료제를 탈피한 새로운 관료제 형태 모색과 유연한 정부 역할이 끊임없이 요구되고 있다. 셋째, 시민들의 역량이 증가하면서 정부는 시민들의 참여를 보장할 수 있는 제도적 장치를 마련해야 한다. 최근 기성세대와 다른 가치관을 지닌 MZ세대가 사회의 주축이 되면서 더욱 다양한 시민들의 선호와 의견을 반영하고 갈등을 조정할 수 있는 참여형 공공갈등 관리 정부의 역할이 요구되고 있다. 넷째, 오늘날 전 세계적으로 발생하고 있는 초고령화와 초저출산 문제 그리고 이로 인해 파생되는 여러 가지 초고도화된 사회적 난제(wicked problem)에 대한 정부의 예견적이고 적극적인 대응이 요구되고 있다. 이처럼 향후 미래에는 민첩한 정부, 디지털 방식의 정부, 예견적 정부, 참여적 정부, 사고적 정부 등의 역할이 요구되고 있는 것이다.

ChatGPT와 함께 하는 1장의 주요 개념 정리

1. 국가와 정부의 개념

국가(State)	정부(Government)
• 국가는 지리적 영토에 위치한 인구 집단으로 이루어진 주권적인 정치적 단위 • 국가는 일반적으로 특정 지역 내에서 법률을 적용하고 군대, 경제 정책, 외교 등 다양한 기능을 수행하는 주권적 엔터티 • 국가는 특정 국제적 지위와 주권을 가지며, 국제 사회와 국제법의 주체로 인정받을 수 있음	• 정부는 국가 내에서 행정 및 법률 시행을 담당하는 조직 또는 단체 • 정부는 국가의 행정 부문을 관리하며, 법을 시행하고, 공공 정책을 개발하며, 국가의 다양한 기능을 수행 • 정부는 특정 정치 체제나 정부 형태에 따라 다양한 형태를 취할 수 있으며, 민주주의, 군주주의, 공산주의 등 다양한 정치 체제에 속할 수 있음

출처: ChatGPT(2023). '국가와 정부의 개념 차이는 무엇인가?' 질문으로 검색한 내용 저자 정리.

2. 로크의 사회계약론과 홉스의 사회계약론

구분	로크	홉스
자연 상태의 인간 상태 해석	• 자연 상태에서 인간들이 비교적 평화롭고 자유로운 상태에 있다고 가정 • 자연 상태에서 사람들이 이성적이며 도덕적인 판단을 가지며, 권리를 가지고 있지만, 자연 상태에서 사회적인 제약이 필요하다고 주장	• 자연 상태를 '전쟁의 상태'로 가정 • 인간들이 이기적이고 폭력적이며, 권력 당사자 통제 없이는 사회적인 안정을 유지할 수 없다고 주장
사회 계약 존립 목적	• 사회 계약은 권리와 재산 보호를 목적으로 함 • 정치적 권리의 근거로서 국민의 동의를 강조하며, 국민이 국가를 지지할 때만 정부가 존재할 수 있다고 주장	• 사회 계약이 권력의 집중을 통해 사회적인 안정을 유지하고 개인들의 이기적인 성향을 통제하는 목적으로 존재 • 군주제를 지지하며 강력한 중앙 통제를 강조
국민의 권리와 자유	• 개인의 권리와 자유를 중요하게 생각하며, 국민은 국가의 통치에 대한 동의를 표명하고, 그 권리를 보호하기 위해 정부가 존재한다고 봄	• 국민이 국가에 모든 권리를 위임하고, 군주에게 절대적인 권력을 주는 것을 지지함 • 국민은 군주에게 복종하고, 군주가 제시한 법과 규칙을 따를 책임이 있다고 봄

출처: ChatGPT(2023). '로크의 사회계약론과 홉스의 사회계약론의 차이는 무엇인가?' 질문으로 검색한 내용 저자 정리.

3. 정부와 시장의 관계

- 정부와 시장은 상호 보완적인 역할을 하며, 균형을 유지하여 경제 및 사회의 안정과 발전을 지원

구분		내용
시장 경제와 정부 간의 균형	자유 시장 경제	• 시장은 수요와 공급에 기반한 경제 활동이 발생하는 장소 • 자유 시장 경제에서는 경제 주체들이 자유롭게 거래하고 경쟁이 활발하게 일어남
	정부 개입	• 정부는 이러한 시장의 활동을 규제하고 조절하는 역할을 수행. 이는 시장의 부정적인 외부성이나 시장의 실패를 방지하고 공정한 경쟁을 유지하기 위함임
시장의 실패와 정부 개입	시장의 외부성 및 불완전 정보	• 시장은 때로 외부성(externalities)이나 정보의 불완전성과 같은 문제로 실패할 수 있음 • 정부는 이러한 문제에 대응하기 위해 규제, 세금, 보조금 등을 도입하여 시장을 보완할 수 있음
	공공재와 자연자원의 보호	• 공공재나 자연 자원의 경우, 시장 혼자서는 효율적인 해결이 어려울 수 있음 • 정부는 환경 규제, 보호 정책, 자원 관리 등을 통해 이러한 문제에 개입할 수 있음
사회적 정의와 복지	소득 재분배	• 정부는 소득 불평등이나 사회적 불평등을 줄이기 위해 세금 정책, 복지 프로그램, 교육 제도 등을 통해 사회적 정의를 추구
	사회 복지	• 일부 국가에서는 정부가 국민의 기본적인 생활 수준을 유지하기 위해 사회 보장, 의료 서비스, 식량 지원 등을 제공하는 사회 복지 시스템을 유지
시장 경제의 유연성과 제한	경제 성장과 유연성	• 시장 경제는 경제 성장과 혁신을 촉진할 수 있음 • 정부는 이를 유지하면서도 시장의 부정적인 영향을 제한하는 역할을 수행
	규제와 안전망	• 정부는 시장에서의 모든 행위를 허용하지 않고, 규제를 통해 소비자 보호와 시장의 건전성을 유지하는 역할을 수행

출처: ChatGPT(2023). '정부와 시장의 관계는 무엇인가?' 질문으로 검색한 내용 저자 정리.

4. 정치-행정일원론과 정치-행정이원론

- 정치–행정일원론과 정치–행정이원론은 정부나 조직의 운영에 관한 두 가지 주요 이론적 접근 방식
- 정치–행정일원론과 정치–행정이원론은 각자의 장단점을 가지고 있으며, 실제로 어떻게 운영되는지는 국가나 조직의 구조, 문화, 환경 등에 따라 다를 수 있음
- 일부 국가나 조직에서는 두 이론을 혼합하여 사용하기도 함

구분		내용
정치–행정 일원론 (Unitarism)	개요	• 이론적으로, 정치–행정일원론은 정부나 조직이 하나의 통일된 체계로 구성되어야 한다고 주장함. 이는 정치적인 결정과 행정적인 실행이 서로 긴밀하게 통합되어야 한다는 의미
	특징	• 정치와 행정이 일원적으로 통합되므로, 정부나 조직 내에서의 권한과 책임이 명확하게 정의되고 중앙 집중화되어 있음
	장점	• 의사 결정과 실행 간의 효율적인 의사 소통 및 행동이 가능하며, 일관된 정책의 수립과 시행이 용이
	단점	• 중앙 집중화로 인해 조직 내의 다양성과 융통성이 부족할 수 있으며, 상황에 따른 조절이 어려울 수 있음
정치–행정 이원론 (Dichotomy)	개요	• 정치–행정이원론은 정치적인 의사 결정과 행정적인 실행이 구분되어야 한다고 주장함. 이는 정치적인 결정을 만드는 것과 이를 실행하는 것은 서로 다른 기능이며, 서로의 영역에 간섭해서는 안 된다는 것을 의미
	특징	• 정치와 행정은 분리되어 있으며, 서로의 영역에 대한 간섭을 최소화하려고 함. 정치적인 의사 결정은 정책 수립자들에게, 행정적인 실행은 관료나 행정자에게 위임됨
	장점	• 각 영역에서 전문화된 역할 수행이 가능하며, 각각의 분야에서 효율적인 업무 처리가 가능
	단점	• 의사 결정과 실행 사이의 간격으로 인해 의사 소통이 어려울 수 있으며, 정책의 효과적인 시행에 어려움이 있을 수 있음

출처: ChatGPT(2023). '정치–행정일원론과 정치–행정이원론의 차이는 무엇인가?' 질문으로 검색한 내용 저자 정리.

행정사례 연습

■ **정부실패 사례**

택시 대란

　정부는 전지전능한 해결사처럼 굴지만 실패 사례는 차고 넘친다. 정부 개입 자체만으로도 시장 비효율이 커질 수도 있다. 최근 서울에서 전국으로 확산된 '택시 대란'도 이런 흑역사로 기록될 것이다. 당국은 코로나19 거리 두기 완화에 따른 수요 폭발이나 택시 기사들의 이직 때문에 택시 잡기가 어려워졌다는 핑계를 대고 싶겠지만, 택시 공급과 요금을 틀어쥐고 시장을 옴짝달싹 못하게 한 건 정부다. 택시가 미국 뉴욕 등에 등장한 건 한 세기 전이다. 택시 수요가 얼마나 되고 요금은 얼마나 받아야 할지 알 수 없던 때니 정부가 면허 제도를 도입하고 요금과 공급 대수를 결정했다. 택시(Taxi)도 세금이나 요금을 뜻하는 독일어 '탁세(Taxe)'에서 나왔다. 요즘은 정부보다 똑똑한 애플리케이션(앱)으로 승객과 공급자를 실시간 연결하고 가격까지 탄력적으로 결정할 수 있는 시대다. 한데 정부는 100여 년 전처럼 시장에 감 놔라 배 놔라 하니 시장 왜곡이 해결되지 않는다. 정부가 진입장벽 규제를 치고 세금이나 보조금으로 시장을 장악하면 민간 투자와 혁신은 위축된다. 정부가 가격을 통제하면 공급이 주는 건 부동산 시장에서도 목격했다. 택시 기사들이 벌이가 더 나은 배달 기사로 이직하는 것도 당연한 귀결이다. 정부가 택시요금을 묶어둔다고 해서 택시회사 등에 보조금을 준다면 시민들은 앞에서 벌고 뒤로 밑지게 되는 셈이다. 택시 대란과 같은 정부실패는 어디나 있다. 뉴욕에서도 승차공유 서비스 '우버'가 등장한 이후 경쟁에서 밀린 택시 기사들이 스스로 목숨을 끊는 비극이 일어났다. 신기술의 도전과 전통산업의 몰락으로 묘사된 이 비극의 이면엔 시 당국이 말하지 않는 정부실패가 도사리고 있었다는 게 당시 뉴욕타임스(NYT) 보도로 드러났다. 당국은 택시 공급을 통제하고 경매 방식을 도입해 면허 가격을 천정부지로 끌어올렸다. 이 바람에 빚을 내서 비싼 가격에 면허를 구입한 택시 기사들이 수익 악화와 빚 부담에 시달리며 벼랑 끝으로 내몰렸다. 그런데도 정부는 입을 다물고 사회적 비난은 우버 등 새로운 도전자에 집중됐다. 정부실패 해법은 정부가 손을 놓으면 보인다. 정부는 시민 안전과 시장 경쟁 확대 등에 집중하고 택시 공급과 요금은 더 똑똑한 시장 메커니즘을 활용해 택시 제도의 판을 근본적으로 바꿔야 한다. 시민이 원하는 건 더 안전하고 편리하고 경제적인 이동수단이지 택시 그 자체는 아니다

출처: 동아일보(2022).

■ 사례의 의의

본 사례는 전형적인 정부실패 사례이다. 정부(서울시)의 규제로 인해 오히려 시장에 큰 혼란이 발생한 것이다. 정부는 택시요금 규제, 면허 부여 등과 같은 방법으로 시장에 적극적으로 개입해 왔다. 정부가 택시 면허 부여 등의 진입장벽 규제를 부과하고 세금이나 보조금으로 시장을 장악하다 보니 택시 시장에는 수요와 공급의 균형이 깨지는 왜곡현상이 발생하였다. 또한 우버, 타다와 같이 택시를 대용할 수 있는 교통수단들이 제대로 자리잡지 못하였다. 이는 정부규제로 발생한 시장왜곡의 전형적인 정부실패 현상이다. 이러한 문제를 해결하기 위한 방안은 다양하게 제시될 수 있지만, 가장 우선적으로 정부규제를 완화하고 시장의 참여를 확대하는 방안을 검토할 수 있다.

제2장

정부와 시장 그리고 시민사회:
정부규모와 신공공관리,
거버넌스 관점에서

본 장에서는 큰 정부와 작은 정부 등 정부규모에 대한 판단기준과
관련 지표 그리고 바람직한 정부규모에 대해 논의한다. 그리고
1980년대 이후부터 제기된 시장형 정부개혁인 신공공관리의
등장배경과 특징 및 한계 그리고 그 대안으로 제시되는 탈신공공
관리 방안에 대해 살펴본다. 또한 정부, 시장, 시민사회의 권력
균형과 협력관계를 강조하는 뉴거버넌스에 대해 살펴보고, 이를
정부의 새로운 역할을 강조하는 신공공서비스 논의로까지 확대하여
논의하고자 한다.

제2장

정부와 시장 그리고 시민사회: 정부규모와 신공공관리, 거버넌스 관점에서

핵심 학습사항

1. 정부규모의 판단기준은 무엇인가?
2. 큰 정부와 작은 정부를 결정하는 주요 요인은 무엇인가?
3. 오늘날 한국은 큰 정부인가 작은 정부인가?
4. 오늘날 한국의 정부규모는 적정한가?
5. 적정 정부규모를 결정하기 위한 효과적인 방안은 무엇인가?
6. 신공공관리의 등장배경은 무엇인가?
7. 신공공관리의 개념, 특징, 한계는 무엇인가?
8. 신공공관리의 대안으로서 탈신공공관리가 가지는 의의는 무엇인가?
9. 뉴거버넌스의 개념, 특징, 한계는 무엇인가?
10. 신공공관리와 뉴거버넌스의 유사점과 차이점은 무엇인가?
11. 신공공서비스의 등장배경과 특징은 무엇인가?

1. 정부규모

1) 정부규모의 변천사

정부(비시장)실패와 시장실패는 시계의 추와 같이 반복적으로 변화해 왔다. 다시 말해, 시장실패를 치유하기 위하여 정부의 기능과 역할을 증대하면 인력과 재정자원이 비대해져서 오히려 정부실패를 유발시키고, 다시금 시장의 역할이 중요시되는 상황이 반복되었다. 역사적으로는 정부, 시장, 시민사회의 관계에 따라 정부의 규모가 다르게 결정되어 온 것이다. 근대국가에서는 대의민주주의를 기반으로 의회에서 제정한 법률에 따라 지배가 이루어지다 보니, 행정은 정치에 종속되고 행정의 재량이 최소화되면서 기계적인 집행이 이루어졌다(정정길 외, 2019). 즉, 시민의 경제적 활동을 보장하기 위하여 자유주의 최소정부관(政府觀)이 자리를 잡았으며, 정부보다는 시장과 시민사회[1]가 국가 활동에 더 큰 역할을 담당하면서, 정부의 역할과 규모는 최소 수준을 유지하였다. 그러나 산업혁명을 통한 교통·통신기술 발달 등으로 19세기 후반부터 대중사회로 접어들면서 실업이나 빈곤 등을 포함한 여러 가지 사회문제들이 발생하고, 이를 적극적으로 해결하기 위한 현대 행정국가와 복지국가가 등장하면서 정부의 기능과 역할은 더욱 확대되었다. 이러한 과정에서 정부의 규모는 증가할 수밖에 없었다. 특히 1929년 발생한 미국발 경제대공황은 정부의 역할을 더욱 강화시켰다. 미국 정부는 1929년부터 1939년경까지 약 10여 년 동안 지속된 대공황을 극복하기 위해 정부의 재정지출 확대를 통한 일자리 창출 정책을 펼치게 된다. 이러한 정책 중 하나가 바로 미국 루스벨트(F. D. Roosevelt) 대통령 집권 시기에 대대적으로 시행된 '뉴딜(New Deal)'정책이다.[2] 이와 같이 현대국가에서 시장과 시민사회는 더 이상 자율적이고 합리적인 역할을 수행하지 못했고, 심각한 시장실패 현상이 발생하면서 정부의 기능과 역할이 증대된 것이다. 이로 인해 시장과 시민사회의 역할은 축소될 수밖에 없었다. 정부는 경제문제뿐만 아니라, 복지, 환경, 보건, 도시 등 모든 문제에 개입하면서 규모를 확대해 나갔고, 그 결과 큰 정부가 등장하게 되었다(김태룡, 2017).

---

1) 근대국가에 새롭게 등장한 시민사회의 주요 주체는 신흥세력이었으며, 지주나 상공업을 경영하는 부르주아 계층으로서 교양과 재산을 갖춘 사람들이었다(권형기, 2022).

2) "뉴딜은 실업자에게 일자리를 만들어 주고, 경제구조와 관행을 개혁해, 대공황으로 침체된 경제를 되살리기 위해 프랭클린 루스벨트 미국 제32대 대통령이 1933~1936년에 추진하기 시작한 경제정책이다"(위키피디아, 2019a). 뉴딜정책의 대표적인 예로 테네시강 유역 개발 공사(TVA)를 법[일명: 테네시 밸리 당국 법(Tennessee Valley Authority Act)]으로 제정한 사례가 있다. TVA는 1933년에 창설되었는데 이는 대공황 기간 동안 침체된 국가를 다시 일으키기 위한 방법으로 프랭클린 델라노 루스벨트 대통령이 추진한 대표적 뉴딜 프로젝트 중 하나이다(TVA, 2023).

그림 2-1	루스벨트 대통령과 TVA법 제정

프랭클린 루스벨트(F. D. Roosevelt)
(1882.1.30.~1945.4.12.)

TVA법 제정
(1933)

출처: https://www.wikipedia.org/ 검색.

2) 정부규모 판단기준과 지표

정부규모에 대한 판단기준과 측정지표 연구(예: 하미승, 2013)로부터 정부규모 관련 논쟁이 시작되었지만 정부규모를 판단할 기준은 아직 합의된 것이 없다. 그럼에도 불구하고 정부규모는 양적 개념과 질적 개념 모두를 포함한다. 정부규모를 가시적으로 명확하게 측정할 수 있는 양적 기준으로는 조직규모, 인력규모, 재정규모가 제시되고 있으며, 질적 기준으로는 정부보유 권력 크기, 권력강도, 행정규제, 정부기능 성격 등이 제시되고 있다(하미승, 2013: 53). 특히 정부의 양적 규모 측정지표로 가장 많이 활용되는 것은 인적규모와 재정규모이다. 인적규모로는 OECD(2022)가 제시한 전체 고용 중 일반정부(general government) 인력규모 비율을 고려해 볼 수 있다. 2019년 기준 OECD 국가 전체 고용에서 정부인력이 차지하는 평균비중은 약 17.91% 정도이다. 한국의 경우, 총고용 중에서 정부인력이 차지하는 비중은 2019년 기준 8.13%로 일본의 5.89%에 비해서 두 번째로 낮다.

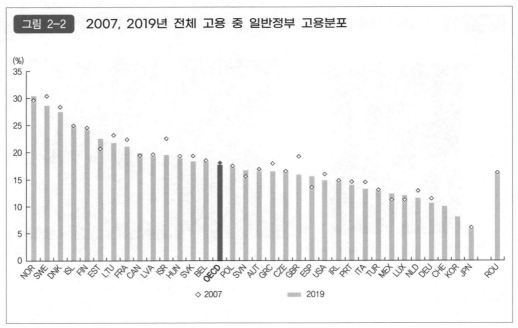

그림 2-2 2007, 2019년 전체 고용 중 일반정부 고용분포

◇ 2007   ▬ 2019

출처: OECD(2022: 101).

    하지만 총인력규모에서 정부인력 분포가 차지하는 비율이 낮다고 해서 정부인력 규모가 작다고 판단하기는 어렵다. 따라서 인구 1,000명당 정부인력 규모를 비교해 보았다. OECD 국가의 인구 1,000명당 일반정부(중앙정부, 지방정부, 사회보장기금 등) 인력규모를 비교한 결과 한국은 2014년의 경우 인구 1,000명당 38.9명, 2015년의 경우 39.9명으로서 OECD 국가와 그 외 일부국가들의 평균인구 1,000명당 76.4명보다 정부인력 규모가 적은 편에 속하는 것으로 나타났다. 물론 인구 1,000명당 일본 일반정부인력 규모는 34.2명, 홍콩은 31.1명, 싱가포르는 25.2명으로 이들 국가보다는 조금 많은 편이지만, 스웨덴(137.9명), 덴마크(146.2명), 노르웨이(159명)보다는 정부인력 규모가 적은 편이었다. 또한 인구 1,000명당 공공부문(공공기관 포함) 인력규모에서 한국은 2015년의 경우 인구 1,000명당 46.2명으로 OECD 국가 및 일부 국가들의 평균 인력규모인 95.9명보다 적은 수준으로 나타났다(조세현, 2017: 78-79). 이와 같은 OECD 자료 비교결과에 의하면 한국의 인력규모는 그리 크지 않은 것으로 나타났다. 그러나 최근 우리나라의 정부인력 증가율은 매우 높은 편이다. [그림 2-3]에서 제시되어 있듯이 한국은 2017년 기

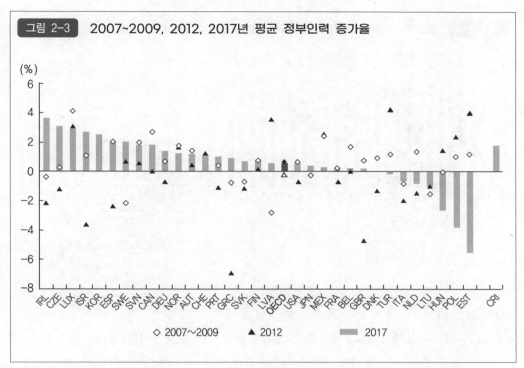

그림 2-3 2007~2009, 2012, 2017년 평균 정부인력 증가율

출처: OECD(2019: 85).

준으로 매년 정부인력 증가율이 2.48%로 나타남으로써 OECD 국가 중 5번째로 높은
정부인력 증가율을 보였다(2017년 기준 OECD 국가 평균 정부인력 증가율: 0.48%). 뿐만 아
니라, 공무원 통계연보에 의하면 총공무원 수는 지속적으로 증가하고 있다. 전체 공무
원 수(행정부, 입법부, 사법부, 헌법재판소, 중앙선거관리위원회 포함)는 2017년 1,048,831명,
2018년 1,074,841명, 2019년 1,104,508명, 2020년 1,134,995명, 2021년 1,156,326명으로
증가하였다. 이러한 결과로 볼 때 한국의 정부인력 규모는 총인력규모에서 차지하는 분
포가 낮고 인구당 정부인력 규모 비율이 높지는 않지만, 정부인력 규모 증가율은 높아
지고 있으며, 전체 공무원 수는 증가하고 있음을 알 수 있다.

　　정부규모에 대한 또 다른 양적 규모 측정지표로는 재정규모를 제시할 수 있다. 대
표적인 재정규모 지표로는 GDP 대비 일반정부 지출규모를 들 수 있다(OECD, 2022). 한
국의 GDP 대비 일반정부 지출규모는 2007년 28%, 2019년 33.9%로 OECD 평균인 약

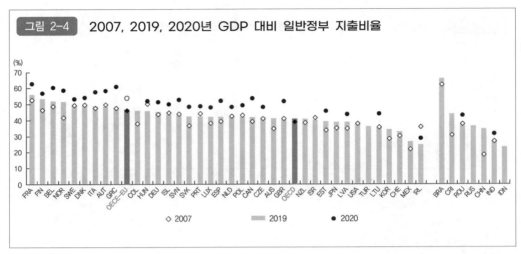

그림 2-4 2007, 2019, 2020년 GDP 대비 일반정부 지출비율

출처: OECD(2022: 85).

40.8%(2019년) 보다 낮은 수준이다(참조 [그림 2-4]).

그럼에도 불구하고 한국 정부의 재정규모는 지속적으로 증가하고 있다([그림 2-5] 참조). 한국의 중앙정부 총지출 규모(각 연도 본예산 기준)는 2017년 400.5조 원, 2018년 428.8조 원, 2019년 469.6조 원, 2020년 512.3조 원, 2021년 558.0조 원, 2022년 607.7 조 원으로 나타났다. 특히 코로나19 팬데믹이 발생한 이후 2021년 정부지출은 급속하게 증가하였다. 이를 고려할 때 한국의 재정규모는 OECD 국가들에 비해 상대적으로 높지 는 않으나, 지속적으로 증가하고 있으며 코로나19 팬데믹 이후 재난지원금 지급 등과 같은 확장적 재정정책으로 급속하게 증가하였음을 확인할 수 있다.

하지만 정부규모를 양적인 측면에서만 논의하기는 어렵다. 질적 측면에서도 정부 규모를 살펴볼 필요가 있는 것이다. 정부와 사회의 관계, 정부와 시장의 관계, 정부자체 역량과 정부기능 차원에서도 정부규모를 설명할 수 있다(김윤권, 2013; 문명재·주기완, 2007).3) 첫째, 정부와 사회의 관계는 국가자율성(state autonomy)으로 판단할 수 있다. 국 가자율성은 "사회를 구성하는 다양한 집단의 이익을 그대로 반영하는 것이 아니라 정부 가 독자적으로 어젠다를 설정하고 정책을 결정할 수 있는 정도"로 정의된다(유민봉,

───────────

3) 정부규모의 질적인 측면에 대해서는 정부와 사회, 정부와 시장과의 관계만을 논의하고 정부역량과 기능 은 적정규모 부분에서 설명한다.

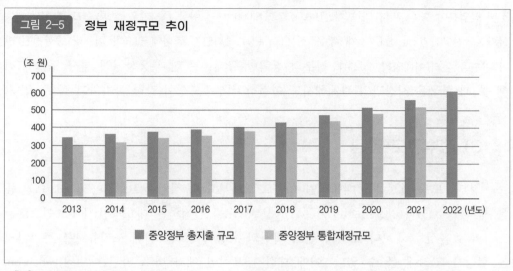

그림 2-5 **정부 재정규모 추이**

출처: 기획재정부(2022).

2021: 190). 이러한 관점에서 발전국가를 경험한 한국은 국가자율성이 매우 높다고 할 수 있다. 삼권분립으로 견제와 균형의 기반을 마련한 미국과는 달리 한국은 견제받지 않는 대통령의 막강한 권력을 바탕으로 제왕적 대통령제의 특성을 지니고 있다(박용수, 2016). 즉, 행정부 위주의 강한 정부관을 가지고 있으며 권위주의가 강한 국가인 것이다. 정부와 사회의 관계는 1980년대 민주화 시기를 거치면서 큰 변화를 겪었다. 이후 시민사회, 시민단체, 이익집단 등의 세력이 정책결정에 중대한 영향을 미치고 있으나 (예: 대한의사협회에 의한 원격진료 등 의료법 규제완화 반대), 아직까지는 정부주도적으로 정책과정이 운영되는 측면이 있다(정정길 외, 2019).

둘째, 정부와 시장의 관계는 정부가 어느 정도 자유시장체제를 신봉하고 실천에 옮기느냐에 따라 결정되는데, 정부가 경제계획을 통해 주도적으로 시장을 이끌어 나가는 경우 강한 정부관을 견지한다고 볼 수 있다(유민봉, 2021: 191). 한국은 역사적으로 정부주도의 경제개발계획을 통해 경제성장을 이끌어 왔다는 점에서 시장이 정부에 종속되는 측면이 강했다. 물론 IMF 외환위기 이후 시장의 영향력이 증대되고 정부의 시장에 대한 권한이 감소하기는 하였지만 여전히 정부가 경제성장 동력을 설정하고 이를 주도적으로 이끌고 있음을 알 수 있다[예: 2019년 일본의 경제보복에 대비하기 위하여 정부가 소재·부품·

장비 산업분야 향후 7년간 연구개발(R&D) 7조 8,000억 원 이상 투자계획 설정; 2023년 12월에는 국가첨단전략산업 및 신규 소재·부품·장비(소부장) 특화단지 조성에 필요한 인프라 종합지원 방안 마련을 논의(이데일리, 2023)]. 정부의 강력한 규제를 통한 부동산정책 실시 등을 고려해 볼 때 한국은 시장과의 관계에서도 여전히 정부주도성이 강한 국가라고 볼 수 있다.

3) 정부규모 결정

정부규모를 결정하는 대표적인 요인으로 내부요인, 정치적 요인, 환경수요 요인 등을 제시할 수 있다(김정인, 2019a: 6-11). 정부규모를 결정하는 대표적인 내부요인으로는 조직의 효율성 증가보다 조직과 관료 자신의 효용극대화를 위해 조직규모를 증가시키는 현상을 고려해 볼 수 있다. 이에 대한 대표적인 예가 바로 파킨슨 법칙(Parkinson, 1957)과 니스카넨(Niskanen, 1971)의 예산극대화[4]모형이다. 정치요인으로는 정권교체, 정치적 성향, 선거 및 선거주기, 노조가입 증가율 등이 정부규모에 중대한 영향을 미친다. 사회주의체제를 채택한 나라들이 사회보장제도의 발달로 그렇지 않은 국가보다 정부규모가 더 크게 나타나는 측면이 있으며(김태일·장덕희, 2006), 선거는 정부규모를 증가시키는 데 중요한 요인이 된다(이명석, 1998). 정치지도자 또는 집권세력의 정치적 성향과 가치관에 따라 국정이 다르게 운영되어 정부규모 결정에 영향을 주기도 한다(이창원·임영제, 2009). 또한 보수와 진보의 정권성향이 정부규모에 영향을 미치기도 한다(정철현·김정한, 2008).[5] 마지막으로, 정부규모에 가장 중요한 영향을 주는 요인은 바로 외부환경수요 요인이다. 이와 관련한 대표적인 예로 인구규모, 면적, 행정수요, 1인당 GDP, 65세 이상 노령인구비중 등을 제시할 수 있다. 환경수요 요인이 정부규모에 유의미한 영향을 미친다는 연구결과도 제시되고 있다(예: 김정인, 2019a: 7). 수요모형 또는 반응적 정부모형에 따르면 행정환경 수요 증가에 따라 정부규모는 증가하는 경향이 있다.[6]

---

4) 니스카넨은 "미국 국방성의 예산을 분석한 결과 자기 부처의 예산을 극대화하여 권한을 확대하고자 하는 이기적 행위가 있음을 경험적으로 입증하였다"(유민봉, 2021: 158).

5) 일반적으로 보수성향 정권은 작은 정부를, 진보성향 정권은 큰 정부를 지향한다고 하지만, 현실적으로는 끊임없이 정부규모가 증가하고 있다. 예를 들어, 신자유주의자들은 중앙정부의 권한을 지방 또는 비영리기관으로 이전할 뿐이지 정부규모가 줄어든 것은 아니라는 것이다(하태수, 2007).

6) 예를 들어, 고령화에 대응하기 위하여 국가 치매관리 종합계획, 건강보험 보장성 확대를 추진하게 되고, 이를 위해 정부인력과 재정지원이 증가하게 된다.

파킨슨 법칙과 정부규모

파킨슨 법칙에 의하면 정부부문 인력규모가 증가하는 것은 행정수요와 행정서비스 증가 등 업무증가와 관계없이 관료 자신들의 이익을 극대화하기 위해서이다. "업무란 정해진 마감시간까지 늘어난다(work expands so as to fill the time available for its completion)"라는 파킨슨 법칙에 의하면 공무원들은 시간이 얼마만큼 주어지든지 업무수행에 시간압박을 받지 않는다(Parkinson, 1957). 특히 정년과 신분이 보장되어 있는 공무원들에게는 시간을 앞당겨 업무를 완성해야 할 유인체계가 존재하지 않는다(Breton & Ronald, 1982). 이와 같은 특성 때문에 공무원들은 업무량과 관계없이 더 많은 부하를 원하고, 이로 인해 발생하는 파생적인 업무를 담당하기 위해 또다시 인력이 증가하게 된다(Parkinson, 1957). 정부조직에서 필요 이상의 인력이 증가하는 것은 비효율적인 업무행태를 야기하고 결국 조직의 생산성을 떨어뜨린다. 환경요인 변화 등 특별한 인력증가 요인이 발생하지 않는다 하더라도 끊임없이 인력이 증가하고, 이로 인해 조직의 생산성이 감소하기 때문이다(Gough, 2011). 이처럼 공무원은 업무량 증가와 관계없이 부하직원을 두려 하는 '부하배증(部下倍增)'을 선호할 가능성이 높아, 업무량과 관계없이 정부인력이 과잉증가하게 될 가능성이 있다. 이외에도 업무배증의 법칙이 있다. 부하가 증가되면서 파생적 업무(부하에 대한 지시, 보고, 승인, 감독 등의 업무)가 많아지고, 이로 인해 오히려 업무가 증가하는 것이다(Parkinson, 1957). 특히 파킨슨 법칙에 의하면 인력요소는 행정적 요소(administrative component)와 직접적인 노동요소(direct labor component)로 구분된다. 시간이 지남에 따라 일정한 요인에 의해 행정적 요소가 증가하고, 또한 행정적 요소/직접적인 노동요소 비율도 증가하며, 직접적 노동요소와 생산량이 감소함에도 불구하고 행정적 요소인 인력은 증가한다(Breton & Ronald, 1982). 또한 공무원들은 대부분 부하들을 자신의 라이벌로 생각하지 않기 때문에 부하 수를 늘려 자신의 효용을 증가시키기를 원한다는 것이다(Gough, 2011).

출처: 김정인(2019a: 7-8).

4) 정부의 적정규모 논의

정부의 적정규모를 판단하는 것은 쉬운 일이 아니지만, 다음의 사항을 고려하여 정부 적정규모를 모색할 필요가 있다. 첫째, 정부의 범위에 따라서 정부규모가 달라질 수 있기 때문에 정부의 범위와 영역을 명확하게 정하고, 그림자정부(shadow government)

관점에서 정부규모를 판단해야 하며, 이에 대한 정확한 자료가 제시되어야 한다. OECD 통계상 사용되는 인력과 재정규모는 '일반정부(general government)'를 측정범위로 한다. UN의 국민계정체계(System of National Accounts, SNA)에 따를 때 일반정부는 중앙 및 지방 정부, 사회보장기금, 공공비영리기관을 포함하고, 공공부문은 일반정부 및 공기업까지를 포함한다. 따라서 표준화된 기준에 따라 정부범위를 설정할 필요가 있다. 또한 단순히 공무원 수만을 포함하는 것을 넘어서 정부영향을 받는 정부인력도 정부규모 측정 시 포함시킬 필요가 있다. 특히 그림자정부 개념에 의하면 공무원뿐만 아니라 민간위탁, 정부보조금 그리고 지방정부의 위임업무 담당자 등까지도 포함하고 있다. 이처럼 그림자정부인력(shadow government workforce)까지도 정부인력 범위에 포함하는 것을 고려할 필요가 있다. 보다 정확한 정부규모를 측정하기 위해서는 정부예산 지원을 받는 모든 조직을 정부규모에 포함시켜야 한다는 것이다(Light, 1999). 그리고 정확한 자료를 바탕으로 정부규모를 비교할 필요가 있다. 예를 들어, 한국의 경우 OECD 국가통계에 비정규직은 2013년까지 무기계약직과 1년 이상 기간제 인원만 포함되어 있고, 2015년에는 1년 미만 기간제 인원도 포함되어 측정되었다. 하지만, 여전히 한국은 타 OECD 국가와 같이 시간제 공무원을 상근공무원(full time equivalent)으로 전환하여 산정하지 않고 있다(조세현, 2017: 68-69). 따라서 정부규모를 논의할 때에는 정확한 자료를 바탕으로 할 필요가 있다.

둘째, 정부의 기능을 고려하여 정부규모를 설정할 필요가 있다. 정부기능 측정은 쉽지 않으며, 정부기능이 상호배타적으로 구분될 수 있는 것이 아니라 중복적인 측면도 존재한다는 점에서 한계가 있다(정철현·김정한, 2008: 55). 그럼에도 불구하고 정부규모는 정부기능을 고려하여 설정될 필요가 있다. 예를 들어, <표 2-1>에 제시되어 있듯이 정부가 소극적 기능, 즉 최소한의 정부기능(예: 국방, 치안, 저소득계층 보호)만을 수행할 때 정부규모는 국방, 치안 부서의 예산과 인력을 중심으로 증가한다(문명재·주기완, 2007). 그러나 현대사회의 행정수요 다양화, 행정환경의 예측불가능성과 복잡성 증가, 시장과 시민사회의 역할 증가 등으로 인하여 정부의 기능을 소극적, 중간적 혹은 적극적이라고 단정적으로 판단하기는 어렵다. 4차 산업혁명 시대와 디지털 대전환 시대로 명명되는 오늘날에는 정부의 역할보다 오히려 민간, 특히 시장의 기능이 중요하게 고려되는 측면이 있다. 이러한 시대에 있어서 정부는 시장이 적극적인 역할을 수행할 수 있도록 하는 제도와 인프라를 마련해 줄 필요가 있다. 정부주도의 예산 및 인력 증가는

| 표 2-1 | 정부의 기능 |

정부기능	시장실패 해결	형평성 제고
소극적 정부	국방, 법규집행, 재산권, 거시경제정책, 국민보건	저소득계층에 대한 보호, 빈곤퇴치정책, 재난구제프로그램
중간적 정부	외부성 문제: 교육, 환경보호 등	사회보험제도: 연금, 가족수당, 실업보험 등
적극적 정부	민간부문 조정기능: 시장육성, 클러스터 정책, 산업정책	재산재분배정책

출처: Fukuyama(2004); 문명재·주기완(2007: 59).

오히려 시장에 부정적 영향을 줄 수 있다.

셋째, 적정한 정부규모를 결정하기 위해서는 정부의 전략적 접근방안이 구축될 필요가 있다. 과거 한국 정부에서는 정권 초기에는 작은 정부를 표방하다가 정권 말기에 들어 정부규모가 비대해지는 현상이 나타난 사례들이 있다. 김영삼 정부, 김대중 정부, 이명박 정부에서 이러한 현상이 공통적으로 나타난 것이다(김근세·허아랑, 2015). 이 같은 현상은 대부분 정부규모 결정이 전략적으로 이루어지지 않고 정치적 요인에 의해 결정되는 경우가 많았기 때문이다. 따라서 큰 정부와 작은 정부의 정당성을 논의하기 이전에 전략적이고 합리적인 정부규모 설정이 고려될 필요가 있다. 이를 위해서는 정부역량을 반영한 정부규모가 설정되어야 한다. 정부역량은 "정부의 정책집행 능력 및 재화와 서비스 제공능력"으로 정의될 수 있다(유민봉, 2021: 192). 정부의 재정적·인적 역량이 높을수록 국민에게 보다 좋은 행정서비스를 제공할 수 있다. 그러나 현대 행정의 환경변화로 인해 정부는 더 이상 독점적이고 유일한 문제해결자 역할을 수행할 수 없다. 정부는 시장 및 시민사회와 협력하여 행정문제들을 해결해야 하며, 효율적으로 자원을 관리해야 하고, 정부-시장-시민사회 간 민주적 견제와 균형 유지를 위해 노력해야 한다. 그리고 이에 적합한 정부역량이 갖추어질 때 효과적인 정부규모가 유지될 수 있다. 미래에는 예상하지 못한 행정수요가 발생할 가능성이 높아 이에 걸맞게 정부역량을 증진시킬 필요가 있다. 예를 들어, 최근 공공부문에서 비정규직의 정규직화 확대로 인해 공공부문의 공무직7) 규모가 급속하게 증가하고 있다(김정인, 2019b). 이와 같이 새로운

---

7) 「서울특별시 공무직관리규정」에 따르면 공무직이란 "상시, 지속적 업무에 종사하며 기간을 정하지 않은

행정문제의 등장으로 인해 정부규모에 변화가 발생할 가능성이 높기 때문에 이에 대응하기 위한 정부역량 제고가 요구되는 것이다.

최근에는 코로나19 팬데믹과 같은 예기치 않은 위기 상황을 극복하기 위해 정부의 양적 규모와 질적 규모 모두가 증가하였다(이하 박광국·김정인, 2020). 코로나19 팬데믹 전문 보건인력 증가와 재난지원금 지급 등 인력과 재정규모 모두에서 정부의 양적 규모는 증가하였으며, 질적 규모 차원에서도 코로나19 위기 상황 대응을 위해 정부범위(정부의 제도적 역량에 따라 민간에 개입할 수 있는 정도)와 정부역량(정부가 정책을 계획하고 집행할 수 있는 능력이자 법을 명확하고 투명하게 집행할 수 있는 능력)도 증가하였다(Fukuyama, 2004). 그러나 코로나19 팬데믹이라는 특수한 상황에서는 정부범위와 정부역량이 모두 높은 강한 정부가 유용하지만 이것이 항상 긍정적인 효과만을 초래하는 것은 아니다. 강한 정부는 때로 불필요한 정부규제를 야기할 수 있다. 따라서 향후 바람직한 정부의 기능과 역할은 무분별한 정부의 양적·질적 규모 증가에 있는 것이 아니라, 시민사회와 적극적으로 협력하면서, 시민들의 참여를 보장하고, 이를 통해 시민들의 정치적 효능감이 달성될 수 있도록 하는 것이다.

2. 작은 정부의 등장과 시장형 관리 방식인 신공공관리의 확산

1) 작은 정부의 등장배경

작은 정부의 경우 엄밀하게는 학술적 용어라기보다 정치·행정가들에 의해 사용되기 시작한 용어이다. 작은 정부에 있어서의 적정한 정부활동 범위나 영향력을 평가하기는 어렵지만 작은 정부의 등장은 큰 정부의 한계로 나타난 정부실패와 관련성이 있다(박동서 외, 1992). 1970년대 유럽과 미국에서의 큰 정부에 대한 비판은 매우 심각하였다. 복지국가 운영의 부작용으로 나타난 조세문제와 정부의 재정적자 악화는 국민의 강력

근로계약을 체결한 사람(공무원 및 청원경찰 제외)"을 말한다(김정인, 2019c: 99).

한 반발을 불러일으켰다. 예를 들어, 1978년 미국 캘리포니아주에서는 고율의 재산세에 대해 상한을 요구하는 주민발의 'Proposition 13'이 만들어지기도 했다. 이는 주민들의 대표적인 조세저항운동으로 일컬어진다(임재근, 2016). 과다한 정부지출에 대한 비판과 비효율적인 정부 운영으로 인해 시민들의 기대에 못 미치는 정부성과가 나타나면서 정부신뢰는 매우 낮아질 수밖에 없었다. 정부의 도덕성과 역량에 대한 국민의 불신은 작은 정부운동이 등장하게 된 압력으로 작용하였다. 특히 영국(예: 대처 수상[8])과 미국(예: 레이건 대통령[9])의 정치권은 이러한 반정부 기류를 적극 활용하여 큰 정부에서 작은 정부로의 정부개혁을 추진하였다(정정길 외, 2019). 이처럼 작은 정부가 등장하게 된 현실적인 배경은 재정적자, 정부실패, 정부의 비효율적 운영에 대한 시민들의 반발과 이의 정치적인 활용에 있었다.

　　공공선택론, 신제도주의 경제이론(합리적 선택 제도주의), 신자유주의 등과 같은 이론과 사상은 '정부실패'의 원인과 작은 정부의 정당성을 설명하는 중요한 근거가 되었다. 이와 관련된 대표적인 이론적 근거로 앞서 설명한 것과 같은 공유재의 비극(tragedy of commons),[10] 지대추구이론(rent−seeking theory),[11] X−비효율성(X−inefficiency),[12] 주

---

8) 영국의 대처(M. Thatcher) 수상은 1979년부터 1990년까지 영국의 수상으로 집권하였다. 집권기간 동안 '대처리즘(Thatcherism)'이라고도 명명되는 강력한 개혁을 추진하였다. 방만하게 운영되던 국가재정을 긴축운영하고, 물가인상을 억제하였으며, 성과제를 도입하고, 정부규모를 축소하는 등 시장중심의 대대적인 개혁을 추진한 것이다. 대처 수상은 노조의 강력한 반발을 극복하고 영국의 경제를 활성화하기 위해 노력을 아끼지 않았다는 측면에서 '철의 여인(iron lady)'이라고도 불린다(위키피디아, 2019b).

9) 레이건(R. Reagan) 대통령은 미국의 제40대(1981~1989년) 대통령으로 당시 미국에 만연했던 경기침체와 인플레이션을 극복하기 위해 '레이거노믹스(Reaganomics)'라고 불리우는 경제정책을 시행하였다. 방만한 정부재정 지출을 축소하였으며, 시장활성화를 위한 대규모 감세정책을 펼쳤고, 경쟁체제의 활성화를 위해 노력하였다. 이러한 경제적 자유주의 정책으로 인해 미국은 다시 경제 호황기를 맞을 수 있게 되었다(위키피디아, 2019c).

10) 공유재의 비극은 "자기이익을 위해 경쟁적으로 그 재화를 사용하는 경우 결국 고갈되고 마는 현상"을 의미하며, "정부의 예산, 인력 또는 승진 자리도 공유재의 성격을 가지고 있어 사람들이 더 먼저 또는 더 많은 재원을 확보하기 위해 힘쓴다는 것"이다(유민봉, 2021: 157).

11) 유민봉(2021: 158)은 '지대(rent)'를 "정부의 결정에 의해 형성된 독점 또는 배타적 이익"으로 정의한다. "정부가 배분할 수 있는 재화가 한정적이고 그것을 원하는 사람이 많은 상황에서 지대는 커지고 경쟁도 치열해 진다"는 것이다. 지대는 "불로소득의 성격이 강하고, 뇌물 등 비정상적 거래를 통해 확보될 가능성이 높다"는 측면에서 문제가 된다.

12) X−비효율성은 리벤스타인(H. Leibenstein)에 의해 제시된 이론(Leibenstein, 1978)으로 "정부가 독점적 이익을 만들어 사람들에게 배분하는 과정에서 지대추구행위가 발생한다면, 정부가 재화나 서비스를 직접 제공하기 때문에 발생하는 비효율"로 정의될 수 있다(유민봉, 2021: 159). 즉, "정부와 같이 독점적 성격

인-대리인이론(principal-agent theory),[13] 거래비용이론(transaction cost theory)[14] 등이 있는 것이다. 이 중 지대추구이론은 털럭(G. Tullock)에 의해 처음 소개되었다(Tullock, 1967). 지대추구란 "정부개입에 의해 발생하는 인위적 지대를 획득하기 위해 자원을 낭비하는 행위"로 정의할 수 있다(윤영진, 2002: 149). 특히 정부의 개입에 의해 발생하는

| 그림 2-6 | 작은 정부를 이끈 영국 대처수상과 미국 레이건 대통령 |

마가렛 대처(M. Thatcher)
(1925.10.13.~2013.4.8)

로날드 레이건(R. Reagan)
(1911.2.6.~2004.6.5.)

출처: https://www.wikipedia.org/ 검색.

을 가진 기관은 가격을 낮추어야 하는 경쟁적 압박을 받지 않기 때문에 그만큼 조직내부의 자원관리가 느슨해질 수 있다는 것"이다(유민봉, 2019: 159-160).

13) 주인-대리인 모형은 원래 경영적 측면에서 설명되는 이론이나, 이를 정부에 대입하면 "국민이 주인이고 선출직인 국회의원과 대통령이 대리인이 된다. 공무원과의 관계에 있어서는 국민이 선출한 국회의원과 대통령이 주인의 지위에, 공무원은 대리인의 지위에 대입될 수 있다. 공무원은 국민의 대표기관이나 국민을 위해 일할 것으로 기대하지만 공무원이 더 많은 정보를 가지고 있기 때문에 통제가 곤란하다. 국회나 감사원 등 외부기관의 통제가 있을 수 있지만 통제가 미치지 않는 곳에서 도덕적 해이가 발생하고 불리한 정보를 가지고 자신에게 불리한 거래를 선택하는 역선택의 문제가 발생하는 것이다"(유민봉, 2021: 160).

14) "거래비용이론은 어떤 재화나 서비스를 내부적으로 생산할 것인가 외부에 위탁할 것인가의 결정에 거래비용이 중요한 변수가 된다"는 이론이다(유민봉, 2021: 161). 거래비용에 포함되는 비용은 "당사자 간의 협상 및 커뮤니케이션 비용, 계약의 준수를 감시하는 비용, 정보를 수집하고 처리하는 비용 등이 포함되는데 개인의 기회주의 속성, 정보수집의 불확실성, 거래절차의 복잡성, 정보의 불균형, 성과측정의 난이도 등에 의해 영향을 받는다"(유민봉, 2021: 161).

지대는 "정부가 독점권을 배분하는 권한을 가지고, 지대를 창출함으로 인하여 발생하는 경제적 지대"를 의미한다(박민정, 2004: 215). 정부에는 인위적인 지대를 창출할 수 있는 거대권력이 존재하며, 기업과 이익집단 등은 각종 인허가, 면허, 수량제한, 여신할당 등으로 발생한 인위적 지대를 획득하기 위하여 노력한다. 이러한 지대추구 활동과정에서 비효율성과 사회적 낭비가 발생하는 것이다(윤영진, 2002). 이와 함께 정부가 재화나 서비스를 직접 제공하는 과정에서 경쟁적 압박이 존재하지 않아 자원이 효율적으로 운영되지 않고 느슨하게 운영되는 X-비효율성이 나타나기도 한다.

2) 신공공관리(시장형 공공관리) 특징

작은 정부로의 행정개혁을 뒷받침해 주는 논의는 신공공관리(New Public Management, NPM)에서 찾아볼 수 있다. 오스본(D. E. Osborne)과 게블러(T. Gaebler)가 『정부재창조론(Reinventing Government)』이라는 저서를 통해 1992년 창안한 정부혁신[15] 10대 원칙(정부재창조 10계명)을 강조한 신공공관리는 특정 이론체계라기보다 시장주의, 성과향상, 효율성 향상을 기반으로 하며 전통행정학과 구분되는 공공관리 방식의 개혁동향을 의미한다(Hood, 1991). 신공공관리는 정부조직에 시장원리를 적용하여 정부조직을 더욱 기업적으로, 또 효율적으로 운영·관리하고자 한 것이다(Jansen, 2008: 189). 공공관리 방식을 중앙집권적 운영원리에서 벗어나 자율적·분권적 운영으로, 지시·명령·통제에서 벗어나 자율성 강화에 따른 성과책임 강조로, 비효율적인 업무에서 벗어나 이를 적극적으로 시장에 이양하는 효율적인 정책을 추구하는 것으로의 변화를 꾀한 것이다. 즉, 신공공관리는 '더 많은 시장성(more market)', '더 많은 관리성(more management)', '더 많은 능률성(more efficiency)'이라는 가치를 추구하였다(김정인, 2018a: 59).

---

15) 오스본과 게블러는 당시 미국이 직면한 여러 가지 문제들을 해결하기 위해서는 정부를 재창조하는 자세로 개혁할 필요가 있다고 주장하였다(Osborne & Gaebler, 1992). 오스본과 게블러가 강조한 정부재창조 10계명은 다음과 같다. ① 노 젓기보다는 방향 잡기를 하라, ② 단순히 서비스를 제공하기보다는 커뮤니티에 그들 자신의 문제를 스스로 해결할 수 있도록 권한을 부여하라, ③ 독점보다는 경쟁을 독려하라, ④ 규칙보다는 미션에 따라 업무를 추진하라, ⑤ 투입보다는 결과에 의한 성과를 지향하라, ⑥ 관료가 아닌 고객의 수요를 중시하라, ⑦ 지출보다는 수입에 집중하라, ⑧ 문제해결보다는 문제예방에 투자하라, ⑨ 권한을 분산시켜라, ⑩ 공공정책을 만드는 것으로 문제를 해결하기보다는 시장성에 의한 문제 해결방안을 모색하라.

신공공관리는 정부조직 내 새로운 관리방식인 신관리주의와 정부의 기능을 시장으로 이양하는 시장주의로 구분해 논의되었다. 전자는 민간부문의 관리방식을 정부조직 내 역할모델로 고려하는 관리주의적 사고를 의미하며, 후자는 신자유주의와 시장주의 경제철학이 함께 고려된 공공부문의 새로운 관리철학으로서 고려되었다(Hammerschmid & Meyer, 2005: 711; 김정인, 2018a: 59).

서로 다른 공공기관 간 혹은 공공기관과 민간기업 간 경쟁, 경제적 유인화, 대규모 관료조직의 분권화와 분절화를 통한 공공관리 방안을 강조한(Dunleavy et al., 2006) 신공공관리는 경쟁지향, 성과지향, 고객지향의 성격을 지닌다(유민봉, 2021). 이와 관련해 첫째, 신공공관리는 정부가 시장의 논리인 경쟁원리를 수용해야 한다고 주장한다(이하 김정인, 2018a: 59). 공공서비스를 생산·제공할 때에도 경쟁의 원리에 따라 하나의 부서나 기관에서 이를 생산하고 제공하기보다는 다수의 조직(기관)에서 경쟁하여 생산·제공하는 것이 시민들에게 양질의 서비스를 저렴한 가격에 제공할 수 있는 방안이라고 본 것이다. 정부조직(기관)들 사이에서도 경쟁의 원리를 도입했을 뿐만 아니라, 정부의 기능을 공공기관, 시장으로 이양하여 경쟁을 적극적으로 유도하였다. 신공공관리는 자산매각을 통한 민영화라는 정책수단을 활용해 경쟁을 유도하였으며, 때로는 민간과의 계약을 통한 민간위탁으로, 정책수요자들의 선택권을 확대시키는 바우처(voucher) 제공으로, 공공기관과 지방공기업 설립 등을 통해 적극적인 경쟁시스템을 도입하는 것으로 시민들에게 보다 나은 공공서비스를 제공하고자 하였다. 경쟁의 원리는 정부조직 내부에서도 발생하였다. 가장 대표적인 예로 조직구성원 간의 공정한 경쟁을 통해 성과를 확대하기 위한 수단으로 성과급을 도입한 것이다(유민봉·임도빈, 2016).

둘째, 신공공관리는 정부 내 경쟁강화를 통해 성과향상을 도모하고자 하였다(이하 김정인, 2018a: 59-60). 정부성과 향상은 정부의 경쟁력을 증진시킬 수 있으며, 이를 통해 궁극적으로는 시민들의 정부에 대한 만족도를 높일 수 있는 양질의 서비스를 제공할 수 있게 된다. 정부성과 향상은 무엇보다도 정부조직 내에서 발생하였다. 정부의 기능을 시장으로 이양하는 것과는 달리, 정부조직 내에서 성과를 증진시키는 성과관리 방안을 강조한 것이다. 불명확하고 추상적인 공공조직 목표의 특징을 고려해 가능한 한 달성할 수 있는 정부조직 목표를 설정하고자 하였다. 즉, 정부조직 목표를 구체적이고 명확하게 설정하고 이를 달성하기 위해 집권화보다는 분권화, 지시와 명령·통제 강화보

다는 자율성 제고, 자율성 증진과 성과에 대한 책임성 강화를 중요시한 것이다.[16]

셋째, 신공공관리는 정부성과 향상 달성을 통해 궁극적으로 시민들에게 보다 좋은 행정서비스를 제공하고자 하였다(김정인, 2018a: 60). 바우처제도 도입이나 행정서비스헌장제도[17] 도입 등은 신공공관리에서 고객을 중요하게 고려하는 측면들을 잘 보여 주고 있다. 그럼에도 불구하고 신공공관리는 시민보다는 고객에게 양질의 서비스를 제공하는 고객지향 행정을 수반한다는 비판을 받게 된다. 가격차별과 수익자부담원칙을 통해 고객들에게 질 좋은 서비스를 제공하는 것이 신공공관리의 목적이었던 것이다.

3) 신공공관리에 대한 비판과 대안: 탈신공공관리

공공부문의 효율성과 생산성을 증대시키고자 하는 신공공관리의 장점에도 불구하고, 신공공관리는 다음과 같은 한계점을 지닌다(이하 김정인, 2018a: 60−61). 첫째, 정부부문의 지나친 효율성 제고는 장기적 차원에서 공공성을 저해하고, 정부조직의 역량을 희생시키며(Newberry & Pallot, 2005), 시민들의 정치참여에 부정적인 영향을 미치고(Vigoda, 2000), 정치적 통제에 대한 훼손문제를 발생시켰다(Christensen et al., 2007). 또한 신공공관리에서의 과도한 능률성 강조는 민주성, 책임성, 사회적 형평성 등 다양한 가치들을 훼손하는 결과를 가져왔다. 특히 공공서비스 제공 대상범위가 제한되고, 가격차별에 의해 사회적 약자들이 공공서비스 제공에서 배제되는 등 보편성과 보장성에 문제가 발생하였다(최상옥, 2016).

둘째, 공공부문 성과책임 증진은 예기치 않은 부작용을 초래하였다(Jun, 2009: 162). 신공공관리의 자율성과 책임성 증진은 오히려 성과를 우선으로 하는 단일목적 추구 조직을 확산시켰으며, 이처럼 성과향상과 능률성 증진만을 강조하는 공조직은 때로 성과 맹목주의와 터널효과(tunnel vision),[18] 차선추구(suboptimization), 근시안적 관리(myopia),

---

16) 예를 들어, 책임운영기관을 설립하여 정부부처와 성과계약을 체결한 뒤 이에 따라 인사, 조직, 예산관리의 자율성을 부여하고 성과달성 책임성 의무를 부과하는 것이다(김정인, 2018a: 60).

17) 행정서비스헌장제도는 "행정기관이 제공하는 행정서비스의 기준과 내용, 이를 제공받을 수 있는 절차와 방법, 잘못된 서비스에 대한 시정 및 보상조치 등을 구체적으로 정하여 공표하고, 이의 실현을 국민에게 약속하는 것"으로 정의된다(유민봉, 2021: 386).

18) "정치경제학자인 알버트 허시먼(A. O. Hirschman, 1915~2012)이 주장한 이론으로, 경제발전의 초기에는 어느 정도의 소득 불평등을 용인하지만, 경제발전이 이루어진 후에도 소득 불평등이 지속된다면 사회

특정 성과지표에의 고착(measure fixation), 왜곡된 보고와 왜곡된 해석(misrepresentation and misinterpretation), 게임(gaming), 톱니바퀴 및 문턱효과(ratchet and threshold effects),[19] 고성과를 달성하기에 유리한 공공서비스나 공공재만을 선택적으로 제공하려는 체리피킹(cherry picking) 경향 등의 부정적인 효과를 초래하였다(Smith, 1995; 금재덕·이성도, 2009; 박순애·이영미, 2018).

셋째, 신공공관리의 지나친 경쟁 강조는 다음과 같은 폐해를 초래하였다(김정인, 2018a: 61). 공정한 경쟁은 사회적 효용을 극대화할 수 있지만, 지나친 경쟁은 오히려 공공부문 내 개인과 집단들의 협업을 저해할 수 있다. 이로 인해 변화의 주체가 되어야 할 공무원들은 개혁의 객체가 되어 탈인간화되며, 그들의 사기는 저하된다(김선명, 2005). 신공공관리에서 강조하는 경쟁은 공공부문의 혁신을 강화하여 공공서비스의 질을 향상시키는 데 기여한다는 측면에서 장점을 지닌다. 하지만 과다한 경쟁은 오히려 부작용을 초래할 수 있다. 즉, 무분별한 경쟁은 오히려 인력 및 예산의 낭비를 초래할 수 있고, 경쟁과정에서 과중한 부담과 혼란이 발생할 수 있으며, 성과관리 담당관과 업무집행 부서들 간 협업을 저해하여 갈등을 유발시킬 수 있다. 또한 이로 인해 공무원들의 심리적 저항과 불만이 증대될 수도 있으며(하미승, 2004), 정부조직 구성원들 간 경쟁적 압력은 조직구성원의 정서적 탈진(emotional exhaustion)을 초래하기도 한다(이형우·양승범, 2018).

넷째, 공공조직의 과도한 분권화와 관리적 자율성 강화는 오히려 공공조직 내 분절화(fragmentation)의 문제를 유발시켰다(김정인, 2018a: 61). 신공공관리는 정부 역할의 모호성과 분절화 문제를 더욱 강화시키는 경향이 있으며, 기관 간 협력(협업) 또한 소홀히 하도록 만들었다. 이로 인해 정부조직 간 칸막이 행정이 발생할 가능성이 높아졌으며, 정보공유가 잘 이루어지지 않는 한계가 발생하였다. 신공공관리로 인해 오히려 국민들의 정

적 불안감이 조성되어 경제발전의 원동력을 상실할 수 있다는 것을 정체된 터널 속에서의 모습에 빗대어 설명한 이론이다"(네이버지식백과, 2019a).

19) 톱니바퀴효과는 톱니효과라고도 지칭되며, "일단 어떤 상태에 도달하고 나면, 다시 원상태로 되돌리기 어렵다는 특성을 지칭하는 말"이다(네이버지식백과, 2019b). 문턱효과는 문지방효과(門地枋效果, threshold effect), 혹은 역치효과(閾値效果), 문턱효과라고도 한다. "특정한 물질이나 생물체에 일정한 한도를 넘는 자극이 가해질 경우 새로운 현상이 나타나는 것을 말한다. 여기서 역치란 특정 물질이나 생물체에 반응을 유도하는 최소한의 자극치를 말한다. 즉, 유전학에서 역치효과는 한 유기체가 어떠한 역치를 극복하기 위해 필요로 하는 특정한 화학물질을 충분한 양만큼 생산해 내기 위해 특정한 양의 다원형질유전자를 획득해야만 하는 상황을 의미한다"(네이버지식백과, 2019c).

치적 통제가 어려워지고, 정부에 대한 불신이 강화되는 계기가 마련된 것이다(Jun, 2009).

다섯째, 정부부문에서 신공공관리의 도입은 오히려 정치화(politicization) 문제를 야기하였다(Kim, 2016). 특히 정부부문의 객관적인 성과평가가 어려운 상황에서 관료적 자율성을 강화한다는 것은 오히려 관리적 자의성으로 변질될 가능성이 높다는 것이다(박종민·윤견수, 2015: 50). 슐레이만(E. N. Suleiman)은 신공공관리의 등장으로 인해 정부부문에서 직업공무원제도가 악화될 가능성이 있음을 강조하였으며, 이로 인해 관료의 정치화가 촉진될 가능성이 높다고 주장하였다(Suleiman, 2003). 선출직 공직자는 무능하고 부패한 직업관료들을 통제하는 수단으로 신공공관리를 활용할 가능성이 높다는 것이다(박종민·윤견수, 2015: 50). 우리나라 역시 신공공관리의 도입으로 인해 관료의 정치화 현상이 나타났다. 예를 들어, 일부 고위공무원단은 선출직 공직자와의 관계에서 영혼 없이 맹목적으로 충성하는 폐단이 나타났으며, 관료조직 내에서도 수직적 권력관계로 인한 권력화 현상이 출현하게 되었다(윤견수, 2018).

이와 같이 신공공관리는 의도적인 혹은 의도적이지 않은 부정적 현상 모두를 발생시킬 수 있다(Smith, 1995). 이러한 한계로 인해 신공공관리에 대한 비판을 제기한 학자들은 신공공관리가 전통행정의 패러다임을 바꾼 것처럼 보일 수 있으나 그 영향력은 제한적이며, 공·사부문의 본질적 차이(예: 공공서비스의 시장적 성과측정 한계) 때문에 공공부문에 민간기업 운영방식을 그대로 적용하는 데에는 한계가 나타날 수밖에 없다고 주장하였다(Vigoda−Gadot & Meiri, 2007; 김정인, 2018a: 61−62).

이에 따라 신공공관리의 한계를 극복하기 위한 다양한 대안이 제시된다. 가장 대표적인 논의가 바로 탈(脫)신공공관리(Post−NPM)이다(이하 김정인, 2018a: 62). 탈신공공관리는 신공공관리의 능률성 강조와 과도한 분절화로 인해 발생한 부작용 및 한계를 보완하는 대안으로 제시되었다. 탈신공공관리는 신공공관리의 문제점을 극복하기 위한 전반적 흐름이며, 신공공관리의 초월(transcending NPM)이라는 개념으로 사용되기도 했다(Minogue et al., 1998).[20] 무엇보다 탈신공공관리는 신공공관리의 의도하지 않은 부정적

---

20) 탈신공공관리가 등장한 배경은 전 세계적인 대형재난을 극복하는 과정에 있다. 2000년대 들어 발생한 대형재난들은 신공공관리 개혁에 대한 의구심을 증폭시켰다. 2001년 미국의 9·11 테러, 2005년 카트리나 재해, 2004년 중국의 SARS 발병, 2005년 인도네시아의 쓰나미 참사 등과 같은 대형사고가 세계적으로 발생하였으며(유민봉, 2021: 172), 국내에서도 2014년 세월호 참사, 2015년 메르스 사태, 2016년 경주 및 2017년 포항 지진 등 의도하지 않은 대형재난들이 발생하면서 시장지향적 정부 운영 방식에 대한 비판을

결과를 극복하기 위한 개혁적 방안을 제시하였다(Christensen et al., 2007; 이하 김정인, 2018a: 63). 즉, 신공공관리의 역기능을 보완하고, 통치역량을 강화하며, 정치 – 행정체제의 통제와 조정을 개선하기 위하여 탈신공공관리가 강조된 것이다.[21] 특히 탈신공공관리는 가치 간 균형을 강조하였으며, 과거 신공공관리의 규제개혁과 시장개혁을 강조한 국가들이 재규제, 재집권, 구조통합 등을 강화하면서 신공공관리와는 반대방향의 개혁을 추진하였다(Christensen et al., 2007). 정부조직 내 전문화된 독립기관의 분절화는 성과책임 강화와 기능배분에 기여하였으나, 이로 인해 조정과 협업, 정치적 통제에 어려움을 겪게 되면서 탈신공공관리에서는 이에 대한 재조정도 논의되기 시작했다. 특히 탈신공공관리는 신공공관리의 분절화 강화로 인해 발생한 정부조직 내 조직이기주의와 칸막이 현상 문제들을 극복하기 위하여 목표를 공유하고, 문제에 공동으로 대응하며, 상호 정보를 적극적으로 교환하는 결합되고(jointed – up), 협업(collaborative)하는 정부(whole – of – government)를 구축하고자 하였다. 분절되고 독립된 정부기능을 한곳에 집중하여 부처 간 통합·조정·통제 기능을 강화하려는 조직 중심적 개혁을 다시 꺼내 든 것이다(정정길 외, 2019).[22] 탈신공공관리는 신공공관리 개혁의 수정과 보완이며, 이는 전통적 관료제와 신공공관리 개혁의 변증법적 통합이라고 할 수 있다(김정인, 2018a: 64).[23]

더욱 증폭시켰다. 뿐만 아니라, 무분별한 규제완화의 부작용으로 2007~2008년 미국발 세계 금융위기가 발생하고, 2000년대 이후 저성장·양극화의 심각성이 더욱 커지면서 시장주의, 신관리주의, 신자유주의를 기반으로 한 신공공관리에 대한 비판이 더욱 거세졌다(김정인, 2019a: 62).

21) 예를 들어, 신공공관리 규제완화는 의도하지 않게 새로운 규제기관들을 등장시키는 규제완화 개혁의 역설을 발생시켰으며, 민영화된 운송체계는 정부가 직접 제공하는 운송체계보다 더욱 비효율적으로 운영되기도 하였다. 또한 시장개혁적 정부혁신은 개혁의 실효성이 크지 않았으며, 특히 성과급제도 시행이 공공부문의 성과향상을 초래한다는 경험적 증거가 명확하지 않은 한계가 나타났다(이종수, 2010: 33). 신공공관리로 인해 조직단위, 정책영역, 프로그램별 수직적 분화가 더욱 커지면서 국가 차원의 비효율성은 오히려 더욱 심화되었으며, 공공부문의 자율성과 분화를 통한 능률성과 성과책임 강화, 경쟁과 독립성 강화, 성과관리에 의한 권한위임과 자율경영의 개혁은 오히려 조직의 분절화와 정보단절 현상을 심화시켰다(김정인, 2018a: 43).

22) 이에 대한 대표적인 예로 미국에서는 2001년 9·11 테러가 발생한 이후에 국가안보 관련 조직을 조정·통합한 국토안전부(Department of Homeland Security)가 설립되었다. 또한 영연방국가에서는 수상실에 국가전략이나 내각협력을 전담하는 기구(Strategic Unit, International Collaborative Unit)를 설치하였으며, 호주 정부의 서비스 제공에 있어서도 원스톱 숍(one stop shop)을 구성하여 정책결정과 집행을 통합하거나 부처 간 협업을 도모할 수 있도록 하였다(유민봉, 2021: 172 – 173).

23) 탈신공공관리의 구체적인 특징은 다음과 같다(Jun, 2009: 163). 첫째, 탈신공공관리는 구조적 통합을 통한 분절화의 축소(Reducing fragmentation through structural integration)를 강조한다. 둘째, 탈신공공관리는 규제완화에서 벗어나 재집권화와 재규제를 주창(Asserting recentralization and regulation)한다. 셋

뿐만 아니라, 탈신공공관리는 신공공관리의 한계를 극복하기 위한 재규제와 재집권 강화, 통합·조정·중재의 구조적인 하드웨어 변화 차원만을 강조한 것이 아니라, 구성원들의 규범과 가치 등 소프트웨어 차원에서도 통합과 조정을 강조하였다(김태룡, 2017).24)

그러나 한국에서 탈신공공관리의 의미는 신공공관리가 충분히 정착된 후 한계를 경험한 영·미 국가들과는 다르게 논의할 필요가 있다(이하 김정인, 2018a: 65). 신공공관리의 역사와 전통이 오랫동안 구축되어 온 영·미 국가들과는 달리 한국에서의 신공공관리는 1990년대 후반 IMF 외환위기를 극복하기 위한 방안으로 급속하게 추진된 행정개혁의 일환이었다. 이 때문에 한국에서는 신공공관리에 대한 충분한 논의나 이해가 이루어지지 않은 상태였으며, 신공공관리가 성공적으로 실행될 수 있는 조건과 상황적 맥락도 마련되지 않은 채 형식적으로만 신공공관리를 받아들이게 된 것이다. 이로 인해 한국에서는 학자들 간에 신공공관리의 적절한 정착 여부에 대해서도 이견이 많다(이종수, 2010). 따라서 향후 한국에서의 탈신공공관리를 일률적으로 논의하기보다는 우리나라의 정치적·사회적 풍토를 고려하여 논의하는 것이 바람직할 것이다. 또한 무조건적인 재규제와 재집권 강화를 주장하기보다 재화와 서비스의 특성, 정부업무의 특성 등을 고려하면서 탈신공공관리에 대한 논의를 진행할 필요가 있다.

째, 탈신공공관리는 분절화되고 분권화된 정부가 아닌 총체적 정부 또는 합체된 정부의 주도(Whole-of-government or joined-up government initiatives)를 강조한다. 넷째, 탈신공공관리는 신공공관리의 역할 모호성을 제거하여 명확한 역할관계를 도출하고자 한다(Eliminating role ambiguity and creating). 다섯째, 탈신공공관리는 민영화 또는 민간위탁보다 민간-공공부문의 파트너십(Private-public partnerships)을 강조한다. 여섯째, 탈신공공관리는 분권화, 자율성, 독립성 강화보다는 집권화, 역량 및 조정의 증대(Increased centralization, capacity building, and coordination)를 강조한다. 일곱째, 탈신공공관리는 중앙의 정치적·행정적 역량강화(Strengthening central political and administrative capacity)를 강조한다. 마지막으로, 탈신공공관리는 환경적, 역사적, 문화적 요소에 유의(Paying attention to environmental, historical, and cultural elements)한다(김정인, 2018a: 64).

24) 다시 말해, 탈신공공관리에서는 공직자의 일체감, 신뢰, 응집성, 윤리규범 등을 강조한다. 이러한 맥락에서 「헌법」의 가치와 주권을 지닌 시민의 권리를 중요하게 고려하는 공공가치나 신공공서비스 역시 탈신공공관리의 관점에서 설명될 수 있다. 이처럼 탈신공공관리는 명확하게 규정된 이론만을 제시하는 것이 아니라 신공공관리의 한계를 극복하는 전반적인 행정개혁 방안으로 제시될 수 있는 것이다(김정인, 2018a: 64).

| 표 2-2 | 전통적 행정, 신공공관리, 탈신공공관리 비교 |

비교 국면		전통적 행정	신공공관리	탈신공공관리

개혁의
기본철학
	정부의 기능	• 전통적 정부기능 강조	• 시장 메커니즘의 활용과
			  정부기능의 감축
			• 규제완화
				• 정부기능 및 정치적
				  통제의 회복
				• 재규제화

	강조하는 행정가치	• 전통적 행정가치	• 능률성 강조	• 민주성 등 전통적 가치와의 균형화

	공공서비스
	제공방식
		• 정부가 직접 생산·
		  공급
		• 공급자 중심
			• 민간화·민영화·
			  민간위탁 추구
			• 소비자 중심
				• 민간화·민영화의
				  신중한 접근
				• 소비자 중심

조직 구조
설계
	구조적 설계	• 베버식 관료제 조직
		  구조
			• 단일 목적의 자율적
			  조직으로의 분절화
				• 구조적 통합을 통한
				  분절화의 축소

	의사결정 구조	• 집권과 분권	• 분권화 강조	• 재집권화
인적자원 관리	인적자원 관리 기법	• 자질, 행동, 성과의 균형적 평가	• 산출과 성과 강조	• 산출과 성과 강조

업무과정	업무방식의
	특징
		• 규정·규제에 의한
		  관리
			• 민간부문의 관리기법
			  도입
			• 관리적 자율성 도입
				• 자율성과 책임성의
				  균형 강조

	통제
	메커니즘
		• 계서제적 통제
		• 투입과 절차의 통제
			• 결과·산출 중심의
			  통제
				• 결과·산출 중심의
				  통제

출처: 이종수(2010: 36).

3. 정부-시장-시민사회의 권력 균형으로서 뉴거버넌스

1) 뉴거버넌스의 의의와 등장배경

1980년대 행정개혁의 흐름은 정부에 대한 불신을 극복하는 방안으로 전개되었다 (이하 김정인, 2018a: 66). 전통적이고 계층제적인 관료제가 사회문제를 적절하게 해결하지 못하자 이를 개혁하기 위해 사회문제 전반을 조정하고 규율하는 방안으로서 등장한 것이 거버넌스(governance)이다(이명석, 2002). 정부의 역할, 운영체계 또는 사회문제 해결방식 등의 변화를 포괄하는 거버넌스 의미는 매우 다양하기 때문에 이를 명확하게 설정하기는 어렵다. 일반적으로 거버넌스는 누가 어떤 종류의 권한을 소유하고, 구성원들 사이에 어떤 권리와 의무관계가 존재하는지에 따라 다르게 정의할 수 있다(이명석, 2002: 323-325).25) 즉, 뉴거버넌스는 광의의 거버넌스 개념과 같이 정부주도의 구거버넌스와 대조되는 개념으로 이해할 수 있으며, 협의의 거버넌스 개념과 같이 시민사회의 적극적인 참여를 의미하는 개념으로도 이해할 수 있다(김정인, 2018a: 66-67). 특히 협의의 뉴거버넌스는 전통적 행정국가의 정부실패 현상과 신공공관리의 시장실패 가능성을 극복하는 대안으로서, 1990년대 들어 활발히 논의되었다(이하 김정인, 2018a: 67). 1990년대 이후 복잡하고 불확실한 사회문제를 해결하기 위해 정부 중심의 관료제나 시장 중심의 해결방안보다는 정부, 시장, 시민사회의 다양한 주체가 상호의존적이고 유연하게, 자율적으로 연계하여 공동으로 복잡한 사회문제에 대응하고자 하는 방안들이 모색되기 시작한 것이다. 협의의 뉴거버넌스는 광의의 뉴거버넌스와 달리 전통적 행정학의 관료제뿐만 아니라 시장주의 개혁 역시 반대하였다(이명석, 2002). 이와 같은 두 가지 뉴거버넌스 논의가 지닌 공통점은 공공서비스 전달 또는 공공문제 해결과정에서 정부라는 공식적인 장치에 전적으로 의존하기보다 정부와 민간, 비영리부문 간 상호협력적 네트워크를 구축하고자 했다는 데 있다(이종수 외, 2022).26)

  행정의 다양한 참여자들 간 뉴거버넌스 조정방식은 행정환경의 변화로 인해 더욱

---

25) 이러한 의미에서 거버넌스를 최광의, 광의, 협의로 나누어 설명할 수 있다. 이 중 광의와 협의의 의미에서 거버넌스는 뉴거버넌스와 관련성이 높다. 첫째, 가장 넓은 최광의 의미로 거버넌스는 '공통문제 해결기제'로 정의될 수 있다(이하 김정인, 2018a: 66). 이는 거버넌스를 조직, 사회체제 또는 국가 전체와 관련된 문제 해결방안으로 보는 포괄적인 개념이다. 최광의 관점에서 거버넌스를 계층제, 네트워크, 시장형 거버넌스 유형으로 구분할 수 있다. 둘째, 광의의 거버넌스는 '정부 관련 공통문제 해결기제'로 정의될 수 있다. 거버넌스는 정부와 관련된 문제 해결방안이라고 할 수 있는 것이다. 이에 의하면 거버넌스는 공동의 문제를 해결하기 위하여 다양한 공식적·비공식적 참여자들의 상호작용 결과로 형성되는 것이다. 이는 사회체제의 조정원리로서 정부의 역할을 강조하며, 거버넌스를 정부가 주도적인 역할을 하는 '구거버넌스(전통적 거버넌스)'와 정부와 시민사회의 파트너십을 강조하는 '신거버넌스'로 구분한다(Pierre, 2000). 셋째, 가장 협의의 의미로서 거버넌스는 '뉴(新)거버넌스(new governance)'로 정의될 수 있다. 협의의 의미인 뉴거버넌스에서는 시민의 의미를 재정립한다. 과거 시민을 수동적 소비자로 인식하던 것에서 벗어나 재화와 서비스 공급과정에 적극적으로 참여하는 적극적인 주인으로서의 시민 의미를 강조한 것이다(이명석, 2002).

26) 향후 본서에서는 뉴거버넌스를 협의의 관점에서 논의한다.

강력하게 요구되었다. 난제, 뉴노멀, 위험사회, (사회)재난(예: 코로나19 팬데믹) 등 복잡하고 예측하기 어려운 행정문제를 이제 더 이상 하나의 행정주체(예: 정부, 시장, 시민사회)만으로는 해결할 수 없게 된 것이다. 이러한 행정환경 변화에 효과적으로 대응하기 위해 정부의 책임성 강화와 함께, 시장의 전문적 지식과 자원 지원 그리고 시민사회의 적극적 참여가 모두 필요한 상황이 된 것이다.

2) 뉴거버넌스의 특징과 한계

뉴거버넌스와 신공공관리는 유사점과 차이점을 지닌다(이하 김정인, 2018a: 68). 첫째, 1980년대 등장한 뉴거버넌스는 정부중심의 관료제 문제점을 해결하며, 정부의 역할이 방향잡기(steering)에 있다는 점을 강조한 개혁이라는 점에서 신공공관리와 유사성을 지닌다. 그러나 신공공관리에서는 결과를 강조하지만, 뉴거버넌스에서는 과정에 초점을 맞추며, 신공공관리가 정부 내부의 관리개혁에 중점을 두지만 뉴거버넌스는 외부주체와의 관계를 중요하게 고려하고, 신공공관리가 국민을 소비자나 고객으로 간주했다면, 뉴거버넌스는 국민을 시민으로 인식하여 시장주의에 의해 소홀해진 시민들에 대한 책임성을 확대한다는 측면에서 차이점을 지닌다. 둘째, 신공공관리와 뉴거버넌스는 정부의 방향잡기 기능을 강조하였다는 점에서 공통점을 지니지만, 뉴거버넌스는 시민들의 참여를 중요시하기 때문에 신공공관리보다 정부의 방향잡기 기능이 상대적으로 낮다고 할 수 있다. 특히 뉴거버넌스는 정부, 시장, 시민사회의 균등한 권력관계를 가정하기 때문에 이들 간 자율적이고 대등한 지위를 중요시한다.

뉴거버넌스는 참여자들 간 균등한 권력관계를 기반으로 상호의존하여 사회문제를 해결하기에 참여자 모두가 자발적으로 합의에 이를 수 있어야 원만한 문제해결을 이루어 낼 수 있다(이하 김정인, 2018a: 69). 뉴거버넌스는 정부의 기능을 일방적으로 시장에 이양하고 정부기능을 축소하기보다는 정부와 시장 그리고 시민사회가 정책결정과 집행과정에 공동으로 참여하여 상호의존적이고 협력적으로 사회문제를 해결한다는 데 의의가 있다. 또한 뉴거버넌스는 시민들의 적극적인 참여를 보장할 수 있어 민주성을 증진시킬 수 있다. 뿐만 아니라, 거버넌스 참여자들 간 자발적 합의와 상호조정이 가능해져 효과적인 갈등조정 기제로 작용할 수 있다. 복잡한 환경에서는 정부와 시장이 단독으로 사회문제를 해결할 수 없다. 상황에 따라 신뢰를 바탕으로 한 다양한 참여자들이 함께 협력하여 문제를 해결해 나갈 때 복잡한 문제도 효과적으로 해결될 수 있는 것이다.

그럼에도 불구하고 뉴거버넌스는 개념이 매우 모호하고 다양하기 때문에 이에 대한 비판도 제기되고 있다(이하 김정인, 2018a: 69-70).[27) 뉴거버넌스에 대한 비판으로는 첫째, 뉴거버넌스는 균등한 권력관계를 기반으로 한 상호조정을 중요시한다. 하지만 현실에서는 정부, 시장, 시민사회 간 권력의 균등성을 확보하기가 매우 어렵다. 정부는 시장과 시민사회보다 더 많은 정보와 재정적 능력을 보유하고 있어 훨씬 더 우월적인 위치에 있는 것이다. 이러한 현실을 고려할 때 뉴거버넌스에서 강조하는 자발적이며 수평적인 관계 형성은 한계를 안고 있다. 둘째, 뉴거버넌스는 법적 책임성이 높은 관료제, 성과에 대한 책임성이 높은 신공공관리에 비해 책임성이 낮다. 특히 사회구성원들 사이의 정책합의가 어렵고 정책의사결정이 표류하는 경우 책임성은 더욱 낮아질 수밖에 없다. 정책합의가 이루어진 경우에도 정책결과가 실패로 나타난다면 이에 대한 책임성 문제가 제기될 수 있다. 셋째, 뉴거버넌스는 다수의 이질적인 참여자들 사이에 협력을 바탕으로 의사결정이 이루어지다 보니 참여자들 간 거래비용이 증가하는 단점이 있다. 특히 뉴거버넌스는 참여자 간의 상호작용과 신뢰를 기반으로 한다. 따라서 상호 간에 신뢰가 구축되지 않는 상황에서는 참여자들 사이에 거래비용이 증가하여 혼란이 증폭될 수 있다. 더 나아가 특정 이해관계자들의 참여가 과다하게 이루어질 경우 부처와 이익집단 사이가 포획관계에 빠질 수 있어 부패 등의 위험도 존재한다(이종수 외, 2022). 넷째, 뉴거버넌스는 다양한 형태로 존재하고 기본형이 없어 보편적인 이론으로 설정하기가 어렵다. 이러한 특징 때문에 뉴거버넌스의 개념이 다소 모호하다는 비판이 제기된다. 이로 인해 대부분의 뉴거버넌스 연구는 사례 연구로 이루어지며, 일반화의 한계가 존재한다(유민봉, 2021).

---

27) 이러한 관점에서 제시된 것이 메타거버넌스(metagoverance)이다. 뉴거버넌스가 정부실패와 시장실패의 대안으로 나타난 사회적 조정양식임에도 불구하고, 이 역시 한계를 지닐 수밖에 없어 대응하기 어려운 사회문제(예: 난제, 위험문제)를 해결하기 위해서는 다양한 거버넌스 양식(예: 계층제 거버넌스, 시장 거버넌스, 뉴거버넌스 등)들을 상황에 따라, 필요에 따라 적합하게 적용하는 메타거버넌스(거버넌스의 거버넌스)가 요구된다(Jessop, 1998; Sørensen & Torfing, 2009). 그러나 사회문제나 상황에 따라 다양한 거버넌스를 어떻게 적재적소에 활용할 수 있는 가는 현실적인 어려움이 따르기에 메타거버넌스 개념 역시 모호하고 비현실적이라는 비판을 받기도 한다.

3) 협력적 거버넌스

최근 뉴거버넌스 관점에서 협력적 거버넌스(collaborative governance)의 중요성이 강조된다(Ansell & Gash, 2008; 이하 김정인, 2018a: 70). 안셀(C. Ansell)과 개시(A. Gash)는 협력적 거버넌스론을 제시하였다. 특히 안셀과 개시는 이제 더 이상 정부도, 시장도 행정의 핵심 행위자가 되지 못하며 사회문제 해결을 위해서는 시민사회 등을 주축으로 하는 다양한 행위자들의 참여가 필수적이라고 주장하였다(Ansell & Gash, 2008). 협력적 거버넌스는 첫째, 정부기관이 주도하는 상호작용을 의미하며, 둘째, 비정부조직이나 사회구성원의 참여를 의미하고, 셋째, 비정부 이해관계자들의 단순한 의견제시나 상담 이상의 직접적인 참여를 의미한다. 넷째, 공식적(정형화된)으로 조직되는 집합적인 행동을 의미하며, 다섯째, 다양한 이해관계자들의 의견일치를 추구하고, 여섯째, 공공문제의 해결과 관련된 상호작용을 의미한다. 협력적 거버넌스는 참여자들 간 상호조정, 참여, 신뢰, 공동문제 해결이라는 점에서 뉴거버넌스와 유사점이 있지만, 정부기관이 주도한다는 점에서 차이점을 지닌다고 할 수 있다(이명석, 2010). 즉, 협력적 거버넌스는 "공공기관의 주도에 의한 자율적인 행위자와 조직들 사이의 구조화된 상호작용을 활용하여 기존의 조직적 경계와 정책을 초월하여 새로운 공공가치를 창조하는 사회문제 해결방식"으로 정의된다(이명석, 2010: 30). 협력적 거버넌스는 뉴거버넌스의 특징을 가지고 있지만, 정부, 시장, 시민사회의 현실적 권력 불균등을 고려해 볼 때 뉴거버넌스보다 협력적 거버넌스가 더욱 높은 적용 가능성을 지닌다고 할 수 있다. 특히 협력적 거버넌스를 구축하기 위한 정부의 역할을 강조하면서, 정부조직과 구성원들의 수평적 협력 달성을 위한 정부의 노력을 중요시한다는 점에서 더욱 현실적용 가능성이 크다고 할 수 있다(이명석, 2010). 협력적 거버넌스는 정부의 역할 축소가 비현실적이라는 점을 인정하고, 협력적 거버넌스를 주도적으로 설계하고 관리하기 위해 정부의 역할이 필요하다는 점을 강조한다.

4. 신공공서비스

1) 신공공서비스의 의미와 이론적 배경

신공공서비스(new public service)는 대의민주주의의 책임통제 한계 극복, 공동체와 시민사회 활성화를 위한 방안으로 강조되기 시작하였다(오세윤 외, 2002: 9). 이는 관료의 역할을 재조명하고 시민의 역할을 중요시하였다는 점에서 의의가 있다(이하 김정인, 2018a: 71). 신공공관리에서는 정부주도의 방향잡기 역할을 강조하면서 개혁은 관료에 의해 주도되고 시민은 이를 받아들이기만 하면 된다는 식의 수동적 지위에 머물러 있었으나, 행정환경이 변화하면서 관료의 역할변화를 강조하는 개혁인 신공공서비스가 등장하기 시작한 것이다. 신공공서비스는 시민권력을 강조한다는 특징을 지닌다. 과거에는 관료가 권력을 소유하였다면, 이제는 관료가 시민들에게 권력을 돌려주어야 한다는 인식에서 신공공서비스 논의가 출발한 것이다(Denhardt & Denhardt, 2003).

신공공서비스는 담론이론(談論理論)과 포스트모더니티 행정이론을 기반으로 한다. 특히 포스트모더니티 이론은 신공공서비스의 대표적인 이론적 배경이 된다. 모더니즘 이론과는 달리 포스트모더니티 이론은 진리의 기준을 맥락 의존적이며, 상대적인 것으로 간주하고 인간의 이성과 주체성에 대한 신뢰 및 합리성에 대해 비판적인 관점을 제시한다(이종수 외, 2014: 77). 다시 말해, 포스트모더니티 이론은 실증주의와 객관성을 비판하고 다원성과 상대성을 중요시하는 것이다. 또한 포스트모더니티 이론에서는 행정의 주체가 되는 공직자들의 가치와 윤리성을 강조했다는 점에서 의의가 있다(김동원, 2005). 포스트모더니티 이론은 다음과 같은 특징을 지닌다. 첫째, 포스트모더니티 행정이론은 상상력(imagination)을 강조한다. 모더니즘의 대표적인 이론으로 제시될 수 있는 베버의 관료제는 인간의 합리성이 인간 사고의 촉매역할을 한다고 보았다. 반면, 포스트모더니티 이론에서는 상상력을 인간 사고의 촉매제로 고려한다(김태룡, 2017: 423). 둘째, 해체(deconstruction)는 "언어, 몸짓, 이야기, 설화, 이론 등의 근거를 파헤쳐 보는 것"으로서 객관성과 합리성을 비판하며, 대신 상황적 맥락성 파악을 무엇보다 중요하게 고려한다(이종수 외, 2022: 117). 셋째, 영역 해체로서 학문영역 간 경계가 사라지는 것을 강조한다. 이와 관련된 대표적인 예로는 행정조직의 탈관료제화를 들 수 있다. 넷째, 타자성(alterity)으로 이는 "인격체로서 존중받아야 할 도덕적 타인"을 의미한다(김태룡, 2017: 427). 타자성은 타인에 대한 개방성, 기존 질서에 대한 반대, 다양성 선호 등을 강조한다.

　　행정학에 포스트모더니티 이론을 접목하여 중요한 영향을 미친 학자로는 맥스와이트(O. C. McSwite), 파머(D. J. Farmer) 그리고 폭스(C. J. Fox)와 밀러(H. T. Miller) 등이 있다. 폭스와 밀러의 포스트모더니티 행정은 담론이론을 지향하며, 파머는 행정학의 언어 차원에서 포스트모더니티 이해(예: 다양성, 실천성 등)의 중요성을 강조하였다. 또한 맥스와이트는 담론분석을 통해 행정의 정당성을 강조하였다(이영철, 2011). 포스트모더니티 논의에서 다소 진보성이 낮은 주장을 펼친 폭스와 밀러에 의하면, 행정에의 주요 정책참여자들 특히 비공식적 참여자들이 역동적 담론에 참여할 때 진정한 의미의 정책결정이 이루어질 수 있다(김동원, 2005). 행정은 기술이 아닌 담론이기 때문에 담론을 통한 정책참여를 중요하게 고려한 것이다. 이를 기반으로 한 바람직한 공직자상은 합리적 윤리보다 관계적 윤리를 중요하게 고려한 것이었다. 나아가 국민을 객관적 관찰대상이 아니라 완성된 인격체로 보아야 하며, 존중해야 할 도덕적 타인으로 간주해야 한다고 주장하였다(김동원, 2005). 이러한 포스트모더니티 행정이론은 시민의 적극적 참여를 비중 있게 고려하였다는 점에서 오늘날 행정현상을 이해하고 분석하는 데 중요한 의의를 지닌다. 특히 최근 우리나라에서 중요하게 부각되고 있는 숙의민주주의 발전에 이 포스트모더니티 이론이 적용될 수 있다(김정인, 2018b). 즉, 숙의민주주의 발전을 위한 공론화 혹은 담론의 장 형성을 보다 잘 이해하기 위한 방안으로서 포스트모더니티 이론이 유용할 수 있다는 것이다. 그러나 이러한 포스트모더니티 이론도 논의의 다양성과 주관적 가치 개입 등으로 인해 이론의 일반화와 보편화에는 어려움이 있다는 한계를 지닌다.

2) 신공공서비스의 특징과 의의

　　관료는 시민들에게 권력을 돌려주고 시민들이 원하는 맞춤형 공공서비스를 제공해야 한다. 관료의 임무는 시민을 위해 봉사하는 것이며, 시민참여와 시민 중심의 공공관리가 이루어질 필요가 있다는 것이다. 모든 시민들에게 '더 나은 생활'을 보장하고, 또

이를 달성하는 것이 신공공서비스의 목적이다(이종수 외, 2022: 130). 시민들에게 보다 나은 삶을 보장하기 위해 관료들은 시민참여를 적극 권장하고 조정과 중재의 기능을 강화해야 한다. 조정과 중재의 역할을 강화한다는 차원에서 신공공서비스는 뉴거버넌스와 유사성을 지니지만, 시민들이 참여하고 토론할 수 있는 '담론의 장'을 제공한다는 점에서 차이가 있다(김태룡, 2017).

시민들이 만족하는 공공서비스를 제공하기 위해 관료는 시민들과 적극적으로 소통하고 상호협력해야 하며, 이를 바탕으로 공공문제를 해결하고자 노력해야 한다. 이 과정에서 관료의 협상·중재기능이 강조된다. 대의민주주의에 대한 비판으로 정책과정에 대한 시민의 직접 참여 확대와 관료의 시민에 대한 봉사가 지적되었다. 신공공관리를 비판하며, 신공공서비스는 다음과 같은 일곱 가지 원칙을 제시하였다(이종수 외, 2022: 131-132). 첫째, 관료는 고객이 아닌 시민에 봉사해야 하며, 둘째, 관료는 공익을 달성하기 위해 노력해야 한다. 특히 공익은 시민들의 공유된 가치에 대한 담론의 결과이기 때문에 관료는 시민들이 공익을 달성할 수 있도록 지원해야 한다는 것이다. 셋째, 기업가 정신보다는 시민의식에 대한 가치를 받아들여야 하며, 넷째, 전략적으로 생각하고 민주적으로 행동해야 한다. 다섯째, 책임성은 단순한 것이 아니라는 것을 관료와 시민 모두에게 인식시켜야 하며, 여섯째, 정부의 방향잡기 역할보다는 시민에 대한 봉사를 강조하고, 마지막으로, 단순한 결과나 생산성에 집착하기 보다는 사람의 가치를 더욱 중요시해야 한다는 것이다(김정인, 2018a: 71-72).

신공공서비스는 시민들의 관료에 대한 인식변화, 특히 관료와 시민의 적극적인 상호관계와 소통의 중요성, 시민의식 강화, 공익달성의 중요성 등을 강조했다는 점에서 의의를 지닌다(김태룡, 2017). 특히 신공공서비스는 관료 우위의 한국 사회에서 시민 중심의 행정을 실현하는 데 긍정적인 역할을 할 수 있다는 점에서 의의가 있다(김정인, 2018a: 72). 다만, 신공공서비스 논의에서 관료의 사익추구 행위 등이 고려되지 않은 점, 지나치게 규범적인 특성과 가치를 강조한 점, 전문성·효율성과 같은 수단적 가치를 소홀히 한 점은 한계로 지적될 수 있다(김태룡, 2017: 276).

ChatGPT와 함께 하는 **2장**의 **주요 개념** 정리

1. 큰 정부와 작은 정부 개념

- 큰 정부와 작은 정부는 정부가 국가와 시민들에게 어떤 역할을 할지, 어떤 규모와 범위에서 활동할지에 대한 관점에서 차이가 나타남

구분	큰 정부	작은 정부
정부의 규모	• 국가가 여러 사회 및 경제 문제에 개입하고, 다양한 분야에서 규제 및 서비스를 제공. 예를 들어, 사회 복지, 교육, 건강 관리, 경제 조절 등 다양한 분야에서 정부의 참여가 큼	• 국가의 개입을 최소화하고, 시장이나 개인이 자유롭게 활동하도록 함 • 경제 활동이 자율적으로 이루어지며, 정부의 역할은 주로 법과 질서를 유지하고 기본적인 공공서비스를 제공하는 데에만 제한됨
개인의 자유와 권한	• 규제 및 세금 수준이 높아질 수 있으며, 정부는 개인의 경제적 활동과 일상적인 선택에 대해 더 많은 영향을 미칠 수 있음	• 개인의 자유와 개인의 선택에 대한 개입이 최소화되어, 시민들은 더 많은 자유와 책임을 가질 수 있음
세금 및 재정 정책	• 세금이 상대적으로 높을 수 있으며, 이는 국가가 다양한 사회적 서비스 및 프로그램을 제공하기 위해 필요한 자금을 마련하기 위함일 수 있음	• 세금 부담이 낮을 가능성이 높아지며, 정부 지출도 제한되어 개인이 자신의 자금을 더 자유롭게 사용할 수 있음
경제적 시장 구조	• 정부는 경제의 주요 플레이어로 작용하여 시장에 규제를 가하고, 일부 산업에 대한 지원 및 감독을 제공	• 시장 경제가 뚜렷하게 나타나며, 경제 주체 간의 경쟁과 시장 메커니즘이 자유롭게 작동할 수 있도록 함

출처: ChatGPT(2023). '큰 정부와 작은 정부의 차이는 무엇인가?' 질문으로 검색한 내용 저자 정리.

2. 정부, 시장, 시민사회 개념

- 정부, 시장, 시민사회는 사회의 다양한 부분에서 나타나는 중요한 요소들로, 각각 다른 역할과 기능을 수행
- 이 세 가지 요소는 서로 보완적이며 상호 작용하며 사회를 이루고 있음
- 각각의 역할과 기능은 사회의 안정성과 발전에 기여하며, 균형 있는 사회는 정부, 시장 그리고 시민사회 간의 상호 작용을 통해 이루어짐

	정부(Government)	시장(Market)	시민사회(Civil Society)
역할	• 정부는 사회적 질서를 유지하고, 법과 규제를 통해 시민들 간의 균형을 유지하는 역할을 수행함 • 국방, 법 집행, 외교, 공공 서비스 제공 등 다양한 기능을 수행	• 시장은 상품과 서비스의 교환을 위한 장소이며, 수요와 공급에 따라 가격이 형성되는 메커니즘을 의미 • 시장은 자유 시장 경제에서 경제 주체 간의 거래와 경쟁이 발생하는 장소로 작용	• 시민사회는 정부와 시장 외에도 중요한 사회적 기능을 수행 • 이는 비정부 기관, 비영리 단체, 자원봉사단체, 교육 기관 등 다양한 단체들을 포함 • 시민사회는 공익을 증진하고 시민 참여를 촉진하며, 사회적 문제에 대한 대화와 변화를 촉발할 수 있음
특징	• 통치 기관으로서 주로 법적으로 구성되며, 종종 선거를 통해 선택된 대표자들이 행정을 수행하고 입법 활동을 수행	• 시장은 자율적이며, 공급과 수요에 따라 가격이 조정되고, 자율적인 경제 주체들이 자원을 효율적으로 할당하는 데에 기여함	• 시민사회는 주로 자발적인 참여에 의해 이루어지며, 다양한 이익과 목표를 가진 다양한 단체로 구성됨

출처: ChatGPT(2023). '정부, 시장, 시민사회의 차이는 무엇인가?' 질문으로 검색한 내용 저자 정리.

3. Government와 Governance 개념

- "Government"는 주로 국가의 정부 기관을 가리키는 반면, "governance"는 조직 또는 시스템의 전반적인 관리 방식을 의미
- "Governance"는 민간부문, 국제기구, 지방 사회 등에도 적용되며, 보다 넓은 의미로서 조직과 시스템의 효과적인 운영을 나타냄

구분	Government (정부)	Governance (거버넌스)
정의	• 정부는 국가의 행정 부문을 나타냄 • 주로 행정력을 가진 통치 기관으로, 법률을 제정하고 시행하며, 국방, 외교, 경제 등 다양한 분야에서 국가의 정책을 수립하고 실행	• 거버넌스는 행동, 의사결정, 권한 분배, 규칙 제정 등을 포함하는 조직 또는 시스템의 전반적인 관리 및 지배 체계를 나타냄 • 주로 조직, 국가, 지역 등 다양한 수준의 체계에 대한 관리 방식을 의미
특징	• 주로 국가의 공식적인 행정 기관을 지칭하며, 특정 지역 또는 국가에서 권력을 행사하는 주체로서의 의미를 가짐	• 더 넓은 의미로서, 국가뿐만 아니라 기업, 비정부 조직, 지방 사회 등에서의 조직적이고 효율적인 관리 방식을 나타냄 • 이는 정부만이 아니라 다양한 이해관계자들 간의 협력과 조정을 강조함

출처: ChatGPT(2023). 'government와 governance의 차이는 무엇인가?' 질문으로 검색한 내용 저자 정리.

4. 신공공관리, 뉴거버넌스, 신공공서비스 개념

- "신공공관리(New Public Management, NPM)", "뉴거버넌스(New Governance)" 그리고 "신공공서비스(New Public Service)"는 공공부문의 관리와 서비스 제공에 대한 다른 관점과 접근 방식을 나타내는 여러 이론 및 모델
- 각각은 특정한 관리 및 서비스 제공 철학을 나타내며, 정부 및 공공기관의 운영 방식을 개선하려는 목적이 있음
- 이러한 이론과 모델들은 공공부문의 관리와 서비스 제공에 대한 다양한 접근 방식을 제시하고 있으며, 정부 및 공공기관은 이러한 이론들을 적절히 혼합하여 현실적이고 효과적인 방식으로 운영하는 것이 중요함

	신공공관리 (New Public Management, NPM)	뉴거버넌스 (New Governance)	신공공서비스 (New Public Service)
목표	• 관리의 개선과 효율성 향상을 통해 공공서비스를 향상시키고 경제적인 측면에서 효과를 끌어내는 것이 주된 목표	• 다양한 이해관계자들 간의 협력을 통해 민주적이고 효과적인 의사결정과 문제해결을 이루어내는 것이 목표	• 공공서비스의 품질을 향상시키고, 사회적 가치를 실현하며, 시민들의 참여를 촉진하여 공익을 증진하는 것이 주된 목표
특징	• 1980년대에 등장한 이론으로, 사 기업의 관리 모델을 공공부문에 적용하여 효율성과 경제성을 강조 • 경쟁, 성과 측정, 계약화, 시장 지향 등의 개념을 중심으로 두며, 효율성 향상과 성과 지향적인 접근을 강조	• 기존의 계층적이고 중앙집중적인 거버넌스 체계에 대한 비판적인 관점에서 나온 개념 • 다양한 이해관계자들 간의 협력과 네트워크를 강조하며, 의사결정과 문제해결에 다양한 주체들이 참여하도록 하는 것을 중요시함	• 공공서비스 제공에 초점을 맞춘 이론으로, 시민 참여, 공정성, 다양성을 강조 • 공공서비스 제공의 핵심은 시민의 니즈 충족과 사회적 가치 실현으로 간주되며, 공공서비스의 품질 향상과 시민 참여를 통한 효과적인 서비스 제공을 목표로 함

출처: ChatGPT(2023). '신공공관리, 뉴거버넌스, 신공공서비스의 차이는 무엇인가?' 질문으로 검색한 내용 저자 정리.

행정사례 연습

■ 뉴거버넌스 사례

행복마을관리소 사업

□ 행복마을관리소 의의: 택배보관, 공구대여, 환경개선 등 생활불편사항 처리를 위해 구도심 지역의 공공시설이나 유휴공간 등에 마을관리소를 설치하는 사업으로, 최근 지역공동체 활성화 및 지역문제 해결까지 활동범위를 넓혀 주민들의 호응이 높음

□ 도입현황: 2018년 11월 시범사업을 시작으로 현재 경기도 31개 시·군 84개소에서 설치·운영 중임. 코로나19 상황에서는 결식아동·노인 식사 배달, 안부전화서비스, 공유공간 방역 예방 활동, 반려식물 나눔사업 등 지역주민에게 다양한 서비스를 제공함에 따라 이용자의 83%가 만족하고 96%가 재이용 의사를 지님

□ 도입취지: 원도심 등 주거취약지역 주민 생활불편 해소 및 삶의 질 향상을 위한 상시적이며 즉각적 생활밀착형 공공서비스 제공과 공공일자리 창출을 위해 도입

□ 긍정적 효과: 행복마을관리소는 안전 약자(여성, 어린이 등)를 보호하고, 생활 환경 개선 및 재난위험을 관리하며, 주민생활 편의를 지원하고, 주민주도형 마을공동체 및 문화활동 거점 역할을 제공

□ 운영상 한계: 행복마을관리소 사업은 현재 중앙정부의 지원이 미약하며, 광역자치단체 차원에서 지나친 예산이 투입될 수 있음. 또한 초기에 선정된 행복마을관리소만 정책의 수혜를 독점할 수 있는 한계가 있음

□ 성공적 정착방안: 1인 가구 증가 등 인구특성을 고려한 맞춤형 특색사업 발굴 및 공공서비스 확대, 주민자치회, 자치경찰 등 다른 지역주체와 협력체계를 구축하여 관리소 운영 활성화, 지역특색사업 및 우수사례 공유를 통한 양질의 공공서비스 제공방안 모색 필요

출처: 경기도(2020).

■ **사례의 의의**

　본 사례는 지역주민들에게 필요한 효과적인 공공서비스 제공을 위해서는 (지방)정부와 시민
사회의 적극적인 협력이 요구됨을 보여주는 뉴거버넌스 사례이다. 특히 경기 행복마을관리소
사업은 2019년부터 시행된 주민 생활밀착형 공공서비스 제공 사업으로서, 도심 등 주거취약
지역에 생활밀착형 공공서비스를 제공하는 동시에 마을주민을 위한 공공일자리를 창출하는
사업이다. 이 사업은 적극적인 시민들의 참여를 필요로 하는 정부와 시민의 공동생산 사례이
며, 동시에 공공일자리 창출, 지역공동체 달성 등과 같은 공공성 증진이 이루어진 사례라고도
할 수 있다.

제3장

행정의 의의와 행정학의 특징

본 장에서는 정부의 역할과 기능을 의미하는 행정의 의의를 살펴본다. 행정의 개념과 특징, 행정과 경영, 행정과 정치의 관계를 논의하면서 행정이 무엇인가에 대해 설명할 것이다. 그리고 이러한 행정을 다루는 학문인 행정학의 특징이 무엇인지에 대해서도 살펴보도록 한다.

1. 행정이란 무엇인가?
2. 행정학의 발달, 특징과 정체성 위기

제3장

행정의 의의와 행정학의 특징

1. 행정이란 무엇인가?

1) 행정의 개념과 특징

우리가 일반적으로 행정이라고 명명하는 '나라살림', 즉 공공행정(public admin-istration, 이하 '행정')이 무엇인가에 대해서 정확하고 표준화된 정의를 내리기는 사실상 어렵다. 행정이 담당하는 기능과 역할은 각 국가의 역사와 문화, 시간적·공간적 상황에 따라서 다양하게 논의될 수 있기 때문이다. 예를 들어, 입법, 사법, 행정의 3권 분립체제가 채택되는 국가 및 시대에서의 행정은 법제적·규범적 차원에서 주로 논의되어 왔으며, '행정은 법의 집행'이라는 점을 강조하였다(박동서, 2000). 그러나 현대국가에서는 더 이상 이러한 행정의 의미가 일반적으로 적용되기는 어렵다. 시대에 따른 사회·문화적 맥락에 의해 행정에 대한 관점과 정의가 달라질 수 있다는 것이다. 그럼에도 불구하고, 기존 연구들에 제시된 행정의 개념 정의에서 공통적으로 나타나는 행정의 특징들을 살펴보면 아래와 같다.[1)]

　　첫째, 행정의 주체는 정부이다. 행정은 '정부활동'으로서 정부가 시행하는 가장 가시적인 행위라고 할 수 있다(Wilson, 1887). 광의에서 정부(government)는 입법부, 사법부, 행정부 모두를 포함하며, 협의에서 정부는 행정부에 한정된다. 특히 정부를 행정부 내각의 정부조직으로 보아 가장 좁은 의미로 해석하기도 한다(이종수 외, 2022). 뿐만 아니라, 정부를 행정조직 또는 공조직으로 해석하기도 한다. 우리나라의 경우 「정부조직법」이 적용되는 중앙행정기관, 「지방자치법」과 조례 및 규칙이 적용되는 지방행정기관, 「공공기관의 운영에 관한 법률」 그리고 「책임운영기관의 설치·운영에 관한 법률」이 적용되는 공공기관 및 책임운영기관 등도 정부(행정조직 또는 공조직)에 포함시킬 수 있다. 그러나 최근 행정의 주체는 정부에만 한정되지 않는 경향이 있다. 민영화, 민간위탁, 공동생산 등을 통해 공공서비스 공급주체가 다양화되고 있는 것이다. 다시 말해, 공공서비스 공급이라는 행정행위가 정부에 한정되지 않고 정부기능을 위탁받거나 정부와 함께 공동으로 공공서비스를 공급하는 주체들(예: 기업, 시민단체, 자원봉사조직 등)까지로 확장되는 경향이 있는 것이다.[2)] 그럼에도 불구하고, 아직까지 행정의 주요 주체는 강제성, 권위성, 권력성, 독점성, 규모 등의 특성을 지니는 정부가 된다고 할 수 있다(박동서, 2001).[3)]

---

1) 다른 연구에서 제시되는 행정에 대한 개념 정의는 다음과 같다. 박동서(2000)는 "정치권력을 배경으로 정책형성 및 구체화를 이룩하는 행정조직 중심의 집단행동"으로 행정을 정의한다. 유민봉(2021: 6)은 행정을 "정부가 사회의 공공가치를 실현하기 위하여 인적·물적 자원을 확보하고 관리해서 국민에게 재화와 서비스를 제공하는 활동"으로 정의한다. 김태룡(2017: 35)은 "공적 상황에서 독점적 권력을 소유한 국가의 일부로서, 공적 문제라는 국가목표를 실현하기 위한 조직화된 행동"으로, 국정관리학회(2014: 25)는 "공공조직이나 공공부문에서, 목표달성을 위해 수행하는 구성원 간의 합리적 협동행위이며, 제한된 사회적 가치를 정당하고 합리적으로 배분하는 정책과정이고, 공공규범이나 법규를 적용하고 실천·집행하는 과정"으로, 이종수 외(2022: 29)는 "공공문제를 해결하기 위한 정부의 구조와 활동, 그리고 상호작용"으로 행정을 정의하고 있다.

2) 이로 인해 정부영역 범위의 모호성 논란도 제기되고 있다.

3) 예를 들어, 정부는 규제 및 법집행적 측면에서 강제성과 권위성, 권력성을 지니며, 국방 및 치안서비스

둘째, 행정의 목적은 사회의 공공(적)문제 해결, 공공가치 및 공공성 실현에 있다. 행정은 바람직한 사회의 건설을 위하여 발생 가능한 공공(적)문제를 예방하고, 이미 발생된 공공(적)문제를 적극적으로 해결해야 한다. 이러한 과정에서 행정이 가장 우선적으로 추구하는 가치는 바로 공익, 즉 공공가치와 공공성이다. 중앙정부와 지방정부를 비롯한 행정의 주요 주체들은 조직과 관료의 사적이익 창출을 주요 목표로 하는 것이 아니라, 더욱 많은 사회구성원들에게 이익이 되는 공공가치와 공공성 추구를 주요 목표로 한다(정정길 외, 2019). 그리고 공공(적)문제 해결은 일부 집단의 이익보다는 사회 전체의 이익 창출을 목적으로 하며, 무엇보다도 국가목표 달성을 추구한다(이종열 외, 2023).[4] 특히 민주사회에서 행정의 목적은 일부 한정된 집단에 의해서 형성되는 것이 아니라, 국민 의사전반(총의)과 부합되어야 한다. 이와 동시에 행정의 목적은 국민에 대한 책임도 수반한다.

셋째, 행정은 행정목적 달성을 위한 법과 정책의 집행과정을 포함한다. 윌슨에 따르면, 행정은 구체적이고 체계적인 법집행(detailed and systematic execution of law) 과정으로 정의될 수 있다(Wilson, 1887). 이와 관련해 유민봉(2021)은 행정이 국민의 대표기관이 정한 법과 정책을 효율적이고 효과적으로 실행에 옮기는 집행자적 역할을 담당한다고 본다. 행정은 법과 정책을 효과적으로 집행하기 위하여 대내적으로는 인적·물적 자원을 확보하고 관리하는 행위이며, 대외적으로는 이를 국민들이 만족하는 재화와 서비스로 제공하는 행위라고 할 수 있다. 이러한 행정의 집행과정은 하나의 조직 또는 개인에 의해 달성될 수 없으며, 다양한 행위자들에 의한 집단적·협동적 활동을 통해 달성될 수 있다(박동서, 2000). 정부는 국방, 안보 등 공공재 및 공공서비스 제공에 독점적 권력을 소유하지만, 공조직 등을 포함한 타 정부조직이나 민간부문과 상호작용하거나 협력적 관계를 유지하면서 국민들에게 공공서비스를 생산·공급·배분한다(국정관리학회, 2014).

제공 측면에서 독점성을 지닌다. 또한 정부의 인력규모와 예산규모 등은 민간기업이나 다른 조직에 비해 월등히 크다.

4) 우리나라 표준국어대사전(2019)에 따르면, 목적(goal)은 '실현하려고 하는 일이나 나아가는 방향'을, 목표(objective)는 '어떤 목적을 이루려고 지향하는 실제적 대상으로 삼음 또는 그 대상'을 의미한다. 즉, 목적은 목표보다 본질적인 것이며, 목표는 목적을 달성하기 위한 구체적인 실천대상을 의미한다고 볼 수 있다.

　　이러한 행정의 공통적인 특징에도 불구하고, 학자들은 여전히 '행정은 무엇인가?'에 대한 일반적인 합의 수준에는 다다르지 못하고 있다(Fesler, 1980: 1). 행정의 개념 정의에 대한 불명확성은 행정이 장소와 시간을 초월하는 공통적·보편적 요소와 함께, 장소 및 시간의 제약을 받는 고유한 요소를 동시에 가지기 때문이다(김태룡, 2017: 26). 다시 말해, 행정이 다루는 영역과 분야가 너무 넓고 논쟁적이기 때문에 어느 시대를 막론하고 누구나가 동의할 수 있는 행정의 개념을 정의하기가 어렵다는 것이다. 그럼에도 본서에서는 다양한 학자들이 제시한 기존의 행정에 대한 개념정의를 바탕으로 행정을 "정부가 사회의 공공(적)문제를 해결하고 공공가치 및 공공성을 달성하기 위해, 대내적으로는 인적·물적 자원을 확보·관리하고, 대외적으로는 국민에게 보다 나은 공공서비스를 제공하는 집단적·협동적 활동"으로 정의하고자 한다.

2) 행정에 대한 접근방법

　　행정에 대한 이해를 돕기 위해, 본서에서는 행정을 정치적 관점, 관리적(경영적) 관점, 법적 관점이라는 세 가지 접근방법으로 살펴본다. 행정을 분석하는 데 다양한 접근방법이 제시되고 있지만, 학술적으로나 실무적으로 정치적·관리적(경영적)·법적 접근방법이 가장 많이 사용되고(Wright, 2011), 이러한 세 가지 접근방법은 상호 영향을 주고받으며 행정현상을 설명하는 데 적절하게 활용되고 있는 것이다(Rosenbloom, 1983). 따라서 본서에서도 행정에 대한 논의를 정치적·관리적(경영적)·법적 관점으로 제시하고자 한다([그림 3-1] 참조). 또한 정치적·관리적(경영적)·법적 접근방법은 우리나라의 삼권분립체제, 즉 권력분립의 원칙을 반영한 접근방법이 된다.5) 행정부는 입법부 및 사법부와 견제와 균형을 유지하면서도 밀접한 상호작용을 하기에 정치적·관리적(경영적)·법적 관점 모두를 고려할 필요가 있는 것이다. 그러나 기존의 행정학 논의에서는 대부분 행정을 정치적 관점과 관리적(경영적) 관점에서 논의하는 데 그쳤다. 행정은 세 가지 관점 모두를 고려해야 설명될 수 있는 복잡한 활동과정이기 때문에, 본서에서는 행정현상을 정치적·관리적(경영적)·법적 관점의 복합적 차원으로 설명하고자 한다.

---

5) 로젠블룸(D. H. Rosenbloom, 1983)은 이러한 세 가지 접근방법이 현대 행정에서 행정권의 강화로 삼권분립 원칙이 붕괴되어 가고 있는 현실을 반영할 수 있다고 주장한다.

제3장 행정의 의의와 행정학의 특징 79

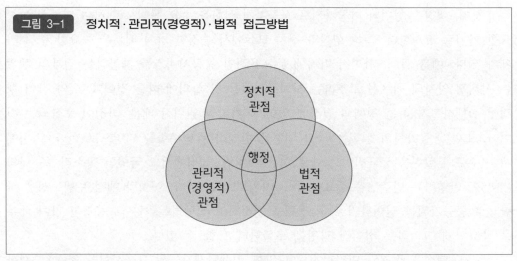

그림 3-1　정치적·관리적(경영적)·법적 접근방법

출처: 저자 작성.

(1) 정치적 관점

　　행정현상을 설명하는 데 있어서 정치적 관점(political perspective)은 행정이 지니고 있는 정치적 성향에 중점을 둔다. 정치는 '사회를 위한 가치의 권위적 배분(authoritative allocation of values for a society)'으로 정의될 수 있으며(Easton, 1965), 이때 정치는 인간 행동의 상호작용으로 이해될 수 있다. 다시 말해, 정치체제하에 여러 이해관계자들이 다양한 가치를 권위적으로 배분하면서 사회목표를 달성해 가는 과정을 정치로 볼 수 있다는 것이다. 행정도 이러한 정치적 성격을 지닌다. 행정의 주요 행위자들은 정책결정 과정에 적극적으로 참여하며 그들의 이해관계를 조정한다. 특히 정치—행정일원론의 행정 패러다임하에서 행정의 정치적 성격은 가장 뚜렷하게 나타난다. 행정의 주체들이 단순하게 정책집행만 하는 것이 아니라 정책결정과정에도 적극적으로 참여해야 한다는 점을 강조하는 정치—행정일원론에 의하면 행정에서도 가치의 권위적 배분과 같은 정치적 행위가 발생한다(정정길 외, 2019). 보다 구체적으로, 다음과 같은 측면에서 행정의 정치적 특성, 즉 행정과 정치의 유사점을 살펴볼 수 있다.6)

---

6) 행정과 정치의 차이점에 있어서는 본서 제1장 '정치—행정이원론' 부분을 참조하기 바란다.

첫째, 행정은 정치와 마찬가지로 공공가치 실현을 주요 목적으로 하며 민주성을 중요한 가치로 고려한다. 특히 행정과 정치 모두에서 공정한 가치 배분은 중요한 추진 과제가 된다. 예를 들어, 사회적 약자에게 포용적인 공공서비스를 제공하는 정부의 행위는 사회적 약자의 최우선 보호라는 사회구성원들 간 합의에 따른 것이다. 이와 같이 행정이 실행하고자 하는 정책의 결정에 있어서 '가치의 권위적 배분' 과정이 포함되는 것이다. 또한 공공가치의 실현은 국민 의견을 반영하는 민주성을 기반으로 한다. 정치에서 민주주의 실현을 궁극적인 목표로 하는 것처럼, 행정에서도 국민의 목소리, 즉 민의(民意)를 반영하는 민주성을 중요한 추구 가치로 삼고 있다. 이처럼 행정은 민주성을 바탕으로 공공가치를 실현하기 위해 정책을 결정하고 집행하는 가운데 공정한 가치 배분을 중요하게 고려하는 정치적 과정을 포함한다고 할 수 있다.

둘째, 행정은 정치와 마찬가지로 다양한 이해관계자들의 요구사항을 조정·중재하고자 한다. 입법과정에서 행정과 정치 모두는 다양한 이해관계를 조정·중재하여 규범적 합의를 도출하고자 한다(박재창, 2008). 뿐만 아니라, 정책결정 및 집행과정에 있어서도 정책 수혜자뿐만 아니라 정책 비수혜자의 요구도 수렴하여 정책에 반영하고자 노력한다. 이는 정치뿐만 아니라 행정 역시 입법과정에서 중요한 역할을 담당할 뿐만 아니라 실제 정책을 실행할 때에도 소수 참여자들의 의견만을 일방적으로 반영하는 것이 아니라 다수 시민의 의견도 충분히 정책에 반영될 수 있도록 조정한다는 것이다. 특히 최근에는 정치와 마찬가지로 행정에서도 정책집행 과정에서 발생되는 다양한 갈등을 조정하고 중재하는 역할을 담당하고 있다.[7]

셋째, 행정은 시민들의 참여를 기반으로 한다. 앞서 행정의 정의에서도 살펴보았듯이 행정은 공공문제를 해결하고 공공가치를 실천하는 집단적이고 협동적인 활동임을 고려할 때 행정에 있어서는 참여적 민주주의가 선행되어야 한다. 시민들은 정치참여를 통해 사적 개인을 넘어 공적 시민으로서의 역할을 숙지하고, 궁극적으로는 그들의 삶의 조건과 환경을 스스로 결정하는 "집합적 자기결정(collective self-determination)"을 달성할 수 있다(김주형, 2022: 26). 다수 시민들이 참여하고 이들에 의해 형성된 정책결정은 시민들의 정책에 대한 수용성과 정당성을 높일 수 있는 것이다. 이처럼 행정은 참여적

---

7) 정부가 정책을 집행할 때 부처 간, 정부와 민간 간 등에서 각기 다른 이해관계로 인해 첨예한 갈등상황이 벌어지기도 한다. 정부에서는 이러한 갈등을 조정하고 중재하는 역할도 담당하고 있다.

민주주의 실현이라는 정치적 특성을 지닌다.

(2) 관리적(경영적) 관점

관리적(경영적) 관점(managerial perspective)에서 행정은 국가의 인적·물적·제도적 자원관리라는 경영적 측면을 강조한다. 이는 행정을 정치영역과 구분하는 관점이며, 동시에 행정의 고유성을 부각시키는 관점이기도 하다. 특히 행정의 관리적 특성은 정치─행정이원론 패러다임하에서 더욱 뚜렷하게 나타난다. 행정학의 발달과정을 고려할 때 행정의 관리적 특성은 더욱 중요한 의미를 지닌다. 미국의 경우 1850년경부터 본격적인 산업화 시대에 접어들면서 정부의 관리자적 역할, 국가경영 등이 중요하게 고려되기 시작했다. 이러한 시대적 상황에서 윌슨을 포함한 행정관리학자들은 행정을 정치와 분리된 독자적인 영역으로 간주하며, 행정의 관리기능을 강조하였다.[8] 이러한 논의를 바탕으로 행정학이 정치학과는 구분되는 별도의 학문으로 발달하기 시작한 것이다. 비록 행정관리학자들[예: 파욜(H. Fayol)]이 행정과 경영의 유사성, 즉 공조직과 사조직 관리의 유사성 등을 강조하면서 행정과 경영은 연구대상이 다를 뿐이지(예: 공공부문 혹은 민간부문) 관리방식은 유사하다는 시각을 제시하기는 했지만, 행정은 경영과의 차이점(예: 추구 목적, 제공하는 재화와 서비스 등)을 부각시키며 고유한 학문영역으로 발전해 온 것이다.

행정의 관리적 특성은 정책 의사결정 과정에서도 나타나고 있다. 보다 과학적이고 합리적인 정책결정 및 집행을 위하여 다양한 관리기법이 사용되고 있는 것이다. 특히 최근에는 정책에 대한 관리적 효율성을 극대화하기 위하여 민간에서 활용하는 관리기법 등을 정부에서도 적극 도입하고 있다. 국책사업의 예비타당성조사 시 비용─편익분석 또는 AHP 기법[9] 등을 활용하는 것이 대표적인 예가 될 수 있을 것이다.

무엇보다도 행정의 관리적 특성은 정책의 집행과정에서 더욱 뚜렷하게 나타난다. 정책집행 과정은 국민들에게 더 좋은 공공서비스를 효과적으로 제공하는 과정으로 이해할 수 있다. 공공서비스를 제공하는 과정에서는 형평성(예: 사회적 약자 보호)

---

8) 공공부문의 행정이 공공목표 달성을 위해 '구성원들 간 합리적 협동행위'를 도모한다는 측면은 경영과 마찬가지로 행정에서도 관리적 특성이 포함되어 있다는 것을 의미한다(국정관리학회, 2014: 21).

9) AHP(Analytic Hierarchy Process) 기법은 '의사결정계층분석법'이라고 명명되며, 합리적 의사결정을 도출하기 위해 고안된 방법 중 하나이다(김병욱, 2015).

등 가치적 측면도 중요하게 고려되지만, 이와 동시에 정책목표를 가장 효과적으로 달성하는 방안을 마련할 필요가 있기 때문에 행정의 관리적 특성이 중요하게 부각된다.

대부분의 경우 행정의 관리적 관점은 행정과 경영의 관계로 설명된다. 행정과 경영의 관계는 일반적으로 '행정(administration)=공행정(public administration)' 그리고 '경영(administration)=사행정(business administration)'이라는 의미를 바탕으로 해석된다(윤우곤, 1998). 행정과 경영의 관계는 사실상 공행정과 사행정의 관계로 이해될 수 있지만, 명확한 구분은 쉽지 않다. 예를 들어, 행정과 경영을 목적에 따라 비영리목적(행정)과 영리목적(경영) 그리고 소유에 따라 공적소유(행정)와 사적소유(경영) 등으로 구분할 수 있지만, 면밀하게 구분하자면 비영리목적의 사적소유 조직이 존재하며 영리목적의 공적소유 조직도 존재하고 있다(예: NGO와 공기업). 이처럼 공행정과 사행정 또는 행정과 경영의 구분이 불명확하고 모호함에 따라 행정은 본질적으로 정체성의 위기를 맞게 된다(Fottler, 1981). 특히 오늘날에는 행정에서 경영기법이나 민간 전문가들을 많이 활용한다는 점, 그리고 민간기업에서 사회적 책임(Corporate Social Responsibility, CSR), ESG(Environmental, Social, Governance) 경영을 강조하며 공공가치 창출에 기여한다는 점 등을 고려해볼 때 행정과 경영의 영역구분은 더욱 모호해지고 있다. 그럼에도 불구하고 추구 가치, 주체, 환경, 자원의 관리활동, 재화와 서비스 제공 측면에서 행정과 경영의 상대적인 유사점과 차이점을 비교해 볼 필요성이 있다.

ESG(Environmental, Social, Governance)

ESG는 "환경(Environmental), 사회(Social), 지배구조(Governance)의 영문 첫 글자를 조합한 단어로, 기업 경영에서 지속가능성을 달성하기 위한 3가지 핵심 요소"이다. ESG 개념은 규범·통합·도구·정치적 관점으로 다양하게 해석될 수 있다.

\<ESG의 개념\>

\<ESG의 개념의 다양한 사용\>

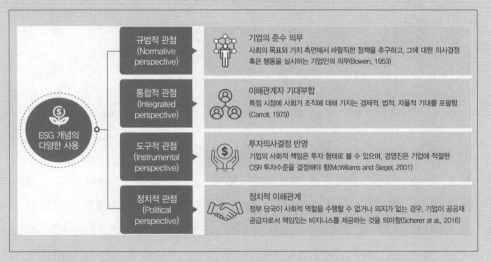

ESG 용어는 2004년 UN 글로벌 콤팩트(UNGC)가 발표한 'Who Cares Win'이라는 보고서에서 공식적으로 처음 사용되었다. 이후, 2006년 국제 투자기관 연합인 UN PRI가 금융투자 원칙으로 ESG를 강조하면서 오늘날 기업 경영에서 강조되는 ESG 프레임워크의 초석을 제시하였다. 이에 더하여 자본주의 4.0 및 이해관계인 자본주의 담론이 등장하였으며, 코로

나 19 사태를 겪으면서 기후변화, 공중보건, 환경보호 등 ESG 이슈에 대한 관심이 증가하였다.

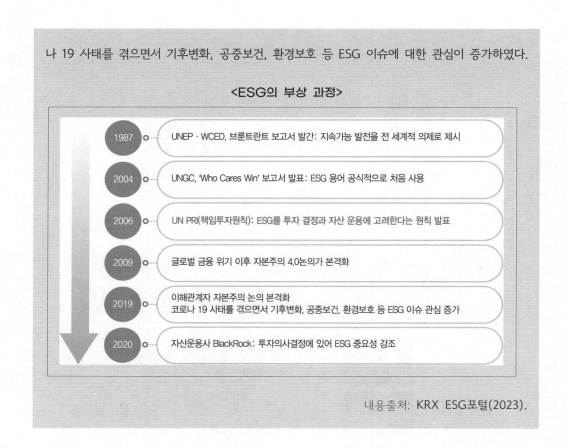

<ESG의 부상 과정>

1987	UNEP · WCED, 브룬트란트 보고서 발간: 지속가능 발전을 전 세계적 의제로 제시
2004	UNGC, 'Who Cares Win' 보고서 발표: ESG 용어 공식적으로 처음 사용
2006	UN PRI(책임투자원칙): ESG를 투자 결정과 자산 운용에 고려한다는 원칙 발표
2009	글로벌 금융 위기 이후 자본주의 4.0논의가 본격화
2019	이해관계자 자본주의 논의 본격화 코로나 19 사태를 겪으면서 기후변화, 공중보건, 환경보호 등 ESG 이슈 관심 증가
2020	자산운용사 BlackRock: 투자의사결정에 있어 ESG 중요성 강조

내용출처: KRX ESG포털(2023).

① 행정과 경영의 유사점

첫째, 추구 가치에 있어서 행정과 경영 모두 효과성, 능률성, 과학성 등의 합리적 가치를 중요하게 고려한다(국정관리학회, 2014). 다시 말해, 행정과 경영은 효과적인 조직 관리를 위해 효율성과 합리성을 중요한 가치로 고려한다는 것이다. 이는 행정과 경영 모두 인적·물적·제도적 자원을 효율적으로 관리하여 조직의 목적을 효과적으로 달성 할 수 있도록 지원하는 역할을 하기 때문이다.

둘째, 행정과 경영의 주체가 유사성을 지닐 수 있다. 정치-행정이원론의 행정관리 시대에는 행정은 정부(공조직)에서, 경영은 기업(사조직)에서 수행하는 것으로 주체가 명 확히 구분되었다. 그러나 1970년대 이후 국정관리(governance) 시대에 접어들어서 행정 의 범위는 협의의 정부 관리 영역에서 벗어나 국민참여, 사회적 형평성 등과 같은 철학적·윤리적 가치를 기반으로 하여 사회영역까지 확대되었다(윤우곤, 1998). 이러한 과정에서 영리추구를 목적으로 하는 사기업조직까지 공행정영역에 포함되는 경향이 나타났다. 특히 1980년대 이후 신공공관리의 민영화, 민간위탁 등을 통해 공공서비스 공급을 민간이 담당하는 현상이 나타났고, 이로 인해 일부 영역에서는 행정과 경영의 주체가 유사성을 지니게 되었다.

셋째, 환경 측면에서도 행정과 경영은 유사성을 지닌다. 행정과 경영 모두 외부환경에 의해 영향을 받는다는 것이다. 물론 상대적인 차이가 있기는 하지만 정치적·경제적·사회적·문화적·기술적·법적·글로벌 환경 등의 변화에 행정과 경영 모두가 민감하게 반응한다. 예를 들어, 4차 산업혁명이라는 기술적 환경변화에 대응하기 위하여 행정에서는 새로운 조직을 신설하기도 하며, 경영에서도 기업마다 대응팀을 구성하여 급격한 미래 기술변화에 대응하고 있다.

넷째, 자원의 관리활동 측면에서도 행정과 경영은 유사성을 지닌다. 행정과 경영은 모두 조직목표를 합리적으로 달성하고자 하는 일련의 관리활동이다. 따라서 조직구성의 원리, 관리의 원리, 관리기술 등을 행정과 경영 모두에 적용할 수 있는 것이다. 행정과 경영은 자원의 관리활동 측면에서 가장 높은 유사성을 지닌다. 행정과 경영은 모두 인적·물적·제도적 자원 등을 동원하여 관리한다(주운현 외, 2021). 뿐만 아니라, 경영과 마찬가지로 행정에서도 관리의 효율성을 증진시키기 위한 과학적·계량적 관리방법 혹은 분석기법 등이 적용된다. 정부사업 평가에 비용-편익분석(Cost-Benefit Analysis, CBA)[10] 등의 방법이 활용(예: 예비타당성 조사)되는 것도 같은 맥락에서 이해될 수 있다.

다섯째, 재화와 서비스 제공 측면에서도 행정과 경영은 유사성을 지닌다. 행정과 경영은 모두 국민이 필요로 하는 재화와 서비스를 제공한다. 비록 행정과 경영에서 공급하는 주요 재화와 서비스의 유형이 상이할 수는 있으나, 모든 재화와 서비스는 국민의 수요나 필요에 의해 공급되고 있는 것이다. 또한 최근 행정의 영역이 확장되면서 행정이 제공하는 일부 재화·서비스(예: 공공주택)는 경영이 제공하는 재화·서비스와 유사한 성격을 띠고 있다. 특히 앞서 언급한 것처럼 민영화나 민간위탁을 통해 민간기업에서 공공재화와 서비스를 공급하는 현상이 나타나면서, 행정과 경영이 재화와 서비스 제

---

10) "여러 정책대안 가운데 목표달성에 가장 효과적인 대안을 찾기 위해 각 대안이 초래할 비용과 편익을 비교·분석하는 기법을 말한다."(네이버지식백과, 2019a).

공 측면에서도 유사성을 보이게 된 것이다.

② 행정과 경영의 차이점

행정과 경영의 본질적인 차이점은 세이어(W. Sayre)의 명제로 설명될 수 있다. 세이어(Sayre, 1953: 102)에 따르면 공조직과 사조직은 "모든 중요하지 않은 면에서 기본적으로 유사하다(fundamentally alike in all unimportant respects)." 바꾸어 말하면, 공조직과 사조직, 즉 행정과 경영은 중요한 면에서 차이를 나타낸다는 것이다. 행정과 경영의 차이점은 다음과 같이 설명할 수 있다.

첫째, 행정과 경영은 근본적으로 추구하는 목적이 다르다. 행정은 사회의 공공가치 실현을 근본적인 목적으로 하지만, 경영은 이윤극대화를 근본적인 목적으로 한다(정정길 외, 2019). 행정이 달성하고자 하는 목적인 '공공가치 실현'은 '이윤극대화'라는 경영의 목적에 비해 높은 모호성과 추상성을 가진다. 목적달성 여부를 판단하기 위한 행정에서의 성과측정 역시 구체성이 결여되어 있다. 행정의 주체가 되는 정부 혹은 공조직의 목표는 경영의 주체가 되는 기업 혹은 사조직의 목표에 비해 더욱 모호하고, 다양하며, 목표달성 여부를 측정하기도 어렵다.11) 또한 정부 혹은 공조직의 목표는 기업 혹은 사조직의 목표에 비해 다양하고 상충될 가능성이 높아 정치적 타협의 대상이 되기도 한다.

둘째, 행정의 핵심주체는 정부이며, 경영의 핵심주체는 기업이다(주운현 외, 2021). 현대사회에서 시민단체나 사조직이 행정의 주요 행위자로 등장하면서 행정주체의 범위도 확장되고 있으나, 그럼에도 불구하고 행정의 핵심주체는 여전히 정부이다. 국민에게 보다 효과적으로 재화와 서비스를 제공하기 위해서 정부는 권력성과 강제성, 독점성, 법의 권위성 등을 지닌다. 대표적인 예로, '규제정책'에서는 정부의 이러한 특징들이 모두 발현된다.

셋째, 환경적 측면에서 행정과 경영에 미치는 환경영향의 정도가 달라질 수 있다. 행정은 기업에 비해 법적·정치적 환경의 영향을 강하게 받는다(이종열 외, 2023). 그 이유는 행정 전반이 법을 기반으로 하고 있으며(예: 「헌법」, 「정부조직법」, 「국가공무원법」 등), 합법성이라는 행정 가치에 의해 지속적인 통제를 받기 때문이다. 또한 행정은 입법

---

11) 이는 공조직이 사조직에 비해 시장에 노출되는 경우가 상대적으로 적기 때문에 성과 혹은 산출물의 가치도 시장의 기준으로 평가받는 경우가 많지 않은 것이다. 이로 인해 공조직에서는 조직의 성과를 객관적으로 측정하기 어려운 측면이 있다(전영한, 2009).

부(국회)뿐만 아니라 시민단체, 정당, 언론, 여론 등 외부 행위자들에 의해서도 강력한 정치적 통제를 받는다. 경영 또한 법적·정치적 환경의 영향을 받기는 하지만, 행정에 미치는 이들 환경의 영향력이 훨씬 강력하다고 할 수 있다.[12] 행정과는 달리, 경영은 경제적·기술적 환경의 영향을 훨씬 더 강하게 받는다고 할 수 있다.

넷째, 자원을 확보하고 관리하는 과정에서 행정과 경영에 차이점이 나타난다(김용철 외, 2022). 자원을 확보하고 관리하는 과정에서 행정은 경영보다 높은 경직성을 나타낸다. 예를 들어, 행정에서 인적자원이나 재정자원 등을 확보하고 관리하기 위해서는 법·제도적 기준 및 규정에 따라야만 한다. 이 때문에 행정이 환경변화에 탄력적으로 대응하지 못한다는 한계가 발생되는 것이다. 또한 행정은 예산 확보 및 운영 등에서 강력한 정치적 통제와 법적 통제를 받게 된다.[13]

다섯째, 행정과 경영이 제공하는 주요 재화와 서비스에 차이가 나타난다. 경영의 핵심주체인 기업(사조직)은 국민에게 배제성(대가를 지불하지 않은 사람의 소비를 배제)과 경합성(한 사람의 소비가 다른 사람의 소비를 방해)이 높은 시장재(private goods)를 공급하는 데 반해, 행정의 핵심주체인 정부(공조직)는 국민에게 비배제성(대가를 지불하지 않은 사람의 소비를 배제하기 어려움)과 비경합성(한 사람의 소비가 다른 사람의 소비를 방해하지 않음)[14] 이 높은 공공재(public goods)를 공급한다(남궁근, 2017). 공공재는 수익자부담원칙이 적용되지 않고, 시장의 가격과 공급량이 결정되기 어려운 특성을 지닌다. 또한 공공재는 다양한 이해집단 간 권력을 기반으로 정치적 타협과 조정에 의해 자원배분되는 경향이

---

12) 행정과 경영의 가장 큰 차이점 중 하나는 행정에는 경영과 달리 생산물을 거래할 수 있는 시장이 존재하지 않는다는 점이다(전영한, 2009). 행정에는 시장이 부재하기 때문에 시장으로부터 획득할 수 있는 정보와 유인체계의 결핍이 발생되고, 고객의 선호를 적극적으로 반영할 수 없으며, 시장에서 제공되는 자원을 획득할 수 없게 된다(Downs, 1967). 대신 행정은 정치적 과정을 통해 자원을 획득한다. 이로 인해 행정은 경영보다 정치적 환경의 영향을 더욱 강하게 받게 된다.

13) 이러한 맥락에서 관료조직은 외부 환경변화에 적극적으로 대응하지 못하고, 강한 정치적 영향력을 받게 된다. 또한 관료조직에는 문서주의와 같은 형식주의(red tape)가 존재하며, 높은 집권성을 나타내고, 공식적인 규칙에 의존하며, 계층제적 특성을 나타내게 되는 것이다(전영한, 2009).

14) 사바스(E. S. Savas)의 재화유형 분류는 아래 표와 같다(Savas, 1982).

구분	경합성	비경합성
배제성	민간재(시장재)	요금재: 고속도로
비배제성	공유재: 갯벌	공공재(집합재): 국방, 안보

표 3-1 행정(공조직)과 경영(사조직)의 유사점과 차이점

구분	유사점	차이점	
		행정	경영
추구 목적	조직목표 합리성 추구	• 다양한 목표 추구 • 목표의 모호성과 추상성	• 이윤극대화 추구 • 목표의 명확성
주체	행정범위 확대로 다양한 주체 참여	• 정부가 핵심주체	• 기업이 핵심주체
환경	외부환경의 영향	• 법적·정치적 환경의 영향을 강하게 받음	• 경제적 환경의 영향을 강하게 받음
자원관리 활동	인적·물적·제도적 자원의 관리활동	• 경직성, 계층성, 집권성 • 정치적 통제 높음	• 탄력성, 유연성 • 시장통제
재화와 서비스	행정서비스 제공 (예: 민영화 이후)	• 공공재 공급 • 정치적 이해관계	• 시장재 공급 • 가격조정

출처: 저자 작성.

있어, 공공재 공급 과정에서 효율성이 경시되는 경향이 있다(<표 3-1> 참조).[15]

(3) 법적 관점

법적 관점(legal perspective)은 가장 오래된 행정에 대한 접근방법이다. 소극적 의미에서 법적 관점은 행정을 입법 및 사법과 구분한다. 즉, 행정을 법령 구체화의 수단으로 해석하는 것이다(김규정, 1998). 이는 행정을 국가규범에 대한 소극적 실천행동으로 이해한다(국정관리학회, 2014: 24). 다시 말해, 이러한 관점에 따르면 행정은 공공규범이나 공공법규를 적용하고 실천 혹은 집행하는 과정이다. 입법부에서 제정한 공공법규를 집행기관인 행정기관이 효과적으로 실현해 가는 과정이 행정인 것이다.

그러나 오늘날의 사회에서는 행정에 대한 법적 접근을 기계적·소극적·수동적으로만 해석하는 것이 아니라, 보다 적극적인 의미로 해석하는 경향이 있다. 적극적 의미에서 법적 관점은 행정을 '법치행정의 원리'에 기반해 설명하는데, 법치행정의 원리는 "국민의 자유와 권리를 보장하기 위하여 행정작용은 국민의 대표로 구성되는 의회가 제정한 법률에 구속되며, 만약 행정작용이 법률에 위반하여 국민의 자유와 권리를 침해하였

---

15) 공공재는 주로 세금에 의해 공급되기 때문에 공급의 비효율성 가능성도 존재한다.

을 때에는 권리구제를 위한 제도가 마련되는 정치원리"를 의미한다(김항규, 1996: 1-2). 법치행정은 행정작용이 사람에 의한 '인(人)의 지배'가 아니라, 법률과 그에 위임받은 법령에 의한 '법(法)의 지배'가 되어야 한다는 것을 의미하는 것이다. 이러한 관점에 따르면, 행정에서의 법·제도적 특성이 중요하게 고려된다.

　　로젠블룸에 따르면, 행정에 대한 법적 관점이 관리적 관점과 충돌하는 경우가 발생한다(Rosenbloom, 1983). 효율성과 경제성을 중요한 가치로 고려하는 관리적(경영적) 관점은 법적 관점에서 강조하는 책임성과 충돌할 가능성이 높다. 다시 말해, 효율적 행정관리를 위해 행정관료들에게 더 많은 재량을 부여할수록 관료의 행위에 대한 민주적 통제가 어려워져 법적 책임성의 저하가 발생될 가능성이 높다는 것이다(Rosenbloom, 1983). 행정사적으로 법적 관점과 관리적(경영적) 관점의 충돌은 미노브룩(Minnowbrook) 회의[16]에서 시작되었으며, 이러한 관점들 간의 긴장관계는 시장 중심의 신공공관리에서 더욱 분명히 나타났다(Christensen et al., 2011). 시장의 논리가 강화되면서 관리적 효율성이 중요시되었으나, 그 과정에서 민주성, 책임성, 투명성, 합법성 등이 훼손되는 경향이 나타난 것이다. 예를 들어, 민영화[17] 과정에서 효율성이 강조되면서 법과 절차적 측면이 위반되는 경우가 다수 발생한 것이다. 이러한 과정에서 「헌법」 또는 「행정절차법」 등에 기반한 법·제도적 장치가 관리적 효율성을 위한 수단들과 충돌할 가능성이 높아진다.[18] 우리나라에서도 이러한 현상들이 자주 발생하였다. 특히 우리나라가 개발도상국의 지위에 있을 당시 발전행정적 가치로 무장한 채 행정의 능률성과 효과성을 지나치게 강조함으로써 국민의 기본권이 침해되는 사례들이 자주 발생하였던 것이다(김항규, 1996).

---

16) "1970년대에 시라큐스 대학의 왈도 교수의 주창에 따라 시라큐스(Syracuse)사에서 개최된 행정학의 연구·발표 집회이다. 미국의 격동하는 사회상황을 분석하고 행정학으로서 이에 적절한 처방과 적응성 그리고 종래의 행정현상 연구방법에 대한 타당성 여부 등을 논의했다. 1971년에는 이 회의를 통해 신행정론이 발표되었고, 이로 인해 신행정학이 탄생하는 계기가 마련"되었다(행정학용어표준화연구회, 2011).

17) 민영화(privatization)는 '국가나 공기업의 재산 등을 민간 자본에 매각하고 그 운영을 민간에 맡기는 과정'을 의미한다(위키백과, 2019).

18) 이러한 문제를 해결하기 위해서 관리의 효율성과 법적 책임성을 조화시킬 필요가 있다(Christensen et al., 2011). 예를 들어, 시장의 효율성과 생산성 추구를 위해 민간위탁(아웃소싱, outsourcing)을 통한 공공서비스 제공 시 투명성 제고와 법적 절차 준수를 강화할 필요가 있는 것이다.

2. 행정학의 발달, 특징과 정체성 위기

1) 행정학의 형성과 발달

행정현상 및 행정현상에 영향을 미치는 요인들을 중점적으로 연구하는 현대 행정학은 독일을 중심으로 하는 유럽 행정학과 미국을 중심으로 하는 미국 행정학의 두 갈래로 발전되어 왔다(이종수 외, 2014). 시기적으로는 유럽 행정학이 먼저 발달하기 시작하였지만 유럽 행정학은 19세기 후반에 행정법학으로 대체되었으며, 이러한 여러 가지 이유 때문에 19세기 후반부터 미국을 중심으로 현대 행정학이 발달하기 시작했다.[19]

유럽 행정학은 오랫동안 정치학과 법학의 하위학문으로 여겨져 왔다. 17세기 이전까지 유럽에서의 행정학은 독립적인 학문으로서 관심을 끌지 못했다. 그러나 17세기에 들어 국민국가와 근대관료제에 대한 연구가 시작되면서 행정학은 독립된 분과학문으로 자리매김하게 되었다. 즉, 유럽에서의 행정학은 당시의 시대적 상황에서 교회와 국가가 분리되고, 정부가 보편적 권위를 찾기 시작했으며, 전문적인 직업관료제가 마련되기 시작하면서부터 발달하기 시작한 것이다(김태룡, 2017).

특히, 유럽의 행정학은 독일을 중심으로 발달하였다. 17세기 프러시아에서 등장한 관방학(官房學) 또는 경찰학을 중심으로 행정학이 발달한 것이다. 관방[20]학은 관방관리에게 국가통치에 필요한 지식과 행정적 기술을 보급하는 학문으로서(위키피디아, 2019a), 이를 통해 군주의 권력을 강화하고 대외적 경쟁력을 확보하고자 한 것이다. 관방학은 부국강병(富國强兵)의 산물로서 군주의 재산 또는 국고관리를 위해 경찰학, 재정학, 경제학 등의 내용을 포함하였다(김태룡, 2017: 53).

관방학은 전기 관방학과 후기 관방학으로 구분되는데(신승춘 외, 2019), 전기 관방학

---

19) 미국 행정학의 발달에 관해서는 본서 제1장과 제2장의 국가와 정부의 관계, 정부의 역할과 기능의 변화와 관련된 설명에서 충분히 논의되었다. 따라서 여기서는 유럽을 중심으로 한 행정학의 형성과 발달 과정에 중점을 두고 설명한다.

20) 관방은 절대군주제 시대에 군주를 보좌하는 소수의 신하들이 집무한 소실에서 유래했으며, 거기에서 왕실 수입 유지·관리와 더불어 행정·재정·외교 등 중요한 사무가 수행되었다(글로벌 세계 대백과사전, 2017).

은 폰 오제(M. von Osse)가 중심이 되어 신학과 왕권신수설을 바탕으로 국가 공공복지 중심의 관방학을 발전시켰다.21) 반면, 후기 관방학은 유스티(J. H. G. Justi)가 중심이 되어 계몽사상과 자연법사상을 바탕으로 경찰학 중심의 관방학을 발전시켰다.22) 특히 후기 관방학에서는 왕실재정과 국가재정을 분리시켰으며, 경찰학을 국가전체의 재산 유지와 증진 목적에 활용하였다(유훈, 1992). 즉, 후기 관방학에 있어서 행정학은 경찰학으로 고려되었으며, 이를 통해 국가행정의 기반을 마련하고자 한 것이다. 그러나 당시의 관방학은 절대군주를 위한 통치술 연구 및 절대군주의 효과적인 통치수단을 제공하는 정치적 시녀 역할을 하였고, 정치학과 뚜렷하게 구분되지 않는다는 한계점을 지녔다(김규정, 1997).

프랑스 행정학은 18세기 경찰학을 토대로 하여 법학적 접근방법 중심으로 발전하였다. 프랑스에서 경찰은 특정한 국가 활동유형이자, 국가의 안녕과 질서를 유지하는 중요한 활동으로 간주되었다. 그러나 18세기 말에 국가작용과 활동이라는 '경찰' 명칭이 '행정'이라는 단어로 대체되었으며, 경찰이라는 용어는 국내 치안질서를 유지하는 의미로 축소되었다. 동시에 행정학은 행정공무원의 임무수행에 유용한 지식 제공 학문으로 인식되었다(신승춘 외, 2019). 그러나 이후 자유주의 국가의 출현으로 행정학의 의미는 쇠퇴하게 되었으며, 행정을 법적인 관점에서 해석하는 행정법이 강화되었다. 프랑스에서는 행정법 중심의 행정학 연구가 이루어지는 동시에, 파욜23) 등과 같은 학자에 의해 경영학적 관점 중심의 행정학 연구도 등장하였다. 특히 제2차 세계대전 이후 경제·복지 등 사회 전반의 영역에 국가 개입이 강화되면서 법학 중심의 행정학 연구에서 벗어나 고유한 영역으로서의 행정학 발전기를 맞게 된다(신승춘 외, 2019). 프랑스 행정학의 가장 중요한 특징은 고위관료 양성을 위한 전문 행정교육기관이 존재한다는 것이다. 19

---

21) 폰 오제(1506~1557)는 독일 법학자로 관방학 기틀형성에 기여하였으며, 독일 공법의 발달에 기여하였다(네이버지식백과, 2019b).

22) 유스티(1717~1771)는 18세기 독일의 대표적인 정치경제학자로서, 그의 정치적 아이디어는 독일의 행정개혁에 강력한 영향을 미쳤다(위키피디아, 2019b).

23) 파욜(1841~1925)은 광산 대학을 졸업하고 광산회사의 최고경영자 지위까지 올랐던 프랑스의 관리학자이다. 파욜은 이후 파욜리즘(Fayolism)이라고도 불리는 조직관리 기능을 계획(planning), 조직(organization), 인사(staffing), 지휘(directing), 통제(controlling) 등과 같이 구분하였고, 이러한 기능에 대해 보다 세부적인 14가지 관리원칙을 제시하였다. 이러한 내용들을 바탕으로 행정관리론이 본격적으로 발달하게 된다(김정인, 2018: 298-299).

세기 나폴레옹 시대에서부터 프랑스에서는 행정 고위관료의 양성을 중요시하였다. 이를 위해 공직에 전문 직종을 신설하고, 전문 행정교육기관을 설립하여 행정 전문가 양성을 위해 노력하였다. 대표적인 고위관료 양성기관은 제2차 세계대전 이후 설립된 국립행정학교(ENA)이다. 프랑스에서는 대부분의 엘리트 공무원이 국립행정학교 출신이었다. 물론 국립행정학교가 중앙집권화된 행정체제와 엘리트 중심의 관료제를 형성하게 했다는 점에서 비판을 받기는 하지만, 국립행정학교는 프랑스 행정학의 발달에 중요한 기여를 하였다. 이밖에도 프랑스 행정제도의 중요한 특징으로는 엄격한 공개경쟁채용 시험에 의한 공무원 임용이 있다. 공무원 시험제도를 통해 우수한 인재를 공직에 임용할 수 있도록 한 것이다(김태룡, 2017).

영국 행정학의 형성 및 발달은 영국의 인사행정 형성 및 발달과정으로 설명될 수 있다. 절대군주 시대의 영국에서는 공무원제도가 정실주의에 의해 운영되었다. 17세기 후반 명예혁명으로 인해 의회 유력 정치가들에 의한 정실주의는 더욱 강화되었다(이종수 외, 2014). 그러나 산업혁명 이후 영국에서도 행정환경이 급변하여, 전문적으로 행정을 수행할 수 있는 전문 행정인의 필요성이 대두되었다. 이로 인해 19세기 후반부터 행정관료제에 대한 개혁이 발생한 것이다. 행정개혁의 대표적인 예로, 1870년에 당시 수상이었던 글래드스턴(W. Gladstone)이 근대 영국의 공무원제도를 확립시킨 '추밀원령(Order in Council)'을 제정하였고, 이를 통해 공개경쟁채용시험에 의한 공무원 채용과 계급제도를 정착시켰다(박동서 외, 1995). 하지만 이러한 인사제도의 변화에도 불구하고 영국은 미국(공무원제 발달)이나 독일(관방학 발달)처럼 체계적으로 행정학 학문을 발달시키지는 못했다.

한국 행정학의 형성 및 발달

1945년 해방 이후 한국의 행정학은 미국 행정학의 영향을 많이 받게 된다. 한국 대학에서 행정학과는 1946년에 서울대학교에서, 그리고 1948년에 부산대학교에서 각각 최초로 설립되었지만 행정학은 주로 행정법과 정치학적 관점에서 교육되었다. 이어 1955년에 고려대학교에서, 1956년에 중앙대학교에서 행정학과가 창설되었고, 1956년 창단된 '한국행정연구회'가

1961년에 '한국행정학회'로 개편되었다(신승춘 외, 2019).

한국의 행정학은 1959년 미국 정부 원조계획의 일환으로 미네소타 대학에서 유학 후 귀국한 소위 한국 행정학 1세대 학자들이 서울대학교에 행정대학원을 설립하면서 본격적으로 발달하기 시작하였다. 특히 1961년 제13회 고등고시행정과 필수시험과목으로 행정학이 채택되고, 1960년대부터 행정학 연구자들이 급속히 증가하면서 한국에서도 행정학이 사회과학의 한 분과학문으로 자리 잡을 수 있었다(신승춘 외, 2019). 국립공무원훈련원에서도 1959년부터 행정학 강의가 시작되었으며, 1961년에 중앙공무원교육원(현 국가공무원인재개발원)으로 명칭이 변경된 후에도 공무원 교육·훈련을 위해 행정학 과목을 교육과정에 확대 편성하였다(백완기, 2004). 행정학의 실용적 측면에 있어서도 1961년부터 정부 총무처에 행정관리국이 설치되었다. 1950년대부터 1970년대까지 한국 행정학은 미국 행정학의 영향을 크게 받았다. 미국 행정학의 이론 도입 및 소개, 비교행정론의 적용, 행태론적 접근방법 도입, 발전행정론 연구 등이 한국 행정학 발전에 기여한 것이다(김태룡, 2017: 165).

그러나 1980년대 이후부터 우리나라에서도 한국 행정현실에 맞는 행정학의 토착화에 많은 관심을 두기 시작했다. 1990년대 지방선거가 도입되면서 지방자치에 대한 연구, 행정정보화 및 정보정책에 관한 연구 등이 활발히 이루어졌다. 특히 한국적 맥락에 맞는 신제도론적 연구가 축적되었고, 김대중 정부 이후 신공공관리적 행정개혁에 대한 연구도 급증하였다. 2000년대 이후에는 한국에서 행정학의 영역이 위기관리, 갈등관리, 환경 등 더욱 다양한 분야로 확대되었다.

한국 행정학은 한국의 고유한 행정현상을 반영하면서 발달하였다. 해방 이후 한국 사회가 겪은 근대화, 민주화, 세계화의 흐름에 따라 한국 행정학의 특징이 발달하기 시작한 것이다. 한국의 근대화 시기에는 '발전과 행정'에 대한 연구가, 민주화 시기에는 '권력과 행정'에 대한 연구가, 세계화 시대에는 '경쟁적 협력과 행정'에 대한 연구가 한국 행정연구의 핵심적인 관심사가 되었다(박종민, 2006).

2) 행정학의 특징

행정학은 행정현상을 과학적·이론적으로 분석하는 학문이다. 행정학의 발달과정에서 살펴보았듯이 행정학의 역사는 그리 오래되지 않았다. 행정학이 발달하기 이전에는 법학(행정법)과 정치학의 하위분과 학문으로서 행정이 다루어져 온 것이다. 그럼에도 행정학의 고유한 특징이 몇 가지 존재한다.

첫째, 행정학은 '과학(science)'인 동시에 '기술(예술)(art)'적 특성을 모두 포함한다(신승춘 외, 2019). 과학은 "자연세계에서 보편적 진리나 법칙의 발견을 목적으로 한 체계적 지식"을 의미한다(두산백과, 2019). 이러한 개념 정의에서 살펴볼 수 있듯이, 과학이 경험적 사실을 근거로 보편성과 객관성을 인정하는 지식체계라는 점을 고려해 볼 때 행정학은 과학이라고 할 수 있다. 그 이유는 행정학이 행정현상을 경험적·객관적으로 입증하고, 이를 논리적·체계적으로 설명·기술·예측할 수 있도록 하기 때문이다. 다시 말해, 행정학은 행정현상에 존재하는 인과관계의 법칙을 탐구하여 이를 지식화하기 위해 노력한다(유민봉, 2021).

그러나 행정학은 단순히 사실 입증과 증명을 통해 보편성과 객관성을 확보하는 것만을 목적으로 하지 않는다. 특히 행정학을 원인과 결과라는 엄격한 인과관계에 따른 과학성 강조만으로 해결되지 않는 문제에 대한 '어느 정도의 규칙성' 제시 내지 노력으로 이해할 때, 행정학에 있어서의 기술 또는 예술성이 강조된다(유민봉, 2021). 행정학은 행정 또는 사실 문제를 적극적으로 해결하고자 하는 처방(prescription)적 성격을 지닌다. 행정의 목적이 공공가치를 실현하고 바람직한 사회상태를 달성하는 것이기 때문에, 행정학은 현실문제를 적극적으로 치유하고자 하는 처방적 성격을 지닌다는 것이다. 이때 가치(value)와 사실(fact)은 분리가 어렵고, 행정인은 적극적인 가치판단을 할 필요가 있다. 이러한 측면에서 행정학은 기술 혹은 예술(art)적 성격을 동시에 지닌다고 할 수 있는 것이다.

둘째, 행정학은 '전문직업적(professionalism)' 학문이며 동시에 '응용과학'이다. 행정학은 단순 지식을 추구하는 데만 목적이 있는 것이 아니라, 지식을 응용하여 실전에 적용하는 전문직업적 성격을 지닌 학문이라는 것이다(신승춘 외, 2019). 특히 행정학은 행정관료 양성, 전문행정인 양성, 그 외 행정실무가 등 양성을 목적으로 한다. 행정학이 전문직업적 성격을 지니는 이유는 행정학이 순수사회과학 학문이라기보다 현실에 적극적으로 적용하고 응용할 수 있는 실용성이 높은 응용과학 학문이기 때문이다. 행정학은 사회문제를 해결하기 위한 처방적 성격을 지니기 때문에 단순히 지식탐구만을 중심으로 연구한다기보다는 사회문제를 적극적으로 해결하는 데 초점을 두는 응용과학적 성격을 지닌다.

셋째, 행정학은 '다제간(interdisciplinary) 학문'이며, 동시에 '종합학문'적 성격을 지닌다(국정관리학회, 2014: 89). 행정학은 법학, 정치학, 경영학, 심리학, 사회학 등 인접 학문과 밀접한 관련성을 지닌다. 복잡한 행정현상을 이해하고, 행정문제를 해결함에 있어 단순히 행정학적 지식만을 활용하는 데에는 한계가 있다. 예를 들어, 정부와 의회의 관계 또는 행정관료의 정치적 행위 등을 연구하기 위해서는 정치학과 심리학 이론과 지식이, 시민사회 및 사회구성원들과 정부의 상호작용을 연구하기 위해서는 사회학 이론과 지식이 더해질 필요가 있다. 정부조직 등 공조직 내 구성원들의 행위와 행태를 연구하기 위해서는 심리학의 이론과 지식도 필요하다. 이처럼 행정학은 고유의 단일 학문으로만 현실세계에 적용되는 것이 아니라, 다른 인접 학문과 밀접한 관련성을 지니면서 복잡한 행정현상을 설명하고, 기술하며, 예측·통제하는 데 기여하고 있는 것이다.

3) 행정학의 정체성 위기

이상에서 논의된 바와 같은 행정학의 짧은 역사, 행정현상에 대한 적극적인 처방 강조, 인접 학문과의 상호연계성 등 행정학의 특징이 행정학의 정체성(identification)에 관한 의문을 불러일으킨다. 무엇보다도 유럽과 미국에서 발생한 행정학의 태생적 특징을 고려해 볼 때 행정학의 정체성 한계는 본질적인 것인지도 모른다. 정치와 경영의 두 가지 속성을 모두 지니면서, 정치학으로부터 독립하고, 행정과 경영의 유사성을 강조하면서 행정학이 등장한 점을 고려할 때 행정학은 정체성 위기의 내재성을 지닌다고 할 수 있다. 또한 최근 들어 정부의 역할을 시장이 대신하고, 시민사회와 전문가 등 정부 이외의 비공식적 참여자들이 행정에 적극 참여하여 행정의 경계가 모호해지면서 행정학의 정체성 위기는 더욱 증가하였다(김용철 외, 2022). 그럼에도 불구하고 행정학은 공공성 또는 공공가치를 추구하고 실현하는 학문이라는 점에서 고유성을 지닌다고 할 수 있다.

ChatGPT와 함께 하는 **3장**의 **주요 개념** 정리

1. 행정–정치–경영–법의 관계

- 행정, 정치, 경영, 법은 사회와 조직체계에서 각기 다른 역할을 수행하면서 상호작용함
- 네 가지 영역은 서로 연관되어 있으며, 효과적인 사회 및 기관의 운영을 위해서는 상호 협력과 조화가 필요함
- 각 분야는 서로 영향을 주고받으며, 균형 있는 상호작용이 사회의 안정과 발전을 지원함

구분	내용
행정	• 행정은 조직이나 정부에서 정책을 실행하고 관리하는 활동 • 행정은 주로 조직 내에서의 업무 처리, 의사결정, 리더십, 자원 할당 등과 관련됨 • 정부에서는 행정 부문이 법률에 따라 국가의 일상적인 운영을 담당
정치	• 정치는 권력 분배, 의사결정, 정부 구조, 정책 형성 등과 관련된 활동 • 정치는 법과도 관련이 있으며, 법의 제정, 변경, 폐지는 정치적 의사결정의 결과로 이뤄짐 • 정치는 행정에 영향을 미치며, 특히 정책 수립과 관련하여 행정과 상호작용함
경영	• 경영은 조직이 목표를 달성하기 위해 자원을 계획, 조직, 지도, 통제하는 활동 • 기업 경영에서는 의사결정, 리더십, 자원관리, 전략 수립 등이 중요한 경영 활동에 해당 • 경영은 행정과도 관련이 있으며, 조직 내에서의 효율성과 생산성을 높이는 것이 목표
법	• 규칙, 규제, 제도 등으로 구성된 체계적인 규범으로, 사회의 질서와 안전을 유지하는 데 중요한 역할을 함 • 법은 정치적 결정의 결과로 제정되며, 사회적 규범을 제공하여 행정과 경영에 법적 틀을 제공 • 법은 정치와도 밀접한 관련이 있으며, 정치적 프로세스를 통해 법이 만들어지고 변경됨

출처: ChatGPT(2023). '행정–정치–경영–법의 관계는 무엇인가?' 질문으로 검색한 내용 저자 정리.

2. CSR과 ESG의 개념

- CSR(기업의 사회적 책임)과 ESG(환경, 사회, 지배구조)는 기업의 지속가능성 및 사회적 책임과 관련된 두 가지 다른 개념이지만, 몇 가지 유사점과 차이점이 존재
- CSR은 주로 기업의 사회적 책임에 중점을 두며, ESG는 기업의 환경, 사회, 지배구조에 대한 통합된 접근을 강조하고, 특히 투자자들에게 중요한 지표로 간주됨

구분		CSR	ESG
유사점		• 기업의 사회적 책임: 기업이 이익을 창출하는 동시에 사회 및 환경에 대한 책임을 가지고 있어야 한다는 기본 개념을 포함 • 이해관계자 포함: 기업의 활동에 영향을 받는 다양한 이해관계자들을 고려하고 그들의 요구에 응답하는 것을 강조 • 지속가능성 강조: 기업이 장기적인 지속가능성을 고려하고 적극적으로 관리해야 한다고 주장	
차이점	범위와 포괄성	• CSR은 주로 기업의 사회적 책임에 중점	• ESG는 더 넓은 범위의 주제를 다루며, 기업의 환경, 사회, 지배구조 측면을 모두 아우름
	측정 가능성 및 투자 관점	• CSR은 주로 기업의 사회적 책임에 초점을 맞추어 투명성과 기업의 윤리적 행동을 강조	• ESG는 주로 투자 및 재무성과와 관련이 있음 • 기업의 ESG 성과는 투자자들이 기업을 평가하고 비교하는 데 사용
	통합수준	• CSR은 종종 특정 프로젝트 또는 활동에 초점을 맞추는 경향이 있음	• ESG는 주로 기업의 전략과 운영에 통합되는 것을 강조 • 기업이 ESG를 효과적으로 관리하려면 비즈니스 전반에 걸쳐 이를 통합해야 함

출처: ChatGPT(2023). 'CSR과 ESG의 유사점과 차이점은 무엇인가?' 질문으로 검색한 내용 저자 정리.

행정사례 연습

■ 윤석열 정부의 공공기관 개혁

공공기관 기능조정 및 조직·인력 효율화 계획

제18차 공공기관운영위원회에서 「공공기관 혁신계획 중 기능조정 및 조직·인력 효율화 계획」을 상정·의결하였다. 윤석열 정부는 공공기관의 효율화와 대국민 서비스의 질 제고를 위해 ① 공공부문 생산성 제고, ② 자율책임경영 및 역량 강화, ③ 민간-공공기관 협력강화의 공공기관 혁신 3대 과제를 추진하고 있다. 이를 위해 공공기관 기능조정 및 조직·인력 효율화 계획에 따라 공공기관 17,230명(전체 정원대비 3.9%)을 감축하고, 4,788명(1.1%)을 국정과제 수행, 안전 등 필수인력 소요에 재배치하도록 하였다.

<'08~'23년 공공기관 정원 추이 및 전망>

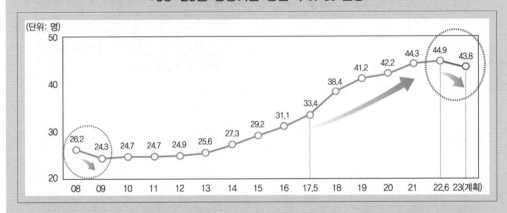

구체적인 공공기관 기능조정 및 조직·인력 효율화 계획은 다음과 같다. 첫째, 기능조정 차원에서 민간·지자체와 경합하거나 비핵심 업무, 수요감소 또는 사업종료 업무, 기관 간 유사·중복 기능 717건을 정비하여 233개 기관에서 7,231명을 감축하기로 하였다. 예를 들

어 한국체육산업개발은 분당·일산 올림픽 스포츠센터 운영('94년~)을 민간의 전문성을 활용할 수 있도록 민간에 이관하도록 하였다. 둘째, 조직·인력 효율화 차원에서 조직통합·대부서화, 지방·해외조직 효율화, 지원인력 조정, 업무 프로세스 개선 등을 통해 228개 기관에서 4,867명을 감축하기로 하였다. 셋째, 정·현원차 축소차원 육아휴직, 시간선택제 등 요인을 감안한 후에도 기관별로 상당기간 지속되고 있는 정·현원차에 대해 157개 기관에서 5,132명을 감축하기로 하였다. 마지막으로 인력 재배치 차원에서 핵심 국정과제 수행, 필수시설 운영, 안전, 법령 제·개정 등 필수소요 인력에 대해 223개 기관에서 4,788명을 재배치하기로 하였다. 일례로 국정과제로 한수원 신한울 3,4호 건설, 건보심사평가원 혁신의료기술 등 재관리 등 2,577명을 재배치하기로 하였다.

출처: 기획재정부(2022).

■ **사례의 의의**

본 사례는 윤석열 정부의 공공기관 개혁방향인 공공기관의 기능조정 및 조직·인력 효율화 계획에 관한 사례로서, 행정과 경영의 유사성을 강조하고 있다. 행정 역시 경영과 마찬가지로 성과향상을 위해서는 기능조정, 조직과 인력의 효율적 운영이 필수적이라고 할 수 있다. 윤석열 정부의 공공기관 개혁이 계획대로 이행된다면 비핵심·수요감소 업무 등 정비를 통해 공공기관 역량을 핵심업무 중심으로 재편하고 생산성을 높임으로써 대국민 서비스의 질 개선과 인건비 절감 효과를 나타낼 수 있을 것이다. 그러나 이러한 공공기관 개혁이 무척 어렵다는 것은 이전 정부들에서도 경험해 왔다. 특히 기능조정, 인력재배치, 감축관리 과정에서 공공기관의 특수성이 고려되지 않고 일률적으로 이행된다면 공공기관 구성원들의 반발이 발생할 수 있으며, 신규채용이 줄어들 수 있는 한계가 존재한다. 따라서 성공적인 공공기관 개혁을 위해서는 개혁에 따른 부작용을 어떻게 극복해 나가는 가가 또 다른 중요한 과제가 된다.

제4장

행정환경의 변화

본 장에서는 3장에서 논의한 행정을 둘러싸고 있으며, 행정과 끊임없이 상호작용하는 행정환경에 대해 설명한다. 행정환경이 어떻게 변화해 왔고, 이러한 현대 행정환경이 행정에 미치는 영향은 무엇인지 짚어 본다. 산업사회와 구분되는 새로운 뉴노멀 시대에서 유념해야 할 행정환경의 특징은 무엇인지 살펴보고, 이러한 행정환경 변화가 행정에 미치는 영향에 대해서도 논의한다.

1. 행정환경의 의의
2. 행정환경의 변화
3. 현대 행정환경의 특징과 정부의 역할

제4장

행정환경의 변화

핵심 학습사항

1. 행정환경이란 무엇인가?
2. 현대 행정환경의 특징은 무엇인가?
3. 한국이 직면하고 있는 정치적, 경제적, 사회·문화적, 기술적, 법·제도적 행정환경의 특징은 무엇인가?
4. 행정난제의 의미는 무엇인가?
5. 행정난제를 해결하기 위한 정부의 세 가지 방안은 무엇이며, 그중 적용 가능한 해결방안은 무엇인가?
6. 뉴노멀 시대와 위험사회의 특징은 무엇인가?
7. 뉴노멀 시대의 정부 역할은 무엇인가?
8. 위험사회에서 요구되는 정부의 역할은 무엇인가?

1. 행정환경의 의의

환경은 "유기체를 외적으로 둘러싸고, 유기체와 일정한 접촉을 유지하고 있는 경험적·인지적 현상으로 인간행동이 일어나는 배경"으로 정의된다(이연호·박미석, 1997: 3). 인간을 둘러싼 환경은 자연적·물리적·생물학적 환경, 사회·문화적 환경, 인공적 환경 등으로 구분할 수 있으며, 환경과 인간은 끊임없이 상호작용을 하게 된다(Bubolz et al., 1979). 이와 같은 맥락에서 행정환경은 '행정조직과 조직 내 구성원들을 둘러싸고 이들과 접촉하면서 끊임없이 상호작용하며 행정활동을 발생시키는 배경'으로 정의될 수 있다. 특히 체제이론에서는 행정환경을 더욱 중요하게 고려한다. 이에 따르면 행정은 끊임없이 환경과 상호작용을 한다. 체제에 투입되는 외부환경 요인에 따라 행정체제 내 행정목표가 수정되고, 행정가치의 우선순위가 변화될 수 있다는 것이다. 뿐만 아니라, 새로운 행정행위자의 등장에 따라 행정체제 자체가 변화할 수 있다고 본다. 행정체제 내 권력관계를 기반으로 형성되는 정책과 정부활동은 국민생활에 큰 영향을 미치며(산출), 이에 영향을 받은 환경은 새로운 형태로 변화하여 행정체제에 재투입(환류)되는 과정을 거치게 된다는 것이다(이종수 외, 2022). 이처럼 행정은 환경과 서로 영향을 주고받으며, 행정체제 내 다양한 구성원들에게 영향을 주기도 한다.

행정에 영향을 미치는 환경은 행정 전반에 일반적인 영향을 미치는 '일반환경'과 개별 행정기관 혹은 공무원 등의 업무에 직접적인 영향을 미치는 '과업환경'으로 구분할 수 있다(유민봉, 2021). 일반환경은 행정 외부환경으로 이해될 수 있으며, 정치적, 경제적, 사회·문화적, 법·제도적, 기술적 환경 등을 포함한다. 과업환경은 행정 내부환경으로 이해될 수 있으며, 행정체제에 영향을 미치는 조직(예: 대통령, 국회, 법원, 언론기관) 및 구성원 등을 포함한다. 일반환경과 과업환경은 별도로 존재하는 것이 아니라, 상호작용하며 행정에 영향을 미치기에 이 두 가지 환경 모두를 행정환경으로 분석하는 것이 적절하다고 할 것이다. 그러나 이 장에서는 일반환경을 중심으로 행정에 영향을 미치는 외부환경 요인을 분석할 것이다. 최근 들어 행정을 둘러싼 일반환경이 복잡해지고, 불확실해지면서 행정환경에 대한 이해의 필요성이 더욱 커지고 있다. 따라서 이 장에서는 행정환경 변화의 특징을 살펴보고 이러한 내용들을 바탕으로 급변하는 환경에 정부가 어떻게 대응하여야 할 것인지에 대해서도 논의한다.

2. 행정환경의 변화

1) 행정환경 변화의 특징

행정환경은 시대에 따라 변화한다. 과거 공공부문을 둘러싼 행정환경이 폐쇄적이고, 안정적이며, 예측 가능하고, 단순한 것이었다면, 현대 행정환경은 과거에 비해 보다 역동적이고, 불확실하며, 예측 불가능하다. 무엇보다도 사회적 난제의 증가, 뉴노멀 시대의 도래, 4차 산업혁명 시대를 맞고 있는 오늘날의 행정환경은 과거보다 개방적이고 복잡하다. 공공부문을 둘러싼 행정환경의 변화가 빠르고, 다양하게 나타나고 있는 것이다. 행정환경의 변화로 인해 행정체제와 행정생태계는 끊임없이 변화하고 있다. 때로는 복잡한 행정환경의 변화로 인해 행정체제가 이질적으로 변화한다. 예를 들어, 한국의 행정문화는 행정환경 변화에 상당한 영향을 받아 왔다. 물론 행정환경의 변화가 일방향적이고 일괄적으로 이루어지는 것은 아니다. 다시 말해, 행정환경 변화에 따라 행정체제가 변화하기도 하고 일부는 유지되기도 한다는 것이다. 한국 행정문화의 경우 정치적, 사회·문화적 환경변화에 따라 개인주의와 평등주의 문화로 변화해 가고 있다. 하지만 여전히 공공부문에는 전통적인 위계주의 행정문화가 존재하고 있는 것이다(최태현·정용덕, 2018: 29).

이와 같이 우리나라를 포함한 현대국가들이 겪고 있는 행정환경 변화의 특징을 단적으로 설명하기는 어렵다. 행정환경 변화의 전반적인 특징은 유사하다고 하더라도, 국가 및 지역별로 각기 미세한 차이가 있으며 행정체제 등에 미치는 영향은 큰 차이를 나타내기 때문이다. 따라서 여기에서는 한국 행정을 둘러싼 일반환경인 정치적, 경제적, 사회·문화적, 법·제도적, 기술적 환경변화의 구체적인 특징들을 살펴본다.1)

2) 정치적 환경변화

우리나라 행정환경 중 정치적 환경의 주요 특징은 민주화와 다원화, 분권화 등으로 제시될 수 있을 것이다(김정인, 2018). 특히 한국의 정치적 환경변화의 특징은 역사적 관점에서 살펴볼 필요가 있다. 1960·1970년대 발전국가와 개발도상국가 시대 우리나라의 정치적 환경은 권위적이며 통제적인 특징을 나타냈다. 당시 국가주도로 경제성장을 이루어 내고자 했던 박정희 정부(1963~1979)의 국정철학에서 비롯된 '발전국가의 제도적 유산'은 오랫동안 지속되었다(김근세, 2016).2), 3) 우리나라의 정치적 환경에는 발전국가

---

1) 이밖에도 행정에 영향을 미치는 글로벌 환경은 'ChatGPT와 함께 하는 4장의 주요 개념 정리'를 참조하기 바란다.
2) 이와 관련된 내용은 김근세(2016: 14-19)의 저서 일부를 발췌한 것이다.
3) 전두환 정부(1980~1988)에서도 이러한 발전국가의 제도적 유산은 지속되었다.

의 몇 가지 특징이 뚜렷하게 나타났다. 경제성장이라는 국가 목표를 강조한다는 점, 입법부보다 집행부 중심의 행정체제를 구속하고자 한다는 점, 경제발전이라는 국가목표와 그에 상응하는 정책 패키지 등을 중시하면서 국가중심의 위계적 국정관리를 유지하고자 한다는 점 등이 그것이다.

이러한 발전국가의 특징은 1987년 민주항쟁을 통해 재편된다. 사회 전반에 민주화 요구가 폭발적으로 확산되면서 노태우 정부(1988~1993)는 이러한 요구를 수용하여 자율과 인권을 국정가치로 강조하기 시작한 것이다. 이후 더 나아가 김영삼 정부(1993~1998)에서는 군부통치로부터 벗어난 '문민정부'를 구성하였고, 급변하는 국내외 정치적 환경에 대응하기 위하여 변화와 개혁을 강조하면서 '신한국 창조'를 주요 국정운영 철학으로 삼았다. 그러나 김영삼 정부 말기인 1997년에 IMF 외환위기를 맞게 되면서, 국내의 급격한 경제적 환경변화가 정치적 환경에까지도 영향을 미치게 되었다. 외환위기 이후 집권한 김대중 정부(1998~2003)에서는 경제위기 극복이라는 우선 과제를 해결하기 위해 효율성, 경쟁, 성과 등의 가치를 강조하는 신공공관리를 본격적으로 도입·시행하게 되었다.[4] 외환위기가 어느 정도 안정된 후 등장한 노무현 정부(2003~2008)에서는 사회적 안정을 위해 국민들의 참여를 가장 중요한 국정철학으로 간주하며, '참여정부'시대를 열었다.[5] 이후 10년 만에 집권한 보수 정권인 이명박 정부(2008~2013)와 박근혜 정부(2013~2017)에서는 대내외적으로 직면한 금융위기와 경제위기(예: 성장동력의 약화, 고용률 정체, 양질의 일자리 부족, 소득분배의 악화 등)를 해결하기 위하여 신공공관리와 발전국가적 국정운영 방식으로 회귀하는 특성을 나타냈다.

2017년 시작된 문재인 정부에서는 '국민이 주인인 정부'를 강조하며, 국민주권의 민주주의를 실현하기 위한 국정전략과 국정과제를 수립하였다(청와대, 2018). 정부와 관료, 정치인의 참여가 중심이 되던 공공부문 의사결정 과정에 이익집단, 시민단체, 여론, 정당, 국민 등 다양한 사회구성원들의 참여를 강조하면서 참여민주주의를 발전시키고자 한 것이다. 이를 실현하기 위하여 '공론화'라는 의견수렴 방식을 주요정부정책 의사결정 수립과정에 적극 도입하였으며, 공론화를 통해 국민들의 정치적 관심과 참여를 이끌어 내

---

4) 서구국가와는 다르게 우리나라에서의 신공공관리는 의도하지 않게 발생한 외환위기라는 외부변수에 의해 도입되었다.
5) 노무현 정부에서는 신공공관리 국정운영 방식보다 참여 중심의 뉴거버넌스 가치를 강조하였다.

| 그림 4-1 | 윤석열 정부의 국정비전과 국정목표 |

국 정 비 전

다시 대한민국! 새로운 국민의 나라

국정운영원칙: 국익, 실용, 공정, 상식

⇑   ⇑

국정목표1 │ 상식이 회복된 반듯한 나라

① 상식과 공정의 원칙을 바로 세우겠습니다.
② 국민의 눈높이에서 부동산 정책을 바로잡겠습니다.
③ 소통하는 대통령, 일 잘하는 정부가 되겠습니다.

국정목표2 │ 민간이 끌고 정부가 미는 역동적 경제

④ 경제체질을 선진화하여 혁신성장의 디딤돌을 놓겠습니다.
⑤ 핵심전략산업 육성으로 경제 재도약을 견인하겠습니다.
⑥ 중소·벤처기업이 경제의 중심에 서는 나라를 만들겠습니다.
⑦ 디지털 변환기의 혁신금융시스템을 마련하겠습니다.
⑧ 하늘·땅·바다를 잇는 성장인프라를 구축하겠습니다.

국정목표3 │ 따뜻한 동행, 모두가 행복한 사회

⑨ 필요한 국민께 더 두텁게 지원하겠습니다.
⑩ 노동의 가치가 존중받는 사회를 만들겠습니다.
⑪ 국민과 함께하는 일류 문화매력국가를 만들겠습니다.
⑫ 국민의 안전과 건강, 최우선으로 챙기겠습니다.
⑬ 살고 싶은 농산어촌을 만들겠습니다.

국정목표4 │ 자율과 창의로 만드는 담대한 미래

⑭ 과학기술이 선도하는 도약의 발판을 놓겠습니다
⑮ 창의적 교육으로 미래 인재를 키워내겠습니다.
⑯ 탄소중립 실현으로 지속가능한 미래를 만들겠습니다.
⑰ 청년의 꿈을 응원하는 희망의 다리를 놓겠습니다.

국정목표5 │ 자유, 평화, 번영에 기여하는 글로벌 중추국가

⑱ 남북관계를 정상화하고, 평화의 한반도를 만들겠습니다.
⑲ 자유민주의 가치를 지키고, 지구촌 번영에 기여하겠습니다.
⑳ 과학기술 강군을 육성하고, 영웅을 영원히 기억하겠습니다.

국정목표6 │ 대한민국 어디서나 살기 좋은 지방시대

㉑ 진정한 지역주도 균형발전 시대를 열겠습니다.
㉒ 혁신성장기반 강화를 통해 지역의 좋은 일자리를 만들겠습니다.
㉓ 지역 스스로 고유한 특성을 살릴 수 있도록 지원하겠습니다.

출처: 대한민국 정부(2022).

고자 하였다.[6)] 또한 2022년 시작된 윤석열 정부는 '다시 대한민국! 새로운 국민의 나라'라
는 국정비전을 제시하면서[7)] '상식이 회복된 반듯한 나라(정치), 민간이 끌고 정부가 미는
역동적 경제(경제), 따뜻한 동행, 모두가 행복한 사회(사회), 자율과 창의로 만드는 담대한
미래(미래), 자유·평화·번영에 기여하는 글로벌 중추국가(외교안보), 대한민국 어디서나
살기 좋은 지방시대(지방시대)' 달성이라는 국정목표를 설정하였다(대한민국 대통령실, 2023).

3) 경제적 환경변화

경제적 환경은 생산자, 사용자, 소비자, 노동자, 정부, 시장 등 변화의 주체가 매우
다양하며 그들의 관계는 상호의존적이고 역동적으로 나타난다. 그러나 우리나라의 경제
적 상황을 고려해 볼 때 경제적 환경변화에 대한 정부의 역할은 매우 강하게 나타났다.
다시 말해, 우리나라의 경제발전과 소득 재분배 등 경제환경 전반에서 정부가 중대한
영향을 미쳐 온 것이다(남궁근, 2017). 예를 들어, 정부는 경제목표를 설정하고 정책을
수립함으로써 국가 전반의 경제발전을 선도하며, 조세정책 등을 통해 소득 재분배에 영
향을 미친다. 특히 한국과 같은 발전국가에서는 경제적 환경이 정부에 의해 많은 영향
을 받았다고 할 수 있다. 그러나 경제적 환경변화는 정부에 의해서만 이루어지는 것이
아니다. 정부뿐만 아니라 시장 역시 경제적 환경변화에 중대한 영향을 미친다. 예를 들
어, 시장에서의 기업합병 혹은 매각(예: 배달의 민족 매각) 등은 시장의 판도 자체를 바꿀
정도로 경제적 환경변화에 중요한 영향을 미치는 것이다. 이와 같이 경제적 환경변화는
정부와 시장을 비롯한 다양한 행위자의 상호작용에 의해 복합적으로 나타난다. 경제적
환경변화를 살펴볼 수 있는 대표적인 지표로는 물가, 이자율, 실업률, 환율 등이 있다
(이종열 외, 2023).

정치적 환경에서도 논의한 바와 같이 우리나라가 역사적으로 직면한 경제적 환경
변화의 특징은 1960년대 이후의 국가주도 경제성장, 1990년대의 시장역할 강화 그리고

---

6) 공론화를 통해 '숙의민주주의 발전'에 기여하였으며, 급증하고 있는 공공갈등을 효과적으로 관리하고자
노력하였다.
7) 2022년 7월 윤석열 정부 120대 국정과제를 제시할 때 국정비전은 '다시 도약하는 대한민국, 함께 잘 사는
국민의 나라'였으나, 2023년 이를 일부 수정하여 '다시 대한민국! 새로운 국민의 나라'라는 국정비전으로
제시하고 있다.

그림 4-2 **우리나라의 경제성장률 추이**

출처: 한국은행(2022).

1990년대 후반 외환위기를 극복하기 위한 경제활성화 강조, 2000년대의 시장활성화, 2000년대 후반 이후 민영화를 포함한 시장우위 정책 강화 등으로 제시될 수 있다(김근세, 2016). 그러나 최근 한국이 직면하고 있는 경제적 환경은 상당히 위험한 상황에 있다. 대외적으로는 전 세계적으로 보호무역이 강화되고 있으며, 시장주의와 저성장으로 인해 양극화 문제가 더욱 심화되고 있다. 뿐만 아니라, 대내적으로는 국민들의 복지수요 증가로 인해 국가 재정건전성에 대한 우려도 지속되고 있는 실정이다. 1950년대 이후 한국의 경제성장률은 매해 일정하지는 않더라도 약 10%대를 유지하였으나, 이는 2000년대 이후 대외적 여건 악화와 국내 경기 둔화로 인해 지속적으로 낮아지고 있다(국가통계포털, 2022). 특히 최근 들어 경제성장률은 더욱 하락하였으며, 2017년 3.2%, 2018년 2.7%, 2019년 약 2%대로 하락하다가 코로나19 팬데믹이 발생한 2020년에는 경제성장률이 마이너스 성장률인 −0.7%대로 낮아졌다.[8] 또한 경제적 환경의 중요 지표 중 하나인 실업률은 2013년 이후 약 3~4%대를 유지하고 있지만, 청년실업률은 이보다 높은 약 8~10% 정도로 나타나고 있다. 특히 코로나19 팬데믹이 발생한 2020년에는 실업률이 4.0%, 청년실업률이 9.0%로 크게 증가하였다(국가통계포털, 2022). 이처럼 코로나19

---

8) 이후 2021년에는 다시 경제성장률이 4.1%로 증가하였다.

팬데믹과 같은 예기치 않은 외부 환경이 연쇄적으로 경제적 환경변화를 초래하고 있어 최근 공공부문에서의 일자리 창출 확대 등과 같은 행정의 역할이 더욱 강조되고 있다.[9]

4) 사회·문화적 환경변화

우리나라의 사회·문화적 환경은 급속도로 변화하고 있다. 특히 한국의 사회·문화적 환경변화는 인구변화와 가족구성의 변화에서 중요한 특징을 나타낸다. 저출산·고령화 등으로 인해 사회구성원의 인구통계학적 특성이 급격히 바뀌고 있는 것이다. 우리나라는 2000년에 고령화 사회(65세 이상 인구비율 7%)에 진입하여 불과 17년 만인 2017년에 고령사회(65세 이상 인구비율 14%)로 진입하였으며, 머지않은 미래에 초고령사회(65세 이상 인구비율 20%)에 진입할 것이다(통계청, 2018). 또한 출산인구와 출산율은 지속적으로 하락하여 2018년의 경우 합계출산율이 국가 인구통계조사실시 이래 처음으로 1명 이하인 0.98명으로 나타났다. 1970년대에는 출생아 수가 100만 명을 넘어 합계출산율이

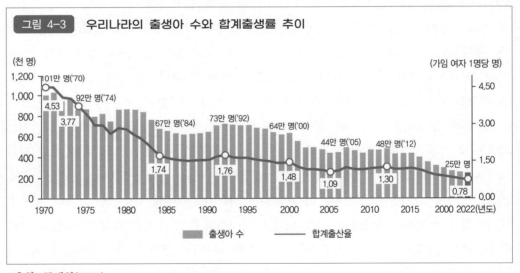

그림 4-3 우리나라의 출생아 수와 합계출생률 추이

출처: 통계청(2023).

---

9) 또한 최근까지 "원자재 가격 상승에 따른 공공요금 인상, 고물가 고금리 지속 등으로 민생경제의 어려움 가중 및 경제적 양극화가 심화"되며, "글로벌경제의 경쟁심화와 불확실성 증대로 경제위기가 상시화"되면서 정부의 경제 위기 대응 역할이 더욱 중요시 되고 있다(관계부처합동, 2023).

4.53명이었으나, 이후 지속적으로 감소하여 1975년에는 87만 명(출산율 3.43명), 1983년 77만 명(출산율 2.06명), 1987년 62만 명(출산율 1.53명)으로 급감하였으며, 2005년에는 44만 명(출산율 1.09명)으로 줄어들었고, 결국 2018년에는 32만 7천 명(출산율 0.98명), 2021년에는 26만 6백 명(출산율 0.81), 2022년에는 24만 9천 명(출산율 0.78명)으로 출생통계 작성 이래 최저치를 기록하였다(통계청, 2023). 뿐만 아니라, 저출산·고령화의 영향으로 한국 인구가 2041년에는 5,000만 명 아래로, 2065년에는 4,000만 명 선 붕괴, 2072년에는 3,600만 명대에 그칠 수 있다는 통계청 장래인구추계가 2023년 12월 14일 발표되었다(한국경제, 2023).[10] 이러한 인구변화는 우리나라 행정이 직면한 가장 중요한 사회·문화적 환경변화로 볼 수 있을 것이다.

그림 4-4   우리나라의 출생아 수와 합계출생률 전망

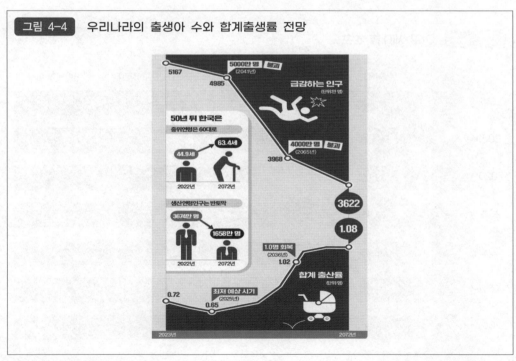

출처: 한국경제(2023).

---

10) 영국의 대표적인 인구학자, 데이비드 콜먼(David Coleman) 옥스퍼드대 명예교수는 한국의 초저출산 문제와 관련해 이미 2006년 유엔 인구포럼에서 "한국의 저출산 현상이 지속하면 한국이 지구 위에서 사라지는 '1호 인구소멸국가'가 될 것이라고 전망"한 바 있다(중앙일보, 2023).

고령화와 저출산뿐만 아니라 다문화가족의 증가도 한국 사회가 경험하고 있는 사회·문화적 환경변화의 특징으로 제시할 수 있다. 한국 사회에서의 다문화가족 증가로 인해 인구구성의 다양화와 사회·문화적 다양성이 증대되고 있는 것이다(관계부처합동, 2023). 여성가족부(2022)의 '2021년 전국 다문화가족 실태조사 결과'에 따르면, 한국에 거주하고 있는 전체 다문화 가구 수는 34만 6,017가구로 지속적으로 증가하고 있으며, 결혼이민자 가구는 82.4%, 기타 귀화자 가구는 17.6%로 2018년 조사에 비해 기타 귀화자 비중이 3.3%p. 증가하였고, 지역별로는 수도권 거주 비율이 56.1%로 가장 높게 나타났다.[11]

우리나라의 가구분포 특징 또한 크게 변화하고 있다. 특히 1인 가구 수가 급증하고

그림 4-5 가구 세대별 분포도

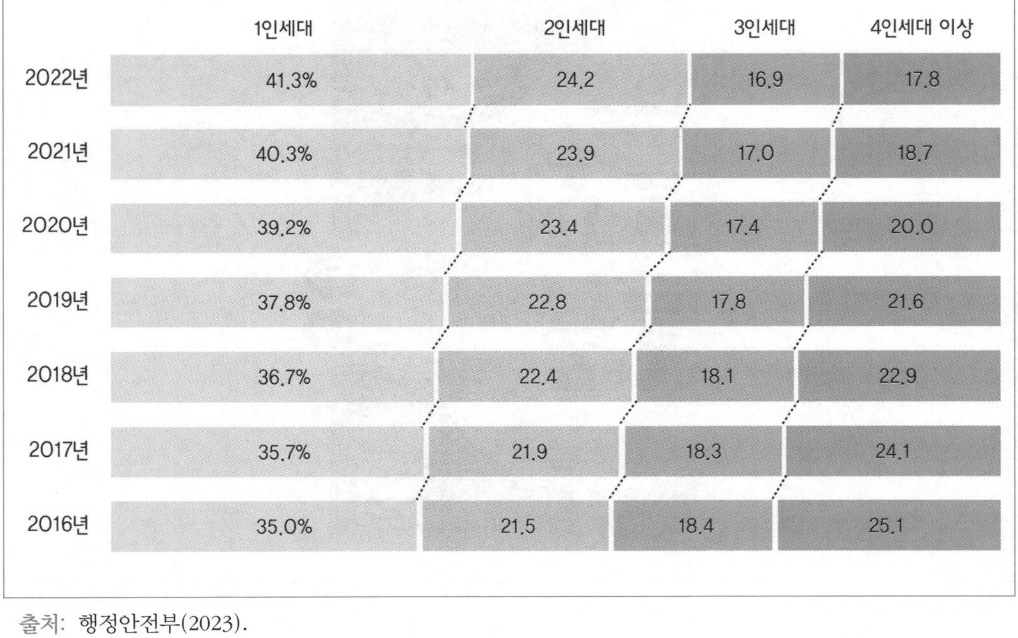

	1인세대	2인세대	3인세대	4인세대 이상
2022년	41.3%	24.2	16.9	17.8
2021년	40.3%	23.9	17.0	18.7
2020년	39.2%	23.4	17.4	20.0
2019년	37.8%	22.8	17.8	21.6
2018년	36.7%	22.4	18.1	22.9
2017년	35.7%	21.9	18.3	24.1
2016년	35.0%	21.5	18.4	25.1

출처: 행정안전부(2023).

---

11) 저출산·고령화에 따른 인구소멸의 대안으로 정부의 적극적인 이민정책 추진이 논의되고 있다(연합뉴스, 2023). 일명 '이민청' 설립을 통해 외국인 귀화자, 이민자 등 국내 외국인 비중을 확대하는 방안 논의가 급물살을 타고 있는 만큼 향후 한국의 사회·문화적 다양성은 더욱 증대될 것으로 전망된다.

있다. 2005년 이전까지 우리나라의 가장 주된 가구유형은 4인 가구였으나, 2010년에는 2인 가구, 2015년 이후로는 1인 가구가 가장 주된 가구유형이 되고 있다. 특히 1인 가구와 2인 가구의 분포는 2016년 이후 지속적으로 증가하고 있는 반면 3인 가구와 4인 가구 이상은 감소하고 있다. 2022년 12월 31일 기준 1인 가구 41.3%, 2인 가구 24.2%, 3인 가구 16.9%, 4인 이상 가구는 17.8%로 나타났다(행정안전부, 2023). 이러한 고령화, 저출산, 다문화가족 및 1인 가구 증가와 같은 인구구성 변화가 우리나라의 사회·문화적 환경변화의 핵심적인 특징이 되고 있으며, 이러한 변화는 행정체제 변화와 국가 주요 정책의 변화에 중대한 영향을 미치고 있다.

최근 중요한 인구변화의 특성은 인구 비중에 있어 MZ세대가 증가하고 있다는 점이다.[12] 주민등록 인구통계에 의하면 2021년 7월 기준 MZ세대는 총인구의 약 36%를 차지한다(행정안전부, 2021). 이러한 인구사회학적 특성은 공직사회에서도 나타나고 있다. 2020년 기준 국가공무원 통계연보에 의하면 30대 이하 행정부 공무원의 비율은 전체 공무원의 약 41.4%(30대 29.2%, 20대 이하 12.2%)였다(김정인, 2021). MZ세대들에게는 기성세대와 다른 업무가치와 행동패턴이 나타난다(이하 김정인, 2021: 143−144).[13] 그들은 직장 내에서 투명성, 자립성, 유연성, 개인의 자유라는 업무가치를 선호하며, 자신이 선호하는 가치관이 확실하고, 자기애가 강하며, 기성세대보다 동료와의 관계를 중요시하여 동료와 상호연계, 정보교환, 상호접촉하기를 원한다. 감정적으로도 동료들과 연계·공유하기를 선호해 사회연결망서비스(SNS)를 적극 활용하며, 타인에 대한 이타심이 강한 것으로 나타난다. 기성세대에 비해 사회정의운동(social justice movements)에 관심이 높고, 이를 실천하려는 경향이 있다. 따라서 이러한 MZ세대들의 특징을 고려한 정부의 관리방안이 요구되고 있는 실정이다.

---

12) MZ세대는 일반적으로 밀레니얼(M)세대(1980년대 초~2000년도 초 출생)와 Z세대(1990년대 중반부터 2000년대 초반 출생)를 의미한다(김민송·김정열, 2021).

13) 이러한 특징은 공무원들에게도 나타난다. 2020년 행정안전부에서 조사한 주니어 공무원(1980~2000년대 출생한 공무원)들을 대상으로 한 설문조사에서 주니어 공무원들이 중요하게 고려하는 것은 일과 가정의 양립(67.7%), 일한 만큼의 보상(44.6%), 성취감(39.4%), 자유로움(35%), 자아 성장(34.4%), 소속감(20.7%), 책임감(15.6%) 등 순으로 나타났다(행정안전부, 2020).

5) 법·제도적 환경변화

모든 국가 기관은 법·제도를 바탕으로 설치·운영된다.[14] 또한 국가·사회의 질서를 유지하고, 국민에게 양질의 재화와 서비스를 제공하며, 민주주의를 바탕으로 한 공공가치를 달성하기 위해서는 국가운영 전반이 '법(法)의 지배'에 따를 필요가 있다. 따라서 법·제도적 환경은 행정에 중요한 영향을 미치게 된다. 유민봉(2021)은 우리나라의 법·제도적 환경변화 특징 중 하나로 '법의 이상과 현실 간 괴리 발생'을 언급하고 있다. 광복 이후 외국(예: 미국, 독일, 일본 등)의 법·제도를 도입하다 보니 국가운영과 관련된 법 전반이 국민적 합의에 의해 마련되지 못한 측면이 있고, 또한 법 규정에 있어서도 국내 현실을 충분히 반영하지 못한 한계가 나타났다. 때로는 법이 지나치게 이상적이고 규범적으로 제정되다 보니, 법과 현실의 괴리가 더욱 커지기도 했다. 이러한 현상은 법을 집행하는 공무원과 국민 모두가 법을 신뢰하지 못하는 '법에 대한 불신(不信)' 현상까지 초래하였다(김규정, 1998).

그러나 이러한 한계에도 불구하고 법·제도적 환경에도 지속적인 변화가 발생하여 행정에 영향을 미치고 있다. 특히 법·제도적 환경은 공직자의 책임성과 윤리성, 전문성을 강화하는 방향으로 역동적으로 변화하고 있다. 우리나라에서는 정권 교체기마다 개정이 불가피한 「정부조직법」 외에도 행정의 핵심주체가 되는 공직자들의 책임성과 윤리성, 전문성을 강화하기 위한 다양한 법·제도적 장치들이 마련되고 있다(김정인, 2018). 예를 들어, 2014년 4월 16일 발생한 세월호 참사 이후 공직자의 윤리 강화 및 공직기강 확립을 위해 제정된 「부정청탁 및 금품 등 수수의 금지에 관한 법률」(청탁금지법)이 2016년 11월 30일부터 시행되고 있다. 또한 2021년에는 「공직자의 이해충돌 방지법」이 제정되어(2022년 시행) 공직자의 직무수행과 관련한 사적 이익추구를 금지함으로써 공직자의 직무수행 중 발생할 수 있는 이해충돌을 방지하여 공정한 직무수행을 보장하고 공공기관에 대한 국민의 신뢰를 확보하도록 하였다.

나아가 2021년 「행정기본법」을 제정하여 행정 적용 및 집행의 원칙과 기준을 마련

---

14) 행정기관은 법에 의해 만들어졌기 때문에 정부와 행정에 있어 법의 영향력은 절대적이라고도 볼 수 있다. 다시 말해, 법의 지배가 행정운영에 중대한 영향을 미치며, 행정은 법을 집행하는 기관으로 이해될 수 있다는 것이다.

하였으며, 공무원의 적극행정을 위한 법 규정을 마련하였다. 독일, 네덜란드, 스페인 등의 국가들에서 이미 시행하고 있는 바와 같이, 「행정기본법」에 해당되는 법률을 제정·운용하여 법치행정의 완성, 국민 권리보호 강화, 적극행정 구현, 4차 산업혁명 및 규제혁신 촉진, 행정법 체계 효율화를 추구하고자 한 것이다(국가법령정보센터, 2022). 이처럼 끊임없는 법·제도적 환경개선 노력이 법치행정 구현에 중요한 영향을 미치고 있다.

6) 기술적 환경변화

기술적 환경변화는 행정에 직·간접적인 영향을 미치고 있다. 기술적 환경은 앞서 살펴본 정치적, 경제적, 사회·문화적, 법·제도적 환경변화를 통해 간접적으로 행정에 영향을 미치기도 하고, 새로운 기술이 행정 전반에 도입·활용됨으로써 일하는 방식이 변화되는 직접적인 영향을 미치기도 한다(정정길 외, 2019). 무엇보다도 4차 산업혁명의 도래는 기술적 환경이 행정에 직접적이고도 중대한 영향을 미치는 방향으로 이끌고 있다. 과거 기술적 환경은 조직의 목표를 달성하기 위한 수단적 가치로써 인식되는 경향이 있었다(이종열 외, 2023). 하지만 4차 산업혁명으로 인해 최근 전 세계적으로 급격한 정보통신기술(Information & Communication Technology, ICT)의 발달기를 맞이하면서 이제 기술적 환경은 행정변화를 이끌어 가는 견인차 역할을 하고 있는 것이다(김정인, 2018). 무엇보다 가상화폐(예: 비트코인)의 등장, 사물인터넷(Internet of Things, IoT), 증강현실(Augmented Reality, AR), 가상현실(Virtual Reality, VR), 3D 프린팅 기술 등의 발달은 공공부문의 영역을 확장시키고, 공공부문 관리, 즉 행정관리의 효과성을 높이는 데 중요한 영향을 끼치고 있는 것이다.

기술적 환경변화의 핵심이 되는 4차 산업혁명은 2016년 다보스포럼에서부터 언급되기 시작하였으며, "물리적 공간, 디지털 공간, 생물학적 공간이 가지던 경계가 희석되어 기술융합의 시대로 이전하는 사회경제적 변화"로 정의될 수 있다(한국행정연구원, 2018). 이는 이전의 제1·2·3차 산업 간, 이종산업 간의 융·복합과 혁신성을 강조하였으며, 혁신적 사회발전과 경제구조 변화를 추구하였다(진상기 외, 2018). 특히 4차 산업혁명의 '초연결성(hyper-connectivity)'과 '초지능성(hyper-intelligence)' 기술을 적극 활용하여 정부의 역량과 서비스의 질을 제고하는 방안을 모색하고 있다(한국행정연구원, 2018).

이처럼 기술적 환경변화가 행정에 미치는 영향은 더욱 커져 가고 있다.[15]

미국의 오픈에이아이(Open AI)에서 2022년 12월 1일 생성형 AI인 ChatGPT를 공식적으로 소개한 뒤 전 세계적으로 디지털 전환(digital transformation)이 확산되고 있다. 디지털 전환은 "디지털 기술을 사회 전반에 적용하여 전통적인 사회 구조를 혁신시키는 것"을 의미하며, 대표적인 예로는 인공지능 및 빅데이터 솔루션 등을 활용한 플랫폼 구축, 클라우드 컴퓨팅, 사물인터넷 등이 있다(TTA 정보통신용어사전, 2021). 디지털 전환 사회는 디지털과 디지털 간 소통이 중심이 되는 사회를 의미한다(김정인, 2022).[16] 특히 이러한 디지털 전환은 코로나19 팬데믹 발생으로 급격하게 확산되었다. 이는 코로나19 팬데믹으로 인해 재택근무가 활성화되면서 분산된 업무 데이터를 중앙 집중화하여 종합적으로 관리하기 위함이었다(한국경제신문, 2021). 또한 코로나19 팬데믹 이후 디지털 전환이 빠르게 진행된 것은 사람들 간 대면접촉이 감소하고 SNS 등 비대면접촉 혹은 온라인 소통이 활성화 되었기 때문이다. 개인, 학교, 기업, 공공기관 등에서 의사소통을 원활하게 하기 위해 원격수업, 화상회의 등을 위한 플랫폼 구축, 클라우딩 컴퓨터 및 사물 인터넷 활성화 등 디지털 전환이 가속화 된 것이다(김정인, 2022). 이에 따라 우리나라 정부에서는 2022년 9월에 '디지털플랫폼정부위원회'를 구성하여 정부부문에서의 디지털 전환뿐만 아니라 국민에게 보다 나은 공공서비스를 제공하기 위한 인공지능·데이터 기반 정책개발, 그리고 민관협력 혁신생태계 조성 등을 위해 노력하고 있다(디지털플랫폼정부위원회, 2023).

---

15) 우리나라에서도 4차 산업혁명이라는 환경변화에 대응하기 위해 2017년 10월에 대통령 직속 '4차산업혁명위원회'를 구성하여 2022년 8월까지 운영한 바 있다. 윤석열 정부에서는 2022년 9월에 '디지털플랫폼정부위원회'를 출범하여 4차산업혁명위원회의 기능을 대체하였다(나무위키, 2023).

16) "디지털 전환은 20세기부터 시작된 아날로그 산물을 데이터로 디지털화한 Digitization 단계, 지난 10년간 구축된 데이터를 활용하여 사물을 스마트화하는 Digitalization 단계 그리고 이들을 넘어 아날로그 사물과 기능을 디지털로 전환하는 Digital Transformation 단계를 거치게 된다(대한민국 정책브리핑, 2021). 즉 디지털 전환은 'Being Data(데이터화)'와 'Being Smart(스마트화)' 시대를 넘어 'Being Digital(디지털화)'이 달성되는 것이다"(김정인, 2022: 29).

3. 현대 행정환경의 특징과 정부의 역할

1) 행정환경의 복잡성과 행정난제의 확산

(1) 행정난제의 등장과 특징

현대 행정환경의 가장 중요한 특징으로는 사회적 '난제(wicked problem)'의 증가를 들 수 있다. 난제라는 용어는 1973년 리텔(H. Rittel)과 웨버(M. Webber)가 발표한 논문 *Dilemmas in a General Theory of Planning*에 처음 등장하였다. 리텔과 웨버에 따르면, 가장 효율적인 사회문제 해결방법을 추구하는 기능주의와 실증주의 관점으로는 더 이상 현대사회의 복잡하고 다양한 문제를 해결할 수 없다는 것이다. 가치의 다원화와 복잡화로 인해 사회적 맥락(social context)이 급격히 변화하는 상황에서 기존의 도구적 이고 기계적인 합리성과 효율성 추구방안으로는 현대사회의 문제들을 해결할 수 없다 (Rittel & Webber, 1973). 다시 말해, 획일적인 사고로 해결할 수 있는 기존의 사회문제와 성격이 완전히 다른 사회문제들을 '난제' 또는 '사악한 문제'라고 명명한 것이다(박치성 외, 2018). 환경의 불확실성, 다양성, 복잡성이 증가하고 여러 가지 가치와 선호가 공존 하는 시대[17])에서는 사회문제를 바라보는 시각의 차이가 있을 뿐 이를 옳고 그른 가치 의 문제로 접근해서는 안 되며, 또한 사회문제는 다양한 관점을 지닌 복수의 이해관계 자와 관련된 정치적 성격을 지니고 있다는 것이다(Roberts, 2000). 현대 행정에 영향을 미치는 대표적인 난제의 예로 예기치 못한 자연재난(예: 홍수, 지진, 가뭄 등), 질병발생 (예: 메르스, 신종 코로나 바이러스 등), 환경문제(예: 미세먼지) 등을 제시할 수 있다.

앞서 언급한 것처럼, 본질적으로 난제를 명확하게 정의하기는 어렵다. 하지만, 리텔과 웨버는 난제가 다음과 같은 10가지 주요 특징을 지닌다고 주장한다(Rittel & Webber, 1973). 첫째, 난제에는 명확한 공식이 존재하지 않는다. 둘째, 난제에는 명확한 해결방법이 존재하지 않는다. 셋째, 난제의 해결방안은 맞거나 틀린 것이 아니라 좋거나 나쁜 것이다. 넷째, 난제 해결방안에 대한 즉각적이고 궁극적인 테스트는 존재하지

---

17) 이러한 시대를 VUCA 시대라 명명한다. VUCA 시대는 Volatility(변동성), Uncertainty(불확실성), Complexity (복잡성), Ambiguity(모호성)의 특징을 지닌다.

않는다. 다섯째, 난제해결의 시도는 '일회성'이며, 그 결과들은 쉽게 취소될 수 없고, 시행착오를 통해 학습할 수 있는 기회가 주어지지 않는다. 여섯째, 난제들은 명확하게 설명될 수 있는 잠재적 해결방안을 가지고 있지 않으며, 계획에 부합되고 설명 가능하며, 허용될 수 있는 기능들도 가지고 있지 않다. 일곱째, 모든 난제는 본질적으로 특이하다. 여덟째, 모든 난제는 또 다른 문제의 징후로 고려될 수 있다. 아홉째, 난제와 (해결방안의) 불일치는 다양한 측면으로 설명될 수 있다. 열 번째, 계획자(리더)들은 실패할 권리가 없다. 즉, 실패한 실험(난제 해결방안)에 대해서는 대중의 관용을 기대할 수 없다는 것이다.

기존 연구들(Heifetz, 1994; Roberts, 2001; Head & Alford, 2015)을 바탕으로 위에서 언급한 난제를 몇 가지 유형으로 구분할 수 있다. 특히 지도자, 즉 리더들이 직면한 문제의 상황에 따라 난제를 세 가지 유형으로 분류할 수 있다(Heifetz, 1994). <표 4-1>에 제시되어 있듯이 '유형 1'은 문제에 대한 명확한 정의가 가능하며, 이에 대한 해결방안도 의사결정자에게 명확하게 전달될 수 있는 문제상황이다. 이러한 상황에서는 의사결정자의 명확한 기술적 해결방안 제시가 필요하다. '유형 2'는 문제에 대한 명확한 정의

표 4-1   행정문제 수준과 행정문제 유형

구분	낮음 ◀ 복잡성 ▶ 높음		
	유형 1 평범한 문제 (tame problems)	유형 2 복잡한 문제 (complex problems)	유형 3 사악한 문제 (wicked problems)
불확실성(모호성)과 상호의존성	낮은 불확실성 인식/ 낮은 상호의존성	높은 불확실성 인식/ 높은 상호의존성	매우 높은 불확실성 인식/매우 높은 상호의존성
합리성	합리성 높음	합리성 낮음	합리성 매우 낮음
가치와 선호의 차이	낮음	높음	매우 높음
문제해결 합의 수준	높음	낮음	매우 낮음
해결방안	표준화되고 루틴화된 해결방안	복수의 문제 해결방안	해결방안이 명확하지 않음
해결조직 및 해결 방안	단일조직	협업	더 높은 수준의 협업

출처: Heifetz(1994); Roberts(2001); Head & Alford(2015).

는 가능하지만, 문제에 대한 원인과 결과가 정형적이고 구체적으로 나타나지 않기 때문에 문제 해결방안을 명확하게 설정할 수 없는 것이 특징이다. 그러나 '유형 2'는 학습과 토론을 통해 문제 해결방안을 모색할 수 있는 문제상황이다. 마지막으로, '유형 3'은 문제에 대한 명확한 정의가 어려우며, 이에 대한 해결방안 역시 명확하게 제시되지 않는 문제상황이다. 이러한 상황에서는 문제정의와 문제 해결방안 마련을 위해 더욱 많은 학습과 토론이 요구된다. '유형 1'의 문제는 평범한 문제들이며(tame problems), '유형 2'의 문제는 복잡한 문제들이고(complex problems), '유형 3'의 문제는 사악한 문제들, 즉 난제들(wicked problems)이다(Roberts, 2000; 2001). 문제에 대한 원인과 해결방안을 명확하게 파악할 수 없는 복잡성(complexity)과 불확실성(uncertainty)이 증가함에 따라 오늘날 행정문제는 난제의 성격을 더욱 뚜렷하게 드러내고 있는 것이다(Head & Alford, 2015).

난제의 증가는 단순한 사회적 현상으로만 그치지 않는다. 사회적 난제의 증가는 곧 정부가 해결해야 할 문제가 증가되는 것이며, 이러한 측면에서 난제는 곧 '공공난제'로도 이해될 수 있다. 송희준(2008: 71)에 따르면, 공공난제는 "공공문제 형성과 의제설정에 대한 사회적 합의도 어렵고, 문제해결에 필요한 과학적 지식의 확실성도 낮은 공공문제"를 의미한다. 공공난제의 증가로 인해 정책문제에 대한 인식과 정의가 불명확해지는 경향이 있다. 또한 정책형성 및 결정에 있어 참여자 간 서로 다른 지식과 가치의 준거를 제시함으로 인해 사회적 합의 추구가 어려워지며, 다양한 이해관계자들이 참여함으로써 정책문제 해결이 더욱 복잡하고 어려워진다(송희준, 2008). 공공난제의 경우 정책문제에 대한 정의와 문제원인 파악이 쉽지 않아 제3종 오류[18]를 범할 위험성이 증가한다(Dunn, 2008). 공공난제 해결을 위한 정책결정과정에서 정책결정 참여자들의 복잡한 이해관계로 인해 합의에 도달하는 것도 어려워진다(Habermas, 1992). 하지만 안타깝게도 오늘날과 같은 불확실하고 복잡한 사회에서 공공난제가 더욱 빈번하게 발생하는 것이다(송희준, 2008). 과거에는 행정을 둘러싼 환경이 오늘날보다 예측 가능했으며, 다소 분명한 인과관계를 나타냈다. 그리고 행정이 추구하는 목적과 수단 또한 명확하게 제시되는 측면이 있었다. 그러나 오늘날에는 사회문제가 보다 다양하고, 복잡한 가치들이 서로 충돌하고 있으며, 더욱 많은 이해관계자들이 개입되어 있다. 이 때문에 공공난제는 행정에서 보다 주의를 기울여야 하는 중요한 화두로 대두되고 있는 것이다(김정인, 2018).

---

18) 제3종 오류는 "의사결정의 대상이 되는 문제 자체를 잘못 정의한 경우"를 의미한다(이시원, 2001).

(2) 난제해결을 위한 정부의 역할

<표 4-1>에 제시되어 있듯이 행정문제의 원인과 결과가 명확하게 드러나는 평범한 문제일수록 문제 해결방안은 분명하게 제시될 수 있다. 따라서 문제해결을 위한 각 기관의 내부적 업무 프로세스를 효율적으로 개선하면 보다 쉽게 문제를 해결할 수 있는 것이다(박치성 외, 2018). 그러나 보다 복잡한 문제일수록, 더 나아가 난제일수록 다양한 문제 해결방안들이 제시될 가능성이 높다. 이러한 경우 문제해결에 대한 각각의 대안이 문제해결에 도움이 된다는 점에 대해서는 정책결정과정의 참여자들 간에 이견이 없을 것이다. 하지만 가장 합리적이고 효율적인 대안을 선택하는 과정에 이르러서는 정책결정과정 참여자들 간 합의를 이루기가 어려울 것이다(박치성 외, 2018). 때로는 대안 선택과정에서 참여자들 사이에 갈등이 발생할 수 있으며, 단일 조직(기관)의 능력으로는 문제를 해결하지 못할 수도 있다. 따라서 난제의 특성이 더욱 강하게 나타날수록 관련 조직(기관) 간 협업(collaboration)이 강화될 필요가 있다.[19)]

난제를 해결하기 위한 방안으로 [그림 4-6]과 같이 세 가지 전략이 제시될 수 있다(Roberts, 2000; 2001). 첫째, '권위적 전략(authoritative strategies)'으로, 이는 길들이기 전략(taming strategy)으로도 볼 수 있다. 권위적 전략은 사회의 권력이 분산되어 있지 않고 집중되어 있을 때 난제해결을 위해 활용되는 전략이다. 이는 난제해결과 관련 있는 이해관계자들의 수와 범위를 협소하게 설정하여, 난제에 포함된 본질적인 갈등수준을 낮추는 전략이다. 이때 강압적 권력, 정보, 지식, 전문성, 계층제 방법 등이 활용될 수 있다. 그러나 권위적 전략의 활용 가능성에도 불구하고 권위와 전문성 등을 문제해결이나 문제상황에 잘못 적용하는 경우 더욱 심각한 결과를 초래할 수 있다(예: 체르노빌 원전사고). 또한 권위적 전략은 시민들에게 정책 학습의 기회를 제공하지 못할 수 있다. 정부에서 난제해결을 위해 권위적 전략을 활용할 경우, 일반 시민들에게는 문제와 관련해

---

19) 우리나라에서 2015년 발생한 메르스 사태의 경우, 환자, 환자가족, 의사, 의료전문가, 보건복지부 공무원 등 다양한 이해관계자 간 갈등이 있었으며, 보건복지부에서 단독으로 문제를 해결할 수 없어 일선 병원 및 타 정부부처의 협력을 요청한 바 있다(위키백과, 2019). 이는 2019년 12월 중국에서 처음 발생한 이후 전 세계로 확산된 코로나19 팬데믹(시사상식사전, 2023) 상황에서도 마찬가지였다. 2020년 초부터 우리나라 전역으로 확산되기 시작한 코로나19 대응 초기에 보건복지부와 지방자치단체, 병원, 환자, 환자가족, 의사, 간호사, 의료전문가 등 여러 이해관계자 간 갈등이 발생했으며, 코로나19 팬데믹의 장기화에 따라 보건복지부, 시민과 타 정부부처 등의 협력이 요청된 바 있다.

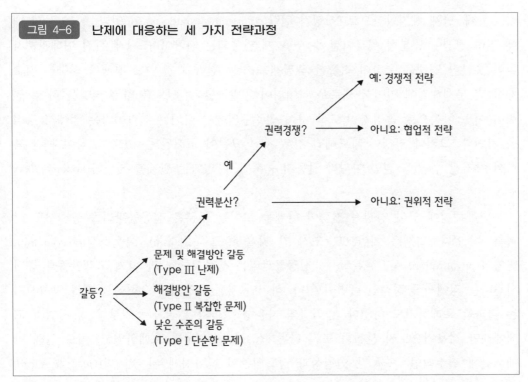

그림 4-6 난제에 대응하는 세 가지 전략과정

출처: Roberts(2000: 3).

충분한 정보가 제공되지 않을 가능성이 높다. 이로 인해 민주사회에서 정부나 전문가들에게만 문제해결이 맡겨질 때 일반 시민들은 사회의 중요 이슈에서 더욱 동떨어지게 될 가능성이 있다(Roberts, 2000: 4−5).

　　권위적 전략과 같은 맥락에서 정부의 전통적 계층조직은 난제해결에 부적절한 측면이 있다. 전통적으로 행정을 담당하는 정부조직은 지시와 통제, 계층제적 의사결정, 명령 통일 등의 구조적 특징을 지닌다. 즉, 정부조직에서 조직 내부의 투입과정과 조직 내 분리된 별도의(demarcating) 기능만을 강조하다 보니 문제해결을 위한 체계적이고 종합적인 시스템이 부재한 것이다. 이는 오늘날 급증하는 난제해결에 적합하지 않다(Head & Alford, 2015: 719). 뿐만 아니라, 전통적 관료제 시스템과 이익집단 정치의 결합으로 인해 문제해결 과정이 더욱 혼란스러워져(muddling through)(Lindblom & Cohen, 1979), 복잡하고 다양한 현대사회의 난제를 해결할 수 없는 지경에 이르고 있다.

둘째, 난제 해결방안으로 '경쟁적 전략(competitive strategies)'이 있다. 이는 사회 내에 권력 경쟁이 충분히 이루어질 수 있을 때 활용되는 전략이다. 난제 관련 이해관계자들이 충분한 경쟁을 통하여 적합한 해결책을 찾는 전략인 것이다. 경쟁적 전략은 기술개발 및 문제해결에 있어서 새로운 아이디어를 발굴할 수 있도록 하는 역할을 하며, 권력이 어느 한쪽으로 쏠리지 않도록 하여 민주주의에 부합되는 전략이라는 점에서 장점을 지닌다. 그러나 경쟁이 과도해질 경우 자원 고갈이 초래될 수 있으며, 참여자 간 폭력이 야기될 수 있을 뿐만 아니라 갈등이 증폭될 수 있다는 한계를 지닌다(Roberts, 2000: 5-6).

난제해결에 있어 경쟁적 전략이 한계를 보이는 부분은 신공공관리를 통해서도 살펴볼 수 있다. 경쟁을 기반으로 조직 간 자율성(managerialism), 아웃소싱(outsourcing), 민영화(privatization) 등을 강조하는 신공공관리는 생산성 향상과 함께 고객만족을 증진시킨다는 점에서 긍정적인 측면이 있다. 하지만 자율성 강화가 오히려 난제를 악화시키는 결과를 초래하기도 하였다. 관리자의 자율성 강화와 분권화는 일부 특정 사업과 고객에게만 적용됨으로써 분절화 또는 단편화(fragmentation)를 초래하였고, 이로 인해 난제해결에 필수적인 조직 간 연결성과 상호의존이 낮아지게 된 것이다(Head & Alford, 2015: 722). 결국 이는 기관 간 신뢰마저 저하시켜 조직이 능동적이고 적극적으로 난제에 대응하지 못하게 되었다.

마지막으로, '협업적 전략(collaborative strategies)'이 난제 해결방안으로 제시될 수 있다. 협업적 전략에서는 난제에 관련된 이해관계자들 사이에 '제로섬게임(zerosum game)'이 아닌 '원윈게임(win-win game)'이 지향된다.[20] 협업을 통한 난제해결은 관련 이해관계자들의 참여와 협력을 중요시한다. 참여자 간 합의에 의해 문제 해결방안이 마련되기 때문에 관련 이해관계자들 간 갈등 및 충돌을 줄일 수 있는 이점이 있다. 그러나 문제해결에 새로운 행위자가 포함될 경우 문제 해결과정 전반의 '거래비용'은 더욱 증가할 수 있다. 뿐만 아니라, 계층제 사회에서 협업이 적용되는 데에는 한계가 있으며, 협업에는 학습과정이 필요해 난제해결에 있어 협업은 제한적으로 활용된다. 그럼에도

---

20) 제로섬게임은 "게임에 참가하는 양측 중 승자가 되는 쪽이 얻는 이득과 패자가 되는 쪽이 잃는 손실의 총합이 0(zero)이 되는 게임을 가리킨다"(두산백과, 2019a). 이에 비해, 원윈게임은 "경쟁관계에 놓인 쌍방이 모두 이기는 게임"을 의미한다(네이버국어사전, 2019).

난제 해결방안의 세 가지 전략 중에서 협업적 전략이 가장 효과적으로 활용될 수 있다. 협업적 전략은 난제해결 참여자들 간 상호이해와 목표의 공유라는 측면에서 공동의사결정을 강화할 수 있다. 또한 난제해결을 위해 필요한 자원이 충분하게 제공되지 않는 상황에서도 참여자들 간 상호 자원공유나 자원교환을 통해 문제해결을 도모할 수 있다. 즉, 참여자들 간 상호 전략적 맞춤(strategic fits)을 통해 각자의 편익을 증진시킬 수 있는 것이다(박치성 외, 2018: 90-91).[21]

2) 뉴노멀 시대의 등장과 위험사회[22]

(1) 뉴노멀 시대의 등장

오늘날의 사회는 변화의 예측불가능성이 높고 기술변화가 빨라 20세기 산업화 시대에 경험했던 성장의 시기와는 완전히 다른 환경변화가 발생하고 있다(김정인, 2018). 행정난제의 등장과 같은 맥락에서 21세기는 뉴노멀(new normal)[23] 시대로 명명되기도 한다(최상옥, 2016; 구교준·이용숙, 2016). 사전적인 의미에서 뉴노멀은 과거에 비정상으로 간주되던 현상들이 오늘날에는 일상적인 것으로 인식되면서 나타난 용어로, "2008년 글로벌 금융위기 이후 새롭게 나타난 세계경제의 특징을 통칭하는 말로 저성장, 규제강화, 소비위축, 미국 시장의 영향력 감소 등을 주요 흐름"으로 하는 현상을 의미한다(최상옥, 2016; 두산백과, 2019b). 이는 2000년 이후 나타나기 시작한 새로운 경제현상에 대해 세계 최대 채권운용회사인 핌코(PIMCO)의 최고경영자 엘에리안(M. A. El-Erian)이 2008년 발간한 저서(When Markets Collide: Investment Strategies for the Age of Global Economic Change)에서 언급하였다. 엘에리안은 저성장, 저물가, 저금리, 높은 실업률 등 새로운

---

21) 이외에도 정부에서는 난제해결을 위해 보다 광범위한 사고의 전환(broader ways of thinking)을 도모할 필요가 있다(Head & Alford, 2015: 723). 이를 위한 대표적인 방법으로 1994년에 숀(D. A. Schön)과 레인(M. Rein)이 제시한 '프레임 반영(frame reflection)' 전략을 활용할 수 있을 것이다. 난제와 관련된 행정행위자들 중에서 서로 반대의견을 제시하는 참여자들을 포함시켜 다양한 가치와 프레임을 반영함으로써 상호 이해를 증진시킬 수 있다. 정부가 난제해결을 위해 관련 행위자들의 다양한 관점과 요구를 충분히 고려할 때 난제가 더욱 원활하게 해결될 수 있을 것이다(Schön & Rein, 1994).

22) 해당 내용은 김정인(2018: 6-8)의 저서 내용 일부를 참조하여 재구성하였다.

23) '뉴노멀'이라는 용어는 행정학에서 새롭게 창조된 용어가 아니라, 2000년 이후 경제학 분야에서 사용되기 시작한 용어이다.

세계경제 질서를 뉴노멀이라 언급하였으며, 서머스(L. Summers)나 크루먼(P. Krugman) 같은 경제학자들이 이 용어를 학술적으로 사용하면서 널리 알려졌다(최상옥, 2016: 5-6).

　　뉴노멀 시대의 경제적 환경 특징을 요약하면 다음과 같다(이하 구교준·이용숙, 2016: 35). 첫째, 저성장 시대로 양극화가 심해진다. 기술변화는 빠르지만 기술격차가 줄어들면서 신기술의 유효기간이 매우 짧아진다. 새로운 기술변화에 빠르게 적응하지 않으면 많은 노동자들이 노동시장에서 잉여인력으로 전락하게 되는 것이다. 이로 인해 기술을 리드하는 소수 엘리트가 얼마 되지 않는 성장의 이익을 독점하고 나머지 사람들의 생산력은 하향평준화된다. 둘째, 기술혁신 등은 저출산 및 저성장으로 인해 더욱 어려운 상황에 처하게 된다. 저출산으로 인해 기술혁신의 효과는 반감되며, 공공부문과 민간부문의 혁신역량은 더욱 감소할 것이다. 셋째, 기술변화와 세계화로 국가 간 물리적 경계는 점차 희미해질 것이며, 경제환경의 불확실성도 더욱 높아질 것이다. 경제환경의 불확실성으로 인해 기존의 경제시스템 실패 가능성이 높아지며, 이러한 실패를 예방하기 위해 사용되는 사회적 비용도 증가할 것이다.

　　뉴노멀 시대의 환경변화는 비단 경제영역에만 국한된 것이 아니라 환경, 복지 등 다양한 영역으로 확장되고 있다(김정인, 2018).[24] 특히 뉴노멀 시대에는 사회적 위험 (risk) 요소들이 증대되고 있는데, 위험에 적절히 대응할 수 있는 방안 마련이 중요해지고 있다(최상옥, 2016). 예를 들어, 최근 심각한 환경이슈로 등장하고 있는 미세먼지 문제, 기후위기 문제는 정부의 대응방안 마련이 절실히 요구되고 있는 상황이다. 시민들은 정부가 국민들의 건강과 안전을 지키기 위해 보다 적극적이고, 효과적인 그리고 사회적 공정성을 담보할 수 있는 대응책을 마련해 주기를 원하는 것이다(김정인, 2018).[25]

(2) 위험사회의 도래

　　뉴노멀 시대의 등장과 함께 고려되어야 하는 것이 바로 '위험사회(risk society)'의 도래이다. 오늘날 우리는 원자력 발전, 항공·선박 운항 등과 같은 '고위험(high-risk)'기술이 만연한 사회에 살고 있다(Perrow, 1984). 위험사회라는 용어는 울리히 벡(Ulrich

---

24) 코로나19 팬데믹 이후 뉴노멀 사회는 더욱 공고화되고 있다.
25) 국민들은 미세먼지 문제와 관련해서도 정부가 모든 국민들이 깨끗한 공기를 마실 수 있는 권리를 누릴 수 있도록 보장하는 정책을 마련해 줄 것을 원하고 있다.

Beck)이 1986년 출간한 『위험사회』라는 저서에서 처음 사용하였다(한상진, 2008). 이는 근대사회의 풍요가 오히려 다양한 위험문제를 야기하여 현대사회가 위험사회로 이행되고 있다는 의미를 담고 있다(김병섭·김정인, 2016a). 이러한 의미에서 위험사회를 "역사상 유례없이 거대한 풍요를 이룩한 거대 산업사회의 원리와 구조가 바로 파멸적인 재앙의 사회적 근원으로 변모하는 것"으로 정의할 수 있다(김병섭, 1998: 46-47).

위험은 불확실성(uncertainty)과 위해(hazard) 개념을 모두 포함하고 있다. "어떤 행동이 어떤 종류의 상황(결과)을 초래할 것인지는 알지만 실제로 그러한 상황이 일어날 확률은 알지 못하는 상태"를 의미하는 불확실성(최병선, 1994: 29)을 포함하는 위험은 의도하지 않은 환경 간의 상호작용이라고 할 수 있다. 또한 '위기의 근원(source of danger)'인 위해의 의미를 포함하는 위험은 위기의 근원이 손실, 상처, 피해 등과 같은 형태로 실제 발생할 가능성을 의미한다(Kaplan & Garrick, 1981: 12). 뿐만 아니라, 위험은 주로 타인으로부터 발생하기 때문에 스스로 통제할 수 없는 한계를 지닌다(노진철, 2004). 이러한 위험은 있는 그대로의 객관적인 기준에 따라 판단될 수 있지만, 대부분의 경우 대상자들의 주관과 위험인식(risk perception)에 따라 위험 정도에 대한 판단이 달라질 수 있다(Slovic et al., 2000). 따라서 위험사회는 '관찰자에 따라 주관적이고 상대적으로 인식되는 의도하지 않은 위험, 예측할 수 없는 위험, 불확실한 위험 등이 만연한 사회'로도 정의할 수 있는 것이다(김병섭·김정인, 2016a).

인지된 위험은 '위험문제 특성'과 '위험을 인식하는 대상집단의 특성'이라는 두 가지 요인에 영향을 받아 형성된다(이하 김병섭·김정인, 2016b: 145-150 내용 재정리). <표 4-2>에서 제시되는 바와 같이 전자는 불확실성과 예측불가능성 기준을 의미하며, 후자는 위험을 집중 또는 분산적으로 인식하는지 여부의 기준을 의미한다. 이러한 기준에 따라 위험유형을 네 가지로 구분할 수 있다. 위험 Ⅰ유형은 불확실성과 예측불가능성이 낮으며 적용대상이 제한될 수 있는 위험으로, 이 유형에 해당하는 대표적 위험사례는 세월호 참사나 구의역 스크린도어 같은 안전사고가 될 것이다. 이는 위험을 유발시키는 요인이 비교적 명확하고, 위험에 대한 책임의 주체와 대상이 분명한 영역을 의미한다. 위험 Ⅱ유형은 위험문제의 예측불가능성과 불확실성이 높고 위험대상 집단이 제한적인 경우를 의미한다. 이러한 위험은 언제, 어디서, 어떻게 발생될지 모르는 잠재된 위험으로서 후쿠시마 원전사고나 광우병 사태 등이 이러한 위험유형에 해당한다고 볼 수 있다. 위험Ⅲ유형은 위험의 불확실성이나 예측불가능성이 낮고 위험대상 집단이 불특정 다수에 영향을 미칠 수 있는 경우를 의미한다. 이러한 위험의 유형에는 위험상황의 발생 예측이 어느 정도 가능해 사전예방 노력을 기울일 수 있는 교통사고 등이 포함된다고 할 수 있다. 위험Ⅳ유형은 불확실성과 예측불가능성이 높으며 불특정 다수에 해당되는 위험으로서 사람들이 위험발생을 쉽게 예측할 수 없는 경우를 의미한다. 특히 위험 관련 이해관계자들은 대부분 '비자발적 위험 전달자(involuntary risk-bearer)'로서 많은 사람들이 위험정보를 정확히 인지하지 못하게 된다. 이러한 위험유형의 대표적인 예로는 메르스 확산이나 미세먼지 사태, 코로나19 팬데믹 등이 있다.

(3) 뉴노멀 시대와 위험사회에서 정부의 역할

오늘날 우리는 새로운 행정환경으로 등장한 뉴노멀 시대와 위험사회로부터 벗어날 수 없다. 뉴노멀 시대와 위험사회의 요소들을 완전히 근절할 수도 없다. 변화하는 행정환경에 보다 신속하고 효과적으로 대응할 수 있는 정부의 적절한 역할이 요구되는 이유이다. 뉴노멀 시대에는 정부가 국민들에게 보다 '적절하고도 공정한(adequate and equi-table)' 행정서비스를 제공할 수 있어야 한다(최상옥, 2016: 6-7). 정부는 뉴노멀 시대에 걸맞은 행정목표를 설정하고, 이러한 목표를 달성할 수 있도록 하는 기능을 갖추어야

표 4-2 위험유형과 이에 따른 정부 책임성과 거버넌스

관련된 위험문제의 특성 / 위험대상 집단		불확실성과 예측불가능성	
		낮음	높음
대상집단의 제한성	제한적 대상	【위험Ⅰ유형】 객관적 책임성+ 관료제적 거버넌스 (세월호 참사와 구의역 스크린도어 사망사고)	【위험Ⅱ유형】 주관적 책임성+ 네트워크 거버넌스 (후쿠시마 원전사고와 광우병 사태)
	불특정 다수	【위험Ⅲ유형】 객관적 책임성+ 시장적 거버넌스 (교통사고)	【위험Ⅳ유형】 주관적 책임성+ 네트워크 거버넌스 (메르스 확산과 미세먼지 사태)

출처: 김병섭·김정인(2016b: 159).

한다. 특히 국민들에게 공공서비스를 제공할 때 도구적 또는 선택적 관점이 아닌 인본적 관점을 고려하여야 한다. 즉, 뉴노멀 시대에 정부가 추구하는 가치와 규범은 '인본적 보장성'을 반영해야 한다는 것이다(최상옥, 2016: 22).

뿐만 아니라, 위험사회로의 환경변화에 있어서도 정부의 역할 재정립이 요구된다. 위험사회에 대응하기 위하여 정부는 시민사회, 민간부문 등 다양한 행위자들과 협력적 거버넌스를 구축하고 위험의 사전예방을 위해 노력해야 하며, 이미 발생한 위험에 대해서는 적절한 대응책 마련과 재발방지를 위해 최선을 다해야 한다(김병섭·김정인, 2016b). 나아가 정부는 사회구성원 간 주관적 위험인식의 차이가 심각한 사회갈등을 유발시킬 수 있다는 점을 인식하고, 적극적인 위험소통(risk communication) 방안을 마련할 필요가 있다(박광국·김정인, 2020). 보다 구체적으로는 <표 4-2>와 같이 각 위험유형에 따른 관료의 책임성 확보와 거버넌스 구축방안 마련을 서두를 필요가 있다. 위험Ⅰ유형에서는 위험발생에 대한 예측이 가능하기 때문에 정부는 위험예방 차원에서 법적·절차적 책임성을 확보해야 하며, 정부조직이 위험을 공정하고 투명하게 규제·통제하였는지에 대한 책임성을 확보해야 한다. 위험Ⅱ유형에서 정부는 새로운 위험문제에 대해 관련 분야 전문가들과 적극적으로 소통하고 협력해야 하며, 신종 위험에 대한 정보 및 지식을 공유하고 공감대를 형성해야 한다. 위험Ⅲ유형과 관련해 정부는 위험예방 차원에서 위험유발 요인에 대한 처벌조항을 강화하여 대상집단의 위험비용에 대한 인식을 강화할 필요가 있다. 위험Ⅳ유형에서는 해당 위험에 대한 대비책 혹은 위험문제 해결 관련 지식이 부족하기 때문에 정부는 민간과의 협업을 통해 위험대응 능력을 증진시킬 필요가 있다.

ChatGPT와 함께 하는 **4장**의 **주요 개념** 정리

1. 행정에 영향을 미치는 글로벌 환경

- 행정에 영향을 미치는 글로벌 환경은 다양한 측면에서 발생할 수 있음
- 글로벌 환경변화들은 국가 및 지역의 행정인들이 미래를 대비하고 정책을 수립할 때 고려해야 하는 중요한 측면들임

구분	내용
경제적 요인	• 글로벌 경제의 변동이 국가 및 지역의 행정에 직접적인 영향을 미침 • 글로벌 경제 위기, 금융 시장의 불안, 무역 정책의 변화 등은 국가의 예산, 세수, 고용 등 다양한 경제 지표에 영향을 미칠 수 있음
환경 문제	• 기후 변화와 관련된 문제들이 행정에 크게 영향을 미침 • 규제의 강화, 환경 보호 정책의 변화, 재생 에너지 채택 등은 행정의 방향을 결정하는데 영향을 미침
국제 정치와 안보	• 국제 정치 상황의 변화, 국제 갈등, 테러리즘, 난민 문제 등이 국가 안보에 직접적인 영향을 미치며, 행정의 우선순위 및 자원 배분에 영향을 줄 수 있음
기술 혁신과 디지털화	• 글로벌 기술 혁신과 디지털화는 행정 프로세스의 변화를 촉진 • 정보 기술의 발전, 빅데이터 활용, 인공지능의 도입 등이 행정의 효율성과 투명성을 높일 뿐만 아니라, 새로운 도전과 과제를 제기
국제 기구와 협력체제	• 국제 기구의 정책과 국제 협력체제는 행정에 직간접적으로 영향을 미침 • 국제 기구의 규제, 협약, 국제 표준의 채택 등은 국가 행정에 영향을 미칠 수 있음
인권 및 사회적 문제	• 글로벌 사회적 문제들이 국가 및 지역의 행정에도 영향을 미침 • 이민 문제, 인권 문제, 사회적 불평등 등은 행정의 정책 수립과 실행에 영향을 미칠 수 있음

출처: ChatGPT(2023). '행정에 영향을 미치는 글로벌 환경은 무엇인가?' 질문으로 검색한 내용 저자 정리.

2. 행정난제 해결을 위한 정부의 역할

- 행정난제를 해결하기 위해서는 정부가 다양한 역할을 수행해야 함

구분	내용
정책 수립과 실행	• 정부는 행정난제에 대한 정책을 수립하고 이를 실행하는 주체 • 효과적이고 지속가능한 정책 수립은 문제해결에 필수적
법률 및 규제 제정	• 행정난제를 해결하기 위해서는 필요한 법률과 규제를 마련해야 함 • 적절한 법률과 규제는 시민들과 기업들에게 질서와 안정성을 제공하며, 행정의 효율성을 증대시킴

자원 할당과 예산 조달	• 행정난제 해결을 위해서는 적절한 자원이 필요하며, 정부는 이를 효과적으로 할당하고 예산을 조달하여 행정의 운영을 지원해야 함
협력 및 다자간 조정	• 행정난제는 종종 여러 이해관계자 간의 상충되는 이익과 요구 사항을 포함 • 정부는 이들 간의 협력을 촉진하고 조정하여 효과적인 해결책을 찾아야 함
정보 제공과 투명성 강화	• 시민들과 이해관계자들에 대한 정보의 제공과 투명성은 행정의 신뢰성을 높이고, 행정난제에 대한 이해를 높일 수 있음 • 이를 통해 정부의 의사결정에 대한 참여와 피드백을 유도할 수 있음
기술과 혁신 도입	• 현대적인 행정은 기술과 혁신을 통해 효율성을 높일 수 있음 • 정부는 새로운 기술과 혁신을 도입하여 행정 프로세스를 혁신하고 행정난제에 대응해야 함
교육과 훈련 제공	• 행정난제를 해결하기 위해서는 국민과 행정 담당자에 대한 교육이 중요 • 정부는 교육 및 훈련 프로그램을 통해 각종 이해관계자들을 더 잘 이해하고 행동할 수 있도록 지원해야 함
긴급 대응 및 위기 관리	• 긴급한 행정난제나 위기 상황에 대비하여 적절한 계획과 대응 능력을 갖추어야 함

출처: ChatGPT(2023). '행정난제를 해결하기 위한 정부의 역할은 무엇인가?' 질문으로 검색한 내용 저자 정리.

3. 4차 산업혁명과 뉴노멀 시대

- 4차 산업혁명과 뉴노멀 시대는 현대사회의 변화와 발전에 큰 영향을 미치는 중요한 개념
- 4차 산업혁명과 뉴노멀은 기술의 중요성과 사회적 변화에 대한 공통된 관심을 공유하고 있지만, 각각의 특징과 주요 초점에서 차이가 있음
- 4차 산업혁명은 기업과 산업의 변화를 강조하며, 뉴노멀은 코로나19 팬데믹에 기인한 사회적 변화를 중심으로 다루고 있음

구분		4차 산업혁명	뉴노멀 시대
유사점		• 기술 중심의 변화: 두 개념 모두 현대사회에서 디지털 기술, 인공지능, 자동화 등과 같은 첨단 기술의 중요성이 부각되고 있음 • 생활 및 업무 방식의 변화: 4차 산업혁명과 뉴노멀은 기술 발전으로 인해 생활 및 업무 방식이 크게 변하고 있는 추세를 공유하고 있음 • 디지털화와 연결성: 두 개념은 디지털화와 연결성의 증가를 강조하고 있음. 사물인터넷, 빅데이터, 클라우드 컴퓨팅 등을 통한 디지털 환경 확장을 강조	
차이점	주된 초점과 기원	• 4차 산업혁명은 산업과 기업의 생산 방식에 중점을 두고 있으며, 주로 2010년대 초반에 발표됨	• 뉴노멀은 2020년 초에 시작된 코로나19 팬데믹 이후의 사회적, 경제적, 문화적 변화에 중점을 두고 있음

사회적 측면의 강조	−	• 주로 사회적 거리두기, 원격 근무, 온라인 교육 등과 같은 코로나19 팬데믹으로 인한 사회적 현상과 그에 대한 대응을 강조 • 이는 주로 안전성과 의료적 측면에 중점을 두고 있음
일자리 변화의 경향	• 일부 전통적인 산업에서의 일자리를 감소시키면서 동시에 디지털 기술 관련 일자리를 창출하는 경향이 있음	• 뉴노멀은 원격 근무 및 비대면 업무로 인한 일자리 변화에 중점을 두고 있음
시기와 기간	• 4차 산업혁명은 상대적으로 장기적인 전략을 다루는 개념	• 뉴노멀은 주로 최근 몇 년 동안의 변화를 나타내는 용어로 사용됨

출처: ChatGPT(2023). '4차 산업혁명과 뉴노멀 시대 간 유사점과 차이점은 무엇인가?' 질문으로 검색한 내용 저자 정리.

4. 4차 산업혁명과 뉴노멀, 위험사회

- 4차 산업혁명, 뉴노멀 그리고 위험사회는 각각 다른 시점과 맥락에서 발생하고 있는 현상들이지만, 서로 연관되어 있을 수 있음
- 이러한 관계들은 각각의 개념이 서로 영향을 주고받고, 현대사회의 다양한 측면에서 상호 연결되어 있다는 것을 나타냄
- 이러한 변화들로 인해 정책수립, 비즈니스 모델의 변화, 사회적 관습의 재조명 등 다양한 분야에서의 대응이 필요하게 됨

구분	내용
4차 산업혁명과 뉴노멀	• 4차 산업혁명은 기술의 발전과 디지털 혁신을 강조. 이는 뉴노멀 시대에서 중요한 역할을 함. 코로나19 팬데믹으로 인해 발생한 변화 중 하나는 디지털 기술의 적극적인 도입 및 활용. 원격 근무, 비대면 업무, 온라인 교육 등이 뉴노멀의 특징으로 떠오르고 있으며, 이는 4차 산업혁명의 영향을 반영하고 있음
뉴노멀과 위험사회	• 뉴노멀은 주로 코로나19 팬데믹의 영향으로 나타난 사회적 변화를 나타냄. 이는 위험사회 이론과 연관될 수 있음. 위험사회 이론은 현대사회에서의 다양한 위험과 불확실성에 주목하며, 코로나19 팬데믹은 그중 하나로 여겨짐. 뉴노멀은 새로운 위험 상황에 대응하는 새로운 방식의 생활과 업무를 필요로 함
4차 산업혁명과 위험사회	• 4차 산업혁명은 기술의 발전과 혁신을 강조하고 있지만, 이는 동시에 새로운 위험과 도전도 함께 가져옴. 디지털화와 인공지능의 도입은 사회, 경제, 일자리의 구조를 변화시키며, 이로 인해 다양한 사회적 문제들이 발생할 수 있음. 4차 산업혁명은 기술적 발전의 동반자로서 새로운 형태의 위험도 가져오게 됨

출처:ChatGPT(2023). '4차 산업혁명과 뉴노멀, 위험사회의 관계는 무엇인가?' 질문으로 검색한 내용 저자 정리.

행정사례 연습

■ 디지털플랫폼정부 사례

범정부 데이터 분석시스템 구축

공공기관에 근무하는 ㄱ씨는 주차난 해소를 위해 공영주차장 설치를 위한 최적의 장소를 도출해야 하는 업무를 맡아 요즘 고민이 많아졌다. 최적의 장소 도출을 위해 어떤 데이터가 필요한지, 데이터 분석을 위해 필요한 시스템은 어떤 것이 있는지, 시스템 구축 비용은 어떻게 산정해야 하는지 등 모르는 것이 많아 막막하다.

정부가 이 같은 문제를 해결하기 위해 공공부문에 데이터 분석환경을 지원할 수 있는 '범정부 데이터 분석시스템'을 구축하기로 했다. 행정안전부 통합데이터분석센터는 데이터의 수집, 저장, 정제, 분석 등을 통합적으로 수행할 수 있는 범정부 데이터 분석시스템 구축에 착수한다고 밝혔다. 이 시스템은 클라우드 기반으로 구축해 각 공공기관이 데이터 분석시스템을 개별 구축하지 않아도 고성능의 분석자원을 할당받아 분석을 수행할 수 있게 돼 데이터에 기반한 과학적 정책 수립 및 의사결정을 지원하게 된다. 일반 사용자부터 데이터분석 전문가까지 수준별로 맞춤형 분석환경을 제공하는 것도 특징이다. 개별 분석시스템이 없는 기관이 클라우드 기반의 분석자원을 할당받아 독립적인 분석을 수행할 수 있도록 기관단위의 독립적인 분석환경도 제공한다.

출처: 대한민국정책브리핑(2022).

■ 사례의 의의

본 사례는 대표적인 기술적 환경변화의 하나로 공공조직 내 디지털 전환에 따른 '디지털플랫폼정부' 구현 사례이다. 공공조직에서도 정책을 결정할 때 과거와 같이 직관과 경험에 의해 결정하는 것이 아니라 객관적인 데이터를 기반으로 하는 증거기반(evidence-based) 의사결정을 할 필요가 있다. 이를 위해 윤석열 정부에서는 디지털플랫폼정부 구현을 중요한 국정과제로 설정하고, 이를 달성하기 위한 다양한 방안들을 마련하고 있다. 대표적인 예가 바로 범정부 데이터 분석시스템 구축이다. 이를 통해 과거 흩어져 있던 정보를 통합적으로 관리하도록 하였다. 정부기관 간 협업을 통해 필요한 정보를 상호 공유할 수 있도록 함으로써 데이터 거버넌스를 구축하는 것이 목적인 것이다. 위 사례에서 보듯이 공공기관에 근무하는 ㄱ씨는 우선 경찰청, 국토교통부, 지방자치단체로부터 교통 흐름에 관한 정보를 획득하고, 주민들의 수요를 조사한 다음 이에 적합한 후보지 대안들을 탐색하게 될 것이다. 이 과정에서 효율성, 형평성, 효과성 등의 평가기준을 설정하고 설정된 기준에 따라 공영주차장 건설 시 필요한 과학적 증거를 활용하여 합리적인 대안을 선택하게 된다.

제5장
공공가치, 행정가치, 공직가치

본 장에서는 정부의 추구목표이자 정부가 나아가야 할 방향이기도 한 가치(이념)에 대해 설명한다. 특히 공공가치, 행정가치, 공직가치가 서로 어떤 관계에 있으며, 4장에서 설명한 행정환경 변화에 따라 세 가치의 의미가 어떻게 변화하는지 살펴본다. 또한 현대 행정에서 공공가치와 공직가치가 중요하게 고려되는 이유에 대해서도 논의한다.

제5장

공공가치, 행정가치, 공직가치[1)]

핵심 학습사항

1. 최근 공공가치가 행정학을 비롯한 사회과학에서 주목을 받게 된 배경은 무엇인가?
2. 공공가치의 개념과 하위 차원의 구성요소는 무엇인가?
3. 보즈먼이 주장한 공공가치는 무엇이며, 공공가치의 실패는 왜 발생하는가?
4. 무어가 주장한 공공관리자 관점에서의 공공가치 의미는 무엇인가?
5. 무어의 전략적 삼각형과 공공가치회계의 의미는 무엇인가?
6. 공공성의 의미는 무엇이며, 다양한 차원에서 공공성은 어떻게 해석되는가?
7. 시대적 배경에 따라 공공성은 어떻게 변화되어 왔는가?
8. 뉴노멀 시대의 행정환경에서 공공성 의미는 무엇이며, 정부의 역할은 무엇인가?
9. 공익 실체설과 과정설의 정의 및 한계는 무엇인가?
10. 사회적 가치의 개념과 사회적 가치가 행정(학)에 미친 영향은 무엇인가?
11. 사회적 기업, Pay for success의 특징은 무엇인가?
12. 민주성, 형평성, 정의, 공정성의 개념과 특징은 무엇인가?
13. 합리성과 효율성의 개념과 특징은 무엇인가?
14. 가외성과 합법성의 개념과 특징은 무엇인가?
15. 공직가치의 개념과 구성요소는 무엇인가?
16. 책임성의 정의와 유형은 무엇인가?

---

1) 기존의 교과서들은 공공가치, 행정가치, 공직가치라는 용어를 혼용하여 사용한다. 예를 들어, 유민봉(2021)에서는 공공가치로, 이종수 외(2022)와 김호섭(2019)은 행정의 가치로 설명하고 있다. 또한 인사행정 교과서에서는 공직가치라는 용어로 설명한다. 본서에서는 최근 공공가치의 중요성이 강조되고 있는만큼 공공가치와 행정가치를 분리해서 설명하고, 공공가치와 행정가치가 바탕이 되어 형성되는 공직자의 행동규범과 가치, 즉 공직가치를 추가 논의하기로 한다.

1. 공공가치

1) 공공가치, 행정가치, 공직가치의 관계

공공부문의 가치와 목표는 국민행복과 공익 증진을 도모하는 공직자들의 행동 및 의사결정에 가이드라인이 되어 준다(김정인, 2018a: 22). 공공부문이 추구하는 핵심가치인 공공가치가 어떻게 설정되는가에 따라 (행)정부가 달성하고자 하는 행정가치와 이를 집행하는 공무원들의 공직가치가 달라진다. 공공성과 공익 등 공공부문이 최우선적으로 추구하는 공공가치(public value)는 정부의 기능과 역할에 중대한 영향을 미치며, 이러한 가치는 공무원의 의사결정과 행동에 중요한 기준이 된다. 특히 공무원의 행동과 의사결정의 기준이 되는 공직가치는 공공가치에 영향을 받으며 형성된다(Bozeman, 2007). 공공가치가 객관화된 집합적 개념이라면, 공직가치는 공무원의 개인화되고 내재화된 가치

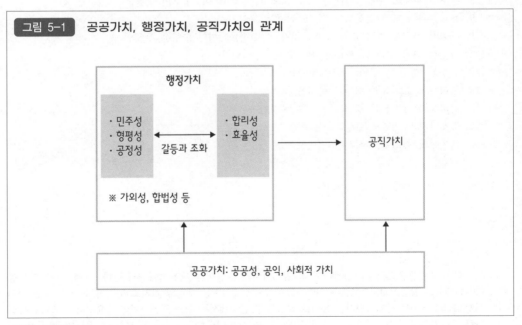

그림 5-1 공공가치, 행정가치, 공직가치의 관계

출처: 저자 작성.

라고 할 수 있다(하미승·이병진, 2018: 197). 공공가치, 행정가치, 공직가치의 관계를 명확하게 구분지어 논의하기는 어렵다. 이들은 상호 연관성을 가지고 있기 때문이다. 특히 공공가치는 행정의 운영원리가 되는 행정가치와 공무원들의 행동기준이 되는 공직가치를 형성하는 데 매우 중요한 역할을 한다고 할 수 있다. [그림 5-1]은 공공가치와 행정가치, 공직가치의 관계를 나타내고 있다.

2) 공공가치 의의와 등장배경

'공공부문에서 추구하는 핵심가치는 무엇이며, 어떻게 실현될 수 있을까?'하는 질문은 공공부문의 존재 이유와도 연관된다(김정인, 2018a: 22). 공공부문의 핵심가치는 공공가치(public value)라고 할 수 있다. 행정과 정책 연구에서 공공가치보다 중요한 주제는 없다는 주장도 제기된다(Jørgensen & Bozeman, 2007: 355). 공공가치라는 용어는 1995년 하버드 케네디 스쿨 무어(M. H. Moore) 교수의 저서2)에서 처음 사용되었으며, 최근 들어서는 공공부문과 민간부문 모두에서 중요한 개념으로 활용되고 있다. 최근까지 공공가치와 관련된 가장 중요한 화두는 바로 '공공가치창출(creating public value)'이다(Moore, 1995). 특히 최근 공공가치는 정부조직을 비롯한 공공부문의 고유한 전유물이 아니며, 비영리조직이나 더 나아가 기업과 같은 시장조직에서도 고려해야 하는 중요한 화두 중 하나로 간주된다. 공공가치 실현은 행정이 추구하는 궁극적인 목적이자(정정길 외, 2019), 정부, 시장, 시민사회 등에 영향을 미치는 중요한 주제인 것이다.

공공가치가 전 세계적으로 행정학을 비롯한 사회과학 전반에서 주목을 받게 된 배경은 다음과 같다. 첫째, 공공가치는 전통행정학과 신공공관리에 대한 비판으로부터 행정학의 새로운 패러다임이 등장하면서 논의되기 시작했다(Bryson et al., 2014). 즉, 최근 "낡은 공공행정의 패러다임은 사라져 가는데 새로운 공공행정의 패러다임이 등장하지 않고 있는 공공행정의 위기"가 도래하면서 새로운 행정학 패러다임의 주요 목표이자 가치로서 공공가치가 고려된 것이다(신희영, 2018: 31). 신공공관리 패러다임에 대한 비판적 분위기 속에서 등장한 신공공서비스(New Public Service)가 공공가치의 중요성을 부각하는 대표적인 새로운 행정학의 패러다임이라고 할 수 있다(Denhardt & Denhardt, 2003).

---

2) 무어의 대표 저서는 *Creating Public Value: Strategic Management in Government*이다.

최근 한국에서 강조되고 있는 공공가치의 중요성 역시 같은 맥락에서 이해할 수 있다. 물론 한국 사회는 서구와 같은 역사적 발달배경을 지닌 것은 아니기 때문에 서구에서의 공공가치 발달 흐름을 그대로 적용하기에는 무리가 있다. 하지만 한국 역시 발전국가의 관료적 발전주의 사고와 시장지향적 신공공관리 논의가 공공행정의 정당성 위기를 초래하면서 공공가치에 대한 중요성이 더욱 강조되고 있는 것이다(신희영, 2018: 31).

둘째, 공공가치에 대한 관심이 증가한 이유는 효율성(efficiency)과 효과성(effectiveness)의 가치를 대체할 새로운 가치의 필요성이 제기되었기 때문이다. 현대 행정환경은 불확실성과 위험성의 증가로 인해 행정난제(wicked problem)가 편재해 있고, 이로 인해 더 이상 전통적 행정학과 신공공관리에서 우선적으로 고려하는 가치인 효율성과 효과성 강조로는 사회문제를 해결하기 어렵게 되었다(Bryson et al., 2014: 445). 행정환경의 변화에 적극적으로 대응하기 위한 방안으로 공공가치의 중요성이 강조되고 있다. 사실 공공가치가 무엇인지에 대해서는 여전히 논란의 여지가 있고, 명확한 정의를 제시하기는 어렵지만, 공공가치에는 민주성, 형평성, 대응성 등의 민주적 가치(democratic values)와 평등, 자유 등의 헌법적 가치(constitutional values)와 같은 새로운 시대의 가치들이 포함되어 있다(Bryson et al., 2014). 또한 이는 왈도가 1948년 신행정학 연구에서 강조한 시민의 권리와 시민을 위한 민주주의의 가치들을 기반으로 한다.

셋째, 공공가치의 수립배경에는 다양한 행위주체의 등장이 있다. 비영리조직, 시민단체, 기업 등을 비롯한 다양한 행정행위자들이 행정의 주요 주체로 등장하면서 이제 더 이상 공공가치 실현이 정부만의 전유물이 아니게 된 것이다. 행정의 패러다임은 정부 중심의 위계적이고 계층제적인 구조에서 벗어나 사회구성원들의 연결, 더 나아가 초연결(hyper-connect) 사회로 접어들고 있으며, 행정행위자들 간 협력적 거버넌스가 더욱 중요시되고 있다. 이러한 행정환경에서는 더 이상 정부만이 공공가치의 수호자(guarantor)가 될 수 없는 것이다. 시민사회, 기업 등 다양한 주체들 역시 공공문제를 적극적으로 함께 해결하는 중요 행정행위자로 등장하면서 이제 공공가치 수호와 실현이 정부만의 역할은 아니게 된 것이다(Jørgensen & Bozeman, 2007: 373-374). 물론 과거에는 정부가 개인주의와 자유주의의 한계를 극복할 수 있는 유일한 공공가치의 수호자로 인식되었다. 특히 우리나라처럼 발전국가 시기를 경험한 국가들은 시장과 시민사회의 역할이 성숙되지 않은 상황에 있었기 때문에 정부가 공공가치 실현의 최종 보루 역할을 해 왔던 것이다(김용철 외, 2012). 그러나 때로는 공공이라는 이름으로 정부가 국민의 기본권을 침해하는 경우도 있었으며, 국가 권력유지 수단으로 공공가치가 악용되는 부작용이 발생하기도 하였다. 시민의식이 성숙한 오늘날의 사회에서 이제는 더 이상 정부만이 공공가치의 유일한 수호자가 된다는 인식은 적합하지 않게 되었다. 즉, 공공가치는 "정부의 강요된 공동체 정신이 아니라 시민사회의 자율적 공동체 정신"으로 고려되어야 하는 것이다(유민봉, 2021: 121).

넷째, 현대사회에서는 '포괄적인 토론과 숙의(inclusive dialogue and deliberation)'과정을 통해 의사결정이 이루어지면서 공공가치의 중요성이 더욱 강조되고 있다(Bryson et al., 2014: 447). 정보·통신기술 등의 발달로 과거와 달리 정부가 더 이상 모든 정보를 독점할 수 없게 되면서 정책 관련 의사결정이 다양한 행위주체들의 참여와 의견교환을 통해 이루어지게 되었다. 이러한 의사결정과정을 통해 공공가치가 형성되는 것이다. 공공가치는 시민들이 토론과 학습을 통해 정책과정에 적극적으로 참여하는 가운데 형성된다(Denhardt & Denhardt, 2010). 과거 정부가 주도적으로 공공가치를 설정하고 이를 실행하는 역할에서 벗어나 새로운 정부의 역할이 수행되고 있다. 다시 말해, 오늘날 정부는 정책토론 과정에 시민들의 적극적 참여를 유도하고, 시민들 스스로가 추구해야 할 공공가치를 설정하도록 하며, 시민들이 '무엇이 공공을 위한 선(善)인가?'를 판단할 수 있도록 지원하는 역할을 하게 된 것이다.[3]

3) 공공가치 개념과 내용

공공가치의 중요성에도 불구하고 공공가치 개념은 다양한 차원에서 논의되기 때문에 정확한 정의를 내리기는 어렵다. 그럼에도 공공가치를 "'공공'이 가치로 고려하는 것 (public value is what the public values)"(Talbot, 2006: 7)으로 정의한다든지 또는 "'공공'과 관련된 가치들에 영향을 미치는 가치(public value is what impacts on values about the 'public')"(Meynhardt, 2009: 205)로 정의하기도 한다. 또한 공공가치를 "공조직과 사조직 모두 사회의 공동선(common good) 추구에 공헌하는 가치"로 정의하기도 한다(Wikipedia,

---

3) 이는 이후 설명할 공익 실체설과 공익 과정설 관점에서도 논의될 수 있다. 과거 정부는 공익 실체설 관점에서 역할을 수행하였다면, 오늘날의 정부는 공익 과정설 관점에서 역할을 수행하고 있는 것이다.

표 5-1	공공관리 접근 비교: 전통적 행정학, NPM, 공공가치		
비고	전통적 행정학	NPM	공공가치
공익	• 정치인/전문가에 의해 정의됨	• 소비자(수요자) 선택으로 표현되는 개인 선호 집합	• 공적 숙의 결과로 도출된 개인과 공공 선호
성과목표	• 투입을 관리	• 투입과 산출을 관리	• 다양한 목표(서비스 산출, 만족, 결과, 신뢰/정당성 유지)
지배적인 책임성 모델	• 관료는 정치인/ 의회에 대해 책임	• 성과계약을 통한 책임 • 시장 메커니즘을 통해 고객에 대한 책임	• 다양한 책임(정부의 감시자로서 시민에 대한 책임, 사용자로서 고객에 대한 책임, 납세자에 대한 책임)
서비스 전달 선호 시스템	• 계층적 부서	• 민간부문/책임 운영기관	• 대안적 전달체계에서 선택 (공공부문, 민간부문, 지역공동체 등)
공공서비스 기풍(ethos)	• 공공부문 공공서비스 독점	• 공공부문 공공서비스 독점 비판(비효율성) • 고객 서비스 선호	• 어떤 주체도 공공서비스를 독점하지 않음 • 공공서비스 주체의 관리 필요
공공참여 역할	• 공공참여(예: 투표) 역할 제한	• 고객만족도 조사 이외 공공참여 역할 제한	• 다양한 공공참여(고객, 시민, 핵심 관계자 등) 역할 중요
관리자 목표	• 정치적 지시에 대응성 확보	• 성과목표 충족	• 시민/사용자 선호, 서비스 질 보장을 통한 신뢰 증진

출처: Kelly et al.(2002: 10).

2019).[4] 이처럼 공공가치에 대한 다양한 개념 정의가 제시되는 것과 마찬가지로 공공가치에 대한 접근방법 역시 여러 가지 측면에서 논의되고 있다. 공공가치에 관한 선행연구에 따르면, 공공가치는 학문적 접근으로서 공공가치, 신공공관리 교정방안으로서 공공가치, 정치적·수사적 도구로서 공공가치, 제도적 거버넌스 특유의 유형으로서 공공가치, 공공기관 가치의 계량화와 화폐 수단으로서 공공가치 등 다양한 측면에서 논의되어 왔다(신희영, 2018: 36). 이와 같이 최근 들어 공공가치 연구가 행정학 분야뿐만 아니라 다른 학문 분야에서도 활발히 수행되고 있기 때문에 공공가치에 대해 단편적으로 접근하기보다는 공공가치를 다양한 측면에서 이해하려는 노력이 필요하다.

4) https://en.wikipedia.org/wiki/Public_value를 참조하기 바란다.

첫째, 공공가치는 사회심리학적 접근(social psychological-based concept)으로 살펴볼 수 있다(Meynhardt, 2009). 사회심리학적 접근에 따르면 공공가치는 사회구조와 관계 속에서 개인이 형성하는 가치로 고려된다. 공공가치는 개인과 타인, 나아가 사회의 '인식된 관계(perceived relationship)'로부터 형성된다. 사회심리학적 접근에 의하면 공공가치는 종교 또는 「헌법」, 인권, 민주주의와 같이 특정 가치체계에 제한된 것이 아니라, 사회 전체의 모든 맥락 속에서 형성되는 가치이다. 즉, 공공가치는 개인과 사회의 실체(예: 집단, 조직, 공동체, 국가 등) 간 관계를 의미하는 것이다(Meynhardt, 2009: 206). 따라서 공공가치는 개인이 사회와의 관계에서 스스로 경험한 연대 또는 신뢰 등과 같은 가치를 포함한다. 이처럼 공공가치는 개인과 사회 간에 인식된 관계로 인해 개인의 기본적 욕구충족에 영향을 미치는 가치를 의미한다.

둘째, 공공가치를 정책적 또는 사회적(policy or societal) 수준에서 살펴볼 수 있다(이하 Jørgensen & Bozeman, 2007: 358-370). 사회적 차원의 공공가치는 시민에게 주어지는 권리, 혜택, 특권, 시민이 사회에 공헌하는 의무 그리고 정부정책 원리에 대한 규범적인 동의를 의미한다. [그림 5-2]에서와 같이 공공가치는 일곱 가지 차원에서 설명될 수 있다. 첫 번째 차원에서 공공가치는 공공선과 공익가치(예: 이타주의, 공익, 사회응집력, 지속가능성 등)로서 공공부문이 사회 전체에 기여할 수 있는 가치들을 의미한다. 두 번째 차원에서 공공가치는 사회의 다양한 의견이 정책결정에 반영될 수 있는가와 관련된 가치들을 의미한다(예: 다수결주의, 민주주의, 지역 거버넌스, 소수자 보호 등). 세 번째 차원에서 공공가치는 행정과 정치의 관계에 관한 가치(예: 정치적 충성심, 책임성, 반응성)로서, 이는 정치인이 최종 의사결정자이기 때문에 행정인들은 이들의 의사결정에 따라야 한다는 점을 강조한다. 네 번째 차원에서 공공가치는 행정과 외부환경의 관계에 관련된 가치(예: 공개성, 이익균형, 이해관계자 가치 등)를 의미하며, 다섯 번째 차원에서 공공가치는 행정조직 내부에 관련된 가치(예: 안정성, 신뢰감, 혁신, 생산성, 효과성 등)로서 주로 핵심적인 조직가치들을 포함한다. 여섯 번째 차원에서 공공가치는 공공부문 구성원들의 행위와 관련된 가치(예: 전문성, 정직, 도덕성, 윤리성 등)를 의미하며, 마지막 차원에서 공공가치는 행정과 시민의 관계와 관련된 가치(예: 합법성, 평등성, 대화, 정보교환 등)를 의미한다. 그런데 이와 같이 정책적 또는 사회적 차원의 공공가치가 실현되지 않을 때에는 '공공가치실패(public value failure)' 현상이 발생하게 된다(Bryson et al., 2014: 448). 즉,

정부(공공부문)와 시장(민간부문)이 공공가치 실현에 필수적으로 요구되는 자원과 서비스를 시민들에게 효과적으로 제공하지 못할 때 공공가치의 실패가 발생한다.[5] 또한 정책 관련 의사전달 과정이 효과적이지 않을 때에도 공공가치 실패가 발생할 가능성이 높아진다.

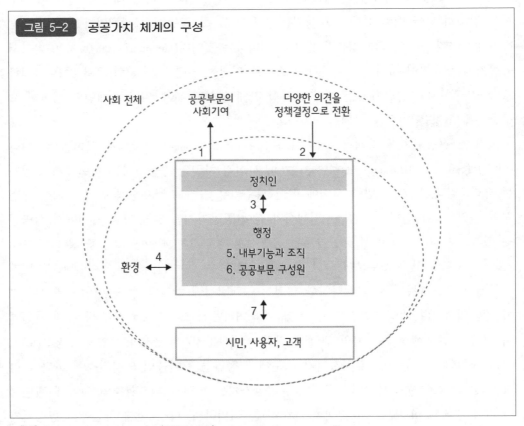

그림 5-2   공공가치 체계의 구성

출처: Jørgensen & Bozeman(2007: 359).

5) Bozeman & Sarewitz(2011)는 시장이 제 역할을 하지 못할 때 발생하는 시장실패와 같이 공공가치가 실현되지 못할 때 공공가치실패가 발생한다고 설명하였다. 예를 들어, 특정 집단에게만 자원 분배/재분배가 집중될 때, 정책이 장기적 관점에서 지속가능성을 지니지 않고 단기적 관점에 치우칠 때, 공공재화나 서비스가 원활하게 공급되지 않을 때, 주요 이해관계자들의 의견들이 정책에 원활하게 반영되지 않을 때 공공가치실패가 발생한다는 것이다.

셋째, 공공가치는 공공관리자(public managers) 측면에서도 살펴볼 수 있다(Moore, 1995; 2014). 특히 공공관리자 관점에서의 공공가치 논의는 무어에 의해 '공공가치'개념이 처음 논의될 때 언급된 내용이라는 측면에서 의의를 지닌다. 무어는 시장주의 접근방법을 비판함과 동시에 정부성과를 증진시키기 위한 방안으로 '공공가치창출(creating public value)'을 강조하였다. 정부성과를 증진시키기 위해 공공관리자는 공공가치를 발견하고, 정의하며, 생산하는 '창조자(creator)'가 되어야 한다는 것이다. 공공가치는 기업의 '주주가치(shareholder value)'와 유사한 개념으로 이해될 수 있으며, 공공관리자들은 정부성과를 증진시키기 위해 책임지고 공공가치를 실현해야 한다고 강조하였다(Moore, 1995). 다시 말해, 공공관리자는 단순한 집행자가 아니라 '혁신가(inventors)'로서 역할을 해야 하며, 정치적·정책적·행정적 관리요소들을 통합하는 전략적 틀 안에서 행동해야 한다는 것이다(Moore, 1995: 17-23).[6] 무어는 공공관리자가 공공가치를 창출하는 과정을 [그림 5-3]의 전략적 삼각형 개념으로 설명한다. 구체적으로 살펴보면 첫째, 공공관리자가 창출하는 공공가치는 본질적으로 중요한 가치여야 하고, 둘째, 공공가치는 외부환경(예: 정치인과 이해관계자들)으로부터 충분한 지지를 받음으로써 정당화되며, 정치적으로도 지속가능해야 하고, 셋째, 공공가치를 실현하기 위한 운영 및 행정 능력을 갖추어야 한다는 것이다(Moore, 1995: 71). 무어는 이를 통해 정부성과의 핵심(bottom line)이 되는 공공가치가 창출될 수 있다고 보았다(Moore, 1995).

---

6) 무어는 가상의 마을 도서관(town library) 혁신 사례를 통해 공공가치의 창출 과정을 설명하였다. 무어는 경기침체에 따른 재원 감소로 만성적 적자에 허덕이는 가상의 마을 도서관 혁신을 위해 도서관장(관리자)의 공공가치 전략을 제시하였다. 도서관장은 기업가정신을 바탕으로 책 구매와 대출 등 기존 도서관 서비스와 함께 보다 전략적이고 창의적인 방안(예: 부가서비스를 제공하거나 새로운 사업모델 구축)을 제시하였다. 대표적인 방안으로는 마을 도서관에서 '맞벌이 가정 자녀들(latchkey children)'을 위한 '지역사회 돌봄 서비스'를 운영하는 것이 있다. 관장은 학생들의 수요가 높은 책을 구입하고 이를 교육 프로그램과 연계함으로써 맞벌이 가정 자녀들의 만족도를 높이고 지역주민들로부터 지지와 인정을 받는 등 지역사회로부터 정당성(legitimacy)을 확보하였다. 이에 따라 기업과 자원봉사의 지원, 지방정부의 재정적 지원도 동시에 증가하였다. 이러한 성공적 사업모델을 통해 마을 도서관은 적자 문제를 해결할 수 있었다. 이 사례를 무어의 전략적 삼각형에 적용하면 다음과 같다. '정당성과 지지'는 도서관의 맞벌이 가정 자녀를 위한 지역사회 돌봄 서비스 운영에 있어서의 정당성과 지역사회의 지지(예: 기업 및 자원봉사 지원, 지방정부 추가 지원 등)이며, 도서관의 '운영역량 강화'는 맞벌이 가정 자녀들의 수요를 반영하여 돌봄 서비스를 운영함에 있어 도서관의 유휴자원 활용을 통해 비용을 절감하는 측면을 포함하고, '새로운 공공가치(규범적 가치) 확립'은 맞벌이 가정의 일과 가정의 조화(work life balance) 가치 정립으로 볼 수 있을 것이다.

이러한 무어의 주장은 공공가치를 공공관리자의 정부성과 향상방안 관점에서 분석하였다는 점에서는 의의가 있지만, 공공가치의 관점을 너무 좁게 해석했다는 점에서 한계가 있다(Bryson et al., 2014: 449). 이러한 한계를 보완하기 위하여 최근 무어는 '공공가치회계(public value accounting)'라는 개념을 활용하여 공공가치의 관점을 확장시켰다(Moore, 2014). 이때 무어는 공공가치를 '공공 또는 공동체가 공공자금 및 권위를 사용함에 있어 중요하게 고려하는 집단적 견해(collective view)'로 기술하고 있으며, 공공가치를 창조할 것인가를 판단하는 중재자는 집단시민(collective citizenry)임을 강조하였다. 또한 그는 균형성과(balanced scorecard) 개념을 활용하여 공공가치의 의미를 발전시켰으며, 공공가치는 공공관리자가 공공부문에서 가장 중요하게 고려해야 하는 핵심가치라고 주장하였다. 특히 [그림 5-3]에서 제시되듯이 무어가 강조한 '공공가치회계' 개념은 그의 '전략적 삼각형' 모형과 통합적으로 설명될 수 있다. 공공가치회계는 손익계산서(income statement)로 구성되며, 이를 활용하여 공동체의 공동자산 활용에 대한 비용과 편익을 정량적·정성적으로 산출할 수 있다고 본다(Moore, 2014). 무어에 따르면, 공공가치회계의 전략적 관리를 위해서는 외부로부터 정당성을 인정받고, 정치적인 지지를 받아야 하며, 동시에 행정적으로도 실행 가능성을 지녀야 한다(Moore, 2014).

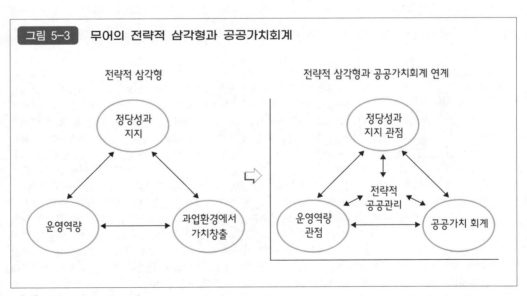

그림 5-3   무어의 전략적 삼각형과 공공가치회계

출처: Moore(1995; 2014).

2. 공공가치의 실현

공공부문의 핵심가치인 공공가치가 무엇인가는 공공성, 공익, 사회적 가치를 통해 더욱 명확히 이해할 수 있다.

1) 공공성

공공성(公共性, publicness) 개념은 'public'의 어원을 살펴보면 알 수 있다. 'Public' 은 라틴어인 'pubes'에 어원을 두고 있으며, 이는 타인을 이해하고 사회 전체를 이해하는 '성숙성(maturity)'의 의미를 담고 있다. 'Public'이라는 용어가 영어권에 처음 사용될 때는 공동선, 즉 많은 사람들과 관련된 것의 의미인 '사회 내의 공동선'으로 해석되었다 (임의영, 2003: 26). 이와 같이 공공성은 "사회일반의 많은 사람과 관계되는 것"으로 정의할 수 있다(유민봉, 2019: 122). 즉, 공공성을 타인과의 관계와 관련된 공공부문 핵심가치로 이해하고, '관계의 존재론', '공감적 인식론', '공유적 책임론'으로 해석할 수 있는 것이다(임의영, 2017: 7).[7]

공공성이 무엇인가에 대한 논의는 공공가치와 마찬가지로 다양한 관점에서 제시할 수 있다. 공공성을 "궁극적으로 공직자들이 달성해야 할 가장 중요한 목표이자 공직자의 중요한 행동기준"으로 해석할 때(유민봉·임도빈, 2016: 351), 공공성은 정부의 업무를 적극적으로 공개하고(공개성), 적극적인 참여를 통해 공익을 추구하며(공익성), 공공서비스를 국민들에게 차별 없이 보편적으로 제공하고(보편성), 높은 권위를 획득함(권위성)으로써 달성될 수 있다(김정인, 2018a: 25). 또한 공공성을 형식적, 내용적, 과정적 차원으로 해석할 때, 형식적 차원에서의 공공성은 사조직과 달리 공조직이 공공성의 실현주체가

---

7) '관계의 존재론'은 공공성(公共性)에서의 '공(公)'을 여러 다양한 사람들이 더불어, 함께 살아가는 방법을 찾아 가는 '공(共)'의 의미로 이해하며, '공감적 인식론'에서는 상대방을 그 자체의 온전한 가치로 인식하는 데 의미를 두고 소통을 통해 상대방을 이해하는 의미로서 '공(公)'을 '통(通)'의 의미로 이해하고, '공유적 책임론'에서는 개인행위의 책임에 초점을 두며, 자발적인 책임으로 사전적·사후적 책임 모두를 포함하는 것으로 본다(임의영, 2017: 11-20; 김정인, 2018a: 25).

됨을 의미하며,8), 9) 내용 차원에서의 공공성은 규범적 차원의 공익을 의미하고,10) 과정 차원에서의 공공성은 참여와 접근성을 의미한다(김준현, 2014; 김정인, 2018a: 25).

　　다차원적으로 정의될 수 있는 공공성의 의미는 시대에 따라 다르게 해석되어 왔다. 공공성 가치가 처음으로 관심을 받기 시작한 시기는 신행정학 시대이지만(최상옥, 2016), 이는 행정관리 시대에도 도구적 합리성의 의미로 해석되고 있었다. 그리고 1960년대 신행정학에서는 사회적 형평성과 민주성의 의미로, 1980년대 신공공관리 시기에는 효율성 또는 능률성의 의미로, 뉴거버넌스에서는 공동체정신과 참여, 민주성 등의 의미로 해석되었다(김정인, 2018a: 27). 특히 1982년 행정학에 대한 학자들의 자기성찰과 정체성 확립 차원에서 가치의 중요성을 강조하는 블랙스버그 선언(Blacksburg Manifesto)에 동참한 학자들(예: Wamsley, Goodsell, Wolf, Rohr, White)은 공공성이 관료의 공직가치 및 전문직업주의(professionalism) 강화에 의해 달성될 수 있음을 주장하였다(김근세 외, 2013; 김정인, 2018a: 27).11) 또한 신공공서비스에서 공공성은 민주적 시민의식과 관료의 시민에 대한 봉사를 통해 달성됨을 강조하였다(Denhardt & Denhardt, 2003). 이와 같이 공공

---

8) 그러나 이러한 관점의 공공성 의미는 현대사회의 협력적 거버넌스 시대에서는 적절하지 않다. 정부가 사회문제를 독점적으로 해결하지 못하고, 다양한 행위주체들이 문제해결에 참여하게 되면서 공공성은 정부부문과 공조직의 전유물이 아니게 되었다(이명석, 2010: 23; 김정인, 2018a: 25).

9) 공공성은 조직과 관련하여 설명할 수 있다. 보다 구체적으로, 공공성은 조직이 정치적 권위(political authority)에 영향을 받는 정도로 설명될 수 있다(the degree to which organizations are affected by political authority)(Bozeman, 1987). 이에 의하면 공공성은 조직의 소유권(ownership), 재정(funding), 통제(control)에 의해 결정되는데, 조직은 공적 소유권이 높을수록, 공적 재정권이 높을수록, 공적인 통제가 높을수록 강한 공공성을 지닌다고 할 수 있다.

10) 특히 규범적 차원에서 공공성 의미는 당위론적이며, 의무론적 공공성 의미로는 주로 보편성과 형평성 차원의 공공이익 추구관점이 강조된다. 이러한 의미의 공공성은 신공공관리에서 개인주의 공공성과 충돌할 가능성이 높으며, 신공공관리 강화로 규범적 공공성 의미는 훼손될 수 있다(Haque, 1996). 이로 인해 공공부문의 사회문제 해결성은 더욱 부족해지고 신뢰성의 위기를 맞게 된다. 또한, 민간규범이 공공규범을 대신하면서 규범적 위기, 행정학의 정체성 위기가 발생할 수 있다. 그러나 공공성을 개인주의 또는 공리주의 관점에서 해석하면 신공공관리로 인해 반드시 공공성이 훼손되는 것은 아니다. 개인들의 효용추구를 기반으로 공공성이 형성된다고 가정할 때 공공성과 신공공관리가 항상 충돌하는 것은 아니라는 의미이다(김정인, 2018a: 26).

11) 블랙스버그 선언에 참여한 학자들은 행정과 정치는 현실적으로 분리될 수 없고(정치-행정일원론), 행정은 관리 그 이상이기에 거버넌스와 정치적 맥락에서 해석되어야 하며, 관료는 특수한 대리인관점(distinctive agency perspective)에서 공공정책의 합의를 이끌어 내 공익을 달성하고 공익수호자로서 숙의(deliberation)를 통한 장기적 관점, 쟁점의 다중적 측면, 다양한 이해관계자들의 요구를 고려해야 한다고 주장한다(김정인, 2018a: 27).

성의 의미는 역사적·시대적 배경에 따라 다양하게 해석될 수 있다. 같은 맥락에서 최근 뉴노멀 시대의 공공성 의미는 과거와 달리 종합적이고 다차원적인 의미로 해석된다. 신공공관리의 공공성 제약 극복, 뉴노멀 시대의 핵심 공공가치 실현을 위해 공공성 가치가 새롭게 해석되고 있는 것이다. 뉴노멀 시대의 행정환경에서 행정이 추구해야 할 목표는 도구적이고 기계적인 공공서비스 제공이 아닌 '인본적 보장성'을 강화하는 것이다. 뉴노멀 시대의 정부는 공공서비스 전달의 최종 보증자, 책임자, 협력자로서의 역할을 수행해야 하며, 인본적 보장성 강화를 규범적 최상위 가치로 고려해 공공성 의미를 해석할 필요가 있다는 것이다(최상옥, 2016: 22).[12]

2) 공익

공익(公益, public interest)은 공공가치 실현을 위해 중요하게 고려해야 할 가치 중 하나이다(Jørgensen & Bozeman, 2007). 공익은 다양한 관점에서 논의될 수 있지만 "특정 사회구성원이 아닌 일반사회 내지 공동체의 여러 구성원에게 차별 없이 두루 관계되는 이익"으로 정의할 수 있다(유민봉, 2021: 129). 특히 공익은 '실체설'과 '과정설'이라는 두 가지 관점에서 설명된다. 공익 실체설은 '공익이라는 것에 실체가 있다'고 보는 관점으로 "전체 효용의 극대화, 도덕적 절대가치, 사회적으로 공유하는 이익"을 공익으로 본다(유민봉·임도빈, 2016: 352). 따라서 이렇게 보편성을 띠는 공익의 달성을 위해 공직자의 목민자적 역할 및 행정선도적인 역할이 강조된다. 그럼에도 불구하고 공직자의 목민자적 역할, 즉 공익설정자 역할을 강조하는 공익 실체설은 다원화되고 민주화된 사회에서는 적절한 공익의 관점으로 제시되기 어렵다(김정인, 2018a: 29). 정부는 더 이상 과거에서처럼 독자적으로 공익을 설정할 수 없다. 또한 정부의 목민자적 공익설정 및 추진역할은 오늘날 공공가치가 다양한 참여자의 토론과 합의에 의해 형성되는 현실에도 적합하지 않다(Bryson et al., 2014).[13]

---

12) 그 외 20세기 산업화 시대의 공공성과 비교하면 뉴노멀 시대에 요구되는 공공성은 책임성과 자율성 차원에서는 개별적 자율성에서 공유적 자율성으로, 정부개입 및 규제 차원에서는 수동적 중립성에서 적극적 중립성으로, 정부혁신과 관리 차원에서는 제한된 다양성에서 종합적 다양성으로, 서비스제공 절차 및 내용 차원에서는 경쟁적 효과성에서 포용적 공감성으로 변화되었다(최상옥, 2016: 13).

13) 예를 들어, 한국의 방폐장입지선정 사례(예: 안면도 사례)에서 볼 수 있듯이 과거에는 정부가 폐쇄적이고,

공익 과정설은 '공익이라는 것은 실체가 없으며, 다양한 사람들이 서로의 이익을 조정해 가는 가운데 나타나는 결과물'로서 공익을 간주하며, "공익이 무엇인가를 규명하는 것보다는 어떤 과정이나 절차를 통해 달성될 수 있는가에 주목"한다(유민봉·임도빈, 2016: 353). 공익 과정설은 공익 실체설과 달리 이해관계의 타협과 조정 및 적법절차 준수를 중요시하며, 공직자의 조정자적 역할 및 행정의 중재역할을 강조한다(정정길 외, 2019). 또한 공익 과정설은 개인의 사익을 초월한 공익은 존재하지 않으며 개인의 효용, 즉 사익을 기반으로 공익이 형성된다는 점을 강조한다는 측면에서 공익 실체설과 차이가 있다. 최근에는 공익, 공공성 증진의 과정적 측면이 상당히 중요하게 고려되면서 공익 과정설이 공익의 의미를 파악하는 데 중요한 역할을 하고 있다(김정인, 2018a: 30). 특히 공익 과정설은 두 가지 관점으로 해석된다. 첫째, 공익은 사익의 총합이라는 개념으로 개개인의 사익이 모여 공익을 형성한다는 점을 강조한다. 이러한 관점에서 공익을 형성하는 의사결정 방식은 '다수결 원칙'이 된다. 둘째, 공익은 사익 간의 타협 또는 집단 상호작용의 산물이며 조정과 중재를 통해서 형성된다는 점을 강조한다. 이러한 관점에서 공익을 형성하는 대표적인 의사결정 방식은 협의체를 통한 '사회적 합의(social consensus)', 즉 숙의민주주의나 공론화 방안들(예: 공론조사, 시민배심원제 등)이 된다(김정인, 2018b: 30).

공익 과정설은 오늘날의 사회가 민주화되고 다원화되면서 이해관계자 간 의견조정 및 중재가 중요하게 고려되고 있는 만큼 적절한 공익의 관점으로 이해될 수도 있지만, 다음과 같은 현실적 한계도 가지고 있다. 첫째, 공익적 의사결정 시 다수결 원칙을 따를 때 다수의 횡포가 발생할 수 있으며, 소수자 보호가 이루어지지 않을 수 있다. 둘째, 관련 집단의 권력 크기에 따라 공익이 결정될 수 있어 편향된 정책 의사결정이 발생할 수 있다. 셋째, 다양한 정책과정 참여자들 간 갈등으로 인해 사회적 비용이 증가될 수 있다. 넷째, 개인의 선호 강도가 동일하다는 가정하에 조정과 중재 방안을 마련하는 것은 적절하지 못하며, 이러한 조정과 중재 방식은 사회적으로 충분한 토론문화가 갖추어지지 않았을 때 부작용을 초래할 수 있다. 즉, 건전한 사회적 합의에 도달하지 못할 가능성이 있다는 것이다. 다섯째, 이해관계자들 간 신뢰가 형성되지 않으면 사회자본이 부

하향적이며, 일방적으로 공익을 설정하는 DAD(Decide-Announce-Defend) 역할 혹은 방법을 강조하였으나(정지범, 2010), 오늘날 민주사회에서는 이러한 역할이 더 이상 적절하지 않다(김정인, 2018b: 29).

정적으로 형성될 수 있다. 마지막으로, 권력이 비대칭적일 때에는 올바른 방향으로 공익이 설정되기 어려운 측면도 있다(김정인, 2018b: 30−31).[14]

3) 사회적 가치

사회적 가치(社會的 價値, social value)의 등장은 공공부문에서의 공공가치 등장과 같은 맥락으로 이해할 수 있다. 사회적 가치는 시장주의와 신공공관리의 부작용 발생(예: 부의 양극화, 불평등 증가, 저성장, 고용위기), 환경의 불확실성과 난제 증가, 정부의 문제해결 능력 감소, 정부 이외의 다양한 행정행위자 참여로 인한 협력적 거버넌스 증가, 사회문제 해결(예: 양질의 일자리 창출, 다양한 영역에의 시민참여 실현) 요구 증가로 인해 등장하게 된 것이다(한국행정연구원, 2017; 박명규, 2018).[15] 전 세계적으로도 사회적 가치에 대한 관심이 증가했지만, 사회적 가치에 대한 학술적 개념 정의가 명확하게 이루어지지는 못하고 있는 실정이다(김정인, 2018c). 그럼에도 불구하고 사회적 가치는 다음과 같은 특징을 지닌다. 사회적 가치는 '비화폐적 가치'의 특징을 지니며, 명확한 측정이 가능한 산출(output)보다는 영향(impact) 측면에 초점을 맞추는 경향이 있고,[16] 개인적 관점에서 벗어나 사회 전반에 영향을 미치는 가치이며, '사회적 약자보호'라는 '사회적 목적(성과)'을 우선시하지만 '경제적 성과'도 함께 달성하고자 한다. 다시 말해, 사회적 가치는 개인의 이익만을 추구하는 개인효용 극대화를 넘어서 타인과 공동체 모두를 중요시하는 동시에 사회구성원 간 연대성과 상호작용성을 중요하게 고려하는 '포용적 가치'라고 할 수 있다(김정인, 2018c: 45−47).[17] <표 5−2>에서는 사회적 가치의 핵심요소, 실행영역, 수행주체, 실천전략을 구체적으로 제시하고 있다.

---

14) 대표적 사례로 한탄강 댐 '갈등조정위원회' 사례가 있다. 1990년대 후반 한탄강 댐 건설과정에서 대립되는 이해관계자들의 이익을 조정하기 위하여 최초의 '갈등조정위원회'가 설립되었지만, 이해관계자들의 상호불신과 반대로 사회적 합의를 이루지 못했다(배귀희·임승후, 2010).

15) 사회적 가치는 자본주의 발달에 따른 다양한 문제점(예: 불평등, 빈부격차, 환경파괴 등)의 해결방안으로 고안되었기 때문에 사회적 경제(social economy)와 같은 맥락에서 해석된다.

16) 대표적인 예로 경제적 가치산출 방법인 투자수익률(Return on Investment, ROI)을 활용하기보다는 사회적 투자수익률(Social Return on Investment, SROI)을 활용하는 방법을 제시할 수 있다.

17) 이러한 측면에서 사회적 가치는 "인권, 노동권, 안전한 근로환경, 사회적 약자 배려, 양질의 일자리, 지역사회 활성화 및 지역경제 공헌, 민주적 의사결정과 참여실현 등 공공이익과 공동체 발전에 기여하는 가치"로 정의되기도 한다(행정안전부, 2017).

표 5-2	사회적 가치의 다차원적 구성: 핵심요소, 실행영역, 수행주체, 실천전략	
핵심요소	안전과 일자리	빈곤퇴치, 일자리 창출, 소수자 배려, 양극화 완화, 고용안정
	혁신과 역능성	역능성, 자율, 도전, 창의, 개성들의 네트워크, 혁신적 심성
	공동체와 공공성	신뢰, 협력, 공유, 사회적 자본, 소통, 참여, 공공성
	상생과 지속가능성	사회적 포용, 배려, 환경정의, 지속가능한 발전, 선행과 자선
실행영역	사회적 경제	사회적 기업, 협동조합, 마을기업의 활성화, 지역중심 참여와 협업 확대
	공공구매와 공적서비스	공공구매, 공공가치를 고려한 예산집행, 최소지출이 아닌 최적지출
	사회책임과 사회공헌	기업의 사회적 책임, 공유가치 창출, 사회공헌, 공익재단
	사회혁신과 시민적 역능성	혁신적 플랫폼, 이질성의 융합, 혁신선도자의 양성, 연결재의 사회화
수행주체	사회적 기업과 협동조합	협동조합, 사회적 기업, 생산자조합, 마을공동체, 사회적 경제주체
	중앙정부 및 지방정부	정부의 각 부처, 지자체, 유관부처기관, 공공기관
	기업, 노조, 공익재단	기업, 노조, 공익재단, 사회공헌조직, 복지법인, 공익성을 띤 문화기구
	학교, 종교, 시민단체	학교, 종교, 비영리적 시민단체, 환경단체, 인권단체, 학술조직, 문화단체
실천전략	가치구조의 재구성	가치구조의 전환을 위한 교육, 문화, 평가시스템의 개혁
	협력의 제도화	사회적 경제, 사회공헌, 사회적 책임을 위한 민간, 정부, 기업의 협력
	혁신의 제도화	데이터의 사회화, 혁신적 플랫폼, 네트워크의 사회자본화
	책임의 제도화	학교, 종교, 시민단체, 공공기관의 사회적 가치지향 프로그램 공유

출처: 박명규(2018: 33-34).

사회적 가치의 등장은 정부 역할의 변화를 초래하였다. 무엇보다도 사회적 가치를 추구하는 사회혁신(social innovation)이 강조되면서, 정부주도보다는 시민주도로 다양한 사회주체 간 협력을 통해 사회문제 해결이 도모되고 있다. 이러한 가운데 정부는 적극적인 지원자의 역할을 요구받고 있는 것이다(한국행정연구원, 2017; 행정안전부, 2017). 사회적 가치의 강조는 관 주도의 정부혁신에서 벗어나 시민 중심의 사회혁신을 추구할 수 있도록 하는 '열린 혁신 정부'를 지향하며, 정부와 시민이 공동으로 정책을 결정·집행하고, 다양한 이해관계자들의 의견을 적극 경청하며, 책임성·대응성·생산성·포용성 등 정부 내부관리 혁신을 주도하도록 한다. 즉, 사회적 가치 등장에 따른 정부혁신 방안이 제기되고 있는 것이다(한국행정연구원, 2017). 또한 정부는 사회적 기업(2007년 「사회적 기업 육성법」 제정), 협동조합(2012년 「협동조합 기본법」 제정), 마을기업(공동체) 등 사회적 경제조직을 적극 활성화하여 사회적 가치 실현에 노력하고 있다. 사회적 경제조직 활성화를 통해 정부실패와 시장실패 모두를 극복하고, 사회적 약자 보호를 넘어 사회구성원 모두가 배제되지 않고 성장과 복지가 균형을 이루는 '지속가능한 포용적 복지국가'를 건설하고자 하는 것이다. 이를 바탕으로 '포용적 성장(inclusive growth)'을 달성하고자 한다(김정인, 2018c: 47).

「사회적 기업 육성법」에 의하면 사회적 기업은 "취약계층에게 사회서비스 또는 일자리를 제공하거나 지역사회에 공헌함으로써 지역주민의 삶의 질을 높이는 등의 사회적 목적을 추구하면서 재화 및 서비스의 생산·판매 등 영업활동을 하는 기업으로서 사회적 기업 인증을 받은 자"로 정의된다(국가법령정보센터, 2023). 한국에서 사회적 기업의 등장배경은 다음과 같다. 2000년대에 들어 고용없는 성장의 구조화, 사회서비스 수요의 증가 등에 대한 대안으로 유럽의 사회적 기업 제도 도입과 관련한 논의가 본격화되었고, 비영리법인·단체 등 제3섹터를 활용한 안정적인 일자리창출 및 양질의 사회서비스 제공모델로서 사회적 기업 도입 논의가 구체화되었다. 사회적 기업은 사회서비스 제공형, 일자리 제공형, 혼합형, 지역사회공헌형, 기타(창의·혁신)형으로 분류되는데, 이 중에서 일자리 제공형이 다수를 차지한다.[18] 사회적 기업은 일자리 창출, 직원만족도, 영업이익 창출 등과 같은 경제적 성과 향상에도 기여하지만, 특히 사회적 책임성 강화, 지역사회 공헌, 지배구조 개선, 취약계층에 대한 일자리 및 사회서비스 제공, 지역주민 및

---

18) 보다 구체적인 내용은 한국사회적기업 진흥원 홈페이지를 참조하기 바란다.

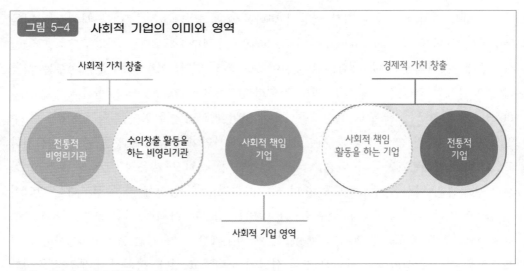

그림 5-4   사회적 기업의 의미와 영역

출처: 한국사회적기업원(2023).

지역공동체 삶의 질 향상, 사회적 기업 종사자들의 처우개선 및 노동 질 향상, 의사결정의 다양성 증진 등과 같은 사회적 성과 향상에 공헌하고 있다. 이러한 사회적 기업의 성과에도 불구하고 한국의 사회적 기업은 인증제도 운영, 정부에의 높은 재정 의존도 등을 고려할 때 정부주도의 육성이라는 점에서 한계가 있다. 또한 대부분 사회적 기업이 취약계층 고용을 우선하는 일자리 제공형으로 운영되고 있으며, 판로개척, 정보제공, 교육훈련 제공의 지원은 여전히 미흡한 실정이라는 점에서 한국의 사회적 기업은 자생력이 다소 낮다고 할 수 있다(김정인, 2014; 2020).

  사회적 가치의 추구는 미래 지속가능성 증진을 위해 필수적임에도 불구하고, 이를 법률화 하는데 있어 비판이 제기된다. 사회적 가치 역시 다른 가치들과 마찬가지로 공공가치 중 하나일 뿐 이를 기본법으로 제정하여 공공기관에 우선적으로 도입하는 것은 적절하지 못하다는 것이다. 또한 사회적 가치의 내용이 일반적이고 구체적이지 못하며, 자유민주주의와 충돌할 여지가 있다는 것이다(김정인, 2018c: 50). 이러한 비판에도 불구하고 오늘날과 같은 뉴노멀 시대에 있어 사회적 가치의 중요성을 고려해 볼 때 사회적 가치 실현의 주축이 되는 공직자들을 위한 윤리교육과 리더십 교육은 필수적이라고 할 수 있다.

Pay for Success 제도와 포용적 성장

정부주도의 확장적 재정정책의 한계를 보완하는 방안으로 최근 영미국가에서는 pay for success 제도(이하 'PFS')를 도입하고 있다. PFS는 2010년 영국에서 처음 도입되었으며, 미국에서는 2012년 시작되었다.[19] PFS는 사회적 취약계층들(예: 청년, 미취학아동, 장애아동, 노숙자 등)에게 효과적인 사회서비스(예: 저소득층 주택공급, 청소년 재범 방지, 청년 창업 및 취업 지원 등)를 제공하기 위해서 과거 공공서비스 제공방안(예: 보조금 지급)에서 벗어나, 정부와 민간이 함께 공공서비스를 제공하는 제도이다(Lantz & Iovan, 2018). 이는 사회성과연계채권(Social Impact Bond, SIB)을 통해 이루어진다.[20] 사회서비스 제공조직(social service provider)으로서 민간단체(예: 비영리단체 또는 사회적 기업)는 정부와 계약을 체결하고, 정책대상자들(대부분 사회 취약계층)에게 사회서비스를 제공한다. 사회서비스 제공조직인 민간단체는 투자자들로부터 자금을 모을 수 있으며, 모금된 투자금액을 효과적인 사회서비스 제공을 위해 사용한다. 목표된 사회성과(social performance)(예: 재범률 하락)가 달성되면 사회서비스 투자자는 사회서비스 제공조직으로부터 투자 원금과 수익을 얻을 수 있다(Von Glahn & Whistler, 2011). 사회성과 달성도가 높을수록 투자자는 더 많은 수익을 얻는다. 그리고 정부는 계약된 사회서비스 제공조직에게 사회성과 달성(성공)에 따른 계약된 금액을 지불한다. 이러한 차원에서 PFS는 공공부문, 민간부문, 비영리부문의 다양한 행위자들이 참여하는 협력적 거버넌스 접근방안이라고 할 수 있다(Lantz & Iovan, 2018).

특히 과거에는 평가대상이 주로 투입 또는 단기적 산출(output)이었다면(예: 취업프로그램 학생 수와 이수자 수), PFS는 보다 장기적인 결과(outcome)의 변화, 예를 들어 취업프로그램 참여자의 구직 여부, 재직기간, 보수증가에 대해 평가한다. 정책대상자들의 실질적 변화, 즉 사회성과가 달성(목표달성)되었다고 판단되는 경우 투자자들에게 수익이 주어지는 것이

---

19) https://ssir.org/up_for_debate/article/the_payoff_of_pay_for_success
20) 세계 최초 SIB는 영국 Social Finance가 피트버러(Peterborough) 지방 교도소 출소자 사회정착프로그램을 실행하기 위해 2010년 9월에 발행하였다. 17명의 투자자들로부터 모은 500만 파운드는 6년에 걸쳐 가벼운 형을 선고받은 수감자들의 재수감률을 줄이는 데 사용하게 된다. 보통 1년 이하의 수감자들은 형을 마친 후 제대로 된 보호와 지원을 받지 못하며, 이에 따라 이들이 1년 이내에 재수감되는 비율은 60%에 달한다. SIB의 계약에 참여하는 록펠러재단(Rockefeller Foundation)과 같은 자선단체들의 투자자금은 약 3,000여 명의 수감자들에게 맞춤화된 일대일 멘토링, 직업훈련, 주거 제공 등을 통합한 종합서비스를 제공하는 데 사용된다. 영국 법무부와 Big Lottery Fund는 수감자들이 형을 마친 1년 후 다시 범죄를 저지르는 비율이 비교 그룹에 비해 7.5% 이상 줄어들면 투자자들에게 일정한 배당금을 제공하기로 보증하였다(출소자 전체의 재수감 횟수를 기준으로 평가). 피트버러 SIB는 8년 만기로 1년부터 6년까지 매년 자본투입이 이루어지며, 조건이 충족될 경우 투자자들에 대한 수익은 4, 6, 8년 차에 배분된다(심상달, 2012: 4).

다.[21] 이때 정부 및 사회서비스 제공조직과는 독립된 평가기관에서 사회성과 달성 여부를 객관적으로 평가한다.

PFS는 정부 또는 공공부문에 의해 쉽게 제공되지 못하는 예방 및 조기치료가 필요한 사회서비스를 민간단체(예: 사회적 기업, 비영리단체)가 혁신적인 방법으로 제공하고, 이로 인해 발생되는 정부의 비용절감 효과를 사회서비스 투자자들에게 수익으로 되돌려 준다는 점에서 중요한 의의를 지닌다. 특히 장기적 관점에서 접근할 필요가 있는 예방적 사회서비스 프로그램(예: 노숙자 관리)의 경우 사회적으로 긍정적인 효과가 예상됨에도 불구하고, 실패 위험, 책임 소재 여부, 부처 간의 협업 부족, 정치인들의 단기성과 창출 욕구 등으로 인해 사실상 정부의 지원이 어려운 상황이다(심상달, 2012). 이때 PFS가 주요 사회서비스 제공에 혁신적인 방안으로 등장한 것이다. 그러나 PFS의 장점에도 불구하고, 사회서비스 제공조직의 운영능력과 지속성 등의 한계, 사회성과의 객관적 평가 어려움의 한계가 존재한다. 하지만 이러한 한계에도 불구하고 PFS는 향후 한국에서도 노숙인의 주거 및 의료서비스 제공, 청소년 학교폭력 예방 서비스 제공 등에 활용될 수 있을 것이다(심상달, 2012).

<PFS 제도의 운영체계>

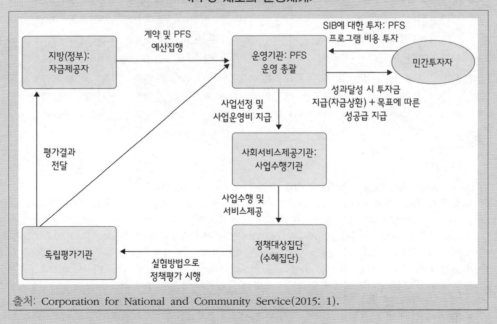

출처: Corporation for National and Community Service(2015: 1).

---

21) https://ssir.org/up_for_debate/article/the_payoff_of_pay_for_success

3. 행정가치

1) 민주성과 공정성

행정가치(administrative value)로서의 민주성(民主性, democracy)은 "행정이 국민의사를 존중해 국민의 요구를 수렴하고, 이를 행정에 반영시킴으로써 대응성 있는 행정을 실현하고, 국민에게 책임을 지는 책임행정을 구현하며, 일부 특수계층의 행정이 아닌 국민 전체를 위한 행정"을 도모하는 것으로 정의된다(이종수 외, 2022: 55). 특히 공직자들에게 요구되는 민주성은 "공직자들이 국민의 대표기관으로서의 대응성(responsiveness) 혹은 책임성을 확보함으로써 실현될 수 있는 가치"이기에(박천오 외, 2016: 15), 민주성은 곧 '국민의 의견을 존중하는 것'이라고도 볼 수 있다. 이러한 민주성이 증진되기 위해서는 행정인의 행정윤리가 확립되어야 하며, 책임행정을 위한 효과적인 행정통제가 필요하고, 국민이 행정에 적극적으로 참여할 수 있는 기회가 보장되어야 한다. 또한 행정인의 업무수행에 있어 부당한 침해가 발생할 경우 이를 구제할 수 있는 제도가 마련되어야 하며, 관료제가 국민 전체를 대표(예: 대표관료제)할 수 있어야 한다.

공정성(公正性, fairness)도 이와 유사한 맥락에서 설명될 수 있다. 공정성은 "개인의 조직에 대한 기여가 그가 조직으로부터 받은 보상과 관련된 정도"로 정의될 수 있다(김호균·김정인, 2013: 163). 공정성의 유형은 배분공정성(distributive justice), 절차공정성(procedural justice), 상호작용 공정성(interactional justice) 등으로 분류된다(김호균·김정인, 2013). 이와 관련해, "절차공정성은 특정 사안을 해결하기 위한 과정(process)이 공정한지, 배분공정성은 최종 결과물이 공정한지, 상호작용 공정성은 고객이 전체 과정에서 적절한 서비스 혜택을 받았는지를 판별하는 지표"가 되는 것이다(신상준·이숙종, 2016: 5).

2) 사회적 형평성과 정의

국민의 요구를 적극적으로 수용하는 민주성의 의미를 확대하면 형평성 개념도 민주성과 유사한 맥락에서 이해될 수 있다. 행정에서의 형평성은 신행정학과 현대복지국가의 등장으로 강조되었다. 현대복지국가에서는 정부의 자원배분 역할이 중요하게 고려되면서 '누가, 무엇을, 얼마만큼 얻는가?'와 같은 배분의 문제가 중요 이슈가 되었다. 물론 정부의 자원배분 과정에서 특정 집단에 대한 편중현상이 발생하면 안 되지만 대상집단이 사회적 약자 계층일 경우, 이들을 특별히 배려하고 보호하는 정책은 마련될 필요가 있다(유민봉, 2021: 140-141). 이러한 과정에서 사회적 형평성 개념이 강조되었으며, 사회적 형평성(衡平性, equity) 실현이 곧 사회적 정의(正義, justice)의 실현인 것으로 간주되었다. 이처럼 사회적 형평성은 "동등한 것을 동등한 자에게, 동등하지 않은 것을 동등하지 않은 자에게 처방하는 것"으로 정의된다(이종수 외, 2022: 51). 즉, 사회적 약자를 배려하는 정당한 불평등과 분배적 정의 개념이 사회적 형평성 개념에 포함되어 있는 것이다.

　　사회적 형평성은 '정의' 관점에서 설명될 수 있다. 행정학에서의 정의 관련 논의에 큰 영향을 미친 학자는 롤스(J. Rawls)이다. 롤스는 1971년 출판한 저서 『정의론(*A Theory of Justice*)』에서 오늘날까지도 우리 사회에 중요한 영향을 미치고 있는 정의의 핵심개념들을 제시하였다(이하 김정인, 2018a: 33-34).22) 롤스에 의하면 원초적 상태에서 사회구성원들이 합의하는 일련의 법칙을 사회정의 원칙이라고 규정한다(Rawls, 1999). 그는 정의를 사회의 제1 덕목으로 간주하고, "합리적인 개인이 자신의 가치관을 실현하는 데 필요한 사회적 조건이나 범용수단 그리고 사회적 기본가치를 분배하는 사회제도를 중요하게 고려한다"(임의영, 2016: 75). 그에 의하면 개인의 통제범위를 벗어난 타고난 자질이나 사회적 배경인 '운'이 사회적 가치 배분에 영향을 미치도록 설계된 사회제도는 정의롭지 못하다고 판단한다. 그는 우연적인 요소의 영향을 최소화하고 "개인의 사적 이해관계를 초월하여 누구나 공정한 것으로 인정할 수 있는 보편적 정의원칙"을 모색했는데(임의영, 2016: 75), 이를 위해 '원초적 입장(original position)'이라는 가상적인 의사결정 상황을 제시하였다. 이는 무지의 장막(veil of ignorance)과 상호 무관심한 합리성(mutually disinterested rationality)이라는 두 가지 조건을 특징으로 한다.23) 롤스는 공정한

---

22) 이하 내용은 김정인(2018a: 33-34) 내용을 바탕으로 재구성하였다.

23) 전자의 의미는 의사결정에 참여하는 사람은 자신의 재능, 능력, 성별 등의 자연적 특성, 가정환경, 교육, 계층 등의 사회적 특성, 가치관, 인생계획, 목적 등 동기적 특성, 호불호, 고통과 쾌락 등 감정적 특성을 전혀 몰라야 한다는 의미이며, 후자의 의미는 타인에 대한 감정적 관심이 아니라 순수한 이성적 판단에

정의원칙을 구현하기 위해서는 원초적 입장이 전제되어야 함을 가정한다. 이러한 가정 하에 그는 다음의 원칙이 성립되어야 한다고 주장한다. 첫째, '평등한 자유의 원칙'으로 서, 이는 다른 사람의 자유와 상충되지 않는 범위 내에서 가장 크고 넓은 자유를 누릴 권리를 갖는다는 것이다. 즉, 사회의 기본가치인 자유와 권리는 평등하게 분배되어야 한다는 것이다. 둘째, 자연적 또는 사회적 우연을 고려하지 않는 단순한 기회균등 원칙 보다 '공정한 기회균등의 원칙'을 고려해야 한다고 강조한다. 이에 따르면 대상자의 자 연적 또는 사회적 우연성까지 고려하여 공정한 기회균등의 원칙이 마련되어야 한다는 것이다. 권력 및 특권을 수반하는 직무와 직위는 능력 있는 사람 누구에게나 공정하게 분배되어야 하며, 이를 위한 경쟁은 반드시 공정해야 한다. 셋째, 소득과 부의 분배는 사회적으로 가장 열악한 처지에 있는 사람에게 가장 이익이 되는 방식으로 분배되는 '차등의 원칙'으로 이루어져야 한다. 이러한 세 가지 원칙에 따라 정책을 형성하고 집행 할 때 일반적으로 평등한 자유의 원칙은 공정한 기회균등의 원칙에 우선하고, 공정한

그림 5-5 존 롤스와 정의론

존 롤스(J. Rawls)
(1921.2.21.~2002.11.24.)

정의론(A Theory of Justice, 1st ed.)
(1971)

출처: https://www.wikipedia.org/ 검색.

서 가장 유리한 측면을 고려해야 한다는 것이다.

기회균등 원칙은 차등원칙에 우선한다는 것이다(Rawls, 1999).

사회적 형평성 및 롤스의 정의론이 규범적인 타당성을 가짐에도 불구하고, 사회적 형평성과 차등의 원칙을 실현하기에는 한계가 존재한다. 무엇보다도 사회적 약자를 보호하는 정책이 실현되면 다른 집단이 오히려 피해를 볼 수 있는 '역차별(reverse dis-crimination)' 문제가 발생할 수 있기 때문이다. 또한 사회적 형평성이나 롤스의 정의론은 성장보다 분배의 관점을 우선시하기 때문에 한계에 부딪힐 수 있다. 국민정서가 분배보다 성장을 중요시한다면 사회적 형평성 달성은 요원하며, 점증주의 예산편성이나 제한된 재정, 부처이기주의, 예산의 경직성, 높은 상징성과 상징적 조작 가능성 등의 문제로 인해 분배의 형평성 달성에도 한계가 존재하는 것이다(김용철 외, 2022).

3) 합리성과 효율성

합리성(合理性, rationality)은 "어떤 행위가 궁극적 목표달성의 최적수단이 되느냐의 여부를 가리는 개념"으로 볼 수 있다(이종수 외, 2022: 54). 행정학에서 합리성에 대한 논의는 베버(M. Weber)의 관료제로부터 시작되었다. 베버의 관료제론에 의하면 행정목표를 달성하기 위한 행위를 수단-목적합리성으로 간주하였으며, 베버 이후의 전통행정학에서는 합리성을 중심으로 행정 전반을 다루었다. 행정에서 합리적으로 행동한다는 것은 "주어진 목표달성에 기여할 수 있는 방식으로 행동"함을 의미한다(김호섭, 2019: 73). 또한 합리적 조직형태(예: 관료제)를 도입해 효율성과 효과성 극대화를 추구하고자 한다. 이밖에도 합리성은 효율성, 효과성, 생산성 등을 포괄하는 용어로 사용되기도 한다(김호섭, 2019: 91).

효율성(效率性)은 "비용최소화 측면에서의 경제성(economy), 투입-산출 비율로서의 능률성(efficiency), 목표달성도를 의미하는 효과성(effectiveness)을 모두 함축하는 의미로 생산성(productivity)과 유사한 개념"으로 정의된다(유민봉·임도빈, 2016: 36). 특히 행정은 경제성, 능률성, 효과성, 생산성 모두를 추구하는 것을 목적으로 하고 있기 때문에, 본서에서는 효율성을 경제성, 능률성, 효과성, 생산성 개념 전부를 포함하는 용어로 사용하고자 한다.[24] 효율성이 능률성 개념으로 해석될 때에는 투입 대비 산출 비율의

---

24) 따라서 효율성의 영어 표현을 사용하지 않았다. 그러나 효율성을 능률성의 의미로 해석하여 이를

의미가 강조되며, 특히 산출에 대한 비용관계라는 조직 내 조건이 중요시된다. 효율성이 효과성 개념으로 해석될 때에는 목표달성도의 의미가 강조되며, 조직과 조직을 둘러싼 내·외부 환경의 관계도 중요하게 고려된다(이종열 외, 2023).

효율성이 행정학에서 중요하게 고려되기 시작한 맥락적 배경은 사회적 형평성 개념 등장으로 인해 현대복지국가의 기틀이 마련되면서, 정부의 규모가 비대해지고 행정의 비효율성이 발생되면서부터이다(김용철 외, 2022). 효율성 개념이 19세기 말 시작된 과학적 관리론을 기반으로 한 전통행정학에서도 이미 활용되고 있기는 했지만, 이 당시에는 효율성이 '자원의 효율적 관리' 측면에서만 강조되었다(예: 조직생산성 향상과 투입비용 감소). 그 이후에도 '사회적 효율성'과 같은 개념으로 효율성의 의미가 확장되기는 했지만,[25] 효율성이 중요한 행정가치로 고려되기 시작한 시기는 바로 1980년대 이후이다. 효율성은 앞서 언급한 현대복지국가에 따른 큰 정부에 대한 비판적 관점에서 강조되기 시작한 것이다. 다시 말해, 1980년대 이후부터 작은 정부의 지향, 정부의 기능 축소, 민간부문의 기능확대를 통해 효율성을 강화하는 것을 행정에서의 중요 가치로 고려하기 시작했다. 이는 신공공관리적 관점으로도 이해될 수 있다.

선택과 집중을 통한 효율성 가치 추구는 행정운영 및 자원배분 과정에서 발생하는 낭비나 손실을 줄이고자 했다는 점에서 장점을 지닌다. 하지만 효율성 가치 추구로 사회적 약자 보호 개념이 약화되면서 형평성이 훼손되고, 정책에 대한 단기적 목표달성에만 집중한 나머지 장기적 효과나 상위 차원의 목표달성을 소홀히 하게 되는 한계가 나타났다. 뿐만 아니라, 효율성 추구과정에서 정책비용과 편익에 대한 관심이 높아지면서 객관적인 산출이 불가능한 영역까지 계량화하여 비용과 편익을 측정하려고 시도하였으며, 이러한 시도들이 효율성에 대한 부정확한 정보를 생산하여 오히려 시민들이 정부를 불신하게 되는 한계를 초래하기도 했다(정정길 외, 2019).

'efficiency'로 표현하기도 한다. 일부 저서(예: 유민봉, 2021)에서는 효율성이라는 용어보다는 능률성과 효과성이라는 분리된 개념으로 설명하고 있다.

25) 과학적 관리론이라는 고전적 조직이론과는 달리 인간관계학파에서도 효율성을 강조한다. 그러나 인간관계학파는 행정조직 내부에서 구성원의 비공식적 관계와 인간적 가치를 중요하게 고려했다는 점에서 효율성은 이전의 기계적 효율성과 차별된 사회적 효율성을 강조하였다.

4) 가외성

가외성(加外性, redundancy)은 "여러 기관에 한 가지 기능이 혼합되는 중첩성 (overlapping)과 동일 기능이 여러 기관에서 독립적으로 수행되는 중복성(duplication) 등 을 포괄하는 개념으로 사용"된다(김정인, 2018a: 34). 가외성 개념은 란다우(M. Landau)에 의해서 처음 사용되었으며, 세 가지 특성을 지닌다(Landau, 1969). 첫째, '중첩성(over- lapping)'은 "기능이 여러 기관에 분할되어 있지 않고 혼합적으로 이루어진 상태"를 의 미하며(김창수, 2019: 185), 이와 관련된 대표적인 예로는 물관리 정책을 들 수 있다. 비 록 우리나라에서는 2019년 8월에 대통령직속 국가물관리위원회를 설립하여 '국가 차원 의 통합물관리를 통해 지속가능한 물순환 체계를 확립하여 국민의 삶의 질을 향상'하고 자 '물관리에 관한 중요 사항을 심의·의결'하고 있으나(국가물관리위원회, 2023), 여전히 농업용수는 농림축산식품부가, 발전용수는 산업통상자원부가, 하천계획은 국토교통부 가, 수질, 수량, 홍수통제는 환경부가 주로 관리하기 때문에 물관리의 중첩성이 나타나 고 있는 것이다. 이러한 경우 부처 간 상호의존성이 높으면 협력적으로 정책·사업을 추 진할 수 있지만, 중복관할로 인한 비효율성을 초래할 수 있으며, 업무협조 한계로 인해 부처 간 갈등이 유발될 수 있다(김창수, 2019: 185). 둘째, '중복성(duplication)'은 "동일한 기능을 분리된 여러 기관이 독립적으로 관리하는 것"(예: 오차방지를 위한 검산기능)을 의 미한다(김창수, 2019: 185). 마지막으로, '동등잠재성(equipotentiality)'은 기관작동이 원활 하게 이루어지지 않을 경우 보조기관이 이를 대행하는 것을 의미한다. 이는 불확실성 상황에서 오차발생을 최소화하고, 체제의 신뢰성과 적응성을 증진시키기 위한 방안이 된다. 동등잠재성의 대표적 예로는 부통령제 운영, 원전관리에서의 다중방호시스템 운 영 등이 있다(김창수, 2019: 185).

과거 가외성은 중복부담 혹은 비용부담으로 간주되어 효율성과 충돌하는 가치로 인식되어 왔다. 가외성이 필요 이상의 것, 여분의 것, 초과분, 남는 것 등의 의미로 해석 될 때 비용효과성의 문제, 운영상의 문제, 감축관리와의 조화문제가 발생할 수 있다(최 태현, 2017; 김정인, 2018a: 34-35). 하지만 중첩성, 중복성, 동등잠재성 등의 특징을 통해 가외성은 불확실한 상황에 대비해야 할 여유역량으로 고려되어 오류 발생 가능성을 낮 추고, 행정체제의 신뢰성과 적응성을 높이며, 상호 견제와 균형이 가능하도록 하여 집권적 운영의 폐단을 차단할 수 있게 한다. 또한 하위 시스템 간 협의와 토론을 가능하게 하여 다원성과 창의성 및 정확한 정보 확보에 기여할 수 있도록 하고, 장기적으로는 사회적 비용을 최소화할 수 있다는 점에서 장점을 지닌다(Landau, 1969; 김영평, 1995).

5) 합법성

합법성(合法性, legality)은 법치행정을 의미하며, 행정작용은 법에 의거해야 한다는 법치주의를 의미한다(김항규, 1996: 1). 법치주의는 프랑스혁명 이후 근대국가에서 성립되었다. 따라서 합법성은 시민권 신장, 자유권 옹호가 중시되던 입법국가의 주요 행정가치였다. 영국발 시민혁명을 통해 국왕으로부터 입법권을 확보한 국민대표들은 행정공무원들이 입법부가 제정한 법률을 그대로 집행해 주기를 바랐으며, 이를 통해 법치행정, 즉 행정의 합법성이 달성될 수 있다고 간주하였다(김규정, 1998). 그러나 입법부가 제정한 법률에 충실히 따라야 한다는 합법성의 소극적인 의미는 현대 행정국가와 복지국가에 들어서 변화하였다. 현대 행정에서의 법률 규정이 사회변화를 적극적으로 수용하지 못하게 되면서 합법성의 의미가 법률규정을 그대로 집행한다는 의미가 아닌, '법의 정신에 합당'해야 한다는 법치행정의 원리로 변화한 것이다(유민봉, 2021: 137). 무엇보다도 현대 행정에서 관료의 재량권이 확대되고 입법행정(법규명령과 행정규칙 등) 활동이 증가하면서 행정의 합법성은 더욱 적극적으로 해석될 수밖에 없는 상황이다. 특히 합법성, 즉 법치행정의 원리는 공무원 행위의 정당성(legitimacy)을 가르는 기반이 되기 때문에(신진욱, 2013), 공무원들이 반드시 고려해야 하는 중요한 행정가치가 된다.

4. 공직가치

1) 공직가치의 의미

공직가치(public service value)는 "공무원이 국가와 국민을 위한 공공직무를 수행함에 있어서 추구하고 준수해야 할 규범적 지향성"이라고 정의할 수 있다(하미승·이병진, 2018: 196). 공직가치는 공무원의 개인적 가치관 표현, 조직행동의 지침, 공무원 직무나 행동의 정당성 근거, 관련된 이해관계자들과의 대화 수단, 공무원의 바람직한 행동의 판단기준이라는 특징을 지닌다(심동철, 2017; 한국행정연구원, 2015). 공직가치가 어떻게 형성되는지에 따라 공직자로서의 소명의식, 업무태도, 역량 등이 달라질 수 있어 공직가치의 형성은 매우 중요하게 다루어질 필요가 있다(인사혁신처, 2016; 김정인, 2018a: 38).

공직가치의 유형(구성요소)은 학자마다 다르게 논의된다. 공직가치를 연구한 대표적인 학자인 커나한(K. Kernaghan)은 공직가치를 윤리적 가치(ethical values), 민주적 가치(democratic values), 전문직업적 가치(professional values), 인간적 가치(people values) 등으로 구분하였다(Kernaghan, 2003). 윤리적 가치는 정직성(integrity)과 공정성(fairness), 민주적 가치는 법의 지배(rule of law)와 충성심(loyalty), 전문직업적 가치는 효율성(efficiency)과 혁신(innovation) 그리고 인간적 가치는 배려(caring)와 열정(compassion) 등 공직가치로 세분화하였다(김정인, 2018a: 39).[26]

공직가치는 공무원의 직무수행 과정에 중대한 영향을 미친다. 공직가치는 공무원이 정책결정과정에 적극적으로 참여하도록 유도하며, 의사결정 시 중요한 판단기준으로 작용한다. 업무열의, 직무만족, 조직몰입, 업무성취도를 증가시키며, 궁극적으로 행정서비스의 태도를 개선하고 국민의 신뢰도를 증진시키는 데 기여한다. 또한 공직가치는 공무원 개개인의 특성(예: 성별, 가치관, 근무기간), 공무원이 지닌 동기부여특성(예: 외재적 동

---

26) 정부(인사혁신처)는 2023년에 공무원 태도 및 행태 변화의 근원이 되는 공무원 인재상을 재정립하였다. 직무전문성을 바탕으로 하여 ① 소통·공감, ② 헌신·열정, ③ 창의·혁신, ④ 윤리·책임 등 4개 요소로 설정하고 이러한 공무원 인재상을 재정립하여 채용·교육·평가·보상 등 인사체계 전반을 혁신하고자 한 것이다(인사혁신처, 2023). 그리고 표준형 인재상을 기반으로 하여 부처의 특수성을 반영한 부처별 인재상도 자율적으로 정립하도록 하였다.

기와 내재적 동기), 직무와 조직특성(예: 직무적합도, 조직문화, 조직사회화, 리더십) 요인 등에 의해서 다르게 형성될 수 있다(하미승·이병진, 2018: 199-201).

2) 공직가치로서의 책임성[27]

책임성의 개념과 범위는 매우 다양하지만, "행정관료가 도덕적·법률적 규범에 따라 행동해야 하는 의무"를 책임성으로 정의할 수 있다(이종수 외, 2022: 56). 이때 책임성을 공무원이 지녀야 할 공직가치로 해석할 수 있는 것이다.[28] 특히 고전적 의미에서의 책임성은 개인적 속성과 계층적 속성을 지니고 있다. 개인적 속성의 책임성은 개인이 자신의 의사결정에 책임을 져야 한다는 개인적·주관적 책임을 의미하며, 계층적 책임성은 하급자가 상급자에 의해 통제받는 것을 의미한다. 고전적 의미의 책임성은 개인의 소유권이 분명하고 업무소재 역시 비교적 명확하게 규정되어 있어 책임이 여러 사람에게 분산되기보다는 한 개인에게 귀속되는 경향이 컸다(한상일, 2013: 131-132; 이하 김정인, 2018a: 35-36). 대표적인 고전적 책임성 논쟁은 내적책임성과 외적책임성으로서, 이는 1940년대 초반 민주주의체제에서 관료책임성을 어떻게 확보하는 것이 가장 효과적인 것인가에 대한 논쟁에서 출발하였다(한상일, 2013: 133). 관료의 주관적 책임성, 즉 내적책임성은 프리드리히(C. Friedrich)에 의해 강조되었으며 관료는 자신의 전문지식이나 기술을 중심으로 책임의 판단기준을 삼고, 이 과정에서는 관료의 양심과 직업윤리 등을 중요시해야 한다고 주장한다(Friedrich, 1940; 1946). 또한 관료의 자율적 책임성(responsibility)을 강조하면서 국민의 요구, 국민의 정서 또는 국민감정에 적극적으로 반응하는 민주적이고 정치적인 책임성을 중요하게 고려하였다(김병섭·김정인, 2014: 102).

반면에 파이너(H. Finer)는 관료의 객관적인 책임성, 즉 외적책임성을 강조했다. 그는 객관적으로 책임성을 확보할 수 있는 교정과 처벌의 제도적 책임성(accountability)을 주장하였다(Finer, 1941). 즉, 프리드리히는 내적 가치와 규범을 중요하게 고려하여, 개별 공직자들의 책임성을 계발하거나, 도덕적 훈련과 학습을 중요하게 고려한 반면에, 파이

---

27) 김정인(2018a: 35-38)의 내용을 기반으로 작성하였다.
28) 오래 전부터 공공부문에서의 책임성이 개인에게만 요구되는 것인지 혹은 조직에게도 요구되는 것인지에 대한 논의가 있어 왔다(김정인, 2018a: 35).

너는 조직의 외적 통제나 객관적인 제도적 설계를 강조하면서 외부기관의 정치적 영향력과 관료에 대한 외부통제 제도의 설계를 중시하였다(한상일, 2013: 134). 행정에서는 내적책임성과 외적책임성 모두가 중요하다. 최근 관료(공직자)들에게 요구되는 공직윤리법[예: 「공직자의 이해충돌방지법」]은 외적책임성 강화를 요구하는 것이지만, 외적책임성 강화만으로는 관료(공직자)의 책임성 확보가 담보되지 않는다. 관료의 양심과 직업윤리, 윤리의식 강화 등 내적책임성이 동반될 때 궁극적인 책임성 확보가 가능해지는 것이다.

롬젝(B. S. Romzek)과 듀브닉(M. J. Dubnick)은 관료의 책임성 유형을 통제수준과 통제원천에 따라서 <표 5-3>과 같이 네 가지로 분류하였다(Romzek & Dubnick, 1987: 230). 그들은 미국 챌린저호 사고발생에 대해 미국항공우주국(NASA)의 실패원인을 책임성 관점에서 분석하였다. 롬젝과 듀브닉의 관료책임성 유형은 통제수준이 높고 책임이 내부에 있는 관료적 혹은 계층제적 책임성, 통제수준이 높고 책임이 외부에 있는 법적 책임성, 통제수준이 낮고 책임이 내부에 있는 전문가적 책임성, 통제수준이 낮고 책임이 외부에 있는 정치적 책임성으로 구분된다(김병섭·김정인, 2014: 105). 이러한 네 가지 책임성에 우선순위가 있는 것은 아니지만 과거 우리나라 관료들은 지나치게 관료적 또는 계층제적 책임성만을 강조하였기 때문에 이에 따른 부작용이 속출하였다. 예를 들어, 2014년 발생한 세월호 참사의 원인으로 관료들이 지나치게 계층제적 책임성만을 우선시해 다른 책임성이 무시되었기 때문이라는 주장이 제기되기도 한다(김병섭·김정인, 2014).

최근 행정의 주체가 다양화되고 민주화되면서 행정의 책임성 범위가 분산되고 책임성의 의미가 쇠퇴해 가고 있다. 예를 들어, 민영화나 민간위탁 등이 활성화되면서 책임성의 소재가 점차 불명확해지고 있는 것이다. 뿐만 아니라, 오늘날 새로운 유형의 사

표 5-3 복합적 개념하에서 책임성의 하위범주

구분		통제의 원천	
		내부	외부
통제의 정도	높음	관료적 혹은 계층제적 (bureaucratic) 책임성	법적(legal) 책임성
	낮음	전문가적(professional) 책임성	정치적(political) 책임성

출처: Romzek & Dubnick(1987); 김병섭·김정인(2014: 105).

회문제들이 발생하면서(예: 위험사회로의 전환) 관료들의 책임수준은 더욱 불명확해지고 있다. 이러한 현대사회의 행정에서 요구되는 책임성은 관료 개개인의 전적인 책임도, 관료제 조직의 전적인 책임도 아닌 그들 모두의 공동책임이라고 할 수 있다. 이러한 상황에서 언제나 고정불변의 원칙처럼 적용될 수 있는 절대적인 책임성은 존재하지 않는다. 때로는 절차적 책임성이 우선될 수 있으며, 때로는 정치적 책임성이 우선될 수 있다. 즉, 책임성이 요구되는 상황에 따라 적절한 책임성을 확보할 필요가 있다는 것이다 (김정인, 2018a: 37-38). 특히 한국 공무원이 처한 상황을 분석해 보면 선출직 공무원에게로 권한이 집중되는 경향이 있으며, 모호한 법 규정으로 말미암아 선출직 공무원의 자의적 지시와 명령이 증가하고 있고, 선출직 공무원 위주로 정보독점이 발생하는 경향이 있다. 직업공무원들의 책임성 분산과 책임성의 공동화(空洞化) 현상이 나타나고 있으며, 직업공무원들의 직무전문성 부족 및 계급제와 집단주의 조직문화로 인한 책임성 저해현상도 발생하고 있다(김정인, 2017: 8). 이러한 상황에서 공무원의 책임성을 증진시키기 위해서는 [그림 5-6]과 같이 선출직 공무원의 인사권 축소를 통한 책임성 분권화와 선출직 공무원 의사결정에 대한 정보공개, 전문가적 책임성 강조, 공직관 확립 등을 통해 공직책임성을 재조직화 할 필요가 있다(김정인, 2017).

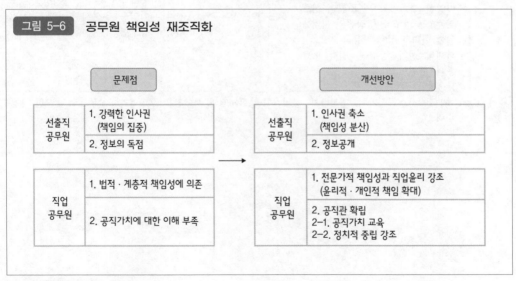

그림 5-6 **공무원 책임성 재조직화**

출처: 김정인(2017: 10).

ChatGPT와 함께 하는 **5장**의 **주요 개념** 정리

1. 공공가치, 행정가치, 공직가치

- "공공가치(公共價値)", "행정가치(行政價値)", "공직가치(公職價値)"는 모두 행정 및 정부 활동과 관련된 다양한 개념이지만, 각각은 서로 다른 측면에서 접근됨
- 이러한 가치들은 종종 상호 보완적이며, 효과적인 정부 운영과 공공서비스 제공을 위해 조화롭게 작용해야 함

구분	공공가치(公共價値)	행정가치(行政價値)	공직가치(公直價値)
유사점	• 사회적 목적 지향성: 모든 개념은 사회적, 공공적인 목적을 중시함. 이들은 개별 이익이 아닌 공공이익을 증진하고 사회적 발전을 촉진하는 데 중점을 둠 • 정부 및 행정 관련: 이들은 모두 정부 및 행정의 영역과 관련이 있음. 정부와 행정은 사회적 조직을 운영하고 공공의 이익을 추구하는 데 중요한 역할을 함		
차이점	• 사회적 가치, 일반적으로 공공의 이익을 위해 행동하는 것을 의미함 • 다양한 사회 구성원들 간의 상호 의존성을 강조하며, 공공의 이익을 위한 협력과 상호 작용을 강조 • 사회적 정의, 공평성, 권리 보호 등과 관련이 있음	• 행정에 관련된 가치로, 효율성, 투명성과 같은 행정 프로세스와 관련이 있음 • 효율적인 정부 운영, 공정한 의사결정 프로세스, 리더십 등을 중시함	• 공직자, 즉 정부에서 근무하는 사람들에게 요구되는 행동과 윤리에 관련된 가치 • 공직자의 정직성, 공정성, 공공의 이익을 우선시하는 태도 등을 강조함

출처: ChatGPT(2023). '공공가치, 행정가치, 공직가치의 유사점과 차이점은 무엇인가?' 질문으로 검색한 내용 저자 정리.

2. Responsibility와 accountability

- "Responsibility"와 "Accountability"는 서로 관련이 있지만 다른 개념
- Responsibility와 accountability는 상호 보완적이며 연계된 개념으로, 담당자가 주어진 업무나 임무를 수행함으로써 발생하는 결과에 대한 책임을 함께 고려
- Responsibility는 일의 수행과 관련이 있고, accountability는 결과와 그에 따른 보고 책임을 나타냄

구분	Responsibility	Accountability
상호 의존적 관계	• Responsibility는 주로 특정한 업무나 임무를 수행하는 것에 중점을 둠 • 담당자는 주어진 임무나 업무에 대한 책임이 있음	• Accountability는 이 책임에 더해, 그 결과에 대한 책임과 보고 책임을 가짐 • 담당자는 자신의 행동과 결정에 대해 다른 이들에게 설명하고 보고해야 함
책임의 성취와 책임 추적의 필요성	• Responsibility는 담당자가 주어진 임무를 완료하는 것에 관련이 있음	• Accountability는 이 임무를 완료함으로써 발생하는 결과에 대한 책임과 보고의 측면을 가짐 • 결과에 대한 책임을 지는 것은 해당 업무나 임무에 대한 책임성을 포함하는 것이며, 이를 통해 조직이나 사회에 대한 투명성과 신뢰성이 강화됨
책임과 책임 추적의 동기부여	• Responsibility는 특정한 업무를 담당자에게 할당하고, 그 일을 수행하도록 동기부여	• Accountability는 이 일을 완료함으로써 발생하는 결과에 대한 책임과 보고의 측면을 포함하여 조직의 효율성과 투명성을 유지하도록 동기부여

출처: ChatGPT(2023). 'Responsibility와 accountability의 관계는 무엇인가?' 질문으로 검색한 내용 저자 정리.

행정사례 연습

■ 효율성과 공공성 갈등 사례

수도권마저 문 닫는 터미널 ⋯ 공공성 딜레마 속 지자체도 '부담'

인구가 적은 지방에서 주로 볼 수 있었던 버스 터미널 폐업이 최근 들어 경기 성남시 등 수도권에서도 하나둘 나타나고 있다. 수익성이 떨어지자 민간 사업자가 운영을 포기한 건데 공공성이 분명한 사업이지만 지자체도 부담을 떠안기를 주저하고 있다. 대표적으로 지난 2001년 문을 연 성남종합버스터미널이 있다. 20년 넘게 성남시와 대도시, 중소도시를 잇는 관문 역할을 했지만, 2022년 12월을 마지막으로 문을 닫았다(현재 임시 버스터미널 운영). 터미널 곳곳에는 운영 업체의 폐업 안내문이 붙었다. 시민들의 교통 편의를 위해 터미널을 운영해 왔지만, 수요와 매출 감소로 더는 버틸 수 없게 됐다는 내용이다. 하루 평균 7천 명 수준이던 승객이 코로나19 이후 절반으로 급감하면서, 민간 사업자가 운영을 포기한 것이다. 갑작스러운 폐업 결정에 이용객들의 걱정은 이만저만이 아니며, 여러 해 동안 버스 터미널에서 삶의 터전을 일궈온 상인들도 직격탄을 맞았다. 이러한 사례는 비단 경기도 성남시 터미널 사례만은 아니다. 경기 고양시 화정동 시외버스터미널도 사정은 마찬가지이다. 이용객은 줄어들고 그에 따라 경영난도 점점 심해지면서, 터미널 운영 업체는 얼마 전 지자체에 폐업 의사를 전달하였다. 예전엔 인구가 적은 비수도권에서 주로 발생하던 버스터미널 폐업이 최근 들어 수도권에서도 심심치 않게 나타나고 있다. 코로나19 유행 이후 고속버스보다는 자차를 선호하는 사람이 많아진 데다, 고속철도 등 새로운 대체 교통수단이 자리 잡은 탓이다. 그래도, 상대적으로 저렴한 비용과 촘촘한 노선 등 장점도 많아 버스터미널을 찾는 시민이 여전한 만큼, 지자체의 재정적 지원이 필요하다는 지적도 있다. 그럼에도 불구하고 지자체로선, 부지 매입과 운영비 등 막대한 돈이 드는 터미널 운영을 도맡는 게 꽤 부담스럽다. 때문에, 성남시는 도로변에 임시 터미널을 만들어 시민 불편을 최소화하겠다고 밝혔고, 고양시는 사업자 측에 임시 정류장을 만들 때까지 폐업을 미뤄달라고 제안했다고 설명하면서도, 두 곳 모두 직접 운영하겠다고 선뜻 나서지는 못하고 있다.

출처: YTN(2022).

■ **사례의 의의**

본 사례는 효율성과 공공성이 대립하는 대표적인 사례이다. 코로나19 팬데믹 발생 이후 승객이 급감하면서 지방자치단체 시외버스 운영업체의 운영이 어려워지자 지방자치단체가 버스터미널 운영을 포기하게 된 것이다. 수익성과 효율성 차원에서는 지방자치단체가 직접 시외버스터미널을 운영하지 않는 것이 바람직하다고 할 수 있지만, 터미널을 운영하지 않으면 시민들은 시외버스 서비스 이용이 어려워져 큰 불편을 겪을 것이고, 주변 상권도 침체되는 등 지역경제에 부정적인 영향을 줄 수 있다. 본 사례와 같이 효율성과 공공성이 충돌하는 사례를 합리적으로 해결할 수 있는 방안을 마련하는 것은 쉽지 않다. 지방자치단체가 이를 직접 운영하거나, 버스 사업자들에게 운영 보조금을 지급해 주는 방안을 해결책으로 제시할 수 있지만 이 역시 지방자치단체의 재정건전성 측면을 고려할 때 한계점이 있다.

Public Administration for People and Organizations

제2부

효과적 A.D.A.P.T 정부 운영을 위한 행정관리

제6장

조직의 이해와 조직구조

본 장에서는 조직에 대한 전반적인 설명, 특히 정부조직에 대한 설명을 제시한다. 정부조직의 목표와 구성요소가 무엇인지 살펴보고, 조직환경과 조직구조에 대해 살펴본다. 또한 조직구조의 유형을 제시하고, 최근 급변하는 조직환경 변화에 따른 효과적인 조직구조와 조직설계에 대해 논의한다.

1. 조직에 대한 이해
2. 조직환경
3. 조직구조

제6장

조직의 이해와 조직구조

1. 조직에 대한 이해

1) 조직의 의미

조직(organization)에 대한 개념 정의는 다양하지만, 일반적으로 조직은 "인간의 집합체로서 일정한 공동목표를 추구하기 위해 의식적으로 구성한 사회적 체계"라고 할 수 있다(오석홍, 2018: 65). 이러한 조직은 '목표를 가진 존재'이며, '인간들로 구성된 사회적 관계'이고, 환경과 '식별 가능한 경계'를 지니며, 목적 달성을 위한 '의도적으로 구조화된 활동체계'인 것이다(김병섭 외, 2009: 30-32). 따라서 조직은 '대규모 복잡성'과 '조직의 목표'를 지니며, '인간으로 구성'되고, '공식적 구조와 과정'이 존재하며, '조직 내 비공식적 관계'가 형성되는 것이 특징이다. 뿐만 아니라, '조직의 경계'가 존재하고, '환경과의 교호작용'이 있으며, '동태적 현상'을 강조한다(오석홍, 2018: 65-76).

앞서 설명한 조직의 개념 정의와 특징이 유사하게 나타나는 개념으로 '집단(group)'이 있다. 집단은 "공동목표를 달성하기 위해 조직된 소수의 상호의존적이고 상호작용적인 인간의 집합체"이다(민진, 2014: 198). 조직과 집단은 모두 단순한 개인 집합체가 아니라, 공동목표를 추구하고 구성원 간 상호의존성을 지닌다는 점에서 공통점이 있다. 그러나 조직과 집단에는 차이점도 존재한다. 조직은 집단에 비해 추구하는 목표의 공식성이 높다. 또한 조직은 규칙과 규정에 따라 구성원 간 상호의존성이 형성되기 때문에(높은 공식성과 강제성) 상호의존의 강도가 집단보다 높다고 할 수 있다(김정인, 2018: 264-265).[1] 그렇다면 조직의 구성요소에는 어떤 것들이 있을까?

2) 조직의 구성요소

[그림 6-1]에서 보듯이 조직은 조직환경, 조직목표, 조직가치·이념, 조직구조, 조직구성원 등으로 구성되어 있다(김정인, 2018: 266). 이들 조직의 구성요소를 정의하면 다음과 같다. 조직환경은 주로 조직을 둘러싼 외부적 환경을 의미하며, 이는 '조직 밖에 있는 모든 것 또는 대상조직이 아닌 모든 것'을 의미한다(김정인, 2018: 267). 조직목표는 '조직이 달성하려는 미래의 바람직한 상태, 조건이나 산물'이고, 조직가치·이념은 '조직활동의 일반적인 지도정신이나 지도지침'이며(민진, 2014: 77, 90), 조직구조는 '조직구성원들의 유형화된 교호작용(patterned interaction)'으로 볼 수 있다(오석홍, 2018: 262). 조직구성원은 '조직의 목표와 가치를 공유하고 조직목표 달성을 위해 함께 행동하는 사람'

---

1) 다시 말해, 조직은 규칙과 규정에 따라 직급과 직위가 결정되고, 이를 바탕으로 업무 관련 상호의존 관계가 형성되며, 이러한 상호의존 관계가 때로는 규정에 의해 강제되는 측면이 있다는 것이다. 그러나 집단의 경우 일부 구성원 사이에 상호의존성이 강하게 나타날 수 있고, 만약 그러한 관계에 불만족하는 경우 집단의 탈퇴가 다소 용이한 측면이 있다.

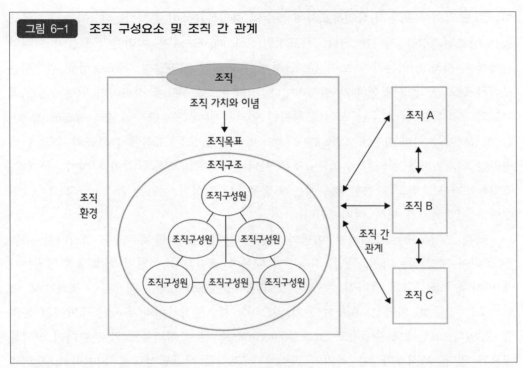

그림 6-1　조직 구성요소 및 조직 간 관계

출처: 저자 작성.

을 의미한다(김정인, 2018: 269). 이와 같이 조직은 외부환경에 둘러싸여, 조직 내부의 조직목표와 가치·이념, 조직구조, 조직구성원 등으로 구성되어 있는 것이다.

　　여러 가지 조직 구성요소 중 조직목표와 조직가치·이념을 보다 상세하게 살펴볼 필요가 있다. 그 이유는 조직목표가 조직의 모든 중요 의사결정에 대한 방향성을 제공하기 때문이다(김병섭 외, 2009: 43-50). 보다 구체적으로 조직목표의 기능을 다음과 같이 제시할 수 있다. 조직목표는 '미래의 바람직한 상태'를 의미하기에 조직구성원들에게 방향성을 제시하며, '조직설계의 기초를 제공'해 주고, '조직구성원들의 조직에 대한 일체감(예: 조직몰입)을 증진시키고 동기부여의 원인'이 되어 준다. 또한 '조직의 성과를 평가하는 기준'으로 작용하고, '조직의 존재이유와 활동 정당성'의 근거가 된다. 특히 조직목표는 정적인 것이 아니라 외부환경의 변화, 조직구성원의 변화 등에 의해 또는 시간의 흐름에 따라 끊임없이 변화한다. 이러한 관점에서 조직의 '목표변동'이 발생하는 것이다.2) 조직의 목표는 최상위목표하에 복수의 하위목표들이 존재하는데, 이들 조직목표들은 상호연관성을 지니게 된다. '목표정렬(goal alignment)'은 이러한 목표들이 어떠한 관계를 유지하고 있는가를 보여 준다. 특히 효과적인 성과달성, 목표달성을 위해서는 조직목표들 간 '전략적 연계'가 필수적이다. 전략적으로 목표를 정렬하기 위해서는 조직목표와 조직목표 달성 수단 사이에 명확한 인과관계[목표−수단 연쇄(goal−means chain)]가 형성되어야 한다(김정인, 2018: 274− 275).3) 그러나 모든 조직에서 목표와 수단 간의 명확한 인과관계를 파악할 수 있는 것은 아니다. 특히 공조직과 같이 달성하고자 하는 조직목표가 모호하고 다양한 경우에는 조직목표를 달성하기 위한 합리적이고 효율적인 수단을 선택하기가 더욱 어려워진다.

특히 조직목표는 조직가치·이념과 같은 맥락에서 고려될 수 있다. 조직가치·이념은 조직이 지향하는 가치, 규범, 지침이기 때문에 조직가치·이념이 어떻게 형성되는가에 따라서 조직목표가 달라질 수 있는 것이다(김정인, 2018: 268). 대표적인 조직가치·이념으로는 민주성, 형평성, 효율성 등이 있으며, 이는 행정가치와 유사한 맥락에서 논의할 수 있다. 그럼에도 불구하고 '효과성(effectiveness)'은 조직의 목표와 관련하여 살펴볼 필요가 있다. 조직효과성은 협의의 관점에서 '조직의 목표달성도'를 의미하고, 광의의 관점에서 '조직평가 기준 전체'를 의미한다. 조직효과성을 측정하는 모형도 이와 같은 조직효과성의 개념 정의에 따라 다양하게 제시될 수 있는 것이다(<표 6−1> 참조). 특히 조직 내 개인과 집단이 선호하는 가치가 다양하고 때로는 모순될 때 조직의 목표를 명확하게 파악하기 어려울 수 있으며, 조직목표가 상시적으로 변화하기 때문에 조직효과성을 판단할 때에는 평가기준을 구체적으로 우선 설정할 필요가 있다.4) 하지만 그럼

---

2) 목표변동의 종류는 다음과 같다. 목표승계(goal succession)는 "어떤 목표가 같은 유형의 다른 목표로 교체되는 형태의 목표변동"이며, 목표전환(goal diversion)은 "조직의 최종 목표는 실현되지 못했으나 그 대신 다른 목표로 대체되는 경우에 발생하는 목표의 변동"이며, 목표대치(goal displacement)는 "정당하게 추구해야 할 목표 또는 당초의 목표가 다른 목표와 뒤바뀌는 목표변동"을 의미한다(김병섭 외, 2009: 50−51). 특히 목표대치는 관료제의 병폐로 인해 나타나는 현상으로 주목할 필요가 있다. 이는 관료제에서 규정과 절차를 강조하기 때문에 목표를 달성하기 위한 수단을 우선시하면서 발생하는 현상으로 설명할 수 있다(Merton, 1940). 특히 이러한 현상이 발생될 때 목표와 수단이 과잉 측정되는 문제를 양산하기도 한다.

3) 이는 상위목표와 하위목표 간에 그리고 하위목표 간에 어떻게 체계적이고 유기적인 관계를 형성할 것인가와 관련되어 있다.

4) 대표적인 조직효과성 평가기준으로, ① 누구의 관점에서 효과성인가, ② 어떤 활동에 대한 효과성인가,

표 6-1	조직효과성 모형과 적용	
조직효과성 모형	정의	적용상황
목표모형	설정된 목표의 달성	목표가 분명하고 측정 가능한 경우
체제모형	필요한 자원의 획득	투입자원에 대한 성과가 분명할 경우
내부과정모형	조직 내부관리의 순탄함	조직과정과 성과의 관계가 분명한 경우
이해관계자 모형	조직의 전략적 수혜자들이 최소한 만족함	조직의 이해관계자들이 조직에 미치는 영향이 클 경우
경합가치모형	조직 참여자들의 선호를 반영하는 서로 다른 가치를 만족하는 정도	조직의 성과평가 기준이 모호하거나 시간이 지남에 따라 기준들이 변화될 경우
정당성 (합법성)모형	조직의 생존을 위한 활동이 사회적으로 정당함	조직의 생존이 그 조직의 관심사항일 경우
과실모형	비효과성 증후를 전면적으로 없앰	효과성의 이해가 모호한 경우나 개선을 위한 전면적인 전략이 필요한 경우
고성장체제 모형	유사 조직과의 관계에서 상대적인 우위를 점함	유사 조직 간 비교가 필요한 경우

출처: Cameron(1984: 276); 김병섭 외(2009: 54).

에도 현실적으로는 조직효과성을 측정하고 이해하는 데 어려움이 존재한다(김병섭 외, 2009: 53).

조직가치·이념 중에서 공공성은 조직의 유형을 구분하는 중요한 가치가 된다. [그림 6-2]에서 보듯이 소유·통제주체에 따라 공공부문과 민간부문으로 분류되고, 공공성(혹은 기업성) 정도에 따라 조직이 보다 세부적으로 구분될 수 있는 것이다(곽채기, 2012). 조직유형 중 가장 높은 공공성을 지닌 조직은 「정부조직법」이 적용되는 정부부처이며, 책임운영기관, 공공기관 등으로 갈수록 공공성 성격이 낮아진다고 할 수 있다.

특히 공조직과 사조직은 다음과 같은 점에서 주요한 차이가 있다. 첫째, 공조직은 추상적이면서도 다양한 목표를 지니지만, 사조직은 명확한 조직목표를 지니고 있다. 둘

---

③ 어떤 분석의 수준에서 효과성을 평가할 것인가, ④ 무슨 목적으로 효과성을 평가할 것인가, ⑤ 어느 시점에서 효과성을 평가할 것인가, ⑥ 어떤 종류의 자료를 통해서 효과성을 평가할 것인가, ⑦ 무엇을 기준으로 평가할 것인가 등을 제시할 수 있다(김병섭 외, 2009: 53).

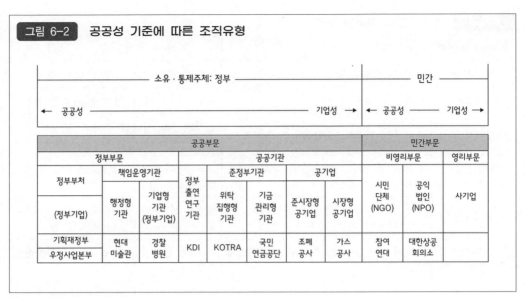

그림 6-2 공공성 기준에 따른 조직유형

출처: 곽채기(2012: 4).

째, 공조직은 사조직에 비해 법적·정치적 환경에 큰 영향을 받는다. 셋째, 공조직은 사조직보다 관료제적 성격이 강하게 나타난다(예: 공식성, 복잡성, 집권성이 강하게 나타남). 넷째, 공조직의 구성원들은 사조직의 구성원들과는 다른 '공직봉사동기(public service motivation)'를 지닌다. 다섯째, 공조직의 구성원들은 사조직의 구성원들보다 변화와 혁신에 부정적인 반응을 나타내는 측면이 있다(김정인, 2018: 280-283).

2. 조직환경

1) 조직환경 의의

조직환경은 사실상 조직을 둘러싼 내부적 환경(예: 조직 업무환경, 과업환경 등) 및 외부 환경(예: 정치·경제·사회·법·기술 등의 환경) 모두를 포함한다(김정인, 2018: 267). 그러나 대부분의 경우 조직환경은 외부환경을 의미하며, 이때 외부환경은 "조직 밖에 있는 모든 것"으로 정의될 수 있다(오석홍, 2018: 633). 즉, 조직의 외부환경으로 일반적인 환경이 고려된다는 것이다. 이러한 의미를 포괄하여 조직환경은 "조직 밖에 있는 현상으로서 연구대상인 조직에 실제적으로 또는 잠재적으로 영향을 미치는 모든 것"이라고 정의할 수 있다(오석홍, 2018: 635).5) 조직환경, 특히 외부환경은 일반적으로 행정환경과 같은 맥락에서 논의할 수 있다.6)

　　외부환경(일반 환경)과 조직은 '경계' 사이에서 교호작용을 한다. 이때 경계(boundaries)는 사람들이 사회현상을 이해하기 위하여 인위적으로 만든 개념으로 조직과 환경의 구분기준이 된다. 이와 같은 경계를 측정할 수 있는 지표로는 교호작용률(교호작용이 줄어드는 곳을 조직의 경계로 규정), 조직구성원의 활동 내용과 특성, 영향력의 차등점 등이 제시된다(오석홍, 2018: 633). 현대사회의 조직은 외부환경과 끊임없이 상호작용하고 있기 때문에 조직을 제대로 이해하고, 보다 효과적으로 조직을 관리하기 위해서는 조직환경에 관심을 기울일 필요가 있다. 특히 조직환경은 조직구조에 영향을 미치는 중요한 상황변수가 된다.7) 따라서 아래에서는 조직환경의 기능도 함께 살펴본다.

2) 조직환경 기능

　　조직환경은 다음과 같은 기능을 한다. 첫째, 조직환경은 조직구조를 결정하는 데 중요한 역할을 담당한다. 다시 말해, 조직환경의 복잡성과 불확실성에 따라 조직구조가 달라질 수 있다는 것이다. 이와 관련해 최근 조직환경이 매우 복잡하고 예측불가능하며, 불확실해지는 가운데, 조직구조는 기계적 조직구조(예: 계층제)에서 벗어나 유기적 조직구조(예: 애드호크라시)로 변화하는 경향이 있다. 환경의 급격한 변화에 보다 적극적이고 유연하게 대응하기 위해, 조직구조의 집권성이나, 공식성 등이 낮아지는 경향이 있다는 것이다. 이밖에도 정형화된 조직기술보다는 비정형화된 조직기술을 강화하는 경향이 있다. 불필요한 규정을 줄이며, 수직적 계층을 줄이고, 수평적 분업화는 증가시키

---

5) 조직의 내부환경(혹은 과업환경) 역시 조직의 외부환경(혹은 일반환경)에 영향을 받아 변화하기 때문에 조직환경은 주로 외부환경을 의미한다고 볼 수 있다.
6) 행정환경에 대해서는 본서 제4장에서 구체적으로 논의하고 있다.
7) 이밖에도 조직구조에 영향을 미치는 상황변수로는 조직규모, 조직기술, 조직전략 등이 있다.

는 경향도 나타나고 있다(정정길 외, 2019: 295). 이처럼 조직환경이 조직구조 변화에 중요한 영향을 미치고 있는 것이다. 둘째, 조직환경은 조직문화나 조직커뮤니케이션 등 모든 조직관리에 중요한 영향을 미친다. 최근의 사회·문화적 환경변화는 조직문화를 과거 집단주의적·권위주의적 문화에서 개인주의적·수평주의적 문화로 변화시키고 있다. 임홍택(2023)의 저서 『2000년생이 온다』에서도 언급하고 있는 바와 같이, 사회의 인구통계학적 특성변화('초합리, 초개인, 초자율의 탈회사형 AI 인간'으로의 변화)가 조직문화 변화에 미치는 영향은 매우 크다. 뿐만 아니라, 최근 더 가속화되고 있는 정보·통신기술의 변화는 조직커뮤니케이션에도 지대한 영향을 미치고 있다. 과거 조직의 품의제 방식이 이제는 전자결재 등 다양한 방식으로 변화하고 있으며, 조직구성원 간 커뮤니케이션도 대면 커뮤니케이션보다는 SNS 등을 활용한 비대면 커뮤니케이션의 빈도가 훨씬 증가하고 있는 것이다. 이러한 현상은 코로나19 팬데믹의 영향으로 더욱 강화되었다.

　이처럼 조직환경은 조직구조, 조직관리 등 모든 조직변화에 직·간접적으로 중요한 영향을 미치고 있다. 앞으로도 조직환경은 더욱 급격하게 변화할 것이다. 조직환경은 더욱 유동적이고, 다양하며, 복잡하고, 불확실한 상황으로 변화할 것이 자명하다. 이러한 환경변화에 조직은 어떻게 대응해야 할까? 아래에서는 환경에 따른 조직구조 변화를 이해하기 위해 조직구조 전반에 대해 먼저 살펴보도록 한다.

3. 조직구조

1) 조직구조의 의미와 기능

　조직구조는 "조직구성원들의 상호작용에 일정한 질서나 유형이 생길 때 나타나는 현상으로, 조직을 구성하는 부문 간 확립된 관계의 유형"이라고 정의할 수 있다(이창원 외, 2012: 416). 다시 말해, 조직구조는 조직구성원 간의 '유형화된 교호작용'이며(오석홍, 2018: 262), 조직이 작동할 수 있도록 생성하는 '업무, 보고, 권위의 공식화된 장치'라고 할 수 있는 것이다(이창원 외, 2012: 416). 조직구조를 쉽게 파악하기 위해서는 대부분 조직이 지니고 있는 공식적인 '조직도'를 살펴볼 필요가 있다. 조직도를 살펴보면 조직의 구성이나 업무분담, 권한과 책임 등의 배분 및 연계 그리고 명령과 통제의 방향 등을 구체적으로 파악할 수 있다(김정인, 2018: 341).8) 이는 정부조직도를 통해서도 확인할 수 있다.

그렇다면 조직구조의 기능은 무엇일까? 첫째, 조직구조는 조직구성원들의 업무역할 등을 분담하여 그들의 활동을 조정하고 통제함으로써 조직의 목표를 달성할 수 있도록 하는 데 중요한 기능을 한다(이종열 외, 2023). 둘째, 조직구조는 조직이 수행해야 할 업무들을 "조직의 목표달성을 위해 가장 효과적인 방식으로 연결(예: 수직·수평으로 연결)시켜 놓은 설계도"와 같은 기능을 한다(유민봉, 2021: 402). 셋째, 조직구조는 조직구성원들의 행동양식 등에 공식적·비공식적으로 영향을 미친다. 넷째, "직무, 책임, 권한, 역할 등의 배분구조이자 연결구조로서 조직목표 달성의 수단적 역할"을 한다. 다섯째, 조직구조는 "커뮤니케이션의 통로이자, 권한이 행사되고 결정이 이루어지며 그 결정이 실행에 옮겨지는 흐름을 규정"한다(유민봉, 2021: 402).

2) 조직구조의 구성요소와 조직구조 설계

조직구조의 유형 및 특성을 결정하는 데 가장 큰 영향을 미치는 구성요소로는 공식성, 집권성, 복잡성이 있다(오석홍, 2018). 이 세 가지 구성요소가 어떻게 설정되는지에 따라서 조직구조가 달라질 수 있다.

(1) 공식성

공식성(formalization)은 "조직 내의 직무가 표준화되어 있는 정도"를 의미한다(민진, 2014: 118). 이는 조직 내 규칙, 절차, 지시 및 의사전달 등이 어느 정도 명문화되어 있는가를 의미하는 것이다. 조직은 조직구조가 어느 정도 공식화되어 있는지에 따라 구성원들의 행동이 규제되며, 표준화된 절차 정도에 따라 구성원들의 행동이 조직목표 달성에 이르는 과정이 달라질 수 있다. 따라서 조직구조의 공식성은 조직내 개인과 집단을 고

---

8) 물론 조직도를 통해 가시적으로만 조직구조를 파악할 수 있는 것은 아니다. 조직구성원 간 관계 등을 통해 비가시적으로도 조직구조를 파악할 수 있다(김정인, 2018: 343).

도로 조정하는 데 활용되며, 조직 내 공식성이 높을수록 구성원들에 대한 규제는 더욱 증가하는 측면이 있다(김정인, 2018). 공식성이 높은 조직일수록 업무와 관련된 규칙과 절차가 많으며, 구성원들의 재량권이 낮고, 구성원들이 규칙과 절차를 위반할 시 강력한 처벌이 이루어지게 된다. 특히 업무가 비교적 단순할 때 업무처리 규정과 절차를 표준화함으로써 공식화를 강화하여 의사소통의 비용 등을 줄이고, 효율적인 업무집행이 이루어지도록 하는 경향이 있다(이종열 외, 2023).

공식성의 장점은 "조직구성원의 행위를 규제할 수 있어 조직의 혼란을 막을 수 있으며, 표준운영절차(Standard Operating Procedure, SOP)[9]를 통해 조직운영 비용을 절감"할 수 있다는 것이다. 또한 조직관리에 있어서의 "안정성과 예측 가능성을 높여 주며, 고객에 대한 평등한 서비스를 제공"할 수 있는 장점이 있다(김정인, 2018: 348). 반면, 공식성의 단점은 "조직구성원의 의사결정 혹은 활동재량권이 줄어들고, 환경변화에 유연하게 대응하기 어려워지며, 융통성 있는 조직관리가 어려워질 수 있다는 것이다. 뿐만 아니라, 지나친 공식성은 번문욕례(繁文縟禮, red tape)와 같은 문제를 발생시킬 수도 있다"(김정인, 2018: 348). 특히 공식성은 규정과 규칙 그리고 구성원들의 재량과 관련되어 있기 때문에 공식성의 정도는 집권성과도 관련이 있다(이종열 외, 2023).

(2) 집권성

집권성(centralization)은 "조직 내 자원배분에 관련된 의사결정의 집중도 및 직무수행에 관계된 의사결정의 집중도를 포함하는 직위 간 권한의 분배 정도"를 의미한다(이창원 외, 2012: 421). 조직구조에 있어서 집권성은 의사결정의 집중도를 의미하기 때문에 집권성이 높은 조직은 하층부보다는 상층부에 의사결정 권한이 더욱 집중되어 있다고 볼 수 있다. 다시 말해, 집권성은 상층부에 의사결정과 관련한 많은 권력과 영향, 정보가 주어짐을 의미하는 것이다(김정인, 2018: 346). 조직 내 집권성과 분권성을 판단하는 중요 기준으로 조직 내 상층부에서 하층부로의 권한위임 정도, 의사결정 위임 정도, 조직 내 명령통일원리 적용 정도 등이 제시될 수 있다(Hall, 1982). 집권성이 높은 대표적

---

9) 표준운영절차는 "조직이 과거의 의사결정과정에서 활용하여 환경에 잘 적응하였다고 기억하고 있는 의사결정 방식의 합"이라고 정의할 수 있다(정정길 외, 2013: 487). 따라서 이는 '조직이 과거 적응과정에서 한 경험을 기초하여 유형화한 업무추진 절차' 또는 '업무수행의 기준이 되는 표준적인 규칙 또는 절차'를 의미한다(기획재정부, 2011).

인 조직구조는 "조직이 몇 개의 단계로 이루어졌고 수직적 계층의 각 직위에 나름대로 해야 할 직무 또는 역할이 차별적으로 부여된 제도"를 의미하는 '계층제'가 있다(김병섭 외, 2009: 100). 권한이 조직 상층부에 집중되어 있는 '계층제'는 집권적 구조를 나타내고 있으며, 반면에 권한이 조직 하층부로 위임될수록 분권적 구조를 나타낸다고 할 수 있다.

그렇다면 조직구조의 집권성에 영향을 미치는 요인에는 어떤 것들이 있을까(이하 이창원 외, 2012: 421－422)? 첫째, 조직규모는 집권성에 중요한 영향을 미친다. 예를 들어, 조직규모가 작으면 조직이 분권화되기보다 집권화될 가능성이 높다. 조직의 규모가 클수록 조직이 처리해야 할 문제 혹은 업무 등이 복잡해져 오히려 분권화될 가능성이 높아지는 것이다. 둘째, 조직의 역사도 집권성에 중요한 영향을 미친다. 역사가 짧은 조직일수록 집권화될 가능성이 높다. 셋째, 조직위기도 집권성에 영향을 미친다. 조직에 위기가 발생하면 이를 극복하기 위해 조직의 단합을 강조하는 집권화가 발생될 가능성이 높다는 것이다. 넷째, 강력한 리더가 존재할 때 조직의 집권성이 강화될 가능성이 높아진다. 다시 말해, 조직의 운영이 특정 개인의 리더십에 의존할 때 집권성이 높아진다는 것이다. 다섯째, 조직구성원의 역량도 집권성에 영향을 미친다. 조직구성원의 역량이 부족하면 조직이 집권화될 가능성이 높아진다는 것이다. 마지막으로, 조직 의사결정 사항의 중요도도 집권성에 영향을 미친다. 조직 내 중요한 의사결정이 많을수록 조직의 집권성도 높아질 가능성이 있다는 것이다.

집권성은 다음과 같은 장단점도 지니고 있다(이하 이창원 외, 2012: 422－423). 장점과 관련해 첫째, 집권성은 조직 내 통일성을 증진시킨다. 둘째, 최고 의사결정권자는 전문가들의 능력을 적극 활용할 수 있기 때문에 집권성은 전문화를 증진시키는 데 기여한다. 셋째, 신속한 업무처리로 경비를 절약하고 대응성을 강화할 수 있다. 넷째, 집권성은 통합·조정기능 강화에 효과적이며, 행정의 중복기능을 줄일 수 있는 장점을 지닌다. 그러나 집권성은 다음과 같은 단점도 있다. 첫째, 조직 내 관료주의적·권위주의적 문화를 야기할 수 있다. 둘째, 조직을 형식화하고 창의성을 약화시킬 수 있다. 셋째, 획일주의를 조장하여 조직의 탄력성을 저하시킬 수 있다. 마지막으로, 권력이 집중되어 조직 내 상호 견제와 균형이 낮아질 가능성이 높아 불확실한 조직환경에 적절히 대응하기 어려운 측면이 있다(가외성에 대한 고려 필요).

(3) 복잡성

복잡성(complexity)은 "조직이 얼마나 나누어지고 흩어져 있는가의 분화(differentiation) 정도"를 의미한다(유민봉, 2021: 403). 즉, 복잡성이란 조직이 인적·물적 자원을 조직구성원들의 과업에 적합하게 할당하고, 업무범위를 세분화하는 과정을 의미하는 것이다(김용철 외, 2022). 복잡성은 부서 내 횡적인 분화 정도인 '수평적 분화', 계층화 정도인 '수직적 분화', 장소적 흩어짐인 '공간적 분화'로 구분할 수 있다(김정인, 2018). 수평적 분화는 "조직구성원들이 수행하는 과업이 어느 정도 수평적으로 세분화되고 분화되어 있는가를 의미하는 것으로 주로 '전문화(specialization)', '분업(division of labor)', '부문화(부성화)(departmentation)'[10]와 관련이 있다"(김정인, 2018: 349). 조직 내 전문직무가 많을수록, 업무숙지 훈련기간이 길수록, 과업단위가 많을수록 수평적 분화 가능성이 높아지는 경향이 있다(Gibson et al., 1991). 반면, 수직적 분화는 "권한계층의 최상층으로부터 최하층까지 이르는 계층의 수"로서, 조직구조 깊이가 어느 정도인지를 의미한다고 할 수 있다. 이창원 외(2012: 432)에 따르면, 이러한 수직적 분화와 수평적 분화는 높은 관련성을 지니는데, 수평적 분화가 증가함에 따라 나타난 결과가 수직적 분화라는 것이다.[11] 반면, 공간적 분화는 "조직의 물리적인 시설(사무실, 공장, 창고 등)과 구성원이 지역적으로 분산되어 있는 정도"를 의미한다(유민봉, 2021: 404). 특히 한국의 경우 행정중심 복합도시인 세종시가 생성되면서 공간적 분화 문제가 부각되었다.[12]

복잡성의 장점은 분업화의 장점으로도 설명될 수 있을 것이다. 분업화로 전문성이 증진되면, 조직 내부의 능률성과 생산성이 높아질 수 있다. 그럼에도 불구하고 복잡성(분업화)은 다음과 같은 한계점도 지닌다. 조직 내 복잡성(분업화)이 증가하면 조직구성

---

10) 부문화는 "분화된 여러 활동을 수평적으로 조정하는 방법"을 의미한다. 분업으로 여러 전문가 집단이 생성되고, 이 전문가들이 유사 직무에 따라 분류되어 집단화되는 데 이러한 '전문가 집단'을 만드는 것이 부문화인 것이다(이창원 외, 2012: 427). 부문화는 분업화된 업무의 비효율과 낭비를 줄이는 것을 목적으로 한다(Gulick, 1978).

11) "작업이 세밀한 과업으로 분화됨에 따라 수직적 분화에서 담당해야 할 영역은 커지고 그만큼 복잡해진다. 수평적 분화가 세밀하다는 것은 조직구성원들이 전문적인 훈련을 받은 경험이 없다는 것을 의미하기에 이런 경우 조직 전체에서 통합·조정을 할 필요가 생기고, 이로 인해 수직적 분화가 발생한다는 것"이다(이창원 외, 2012: 432).

12) 정부청사 세종시 이전 초기에는 공직자들의 서울출장이 잦아져, '길국장', '길과장' 등과 같은 신조어도 생겨 났다.

원들 간 비인간화 현상이 심화될 수 있고, 조직의 기계화 등 한계가 나타날 수 있다. 무엇보다도 분화된 조직의 통합과 조정에 어려움이 발생할 수 있다. 이로 인해 조직 내, 조직 간 칸막이 현상이 더욱 심화될 가능성이 높다(박광국 외, 2021). 특히 지나친 복잡성(분업화)의 증가는 조직 내 커뮤니케이션 문제도 야기할 수 있다. 나아가 분화된 조직을 통합·조정하기 위해 더 많은 관리자 인력이 필요하다는 측면에서 복잡성(분업화)은 오히려 조직의 효과성을 저해할 수 있다는 한계를 지닌다(김용철 외, 2022).

그렇다면 공식성, 집권성, 복잡성과 같은 조직구조 구성요소들을 바탕으로 조직구조는 어떻게 설계되는가? 아래에서는 조직구조 설계에 관한 다양한 관점들을 살펴본다.

(4) 조직구조 설계

조직구조 설계에 대한 관점은 크게 원리론과 상황론으로 구분해 살펴볼 수 있다. 아래에서는 원리론에 대해서부터 살펴보도록 한다.

① 원리론

효과적인 조직구조 설계에 대한 관심은 고전적 조직이론에서부터 끊임없이 지속되어 왔다. 특히 1930년대 말 조직구조에 대한 원칙론적 접근이 제시되었는데, 이를 원리(principle)론이라고 한다. 원리론은 "조직의 구조를 어떻게 설계하는 것이 바람직한가를 제시한 관점, 기준, 가정"을 의미한다. 이는 과학적 접근방법이나 보편적이고 일반적인 접근방법이 아니라, 직관과 규범을 우선시하는 접근방법인 것이다. 고전적 조직이론 학자들이 주장한 대표적인 조직구조 원리론으로는 '분업', '계선과 참모의 구분', '계층제', '통솔범위', '명령의 통일' 등이 있다(유민봉, 2021: 405–407). 여기서는 계선과 참모의 구분, 통솔범위, 부문화(부성화)의 원리 등에 대해 살펴본다.[13]

첫째, 계선(line)과 참모(staff)의 구분은 분업의 한 형태로 볼 수 있다. 계선은 "기능수행을 위하여 최일선의 현장에 업무를 분담하고 있는 말단 조직에서부터 위로 올라가면서 최상층부에 이르기까지 피라미드식으로 짜여진 계층제 조직의 부분 부분에서 업무를 담당하는 자리 또는 그 자리에 있는 사람들"을 의미한다(정정길 외, 2019: 263). 계

---

13) 분업은 조직구조의 복잡성, 특히 수평적 분화와 관련된 것이며, 계층제는 집권성과 관련되어 있다. 명령의 통일은 하위계층에서 상위계층으로의 분명한 보고체계를 의미하기 때문에 집권성과 관련된다. 특히 명령통일의 원리는 "부하는 반드시 한 명의 상사에게만 보고하고 명령을 받아야 한다"는 것을 의미한다.

선의 대표적인 예로는 장관, 차관, 국장, 과장, 계장, 계원 등이 있으며, 이들 각각은 지위 또는 그 지위에 있는 사람들이다. 계선은 직접 부하들에게 업무를 명령하고 지시하여 실행하도록 하며, 이에 대해 책임을 진다. 반면, 참모는 "계선의 보조지위나 보조지위를 담당하는 사람들"을 의미한다(정정길 외, 2019: 264). 참모의 대표적인 예로는 장관실의 비서, 기획관 등이 있다. 이들은 계선에게 정보를 제공하며, 자료 분석업무를 담당하고, 기획이나 자문, 협의, 조정, 권고 등 전문지식을 바탕으로 조언자의 역할도 수행한다. 참모는 직접적인 의사결정을 하지 않기 때문에 업무에 대한 책임을 지지는 않는다. 책임은 명령권을 가진 계선에게만 주어지고, 참모에게는 명령권이 없기 때문에 책임 또한 주어지지 않는다는 것이다(유민봉, 2021: 406).14)

계선과 참모는 조직 내 주요 갈등의 원인이 된다. 특히 참모는 계선의 업무에 조언, 정보제공, 기획 등의 지원역할을 하는 와중에 실질적인 영향력을 행사할 수 있기 때문에 계선과 참모 사이에 갈등이 발생할 수 있는 것이다(정정길 외, 2019: 264). 계선과 참모의 갈등원인은 다음과 같다(이하 오석홍, 2018: 331). 첫째, 참모에게 관리기능 일부가 위임되면 계선 관리자들의 역할이 축소되어 계선 관리자들이 반발할 수 있다. 둘째, 참모는 변화를 지향하고 계선은 현장 유지를 지향하는 경향이 있어 이러한 성향 차이로 인해 충돌이 발생할 수 있다. 셋째, 참모는 계선라인의 어느 계층에게든 접근이 가능하기 때문에 계선라인에 있는 구성원들은 참모가 자신들에게 해가 되는 정보를 상관에게 보고하지는 않을까 의심할 수 있다. 넷째, 참모는 계선업무보다 전문분야의 기준과 절차를 더욱 중요하게 고려하는 경향이 있어 계선 관리자들과 충돌할 수 있다.

우리나라에서 계선조직에 상당한 영향을 줄 수 있는 참모조직은 대통령 비서실이라고 할 수 있다. 대통령 비서실은 대통령의 참모조직으로서 정책결정이나 집행권한을 갖지는 않는다. 그러나 실제 현실에서는 대통령 비서실에서 각 부처의 정책 결정에 중대한 영향을 미치는 경향이 있다. 그 이유는 대부분 부처들의 중요안건이 거의 모두 대통령 비서실의 검토를 거쳐 대통령에게 보고되기 때문에 대통령 비서실과 각 정부부처는 갈등관계에 있을 수 있다.

둘째, 통솔범위(span of control)는 "한 사람의 관리자가 효과적으로 직접 관리할 수 있는 부하의 수"를 의미하며, 이는 "관리의 한계, 관리책임의 한계, 감독의 폭, 통제의

---

14) 만약 참모에게 명령·지시 권한이 부여된다면 이는 명령통일의 원칙에도 위배되는 것이다.

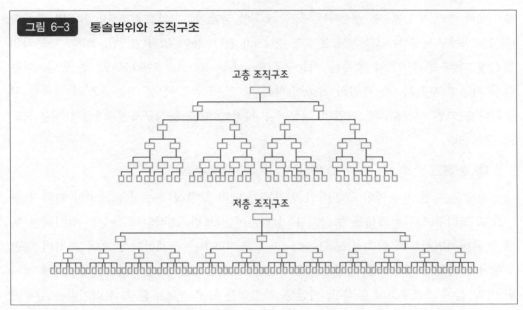

그림 6-3 통솔범위와 조직구조

고층 조직구조

저층 조직구조

출처: Simmering(2016); 김정인(2018: 347).

범위"라고도 한다(이창원 외, 2012: 432). 특히 통솔범위는 수직적 분화와 관련되어 있다. 통솔범위가 크다는 것은 한 사람의 상관이 관리해야 할 부하의 수가 많다는 것을 의미한다. 따라서 다른 조건이 동일할 경우 일반적으로 통솔범위가 작을수록 수직적 분화로 인한 고층구조가 발생할 가능성이 높아지고, 통솔범위가 클수록 평면구조가 발생할 가능성이 높아진다([그림 6-3] 참조). 이와 더불어 업무 표준화 수준이 높을수록, 계층제 조직일수록 통솔범위가 작아질 가능성이 있다(오석홍, 2018). 적정 통솔범위의 문제는 고전적 조직이론 이후에도 지속적으로 중요한 연구과제가 되어 왔지만, 이에 대한 일반적인 원칙이 존재하는 것은 아니기 때문에 여러 가지 상황 등을 판단하여 통솔범위를 설정해야 한다고 본다(이창원 외, 2012: 432-433).

　셋째, 부문화(부성화)의 원리(departmentalization principle)는 "일정한 기준에 따라 서로 기능이 같거나 유사한 업무들을 묶어 조직단위를 구성"하는 것을 의미한다(행정학사전, 2009). 이는 부(部)와 성(省, 또는 국, 과)을 설치할 때 기능이 동질적인 것은 하나로 묶어서 관리해야 한다는 것이다(Gulick, 1978). 부문화(부성화)에는 기능별 부문화(주요 기능을 중심으로 집단화하는 것, 예: 기획·조직·통제 기능), 제품별 부문화(다양한 시장요구에 대응

하기 위해 여러 가지 제품을 생산하는 대규모 조직에 적합, 예: 사업부제 조직), 지역별 부문화
(특정 지역에서 발생하는 모든 활동을 일정 관리자가 관리) 등이 있다(김정인, 2018). 부문화의
원리에 따른 조직구조의 종류는 직능구조(functional structure)15)라고 할 수 있다. 이는
다시 기능별 부문화, 즉 과업의 기능에 따른 조직구조인 '기능별 직능구조'와 제품별 부
문화나 지역별 부문화, 즉 과업의 대상이나 목적에 따른 조직구조인 '대상별 직능구조'
로 구분된다.

② 상황론

상황론은 앞서 설명한 규범적인 원리론과 달리 상황적 특수성을 고려한 과학적 접
근으로 조직구조를 설계하는 방식이다. 상황론에 따르면, 조직의 효과성을 달성하기 위
한 보편적이면서도 유일최선(one best way)의 조직구조는 존재하지 않으며 조직이 처한
상황에 적합한 조직구조를 형성해야 한다는 것이다(김정인, 2018).16) [그림 6-4]에 제시
된 바와 같이 조직구조의 공식성, 집권성, 복잡성은 규모, 기술, 환경, 전략이라는 상황변
수에 영향을 받으며, 이에 따라 조직구조가 다르게 형성된다. 그리고 조직구조 유형에
따라 조직효과성에 미치는 영향 또한 달라진다. 대표적인 상황변수 중 하나인 규모(size)
는 "한 조직단위에 포함된 구성원의 수"로 고려할 수 있다(유민봉, 2021: 408).17) 일반적
으로 조직의 규모가 커지면 구성원들의 행동은 표준화되고, 분업화되어 공식화가 증대
되는(조직규모와 공식성은 긍정적 관계) 경향이 있다. 또한 권한위임이 증가하여 분권화되
며(조직규모와 집권성은 부정적 관계), 구조적 분화가 증가하여 복잡화가 높아질(조직규모
와 복잡성은 긍정적 관계) 가능성이 있다(김정인, 2018). 기술(technique or skill)은 "투입(자
원)을 산출(재화나 서비스)로 전환시키는 지식, 기법, 과정"인데, 이는 일상적 기술과 비
일상적 기술로 분류할 수 있다(Perrow, 1967). 이 밖에 환경(environment)은 앞서 설명한
것처럼 "조직을 둘러싸고 있는 모든 외부요소"를 주로 의미하는데(유민봉, 2021: 408-

---

15) 민진(2014: 113-114)에 따르면, 직능구조는 "조직이 최대의 성과를 달성하기 위해 '해야 할 일'을 구성원의
　　능력에 맞춰 형성시킨 결합체"이다. 이밖에도 조직구조의 종류에는 '지배구조(governance structure)'가 있
　　는데, 이는 "권한 분포에 기초를 두고 형성된 조직구조"이다. 원리론 중 '계선과 참모의 구분', '통솔범위'
　　에 따라 '지배구조'가 형성된다고 볼 수 있다.
16) 이는 본서 제9장에서 설명하고 있는 상황론적 접근방법과 같은 맥락으로 이해할 수 있다. 보다 자세한
　　내용은 이를 참조하기 바란다.
17) 이외에도 조직의 규모는 예산이나 물리적 수용능력으로 측정될 수 있다(박광국 외, 2021).

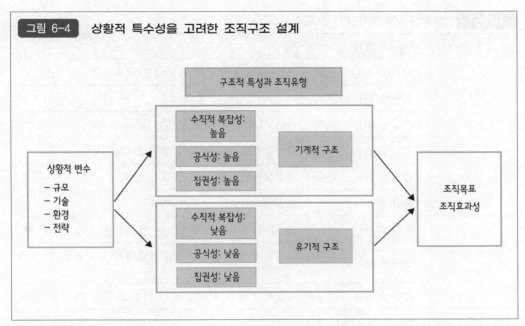

그림 6-4 상황적 특수성을 고려한 조직구조 설계

출처: 저자 작성.

410), 환경에 대한 평가기준으로 불확실성(uncertainty) 기준을 많이 사용한다.[18] 마지막으로, 전략(strategy)은 "조직의 주요 목적, 목표와 이를 달성하기 위한 수단에 관한 기본적인 방침과 계획"이다(민진, 2014: 123). 규모, 기술, 환경, 전략에 따른 조직구조의 공식성, 집권성, 복잡성 관계는 <표 6-2>와 같다.

이밖에도 공공부문 조직구조 설계에서는 상황론 관점에서 '행정농도(administrative intensity)'를 고려할 필요가 있다. 행정농도란 "조직 내 주요 생산과정 보다 '행정 지원활동'에 사용하는 총 자원의 비율"을 말한다(Elston & Dixon, 2017: 2). 조직에서 행정농도 문제는 환경이 불확실한 상황에서 조직이 어느 정도로 생산과 관련된 주요 지출비용과 '지원(back-office)'비용의 균형을 맞출 수 있는가의 문제로부터 시작되었다(Pondy, 1969). 과도한 행정비용 지출, 즉 조직 내 행정농도의 증가는 관료제의 비효율성을 초래할 가능성이 높다. 이러한 관점에서 행정농도를 낮추는 것이 효율적인 조직을 창조하는

---

18) 환경의 불확실성은 "의사결정자가 환경에 관한 충분한 정보를 가지고 있지 못해 외부환경 변화를 제대로 예측하지 못하는 상태"를 의미한다(Duncan, 1972).

표 6-2	상황변수와 조직구조 관계	

상황변수	조직구조 관계	근거
규모 (크기)	공식성(+)	규모 증가는 구성원 행동의 표준화를 필요로함
	집권성(−)	규모 증가는 권한위임을 증대
	복잡성(+)	규모 증가는 구조적 분화를 증대
기술 (비일상성)	공식성(−)	기술이 비일상적일수록 예외적 상황에 대응 용이
	집권성(−)	기술이 비일상적일수록 탄력적 대응 필요
	복잡성(+)	기술이 비일상적일수록 전문화 필요
환경 (불확실성)	공식성(−)	예측불가능성에 대응하기 위해서는 유연성을 증가시켜야 함
	집권성(−)	불확실한 환경에서는 정보를 상위계층에서만 관리할 수 없음 (가외성 관점)
	복잡성(+)	환경의 이질적인 요소에 대응하기 위해 조직의 다양성 필요

출처: 유민봉(2021); 이창원 외(2012).

방안이 되는 것이다(임도빈, 2007: 54). 그러나 외부환경이 불확실한 상황에서는 오히려 행정농도가 충분하지 않은 경우 조직의 주요 목적을 달성할 수 없다는 주장도 제기된다(Andrews et al., 2017). 이와 같은 차원에서 조직효과성 달성을 위해서는 행정농도 역시 상황(예: 환경)에 따라 다르게 운영될 필요가 있는 것이다.

3) 조직유형

(1) 조직구조에 따른 조직유형

조직구조가 어떻게 형성되는가에 따라서 조직유형이 달라진다. 일반적으로 조직유형은 "조직의 여러 속성이나 측면들이 갖는 유사성과 차이점에 따라 분류된 조직의 범주"라고 정의할 수 있는데, 조직유형을 구분하는 기준은 매우 다양하다(민진, 2014: 45). 예를 들어, 목표기준, 조직구조와 과정의 특성 기준, 기술기준, 구성원 또는 고객 기준, 환경과 조직관계 기준, 조직문화 기준 등에 의해 조직유형을 구분할 수 있다. 뿐만 아니라, 조직학자들 사이에서도 다양한 조직유형이 제시된다(오석홍, 2018: 70-71).[19] 이와 같이 다양한 조직유형 구분에도 불구하고 조직구조 변수(공식성, 집권성, 복잡성)에 따른 조직유형 구분이 가장 많이 활용된다. 앞서 [그림 6-4]에 제시하였듯이 상황적 변수와 조직구조 변수의 조합에 따라 조직유형을 '기계적 조직(mechanistic organization)'과 '유기적 조직(organic organization)'으로 구분할 수 있다(Burns & Stalker, 1961). 기계적 조직(관료제 조직)과 유기적 조직(탈관료제 조직)의 특징은 <표 6-3>에 정리되어 있다.[20] 그러나 기계적 조직이나 유기적 조직은 현실상에 존재하는 조직이라기보다 이상적인 조직유형에 가깝다. 오히려 현실의 조직은 기계적 조직유형의 성향과 유기적 조직유형의 성향 모두를 지닌다고 할 수 있으며, 효과적인 조직유형 역시 조직의 상황적 요인(규모,

표 6-3 기계적 조직과 유기적 조직 비교

조직의 특성	기계적 조직	유기적 조직
복잡성(분업, 전문화)	부서 간 구분 뚜렷, 배타적	부서 간 구분 모호, 업무중복
공식화(규칙, 문서)	높음	낮음
집권화(권위구조)	집권, 계층구조	분권, 다원구조
환경에 대한 개방성	폐쇄성	개방성
과업, 역할, 기능	분명, 구체적, 직무기술	상황적, 유동적
구조의 연속성	고정	상황에 계속 적응 변화
권위의 근원	자리(직위)	사람(전문지식, 대인관계)
커뮤니케이션	하향식, 수직적	상향식, 수평적
의사결정	집권화	분권화
보상	계급(계층)에 따라 큰 차이	계급 간 작은 차이
동기부여	금전적 보상	인간의 다양한 욕구 충족
실제 예	정부 관료조직, 일반은행	IT 기업, 투자은행

출처: 유민봉(2021: 413).

---

19) 대표적인 예로, 민츠버그(Mintzberg, 1980)의 구조화 방법에 따라 다섯 가지 조직유형이 제시될 수 있다. 다섯 가지 조직유형에는 단순구조(simple structure), 기계적 관료제(machine bureaucracy), 전문적 관료제(professional bureaucracy), 사업부제(divisionalized form), 애드호크라시(adhocracy) 등이 있다(김정인, 2018: 351).
20) 관료제와 탈관료제에 대한 보다 구체적인 설명은 본서 제9장에서 제시하고 있다.

기술, 환경, 전략)에 따라 이 두 가지 조직유형을 적절히 혼합한 것이 된다(박광국 외, 2021).

 "관료제가 기계적 조직을 대표하는 이념형이라면, 애드호크라시(adhocracy)는 유기적 조직을 대표하는 추상적 형태의 조직"이다(유민봉, 2021: 414). 즉, 유기적 조직유형에 속하는 애드호크라시는 융통성이 높고, 환경 적응도가 높으며, 혁신적인 성격을 지닌 조직유형으로 볼 수 있다. 최근 급격한 환경변화에 따라 기계적 조직구조보다 유기적 조직구조의 특성이 많이 나타나고 있으며, 애드호크라시 조직이 증가하고 있다.

 애드호크라시 조직은 '특별임시위원회'로 번역되기도 한다(낮은 수준의 수직적 복잡성·공식성·집권성 특징). 베니스(W. G. Bennis)에 의하면 애드호크라시는 "다양한 전문기술을 가진 비교적 이질적인 전문가들이 프로젝트를 중심으로 집단을 구성하여 문제를 해결하는 변화가 빠르고 적응적이며, 일시적인 체계"이다(Bennis, 1969). 애드호크라시 형태를 띠는 조직의 예로는 매트릭스 조직, 태스크포스, 위원회, 팀제, 네트워크 조직 등이 있다(이창원 외, 2012: 469－470). 애드호크라시 조직의 장단점은 다음과 같다(양창삼, 2005: 595－607). 장점으로는 첫째, 조직의 적응력과 창의성이 높다. 둘째, 다양한 전문분야 인력들의 협동이 증진될 수 있다. 반면, 애드호크라시의 단점은 다음과 같다. 조직 내 위계질서가 분명하지 않아 갈등이 존재할 수 있으며, 업무 모호성이 존재하고, 업무가 표준화되어 있지 않아 비효율적으로 운영될 수 있다. 또한 애드호크라시 조직은 끊임없는 변화를 추구하므로 구성원들에게 스트레스와 긴장감을 줄 수 있다.

(2) 애드호크라시 조직의 유형과 특징

 그렇다면 현실에서 자주 활용되는 애드호크라시 조직의 유형에는 어떤 것이 있으며, 그 특징은 무엇인가?[21] 첫째, 팀제는 일반 팀조직과 태스크포스 조직으로 구분할 수 있다. 일반 팀조직은 "상호 보완적인 기능을 가진 소수의 사람들이 공동의 목표를

---

21) 이외에도 가상조직(virtual organization)이 있다. 가상조직은 "특정한 조직이 그 구성요소 중 물리적 속성을 결여하고 가상의 공간(cyber－space)에 발현된 조직"을 의미한다(김난도, 1997: 198). 이는 전통적·물리적 속성이 존재하지 않고, 가상공간이라는 매체에 의존하는 특징을 지닌다(김정인, 2018: 359). 또한 연결핀 모형도 애드호크라시 조직유형의 하나로 볼 수 있다. 연결핀 모형은 "조직을 집단 간의 관계체제로 보고 집단 간의 관계형성과 조직의 결합을 촉진"시키는 유형이다(이창원 외, 2012: 440). 이 밖에도 위원회 조직이 있다. 정부위원회 조직에 대해서는 후술한다.

달성하기 위해 책임을 공유하고 문제해결을 위해 공동의 접근방법을 사용하는 조직단
위"라고 정의할 수 있다(Katzenbach & Smith, 1993). 특히 우리나라에서는 팀조직, 즉 팀
제가 '자율운영팀(self-managed team)'의 의미로 도입되었으며, 이는 신속한 환경대응,
관료주의 병폐 타파, 새로운 의식과 행동 변화를 유도하기 위해서였다(송상호, 1999: 51).
팀제는 전통적인 피라미드조직(관료제)보다 융통성 있고 신축적으로 운영될 수 있으며,
정보교환이 원활하게 이루어지고, 구성원들의 의사결정 참여가 강화되어 구성원 동기부
여가 증진될 수 있으며, 권한위임이 잘 이루어진다는 장점이 있다. 그러나 팀제가 잘못
운영되면 조직의 인력규모를 축소하는 과정에서 중간관리자의 조직이탈과 구성원 간
경쟁이 유발될 수 있다는 점에서 한계를 지닌다(임창희, 2009: 275). 한국 정부조직에서는
2005년에 중앙정부와 지방자치단체를 중심으로 팀제가 본격적으로 도입되었다. 이후
2008년 이명박 정부에서 팀제는 대폭 축소 또는 폐지되었다. 그 이유는 한국에서의 팀
제 도입·운영이 '권위적 방식에 의한 일방적 팀제 추진'으로 나타났으며, 팀제에 대한
'정치적 지지가 소멸'하는 현상이 발생했기 때문이다(윤영근·도명록, 2019). <표 6-4>
는 전통적 조직과 일반 팀조직을 비교한 내용을 담고 있다.

둘째, 이에 반해 태스크포스(Task Force team, TF)는 "특정 과업을 수행하기 위해 소

표 6-4	전통적 조직과 팀제(일반 팀조직)의 비교	
요소	전통적 조직	팀제
조직구조	수직형 계층조직(직급 중심)	수평형 조직
목표	상부에서 주어짐	상호 공유
리더	강하고 명백한 지도자	리더십 역할 공유
지시·전달	상명하복·지시·품의	상호 충고·전달·토론
정보흐름	폐쇄·독점	개방·공유
보상	개인주의·연공주의	팀, 업적/능력위주
평가	상부조직에 대한 기여도	팀의 의도한 목표달성도
업무통제	관리자가 계획·통제·개선	팀 전체가 계획·통제·개선

출처: 윤영근·도명록(2019: 8).

집되며 과업이 해결된 후에는 해체되는 임시위원회로서 공식적 또는 비공식적으로 소집"되는 특성이 있다(이창원 외, 2012: 439).[22] 이는 특정 문제를 비교적 짧은 기간에 집중적으로 해결하기 위해 설립된 조직이기 때문에 과업이 완수되면 해산해야 한다. 태스크포스 조직의 대표적인 사례를 영화 「어벤져스」에서 찾아 볼 수 있다. 「어벤져스」는 악의 세력으로부터 지구를 지키는 것을 목적으로 여러 영웅 캐릭터들이 함께 팀을 꾸리고, 악의 세력을 물리치고 나서는 각기 원래의 생활터전으로 돌아가는 모습을 담고 있다. 이는 전형적인 태스크포스의 특징을 나타내고 있다. 만약 태스크포스 조직이 임무 완수 후 해체되지 않고 장기적으로 지속된다면, 이 경우에는 여러 가지 문제(예: 조직운영 규칙, 예산 및 조직운영 자원 조달 등의 문제)가 발생할 수 있다(박광국 외, 2021).

셋째, 매트릭스 조직은 "기능 중심의 수직적 분화가 되어 있는 기존의 지시·감독 라인에 횡적으로 연결된 또 하나의 지시·감독 라인을 인정"하는 조직이다(유민봉, 2021: 415). 매트릭스 조직은 전통적 조직과 프로젝트 조직을 아우른 복합구조의 특징을 나타낸다. 매트릭스 조직은 다음과 같은 장점을 지닌다. 여러 제품라인에 조직의 인적자원을 최대한 유연하게 공유·활용할 수 있으며, 복잡하고 불확실한 환경변화에 적절하게 대응할 수 있도록 하고, 기능 전문가들 간 소통을 강화하여 조직 내 부처 간 칸막이를 극복할 수 있게 한다(Daft, 2016; 김정인, 2018: 358). 하지만 빈번한 회의와 갈등조정 과정으로 많은 시간이 소모될 수 있고, 조직 내 권력의 균형이 깨질 수 있으며, 구성원들이 매트릭스 조직의 특징을 명확하게 이해하지 못하면 매트릭스 조직 자체가 제대로 작동되지 못한다는 한계가 있다(Daft, 2016; 김정인, 2018: 358).

넷째, 네트워크 조직은 "결정과 기획의 핵심 기능만 남기고 집행사업 기능은 각각 전문업체에 위탁경영하는 조직"이라고 할 수 있다(유민봉, 2021: 415). 네트워크 조직의 경우 공식성과 집권성은 낮으나, 이에 비해 수평적 복잡성은 높다. 네트워크 조직은 조직구성원이 업무를 수행함에 있어 자율성을 누리고, 유연성 또한 높다는 특징이 있다. 네트워크 조직의 장점은 환경변화에 창의적이고 신속하게 대응할 수 있으며, 조직 내·외부 네트워크를 통한 정보수집이 용이하다는 것이다. 반면, 네트워크 조직은 연계된

---

22) 이에 반해 프로젝트 팀(project team)은 "조직에서 전략적으로 중요하거나 창의성이 요구되는 프로젝트를 진행시키기 위하여 여러 부서에서 프로젝트 목적에 가장 적합한 사람들을 선발하여 구성한 조직모형"이다. 이는 태스크포스에 비해 참여자의 전문성이 강하며 팀에 대한 소속감이 높다는 특징을 지닌다(유민봉, 2021: 415).

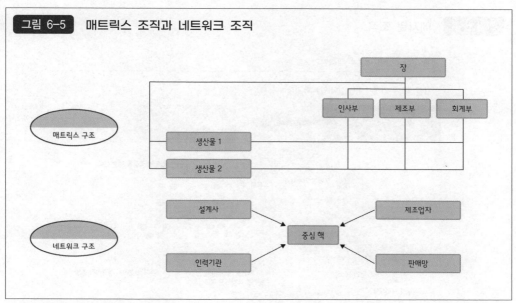

그림 6-5 매트릭스 조직과 네트워크 조직

출처: 이종수 외(2014: 175).

타 기관에 대한 직접적인 통제가 어렵기 때문에 대리인문제의 발생 가능성이 있으며, 조직경계의 모호성 등으로 인해 조직 정체성과 응집성이 약화될 수 있다.

　　다섯째, 애드호크라시 조직 중 최근에는 애자일(agile) 조직이 주목을 받고 있다. 애자일 조직은 기민하면서도 효율적·지속적으로 환경변화에 대응할 수 있는 조직이다. 업무는 작게 쪼개어 시행하고, 일의 우선순위를 가려 가장 중요한 일을 우선 처리하며, 환경의 요구사항과 변화에 언제나 능동적으로 대응한다. 애자일 조직은 환경, 고객 등의 요구에 유연하고 신속하게 대응하는 조직인 것이다. 따라서 애자일 조직에서는 "신속, 민첩한 변화 대응에 초점을 둔 리더십과 경영시스템이 '애자일'한 조직을 이루는 토대"가 된다(강진구, 2016: 38).[23] 애자일 조직은 조직의 기본적 기능을 담당하는 플랫폼만 상시적으로 존재하도록 하고 나머지는 항상 재조직화가 가능하도록 하는 변화하는 조직구조 형태를 나타낸다(동아비즈니스리뷰, 2018). 환경변화에 빠르게 대응하기 위하여

23) 애자일은 2000년대 초반 IT 업계에서 처음 등장한 용어이다. 애자일은 소프트웨어 개발방식의 변화를 의미하는 것으로, 환경변화에 따라 완전무결한 해결방법을 찾기보다는 시행착오와 오류 수정을 통해서 끊임없이 변화에 대응해 나가는 방식이다(매일경제, 2018). 따라서 향후 애자일 조직은 더욱 활발하게 살아 움직이는 유기체(organism)로 변화할 것이다.

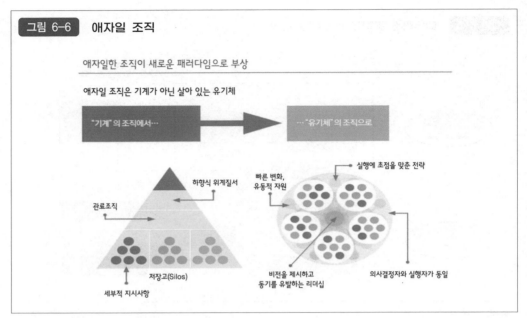

그림 6-6 애자일 조직

애자일한 조직이 새로운 패러다임으로 부상

애자일 조직은 기계가 아닌 살아 있는 유기체

"기계"의 조직에서… → …"유기체"의 조직으로

하향식 위계질서

관료조직

세부적 지시사항

저장고(Silos)

빠른 변화, 유동적 자원

실행에 초점을 맞춘 전략

비전을 제시하고 동기를 유발하는 리더십

의사결정자와 실행자가 동일

출처: 동아비즈니스리뷰(2018).

서로 다른 배경의 조직구성원들이 한 조직으로 결합했다가 다시 해체되어 다른 조직으로 재조직화되는 과정을 반복한다. 이는 조직 내에서만 발생하는 것이 아니라 조직경계를 넘어 체제 내·외부 이해관계자들과도 수시로 이합집산하는 '아메바' 같은 조직형태를 나타낸다. 그 결과 조직 내 계층은 무기력해지는 특징을 보인다. [그림 6-6]에서 볼 수 있듯이 애자일 조직구조의 특징은 조직 내에 '트라이브(tribe, 부족)'를 구성하고, 그 산하에 다시 '스쿼드(squad, 분대)' 팀을 만드는 조직구조 방식이다. 소규모 스쿼드 팀에게 업무전권을 주고 성과를 내도록 하는 프로젝트 팀 방식을 취하는 것이다(매일경제, 2018). 이러한 애자일 조직의 특징은 수평적이고 빠른 의사결정을 가능하게 하며, 팀별 성과목표를 명확하게 하고, 성과관리 주기를 짧게 하여 급격한 환경변화에도 조직의 성과를 지속적으로 창출할 수 있게 한다는 것이다(매일경제, 2018).[24]

_____

24) 최근 애자일 개념이 정부 운영(정책분야)에도 활발히 적용되고 있다. 특히 '애자일 거버넌스' 개념이 활용되고 있는데, 이때 애자일 거버넌스는 "기술 채택 속도에 기민하게 대응하고 유연한 정책수립 및 시행과정과 이해관계자 간의 소통을 중시하는 거버넌스 기법"으로 논의된다(백단비 외, 2023: 4). 이와 관련한 대표적인 예로 미국 오바마 정부의 '2013년 오바마케어 정책' 사례가 제시될 수 있다. 오바마케어를 시행

같은 맥락에서 한국 정부는 2019년 정부조직관리지침을 통해 '문제해결형 조직운영'을 명시하였다. '문제해결형 조직'의 대표적 예가 바로 '벤처형 조직'이다. 이는 빠르게 발전하는 신기술, 높아지는 국민의 기대수준에 부응하기 위하여 기존 정부조직의 경직성·안정지향성을 탈피한 새로운 형태의 조직이 요구되면서 도입되었다. 벤처형 조직은 "행정수요 예측, 성과달성 여부는 다소 불확실하나, 목표달성 시 국민편의와 혁신성장을 촉진하는 도전적 과제를 추진하는 조직"이다(행정안전부, 2019: 134). 이는 "업무량이 명확하지 않은 혁신적 과제의 우선 추진을 통해, 아이디어를 정책에 반영하는 실험적 기회를 제공"함으로써 기존 조직과 차별을 둔다(행정안전부, 2019: 134). 2019년 8월 특허청에서는 2개의 과(課)(특허사업화담당관, 아이디어거래 담당관)를 벤처형 조직으로 출범시켰다(특허청, 2019).25) 윤석열 정부에서도 2023년 정부조직관리치침 개정을 통해 '민첩하고 유연한 정부 구현을 위한 정부조직관리' 방안을 추진하고 있다(행정안전부, 2023a). 이러한 방안 중 대표적인 예로는 책임장관제 구현과 유연한 조직운영을 위해 중앙행정기관에 도입한 과장급 임시조직(운영기간 한정)인 장관 '자율기구제'가 있다.26) 윤석열 정부에서는 2022년부터 이러한 조직들을 운영하고 있다. 이는 기관별 장관 재량으로 국정과제 및 핵심 현안에 필요한 기구를 신설 운영하는 제도이다.

4) 정부조직의 이해

정부조직도 조직구조의 구성요소인 공식성, 집권성, 복잡성에 의해 다양한 조직유형으로 운영될 수 있다.27) 하지만 정부조직은 그 기능과 역할(예: 공공서비스를 국민에게 효율적

하기 위하여 웹사이트를 운영하는 과정에서 대규모 오류가 발생하였다. 이러한 오류를 애자일 기법을 통해 해결하였는데 그것이 계기가 되어 미국 정부에서 소프트웨어 조달체계를 유연한 방식으로 전면 개편하면서 애자일 거버넌스가 활용된 것이다.

25) 설치유형은 ① 행정안전부와 사전협의하는 벤처형 조직(총액인건비를 활용하여 한시적 보조기관·보좌기관으로 설치)과 ② 부처 자율로 설치하는 벤처형 조직(행정안전부 사전협의 없이도 기존 「임시조직 설치·운영지침」에 따라 창의·혁신과제 수행을 위한 임시조직 설치)으로 나뉜다(행정안전부, 2019: 135).

26) 2023년 12월, 특허청은 조직구조를 개편하였으며, 현재에는 본청(1관 9국 1단 58과 18팀) 및 3개 소속기관(특허심판원, 국제지식재산연수원, 서울사무소)으로 구성되어 있다. 이 중 '신산업상표심사과'가 자율기구로 운영되고 있다(특허청, 2023).

27) 정부조직을 포함한 공조직은 사조직에 비해 조직구조 구성요소별 특징이 아래 표와 같이 나타난다(김정인, 2018: 361).

으로 전달)에 있어 기계적 조직유형, 특히 관료제 조직의 특성을 강하게 나타낸다고 볼 수 있다. 아래에서는 정부조직의 의의를 살펴보고, 정부조직이 어떻게 변화하는지 알아본다.

(1) 정부조직의 의의와 정부조직개편

중앙정부 관련 공조직은 「정부조직법」, 「책임운영기관의 설치·운영에 관한 법률」, 「공공기관의 운영에 관한 법률」 등에 따라, 중앙행정기관, 책임운영기관, 공공기관 등으로 나눌 수 있다. 이러한 정부조직은 국민에게 재화와 서비스를 효과적으로 전달하기 위해 각기 고유한 기능과 업무를 담당하게 된다(예: 행정안전부에서는 국민 안전 및 생활밀접 서비스 관련 행정전반 관리기능).[28]

이러한 정부조직의 변화, 즉 정부조직개편은 좁게는 조직의 '경계(boundary)'가 변화하는 것이며, 넓게는 조직의 이름이나 실질적인 기능 또는 소속 구성원 등이 달라지는 것을 의미한다(김정인, 2018: 369-370). 정부조직개편이 발생하는 원인은 다양하게 제시될 수 있다. 그중 대표적으로 피터스(B. G. Peters)에 의하면 의도모형(purposive mod-els of reform), 환경의존모형(environmental dependence or determination model), 제도적 모형(institutional model)으로 정부조직개편의 원인이 설명될 수 있다(Peters, 1992).[29], [30]

구분	공(정부)조직	사조직
공식성	높음	낮음
집권성	높음	낮음
복잡성	일정하지 않음	일정하지 않음

28) 윤석열 정부의 첫 정부조직개편은 2023년 6월 시행되었다. 이번 「정부조직법」 개정에서는 국가보훈처를 국가보훈부로 승격하고 재외동포청을 신설하였다(행정안전부, 2023b). 또한 2024년 1월 「우주항공청 설치 및 운영에 관한 특별법」이 국회를 통과하여 우주항공청이 과학기술정보통신부 산하에 신설되었다. 신설된 우주항공청은 현재 과학기술정보통신부, 산업통상자원부, 한국연구재단 등에 나뉘어 있는 우주항공 관련 업무를 총괄할 예정이다(동아일보, 2024). 뿐만 아니라, 2024년 1월 「정부조직법」 개정으로 '문화재청'을 '국가유산청'으로 변경하였다(2024년 5월부터 명칭 변경 적용 예정).

29) 의도모형은 "정부조직개혁을 주도적으로 이끌고 나가는 행위자(개인)들은 강력한 힘이 있어 그들이 개혁을 채택하고 집행한다는 것"이며, 환경의존 또는 결정모형은 "조직 내부에서 발생하는 것이 아니라 정부조직과 외부환경과의 관계에서 발생한다는 것"이고, 제도모형은 "신제도주의 관점에 의한 정부조직개편" 모형이다(김정인, 2018: 370-371). 의도모형은 개혁의 주도자가 특정 의도를 가지고 정부조직개편을 단행하는 것을 의미하는데, 이는 원리론과 유사하다. 환경의존 또는 결정모형은 정부조직변화가 환경변수에 의해 발생한다는 측면에서 상황론과 유사하다. 반면 제도모형은 사회학적 제도주의 관점에서 정부조직 구조의 동형화 현상을 포함한다.

30) 이외에 정치과정모형(political process model)도 있다. 이는 정부조직구조 개편에 참여하는 다수 이해관

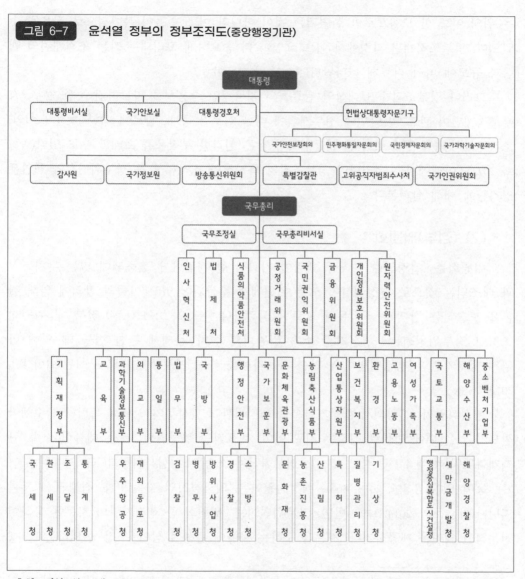

그림 6-7 윤석열 정부의 정부조직도(중앙행정기관)

출처: 정부24(2024).

특히 정부조직개편은 조직의 합리성과 효율성 추구를 위해서도 발생하지만 정치적 관점(국정철학 수행, 관료통제 등) 차원에서도 발생한다(문명재, 2009). 현실에서 정부조직개편

계자들의 대립·조정·타협 과정을 통해 정부조직개편이 형성되는 점을 강조한다(유민봉, 2021: 425).

은 위의 어느 한 모형으로만 설명되는 것이 아니라 이 모형들이 복합적으로 적용될 수 있으며, 정부조직개편 과정에서 어느 요인이 더 중요하게 고려되는 가는 조직개편의 맥락과 규모에 따라 다르게 나타난다(유민봉, 2021).[31]

그러나 정부조직개편 대상인 관료들의 적극적인 수용성을 확보하지 못한 경우, 정부조직개편이 관료 및 국민의 정부개혁에 대한 피로감 증대, 관료에 대한 승진 불이익, 조직문화의 충돌 등으로 인한 갈등심화와 같은 심각한 부작용을 초래할 수도 있다(박천오, 2011). 아래에서는 우리나라 정부조직의 특징적인 조직유형 중 정부위원회와 책임운영기관에 대해 살펴본다.

(2) (정부)위원회[32]

위원회는 "결정권한의 최종 책임이 기관장 한 사람에게 집중되어 있는 부처조직과 대조되는 것으로 결정권한이 모든 위원에게 분산되어 있고 이들의 합의에 의해 결론을 도출하는 합의제 조직유형"으로 정의된다(유민봉, 2021: 421).[33] 정부 내 위원회 조직인 정부위원회는 「행정기관 소속 위원회의 설치·운영에 관한 법률」에 의해 합의제 행정기관인 '행정위원회'와 단순 자문기능을 하는 '자문위원회'로 구성된다(이상철, 2012: 258).

행정위원회는 "합의제 행정기관으로 행정기관 소관사무의 일부를 독립하여 수행할 필요가 있을 때에 법률로 정하는 기관"이며, 대표적인 행정위원회로는 대통령 소속 '규제개혁위원회(「행정규제기본법」 근거)', 인사혁신처 소속 '소청심사위원회(「국가공무원법」 근거)' 등이 있다(김정인, 2018: 366). 행정위원회는 '의사결정의 구속력'과 '집행권' 모두를 지닌다(이종수 외, 2014: 179). 반면, 자문위원회는 "위원회 중 행정기관의 자문에 응하여 전문적인 의견을 제공하거나, 자문을 구하는 사항에 관하여 심의·조정·협의하는 등 행

---

31) 일반적으로 부처 조직 개편은 「정부조직법」 등의 관련 법률 개정과 이러한 법률 개정을 위한 다수의 이해관계자들 간 협상과 타협이 중요하기 때문에 정치과정모형의 설명력이 높다고 볼 수 있다. 하지만, 부처 내 실·국 등의 조직개편은 전문가 의견, 해외사례, 개편 필요성, 환경변화 등을 고려하여 합리적으로 결정되는 경우가 많다.
32) 해당 부분은 김정인(2018) 『인간과 조직: 현재와 미래』의 내용을 기반으로 작성하였다.
33) 2009년에 제정된 「행정기관 소속 위원회의 설치·운영에 관한 법률」에 의하면 위원회는 "위원회, 심의회, 협의회 등 명칭을 불문하고 행정기관의 소관 사무에 관하여 자문에 응하거나 조정, 협의, 심의 또는 의결 등을 하기 위한 복수의 구성원으로 이루어진 합의제 기관"으로 명시되어 있다(국가법령정보센터, 2023a).

표 6-5	행정기관위원회 유형	

구분	행정위원회	자문위원회
개념	행정기관 소관사무의 일부를 독립하여 수행할 필요가 있을 때 법률이 정하는 바에 따라 설치되는 합의제 행정기관	행정위원회를 제외한 위원회
권한	행정기관 의사를 결정하고 대외적으로 표명하는 권한이 있음(행정, 준입법 및 준사법 기능을 보유하며, 행정권한을 위원회 명의로 직접 행사할 수 있음)	행정기관 의사결정을 지원하지만, 대외적으로 표명하는 권한은 없음
설치요건	① 업무내용이 전문가 의견 등을 들어 결정할 필요가 있을 것 ② 업무성질이 신중한 절차를 거쳐 처리할 필요가 있을 것 ③ 기존 행정기관의 업무와 중복되지 않고 독자성이 있을 것 ④ 업무가 계속성·상시성이 있을 것	① 업무내용이 전문가 의견 등을 들어 결정할 필요가 있을 것 ② 업무성질이 신중한 절차를 거쳐 처리할 필요가 있을 것
세부유형	–	위원회 결정의 행정기관 기속여부에 따라 기속되는 의결위원회, 불기속되는 심의위원회로 구분되며, 심의의결위원회도 있음
사무기구	설치 가능	여러 행정기관의 소관 기능을 조정·종합하는 위원회를 제외하고 설치 불가능

출처: 정부조직관리정보시스템(2023a).

정기관의 의사결정에 도움을 주는 기관"이다(행정안전부, 2017: 5).[34] 자문위원회의 종류로는 순수 자문위원회와 의결위원회가 있다. 이 중 순수 자문위원회는 의사결정의 구속력이나 집행력이 없으며, 의결위원회(예: 고용노동부 소속 최저임금위원회)는 의사결정의 구속력은 지니지만 집행력은 없다(김정인, 2018: 367-368).

정부위원회 조직의 장단점은 다음과 같다(이하 김정인, 2018: 368-389). 장점으로는 첫째, 다양한 이해관계자들을 정부위원회에 포함시켜(예: 이익집단과 시민단체) 의견을 반

---

[34] 2023년 12월, 우리나라의 대표적인 자문위원회로서 대통령 소속 디지털플랫폼정부위원회 등이 있으며, 국무총리 소속 국가과학기술심의회, 국가기록관리위원회, 국가보훈위원회 등이 있고, 각 부처 소속 정책자문위원회(예: 문화체육관광부의 문화진흥정책위원회)가 있다. 윤석열 정부에서는 대통령 소속 위원회의 효율적 관리를 위해 유사한 기능을 지닌 위원회의 조정을 시도하고 있다. 그 예로「지방자치분권 및 지역균형발전에 관한 특별법」제정을 통해 국가균형발전위원회와 자치분권위원회를 통합하여 '지방시대위원회'로 개편하였다(행정안전부, 2023c).

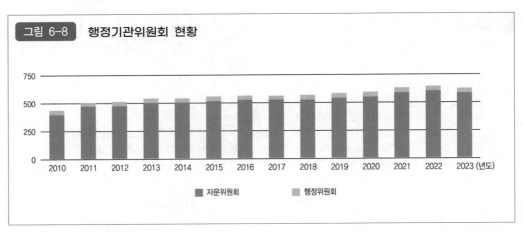

그림 6-8   **행정기관위원회 현황**

출처: 정부조직관리정보시스템(2023b).

영할 수 있기 때문에 민주성, 대응성, 다양성 등의 가치를 증진시킬 수 있다. 둘째, 정부
위원회는 권한이 분산되기 때문에 권한의 남용을 방지할 수 있다. 셋째, 토론과 타협을
통해 다양한 이해관계자들의 의견을 상호 조정할 수 있다. 넷째, 이해관계자들의 합의
를 통한 의사결정은 장기적 관점에서 정책순응을 증가시킬 수 있기 때문에 효율적인 정
책운영에도 도움이 된다. 그러나 정부위원회에는 다음과 같은 단점이 있다. 첫째, 다수
의 이해관계자들이 참여하기 때문에 그들의 의견을 조정하고 합의를 도출하여 합의제
의사결정을 하는 데 많은 의사결정 비용이 소모된다. 이로 인해 조직운영의 효율성이
저해될 수 있다. 둘째, 정부위원회 구성의 대표성이 확보되지 못할 경우 민주성을 훼손
할 수 있다. 셋째, 정부위원회에는 다수가 정책의사결정에 참여하기 때문에 의사결정에
의 책임성 한계가 존재할 수 있다. 넷째, 정부위원회의 권한이 너무 강화되면 부처의 기
능이 저해될 수 있으며, 한시적으로 운영되어야 할 정부위원회가 지속적으로 운영되면
정부부처와 갈등을 유발할 수 있다. 다섯째, 정부위원회가 남설되거나 부실하게 운영될
수 있으며, 형식상으로만 운영되는 문제 등이 발생할 수 있다. 마지막으로, 정부부처가
해결하기 어려운 문제를 정부위원회가 결정하도록 함으로써 정부의 책임성 회피 문제
가 발생할 수 있다.[35)

---

35) 정부는 효과적인 정부위원회 관리를 위해 '위원회 관리제도'를 운영하고 있다(이하 정부조직관리정보시스템
   참조). 「행정기관 소속 위원회의 설치·운영에 관한 법률」에 따르면 위원회 설치·운영 관련 법률 제·개정은
   동법의 목적과 기본 원칙에 맞도록 규정하고 있으며, 행정안전부장관은 위원회 설치·운영, 위원 구성, 현황

(3) 책임운영기관[36]

「책임운영기관의 설치·운영에 관한 법률」 제2조에 의하면 책임운영기관을 "정부가 수행하는 사무 중 공공성(公共性)을 유지하면서도 경쟁 원리에 따라 운영하는 것이 바람직하거나 전문성이 있어 성과관리를 강화할 필요가 있는 사무에 대하여 책임운영기관의 장에게 행정 및 재정상의 자율성을 부여하고 그 운영 성과에 대하여 책임을 지도록 하는 행정기관"으로 규정한다(국가법령정보센터, 2023b). 우리나라는 1999년 처음 책임운영기관을 도입하였다. 이러한 책임운영기관에는 청 단위기관인 중앙책임운영기관(예: 특허청)이 있고, 부처 소속기관인 소속책임운영기관이 있다.[37]

책임운영기관은 다음과 같은 장점이 있다. 첫째, 정부조직에 경쟁의 개념을 도입함으로써 조직의 성과를 증진시키고, 자율성과 책임성을 증진시키는 데 기여한다. 둘째, 정부조직 내 내부관리 프로세스의 개선을 강조한다(이경호·박현신, 2016: 32). 셋째, 책임운영기관은 하부 조직관리나 인력관리에 재량권을 가지고 있어 탄력적인 조직관리(예: 중복 조직기능 통폐합, 적재적소 인력배치)가 가능하다(김정인, 2018). 하지만 단점도 있다. 첫째, 우리나라의 현실상 조직·인사·예산 등 관리에 있어 여전히 소속 중앙행정기관의

관리 및 정비 등에 관한 지침을 수립하고, 각 기관은 소관 위원회 설치·운영에 이를 적용해야 한다. 이 외에 위원회 운영 효율화·내실화를 위해 사전협의(각 행정기관의 장은 신규로 위원회를 설치할 경우 위원회 설치계획을 행정안전부장관에게 제출), 위원회 운영실태 점검 및 현황 공개(행정관리역량평가에 반영, 운영실태 점검 및 정비 유도, 위원회 현황 및 운영현황 분기별 공개), 위원회 위원의 직무윤리 강화제도(직무윤리 사전진단, 직무공정성 서약서 표준안 제시)를 실시하고 있다. 2023년의 경우 위원회 정비 대상은 총 220개(폐지 131, 통폐합 71, 운영활성화 18)로 제시되었다.

36) 해당 부분은 김정인(2018) 『인간과 조직: 현재와 미래』의 내용을 기반으로 작성하였다.

37) 「책임운영기관의 설치·운영에 관한 법률 시행령」(2022. 5. 31)에 의하면 특허청은 2006년부터 중앙책임운영기관으로 지정되었으며, 소속책임운영기관은 50여 개 정도가 있다. 소속책임운영기관 종류에는 ① 조사연구형 기관(19개)으로 국립종자원, 화학물질안전원, 국토지리정보원, 항공교통본부, 국립해양측위정보원, 항공기상청, 국립재난안전연구원, 국립과학수사연구원, 국립소방연구원, 국립생물자원관, 국립수산과학원, 통계개발원, 국립문화재연구원, 국립해양문화재연구소, 국립원예특작과학원, 국립축산과학원, 국립산림과학원, 국립수목원, 국립기상과학원이 있으며, ② 교육훈련형 기관(5개)으로 국립국제교육원, 국립통일교육원, 한국농수산대학교, 해양수산인재개발원, 관세인재개발원이 있고, ③ 문화형 기관(8개)으로 국립중앙과학관, 국립과천과학관, 국방홍보원, 국립중앙극장, 국립현대미술관, 한국정책방송원, 국립아시아문화전당, 궁능유적본부가 있으며, ④ 의료형 기관(9개)으로 국립정신건강센터, 국립나주병원, 국립부곡병원, 국립춘천병원, 국립공주병원, 국립마산병원, 국립목포병원, 국립재활원, 경찰병원이 있고, ⑤ 시설관리형 기관(4개)으로 해양경찰정비창, 국방전산정보원, 국가정보자원관리원, 국립자연휴양림관리소가 있으며, ⑥ 기타형 기관(2개)으로 고용노동부고객상담센터, 국세상담센터가 있다.

통제가 이루어지는 측면이 있다.[38] 이로 인해 책임운영기관의 자율적 운영이 저해되고, 조직이 형식적으로 운영되는 것에 그치는 경우가 많다(이경호·박현신, 2016: 32). 둘째, 책임운영기관을 우수하게 운영하고 관리한다고 해서 특별한 인센티브나 보상이 주어지는 것도 아니다. 셋째, 책임운영기관에 대한 성과평가는 지속되고 있어 기관장이나 조직구성원들이 상당한 스트레스와 부담을 갖게 된다(이경호·박현신, 2016: 64).

---

38) 이는 "책임운영기관의 조직·인사·예산 자율성 증진을 위한 특례규정이 제대로 활용되지 못하는 것"과도 연관되어 있다(김정인, 2018: 364). 특히 이는 한국의 계층적이고 위계적인 관료문화와 관계가 있다. 현실적으로 책임운영기관은 자율성이 보장되지 않고 있으며, 실제 책임운영기관제도가 실시된 이후에도 해당 기관들은 인사, 재정, 평가 등을 통해 이중, 삼중으로 정부 부처로부터의 통제를 받고 있다(조성한, 2020).

ChatGPT와 함께 하는 **6장**의 **주요 개념** 정리

1. 공공조직과 민간조직

– 공공조직과 민간조직은 각각 정부 또는 공공부문과 민간부문에서 활동하는 조직으로, 몇 가지 유사점과 차이점이 있음
– 이러한 유사점과 차이점은 조직의 성격, 목적, 운영 방식 그리고 사회적 역할 등에서 비롯된 것으로 이해할 수 있음

구분		공공조직	민간조직
유사점		• 조직 구조: 두 조직 모두 계층적인 조직 구조를 가짐. 상위 계층의 의사결정과 하위 단계의 실행이라는 일반적인 특징을 공유 • 인적자원관리: 고용, 훈련, 평가 등의 일반적인 인사관리 활동을 수행	
차이점	목적 및 미션	• 공공이익을 추구하며 사회적 목표 달성을 위해 존재	• 이윤을 추구하며 시장에서 경쟁과 성과에 중점을 둠
	자원 출처	• 세금 등 공공 자금을 기반으로 자원을 조달	• 시장에서의 자금 조달 및 이윤 창출에 의존
	의사결정 프로세스	• 공공성, 투명성, 공정성을 강조한 의사결정이 요구됨	• 이윤을 최대화하기 위한 효율적이고 경쟁력 있는 의사결정이 중요
	성과측정	• 성과 평가가 복잡하며, 사회적 영향과 효과를 측정하는 것이 중요	• 주로 재정적 성과 및 이윤을 중시하는 경향이 있음*
	경쟁과 시장	• 경쟁보다는 협력과 협조를 강조하며, 일부 서비스에서 독점적인 역할을 할 수 있음	• 경쟁과 시장에서의 성공이 주요 목표
	책임과 책임성	• 사회적 책임이 강조되며, 공익을 위해 존재하는 것으로 간주됨	• 이해관계자와 주주에 대한 책임이 강조되며, 주로 이윤을 창출하는 것에 중점

출처: ChatGPT(2023). '공공조직과 민간조직의 유사점과 차이점은 무엇인가?' 질문으로 검색한 내용 저자 정리 (일부 내용 재구성).
* 다만 최근 민간조직에서도 ESG를 성과측정에 반영하고자 함.

2. 정부조직의 특징

- 정부조직은 공공부문에서 활동하는 조직으로, 특정 국가 또는 지역의 행정 및 공공서비스 제공을 담당
- 정부조직의 특징들은 정부조직이 국가와 지역의 안정과 발전을 위해 중요한 역할을 수행하는 데 기여하는 요소가 됨

구분	내용
공공성과 공공목적	• 정부조직은 주로 공공의 이익을 추구하며, 국가 또는 지역의 공공목적을 달성하기 위해 설립됨 • 이는 국민의 복리, 안전, 교육, 보건 등과 관련이 있음
법적 기반	• 정부조직은 특정 법적 기반에 따라 설립되며, 국가의 법과 규제에 따라 운영됨 • 이는 정부의 권한과 책임을 명확히 하고, 공공의 안전 및 이익을 보호하는 역할을 함
재정출처	• 정부조직은 주로 세금, 수입, 정부 예산 등의 공공 자금으로 자원을 조달함 • 이는 정부의 재정적 책임성을 강조하며, 예산 배분 및 지출에 대한 투명성이 요구됨
비계약성과 관료제	• 정부조직은 공무원들이 주로 근무하며, 그들의 고용 및 승진은 능력과 경력에 기반함 • 이는 관료제를 통해 효율적이고 안정적인 행정을 유지하려는 목적에서 나온 특성임
정책 수립 및 실행	• 정부조직은 정부의 정책을 수립하고 실행하는 역할을 함 • 이는 법률, 규제, 지침, 프로그램 등의 형태로 나타날 수 있음
사회적 책임	• 정부조직은 사회적 책임을 가지며, 국민의 요구에 부응하고 공정성을 유지하는 것이 중요함 • 사회적 책임은 국민의 안전, 교육, 보건, 환경 보호 등 다양한 측면에 걸쳐 있을 수 있음
민주주의와 투명성	• 정부조직은 민주주의 원칙에 따라 운영되어 국민에 대한 투명성, 참여, 공정성을 강조함 • 공개 정보의 제공과 국민 참여는 이러한 특성을 강화하는 중요한 요소임

출처: ChatGPT(2023). '정부조직의 특성은 무엇인가?' 질문으로 검색한 내용 저자 정리.

3. 애자일 조직의 장단점

- 애자일 조직은 민첩하고 유연하게 변화에 대응할 수 있는 특징을 갖춘 조직적 접근 방식
- 애자일 방법론을 도입할 때는 조직의 특성, 프로젝트의 복잡성, 팀원들의 역량 등을 참작하여 장단점을 균형 있게 고려해야 함

장점	단점
1. 신속한 대응 및 유연성: 애자일 방법론은 변화에 신속하게 대응할 수 있으며, 새로운 요구사항이나 우선순위 변경에 유연하게 대처할 수 있음	1. 복잡성 및 관리 어려움: 애자일 방법론은 자율성을 강조하므로 팀이 스스로 조절해야 하고, 이로 인해 프로젝트 관리가 어려울 수 있음
2. 고객 만족도 향상: 고객의 피드백을 적극적으로 수용하여 제품 또는 서비스를 조금씩 개선함으로써 고객 만족도를 높일 수 있음	2. 계획의 불확실성: 초기에 모든 요구사항을 정확히 파악하기 어려워, 계획의 불확실성이 증가할 수 있음
3. 효율적인 팀 협업: 작은 규모의 팀이 자율적으로 일하고, 의사소통이 원활하게 이루어짐으로써 효율성과 협업성을 증가시킴	3. 기술 부채 증가: 빠른 개발과 반복적인 변경으로 인해 기술적인 부채가 쌓일 수 있음
4. 품질 향상: 반복적인 피드백과 개선을 통해 제품 또는 서비스의 품질을 끊임없이 향상시킬 수 있음	4. 팀원의 불안감: 일부 팀원은 변화에 대한 불안감을 느낄 수 있고, 모든 팀원이 애자일 방법론에 적응하지 못할 수 있음
5. 프로젝트 가시성 증가: 애자일 방법론은 짧은 주기로 업데이트를 수행하므로 프로젝트의 진행 상황이 더 빨리 파악되며 가시성이 높아짐	5. 문서화 부족: 전통적인 방법론에 비해 문서화 수준이 낮아 프로젝트의 이해와 유지보수가 어려울 수 있음
6. 사용자 중심 개발: 사용자의 요구와 피드백을 중심으로 개발되기 때문에 실제 사용자가 원하는 기능이나 변화를 반영할 수 있음	6. 적용의 어려움: 일부 조직에서는 애자일 방법론의 도입이 조직 문화나 구조 등과 충돌할 수 있어 적용이 어려울 수 있음

출처: ChatGPT(2023). '애자일 조직의 장점과 단점은 무엇인가?' 질문으로 검색한 내용 저자 정리.

행정사례 연습

■ 애드호크라시(탈관료제) 사례

수평적인 조직은 무조건 좋은 걸까?

가장 혁신적이면서도 급진적인 조직문화 개선을 시도한 사례가 세계적인 온라인 의류 쇼핑몰 자포스다. 그들은 '홀라크라시(Holacracy)'를 도입했다. 홀라크라시는 '자율적이면서 자급자족적인 결합체'라는 의미의 'holachy'와 '통치'를 뜻하는 'cracy'가 합쳐진 말로, 조직의 위계질서를 완전히 파괴한 형태다. 팀 단위로 운영되며 모든 직원이 동등한 위치에서 같은 책임을 지고 일한다. 홀라크라시에는 기존 조직의 부서와 비슷한 개념의 '서클'이 있는데, 각 서클 구성원들의 직위는 모두 같고, 상하 개념도 없다. 모두가 동등한 위치에서 동등한 목소리를 낸다. '조직 파괴'라는 별명을 얻을 만큼 파격적인 시도였다. 홀라크라시 도입 이후, 자포스는 1,500명이나 되는 직원들의 직위를 없앴다. 회사 내 계층 구조는 완전히 사라졌고 모든 직원들이 동등한 입장에서 누구나 자신의 목소리를 낼 수 있게 했다. 하지만 도입 후 3년이 지난 후 자포스는 여전히 진통에 시달리고 있다. 일각에서는 '실패한 시도'라는 평가까지 하고 있는데, 그 이유는 다음과 같다.

1. 조직 내 혼란

자포스의 CEO 토니 셰이는 홀라크라시를 시행하며 이 같은 변화를 받아들일 수 없는 직원에게 퇴직 장려금을 줄 테니 회사를 떠나라고 했다. 그 결과 약 20%의 직원이 자포스를 떠났다. 대부분이 수직적 조직문화에 익숙한 관리자급의 숙련된 직원이었다. 과도하게 파격적인 변화는 사람들로 하여금 거부감을 갖게 만든다. 또한 높은 지위와 명예는 인간의 본능이다. 그러니 직위를 없애면 성과를 냈을 때 받을 보상이 사라지며 동기부여에 문제가 생기게 된다. '주인의식을 고취시켜 높은 동기 유발을 추구했던' 홀라크라시가 오히려 역효과를 낼 수 있다는 것이다.

2. 직원들은 책임지길 원하지 않는다

홀라크라시 체제 하에서의 자포스는 보스를 없애는 대신, 구성원 모두가 주인의식을 가진 리더가 되길 바랐다. 직급 때문에 제한받는 영역이 없는 만큼 누구나 팀장급의 책임을 지니게 됐다. 하지만 일부 주니어 사원들에게 있어 리더가 가지고 있던 책임과 권한을 부여받는 것은 부담되고 감당하기 힘든 일이었다. 많은 조직원들이 본인의 능력을 뛰어넘는 책임을 지기를 원하지 않았다.

3. 암묵적인 서열은 사라지지 않는다

어떤 집단에서도, 설령 매니저를 두는 것을 금지한 홀라크라시에서도 조직을 이끄는 사람은 생긴다. 겉으로 보기에만 없을 뿐 사람들은 무의식적으로 누군가의 결정을 따른다. 이러한 현상이 일어나면 문제는 커진다. 제도적으로 리더를 두지 않기에 한 명의 사람이 자신의 판단으로 의사결정을 하는 것은 지양되지만 실질적으로는 그 한 명의 목소리가 가장 클 것이기 때문이다.

4. 지연되는 의사결정

민첩하고 유연한 대처를 위해 도입한 홀라크라시였지만, 오히려 미팅이 많아지고 의사결정이 지연되는 현상을 보였다. 분명 관료제 조직에 있었던 불필요한 보고나 절차가 없어졌기에 그 면에서는 시간이 절약됐다. 하지만 책임을 안고 있는 구성원이 자신의 판단으로만 결정을 내려야 하니 시간이 지체되는 현상을 보였다. 모든 것이 본인의 책임으로 귀결되니 보다 신중한 판단이 필요했기 때문이다. 또한 동등한 위치에 있는 팀원들이 중요한 결정을 내려야 할 때도 미팅이 필요 이상으로 많아졌다. 상사가 없으니 그저 '믿고 따를' 판단도 없어진 것이다. 결정에 관여하는 사람 수가 늘어날수록 시간은 더 많이 걸리기 마련이다.

출처: https://media.fastcampus.co.kr/insight/horizontal-organization-zappos-holacracy

■ 사례의 의의

본 사례는 애드호크라시의 대표적인 사례로, 탈관료제의 한 형태인 홀라크라시에 관한 내용이다. 기업에서 관료제의 한계를 극복하기 위하여 탈관료제 형태인 홀라크라시를 도입하였지만, 그 결과는 기대에 못 미치는 것으로 나타났다. 위 사례에서도 살펴볼 수 있듯이 자포스 기업은 수평적 조직문화를 강조하는 홀라크라시 구조를 채택하였지만, 조직 내 혼란, 책임성 부재, 암묵적 서열 존재, 의사결정 지연 등과 같은 부작용이 나타나 오히려 기업 생산성이 낮아지는 결과를 초래했다. 이를 고려해 볼 때 혁신을 지향하는 기업에서도 탈관료제가 반드시 긍정적인 효과를 보장한다고 보기는 어렵다. 오히려 성과를 저해하는 부작용이 발생할 수도 있다. 이는 정부조직에서도 마찬가지일 것이다. 정부관료제의 역기능을 극복하기 위해 탈관료제 조직구조를 단기간에 급진적으로 도입할 시에는 이에 따른 부작용도 함께 고려해야 한다.

제7장

조직관리

본 장에서는 효과적인 조직관리 방안에 대해 설명한다. 이를 위해 조직문화 유형, 한국의 조직문화 특성, 리더십 특성 및 유형, 의사결정모형, 커뮤니케이션, 조직행태 등을 중점적으로 논의한다. 특히 효과적인 조직관리에 적합한 조직문화와 리더십 유형, 의사결정모형, 커뮤니케이션 및 조직행태 방안을 살펴보도록 한다.

1. 조직문화와 조직권력
2. 리더십과 의사결정
3. 커뮤니케이션과 조직행태

제7장

조직관리

핵심 학습사항

1. 조직문화의 개념과 기능은 무엇인가?
2. 조직문화 유형에는 어떤 것이 있는가?
3. 한국의 행정조직문화의 특징과 한계는 무엇인가?
4. 조직권력과 조직정치의 개념과 기능은 무엇인가?
5. 리더십 유형에는 어떤 것이 있는가?
6. 전통적·고전적 리더십과 현대적 리더십의 차이는 무엇인가?
7. 의사결정모형에는 어떤 것이 있는가?
8. 현실 적합성과 설명력이 높은 의사결정모형은 무엇인가?
9. 커뮤니케이션의 저해원인과 해결방안은 무엇인가?
10. 구성원들의 조직행태가 조직에 미치는 영향은 무엇인가?

1. 조직문화[1]와 조직권력

1) 조직문화의 의의와 구성요소

조직문화(organizational culture)는 "조직을 구성하는 사람들이 공유하는 생활양식 내지 행동양식의 총체"라고 정의할 수 있다(오석홍, 2018: 191). 즉, 조직문화란 "조직 구

---

[1] 본서는 행정문화를 조직문화와 같은 맥락에서 설명한다. 행정문화는 "행정체제의 구성원들이 공유하는 가치와 신념 그리고 태도와 행동양식의 총체"이기 때문에(유민봉, 2021: 206) 사실상 조직문화와 같은 의미로 해석될 수 있다.

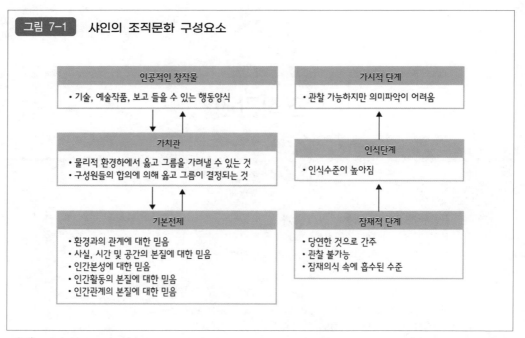

그림 7-1 샤인의 조직문화 구성요소

출처: 김정인(2018: 385).

성원이 공유하고 있으며, 올바른 사고방식과 행동방식으로서 새로운 구성원들에게 전수되는 가치관, 신념, 규범"이다(Daft, 2016: 420). 이러한 조직문화의 구성요소는 샤인(E. H. Schein)의 세 가지 문화계층(수준)을 통해 설명할 수 있다(Schein, 1985).

샤인에 따르면, 조직문화를 구성하는 첫 번째 계층은 조직문화의 가장 본질적인 부분인 '기본전제(basic premises)'이다. 이는 조직구성원들이 당연하게 받아들이는 신념과도 같으며, 조직 내 인간관계나 인간본성에 대한 기본적인 믿음 등을 포함하고 있다. 특히 기본전제는 가시적으로 드러나지 않아 관찰이 어렵지만 조직구성원들의 행동이나 태도를 형성하는 데 중요한 영향을 미치게 된다. 두 번째 계층은 조직구성원들의 기본적 믿음이 실제 가치관으로 형성되는 것을 의미하는 '가치(value)'이다. 이는 조직구성원들의 행동에 기본적인 믿음이 표출되어 실제 가치관으로 형성된 것을 말한다. 가치는 조직구성원들의 행동에 방향성을 제시해 주며, 조직문화를 가시적으로 표면화시키는 데 중요한 역할을 한다. 마지막 계층은 조직문화가 가시적으로 표출되는 '인공적 창작물 (artifacts)'이다. 조직문화는 예술작품이나 기술 등으로 표면화되며, 이는 조직구성원들의 행동양식으로 나타난다(Schein, 1985; 김정인, 2018: 385).

2) 조직문화의 특성 및 기능

조직문화는 다음과 같은 특성을 지닌다(이하 오석홍, 2018: 193). 조직문화는 조직구성원들의 사고와 행동의 결정요인으로 작용하며, 구성원들의 학습을 통한 공유물로 작용한다. 또한 조직문화는 오랜 기간에 걸쳐 형성되는 역사적 산물이며, 인간의 집합체적·공유적 산물이라는 특성을 지닌다. 이러한 조직문화는 내부통합(internal integration)과 외부적응(external adaptation) 차원에서 긍정적인 기능을 한다(Daft, 2016: 422). 보다 구체적으로는 첫째, 조직문화는 내부 구성원들을 통합하여 그들의 집단 정체성을 강화하고, 이를 바탕으로 효과적인 업무수행에 긍정적인 영향을 미친다. 둘째, 조직문화는 구성원들의 소통방향, 행동방향을 알려 줄 수 있다는 점에서 긍정적인 기능을 한다. 셋째, 조직문화는 조직구성원들이 외부환경에 적극적으로 대응할 수 있도록 대응방향성을 제시해 준다. 다시 말해, 어떻게 조직목표를 설정하고 외부환경에 대응해야 하는가에 대한 지침을 제시해 주는 것이다(김정인, 2018: 386). 마지막으로, 조직문화는 조직운영의 안정성을 강화하는 데 긍정적인 역할을 한다.

하지만 조직문화는 다음과 같은 부정적인 기능도 가지고 있다. 첫째, 조직구성원들 간에 공유가치가 지나치게 강하게 형성되면 오히려 급변하는 외부환경에 적극적으로 대응하기 어려워질 수 있다. 둘째, 하위 조직구성원들의 공유가치를 지나치게 강조하면 조직 전체의 통합과 조정이 어렵게 된다. 셋째, 구성원들 간 공유가치가 일치하지 않을 때 조직문화는 갈등을 심화시키고, 변화의 장애물로 작용할 수 있다. 넷째, 강력하고 통합된 조직문화는 오히려 조직의 장애물로 작동하여 다양성 확보에도 어려움을 겪을 수 있다(민진, 2014: 237; 김정인, 2018: 387).

특히 한국의 행정조직문화는 다음과 같은 병폐를 지니는 것으로 오랜 기간 동안 비판받아 왔다(이하 정정길 외, 2019: 284-295). 첫째, 관료제적 형식주의 또는 문서주의(레드테이프)와 지나치게 많은 규정 및 복잡한 절차가 공무원의 책임성 저하, 공무원의 부패 증가, 융통성 없는 행정, 수동적인 변화 대응 등과 같은 비합리적인 제약을 초래할 수 있다. 둘째, 공무원의 지나친 정치적 중립성 강화와 신분보장으로 인해 무사안일주의 문화, 소극행정이 발생할 수 있다. 셋째, 지나친 행정통제와 고위직의 잦은 변동(예: 잦은 장관 교체)은 공무원의 행정활동을 위축시켜 복지부동 문화가 자리잡을 수 있다.[2]

3) 조직문화의 유형[3]

(1) 사회문화적 접근: 홉스테드의 문화유형과 Z이론[4]

조직문화, 특히 행정문화는 사회구성원들의 공유가치 차원에서 설명될 수 있다. 홉스테드(G. Hofstede)는 다국적 기업인 IBM에 근무하는 전 세계 종업원들을 대상으로 조직문화에 대한 인식을 조사하여 이를 비교·분석한 결과, 조직문화가 네 가지 기준인 권력거리(power distance), 개인주의-집단주의(individualism-collectivism), 남성문화-여성

---

2) 최근 윤석열 정부에서는 공직문화를 개선하기 위한 다양한 노력들이 제시되었다. 대표적으로 정부(인사혁신처)는 공직문화 개선을 위해 「공직문화 혁신 기본계획」을 발표하였다(이하 인사혁신처, 2022a; 2023a). 이 계획은 인재혁신, 제도혁신, 혁신확산 3개 분야 총 8대 핵심과제로 구성되어 있다. 첫째, 인재혁신은 ① 공무원 인재상 재정립, ② 인재상에 걸맞은 인재 확보, ③ 인재상·소통역량 중심 교육으로 행태 변화 유도와 같은 과제를 담고 있다. 보다 구체적으로 공무원 인재상(직무전문성을 바탕으로 하여 소통·공감, 창의·혁신, 윤리·책임)에 부합하는 사람을 채용할 수 있도록 공무원 면접 평정요소를 개선하고, 역량이 뛰어난 공무원이 공모를 통해 핵심지위에 임용될 수 있도록 공모대상 직위를 4~5급까지(현행 국·과장급) 확대하며, 공무원 개개인이 혁신적 사고와 역량을 갖추기 위해 지도(코칭)·의사소통·의견수렴(피드백)·설득·협상 등 대인관계 역량에 관한 교재도 개발해 관리자 대상 대인관계기법 교육을 강화한다. 둘째, 제도혁신은 ④ 보다 공정한 평가·보상 체계 구축, ⑤ 유연하고 효율적인 근무환경 조성, ⑥ 국익을 위해 소신 있게 일할 수 있도록 국가 책임 강화와 같은 과제를 담고 있다. 이를 위해 승진 시 경력평정의 단계적 축소와 성과급 지급 시 동료평가 반영 등을 통해 평가의 공정성을 제고하도록 하였으며, 유연근무를 자율적(자기결재)으로 사용하는 '자율근무제'를 시범 도입하는 등 다양한 노력을 하고 있다. 셋째, 혁신확산은 ⑦ 공직문화 혁신 진단·상담(컨설팅) 추진, ⑧ 혁신 성과 홍보 및 모든 공공부문으로 확산과 같은 과제를 담고 있다. 이를 위해 공직문화 혁신지표를 개발하였으며, 이 지표를 활용하여 각 부처 공직문화 수준을 주기적으로 진단·상담(컨설팅)하는 등 데이터 기반의 인사관리 체계를 구축하도록 하였다. 또한 범정부 차원의 공직문화를 확산하기 위하여 '공공기관 인사혁신 협의체'(24개 주요 공공기관 인사담당관 참여)를 주기적으로 개최하여 현장의 의견을 수렴하고 공직문화혁신 이해도를 증진시키고 있다.

3) 본서에서는 대표적인 조직문화유형인 홉스테드의 문화유형과 퀸을 중심으로 고안된 경쟁가치모형 위주로 논의한다.

4) 홉스테드의 문화유형과 Z이론은 사회문화적 접근을 조직문화에 그대로 적용한 것이라고 볼 수 있다. 같은 맥락에서 트롬페나르(Fons Trompenaars)의 문화차원이 논의될 수 있다. 트롬페나르는 "보편주의-특수주의, 개인주의-공동체주의, 부분성-전체성, 중립-강성, 성취-귀속, 선형시간관-원형시간관, 내부통제-외부통제" 등과 같이 일곱 가지 문화 차원 구분기준을 제시하였다(유민봉, 2021: 212).

문화(masculinity–femininity), 불확실성 회피(uncertainty avoidance)에 의해 구분될 수 있다는 결론을 얻었다(Hofstede, 1980). 첫째, 권력거리는 "사람들이 생각하는 사람들 사이의 정상적인 불평등 정도로 한 사회 속에서 권력이 약한 사람이 권력의 불평등을 정상적으로 수용하는 범위"이다(박희봉·송용찬, 2018: 348). 모든 사회에서 권력의 불평등은 존재하지만 사회구성원들의 인식에 따라 권력의 불평등을 받아들이는 수준은 달라질 수 있다는 것이다. 권력거리의 크기가 큰 문화에서는 상사의 권력이 강해 부하들이 상사에게 의존하는 경향이 있고, 상사에게 쉽게 접근하기 어려운 특징을 보인다(Hofstede, 1980). 한국은 권력거리의 크기가 큰 국가로 분류되며, 이로 인해 조직문화(행정문화)는 권위주의적이고, 계층적인 특성을 지닌다(고대유·강제상, 2017). 둘째, 개인주의–집단주의는 개인의 독립성이나 자유를 선호하는 성향이 강하게 나타나는지 혹은 개인의 자유보다 집단을 선호하는 성향이 강하게 나타나는지에 따라 달라질 수 있다(Hofstede, 1980). 개인주의는 개인의 자유를 집단일원으로서의 소속감보다 우선한다. 개인주의 문화는 느슨한 개인 간 관계를 의미하며, 집단주의는 '우리'를 강조하는 결속력 강한 개인 간 관계를 의미하는 것이다(박희봉·송용찬, 2018: 349). 한국은 낮은 개인주의, 높은 집단주의로 인해 파벌문화, 집단문화, 가족주의, 온정주의, 연고주의 문화 등이 조직이나 행정에서 나타나고 있다(이양수, 1990).

셋째, 남성문화–여성문화는 남성(강인함 가치)과 여성(부드러움 가치)의 성 역할을 구분하는 것이다. 남성문화에서는 경쟁, 성취, 권력의 획득 등에 중요 가치를 두며, 이에 비해 여성문화에서는 관계나 안정 등에 중요 가치를 둔다는 것이다(Hofstede, 1980). 한국은 남성문화와 여성문화가 조직이나 행정문화에 혼재되어 있다. 성과를 지향하고 일을 중시하는 문화도 있지만, 관계중심 문화도 함께 존재하고 있는 것이다(김병섭 외, 2009: 308). 마지막으로, 불확실성의 회피는 불확실성 상황에서의 현실 안주 정도를 의미한다(박희봉·송용찬, 2018: 350). 특히 한국의 행정문화에는 변화를 꺼려하면서 현실에 안주하고자 하는 무사안일과 소극주의 문화가 여전히 강하게 나타나고 있다(김병섭 외, 2009: 307).5)

Z이론은 미국계 일본인 오우치(W. G. Ouchi)에 의해 고안된 조직문화 유형이다. Z이론을 통해 오우치는 미국과 일본의 조직문화 차이를 설명하였다(Ouchi, 1981). 1980년

---

5) 이러한 측면에서 최근 더욱 강조되고 있는 적극행정을 논의할 필요성이 있다.

대 미국의 경영방식과 일본의 경영방식 비교를 통해 인간미 넘치는 조직문화(Z형 조직문화) 속에서 조직구성원들의 생산성은 더욱 높아진다는 결론을 도출하였다.6) 오우치는 Z 이론을 통해 조직문화를 조직의 효과성 증진에 영향을 미치는 중요한 요소로 설명하고 있다.

(2) 경쟁가치모형

경쟁가치모형(competing value model)은 처음부터 조직문화 유형을 구분하기 위한 목적으로 고안된 모형은 아니다. 조직효과성과 관련된 가치들을 경쟁적 기준인 유연성(flexibility)과 통제(control), 내부(internal)와 외부(external) 지향의 기준에 따라 분류한 것(Quinn & Rohrbaugh, 1983)으로, 이러한 경쟁가치들을 조직문화의 유형을 분류하는 데 활용하였다(Quinn & Kimberly, 1984). 특히 퀸(R. E. Quinn)에 따르면, 조직은 몇 가지 상호 모순(경쟁)되는 가치들을 동시에 만족시킬 수 있을 때 높은 성과를 달성할 수 있다고 한다(Quinn, 1988: 48).

경쟁가치모형에 따르면 네 가지 조직문화 유형이 제시된다. 첫째, 내부지향적이며 조직의 유연성을 우선적으로 고려하는 조직문화는 관계지향 조직문화(예: 집단문화)이다(이하 김정인, 2018: 389). 관계지향 조직문화에서는 조직구성원들의 협력, 구성원들의 조직에 대한 충성심, 응집력, 사기 등이 중요한 가치가 되며, 조직은 참여, 권한위임, 의사소통 등을 바탕으로 인적자원의 개발에 많은 관심을 쏟는다. 둘째, 외부지향적이며 조직의 유연성을 강조하는 조직문화는 혁신지향 조직문화(예: 발전문화, 개방체제문화)이다. 혁신지향 조직문화에서는 조직구성원들의 창의성 증진, 변화, 혁신, 도전 등이 강조된다. 셋째, 내부지향적이며 조직의 통제성을 강조하는 조직문화는 위계적 조직문화이다. 위계적 조직문화에서는 내부의 안정성과 지속성을 중요시하며, 조직구성원들의 표준화된 규칙과 절차준수를 강조한다. 마지막으로, 외부지향적이며 조직의 통제를 강조하는 조직문화는 합리적 조직문화(시장지향문화)이다. 합리적 조직문화에서는 조직이 외부환경 변화에 적극적으로 대응하고 생산성 증진을 위해 경쟁력을 향상시키는 전략을 취한다.

---

6) 이와 관련해 오우치는 자신의 조직문화 이론을 맥그리거(McGregor)의 Y이론에 이은 Z이론이라 명명하였다(김병섭 외, 2009: 309).

　　구청이나 경찰서를 포함한 행정조직, 제조업체나 첨단산업을 포함한 기업조직의 조직문화 차이를 비교하기 위해 2004년 이들 조직에 종사하는 700여 명을 대상으로 인식조사를 실시한 연구결과에 따르면, 행정조직은 경쟁가치모형 중 내부지향적이고 조직의 통제를 강조하는 위계문화가 강하게 나타났다. 이에 비해 기업조직의 경우 외부지향적이고 조직의 유연성을 강조하는 발전문화, 내부지향적이면서 조직의 유연성을 강조하는 집단문화, 외부지향적이고 조직의 통제를 강조하는 합리문화가 강하게 나타났다(김호정, 2004: 49). 이러한 연구 외에도 경쟁가치모형을 활용한 조직문화 연구가 공공부문이나 민간부문에서 다양하게 수행되고 있다(예: 이동수, 2007; 임효창, 2011).

　　이와 같은 경쟁가치모형 외에도 조직문화는 다양한 방식으로 유형화되고 구분되면서 지속적으로 연구가 이루어지고 있다.[7] 그 이유는 조직문화가 조직구성원들의 사고나 행동, 관계 등에 중요한 영향을 미치기 때문이다.[8] 앞서 조직문화의 특성 및 기능에서 살펴본 것처럼 조직구성원들 사이에 어떠한 가치가 공유되는지에 따라서 조직행태가 달라질 수 있다.

표 7-1	경쟁가치와 조직문화 유형		
구분		초점	
		내부지향	외부지향
구조	유연성	인적자원문화, 관계지향문화, 집단문화	발전문화, 개방체제문화, 혁신지향문화
	통제	위계문화	합리문화, 시장지향문화

출처: Quinn & McGrath(1985).

---

7) 이외에도 조직문화 유형에는 환경(성과)으로부터의 피드백 속도(빠름-느림), 그리고 위험 정도(높음-낮음)의 기준으로 조직문화 유형을 네 가지(예: 강인한 남성적 문화, 운명적 투기문화, 과업-휴식 병존문화, 과정 중심의 문화)로 구분한 딜과 케네디(Deal & Kennedy, 1982)의 조직문화가 있다. 또한 구성원의 실적에 대한 관심의 높고 낮음, 구성원에 대한 배려의 높고 낮음 기준으로 조직문화 유형을 네 가지(냉담문화, 엄격문화, 배려문화, 통합문화)로 구분한 세티아와 글리노(Sethia & Glinow, 1985)의 조직문화도 있다(김정인, 2018: 390-392).

8) 이밖에도 조직문화는 조직상징과 조직이미지를 통해 살펴볼 수 있다. 특히 조직상징의 경우 "조직이 정당성을 확보하는 방법은 사회구성원들이 기대하는 방향으로 조직이 구성화되어 있는 것"이라는 점을 전제로 한다(김병섭 외, 2009: 317).

4) 조직권력과 조직정치

조직은 조직구성원들 간 상호관계를 기반으로 형성되기 때문에 구성원들 사이에 형성되는 권력과 권력다툼으로 인한 조직정치현상이 발생할 수밖에 없다(Robbins & Judge, 2014: 488). 다시 말해 조직권력(organizational power)과 조직정치(organizational politics)는 생명력을 지닌 유기체로도 표현되는 조직에서 발생되는 너무나 당연한 현상이라는 것이다(Daft, 2016: 592). 조직권력은 "조직 내 원하는 결과를 이끌어 내기 위해 조직구성원이나 부서가 상대방에게 영향력을 행사하는 것"이며(Daft, 2016: 576),[9] 조직정치는 "조직 내 불확실(uncertainty)하고 불합치(discensus)한 상황 속에서 선호하는 결과를 이끌어 내기 위해 힘을 이용한 행위"를 의미한다(Pfeffer, 1981; 정종원, 2012: 271). 조직권력과 조직정치는 구성원들 간 상호의존성으로 인해 발생하는 것으로서, 이들을 어떻게 관리하는 가에 따라 조직의 효과성과 생산성이 달라질 수 있다. 이들이 발생하는 원인으로는 "자원의 희소성, 의사결정 기준의 모호성, 목표의 모호성과 복잡성, 조직기술의 복잡성 및 외부의 동태적 환경변화, 조직의 변화" 등이 있으며(Pfeffer, 1981; 이창원 외, 2012: 272), 조직효과성[10]을 증진하려면 이러한 요인들에 대한 관리가 필요하다.

2. 리더십과 의사결정

1) 리더십

리더십(leadership)은 "바람직한 목표를 달성하기 위하여 조직 내의 개인과 집단을 유도하고 조정하며 행동하게 하는 기술 내지 영향력"을 의미한다(Yukl, 2002; 이종수 외,

---

9) 조직권력의 원천은 개인 차원과 조직 차원으로 구분해서 살펴볼 수 있는데, 개인 차원으로는 전문성에 기반을 둔 전문가 권력, 개인의 긍정적 특성에 따른 준거적 권력이 있다. 조직 차원으로는 권위에 기반한 강압적 권력, 보상에 기반한 보상적 권력, 조직의 지위에 기반한 합법적 권력이 있다(Robbins & Judge, 2014).

10) 조직효과성은 조직성과, 조직구성원의 태도(예: 직무만족, 직무몰입) 등으로 제시될 수 있다.

2022: 327). 조직 내에서 리더십의 기능은 다음과 같다(이하 이종수 외, 2022: 328). 첫째, 리더십은 조직의 공식적 구조와 설계의 한계점을 보완해 준다. 즉, 조직구조가 미흡한 측면이 있다고 하더라도 리더십을 통해 이러한 한계점이 보완될 수 있다는 것이다. 둘째, 조직과 구성원의 역할과 임무를 분명히 한다. 리더십을 통해 조직이나 조직구성원들은 어떤 업무를 담당하고, 어떤 역할을 할 것인지를 보다 구체적으로 파악하게 된다. 셋째, 자원을 효율적으로 관리하고 동원하는 데 기여한다. 조직의 리더는 조직의 부족 자원을 외부로부터 동원하는 데 기여하며, 조직효과성을 증진시키기 위해 자원을 효율적으로 사용하는 데 있어 중요한 역할을 하게 된다. 넷째, 리더십을 통해 조직구성원들의 조화·통합에 기여할 수 있으며, 조직구성원들에 대한 동기유발 및 사회화 증진에도 기여할 수 있다. 조직의 리더는 조직구성원들의 행태에 중요한 영향을 미친다(Lucia & Lepsinger, 1999). 그렇기 때문에 조직성과 증진에 있어서도 리더의 역량이 중요하게 고려되는 것이다.[11], [12] 마지막으로, 리더는 조직과 조직구성원들이 환경변화에 적극적으로 대응할 수 있도록 해 준다. 리더는 조직의 미션, 비전, 전략 등을 바탕으로 조직과 조직구성원들이 환경변화에 대응하기 위한 방향성을 제시해 준다.

리더십 연구는 역사적 발달에 따라 전통적·고전적 리더십과 현대적 리더십 연구로 발전되어 왔다(이하 김정인, 2018: 418-427). 초기 리더십 연구는 주로 리더에 초점을 두어 리더의 인간적 특성 혹은 자질에 대해 연구하여 이론을 발전시켰으나, 시간이 지나면서 리더의 행태나 상황 등에도 관심을 두기 시작하였다. 이후 현대적 리더십에서는 리더보다는 팔로어에 초점을 두어 리더와 팔로어의 관계를 중심으로 이론을 발전시켰다.

(1) 전통적·고전적 리더십

전통적·고전적 리더십 이론으로는 자질론(특성론), 행태론, 상황론 등이 있다. 자질

---

11) 이홍민(2013: 85)에 따르면, 리더의 관리역량에는 정보제공 역량, 문제해결 역량, 팀 빌딩 역량 등이 포함되어 있다. 이에 대한 보다 자세한 내용은 김정인(2018: 414)을 참조하기 바란다.

12) 최근에는 리더의 역량뿐만 아니라 팔로어의 역량도 중요하게 고려된다. 대표적인 팔로어 역량으로는 변화적응, 개방성, 협조성, 팀워크 등이 있다(김정인, 2018: 415). 팔로어의 역량과 관련하여 팔로어십(followership)이 제시될 수 있다. 이는 "리더의 권위, 권한, 책임 등을 적극적으로 인정할 뿐만 아니라, 리더의 창의적인 아이디어와 헌신 등을 수용하는 행동규범"으로서, 조직성과 증진을 위해서는 리더십과 팔로어십의 연계와 조합이 중요하다. 따라서 조직에서는 팔로어십을 증진하기 위한 방안을 마련할 필요가 있다(진종순 외, 2022: 282).

론은 '위인이론'이라고도 명명되며, 이 이론에서는 리더가 타고나는 것이며 리더의 신체적 특성, 성격, 특징, 능력이 따로 존재한다는 점을 강조한다(김병섭 외, 2009: 467). 우리가 쉽게 접할 수 있는 위인전기(예: 이순신 장군)에서 흔히 등장하는 내용들(예: 용맹한 성격, 우람한 체격 등)이 자질론에 기반한 것으로 볼 수 있다. 자질론은 리더의 개인적 특성이 조직의 효과성에 영향을 미친다는 점을 밝히는 데 기여했다는 측면에서 중요한 의의가 있으나, 지나치게 하나의 리더 특성(예: 자질)만을 고려했다는 점에서 한계가 있다. 그럼에도 불구하고 최근에는 개인의 성격을 연구하는 빅파이브 성격모델(big-five model[13])과 리더십 효과성을 연계하는 연구도 많이 수행되고 있다(예: 홍용기·박종혁, 2009).

'행태론'은 리더의 행위에 따라서 리더십 효과성이 달라진다는 점을 강조한다. 행태론은 상황조건과 관계없이 리더십 효과성을 증진시킬 수 있는 보편적인 리더십 행위를 찾고자 하는 목적에서 수행된 연구들을 바탕으로 하고 있는 것이다(이창원 외, 2012: 236). 이러한 대표적인 연구들에는 1945년 시작된 '오하이오 주립대학의 리더십 연구'와 1950년대 시작된 '미시간 대학의 리더십 연구'가 있다. 오하이오 주립대학의 리더십 연구에서는 리더의 성취에 대한 관심을 의미하는 주도적 구조(initiating structure)와 리더의 사람에 대한 관심을 의미하는 배려(consideration)에 따라 '과업지향형' 리더십 행태와 '관계지향형' 리더십 행태로 구분한다.[14] 미시간 대학의 리더십 연구는 리커트(R. Likert)에 의해 주도되었으며, 리더십 행태에 따라 조직의 생산성과 조직구성원들의 직무만족이 달라질 수 있다고 보았다(Wikipedia, 2020). 특히 미시간 대학의 연구에서는 조직의 효과성에 중요한 영향을 미치는 리더십 행태로 과업지향형 행태(task-oriented behavior), 관계지향형 행태(relationship-oriented behavior) 그리고 참여적 행태(participative behavior)가 있다고 보았다(Wikipedia, 2020). 1940년대, 1950년대에 시행된 오하이오 주립대학과 미시간 대학의 리더십 행태연구를 바탕으로 블레이크(R. Blake)와 머튼(J. Mouton)은 1964년 그들의 저서를 통해 '생산에 대한 관심'과 '인간에 대한 관심' 기준에 따라 효과적 리더십의 핵심이 되는 '관리격자모형(managerial grid)'을 개발하였다. 블레이크와 머

---

13) 빅파이브 성격모델에서는 평정성, 외향성, 개발성, 친화성, 성실성과 같은 다섯 가지 성격특성을 활용한다(진종순 외, 2022).
14) 보다 자세한 내용은 아래 사이트의 내용을 참조하기 바란다.
    http://www.yourarticlelibrary.com/notes/short-notes-on-the-ohio-state-leadership-studies/2552

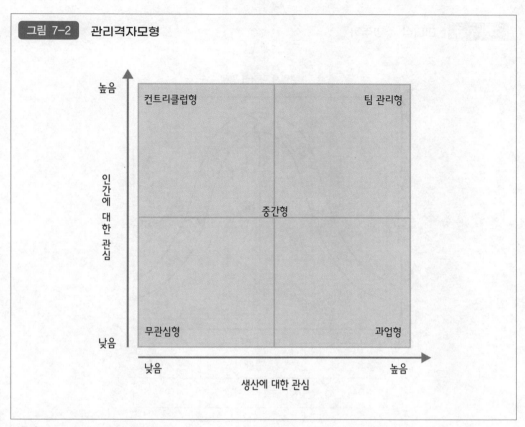

그림 7-2 **관리격자모형**

출처: Blake & Mouton(1964).

튼에 따르면, 팀 관리형, 과업형, 무관심형, 컨트리클럽형, 중간형과 같은 다섯 가지 리더십 행태 중에 조직생산성을 증진시키는 데 가장 적합한 유형은 리더의 높은 생산에 대한 관심과 높은 인간에 대한 관심을 나타내는 팀 관리형 리더십이라고 한다(Blake & Mouton, 1964; 김정인, 2018: 420).

그러나 행태론은 보편적 리더십 행위의 존재가 어렵다는 이유로 비판을 받았다. 즉, 현실성이 결여되어 있다는 것이다. 그 이유는 리더의 행태가 상황에 따라 달라질 수 있기 때문이다. 이 때문에 상황에 따라 달라지는 효과적인 리더 특성, 기능, 행동이 존재한다고 주장하는 상황론이 등장하게 되었다(김병섭 외, 2009: 472).

상황적 리더십은 상황적 접근이론과 같은 맥락에서 고려될 수 있다. 즉, 이는 부하

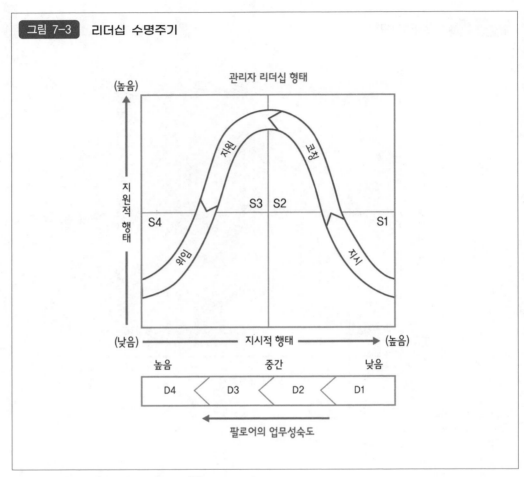

그림 7-3 리더십 수명주기

출처: Hersey & Blanchard(1982).[15]

들의 특징과 근무환경의 특징 등 상황변수에 따라서 리더십 유형과 리더십 효과성의 관
계가 달라진다고 본다. 상황적 리더십을 연구한 대표적인 학자로는 피들러(F. E.
Fiedler), 허시(P. Hersey)와 블랜차드(K. Blanchard) 그리고 에반스(M. Evans)와 하우스(R.
J. House) 등이 있다. 우선 피들러는 개인이 처한 상황에 따라 리더십의 효과성이 달라
질 수 있다고 주장하였다(Fiedler, 1967). 그리고 리더와 부하의 관계(leader-member re-

15) https://culcyaraduam.wordpress.com/2013/06/24/blog-2-situational-leadership/

lationship), 과업구조(task structure), 직위권력(position power) 등 세 가지 중요 상황변수에 의해 리더의 과업지향형 행태, 관계지향형 행태의 리더십 효과성이 달라진다는 것이다(Fiedler, 1967; 김정인, 2018: 420).[16] 허시와 블랜차드는 팔로어의 상황(업무성숙도)과 리더의 행태(지시적 리더십 혹은 지원적 리더십)에 따라 리더십의 효과성이 달라진다고 보았다(Hersey & Blanchard, 1982). 다시 말해, 팔로어의 업무성숙도에 따라 리더의 행태가 달라진다는 것이다. 팔로어의 업무성숙도가 낮으면 리더의 지시적 리더십이 강하게 나타나다가(S1), 팔로어의 업무성숙도가 높아질수록 리더의 행태는 지원적 리더십으로 변하고(S2, S3), 결국에는 리더가 팔로어에게 업무 관련 전반을 위임(S4)하는 리더십 행태를 나타낸다는 것이다([그림 7-3] 참조).

에반스가 1970년에 제시한 '경로-목표모형(path-goal theory of leadership)'은 1년 뒤인 1971년 하우스에 의해 더욱 발전되었다. 에반스는 브룸(V. H. Vroom)이 1964년 주창한 '기대이론(expectancy theory[17])'을 바탕으로 하여 리더가 팔로어의 보상 기대 경로를 명확하게 제시해 줌으로써 리더십 효과성(예: 구성원 직무만족, 생산성)을 증진시킬 수 있다고 주장하였다. 이때 영향을 미치는 상황은 과업구조화 정도, 조직 내 규칙 및 절차 등을 포함한 근무환경 특성, 부하의 성격이나 욕구 등을 포함한 부하의 특성이 된다고 보았다(Evans, 1970; House, 1971).

(2) 현대적 리더십

현대적 리더십 이론은 전통적·고전적 리더십 이론과 달리 부하 또는 팔로어의 입장에서 리더십을 연구하였으며,[18] 환경과의 상호작용, 즉 개방성을 중요하게 고려하였다. 뿐만 아니라, 리더십의 감성과 가치관을 우선하는 경향도 나타나기 시작하였다(이창

16) 보다 자세한 내용은 아래의 사이트를 참조하기 바란다.
https://en.wikipedia.org/wiki/Fiedler_contingency_model
17) 기대이론은 "노력을 통해 결과물을 얻게 될 가능성에 따라 조직구성원의 동기부여 정도가 달라진다는 행동결정이론"을 말한다(Vroom, 1964; 김정인, 2018: 660). 해당 이론은 본서 제8장 동기부여이론에서 다시 설명한다.
18) 대표적인 리더십 연구는 '리더-부하 교환이론(leader-member exchange)'으로, 이는 "리더가 내집단(in-group), 외집단(out-group)을 형성하는 것을 지지하는 이론이다. 내집단의 지위를 가진 부하들은 높은 직무성과 평가를 받고, 낮은 이직의도를 가지며, 높은 직무만족도를 나타낸다는 것"이다(Robbins & Judge, 2014: 450).

원 외, 2012: 252).

대표적인 현대적 리더십 이론으로는 '변혁적 리더십(transformational leadership)'을 들 수 있다. 변혁적 리더십은 "카리스마, 영감, 지적 자극, 개인적 배려에 치중하고, 조직합병을 주도하고 신규 부서를 만들어 내며, 조직문화를 새로 창출해 내는 등 조직에서 변화를 주도하고 관리하는 리더십"이다(이종수 외, 2022: 331). 변혁적 리더십을 연구한 대표적인 학자로는 번스(J. M. Burns)와 바스(B. Bass)가 있다. 즉, 번스가 변혁적 리더십이라는 개념을 최초로 고안하였으며(Burns, 1978), 바스가 이를 확장·발전시킨 것이다(Bass, 1985). 이들 연구자에 따르면, 변혁적 리더십은 리더가 어려운 난관을 극복해 가는 모습을 보임으로써 팔로어에게 감흥을 불러일으키는 카리스마적 리더십, 리더가 팔로어에게 조직의 비전을 제시하고 이를 지속적으로 추구할 수 있도록 지지하는 영감적 리더십, 리더가 팔로어 개인별로 관심과 애정을 가지고 지원하고 존중하는 개별적 배려 리더십, 리더가 팔로어에게 창의적이고 적극적인 사고를 할 수 있도록 지원하는 지적 자극 등의 요소로 구성되며, 이는 조직구성원들의 감정이나 가치관에 중요한 영향을 미친다(Bass & Avolio, 1990). 이러한 변혁적 리더십은 "리더와 부하의 관계를 서비스에 대

표 7-2 변혁적 리더십과 거래적 리더십의 비교

구성요소	거래적 리더십	변혁적 리더십
현상	본질적으로 현상과 맞추거나 현상을 유지하려고 노력	본질적으로 현상에 반대하거나 현상을 변화시키려고 노력
목표지향성	목표가 현상에 크게 어긋나지 않음	이상화된 목표는 항상 현상과 크게 다름
시간에 대한 견해	단기 전망을 지님	장기 전망을 지님
동기부여	즉각적이면서도 유형의 보상을 추구하도록 부하들을 고무시켜 동기부여 유도	보다 높은 단계의 개인적 목표 (자아실현)를 추구하도록 부하들을 고무시켜 동기부여 유도
행동 표준화	부하들이 규칙과 관습을 따르는 것을 좋아함	부하들로 하여금 혁신과 실험을 하도록 격려
문제해결	부하들의 문제를 해결해 주거나 해답이 있는 곳을 알려 줌	문제를 제기. 문제를 해결하거나 부하 스스로 문제를 해결하도록 격려

출처: 민경호(2005: 260).

한 보상의 교환관계로 가정하고, 교환과 거래에 주목하는 리더십"인 거래적 리더십 (transactional leadership)과는 <표 7-2>에서와 같은 차이를 보인다.[19]

또 다른 현대적 리더십 이론으로는 시민운동가인 그린리프(R. K. Greenleaf)가 제시한 '서번트 리더십(servant leadership)'이 있다(Greenleaf, 1977). 서번트 리더십은 "인간 존중을 바탕으로 구성원들의 업무수행에서 잠재력과 기량을 충분히 발휘할 수 있도록 도와주는 리더십으로서, 구성원들이 공동의 목표를 이루어 나갈 수 있도록 환경을 조성해 주고 도와주는 섬기는 리더십"이다(이창원 외, 2012: 255). 서번트 리더십의 특징은 다른 리더십과는 다르게 리더 스스로보다는 팔로어에게 집중하며, 리더 자신의 이익보다는 팔로어의 이익을 우선시하여 이를 증진시키고자 지원한다는 데 있다. 이때, 리더의 핵심 역할은 겸손한 자세로 팔로어를 섬기며 팔로어의 발전을 위해 적극 지원하는 데 있

표 7-3 서번트 리더십과 변혁적 리더십 비교

구성요소	서번트 리더십	변혁적 리더십
리더의 역할	구성원을 섬김	규범적 조직목표 추구를 위해 구성원을 영감적으로 고취시킴
부하의 역할	더 현명하고 자유롭고 자율적이 됨	조직의 목표를 추구하게 됨
도덕적 요소	명시됨	명시되지 않음
개인수준	섬기려는 욕망	이끌려는 욕망
대인 간 수준	리더가 부하를 섬김	리더가 부하를 고무시킴
집단수준	리더는 구성원 욕구를 충족시키기 위해 집단을 섬김	리더는 집단목표를 추구하기 위해 집단을 결합함
조직수준	리더는 조직이 공동체를 섬기도록 준비시킴	리더는 조직목표를 추구하기 위해 구성원을 고취시킴
사회수준	리더는 사회의 개선을 위해 긍정적 유산을 남김	리더는 명확한 목표를 추구하도록 국가나 사회를 고취시킴

출처: 이창원 외(2012: 256).

[19] 그러나 두 리더십이 완전히 별개의 것은 아니다. 외부변화가 심할 때는 조직생존에 우선하는 변혁적 리더십이 강조되지만, 어느 정도 조직이 안정기에 접어들면 내부관리를 우선으로 하는 거래적 리더십이 고려되는 것이다(김정인, 2018: 423).

다(Stone et al., 2004: 352; 김정인, 2018: 424). 현대 조직에서는 서번트 리더십의 중요성이 강조되고 있다. 예를 들어, 위계적 조직문화가 강한 대표적인 관료제적 조직으로서 카리스마적 리더십 혹은 변혁적 리더십의 중요성이 강조되던 군조직 등에서도 최근 서번트 리더십이 활성화되고 있는 추세이다(백종찬·김정인, 2019). <표 7-3>에서는 서번트 리더십과 변혁적 리더십의 차이점을 비교한 내용을 제시하고 있다.

이외에도 현대적 리더십에는 윤리적 리더십, 감성 리더십, 협력적 리더십 등이 있다. 이들 리더십은 향후 조직효과성 증진을 위해서도 더욱 중요하게 주목받을 것으로 예상된다(김정인, 2018). 윤리적 리더십은 "리더가 개인행동이나 대인관계를 통하여 규범적으로 무엇이 적절한 행동인가에 대한 모범을 보이고, 상호소통, 지원(reinforcement), 의사결정을 통하여 부하들이 그러한 행동을 하도록 조직 전체에 전파, 촉진하는 노력"을 의미한다(Brown et al., 2005: 120; 이상범·박홍식, 2013: 215). 이는 조직에서의 공정성과 정의의 가치가 더욱 중요해지고 강조되고 있는 오늘날 조직의 리더에게 요구되는 리더십이라고 할 수 있다. 감성 리더십은 "조직구성원들의 감성을 이해하고 배려하는 동시에 공동의 비전을 제시하고, 자연스럽게 조직구성원들을 리드할 수 있는 리더십"을 의미한다(손호중·유용식, 2012: 23-24). 감성 리더십은 조직구성원들의 공감대를 형성하며, 조직구성원들을 상호 존중하고 배려하는 조직문화를 조성하기 위해 반드시 고려할 필요가 있는 리더십이라고 할 수 있다. 이밖에도 협력적 리더십은 "복잡한 공공의 문제에 대처하고 공익을 달성하기 위해 다양한 집단과 조직을 준영구적 방법으로, 또한 전형적으로 부문의 경계를 초월하여 연결하는 것"을 의미한다(김호정, 2017: 129). 협력적 리더십은 공공부문 조직들에게 필요한 리더십 유형으로 최근 각광을 받고 있다. 이는 앞서 여러 차례 언급한 바와 같이 현대사회에서 정부가 단독으로 복잡한 사회문제들을 해결할 수 없기 때문에 공조직뿐만 아니라 사회의 여러 다양한 주체들과 상호 협력해야 하는 상황에서 더욱 필수적이 되었다고 할 수 있다(Ansell & Gash, 2008).

또한 공공부문의 특성을 고려한 공공리더십(public leadership)도 제시된다. 공공리더십은 2000년대 들어 신공공관리에 대한 비판과 한계가 강조되고, 공공성과 공공가치의 중요성이 부각되면서 공공부문의 조직효과성 증진을 위한 리더십 연구에서 시작되었다(김정인, 2017: 314). 공공리더십의 개념을 명확하게 규정하기는 어렵지만 일반적으로 공공리더십은 "공공가치 창출을 목적으로 하는 공익을 위한 리더십"으로 정의되기도 한다(Getha-Taylor et al., 2011: 184). 이 리더십의 가장 중요한 특징은 다양한 가치들을 중시하는 다차원적 리더십(multifaceted leadership)과 통합적 리더십(integrative leadership) 의미로 활용된다는 점이다. 따라서 공공리더십은 "복잡한 공공 문제를 치유하고 공공의 선을 달성하기 위하여 전형적인 경계영역을 넘어서 다양한 그룹들과 조직들을 반영구적인 방법으로 화해시키는 리더십"의 특징을 지닌다(김정인, 2017: 317).

2) 의사결정

조직 내 의사결정(decision-making)은 "개인, 집단 혹은 조직이 문제를 해결하기 위하여 목표를 설정하고, 설정된 목표를 달성하기 위하여 대안을 마련하며, 대안들 중에서 최적의 대안을 선택하는 과정"이다(민진, 2014: 330). 조직 내 의사결정은 개인과 조직이 어느 정도 합리적인 의사결정을 할 수 있는지가 관건이 된다.[20] 그러나 조직 내 합리적 의사결정은 시간부족, 조직 내·외부 상황의 급격한 변화(예: 외부환경의 불확실성), 정치적 제약 등으로 쉽게 이루어지지 못한다(Daft, 2016: 518). 이와 같이 현실은 개인이든 조직(집단)이든 '제한된 합리성'에 의해 의사결정을 할 수밖에 없는 것이다.[21] 이와 같이 제한된 합리성을 기반으로 한 대표적인 의사결정모형 중 개인 차원의 의사결정모형에는 만족모형, 전망모형이 있고, 조직 차원의 의사결정모형에는 앨리슨모형, 쓰레기통모형, 점증모형 등이 있다. 각각의 의사결정모형에 대해 살펴보면 아래와 같다.

먼저 개인 차원에서의 의사결정모형인 '만족모형(satisficing model)'이 있다. 만족모형은 사이먼(H. A. Simon)에 의해 주창되었으며, "합리적인 결정이나 최적의 대안을 선택하는 데는 여러 가지 현실적 제약이 있기 때문에, 어느 정도 만족할 만한 대안을 선택"하는 의사결정모형을 말한다(Simon, 1955; 김정인, 2018: 436). 만족모형에 따르면, 의사결정 역시 비용이 소모되는 행위이기 때문에 개인은 모든 대안을 탐색하지 않고 몇 개의 대안만을 탐색하게 되며, 대안탐색 순서 역시 무작위적이고 순차적으로 이루어진

---

20) 합리적 의사결정에 관한 논의는 본서 제15장 정책과정 부분을 참조하기 바란다.

21) 특히 리더를 포함한 조직구성원들의 의사결정은 지각과 귀인에 기반하는 경향이 크다. 지각이란 "개인이 감각적으로 느끼는 인상을 조직하고 해석하는 과정"이라고 할 수 있으며, 귀인은 "타인 행동의 원인이 내재적인지 아니면 외재적인지를 결정하는 노력"으로 정의할 수 있다(Robbins & Judge, 2014: 201; 김정인, 2018: 428-429).

다는 것이다. 그리고 만족모형에서는 개인의 효용을 추구하는 '경제인'적 인간관을 강조하는 합리모형과는 달리, 적정한 수준에서의 만족을 추구하는 '행정인'적 인간관을 강조한다(정정길 외, 2013: 445). 제한된 합리성을 기반으로 한 또 다른 개인 차원의 의사결정모형으로는 '전망모형(prospect model)'이 있다. 이는 행동경제학과 인지심리학에 기반한 의사결정모형으로, 전망모형은 "불확실성하에서 개인의 의사결정은 객관적·분석적으로 이루어지기보다 주관적 혹은 직관적 판단에 의해 이루어지는 경향이 있다"는 점을 강조한다(Kahneman & Tversky, 1979; 김정인, 2018: 437).[22]

조직 차원에서의 의사결정모형으로는 첫째, 앨리슨(Allison) 모형이 있다. 앨리슨 모형에서는 1960년대 초 발생한 쿠바 미사일 사태에 대응할 때 미국 정부의 의사결정에 합리모형, 조직과정모형, 정치모형 등이 활용되었다고 주장한다. 합리모형에 따르면 문제발생 시 문제해결 기준에 의거해 다양한 대안들을 체계적으로 검토하고, 합리적인 의사결정 기준에 의거해 최적의 의사결정을 할 수 있다고 본다. 이때 의사결정자의 역량이 중요한데 의사결정자는 모든 대안을 검토하고 대안들 중 최선의 대안이 무엇인지를 판단할 수 있는 역량을 가지고 있다고 가정한다. 정부에 있어서는 조직의 최고 리더가 국가와 국민 모두의 이익을 위해 합리적인 의사결정을 내릴 수 있는 브레인의 역할을 한다고 본다. 이때 정부의 정책대안은 통계기법 등 과학적 분석방법을 활용해 합리적으로 선택될 수 있다고 전제한다(김병섭 외, 2009: 248−249; 김정인, 2018: 437). 이에 비해 조직과정모형은 문제를 정의하고 대안을 탐색함에 있어서 조직의 하위조직들 간 합의에 의해 기존 표준운영방식이나 프로그램 레퍼토리를 조금씩 변경하는 가운데 의사결정이 발생한다고 본다. 조직과정모형은 합리모형과는 달리 제한된 합리성에 바탕을 둔 의사결정모형이라는 것이다(김병섭 외, 2009: 250−251; 김정인, 2018: 438).[23] 정치모형은 정부

---

22) "일반인들은 불확실한 상황에서 의사결정을 할 때 직관적 판단, 상식, 시행착오를 통한 경험적 발견법, 주먹구구식 판단, 발견적 학습을 바탕으로 의사결정을 하는 경향이 있다. 그리고 객관적 확률보다는 주관적인 확률에 의존하는 등 단순화된 발견기법인 휴리스틱(heuristic)에 의해 의사결정을 하기 때문에 체계적인 오류에 빠질 가능성이 높다. 휴리스틱은 시간이나 정보가 불충분하여 합리적인 판단을 할 수 없거나, 굳이 체계적이고 합리적인 판단을 할 필요가 없는 상황에서 신속하게 사용하는 어림짐작의 기술이다(정정길 외, 2013: 447−448)"(김정인, 2018: 437).

23) 이는 마치(J. G. March)와 사이먼의 조직모형(March & Simon, 1958) 및 사이어트(R. M. Cyert)와 마치의 회사모형(Cyert & March, 1963)과 같은 맥락이다. 이 두 의사결정 모형에 대한 자세한 내용은 김정인(2018: 439−440)을 참조하기 바란다.

정책을 결정하는 주체를 정책결정에 참여하는 개별 관료로 보며, 정책을 정치적 게임과 관련해 인식한다. 이는 합리모형에서 정부를 의사결정의 단일 주체로 인식하는 측면 그리고 조직과정모형에서 정부의 하위조직인 부처를 의사결정의 주체로 인식하는 측면과는 구별된다. 정부정책 의사결정에 참여하는 개인으로서의 관료는 자신의 이익을 강화하기 위해 게임의 규칙에 따라 상대와 경쟁·타협·협상 등을 한다(김병섭 외, 2009: 252－253; 김정인, 2018: 438).

코헨(M. D. Cohen)·마치(J. G. March)·올슨(J. P. Olsen) 등이 주장한 '쓰레기통모형(garbage can model)'은 "조직의 구성단위나 구성원 사이의 응집성이 아주 약한 혼란상태에서 이루어지는 의사결정의 특징을 강조하는 모형"이다(Cohen et al., 1972; 정정길 외, 2013: 489). 쓰레기통모형의 세 가지 의사결정 전제조건은 ① 문제성 있는 선호(참여자가 해결방안의 선호를 알 수 없음), ② 불명확한 기술(문제원인과 해결방안의 불명확한 인과관계), ③ 수시적 참여자(비정기적 참여)들이다. 이때 네 가지 흐름(문제의 흐름, 해결책의 흐름, 참여자의 흐름, 의사결정 기회의 흐름)들이 특정 계기(극적 사건)로 인해 합치될 때 의사결정이 발생한다는 것이다(정정길 외, 2013: 493－494). 이는 현대사회에서의 급격한 환경변화로 인해 정부에서도 쓰레기통모형에 입각한 의사결정이 증가하고 있는 사실을 통해서도 알 수 있다(예: 윤창호법24) 시행).

마지막으로, '점증모형(incremental model)'은 현실에 적용 가능한 합리성 추구 모형이다. 점증모형은 "기존 정책을 토대로 하여 그보다 약간 향상된 대안을 추구하는 점증적 방식으로 정책결정이 이루어진다는 이론모형"이다(정정길 외, 2013: 465). 의사결정은 기존 정책이나, 전년도 예산·전례·관례 등에 기초해 이를 부분적으로 수정하거나 결함을 교정하는 수준에서 결정된다는 것이다(이종수, 2010). 점증모형에서는 다원주의에 입각해 분할적·부분적·분산적으로 정책의사결정이 이루어진다는 점을 강조한다(정정길 외, 2013: 466－467). 또한 이는 "시간의 흐름에 따라 환류정보를 분석하여 잘못된 점이 있으면 수정·보완하는 식으로 연속적인 의사결정을 하는 것이 현실적이면서 동시에 가장 바람직한 의사결정 방법"이라고 주장하는 모형이다(Lindblom, 1959; 김정인, 2018: 441).

---

24) "음주운전으로 인명 피해를 낸 운전자에 대한 처벌 수위를 높이고 음주운전 기준을 강화하는 내용등을 담은 '특정범죄 가중처벌 등에 관한 법률(특가법) 개정안' 및 '도로교통법 개정안'을 말한다. 특가법 개정안은 2018년 11월 29일 국회에서 통과돼 그해 12월 18일부터 시행됐으며, 도로교통법 개정안은 2018년 12월 7일 국회를 통과해 2019년 6월 25일부터 시행"되었다(네이버지식백과, 2020).

합리모형은 이상을 추구하여 지나치게 비현실적이라는 점, 점증모형은 현실가능성을 중시하다 보니 지나치게 보수적이라는 점에서 비판을 받는다. 이에 이 두 모형의 한계점을 보완하고 장점을 살리기 위해 두 가지 모형을 결합한 의사결정모형이 등장하였다. 에치오니(A. Etzioni)의 혼합(탐색)모형(mixed−scanning model)과 드로어(Y. Dror)의 최적모형(optimal model)이 바로 그것이다(남궁근, 2017: 385). 우선 에치오니는 합리모형과 점증모형을 변증법적으로 통합하여 혼합(탐색)모형을 제시하였다. 혼합(탐색)모형은 공공정책이 합리모형에 기반을 둔 근본적 결정(fundamental decision)/맥락적 결정(contextual decision)과 점증모형에 기반을 둔 세부적 결정(bit decision)/세목적 결정(item decision)으로 구성됨을 강조하였다. 즉, 공공정책은 전반적이고 근본적인 방향에서 합리적으로 결정되며, 이러한 맥락하에서 세부적 정책들은 점증적으로 결정된다는 것이다(남궁근, 2017: 386). 이처럼 혼합(탐색)모형은 합리모형을 보다 현실적으로 접목하여 설명했다는 점에서 의의가 있으나, 합리모형과 점증모형의 장점을 모두 고려한 종합모형이라고 평가하기에는 한계가 있다.

드로어는 점증모형에 대해 이 모형은 과학이 아니라 타성(inertia)이라고 비판하면서 최적모형을 제시하였다(이하 남궁근, 2017: 389−390). 그는 정책결정체제 전반에서 어떻게 정책이 합리적으로 운영되어야 최적화될 수 있을까를 논의하였다. 이를 위해 그는 정책결정을 3단계[정책결정체제를 어떻게 설계할 것인가에 관한 상위정책결정(meta−policy−making), 합리모형의 결정과 유사한 정책결정(policymaking), 결정 이후 집행되고 평가되는 정책결정 이후(post−policymaking)]로 구분하였다. 이러한 3단계의 정책단계에서 정책결정의 최적화가 이루어지기 위해서는 개인의 합리적 결정뿐만 아니라 결정자의 직관, 통찰력, 판단 등 초합리성(extra−rationality)의 중요성도 강조하였다. 정책결정의 초합리성을 중시했다는 점에서 최적모형은 의의를 지니지만, 드로어가 강조하는 초합리성은 오히려 바람직한 의사결정을 저해할 수 있으며, 최적의 수준을 평가하기가 어렵다는 점에서 한계가 있다.

현실적으로는 합리적인 의사결정이 이루어지지 않는 경우가 많다. 이와 관련한 대표적인 예가 바로 집단사고(groupthink)이다. 집단사고는 "개인들이 집단을 형성하면서 각자의 목표와 주장을 펴지 못하고 집단의 결정 방향을 따르게 되는 특징적인 의사결정 성향"을 의미한다(김병섭 외, 2009: 265). 이는 제니스(I. Janis)가 쿠바 피그만 침공사례를 분석하면서 응집력이 강한 집단에서는 합리적인 의사결정이 나타나지 않고 집단사고가 발생할 수 있다는 주장을 펴는 가운데 학자들 사이에 공감을 얻기 시작했다(Janis, 1982).[25] 집단사고는 다음과 같은 원인에 의해 발생한다(이하 김병섭 외, 2009: 266-267). 첫째, 개인은 집단에 소속되기를 원하기에 과도한 충성(conformity)과 집단응집력(group cohe-siveness)을 중시하여 집단사고가 발생한다. 둘째, 집단사고는 집권적 의사결정 구조, 의사결정 관련 규칙과 절차의 부재, 동질적인 의사결정자들의 성향, 외부로부터의 고립된 상황 때문에 발생한다. 셋째, 의사결정자들이 외부로부터 위협이나 위기가 발생한다고 인식할 때 집단사고가 발생한다. 따라서 조직 내에서 집단사고가 발생하지 않도록 하기 위해서는 다음과 같은 방안을 고려할 수 있다(이하 Janis, 1982; 김병섭 외, 2009 267-268). 최고 의사결정권자는 의사결정 참여자들이 반대의견을 제시할 수 있도록 해야 하며, 조직 의사결정 사항은 외부에서 재평가할 수 있도록 해야 하고, 의사결정 참여자들의 적극적인 토론이 가능하도록 해야 한다. 다시 말해, 의사결정 과정에서 외부 전문가를 참여시켜 결정의 합리성과 타당성을 높이며, 대안 탐색 과정에서 악마의 대변인(devil's advocate)을 두어 반대의견을 개진하도록 하고, 조직을 2개 이상의 하위집단으로 나누어 각 집단들이 사전에 각자 토론한 뒤 전체적으로 의견을 조율하도록 하며, 최종 대안 도출 이후에도 간과되었던 문제들이 제기될 수 있도록 해야 한다.

3. 커뮤니케이션과 조직행태

1) 커뮤니케이션(의사전달)

커뮤니케이션은 "두 사람 이상 사이에 사실·생각·느낌의 교환을 통해 공통적 이해가 이루어지는 일련의 과정이나 행위"를 의미한다(민진, 2014: 391). 이는 "개인, 집단, 조직과 같은 사회적 주체들 간에 특정 의미가 담긴 메시지나 정보를 상호 교환해 공유하는 동태적 과정"인 것이다(김호섭 외, 2011: 260). 조직 내 커뮤니케이션 유형은 ① 공

---

25) 이하 자세한 논의는 후설하는 행정사례 연습을 참조하기 바란다.

식성에 따른 공식적 커뮤니케이션과 비공식적 커뮤니케이션, ② 조직 내 커뮤니케이션의 방향에 따른 상향적·하향적·수평적 커뮤니케이션, ③ 커뮤니케이션 방향에 따른 조직 내부 커뮤니케이션과 조직 외부 커뮤니케이션으로 구분할 수 있다(민진, 2014: 398-399). 그러나 최근에는 커뮤니케이션의 통로가 다양해지는 등 여러 가지 이유로 인해 커뮤니케이션 장애가 급증하고 있다. 그렇다면 커뮤니케이션의 장애요인은 무엇이며, 이에 대한 해결방안에는 어떤 것들이 있을까?

커뮤니케이션 장애요인은 크게 구조적 측면과 과정적 측면에서 살펴볼 수 있다. 첫째, 구조적 측면에서의 커뮤니케이션 장애요인은 ① 계층제(계층이 많아질수록 단계별 정보유실 및 왜곡현상 심화), ② 전문화(조직구성원 간 정보이해 부족), ③ 집권화(정보에 대한 능률적 처리 한계) 등이 있다. 둘째, 과정적 측면에서의 장애요인은 ① 전달하고자 하는 메시지의 내용이나 의미를 변화시켜 원래 의도대로 전달하지 않는 정보 왜곡(distortion), ② 전달자가 의도한 메시지의 일부만 전달하는 누락(omission), ③ 정보의 과부하(overload), ④ 메시지에 대한 낮은 신뢰로 인한 수용(acceptance) 거부 등이 있다(진종순 외, 2016: 192-194).

커뮤니케이션 장애요인 중 구조적 측면은 극복·개선에 있어 많은 시간과 비용이 소요된다. 이로 인해 가장 현실성 있는 커뮤니케이션 장애요인 극복방안은 주로 과정적 측면에 초점이 맞추어지게 되는 것이다. 과정적 측면에서의 커뮤니케이션 장애요인 극복방안으로는 첫째, 정보 왜곡과 누락을 극복하기 위해 정보전달에 있어서의 가외성(redundancy) 방법(여러 채널로 전달하고자 하는 정보를 반복 전달), 확증(verification) 방법(메시지를 정확하게 전달받았는지 확인), 통과(bypassing) 방법[커뮤니케이션의 불필요한 중간단계(예: 전달자) 제거], 사후검사(follow-up)와 환류(feedback) 방법(실제 메시지를 어떻게 받아들였는지를 확인) 등을 활용할 수 있다. 정보과부하를 극복하기 위해서는 정보량을 적절하게 표준화하거나 정보 중요도의 우선순위에 따라 정보처리 방법을 다양화하는 방안을 고려할 수 있다. 메시지에 대한 수용도를 높이기 위해서는 조직구성원 간 신뢰회복에 주력할 필요가 있다(김정인, 2018: 476-477). 이러한 다양한 방식으로 커뮤니케이션의 장애가 극복된다면 조직구성원들의 조직에 대한 만족도 등 조직행태는 더욱 긍정적으로 나타날 수 있을 것이다.

2) 조직행태

(1) 조직행태의 구성요소

조직구성원들의 행동,[26] 나아가 조직행태를 유형화하는 데 기여하는 요소로는 역할, 지위, 권력, 규범 등이 있다(오석홍, 2018: 262). 역할(role)은 "사회적인 관계에서 어떤 지위를 점하는 사람들이 해야 할 것으로 기대되는 행동의 범주"이며, 지위(status)는 "어떤 사회적 체제 속에서 개인이 점하는 위치의 비교적인 가치 또는 존중도"이다. 권력(power)은 "어떤 개인 또는 집단이 다른 개인 또는 집단의 행동에 영향을 미칠 수 있는 능력"을 의미하며, 규범은 "역할·지위·권력의 실체와 상호관계를 당위적으로 규정"하는 것이다(오석홍, 2018: 262, 263, 266, 271). 이들의 관계는 [그림 7-4]와 같이 제시될

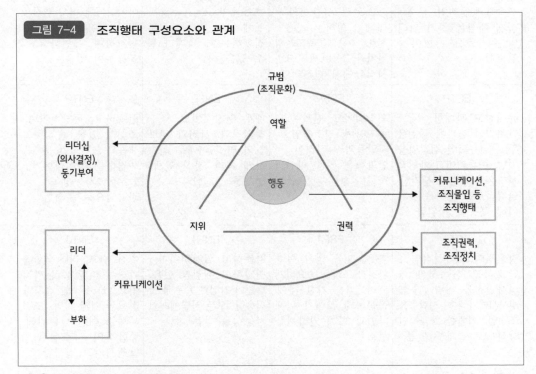

그림 7-4 조직행태 구성요소와 관계

출처: 오석홍(2018: 263) 재구성.

---

26) 조직구성원은 조직의 중요 구성요소 중 하나이다.

표 7-4 16가지 MBTI 유형

ISTJ	ISFJ	INFJ	INTJ
조용, 심각, 철저함, 신뢰성, 책임성 강조. 실현되어야 할 것을 논리적으로 결정하고 방해가 있더라도 실현을 위해 끊임없이 노력	조용, 친절, 책임성, 성실, 근면, 충성스러움, 이해심, 주의깊음 강조. 그들에게 중요한 사람들을 세세하게 기억함. 타인의 감정에 관심을 가짐	아이디어, 관계, 물질적 소유에서 의미와 연관성을 찾음. 무엇이 동기를 부여하고 영감을 주는지 알고 싶어함. 그들의 확고한 가치를 달성하기 위해 진지하고 헌신적임	독창적인 생각과 아이디어를 집행하고, 목표를 달성하기 위한 추진력을 지님. 외부 사건의 패턴을 쉽게 파악하고 장기적인 관점을 발전시킴. 헌신적으로 일하며 끝까지 실행함
ISTP	ISFP	INFP	INTP
문제가 드러날 때까지 참을성 있고, 유연하고 조용함. 실현 가능한 해결책을 찾기 위해 신속하게 움직임, 문제의 실제 핵심을 찾기 위해 많은 자료를 기꺼이 검토함	조용, 친절, 민감함. 현재와 주변에서 일어나고 있는 일을 즐김. 자신만의 공간을 갖고 스스로의 시간계획 내에서 일하는 것을 선호 충성스럽고 그들의 가치와 그들에게 중요한 사람들에게 헌신적임	이상적이고 그들에게 중요한 사람들에게 충성. 가치에 부합하는 형식적인 삶을 원함. 호기심 많고, 가능성을 쉽게 보며, 아이디어를 집행하는 데 촉매가 될 수 있음	관심있는 모든 것에 대한 논리적인 설명을 원함. 이론적이고 추상적이며, 사회적인 관계보다 아이디어에 더욱 관심을 지님. 조용하고, 침착하며, 유연하고, 융통성이 있음
ESTP	ESFP	ENFP	ENTP
유연하고 관대함. 단기적인 결과에 중점을 두고 실용적인 접근법을 지님. 이론적이고 개념적 설명은 지루하게 생각함. 열정적으로 문제를 풀기 위해 행동하길 원함	외향적이고, 친절하고, 솔직하며, 열정적임. 사람들과 물질적인 안락함을 우선. 타인과 함께 일하는 것을 즐김	매우 열정적이고 창의적임. 사건과 정보 간의 연결을 매우 신속하게 처리. 자신 있게 업무를 진행함	신속하고, 독창적이며, 조심성 있음. 솔직하고 새롭고 도전적인 문제를 해결하는 아이디어가 풍부함. 가능성을 전략적으로 분석함
ESTJ	ESFJ	ENFJ	ENTJ
현실적이고 사실적임. 단호하고 신속하게 의사결정을 내림. 일을 성사시키기 위해 사람들을 조직함. 최대한 효율적인 방식으로 결과를 얻음	따뜻한 마음, 양심, 협력, 환경과 조화를 중요하게 고려. 일을 기한 내에 꼼꼼하게 끝내기 위해 타인과 함께 일하기를 선호	따뜻하고 열정적이며, 민감하고 책임감 있음. 타인의 감정과 욕구에 잘 적응함. 모든 사람에게서 가능성을 찾음	솔직, 단호, 리더 역할을 기꺼이 떠맡음. 논리적이고 비효율적인 절차와 정책을 쉽게 파악. 조직 문제를 해결하기 위해 종합적인 시스템을 발전시키고 집행함

출처: 진종순 외(2022: 51).

수 있다. 조직구성원들의 유형화된 행동은 역할, 지위, 권력에 의해 부여되며 이는 규범에 영향을 받는다는 것이다.

조직구성원들의 조직행태는 개인들이 지닌 성격(personality)에 의해 영향을 받는다. 특히 성격은 개인의 행동을 예측하는 데 기여하며, 개인의 성격에 따라 직무만족, 스트레스, 직무성과 전반에 영향을 줄 수 있다(진종순 외, 2022). 성격연구의 선구자로 꼽히는 융(C. G. Jung)의 이론에 기반한 브릭스(K. C. Briggs)와 마이어스(I. B. Myers)가 공동 개발한 성격 유형 검사 지표인 MBTI(Myers-Briggs Type Indicator)가 최근 한국에서도 많은 관심을 받고 있다.[27] 이는 사람의 성격 유형을 16가지로 분류하고 사람이 어떤 선호를 가졌는지를 4가지 대립되는 선호차원[(E)외향성(Extroversion)-(I)내향성(Introversion), (S)감각형(Sensing)-(N)직관형(iNtuition), (T)사고형(Thinking)-(F)감정형(Feeling), (J)판단형(Judging)-(P)인식형(Perceiving)]에서 4개의 알파벳 글자 조합으로 표시하는 것이다(한국행정용어사전, 2020). 이 유형은 개인이 선호하는 관심, 흥미, 반응, 동기, 기술 등을 나타내준다.

(2) 조직행태의 의미와 영향

조직행태는 '조직구성원들의 직무에 대한 태도'라고 정의할 수 있다(김정인, 2018: 447). 조직구성원들의 직무에 대한 태도에 따라서 조직성과가 달라질 수 있기 때문에 조직행태를 어떻게 관리하는가는 조직관리의 핵심이 된다. 즉, 조직구성원들의 직무태도가 긍정적인가 부정적인가에 따라서 조직성과가 달라질 수 있는 것이다. 따라서 조직행태를 긍정적 직무태도와 부정적 직무태도로 나누어 살펴볼 수 있다.

긍정적 직무태도로 분류될 수 있는 대표적인 개념으로는 직무몰입(job involvement), 심리적 임파워먼트(psychological empowerment), 조직시민행동(Organization Citizenship Behavior, OCB), 조직몰입(organizational commitment), 조직지원인식(Perceived Organizational Support, POS), 직무열의(employee engagement), 직무만족(job satisfaction) 등이 있다. 직무

---

27) 그러나 최초의 MBTI 매뉴얼은 1962년에 출판되었으며, 평가도구의 유효성과 신뢰성이 다소 낮고, 측정 문항들이 독립적인 항목으로 구성되어 있지 않다는 측면에서 일부 학자들로 부터 MBTI에 대한 비판이 제기된다(Thyer & Pignotti, 2015). 또한 최근에는 한국 사회에서 MBTI를 채용에 활용하는 등 이를 지나치게 맹신하는 분위기가 조성되고 있어 CNN 등의 외신에서도 우려를 표하고 있다(머니S, 2022; YTN, 2023). MBTI 역시 하나의 조사도구일 뿐 이에 전적으로 의존하여 조직과 개인을 진단하고 관리하는 것은 적절하지 못하다.

몰입과 심리적 임파워먼트는 직무에 대한 관심도가 높아지면 조직구성원들의 적극적이고 자발적인 업무처리 능력이 증가한다는 것을 의미한다(김정인, 2018: 453). 조직시민행동은 이타성(altruism), 예의성(courtesy), 스포츠맨십(sportsmanship), 시민의식(civic vir-tue), 양심성(conscientiousness) 등의 하위요소로 구성되며 이는 조직성과에 긍정적인 영향을 미친다(Organ, 1988). 조직몰입은 마이어(J. P. Meyer)와 앨런(N. J. Allen)이 제시한 '정서적 몰입, 지속적 몰입, 규범적 몰입'(Meyer & Allen, 1991)과 레이셔스(A. E. Reichers)가 제시한 '타산적 몰입, 행위적 몰입, 태도적 몰입'(Reichers, 1985) 등으로 분류된다(김정인, 2018: 454). 조직몰입은 조직효과성과 조직성과를 증진시키는 데 도움이 되며, 조직몰입 자체가 중요한 목표가 될 수도 있다. 조직지원인식은 조직 내 보상이 공정할 때, 의사결정과정에 적극적으로 참여할 때, 상사가 적극적으로 지원할 때 높게 나타나는 경향이 있다(Robbins & Judge, 2014: 91). 직무열의는 조직구성원들의 헌신적인 태도를 의미하며, 직무열의가 높을수록 구성원의 상하관계가 원만해진다. 직무만족은 직무에 대한 호의적인 태도로서 직무만족이 높은 조직구성원들은 동기부여가 강화되고, 이로 인해 조직생산성도 향상될 수 있다고 본다(김정인, 2018).

이에 비해 부정적 직무태도도 고려할 필요가 있다. 부정적 직무태도에는 인지부조화(cognitive dissonance), 감정부조화(emotional dissonance), 직무 스트레스(job stress), 직무소진(burnout), 이직의도(turnover intention)[28] 등이 있다. 보다 구체적으로 설명하면 인지부조화는 개인이 두 가지 이상의 태도를 지니거나 혹은 행동 사이의 불일치를 나타내는 현상이기 때문에 이는 개인의 심리적 긴장, 스트레스에 영향을 주어 개인성과와

---

28) 최근 들어 저연차 젊은 공무원들의 이직이 증가하고 있다. 2022년 인사혁신통계연보에 의하면 지난 5년간(2017~2021년)의 공무원 의원면직자 수는 2017년 3,255명, 2018년 3,837명, 2019년 4,210명, 2020년 4,255명, 2021년 5,052명으로 매년 증가하고 있다(인사혁신처, 2022b). 특히 지난 2021년에는 국가공무원 중 총 14,312명이 의원면직했으며, 이 중 일반직 5급 이하 공무원이 3,465명으로 전체 의원면직 일반직공무원의 68.5%를 차지하고 있다(인사혁신처, 2022b). 그리고 재직기간 5년 미만인 젊은 공무원의 조기퇴직 인원은 2019년 2,540명, 2020년 3,526명, 2021년에는 4,342명으로 증가하여 2021년의 경우 조기퇴직 공무원 중에서 20대와 30대의 비율이 81.1%로 나타나 대부분을 차지하고 있다(머니투데이, 2023; 인사혁신처, 2023b). 저연차 신임공무원의 이직이 증가하는 원인은 복합적으로 발생한다. 개인적 차원에서는 젊은 공무원의 가치관 변화, 조직적 차원에서는 공직에서의 일하는 방식한계와 공정한 보상 미흡, 사회적 차원에서는 민원 스트레스 증가 및 공직 선호도 감소가 주요 원인으로 제기된다. 따라서 이를 해결하기 위해서는 공직사회 전반에서의 인식 개선, 공정한 보상문화 확립, 안전한 민원환경 확립 등이 필요하다(김정인, 2021).

조직성과에 부정적인 영향을 미칠 수 있다(김정인, 2018: 449). 또한 감정부조화는 개인이 내면적으로 느끼는 감정과 드러나는, 즉 외부로 나타나는 감정의 부조화로서 이는 개인의 스트레스를 증가시키고 업무에 부정적인 영향을 미친다.[29] 직무 스트레스, 직무소진, 이직의도 모두가 부정적인 직무태도이다. 단기적으로 발생하는 직무 스트레스가 지속되면 직무소진으로 전이되고, 직무 스트레스와 직무소진이 높을 경우 구성원이 조직을 떠나고자 하는 의향은 증대된다. <표 7-5>에서는 조직관리에서 중요하게 고려해야 할 조직행태의 주요 개념과 특징을 정리하여 제시하고 있다.[30]

표 7-5	**조직행태 주요 개념과 특징**[31]		
	조직행태	개념	특징
긍정적 직무 태도	직무몰입 (job involvement)	개인이 심리적으로 자신을 직무와 동일시하고 자신이 보여 주는 성과를 자신의 가치매김에 있어서 중요한 요소라고 여기는 수준	• 자발적이고 능동적인 업무처리 • 조직시민행동 증가
	심리적 임파워먼트 (psychological empowerment)	자신의 직무환경, 역량, 직무에 대해 의미를 부여하는 정도, 지각된 자율성 등에 대한 신념수준	• 자신의 직무에 대한 자율성과 자각성 증진 • 조직시민행동 증가
	조직시민행동 (Organization Citizenship Behavior, OCB)	조직구성원들의 자발적인 역할과 행동을 통해 조직의 효과성을 달성	• 역할 외 활동 • 조직효과성 증진
	조직몰입 (organizational commitment)	특정 조직 및 그 조직의 목적과 자신을 동일시하는 수준으로서 조직의 구성원으로 남고자 하는 의사	• 정서적 몰입, 지속적 몰입, 규범적 몰입으로 구분 • 조직성과와 조직효과성 향상 • 조직몰입 자체가 목표

---

29) 특히 감정부조화는 "직무상 대인 간의 상호작용이 이루어지는 동안 종업원이 조직 차원에서 바라는 감정을 표현하는 상황"인 감정노동을 하는 감정노동자들에게서 많이 나타난다(김정인, 2018: 462).

30) 이 외에 조용한 사직(quiet quitting)이라는 부정적인 조직행태가 코로나19 팬데믹 이후 조직구성원들 사이에서 발생하고 있다. 이는 "근로자들이 그들에게 주어진 업무를 수행하는데 있어 제한된 헌신만을 하며 그들의 직무기술서에 적시되지 않은 업무를 수행하지 않는 업무관"을 의미한다(Zenger & Folkman, 2022: 900). 이 용어는 2009년 베네수엘라에서 개최된 경제학 심포지엄에서 Mark Boldger에 의해 처음 제시되어 코로나19 팬데믹 이후 전 세계적으로 유행처럼 퍼져 나갔다(김정인, 2022).

31) 각각의 조직행태에 대한 보다 구체적인 내용은 김정인(2018)을 참조하기 바란다.

	조직지원인식 (Perceived Organizational Support, POS)	조직에서 그들의 공헌에 대한 가치를 부여하고 종업원 복지에 대한 관심을 갖고 있다고 믿는 정도	• 조직시민행동이 높아짐 • 고객서비스가 긍정적이 되고, 근무태만이 낮아짐
	직무열의 (employee engagement)	자신이 수행하고 있는 일에 대한 몰입도와 만족도 및 열정을 모두 포함한 헌신	• 구성원들의 헌신적인 태도 • 직무열의는 원만한 구성원의 상하관계에 기여
	직무만족 (job satisfaction)	개인의 직무특성에 대한 평가결과로 나타나는 긍정적 감정	• 직무에 대한 호의적인 태도 • 동기부여가 증가되어 조직생산성 향상
부정적 직무 태도	인지부조화 (cognitive dissonance)	개인이 가진 두 가지 이상의 태도 혹은 행동 사이의 불일치	• 심리적 긴장 혹은 심리적 갈등과 스트레스 유발 가능
	감정부조화 (emotional dissonance)	사람들이 느끼고 있는 감정과 보여 주어야 할 감정 간의 불일치	• 스트레스 증가 • 업무에 부정적인 영향
	직무 스트레스 (job stress)	조직구성원들이 근무하는 조직에서 요구되는 직무요건과 그들의 능력, 역량, 자원, 바람 등에 불일치 현상이 발생할 때 일어나는 부정적인 신체적·정서적 반응	• 일시적이고 단기적인 현상 • 지속되면 직무소진 발생
	직무소진 (burnout)	조직 내 구성원들에게 장기적으로 발생하는 정서적·정신적· 신체적 탈진 및 고갈현상	• 조직구성원들이 직무로부터 느끼는 피로감과 탈진 • 이직의도로 확대 가능
	이직의도 (turnover intention)	현재 근무하는 조직을 떠나고자 하는 의향	• 조직의 위기 가능성 • 조직 내에 불성실한 업무분위기가 조장됨

출처: 김정인(2018).

ChatGPT와 함께 하는 **7장**의 **주요 개념** 정리

1. 공공조직의 리더십과 민간조직의 리더십
- 공공조직과 민간조직의 리더십에는 일부 유사점과 몇 가지 차이점이 있음
- 공공조직과 민간조직의 리더십 차이점은 조직의 성격과 목적에 따른 것으로, 리더십은 조직의 목표와 환경에 따라 적용되어야 함

구분		공공조직 리더십	민간조직 리더십
유사점		• 비전과 목표 설정: 공공조직과 민간조직의 리더들은 조직의 비전과 목표를 설정하고 전략적 방향을 결정하는 데 공통적으로 참여함 • 의사소통 및 팀 빌딩: 두 유형의 리더십은 효과적인 의사소통과 팀 빌딩이 중요하다는 점에서 유사함. 조직 내부 및 외부와의 소통이 중요하며, 팀의 효율성을 높이기 위해 리더는 팀원 간의 협력을 장려해야 함 • 자원 관리: 리더는 자원을 효과적으로 관리하여 조직의 목표를 달성하기 위해 노력함. 이는 예산, 인력, 기술 등을 포함함 • 결정과 실행: 리더들은 결정을 내리고 실행하기 위해 조직 내부에서 책임을 짐. 전략적인 방향 설정과 실행이 필요함	
차이점	공공성과 공익	• 공공조직의 리더십은 공익과 사회적 가치에 중점을 둠. 이들은 국가 또는 지역의 공공목적을 달성하고 국민의 복리를 증진시키기 위해 노력함	• 민간조직의 리더는 공공성과 공익보다 기업의 이윤을 추구함
	정책 및 법규 준수	• 공공조직의 리더는 정부의 정책과 법규를 준수해야 함 • 이는 조직의 의사결정에 법적 제약이 따르는 특징을 나타냄	• 민간조직의 리더는 때로는 정부정책이나 법규를 미준수하면서 기업 이윤을 극대화하고자 함
	사회 책임과 투명성	• 공공조직 리더십은 사회적 책임을 강조하며 투명성을 중시함 • 공공조직 리더는 국민에 대해 책임이 있고, 공개적인 의사결정과 프로세스가 요구됨	• 민간조직 리더십은 해당 조직 구성원들에게 책임이 있음
	이익추구 vs. 공익추구	• 공공조직의 리더는 이윤 추구보다는 공익과 사회적 책임을 강조함	• 민간조직의 리더는 주로 이윤을 추구하는 방향으로 리더십을 발휘함
	경쟁과 독점	• 공공조직 리더십은 독점적인	• 민간조직 리더십은 경쟁과

| | 역할이나 경쟁보다는 협력과 협조를 중시 | 시장에서의 경쟁력을 중시하고, 독점적인 위치를 구축하는 데 주력 |

출처: ChatGPT(2023). '공공조직의 리더십과 민간조직의 리더십의 유사점과 차이점은 무엇인가?' 질문으로 검색한 내용 저자 정리(일부 내용 보완 작성).

2. 공공조직과 민간조직의 커뮤니케이션

구분	공공조직	민간조직
목적 및 대상	• 커뮤니케이션은 국민, 정부 간, 그리고 다양한 이해관계자들과의 상호 작용을 포함함 • 공공조직은 정부의 정책과 서비스에 대한 정보 전달이 중요하며, 투명성과 공개성이 강조됨	• 주로 소비자, 고객, 파트너, 주주 등과의 관계에 중점을 둠 • 커뮤니케이션은 제품 또는 서비스에 대한 마케팅, 판매, 고객 지원 등과 관련이 있음
투명성과 공개성	• 공공조직은 투명성과 공개성을 강조하여 국민에게 공공 정보를 공개하고 의사결정 프로세스를 투명하게 유지하려고 노력함	• 민간조직도 투명성이 중요하지만, 공공조직에 비해 개인적인 비즈니스 정보와 전략적인 내용을 덜 공개하는 경향이 있음
커뮤니케이션 채널	• 언론, 정부 웹사이트, 공지사항 등을 통해 대중에게 정보를 전달하는데 중점을 둠 • 정부 공식 채널을 통해 공공 서비스와 관련된 정보를 널리 알리려고 함	• 광고, 소셜 미디어, 고객 지원센터 등을 통해 제품 또는 서비스에 대한 정보를 소비자와 고객에게 전달함
의사결정과 의사소통 구조	• 공공조직은 의사결정 구조가 상대적으로 계층적이며 정형화된 특징이 있음 • 의사결정 과정은 종종 정부의 정책 및 법규에 따라 이루어짐	• 민간조직은 더 유연하고 탄력적인 의사결정 구조를 가질 수 있으며, 변화에 빠르게 대응할 수 있음
커뮤니케이션 목적	• 주로 국민에 대한 서비스 제공, 정책 설명, 사회적 캠페인 등의 목적으로 커뮤니케이션을 진행	• 제품 또는 서비스의 홍보, 마케팅, 고객 유치, 이익 증진 등의 목적으로 커뮤니케이션을 진행

출처: ChatGPT(2023). '공공조직과 민간조직의 커뮤니케이션 차이는 무엇인가?' 질문으로 검색한 내용 저자 정리.

행정사례 연습

■ **조직 내 집단사고 사례**

집단사고로 인해 실패로 끝난 미국의 쿠바 침공사례

　　1961년 J. F. Kennedy 정부 시절 미국은 쿠바의 공산정부를 무너뜨리기 위해 쿠바 침공을 계획한다. 쿠바 침공 결정을 위한 대통령 특별자문위원회는 당시 국무장관 Dean Rusk, 국방장관 Robert McNamara, CIA 국장 Douglas Dillon 등 당시 미국에서 최고의 재능을 가진 고위공직자들이 참여했지만 미국에서 가장 추앙받지 못한 결정을 내림으로써 역사적으로 실패한 사례로 회자되고 있다. "미국은 쿠바를 침공해야 하는가?"에 대한 결정을 내리는 과정에서 Arthur Schlesinger 등 반대자들의 의견은 묵살되고 결국 CIA의 "쿠바 침공 예스"라는 결정이 받아들여졌다. 이 자문위원회는 침공 지점으로 쿠바 남쪽의 피그만을 선정했다. 쿠바 국민들로부터 환영을 받으며 독재자 Fidel Castro를 축출하고 미국에 호의적인 지도자가 쿠바정권을 장악할 것으로 예상했다. 그러나 그 예상은 1961년 4월 17일 침공 첫날부터 깨지기 시작했다. 쿠바의 공군은 미국 탄약 수송선을 한 방에 격침시켰으며, 공중지원에 나선 미국 공군기도 격추시켜 버렸다. CIA는 쿠바군을 얕잡아 보아 상륙한 미군 1,400명 중 200명이 전사하고, 나머지 1,200명은 포로로 잡혔다.

출처: 김병섭 외(2009: 268).

■ **사례의 의의**

　　본 사례는 조직 내 대표적인 의사결정 실패 현상을 보여주고 있으며, 집단사고의 사례로 제시된다. 조직 내 각 개인은 뛰어난 능력과 통찰력을 지녀 합리적인 의사결정을 할 수 있다고 여겨지지만, 이들이 모인 조직에서는 오히려 전혀 다른 방식의 의사결정이 이루어질 수 있다는 것이다. 미국의 쿠바 침공사례에서 보듯이 미국 내 가장 뛰어난 전략가들이 모인 조직에서도 과도한 충성으로 인해 다양한 의견을 제시하지 못하고, 소수 의견을 경청하지 않은채 이를 묵살하였으며, 극비리에 의사결정을 하다 보니 외부환경으로부터 고립되어 결국에는 집단사고와 같은 가장 비합리적인 의사결정을 하게 된 것이다.

제8장

동기부여와 조직혁신

본 장에서는 효과적인 조직관리를 위한 동기부여 이론에 대해 설명하고 이에 기반한 조직구성원 동기부여 전략을 살펴본다. 특히 조직구성원들의 욕구, 동기부여 달성 과정, 직무 특성 등을 고려한 동기부여 방안에 대해 설명한다. 그리고 성공적인 조직혁신을 달성하기 위해 필요한 절차를 살펴본다. 한국 정부조직에서의 대표적인 조직혁신 방안으로 적극행정과 협업을 살펴본다.

1. 조직구성원 동기부여
2. 조직혁신

제8장

동기부여와 조직혁신

핵심 학습사항

1. 동기부여이론에는 어떤 것이 있으며, 각각의 특징은 무엇인가?
2. 동기부여 이론에서 내용론과 과정론의 차이점은 무엇인가?
3. 공공조직 내 특수한 동기부여이론에는 무엇이 있는가?
4. MZ세대의 동기부여 특징은 무엇인가?
5. 조직혁신과 조직진단의 의의는 무엇인가?
6. 조직혁신모형에는 어떤 것이 있는가?
7. 적극행정은 무엇이며, 적극행정을 저해하는 원인(소극행정 발생원인)에는 어떤 것들이 있는가?
8. 협업의 의미와 정부조직 간 협업이 저해되는 원인은 무엇인가?

1. 조직구성원 동기부여

1) 동기부여의 의미와 중요성

(1) 동기부여의 개념 및 중요성

동기(motive)란 "사람의 행동을 활성화시키고 지속시키는 외적 자극과 내적 조건"을 일컫는다. 즉, 동기부여(motivation)는 "동기를 유발시킬 수 있는 외적 자극과 내적 조건들을 조직의 목표에 부합할 수 있도록 유지하고 관리해 나가는 활동"이다(유민봉·박성민, 2013: 373). 동기부여의 중요성은 개인과 조직 차원에서 설명할 수 있다(이하 김정인, 2018: 652).[1] 개인 차원에서 동기부여는 첫째, 조직구성원들이 조직이나 직무와 관련해

---

1) 그러나 동기부여이론에 대한 비판이 제시되기도 한다. 동기부여이론은 조직구성원들의 개인적 삶의 중요

적극적으로 행동하는 이유를 설명하는 데 도움을 준다. 둘째, 조직구성원들의 학습행동을 설명하는 데 기여한다. 셋째, 동기부여를 통해서 다양한 인간의 행동원인을 분석하는 데 도움을 준다(진종순 외, 2022). 조직 차원에서 동기부여는 첫째, 조직의 생산성 또는 성과달성에 중대한 영향을 미친다. 조직구성원들이 어떤 동기부여 기제에 의해 어느 정도로 동기부여 되는지에 따라 조직생산성이 달라질 수 있는 것이다. 조직구성원들의 직무수행 능력과 동기부여에 따라서 직무성과가 결정될 수 있다(Hersey & Blanchard, 1972).[2] 둘째, 조직구성원들의 동기부여는 조직 차원에서 학습의 필요성을 제시해 준다. 신고전적 조직이론학자(예: Barnard, 1938)들이 주장하듯이 개인과 조직 간 유인책(inducement)과 공헌(contribution)이 균형을 이룰 때 개인과 조직은 함께 성장·발전할 수 있는 것이다. 따라서 동기부여는 개인과 조직이 상호 학습해야 하는 필요성을 일깨워 준다. 이와 같이 동기부여는 개인과 조직 차원 모두에 긍정적인 영향을 미친다고 할 수 있다(박경규, 2016: 482).

(2) 동기부여의 구성

조직구성원들에 대한 동기부여는 내재적 동기부여(intrinsic motivation)와 외재적 동기부여(extrinsic motivation)로 구성된다. 내재적 동기부여는 "개인의 내적 요인에 의해 자발적으로 발생되는 동기로서 직무를 수행할 때 개인이 느끼는 즐거움, 개인의 성취, 흥미, 만족감 등의 긍정적 감정상태"(유민봉·박성민, 2013: 375)를 의미하며, 외재적 동기부여는 비자발적인 동기로서 주로 보상과 같은 외부적 요인(진종순 외, 2022)을 말한다. 내재적 동기부여와 외재적 동기부여의 특징은 <표 8-1>과 같이 제시될 수 있다. 내재적 동기부여와 외재적 동기부여는 때로 서로 상충하여 상호 구축효과(crowding-out effect)를 유발시킬 수 있다(Frey, 1997). 그러나 두 가지 동기부여가 항상 상충되는 것은 아니다. 조직구성원들이 담당하는 직무의 자율성이 높게 보장될 때 내재적 동기부여와 외재적 동기부여는 비로소 조화를 이룰 수 있다(Ryan & Deci, 2000; 김정인, 2018: 654).[3]

성보다는 조직의 생산성 증진만을 고려한다는 비판이 제기된다(김병섭 외, 2009: 387).

2) 같은 능력을 지닌 조직구성원들이라도 동기부여 수준에 따라 성과가 약 ±30% 정도 차이날 수 있다고 한다(박경규, 2016: 481).

3) 이는 '자기결정이론(self-determination theory)'으로 설명될 수 있다(Deci & Ryan, 1985). 한쪽 극단에는 내재적 동기부여가 존재하고 다른 한쪽 극단에는 무동기(amotivation, 동기가 전혀 없음)가 존재하며, 그

| 표 8-1 | 내재적 동기부여와 외재적 동기부여 비교 |

내재적 동기부여	외재적 동기부여
① 인간 내면으로부터 발생 ② 책임감의 감정을 느낌 ③ 무언가를 달성한다는 그 목적 자체 때문에 업무수행 ④ 자존감(self-esteem)과 관련된 업무수행 ⑤ 업무수행 자체를 즐김 ⑥ 개인 자체의 성장에 초점 ⑦ 개인이 행위의 주체가 됨	① 인간 외면으로부터 발생 ② 더 높은 보상, 위치, 상태를 유지하려는 감정 ③ 그들의 위치 또는 상태를 확인하려는 감정 ④ 상급자로부터의 인정을 중요시함 ⑤ 업무수행을 완성한 후 주어지는 보상에 초점을 둠 ⑥ 인간이 통제할 수 없는 외부적인 것 ⑦ 개인이 행위의 객체가 됨

출처: 진종순 외(2022: 124).

2) 동기부여이론

(1) 동기부여이론 형성과 발달

동기부여이론은 신고전적 조직이론인 인간관계론을 기반으로 형성되었다. 대표적으로 호손 실험의 조직생산성 증진을 위한 사회적 욕구 충족의 중요성 강조, 그리고 버나드(C. Barnard)의 조직구성원에 대한 유인(誘因) 제공 필요성 강조로부터 동기부여이론이 시작되었다. 그러나 동기부여이론을 본격적으로 연구한 것은 후기인간관계론 이후이다(김병섭 외, 2009: 387). 즉, 동기부여이론은 1950년대 이후 본격적으로 논의되었는데, 대표적인 동기부여이론은 내용론(content theory)과 과정론(process theory)이다. 전자인 내용론은 고전적 동기부여이론으로, 인간의 동기부여를 유발하는 내용(욕구)이 무엇인가를 분석하는 데 초점을 맞추었다면, 과정론은 현대적 동기부여이론으로, 조직 내에서 조직구성원들의 동기부여 형성과정을 중요하게 고려한다(김정인, 2018: 654-655). 즉, 내

사이에 외재적 동기부여가 존재한다. "외재적 동기부여는 외부조절(external regulation), 내사된 조절(introjected regulation), 동일화된 조절(identified regulation), 통합된 조절(integrated regulation)로 구성된다. 세 가지 동기는 연속선상에 존재하며 자기결정력은 내재적 동기부여로 이동할수록 커지며 무동기 쪽으로 갈수록 작아진다. 반면에 외재적 동기부여는 기본적 욕구(basic psychological needs)에 영향을 받는데, 이는 자율성(autonomy)에 대한 욕구, 유능성(competence)에 대한 욕구, 관계성(relatedness)에 대한 욕구에 의해 결정된다. 이 세 가지 욕구가 충족될 때 기본적 욕구가 충족되고, 자율성이 증가하며, 이로 인해 자기결정력이 증가된다는 것이다"(이민희·정태연, 2008: 78-79; 김정인, 2018: 654).

용론은 동기부여의 기초가 되는 '욕구와 유인'의 내용에 중점을 두며, 과정론은 동기부여 유발의 '과정'에 중점을 둔다(오석홍, 2018: 96). 내용론과 과정론 외에도 '직무'가 동기부여에 영향을 미칠 수 있다는 직무이론이 있다(이창길, 2019: 340; 백종섭 외, 2018: 251). 직무이론으로는 직무특성이론과 공직봉사동기가 있다.

(2) 내용론의 발달과 주요 이론

① 내용론의 특성

내용론은 "사람 마음 속의 무엇(what)이 개인의 행동을 유지 혹은 활성화시키는가 혹은 환경 속의 무슨 요인이 사람의 행동을 움직이게 하는가"를 연구하는 것이다(강성철 외, 2018: 446). 즉, 내용론은 "무엇이 사람들의 동기를 유발하는가에 관심을 두고 욕구와 욕구에서 비롯되는 충동, 욕구의 배열, 유인 또는 달성하려는 목표" 등을 설명하며(오석홍, 2018: 96), 사람이 가장 중요하게 고려하는 욕구가 무엇인가를 밝혀내고 이를 유형화하는 것이다(김정인, 2018: 655). 특히 내용론에서 가장 중요하게 고려하는 개념이 바로 '욕구'이다. 욕구(needs)는 "인간이 어떤 시점에서 경험하는 결핍(deficiency)에서 비롯되는 필요 또는 갈망"으로서, 결핍된 욕구가 충족될 때 동기부여가 된다는 것이다(오석홍, 2018: 94−95). 이와 같이 개인 차원의 욕구를 어떻게 조직 차원의 동기로 전환할 수 있

매슬로
(1908~1970)[4]

앨더퍼
(1940~2015)[5]

허츠버그
(1923~2000)[6]

맥클랜드
(1917~1998)[7]

맥그리거
(1906~1964)[8]

---

4) 출처 https://medium.com/@jhjd49/abraham−maslow−fd460b184cad
5) 출처 https://www.toolshero.com/toolsheroes/clayton−alderfer/
6) 출처 https://www.bl.uk/people/frederick−herzberg
7) 출처 https://en.wikipedia.org/wiki/David_McClelland
8) 출처 https://azinahnartey.wordpress.com/2012/12/21/behavioral−approach−to−motivation/

을 것인지가 내용론의 가장 큰 관심사였다(김정인, 2018: 655). 내용론에 해당하는 주요 동기부여이론으로는 매슬로(A. H. Maslow)의 욕구계층이론, 앨더퍼(C. Alderfer)의 ERG이론, 허츠버그(F. Herzberg)의 2요인이론, 맥클랜드(D. McClelland)의 성취동기이론, 맥그리거(D. McGregor)의 X·Y이론이 있다.

② 내용론의 세부이론

첫째, 매슬로의 욕구계층이론(needs hierarchy theory)은 임상실험을 통해 인간이 공통적으로 지니는 가장 중요한 욕구를 다섯 계층으로 나누고 이를 실제 조직에 적용하고자 한 동기부여이론이다(김정인, 2018). 매슬로가 제시한 다섯 가지 욕구는 [그림 8-1]과 같다. 첫 번째 단계는 가장 하위욕구로 생리적 욕구(physiological needs)이다(예: 의·식·주 등). 이는 인간의 가장 기본적인 욕구이자 신체 욕구로서 욕구의 강도가 가장 강하다. 다음 단계는 안전욕구(safety needs)로, 이는 감정적·육체적 위험으로부터 자신을 보호하고자 하는 욕구이다(예: 위험, 위협, 빈곤에 대한 보호). 세 번째 단계는 사회적 욕구(social needs)로 인간관계에서 느끼는 우정, 애정, 특정 집단에서 느끼는 소속감과 관련된 욕구이다. 네 번째 단계는 존중욕구(esteem needs)이다. 어떤 일을 행함으로써 느끼는 성취감, 자신감, 자율성 등이 존중욕구에 해당된다. 마지막 단계는 자아실현 욕구(self-actualization needs)이다(예: 개인의 잠재력 달성, 자기계발 등). 이는 최상위 단계의 욕구로서 자신이 성장하기를 바라는 자기발전에 대한 기대 및 자아존중에 관한 욕구를 의미한다. 이러한 욕구들은 하위단계에서부터 상위단계로 순차적으로 충족되며, 특정 단계의 욕구를 뛰어넘어 다음 단계의 욕구가 충족될 수는 없다(유민봉·박성민, 2013: 382-383). 욕구의 강도는 높은 단계로 갈수록 낮아지며, 무엇보다도 인간의 하위욕구인 생리적 욕구, 안전욕구, 사회적 욕구가 우선 충족되어야 한다고 본다. 하위욕구들(생리적 욕구, 안전욕구, 사회적 욕구)은 결핍의 욕구(deficiency needs)이며, 상위욕구들(존중욕구와 자아실현 욕구)은 성장욕구(growth needs)이다(김정인, 2018).

둘째, 매슬로의 욕구단계를 조직현실에 적용하기 위해 세 단계로 축약한 욕구이론이 앨더퍼의 ERG이론이다(강성철 외, 2018: 449). 앨더퍼는 매슬로와 마찬가지로 인간은 복수의 욕구를 지니고 있으며, 욕구를 범주화할 수 있고, 계층화되어 있어서 계층구조에 따라 욕구가 순차적으로 충족된다는 점을 강조하였다. 그러나 매슬로의 욕구 5단계를 생존의 욕구(existence needs), 관계의 욕구(relatedness needs), 성장의 욕구(growth needs) 등 3단계로 간소화하였다(김정인, 2018: 656). 매슬로의 욕구계층이론과 앨더퍼의 ERG이론은 비슷한 내용이지만, 앨더퍼는 ERG이론을 통해 현실적으로 인간은 두 개 이상의 욕구를 복수로 지닐 수 있고, 하위단계에서 상위단계로의 욕구단계 이동뿐만 아니라 욕구 좌절 시 회귀적이고 하향적인 욕구단계로의 이동도 가능하다는 점을 주장하였다(이창원 외, 2012: 166).

셋째, 허츠버그의 2요인이론은 앞의 두 욕구이론과 유사한 측면이 있으나, 개인의 욕구를 충족시키는 요인이 무엇인가를 자세히 분석하였다는 점에서 차이가 있다(Herzberg et al., 1959). 인간은 자신의 일에 불만(dissatisfied)을 느낄 때는 자신이 일하는 '환경'에 관심을 갖게 되고, 반면 일에 만족(satisfied)을 느낄 때는 '일 자체'에 관심을 갖는다. 다시 말해, 직무에 만족하지 않는다고 해서 그것이 불만족이 아니며, 불만족이 해소되었다고 해서 만족이 되는 것은 아니다(강성철 외, 2018: 451). 이와 같이 만족과 불만족은 서로 다른 차원이며, 만족과 관련된 요인은 동기요인(motivation factor)이 되고, 불만족과 관련된 요인은 위생요인(hygiene factor)이 된다. 동기요인으로는 책임부여, 성장기회, 직무 그 자체, 직무에 대한 성취감 등이 있으며, 위생요인으로는 봉급, 근무조건, 조직의 방침과 진행, 대인관계, 직위 등이 있다(김용철 외, 2022). 따라서 조직구성원들의

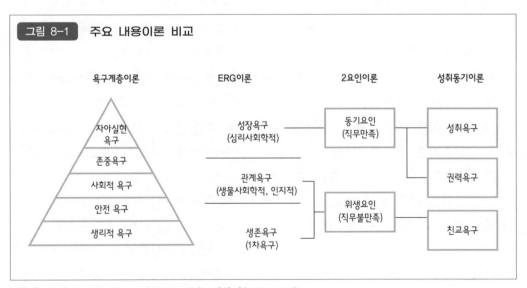

그림 8-1 주요 내용이론 비교

출처: Hellriege & Slocum(2010: 145); 이창길(2019: 344).

능동적인 행위를 유도하기 위해서는 위생요인을 제거하여 불만족을 낮추고, 동기요인을 적극적으로 강화하는 방안을 모색할 필요가 있다(김정인, 2018: 659).

넷째, 맥클랜드의 성취동기이론도 인간의 욕구와 관련된 이론으로 볼 수 있다. 이는 "성취, 권력, 그리고 친교를 추구하는 동기를 설명하는 이론"으로서, 개인마다 욕구는 다르다고 주장한다(백종섭 외, 2018: 245). 맥클랜드가 제시한 인간의 중요 욕구는 성취욕구(needs for achievement), 권력욕구(needs for power), 친교욕구(needs for affiliation)로서 이들은 개인이 사회문화적 맥락에서 상호작용하고 학습하려는 욕구들이다(McClelland, 1962). 성취욕구는 "자신의 능력과 노력을 활용하여 목표를 성취함으로써 자신을 둘러싼 환경을 통제하는 것을 성취하려는 욕구"이며, 권력욕구는 "타인의 행동에 영향을 미치거나 이를 통제하려는 욕구"이고, 친교욕구는 "타인과의 친근하고 따뜻한 관계를 유지하기 위한 욕구"이다(백종섭 외, 2018: 245). 이러한 세 가지 욕구 중에서 조직의 생산성에 중요한 영향을 미칠 수 있는 욕구는 성취욕구라고 보았다(McClelland, 1962). 개인의 성취욕구가 높으면 개인의 노력과 능력에 의한 의지가 강해지고, 목표설정을 중요하게 고려하며, 자신의 성과에 대한 피드백을 통해 성장하고자 한다는 것이다. 또한 성취욕구가 높으면 자신의 업무에 대한 몰입도가 높고, 성과지향적 동료와 함께 근무하기를 선호하기에 조직효과성 달성에 긍정적인 영향을 미친다는 것이다(김정인, 2018: 659). 따라서 이는 조직관리에도 유용하게 활용될 수 있는 이론이다. 즉, 조직효과성 증진을 위해 성취동기가 높은 인적자원을 선발하고, 조직구성원들의 성취동기를 강화할 수 있도록 교육훈련이나 보상 등 인사체계와 연계하여 지속적인 조직관리를 할 필요가 있는 것이다(백종섭 외, 2018: 245).

마지막으로, 맥그리거의 X·Y이론도 내용론에 포함될 수 있다. 맥그리거는 "관리자가 조직구성원을 관리하는 근거로서 이론적 가정이 무엇인가에 따라 조직의 성격이 결정된다고 전제하고, 이 가정을 X이론과 Y이론이라"고 명명하였다(McGregor, 1960). X이론에 의하면 고전적 조직이론의 인간형은 스스로 나아가야 할 방향을 찾지 못하고 수동적으로 움직이기 때문에 조직 내 관리자는 생산성을 증진시키기 위해 이러한 X형 조직구성원에게 통제와 지시를 내려야 한다고 주장한다(백종섭 외, 2018: 244). 이에 반해 Y이론에 의하면 인간은 매슬로의 동기부여이론 중 고차원의 욕구인 자아실현 동기를 지닌다는 것이다(김병섭 외, 2009: 392). 따라서 맥그리거는 Y형 조직구성원의 경우 스스로 문제를 해결하기 좋아하고 창의성을 적극적으로 발휘하기 때문에 '자아실현적 욕구충족'이 주요한 동기부여 요인이 된다고 강조한다(민진, 2018: 199).9) 따라서 조직에서는 Y이론에 기반을 둔 조직관리를 할 필요가 있다는 것이다. 즉, 참여 기반의 분권화된 의사결정을 존중하고 자기평가 등의 성과관리 방안을 통해 자율적이고 자아실현적인 조직구성원이 양성될 수 있도록 조직을 관리해야 한다는 주장이다.

(3) 과정론의 발달과 주요 이론

① 과정론의 특성

과정론은 '인식절차이론(cognitive process theories of motivation)'이라고도 하며, 이는 조직 내 동기발생 과정에 초점을 둔 동기부여이론이다. 과정론은 내용론, 즉 인간의 욕구와 관련된 이론들에 대해 경험적으로 입증되기 어려운 이론이기 때문에 현실 타당성이 낮다고 비판한다. 단순히 어떤 욕구를 충족시키는지가 중요하다기보다 조직 내에서 동기부여가 어떻게 형성되고 조직구성원들에게 어떻게 영향을 미치는지가 중요하다는 것이다(김병섭 외, 2009). 과정론에서는 조직 내 정보처리, 인식, 직무환경 요인, 상황 등이 모두 조직구성원들에 대한 동기부여에 중요한 영향을 미친다고 보았다. 즉, 과정론은 조직 내에서 인식변수들이(cognitive variables) 동기부여에 어떻게(how) 그리고 왜(why) 영향을 미치는가를 분석하며, 인식변수들이 무엇인가를 확인하고 그들 변수 간 관계를 설명하고자 한 것이다(강성철 외, 2018: 456). 무엇보다도 과정론은 조직 내 구성원들의 동기가 어떻게 형성되고, 형성된 구성원들의 동기는 조직 내 성과달성에 어떤 영향을 미치는가에 관심을 두었다(김정인, 2018: 660). 과정론을 주장한 대표적인 학자와 이론으로는 브룸(V. H. Vroom), 포터(L. Porter)와 롤러(E. Lawler)의 기대이론(expectancy theory), 애덤스(J. S. Adams)의 형평(공정성)이론(equity theory), 로크(E. Locke)의 목표설정이론(goal setting theory), 스키너(B. F. Skinner)의 강화이론(reinforcement theory) 등을 제시할 수 있다.

---

9) 같은 맥락에서 아지리스(C. Argyris)의 성숙·미성숙이론을 적용할 수 있다. 인간의 성격은 미성숙상태에서 성숙상태로 성장하면서 변화한다는 것이다. 이와 같이 아지리스의 성숙·미성숙이론은 매슬로의 욕구계층론과 같은 맥락에서 '성장이론'이라고 할 수 있다(Argyris, 1957). 성장이론에 의하면 조직은 인간의 성장 가능성을 지원해야 하며, 인간(조직구성원)이 성장할 때 조직 전체의 성장도 함께 이루어질 수 있다고 보았다(민진, 2018: 198-199).

② 과정론의 세부이론

첫째, 브룸의 기대이론이 있다. 일반적인 기대이론에 대한 논의는 톨먼(E. C. Tolman)과 르윈(K. Lewin)에 의해 시작되었지만(Tolman, 1932; Lewin, 1938), 이를 조직과정에 적용시킨 학자는 브룸이다(이창원 외, 2012: 194). 기대이론은 "사람들은 그들이 할 수 있고, 하고 싶어 할 때 행할 것이다(People will do what they can do when they want to do)"라는 가정에 바탕을 둔다(강성철 외, 2018: 458). 브룸은 이러한 기대이론의 가정을 조직 내에 적용시킨 것이다. 브룸의 기대이론은 "개인이 어떤 행동을 하려 할 때, 어떤 심리적인 과정을 통해 행동하게 되는가?"에 관한 이론이다(Vroom, 1964; 강성철 외, 2018: 457). 기대이론과 내용론의 차이는 '기대라는 인식론적 개념'을 활용하여 욕구, 만족, 동기유발 사이의 관계를 설명하였다는 점이며, 이는 개인의 지각에 의한 동기부여 과정이라고 할 수 있다(강성철 외, 2018: 457). [그림 8-2]에 제시되어 있듯이 브룸의 기대이론을 구성하는 세 가지 요소는 기대치(expectancy), 수단치(instrumentality), 유인가(valence)이다(이를 VIE 모형이라 부르기도 함). 기대치는 "개인행동이 자기 자신에게 가져올 결과에 대한 주관적 믿음으로서, 일정한 노력을 기울이면, 일정한 수준의 성과(1차적 결과)를 가져올 수 있으리라는 가능성에 관한 주관적인 확률에 대한 믿음"이다(박내회, 1989: 165). 수단치는 "개인이 지각하는 1차적 결과(예: 실적)와 2차적 결과(예: 보상)와의 상관관계에 대한 인지도"이다. 이에 반해 유인가는 "개인이 특정 결과에 대해 갖는 선호의 강도"로서 이는 일정한 행동을 통해 얻을 수 있는 결과가 갖는 매력성을 의미한다(강성철 외, 2018: 458). 브룸의 기대이론에서 동기부여는 기대치, 수단치, 유인가를 모두 곱해서 계산한다(김정인, 2018: 661). 특히 이 이론은 실제 보상내용이 아니라, 보상에 대한 조직구성원들의 기대(지각)를 강조한다. [그림 8-2]에서 알 수 있듯이 개인의 동기는 1차적 결과에 대한 기대와 1차적 결과가 2차적 결과로 연결되어지는 기대감에 의해 복합적으로 나타나는 것이다(강성철 외, 2018: 460).

둘째, 또 하나의 기대이론으로는 포터와 롤러의 기대이론이 있다. [그림 8-2]에서 보듯이 이 이론은 브룸의 기대이론을 기반으로 하고 추가변수를 포함해 조직 내 구성원들의 근무에 대한 태도와 성과의 관계를 설명한 이론이다(Porter & Lawler, 1968). 이는 미래에 대한 기대뿐만 아니라 과거 개인이 습득한 경험에 대한 기대에 의해 동기가 결정된다고 주장하며, 노력(effort) → 성과(performance) → 보상(reward) → 만족(satisfaction)의

과정을 중시한다. 따라서 이를 EPRS 모형이라고 명명하기도 하는 것이다(강성철 외, 2018: 460). [그림 8-2]에 제시된 바와 같이 포터와 롤러의 기대이론은 다음과 같은 과정을 거친다. 첫 번째 과정은 조직구성원이 어느 정도 노력할 것인가와 관련된 단계인데, 구성원의 노력은 과거에 인식한 '보상의 가치(value of reward)'와 '기대하는 보상을 받을 수 있을 것이라는 주관적 확률(perceived effort reward probability)'에 의해서 결정된다(Porter & Lawler 1968: 165; 김병섭 외, 2009: 403). 두 번째 과정은 노력에서 성과로 이어지는 단계인데, 구성원 개인의 '능력과 자질(ability and trait)' 그리고 '역할인지(role perception)'에 의해 결정된다. 특히 개인의 능력과 자질은 매개변수로서 역할을 한다. 다시 말해, 개인의 노력은 성과로 직접 연계되는 것이 아니라, 개인의 능력과 자질에 의해 간

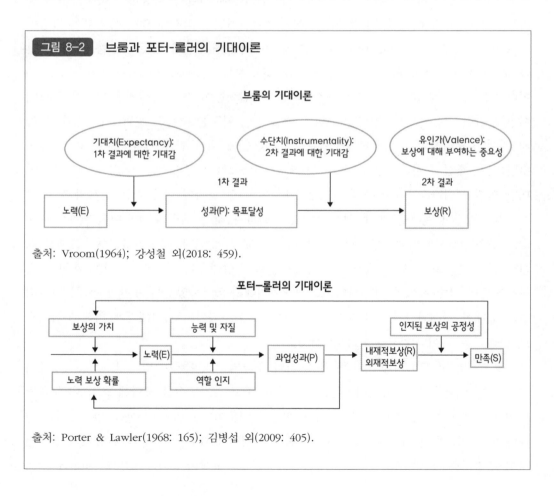

그림 8-2 브룸과 포터-롤러의 기대이론

브룸의 기대이론

기대치(Expectancy):
1차 결과에 대한 기대감

수단치(Instrumentality):
2차 결과에 대한 기대감

유인가(Valence):
보상에 대해 부여하는 중요성

1차 결과　　　　　　2차 결과

노력(E) → 성과(P): 목표달성 → 보상(R)

출처: Vroom(1964); 강성철 외(2018: 459).

포터-롤러의 기대이론

보상의 가치　　　능력 및 자질　　　　　　　인지된 보상의 공정성

노력(E) → 과업성과(P) → 내재적보상(R) 외재적보상 → 만족(S)

노력 보상 확률　　　역할 인지

출처: Porter & Lawler(1968: 165); 김병섭 외(2009: 405).

접적으로 연결된다는 것이다. 또한 개인이 자신의 역할을 정확하게 인지하지 못하면 아무리 노력을 하더라도 성과와 직접적으로 연결될 수 없다고 보았다(Porter & Lawler, 1968). 세 번째 과정은 성과가 보상으로 이어지는 단계인데, 보상은 외재적 보상(extrinsic reward)(보수 및 신분안정 등)과 내재적 보상(intrinsic reward)(자기만족도, 자아실현 등)으로 구분된다. 네 번째 과정은 내재적 보상과 외재적 보상이 충분히 주어질 때 개인의 만족(satisfaction)이 증가하는 단계인데, 이때 중요한 것은 실제 제공되는 외재적·내재적 보상이 개인이 기대하는 보상보다 더 높게 주어지거나 적어도 동일한 수준으로 주어질 때(인식된 보상의 공정성이 확보될 때, perceived equitable reward) 개인이 만족하게 된다는 것이다(Porter & Lawler, 1968). 포터-롤러의 기대이론에서 중요하게 고려하는 것은 노력의 정도이다. 성과(성취)에 중요한 영향을 미치는 요인은 바로 개인의 노력이라는 것이다. 다른 동기부여이론들이 만족 → 사기증진 → 성과라는 인과적 관계를 가정하고 있는 것에 비해 포터-롤러의 기대이론은 노력 → 성과 → 보상 → 만족 → 환류와 같은 순서의 인과관계를 주장하면서 개인 노력의 중요성을 강조하였다(강성철 외, 2018: 461).

셋째, 애덤스의 형평(공정성)이론이 있다. 이는 "일에 대한 공헌과 보상의 공정성에 대한 인식이 동기부여에 영향을 미친다"는 이론이다(Adams, 1965). [그림 8-3]에서 제시되듯이 공정성은 개인이 준거인과 비교해서 자신의 투입과 산출(결과: 보상)의 비율을 비교하여 판단한다. 만약 조직구성원이 타인과 비교하여 불공정하다고 인식하면 조직에 대해 불편함을 느끼고 그러한 불편함을 줄이기 위해 그가 공정하다고 인식하는 수준까지 일에 대한 공헌과 노력을 줄인다는 것이다(백종섭 외, 2018: 247). 이와 같이 형평이론에 의하면 '인식된 불공정성'이 동기를 유발하는 중요한 요인이 된다(강성철 외, 2018: 462).[10] 이러한 형평이론을 조직구성원들의 행태에도 적용할 수 있다(Farrell, 1983: 603). 조직 내 공정한 보상기제가 구축되지 않을 때 조직구성원들은 수동적이고 낙관적으로 조직의 문제가 치유되기를 기다린다(충성, loyalty). 그러나 조직 내 불공정성이 개선되지 않으면 조직구성원들은 자신들의 노력을 줄이거나(태만, neglect), 상대방의 보상이 하향 조정되기를 바라는 목소리를 낸다(주장, voice). 그럼에도 불구하고 불공정에 대한 개선

---

10) 이와 같은 측면에서 형평이론은 사회적 비교이론(social comparison theory), 분배정의이론(distributive justice theory), 균형이론(balance theory), 교환이론(exchange theory)이라 명명되기도 한다(강성철 외, 2018: 462).

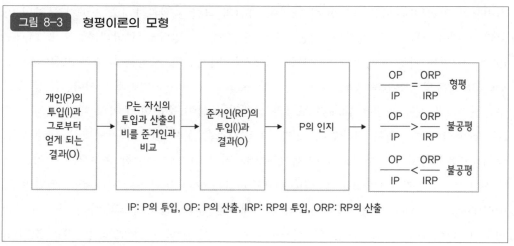

그림 8-3 형평이론의 모형

출처: 김병섭 외(2009: 405).

이 이루어지지 않으면, 마지막으로 조직구성원들은 자신들의 주장이 조직 내에서 받아들여지지 않음을 느껴 조직을 떠난다는 것이다(이탈, exit). 이와 같이 형평이론에 의하면 조직구성원들이 인식하는 공정성 여부가 조직의 생산성에 중대한 영향을 미치는 것이다.[11]

넷째, 로크의 목표설정이론도 과정론에 포함된다. 목표설정이론은 "구체적이고 어려운 목표의 설정과 목표성취도에 대한 환류의 제공이 일하는 사람의 동기를 유발하고 업무 성취수준을 향상시킨다고 설명하는 이론"이다(오석홍, 2013: 474). 로크는 조직 내 목표가 너무 쉽거나 모호하게 제시될 때보다 목표가 구체적이고 어려울 때 조직구성원들은 더 많은 노력을 기울여 성과를 달성하고자 한다고 주장한다(Locke, 1968). 로크에 의하면 조직구성원의 동기부여를 증진시키기 위해서는 개인과 조직의 목표에 집중할 필요가 있다고 한다. 즉, 조직구성원들에게 도전적인 목표를 구체적으로 제시(예: 달성해

---

11) 특히 최근 저연차 공무원의 이직의도 증가는 형평(공정성)이론으로도 설명할 수 있다. MZ세대 공무원들은 동일노동 동일보상의 배분적 공정성과 누구에게도 차별받지 않는 절차적 공정성을 중요하게 고려하고 있음에도 불구하고 기성세대 공무원에 비해 정부조직 내 공정성 인식은 낮게 나타나고 있다. 이러한 불공정성 인식으로 인해 저연차 공무원들에게 높은 이직의도가 나타나고 있는 것이다(김정인, 2021). 이처럼 MZ세대는 기성세대와 비교했을 때 동기부여에 차이가 있으며 또한 밀레니얼(M)세대와 Z세대 사이에도 차이가 나타났다. Z세대는 M세대에 비해 유연한 근무환경(자율출퇴근, 스마트워킹)과 워라밸을 선호하는 것으로 나타났다(임성근 외, 2022).

야 할 목표량과 목표기간 설정)할 때 구성원들의 동기부여가 강화되어 성과도 증진될 수 있다는 것이다. 즉, 목표의 곤란성(difficulty)과 구체성(specificity)이 조직구성원의 동기부여에 중요한 영향을 준다는 것이다(김정인, 2018: 663). 난이도가 있으면서도 구체적인 목표가 개인의 동기부여를 증진시키는 이유는 개인이 인식하는 '자기효능감(self-efficacy)' 때문으로 볼 수 있다.[12] 조직이 개인에게 목표를 부여할 때 개인은 그 목표를 수용하고 몰입하게 되어 자신의 목표달성에 적극적인 노력을 기울이게 된다(백종섭 외, 2018: 249). 그러나 목표설정이론은 달성하고자 하는 목표가 명확할 때 유용하게 적용될 수 있는 동기부여이론이기 때문에 공공부문에 적용하는 데에는 다소 한계가 있다.

다섯째, 스키너의 강화이론이 있다. 강화이론은 "자극-반응의 심리학에서 발전한 동기이론으로 일정한 강화조건에 따라 개인행동이 변화한다는 이론"이다(백종섭 외, 2018: 249). 스키너에 의하면 인간의 행동은 단순하고 획일적인 반응이 아니라, 행동의 결과가 초래하는 강화조건에 따라 달라질 수 있다고 주장한다(Skinner, 1953). 즉, 강화조건을 달리할 때마다 개인의 행동은 달라진다는 것이다. 예를 들어, 조직의 관리자가 조직구성원이 우수한 성과를 창출할 때 매번 칭찬 등의 보상을 줄 경우와 가끔 칭찬을 하는 경우에 있어 성과달성을 위한 구성원의 행동이 달라질 수 있다(백종섭 외, 2018: 250). 이는 "보상을 받을 수 있는 행동은 반복적이고 지속적으로 나타나지만, 그렇지 않으면 사라진다는 이론"이다(박경규, 2016: 485; 김정인, 2018: 663).[13]

(4) 직무이론의 발달과 주요 이론

① 직무이론의 특성

직무이론은 "직무와 관련된 동기요인을 찾는 이론"이다(이창길, 2019: 340).[14] 내용론과 과정론은 개인의 심리상태나 환경적인 자극요인이 개인의 동기부여에 중요한 영향을 미친다는 것을 강조한 데 반해, 직무이론은 직무의 특성이 개인의 동기부여에 중

---

12) 자기효능감은 "결과를 산출할 수 있는 역량과 효과성에 대한 개인의 인식"이다(백종섭 외, 2018: 249).
13) 인간의 행동을 결정하는 강화로는 ① 긍정적 강화(positive reinforcement), ② 부정적 강화(negative reinforcement), ③ 조작소멸(operant extinction), ④ 처벌(punishment) 등이 있다. 이 중에서 긍정적 강화는 적절한 보상을 통해 조직성과에 긍정적인 영향을 미치며, 부정적 강화는 부정적 행동을 처벌하지 않는다는 것을 강조하여 성과를 향상시킨다(백종섭 외, 2018: 228).
14) 공직자들에게도 공직사회의 직무와 관련된 직무동기(job motive)가 중요하게 작용한다.

대한 영향을 미친다는 점을 강조한다(백종섭 외, 2018: 251). 기존의 동기부여 이론이 직무보다 사람에 초점을 맞추어 설명했다면, 직무이론은 사람보다 직무의 특징에서 동기요인을 찾는 것이다.

② 주요 직무이론

주요 직무이론으로 첫째, 해크만(J. R. Hackman)과 올드햄(G. R. Oldham)의 직무특성이론(job characteristics theory)이 있다(Hackman & Oldham, 1975). 직무특성이론은 조직 내 생산성이 어떻게 증가되는지의 과정을 상세히 설명한다. 즉, 직무특성이론은 "조직 구성원의 동기부여와 만족도는 직무의 특성에 따라 달라진다는 이론"인 것이다(이창길, 2019: 350). 이는 개인의 심리상태, 즉 직업 의미에 대한 경험, 작업 결과에 대한 책임의 경험, 작업 활동의 실제 결과에 대한 경험이 동기부여, 직무성과와 만족, 낮은 이직 등에 영향을 준다는 것이다(진종순 외, 2022: 181). [그림 8-4]와 같이, 직무상의 동기부여는 직무효용성(meaningfulness), 직무책임성(responsibility), 직무 결과 지식(knowledge of outcome)에 의해서 결정된다고 본다. 직무효용성은 "자신의 직무가 조직이나 사회에 유용하다는 느낌"으로서, 다양한 기술을 지닌 직무, 과업의 완결성이 높은 직무, 중요성이

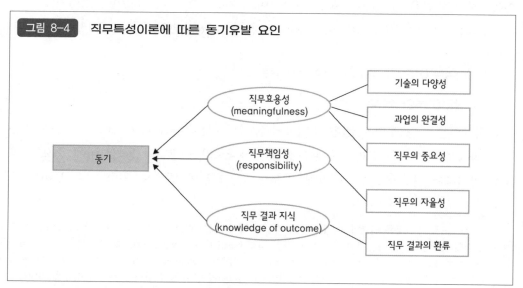

그림 8-4 직무특성이론에 따른 동기유발 요인

출처: Hackman & Oldham(1980: 77); 이창길(2019: 351).

높은 직무를 수행할 때 구성원의 동기부여가 증진될 수 있다는 것을 의미한다(이창길, 2019: 351). 직무책임성은 "최종 산출물에 대하여 느끼는 책임감"으로서 직무의 자율성이 높을수록 동기부여가 증진된다는 것을 의미한다. 직무결과에 대한 지식은 "직무결과에 대한 환류가 증가할수록 그 직무를 담당하는 구성원의 동기부여가 증가"한다는 것을 의미한다(이창길, 2019: 351). 이는 직무의 특성에 따라 직무를 담당하는 구성원들의 심리상태가 바뀌어 내재적 동기부여가 증진되며, 궁극적으로는 직무만족이 향상된다는 것을 의미하는 것이다(김정인, 2018: 576).

둘째, 페리(J. Perry)의 공직봉사동기(Public Service Motivation: PSM)가 있다.[15] 공직봉사동기는 "하나의 공동체나 국가 또는 인류의 관심사에 봉사하는 일반적·이타주의적 동기" 또는 "개인들이 공공이나 공동체의 의미 있는 일에 전념하도록 하는 동기적 힘"이라고 정의할 수 있다(이창길, 2019: 352). 공직봉사동기는 공공부문 종사자들에게 특수하게 나타나는 동기부여 기제라고 할 수 있으며, 합리적(rational)·규범적(normative)·감성적(affective) 차원으로 구성된다(Perry & Wise, 1990). 세 가지 차원의 공직봉사동기의 내용은 <표 8-2>와 같이 정리할 수 있다. 합리적 차원의 공직봉사동기는 공직자들이 공공정책에 어느 정도 호감도와 매력을 지니는가를 의미하며, 공직자들이 공공정책

표 8-2 공직봉사동기 개념과 측정 차원

개념차원	내용	하위차원
합리적 차원	• 정책과정에 참여 • 공공정책에 대한 동일시 • 특정 이해관계에 대한 지지	공공정책에 대한 호감도 (attraction to public policy making)
규범적 차원	• 공익봉사의 욕구 • 정부 전체에 대한 충성과 의무 • 사회적 형평의 추구	공익몰입 (committment to public interest)
감성적 차원	• 정책의 사회적 중요성에 기인한 정책에 대한 몰입 • 선의의 애국심	동정(compassion), 자기희생(self-sacrifice)

출처: 이근주(2005: 90).

15) 이는 학자에 따라 공공봉사동기라 명명하기도 한다. 그러나 본서에는 공직 종사 시 발생하는 특징이 있는 동기부여인 점을 강조한다는 차원에서 이를 공직봉사동기라고 명명하기로 한다.

과정에 참여할 때 그들의 효용이 극대화된다는 것이다. 규범적 차원의 공직봉사동기는 공익실현에 공직자들이 어느 정도 노력하는가에 관한 동기부여 기제이며, 감성적 차원의 공직봉사동기는 사회적 약자에 대한 측은지심 또는 공감 그리고 자기를 희생하여 공익을 달성하고자 하는 의지를 의미한다(진종순 외, 2022: 159). 공조직 내에서 공직봉사동기는 공조직 효과성에 긍정적인 영향을 미친다. 공직봉사동기가 높을 때 구성원들의 근무의욕은 증가하며, 적극적으로 공직업무를 수행하므로 구성원들의 성과가 증가할 가능성이 높다는 것이다(김정인, 2018: 667).

따라서 공직봉사동기를 제고할 수 있는 방안을 고려할 필요가 있는데, 이는 공직봉사동기의 특징에 따라 다르게 논의될 수 있다. 만약 공직봉사동기가 변화하지 않는 정태적 성격을 지닌다면 공직봉사동기를 개인의 내재된 기질(predisposition)로 인식하고 공직봉사동기가 높은 인력을 선발(유인)하는 방안이 가장 적절하게 활용될 수 있다 (Anderson & Kjeldsen, 2013; 김윤호, 2018: 171). 반면에 공직봉사동기가 변화할 수 있는 동태적인 특성을 지닌다면 공직봉사동기를 교육훈련 등을 통해 강화시킬 수 있는 외재된 기질로 인식하며, 공조직 내에서 공직봉사동기를 증진시킬 수 있는 교육훈련 프로그램을 구성하고, 직무를 재설계할 필요성이 있는 것이다(김정인, 2018: 667). 특히 김상묵·노종호(2018)는 인적자원관리 요인들(예: 승진, 교육훈련 등)이 공무원의 공직봉사동기 형성에 중요한 영향을 미칠 수 있다고 보았으며, 공무원들의 공직봉사동기를 강화하기 위해서는 인적자원관리를 전략적으로 수행할 필요가 있다고 주장하였다.

그러나 공직봉사동기는 다음과 같은 한계도 지니고 있다(이하 김호정, 2019). 첫째, 합리적 동기인 공공정책에 대한 호감도는 규범적 동기와 감성적 동기와 상충될 수 있으며, 공익이 아닌 사익추구로 고려될 수 있어 이에 대한 비판이 제기된다.16) 둘째, 관료조직의 병리현상(예: 레드테이프)이 강한 공공조직에서는 공직봉사동기 효과(예: 성과향상)가 나타나지 않을 수 있다. 셋째, 공직봉사동기는 내재적 동기 성향(예: 이타주의에 대한 흥미)을 지니기도 하지만 내재적 동기와 동일한 개념은 아니다.

---

16) 이러한 차원에서 합리적 동기를 공공봉사와 사회헌신을 위한 정책과정, 공동사회활동, 사회발전활동에 참여하는 동기를 의미하는 '수단적 동기(instrumental motives)'로 수정해야 한다는 주장도 제기된다(Kim & Vandenabeele, 2010: 702).

2. 조직혁신

1) 조직혁신과 조직진단의 의의[17]

조직에서 혁신은 '계획적인 변화(planned change)이며 조직을 관리하는 수단'이다. 다시 말해, 조직혁신(organizational innovation)이란 "조직이 조직환경의 변화에 대응하면서 조직의 효과성을 높이기 위해 조직의 관리대상을 계획적으로 개선하고 변화시키는 노력"으로 정의할 수 있다(민진, 2018: 435). 조직혁신을 성공적으로 달성하기 위해서는 조직목표를 바탕으로 조직자원과 조직역량을 효과적으로 관리할 필요가 있다. 특히 조직의 미션과 비전, 즉 조직의 바람직한 미래상태를 달성하기 위해 끊임없는 노력을 해야 한다.

성공적인 조직혁신을 달성하려면 무엇보다도 정확한 조직진단이 선행되어야 한다. 조직진단(organizational diagnosis)은 "조직이 처한 현 상태의 문제점을 진단하고 환경에 적응하면서 조직효과성을 증대시킬 수 있는 방향으로의 처방을 내리는 과정"이다(이창원 외, 2012: 514). 이러한 조직진단 결과에 따라서 조직혁신의 방향이 설정된다고 할 수

표 8-3 주요 조직진단 모형

조직진단 모형	진단내용
해리슨의 개방체제모형	산출, 목적, 투입, 환경, 기술, 구조, 행태 및 과정, 문화, 체제 행태
와이스버드의 여섯 상자 모형	목적, 구조, 관계, 보상, 리더십, 보조장치(관리 등)
내들러의 적합모형	개인과 조직, 개인과 업무, 개인과 비공식조직, 업무와 조직, 업무와 비공식조직, 공식조직과 비공식조직
버크-리트윈 모형	외부환경, 임무와 전략, 리더십, 문화, 구조, 관리행태, 체제, 분위기, 기술과 업무의 일치, 동기, 욕구 및 가치, 성취도
매킨즈의 7S 모형	전략, 구조, 운영체제, 기술, 기업풍토, 조직이념

출처: 민진(2018: 417).

---

17) 조직혁신은 조직변화 또는 변화관리와 동일한 차원에서 설명할 수 있다. 조직변화는 "조직이 새로운 아이디어나 행동을 받아들이는 것"이다(Daft, 2016: 464).

있다. 따라서 <표 8-3>의 조직진단 모형에서 제시되고 있듯이 조직 전반이 조직진단의 대상이 된다.[18]

2) 조직혁신 모형과 방향

조직혁신 모형은 체계적인 조직변화 과정을 설명한다. 조직혁신 모형을 제시한 대표적 학자인 르윈은 조직혁신에서의 변화관리 단계를 해빙(unfreezing), 변화(changing), 재동결(refreezing)의 세 단계로 구분하였다(Lewin, 1947). 그러나 해당 모형이 지나치게 단순하다는 비판이 제기되자, [그림 8-5]와 같은 '계속적 변화과정모형(continuos change process model)'을 제시하였다(이창원 외, 2012: 530-532).

르윈 모형의 특징은 계획적인 변화과정 전반을 최고 관리층 차원에서 논의하며, 기존의 초기 르윈 모형에 집행단계 모형을 포함시켰다는 특징이 있다. 이밖에도 조직혁신을 설명하는 모형으로는 코터(J. P. Kotter)와 코헨(D. S. Cohen)의 변화관리 8단계 모형이 있다(Kotter & Cohen, 2012).[19]

조직혁신의 대상은 조직구성원, 기술, 조직구조, 조직업무 등으로 매우 다양하다(이하 이창원 외, 2012: 528). 첫째, 구조적 접근으로, 조직혁신은 구조, 방침, 제도 등 공식적인 측면을 개선하는 것이다. 둘째, 기술적 접근으로, 조직혁신은 조직의 기술적 경쟁력

---

18) 조직진단과 함께 조직평가(organizational evaluation)도 사용된다. 조직평가는 "조직의 활동과 실적에 대한 가치를 판단하는 일반적 과정"을 의미한다(민진, 2018: 404).

19) 변화관리 8단계는 다음과 같다. "첫 번째는 '위기감 조성(increase urgency)' 단계인데, 변화를 추진하는 리더들은 조직구성원들이 현재 상황에 안주하지 않도록 조직 내 위기감을 조성한다. 두 번째는 '변화추진팀 구축(build the guide team)' 단계이다. 변화의 열정을 지닌 팀을 구성하여 변화를 주도적으로 이끌어 나가는 전략이 필요하다. 세 번째는 '비전 개발(get the right vision)' 단계로, 변화 이후 조직이 달성할 비전을 명확하게 제시한다. 여기까지가 조직변화의 분위기를 조성(create a climate for change)하는 단계이다. 네 번째는 '비전을 전달하는(communicate for buy-in)' 단계이다. 이 단계에서는 조직구성원들이 조직의 비전과 전략에 대해 공감대를 형성한다. 다섯 번째는 '임파워먼트(empower action)' 단계로, 이 단계에서는 변화에 장애가 되는 장벽을 제거하고 조직구성원들이 직접 비전과 전략을 실행에 옮기게 된다. 여섯 번째는 '단기성과달성(create short-term win)' 단계로 변화를 성공적으로 이끌기 위해서는 단기적인 개혁의 성과가 나타나야 한다. 일곱 번째는 '지속적인 도전(don't let up)' 단계로, 단기적인 성공을 지속적으로 유지시키고자 노력한다. 여덟 번째는 정착단계인 '변화의 제도화(make it stick)' 단계이다. 이 단계에서는 새로 수립된 업무수행 방식을 조직문화로 완전히 정착시키게 된다(김정인, 2018: 489-490).

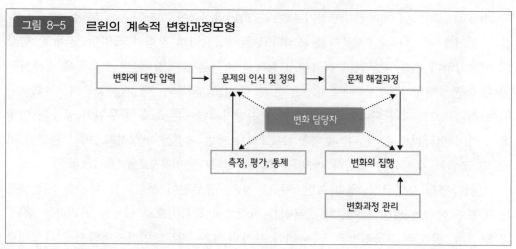

그림 8-5 　르윈의 계속적 변화과정모형

출처: 이창원 외(2012: 531).

을 향상시키는 것이다. 셋째, 인간적 접근으로, 조직혁신은 조직구성원들의 행동을 변화시키는 것이다. 이와 같이 조직혁신은 구조, 기술, 조직구성원 행태 모든 것을 변화시키는 통합적인 관리방안이다.

　　그러나 조직혁신이 항상 계획한 대로만 진행되지는 않는다. 조직혁신과 관련된 다양한 이해관계자(조직구성원, 외부 정책대상집단)의 저항이 발생할 수 있어 이에 대한 효과적인 관리방안(예: 조직목표와 조직구성원의 목표 및 요구 일치, 혁신 의사결정에 참여, 혁신에 따른 인센티브 제공 등) 마련이 필요하다(이창원 외, 2012: 534). 아래에서는 최근 정부조직에서 추진하고자 하는 조직혁신을 적극행정, 협업이라는 관점에서 살펴본다.

3) 공무원의 적극행정 실현

　　규정과 규칙을 우선시하는 관료제하에서 공무원들은 무사안일과 소극행정을 하는 경향이 있다. 이는 관료제의 역기능 혹은 관료제의 병폐로 비판받기도 한다. 어떻게 하면 공무원들에게 적극행정을 유도할 수 있을까? 행정환경의 변화로 국가경쟁력 제고, 행정의 효율성 증진, 국민에 대한 행정서비스 질 향상, 창의적이고 적극적인 업무처리가 필요한 가운데 한국에서도 공무원의 적극행정이 더욱 강력하게 요구되고 있다(김윤권 외, 2011). 2021년 제정된 「행정기본법」과 2019년 8월에 제정된 「적극행정 운영규정」은 국민에게 봉사하는 공직문화를 조성하고 국가경쟁력의 강화와 국민의 삶의 질 향상에 이바지하기 위해 공무원의 적극행정 장려와 소극행정 예방·근절 필요성을 강조하고 있다. 특히 「행정기본법」 제4조(행정의 적극적 추진)에 의하면 "행정은 공공의 이익을 위하여 적극적으로 추진되어야 하며, 국가와 지방자치단체는 소속 공무원이 공공의 이익을 위하여 적극적으로 직무를 수행할 수 있도록 제반 여건을 조성하고, 이와 관련된 시책 및 조치를 추진하여야 한다"라고 규정하고 있다(국가법령정보센터, 2023a).[20]

「적극행정 운영규정」에 따르면, 적극행정은 "공무원이 불합리한 규제를 개선하는 등 공공의 이익을 위해 창의성과 전문성을 바탕으로 적극적으로 업무를 처리하는 행위"를 말하며, 반대로 소극행정은 "공무원이 부작위 또는 직무태만 등 소극적 업무행태로 국민의 권익을 침해하거나 국가재정상 손실을 발생하게 하는 행위"이다(국가법령정보센터, 2023b). 특히 적극행정은 "공무원이 불합리한 규제의 개선 등 공공의 이익을 위하여 창의성과 전문성을 바탕으로 적극적으로 업무를 처리하는 행위"라고 정의할 수 있다(인사혁신처 적극행정 울림, 2020).

그러나 현실에서 공무원의 적극행정 실천이 어려운 이유, 즉 소극행정이 발생하게 되는 이유는 다음과 같다(이하 김정인, 2018: 183 - 184; 이종수, 2016: 8 - 10; 김난영, 2019: 108). 첫째, 환경 차원에서의 불확실성 증가이다. 정책환경의 불확실성으로 인해 공무원은 정책결정 및 집행에 높은 학습비용을 지불해야 하기 때문에 책임회피와 지연전략을 우선하게 된다. 이로 인해 적극행정이 활성화되지 못하는 것이다. 특히 정치적 환경의 불확실성으로 인해 공무원은 더욱 소극적 행동을 보이게 된다. 한국과 같이 정권교체 후 정책의 연속성이 제대로 보장되지 않는 국가에서는 공무원들이 더욱 소극적으로 행동하게 된다는 것이다. 둘째, 조직차원에서 공무원의 중립성 요구 강화, 역할 모호성, 업무분화, 조직칸막이 현상 등으로 인해 소극적 행동을 하게 된다. 셋째, 행태적 측면에서 공무원들은 위험 기피적 성향을 보이며, 공무원의 사익추구와 지대추구 행위로 인해

---

20) 적극행정의 법적 근거는 다음과 같다. 「헌법」 제7조 제1항(공무원은 국민 전체에 대한 봉사자이며, 국민에 대하여 책임을 진다)과 「국가공무원법」 제56조(성실 의무)(모든 공무원은 법령을 준수하며 성실히 직무를 수행하여야 한다)에 기반을 두고, 2019년 8월 6일 대통령령인 「적극행정 운영규정」이 제정되어 시행되고 있으며(대통령령 제30016호), 2021년 7월 27일 법률인 「행정기본법」이 제정되어 시행되고 있는 것이다.

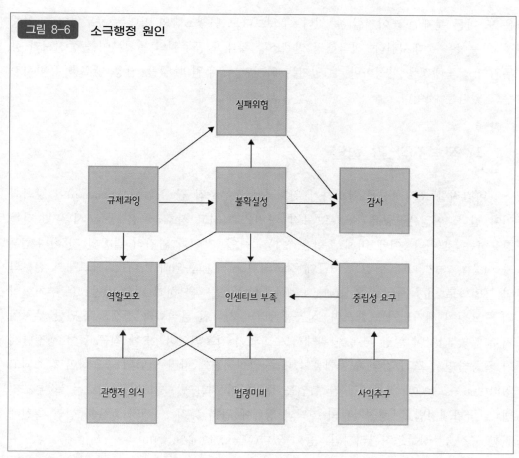

그림 8-6 소극행정 원인

출처: 이종수(2016: 10).

적극적 공익추구가 어려워진다. 또한 복잡한 이해관계자들이 얽혀 있는 문제일수록 공무원들은 적극적 행위를 하지 않게 된다.

이러한 소극행정 발생원인을 개선하기 위하여 정부는 '사전컨설팅제도'와 '적극행정 면책제도' 등 다양한 제도를 도입하고 있다.[21] 그러나 적극행정 활성화는 예기치 않

21) 적극행정의 대표적인 유형(예: 사전컨설팅제도)과 이의 추진과정 등에 대해 살펴보면 다음과 같다. 공무원의 적극행정을 활성화하기 위해 경기도는 2014년 처음으로 '사전컨설팅제도'를 도입하였다(「경기도 적극행정 지원을 위한 사전컨설팅감사 규칙」 제정·공포). 이후 2015년에 행정안전부(2015년 당시 행정자치부)가 「사전컨설팅제도 시행 및 사전컨설팅감사 운영 규정」을 마련하고 '사전컨설팅제도'를 범정부 차원에서 시행하였다. 감사원은 2015년 「공공감사에 관한 법률 시행령」을 개정하여 '신청에 의한 일상감사'라는

은 또 다른 문제점을 야기할 수 있다. 무엇보다도 면책조항의 확대는 공무원의 '과잉행정' 가능성을 증대시킨다. 적극행정 면책조항 확대가 공무원의 동기부여를 증진시켜 공무원의 적극행정을 활성화할 수 있기는 하지만, 공무원의 일탈·남용 행위를 유발시킬 수도 있다는 것이다.

4) 정부조직 간 협업

바람직한 조직혁신을 달성하기 위해서는 정부조직 간 협업(collaboration)이 강화되어야 한다. 협업은 "공유된 임무·목적·자원을 가지고 상호작용을 통해 시너지효과를 창출하는 것"이다. 이에 비해 통합은 "기능, 사업, 자원이 완전히 결합된 것"이다(김윤권·이경호, 2017: 125). 협업은 최근에 강조되기 시작한 논의가 아니다. 관료제의 전문화와 분업화로 인한 사일로 현상(silo, 부서이기주의)[22]을 극복하기 위한 방안으로 부처협업의 중요성이 제기되기도 했으며, 신공공관리의 지나친 분절화와 경쟁으로 인한 부처이기주의 및 칸막이 현상 극복을 위해서도 협업이 강조되었다. 또한 최근 들어 행정난제가 급증하면서 조직 간의 공동대응이 더욱 절실해짐에 따라 협업의 중요성이 강조되고 있다(Roberts, 2000). 정부조직 간 협업을 증진하기 위한 법·제도적 장치로는 「정부조직법」, 「국가재정법」, 「행정기관의 조직과 정원에 관한 통칙」, 「행정 효율과 협업 촉진에 관한 규정」, 「정부조직관리지침」 등이 있다(한국행정연구원, 2016).

현실에서 정부조직 간 협업이 잘 이루어지지 않는 이유는 다양하다. <표 8−4>는 이에 대한 보다 구체적인 원인과 해결방안을 제시하고 있다. 무엇보다도 협업행정이 잘 이루어지지 않는 이유는 법·제도적 장치의 미흡이 원인이라기보다는 공무원의 인식부족, 신뢰부족, 협업경험의 부족에 기인한다고 볼 수 있다. 따라서 향후 정부협업 강화를 위한 근본적인 조직혁신 방안은 제도기반하에 공무원들의 인식개선이 병행되어야 할 것이다. 최근 정부는 협업이 필요한 과제를 발굴하여 협업정원(부처 간 정책협력·조율이 필요한 분야에 관계부처 간 상호 파견하는 인력)과 협업이음터(온라인 협업 매칭 플랫폼)를 적극적으로 활용할 수 있도록 함으로써 협업이 활성화되도록 유도하고 있다(행정안전부, 2020).

명칭으로 사전컨설팅제도의 법적 근거를 마련하였다(김난영, 2019: 113).
22) 사일로는 곡식을 저장하는 저장탑이다(위키백과, 2020).

표 8-4	협업행정의 한계와 개선방안

구분		문제점과 개선방안
협업 인프라	법·제도	• 협업 증진을 위한 법개정 필요 • 협업기본법 마련 필요. 기존 「정부조직법」, 「국가재정법」 정비 필요 • 협업을 위한 예산의 통합적 운용 필요
	자원	• 공동예산이나 협업예산 풀(Pool) 제도 운영 필요 • 국무조정실의 협업과제 조정 및 관리인력 증원 필요 • 인센티브 지급을 위한 예산지원 필요
협업구조	업무시스템 재설계 및 전담조직 설치	• 협업 전담조직을 구축하기보다는 시스템 연계가 더 중요함 • 업무시스템 재설계 구축 미흡
	협업기관 간 권한배분	• 그때그때 주도부처가 권한배분 등을 결정하는 구조임 • 권한배분의 내용이 모호 • 협업주도기관 선정은 할 필요 없음. 국무조정실에서 수행하는 것이 바람직
	규범 및 규약	• 오히려 규정으로 인해 협업이 경직화되고 저해될 수 있음 • 실무자를 위한 협업 가이드라인 정도면 충분함
협업 절차와 수단 (과정)	협업 수행 절차	• 협업절차를 마련하는 것은 중요함. 협업기관 간 정치적 협의, 기관 간 업무분장과 통합의 과정이 포함되어야 함 • 법정회의체를 제외한 부처 간 협업에서 별도의 절차는 없는 편임
	자료공유 및 소통수단	• 정보공유는 소극적이며 대면보다 문서와 통신을 주로 활용 • 협업 TF 내에서도 정보공유가 어려움. 협업성과가 주도기관의 성과로 비춰질 것을 우려하는 경우도 있음
	신뢰 및 공감	• 부처 간 목표공감대를 가지고 신뢰하기 어려운 구조임 • 부처 간 경쟁관계가 대부분으로 상호 신뢰하기 어려움 • 협의체 참여는 상급자가, 실행은 하급자가 하는 경우가 많아 공감수준이 상이함
	성과평가 및 인센티브	• 현재 성과평가 방식에 대한 근본적 인식변화 필요 • 협업을 위해 파견 나간 경우의 성과평가나 인사상 불이익을 줄이는 방안 마련 필요
	협업촉진 수단 제도화	• 협업을 위한 인사교류가 있으나 실적을 채우기 위해 형식적으로 운영되는 경우도 상당수 있음
	협업의 제도화	• 협업이 제도화되려면 상당한 시간이 소요됨 • 화학적 결합 수준으로 협업하기는 어려움
협업 리더십과	관심과 리더십	• 기관장의 리더십과 관심이 가장 중요

갈등조정	갈등조정	• 부처 간 예산, 인력갈등은 오히려 해결이 용이하나 부처 간 이해 관계자들로 인한 갈등이 발생되면 해결이 어려움 • 협업 시 업무회피 또는 주도권을 둘러싼 갈등이 존재. 기존 담당 부처의 기득권을 인정해 줄 필요가 있음
	협업기관 간 관계	• 부처 간 권력차이가 협업수행에 영향을 줌 • 부처 간 공동의 이해를 지닌 과제 선정이 더 중요함
협업 역량	전문성, 역량, 경험	• 협업에 필요한 협상기술 등이 부족하고 경험이 부족
협업문화	협업문화	• 부처이기주의, 상이한 조직문화 등으로 협업이 어려운 경우가 있음
	협업문화 개선	• 교육뿐만 아니라 보수, 인사, 포상 등 종합적인 인센티브를 고려해야 함

출처: 한국행정연구원(2016).

ChatGPT와 함께 하는 **8장**의 **주요 개념** 정리

1. 내재적 동기부여와 외재적 동기부여

- 내재적 동기부여와 외재적 동기부여는 둘 다 개인이나 집단이 목표를 달성하고 성과를 얻기 위해 겪는 동기부여의 형태를 나타냄
- 각각의 동기부여 유형에는 장단점이 있음
- 최적의 결과를 얻기 위해서는 내재적 동기와 외재적 동기를 조화롭게 사용하는 것이 중요
- 내재적 동기는 개인의 흥미와 열정을 중시하며, 외재적 동기는 목표 달성을 위한 보상과 인센티브를 제공하는 데 도움이 될 수 있음

구분	내재적 동기부여 (Intrinsic Motivation)	외재적 동기부여 (Extrinsic Motivation)
장점	1. 자기만족감: 내재적 동기부여는 개인의 자기만족감을 증진시킴. 활동 자체에 대한 흥미나 즐거움으로부터 파생되므로 성취감이 높아짐 2. 창의성 증진: 내재적 동기는 창의성과 연관이 있음. 개인이 자신의 열정과 흥미를 따르면 새로운 아이디어와 해결책을 찾는 능력이 향상됨	1. 목표 달성을 장려: 외재적 동기는 외부 보상이나 인센티브를 통해 목표 달성을 장려함. 금전적 보상, 인정, 승진 등이 동기부여 요소가 될 수 있음 2. 일정한 성과 유도: 외재적 동기부여는 성과를 유도할 수 있어 조직이나 프로젝트에서 효율적인 성과를 얻을 수 있음
단점	1. 외부적 보상 부족: 내재적 동기가 주로 내부적인 만족감에 의존하기 때문에 외부에서 제공되는 보상이 부족할 경우 동기부여에 영향을 미칠 수 있음 2. 모든 작업에 적용 어려움: 모든 작업이 내재적 동기에 의해 이끌어지기 어려움. 특정 작업이나 활동에 대한 관심이나 열정이 없을 수 있음	1. 동기부여 지속성 어려움: 외재적 동기부여는 종종 시간이 지남에 따라 효과가 줄어들 수 있음. 지속적으로 높은 수준의 외부 보상이 필요할 수 있음 2. 창의성 저하: 외재적 동기부여가 과도하면 창의성을 저하시킬 수 있음. 사람들이 보상을 얻기 위해 일을 할 때, 노력과 창의성이 줄어들 수 있음

출처: ChatGPT(2023). '내재적 동기부여와 외재적 동기부여의 장단점은 무엇인가?' 질문으로 검색한 내용 저자 정리.

2. 조직혁신에 있어서 적극행정의 역할

- 적극행정은 조직이 미래를 예측하고 변화에 대응하며, 새로운 기회를 찾아내고 활용하는 방식의 관리 접근을 의미함
- 적극행정은 미래에 대한 비전을 제시하고 이를 실현하기 위한 행동 계획을 구체화함으로써 조직혁신을 촉진하고 지속적인 경쟁 우위를 확보할 수 있도록 지원

구분	내용
변화에 대한 예측과 대응	• 적극행정은 미래의 변화를 예측하고 이에 대응하기 위한 준비를 강조 • 조직은 현대사회에서 변화에 빠르게 대응하는 능력이 필수적임
혁신과 창의성 촉진	• 적극행정은 직원들에게 창의성을 증진하고 새로운 아이디어를 제시하도록 도우며, 이를 통해 조직적인 혁신을 촉진함 • 새로운 접근법과 기술을 도입함으로써 조직의 경쟁력을 향상시킬 수 있음
리더십과 문화 구축	• 적극행정은 조직 내 리더들이 변화를 주도하고 지원하는 문화를 구축하는 데 중점을 둠 • 변화에 대한 긍정적인 리더십은 직원들에게 변화에 대한 두려움을 감소시키고 혁신을 촉진할 수 있음
학습조직 구축	• 적극행정은 학습과 지식 공유를 강조하여 조직이 지속적으로 학습하고 발전할 수 있는 학습조직을 만들도록 지원함 • 새로운 지식과 기술을 효과적으로 수용하고 적용함으로써 조직의 민첩성이 향상됨
리스크 관리와 기회 탐색	• 조직은 적극행정을 통해 현재의 리스크를 관리하고 미래의 기회를 탐색함 • 환경의 불확실성 속에서 미래에 대비하고 기회를 놓치지 않도록 준비할 수 있음
전략적 비전 수립	• 적극행정은 조직이 전략적 비전을 수립하고 이를 실현하기 위한 계획을 개발하는 데 중요한 역할을 함 • 전략적 목표를 달성하기 위한 효과적인 전략 수립과 실행이 혁신을 이끌어내는 데 기여함

출처: ChatGPT(2023). '조직혁신에 있어 적극행정의 역할은 무엇인가?' 질문으로 검색한 내용 저자 정리.

행정사례 연습

■ 유보통합 사례

'유보통합 쟁점 심의' 추진위 만든다 … "실무는 교육부가"

▫ 정부가 유치원과 어린이집을 합치는 유보통합의 쟁점들을 심의할 '유보통합추진위원회' 구성을 추진 중이다. 이 기관은 교육부에 두는 실무 조직인 유보통합추진단(추진단)의 안건을 심의하는 역할을 맡게 된다. 이제까지 만 3~5세 유아교육을 맡는 유치원은 교육부와 시도교육청 관할이며, 만 0~5세 보육을 맡은 어린이집은 사회복지기관으로 분류돼 보건복지부(복지부), 지방자치단체 소관이다. 아이가 어디 취학하느냐에 따라 학부모 부담금 등에 차이가 난다는 지적에 역대 정부에서 수십년에 걸쳐 유보통합을 시도했으나 결론 내지 못해 왔다.

출처: 뉴시스(2022).

교육부 2023년 업무보고 유보통합 추진

▫ 유치원과 어린이집을 영유아 발달과 특성을 고려한 '질 높은 새로운 교육기관'으로 재설계하고, 교부금 등을 활용해 교육의 질 제고

▫ 모든 영유아에게 양질의 보육·교육 기회를 공정하게 보장하기 위한 '관리체계 통합방안' 및 '어린이집, 유치원 간 격차 완화방안' 마련

▫ 현행 보건복지부의 영유아 보육 사무를 교육부로 이관하여 영유아 보육·교육 사무를 교육부로 일원화하는 내용의 「정부조직법」 일부개정법률안이 2023년 12월 8일(금) 국회 본회의에서 의결

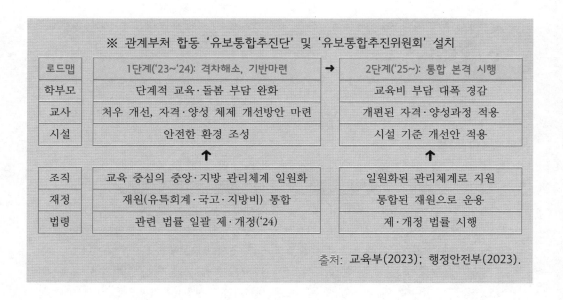

※ 관계부처 합동 '유보통합추진단' 및 '유보통합추진위원회' 설치		
로드맵	1단계('23~'24): 격차해소, 기반마련 →	2단계('25~): 통합 본격 시행
학부모	단계적 교육·돌봄 부담 완화	교육비 부담 대폭 경감
교사	처우 개선, 자격·양성 체제 개선방안 마련	개편된 자격·양성과정 적용
시설	안전한 환경 조성	시설 기준 개선안 적용
	↑	↑
조직	교육 중심의 중앙·지방 관리체계 일원화	일원화된 관리체계로 지원
재정	재원(유특회계·국고·지방비) 통합	통합된 재원으로 운용
법령	관련 법률 일괄 제·개정('24)	제·개정 법률 시행

출처: 교육부(2023); 행정안전부(2023).

■ 사례의 의의

본 사례는 오랫동안 논쟁이 되어 온 유보통합(유치원과 어린이집의 통합 운영)에 관한 사례로서 정부조직 혁신을 위한 부처 간 협업의 중요성을 잘 보여주고 있다. 이전 정부(박근혜 정부 등)들에서 여러 차례 유보통합을 시도하였으나 관계부처 간 의견 조율이 원활하지 않고 이해관계자들 간 갈등이 심각하여 번번이 무산되어 왔다. 그러나 최근 저출산 문제가 심각해지고 영유아 수가 급감하면서 유보통합의 필요성이 더욱 부각되었다. 이에 2023년부터 교육부를 중심으로 유보통합의 기틀을 마련(2023년 영유아 보육·교육 사무를 교육부로 일원화하는 법률 개정)하였으며, 2025년부터는 유보통합이 본격적으로 시행될 계획이다. 성공적인 유보통합을 위해서는 효과적인 부처 간 협업 방안이 마련될 필요가 있다.

제9장

조직이론

본 장에서는 조직에 적용되는 이론들에 대해 설명한다. 정부조직에 적용될 수 있는 다양한 이론들을 고전적 관점과 현대적 관점에서 논의한다. 특히 최근 주목을 받고 있는 넛지이론에 대해서도 살펴보도록 한다.

제9장

조직이론

1. 조직이론의 의의 및 분류

조직이론(organizational theory)은 "조직현상과 그에 연관된 요인의 상호관계에 관하여 기술·설명·처방하고 처방의 실천수단을 제시하는 이론"을 일컫는다(오석홍, 2018:

4). 이러한 조직이론은 조직에 관련된 사실들을 포함하며, 조직의 다양한 시각을 제시하고, 조직행동의 일정 패턴과 규칙을 관찰하여 구조화하며, 조직의 효과성과 효율성을 증진시킬 수 있는 방안모색에 기여한다. 또한 시대적 흐름과 역사적 맥락에 따른 조직관의 변화를 살펴보는 데 긍정적인 역할을 한다(Daft, 2016; 김정인, 2018: 289 – 290).[1]

행정이론 의의

　행정학의 발달에서 행정현상을 어떻게 분석하고 해석하는가는 매우 중요하다. 같은 행정현상이라도 접근하는 방법에 따라 서로 다른 의미를 지니게 된다. 즉, 행정현상을 분석하는 접근방법인 행정이론에 따라서 행정현상은 다르게 분석되고 해석되는 것이다. 이로 인해 행정현상에 대한 대응방안이나 처방방법 등도 달라질 수 있다. 이론은 "상호 관련된 개념(사실)들의 연결관계 또는 규칙성"으로 정의할 수 있다(김태룡, 2017: 38). 이러한 개념 정의에 따를 때 행정이론은 '행정현상을 분석하고 규칙성을 설명하는 논의'라고 할 수 있다. 즉, 행정학의 이론적 논의(혹은 접근방법)는 행정현상에 담겨 있는 보편적 질서를 찾아내고 이를 규칙화 또는 규범화하는 작업이다(유민봉, 2021). 이와 같은 행정이론은 다양한 차원에서 논의된다.
　첫째, 행정이론을 행정학의 발달, 즉 연대기적 또는 시간적 순서에 따라 논의할 수 있다(정용덕, 2001). 법·제도적 접근법, 행정관리학파, 행태주의, 체제이론/구조기능론, 비교·발전행정론, 신행정론, 공공선택론, 국가론, 신제도주의론, 신공공관리, 뉴거버넌스론 등 행정학의 발달순서에 따라 행정이론을 분석할 수 있는 것이다. 둘째, 행정현상에 속해 있는 주요 행정변수인 사람, 제도·구조, 환경에 따라 행정현상을 분석할 수 있다. 예를 들어, 관료, 시민, 기업 등 행정주체인 행정인(사람)을 중심으로 행정현상을 분석할 수 있는 것이다. 행정인의 행태를 주요 연구대상으로 하여 행정현상을 분석하는 방법이 바로 행태주의이다. 신제도주의에서는 제도를 행정현상을 설명하는 주요 변수로 고려하였으며, 체제이론에서는 환경과 체제의 관계를 행정현상 분석에서 주요 변수로 활용하였다. 셋째, 적용범위에 따라 소범위 이론, 중범위 이론, 일반이론으로, 분석수준에 따라 거시수준 이론, 중위수준 이론, 미시수준

---

1) 행정은 정부조직 활동의 산물이기에 행정현상을 설명하는 행정이론은 정부조직에 대해 설명하는 조직이론과 같은 맥락으로 논의될 수 있다. 따라서 본 장에서 설명하는 조직이론 이외에 행정이론으로 활용될 수 있는 신공공관리, 뉴거버넌스, 신공공서비스 등에 대한 설명은 본서 제1부에서 설명하고 있으며, 여기에서는 생략한다.

이론으로, 추상화 정도에 따라 메타 이론, 규범적 이론, 경험적 이론으로 행정이론을 구분할 수 있다(남궁근, 2003).[2], [3]

조직이론은 어떤 기준에 의해 구분하는가에 따라 그 유형이 다양하게 제시될 수 있다. 예를 들어, 스콧(C. R. Scott)은 '인간관점'과 '조직관점'(환경과의 관계)에 따라 조직이론을 네 가지 유형으로 구분하였다(Scott, 1998). 인간관점을 합리적 인간관과 자연적 인간관으로, 조직관점을 외부환경과의 관계에 따라 폐쇄적 조직관과 개방적 조직관으로 구분한 것이다(김정인, 2018: 291). 스콧의 분류기준을 바탕으로 이를 보다 확장하여 논의하면 다음과 같다(<표 9-1> 참조).

'폐쇄-합리적' 조직이론에는 과학적 관리론, 관료제론, 행정관리학파 등이 포함될 수 있다. '폐쇄-자연적' 조직이론에는 인간관계론, 생태론(환경유관론) 등이 있으며, '개방-합리적' 조직이론에는 체제이론, 구조적 상황이론, 제한된 합리성 이론, 전략적 선택이론, 조직경제학이론 등이 포함될 수 있다. '개방-자연적' 조직이론에는 조직군생태학, 자원의존이론, 사회적 제도화 이론, 조직화 이론, 쓰레기통모형 등이 포함될 수 있다(Scott, 1998; 이창원·최창현, 2008). 또한 역사적 시기에 따라 조직이론을 고전적 조직이론, 신고전적 조직이론, 현대적 조직이론으로 구분할 수 있다. 본서에서는 <표 9-1>의 내용을 기반으로 '시기'와 '내용'을 조직이론 유형 분류기준으로 고려하였다. 따라서 조직이론을 고전적 조직이론, 신고전적 조직이론, 현대적 조직이론으로 분류하고, 이에

---

2) 소범위 이론은 "좁은 범위의 현상에만 적용"되는 이론이며, 중범위 이론은 "사회현상의 한정된 측면에만 적용"되는 이론이고, 일반 이론은 "하나의 학문 또는 전체 학문 분야 지식을 통합"하기 위한 이론이다. 또한 거시수준 이론은 "국가나 사회 등과 같이 거시수준에서 적용"되는 이론이며, 중위수준 이론은 "정부기관이나 이익집단 등의 집단수준에서 작용하는 과정" 이론이고, 미시수준 이론은 "개인의 행동에 초점"을 맞춘 이론이다. 이에 반해 메타 이론은 "과학의 기본적 가정과 선행조건 등에 관한 이론"이고, 규범적 이론은 "사회에서 무엇이 어떻게 되어야만 하는가에 관한 다양한 생각을 검토하고, 이를 지지하는 이론적 언어와 논쟁으로 이루어지는 것"이며, 경험적 이론은 "사회적 현실과 근본적인 특성, 구조, 내부적 관계, 메커니즘" 등을 의미한다(김태룡, 2017: 39-41).

3) 이외에도 행정연구의 영역(locus)에 따라 정치적 접근, 경제적 접근, 법·제도적 접근, 경영적 접근, 심리적 접근, 사회적 접근 등으로 구분할 수 있다. 연구대상(focus)에 따라 조직적 접근, 인사적 접근, 재무적 접근, 정책적 접근, 이론적 접근, 역사적 접근, 법·제도적 접근으로 구분할 수 있다(국정관리학회, 2014: 93).

적합한 세부 조직이론들을 설명한다(김정인, 2018; 유종해·이덕로, 2015).

표 9-1 조직이론의 분류

구분		스콧의 조직이론 분류(확장)				시기에 따른 조직이론 분류			
		조직관점(체제의 본질)				구분	고전적 조직이론	신고전적 조직이론	현대적 조직이론
		폐쇄적		개방적		조직의 가치관	기계적 능률	사회적 능률	다양한 가치
인간 관점 (인간관에 따른 조직 특성)	합리적	폐쇄-합리적 조직이론 • 과학적 관리론(Taylor, 1911) • 행정관리학파(Fayol, 1919) → POSDCoRB(Gulick & Urwick, 1937) • 관료제론(Weber, 1924)		개방-합리적 조직이론 • 제한된 합리성(Simon, 1957) • (구조적) 상황이론(Lawrence & Lorsch, 1967) • 전략적 선택이론(Child, 1972) • 조직경제이론(Williamson, 1975) • 체제이론(Easton, 1953)		조직의 구조관	공식적 구조	비공식 구조	조직 구조 전반
						조직의 인간관	합리적·경제적 인간	사회적 인간	자아 실현인·복잡인
	자연적	폐쇄-자연적 조직이론 • 인간관계론(Mayor, 1927~1932) • 생태론(환경유관론)(Selznick, 1949; Barnard, 1938)		개방-자연적 조직이론 • 조직군 생태학(Hannan & Freeman, 1977) • 자원의존이론(Pfeffer & Salancik, 1978) • 사회적 제도화 이론(DiMagio & Powell, 1983) • 조직화 이론(Weick, 1979) • 혼돈이론(Prigogine & Stengers, 1984) • 쓰레기통모형(Cohen et al., 1972)		조직의 환경관	폐쇄 체제관	소극적·폐쇄적 환경관	적극적·개방적 환경관
						조직의 주요 관점	조직 구조	조직 구성원 (인간)	조직 구조와 인간 그리고 외부 환경

출처: Scott(1998); 이창원·최창현(2008: 95); 김정인(2018: 294-295).

2. 고전적 조직이론

1) 고전적 조직이론의 특징

고전적 조직이론은 "1900년경 싹트기 시작하여 1930년대에는 거의 확실한 윤곽을 드러내고 1940년대에 이르기까지 성숙"하였다(오석홍, 2018: 8). 이는 산업혁명 시기를 포함하며, 산업혁명을 통해 조직이 복잡해지고 체계적인 조직관리가 필요해지면서 고전적 조직이론이 발달하기 시작한 것이다. 고전적 조직이론의 가장 중요한 특징은 다음과 같다. "조직을 명확하게 주어진 목표의 추구를 위하여 만들어 놓은 도구 또는 기계와 같은 것으로 이해하였으며, 조직의 관리자들은 합리적으로 설정된 목표를 달성하기 위해 조직구성원들을 조종·통제할 수 있다고 전제"하였다. 또한 인간의 문제보다는 '조직의 구조와 통제'를 중요하게 고려한 고전적 조직이론은 ① 능률주의, ② 공식적 구조와 과정(절차)의 중시, ③ 폐쇄체제적 관점(닫힌 구조), ④ 합리적·경제적 인간관 등의 특징을 지닌다(오석홍, 2018: 11–12).

고전적 조직이론이 조직연구에 기여한 바는 다음과 같다. 첫째, '조직의 합리화'를 달성하고자 노력했다. 둘째, 조직의 '기본질서 정립'과 '공식적인 구조설계' 발전에 기여했다. 그러나 고전적 조직이론은 '가치문제를 경시'하였으며, '비공식적 요인을 간과'하였고, '환경적 요인을 간과'했다는 비판을 받는다. 또한 '원리(principle)'를 과학적 법칙처럼 제시하였으며, 인간문제를 경시하였고, 연구대상이 한정되어 있었다는 한계를 지닌다(오석홍, 2018: 13).

대표적인 세부 고전적 조직이론으로는 과학적 관리론(scientific management), 행정관리론,[4] 관료제론 등이 있다. 과학적 관리론은 테일러(F. Taylor)의 1911년 연구를 기반

---

4) 행정관리론은 1916년『산업 및 일반관리론(General and industrial administration)』저서를 통해 조직관리를 위한 14가지 원칙을 제시하였으며, 이후 굴릭(L. Gulick)과 어윅(L.F. Urwick)이 7가지 조직관리의 핵심원칙으로 집대성한다. 굴릭과 어윅이 주장한 조직관리의 7가지 핵심원칙은 '① 계획(Planning), ② 조직(Organizaing), ③ 인사(Staffing), ④ 지휘(Directing), ⑤ 조정(Coordinating), ⑥ 보고(Reporting), ⑦ 예산(Budgeting)'이며, 이를 POSDCoRB라 칭하였다. 행정관리론에 대해서는 실용성 높은 조직관리 기법을 제시하였으며, 이는 오늘날 조직에도 적용될 수 있다는 긍정적 평가가 제시되기도 하지만, 강조하는 원칙의 과학성과 보편성이 부족하며, 일부 원칙 사이에는 서로 모순되는 특성이 나타나기도 한다는

으로 발전하였다.5) 과학적 관리론의 특징은 '기업가(이윤향상)와 노동자(임금인상)의 공동이익 향상' 강조, 단순업무를 담당하는 '공장 직공이나 하위직 근로자를 대상'으로 '경제적 동기부여' 강조, 조직 내 비효율성을 낮추기 위해 '과학적 원리를 역설'한 점 등이다(민진, 2014: 61). 이와 같이 과학적 관리론은 조직 내에서 '인간과 직무를 과학적으로 관리'하여 '생산성 향상'에 기여하고, '전통적 낡은 관리기법 타파', '관리부문 절약과 능률'을 강조했다는 점에서 중요한 의의를 지닌다. 하지만 조직 내에서 '인간을 생명력이 없는 조건반사적 기계'로 간주하고, '경제적 동기부여만 우선'하였으며, '근로자 복지보다 조직의 생산성 우선'을 강조했다는 점에서 한계를 보였다(민진, 2014: 62). 이러한 고전적 조직이론의 한계, 특히 고전적 조직이론의 인간소외 현상을 비판하면서 등장한 것이 신고전적 조직이론인 인간관계론이다(김정인, 2018: 306). 아래에서는 오늘날에도 학문적·실천적 중요성을 지니며, 많은 학자들 간 논쟁의 대상, 연구의 대상이 되고 있는 관료제론에 대해 살펴보도록 한다.

2) 관료제론

(1) 관료제의 등장과 접근방법

관료제(官僚制, bureaucracy)라는 용어를 처음 사용한 사람은 1745년 프랑스 상공 대신인 구르네(M. de Gournay)이다(Albrow, 1970). 구르네는 책상과 사무실을 의미하는 'bureau'라는 단어에 통치라는 의미의 접미어인 '-cracy'를 붙여 '관료제(bureaucracy)'라는 말을 사용하였다. 초기의 관료제는 '정치적 개념'이었는데, 기존 절대군주제나 귀족제의 통치원리와는 달리 관료들에 의한 '통치형태'로서 '관료제=관리들의 통치'라는 의미로 사용되었다(김병섭 외, 2009: 80). 19세기에 들어서는 관료제의 의미가 통치형태 이외에 '독일의 행정제도'나 '비능률적인 정부'를 지칭하는 것으로 활용되었다(Albrow, 1970; 김병섭 외, 2009: 80). 이후 통치형태를 비롯한 정치학적 관점의 관료제 개념은 베버

비판도 제기된다(김정인, 2018: 298-302).

5) 이러한 차원에서 과학적 관리론을 테일러리즘(Taylorism)이라고도 명명한다. 이는 "시간동작연구(time & motion study)라 불리는 것으로, '집고, 들고, 걷고, 구부리고, 맞추는' 단순 노동작업을 초시계로 측정해 반복작업을 표준화하고, 이를 바탕으로 작업능력을 향상시켰다. 테일러식 노동분업과 과학적 관리의 원리는 포드의 컨베이어벨트라는 기계적 생산시스템과 결합하면서 빛을 발하게 된다"(민진, 2014: 61).

(M. Weber)를 통해 그 의미가 사회학적 관점으로까지 확대되었다(Weber, 1947).

그리고 현재까지도 관료제는 정치학, 사회학, 행정학, 경영학, 조직학 등 다양한 학문분야로 확대되어 연구되고 있다(김병섭 외, 2009: 80). 이로 인해 관료제는 다양한 의미에서 해석되고 분석된다. 예를 들어, 마르크스(F. M. Marx)는 관료제를 ① 조직형태로서의 관료제, ② 조직의 병폐로서의 관료제, ③ 거대한 정부로서의 관료제, ④ 고발대상인 정부로서의 관료제 등으로 간주하였다(Marx, 1957). 이에 반해 앨브로(M. Albrow)는 관료제를 ① 합리적 조직, ② 비능률적인 조직, ③ 관리에 의한 통치, ④ 중립적인 행위자로서의 행정, ⑤ 관료에 의한 행정, ⑥ 대규모 조직, ⑦ 현대사회 자체 등으로 분석하였다(Albrow, 1970). 이처럼 관료제는 다양한 측면에서 논의될 수 있다. 하지만 여기에서는 베버의 관료제를 중심으로 살펴본다.

(2) 관료제의 특징

독일인 사회학자 베버가 주장한 관료제는 이념형(ideal type)이다.[6], [7] 베버는 조직유지·관리의 기본이 되는 권위(authority)의 유형을 전통적 권위(traditional authority)(전통에 바탕),[8] 카리스마적 권위(charismatic authority)(개인의 특성에 바탕), 법적·합리적 권위(legal·rational authority)(법적 정당성 부여) 세 가지로 구분하였다(오석홍, 2018: 340). 그가 가장 이상적으로 생각하는 규범적 관료제는 법적·합리적 권위에 바탕을 둔 것이다. 법적·합리적 권위가 조직구성원들에게 수용되는 이유는 조직구성원 누구나가 예외 없이 준수해야 하는 법규(규정)가 제시되며, 이러한 법규는 일부 개인이 아닌 조직의 이익을 실현하기 위해 집행되고, 사람이 아닌 조직의 지위에 의해 비정의적 관점에서 명령과 복종이 발생하며, 조직구성원들은 각자 전문화된 업무를 수행할 수 있기 때문이다 (Albrow, 1970: 43; 김병섭 외, 2009: 82).

---

6) 사회현상이 복잡하고 유동적이기 때문에 그 참모습을 파악하기는 어렵다. 이런 경우 "개념적으로 하나의 통일적인 모습을 설정하는 것"을 이념형이라 한다(김병섭 외, 2009: 81).

7) 베버는 1864년 독일에서 출생하여 1920년에 사망한 독일의 사회학자이다. 관료제 개념을 집대성하였으며, 관료제에 관한 논문을 발표한 때는 1911년경이고, 미국에서 영어로 번역서가 출판된 시기는 1940년대 이후의 일이다(Wikipedia, 2020).

8) 전통적 권위에 바탕을 둔 관료제의 예로 가산관료제(patrimonialism)와 봉건제가 있다. 가산관료제는 관직이 지배자의 가계행정(house-hold administration)에서 단초가 마련되는 것을 의미한다(행정학용어사전, 2020).

베버의 관료제는 구체적으로 다음과 같은 특징을 지닌다(이하 오석홍, 2018: 340-341; 김정인, 2018: 303-304).

① 법규화: 조직에서의 모든 직위의 권한과 책임은 법규에 의해 규정되며, 권한은 사람이 아닌 직위에 부여된다.
② 계서제적 조직구조: 권한의 계층이 뚜렷하게 나타나며, 하위계층은 상위계층의 명령에 복종하여야 한다[상명하복(上命下服)].
③ 문서주의: 업무 및 의사소통 책임의 소재를 명확히 하고 공식화하기 위해 조직의 모든 업무는 문서화한다.
④ 비정의적 행동(impersonal conduct): 조직에서의 업무수행에 있어서는 개인의 사사로운 감정(예: 동정심, 시기심 등)을 배제하고 객관성과 공정성을 강조한다. 관료들은 항상 자신의 감정을 절제하며 절차에 따라 객관적이고 합리적으로 일을 처리해야 한다. 이러한 비정의적 행동은 학연, 지연, 혈연 등 개인적 연고에 의한 감정적 일처리를 방지하는 데 기여하는 측면이 있다.
⑤ 전문화에 따른 분업구조: 조직운영은 전문적 훈련에 따른 전문인 양성에 기초하며, 이를 바탕으로 분업구조를 형성한다. 즉, 관료제 내에서 구성원들은 제한된 범위의 공식임무를 부여받으며, 이들은 각자 자신이 담당한 전문화된 업무에 대해서만 책임을 진다.
⑥ 전임성(專任性): 조직의 업무에 전념하고 헌신할 수 있도록 전임성을 가진다. 조직구성원들이 심리적 안정성을 느끼고 조직에 충성할 수 있도록 하기 위해서는 조직구성원들의 정년보장(종신제, tenure for life)을 이상적 근무 형태로 본다.

출처: 김정인(2018: 303-304).

(3) 관료제의 평가

베버의 관료제에 대한 평가는 매우 다양하게 제시된다. 여기서는 이론적 차원의 평가와 실천적 차원의 평가 두 가지로 나누어 살펴본다. 이론적 차원에서 베버의 관료제는 근대조직의 기본질서 유지에 필요한 공식적 구조의 특징을 제시하였다는 점에서 중요한 의의가 있다. 그럼에도 불구하고 베버의 모형은 다음과 같은 이론적 한계를 지닌다. 첫째, 규정한 관료제의 특성들에 일관성이 결여되어 있으며, 둘째, 인간의 온전한 모습, 특히 비공식적 요인들(예: 조직 내 인간관계)을 고려하지 못했다. 셋째, 특성요인에 대한 정의(definition)와 요인들 사이의 주장(propositions)을 경험적으로 검증하기 어렵다는 문제가 있다(오석홍, 2018: 342−344).

실천적 차원에서 관료제는 무엇보다도 다음과 같은 의의가 있다(이하 최창현, 2012; 김정인, 2018: 304). 첫째, 관료제에서 법규와 문서에 의한 업무처리는 조직활동의 정확성, 일관성, 예측 가능성을 제고할 수 있도록 하였다. 둘째, 관료제는 계층제, 명령·복종 관계, 질서확립에 관심을 두기 때문에 대규모 조직과 인원, 작업을 효율적으로 관리하는 데 기여하였다. 셋째, 비정의적 업무수행을 통해 공평무사한 업무처리가 가능하도록 하였다. 넷째, 관료의 전문성에 의한 업무처리로 인해 업무의 효율성이 증진될 수 있도록 하였다. 다섯째, 항구성과 전임성으로 인해 업무처리의 안정성과 일관성을 증진시키는 데 기여하였다. 여섯째, 효과적인 규칙(effective rule)과 절차의 순기능으로 그린테이프(green tape)의 역할을 강조한다(DeHart−Davis, 2009; 안병철, 2016). 규칙과 절차는 문서로 존재하기 때문에 규칙준수의 정당성을 높이며, 목표와 수단의 관계를 논리적으로 연결시키고, 최선의 통제장치로서 역할을 수행하는데 기여하며, 이해관계자들이 자발적으로 규칙을 수용할 수 있다는 점에서 효과성을 지닌다(DeHart−Davis, 2009). 또한 규칙과 절차는 사회적 약자들을 포함한 일반 국민들의 보호장치가 될 수 있다는 점에서도 긍정적인 평가를 받는다(Kaufman, 1977).

하지만 관료제의 이러한 긍정적인 측면에도 불구하고 실천적 측면에서의 한계점도 나타난다.[9] 이를 관료제의 역기능이라 명명할 수 있다. 관료제의 역기능은 "본래 의도한 것과 다른 변화가 구조·기능에 야기되어 조직목표 달성에 장애가 되는 현상"을 말하며, 이를 '관료제의 병리현상'이라 부르기도 한다(민진, 2018: 148). 베버는 관료제를 설명하면서 'iron cage'라는 용어를 사용하였는데, 이 의미를 고려해 볼 때 역설적이게도 관료제의 역기능은 발생할 수밖에 없는 것이다. 베버는 현대사회에서 관료를 포함한 모

---

9) 관료제의 역기능은 몇몇 학자들에 의해서도 강조된다. 특히 이들은 최고 관리층의 통제욕구로 인해 관료제의 역기능이 발생한다고 강조하였다. 첫째, 머튼(R. Merton)에 의하면 관료제의 역기능은 '최고 관리층의 통제욕구(demand for control)'에서 비롯된다. 최고 관리층은 구성원의 예측성과 신뢰성을 증진시키기 위해서 표준운영절차와 규정을 제정하고 구성원들이 이에 따라 행동하기를 바란다. 이런 과정에서 구성원 행태의 경직성을 초래할 가능성이 증가한다(Merton, 1940). 둘째, 셀즈닉(P. Selznick) 역시 같은 맥락에서 관료제의 역기능을 최고 관리층의 통제욕구로 보았다. 그러나 그 원인으로는 표준운영절차 대신에 권한위임을 제시한다. 하부로 권한위임이 진행될수록 부문주의(部門主義)가 발생할 가능성이 높아 조직 전체의 목표보다는 자신의 하부조직 목표에만 몰두하게 된다는 것이다(Selznick, 1949).

든 사람들은 근대자본주의를 발생시킨 합리성의 굴레, 즉 'iron cage'에서 벗어날 수 없음을 강조하였다(Weber, 1947). 다시 말해, 관료제 속의 관료나 관료제의 통치를 받는 개인들 모두 개성과 자유를 제한받을 수밖에 없다는 것이다(Douglass, 2018; 이문수, 2019: 29-30).

　　대표적인 관료제의 역기능을 정리하면 다음과 같다(민진, 2018: 148). ① 관료제는 집권적이고 권위주의적인 통제, 규정 우선주의, 비정의적 업무수행을 강조하다 보니 인간을 피동적 존재로 간주하여 인간발전을 저해한다(인간발전의 저해). ② 목표보다 수단이나 규칙을 더욱 중요하게 고려하는 '목표와 수단의 대치' 현상이 발생할 가능성이 높다(목표대치). ③ 권위의 계층화로 인해 상사의 명령에 절대적으로 복종하는 과잉동조(over-conformity) 현상이 발생하여 조직의 다양성 저해와 조직분위기 침체 현상이 발생한다(과잉동조).10) ④ 법규만능주의와 관료의 위험회피적 성격 그리고 변화 저항적 성향으로 인해 무사안일을 초래할 수 있다(무사안일). ⑤ 관료는 한 가지 기술 또는 지식에 관해 훈련받고 길들여지기 때문에 다른 대안을 생각하지 못하는 훈련된 무능(trained incapacity)이 발생할 수 있다(훈련된 무능). ⑥ 구조의 경직성, 규칙과 절차 적용의 강조, 문서주의 등에 의해 번문욕례(레드테이프, red tape)가 발생하여 환경변화에 적극적으로 대응하지 못하는 한계가 있다(번문욕례와 변화에 대한 저항). ⑦ 관료제는 전문성과 분업화를 강조하여 할거주의를 초래할 가능성이 높다. 정보와 지식을 공유하지 않고 자신의 업무만 중요시하며, 타인의 업무를 무시하는 경향도 발생할 수 있다(할거주의). ⑧ 상관의 계층적 권력과 부하의 전문적 권력이 충돌할 가능성이 높고 이로 인해 갈등이 심화될 가능성이 있다(권력구조의 이원화와 갈등). ⑨ 관료들은 권위와 능력의 괴리, 상위직으로 갈수록 모호해지는 평가기준, 공식적 규범 준수에 대한 압박감 등으로 인해 불안감을 느끼고, 이 때문에 권위주의가 더욱 강화될 가능성이 높다(권위주의적 행태의 조장). ⑩ 관료제는 자기보존과 세력확장을 도모한다(무리한 세력팽창; 예: 파킨슨 법칙). ⑪ 관료제의 규모가 증대되면서 무능한 관리들이 승진할 가능성이 높아진다(관료를 무능화하는 승진제도).

---

10) 블라우(P. M. Blau)는 관료제가 관료적 학습으로 발생하는 '집단사고'와 이에 따른 '과잉동조'의 문화적 측면도 발생시킨다고 강조하였다(Blau, 1956).

(4) 관료제의 변론과 재평가

베버가 규범적 관료제모형을 제시한 이후 이에 대한 비판적 관점이 지속적으로 제기되었다. 그러나 앞서 관료제의 역기능에서도 살펴보았듯이 관료제의 병폐는 관료제 자체의 문제라기보다는 이를 현실에 적용하면서 발생하는 문제로 볼 수 있다. 따라서 관료제는 여전히 정부 운영의 가장 합리적인 모형으로 제시될 수 있다. 이를 '관료제의 변론'이라는 차원에서 설명하면 다음과 같다. 첫째, 관료제의 역기능은 관료제 자체의 문제라기보다는 '지나친 관료화'로 인한 폐단의 문제이다(오석홍, 2018: 349). 둘째, 관료제는 발전행정 국가들의 국가발전에 기여했다. 특히 한국과 같은 발전국가에서 실적제적 충원에 기반한 관료제는 근대성과 합리성을 증진시키는 데 공헌했다. 이는 국가관료제의 장점으로 부각되기도 한다(박종민·윤견수, 2014). 셋째, 관료제 비판은 관료제 자체의 문제에 대한 것이라기보다는 정치집단의 지나친 통제 때문에 발생한다. 다시 말해, 정치 권력자들은 '관료(제) 때리기'를 자신들의 정치적 정당성을 확보하기 위한 수단으로 삼는 것이다(Du Gay, 2000; Goodsell, 1983).[11] 넷째, 현실적으로 대규모 조직 관리를 위해 관료제를 대체할 수 있는 제도적 장치가 없다(오석홍, 2018: 349). 다섯째, 관료제에 대한 비판은 지나치게 부정적인 '반관료제적 정서와 태도(anti-bureaucratic sentiment)' 때문에 과장되어 나타난다(Du Gay, 2000).

이와 같이 관료제에 대한 비판과 옹호는 동시에 존재하고 있는데, 이를 관료제의 양면성이라고도 한다(예: 관료제와 민주주의 관계).[12] 그러나 관료제의 비판(역기능)과 옹호 모두가 관료제의 본질적 문제라기보다는 관료제 적용상에 있어 발생된 문제로 이해할 수 있다. 이러한 맥락에서 관료제의 성패는 행정환경과 밀접한 관련성이 있다고 볼

---

11) 이와 관련한 대표적인 논의로는 1990년대 미국에서 스바라(J. Svara), 웜슬리(G. Wamsley), 테리(L. Terry), 굿셀(C. Goodsell) 등과 같이 '행정재정립운동(refounding movement)'을 강조한 학자들의 주장이 있다. 이들은 정책과정 전반에서의 공무원 역할을 강조하였으며, 동시에 직업공무원제를 적극적으로 옹호하여 정부 '재발견' 필요성을 주장하였다.

12) 관료제와 민주주의는 딜레마 관계에 있다(Etzioni-Halevy, 1983). 합리성과 전문성을 중시하는 관료제는 책무성과 대응성 저해라는 측면에서 민주주의에 부정적 영향을 미치지만, 기회균등과 평등의 중시라는 측면에서는 민주주의 달성에 기여할 수 있다(임의영, 2020: 184). 한 발짝 더 나아가 김창수(2023)는 '관료제의 트릴레마(trilemma)'를 주장하였다. 이는 효율성이라는 관료제의 기본전제를 버리고, 관료제와 민주주의 관계뿐만 아니라 관료제와 효율성의 관계까지를 함께 고려할 필요가 있다는 것이다. 그는 관료제와 시민사회의 관계를 통해 민주성과 효율성 가치 달성 과정에서의 트릴레마가 발생함을 강조하고 있다.

수 있다. 한국의 정부혁신 방향에 있어서도 무조건적인 관료제 폐지 또는 관료제 유지라는 이분법적 주장만 할 것이 아니라, 한국의 행정환경 변화에 적합한 관료제 운영 방안을 모색하는 것이 더욱 절실하다고 할 수 있다.

(5) 탈관료제

관료제 조직 운영에는 긍정적인 측면도 분명히 존재한다. 하지만 행정환경 변화에 적합하지 않을 때에는 관료제의 역기능이 발생하게 된다. 이를 개선하기 위해 조직구조 혁신방안을 고려할 필요가 있다. 이와 관련한 대표적인 논의가 바로 '탈관료제(post-bureaucracy)'이다. 탈관료제는 "산업사회 이후 정보화 사회로의 변화에 대응하여 등장한 이론"을 말하며, 이는 <표 9-2>와 같은 특징을 지닌다(조창현·박문수, 2011: 66).

표 9-2 관료제와 탈관료제 조직의 특성 비교

베버의 관료제 조직 특성	탈관료제 조직 특성
권위와 업무영역의 고정	문제해결 능력자에게 권위 부여
규칙화, 표준화, 성문화된 공식적 조직	상황에 적응하는 변증법적 조직
비정의성	동료로서의 고객
수직적 계서제 조직	수평적 비계서제 조직
분업 및 전문화	팀에 의한 문제해결과 집단의사결정
경력제	전문적 이동
구조의 항구성	디오니시안 이데올로기(Dionysian Ideology)를 가진 임시조직
비밀성	개방적인 의사소통
중앙적 집권화	부서별 분권화(권한이양, 참여유도 등)
통제 중심 관리	재량 중심 관리
투입과정 중심의 관리	산출결과 중심의 관리
폐쇄적 연공서열의 종신고용	개방적 능력성과의 임시직 충원
지위에 따른 권위	전문성에 따른 권위
대규모 산업사회 기반	지식정보사회 기반

출처: 조창현·박문수(2011: 67).

탈관료제는 다양한 차원에서 논의할 수 있다(이하 임의영, 2020: 222).13) 첫째, 계층과 분업의 경직성을 유연화하는 조직(구조)의 재설계이다. 베니스(W. Bennis)의 적응적·유기적 구조, 커크허트(L. Kirkhart)의 연합적 이념형, 화이트의 변증법적 조직, 세이어(F. C. Thayer)의 탈계층적 조직, 린덴(R. M. Linden)의 이음매 없는 조직, 네트워크 조직 등이 대표적인 조직구조 재설계이다. 둘째, 정치경제학적 차원에서 다조직, 분권, 경쟁 등을 강조한 공공선택론의 주창자인 오스트롬(V. Ostrom)이 강조한 민주행정 패러다임이 있다. 셋째, 시장주의적 관점에서 시장과 고객을 중시하는 신공공관리가 있다. 넷째, 규범적 관점에서 공공행정의 공익과 봉사를 중시하는 덴하트(R. Denhardt)의 신공공서비스가 있다. 다섯째, 공공가치론적 관점에서 무어(M. Moore)의 공공가치 창출론이 있다. 여섯째, 네트워크적 관점에서 살러먼(L. Salamon)의 뉴거버넌스가 있다.

대표적인 탈관료제(관료제 대안조직)으로 '홀라크라시(holacracy)14)', '애자일(agile)' 등 애드호크라시 조직을 제시할 수 있다.15)

그러나 이러한 탈관료제적 조직변화가 정부조직에 적용 가능한가에 대해서는 여전히 의문이 제기된다. 아마도 모든 정부조직을 탈관료제적 조직으로 변화시키기는 어려울 것이다. 그럼에도 불구하고 정부업무의 특징, 특히 시민과의 능동적인 대응을 통해 명확한 성과를 창출할 수 있는 업무를 담당하는 조직에서는 이러한 조직구조로의 변화를 고려해 볼 만하다.

---

13) 각각의 상세 내용은 해당 부분을 참조하기 바란다. 예를 들어, 신공공관리와 신공공서비스는 본서 제2장을 참조할 수 있다.

14) "'전체'를 뜻하는 그리스어 'holos'와 '통치'를 뜻하는 '-cracy'가 합쳐진 말로 권한과 의사결정이 상위계급에 속하지 않고 조직 전체에 걸쳐 분배되어 있는 조직형태"를 의미한다(매경시사용어사전, 2020). 이는 기존의 권위적이고 수직적인 조직구조와 문화에서 벗어나 조직구성원들이 동등한 위치에서 상호 의사소통을 하여 업무를 수행하는 조직형태라고 할 수 있다. 이는 로버슨(B. J. Robertson)에 의해 창시되었는 데, 조직 내부구조는 네트워크에 기반하여 운영되지만 내부 구성원과 외부 고객과의 경계는 명확하게 유지되는 조직형태이다(Robertson, 2015). 조직은 서클(circle)이라는 자율관리팀(self-managed team)을 기반으로 운영되며, 역할에 따라 책임과 권한이 분산이 되는 조직이다(노상규, 2018: 159). 상사가 따로 존재하지 않고, 스스로 자신의 역할에 책임을 지고 평가하며, 협업하는 동료들에 의해서도 평가받는 조직의 형태이다. 홀라크라시에 대한 사례는 본서 제6장의 행정사례 연습을 참조하기 바란다.

15) 애자일 조직 등 보다 구체적인 애드호크라시 조직에 대한 설명은 본서 제6장의 내용을 참조하기 바란다.

3. 신고전적 조직이론

신고전적 조직이론은 "기계적 세계관이나 기계적 조직관에 대한 반발로부터 비롯되었으며, 인간을 조직의 부품이 아닌 감정적·사회적 동물로 보는 인간관의 변화에 부응하는 이론"이다(민진, 2014: 63). 신고전적 조직이론은 "1930년대를 전후하여 출발했으며 1940년대에는 상당한 세력을 떨쳤고 1950년대에 이르러 보다 넓은 시야"를 갖추게 되었다. 특히 신고전적 조직이론은 "비공식적 요인의 개척, 인간의 사회적·집단적 속성 강조, 환경과 조직의 교호작용 확인, 경험주의의 강조" 등에 기여했다. 그러나 조직 내 인간주의를 실현했다는 점에서 중요한 의의를 지니는 신고전적 조직이론은 다음과 같은 비판도 받고 있다. '산업조직으로 연구대상 한정', '인간의 감성적·비공식인 측면만을 강조한 편협한 안목', '욕구체계의 단순화·획일화'(인간의 다양한 욕구 중 사회적 욕구만 우선시함), '하향적 관리에 대한 전제'(부하들에 대한 배려와 상향적 의사전달은 계층적 지배틀 속에서만 인정), '미숙한 경험과학주의' 등이 그것이다(오석홍, 2018: 24-25).

대표적인 신고전적 조직이론으로는 '인간관계론(human relations approach)'과 '환경유관론(생태론)' 등이 있다. 인간관계론을 발전시킨 대표적인 학자는 메이요(E. Mayo)인데, 그는 호손(Hawthorne) 공장실험 결과를 기반으로 인간관계론을 주장하였다(Mayo, 1933). 인간관계론은 '사회적 욕구와 유인'이 인간의 동기를 유발한다고 보았으며, 조직구성원의 '욕구충족'이 생산성 증진에 기여한다고 주장하였다. 또한 개인의 행태나 직무수행에 영향을 미치는 '집단'의 중요성을 강조하였으며, 관리자의 '사회적 기술'이 매우 중요하다고 보았다. 또한 조직 내 '비공식'조직의 중요성을 강조하였다(오석홍, 2018: 29). 이를 통해 인간관계론은 조직이 '단순한 기계적 구조물이 아니라 사회적 체제'이며, 조직구성원은 '사회적 유인, 심리적 유인'에 의해 동기부여된다고 주장하였다. 따라서 조직구성원의 감정과 정서가 구성원의 행동에 중요한 영향을 미치며, 이러한 맥락에서 '민주주의 리더십'이 중요하게 고려된다고 보았다. 결론적으로 인간관계론에서는 조직구성원의 '사회심리적 만족'이 높을 때 조직생산성이 증가한다고 본 것이다(민진, 2014: 64).

그러나 인간관계론은 다음과 같은 한계점도 지적된다. 개인의 감정과 태도, 비공식적 집단의 중요성을 우선시하여 조직의 기강과 발전방향을 모호하게 했으며, 지나친 내재적 동기의 강조로 인해 외재적 동기를 소홀히 한 측면이 있다. 뿐만 아니라, 인간관계를 지나치게 중요하게 강조하다 보니 비윤리성(예: 인간관계에 의한 부정·부패)이 증가할 수 있으며, 여전히 폐쇄적 환경과 계층적·통제적 구조를 유지한 채 조직의 생산성 증진을 중요하게 고려하였다는 점에서 문제를 안고 있었다(김정인, 2018: 308-309).

　　인간관계론에 대한 비판적 관점을 배경으로 등장한 것이 바로 '후기 인간관계론(post human relations theory)'이다. 이는 고전적(경제인)·신고전적(사회인) 조직이론의 인간관을 모두 비판하였다. 기존의 두 이론이 모두 인간을 진정으로 중시한다기 보다 조직 중심의 통제적 접근방법을 따르고 있다는 것이다. 반면, 후기 인간관계학파는 "인간 욕구의 다양성을 인정하고 인간 중심의 자율적이고 자아실현적인 욕구"를 강조하였다(유민봉, 2021: 435). 대표적인 후기 인간관계학파 이론으로는 맥그리거(D. McGregor)의 Y이론, 아지리스(C. Argyris)의 성숙인, 매슬로(A. H. Maslow)의 욕구계층이론이 있다. 이들 후기 인간관계학파 이론 모두는 경제적 보상과 사회적 유대감보다는 인간의 도전적이고 자기계발을 중시하는 측면, 즉 자아실현인 인간관을 강조하고 있다(Argyris, 1971; Maslow, 1943; McGregor, 1960).

호손실험(호손연구)

　　하버드 경영대학(Harvard Business School)의 메이요와 뢰슬리스버거(F. Roethlisberger) 교수가 주축이 되어 1924년부터 1932년에 걸쳐 조명(illumination)에 관해 일련의 실험을 하였다. 목적은 조명의 양과 질이 공장 근로자들의 작업능률과 어떤 관계를 갖고 있는가를 알아내는 것이었다. 실험결과는 처음 기대했던 것과는 상당히 다른 것이었다. 실험은 공장 근로자들을 두 집단으로 나누어 이루어졌다. 한 집단은 실험집단으로 다양한 조도 아래서 일하게 하였다. 다른 집단은 통제집단으로 조도의 변화 없이 일하였다. 실험결과는 공장 생산성과 작업장 조도 사이에는 어떤 긍정적 관계가 없다는 것이었다. 실험자들은 이러한 결과가 통제되지 않은 다양한 변수들이 있는 상황에서 단 하나의 변수효과를 실험하는 어려움 때문이라고 생각하고, 근로자의 생산성에 영향을 미치는 보다 통제 가능한 다른 변수들(인간적 요인)의 효과를 실험하기로 하였다. 다시 실험을 실시하였는데, 이번에는 5명의 여성 근로자를 실험집단으로, 남성 근로자를 통제집단으로 하였다. 실험결과 여성 근로자 5명은 근로환경이 자신들이 불리하게 또는 유리하게 바뀌었는가에 관계없이 계속해서 생산성이 높아지는 것으로 나타났다. 이러한 결과는 작업장 환경이나 근로시간이 근로자의 작업행태, 즉 궁극적으로 생산성에 영향을 주는 중심변수가 아니라는 것으로, 당시 과학적 관리(scientific management)의 기본가정과는 배치되었다. 반면 통제집단에 속한 남성 근로자들은 작업환경이 바뀔 때 생산성이 오르거나 내렸다. 당시 연구자들은 이러한 실험결과가 근로자들이 소규모 집단으로서 일할 수 있는 기회 그리고 그 실험에서 자신들이 관찰의 대상이었다는 심리적 보상의 영향이라는 결론을 내렸다.

출처: 박흥식(2009).

이밖에도 인간관계론이 발달한 것과 비슷한 시기에 환경유관론(생태론)이 등장했는데, 이는 외부환경이 조직에 영향을 미친다는 점을 강조하였다. 환경유관론(생태론)을 주장한 대표적인 학자는 파슨스(T. Parsons), 버나드(C. Barnard), 셀즈닉(P. Selznick) 등으로, 이들은 조직이 내부뿐만 아니라 외부환경 요인과도 관련되어 있음을 강조하였다 (Parsons, 1937; Banard, 1938; Selznick, 1949). 환경유관론은 후에 개방체제론을 발전시키는 계기가 되었으나, 조직 내부문제와 조직이 외부환경에 미치는 요인을 구체적으로 고려하지 못한다는 한계가 지적된다(민진, 2014: 65).

표 9-3	고전적 조직이론과 신고전적 조직이론 비교	

구분		고전적 조직이론(1900~1930)	신고전적 조직이론(1930~1960)
시대적 배경		• 산업혁명, 조직혁명 • 정치적, 경제적 자유주의 • 기계적 세계관 • 물질숭상적 가치 팽배 • 비교적 안정적 환경 • 전통적 유산의 영향	• 기계적 조직관에 대한 비판 • 근로자의 위상변화 • 정치적, 경제적 자유방임주의 수정 • 조직규모의 팽창 • 환경의 복잡성 증대 • 학계의 반성
특징		• 조직은 주어진 목표추구의 도구 혹은 기계 • 조직관리자들은 주어진 목표달성을 위해 조직구성원을 조정·통제 가능 • 불확실성, 비공식적 요인에 둔감 • 조직구조와 조직통제에 관심 • 경제적 욕구를 충족하려는 인간속성 중시	• 인간적 요인 관심 • 조직구성원의 감정적·정서적 측면 중시 • 비공식적 관계에 관심 • 조직과 환경의 교호작용 관심 • 비경제적(사회적) 유인에 의한 동기유발 전략
평가	긍정	• 조직의 합리화에 기여 • 조직의 기본적 질서 정비	• 비공식적 요인의 개척 • 인간의 사회적·집단적 속성 강조 • 환경과 조직의 교호작용 • 행태과학의 발전을 선도
	부정	• 가치문제 경시(형평성, 민주성 등) • 비공식적 요인 간과 • 환경요인 간과 • 원리의 비과학성 • 인간문제 경시 • 한정된 연구대상	• 한정된 연구대상 • 편협한 안목 • 욕구체계의 단순화, 획일화 • 하향적 관리체계 • 보편화의 오류 • 미숙한 경험과학주의
세부 이론		• 과학적 관리론 • 행정관리론 • 관료제론	• 인간관계론 • 생태론(환경유관론)

출처: 오석홍(2018); 김정인(2018: 312).

4. 현대적 조직이론

1950년대부터 정보·통신·교통 기술이 급격히 발달하기 시작하면서 조직과 환경의 상호작용은 더욱 강화되었고, 이러한 가운데 현대적 조직이론이 발달하기 시작한다. 그러나 사실 현대적 조직이론은 특정 조직이론으로 언급되기보다는 "1950년대부터 두 가지 연구경향(고전적·신고전적 조직이론)을 포용하면서 오늘날까지 영역확장과 발전을 거듭해 온 조직이론"을 의미한다(오석홍, 2018: 8). 현대적 조직이론은 다양한 차원에서 설명되고 있으며, 오늘날까지도 수정·보완되면서 발전하고 있기 때문에 공통점을 언급하기는 어렵지만, 일반적인 특징을 정리하면 다음과 같다(이하 오석홍, 2018: 36-37). 첫째, 현대적 조직이론에는 다양한 가치기준과 접근방법이 적용되기 때문에 '가치기준과 접근방법의 분화'가 발생한다. 둘째, 현대적 조직이론은 유일한 지배적 접근방법이 아니라 조직의 복잡성, 다양성, 고유성, 특수성 등을 모두 고려할 수 있는 통합적 접근방법이다. 셋째, 현대적 조직이론은 학제적 성격을 지닌다. 또한 현대적 조직이론에 적용되는 조직인간관은 상황에 따라 다양하게 해석될 수 있는 '복잡인(complex man)'으로 볼 수 있다(김정인, 2018). 이는 고전적·신고전적 조직이론과 달리 현대적 조직이론들은 열린 조직, 개방적·유기적 조직형태를 띠기 때문에 일반적이고 보편적인 인간형보다는 상황에 따라 변화하는 복잡인이 현대조직에 적합하다는 것이다.[16]

현대적 조직이론은 다양한 관점에서 설명이 가능하지만 본서에서는 개방적 체제 (환경적) 접근, 조직경제적 접근, 행태주의적 접근, 제도주의적 접근 등으로 구분하여 설명한다.[17]

---

16) 조직이론별로 중요하게 고려하는 조직인간관은 다음과 같이 정리할 수 있다.

구분	고전적 조직이론	신고전적 조직이론		현대적 조직이론
		인간관계학파	후기 인간관계학파	
조직 인간관	경제인	사회인	자아실현인	복잡인

17) 이외에도 행위이론(action theory)을 고려할 수 있다. 행위이론은 "인간행위의 주관적 의미를 탐구하는 접근방법"으로서, '개인의 행동에 부여되는 의미'를 중요하게 고려하며 '가치문제'를 우선한다(오석홍, 2018: 40-41). 인간의 행위는 주관적 세계이며, 가치 있는 목표를 추구하고, 개인과 사회의 상호작용을

1) 개방적 체제 접근

(1) 체제이론

체제이론(體制理論, system theory)은 행정현상을 분석하는 모형으로서 환경을 중요 변수로 고려하는 것이 특징이며, 조직과 환경의 상호작용을 강조한다(정정길 외, 2019). 체제이론(system theory)을 단일 개념으로 명확하게 정의하기는 어렵지만, 체제이론 학자들은 체제를 "요소의 모듬체"로 보고, "일정 법칙에 따라 상호관련성"을 가진다고 본다 (김광웅, 1972: 78). 보다 구체적으로, 체제는 '관계의 묶음(bundle of relations)'이며, 모든 체제는 '상호작용'하는 구성요소로 이루어진다는 것이다(이종수 외, 2022: 115).[18] 오석홍 (2011: 48)은 체제를 "총체적인 관계 속에서 공동의 목표달성을 지향하는 상호 연관된 사물"로 정의한다(김정인, 2018: 334).

체제이론에 의하면 내부에는 체제가 외부에는 환경이 존재하며, 그 사이에는 경계 (boundary)가 있다.[19] [그림 9-1]과 같이 '투입-산출 모형(input-output model)'이 체제이론의 기본이 된다. 체제는 이를 둘러싼 환경으로부터 체제 유지에 필요한 자원을 받아들이고(투입), 전환과정을 통해 환경의 요구에 대응하며,[20] 목표를 달성하기 위해 체제 내 구성요소들 간 상호작용을 한다. 이러한 작용을 통해 산출물(예: 정책)을 생산하는 것이다(남궁근, 2017). 산출은 다시 환경과의 상호작용 등을 통해 환류(feedback)과정을 거치며 다시 체제에 투입된다. 체제이론에서는 이러한 과정이 지속적으로 반복된다고 본다. 체제 혹은 조직과 환경의 상호작용을 통합적이고 거시적인 관점으로 살펴보고, 개방적인 시각에서 체제 혹은 조직 활동의 전 과정을 분석한다는 측면에서 체제이론은 중요한 의의를 지닌다(김정인, 2018: 334). 즉, 체제이론은 현상을 전체적이고 종합적이며 거시적인 시각에서 분석한다. 현상을 단순히 부분합(合) 정도로 가정하는 것이

중요하게 고려한다는 것이다. 또한 인간의 행위는 외재적 요인에 의해서 결정되는 것이 아님을 강조한다. 인간의 주관적 세계관을 강조했다는 점에서 행위이론이 중요한 의의를 지니지만, 이 이론은 지나치게 개인의 주관적 세계를 강조했기 때문에 '행위자의 자각과 객관적 사실의 지나친 분리'를 강조한다는 차원에서 비판을 받는다. 또한 행위이론이 너무 개인적 관점으로만 분석하다 보니 사회적 차원의 분석이 미흡하여 사회적·구조적 결정원인을 고려하지 못하고 있다는 점에서 한계가 있다(오석홍, 2018: 41).

18) 체제는 각기 다른 특성을 지닌 구성인자와 타 인자들 간 상호작용으로 형성된다.

19) 체제이론은 균형, 상호의존성, 환류, 긴장, 투입, 산출 등을 강조한다(김광웅, 1972: 79).

20) 이러한 전환과정은 파악이 가능한 경우도 있고(white box), 파악이 어려운 경우도 있다(black box).

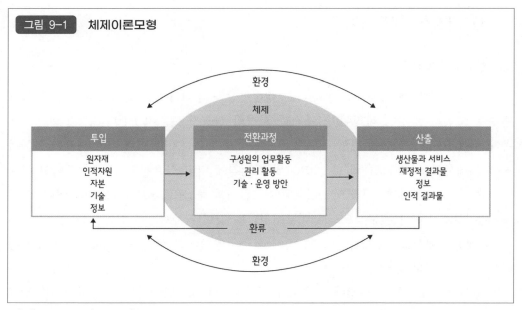

그림 9-1 체제이론모형

출처: Hayajneh(2007: 5).

아니라, 체제 전체의 목표달성과 부분 간 관계성을 중요하게 고려하는 것이다. 또한 체제이론은 환경의 영향을 중요시한다. 체제 유지는 환경과의 상호작용 속에서 체제가 주어진 역할을 어느 정도 수행할 수 있는가에 따라 달라진다는 것이다. 체제이론에 의하면 체제는 환경에 따라 생존력이 결정되는 환경결정론을 가정한다. 그리고 체제이론은 하위체제 부분 간의 상호의존성을 강조한다(유민봉, 2021: 33-34).

그러나 이러한 체제이론의 특징에도 불구하고 체제이론은 부분보다 전체, 개인 보다 조직과 집단, 조직과 집단보다 환경을 더욱 중요시하기 때문에 개인, 집단, 조직의 자율적 특성이 부각되지 못하고 상위 체제에 지나치게 의존한다는 한계가 있다. 또한 체제는 환경변화에 잘 적응하여 균형과 안정을 추구하고자 하는 속성때문에 체제를 적극적으로 변화시키는 역동적인 측면은 소외되는 한계도 지닌다. 특히 체제이론은 최근 나타나는 행정환경과 같이 불확실하고, 역동적이며, 예측불가능한 상황에 적용하는 데에는 한계가 존재한다(남궁근, 2017). 그리고 체제의 경계(boundary)가 모호하여 체제의 특성을 명확하게 설명하기 어렵다는 한계가 있다. 즉, 체제이론이 투입부터 산출 그리고 환류까지의 전반적인 과정을 세밀하게 분석하지 못하고, 체제 내 개별적인 요소에 대한 구분이 불명확하며, 체제 내 개인 혹은 조직의 자율적 기능을 소홀히 한다는 점이 한계로 지적된다(김정인, 2018: 334). 그러나 이러한 한계에도 불구하고 체제이론은 정치, 사회, 문화 등 다양한 영역에서 활용되고 있다. 여기에서는 이스턴(D. Easton)의 정치체제이론(political system theory)을 중심으로 체제이론을 보다 구체적으로 살펴본다.

정치체제이론은 일반 체제이론을 정치체제 분석에 적용한 것이다(Easton, 1965). 정치체제는 개방체제의 일종으로서 상호관련성을 지닌 요소들로 구성된다. 특히 정치체제 내에서는 구성원들 간 상호관련성과 권력에 따라 권위적으로 가치가 배분된다. 일반 체제이론에서의 투입은 정치체제이론에서 '요구(demand)'와 '지지(support)'로 구분된다. 요구는 정책의 결정과 집행이 이루어지기를 바라는 의견의 표출이며, 지지는 정치체제 유지에 필요한 자원공급으로 이해될 수 있다. 이러한 요구와 지지가 정치체제 내에 투입되면 구성요소(하위체제)들 간 상호작용을 바탕으로 한 전환과정을 통해 가치의 권위적 배분과정인 정책산출이 이루어진다는 것이다. 그리고 산출된 정책은 환류작용을 통해 다시 정치체제로 투입된다(남궁근, 2017: 115-116).

(2) 생태론

생태론(生態論, ecology)은 "생물 상호 간의 관계 및 생물과 환경과의 관계를 연구하여 밝혀내는 학문"이다(두산백과, 2019a). 이는 1869년 헤켈(E. H. Haeckel)에 의해 고안된 용어로서, 19세기 말까지는 개별 생물의 환경 적응을 강조하는 적응생태학이 중요시되었다. 이후 생물군집 또는 생태계의 통일성을 강조하고, 생물 상호 간의 공동작용, 생활구조, 사회구조, 천이, 분포 등을 환경과 관련시켜 그 원리를 파악하는 군생태학(群生態學)이 발전하게 되었다(두산백과, 2019a).

이와 같이 생태론은 생물과 환경의 관계를 다루는 자연과학분야 이론이었으나, 이후 사회과학 전반으로 이론이 전파되었다. 생태론적 접근방법을 행정학에 접목시킨 대표적인 학자는 가우스(J. M. Gaus)이다. 그에 따르면 행정의 발달 및 행정현상의 변화는 생태적 환경에 의해 영향을 받는다. 가우스는 정부의 정책, 프로그램, 계획 등이 정부 내·외부의 환경, 즉 생태적 환경에 의해 영향을 받는다는 점을 강조하였으며, 행정체제 내부의 조직 및 개인 모두는 이를 둘러싼 외부환경과 밀접한 상호작용을 한다는 점도 강조하였다(Gaus, 1947).[21] 이러한 측면을 고려해 볼 때 행정학에서 생태론은 "행정현상을 자연·사회·문화적 환경과 관련시켜 이해하려는 접근방법"이라고 할 수 있다(이종수 외, 2022: 114). 행정학에서 고려되는 생태적 접근방법의 환경요인은 장소, 개인, 물리적·사회적 기술, 그리고 이러한 요소들과의 관계라고 할 수 있다.[22]

　　　1940년대 행정학에서 생태론적 접근방법은 행정환경 변화를 분석하는 새로운 접근방법으로 고려되었다(Gaus, 1947). 당시 서구의 시대적 상황은 정치적·경제적 자유방임주의가 수정되었으며, 조직의 규모가 증대되고, 환경의 복잡성도 심화되는 시기였다. 이러한 상황에서 생태적 환경은 행정의 변화를 유도하는 강력한 요인으로 여겨졌다. 가우스에 의하면 생태론은 행정을 적극적이고 전략적으로 환경변화에 대응하면서 변화, 즉 행정개혁을 추구하려는 일련의 활동으로 간주한다. 이때 자원관리의 지속가능성(sustainability)이 중요하게 고려된다(Gaus, 1947). 다시 말해, 자원의 지속가능성이 행정의 생태계에서 가장 중요하게 고려된다는 것이다. 또한 생태론에 의하면 행정의 모든 주요 행위자들은 자신들이 생태계의 일부이면서 동시에 효과적이고 통합적인 생태계 관리에 영향을 미친다는 점을 인지하고 있다(Loomis, 1993: 447－448).

　　　이후 리그스(F. W. Riggs)는 생태론을 비교행정에 적용시켰다. 1950년대 말부터 미국 행정학의 보편적 적용 가능성에 대한 한계가 강조되면서 후진국에서도 공통적으로 적용될 수 있는 행정이론을 발굴하기 위해 비교행정 연구가 활발히 이루어졌다(김태룡, 2017: 105).[23] 이 이론은 후진국 행정에서 환경의 중요성을 강조하면서 경제적 기초, 사회구조, 이념적 요인, 통신 및 정치체제 등 다섯 가지 환경요소들이 농업사회와 산업사회에 중요한 영향을 미친다는 점을 강조하였다. 비교행정 관점에서의 생태론은 환경적 요인이 행정에 미치는 영향을 강조하였으며, 특히 개발도상국가의 행정을 사회·문화적 맥락에서 해석하고자 한 측면에서는 긍정적인 평가를 받는다. 그럼에도 비교행정 관점에서의 생태론은 행정환경에 대한 행정주체의 영향을 상대적으로 소홀히 하였다는 점

---

21) 가우스는 행정에 영향을 미치는 주요 환경을 국민(people), 장소(place), 물리적 기술(physical technology), 사회적 기술(social technology), 욕구와 사조(wishes and ideas), 재난(catastrophe), 개성(personality)으로 보았다(Gaus, 1947).

22) Essays, UK.(November 2018). Ecology of Public Administration.
　　Retrieved from https://www.ukessays.com/essays/politics/the－public－administration.php?vref＝1

23) 리그스는 비교행정연구회(Comparative Administration Group)를 중심으로 1960년대 비교행정 연구를 주도하였다.

에서 한계를 지닌다(유훈, 1992).

(3) 비교조직론과 발전이론

비교조직론은 "조직들을 비교하여 유사성과 상이성을 발견하고 설명함으로써 조직
이론의 보편성을 높이려는 이론으로, 조직이 연구와 개선방안의 처방에 적용할 상황적
응적 접근방법의 발전을 촉진"한 이론이다(오석홍, 2018: 38). 이는 1950년대와 1960년대
에 발달한 이론으로, 조직의 국제적 비교연구, 문화권이 다른 조직의 비교연구를 중심
으로 하였다. 비교조직론은 행정학에서의 비교행정이론 발전과 같은 맥락으로 이해될
수 있다. 특히 제2차 세계대전 이후 선진국의 행정체제와 서구의 이론들이 신생국 내지
후진국에 제대로 적용되지 못하는 이유를 분석하기 위한 목적으로 발전된 것이다(박동
서 외, 1982). 즉, 비교행정은 "여러 국가의 행정체제와 행태를 연구함으로써, 일반성 있
는 이론 정립과 행정개선을 위한 전략을 추출해 내려는 학문적 노력"이라고 할 수 있다
(김태룡, 2017: 210). 비교조직론도 이러한 맥락에서 발전한 것이다.

연구의 보편성을 강조하는 비교(조직·행정)이론과 달리 발전이론은 특수성·전문
성·효과성 등을 강조하면서 발달하였다. 비교(조직·행정)이론이 정태적이고 보수적이
며, 균형이론을 강조하고 기능주의에 기반을 두었다면, 발전(행정)이론은 변동(변화)을
강조하고, 동태적이며 쇄신적인 특성을 보였고, 발전지향적인 실용주의에 기반을 두었
다(김태룡, 2017: 221). 1960년대 발전 개념은 사회과학에서 활발하게 논의되었는데, 발전
이론은 "의식적인 계획에 따라 추진되는 조직개혁을 연구하는 분야"이다. 특히 발전이

표 9-4 비교행정(조직이론)과 발전행정(이론) 비교

구분	비교행정	발전행정
이념	보편성·일반성·능률성 강조	특수성·전문성·효과성 강조
이론적 성향	균형이론(정태적·보수적)	변동이론(동태적·쇄신적)
행정인 자질	지식과 정보	발전지향성과 쇄신성
방법론	기능주의	실용주의
시기	1950년대	1960년대

출처: 김태룡(2017: 221).

론은 1970년대 조직개혁에 활용된 이론으로 '처방'에 더 많은 관심을 두었다(오석홍, 2018: 39). 이는 "국가발전을 이룩하기 위한 국가의 모든 발전사업을 행정이 주도적으로 수행하며, 또한 그러한 역할과 기능을 수행하기 위해 자체의 능력 내지 역량을 발전시키는" 발전행정론과 같은 맥락으로 이해할 수 있을 것이다(김태룡, 2017: 221).

(4) 상황적 접근이론

상황적 접근이론(contingency theory) 또는 상황이론은 "모든 상황에 적합한(보편적인) 유일 최선의 조직설계와 관리의 방법은 없다는 명제를 기초로 삼지만 분석틀을 중범위화함으로써 적용 가능성을 높인 접근방법"으로(오석홍, 2018: 46), 1960년대부터 조직이론에 널리 활용되었다. 상황적 접근이론을 이전 고전적 조직이론과 비교했을 때, '조직을 개방체제로 이해'하고 조직과 환경의 교호작용을 통한 체제 유지를 강조한다는 점에서 차이가 있다. 특히 조직과 환경의 교호작용을 유지하기 위해서 "조직은 환경의 특성에 맞추어 조직 구성요소 간 그리고 구성요소와 환경 간에 적절한 의존관계"를 유지해야 한다고 주장하였다(김병섭 외, 2009: 130). 무엇보다도 상황적 접근이론의 핵심은 첫째, 조직에 영향을 주는 '상황'이 무엇인가를 판단해야 하며, 둘째, 그러한 상황에 '적합한 조직구조'가 무엇인가를 고려해야 하고, 셋째, 과연 '상황'과 '조직구조'가 적절하게 연계되었을 때 조직의 생산성이 향상될 수 있을까를 고려해야 한다는 것이다. 여기서 논의되는 '상황'은 주로 규모, 기술, 환경24) 등과 같은 외부 발생적이며 객관적인 변수를 고려한다(김병섭 외, 2009: 130).25)

상황적 접근이론에 의하면 조직은 외부환경(상황)에 상당한 영향을 받으며, 조직설계에는 보편적이고 일반적인 원칙이 존재하는 것이 아니라 상황에 따라 달라진다는 점을 강조하였다. 이러한 상황적 접근이론의 의의에도 불구하고, 이 이론은 '상황을 너무 고정된 것'으로 간주했으며, 현실에서의 상황요인은 기술, 규모, 환경이라는 요인에 국

---

24) 조직의 규모는 주로 인력과 예산의 규모로 고려된다. 조직기술과 관련해서는 일상적 기술과 비일상적 기술 혹은 페로(C. Perrow)에 의해 1970년 제시된 기예적 기술, 비정형화된 기술, 정형화된 기술, 공학적 기술 등을 고려해 볼 수 있다. 마지막으로 환경은 구체적 환경과 일반환경 등으로 고려할 수 있다. 이와 관련한 보다 구체적인 내용은 김정인(2018: 316-317, 344-345)『인간과 조직: 현재와 미래』의 내용을 참조하기 바란다.

25) 다른 학자들(예: Robbins, 1983)은 내부 발생적 요인인 조직목표, 전략 및 권력 통제 등을 상황으로 고려하기도 한다. 그러나 보다 명확한 분석을 위해서는 외부상황 변수만을 고려하는 것이 적합할 것이다.

한되는 것이 아니라 보다 복잡하다는 측면에서 한계를 지닌다. 또한 최고 관리자의 재량, 신념, 가치체계의 역할을 소홀히 한 측면이 있으며, 조직 간 관계 역시 조직의 구조와 생산성을 판단하는 중요한 요인임을 고려하지 못했다는 한계가 있다(Child, 1972).

(5) 전략적 선택이론과 자원의존론

전략적 선택이론(strategic choice theory)은 상황적 접근이론을 비판하면서 최고 의사결정자가 조직구조 설계에 중요한 역할을 한다고 주장하였다(김병섭 외, 2009). 전략적 선택이론은 상황적 접근이론의 주장을 비판한다. 상황적 접근이론에서 주장하는 바와 같이 조직은 환경과 밀접한 관계를 유지하는 것이 아니며, 조직의 효과성 또는 수익성 이외에 상황이론에서 중요시하지 않는 권력, 자율성, 안정성이 현실에서는 더욱 중요하게 고려될 수 있다는 것이다. 따라서 외부환경이 조직 내부에 미치는 영향보다 조직과 환경의 연결고리 역할을 하는 관리자(최고 의사결정자)들이 환경에 대해 어떻게 인식하는가가 더욱 중요하다고 주장한다(이창원 외, 2012: 496). "상황적 접근이론에서 강조하고 있는 환경·기술·규모와 같은 상황조건은 단순히 조직의 지배집단(dominant coalition)이 전략적 선택을 하는 데 있어 장애요인에 불과하며, 지배집단의 이해관계와 그들의 권력 유지를 위해 조직구조가 결정된다고 주장한다"(김정인, 2018: 318). 이와 같이 전략적 선택이론은 조직관리자의 자유재량 영역을 강조하고, 관리자의 전략적 선택을 중시한다는 점에서 의의를 지닌다. 그러나 다음과 같은 측면에서 한계도 지니고 있다. 첫째, 전략적 선택이론에서는 환경의 영향을 거의 고려하지 않고 있다. 이는 후에 자원의존론의 등장 근거가 되기도 한다. 둘째, 관리자의 전략이 조직구조를 결정하기보다 조직구조가 전략을 결정할 가능성이 높다. 셋째, 조직의 구조적 타성과 기득권 세력의 반발로 인해 전략적 선택이 이루어지지 않을 가능성이 높다. 이러한 한계는 후에 조직군생태학의 등장배경이 되기도 한다(김병섭 외, 2009: 175-176).

이에 반해서 자원의존론(resource dependence theory)은 "조직의 목표는 환경으로부터 희소한 자원을 공급받는 데 있어 다른 조직에 대한 의존도를 최소화하고, 필요한 자원을 확보하기 위해 다른 조직에 영향을 미치는 방법을 찾는 것"이라고 강조한다(Pfeffer & Salancik, 1978). 자원의존론에 따르면, 조직은 환경에 적극적으로 대처하는 데 이때 환경으로부터 공급되는 자원이 조직에 긍정적인 영향을 미칠 수 있도록 조직을 관리한다는 것이다. 특히 자원의존론은 다음과 같은 전제를 바탕으로 한다. "첫째, 조직의 자원획득은 그 환경에 의존하며, 둘째, 환경과의 관계에서 중요한 것은 조직이 하는 전략적 선택이고, 셋째, 조직은 능동적으로 환경에 영향을 미친다"는 것이다(오석홍, 2018: 50).[26] 페퍼(J. Pfeffer)와 샐란식(G. R. Salancik)에 의하면 조직은 외부환경으로부터 조직의 생존에 필요한 자원을 획득해야 하며, 이를 통해 타 조직(또는 외부환경)에 대한 의존도를 낮출 수 있다(Pfeffer & Salancik, 1978). 이와 같이 조직은 외부환경과 '특별한 의존관계' 형성을 통해 외부제약인 '불확실성' 문제를 해결할 수 있는 것이다(김정인, 2018: 319). 그러나 조직이 외부로부터 자원을 획득한다는 의미가 조직이 환경에 종속되는 것을 의미하는 것은 아니다. "어떤 조직이든 자원을 획득하기 위해 다른 조직에 영향을 행사해야 하고, 조직환경에서 다른 조직의 수요와 요구에 대응해야 한다"(이창원 외, 2012: 497). 이와 같이 자원의존론은 조직과 환경과의 상호작용 및 상호 영향력을 강조하기 때문에 조직과 환경의 균형 잡힌 관계를 강조한다는 데 중요한 의의가 있다. 또한 조직이 환경의 불확실성을 제거하기 위해 타 조직의 자원을 활용한다는 점을 강조한다는 측면에서 의미가 있다. 그러나 현실에서는 조직이 환경적 영향에 더 크게 의존할 수 있다는 측면에서 한계가 있을 수 있다(오석홍, 2018: 51).

(6) 조직군생태학

조직군생태학(population ecology)은 "환경적 요인들이 환경에 가장 적합한 조직 특성들을 선택한다고 보는 접근방법"이다(오석홍, 2018: 35). 이 관점에 의하면 조직은 환경과의 관계에 있어 능동적인 존재가 아니며, 환경에 의해 '선택'되어지는 피동적인 존재라는 것이다. 조직군생태학은 어떤 사회적 조건이 조직의 생성률, 성장률, 사망률에 영향을 미치는가에 관심을 지니는데, 환경과의 '조직적합도'가 이를 결정한다는 것이다(Aldrich & Pfeffer, 1976). 따라서 조직(군)이 지속적으로 생존하기 위해서는 환경에 대한 조직의 적합도를 증진시켜야 한다(오석홍, 2018: 50). 만약 조직이 환경변화에 둔감해서 기존 조직의 특징을 그대로 유지하는 '구조적 타성(structural inertia)'에 빠질 때 조직은 자연도태될 가능성이 높다는 것이다(김병섭 외, 2009: 198). 즉, 조직군의 생존은 조직의 의지가 아니라 '환경적 적소(niche)'로부터 선택되면, 다시 말해 조직(군)이 환경으로부터

---

26) 이러한 관점에서 전략적 선택이론을 자원의존론과 같은 맥락에서 설명할 수 있다(이창원 외, 2012: 499).

선택되면 생존하고 그렇지 않으면 조직(군)이 도태된다는 것이다.

조직군생태학은 개별 조직보다는 조직군이라는 거시적 관점에서 종합적인 분석을 가능하게 한다는 측면에서 장점을 지닌다. 또한 의도하지 않은(우연한) 조직군 변동, 다시 말해 계획되지 않은 조직군 변동을 설명하는 데 적절하게 활용될 수 있다. 하지만 조직군생태학은 지나치게 '환경결정론'적 관점을 강조하고 있어, 조직 내부의 환경에 대한 영향력을 거의 고려하지 못했다는 측면에서 한계가 있다(오석홍, 2018: 50).

(7) 혼돈 또는 카오스이론

혼돈(카오스)이론(chaos theory)은 "혼돈을 주 연구대상으로 하여 그 실상을 규명하고 행동경로를 예측하려는 이론"이다. 이는 현대사회의 특징과 관련이 높다. 혼돈상태는 "예측·통제가 아주 어려워 복잡한 현상(행태·거동)"으로 정의할 수 있다(오석홍, 2018: 55). 이러한 혼돈상태에서는 예측한대로, 계획한대로 행정이 이루어지기 어렵다. 혼돈이론은 다음과 같은 특성을 지닌다(김정인, 2018: 336). 첫째, 현상을 단순화하지 않고 복잡·미묘한 현상을 있는 그대로 살펴본다. 둘째, 혼돈을 회피·기피 대상으로 고려하지 않고 변화와 발전에 불가피한 요소로 고려한다. 셋째, 조직의 자율적이고 창의적인 개혁을 중요시한다. 넷째, 관료제의 병폐를 극복하는 데 긍정적(예: 창의적 학습)인 역할을 한다. 이와 같이 혼돈이론은 복잡한 현대사회(예: 행정난제 시대)에 대한 총체적인 이해를 돕는다는 데 장점이 있다. 또한 혼돈이론은 창의성 등을 강조하기 때문에 관료제의 획일성이나 경직성 등 관료제 문제를 개선하는 데 대안으로 제시될 수 있다는 장점도 있다. 그러나 혼돈이론과 같이 모든 이론을 포괄적으로 고려하는 통합적 이론은 현실적으로 적용이 어려운 측면이 있다는 데서 한계를 보인다(오석홍, 2018: 56).

2) 조직경제적 접근[27]

(1) 공공선택론

공공선택론(public choice theory)은 "합리적 선택이론이 가정하는 자기중심적 경제인을 공공부문 비시장적 집단의사결정에 적용하여 경제학적으로 연구"하는 것이다(유민봉, 2021: 43). 공공선택론은 정치경제학의 연구분야인 '비시장적 의사결정(non-market decision making)'에 관심을 가지고 시장 경제주체들의 의사결정이 정치제도와 공공부문에 어떻게 작용하는지를 분석하는 가운데 시작되었다(김성준, 2020: 5). 따라서 대표적인 초기 공공선택론자들은 뷰캐넌(J. Buchanan), 털럭(G. Tullock), 다운스(A. Downs) 등과 같은 정치경제학자들이었다.

공공선택론은 방법론적 개인주의, 경제적 인간, 교환으로서의 정치를 가정한다(김성준, 2020: 17-25). 첫째, 공공선택론은 사회현상의 분석단위를 개인으로 간주하는 방법론적 개인주의를 취하고 있어 의사결정의 주체는 개인이며, 사회는 개인의 집합체에 불과함을 강조하였다. 둘째, 공공선택론은 자신의 이익과 효용을 극대화하는 합리적이고 경제적인 인간을 가정하였다. 셋째, 정치(행정)과정 역시 시장과 마찬가지로 개인 선택의 문제이며, 정치(행정)적 행위도 교환행위의 특수한 형태로 보았다. 즉, 정치는 타인에 대한 권력의 극대화가 아니라 교환행위를 통해 구성원 모두의 이익이 창출되는 것을 중요시한다고 본 것이다.

공공선택론은 공공부문에서 시장실패 치유를 위한 정부개입의 타당성을 비판하고 정부개입이 오히려 정부실패를 초래할 수 있음을 강조하였다. 또한 공공선택론은 공공부문에 경제학적·시장적 접근 방안을 도입하여 재화의 효율적인 공급과 배분에 관심을 가졌다. 특히 오스트롬(V. Ostrom)은 1970년대 『미국 행정학의 지적 위기』라는 저서에서 기존의 관료행정(전통적 정부관료제)의 한계(정부실패)를 강조하면서 이를 해결하기 위한 대안으로 민주적 행정이론인 공공선택론을 제시하였다(이종열 외, 2023).

공공선택론에서는 정부를 공공재와 공공서비스를 생산하는 공급자(생산자)로, 시민을 소비자(수요자)로 고려하였다.[28] 오스트롬은 시민들이 원하는 행정서비스를 제공하

---

27) 이외에 합리적 선택 제도주의는 후설한다.
28) 대표적인 적용모형이 바로 '티부(Tiebout) 모형'이다. "시민은 공공재에 대한 호불호를 분명하게 나타내는

기 위해서 공공조직이 다조직으로 배열되어야 하며, 관할권이 중첩되어야 하고, 분권화되어야 한다고 주장하였다. 이러한 공공조직 구조에서 공공조직 간 경쟁을 통해 시민들이 원하는 다양한 선택기회를 부여할 수 있으며 이 과정에서 행정서비스 질적 수준이 향상될 수 있다는 것이다. 이때 공공부문의 분권적 구조가 보다 효율적이고 민주적일 것이라고 강조하였다(Ostrom, 1973). 또한 공공선택론은 관료를 사익추구 존재로 고려하여 관료에 대한 효과적 통제가 이루어지지 않으면 관료의 사익추구 부작용(예: 부패)과 외부효과가 존재할 수 있음을 주장하였다. 이를 방지하기 위해 공공부문 내 조직 간 협상과 합의, 권력 상호 간 통제를 유도할 수 있는 의사결정구조(다조직, 관할권 중첩, 분권)가 전제되어야 한다고 본다(유민봉, 2021).

이러한 공공선택론은 기존의 관료제 문제점을 제기하고 시민들의 다양한 선호와 요구에 민감하게 반응할 수 있는 조직구조를 형성할 때 민주행정이 달성될 수 있다는 점을 강조하였다는 측면에서 의의가 있다. 그러나 공공선택론은 다음과 같은 한계점을 지닌다(이하 이종수 외, 2022: 113). 첫째, 공공선택론이 주장하는 경제학적 가정이 비현실적이라는 점이다. 관료들이 사익을 추구하는 합리적인 개인들로만 구성되고, 경제적 선택만을 우선한다고 주장하였지만 현실에서의 관료들은 공공성을 추구하는 이타적인 존재일 수 있다는 점을 고려하지 않았다. 둘째, 공공선택론은 정부실패를 비판하고 시장의 우월성을 강조하고 있으나, 시장 역시 실패할 수 있다는 점을 간과하고 있다. 셋째, 공공선택론은 현상유지와 균형에 중점을 두기 때문에 개인의 기득권 유지라는 보수주의 관점을 부각한다는 비판이 있다.

(2) 거래비용이론

거래비용이론(transaction cost theory)은 "조직, 특히 기업조직들이 생겨나고 일정한 구조를 가지게 되는 이유를 조직경제학적으로 설명하는 접근방법"이다(오석홍, 2018: 51). 조직이론에서 거래비용이 가지는 의미는 조직설계가 거래비용 감소의 수단이 된다고 간주하는 점이다. 즉, 거래비용이론에서는 조직의 생성목표를 "외부의 조직이나 개

데, '티부(Tiebout) 모형'으로 잘 알려진 티부의 '발로 하는 투표(voting with feet)'가 바로 그것이다. 공공재에 불만을 가지는 시민은 자신이 속한 지역을 떠나 다른 지역 혹은 국가로 이동함으로써 공공재나 공공서비스에 대한 선호를 나타낸다는 것이다"(김정인, 2018: 333).

인과 자원을 거래하는 데 드는 비용 그리고 조직 내의 거래를 관리하는 데 드는 비용(거래비용)을 최소화하는 것"으로 본다. 예를 들어, 윌리엄슨(O. Williamson)에 의하면 조직이 시장보다 더 효율적인 이유는 조직이 시장실패 문제를 해결할 수 있기 때문이다(Williamson, 1975). 조직은 적응적·연속적 의사결정을 통해 시장보다 '인간의 제한된 합리성을 완화'시킬 수 있으며, 소수 교환관계를 통해 '기회주의를 줄일 수' 있고, 조직 내 구성원들의 기대가 어느 정도 수렴될 수 있어 '불확실성을 감소'시킬 수 있다는 것이다. 뿐만 아니라, 조직 내 '정보밀집성(정보비대칭성)이 극복'될 수 있어 시장보다 조직이 더 효율적이라는 것이다(이창원 외, 2012: 488–489). 이와 같이 조직은 거래비용을 최소화하기 위하여 설립되는 것이다.

　거래비용이론은 다음과 같은 장점이 있다(윤재풍, 2014: 159–160). 우선 거래비용이라는 개념을 적용하여 시장·조직·제도의 관계를 분석했으며, 거래비용 관점에서 조직의 생성·선택·변화를 설명하고 있다. 또한 시장과 정부조직 간 적절한 관계 유지 방안을 제시하는 데 기여하였다. 다시 말해, 거래비용 관점에 따르면 시장실패의 경우 정부조직의 필요성을 강조하는 쪽으로, 정부실패의 경우 시장의 필요성을 강조하는 쪽으로 근거를 제시해 줄 수 있다는 것이다. 그러나 거래비용이론은 다음과 같은 한계도 안고 있다. 거래비용이론은 시장과 기업조직을 설명하는 근거인데, 이를 공조직이나 비영리조직을 설명하는 데 적용하는 것은 한계가 있다는 것이다. 또한 거래비용의 개념과 범위를 어떻게 설정할 것인가에 대한 합의가 어렵다는 문제도 있다. 거래비용 절감(효율성 증대)이 조직의 생성원인으로 제시될 수 있기는 하지만, 이외에도 다른 요인에 의해 조직이 생성될 수도 있다는 측면(사회학적 제도주의 논의)에서 한계를 지닌다(윤재풍, 2014).

(3) 대리인이론

　대리인이론(agency theory)은 앞에서 설명한 거래비용의 일종인 계약의 이행 및 통제비용을 줄이기 위한 유인구조 형성과 대리인 비용 절감 방안을 논의하기 위해 발전되었다(김병섭 외, 2009). 대리인이론은 "위임자(주인)와 대리인의 관계에 관한 경제학적 모형을 조직연구에 적용하는 접근방법"이다. 이에 의하면 '조직'을 "소유주와 근로자들 사이에 맺어진 계약관계"로 파악한다(오석홍, 2018: 52). 대리인이론은 주인과 대리인 모두 이기적인 존재라는 점, 주인과 대리인 간에는 정보비대칭성이 존재한다는 점, 주인과 대리인을 둘러싼 상황 조건이 불확실하다는 점을 가정한다(이종수 외, 2022: 157). 이러한 상황에서 대리인과 주인의 선호 불일치와 주인의 대리인 관리·감독의 한계로 인하여 여러 가지 대리인문제(예: 역선택과 도덕적 해이)가 발생할 가능성이 높다는 것이다.29), 30) 따라서 대리인문제는 대리인의 사익추구를 최대한으로 억제하고 주인의 이익을 최대한으로 추구하도록 업무수행을 유도하는 것이기에 이는 인센티브 조화성(incentive compatibility)의 문제로도 간주된다. 이러한 대리인문제는 행정에서 자주 발생한다(이하 김병섭 외, 2009: 347-350). 무엇보다도 대리인문제는 관료제 병리현상을 설명하는데 유용하다. 관료는 대리인으로서 더 많은 정보를 지니기 때문에 무사안일이나 도덕적 해이, 부패 등을 행할 가능성이 높아 주인인 정치권 그리고 국민의 관료에 대한 통제가 필요하다(Moe, 1984). 또한 '대리정부화(proxy government)' 문제(Kettl, 1988),31) 공기업의 경우 '복수의 대리인 문제'32)등이 제시된다.

이러한 대리인문제를 해결하기 위해서 다음과 같은 방안들이 고려된다.33) 첫째, 계약체결과정에서 대리인에게 유인기제(인센티브)를 제공한다(김병섭 외, 2009). 업무성과가 증가한 대리인에게 더 많은 인센티브를 제공하여 대리인과 주인의 이해충돌을 줄이는 방법이다. 둘째, 다수의 대리인을 고용하여 대리인 간 경쟁을 유도하는 방안이다(예: 공기업의 민영화). 경쟁이 확보되는 시장에서는 정보 비대칭성이 줄어들기 때문에 경쟁은

---

29) 역선택은 "시장에서 거래를 할 때 경제주체 간 정보비대칭으로 인하여 부족한 정보를 가지고 있는 쪽이 불리한 선택을 하게 되어 경제적 비효율이 발생하는 상황"을 말하고(두산백과, 2019b), 도덕적 해이는 "경제학에서 정보의 비대칭성으로 인하여 정보를 가진 한쪽이 정보를 갖지 못한 다른 한 쪽의 이익에 반하는 행동을 취하는 경향을 말하며, 일반적으로는 윤리적으로나 법적으로 자신이 해야 할 최선의 의무를 다하지 않는 경우"를 의미한다(두산백과, 2019c).
30) 대리인문제는 공공서비스 전달방안 중 민간위탁의 문제점과 행정부패 원인이 될 수 있다.
31) 대리정부는 '미국과 같은 순수한 연방제하에서 중앙정부의 정책이나 프로그램은 다른 하위정부 단위나 민간기업, 비영리단체 등 제3자 정부에 의해서 수행되는 현상이 발생하는 데, 이를 대리정부'라 정의한다(김병섭 외, 2009: 349).
32) 이는 국민-정부부처-공기업 등의 이중대리인 구조로 인해 공기업 문제 발생 시 누구도 책임을 지지 않으려 하거나 정치권력 또는 정부부처 인사권자에게만 책임을 묻는 한계를 의미한다.
33) 대리인과 주인의 이익을 일치시키는 방안으로 첫째, 대리인 스스로가 학력과 경력 등을 통해 자신의 능력과 지식에 관한 정보를 주인에게 알리는 신호발송(signaling), 둘째, 주인이 차별화된 복수의 계약들을 대리인에게 제공하여 이를 대리인이 선택하게 함으로써 능력과 지각에 관한 정보를 획득하는 선별(screening), 셋째, 대리인의 능력과 업무성과에 관한 평판(reputation)에 의존하는 방법, 넷째, 다수의 대리인을 고용하여 대리인 간 경쟁과 상호통제를 유지하는 방법, 다섯째, 조직 내에서 공동지식을 구축하여 정보 비대칭성 문제를 해소하는 방법 등이 있다(권순만·김난도, 1999: 84-85).

대리인 문제를 해소할 수 있다. 셋째, 대리인에 대한 통제를 강화한다. 이를 효과적으로 실현하기 위해서는 상급자와 하급자 간 관계에서 상급자의 통솔범위를 좁혀 상급자가 하급자의 행동을 상세히 관찰할 수 있도록 한다(김병섭 외, 2009). 뿐만 아니라 대리인 간 상호통제(예: 동료평가)도 효과적인 방안이 될 수 있다. 복수 대리인들이 상호통제를 통해 무임승차와 정보 비대칭성 문제를 해결할 수 있다. 마지막으로, 대리인의 규범과 신념을 내재화(예: 윤리 강화)한다(오석홍, 2018: 53). 특히 대리인들에게 공공가치 등을 강조하여 대리인이 주인의식을 갖게 하는 방안도 대리인문제를 해소하는 데 기여할 수 있다.

대리인이론은 조직 내에서 인간이 '왜 일하는 가?'에 대한 원인분석과 관료제의 병리현상을 설명하는 데 기여하였다. 특히 조직 내 역선택과 도덕적 해이 문제가 분권화, 분업, 공식적 규칙, 구조, 의사소통, 소유와 통제 등의 문제와도 관련이 있다는 점을 제시하였다는 점에서 의의가 있다. 그럼에도 불구하고 대리인이론은 다음과 같은 한계를 지닌다(이하 김병섭 외, 2009: 350-353). 첫째, 대리인이론은 대리인의 사익추구(이기적 행동)만을 강조할 뿐이지 이타주의와 관련된 행동(예: 조직시민행동, 공직봉사동기 등)을 주목하지는 않는다. 이러한 한계를 나타내주는 이론으로 청지기 이론(stewardship theory)이 있다. 청지기 이론은 대리인이 스스로 책임 있게 행동하는 방안을 모색함으로써 주인과 대리인을 구별하지 않고 일치시키는 행동을 보여야 함을 강조하는 이론이다(원구환, 2008). 이에 의하면 조직 내 구성원들은 스스로가 적극적으로 공공의 이익을 추구하며, 이러한 공익추구를 위해 조직 활동에 참여한다는 것이다. 둘째, 금전적인 인센티브 제도에 대한 동기부여만을 강조할 뿐 비금전적 보상에 대해서는 충분히 검토하지 않고 있다는 점이다. 셋째, 대리인이론은 조직 내에서 관리의 문제와 구조적 문제를 역선택과 대리인의 사익추구 등 도덕적 해이(기회주의 행동)로 책임을 전가하는 경향이 있다.

(4) 게임이론과 협력이론

게임이론(game theory)은 "경제주체들 간의 상호의존성이 존재하여 전략적 고려가 필요한 게임상황에서 합리적인 경제주체가 어떤 의사결정을 하는가를 연구"하는 이론이다(왕규호·조인구, 2017: 2). 게임이론은 게임의 참여자들이 상호의존 상황에 놓여 있으며, 게임상황에서 각 행위자는 이러한 상호의존성을 인식한다고 본다. 따라서 게임의 참여자들은 우선적으로 자신에게 가장 유리한 의사결정을 선호하지만, 그들이 의사결정을 할 때 항상 다른 게임 참여자들의 결정이 자신들에게 미치는 영향 또한 고려해야 하는 '전략적 고려(strategic consideration)'가 발생된다는 것이다(김종석·강은숙, 2008: 353).

이러한 게임이론의 논의가 확대된 것이 바로 협력이론이다(Axelrod, 1984). 협력이론(theory of cooperation)은 조직(개인) 간의 협력관계를 경제학적 접근으로 설명하고 있다(김정인, 2018: 332). 협력이론에 의하면 조직(개인) 간 협력이 달성되는 과정은 '반복적 죄수의 딜레마 게임(iterated prisoner's dilemma game)'으로 설명될 수 있다(이하 김정인, 2018: 332). 만약 게임이 한 번만 진행된다면 게임 참여자들은 자신들의 이익극대화만 고려하기 때문에 개인편의주의인 무임승차 문제와 같은 집단행동의 딜레마를 나타낼 가능성이 높다. 이 경우에 사회의 효용을 극대화시키는 의사결정(예: 협력)이 나타날 가능성은 낮다. 따라서 집단행동 딜레마 문제를 해결하기 위해서는 맞대응(tit-for-tat) 전략(반복적 보복전략)이 행위자(조직) 간 상호 협력을 도출하는 데 적합하다는 것이다(Axelrod, 1984). 이러한 상황에서 만약 게임이 반복적으로 진행된다면 게임 참여자들은 다음 번 게임에서 발생할지도 모르는 보복을 두려워 해 협력적 의사결정을 할 가능성이 높아진다는 것이다.

3) 행태주의적 접근과 제도주의적 접근[34]

(1) 행태주의

행태주의(行態主義, behaviorism)는 심리학, 정치학, 행정학 등 다양한 분야에 적용된다. 인간의 행태를 분석하기 때문에 행태주의는 사회과학 전반의 학문에서 적용되고 발달해 온 것이다(정정길 외, 2019). 행태주의의 사전적 의미는 "심리학의 대상을 내면적인 의식이나 정서가 아니라 자극과 반응의 관계 속에서 발견되는 객관적 행동에 두는 입장"으로, 이는 심리학에서 인간이나 동물의 심리를 객관적으로 관찰하고 예측 가능한 행동들을 발견할 수 있다는 행동주의(行動主義) 논의와 유사한 맥락으로 이해할 수 있다(다음 백과사전, 2019). 또한 행태주의는 정치학에서도 발달하였다. 행태주의가 정치학에

---

34) 이는 조직(정부)혁신의 이론적 근거로도 활용될 수 있다.

처음으로 등장한 시기는 1920년부터이다. 행태주의가 등장하기 이전까지 정치학의 주요 접근방법은 전통주의(traditionalism)로서, 사회현상을 역사적 접근방법으로 분석하였다. 하지만 이 접근방법은 지나치게 관념론에 치우친다는 점에서 한계가 존재했다(김태룡, 2017). 이러한 전통주의의 한계를 극복하기 위해 정치학에 행태주의가 도입된 것이다. 행태주의가 행정학에 처음 등장한 것은 1940년대 미국 행정학에서 사이먼이 행태주의의 중요성을 강조하면서 부터이다. 특히 행정학에서 행태주의의 등장은 행정의 과학화에 중요한 목표를 두고 있었다. 행태주의가 등장하기 이전의 전통행정학에서는 검증되지 않은 접근방법들을 적용해 왔다는 것이다. 사이먼에 따르면 이러한 논의는 격언에 불과한 원리주의(原理主義, fundamentalism)였다(Simon, 1946). 전통행정학의 한계를 극복하기 위하여 행태주의는 경험주의와 실증주의에 기초한 행정의 과학화 운동에 앞장섰다(김태룡, 2017).

행태주의의 가장 중요한 특징은 주된 연구대상이 인간의 행태이며, 과학적 방법을 활용한다는 점이다. 보다 상세한 특징은 다음과 같다(이하 내용은 유민봉, 2021: 22−24). 첫째, 행태주의는 인간행태를 강조한다. 과거 베버의 관료제, 테일러의 과학적 관리론 등 전통행정학에서는 조직구조를 행정현상 연구의 가장 중요한 변수로 고려하였다. 즉, 이러한 관점에서는 조직 내 업무, 자원 배분, 권한과 책임 등 조직의 구조요소가 인간의 행동을 통제하고 조정하여 조직효과성을 증대할 수 있다고 보았다. 그러나 행태주의에서는 조직구조보다 행정에 참여하는 사람들의 동기, 역할, 행동 등이 행정현상에 중대한 영향을 미친다고 본다.

둘째, 행태주의는 논리실증주의[35)]에 기반한 과학적 방법을 활용한다. 과학적방법과 관련하여 행태주의는 인간행태의 규칙성을 가정하며, 인간행태의 예측과 통제가 가능하다고 보았다. 다시 말해, 인간행태의 동질성과 일관성이 어느 정도 확보될 수 있으며, 이러한 인간의 행태는 공조직과 사조직 모두에서 나타날 수 있는 현상으로 본 것이다. 인간행태의 규칙성은 경험적으로 관찰이 가능하고, 입증 가능하기 때문에 가설을 통한 검증이 가능하다고 보았다. 따라서 연구자의 주관적 판단과 가치가 개입되지 않는 가치중립성을 강조하며, 현상을 객관적으로 관찰할 것을 주장하였다. 가치−사실의 분

---

35) 논리실증주의(logical positivism)는 "과학적 방법에 의해 가치를 배제하고, 경험적으로 검증할 수 있는 진술이나 가설만이 의미 있다는 검증주의 이론"이다(유민봉, 2021: 23).

리 입장에서 가치 배분활동의 정치행위를 배제하고자 한 것이다. 뿐만 아니라, 가치의 배제를 통해 사실관계는 변수 간 명확한 인과관계를 기반으로 측정하고자 하였으며, 검증된 결과에 대해서는 시간과 공간을 초월해 연구대상의 일반화와 보편화, 즉 일반법칙화를 추구하였다.

이처럼 행태주의가 행정의 과학화에는 큰 기여를 하였으나, 이에 대한 비판도 존재한다. 무엇보다도 행태주의는 가치와 사실을 명확하게 구분하여, 가치를 배제한 채 행정현상을 분석하고자 했다는 점에서 중요한 한계가 있다. 행정현상은 자연현상과 달리 인간의 가치, 의지, 감정 등을 반드시 고려할 필요가 있다. 가치의 배분이 행정현상 이해에 있어 중요하게 고려되어야 할 요인임에도 불구하고, 이를 배제하여 행정현상을 분석하려 했다는 점은 이론의 현실 적합성 부족 문제를 초래할 수밖에 없었다. 이러한 행태주의의 한계점을 극복하기 위하여 후기행태주의(post-behaviorism)가 등장하였다. 후기행태주의는 행태주의를 부정하기보다 행태주의를 보완하는 입장을 취했으며, 현실적 합성(relevance)과 행동성(action)을 강조하였다. 또한 사회문제를 치유하고, 사회변동에 대한 분석에 역점을 두었으며, 실천성과 지식인의 행동연구에 초점을 두었다(김태룡, 2017: 316-318).

이밖에도 행태주의가 행정의 과학화에는 기여하였지만, 행정현상의 정확한 실증분석을 이루어 내지는 못했다는 비판이 제기된다. 현실세계에서는 규칙성, 일반성, 객관성 등에 기반해 명확하게 현상을 통제하거나 정확하게 현상에 대해 예측하는 것이 어렵다. 특히, 행정현상의 급격한 변화에 따라 일반성이나 보편성을 확보하기가 더욱 어려워졌을 뿐만 아니라, 객관적 행태에 대한 시각의 차이가 존재해 인간에 대한 구체적이고 정확한 분석이 어렵다는 비판을 받고 있다(이종열 외, 2023).

(2) 신제도주의

제도주의(institutionalism)는 "법이나 제도를 연구의 주된 대상으로 삼고 이것을 통해 현상의 변화를 설명하는 입장"으로 정의할 수 있다(유민봉, 2021: 36). 제도주의 혹은 제도론적 접근방법은 법·제도적 접근방법과 신제도주의 접근방법으로 설명할 수 있다(국정관리학회, 2014). 전통적 접근방법인 법·제도적 접근방법은 이상적인 정치제도를 구상하고 그것을 법제화하면 개인의 권리가 보장되고 사회의 질서가 유지될 것이라 가정하였다. 이는 특정 사회의 법·제도를 통해 사회현상 변화를 분석하는 방법이다. 다시 말해, 법·제도가 사회 및 행정현상에 영향을 미친다는 관점으로 이론을 발전시킨 것이다. 법·제도적 접근은 행정학 초기(고전적)에 발달한 이론 혹은 접근방법 중 하나이며, 행정과정의 합법성과 법률에 기반한 제도를 강조하였다(정정길 외, 2019). 또한 「헌법」, 행정법 및 각종 법령, 삼권분립제도, 예산제도, 공무원 인사제도, 선거제도 등을 주요 연구대상으로 하였다.

법·제도적 접근방법은 공무원들에게 입법부가 달성하기를 원하는 법과 제도의 목표를 알려 주고, 공무원의 권한과 한계를 규정해 주며, 개인과 집단의 실질적이고 절차적인 권리를 규정한다는 측면에서 장점이 있다. 그러나 이는 법·제도의 이면에 작용하는 인간관계, 권력 갈등, 심리적인 측면 등을 고려하지 못했으며, 제도의 이상과 현실의 괴리에 대해 충분히 설명하지 못하고 있다는 비판을 받는다. 법과 제도를 있는 그대로 기술하는 수준에서 행정현상을 분석함으로써, 행정현상의 복잡한 원인과 결과에 대해 종합적인 분석을 제공하지 못한다는 한계점도 안고 있었다(국정관리학회, 2014).

법·제도적 접근방법에 대한 비판이 제기되면서 이후 새로운 제도적 분석방법으로 등장한 것이 바로 신제도주의이다. 신제도주의는 국가별로 다양한 정책의 특성 차이에 주목하고, 이를 국가 간 제도적 차이로 설명하였다. 신제도주의는 일반법칙성과 보편성을 강조한 행태주의를 비판했으며, 각 국가 및 사회마다의 제도 특수성을 강조하였다. 뿐만 아니라, 전통적인 법·제도적 접근방법과 달리 제도의 범위를 공식적인 권력구조나 법 또는 행정기관에 한정하지 않고, 비공식적 규범이나 관행으로까지 확대·적용하였다(유민봉, 2021: 38). 신제도주의는 행정현상을 설명하는 중요 설명변수로 '제도'를 강조하고, 이와 관련해 다음과 같은 특징을 나타냈다(이하 내용은 하연섭, 2002: 340). 첫째, 제도는 사회의 구조화된 측면을 의미하며 구조화된 측면이 사회현상을 설명하는 데 중요한 변수가 된다. 둘째, 제도는 개인의 행위를 제약하며 개인의 행위는 제도적 맥락하에서 이루어진다. 셋째, 개인의 행위는 제도에 의해서 제약되지만, 개인 간 상호작용에 따라 제도가 변화할 수도 있다. 넷째, 제도는 규칙과 법률 등 공식적인 측면과 규범·관습 등 비공식적 측면 모두를 포함한다. 다섯째, 일단 형성된 제도는 쉽게 변화하는 것이 아니라 안정성을 지닌다. 이러한 특징을 지니는 신제도주의는 하나의 학파로만 존재하는 것이 아니라, 크게 세 가지 학파, 즉 정치학을 기반으로 한 역사적 제도주의, 경제

표 9-5	신제도주의의 세 가지 학파 비교		
구분	역사적 제도주의	합리적 선택 제도주의	사회학적 제도주의
의의	개인의 행동을 형성하고 제약하는 제도를 연구하면서 제도의 지속성과 그것이 형성되는 역사적 과정 중시	사회현상이라는 거시적 현상은 사회 속의 개개인의 합리적 선택행위가 합쳐진 결과로 인식	인간행동에 영향을 미치는 규칙이나 절차, 전통 및 관습, 문화까지도 제도로 인식
특성	경로의존성 (path dependence)	개인의 제한된 합리성과 선택 강조	제도결정론적 입장
주장	행정현상과 정책현상을 설명함에 있어 제도가 만들어지고 진화해 온 경로와 맥락 중시	개인은 능동적으로 제도에 영향을 미칠 수 있음	제도의 변화에 개인의 역할은 인정하지 않음. 개인은 정치·사회적으로 안정된 제도와 문화에 종속됨

출처: 김정인(2018: 335)

학을 기반으로 한 합리적 선택 제도주의, 사회학을 기반으로 한 사회학적 제도주의로 이루어져 있다. 각각의 신제도주의 학파를 살펴보면 <표 9-5>와 같다.

첫째, 역사적 제도주의(historical institutionalism)는 국가 간 제도적 차이에 영향을 미치는 변수로 제도 자체를 중요하게 고려한다. 이에 따르면, 제도에 의해 개인의 행위가 제약되고, 제도가 개인 간 협력과 갈등관계에 영향을 미치며, 제도에 의해 의사결정 상황이 구조화되고 정책이 결정될 수 있다(유민봉, 2021: 39). 역사적 제도주의의 특징은 권력관계 불균형에 대한 강조이며(하연섭, 2002), 제도의 발달을 경로의존성과 비의도적 결과에 의한 것으로 인식한다(김병섭 외, 2009: 356). 제도가 만들어진 역사적 맥락과 제도가 진화되어 온 경로의존성(path dependence)은 역사적 제도변화를 설명하는 데 중요하다(유민봉, 2021: 39). 경로의존성에 의하면 제도가 한번 형성된 후에는 환경변화에 적극적으로 대응하지 못해 의도하지 않은 비효율성을 초래할 수도 있다(김정인, 2018). 제도의 변화는 경제적 위기나 군사적 충돌과 같은 위기 시에 기존의 경로를 이탈하는 역사적 전환점이 발생하고, 이로 인해 제도의 근본적 변화가 촉발되며, 다시 그 상태에서 안정적인 균형상태가 유지되는 '단절적 균형(punctuated equilibrium)'이 달성된다고 보는 것이다(유민봉, 2021: 40). 역사적 제도주의는 제도라는 거시적 요인에 의해 행정현상이 어떻게 영향을 받는지를 설명할 수 있다는 점에서 의의를 지닌다(예: 법학전문대학원 도입

갈등, 검경수사권 조정의 어려움, 개방형 임용 및 성과관리제 운영 한계 등). 그럼에도 불구하고 역사적 제도주의는 개인의 행위를 설명할 수 있는 미시적 기초를 갖추지 못했으며, 정형화된 분석방법이 부족하고, 사례 중심의 귀납적 연구와 역사적 연구가 가지는 근원적 한계, 즉 과학적 엄밀성이 부족하다는 한계점을 드러냈다(하연섭, 2002).

둘째, 합리적 선택 제도주의(rational choice institutionalism)는 신제도경제학(New In-stitutional Economics, NIE)적 관점을 바탕으로 이론을 발전시켰으며, 개인의 합리적 선택행위를 분석단위로 간주하고, 제도는 개인의 합리적 선택행위를 유인하는 데 영향을 주는 중요 요인임을 강조한다(김정인, 2018). 제도가 개인의 행위에 영향을 준다는 점에서 제도의 영향력은 여전히 존재하나, 다른 신제도주의 학파 이론에 비해서 제도의 영향력은 미미한 것으로 본다. 특히 합리적 선택 제도주의는 집단행동의 딜레마(collective ac-tion dilemma)를 해결해 주는 기제로서 제도의 중요성을 강조한다. 집단행동의 딜레마에 의하면 개인은 합리적이며, 자기이익을 추구하지만 개인의 합리성은 집단적 차원에서 결합될 때 전혀 합리적이지 않은 부정적인 결과를 초래할 수 있다는 것이다(하연섭, 2002: 341-342). 제도는 개인 간 협력을 촉진하고 합의를 지탱할 수 있는 사전적 약속이기 때문에, 집단구성원 간 계약의 하나인 제도가 집단행동의 딜레마를 해결할 수 있다고 보는 것이다(Shepsle, 1989). 이러한 집단행동의 딜레마 문제가 해결된 상태에서 더 이상 개인 간 상호작용 패턴이 변화할 필요가 없다는 측면에서 균형(equilibrium) 상태가 강조되며, 사회의 균형상태를 유지하는 데 제도의 역할이 중요하다고 주장한다(하연섭, 2002: 342). 그러나 균형상태의 변화, 즉 제도의 변화는 개인의 전략적 선택에 따라 개인이 경험하는 편익이 비용(특히 거래비용)보다 클 때 발생한다(Weingast, 1996). 이에 대해 유민봉(2021)은 합리적 선택 제도주의의 공공선택론적 관점을 강조했으며, 그에 따르면 합리적 선택 제도주의는 합리적 인간을 가정하고, 목표달성을 위한 도구적·공식적 합리성을 강조하며, 행정 속의 인간을 경제인으로 가정한다고 본다.36) 그러나 합리적 선택 제도주의는 제도의 비공식적 측면을 간과하고 있으며, 개인의 선호가 어떻게 형성되는지에 대한 설명이 부족하다는 점에서 한계를 지닌다(하연섭, 2002).

셋째, 사회학적 제도주의(sociological institutionalism)는 과업 효율성 극대화를 위한 수단으로 공식조직을 강조하는 도구주의와 기능주의에 반발하여 발생한 이론이다(하연

---

36) "합리적 선택이론은 사익 극대화의 동기에 따라 행동하는 경제인을 가정한다"는 것이다(유민봉, 2021: 42).

섭, 2002). 다른 신제도주의 학파들에 비해 사회학적 제도주의는 제도를 규칙, 절차, 전통과 관습, 문화 등을 포함하는 광범위한 것으로 해석한다. 사회학적 제도주의에 의하면 조직의 생존을 위해 관련 이해관계자들의 정당성(legitimacy)을 획득하는 것이 매우 중요하다(Daft, 2016: 214).37) 이에 따르면 제도변화는 결과성의 논리(logic of con-sequentiality)보다는 적절성의 논리(logic of appropriateness)에 의해서 발생한다는 것이다 (DiMaggio & Powell, 1983). 결과적으로 조직이 환경과의 관계에서 정당성을 확보하는 전략으로 제도적 동형화(institutional isomorphism) 현상이 발생된다(김정인, 2016). 제도적 동형화는 조직과 외부환경의 차이와 다양성을 강조하는 것이 아니라, 조직이 외부환경으로부터 유사성을 확보하고자 하는 일련의 전략으로 이해될 수 있다(이하 김정인, 2016). 기존의 조직 학자들이 환경과의 관계에서 선택(selection)과 적응적 학습(adaptive learn-ing)만을 강조했다면, 사회학적 제도주의 관점에서는 조직의 동질성이 발생되는 현상을 제도적 동형화로서 설명한다(DiMaggio & Powell, 1983).

　제도적 동형화는 크게 세 가지 유형으로 나타난다(<표 9-6> 참조). 불확실성에 대한 대응적 결과로 나타나는 모방적 동형화(mimetic isomorphism), 외부의 기대와 정치적 압력에 의해서 나타나는 강압적 동형화(coercive isomorphism), 고도의 훈련과 전문가에 의해서 나타나는 규범적 동형화(normative isomorphism) 등이 그것이다(DiMaggio & Powell, 1983).38) 또한 정당성을 확보해 도입한 제도가 성공적으로 정착하기 위해서는 제도의 디커플링(decoupling) 전략도 필요하다고 본다(Meyer & Rowan, 1977). 선택된 제도변화가 실제 조직운영과 괴리현상을 일으킬 수도 있기 때문에 이를 극복하기 위한 디커플링 전략이 필요하다는 것이다. 제도의 분리전략 혹은 디커플링 전략이 필요함에도

---

37) 정당성은 "조직의 활동이 바람직하고 적절하며 환경의 규범이 가치, 신념, 체계에 부합한다는 사회전반의 시각"이다(Daft, 2016: 214).

38) 보다 구체적으로 설명하면 조직이 무엇을 해야 하는지, 문제의 원인과 해결방안은 무엇인지에 관한 환경의 불확실성이 나타날 때 이를 극복하기 위한 전략으로서 조직의 모방적 동형화 현상이 발생한다. 불확실한 환경에서는 성공적인 조직의 혁신전략을 수용하고자 하는 강력한 모방적 힘이 작용하게 된다는 것이다(Daft, 2016: 218). 강압적 동형화는 외부로부터 공식적 또는 비공식적으로 정부 또는 다른 기관의 압력이 존재할 때 발생하게 된다. 또한 자원의존론(resource dependence theory) 차원에서는 권력의 격차가 큰 조직 간에 강압적 동형화가 발생한다고 본다. 이에 비해 규범적 동형화는 조직이 전문적이고 표준화된 기준 수용을 가장 적절한 방법으로 간주하고 이를 수용하는 것을 의미한다. 조직 간에 유사성이 발생하는 이유는 조직의 규범적인 제도를 수용해야 하는 의무와 책임이 존재하기 때문으로 본다(김정인, 2016: 581-582).

| 표 9-6 | 제도적 메커니즘(동형화 종류) |

구분	모방적 힘	강압적 힘	규범적 힘
조직유사성의 원인	불확실성	의존성	의무, 책임
사건	혁신, 가시성	법령, 규칙, 제재	전문가 인증, 심의
사회적 토대	문화적 지원	법	도덕
사례	리엔지니어링, 벤치마킹	오염 통제, 학교 규제	회계기준, 컨설턴트 훈련

출처: Scott(1995); Daft(2016: 217).

불구하고 이것이 지나치게 고착화되면 제도 정착의 실패현상이 발생할 수도 있다(Meyer & Rowan, 1991). 이러한 다양한 논의에도 불구하고 사회학적 제도주의는 제도적 동형화로 유사한 기능을 수행하는 조직들이 현실에서는 각기 다른 다양한 행태를 나타내고 있어 이론과 현실의 괴리가 발생한다는 한계점을 지닌다. 또한 사회학적 제도주의에서는 개인의 의도성과 행위를 설명하지 못하며, 권력관계와 갈등을 상대적으로 간과한 측면이 있다는 한계점도 지니고 있다(하연섭, 2002).

4) 기타 이론[39]

(1) 시차이론

시차이론은 한국에 도입된 정부개혁이 성공적으로 수행되지 못한 원인을 분석하는 것에서부터 발전하기 시작했다(정정길, 2002). 시차이론은 "사회현상을 발생시키는 주체들(개인, 집단, 조직, 사회 또는 국가 등)의 속성이나 행태가 주체에 따라 시간적 차이를 두고 변화되는 사실을 사회현상 연구에 적용하는 연구방법"이다(정정길, 2002: 2). 이때 시간적 차이는 두 가지 의미를 지닌다. 첫째, 변화의 시점과 관련된 시간적 차이인 '변화

---

39) 여기서 제시되는 시차이론과 딜레마이론이 과연 이론으로서의 적합성을 가지는가에 대한 이견은 있을 수 있다(김태룡, 2017: 496).

의 시간적 선후관계' 의미와, 둘째, 변화가 지속되는 시간적 차이인 '변화지속의 장단(長短)'의 의미가 바로 그것이다(정정길, 2002: 2). 즉, 시차이론은 시간의 차이에 따라 제도 개혁이 성공적으로 이루어질 수 있는가를 판단하는 데 근거로 활용될 수 있는 이론인 것이다.

제도개혁에 영향을 미치는 시차적 요소는 ① 변화에 소요되는 시간, ② 인과관계의 시차성, ③ 숙성기간, ④ 변화의 속도와 안정성, ⑤ 선후관계 등이다(정정길, 2002). 이에 대해 각각 살펴보면, 첫째, 제도개혁에 얼마나 시간이 소요되는지와 관련된 장기적 변화 또는 단기적 변화가 있다. 시간의 장단(長短)에 따라서 제도개혁의 효과가 달라질 수 있다는 것이다. 둘째, 인과관계의 시차적 성격에 있어서 제도개혁의 효과는 원인변수인 정책수단과 결과변수인 정책목표 사이에 충분한 시간이 경과해야 알 수 있다는 것이다. 셋째, 정책도입 후 정책이 안정적으로 정착되어 효과를 나타내기 위해서는 일정기간 동안의 숙성기간이 필요하다는 것이다. 넷째, 변화의 속도와 안정성은 조직이나 개인이 제도를 받아들이는 데 소요되는 시간을 의미하는데, 이는 상황에 따라 달라질 수 있다는 것이다. 다섯째, 제도개혁이 성공적으로 이루어지려면 시간적 배열과 우선순위를 고려해야 한다는 것이다. 시차이론은 우리나라의 정부혁신이 대부분 실패하는 이유가 이러한 시차적 요소를 제대로 반영하지 못했기 때문으로 본다(정정길, 2002). 이처럼 시차이론은 정부혁신을 시간이라는 맥락적 차원을 강조하여 설명했다는 점에서 의의를 지닌다. 그러나 시간에 대한 다의적 해석, 시간에 대한 이론적 근거 부족, 시간현상 측정의 방법론 한계 등과 같은 문제가 존재한다는 점에서 시차이론은 비판을 받기도 한다(김태룡, 2017: 506-509).

(2) 딜레마이론

딜레마이론은 행정과 정책의 의사결정과정에서 나타나는 딜레마 현상을 설명하기 위한 이론이다(이종범 외, 1994). 의사결정은 제한된 시간 내에 이루어지는 행위이기 때문에 딜레마 상황에서는 의사결정이 쉽게 일어나지 않는다고 본다. 딜레마 상황은 "순수하게 대립적인 가치 간의 갈등과 대립으로 의사결정이 곤란한 경우"를 의미한다(김태룡, 2017: 476). 다시 말해, '개발이냐? 혹은 보존이냐?'에 대한 정책의사결정을 해야 하는 상황에서 가치 간 갈등과 대립이 극심한 딜레마 상황이 발생하면 합리적인 의사결정이 어려워질 수 있다는 것이다. 이러한 맥락에서 정부혁신이 성공하기 어려운 이유를 설명할 수 있다. 정부혁신 과정에서 발생하는 대립적 가치갈등으로 인해 의사결정이 합리적으로 이루어지지 못하는 경우가 많기 때문이다. 딜레마 상황에서의 일반적인 대응방안은 두 가지로 나타난다. 첫째, 아예 선택을 하지 않는 소극적 대응방안이 있다. 둘째, 어느 쪽으로든 선택을 하는 적극적 대응방안이 있다. 결국 딜레마 상황에서 어떤 쪽으로 대응하는지에 따라 정부혁신 결과가 달라질 수 있다.[40] 딜레마이론은 가치갈등에 의한 정책의 딜레마 상황을 설정했다는 점에서 의의가 있다. 또한 뉴노멀 시대에서 제시되는 정부혁신 과제들은 이러한 딜레마 상황에 자주 직면하게 되는데(예: 규제혁신), 이때 정책결정자들이 어떤 측면을 고려해야 하는지에 대해 방향성을 제공해 준다는 점에서 딜레마이론은 중요한 의의를 지닌다. 하지만 기존의 선택이론과 차별성이 거의 없고, 딜레마의 측정 척도에도 합의가 이루어지지 않았다는 점이 한계로 지적된다(김태룡, 2017: 492).[41]

(3) 넛지이론

넛지이론(nudge theory)은 탈러(R. H. Thaler)와 선스타인(C. R. Sunstein)이 2008년에 『넛지(Nudge)』라는 책을 펴내면서 우리나라를 비롯한 전 세계인들의 주목을 받게 되었다(Thaler & Sunstein, 2008).[42] 사전적 의미를 살펴보면 넛지는 "심리학과 행동경제학 분야의 용어로 상대방의 행동을 변화시키는 유연한 방식의 선택설계"로 정의할 수 있다(두산백과, 2019d). 이 이론은 행동경제학에 기반을 두고 있다. 즉, 넛지는 '주의를 끌기 위해 팔꿈치로 슬쩍 찌르다'라는 사전적 의미를 바탕으로, '부드러운 개입을 통해 타인

---

40) 이밖에도 딜레마 유형에 따라 대응형태가 달라질 수 있다.

41) 시차이론이나 딜레마이론처럼 정부개혁 혹은 정부혁신을 설명하는 다양한 이론적 근거가 제시되고 있음에도 불구하고, 사실 정부개혁이나 정부혁신을 하나의 이론과 모형으로 다 설명하기는 어렵다. 보다 다양한 접근방법으로 정부혁신 과정을 분석해야 하는 이유이다. 예를 들어, 정부혁신의 실패원인을 분석함에 있어서도 정치적 관점에서는 권력변동 미흡으로 인한 원인(예: 역사적 제도주의) 분석이 가능할 것이며, 경제적 관점에서는 정부혁신 참여자들의 혁신에 대한 기대편익 저조에 따른 원인(예: 기대이론, 합리적 선택 제도주의) 분석이 가능할 것이다. 물론 법·제도적 관점에서 정부혁신을 위한 법·제도적 장치의 미비 원인(예: 제도주의)을 제시할 수도 있을 것이다.

42) 저자들은 "제한된 합리적 행동, 사회적 기호, 자기통제 결여의 결과를 분석함으로써 이 같은 인간적 특질이 시장의 성과뿐만 아니라 개인적 결정에 어떻게 조직적으로 영향을 미치는지"를 연구함으로써 탈러 교수는 2017년 노벨 경제학상을 수상하였다(서울경제, 2017).

의 행동을 바꾸는 개념'으로 활용된다(Thaler & Sunstein, 2008). 무엇보다도 넛지는 강압적인 수단을 사용하지 않고 사람들의 경제적 인센티브를 변화시키지도 않으면서 대상자들의 행동을 예상 가능한 방향으로 변화시키는 것이다. 이것이 바로 넛지이론의 핵심목적이라고 할 수 있다(Thaler & Sunstein, 2008).

넛지이론은 "실제의 인간 행동에 관한 행동경제학의 통찰을 정부의 정책 설계 및 집행에 적용·응용하기 위한 이론"이라고 정의할 수 있으며, 이는 '행동적 시장실패(behavioral market failure)'를 해결하기 위한 정부 역할의 필요성에 관한 규범적 근거와 이에 근거하여 적합한 정책수단을 제시하고자 하는 이론이다(이종수 외, 2022: 136).[43] [그림 9−2]에서 보듯이 넛지이론에서는 행동적 시장실패를 해결하기 위해 법률과 규제, 경제적 유인 수단(조세 또는 보조금) 등의 전통적 정책수단과는 다른 넛지라는 수단을 사용한다.

넛지의 주체는 '선택설계자(choice architect)'로서 사람들의 행동을 유도하는 제도설계자이다(김유라 외, 2016: 28).[44] 이때 정책에서 선택설계자는 주로 정부가 되며, 넛지의 대상자는 정책대상자들이 된다. 조직의 경우 선택설계자는 조직의 리더가 되며, 넛지의 대상자는 조직구성원들이 된다. 넛지이론은 강제적 규제정책 혹은 조직의 규정강화에 의한 부작용을 줄일 수 있고, 유인정책 혹은 조직에서의 보상강화에 의한 비용부담을 줄이면서도 정책대상자들, 즉 조직구성원들의 순응을 확보하는 데 기여한다는 측면에서 장점을 지닌다(Hansen & Jepersen, 2013).[45] 이러한 장점을 바탕으로 우리나라에서도 2018년부터 정부정책에 넛지이론을 적극 도입하고 있다. "계단을 오를 때마다 가야금

---

43) 인간은 불확실한 상황에서 제한된 합리성으로 인해 휴리스틱(heuristic) 의사결정 방법(어림짐작 판단 또는 주먹구구식 판단)을 활용하게 된다. 이로 인해 인지적 오류와 행동적 편향에 따른 비합리적 의사결정이 발생하는 데 이것이 행동적 시장실패인 것이다.

44) 대표적인 넛지이론 사례는 다음과 같다. "암스테르담 스키폴 공항에서는 이용객들이 남자 화장실 소변기에 제대로 조준하지 못해서 화장실이 더러워지는 문제로 고민하던 끝에 소변기에 파리를 그려 넣었고, 그 이후로 소변기 밖으로 나가는 양을 80% 이상 줄이는 효과를 보았다. 비슷한 사례로 학교에서 학생들에게 급식을 제공할 때 음식의 순서를 바꿈으로써 학생들이 과일을 더 많이 섭취하게 할 수 있다. 또 국민들이 성실하게 납세하도록 권장하는 공익 캠페인에서 '국민들의 90% 이상이 이미 세금을 냈습니다'와 같은 방식으로 세금을 내도록 유도할 수 있다"(두산백과, 2019d).

45) 이에 넛지이론의 행동경제학적 접근은 규제정책에 적용될 수 있다. 규제정책은 강제적이고 공식적으로 인간의 행태에 영향을 미칠 수 있는 대표적인 선택설계이기 때문에, 넛지수단은 전통적인 명령지시적 규제의 대안으로 고려될 수 있다(이민호·심우현, 2022).

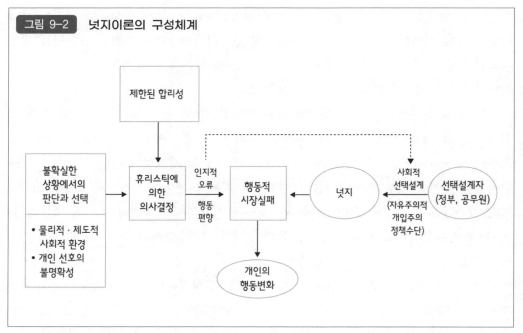

그림 9-2 넛지이론의 구성체계

출처: 이종수 외(2022: 136).

연주가 흘러나와 계단 통행을 유도하는 '가야금 건강계단'(서울시), 초등학교 횡단보도 앞 보도 1미터 안쪽에 발자국을 표시해 교통사고를 줄인 '노란 발자국'(경기남부경찰청) 등이 대표적인 예"로서, 지방자치단체 및 공공기관에서 효과가 나타난 넛지 정책들을 여러 분야에 확대 적용하기로 한 것이다(한국일보, 2017).

　　이는 구성원들이 '자발적으로 합리적 선택을 하도록 유도하는 저비용·고효율 넛지'(한국일보, 2017)를 활용하는 것으로, 조직의 효과적 관리에도 적극 활용될 수 있을 것이다. 특히 넛지이론은 조직구성원들의 행동 변화를 잘 설명할 수 있어 변화관리(change management) 적용에 유용성을 지닌다.[46] 넛지이론은 조직구성원들의 자유를 제한하지 않고 그들에게 변화를 강요하지 않으면서 자연스럽게 행동변화를 유도할 수 있는 선택방안들을 제시하여 조직변화를 일으킨다는 점에서 유용하다. 이 이론에 의하면 구성원들의 작은 행동(small action)이 근본적인 조직변화를 초래함을 강조하고, 조직구

---

46) https://changemanagementinsight.com/nudge－theory－in－change－management/

성원들이 쉽게 선택할 수 있도록 다양한 선택조항을 제시한다.[47), 48)]

넛지이론은 현대 조직관리 방안 및 정책수단으로서의 유용성을 지님에도 불구하고 한계가 있다(Housman & Welch, 2010). 첫째, 넛지이론은 정책대상자의 선택 자유를 보장하나 정부의 자유주의적 개입주의(liberal paternalism)와 부드러운 개입주의(soft pater - nalism)[49)]는 오히려 정부의 개입 확대 근거가 될 수 있다. 둘째, 넛지의 효과는 단기적으로 소멸될 수 있으며 장기적인 행동변화의 효과성과 지속가능한 행동 변화를 초래하지 않을 수 있다. 셋째, 넛지이론은 사회적 혁신의 대규모 변화 유도가 어려워 기존 정책을 대체할 수 있는 근본적인 대안이 될 수 없다. 넷째, 넛지이론은 행동적 시장실패를 치유하기 위해 정부와 공무원의 역할을 강조하지만, 이는 오히려 공무원의 행동 편향과 인지적 오류를 발생시켜 행동적 정부실패를 초래할 수 있다.

---

47) http://andrewwaleslod.co.uk/learning−resources−change−models−nudge−theory/
48) 이를 달성하기 위한 방안으로 조직구성원들이 매일 토론할 수 있는 환경 조성하기(예: 자유로운 공간형성), 건강한 과자 두기, 조직구성원들에게 감사 노트(appreciation notes) 만들기 등이 있다(https://blog.vantagecircle.com/nudge−theory).
49) 이는 사람들에게 최대한 도움을 주면서 최소한의 해를 가하는 것으로서 은근하고 부드러우면서도 비강제적인 방식을 의미한다(김용철 외, 2022: 145).

ChatGPT와 함께 하는 **9장**의 **주요 개념** 정리

1. 관료제와 탈관료제의 장단점

구분	관료제	탈관료제
장점	1. 효율성과 안정성: 규칙과 절차에 따라 운영되기 때문에 안정적이며, 일관된 품질과 효율성을 유지할 수 있음 2. 계획적 의사결정: 의사결정이 계획적이고 체계적으로 이루어져 조직의 목표를 달성하기에 용이함 3. 계층적 구조: 명확한 계층적 구조로 인해 책임과 권한이 명확하게 할당되어 조직 내의 업무가 원활하게 진행됨 4. 규칙과 규제 준수: 규칙을 따르는 것이 강조되어 법적 책임성을 준수하고, 조직 운영에 예측 가능성을 제공함	1. 유연성과 빠른 대응: 변화에 빠르게 대응할 수 있고, 유연한 구조로 인해 신속한 의사결정이 가능함 2. 창의성과 혁신: 개개인이 창의적으로 생각하고 혁신적인 아이디어를 내도록 장려함 3. 고객 중심: 고객 중심의 접근을 취하며, 고객의 요구에 더 적극적으로 대응할 수 있음
단점	1. 유연성 부족: 높은 정형화와 규칙이 유연성을 제한하며, 빠른 변화에 대응하기 어려울 수 있음 2. 창의성 억제: 높은 표준화로 인해 창의성과 혁신의 활성화가 어려울 수 있음 3. 비인간적 인상: 구성원들이 절차와 규정에만 따르게 되면 조직이 비인간적으로 느껴질 수 있음	1. 혼돈과 불확실성: 높은 유연성으로 인해 일정한 예측이 어려워질 수 있고, 일정한 규칙이 부재할 경우 혼란이 발생할 수 있음 2. 품질 일관성 부족: 자율성이 강조되다 보니 품질 관리가 어려워질 수 있고, 일관성이 부족할 수 있음 3. 의사결정의 주관성: 분산된 의사결정 구조로 인해 주관적인 판단이나 개인적인 선호도에 의해 의사결정이 이루어질 수 있음 4. 관리의 어려움: 탈관료적인 조직은 관리가 더 어려울 수 있으며, 팀 간의 조화와 협업이 필요함

출처: ChatGPT(2023). '관료제와 탈관료제의 장단점은 무엇인가?' 질문으로 검색한 내용 저자 정리.

2. 넛지이론(nudge theory)의 특징

– 넛지이론은 명시적인 명령이나 제한보다는 미묘하고 긍정적인 강화와 간접적인 제안을 통해 사람들의 행동과 결정에 영향을 미치는 것을 포함하는 행동경제학과 정치과학에

서 개발된 개념
– 전반적으로, 넛지이론은 개인이 항상 최적의 결정을 내릴 수는 없다는 점을 인식하고 자신의 행복에 맞는 선택을 할 수 있도록 온화한 지침을 제공하는 행동에 영향을 미치는 부드러운 지도적(gentle guidance) 접근 방식을 나타냄

구분	내용
선택 가능한 아키텍처 (Choice Architecture)	• 넛지이론은 개인의 결정에 영향을 미치는 선택 아키텍처로 알려진 선택 환경의 설계를 강조함 • 선택이 제시되는 방식을 변경함으로써 의사결정자는 선택의 자유를 제한하지 않고 보다 바람직한 결과를 얻을 수 있음
행동 통찰력 (Behavioral Insights)	• 넛지는 심리적, 정서적 요인이 경제적 결정에 어떻게 영향을 미치는지 연구하는 행동경제학의 통찰력을 기반으로 함 • 넛지는 이러한 통찰력을 활용하여 개인의 장기적인 이익에 맞춰 선택을 조정함으로써 더 나은 의사결정을 장려함
기본값 및 제외 (Defaults and Opt-Outs)	• 넛지는 종종 특정 선택을 장려하기 위해 기본 옵션을 설정하는 것을 포함 • 사람들은 기본 옵션을 고수하는 경향이 있으므로 기본 옵션을 더 바람직하게 만들면 의사 결정자가 행동에 영향을 미칠 수 있음 • 또한 개인은 대안을 선호하는 경우 탈퇴할 수 있는 옵션이 제공될 수 있음
피드백 및 정보 (Feedback and Information)	• 개인의 행동에 대한 피드백을 제공하거나 관련 정보를 제공하는 것은 강력한 넛지일 수 있음 • 이는 개인이 더 많은 정보를 바탕으로 결정을 내리는 데 도움이 되며 목표에 부합하는 행동을 장려함
비강압적이고 윤리적임 (Non-Coercive and Ethical)	• 넛지이론은 개인의 자유와 자율성을 보존하는 것이 중요하다고 강조함 • 넛지는 비강제적이며 제한이나 처벌을 부과하지 않음 • 개인의 자유를 존중하면서 선택을 안내하는 것을 목표로 함
다양한 상황에 대한 적용 가능성 (Applicability to Various Contexts)	• 넛지이론은 공공정책, 비즈니스, 헬스케어, 개인금융 등 다양한 분야에 적용될 수 있음 • 이는 절약 행동, 에너지 소비, 건강한 식습관 및 환경 보존과 같은 문제를 해결하는 데 사용됨
테스트 및 반복 (Testing and Iteration)	• 넛지는 널리 시행되기 전에 그 효과를 평가하기 위해 실험과 시행을 통해 테스트되는 경우가 많음 • 이러한 반복적인 접근 방식을 통해 정책 입안자는 실제 결과를 기반으로 넛지를 지속적으로 개선할 수 있음
투명하고 눈에 거슬리지 않음 (Transparent and Unobtrusive)	• 넛지는 일반적으로 투명성을 지님. 즉, 개인에게 적용되는 영향력을 인식할 수 있음 • 눈에 거슬리지 않게 설계되었으며, 개인이 조종당한다는 느낌을 받지 않고 행동을 안내하기 위해 백그라운드에서 작동함

출처: ChatGPT(2023). 'What is the characteristics of nudge theory?' 질문으로 검색한 내용을 저자 번역(구글 번역기 사용)·정리.

행정사례 연습

■ **공공기관 성과급 도입 사례**

제도적 동형화 관점에서 바라본 공공기관 성과급 도입

　공공기관의 성과급 도입을 Meyer & Rowan(1977)과 DiMaggio & Powell(1983)에 의해 주장된 제도적 동형화(institutional isomorphism) 관점에서 분석하였다. 2011년부터 2015년까지의 기간 동안 311개 공공기관 패널데이터 분석을 통해 공공기관의 성과급 도입 과정에서 제도적 동형화 현상이 나타났는지, 나타났다면 동형화 과정에 어떤 요인들이 영향을 미쳤는지에 대해 살펴보았다. 분석 결과, 조사된 공공기관의 90% 이상이 성과급을 도입하고 있었으며, 주로 정부부처(예: 기획재정부) 중심의 외부적 영향력이 강하게 작용하는 강압적 동형화 현상이 나타났다. 또한 공공기관 사업의 특성, 인적 특성, 조직 특성, 정부조직과의 관계와 관련된 변수들이 성과급 도입에 미치는 영향을 살펴본 결과, 공공기관의 역사가 길수록, 공공기관과 정부부처의 관계가 종속적으로 나타날수록 성과급 도입률이 높게 나타났다. 이러한 결과는 우리나라 공공기관의 성과급 도입에 있어 공공기관 내부의 영향이 크게 작용하지 않고 외부의 영향이 크게 작용하는 강압적 동형화 현상이 발생하고 있다는 것을 보여준다.

출처: 김정인(2016).

■ **사례의 의의**

　본 사례는 공공기관의 성과급 도입과정을 사회학적 제도주의의 제도적 동형화 관점에서 살펴보았다. 그 결과 한국의 공공기관 성과급 도입에 있어 제도적 동형화 현상이 발생하고 있었다. 이명박 정부의 '공공기관 선진화' 정책과 박근혜 정부의 '공공기관 정상화' 정책으로 인하여 공공기관 성과급 도입의 동형화 현상이 실제로 발생한 것이다. 또한 공공기관이 새로운 제도를 도입할 때 상위(정부)부처와의 관계 등 외부 영향요인이 중요하게 작용하는 점에서도 공공기관의 성과급 제도 도입은 제도적 동형화, 특히 강압적 동형화 현상을 나타내고 있었다.

이처럼 합리적인 조직운영을 위한 성과급 제도 도입에 있어서도 제도적 동형화 현상이 발생하고 있다는 사실을 고려할 때, 사회학적 제도주의는 한국 사회의 제도 도입 설명에 유용성을 지닌다고 할 수 있다.

제10장

인사제도와 공직윤리

본 장에서는 공무원들의 활동기반이 되는 인사제도에 대해 살펴본다. 각 국가에서 어떤 인사제도를 운영하고 있는가에 따라 정부조직의 인적자원관리 방식이 달라지는 만큼 현대 행정환경 변화에 적합한 인사제도가 무엇인가를 논의한다. 또한 공무원이 갖추어야 할 공직윤리가 무엇인가에 대해 설명한다. 특히 공공가치와 공직가치 달성을 위해 효과적인 공무원 행동규범이 무엇인지에 대해 살펴보고, 이러한 행동규범을 통해 달성하고자 하는 공직윤리가 무엇인지에 대해 논의한다.

1. 인사행정 의의와 구성
2. 인사행정의 제도적 기반
3. 공무원의 권리와 의무
4. 공직윤리

제10장

인사제도와 공직윤리

1. 인사행정 의의와 구성

인사행정(public personnel administration)은 "공공부문이나 정부의 목표달성에 필요한 인적자원을 충원하고 유지하며, 근무의욕을 고취하고, 행동과 태도를 통제하는 일련의 상호 연관된 동태적인 관리활동이나 체제"를 의미한다(강성철 외, 2018: 21). 이와 같이 인사행정은 공공성과 공익을 우선적으로 추구하는 공조직의 인사관리를 다루고 있기 때문에 이윤을 우선적으로 추구하는 사조직(기업)의 인사관리와는 차이가 있다(정정길 외, 2019). 보다 구체적인 차이점은 다음과 같다. 첫째, 인사행정에서는 정부의 인적자원관리 결정과 집행과정에 있어 타협 및 협상과 같은 정치요인들이 작용한다. 둘째, 인사행정은 사조직의 인사관리와는 달리 엄격한 법적(예:「국가공무원법」) 제약을 받고 있기 때문에 공조직, 특히 정부조직의 인사관리에 있어서 탄력성과 융통성이 부족한 측면이 있다. 셋째, 인사행정은 이윤추구라는 최상위 목적을 추구하는 사조직의 인사관리와 달리 복수의 목적 또는 상충되는 목적을 지닌다(예: 인적자원의 효율적 운영과 사회적 형평성 동시 추구). 넷째, 시민들의 정부, 공직자에 대한 높은 윤리적 기대로 인해 인사행정은 사조직의 인사관리보다 엄격한 공직자 행동규범(윤리)을 요구받는다. 기본적으로 공공부문의 인사관리를 의미하는 인사행정과 민간부문의 인사관리는 채용에서부터 인적자원 유지·활용, 교육훈련, 평가, 보상, 퇴직 관리 전반을 다루고 있다는 측면에서 유사성을 지닌다. 하지만 앞서 언급한 인사행정의 차이점 등을 고려해 보았을 때, 인사행정은 관리대상이라든지 인사관리 방법 등을 포함한 여러 가지 측면에서 민간부문 인사관리와는 근본적인 차이를 지닌다(Sayre, 1953).

한편 [그림 10-1]에 제시된 바와 같이 인사행정은 행정의 하위체제로서 공공가치 및 다양한 행정가치들(예: 민주성, 효율성, 형평성 등)을 추구한다(정정길 외, 2019). 인사행정은 외부 행정환경(정치적 환경, 경제적·기술적 환경, 사회·문화적 환경, 노동 시장 등)에 상당한 영향을 받으며, 각 국가의 인사행정 관련 법·제도적 기반에 따라 인사관리(인적자원 계획·확보·개발·유지·활용·평가·보상)가 이루어지게 된다. 뿐만 아니라, 인적자원에 대한 지속적인 통제기능을 바탕으로 효과적인 인사관리를 수행하고자 한다. 이를 통해서 개인적 차원에서는 인적자원 스스로의 능력발전을 꾀하고자 하며, 조직적 차원에서는 조직의 생산성 증진을 도모하고자 한다. 더 나아가 사회적 차원에서는 공공부문 인적자원의 국민에 대한 봉사역량을 증진시키는 것이 인사행정의 가장 중요한 목적이라고 할 수 있다.

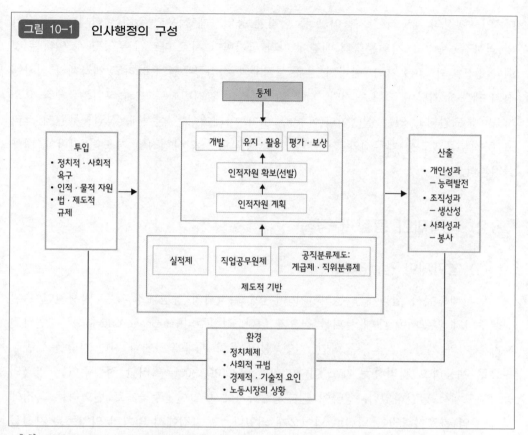

그림 10-1 인사행정의 구성

출처: 강성철 외(2018: 36) 기반으로 저자 재구성.

2. 인사행정의 제도적 기반[1]

1) 제도적 기반의 의의

인사행정의 제도적 기반이 어떻게 이루어지는가에 따라 인사관리 방식이 달라진

---

1) 일부 인사행정 교과서(예: 강성철 외, 2018)에서는 대표관료제를 인사제도에 포함해서 설명하고 있으나,
본서에서는 대표관료제를 다양성관리 부분에서 다루고 있다.

다. 인사행정의 제도적 장치들이 모든 국가에 동일하게 적용되는 것은 아니다. 각 국가의 역사적·시대적·사회문화적 배경에 따라 국가마다 서로 다르게 운영될 수 있다는 것이다(정정길 외, 2019: 307). 한국의 경우 실적제와 직업공무원제 그리고 계급제가 인사행정의 제도적 기반이 되어 왔지만, 최근 인사행정의 환경변화로 인해 직위분류제적 요소가 많이 도입되고 있는 실정이다(이수영, 2017). 아래에서는 실적제, 직업공무원제 그리고 공직분류제도인 계급제와 직위분류제를 중심으로 인사행정의 제도적 기반에 대해 살펴본다.[2)]

2) 실적제의 등장과 정착

(1) 엽관제와 정실주의

인사제도에서 실적제를 논의하기 이전에 실적제의 등장배경 혹은 발생원인이 된 정실주의와 엽관제에 대해 살펴볼 필요가 있다. 정실주의(patronage principle)는 "인사권자가 자기와 가까운 사람, 즉 학연, 지연, 혈연 등의 관계에 있거나 친한 사람들을 공무원으로 채용하고 관리하는 제도"이다(정정길 외, 2019: 308). 이러한 정실주의는 영국의 공직제도에서 발달하였다. 영국이 절대군주국가에서 입헌군주국가로 변화하는 과정에서 군주의 관료지배권이 의회로 넘어오게 되었다. 그 과정에서 의회의 의원들은 자신들과 개인적으로 친분이 있는 사람들을 공직에 채용하기 시작했고, 이를 바탕으로 정실주의가 확립되었다(정정길 외, 2019: 308).[3)]

이처럼 영국의 정실주의는 "개인적 은혜에 따른 관직과 연금의 종신적 부여"성격이 강했다면, 미국의 공직제도에서 발달한 엽관제는 "집권당과 관료기구와의 동질성 확보를 위한 관직교체"의 성격이 강했다(강성철 외, 2018: 51). 엽관제(spoils system)는 "공무원 임용에 있어 인사권자와의 정치적 성향과 관계를 기준으로 공무원을 선발하고 인사조치하는 제도"이다(김정인, 2018: 84).[4)] 건국 초기 미국에서의 공직임용은 북동부 출신

---

2) 이외에 '인사행정 전문기관'을 제도적 기반에 포함시킬 수 있다. 대표적인 한국의 인사기관으로는 정부 중앙인사기관인 인사혁신처, 각 부처의 인사부서, 지방자치단체 인사기관 등이 있다.

3) 특히 영국의 관료들은 종신제적 성격으로 신분을 보장받았다.

4) "엽관제를 의미하는 'spoils system'에서 'spoils'는 전리품이라는 뜻으로(네이버영어사전, 2016), 엽관제는 인사권자가 정권이나 권력을 획득하는 데 도움을 준 지지자 혹은 같은 정치적 성향을 지닌 사람들에게

의 교육수준이 높은 상류 귀족층 출신 중심으로 이루어졌다. 그 당시의 공직임용 기준은 '개인적인 인품과 사회적 위상'이 되었던 것이다(김용철 외, 2022). 이들은 초기 미국 공직사회의 상위직 대부분을 차지했으며, 정권교체가 일어나더라도 지속적으로 자리를 유지할 수 있었다. 이에 국민들은 '엘리트주의적이고 상류사회적' 특성을 고수하는 초기 미국 공무원제도에 불만을 지니게 된 것이다. 이러한 가운데 1820년대 들어서는 선거권이 사회 하위계층으로까지 확대되었고, 사회 하위계층의 지지를 바탕으로 1829년 취임한 잭슨(A. Jackson) 대통령은 공무원의 사회적 신분과 무관한 '정당에 대한 충성도와 봉사, 정치적 후원'을 공직임용의 기준으로 삼았다. 이때부터 집권정당과 정치적 성향이 유사한 사람들을 공직에 임명하는 엽관제가 시작된 것이다. 잭슨 대통령의 엽관제 도입은 하위계층과 서부개척자들의 '평등주의 가치관'을 반영한 것이며, 이는 공직사회의 민주주의 체제 도입과 행정통제 수단으로 활용되었다(박천오 외, 2016: 32).[5]

표 10-1 정실주의와 엽관제 비교

구분	정실주의	엽관제
시대	15~19세기 영국 (1688년 명예혁명 이후)	19세기 미국 (1829년 잭슨 대통령 이후)
임용 시 고려요인	능력이나 자격 등 실적 외 요소	
	혈연·학연·지연 등 개인적 연고성	정치성(당파성) 등 집권정당·집권자에 대한 충성도 및 공헌도
임용성격	개인적 연고에 따라 관직과 연금을 부여	집권정당과 관료기구 간의 동질성 확보를 위한 관직교체
교체 정도	소규모 교체(공직의 소량 경질)	대규모 교체(공직의 대량 경질)
신분 보장	• 종신적 보장 • 신분보장 강함	• 단기적 보장(예: 4년 임기법) • 신분보장 약함
활용형태	결원보충과 승진·전보에 활용	정권교체의 경우에 활용

출처: 김렬(2016: 39).

공직을 전리품으로 나누어 준다는 의미를 담고 있다"(김정인, 2018: 84).
 5) 이를 잭슨식 민주주의(Jacksonian Democracy)라고 부르기도 한다(정정길 외, 2019: 309).

　　엽관제는 일부의 소수 특권층만이 공직에 임용될 수 있는 것이 아니라, 유사한 정치적 성향을 지닌 사람은 누구든지 공직에 임용될 수 있는 기회를 부여받도록 했다는 점에서 정부관료제의 민주화에 기여하였다. 또한 대통령과 정치적 성향을 같이 하는 사람들을 공직에 임용하여 대통령 선거공약 혹은 국정철학을 적극적으로 실현할 수 있도록 했다는 점에서 국민들의 대응성 증진에도 기여하였다. 엽관제는 정부의 공무원 통제 역량을 강화하였으며, 공직의 개방성과 역동성을 증진시켰다는 측면에서도 긍정적인 평가를 받는다(정정길 외, 2019: 309). 그러나 엽관제의 확대로 인해 정권이 바뀔 때마다 공무원이 대거 교체됨으로써 공직의 안정성이 저해되었으며, 공직의 질 저하가 발생하였다. 선거결과에 따라 공무원들이 경질되어 교체되었기 때문에 정책의 전문성이 줄어들 수밖에 없었던 것이다. 또한 불필요한 공무원 인력 증원(예: 선거결과에 따른 보상 개념으로 관직을 나누어 주기 위해 공무원 인력을 확대) 문제를 야기하였으며, 공무원의 정치 개입을 강화하였고, 이 과정에서 공직부패가 증가하는 등 한계가 발생하였다(박천오 외, 2016: 33).[6]

잭슨 대통령　　　　　　　　가필드 대통령
(1767~1845)[7]　　　　　　　(1831~1881)[8]

---

6) 이러한 엽관제의 단점에도 불구하고 엽관제는 행정의 민주화에 기여하였다는 점에서 현대 인사행정에서도 활용되고 있다(정정길 외, 2019: 310). 대통령이 직접 임명하는 고위직 공무원(정무직공무원)과 공공기관장 등이 엽관제적 인사관리의 대표적인 예라고 할 수 있다.
7) 잭슨 대통령은 미국의 제7대 대통령이다.
　　출처 https://fortune.com/2017/02/19/donald-trump-andrew-jackson/
8) 가필드 대통령은 미국의 제20대 대통령이다.

이러한 한계에도 불구하고 엽관제는 1880년대까지 유지되었다. 그러나 엽관제의 폐해에 대한 국민들의 불만 증가와 엽관제 맹신자에 의한 가필드(J. A. Garfield) 대통령 암살사건이 발생하자, 미국에서는 엽관제에 대한 개혁운동이 활발하게 진행되었다. 이러한 대표적인 개혁운동이 바로 '진보주의 운동(progressive movement)'인데, 이 운동을 통해서 실적제가 등장하게 된 것이다.

(2) 실적제

실적제(merit system)는 오늘날 대부분 국가의 인사행정에 기반이 되는 제도로서, "공직의 임용 등이 실적을 토대로 이루어지는 실적주의에 바탕을 둔 인사제도"를 말한다(박천오 외, 2016: 31).[9] 1883년 펜들턴 법을 바탕으로 확립되기 시작한 실적제는 1978년 제정된 「공무원개혁법」(Civil Service Reform Act of 1978, CSRA)을 통해 정착되었다. 공직임용의 기준으로 개인의 정치적 성향이나 정당에 대한 충성심, 개인의 사회적 지위 등이 아닌 개인의 능력과 자격을 의미하는 '실적'을 중요하게 고려하였다(김정인, 2018: 86). 실적제에서는 정권의 교체와 관계없이 안정적으로 공직에 근무할 수 있도록 하는 공무원의 신분보장과 정치적 중립성을 강조했으며, 누구나 공개경쟁시험을 통해 공직에 임용될 수 있도록 하는 기회균등을 중시하였다(정정길 외, 2019: 310). 이러한 실적제는 미국에서만 발달한 것이 아니었다. 영국에서도 정실주의의 한계, 즉 비능률적이고 부패한 공직을 개혁하기 위한 개혁운동이 일어났으며, 실적주의를 기반으로 한 공무원제도가 도입되기 시작한 것이다. 이로 인해 1870년에 정실주의가 폐지되기에 이른다(정정길 외, 2019: 311).[10]

실적제의 장단점은 다음과 같다(강성철 외, 2018: 65–66). 실적제의 장점으로 첫째, 공개경쟁채용시험은 '공직에의 기회균등'이라는 공정성을 증진시켰으며, 둘째, 실적이 공직임용의 중요 기준이 되면서 행정의 능률성이 향상되었다. 셋째, 공무원의 정치적

출처 https://en.wikipedia.org/wiki/James_A._Garfield#/media/File:James_Abram_Garfield,_photo_portrait_seated.jpg

9) 가필드 대통령 피살사건을 계기로 "1883년에 펜들턴 의원이 발의한, 정치적 성향보다는 능력위주의 공직 운용을 골자로 한 펜들턴 법이 제정됨으로써 미국에서의 실적주의 인사행정의 시대가 개막되었다"(김정인, 2018: 85–86).

10) 이러한 영국의 실적주의 개혁운동이 미국으로 전파되어 엽관제의 한계를 극복하고 실적제를 도입하는 제도적 장치가 된 것이다.

중립성 강화는 행정의 공정성을 증진시켰으며, 공무원의 신분보장은 행정의 안정성과 지속성을 확보하고, 나아가 전문 직업공무원제를 수립하는 데 기여하였다. 마지막으로, 공직의 상품화를 금지시켜 행정부패를 개선하는 데 기여하였다. 그러나 이러한 장점을 가지는 실적제도 시대적 상황의 변화에 따라 다음과 같은 한계가 나타났다. 첫째, 실적제가 반엽관제 요인인 정치적 중립성과 신분보장의 강조에만 치우치다 보니 공무원의 행동이 소극적으로 나타나기 시작한 것이다. 즉, 공무원 행동의 관료제적 복지부동이 고착되었고, 이로 인해 공직의 경직성, 비능률성이 증대되었다(예: 규칙준수 강조로 인한 조직의 비탄력적 운영). 둘째, 공직임용 기준인 능력(예: 자격요건)과 공개경쟁채용 방식으로 선택한 시험의 내용이 실제 직무수행과는 연관성이 다소 부족하다는 비판을 받았으며, 학력, 경력, 자격요건, 시험내용 등이 사회적 약자들의 공직임용을 저하시키는 요인으로 작용하였다. 셋째, 정치적 지도자의 직업공무원에 대한 통제를 어렵게 하였다. 넷째, 공무원의 정치적 중립성 강화는 공직사회를 국민의 요구에 둔감한 폐쇄적 집단으로

표 10-2 실적제와 엽관제의 장단점

구분	실적제		엽관제	
	장점	단점	장점	단점
정치적 측면	• 민주주의 평등이념 구현(기회균등)	• 정치이념 구현과 정책추진 곤란 • 사회적 형평성 저해 가능성	• 민주주의 평등이념 구현(예: 공직개방) • 정당정치의 발달에 기여 • 정치적 리더십 강화	• 민주주의 평등이념 저해(예: 기회균등 저해 가능성)
행정적 측면	• 관료의 정치적 중립성과 행정의 공정성 확보 • 행정의 계속성과 안정성 제고 • 행정의 전문성과 능률성 향상 • 공직윤리 확립에 기여(부패방지)	• 인사행정의 집권화·획일화 • 인사행정의 형식화·소극화 • 관료제의 폐해 발생 • 직무수행 능력의 실증 곤란	• 관료의 민주성·대응성·책임성 제고 • 관료 특권화 및 공직 침체 방지	• 관료의 정치적 중립성과 공익 훼손 가능성 • 행정의 계속성·일관성·안정성 저해 • 행정의 전문성·능률성 저해 • 예산낭비 및 부정부패 조장

출처: 김렬(2016: 40, 50).

만들 가능성이 높았다. 이와 같이 엽관제와 실적제는 시대적 상황 변화에 따라 다른 효
과를 드러낸 것이다.

한국에서도 효과적인 실적제 정착에 대한 방안 마련이 필요하다. '실적제＝반엽관제'
라는 소극적 관점에서 벗어나(강성철 외, 2018: 67), 공무원의 정치적 중립, 신분보장, 공직
기회 균등, 능력과 실력 중심의 실적제 특징을 기본원칙으로 하되 민주주의의 이념을 함
께 조화시켜 나갈 수 있는 방안을 마련해야 한다. 이를 위해서는 미흡한 실적제도에 대
한 보완(예: 정실주의 개입 방지), 비실적 요소 개선(예: 정년형 신분보장의 한계 극복), 현 제도
에서 부족한 실적제도 도입(예: 직무분석을 통한 공정한 보상제도 확립), 실적제도에 민주성
이념 접목(예: 균형인사정책과 다양성관리 강화)이 필요할 것이다(유민봉, 2021: 493－495).

3) 직업공무원제도

직업공무원제(career civil service system)는 "젊고 유능한 인재들이 공직을 보람있는
직업으로 선택하여 일생을 바쳐 성실히 근무하도록 운영하는 인사제도"이다(박천오 외,
2016: 45). 직업공무원제의 특징 또는 수립요건은 공무원의 장기근무를 장려하고, 공무
원 채용 당시의 직무능력보다 장기적 발전 가능성과 잠재력을 중시하며, 공무원이 다양
한 분야에 근무하면서 폭넓은 시각을 지니도록 하는 일반행정가 양성에 유리하다는 것
이다. 또한 직업공무원제는 폐쇄형 임용체제를 채택하며, 공직에 오래 근무하도록 함으
로써 조직에 대한 일체감과 구성원 간 단결심을 증진시킬 수 있다. 그리고 공무원의 신
분을 보장함으로써 공직의 안정성을 증진시키고, 공무원의 성장과 발전에도 도움을 준
다(강성철 외, 2018: 45－46).11)

직업공무원제는 국가마다 다르게 운영되어 왔다. 유럽 국가들에서는 절대군주 국
가의 통치체제를 구축하기 위해 일찍부터 관료제를 발달시켰다. 관료들은 군주에게 충
성과 복종의 의무를 지는 대신에 군주는 관료들에게 신분과 일정한 특권을 보장해 줌으
로써 유럽에서는 직업공무원제의 형태가 일찍부터 발달해 있었던 것이다(김용철 외,
2022). 즉, 유럽 국가에서 직업공무원제는 중앙집권적인 절대군주국가를 유지하기 위해
정실임용으로 탄생하였으며, 후에 실적제의 발달과 함께 '실적제에 기반한 현대적 의미

---

11) 이는 직업공무원제의 장점이기도 하다.

의 직업공무원제'로 발전하였다. 유럽과 달리 절대군주국가를 경험하지 않은 미국에서
는 직업공무원제에 대한 인식이 달랐다. 전통적으로 미국에서 직업공무원의 관직 점유
는 곧 관료주의화를 의미했으며, 이러한 관료주의는 결국 행정의 민주주의를 해치는
것으로 인식되었다.12) 이후 미국의 공무원제도는 모든 직급에 외부임용을 허용하는 '개
방형 임용제도'를 운영하고 있어 공직사회에서의 직업공무원제 성격은 유럽 국가들에
비해 약하다고 볼 수 있다(강성철 외, 2018: 43-44). 1930년대에 이르러서야 미국은 직
업공무원제에 관심을 두기 시작했으나, 이후 직업공무원제가 수립되지 못하다가 1978
년 「공무원개혁법」(Civil Service Reform Act of 1978)이 제정되고 나서야 직업공무원제 요
소가 일부 도입되었다. 특히 이때 도입된 고위공무원단제도에 직업공무원제의 특성이
포함되었는데, 고위공무원들이 특정 직위에 한정되지 않고 기관 내 또는 기관 간 이동
이 가능하도록 했다는 점에서 직업공무원제 성격을 지닌다고 할 수 있다(박천오 외,
2016: 46).13)

　　직업공무원제와 실적제는 유사점과 차이점을 지닌다. 직업공무원제는 실적제 요소
들을 포함한다. 즉, 직업공무원제는 젊고 유능한 공무원이 오랫동안 행정을 담당하도록
하기 때문에 공직의 안정성이 높으며, 공무원들의 신분을 보장하고, 국민 전체에 대해
봉사할 수 있는 환경을 제공한다. 또한 공직윤리 확보와 공직의 우수성을 추구하며, 젊
고 유능한 우수인재의 채용과 인적자원관리를 강조한다는 점에서 실적제적 요소를 지
닌다(김정인, 2018: 90-91). 그러나 실적제와 직업공무원제는 다음과 같은 차이점도 있
다. 직업공무원제는 폐쇄형 충원을 우선으로 하기 때문에 실적제의 성적·능력주의가
뚜렷하게 나타나지 않을 수 있으며, 때로는 충원방식에서 충돌이 발생할 수 있다(예: 개
방형 임용제 가능 여부). 또한 공무원의 정치적 중립성에 있어서도 차이가 있다. 직업공무
원제와 실적제는 정치적 중립성을 기반으로 하고 있지만, 직업공무원제가 오래 전부터
발달해 온 유럽 국가들에서는 상대적으로 공무원의 정치적 참여가 활발한 편이다. 반면
에 미국과 한국은 공무원의 정치적 참여가 엄격히 금지되고 있다. 즉, 직업공무원제에
서는 계급제, 폐쇄형 충원제, 일반행정가 원리를 중요하게 고려한다면, 실적제에서는 직

위분류제, 개방형 충원제, 전문행정가의 원리 등을 중요하게 고려한다는 점에서 차이가 있다(김정인, 2018: 91).

직업공무원제도의 장단점을 구체적으로 살펴보면 다음과 같다(이하 박천오 외, 2016: 49-50). 직업공무원제의 장점은 개인 차원과 조직 차원으로 나누어 살펴볼 수 있다. 우선 개인 차원에서 직업공무원제는 공직을 하나의 직업으로 간주하여 공직의 전문직업 분야 확립에 기여하였다. 또한 공무원이 높은 봉사정신과 행동규범을 유지하고, 능력을 발전시키는 데 기여하였다. 조직 차원에서 직업공무원제는 공무원의 신분보장을 통해 행정의 연속성과 일관성을 유지할 수 있도록 하였으며, 일반행정가를 양성하여 부서 간 이해, 갈등조정, 협업을 증진시킬 수 있도록 하였다. 하지만 직업공무원제는 다음과 같은 단점도 있다. 개인 차원에서 직업공무원제는 공직의 분위기를 침체시켜 공무원의 질적 수준 저하를 발생시킬 가능성이 있으며, 변화하는 환경에 적극적으로 대응하지 못함으로써 개인의 능력발전이 저해될 수 있고, 이로 인해 전문행정가 양성이 어려워질 수 있다. 조직 차원에서 직업공무원제는 폐쇄형 임용으로 인한 공무원 집단의 특권화, 보수주의화, 관료주의화를 초래할 가능성이 높다. 또한 행정의 대응성을 약화시키며, 폐쇄형 임용으로 공직사회 분위기 전반이 침체될 가능성이 높고, 신분보장 강화로 인해 무사안일과 복지부동에 빠져 관료제의 병리현상이 발생할 가능성이 높다.

최근에는 개방형 임용제 도입 등 전통적인 직업공무원제에 대한 개혁이 일어나고 있다. 직업공무원제가 민주성과 효율성을 저해한다는 비판이 있기는 하지만, 직업공무원제는 행정의 안정성과 연속성, 공익성과 봉사성을 증진시킨다는 점을 고려해 볼 때 무조건적으로 직업공무원제 자체를 부인하는 것은 적절하지 않다. 직업공무원제 성격이 약한 미국에서도 고위공무원단제도를 도입하고 직위분류 구조를 단순화하는 등, 오히려 직업공무원제 요소를 도입하고 있기 때문이다(김정인, 2018). 따라서 직업공무원제의 폐단을 비판만 하기보다 각 나라의 문화와 역사적 전통에 맞는 직업공무원제의 수정·보완 방안을 모색할 필요가 있다.

4) 공직분류제도: 계급제와 직위분류제

(1) 공직분류 기준

공직분류는 "공무원(사람)과 직위(일 또는 직무)를 일정한 기준에 따라 구분하여 정부조직 내의 작업구조를 형성하는 과정 및 그 결과"를 의미한다(박천오 외, 2016: 100). 공직을 어떻게 분류하는가에 따라 인적자원관리 방식 전반이 달라지기 때문에 공직분류제도는 인사행정의 중요한 제도적 기반이 된다. 공직분류 기준으로 가장 많이 활용되는 방법은 '사람'과 '일' 중 무엇을 우선순위에 두는가이다. 전자인 사람에 우선순위를 두는 공직분류제도는 '계급제(rank-in-person)'이며, 후자인 일(직무)에 우선순위를 두

표 10-3 **계급제와 직위분류제의 특성과 차이 비교**

구분		계급제	직위분류제
특성	경계 간의 이동성	계급/계급군 간의 수직적 이동 곤란	직무의 성격이 다른 직무 간의 수평적 이동 곤란
	전문성 요구	일반행정가	전문행정가
	중상위직에의 충원	폐쇄형	개방형
	신분보장	강	약
	동일시 경향	부처의 조직 차원	담당직무와 역할
장단점	인적자원의 채용과 인사이동	탄력적	경직적
	직업공무원제의 확립	기여	장애+기여 공존
	공무원의 시각	종합적, 광범	부분적, 협소
	행정의 전문화	장애	기여
	보수 및 직무수행의 형평성 확보	낮음	높음
	인사관리(교육훈련, 승진, 평가, 보상 등)	연공서열 중심, 상관의 자의적 개입 용이	능력·실적 중심, 객관적 기준 제공

출처: 유민봉·임도빈(2016); 김정인(2018: 96).

는 공직분류제도는 '직위분류제(position classification)'이다(김정인, 2018: 92). <표 10-3>에서는 계급제와 직위분류제의 특성과 차이를 비교하고 있다.

(2) 계급제의 의의와 효과

계급제는 "사람이 가지는 개인의 특성, 즉 신분, 학력, 경력, 자격 등을 기준으로 유사한 특성을 가진 사람들을 하나의 범주나 집단으로 구분해 계급을 형성하는 제도"이다(강성철 외, 2018: 157). 계급제는 개인보다는 조직을 우선시하는 국가, 즉 미국보다는 유럽에서, 집단문화를 중시하는 아시아 국가에서 시행되고 있다(김영우, 2008). 계급제를 시행하는 대표적인 국가들에는 오랜 기간 군주제도의 전통을 가진 프랑스, 독일, 이탈리아 등 서구 국가들과 한국, 일본, 중국 등 아시아 국가들이 있다.

계급제의 특징은 다음과 같다(이하 이창길, 2019: 168). 첫째, 사람 중심의 인적자원관리 방식이기 때문에 일반행정가 원리를 중심으로 운영되며, 둘째, 계급이 중요하게 고려된다(계급 간의 차별화). 즉, 신분화된 계급을 통해 조직을 효과적으로 운영하는 방안을 고려하는 것이다. 셋째, 인적자원이 폐쇄적으로 운영되다 보니 내부 인적자원을 적극 활용하는 승진이 가장 중요한 인센티브가 되며, 넷째, 신분보장으로 인해 장기적이고 안정적인 근무가 가능하다. 다섯째, 고위공무원을 우대하여 엘리트화시키는 경향이 있다(김영우, 2008).

이러한 특징을 지닌 계급제의 효과는 다음과 같다(이하 김정인, 2018: 93). 첫째, 장래의 발전 가능성과 잠재력을 지닌 인적자원을 채용하므로, 장기적으로 보다 유능한 인재활용에 기여할 수 있다. 둘째, 계급만 동일하면 보수의 변동 없이 전직이나 전보가 가능하기 때문에 인사운영의 탄력성이 높으며 공무원의 경력발전에도 도움이 될 수 있다. 셋째, 폐쇄형 충원과 장기근무로 공무원의 신분보장과 직업공무원제 확립에 도움을 준다. 넷째, 폭넓은 안목과 이해를 지닌 일반행정가 양성에 도움을 준다. 다섯째, 공무원들의 직업연대의식과 일체감을 제고할 수 있다. 여섯째, 계급의 수가 직위분류제의 직급 수보다 적기 때문에 인사관리가 수월하고 인사관리 비용이 적게 드는 측면이 있다.

그러나 이에 비해 계급제는 다음과 같은 한계를 지닌다. 첫째, 동일직무에 대한 동일보수 지급이 어려워 보상의 공정성과 형평성 확보가 어렵다(예: 직무급체계 도입의 한계). 둘째, 동일분야에서 오랫동안 업무를 담당하지 않고 순환보직하기 때문에 공무원의 전문성이 낮아질 수 있다. 셋째, 계급 간의 차별이 심해 능력 있는 부하들의 자문을 구하지 않은 상태에서 상위 직급의 공무원에 의해 독단적으로 정책결정이 이루어질 가능성이 높다. 넷째, 직무내용에 따른 인사관리가 이루어지지 않는다. 다섯째, 직무가 계급별로 구별되지 않기 때문에 직무경계가 모호하고 업무를 다른 사람들에게 전가할 가능성이 높으며, 이로 인해 행정이 지연될 가능성이 있다. 여섯째, 강력한 신분보장으로 인해 공무원들이 무사안일에 빠질 가능성이 높으며, 공직이 특권 집단화될 가능성이 있다.

(3) 직위분류제의 의의와 효과

직위분류제는 "직무(job) 또는 직위(position)라는 요소에 기초를 두고 직무의 종류, 곤란도, 책임도 등을 기준으로 하여 공직을 분류하는 제도"이다(박천오 외, 2016: 101–106).[14] 직위분류제의 특징은 다음과 같다. 첫째, 전문가 육성을 위한 전직과 전보의 제약이 발생한다. 다시 말해, 공무원의 전문성을 향상시키기 위해 특정 직무를 전문적으로 담당하도록 한다는 것이다. 둘째, 개방형 충원체제를 형성한다. 직무에 필요한 전문가들을 외부에서 적기에 충원하도록 하는 것이다. 셋째, 직무몰입(자신이 수행하는 직무에 몰두)이 일상화된다. 직위분류제하에서는 공무원이 자신의 일과 자신을 동일시하는 경향이 강하게 나타난다. 넷째, 신분보장이 미약하다. 해당 직무를 담당하는 데 적합한 직무역량을 보유하지 못한다고 판단될 경우 해당 공무원은 더 이상 직무를 담당하지 못하게 되는 것이다. 다섯째, 직무가치에 따른 보상이 제공됨으로써 보상의 공정성을 제고할 수 있고 동일직무에 대한 동일보수의 원칙을 공고히 할 수 있다. 직위분류제를 시행하고 있는 대표적인 국가들에는 미국, 캐나다, 파나마, 필리핀, 호주, 뉴질랜드 등이 있다. [그림 10–2]는 미국 직위분류제의 예를 들어 직위분류제에 대한 이해를 돕고

---

14) 「국가공무원법」 제5조에 따르면, 직위분류제와 관련한 용어의 정의는 다음과 같다. 직위(職位)는 1명의 공무원에게 부여할 수 있는 직무와 책임을 말한다. 직급(職級)이란 직무의 종류·곤란성과 책임도가 상당히 유사한 직위의 군을 말한다. 정급(定級)이란 직위를 직급 또는 직무등급에 배정하는 것을 말한다. 강임(降任)이란 같은 직렬 내에서 하위 직급에 임명하거나 하위 직급이 없어 다른 직렬의 하위 직급으로 임명하거나 고위공무원단에 속하는 일반직공무원을 고위공무원단 직위가 아닌 하위 직위에 임명하는 것을 말한다. 전직(轉職)이란 직렬을 달리하는 임명을 말한다. 전보(轉補)란 같은 직급 내에서의 보직변경 또는 고위공무원단 직위 간의 보직변경을 말한다. 직군(職群)이란 직무의 성질이 유사한 직렬의 군을 말한다. 직렬(職列)이란 직무의 종류가 유사하고 그 책임과 곤란성의 정도가 서로 다른 직급의 군을 말한다. 직류(職類)란 같은 직렬 내에서 담당 분야가 같은 직무의 군을 말한다. 직무등급이란 직무의 곤란성과 책임도가 상당히 유사한 직위의 군을 말한다(국가법령정보센터, 2023a).

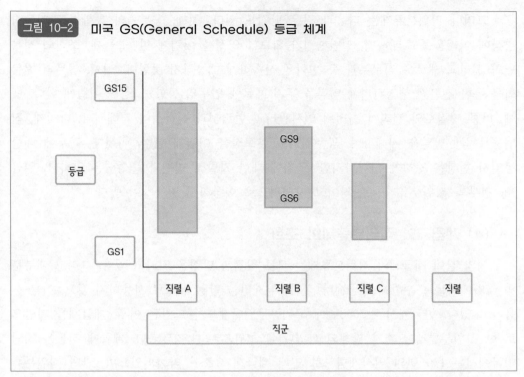

그림 10-2 | 미국 GS(General Schedule) 등급 체계

출처: 김정인(2019).

자 하였다.

직위분류제의 장단점은 다음과 같다(이하 강성철 외, 2018: 199-201). 직위분류제의
장점은 첫째, 동일직무에 대한 동일보수(equal pay for equal work)의 원칙으로 직무급체
계 확립에 기여한다는 것이다. 둘째, 직위가 요구하는 직무내용, 성격, 자격요건에 따라
인사관리가 시행되기 때문에 인사행정의 합리적 기준을 제공해 준다. 셋째, 직무중심의
인사행정을 수행할 수 있게 해 준다. 넷째, 직무의 특성, 성격, 내용이 분명하게 나타나
기 때문에 객관적인 인사평가 기준을 제시하며, 인적자원의 교육훈련 수요파악에도 유
리하다. 다섯째, 직무의 내용이나 수준을 구체적으로 제시하여 직위 간 권한과 책임의
한계를 명확히 해 준다. 여섯째, 조직단위별로 구성원의 업무분담을 합리화하고, 직무평
가와 직무분석을 통해 효율적인 정원관리에 도움을 준다. 일곱째, 동일 직렬에 장기간
근무함으로 인해 행정의 전문화에 도움을 준다.

그러나 직위분류제는 다음과 같은 단점도 있다. 첫째, 공무원의 통합적 관리능력 향상에 어려움을 초래하며, 일반행정가 확보나 양성을 어렵게 한다. 둘째, 조직의 직무 변화 그리고 새로운 직무부과 등 변화에 신속하게 대응하지 못한다. 셋째, 업무의 전문화를 통한 전문적 행정관리에 역점을 두기 때문에 업무의 통합·조정을 어렵게 한다. 넷째, 다른 직렬로의 전직이 어려워 인사관리의 탄력성과 신축성이 저해된다. 다섯째, 직업공무원제 발달을 저해하며, 공무원의 신분보장을 어렵게 한다. 여섯째, 직무에 대한 동일시 현상은 강하게 나타나지만, 조직에 대한 자발적 헌신과 충성심은 약하다. 일곱째, 정부의 직위분류가 주관적이고 자의적으로 이루어질 가능성이 높다.

(4) 계급제와 직위분류제의 조화

이와 같이 계급제와 직위분류제는 모두 장점과 단점을 지니고 있다. 그리고 대부분의 국가에서는 순수하게 계급제나 직위분류제만을 단일 제도로 사용하지 않고, 이를 혼용하고 있다. 한국에서는 2006년에 고위공무원단제도가 도입된 이후, 계급제를 기반으로 한 직위분류제 요소가 활용되고 있다(예: 고위공무원단 직무등급). 계급제 전통을 지닌 영국에서는 1996년의 인사개혁으로 인해 계급제 요소가 약화되었으며, 반면 직위분류제 전통을 지닌 미국에서는 상위직에 고위공무원단제도를 도입하고 보수제(예: broad-banding system 도입) 등을 개혁함으로써 계급제적 요소를 받아들이고 있다(강성철 외, 2018: 215-217).[15], [16]

이처럼 계급제나 직위분류제 어느 하나만이 완벽하면서도 유일무이한 공직분류 제도가 될 수는 없다. 계급제의 폐해가 있을 수 있듯이 직위분류제 역시 한계점을 가질 수 있다. 따라서 한국의 인사개혁에 있어서도 무조건적인 계급제 폐지나 직위분류제 도입을 주장하기보다는 체계적인 직무분석과 직무평가[17]를 통해 공직분류제의 현황과 개

---

15) 이는 직무등급별로 일정 임금구간을 설정해 직원의 업무숙련도와 성과에 따라 임금을 차등지급하는 방식이다. 같은 직무등급에 구간의 차이를 두어 하위등급이라도 오랫동안 근무하면 상위등급보다 높은 보수를 받을 수 있도록 해(예: 연공 반영) 계급제 요소를 도입했다(박경규, 2016).
16) 이와 같은 고위공무원단제도의 도입은 각 국가의 도입목적에 따라 다른 특징을 나타낸다. 이와 관련된 상세한 논의는 후술한다.
17) 직무분석은 "특정 직무의 내용 및 이를 수행하는 데 필요한 직무수행자의 행동, 육체적 및 정신적 능력을 발휘하는 체계적인 활동"이며(박경규, 2016: 125), 직무평가는 "직무들의 상대적인 가치를 체계적으로 결정하는 작업"이다(오석홍, 2013: 104). 이는 공공부문에서도 적용되는데, 한국에서도 정부조직에서 직무

표 10-4	2012년「국가공무원법」개정 이후 공무원의 종류 구분

구분		내용
경력직[18]	일반직	기술·연구 또는 행정일반에 대한 업무를 담당하는 공무원 (① 행정·기술직, ② 우정직, ③ 연구·지도직)
		일반직공무원 중 특수업무 분야에 종사하는 공무원 (① 전문경력관)
	특정직	담당업무가 특수하여 자격·신분보장·복무 등에서 특별법이 우선 적용되는 공무원(① 법관·검사, ② 외무공무원, ③ 경찰공무원, ④ 소방공무원, ⑤ 교육공무원, ⑥ 군인·군무원, ⑦ 헌법재판소 헌법연구관, ⑧ 국가정보원의 직원·경호공무원 등 특수분야의 업무를 담당하는 공무원으로서 다른 법률이 특정직 공무원으로 지정하는 공무원)
특수 경력직[19]	정무직	선거, 국회동의에 의하여 임용되는 공무원, 고도의 정책결정업무를 담당하거나 이를 보조하는 공무원으로서 법령에서 정무직으로 지정하는 공무원 (① 감사원장·감사위원 및 사무총장, ② 국회사무총장·차장·도서관장·예산정책 처장·입법조사처장, ③ 헌법재판소 재판관·사무처장 및 사무차장, ④ 중앙선거관리위원회 상임위원·사무총장 및 차장, ⑤ 국무총리, ⑥ 국무위원, ⑦ 대통령비서실장, ⑧ 국가안보실장, ⑨ 대통령경호실장, ⑩ 국무조정실장, ⑪ 처의 처장, ⑫ 각 부의 차관, 청장(경찰청장은 특정직), ⑬ 차관급상당 이상의 보수를 받는 비서관(대통령 비서실 수석비서관, 국무총리비서실장, 대법원장비서실장, 국회의장비서실장), ⑪ 국가정보원장 및 차장, ⑫ 방송통신위원회 위원장, ⑬ 국가인권위원회 위원장)
	별정직	비서관·비서 등 보좌업무 등을 수행하거나 특정한 업무 수행을 위하여 법령에서 별정직으로 지정하는 공무원 (① 비서관·비서, ② 장관정책보좌관, ③ 국회 수석전문위원, ④ 국가정보원 기획조정실장, ⑤ 기타 법령에서 별정직으로 지정하는 공무원)

출처: 인사혁신처(2023a).

선사항을 우선 파악하고, 이러한 내용을 바탕으로 각 부처와 직무별 특성을 고려해 순

분석과 직무평가를 도입하여 시행하고 있다. 그러나 공공부문의 직무분석과 직무평가는 공공부문의 특성
(예: 일반화, 추상성 등)으로 인해 주관적이고 정치적으로 시행될 가능성이 높다는 한계가 있다.
18) 보다 자세한 사항은 「국가공무원법」 제2조 제2항을 참조하기 바란다.
19) 보다 자세한 사항은 「국가공무원법」 제2조 제3항을 참조하기 바란다.

차적이고 단계적인 직위분류제 요소를 도입하는 방안을 고려할 필요가 있다. 이러한 노력들을 통해 기존 공직제도에 대한 합리적인 개선을 이루어 낼 수 있을 것이다(김정인, 2018: 100).

이외에도 한국의 대표적인 공직제도 개편으로는 2012년 시행된 '공직분류 간소화와 합리적 통합'이 있다. 이전의 기능직과 계약직을 폐지하고, 공무원 업무성격을 중심으로 공무원 구분을 4개(일반직, 특정직, 정무직, 별정직)로 간소화한 것이다(인사혁신처, 2023a). 한국의 공직제도를 직무·직위의 성격에 따라 경력직과 특수경력직으로 구분하고, 경력직은 일반직과 특정직으로, 특수경력직은 정무직과 별정직공무원으로 분류한 것이다(<표 10-4> 참조). 이밖에도 임용주체에 따라 국가공무원과 지방공무원으로, 근무시간에 따라 전일제공무원과 시간선택제공무원으로, 임용형태에 따라 정규직공무원과 임기제공무원[20]으로 구분하고 있다(백종섭 외, 2018).

(5) 계급제와 직위분류제 개혁: 고위공무원단제도를 중심으로

고위공무원단제도(Senior Executive Service, SES)는 "1978년 미국의 「공무원개혁법」 (Civil Service Reform Act of 1978)에 의하여 도입된 이래 영국, 호주, 캐나다, 뉴질랜드 등 서구 선진국에서 도입하여 운영하고 있는 인사개혁 방안"이다(강성철 외, 2018: 237). 고위공무원단제도는 직위분류제를 도입하고 있는 국가에서만 도입된 것이 아니라, 한국과 같이 계급제를 도입한 국가에서도 도입·운영되고 있다. 한국은 「국가공무원법」을 개정하여 고위공무원단제도를 시행하고 있는데, 「국가공무원법」 제2조의2에 의하면 고위공무원단은 "직무의 곤란성과 책임도가 높은 직위에 임용되어 재직 중이거나 파견·휴직 등으로 인사관리되고 있는 일반직공무원, 별정직공무원 및 특정직공무원의 군(群)"으로 정의되고 있다(국가법령정보센터, 2023a).

계급제나 직위분류제를 선택하고 있는 국가들에서 도입한 대표적인 인사개혁 제도가 바로 고위공무원단제도이다. 고위공무원단은 기존의 공직제도인 계급제나 직위분류제가 그대로 적용되지 않는 특별관리 대상이기 때문에, 계급제와 직위분류제의 제약을

---

20) 임기제공무원(「국가공무원법」 제26조의5): 전문지식·기술이 요구되거나 임용관리에 특수성이 요구되는 업무를 담당하게 하기위하여 경력직 공무원을 일정기간 정하여 임용하는 공무원(① 일반임기제, ② 전문임기제, ③ 시간선택제임기제, ④ 한시임기제)(국가법령정보센터, 2023a).

완화하는 대신 성과관리 요소를 강하게 반영하고, 개방형 임용과 기관 간 이동을 확대하는 등 개방성과 융통성, 신축성 등을 강조한다. 고위공무원단은 정부정책의 핵심적인 역할을 수행하는 고위공무원을 범정부적 차원에서 통합적으로 관리·운영함으로써 행정의 생산성과 효율성, 정치적 대응성을 증진시킬수 있도록 한 정부 고위직 인력풀이라고 할 수 있다(강성철 외, 2018: 237). 이와 같이 고위공무원단은 기존 공직분류체계인 계급제나 직위분류제의 한계를 극복하고 공직의 개방성과 이동성, 공무원의 성과향상 및 역량개발을 강조하여 정부의 경쟁력을 강화시키기 위한 방안으로 도입된 것이다(박천오·조경호, 2013).

그러나 고위공무원단제도의 도입배경은 각 나라마다 다르게 나타난다. 미국의 경우 다음과 같은 목적으로 고위공무원단제도를 도입하였다. 첫째, 고위공무원의 폭넓은 시각과 범정부적 맥락 이해를 바탕으로 한 정책의사결정 제고를 목적으로 고위공무원단제도를 도입하였다. 둘째, 민간의 우수한 전문인력을 공직에 채용하여 공직 경쟁력을 증진시키고자 하였다. 셋째, 대통령의 국정철학을 실현시키고 고위직 공무원을 통제함으로써 행정환경 변화에 대한 대응성을 증진시키고자 하였다. 반면, 영국에서는 계급제와 일반행정가 중심의 관료제를 통제하기 위한 수단으로, 또 관료사회를 전문가 중심의 관료사회로 변화시키기 위해 고위공무원단제도를 도입하였다(한인근, 2010: 69－70).

한국의 고위공무원단제도 도입배경은 계급제의 폐단을 극복하기 위함에 있다. 한국은 오랫동안 계급제의 폐단과 과거 인사체제의 관행으로 인해 어려움을 겪고 있었다. 특히 잦은 순환보직 문제(실·국장급 고위공무원들을 1년마다 보직이동), 정책추진의 전문성과 책임성 약화 문제, 연공서열 위주의 느슨한 성과관리와 낮은 동기부여 문제, 고위공무원들에 대한 인사관리 부실 등의 문제가 공직사회의 병폐로 자리잡고 있었던 것이다. 이러한 문제를 해결하기 위한 방안으로 2006년에 고위공무원단제도가 도입되었다(박천오·조경호, 2013: 147). 한국 고위공무원단제도의 특징은 다음과 같다. 첫째, 유능한 민간 전문인력의 유입을 활성화하는 개방형 직위제도와 부처 간 경쟁을 유도하는 공모 직위제도 활성화를 통해 '고위직의 개방과 경쟁을 제고'할 수 있다. 둘째, 고위공무원단 역량평가, 교육훈련, 최소보임기간 설정 등을 통해 '고위공무원의 능력발전'을 도모하였다. 셋째, 직무등급제, 성과계약 등 평가제, 직무성과연봉제, 적격성심사 등을 통해 '고위공무원의 성과와 책임성'을 증진시키고자 하였다. 넷째, 소속부처 위주의 편협한 시각에서

표 10-5 **한국에서의 고위공무원단제도 도입 기대효과**

구분		제도도입 전		제도도입 후 기대효과
충원	계급· 사람 중심	• 공석충원 시 공무원의 계급 (직급)과 직제에서 규정한 해당 직위의 계급(직급)이 일치하면 누구나 그 자리에 보직 가능	직무 중심	• 해당 직위에 충원되기 위해서는 그 자리가 요구하는 직무수행 요건과 역량요건을 충족하여 적격자라는 판정을 받아야 함
보직이동· 승진	비경쟁	• 보직이동과 승진은 해당 부처 내부 공무원 위주로 연공서열과 보직경로에 따라 실시 • 타 부처 공무원이 국장직위에 보직되기 위해서는 '특별한 조치' 필요	경쟁	• 원칙적으로 충원함으로 공직내 외의 경쟁(open competitive- ness)을 통해서 충원하므로 고위 공무원단 공무원이면 소속부처에 관계없이 동등한 기회 제공
성과관리· 보상	연공 서열 위주	• MBO가 있으나 연공서열 위주의 형식적 운영 • 담당하고 있는 업무의 중요도· 난이도에 관계없이 계급과 근무연수를 기준으로 한 호봉에 따라 보수지급	직무 성과급	• 성과계약에 의한 엄격한 성과 관리, 성과와 보수의 연계강화 • 담당업무가 조직목표 달성에 기여하는 정도에 따라 보수수준이 달라지고, 업무성과 달성도에 따라 차등 인상
역량평가	이미지· 감(感) 위주	• 고위공무원의 역량 또는 능력에 대한 평가와 관리 체계 부재	체계적 역량 평가	• 역량평가센터(assessment center)를 도입하여 고위직 공무원으로서의 능력과 자질을 체계적으로 평가· 관리
교육훈련	교육 훈련 부재	• 국장급에 대한 체계적인 교육 훈련 부족	합리적 능력 개발	• 고위직으로서 부족한 역량과 자질을 개별적으로 파악하여 이를 체계적으로 향상시킬 수 있는 맞춤형 교육훈련 실시 및 리더십 개발 추진

출처: 박천오·조경호(2013: 154).

벗어나 범정부 차원의 '통합관리자로서 고위공무원' 양성에 기여하고자 하였다(박천오·
조경호, 2013: 147; 하태권 외, 2007). 보다 구체적인 한국 고위공무원단제도 도입의 기대효
과는 <표 10-5>와 같다.

　　이밖에도 한국 고위공무원단제도의 도입 성과와 한계는 다음과 같다. 도입성과로
는 첫째, 공직사회의 경쟁과 개방이 확대되었다. 이로 인해 고위직 공무원의 외부 개방
성과 부처 간 이동성이 증가하였다. 둘째, 고위공무원단제도 도입으로 인해 정부 성과

주의 인사관리가 강화되었다. 직무성과연봉제도의 도입으로 평가결과에 따른 등급별 성과급 차등지급과 성과중심 인사관리가 가능해졌다. 셋째, 고위공무원단 후보자 교육을 통한 핵심역량과 문제해결력 중심의 능력발전이 이루어져 역량기반 인사관리가 가능해졌다. 넷째, 고위공무원단제도 도입으로 인해 고위공무원들의 대국민 책임성이 증진되고, 행정의 대응성, 민주적 행정 구현에 긍정적인 역할을 할 수 있게 되었다(박천오·조경호, 2013: 153).

그러나 한국의 고위공무원단제도 도입은 다음과 같은 한계도 안고 있다. 첫째, 고위공무원단 임용권자의 인사관리에 있어 재량범위의 확대는 정치적 영향이나 정실인사 개입 가능성(정치도구화 가능성)을 증대시켰다(정정길 외, 2019). 이로 인해 고위공무원들의 신분불안과 사기저하 문제가 발생할 수 있다. 예를 들어, 2006년 우리나라에서 고위공무원단이 출범한 이후 2014년까지 고위공무원단의 평균 재직기간은 4년에 불과했고 약 8.8%가량만이 정년을 채운 것으로 나타났다(머니투데이, 2015). 이러한 점을 고려해 볼 때 고위공무원단은 정년이 보장되는 직업공무원제의 특징을 더 이상 가지지 못하는 것이다. 또한 관피아 문제로 인한 퇴직공무원 취업제한 강화로 인해 고위공무원의 재취업도 쉽지 않은 상황이라, 고위공무원은 더욱 정치권의 눈치를 보지 않을 수 없다(윤견수, 2018: 59). 같은 맥락에서 고위공무원단 후보자 선발과정의 객관성과 공정성에 대한 의문이 제기될 수 있다(박천오·조경호, 2013: 165). 둘째, 고위공무원단의 통합적 인사관리는 소속기관장의 인사권을 제약하여 적재적소의 인사배치가 곤란해질 수 있으며, 인기 있는 부처와 자리에 지원이 몰려 인력운영의 융통성이 오히려 낮아질 수 있다(김렬, 2016: 131).

셋째, 고위공무원은 직위분류제적 요소를 도입한 것으로 범정부적이고 통합적인 시야가 갖추어지지 않은 공무원을 양성하여 부처 간 혹은 부서 간 갈등조정 능력이 현저히 떨어지게 될 가능성이 있다. 이로 인해 부처 간 이기주의가 심화될 수 있다(박천오 외, 2016: 142). 넷째, 직무등급의 계급화 문제가 발생할 수 있다. 관료제적 특성이 지속되고 있는 상황에서 고위공무원단의 직무등급인 가등급과 나등급이 이전 계급제에서의 1급과 2급으로 간주되는 문제가 발생한다. 다섯째, 고위공무원 직무성과 측정이 쉽지 않기 때문에 평가의 공정성과 객관성 문제가 계속해서 존재할 수밖에 없다(김렬, 2016: 131). 다섯째, 고위공무원 중 개방형 직위의 불확실한 신분과 상대적으로 낮은 보수 수준으로 인해 유능한 민간 전문가가 지원하는 비중이 낮고, 개방형 직위로 입직한 민간 전문가들에 대한 합리적인 관리도 부족한 실정이다. 여섯째, 공모직 고위공무원의 경우 대부분이 고위공무원 스스로의 자의적인 지원보다는 부처 인사관리의 일환 또는 인사 운영의 숨통 터주기 전략으로 활용되는 경우가 많다(김정인, 2018: 255). 이러한 한계에도 불구하고 고위공무원단제도가 한국의 공직사회에 큰 변화를 가져다준 것은 사실이다. 따라서 향후 고위공무원단제도가 지속적이고 성공적으로 운영되기 위해서는 고위공무원단제도 운영의 문제점을 끊임없이 평가하고 파악하여 개선해 나갈 필요가 있다.

3. 공무원의 권리와 의무

1) 공무원의 권리와 의무 논의

앞서 [그림 10−1]에서 제시했듯이, 인사행정이 효과적으로 운영되려면 적절한 인적자원 통제가 이루어져야 한다. 인적자원관리에 대한 효과적인 통제는 공무원의 권리와 의무가 확보될 때 가능하다. 공무원은 개인으로서, 즉 국민의 한 사람으로서 누릴 수 있는 권리를 가지는 동시에 조직과 더 나아가 사회에서 요구하는 책임을 다해야 하는 의무를 가진다(이창길, 2019: 481). 공무원의 권리는 「헌법」상 보장된 기본권으로서, 일반 국민과 동일하게 고려된다. 자유권, 평등권, 참정권, 노동권 등이 공무원에게도 적용된다는 것이다. 이 중 대표적인 공무원의 권리보호 장치로 신분보장과 공무원노동조합을 제시할 수 있다.

반면, 공무원은 직무상·신분상의 특수성으로 인해 「헌법」에서 보장된 권리를 제한받을 수 있다. 이와 더불어 공무원은 국민에 대한 봉사자이기 때문에 특별한 의무를 부과받는다(이창길, 2019: 487).[21] 대표적인 공무원의 의무로는 정치적 중립의무와 공직윤

---

21) 예를 들어, 「헌법」 제33조 제2항에 의하면 "공무원인 근로자는 법률이 정하는 자에 한하여 단결권·단체교섭권 및 단체행동권을 가진다"로 규정되어 있다(국가법령정보센터, 2023b). 하지만 공무원의 노동권은 일부 제한될 수 있다.

리 준수가 있다. 공무원은 직무를 수행할 때 공공성과 공익을 우선시해야 하기 때문에 때로는 공무원의 권익이 제한될 수 있으며, 더 나아가 공무원에게 보다 엄격한 윤리기준이 적용될 수 있다는 것이다. 아래에서는 공무원의 권리부터 살펴본다.

2) 공무원의 권리: 신분보장과 공무원노동조합

(1) 신분보장

공무원의 신분보장은 "공무원은 법에 정하는 사유에 의하지 않고는 자의적으로 퇴직당하거나 신분상 불이익을 받지 않는 것"을 의미한다(강성철 외, 2018: 584). 신분보장의 필요성과 장점은 다음과 같다. 첫째, 신분보장은 공무원을 정치적 압력으로부터 보호해 주는 수단이며, 둘째, 업무의 일관성과 능률성을 증진시켜 주는 제도이고, 셋째, 공무원의 사기 증진을 위한 수단이며, 넷째, 젊고 유능한 인력을 공직에 유치할 수 있도록 하는 수단이다. 다섯째, 공무원의 심리적 안정감과 직업적 안정감을 제공해 준다(김렬, 2016: 367).

그러나 이에 반해 공무원의 신분보장은 다음과 같은 문제점도 안고 있다. 공무원 신분보장이 오히려 연공서열 중심의 인사행정을 조장할 수 있으며, 공무원 개인이나 집단이익을 보호하는 수단으로 고려될 수 있고, 능동적이고 적극적인 직무수행에 도움이 되지 않으며, 조직발전에의 무관심을 초래할 수 있다는 것이다. 따라서 신분보장이 공무원의 기본권리이기는 하지만 무조건적으로 공무원의 신분보장 강화를 주장하는 것은 적절하지 못하다고 볼 수 있다. 즉, 신분보장의 폐해와 순기능을 비교하여 적정수준에서 유지될 필요가 있다는 것이다. 한국의 경우 중하위직 공무원에게는 정년보장형 신분보장이 이루어지지만, 고위직 공무원에게는 오히려 신분보장이 제대로 이루어지지 않는 특징이 있다. 특히 정권교체와 함께 나타나는 고위공무원의 물갈이 현상은 공무원의 신분을 위협하는 대표적인 문제현상이다. 따라서 실효성 있는 공무원 신분보장제도를 확립하기 위해서는 직위해제, 권고사직 등 비공식 징계수단을 억제하고, 문책 위주의 징계제도를 개선해야 하며, 소청심사제도를 활성화하고, 인사이동 기준의 객관화와 표준화를 마련할 필요가 있다(강성철 외, 2018: 586-587).

제2부 효과적 A.D.A.P.T 정부 운영을 위한 행정관리

(2) 공무원노동조합

공무원노동조합(public employee union)은 "임금노동자인 공무원들이 그들의 사회적·경제적 및 근로조건의 유지와 개선을 위하여 조직하는 합법적인 노동조합의 형태를 갖춘 공식적인 단체 또는 그 연합체"이다(백종섭 외, 2018: 290). 공무원노동조합을 통해 공무원들은 그들의 근로조건과 복지를 개선할 수 있다는 점에서 공무원의 노동권을 향상시킬 수 있는 권리라고 할 수 있다. 물론 공무원의 신분상 특수성에 따라 단결권, 단체교섭권, 단체행동권 중 일부가 제약된다. 한국의 공무원 노동권보장 법률로는 1999년 제정된 「교원의 노동조합 설립 및 운영 등에 관한 법률」, 「공무원직장협의회의 설립·운영에 관한 법률」이 있고, 2006년 제정된 「공무원의 노동조합 설립 및 운영 등에 관한 법률」이 있다. 해당 법률로 인해 교원 및 6급 이하 일반직공무원은 '공무원직장협의회'와 '노동조합'을 결성할 수 있게 된 것이다. 이에 기반한 대표적인 공무원노동조합으로는 '전국공무원노동조합(이하 전공노)'이 있다. 전공노는 2002년에 설립되었다. 당시 단체행동권이 확보되지 않았다는 등의 이유로 5년간 법외단체로 머물다 2007년에 합법화를 선언하였으나, 노조규약에 해직자를 조합원으로 포함했다는 이유로 비합법 단체로 운영되다가 2018년 3월에 합법화되었다(김정인, 2018).[22]

공무원노동조합의 순기능과 역기능은 다음과 같다(이하 강성철 외, 2018: 570-571; 김정인, 2018: 647). 우선 공무원노동조합의 순기능으로는 첫째, 공무원들의 의사를 정부와 국민에 전달하는 압력단체 기능을 한다는 것이다. 둘째, 공무원들의 참여의식과 동기부여 증진, 인간 가치 인정, 귀속감과 연대의식 등 사회적 욕구 충족기능도 수행한다. 셋째, 공무원들의 의견을 관리층에 적극적으로 전달하여 민주적인 기능을 수행하며, 공무원의 올바른 직업의식 고취와 부패방지에도 기여한다. 그럼에도 불구하고 공무원노동조합에는 다음과 같은 역기능도 있다. 첫째, 지나친 인사권 관여, 성과급 및 개방형 임용제 반대 등으로 인해 실적제 원칙을 저해할 수 있으며(예: 지방자치단체 공무원 노조 성과급 나눠 먹기 사례), 둘째, 공무원 이익 보호를 중요시하여 공익보다는 집단이익을 우선하는 집단이기주의 문제를 유발시키기도 한다. 셋째, 국민들에게 더 좋은 서비스를 제공하기보다는 집단이익을 우선하여 공무원 부패의 원인이 될 수도 있다.

---

22) 이와 관련한 보다 자세한 내용은 김정인(2018)을 참조하기 바란다.

3) 공무원의 의무[23]: 정치적 중립성

공무원의 의무로 공무원의 '정치적 중립성(political neutrality)'을 꼽을 수 있다. 공무원의 정치적 중립성은 "공무원이 정치에 개입하지 않는다는 의미가 아니라 어느 정당이 집권하든 공평하게 여야 간에 차별 없이 봉사하는 것"을 뜻한다(이종수 외, 2022: 569). 이는 19세기 말 실적제 인사제도에 기반을 둔 공무원의 규범이자 의무로서 정치와 행정의 관계(정치−행정이원론)를 규명한 것이기도 하다(이종열 외, 2023).[24] 즉, 공무원은 국민의 봉사자이기 때문에 정치적으로는 중립적인 태도를 가져야 하며, 정치에 참여 또는 관여해서는 안 된다는 것이다. 그러나 공무원의 정치적 중립성은 복합적 의미를 지닌다. 정책결정 시 중립적 업무역량, 실적 토대의 공무원 인사관리, 공무원 정치참여 금지, 행정의 전문성·전문 직업가로서의 공무원 역할 강화, 집권정부의 정책 또는 행정에 대한 공개적 비판 금지, 집권정부에 대한 정치적 충성과 대응성 등 다양한 의미로 해석될 수 있기 때문이다(박천오 외, 2016: 452−453).[25]

그러나 공무원의 정치적 중립성은 다음과 같은 한계를 지닌다(강성철 외, 2018: 564−565). 첫째, 공무원의 정치적 중립성 강화는 공무원 집단의 참정권을 제한할 수 있다. 둘째, 공무원의 정치적 중립성 강화는 공무원의 자율성과 책임성 강화와 상충될 수 있다. 셋째, 공무원의 정치적 참여 제한은 공무원 개인의 권리를 저해하며 정당정치 발전을 저해할 수 있다. 넷째, 공무원의 정치적 중립성 강화는 소극행정의 원인이 될 수 있다. 공무원의 정치적 중립성이 지니는 이와 같은 한계에도 불구하고, 보다 효과적인 공직제도 운영을 위해서는 다음과 같은 사항들을 고려할 필요가 있다. 무엇보다 정치발

---

23) 공직윤리에 관한 내용은 후술한다.
24) 이러한 관점에서 공무원의 정치적 중립성을 공무원의 권리로 고려할 수도 있다. 공무원의 정치적 중립을 엽관제하에서 정치의 행정에 대한 부당한 간섭 및 침해로부터 공무원을 보호하는 장치로 고려할 때, 공무원의 권리로 정치적 중립성을 이해할 수 있다는 것이다. 즉, 공무원이 직무수행을 할 때 특정 정당이나 정치권으로부터 외압과 부당한 간섭을 받지 않도록 보호받을 수 있는 정치권의 영향배제와 신분보장 차원에서의 공무원 권리로 볼 수 있는 것이다.
25) 그러나 집권정부의 지시를 따르는 것이 대의제적 민주성(정치적 대응성)을 확보하고 공무원의 복종의 의무를 수행하는 행위라 하더라도 공익을 저해하는 경우 공무원은 상황에 따라 이를 거부할 수 있는 정당성을 지닌다. 예를 들어, 국민의 반대가 큰 공약, 인기영합적인 정책의 경우 공무원(행정)은 공익수호를 위해 집권정부 정책에 반대할 수 있다는 주장도 제기된다(정정길, 2022). 이는 공무원(행정)의 책임성 차원에서도 설명이 가능하다. 상세한 내용은 본서 제5장 책임성 부분을 참조하기 바란다.

전이 우선되어야 하며, 공무원 신분이 정치권으로부터 보장되어야 한다. 또한 정치인들의 민주적 정치윤리가 선행되어야 하며, 공무원들의 행동규범과 윤리적 행위가 기반이되어야 한다. 나아가 올바른 정치와 행정에 대한 국민의식이 제고될 필요가 있을 것이다(김정인, 2018: 693).

또한 공무원의 정치적 중립성에 대한 해석도 시대에 따라 달라져야 한다. 공무원의정치적 중립성의 의미가 '공무원이 당파적인 정치활동을 해서는 안 된다'는 규범적 의미로 해석되는 것은 시대 및 국가의 문화적 특성에 따라 달라져 왔다. 공무원의 엄격한정치적 중립성을 주장해 왔던 미국 역시 1980년대에 「해치법」(Hatch Act: 1940년에 제정된 공무원의 정치활동 금지를 규정한 법)에 대한 사실상의 위헌판결이 나면서, 1993년에「해치법」을 전면 개정하기에 이른다. 이를 통해 공무원의 정치적 중립 의무보다 '정치적 기본권' 보장 측면을 강화하였다. 또한 독일에서도 1972년 연방헌법재판소 판결에서공무원의 정치적 중립 문제를 공무와 사무활동으로 이원화하여 논의하도록 하였으며,더 나아가 오늘날에는 공무원의 '정치적 권리' 측면을 확대하고 있는 추세이다(강성철외, 2018: 560).

뿐만 아니라, 공무원의 정치적 중립성의 의미를 기계적인 정치적 중립성 의미에서보다 확대하여 공무원의 '정책적 중립성'으로 전환할 필요성이 있다. 이는 직업공무원에게 "정책과정에서 전문적 판단과 중립적 관점의 투입을 기대하는 정책적 중립"을 의미하는 '중립적 역량(neutral competence)'을 요구하는 것이다(강성철 외, 2018: 561). 특히 현대사회에서는 공무원들에게 다양한 이해관계자들의 의견을 조정하는 역량을 중요하게요구하고 있기 때문에 공무원의 정책적 중립성 강화는 더욱 의미 있게 고려될 필요성이있다.26) 공무원의 정치적 중립성 논쟁은 오랫동안 논의되어 온 행정과 정치의 관계로도설명될 수 있다. 스바라는 행정과 정치가 이분법적인 관계가 아니라 상호 존중하는 상보적 관계를 형성할 때, 즉 행정은 정치와의 관계에 있어 독립성, 자율성, 전문성을 증진시키는 동시에 정치 역시 행정에 대한 통제를 높일 때 행정과 정치의 관계가 가장 바람

---

26) 특히 공무원의 정치적 중립성은 대통령과의 관계에서 중요하게 논의된다. 중상위직 공무원을 대상으로한 실증연구에 의하면 관료에 대한 대통령의 통제는 관료조직의 자의적이고 폐쇄적인 행태를 억제할 수있으며, 대통령의 정책적 대응성을 증진시킬 수 있다는 장점이 있다. 그러나 이러한 대통령의 관료에 대한 정치적 통제는 관료의 책임회피, 소극적 행동을 초래하여 오히려 대통령의 정책적 실현 범위를 좁히는부작용이 동시에 나타날 수 있다(한승주 외, 2021).

직하게 된다고 주장한다(Svara, 2001: 179). 이러한 관점에서 볼 때 현재 한국 공직사회의 행정과 정치 관계는 지나치게 정치의 행정에 대한 통제가 높고, 행정의 자율성이 낮아 공무원의 정치적 중립성이 잘 지켜지지 않는 한계를 지닌다(권혁주, 2020).[27]

4. 공직윤리

1) 공직윤리의 의의와 중요성

공직윤리는 국민에 대한 봉사자로서 공무원이 지켜야 할 가장 중요한 의무이다. 공직윤리는 "공직자가 마땅히 지켜야 할 도리 또는 정부조직 내 공무원의 행동과 사고의 기준"이다(백종섭 외, 2018: 262). 공직윤리와 유사한 개념으로 행정윤리를 제시할 수 있다. 행정윤리는 "공무원의 직업윤리로서 공무원들이 직무를 수행하는 과정에서 마땅히 지켜야 할 가치나 행동규범"을 의미한다(박천오 외, 2016: 465).[28] 행정이 추구하는 궁극적인 가치(공공성 또는 공익)는 공무원의 구체적인 행위를 통해 실현되기 때문에 공무원의 공직윤리(행정윤리)는 매우 중요하다. 특히 공무원들은 공익 우선과 관련된 그들의 직무특성으로 인해 사조직의 종사자들보다 더 높은 수준의 공직윤리와 이에 따른 행동규범을 요구받는다(예: 「국가공무원법」에 따른 청렴의무, 복종의무, 성실의무 등).

공직윤리는 공직자 개인의 양심과 의무감을 통해 주관적이고 내재적인 책임성을 증진시키는 것이다(박흥식, 2016: 342). 이러한 차원에서 공직윤리는 옳고 그름을 구별하고, 선한 것을 행하고 악한 것을 행하지 않는 규범윤리학 이론으로 설명될 수 있다. 규범윤리학은 의무론, 덕윤리론, 공리주의, 이기주의 네 가지로 구분된다(이하 박흥식,

---

27) 예를 들어, 한국에서는 과거에 대통령이 바뀌면 관례처럼 1급 고위직 공무원들이 일괄 사표를 제출하는 경향이 있었다. 고위공무원단 설립 이후에도 고위공무원단은 임용권자인 대통령의 정치적 통제를 받았다. 더 나아가 중하위직 공무원 역시 인사상 불이익 등을 당하지 않기 위해 고위직의 업무지시를 따를 수 밖에 없어 한국의 공무원들은 정치적 영향으로부터 자유롭지 못한 측면이 있었다(권혁주, 2020).

28) 이는 공무원의 '행정윤리' 관점에서도 논의할 수 있다(박천오 외, 2016: 450). 공직윤리는 행정윤리의 성격도 지니고 있기 때문에 이에 대한 논의도 같이 포함하도록 한다. 또한 공직윤리와 행정윤리는 행정가치와 공직가치를 기반으로 형성되기 때문에 공공가치 부문도 고려해야 한다.

2016: 342−343). 첫째, 의무론은 "인간이면 누구나 선험적으로 타고난 윤리적 판단능력인 이성을 가지고 있고 이성에서 인식된 객관적 도덕법칙에 따라 자율적으로 행동할 수 있는 능력이 있음"을 전제로 한다. 이에 기반한 대표적인 공직자 행동은 '내부공익신고(whistleblowing)'이다. 둘째, 덕윤리론은 "각 개인이 능동적으로 자기계발을 통한 '인간의 완성이라는 이상'을 실현하는 것"이다. 이는 유교주의 윤리와 유사한 부분이 많다. 셋째, 공리주의는 "도덕성을 세속적인 행복에서 찾고 있으며 최대 다수의 최대 행복을 추구하는 목적론적 이론"이다. 이는 다수를 위한 정부정책의 정당성을 제공해 준다. 넷째, 이기주의는 "자신의 생존을 위한 본능에서 시작되며 인간은 행복추구를 위하여 이기적으로 행동하여야 한다는 입장"이다.

특히 공무원의 재량행위가 증가하는 현대사회에서 공무원의 윤리의식은 매우 중요하게 고려된다. 무엇보다도 정부의 민간부문에 대한 개입이 많아지고 규제에 대한 공정한 집행이 요구되는 시점에서 공직윤리는 더욱 큰 중요성을 지닌다. 공무원의 재량권 일탈과 남용을 억제하기 위해서 그리고 국민의 신뢰 증진과 정책의 정당성 확보를 위해서 현대사회에서는 공직윤리가 더욱 중요하게 인식되고 있는 것이다(이종열 외, 2023). 공직부패가 만연한 사회에서는 행정의 민주성과 효율성도 추구될 수 없을 것이기 때문이다.

2) 공직윤리의 유형

그렇다면 공직윤리의 유형에는 어떤 것들이 있을까? 공직윤리는 소극성 정도에 따라 공무원 부패방지라는 소극적 의미와 공익 및 봉사정신 확대라는 적극적 의미로 구분할 수 있다. 전자는 공직부패를 방지하기 위해 소극적 차원에서 관련 법령준수 등을 중요하게 고려하는 반면, 후자는 공무원이 정책입안 등 정책과정 전반에서 윤리적으로 업무를 수행해야 한다는 의미와 함께 업무수행에 있어서의 전문지식 함양이라는 '전문직업주의(professionalism)'의 의미도 내포한다(강성철 외, 2018: 532). 이러한 공직윤리 접근은 칸트(I. Kant)의 인간책임과 의무확보를 위한 '법적 접근'과 '윤리적 접근'으로 해석될 수 있다(백종현 역, 2012; 박흥식, 2016: 340).

칸트의 '법'의무는 정당하게 누군가를 강제할 수 있는 권리로서 실천이성을 외적으로 수립하는 것이며, '(도)덕'의무는 자기 스스로를 강제하는 것으로 실천이성을 내적으로 수립하는 것이다(백종현 역, 2012: 165). 따라서 소극적 의미의 공직윤리(부패방지 차원)는 법을 통한 통제로 객관적 책임(objective responsibility)과 연관되며, 적극적 의미의 공직윤리(전문직업윤리 차원)는 공직자 스스로의 양심, 정체성, 충성 등을 통한 통제로 주관적 책임(subjective responsibility)과 연관된다(Cooper, 2012). 전자는 소극적이고 강제적인 특징을 지니기 때문에 보다 통제적인 특징을 지닌다고 할 수 있다. 반면에 후자는 보다 적극적이고 자율적이기 때문에 윤리적인 특징을 지닌다고 할 수 있다(박흥식, 2016). 물론 소극적 의미와 적극적 의미 모두 공직윤리에서 중요하게 고려되어야 하지만, 공무원의 사명감과 책임감을 고취시키기 위해 오늘날에는 적극적 의미의 자발적 공직윤리를 더욱 중시하는 경향이 있다. 이를 그림으로 나타내면 [그림 10-3]과 같다. 그렇다면 공직윤리를 저해하는 원인에는 어떤 것들이 있을까? 아래에서는 이에 대해 살펴본다.

그림 10-3 공직윤리 체계

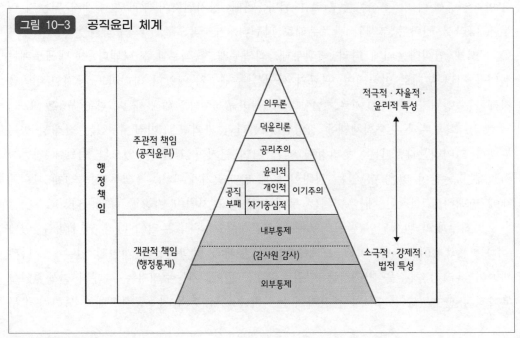

출처: 박흥식(2016: 344).

3) 공직윤리 저해원인: 공직부패

소극적 의미의 공직윤리 저해원인으로 공직부패를 제시할 수 있다. 공직부패(공무원 부패)는 "직무수행과 관련해서 부당한 사익을 취하거나, 취하고자 기도하는 행동"이다(백종섭 외, 2018: 267). 즉, 공직부패는 "공직자가 공익에 반하는 사적 이익을 추구하기 위하여 자신의 직위에서 발생하는 권한을 남용하는 행위"라고 할 수 있는 것이다(박흥식, 2016: 343).

공직부패의 유형은 다음과 같이 구분할 수 있다(이하 백종섭 외, 2018: 267–269). 첫째, 제도화 정도에 따라 제도화된 부패(문화화, 관행화, 집단화된 부패)와 개인의 일탈적 부패로 나뉜다. 둘째, 부패의 대상이 있는지 여부에 따라서 단독형 부패(특정 대상이 없는 부패, 예: 공금횡령)와 거래형 부패(상대방과 공모하여 이익을 공유, 예: 뇌물)로 나뉜다. 셋째, 금전 개입 여부에 따라 금전적 부패(예: 뇌물수수와 횡령)와 정치사회적 부패(예: 정실인사나 압력을 통해 비금전적 이익 추구)로 나뉜다. 넷째, 정치권력이 부패의 주체가 되는지 여부에 따라서 권력형 부패와 관료부패로 나뉜다. 마지막으로, 사회구성원들이 공직부패를 어떻게 인식하는지에 따라 백색부패, 회색부패, 흑색부패로 나뉜다.[29] 백색부패는 선의를 지닌 부패로 인식되며, 관료가 사익을 추구하지 않았다 하더라도 공적인 이익을 저해하는 행위가 된다(예: 관료 개인이 경제안정의 공적이익을 위해 사실과 다른 내용을 발표하는 행위). 회색부패는 사회체제에 상당한 영향력과 파괴력을 미칠 수 있는 잠재성 있는 부패를 의미하는데, 이는 「윤리강령」에는 처벌 근거가 있을 수 있으나 법률에 기반한 처벌에는 논란이 있을 수 있는 행위이다(예: 법적 근거가 미비). 흑색부패는 전체 사회체제에 명백하고 심각한 해를 끼치는 부패로 법률로 처벌이 가능한 부패이다.

공직부패의 발생원인은 공직부패를 접근하는 이론적 논의에 따라 달라질 수 있다(이하 박흥식, 2016: 343). 첫째, 도덕주의자는 부패의 발생원인을 개인의 일탈 즉, 나쁜 개인이 윤리적 기준을 저해하는 행위로 본다. 둘째, 기능주의자는 부패의 발생원인을 문화적 유산 및 삶의 방식과 관련지어 논의한다. 기능주의자는 공직부패가 오히려 공무

---

29) 이는 국민과 공무원들이 부패를 인식하는 정도에 따라 달라진다. 국민권익위원회의 '부패인식도 조사' 결과에 의하면 공무원 부패에 대한 인식은 일반국민들이 공무원 스스로보다 높게 인식하고 있다(국민권익위원회, 2018). 이와 관련된 상세한 내용은 김정인(2018)을 참조하기 바란다.

원의 경직된 행동을 완화하고 적극행동을 불러일으켜 경제성장에 도움을 줄 수 있다는 주장도 제시한다. 이는 개발도상국에서 주로 발생되며, 부패가 국가발전에 긍정적인 역할을 하는 측면이 있다는 공리주의 입장을 취한다. 셋째, 후기기능주의자들은 공직부패의 확산효과에 관심을 둔다. 공직부패가 상급자에서 하급자로, 다시 상급자에게로 영향을 미쳐 궁극적으로는 조직 전체에 부패가 만연하게 된다는 것이다. 이로써 공직부패가 조직뿐만 아니라 공무원 개개인의 부패로까지 전이되는 부패 악순환의 논리를 제시한다. 넷째, 제도적 접근은 공직부패가 법과 제도상에 결함이 존재하거나 운영이 미숙할 때, 즉 현실과 법령에 괴리가 있을 때 발생하게 된다고 주장한다. 다섯째, 시장·교환적 접근은 공직부패를 공무원들이 획득할 수 있는 경제적 자원으로 고려한다[예: 관료의 경제적 지대추구 행위와 포획이론(capture theory)]. 여섯째, 권력관계 접근은 사회 내 권력관계가 공직부패의 주요 원인이 된다고 주장한다. 일곱째, 사회문화적 접근은 공직부패가 사회문화적 환경의 종속변수이기 때문에 공직부패는 법규범보다는 사회문화적 관습에 따라 이행될 가능성이 높다고 주장한다(예: 사회자본에 의한 부패). 여덟째, 체제론적 관점에서는 공직부패가 하나의 요인에 의해 발생되는 것이 아니라, 개인속성, 제도, 사회문화적 환경 등 복합적 요인에 의해 일어난다고 주장한다.

이처럼 공직부패의 원인이 다양하게 나타날 수 있기 때문에 공직부패에 대한 해결방안을 단편적이고 획일적으로 제시하기는 어렵다. 그럼에도 공통적으로 적용될 수 있는 공직부패 해결방안은 다음과 같다. 첫째, 처벌 위주의 사후적 통제보다는 원인제거를 위한 사전적 예방방안 마련에 적극적으로 노력할 필요가 있다(강성철 외, 2018: 553). 이러한 관점에서 최근 공직부패에서 중요하게 논의되는 '이해충돌방지' 의무화 방안을 고려해 볼 필요가 있다.[30] 둘째, 사후적 통제방안으로 비용과 편익의 경제적 관점을 고려할 필요가 있다. 즉, 공무원이 인식하는 공직부패로 발생되는 편익보다 공직부패 적발 시 발생되는 비용을 훨씬 더 크게 할 필요가 있다는 것이다(Rothstein, 2011; 황태연 외, 2018). 공무원의 공직부패에 대한 비용과 편익 인식은 공직부패의 '적발확률×처벌확률'에 의해 영향을 받는다. 공무원이 인식하는 적발확률과 처벌확률 모두를 증진시킨다면 공직부패에 대한 비용인식이 더욱 강해져 공직부패가 줄어들 수 있다는 것이다. 셋째, 법·제도적 차원에서 공직부패를 막기 위한 제도적 장치, 즉 부패방지를 위한 엄격한 법

---

30) 이해충돌방지에 대한 상세한 내용은 후술한다.

적 통제장치를 마련할 필요성이 있다(예:「공직자윤리법」등31)). 이때 외부통제와 내부통제 모두를 강화해야 한다. 넷째, 윤리적 차원에서 공무원의 윤리의식을 고취할 필요성이 있다. 공무원 우위의 사고방식에서 벗어나 공무원이 국민에 대한 봉사자라는 사실을 항상 염두에 둘 수 있도록 윤리교육, 가치관 확립 교육, 직업윤리 교육 등을 강화해 나가야 한다. 구체적인 공직윤리 강화방안은 다음과 같다.

4) 공직윤리 강화방안

(1) 행정통제 수단 활용방안

공직윤리를 강화하기 위한 방안으로 전반적인 행정통제 수단 활용방안을 제시할 수 있다. 행정통제를 통한 공직자의 책임성 확보 차원에서 공직윤리를 증진시킬 수 있는 것이다. 행정통제는 그 주체에 따라 외부통제와 내부통제로 구분할 수 있다(박흥식, 2016: 341). 외부통제는 통제주체가 행정부 외부에 있으며, 통제주체에 따라 시민통제, 시민을 대리하는 입법부 통제, 사법부 통제, 여론·언론·대중매체에 의한 통제 등이 있다. 이는 공식성 여부에 따라 공식적 통제와 비공식적 통제로 나뉘며, 공식적 통제로서 행정책임에 직접적인 영향을 미치는 통제에는 입법부 통제와 사법부 통제가 있다(박흥식, 2016: 341). 반면, 내부통제는 통제주체가 행정부 내부에 있는 통제이며, 이는 자율적 통제를 의미한다. 내부통제의 대표적인 예로 대통령, 국무총리, 기획재정부(예산 관련) 등의 통제, 중앙정부의 지방자치단체에 대한 통제, 하급기관에 대한 자체감사, 독립적 통제기관인 감사원의 통제 등이 있다(박흥식, 2016: 341). 이러한 내·외부 행정통제 수단을 적극 활용함으로써 공직윤리를 강화할 수 있는 것이다. 다음으로는 공직윤리 강화방안을 간접적 전략과 직접적 전략으로 구분하여 살펴본다(박천오 외, 2016: 481).

(2) 공직윤리 강화방안: 간접적 전략(인적·환경적 관점)

공직윤리를 강화하기 위한 간접적 전략으로 공직부패 등 공무원행위 자체를 통제하는 방안보다 공직윤리행위를 증진시키기 위한 환경적 요인과 인적 요인을 개선하는

---

31)「공직자윤리법」에 대한 자세한 내용은 후술한다.

제10장 인사제도와 공직윤리 363

방안을 고려할 수 있다. 이는 피동적인 측면보다 자발적인 유인 측면을 우선적으로 고려하기 때문에 단기적 성과보다는 장기적 성과에 초점을 맞춘다. 환경적 차원에서는 조직문화, 담당업무의 특성 등 부패를 조장하는 환경을 개선하는 방안이 고려될 수 있다. 이와 관련된 대표적인 예로는 행정정보 공개 확대, 행정규제 완화, 보수체제의 정비, 정치적 지지 등을 고려할 수 있을 것이다(박천오 외, 2016: 481). 인적 차원에서는 공무원의 행태와 가치관 개선에 초점을 맞춘다. 이때 공무원 개인의 윤리의식 수준을 증진시키는 방안이 강조된다(강성철 외, 2018: 542).

(3) 공직윤리 강화방안: 직접적 전략(법·제도적 관점)

공직윤리를 강화하기 위해서는 법·제도적 장치를 마련할 필요가 있다. 이는 행동규범을 통해 공무원의 행동을 직접적으로 통제하는 방안이다. 행동규범은 오늘날 더욱 중요하게 고려된다. 이는 공직부패 등 공무원의 일탈행위를 직접 통제하는 방법으로서, 부패행위를 적발하고 처벌하는 것을 주요 목적으로 한다. 법·제도적 장치에 따른 공직윤리 강화방안은 상대적으로 강도가 세고, 즉각적인 효과를 얻을 수 있으며, 명확한 기준을 제시하여 경고성 효과도 줄 수 있다는 점에서 의의가 있다. 그러나 자발적인 공직윤리 강화방안이 아니기 때문에 근본적인 행동변화를 유도하기는 어렵다는 한계가 있고, 피동적인 통제장치 역할을 하는 데 그칠 수도 있다. 보다 구체적으로, 행동규범은 법적 강제력에 따라 구분되는 데 법적 강제력이 없는 행동규범(자율적 규제)으로는 「공무원 헌장」, 「공무원헌장 실천강령」 등이 있으며 이는 강제적 수단이라기보다는 공무원에게 기대하는 행동규범을 실질적으로 내면화하는 수단이다(김렬, 2016: 405). 반면에 법적 강제력이 있는 행동규범(법률)은 다음과 같다.

첫째, 「국가공무원법」으로서 이는 국가공무원의 신분 그리고 직무에 관한 행동규범으로 분류된다. 전자는 공무원이 전체 국민의 봉사자라는 관점을 강조하고 있으며 일반국민과의 차이에서 발생하는 공무원의 개인적 윤리를 강조하고 있는 반면에, 후자는 직무의 공공성에 기대되는 규범을 강조하고 있으며 공무원이 민간부문 직장인과는 다르다는 점을 부각하는 공무원 직업윤리를 강조하고 있다. 보다 구체적으로 살펴보면, 신분상의 행동규범으로는 선서의무, 영예·증여의 제한, 품위유지의 의무, 영리업무·겸직 금지, 정치운동의 금지, 집단행위의 금지 등이 있다. 반면에 직무상의 행동규범으로는 성실의 의무, 복종의 의무, 직장이탈 금지의 의무, 친절·공정의 의무, 종교중립의 의무, 비밀엄수의 의무, 청렴의 의무 등이 있다(김렬, 2016: 407-414).

둘째, 「공직자윤리법」에 의한 행동규범이 있다. 해당 법의 목적은 어떤 상태나 행위가 공무원의 비윤리적 목적으로 연결될 가능성을 '사전'에 차단하기 위한 것이다. 「공직자윤리법」의 주요 내용으로는 공무원의 재산등록규정, 선물신고규정, 퇴직공직자의 취업제한규정 등이 있다(박천오 외, 2016: 470).[32], [33] 보다 구체적으로, 공직자 재산등록규정은 공직자 부패예방의 목적으로 "공직자의 재산을 관련 기관에 등록하게 하여 심사하고, 그 내용을 공개할 수 있게 하는 제도"이다(백종섭 외, 2018: 270). 이와 함께 퇴직공직자 취업제한은 "공직자가 퇴직 후 민간 사기업체로의 취업을 목적으로 재직 중 특정업체에 특혜를 부여한다거나 또는 취업한 민간 사기업체를 위해 퇴직이후에 퇴직 전 자신이 소속했던 부서에 대해 부당한 영향력을 행사하는 것을 사전에 방지하는 제도"이다(박천오 외, 2016: 488). 세월호 참사 이후 관피아 문제를 해결하기 위하여 취업 대상 기관을 영리기업뿐만 아니라 공직유관단체와 비영리 분야까지 확대하였으며, 재산등록 의무자였던 퇴직공직자가 '퇴직 전 5년 동안 소속하였던 부서(고위공직자는 소속기관)와 취업예정기관 간의 밀접한 업무관련성(예: 제정보조, 인·허가, 검사·감사, 조세부과, 계약, 감독, 사건수사 등)'이 있는 경우 퇴직 후 3년간 재취업이 제한되도록 하였다(인사혁신처, 2023c).[34] 더 나아가 개정된 「공직자윤리법」에서는 국민안전·방산·사학 분야의 경우 업체 규모와 관계없이 취업심사대상기관이 되어 퇴직공직자에 대한 취업제한이 한층 강화되었다(인사혁신처, 2019). 또한 퇴직공직자가 재직자에게 직무 관련 청탁·알선을 한 사실을 알게 된 사람은 누구든지 신고할 수 있도록 하였다. 퇴직공직자의 취업제한을 강화하는 이유는 퇴직공직자가 유관단체로 재취업될 때 정부업무에 부정한 외압을 행사할 수 있어 그 결과로 공정한 업무집행이 어려울 수 있으며, 전임 상급자에 대한 전

---

32) 이러한 측면에서 이해충돌방지와 관련된 법률이라고 할 수 있다.

33) 최근 들어 「공직자윤리법」과 시행령을 개정하여 공직자 윤리를 더욱 강화하고 있다. 특히 기존 기관별 공직자윤리위원회에서 관보 또는 공보를 통해 개별적으로 이뤄지던 재산공개 내역을 2024년부터는 '공직윤리시스템(www.peti.go.kr)'에서 일괄 제공하여 국민의 알권리를 증진하도록 하였다. 그리고 재산등록 항목에 '가상자산'을 추가하여 재산공개대상자들은 가상자산 거래내용 신고를 의무화하고 이를 공개하도록 하였다(인사혁신처, 2023b).

34) 취업심사 대상기관 등 보다 구체적인 사항은 아래 인사혁신처 홈페이지를 참조하기 바란다.
https://www.mpm.go.kr/mpm/info/infoEthics/BizEthics04/

관예우가 작용할 수 있기 때문이다. 그럼에도 퇴직공직자 취업제한제도는 개인의 직업 선택권 자유를 침해할 수 있으며, 국가인재 활용 차원에서도 퇴직공무원의 경험과 전문 역량을 활용하지 못하는 것이 사회적 낭비가 될 수 있다는 측면이 지적된다. 이전보다 개선이 되기는 하였지만 여전히 공직자윤리위원회에서 취업승인이 이루어진다는 점에서 현실적인 한계도 존재한다(박천오 외, 2016: 489).

셋째, 「부패방지 및 국민권익위원회의 설치와 운영에 관한 법률」(일명 부패방지 및 권익위법)은 공직자나 공공기관과 관련된 부패행위를 방지하기 위한 법률이다. 구체적으로는 공직자의 청렴의무 및 업무상 비밀이용 금지, 공직자의 비밀누설 금지 및 부패행위 신고의무, 공직자 행동강령의 제정 및 준수, 비위면직자 취업제한 등이 포함되어 있다(김렬, 2016: 418-419). 특히 공직자의 내부고발자 보호(공익신고자 보호)에 대한 법적 근거를 마련하였다는 데 중요한 의의가 있다.[35] 같은 맥락에서 「공익신고자 보호법」을 살펴볼 필요가 있다. 이는 "공익을 침해하는 행위를 신고한 사람 등을 보호하고 지원함으로써 국민생활의 안정과 투명하고 깨끗한 사회풍토의 확립에 이바지함을 목적"으로 제정되었다(국가법령정보센터, 2023c).[36]

넷째, 「부정청탁 및 금품등 수수의 금지에 관한 법률」(일명 청탁금지법 혹은 김영란법)은 "공공부문의 부패로 인해 정부신뢰가 저하되고 대외신인도가 하락될 우려를 방지하고, 기존 부패방지 관련 법률(「형법」, 「공직자윤리법」 등)의 한계를 보완하며, 부정청탁 및 금품등 수수 금지를 위한 종합적인 통제장치 법제화를 위해 제정된 법률"이다(국민권익위원회, 2016). 이 법은 2012년 김영란 전 국민권익위원회 위원장에 의해 제안된 후 2015년 3월 국회를 통과했으며, 1년 6개월 동안의 유예기간을 거친 후 2016년 9월에 시행되었다(백종섭 외, 2018: 274). 주요 내용은 공직자들의 공정한 직무수행을 위해서 누구든지 직접 또는 제3자를 통해 부정청탁을 할 수 없도록 엄격히 금지하며, 동일인으로부터 직무 관련 여부 및 명목에 관계없이 1회 100만 원 또는 매 회계연도 300만 원을 초과하는 금품을 수수하는 경우 형사처벌하거나, 100만 원이하 금품수수에 대해서는 직무와 관련한 금품수수 시 과태료를 부과할 수 있도록 하였다(국가법령정보센터, 2023d; 김

---

35) 내부고발자 보호와 관련된 내용은 후술한다.
36) '공익침해행위'란 국민의 건강과 안전, 환경, 소비자의 이익, 공정한 경쟁 및 이에 준하는 공공의 이익을 침해하는 행위이다.

정인, 2018: 679).

(4) 내부고발 및 내부고발자 보호

내부고발은 "조직의 내부구성원이 조직에서 자행되는 부정부패 및 불법행위, 예산 낭비, 공공의 안전과 건강을 위협하는 요소 등을 시정할 목적으로 외부에 알리는 행위"를 말한다(국민권익위원회, 2013: 11). 최근 들어 내부고발제도가 중요하게 고려되는 이유는 다음과 같다(국민권익위원회, 2013: 8-10; 김정인, 2018: 684-685). 첫째, 최근 범죄가 은밀화, 구조화, 지능화되면서 적발이 더욱 어려워져, 내부문제를 잘 아는 내부자의 정보제공이 매우 중요해졌다. 둘째, 부패 및 공익침해에 대한 통제가 용이하며 조직 내 기존 자원을 활용할 수 있다는 점에서 비용절감의 효과가 있다. 셋째, 내부고발제도는 수직적·강제적 통제방안이 아니라, 수평적·자율적 참여를 통한 통제방안으로서 보다 효율적으로 운영될 수 있다. 넷째, 내부고발제도는 국민의 접근성이 낮은 공공기관 내부 정보 및 문제점을 외부에 적극적으로 알리는 기능을 하기 때문에 국민의 알권리를 충족시키는 데 기여할 수 있다. 다섯째, 내부고발은 다수의 눈에 의한 상시적 감시체제이며, 내부에서 상향적으로 통제하는 수단이기에 누구든지 참여할 수 있는 수단이 된다.

내부고발제도의 효과는 다음과 같다(이하 박천오 외, 2016: 485-486). 첫째, 내부고발은 미래 범죄 가능성이 높은 정보를 외부에 폭로하는 제도이기 때문에 미래의 비리를 사전적으로 예방하는 데 기여할 수 있다. 둘째, 조직 내부의 다양한 구성원 참여를 통해 시행되기 때문에 조직 내부의 민주화에 기여한다. 셋째, 국민의 봉사자와 공익 추구자로서 역할을 제고할 수 있다. 넷째, 국민의 알권리를 충족시켜 주며, 정부의 관리·감독 비용을 줄여 준다. 그럼에도 불구하고 내부고발제도는 다음과 같은 한계가 있다. 첫째, 내부고발을 고자질 또는 밀고와 같이 부정적으로 인식할 수 있다. 둘째, 조직이나 동료의 배반자라는 낙인을 찍을 수 있다. 셋째, 내부고발자 확산은 조직 내 계서제적 질서를 파괴하는 요인이 될 수 있다. 넷째, 내부고발 활성화는 공직 내부 구성원들의 사기를 저해할 수 있다.

이러한 한계점에도 불구하고 내부고발은 필요하며 지속적으로 발전해 나아가야 한다. 특히 한국과 같이 온정주의, 연고주의, 집단주의 등의 폐해가 있는 국가에서는 내부고발의 긍정적 효과가 더욱 크게 나타난다고 할 수 있다(김정인, 2018: 685). 따라서 내부고발제도의 발전을 위해 소극적으로는 내부고발자보호제도가 체계적이고 실효성 있게 마련되어야 하며, 적극적으로는 내부고발을 활성화시킬 유인체계(예: 포상금 증액지급)를 강화할 필요가 있다.

특히 내부고발자보호제도가 안정적으로 마련될 필요가 있다. 내부고발자보호제도 는 "공무원이 조직 내부에서 부정부패 및 불법적인 행위를 목격하고 이를 시정할 목적 으로 상부에 보고하거나 관련 기관에 신고한 것에 대해 보복이나 어떠한 불리한 대우도 받지 않도록 신분을 보호하는 제도"이다(박천오 외, 2016: 486). 이는 조직 스스로가 윤리 성 제고를 위해 노력하고 있음을 보여 주는 제도이며, 동시에 내부고발로 인해 발생할 수 있는 부정적 효과를 법적 구제장치를 통해 보상받을 수 있다는 것을 내부고발자들에 게 알려 주는 제도이다(김호섭, 2019: 259). 내부고발자보호제도의 대표적인 예로는 내부 고발자 신분보장, 비밀보장, 신변보호, 신고자 책임감면 등이 있다. 이밖에도 내부고발 장려제도도 고려할 필요가 있다. 이는 내부고발자에 대한 보상 및 포상 등의 유인을 제 공하는 방안이다. 특히 부패 제보를 통해 예산낭비 및 행정의 비효율성을 줄여 주는 내 부고발자에게는 적극적으로 보상하는 방안도 있다. 이러한 노력들을 통해 내부고발제도 가 더욱 긍정적인 방향으로 운영될 수 있을 것이다.

(5) 이해충돌방지(회피) 의무 제도화

최근 공직윤리를 증진시키기 위한 방안으로 공직자의 이해충돌(conflict of interest) 행위 방지가 중요하게 고려된다(박흥식, 2016). 국민과 공직자의 관계는 주인−대리인 관 계이다. 신탁관계에서 피신탁자인 공직자의 윤리성이 어느 정도 확보되는가에 따라 국 민의 정부에 대한 신뢰가 결정된다. 그러나 최근 들어 거버넌스 개념이 확산됨에 따라 정부, 기업, 시민사회의 경계가 점차 모호해지고, 이에 따라 공직자의 공익수호 의무와 사익 간 충돌 가능성은 더욱 증대되어 공직자의 이해충돌이 공직윤리에 있어서 매우 중 요한 주제가 되었다(박흥식, 2008: 239).

이해충돌은 "공직자들에게 공적으로 부여된 직무수행상의 의무와 사인으로서의 개 인 이익, 즉 사적 이해 사이의 충돌"을 의미한다(이종수 외, 2014: 128). 보다 구체적으로, 이해충돌은 그 특징에 따라 실제적(actual), 외견상(apparent), 잠재적(potential) 이해충돌 로 분류할 수 있다(OECD, 2003: 24−25). 첫째, 실제적 이해충돌은 시점을 기준으로 현재 혹은 과거부터 이해충돌이 존재한 상황에 관한 것이며, 둘째, 외견상 이해충돌은 공직자의 사익이 부당하게 업무에 영향을 미치는 것같이 보이지만 실제로는 그렇지 않은 경우에 관한 것이다. 잠재적 이해충돌은 아직 발생하지는 않았지만 공직자가 사익추구 시 발생할 가능성이 있는 이해충돌에 관한 것이다.

공직자의 이해충돌 행위와 부패는 공통점과 차이점을 동시에 지닌다. 이해충돌 역시 공익보다 사익을 우선한다는 측면에서 부패와 공통점을 지니나, 이해충돌 행위는 부패가 실제 발생하기 이전의 윤리적 갈등상황에 초점을 맞춘다는 점에서 차이가 있다. 부패는 공직자의 사익추구로 공익이 이미 손상된 상황이지만, 이해충돌은 공직자가 사익추구를 위해 공직을 이용할 기회를 가지는 잠재적 갈등상황인 것이다(박흥식, 2008: 243).

따라서 공직자의 이해충돌 행위가 공직부패로 직결되는 것은 아니지만, 이해충돌 행위로 인해 부패 가능성이 증가할 수 있어 이러한 가능성을 사전에 차단하는 예방적 차원의 부패방지책으로 이해충돌방지 의무의 제도화가 필요한 것이다. 즉, 이해충돌방지 의무의 법제화는 "행위의 고의성, 자의성, 결과에 대한 판단을 처음부터 배제하는 것"을 의미한다(이종수 외, 2014: 129). 이해충돌방지 의무가 법제화되면 보다 강력하게 예방적이고, 사전적으로 공직자의 사익추구 행위를 통제할 수 있어 장기적 관점의 부패 예방이라는 측면에서 행정의 효율성을 높일 수 있다. 또한 대리인인 공직자가 주인인 국민들의 신뢰 속에 신탁관계를 유지할 수 있다는 측면에서 행정의 민주성 신장에 기여할 수 있고, 공직 청렴성을 증진시킬 수 있다는 점에서 중요한 의의가 있다(김정인, 2018: 687).

이해충돌방지 전략으로 주인 입장의 적극적 이해충돌 회피 방안과 대리인 입장의 소극적 이해충돌 회피 방안이 있다(이하 이종수 외, 2022: 549). 전자는 이해충돌이 발생할 가능성이 높은 경우 대리인 관계를 철회하거나 대리인의 직무를 변경하여 처음부터 이해충돌 가능성이 발생하지 않도록 하는 방안이다. 후자는 이해충돌 여지가 있는 대리인의 재산이나 주식을 처분 또는 백지신탁하는 방안이다. 공직자의 효과적인 이해충돌방지를 위해서는 이해충돌 회피 법제화 시 적극적 회피와 소극적 회피 모두 활용하는 방안을 검토해야 한다.

한국에서 이해충돌과 관련된 법률로는 2022년부터 시행된 「공직자의 이해충돌방지법」이 있다(주요 내용은 <표 10-6> 참조).37), 38), 39) 이 법률의 제정 의의는 다음과 같다(이하 김형진·박영원, 2021). 이전에 선언적으로 규정되었던 공직자의 이해충돌방지 의무를 명문화하여 법적 구속력을 강화하였고, 이를 통해 공직자들 스스로가 이해충돌 상황을 확인하여 신고하도록 하여 직무 공정성을 증진시켰다. 또한 이해충돌 상황에 있는 공직자를 처음부터 직무로부터 배제하거나 일부 직무행위를 제한함으로써 원천적으로 직무 관련 부정이 발생하지 않도록 하였다. 향후 효과적인 「공직자의 이해충돌방지법」의 정착을 위해서는 중복되는 기존 이해충돌관련 법령(예: 「공직자윤리법」)40) 내용들을 정비하고, 공직자들이 이해충돌 관련 내용을 학습하여 내재화할 수 있도록 하며, 기관별 업무 성격을 고려한 업무처리 지침을 구체적으로 마련할 필요가 있다.

---

37) 동법의 목적은 공직자의 직무수행과 관련한 사적 이익추구를 금지함으로써 공직자의 직무수행 중 발생할 수 있는 이해충돌을 방지하여 공정한 직무수행을 보장하고 공공기관에 대한 국민의 신뢰를 확보하는 것이다(국가법령정보센터, 2023e).

38) 한국에서는 「공직자의 이해충돌방지법」 제정에 오랜 시간이 걸렸는데, 국민권익위원회가 2013년 이후 지속적으로 '공직자의 이해충돌방지법안'을 발의하였지만 19대와 20대 국회에서는 본회의 문턱도 넘지 못하고 폐기되었다. 이후 21대 국회에 들어서야(2021년 4월 29일) 「공직자의 이해충돌방지법」이 본회의를 통과하였다. 동법이 통과된 계기는 2021년 3월 2일 참여연대와 민주사회를 위한 변호사 모임이 한국토지주택공사(LH) 직원들의 3기 신도시(시흥·광명 등) 땅 투기 의혹을 폭로하면서이다(김정인, 2021: 75).

39) 이에 반해 미국에서는 미국 연방법 제18편(United State Code Title 18) 중 일부 절(Section)에 해당 내용이 제시되어 있다[예: 부당한 보수금지(§203), 공직자의 재직 중 활동제한(§205), 공직자의 퇴임 후 활동제한(§207), 재산상의 이익금지(§208), 외부 급여금지(§209) 등]. 또 다른 법률로는 「정부윤리법」(Ethics in Government Act of 1978)이 있다. 이에 의하면 연방정부 공직자의 재산공개, 전직 공무원의 로비활동 금지, 공직자 이해충돌 행위와 재산신고 및 공개를 전담하는 정부윤리청(Office of Government Ethics) 신설 등을 규정하고 있다(박흥식, 2008: 245). 그리고 공직자의 이해충돌방지를 위해 「뇌물 및 이해충돌에 관한 법률」(Bribery and Conflict of Interest Act of 1962)과 '백지신탁제도(Blind Trust)'도 운영하고 있다(김정인, 2021).

40) 「공직자윤리법」 제2조의2(이해충돌방지 의무)에 의하면, '공직자는 자신이 수행하는 직무가 자신의 재산상 이해와 관련되어 공정한 직무수행이 어려운 상황이 일어나지 아니하도록 직무수행의 적정성을 확보하여 공익을 우선으로 성실하게 직무를 수행하여야 한다', '공직자는 공직을 이용하여 사적 이익을 추구하거나 개인이나 기관·단체에 부정한 특혜를 주어서는 아니 되며, 재직 중 취득한 정보를 부당하게 사적으로 이용하거나 타인으로 하여금 부당하게 사용하게 하여서는 아니 된다'라고 규정하고 있다(국가법령정보센터, 2023f).

| 표 10-6 | 「공직자의 이해충돌 방지법」의 주요 내용 | |

구분		주요 내용	벌칙·기타

이해
충돌
상황
신고
의무
	사적 이해관계자
	신고
		• 직무관련자가 사적 이해관계자인 경우
		  신고 및 회피·기피
		• 16개 유형 대상직무 규정
			• 직무일시중지, 대리자
			  지정, 직무재배정, 전보
			• 예외적 계속 수행 가능
			• 2천만 원 이하 과태료

	부동산 보유·
	매수 신고
		• 부동산 직접 취급기관: 소속기관 업무
		  관련 부동산 보유·매수 시
		• 그 외 기관: 소속기관이 부동산 개발
		  업무를 하는 경우 그 부동산 보유·
		  매수 시	

	직무관련자와
	거래신고
		• 공직자 등이 직무관련자와 제한되는
		  유형의 거래를 하는 경우 신고
		• 금전대차, 유가증권·부동산 거래,
		  물품 계약 체결 등	

	민간부문 업무활동 내역 제출	• 고위공직자는 임용되기 3년 이내 민간부문 활동 내역 제출	• 활동내역 공개 가능 • 1천만 원 이하 과태료

	퇴직자 사적 접촉
	신고
		• 퇴직 후 2년 지나지 않은 직무관련자와
		  골프, 여행, 사행성 오락을 함께 하는
		  경우 신고
			• 1천만 원 이하 과태료

부정·
불공정
우려
행위
제한
	직무 관련 외부활동
	제한
		• 직무관련자에게 사적 노무·조언·
		  자문 제공 후 대가 수수 금지
		• 소속기관의 상대방 대리·조언·자문·
		  정보제공 금지
		• 직무 관련 다른 직위 취임 금지
			• 2천만 원 이하 과태료

	가족 채용제한	• 공공기관(산하기관·자회사)은 소속
		  고위공직자, 채용업무 담당자, 감독기관
		  고위공직자의 가족 채용 금지
			• 공개경쟁채용 시험 등
			  예외
			• 3천만 원 이하 과태료

	수의계약 체결 제한	• 공공기관(산하기관·자회사)은 소속
		  고위공직자, 계약업무 담당자, 감독기관
		  고위공직자 및 그 배우자·직계존비속
		  등과 수의계약 체결 금지
			• 물품생산자가 1명뿐인
			  경우 등 예외
			• 3천만 원 이하 과태료

직무 유관 사항 사적 유용 금지	공공기관 물품 사적사용· 수익 금지	• 공공기관의 물품 등 사적 용도사용· 수익 금지	• 2천만 원 이하 과태료

	직무상 비밀 등
	이용 금지
		• 직무상 비밀·소속기관의 미공개 정보를
		  이용한 재물·재산상 이익취득 금지,
		  사적이익을 위한 이용 금지
			• 형사벌
			• 몰수·추징

출처: 김형진·박영원(2021: 3).

ChatGPT와 함께 하는 10장의 주요 개념 정리

1. 고위공무원단제도(Senior Executive Service, SES)의 장단점

- SES(Senior Executive Service)는 정치적 임명에 기반하지 않는 관리, 감독 및 정책 직위를 포함하는 미국 연방정부의 인사 시스템
- 모든 조직구조와 마찬가지로 SES의 효율성은 SES가 얼마나 잘 관리되는지, 조직 목표와 일치하는지 등에 따라 달라짐
- 안정성과 적응성의 균형을 맞추고 책임성과 투명성 문제를 해결하는 것은 SES의 지속적인 과제임

장점	단점
• 전문 지식 및 경험: 고위공무원은 일반적으로 해당 분야의 전문 지식과 경험을 바탕으로 선발됨. 이를 통해 해당 직책에 있는 개인이 자신의 역할에 풍부한 지식을 가져올 수 있음 • 안정성과 연속성: 고위공무원은 정치 행정의 변화에 관계없이 자신의 역할을 수행하므로 리더십의 안정성과 연속성을 제공할 수 있음. 이는 일관되고 장기적인 정책 계획 및 실행에 기여할 수 있음 • 역량기반 선택: 고위공무원은 정치적 성향보다는 자격과 업적을 기준으로 선발되는 역량기반 시스템으로 설계. 이를 통해 고도로 숙련되고 전문적인 인력을 확보할 수 있음 • 적응성: 고위공무원은 다양한 기관에서 역할을 수행하며 리더십을 발휘할 수 있을 것으로 기대됨. 이러한 적응성은 다양한 상황에서 효과적인 리더십에 기여할 수 있음 • 전문성 개발: 고위공무원은 경력 전반에 걸쳐 기술과 지식을 지속적으로 향상할 수 있도록 지속적인 전문성 개발을 장려함	• 관료적 경직성: 고위공무원단 구조는 여느 대규모 관료주의와 마찬가지로 관료적 비효율성과 경직성에 영향을 받을 수 있어 변화하는 상황에 신속하게 대응하는 것이 어려울 수 있음 • 제한된 책임: 고위공무원은 선출직이 아니며, 그들의 직위는 선출된 공무원과 동일한 수준의 공개 조사를 받지 않기 때문에 책임과 투명성에 대한 우려가 있을 수 있음 • 정착 가능성: 고위공무원이 해당 직위에 정착할 경우 새로운 인재가 리더십 역할을 맡을 기회가 잠재적으로 제한될 수 있음 • 복잡한 평가 프로세스: 고위공무원에 대한 평가 및 성과 평가 프로세스는 복잡하고 주관적일 수 있으며 잠재적으로 개인 평가 방식에 차이가 발생할 수 있음 • 인지된 혁신 부족: 어떤 경우에는 고위공무원이 변화와 혁신에 저항한다는 비판을 받을 수도 있음. 안정성과 연속성에 초점을 맞추면 새로운 아이디어와 접근 방식의 채택이 감소할 수 있음

출처: ChatGPT(2023). 'What is the pros and cons of senior executive service?' 질문으로 검색한 내용 저자 번역(구글 번역기 사용)·정리.

2. 공무원의 정치적 중립과 공직윤리 관계

- 공무원의 정치적 중립과 공직윤리는 밀접한 관련이 있는 개념이며, 이 두 가지는 효율적이고 투명한 정부 운영을 위해 중요한 역할을 함
- 정치적 중립과 공직윤리는 함께 작용하여 공무원이 정치적 영향에서 벗어나 투명하고 도덕적으로 행동하도록 보장함
- 이는 국가의 안정성과 시민들의 신뢰를 구축하는 데 기여함

구분	정치적 중립	공직윤리
정치적 중립과 공직윤리의 상호보완성	• 공무원은 정치적 영향을 받지 않고 자신의 직무를 수행해야 함 • 이는 정부의 안정성과 민주주의의 핵심가치를 보장하기 위해 중요	• 공직윤리는 공무원이 도덕적이고 윤리적인 행동을 유지하도록 하는 원칙과 규범을 의미함 • 이는 공무원이 정치적 중립을 유지하면서도 도덕적으로 투명하게 행동하도록 도와줌
신뢰 구축	• 공무원이 정치적으로 중립적이면 국민은 그들에게 믿음을 갖고, 정부의 결정에 대한 신뢰가 높아질 수 있음	• 공무원이 윤리적으로 행동하면 국민은 정부의 공정성과 투명성에 대한 더 큰 신뢰를 가질 것임
투명성과 책임성 강화	• 정치적 중립은 정부의 의사결정이 정치적 영향을 받지 않고 이루어져야 함을 강조하며, 이는 투명성을 높일 수 있음	• 공직윤리는 투명성과 책임성을 강조하며, 공무원이 도덕적인 행동을 통해 사회적 책임을 다할 수 있도록 도움
법적 규제와 교육의 필요성	• 법적으로 정치적 중립을 보장하기 위한 규제와 제도가 필요하며, 이를 통해 공무원들은 정치적 중립을 유지할 수 있음	• 공직윤리는 법적 규제와 함께 교육을 통해 강화되어야 함 • 공무원들은 윤리적인 행동에 대한 교육을 받고 도덕적인 기준을 이해해야 함

출처: ChatGPT(2023). '공무원의 정치적 중립과 공직윤리는 어떤 관계에 있는가?' 질문으로 검색한 내용을 저자 정리.

행정사례 연습

■ 공무원의 정치적 중립성 사례

공무원의 사명

　다리를 건설하기 위하여 가장 건실한 기업체를 선정하여 일정한 예산으로 최상의 효과를 얻고자 하는데, 상관이 지역의 일자리창출 등 경제활성화를 위하여 지역 내의 영세건설업체에게 맡기려고 한다. 영세업체에게 맡기면 건설된 다리의 품질이 크게 나빠질 것이라고 전문가들이 판단한다. 다리의 품질이라는 효과와 지역경제 활성화라는 효과가 충돌하는 경우이다. 그런데 상관이 선거에서 당선된 시장으로서 지역경제 활성화라는 공약사업을 추진하는 경우이면, 상관의 명령에 따르는 것이 대의제적 민주성을 지키는 일이고, 상관의 명령에 복종해야 한다는 관리적 의무도 지키는 경우이다. 그러나 사실이 다음과 같다고 가정해보자. 그 영세업체가 시장의 선거를 도와주었고, 업체 주소는 지역 내에 두었지만, 업체사장은 인근 대도시에서 생활하면서 채용될 인력도 지역 내에 거주하는 근로자는 한 두 사람이고 전부 대도시에서 동원된다. 그래서 지역경제 활성화에 별로 도움이 되지 않는다고 가정해보자. 즉 영세업체에게 맡기면, 다리품질의 악화(minus 효과)가 경제 활성화 효과보다 훨씬 큰 경우이다. 그런데도 시장은 영세업체에게 맡기면 지역경제 활성화에 크게 도움이 된다고 억지주장을 한다. 이 경우에 시장 주장의 타당성을 판단하기 위해서는 영세업체의 실체에 대한 숨겨진 사실을 정확히 밝혀야 한다. 사실이 밝혀지면 시장의 주장이 공익을 손상시키는 것이 확실해진다. 효과와 비용에 관한 정확한 사실파악이 공익판단에 결정적임을 알 수 있다. 전문성을 기반으로 한 정확하고 객관적인 사실판단이 공무원이 담당해야만 하는 공익수호를 위한 1차적이고 가장 중요한 임무이다. 이 측면은 너무나 중요하지만, 또한 너무 명백하므로 이론적으로 더 검토할 필요가 없다. 그런데 이러한 경우는 의외로 흔하게 나타난다. 선거 때마다 공약이 홍수처럼 쏟아지고, 각 정당은 득표를 위하여 공약의 효과는 부풀리고 희생이나 비용은 숨기거나 최소화하기 때문이다. 사실을 밝혀내면 공익을 증진하기보다 손상시키는 경우가 허다하다.

출처: 정정길(2022).

■ 사례의 의의

본 사례는 정책의 대의제적 민주성과 행정의 정치적 중립성의 문제를 다룬 학술논문의 내용 중 일부를 발췌한 것이다. 해당 논문에서는 "정책의 공익성을 증진시키기 위해서는 분야의 전문성을 지닌 행정이 결정적인 역할을 해야 한다. 그리고 집정부에서 제시하는 정책대안내용 (비용과 효과와 실현가능성 등)을 평가하고 공익의 훼손여부를 판단하는 일도 행정이 핵심적인 역할을 한다. 물론 행정이 공익수호를 위해서 나서려면, 집정부 정책의 민주성 정도와 공익의 훼손 정도를 비교 형량하여 행정의 태도를 결정해야 한다."라고 주장한다(정정길, 2022: 17-18). 그리고 동시에 "공무원이 공익수호를 위한 역할을 할 수 있을까? 사실판단이나 임계점 판단을 위한 전문성을 지니고 집정부와 맞섰을 때 국민들이 지지할 정도의 신뢰를 받을 수 있는가?"라는 질문에 대해 공무원의 정치적 중립과 공익수호 역할을 강조한다(정정길, 2022: 33). 그러나 안타까운 현실은 공무원의 공익수호 능력과 역량이 여전히 부족한 측면이 있어 공무원의 정치적 중립에 부정적인 영향을 미칠 수 있다는 점이다.

제11장

인사관리

본 장에서는 인사행정 기능에 따른 공무원 인적자원관리 방안에는 어떤 것들이 있는지 살펴본다. 더 좋은 행정서비스를 국민에게 효과적으로 제공하기 위하여 유능한 공무원을 어떻게 선발, 개발, 유지·활용, 평가, 보상할 수 있는가에 대해 논의한다.

1. 인사관리의 의의와 인적자원 확보
2. 인적자원의 내부관리

제11장

인사관리

핵심 학습사항

1. 전략적 인적자원관리는 무엇인가?
2. 인적자원 확보의 의의는 무엇인가?
3. 임용의 유형에는 어떤 것이 있는가?
4. 공개경쟁채용과 경력경쟁채용의 차이는 무엇인가?
5. 개방형 임용제의 장단점은 무엇인가?
6. 공무원 교육훈련 및 역량개발의 필요성은 무엇인가?
7. 우리나라 공무원 교육훈련의 문제점은 무엇인가?
8. 경력개발제도의 의의는 무엇인가?
9. 한국의 공무원 순환보직제도의 문제점과 바람직한 보직관리 방안은 무엇인가?
10. 근무성적평정제도의 방법과 평가 시 발생할 수 있는 오류에는 어떤 것이 있는가?
11. 보수유형의 기준과 종류는 무엇인가?
12. 직무급과 성과급의 장단점은 무엇인가?

1. 인사관리[1)]의 의의와 인적자원 확보

1) 인사관리 체계: 전략적 인적자원관리

앞서 제10장에서 언급했듯이 인사관리는 실적제, 직업공무원제, 공직분류제도 등

---

1) '인사관리', '인력관리', '인적자원관리', '인적자본관리' 등 유사 개념으로 사용되는 다양한 용어들이 있다. 이러한 용어들 가운데 본서에서는 '인사관리'라는 용어를 주로 사용하고자 한다. 그 이유는 '인력'이나 '인적자원'이라는 용어가 다소 개인에게 초점을 두고 있는 반면, '인사'는 개인 및 개인과 관련된 사항 전반

인사제도를 기반으로 하여 이루어진다. 예를 들어, 오랫동안 계급제 전통을 이어 온 한국이나 일본 등의 국가들은 직업공무원제를 기반으로 하면서, 폐쇄형 충원, 일반행정가양성, 순환보직, 연공서열에 의한 평가와 보상 시스템을 주로 운영하고 있다. 그러나 최근 인사행정의 환경변화로 우리나라를 포함한 여러 다른 국가의 인사제도에도 직위분류제적 요소가 일부 도입되면서 개방형 임용제도의 확산, 전문성 우위의 보직관리 확대, 전문직 공무원의 채용, 성과와 직무를 기반으로 한 평가와 보상 시스템의 도입 등과 같이 인사관리 전반에 변화가 일어나고 있다. 이러한 현상은 단순히 계급제를 채택한 국가에서만 나타나는 것은 아니다. 제10장에서도 설명한 바와 같이 미국과 같은 직위분류제 도입 국가에서는 오히려 계급제적 요소를 도입하면서 직위분류제와 계급제의 상호보완 체제를 형성하고 있다.

따라서 본서에서는 공공부문, 특히 정부조직의 인사관리를 인사행정의 기능적 활동에 따라 논의한다(이종열 외, 2023). 인사행정의 기능은 인적자원의 확보, 인적자원의 개발, 인적자원의 유지·활용, 인적자원의 평가, 인적자원의 보상과 같은 다섯 단계로 구분할 수 있다.[2] 그러나 이러한 인사행정 기능에 따른 인사관리 분류는 개별적으로 분리되어 있다기보다 통합적으로 연계되어 있다.[3] 특히 현대 인사행정에서 전략적 인적자원관리(Strategic Human Resource Management, SHRM)가 중요하게 부각되면서 인사관리를 조직의 전략관리와 연계해 논의하는 가운데, 인사행정의 기능들을 통합적으로 연계해 논의할 필요성이 더욱 커진 것이다. 그렇다면 전략적 인적자원관리란 무엇인가?

전략적 인적자원관리(SHRM)는 "조직의 궁극적 목표를 보다 더 효과적으로 달성하

에 초점을 둔 보다 포괄적 개념으로 이해될 수 있기 때문이다. 마찬가지로 '인적자원', '인재', '인력', '인적자본'과 같이 조직구성원을 칭하는 용어도 다양하게 사용되고 있다. 이들 용어에 있어서는 중요하게 고려하는 초점이 다소 상이하나[예: 인적자원은 조직구성원을 자원으로 인식함, 인재는 조직구성원의 타고난 재능(talent)을 부각하는 측면이 있음, 인력은 조직구성원의 노동력을 강조하는 측면이 있음 등], 본서에서는 이들 네 가지 용어를 혼용하도록 한다.

2) 이러한 인사기능은 민간부문(기업)에도 동일하게 적용된다. 최근 더욱 심각해진 고령화 현상에 의해 퇴직 후에도 또다시 직업을 갖게 되는 경우가 많아지면서 인사관리에 '퇴직관리'를 포함시키는 경우도 늘어나고 있다(예: 이창길, 2019).

3) 오늘날에는 효과적이고 통합적인 전략적 인적자원관리를 위해 인사관리의 디지털화가 필요하다. 정부는 「디지털인사관리규정」을 제정하여 2024년부터 실행하기로 하였다. 이 규정의 목적은 "행정부 소속 국가 공무원의 인사관리를 과학화하기 위한 디지털기반 시스템을 구축·운영하는 등 인사관리의 전자화에 필요한 사항을 규정함"이다(국가법령정보센터, 2023a).

기 위해서 조직의 전략과 조직구성원의 욕구를 통합시키는 적극적인 인적자원관리 (prospective management of human resource)를 의미"한다(강성철 외, 2018: 29). 이는 1990 년대 이후 민간부문에서 먼저 활용되기 시작한 인적자원관리 방식이다(임창희, 2015). 전략적 인적자원관리는 1980년대 들어 글로벌 환경의 경쟁이 심화되고, 기업의 불확실성이 증가하며, 제품수명주기가 단축되고, 국가경제 전반의 경쟁력이 하락하는 등 심각한 경제적·사회적 문제가 발생하자 이를 극복하기 위해 민간부문에서 과거 전통적 인사관리와 차별되는 새로운 인적자원관리 방안으로 마련한 것이다(임창희, 2015: 493; 김정인, 2018: 113). 이러한 전략적 인적자원관리를 2000년대 이후 정부조직에서도 주요 인사관리 전략으로 도입하여 운영하고 있는 것이다.

　　<표 11-1>에 제시되어 있듯이 전략적 인적자원관리는 전통적 인사관리와 근본적인 차이가 있다. 전략적 인적자원관리의 특징은 다음과 같다(이하 강성철 외, 2018: 29-30). 첫째, 조직의 성공적인 목표달성을 위해 조직 내 인적자원을 매우 가치 있는 자산으로 인식하며, 인적자원에 대해 적극적인 투자를 함으로써 가치를 증대해야 한다고 주장한다. 둘째, 조직의 전략적 요구와 개인의 욕구를 모두 충족시킬 수 있는 방향으로 인적자원을 관리하고자 한다. 셋째, 전략적 인적자원관리의 근본적인 목적은 조직의 목표달성과 성과향상이기에 우수한 인재의 충원, 인재의 능력발전, 다양한 동기부여 요인 제공, 환경변화에 따른 인적자원의 신축적 관리[4] 등 모든 인적자원관리 활동을 조직목표 달성과 연계해 운영하고자 한다. 넷째, 전통적 인사관리는 인사관리상의 개별적 단계의 효율성만을 강조한 측면이 있다면, 전략적 인적자원관리는 조직의 미션, 비전, 전략을 중심으로 채용, 훈련, 보상 등 인사기능들이 상호 보완적으로 운영될 수 있도록 한다(임창희, 2015: 499). 이처럼 전략적 인적자원관리는 "조직의 미션·비전·전략을 중심으로 인사기능이 통합적으로 운영되는 시스템"이라 할 수 있다(김정인, 2018: 114). 그럼에도 전략적 인적자원관리에 대한 효과는 명확히 검증되지 않고 있으며, 전략적 인적자원관리를 유지하는 데 상당한 비용이 든다는 점에서 한계도 지니고 있다. 특히 관료제적 성격이 강한 정부조직에서 과연 전략적 인적자원관리를 적절하게 운영할 수 있을지 의문이 제기되기도 한다(김용철 외, 2022). 예를 들어, 정부조직의 충원은 합리적인 인사계

---

[4] 일례로 「공무원 임용령」을 개정하여 2024년부터는 과거 부처 내 필수보직기간 완화 대상 직무범위와 관련해 인사혁신처와 협의하는 제도를 폐지함으로써 부처 자율성을 강화하였다(인사혁신처, 2023a).

표 11-1 **전통적 인사관리와 전략적 인적자원관리 비교**

구분	전통적 인사관리	전략적 인적자원관리
분석 초점	개인의 심리적 측면	조직의 전략 및 성과와 인적자원관리 활동 연계
관점	미시적: 인적자원관리 기능 부분 최적화	거시적·통합적: 인적자원관리 기능 간 연계 및 수직적·수평적 통합을 통한 전체 최적화
범위	단기: 인사관리상의 단기적 문제 해결	장기: 조직의 전략수립에 관여 및 인적자원 육성
역할	통제 메커니즘	권한 부여 및 자율성 확대, 인적자원의 체계적 육성 및 개발
인사담당자 책임	스태프(인사부서 소속)	라인(현장의 책임자)
핵심기능	종업원관계관리(수직적)	내부·외부 고객과의 파트너(수평적)
인사부서 역할	거래적 리더, 수동적 변화 추종자	변혁적 리더, 변화주동자 역할
주도권	느림, 피동적, 반응적, 개별적	신속, 능동적, 주도적, 통합적
통제수단	관료적, 규정, 절차	유기적, 유연함
시간	단기적	중·장기적
직무설계	노동의 분업화, 전문화	팀, 교차기능, 집단
투자대상	제품, 자본	교육, 정보, 지식
권한과 책임	비용 감축(비용 센터)	가치 창출(투자 센터)

출처: 임창희(2015: 495); 김정인(2018: 113).

획에 의해 이루어지기 보다는 대통령의 국정철학 등 정치적 영향을 많이 받는 경향이 있어 정부조직에서 전략적 인적자원관리를 실천하기가 결코 쉽지는 않다.

전략적 인적자원관리에 있어서 가장 첫 번째 단계라고 볼 수 있는 것은 바로 조직 미션, 비전, 전략을 고려한 전략적 인적자원관리의 계획방향 및 목표설정이다. 본격적으로 인사관리를 시작하기에 앞서 인사관리의 목표를 설정하는 단계로 볼 수 있다. 조직의 미션과 비전 등을 고려하여 인사관리의 전략방향이 설정되면, 이를 바탕으로 인력진단을 하게 된다. 인력진단은 성공적인 인적자원계획 수립의 기초자료를 확보하기 위한 노력의 일환으로 "현재 상태의 조직 미션과 기능, 업무유형별 특성에 기준을 두고 조직 및 과업 목표달성에 필요한 업무수행의 효율화를 위한 인력재배치 기준을 수립하는 것을 포함한 인력운용의 효율화를 기하기 위한 총체적 활동"으로 정의된다(이홍민 외, 2009: 64; 김정인, 2018: 110). 다시 말해, 인력진단을 통해 현재 조직에서 수행 중인 업무에 투입된 인력, 부족한 인력, 업무의 중요도 등을 확인하게 되는 것이다. 인력진단 방법에는 ① 인적자원 수요예측 방법(현재 직위 수 대비 미래 인적자원 수요 변동 파악), ② 기존 인적자원의 공급예측 방법(현존하는 인적자원의 양과 질을 분석하여 총수요 및 기존 인적자원 공급 비교), ③ 인적자원의 순수요 예측 방법[현재와 미래 간 인력수요 갭(gap) 분석] 등이

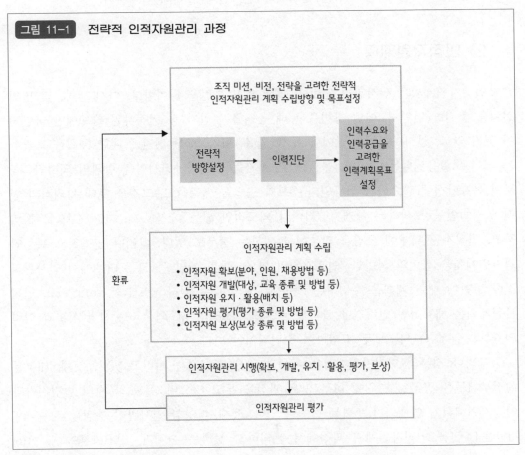

그림 11-1 전략적 인적자원관리 과정

출처: 저자 작성.

있다(강성철 외, 2018). 이처럼 인력진단을 통해 인력수요와 인력공급을 철저하게 분석하여 인적자원계획 목표를 설정하게 되는 것이다.

인적자원계획의 목표가 확정(예: 주력 분야 인력 강화 등)되면 본격적으로 인적자원관리 전반(인적자원 확보, 개발, 유지·활용, 평가, 보상)에 대한 구체적인 계획이 수립된다. 이러한 계획을 바탕으로 인적자원관리가 시행되며, 시행 후에는 평가를 통해 향후 인적자원관리 계획 수립방향 및 목표설정에 반영된다. 전략적 인적자원관리 과정 전반에 대해서는 [그림 11-1]을 통해 확인할 수 있다.

아래에서는 전략적 인적자원관리의 청사진이라고도 할 수 있는 인적자원계획에서부터 인사행정 기능 전반에 따른 본격적인 인사관리에 대해 살펴본다.

2) 인적자원계획

인적자원계획은 인사관리 전반에 대한 계획 수립을 의미한다. 다시 말해, 몇 명의 인력을 충원할 것인지, 어떤 방법을 통해 충원할 것인지 등 인적자원 확보에만 국한되어 있지 않고, 인적자원의 개발이나 유지·활용, 평가, 보상 전반에 대한 계획을 포괄하는 의미로 활용된다는 것이다. 물론 일부 학자들은 인적자원계획을 협의의 의미인 "정부의 목표달성에 필요한 인적자원의 수요와 공급을 예측하고, 그것을 토대로 최적의 인력 공급방안을 모색하는 미래지향적이며 의도적인 활동"(강성철 외, 2018: 33)으로 정의하고, 인적자원 확보에 초점을 맞추어 논의하는 경우도 있다. 그러나 일반적으로는 인적자원계획을 광의의 의미인 "인적자원의 확보, 관리, 개발 등 모든 단계에서 인사관리 전반 방안에 대한 계획을 수립하는 것"으로 정의할 수 있다(백종섭 외, 2018: 146). 인적자원계획은 체계적인 인력진단 결과를 바탕으로 조직의 내·외부 노동시장 상황과 인력의 양적·질적 측면을 모두 고려하여 수립되어야 한다.

그러나 정부의 인적자원계획은 다음과 같은 한계점을 지니고 있다. 첫째, 대부분 행정부처들은 공무원 충원에 너무 많은 관심을 두고 있으며, 둘째, 부처의 발전전략과 인적자원계획이 연계되지 못하는 측면이 있다. 셋째, 다양한 인사관리 쟁점들(예: 공무원 정년연장 등)을 인적자원계획 과정에서 논의하지 못하는 한계가 있다(박천오 외, 2016: 199). 이러한 한계를 극복하기 위해서는 보다 과학적이고 체계적인 인적자원계획 수립

방안을 모색할 필요가 있을 것이다.

3) 인적자원 확보

(1) 인적자원의 확보: 모집과 선발

공공부문 혹은 민간부문을 막론하고 조직에서 우수한 인적자원을 확보하는 것은 매우 중요하다. '어떤 사람이 조직에 들어오는가에 따라 조직의 흥망성쇠가 달라질 수 있다'라고 말하는 사람들이 적지 않을 정도로 모든 조직에서 인적자원 확보에 많은 비용과 시간, 에너지를 투자하고 있는 것이다. 헤드헌팅, 스카웃 등을 통한 조직 간 '인재전쟁(war for talent)'5)도 치열하다(Michaels et al., 2001). 그만큼 인적자원 확보가 중요하다는 의미이기도 하다.

인적자원의 확보는 "조직의 목표달성에 필요한 인적자원을 외부로부터 획득하는 활동"이라고 정의할 수 있다(김렬, 2016: 25). 이러한 활동에는 우수한 인적자원을 조직으로 유인하기 위한 '모집'활동과 실제 조직에 응시원서가 접수되면서부터 시작되는 '선발'활동이 모두 포함된다고 할 수 있다(이창길, 2019). 아래에서는 인적자원 모집과 선발에 대해 살펴본다.

① 인적자원 모집

인적자원의 모집(recruitment)은 "공무원의 임용을 위하여 지원자를 확보하는 활동"이다(박천오 외, 2016: 213). 과거에는 인적자원 모집이 소극적 방식으로 운영되었지만(예: 부처 홈페이지 공지, 구인구직 사이트 공지 등으로 모집), 최근에는 우수한 인재를 채용하기 위하여 적극적인 인적자원 모집방안(예: 홍보활동의 강화, 지원절차의 간편화, 정기적인 시험 실시, 합격자 임용의 신속·객관화, 공급원의 개척)이 활성화되고 있다(김정인, 2018: 114-115).6)

---

5) "전 세계에 있는 각 기업들이 각기 자사의 기업상황에 맞는 차별화되고 경쟁력 있는 인재확보전략을 일관되게 전개하고 있는 현상을 의미한다. 이러한 인재전쟁의 현상은 1980년대 정보화 시대의 도래와 함께 시작되었다. 정보화 시대의 도래에 따라 기계, 공장, 자본 등 유형자산의 중요성은 독점적인 네트워크, 브랜드, 지적 자본, 인재 등과 같은 무형자산에 비해 감소하였다. 특히 인적자원이 기업의 핵심적인 경쟁우위요소로 중요하게 인식됨에 따라 각 기업들은 국내·외에 존재하는 인재를 확보하기 위한 여러 가지 전략을 실시하고 있다. 미국에서는 세대교체로 인한 인재 풀(pool) 부족의 문제가 또 다른 주요 이슈로 부각되고 있다"(네이버지식백과, 2020a).

적극적 모집(positive recruitment)은 "공직의 빈자리를 채울 수 있는 자격 있는 사람을 앉아서 기다리는 소극적인 모집에서 벗어나 적극적으로 많은 사람으로 하여금 공직에 응시하도록 하는 인사활동"이다(박천오 외, 2016: 217). 적극적 인적자원 모집방안에는 근본적 모집여건 개선방안과 모집활동의 적극화 방안이 있다. 이 중 근본적 모집여건 개선방안은 많은 시간과 비용이 소요되기 때문에, 모집활동의 적극화 방안이 활성화되고 있다. 모집활동 적극화의 대표적인 예가 2011년부터 공직채용의 종합적 정보를 권역별로 현장에서 직접 제공하고 있는 '공직박람회'이다(김정인, 2018: 115).[7]

② 인적자원 선발

모집활동을 통해 응시자가 (정부)조직에 지원서를 제출하면서부터 본격적인 선발과정이 시작된다. 선발은 "지원자 중에서 장래에 성공적으로 공직을 수행할 자격과 능력이 있는 자를 골라서 뽑는 것"을 의미한다(백종섭 외, 2018: 159). 선발의 단계는 조직마다 차이가 있지만, 일반적으로 서류심사 → (필기시험) → 면접시험 → (체력시험) 등의 단계로 이루어진다.[8] 선발에서 가장 중요하게 고려되는 것은 바로 시험, 즉 '선발도구'가 적절하게 운용되었는지의 여부이다.

다시 말해, 효과적인 선발이 이루어지기 위해서는 선발기준과 원칙을 준수할 필요가 있다는 것이다(유민봉, 2021). 가장 중요하게 고려되는 선발기준과 원칙에는 '타당성'과 '신뢰성'이 있다. 첫째, 타당성(validity)은 선발기준의 적합성을 의미하며, 주로 직무수행 능력을 어느 정도 정확하게 측정할 수 있는가의 여부(선발도구의 정확성)에 대한 것이다. 타당성은 다시 ① 기준타당성(criterion validity), ② 내용타당성(content validity), ③ 구성타당성(construct validity)으로 구분할 수 있다. 우선 기준타당성은 "선발도구의

---

6) 전 세계적으로 공직분야에 우수한 인재를 채용하기 위하여 채용 디지털플랫폼을 구축·운영하고 있다. 예를 들어, 미국의 경우 USAJOBS, 캐나다의 경우 Government of Canada Job을 통해 적극적 채용을 위한 디지털통합채용플랫폼을 구축하고 있다. 같은 맥락으로 한국 역시 최근 들어 디지털기반 인사체계를 확대하고 있다. 이와 관련한 대표적인 논의가 행정기관 공동활용 통합채용시스템 구축인데 구체적인 예로 증빙서류 온라인 제출, 사전등록 어학성적 공동활용 등이 있다(인사혁신처, 2023b).

7) 2023년에는 공직박람회가 전국 각지를 순회하는 '찾아가는 방식'으로 진행되었다. 전국 28개 시·군·구에서 대학교 19회, 고등학교 14회, 다른 기관과 연계한 취업 행사 7회 등으로 진행되어 공직박람회 참가자들의 만족도가 높았다(인사혁신처, 2023c).

8) 2023년 면접시험에서부터 평정 요소에 새로운 공무원 인재상(소통·공감, 헌신·열정, 창의·혁신, 윤리·책임)을 반영하였다(인사혁신처, 2023b).

시험성적과 본래 시험으로 예측하고자 했던 기준 사이에 얼마나 밀접한 상관관계가 있는지"를 측정하는 것으로서(김정인, 2018: 116), 이를 측정하는 방법에는 '동시적 타당성 검증(concurrent validation)'방법과 '예측적 타당성 검증(predictive validation)'방법이 있다. 동시적 타당성 검증방법은 선발시험을 재직자에게 풀게 하여 시험성적을 확보하고, 해당 시험성적과 재직자의 근무성적을 상관관계 분석(correlation analysis)하는 방법이다. 시험성적과 근무성적의 상관관계가 높을수록 기준타당성은 높아진다. 예측적 타당성 검증방법은 시험합격자의 시험성적과 일정시간이 지난 후 이들의 근무성적을 수집하여 이 둘의 상관관계를 분석하는 것으로, 자료를 수집하는 데 상당한 시간이 소요될 수 있다. 그러나 실제 시험을 본 대상자의 시험성적과 근무성적으로 타당성을 분석하는 방법이기 때문에 분석도구의 정확성을 더욱 명확하게 파악할 수 있다고 볼 수 있다(김정인, 2018: 116). 내용타당성은 "직무를 성공적으로 수행하는 데 필요한 지식이나 기술의 내용을 시험에 얼마나 반영시키는가의 정도"를 의미한다(김정인, 2018: 116). 직무분석 내용을 바탕으로 전문가들이 선발도구, 즉 시험문항에 직무특성 및 핵심내용을 얼마나 정확하게 반영하고 있는지를 검토하게 된다. 마지막으로, 구성타당성은 심리적·행태과학적 측면에서 추상적인 개념들을 얼마나 정확하게 측정하고 있는지에 대한 것이다. 직무몰입이나 직무만족과 같은 사람의 심리적 상태 등을 측정지표를 통해 얼마나 정확하게 측정하는지에 대한 것이 구성타당성인 것이다.

둘째, 신뢰성(reliability)은 선발도구의 일관성에 대한 것이다. 즉, 신뢰성은 "측정도구의 결과가 얼마나 일관되게 나타나는가와 같은 일관성(consistency)의 정도"를 의미하는 것이다(김정인, 2018: 117). 이러한 일관성을 측정하는 대표적인 방법으로는 ① 재시험법(test-retest), ② 동질이형법(equivalent forms), ③ 내적일관성법(internal consistency) 등이 있다. 우선 재시험법은 수험생이 시험을 보고 나서 일정시간이 지난 후 동일한 시험문제로 재시험을 보았을 때, 두 시험점수 간 일관성을 살펴보는 방법이다. 동질이형법은 두 개의 시험유형(예: 수능시험의 A형, B형 문제)을 문제 난이도, 내용 등을 유사하게 구성하고 이 두 개의 시험을 동일한 수험생에게 풀게 한 뒤 시험성적 간 상관관계를 분석하는 방법이다. 마지막으로, 내적일관성법은 "하나의 시험유형 내에서 각 문항 간 상관관계를 종합하여 시험의 내적 일관성을 검증하는 방식"이다(유민봉·임도빈, 2016: 216; 김정인, 2018: 117). 이외에도 선발기준과 원칙으로 난이도와 객관성이 고려된다. 특히 최근에는 선발의 공정성이 매우 중요한 가치로 부각되고 있어 조직에서는 직무수행과 관련이 없는 선발 평가기준(예: 학연, 지연, 혈연 등의 편견요인)을 배제하고,[9] 직무와 관련된 채용기준을 설정하고자 노력한다. 이를 바탕으로 우수한 인재의 선발기회를 확대하고 조직경쟁력을 증진시키고자 하는 것이다.

(2) 인적자원의 임용

조직 중에서도 정부조직에서의 인적자원(공무원)의 확보는 정부조직 밖으로부터 필요한 인적자원을 충원하는 활동으로서 주로 외부임용 또는 신규채용을 의미한다(김용철 외, 2022). 그러나 여기서 임용(任用)이라는 용어를 보다 명확히 논의할 필요가 있다. 임용의 의미는 다양한 차원에서 활용된다. 임용을 '결원보충'이나 '사람선발'의 의미로 사용할 때에는 임용이 새로운 인적자원을 정부조직에 '채용'하는 것을 의미하며, 임용을 '공무원 관계의 변화'로 해석한다면 채용뿐만 아니라 '승진, 면직, 파면 등 공무원의 신분변화 및 인사이동에 관한 모든 내용'으로 확대할 수 있다(박천오 외, 2016: 203).[10] 공무원 임용은 세부적으로 외부임용, 내부임용 그리고 혼합형 임용으로 분류할 수 있다(김렬, 2016: 167).[11]

외부임용은 "정부조직 바깥에 있는 사람을 선발해 쓰는 활동, 즉 신규채용"을 의미하며, 내부임용은 "정부조직 안에서 사람을 움직여 쓰는 활동"을 의미한다(강성철 외, 2018: 285, 310). 외부임용은 신규채용으로서 '공개경쟁채용'과 '경력경쟁채용'으로 구분할

---

9) 선발의 공정성을 위해 '블라인드 채용'을 확대하는 추세이다. 블라인드 채용은 우리나라에서 「채용절차의 공정화에 관한 법률」(채용절차법; 일명, 블라인드 채용법) 개정안[예: 동법 제4조의3(출신지역 등 개인정보 요구 금지) 신설]에 의거하여 2019년 7월 17일부터 시행되었으며 "① '편견이 개입되는 차별적인 요소를 제외'하고, ② '직무능력을 중심으로 평가'하는 것이다. 여기서 직무능력 중심 평가는 직무 수행에 필요한 지식, 기술, 인성(태도) 등을 과학적인 선발기법(직무분석을 통해 도출된 평가요소를 서류, 필기, 면접 등을 통해 체계적으로 평가하는 방법)을 통해 이뤄진다"(시사상식사전, 2023).

10) 「국가공무원법」에서는 임용에 대한 정의를 명확하게 제시하지 않고 있다. 그러나 제26조(임용의 원칙)의 "공무원의 임용은 시험성적·근무성적, 그 밖의 능력의 실증에 따라 행한다"라는 의미를 살펴볼 때 임용은 공무원 전반에 관계되는 변화의 의미로 보인다. 또한 「공무원임용령」에 의하면 "임용이란 신규채용, 승진임용, 전직(轉職), 전보, 겸임, 파견, 강임(降任), 휴직, 직위해제, 정직, 강등, 복직, 면직, 해임 및 파면을 말한다"라고 규정되어 있어 '정부조직에 필요한 사람을 채용하고 이동시키는 활동'이라는 광범위한 의미로 정의할 수 있다(박천오 외, 2016: 203).

11) 그러나 일부 교과서(예: 백종섭 외, 2018)는 임용을 외부임용과 내부임용으로 구분하고 혼합형 임용(개방형 직위와 공모 직위) 내용은 외부임용에서 설명하고 있다.

수 있으며, 이는 주로 모집과 선발을 통해 이루어진다. 반면, 내부임용은 승진, 강임, 전직, 전보 등의 인사이동을 통해 이루어진다(박천오 외, 2016: 204). 즉, 내부임용은 재직자들의 적재적소 배치와 관련된 유지·활용 측면에서 고려될 수 있는 것이다. 그리고 혼합형 임용은 "외부임용과 내부임용을 결합한 형태로서, 정부조직의 바깥에 있는 사람을 흡수하거나 정부조직의 내부에 있는 공무원을 움직여 쓰는 활동이 동시에 발생하는 경우"를 뜻하며, 이는 개방형 임용이라고도 한다. 이러한 개방형 임용은 개방형 직위와 공모 직위로 구분·운영되고 있다(김렬, 2016: 168). 인적자원 확보에서는 외부임용과 혼합형 임용에 대해서만 논의하고, 내부임용은 인적자원 유지·활용에서 설명하도록 한다.

표 11-2 **임용의 유형과 방법**

유형	의미	내용		방법
외부임용	공무원관계의 발생	신규채용		공개경쟁채용
				경력경쟁채용
내부임용	공무원관계의 변경	인사이동	수직적 이동	승진·강임·강등 등
			수평적 이동 (배치전환)	전보, 전직, 겸임, 파견, 전입, 전출, 인사교류 등
		기타 내부임용		휴직, 직위해제, 정직, 복직 등
	공무원관계의 소멸	퇴직		면직, 해임, 파면
혼합형 임용 (개방형 임용)	공무원관계의 발생, 변경 및 소멸	외부·내부 임용		개방형 직위
				공모 직위

출처: 김렬(2016: 167).

(3) 인적자원의 외부임용(신규채용)[12]

정부조직 인적자원(공무원)의 외부임용과 관련해 「공무원임용령」은 '공개경쟁채용'

---

[12] 공개경쟁채용시험과 경력경쟁채용시험의 시험종류, 절차, 시험방법 등은 인사혁신처 홈페이지를 참조하기 바란다(https://www.mpm.go.kr/mpm/info/infoJobs/HrProcedures/recruit/recruit01/).

과 '경력경쟁채용'으로 구분하고 있다. 공개경쟁채용은 "공무원의 결원보충이 있을 경우 불특정 다수인을 대상으로 공개경쟁을 통해 공무원을 선발하는 제도"이며, 경력경쟁채용은 "특수한 직무분야에서 공개경쟁채용이 적절하지 않을 때 제한적으로 시행하는 제도"이다(박천오 외, 2016: 204).[13] 공개경쟁채용시험은 '공무원 신규채용 시 불특정 다수인을 대상으로 경쟁시험을 실시하여 공무원으로 채용하는 제도'로서 '균등한 기회보장과 보다 우수한 인력의 공무원 선발'을 목적으로 하고 있다(인사혁신처, 2023d). 실적제에 기반을 둔 인사행정을 수행하기 위한 공개경쟁채용의 주요 요건으로는 ① 채용과 관련한 적절한 공고(관심 있는 시민 누구나 알 수 있도록 공개), ② 지원기회의 개방(모든 시민들에게 지원기회 제공), ③ 현실적 자격기준(채용직위와 자격기준을 합리적으로 결정), ④ 차별금지(모든 지원자에게 공평하게 적용), ⑤ 능력기준의 선발, ⑥ 결과의 공개 등이 있다(강성철 외, 2018: 287). 우리나라에서 공무원 임용과 관련한 선발(예: 필기시험, 면접시험)과정 전반은 인사혁신처에서 주관하고 있다.

반면, 경력경쟁채용시험은 '공개경쟁채용시험에 의하여 충원이 곤란한 분야에 대하여 채용하는 제도로서 관련 직위의 우수전문인력 및 유경력자를 선발'하는 것이다(인사혁신처, 2023d). 이는 경쟁을 제한하는 별도의 선발절차를 거쳐서 공무원을 신규채용하는 방식이다. 경력경쟁채용시험은 공개경쟁채용제도를 보완하며, 필요한 인력확보에 용이(융통성, 적극성, 적응성 증진)하다는 장점이 있다(김용철 외, 2022). 그러나 공개경쟁채용과는 달리 공직임용의 기회균등 및 능력 중심의 실적제 원칙을 저해할 수 있는 한계가 있다. 또한 경력경쟁채용 과정에서 정치적 압력이나 정실인사가 개입할 가능성이 높아 이 역시 실적제를 저해할 수 있는 원인이 된다. 응시자격, 임용예정 직위, 시험실시 같은 세부기준 설정이나 절차 등에 있어 흠결이 있으면 이를 악용할 가능성도 있다. 뿐만 아니라, 실제 경력경쟁채용제도 운영 시 우수한 인력을 폭넓게 찾지 못하는 한계도 존재한다(이종열 외, 2023). 경력경쟁채용시험은 주로 각 부처에서 실시하며, 민간경력자 5·7급 일괄채용시험은 인사혁신처에서 주관한다(인사혁신처, 2023d).

---

13) 경력경쟁채용이 2011년 제정되기 전에는 '특별채용'제도가 존재하였다(김렬, 2016: 167).

(4) 인적자원의 혼합형 임용: 개방형 임용제

개방형 임용제는 "직업공무원제의 폐쇄형 임용제의 한계를 극복하기 위하여 원칙적으로 모든 직급에 대하여 외부로부터의 신규채용을 허용하는 제도"로서, 한국에서는 1999년 「국가공무원법」 개정을 통해 이를 본격적으로 도입하였다(박천오 외, 2016: 130). 개방형 임용은 공직 내부 사람이건 외부 사람이건 모두에게 신규채용이 허용되는 것이므로 혼합형 임용이라고 할 수 있다.

개방형 임용은 주로 직위분류제를 채택한 국가들에서 시행하고 있으며, "공직의 개방에 따라 외부 전문가나 경력자에게 공직의 문호를 개방하여 새로운 지식과 기술 그리고 참신한 아이디어를 받아들임으로써 공직의 침체를 막고 공직을 새로운 기풍으로 진작시켜 행정의 효율성을 높이려는 의도"에서 시작되었다(강성철 외, 2018: 255). 개방형 임용의 주요 특징은 다음과 같다(이하 김용철 외, 2022). 개방형 임용은 원칙적으로 모든 직위에 외부 신규채용이 가능하도록 하며, 평생근무가 보장되지 않고, 전문지식이 채용기준이 되며, 직무급 중심의 보수관리가 이루어진다. 또한 외부의 전문교육훈련에 초점을 맞추고, 승진기준은 능력에 따라 개방적으로 이루어지며, 직무수행 위주의 보직관리가 시행된다. <표 11-3>은 개방형 임용과 폐쇄형 임용의 장단점을 비교하여 보여주고 있다.

한국에서 개방형 임용으로 운영되는 제도에는 고위공무원단제, 개방형·공모 직위제, 경력경쟁채용제, 공무원의 민간부문 근무제, 민간전문가 공직파견제 등이 있다(김렬, 2016: 271). 특히 실·국장급 직위 중에서 업무 성질상 전문성이 높게 요구되거나 효율적 정책이 요구되는 직위에 대해서 개방형 직위제도와 공모 직위제도를 설치하여 운영하고 있다.14), 15) 하지만 한국에서 개방형 임용의 운영은 한계를 나타내고 있다.

---

14) 「국가공무원법」 제28조의4(개방형 직위)에 의하면 "임용권자나 임용제청권자는 해당 기관의 직위 중 전문성이 특히 요구되거나 효율적인 정책수립을 위하여 필요하다고 판단되어 공직 내부나 외부에서 적격자를 임용할 필요가 있는 직위에 대하여는 개방형 직위로 지정하여 운영할 수 있다"고 규정하고 있다. 그리고 동법 제28조의5(공모 직위)에서는 "임용권자나 임용제청권자는 해당 기관의 직위 중 효율적인 정책수립 또는 관리를 위하여 해당 기관 내부 또는 외부의 공무원 중에서 적격자를 임용할 필요가 있는 직위에 대하여는 공모 직위(公募職位)로 지정하여 운영할 수 있다"고 규정하고 있다(국가법령정보센터, 2023b).
15) 최근 정부는 공정과 책임에 기반한 역량 있는 공직사회를 실현하고 능력에 따라 선발·보상하는 공직문화를 조성하기 위해 '공모 직위 속진임용제'를 2023년 도입하여 시행하고 있다(인사혁신처, 2023e).

표 11-3	개방형 임용과 폐쇄형 임용의 비교		
구분		개방형 임용	폐쇄형 임용
조직 차원	장점	• 외부 전문가 임용 용이 • 공무원·행정의 전문성 향상 • 행정의 질적 수준 향상 • 조직의 활력 제고 및 관료주의화 방지 • 관료제에 대한 민주적 통제 용이 • 능력기준 활용, 인사의 합리성 제고 • 기관장 리더십 발휘 범위 확대	• 장기경험 활용으로 능률 향상 • 조직 안정성과 행정의 일관성 확보 • 조직 소속감·충성심 강화 • 구성원 간 협력 및 조정 용이 • 연공기준 활용, 인사의 객관성 제고 • 직업공무원제 확립에 기여
	단점	• 장기경험 활용 불가 시 행정능률 저하 • 조직 안정성과 행정의 일관성 저해 • 조직 소속감·충성심 저하 • 재직자와 갈등 및 협조 곤란 • 직업공무원제 확립에 불리	• 외부 전문가 임용 곤란 • 공무원·행정의 전문화 저하 • 행정의 질적 수준 향상에 한계 • 조직 침체 및 관료주의화 • 관료제에 대한 민주적 통제 곤란 • 기관장 리더십 발휘 범위 축소
개인 차원	장점	• 경쟁원리에 의한 능력발전	• 재직자의 승진기회 확대 • 한정된 경쟁으로 피로감 약화 • 사기 앙양 및 낮은 이직률
	단점	• 재직자의 승진기회 저하 • 과다경쟁으로 피로감 상승 • 사기 저하 및 높은 이직률	• 경쟁원리 부재로 능력 저하

출처: 김렬(2016: 270).

한국에서 개방형 임용제도 운영이 원활하게 이루어지지 않는 이유는 한국의 공직 사회가 강력한 폐쇄형 임용체제를 형성하고 있기 때문이다. 대부분 공무원들은 개방형 직위제도가 아닌 폐쇄형 경로를 통해 공직에 입직했기 때문에 개방형 임용제도를 통해 임명된 공무원들의 전문성, 개혁성, 민주성, 개방성 등 업무성과에 대해 부정적인 인식을 지니고 있다. 뿐만 아니라, 폐쇄형 조직문화가 여전히 유지되고 있는 상황에서 개방형 임용 공직자들에 대한 부정적 인식이 강하다. 따라서 실제 개방형 직위의 대부분을 폐쇄형으로 임용된 공무원들이 차지하고 있는 실정이다(조성한 외, 2011: 143).[16] 개방형

---

[16] "실제 2014년부터 5년 동안 중앙부처의 개방형 직위 1,629자리 중 56%인 912자리를 공무원 출신이 차지했다. 대표적 예로, 기획재정부의 차관보급(1급)인 재정관리관(재정정책을 만들고, 국고관리를 총괄하는 자리) 직위를 정부는 2013년 개방형으로 공고했지만, 지금까지 이곳에 외부 인사가 앉은 적은 없다. 말로는 개방형 직위라고 홍보하면서 실제로는 '제 식구'만 계속 앉혀 온 것이다"(동아일보, 2020).

임용으로 입직한 외부전문가에 대한 기존 내부 공무원들의 인식은 다소 부정적인 경향이 있다. 이들에 대한 직업공무원들의 인식은 '어차피 나갈 사람', '잠시 머물다 갈 사람'으로 인식된다는 것이다. 이때문에 관리자로서 개방형 임용자들의 역할이 제대로 이루어지지 못하고 있는 실정이다.17) 개방형 임용제의 성공적 정착을 위해서는 우수한 민간 인재가 개방형 임용에 적극 지원할 수 있는 정책 수단(예: 보수향상, 유연근무 활성화 등) 마련, 개방형 임용 범위를 하위 직급으로 확대, 직업공무원들의 개방형 공무원에 대한 인식전환, 우수한 민간 인재를 채용하기 위한 적극적 모집방안 마련이 이루어질 필요가 있다.

2. 인적자원의 내부관리

1) 인적자원의 개발

(1) 인적자원의 개발과 교육훈련

인적자원 개발이란 "공무원의 능력과 실적을 평가하고 향상시키는 제반 활동"을 말한다(김렬, 2016: 282). 따라서 본서에서는 교육훈련과 경력개발 등에 초점을 맞추어 인적자원 개발을 설명하고자 한다. 특히 인적자원 개발은 "직무수행 능력을 향상시킬 목적으로 지식, 기술, 태도, 가치관의 변화를 촉진하는 계획된 활동"이기 때문에 이는 범위, 기간, 중점분야 등에서 교육훈련과는 다소 차이가 있다(유민봉·임도빈, 2016: 245). 그럼에도 불구하고 최근에는 교육훈련 분야에 직무만족과 경력발전이라는 개인 차원의

---

17) 개방형 임용자들의 고충은 다음 언론기사의 내용에서도 나타나고 있다(동아일보, 2020). 대기업 인력개발 전문가 출신으로 중앙부처에 과장으로 온 B 씨는 새로운 인력 프로그램 개발을 위해 태스크포스(TF) 구성을 제안했다. 그러나 부서 직원들은 B 씨의 지시를 뭉개면서 관련 회의조차 잡지 않았다. "그동안 우리가 하지 않았던 일을 왜 해야 하느냐"는 것이다. 근무평정과 승진에 도움이 되지 않는 일을 왜 해야 하느냐는 뒷말도 들렸다. B 씨는 "아무리 의욕적으로 일을 하려 해봐도 조직원들은 날 어차피 조금 있다가 떠날 사람으로 보기 때문에 지시를 잘 따르지 않는다"고 했다. 한 경제 부처에서 유일하게 민간 출신 과장이었던 C 씨는 "고시 출신 국·과장들은 심지어 비슷한 지역으로 해외연수를 다녀온 사람들끼리 뭉치기도 하더라. 나만 '외딴섬' 같은 존재로 느껴졌다"고 했다.

내용뿐만 아니라 조직의 생산성, 경쟁력, 조직관리, 조직통제, 조직조정과 같은 조직 차원의 내용까지도 포함하게 되면서 적용범위가 보다 확장되었고, 이로 인해 인적자원 개발과 교육훈련의 개념구분이 더욱 모호해졌다(김정인, 2018: 139).[18]

교육훈련은 "공무원의 능력이나 자질 및 의식·태도 등을 발전적으로 변화시키는 체계적인 과정이나 활동"을 의미한다(김렬, 2016: 337). 급진적으로 변화하는 현대 인사행정 환경에 대응하기 위해서는 적극적인 교육훈련이 필요하다. 공무원은 공직수행능력을 증진시켜 효율적인 업무집행이 가능하도록 해야 하고, 동시에 자신의 직업/진로성공 기회도 증진시켜 자기효능감 향상 및 미래에 대한 개인적 대비도 가능하도록 해야 한다. 이를 위해서도 교육훈련이 필요한 것이다. 개인 차원에서 교육훈련은 담당 직무에 대한 만족도 증진, 조직몰입도 향상, 경력발전이라는 점에서 긍정적인 효과를 초래한다. 조직 차원에서 교육훈련은 조직목표 달성을 위한 생산성 향상, 효율적인 인사관리를 위한 인력 조정과 통제 및 재배치라는 점에서 긍정적인 효과를 초래한다(유민봉, 2021). 교육훈련의 기능에 대한 보다 구체적인 내용은 <표 11-4>와 같다. 이러한 기능을 가진 교육훈련은 ① 개인 차원과 조직 차원에서 교육훈련에 대한 수요조사 → ② 교육훈련의 목적(목표) 및 대상자, 담당자, 훈련장소 및 사용 가능 장비 등 다양한 요소를 고려한 프로그램 개발 → ③ 직무별·직급별 교육훈련프로그램 실시 → ④ 교육훈련 평가 및 환류의 과정으로 이루어진다(김정인, 2018: 144).

교육훈련의 종류는 교육훈련의 목적, 훈련받는 공무원 계층, 훈련기간, 훈련장소, 훈련방법 등에 따라 다양하게 분류된다(이종열 외, 2023). 본서에서는 교육훈련 방법에 따라 교육훈련 종류를 소개한다. 교육훈련 방법은 훈련목적, 훈련대상자의 특징에 따라 다르게 나타나나, 훈련장소에 따라 직장훈련(On-the-Job-Training, OJT)과 직장외(교육원)훈련(Off-the-Job-Training, Off JT)으로 구분할 수 있다(김정인, 2018: 148). OJT의 경우 훈련이 실제적이고, 낮은 비용으로 시행이 가능하며, 훈련을 하면서 일도 할 수 있고, 구성원의 습득도에 맞게 훈련할 수 있으며, 상사와 동료 간 협동정신을 증진시킬 수 있다는 장점이 있다. 하지만 우수한 상관이 반드시 교육훈련을 잘 시키는 것은 아니며, 교육훈련의 수준이나 내용 등에 편차가 발생할 수 있고, 전문적인 고도의 지식이나 기

---

18) 한국에서도 42년 동안 시행되어 온 「공무원 교육훈련법」을 대체하여 2016년 1월 1일부터 「공무원인재개발법」이 시행되고 있다(김정인, 2018: 160, 162).

표 11-4	교육훈련의 기능	
차원	기여 측면	내용
조직 차원	생산성·경쟁력	• 교육훈련은 직무수행 능력을 향상시켜 조직경쟁력의 개선에 기여함 • 태도와 인식의 변화를 통해 국민에 대한 행정서비스의 신속성이나 친절성 등 질적 수준을 높일 수 있음
	조직관리	• 이직이나 인사이동 등에 의해 생긴 빈 자리에 대하여 내부인력의 신축적 운영을 가능하게 함으로써 조직의 지속성을 유지할 수 있음
	통제·조정	• 교육훈련이 잘되어 있을수록 자율적으로 직무를 수행할 수 있기 때문에 상관이 개입할 필요성이 줄어들고 다른 사람과의 업무협조도 용이해짐
개인 차원	직무만족도	• 교육훈련을 통한 능력향상은 직무수행에 대한 자신감을 길러 주어 근무의욕을 고취시킬 수 있음 • 정규교육기관에의 위탁교육은 이를 통해 학위를 취득할 수 있어 성취감을 느낄 수 있음
	경력발전	• 전통적으로 교육훈련은 조직의 현재적 필요에 의해서 실시되어 왔으나 현대에는 장기적인 생애목표 내지는 경력목표 달성에도 기여할 수 있음 • 교육훈련은 조직의 목표달성뿐만 아니라 개인의 경력발전을 동시에 충족시킬 수 있는 수단적 역할을 함

출처: 유민봉·임도빈(2016: 247).

능을 교육하기는 어려우며, 자칫하면 일과 훈련 모두를 소홀히 할 수 있는 한계점도 존재한다. 반면, Off JT의 경우 예정된 계획에 따라 교육훈련이 가능하고, 한꺼번에 많은 인원을 동시에 교육훈련시킬 수 있으며, 전문 교관이 훈련을 시행하여 교육훈련 내용이나 수준에 통일성을 기할 수 있고, 별도의 장소에서 교육훈련이 이루어지기 때문에 교육을 받는 사람들의 집중도를 높일 수 있는 장점이 있다. 그러나 교육훈련 결과를 현장에 바로 활용하기 어렵고, 비용이 많이 드는 경향이 있으며, 현장에 남아 있는 인력의 업무량이 늘어난다는 한계점도 있다(김정인, 2018: 150). 각각의 교육훈련에 있어서 세부 교육훈련 방안은 <표 11-5>와 같다.

새로운 지식·기술 전수와 조직구성원의 가치관 변화까지 기대하면서 교육훈련을 시행하지만 실제 이는 의도한 대로 시행되기 어려운 측면이 있다. 그에 대한 대표적인

표 11-5 교육훈련 방법: OJT와 Off JT 비교

	세부 교육훈련 방안	내용
OJT	실무지도 (coaching)	• 일상근무 중에 상관이 부하에게 직무수행에 관련된 기술을 가르쳐 주거나, 질문에 답을 해 주는 등의 각종 지도역할을 일컬음
	직무순환 (job rotation)	• 여러 분야의 직무를 직접 경험하도록 하기 위해 계획된 순서에 따라 직무를 순환시키는 방법
	임시배정 (transitory experience)	• 특수지위나 위원회 등에 잠시 배정하여 경험을 쌓게 함으로써 맡게 될 임무에 대비하는 방법
	시보 (probation)	• 합격한 사람에게 일정기간 동안 시험적으로 근무하게 한 후 일정조건을 충족하면 임용하는 방법
	인턴십 (internship)	• 조직의 전반적인 구조·문화·과정에 대한 이해와 함께 간단한 업무를 경험할 수 있는 기회를 부여
Off JT	강의 (lecture)	• 다수의 인원을 대상으로 똑같은 정보를 가장 효율적으로 전달해 줄 수 있는 대표적인 방법
	프로그램화 학습 (programmed learning)	• 일련의 질의와 응답에 체계적이고 단계별로 구성된 책자나 컴퓨터 프로그램을 활용하는 방법
	시청각 교육 (audio−visual method)	• 각종 시청각 기재를 활용하여 다량의 정보를 많은 사람들에게 제공하는 방법
	회의·토론 (conference·discussion)	• 쌍방 간 정보를 직접 주고받는 과정
	감수성 훈련 (sensitivity training, T−group training)	• 지식의 변화가 아니라 태도와 행동의 변화를 통해 대인관계 기술을 향상시키려는 것이 주된 목적임. 소집단을 만들어 허심탄회하게 자신의 느낌을 말하고 다른 사람이 자신을 어떻게 생각하는지 귀담아 듣는 방법
	사례연구 (case study)	• 실제 조직생활에서 경험한 사례나 또는 가상의 시나리오를 가지고 문제를 해결하는 방법
	역할연기 (role playing)	• 실제 근무상황을 부여하고 특정 역할을 직접 연기함으로써 학습하는 방법
	모의게임 (games)	• 기업의 사장, 자금부장, 영업부장 등 가상으로 역할을 부여하고 인력, 자금, 상품, 가격 등에 대한 기업 차원의 결정을 내리도록 하는 방법

출처: 김정인(2018: 149).

이유는 다음과 같다(이하 이종열 외, 2023). 첫째, 피훈련자의 저항 때문이다. 피훈련자들은 교육훈련을 부담으로 간주하는 경향이 있다. 행동과 가치관의 변화에 따른 심리적 부담, 근무지 이탈로 인한 부담, 교육 후 업무량에 대한 부담감으로 피훈련자의 저항이 높다는 것이다. 둘째, 조직 내 감독자와 관리자는 교육훈련으로 인한 조직구성원 결여를 좋아하지 않는다. 셋째, 교육훈련 내용이 상투적이다보니 교육훈련의 필요성을 적극적으로 인식하지 못한다.

　따라서 이러한 한계를 극복하기 위한 다양한 방안이 제시된다. 무엇보다도 교육 훈련제도의 변화가 뒤따라야 한다. 21세기 지식기반 사회에서는 과거의 정형적이고, 폐쇄적이며, 강의 중심적이고, 공급자 중심적인 사고에서 벗어나 다양하고, 개방적이며, 학습자 중심적이고, 참여와 현장체험을 강화하는 교육훈련 방안이 마련되어야 한다(박천오 외, 2016: 256).[19] 이러한 교육훈련 방안에는 액션러닝(action learning), 멘토링(mentoring) 시스템, 학습조직(learning organization), 역량기반 교육훈련(competency-based curriculum) 등이 있다.

　첫째, 액션러닝은 "행동학습 또는 실천학습으로 불리며, 이는 소규모로 구성된 조직 또는 그룹이 실질적인 업무현장의 문제와 원인을 규명하고, 이를 해결하기 위하여 실행계획을 수립하여 현장에 적용한 다음 그 실천과정에 대한 성찰을 통해 학습하는 것"이다(박천오 외, 2016: 246). 이는 문제의 답이 문제 안에 있다는 것을 가정한다(김정인, 2018: 154). 액션러닝에서는 전문가들의 역할이 매우 중요하나, 이들은 문제해결을 위한 촉진자의 역할만을 수행한다. 액션러닝은 팀별로 문제 해결방안을 찾아가는 자발적 교육훈련 방법이며, 실천지향적 학습인 것이다(HRD 용어사전, 2010). 액션러닝의 여섯 가지 구성요소에는 과제, 학습팀, 러닝코치, 과제의 내용과 과제해결 과정에 대한 학습, 질문·피드백·성찰, 스폰서와 실행의지 등이 있다(서영태·봉현철, 2008).

　둘째, 멘토링 시스템은 "조직 내 후진들(mentee)에게 역할모델을 제시해 줄 뿐만

---

19) 최근 정부는 디지털 인재개발에 중점을 두고 있다. 대표적인 예로 AI·빅데이터 기반의 「인재개발플랫폼」(www.learning.go.kr)을 전 부처로 확대하여 개인별 인사·직무정보·학습 이력에 맞는 '맞춤형 학습 지원'을 실시하고 있다. 이는 정부·민간의 다양한 학습 콘텐츠가 한 곳에 모여 자유롭게 유통되는 학습 허브(hub)로서 AI·빅데이터 기술을 적용해 개인별 인사·직무정보, 학습이력 등에 따라 맞춤형으로 학습사항을 분석·추천하는 시스템인 것이다. 플랫폼에 축적되는 다양한 학습 데이터를 분석하여 빅데이터에 기반한 인재개발 인사이트를 제공하고 인재개발의 디지털 전환을 실현하고자 하는 것을 목적으로 하고 있다(인사혁신처, 2023f).

아니라 도전적 직무부여, 상담 및 조직에 대한 지식제공 등을 통해 그의 대인관계 개발 및 경력관리에 도움을 주는 시스템"이다(박경규, 2016: 313). 멘토링 시스템은 상사(멘토, mentor)가 후진들(멘티, mentee)에게 일뿐만 아니라 삶의 전반에 대해 조언자의 역할을 하도록 하며, 상사와 후진들이 상호작용을 통해 함께 학습하고 성장할 수 있도록 한다는 데 특징이 있다.[20]

셋째, 학습조직은 "조직원들이 진실로 원하는 성과를 달성하도록 지속적으로 역량을 확대시키고, 새롭고 포용력 있는 사고능력을 함양하여 집중할 열정을 자유롭게 설정하고, 학습방법을 서로 공유하면서 지속적으로 배우는 조직"이다(이홍민, 2013: 212). 학습조직은 공유 비전, 시스템 사고, 팀 학습, 개인적 숙련, 사고모형 등과 같은 5개의 요

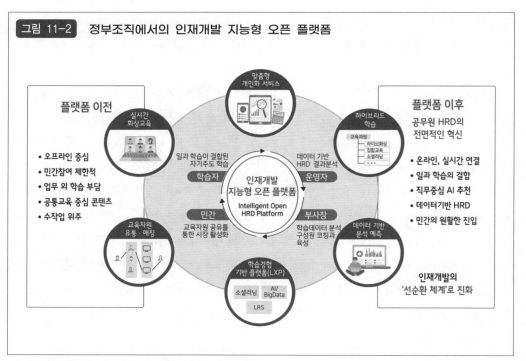

그림 11-2 정부조직에서의 인재개발 지능형 오픈 플랫폼

출처: 인사혁신처(2023f).

---

[20] 최근 들어 공직사회에서 신규 국가공무원들을 위한 멘토링(공직 적응 상담)으로서 인사혁신처 공무원들로 상담단(멘토단)을 구성하여 각 부처 소속 신규공무원들의 공직 적응을 위한 멘토링을 실시하고 있다(인사혁신처, 2023g).

소로 구성된다(Senge, 1990: 5-11). 학습조직은 학습실행공동체(Community of Practice, CoP)를 통해 강화되는데, 이는 "특정 주제에 대한 관심과 일련의 문제 및 열정을 공유하고, 지속적인 상호작용을 통해 해당 주제영역에 대해 조직구성원들의 이해와 지식을 깊이 있게 만드는 집단"을 의미한다(이홍민 외, 2009: 483; 김정인, 2018: 157-158).

넷째, 역량기반 교육훈련에서는 '역량'에 주목할 필요가 있다. 역량(competency)은 "직무에서 탁월한 성과를 나타내는 고성과자에게 일관되게 관찰되는 행동적 특징"을 말한다(강성철 외, 2018: 339).[21] 이러한 역량을 증진하기 위한 교육훈련이 역량기반 교육훈련인 것이다. 이는 "조직의 실질적인 성과 창출에 필요한 역량을 파악하고 현재의 수준과 요구수준 간의 격차를 확인한 후 이를 해소하기 위한 교육훈련"이라 정의할 수 있다(권용수, 2006: 133). 역량기반 교육훈련은 조직과 개인의 체계적인 교육훈련 수요진단(역량진단)을 전제로 교육훈련을 실시하고 조직구성원의 개인별 역량을 체계적으로 진단함으로써, 조직이 필요로 하는 핵심인재 양성에 도움이 되며, 전략적 인적자원관리의 연계성 확보에도 기여한다(권용수, 2006: 133-135).[22], [23] 이러한 다양한 교육훈련 방안 외에도 최근 정부에서는 디지털 교육훈련 플랫폼 구축을 통한 실시간·쌍방향·유비쿼터스 교육훈련이 가능하도록 지원하고 있다(인사혁신처, 2023f).

이밖에도 최근에는 인적자원 개발과 경력개발의 연계 중요성을 강조하는 목소리가 높아지고 있다. 초고령화 사회로의 진입 등 복잡한 사회변화로 인해 평생직장, 평생직업의 개념이 희박해지면서 조직에서도 조직구성원들의 인적자원 개발을 경력개발과 연계해 수행할 필요가 있다는 것이다.

---

21) 고위공무원의 역량평가에서는 전략적 사고, 문제인식, 성과지향, 변화관리, 고객만족, 조정통합 등의 여섯 가지 역량을 측정하며, 과장급 역량평가에서는 정책기획, 성과관리, 조직관리, 의사소통, 이해관계조정 등 다섯 가지 역량을 측정한다(인사혁신처, 2023h).

22) 미래 한국 공무원들에게 필요한 역량으로 난제 및 복잡한 문제를 해결할 수 있는 역량, 협업적 역량, 증거기반 분석역량, 디지털 역량 등이 제시된다. 이를 위해 자기주도적 학습(self-directed learning), 프로젝트기반 학습(project-based learning) 등의 새로운 학습방법이 요구된다.

23) 특히 디지털 전환에 따른 공무원들의 디지털 역량 강화가 중요하게 고려된다. 이는 디지털 핵심인재를 육성하여 데이터기반 국정운영의 동력을 확보하고 디지털플랫폼정부를 구현하는 것을 목적으로 한다. 이와 관련해 디지털 전문인재 채용(공채 선발직류 및 5·7급 민간경력채용 확대), 디지털 역량개발(모든 공무원 연 1회 이상 디지털 역량교육 이수), 디지털 리더양성 등이 시행되고 있다(인사혁신처, 2023i).

(2) 인적자원의 개발과 경력개발

경력개발제도(career development program)는 "개인의 경력욕구와 조직의 목표를 조화시켜 직무만족도를 제고하고, 나아가 조직의 목표를 효율적으로 달성하기 위한 장기적이며 계획적인 인사관리 활동"이다(박천오 외, 2016: 286－287). 경력개발제도의 목적은 조직 차원과 개인 차원으로 살펴볼 수 있다. 우선 조직 차원에서는 조직목적과 이념에 적합한 조직 내 인재를 개발하고 육성하는 것이며, 개인 차원에서는 조직이 개인의 적성과 욕구에 맞는 경력을 계획하고 실행시켜 나가도록 지원하여 개인의 자아실현을 추구할 수 있도록 하는 것을 목적으로 한다. 경력개발은 경력개발 도입 환경요건이 갖추어지고, 구성원들이 이를 수용할 수 있는 분위기가 조성되며, 구체적인 경력경로 설정을 통해 경력개발제도가 설계되고, 경력개발제도가 원활히 운용되는 과정으로 진행된다(이종수, 2002).

한국 정부에서 경력개발제도를 도입·시행한 역사는 다음과 같다. 1999년 김대중 정부에서 공무원 전문성 강화를 위해 경력개발제도 도입을 시도했지만 무산되었으며, 2003년 노무현 정부 때 본격적으로 도입·시행되었다(최순영, 2013: 216). 하지만 한국에서의 경력개발제도는 다음과 같은 문제가 있었다(이하 이종열 외, 2023). 경력개발제도를 운영할 때 조직구성원의 적성과 능력을 고려하지 못한 측면이 있고, 대다수의 조직구성원들이 경력개발을 빠른 승진을 위한 방편으로 삼아 승진이 잘되는 인기 직위로의 쏠림 현상이 나타났다. 또한 조직구성원들이 경력개발제도에 지나치게 의존하여 효과적인 제도운영이 저해되었다. 나아가 조직개편 과정에서 경력정체 현상도 발생하였다. 무엇보다도 한국에서는 지나치게 잦은 순환보직의 문제로 인해 전문성이 저해되어 경력개발제도에 부정적인 영향을 미쳤다.

2) 인적자원의 유지·활용

(1) 내부이동

인적자원의 유지·활용은 인적자원의 조직 내부이동, 보직관리, 인사교류, 징계 차원에서 논의할 수 있다(김정인, 2018: 170). 우선 조직구성원의 내부이동은 임용에서 잠시 언급한 내부임용과 유사한 개념으로 '수직적 이동'과 '수평적 이동'으로 나누어 설명할 수 있다(이하 김용철 외, 2022). 수직적 이동에는 승진 및 승급, 강임 및 강등이 있다. 승진과 승급은 수직적 이동 중 상향으로의 이동을 의미하며, 강임과 강등은 수직적 이동 중 하향으로의 이동을 의미한다. 각각의 구체적인 의미를 살펴보면 다음과 같다.

승진은 공직사회에서 가장 중요하게 고려되는 인적자원 유지·활용 기제로서, 이는 "하위 직급(계급)에서 상위 직급(계급)으로 이동하는 것"이다(강성철 외, 2018: 311). 승진은 직업공무원제와 계급제를 채택하고 있는 국가에서 공무원들의 사기 증진에 가장 중요한 요인이 된다고 할 수 있다. 승진은 일반승진과 특별승진으로 구분된다. 특히 특별승진은 승진소요 최저연수 등 승진제한 요건이 있음에도 특수한 공훈이나 성과 등으로 인해 승진하는 경우를 말한다.[24] 승급은 "같은 계급 또는 등급 내에서 호봉이 높아지는 것"이다(강성철 외, 2018: 314–316). 즉, 승진과 달리 승급은 계급(등급)이 달라지는 것이 아니라 동일계급(등급)에서 보수만 올려 받는 것을 의미하는 것이다. 이에 반해 강임은 "현재의 직급(계급)에서 일시적으로 하위 직급(계급)으로 이동하는 것이다". 강등은 "파면과 해임 다음으로 징계수준이 높은 중징계 중의 하나"이다.[25] 이와 같은 수직적 이동과 달리 수평적 이동으로는 전직, 전보, 겸임, 배치전환, 파견, 전입 등이 있다.[26] 수평

---

24) 승진적체를 극복하기 위해 하위직 공무원들의 업무역량을 증진하기 위한 방안으로 '속진임용제(fast-track)'를 도입하였다. 최근에는 「공무원임용령」을 개정하여 2024년부터 성과와 역량이 뛰어난 우수 공무원은 근무 연차가 짧더라도 승진할 수 있도록 하였다. 이로 인해 9급에서 3급까지 승진에 필요한 최저 근무연수를 과거 16년에서 11년으로 줄였다(인사혁신처, 2023a).

25) 강임과 강등의 차이는 「국가공무원법」 규정에서 찾아볼 수 있다. 우선 강임은 「국가공무원법」 제73조의4(강임)에 의거하며, "① 임용권자는 직제 또는 정원의 변경이나 예산의 감소 등으로 직위가 폐직되거나 하위의 직위로 변경되어 과원이 된 경우 또는 본인이 동의한 경우에는 소속 공무원을 강임할 수 있다"고 규정하고 있다. 즉, 강임은 조직의 사정에 의해 또는 본인의 동의에 의해 하위 직급(계급)으로 이동하는 것을 의미하며, 이때 "강임된 공무원은 상위 직급 또는 고위공무원단 직위에 결원이 생기면 … 우선 임용된다. 다만, 본인이 동의하여 강임된 공무원은 본인의 경력과 해당 기관의 인력 사정 등을 고려하여 우선 임용될 수 있다"(동법 제73조의4 제2항)(국가법령정보센터, 2023b). 강등의 경우에는 「국가공무원법」 제80조(징계의 효력)에 의거하며, "① 강등은 1계급 아래로 직급을 내리고(고위공무원단에 속하는 공무원은 3급으로 임용하고, 연구관 및 지도관은 연구사 및 지도사로 한다) 공무원신분은 보유하나 3개월간 직무에 종사하지 못하며 그 기간 중 보수는 전액을 감한다. 다만, … 계급을 구분하지 아니하는 공무원과 임기제공무원에 대해서는 강등을 적용하지 아니한다"고 규정하고 있다(국가법령정보센터, 2023b).

26) 전직은 "상이한 직렬의 동일한 계급 또는 등급으로 수평이동하는 것"이며, 전보는 "동일한 직렬·직급 내에서 직위만 바꾸는 것"이다. 배치전환은 "동일한 계급 내에서의 수평적 인사이동"을 의미하며, 겸임은 "직위 및 직무내용이 유사하고 담당직무 수행에 지장이 없다고 인정되는 경우에 한 사람의 공무원에게 둘 이상의 직위를 부여하는 것"이다. 파견은 "국가적 사업의 수행을 위하여 공무원의 소속을 바꾸지 않고

적 이동 중 순환보직, 보직관리, 인사교류에 대해 구체적으로 살펴본다.

(2) 순환보직, 보직관리 및 인사교류

보직은 "공무원을 일정한 직위에 배치하는 행정행위"이다(강성철 외, 2018: 309). 한국 공무원의 대표적인 보직제도로 순환보직이 있다. 순환보직(job rotation)은 "공무원 개인의 능력발전을 목적으로 제도화된 배치전환"을 의미한다. 특히 순환보직은 우리나라 공무원제도의 근간이 되는 기본원칙이다(김광호, 2008: 66).

순환보직의 정의에서도 나타나 있듯이, 순환보직 자체는 가치중립적인 개념이라고 할 수 있다(권우덕·김영우, 2018: 117). 나아가 순환보직은 다음과 같은 장점도 있다. 첫째, 순환보직은 공무원의 통합적인 시각을 증진시켜 사회문제를 해결하는 데 도움이 된다. 이로 인해 분야별 전문성보다는 순환보직을 통한 종합적인 관리능력이 강화될 수 있다(송건섭, 2001). 둘째, 순환보직은 장기간 근무에 따른 비용을 줄일 수 있다(김광호, 2008: 67). 한 직위에서 오랫동안 장기근무함으로 인해 발생할 수 있는 업무침체에 따른 비용과 부패비용 등을 순환보직을 통해 줄일 수 있다는 것이다. 셋째, 순환보직은 공무원들이 다양한 경험을 쌓을 수 있는 기회를 제공해 일반행정가 양성과 갈등조정가 양성에 긍정적인 역할을 할 수 있다.

그러나 이러한 장점에도 불구하고 잦은 순환보직은 다음과 같은 문제를 초래한다(권우덕·김영우, 2018: 116; 김광호, 2008). 첫째, 한 직위의 결원을 보충하기 위한 연쇄적 인사이동은 장기재직을 통해 구축할 수 있는 전문성 향상을 저해한다. 둘째, 잦은 순환보직은 정책에 대한 책임성과 효율성을 감소시켜 결국 조직의 생산성을 떨어뜨릴 수 있다. 셋째, 잦은 순환보직으로 인해 업무 인수·인계에 따른 업무 비효율성이 초래될 수 있다. 넷째, 순환보직 확대는 단기적으로 해결하기 어려운 문제를 회피하려는 책임성 회피문제를 초래할 수 있다. 특히 한국에서의 잦은 순환보직으로 인한 문제는 'Z형 보직경로' 때문에 초래된다고 본다(김광호, 2008). 이는 "같은 계급이라도 중요성이 서로 다르기 때문에 처음에는 하위보직에 임명이 되었다가, 전보를 통해서 상위보직으로 이동"

일시적으로 다른 기관이나 국가기관 이외의 기관 및 단체에서 근무하는 것"이며, 전입은 "인사관할을 달리하는 입법부, 행정부, 사법부 사이에 다른 기관 소속 공무원을 이동시켜 받아들이는 것"이다(강성철 외, 2018: 316-320).

하는 형태의 순환보직을 의미한다(김광호, 2008; 김정인, 2018: 171).

　이와 같은 순환보직의 문제점을 개선하기 위해 다음과 같은 보직관리 방안이 제시되고 있다(이하 김정인, 2018: 172−173). 첫째, 필수보직기간의 설정과 관련해 개선방안이 마련되었다. 「공무원임용령」에 의하면 필수보직기간을 기존 2년에서 3년으로 확대하도록 한 것이다. 소속공무원은 해당 직위에서 필수보직기간이 지나야 다른 직위로 전보할 수 있도록 하였다. 둘째, '이원화된 보직관리제도(two−track 인사관리: 전문직제)'를 도입하였다. 「공무원임용규칙」에 의거하여 2016년 7월 11일부터 보직관리를 이원화하여 운영하고 있다. 특히 전문성이 요구되는 직위를 전문직위로 지정할 수 있도록 하였다. 이에 따라 직무와 인재유형에 따른 경력경로를 이원화(전문가형과 관리자형)하고, 차별화된 인사관리를 통해 공직의 전문성을 강화하도록 한 것이다. 셋째, 전문성 향상과 경쟁력 증진을 위해 핵심정책(예: 국제통상, 재난관리, 환경보전 등)에 '전문직공무원제'를 도입하였다(고도의 전문성과 장기재직 추구).27)

　이외에도 인사교류의 확대를 제시할 수 있다(김정인, 2018: 175).28) 인사교류는 "직무분야가 유사한 범위 내에서 기관 상호 간에 이동하는 것"을 의미한다(김렬, 2016: 242). 인사교류의 종류에는 수시인사교류(대상직급: 행정부 및 지자체 4~9급 일반직 공무원)와 계획인사교류[대상: 실·국장급(고위공무원), 과장급(3~4급), 실무자급(4~9급) 및 민간전문가]가 있다(인사혁신처, 2023j). 인사교류 범위에 있어서 좁게는 정부기관 내 인사교류를 포함하며, 넓게는 민간부문과의 인사교류도 포함하고 있다. 인사교류는 교류기관 간 지식과 정보를 적극적으로 공유하고 활용할 수 있다는 점에서 장점을 지닌다.29) 또한 기관 간

---

27) 전문직공무원제는 "순환보직의 기간과 범위 등을 제한하여 동일하거나 유사한 직무를 연계한 특정 직무군 내에서 오랫동안(예: 고위공무원단 승진 시점까지) 직무를 수행할 수 있도록 하는 인사제도"이다(조태준, 2020: 102). 전문직공무원제는 조직관리 차원에서 부처별 전문성 강화가 필요한 분야를 전략적으로 지정 및 육성할 수 있으며, 인사관리 차원에서 전문성을 인사행정의 핵심적인 가치로 고려하고, 개인적 차원에서 전문직무급을 통한 외재적 동기를 고양할 수 있다는 점에서 장점을 지닌다. 그럼에도 불구하고, 현실적으로는 동기부여 저하(소수직렬화에 따른 인사상 불공정한 처우 가능성), 조직 내 갈등(일반공무원과 전문직공무원 간 갈등 가능성), 성과평가의 비과학성·주관성(개인 단위에서 전문성 향상 정도를 측정하는 방식의 부정확성), 전문직공무원 지정 및 도입범위의 문제(전문직공무원 적용 계급 타당성, 전문직공무원의 지정 기준 모호)가 있어 개선이 요구된다(조태준, 2020).

28) 「국가공무원법」 제32조의2(인사교류)에 의하면 "인사혁신처장은 행정기관 상호간, 행정기관과 교육·연구기관 또는 공공기관 간에 인사교류가 필요하다고 인정하면 인사교류계획을 수립하고, 국무총리의 승인을 받아 이를 실시할 수 있다"(국가법령정보센터, 2023b).

29) 윤석열 정부에서는 인사교류 확대를 위해 첫째, 전문분야 인사교류를 확대하였다. 과학기술·재난안전·경

정책을 이해하여 정책조정과 갈등해결에 도움을 줄 수 있는 장점도 있다(권경득·김덕준, 2009: 148-149). 그러나 업무의 연속성 결여나, 특히 민간부문과의 교류(민간근무제)에 있어서 조기퇴직과 같은 문제가 초래되기도 하였다.

(3) 징계

공무원 징계는 일반적으로 "공무원의 의무위반에 대한 제재로서 법령, 규칙, 명령 위반자에 대한 처벌"을 말한다(강성철 외, 2018: 587). 징계는 내부통제의 수단으로서 조직 내부 구성원들의 행동교정 및 부정적 행동예방을 목적으로 인적자원의 원활한 유지·활용을 위하여 운용된다. 공무원의 경우, 「국가공무원법」 제10장에 징계와 관련된 전반적인 내용을 규정하고 있다(국가법령정보센터, 2023b). 특히 공무원의 징계사유는 동법 제78조에 잘 나타나 있는데, "① 공무원이 다음 각 호의 어느 하나에 해당하면 징계의결을 요구하여야 하고 그 징계의결의 결과에 따라 징계처분을 하여야 한다. 1. 이 법 및 이 법에 따른 명령을 위반한 경우, 2. 직무상의 의무(다른 법령에서 공무원의 신분으로 인하여 부과된 의무를 포함한다)를 위반하거나 직무를 태만히 한 때, 3. 직무의 내외를 불문하고 그 체면 또는 위신을 손상하는 행위를 한 때"라고 규정하고 있다(국가법령정보센터, 2023b).

징계사유에 따라 공무원 징계는 「국가공무원법」 제79조에 의거하여, 파면·해임·강등·정직(停職)·감봉·견책(譴責)으로 구분된다.30) 또한 징계를 함에 있어 기관장의 주

제 등 전문분야 중심으로 중앙부처 간, 중앙부처-공공기관 간 교류를 활성화하여 미래 대응역량을 확보하도록 하였다. 둘째, 중앙-지방 교류 확대를 추진하였다. 인사교류 대상과 4급 이상 관리자급 교류 확대를 통해 정책과 집행 간 연계를 강화하였다(인사혁신처, 2023b).

30) 징계의 종류에 따른 징계효력의 내용은 「국가공무원법」 제79조, 제80조에 제시된다(이하 국가법령정보센터, 2023b; 신현기 외, 2012).

징계의 종류		효력 내용
중징계 (重懲戒)	파면	• 공무원의 신분 박탈 • 향후 5년 동안 공무원으로 근무 불가능 • 연금액은 1/2 감액(5년 미만 근무자는 1/4 감액)
	해임	• 공무원의 신분 박탈 • 향후 3년 동안 공무원으로 근무 불가능 • 연금액은 그대로 지급
	강등	• 1계급 아래로 직급을 내림(고위공무원단에 속하는 공무원은 3급으로 임용, 연구관 및 지도관은 연구사 및 지도사로 임용) • 공무원 신분은 보유 • 3개월간 직무에 종사하지 못하며 그 기간 중 보수를 전액 삭감

관이나 편견이 개입되지 못하도록 하기 위해 징계사유 발생 시 다음과 같은 절차에 의해 징계가 이루어진다. ① 징계의결 요구 → ② 징계위원회 설치·운영 → ③ 징계처분(재징계의결 등의 요구 발생 시 소청심사 혹은 법원 판단)과 같은 절차는 모두 「국가공무원법」을 기반으로 하여 진행된다. 재징계의결 등의 요구가 발생하였을 때, 소청심사제도를 활용할 수 있다. 소청심사제도는 "공무원이 징계처분이나 직위해제, 강임, 휴직 등 본인의 의사에 반하는 불이익 처분이나 부작위로 인하여 불이익을 받은 경우 그에 불복하여 이의를 제기하여 구제받는 절차와 제도"이다(백종섭 외, 2018: 324). 소청심사는 인사혁신처 소청심사위원회에서 수행하게 된다.[31]

3) 인적자원의 평가

(1) 인적자원 평가의 의의

인적자원 평가는 인적자원에 대한 보상을 결정하는 데 중요한 역할을 하고, 교육훈련 프로그램을 개발하는데 기초자료로 활용될 수 있다. 다시 말해, 인적자원 평가는 인사관리의 효율적 운용을 위해 반드시 필요한 활동이라고 할 수 있는 것이다. 일반적으로 인적자원 평가는 개인 차원의 성과평가로 고려되며, 이는 "개인의 능력과 근무태도 및 직무수행실적을 정기적·체계적으로 평가하는 활동"을 의미한다(백종섭 외, 2018: 198). 이러한 인적자원 평가는 개인과 조직의 지속적인 성과관리를 위해서도 중요하다. 인적자원 평가에서는 타당성, 신뢰성, 수용성, 실용성 등을 반드시 고려해야 한다. 이때

경징계 (經懲戒)	정직	• 1개월 이상 3개월 이하 기간 동안 직무에 종사하지 못함 • 공무원 신분은 보유하나 보수를 전액 삭감
	감봉	• 1개월 이상 3개월 이하 기간 동안 보수의 1/3을 삭감
	견책	• 전과(前過)에 대하여 훈계하고 회개하도록 하는 것

*징계를 받는 경우 일정 기간 동안 승진이 제한됨.
**강등(3개월간 직무에 종사하지 못하는 효력 및 그 기간 중 보수는 전액을 감하는 효력으로 한정한다), 정직 및 감봉의 징계처분은 휴직기간 중에는 그 집행을 정지함.

31) 공무원의 불만을 심사하는 제도로 '고충심사'제도가 있다. 고충심사제도는 "공무원이 근무조건, 인사관리, 기타 신상문제에 대하여 불만이 있는 경우, 인사 상담을 거쳐 해결책을 강구해 주는 제도"이며, 이는 공무원의 근무조건이나 기타 신상문제, 인사관리 등과 관련된 불만사항을 처리하는 제도라는 점에서 소청심사와는 차이가 있다(강성철 외, 2018: 594).

타당성은 평가의 정확성을, 신뢰성은 평가의 일관성을 의미한다. 수용성은 피평가자가 평가제도를 정당하다고 인식하는 정도로 해석할 수 있다. 실용성의 경우 비용이나 효과, 그리고 내용적 측면에서 쉽고 간단하여 누구나 평가방법을 활용할 수 있도록 해야 한다는 것이다. 인적자원의 평가는 주로 능력, 태도, 행동, 업적(성과) 등을 바탕으로 측정할 수 있는데, 이때 양적 측면(예: 업무량)뿐만 아니라 질적 측면(예: 업무수행과정, 유효성)도 함께 고려한다(임창희, 2015).

(2) 근무성적평정

인적자원의 평가는 조직구성원의 능력발전, 조직구성원에게 공정하고 공평한 보상기회 제공, 조직의 효율성 달성을 위하여 반드시 필요한 제도이다(박연호, 1998: 264). 같은 맥락에서 공무원에 대한 평가, 즉 공무원 평정제도인 근무성적평정 역시 공무원의 실적과 경력을 평가하여 이를 승진이나 승급, 보상 혹은 징계 등 다양한 인사관리에 활용할 수 있다는 점에서 매우 중요한 기능을 하고 있다(박천오 외, 2016: 335).[32]

근무성적평정은 "조직구성원의 근무성적이나 직무수행 능력, 가치관, 태도 등을 평가하는 것"이며, 이를 공무원에게 적용하면 "공무원이 근무하고 있는 행정기관에서의 근무실적, 직무수행 능력 및 태도 등을 체계적·정기적으로 평가하는 것"을 의미한다(강성철 외, 2018: 378). 근무성적평정의 목적 및 기능은 다음과 같다(이하 박천오 외, 2016: 336-337). 첫째, 근무성적평정 결과는 공무원의 능력발전과 능률향상 및 윤리관 확립을 위한 자료로 활용될 수 있다. 둘째, 근무성적평정은 인사관리(예: 보상, 교육훈련)의 평가기준이 된다. 셋째, 공정한 인사행정의 기준을 확보하는 데 도움을 준다.

그러나 근무성적평정이 항상 객관적이고 공정하게 이루어지지만은 않는다. 평가자의 선입견과 편견이 개입되면 평가 시 오류가 발생할 수 있으며, 평가도구가 표준화되고 객관화되지 못한 경우에도 오류가 발생할 수 있다. 뿐만 아니라, 평가결과가 공개되지 않을 경우 발생된 오류를 수정할 기회를 잃게 되며, 근무성적평정의 공정성과 객관성을 저해할 수도 있다(김정인, 2018: 195). 이와 관련해 보다 구체적인 근무성적평정제도

---

32) 근무성적평정이 공무원의 개인적 능력, 근무태도, 직무수행실적을 측정한다는 측면에서 이를 개인 차원에서의 성과평가로 볼 수 있다(백종섭 외, 2018: 198). 그럼에도 불구하고 본서에서는 인적자원 평가를 근무성적평정이라는 용어로 설명한다.

표 11-6	근무성적평정의 주요 오류유형		
오류의 원천	원인	오류유형과 내용	
평가자 오류	심리적 원인	연쇄효과(halo effect): 평가자가 피평가자의 어느 한 면을 기준으로 다른 것까지 영향을 주어 평가해 버리는 오류[33]	
		근접효과(regency effect): 평정시점에 가까운 실적이나 사건 일수록 평정에 더 크게 반영되는 경향과 관련된 오류	
	통계분포 원인	집중화 경향(central tendency): 평정척도상의 중간등급을 중심으로 평가하는 경향	
		관대화 경향(leniency tendency): 실제점수보다 관대하게 평가하는 경향	
		엄격화 경향(strictness tendency): 평가기준을 엄격하게 적용하여 실제수준보다 낮은 평가결과가 도출되는 경향	
피평가자 오류	선입견 또는 편견(bias): 평정대상자의 개인적 특성인 종교, 성별, 연령, 교육수준, 출신학교 등에 대하여 평정자가 지닌 편견이 평정에 반영되는 경향		
	연공오류(seniority error): 피평가자가 지닌 연공적 속성, 즉 연령, 학력, 근속연수가 평가에 영향을 미치는 오류		
제도적 오류	직무분석의 부족, 연공서열 의식, 인간관계 유지, 평가결과의 미공개, 평가기법의 신뢰성 등과 관련된 오류		

출처: 박경규(2016: 262-267); 유민봉·박성민(2013: 554-557); 김정인(2018: 195).

의 오류유형은 <표 11-6>과 같다.

근무성적평정 시 발생되는 오류는 근무성적평정 방법과도 관련이 있다. 근무성적평정 방법에는 다음과 같은 방법들이 활용된다. 첫째, 가장 일반적이면서도 자주 활용되는 평정 방법으로 '도표식 평정척도법(graphic rating scale)'이 있다. 이는 "평정요소마다 주어진 측정척도에 따라 피평정자에 대한 평가를 표시하는 방법"이다(박천오 외, 2016: 340). 현재 우리나라 5급 이하 공무원에게 적용되는 방법으로서 도표식 평정척도법은 다음과 같은 장단점을 지닌다. 우선 장점으로는 작성이 쉽고, 빠르며, 경제적이다.

---

33) 이와 유사한 오류로 '뿔효과(horn effect)'가 있다. 뿔효과는 "후광효과와 상반되는 개념으로, 도깨비 뿔처럼 못난 것 한 가지만 보고 그 사람의 전부를 나쁘게 평가하는 것이다. 예를 들어, 예쁘지 않다는 것이 뿔 역할을 하여 그 사람의 성격이나 직무능력까지 모두 나쁘게 평가"해 버리는 것이다(네이버지식백과, 2020b).

또한 공통적인 속성을 평가한다는 점에서 적용범위가 넓다. 이때문에 평정대상의 상대평가를 통해 상벌을 결정하는 목적에 적합하게 활용될 수 있다. 하지만 다음과 같은 단점도 있다. 평정자의 자의적인 해석 가능성이 높고, 연쇄효과·집중화·관대화·중심화 경향 등 평정자 오류가 발생하기 쉽다(박경규, 2016: 277; 김정인, 2018: 197).

둘째, '목표관리제 평정법(Management by Objectives, MBO)'이 있다. 목표관리제 평정법은 피터 드러커(P. drucker)에 의해 도입된 경영기법 MBO를 인사평가에 적용한 제도이다(박경규, 2016: 284). 목표관리제 평정법은 개인의 능력이나 태도가 이미 성과에 포함되기 때문에 실적만을 평가의 대상으로 삼는다. 한국에서는 '성과계약 등 평가제'에서 활용되고 있다(김정인, 2018: 198). 목표관리제 평정법의 장점은 평가대상자가 목표설정 등에 함께 참여함으로 인해 평가에 대한 신뢰가 높고, 목표를 명확하게 설정할 수 있다는 것이다. 반면, 평가에 많은 비용과 시간이 소요되는 측면이 있으며, 성과목표가 모호한 공공부문에는 적용에 한계가 있다.

이외에 공무원 평정에 활용되는 평가방법으로는 '자기평정법'(성과목표, 평가지표, 실행기획, 주요 성과 등에 대해 평가대상자가 직접 평가), '서술법'(평가대상자가 본인의 근무실적을 스스로 보고), '가점법'(평가결과 이외의 특수지역 근무, 특정 직위 근무, 자격증 소지 등에 대해 가점 부여), '강제배분법'(평가의 집중화와 관대화 경향을 극복하기 위해 점수분포를 강제 배분) 등이 있다. 또한 서열법(ranking method), 중요 사건기술법(critical incident description), 행태기준 평정척도법(Behaviorally Anchored Rating Scales, BARS)이나 행태관찰 척도법(behavioral observation scales) 등과 같은 평가방법도 사용된다.

서열법은 평가대상자의 성적을 서로 비교하여 순서를 정하는 방식이다. 서열법에는 크게 두 사람씩 짝을 지어 비교하는 방식인 '쌍쌍비교법(paired comparison method)'과 특정 인물을 기준으로 해당 인물과 다른 사람들을 비교하는 '대인비교법(man-to-man comparison)' 방식이 있다(백종섭 외, 2018: 202). 서열법의 경우 인원이 적은 소규모 조직에서 적용 가능한 평가방식이다.

중요 사건기술법은 "피평정자의 근무실적에 큰 영향을 주는 중요 사건들을 평정자로 하여금 기술하게 하거나 또는 중요 사건들에 대한 설명구를 미리 만들어 평정자로 하여금 해당되는 사건에 표시하게 하는 평정 방법"이다(강성철 외, 2018: 388). 중요 사건기술법은 일부 행동을 지나치게 부각하여 과대평가를 초래할 가능성이 있지만, 직무와 관련된 중요 사항, 태도 등을 개선할 수 있는 계기를 제공하기도 한다(김정인, 2018).

행태기준 평정척도법은 "도표식 평정척도법에 중요사건기술법을 결합한 방식"으로서(백종섭 외, 2018: 203), 직무분석에 기초한 직무 및 중요 과업을 선정하고 해당과업에서 가장 이상적인 행태 그리고 가장 바람직하지 않은 행태를 몇 개의 등급으로 구분한 뒤 해당 등급마다 중요 행태를 기술하고 이에 대해 점수를 부여한다. 행태기준 평정척도법은 평정오류를 줄일 수 있어 평정에 대한 평가대상자의 신뢰도를 높일 수 있다. 하지만 척도설계 등에 있어 많은 시간과 비용이 소모된다는 한계도 가지고 있다.

행태관찰 척도법은 "행태기준 평정척도법을 바탕으로 직무와 관련된 중요한 과업분야를 선정하고 각 과업분야에 대해서 가장 이상적인 과업행태로부터 가장 바람직하지 않은 과업행태까지 나열하되, 등급에서는 각 행동의 빈도수를 표시하는 방법"이다(백종섭 외, 2018: 204). 이는 평정척도의 직무 유관성을 높일 수 있고, 평정의 계량화를 가능하게 한다는 측면에서 장점이 있지만, 등급 간 구분의 모호성이 나타날 수 있으며, 관대화·집중화·엄격화 등 오류를 발생시킬 수 있다는 단점도 있다.

이외에 근무성적평정의 방법은 누가 근무성적평정을 실시하는가에 따라 일면평가와 다면평가로 구분할 수 있다. 전자는 평가자 1인이 평가하는 방법이며, 후자는 다수(상사, 부하, 동료, 고객 등의 평가로 '360도 평가'라고도 함)가 평가하는 방법이다(김정인, 2018: 197). 다면평가는 평가자가 복수이기 때문에 평정의 공정성과 객관성을 증진시킬 수 있는 장점이 있지만, 자칫하면 능력과 직무수행결과에 대한 평가가 아니라 인기투표가 될 가능성도 있다.

(3) 한국 정부의 근무성적평정

한국 정부의 공무원 근무성적평정은 평가대상자에 따라 4급 이상 공무원 그리고 5급(상당) 이하 공무원 중 성과계약 등 평가가 적합하다고 인정되는 공무원에게는 성과계약 등 평가제 방법이 적용되고, 대부분의 5급 이하 공무원에게는 근무성적평가 방법이 적용된다(인사혁신처, 2023k). 성과계약 등 평가제는 "장·차관 등 기관의 책임자와 실·국장, 과장 간에 공식적인 성과계약(performance agreement)을 체결하여 성과목표 및 지표 등에 관하여 합의를 하고 당해 연도의 성과계약에 의해 개인의 근무성적을 평가하고, 평가결과를 성과급 및 승진 등에 반영하는 인사관리시스템"이다(박천오 외, 2016:

348). 이에 반해 근무성적평가제도는 대부분의 5급 이하 공무원에게 적용되며 '근무실적'과 '능력'을 평가기준으로 한다.

이와 같은 한국 정부의 근무성적평정제도는 한국 행정의 특수성을 고려해 볼 때 다음과 같은 문제가 있다. 첫째, 한국 정부는 여전히 인적자원 평가제도를 공무원의 직무수행 통제라는 소극적 의미로 활용하는 경향이 강하다. 둘째, 평가자와 피평가자 사이에 정치적인 이해관계가 존재할 수 있어 평가의 공정성이 저해될 가능성이 높다. 셋째, 공공부문의 특징 중 하나인 목표 모호성으로 인해 성과평가 기준설정이 어려워져 공무원들의 근무성적에 대한 성과평가가 명확하게 이루어지지 않을 수 있다. 넷째, 연공서열, 계급제 전통 등으로 인해 직무분석이 명확하게 실행되지 못하고 있는 한국에서는 평가기준으로 실적과 능력이 우선되는 것이 아니라, '역산제와 좋은 평정점수 나누어 먹기에 의한 평가'가 이루어질 수 있다는 한계가 있다.[34]

이러한 문제를 극복하기 위해서는 다음과 같은 측면을 고려할 필요가 있다(이하 김정인, 2018: 221).[35] 첫째, 한국에서도 다른 국가들과 마찬가지로 근무성적평정제도를 공무원 능력발전의 기초자료로 활용해야 한다. 근무성적평정을 단순히 징계나 보상의 목적으로만 활용할 것이 아니라, 공무원들이 가진 역량 중 어떤 역량을 더 강화할 필요가 있을지 판단하는 자료로 활용해야 한다. 둘째, 한국 공직사회에는 여전히 학연, 지연 등 비실적제 요소가 중요하게 작용하는 측면이 있고, 관료제적 조직문화가 팽배한 경향이 있다. 이러한 조직문화적 요인들이 평가의 공정성을 해치는 데 직간접적으로 영향을 미치는 것이다. 따라서 공정한 평가제도를 확립하기 위해 온정주의 문화나 관료제적 문화를 개선하고, 비실적제 요소를 제거할 수 있도록 노력해야 한다. 셋째, 평가요소를 객관화·표준화하고 이를 바탕으로 철저한 평가자 교육을 시행할 필요가 있다. 넷째, 평가의 공정성과 투명성 확보를 위해 평가결과를 적극적으로 공개해야 한다.

---

34) 역산제는 "경력이나 선임 순으로 평정점수를 부여하거나 정실에 의해 순위를 미리 정해 놓고 그 순위대로 평점점수를 부여하는 방식"이다(박천오 외, 2016: 371).

35) 윤석열 정부에서는 연공서열을 탈피하고 실적 중심의 평가를 강화하였다(인사혁신처, 2023b). 이와 관련해 첫째, 정량적 성과목표 달성이 중요한 직무(예: 우편배달)는 절대평가를 병용하고, 부서 내 동료평가제도를 도입하며 고객평가를 확대하여 상급자의 일방·하향식 평가 및 연공기반 평가오류를 보완하였다. 둘째, 고성과자 승급 우대(특별승급 요건 완화: 3년 → 2년), 저성과자 고위공무원단 강임이 가능하도록 하여 정당한 성과보상 체계를 확립하고자 하였다.

4) 인적자원의 보상

인적자원 보상은 주로 경제적 보상으로 이루어지고, 경제적 보상은 다시 금전적 보상과 비금전적 보상으로 구분된다. 이 중 금전적 보상은 직접적 보상인 보수와 간접적 보상인 연금 또는 후생복지로 분류되며, 비금전적 보상은 주로 승진, 해외연수, 상훈 등으로 분류할 수 있다(김정인, 2018: 199). 본서에서는 인적자원의 보상을 금전적 보상 위주로 살펴본다. 아래에서는 공무원 보수제도, 연금, 후생복지에 대해 알아본다.

(1) 보수제도 의의와 특성: 공무원 보수제도를 중심으로

보수는 "노동을 제공한 사람에게 지급되는 노동의 대가"이다(박천오 외, 2016: 373). 공무원의 보수는 공무원이 직무수행을 한 대가로 받는 보상이다. 특히 공무원 보수는 "금전적인 보상으로 공무원이 고용주인 정부로부터 받는 근로의 대가 중에서 가장 현실적이고 직접적인 것"이기 때문에(백종섭 외, 2018: 219), 다음과 같은 중요성을 갖는다. 첫째, 공무원 보수가 적정수준을 유지할 때 공무원의 동기부여가 강화되어 사기가 진작될 수 있다. 공무원의 사기진작은 국민들에게 적극적인 서비스를 제공할 수 있도록 한다. 둘째, 적정수준의 공무원 보수는 우수한 인재들이 공직을 선택하는 데 기여한다. 셋째, 재직자들의 충성도나 조직 몰입도를 증진시켜 이직의도나 이직률 저하에 기여하며, 이로 인해 직업공무원제의 근간을 유지할 수 있도록 한다. 넷째, 공무원들에게 적정수준의 보수를 지급함으로써 금전적 불안정성으로 인해 유발될 수 있는 공무원 부패를 예방하는 데 기여할 수 있다.

공무원 보수는 다음과 같은 특성이 있다. 첫째, 공무원 보수의 재원은 국민의 세금이기 때문에 공무원 보수에 대한 국민과 여론의 관심이 매우 높다. 둘째, 이로 인해 공무원 보수는 법적·정치적 통제를 강하게 받는다. 셋째, 민간의 경우 보수수준을 조정할 때 그 근거로 성과의 정도가 제시되지만, 공무원의 경우 담당하는 업무의 성과를 명확하게 파악하기가 어려워 적정수준의 보수수준을 설정하는 데 어려움이 있고, 직무 외의 다른 요인에 의해 보수수준이 결정되는 경우가 많다. 넷째, 공무원 보수는 공무원 노조와의 단체협약 결과물이 아닌 정부의 일방적인 결정에 따른다. 다섯째, 공무원의 보수는 최소한의 생활보장을 의미하는 생활보장적 성격도 띠고 있다(백종섭 외, 2018).

그렇다면 공무원의 보수는 어떻게 결정될까? 공무원 보수 결정에 있어 가장 많이 활용되는 보수결정이론으로 강화이론, 기대이론, 공평성 이론 등 동기부여이론이 있다. 예를 들어, 강화이론에 의하면 성과에 대한 보수가 지속적으로 주어지지 않으면 성과달성의 노력은 줄어들 수 있다는 것이다. 또한 기대이론에 따르면 조직구성원의 보상에 대한 기대심리를 증진시키기 위해서는 성과에 대한 적절한 보수가 주어져야 한다고 강조한다.[36), 37)]

보수를 결정할 때 중요하게 고려되는 가치는 바로 '공정성'이다. 공정성은 절차적 공정성(procedural justice)과 배분공정성(distributive justice)으로 구분해 살펴볼 수 있는데, 이때 절차적 공정성은 "보수를 결정하는 절차의 공정성"을, 배분공정성은 "보수액 크기의 공정성"을 의미한다(임창희, 2015: 312). 절차적 공정성은 보수가 규정과 절차에 맞게 지급되는지의 과정적인 측면을 의미한다면, 배분공정성은 보수의 규모가 조직구성원들에게 공정하게 지급되었는지에 대한 결과적인 측면을 의미한다고 볼 수 있다. 이 두 가지 공정성은 모두 중요하게 다루어질 필요가 있다. 또한, 배분공정성의 경우 내부적 공정성과 외부적 공정성이 동시에 확보되어야 한다.

공무원 보수는 공직 내부뿐만 아니라 공직 외부와의 공정성도 유지해야 하며, 보수는 반드시 능력과 실적에 맞게 주어져야 한다(이창길, 2019: 427). 보수의 내부공정성은 "동일한 직무에 대한 동일한 수준의 보수"를 의미하며(직무분석과 직무평가 필수), 보수의 외부공정성은 "보수가 유사한 업무를 수행하는 다른 조직들과 공평성을 지녀야 하는 것"(특히 사조직과 비교)이라 할 수 있다(박천오 외, 2016: 376).[38)] 보수의 외부공정성은 유사한 직종의 외부 노동시장 보수수준을 기준으로 하면 되기 때문에 사실상 실천이 그렇게 어렵지는 않다. 하지만 보수의 내부공정성은 조직구성원들 사이에서도 중요시하는 기준에 이견이 있을 수 있기 때문에 신중하게 접근할 필요가 있다.

---

36) 이와 관련한 자세한 내용은 본서 제8장 기대이론을 참조하기 바란다.
37) 이외에도 공무원 보수를 결정하는 데 적용되는 이론으로는 구조이론, 상징이론, 경제적 성과주의 이론 등이 있다(박천오 외, 2016: 378−380).
38) 이밖에도 박천오 외(2016: 377)는 근무연한, 성과, 직책 등과 관련된 개인적 공정성이 갖추어져 개인의 능력과 실적에 맞게 보수가 결정되어야 한다고 강조한다.

(2) 보수유형

내부공정성에 따른 보수의 유형은 보수 결정기준에 따라 구분될 수 있다. 이 중 직무 기준에 따라 직무와의 관련성이 낮은(직무 외 기준) 보수유형으로는 생활급과 연공급이 있으며, 이는 생활보장의 원칙에 기반한다고 볼 수 있다. 직무 기준에 따른 보수유형으로는 직무급, 성과급, 역량급(직능급)이 있으며, 이는 노동 대가의 원칙에 기반한다고 볼 수 있다(이창길, 2019: 428). 최근 공무원 보수는 생활급과 연공급 중심에서 벗어나 직무급, 성과급, 역량급(직능급) 중심으로 변화하고 있다(이창길, 2022).

보수유형 중 생활급은 가장 기본적인 보수유형으로서 조직구성원들의 생활유지 비용을 고려한 것이다. 이는 정부조직에서 공무원들의 생활을 안정적으로 보장해 주고 직무에 매진할 수 있도록 한다는 점에서 긍정적인 기능을 하나, 성과향상에 직접적인 기여를 하지 못한다는 점에서 부정적인 평가를 받는다. 따라서 생활급 비중을 최소화하고 다른 보수유형을 보완하는 형태로 활용되고 있다(이창길, 2022: 431).

다음으로 조직구성원의 속인적 요인(예: 연령, 학력, 경력)에 따라 보수를 지급하는 연공급이 있다.[39] 조직에서의 연공급 운영은 근속연수가 오래된 경험이 많은 구성원일

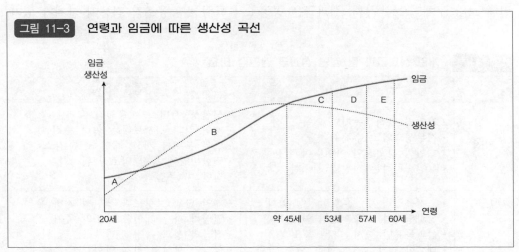

그림 11-3 **연령과 임금에 따른 생산성 곡선**

출처: 박호환(2014: 71).

---

[39] 연공급의 형태를 띠는 보수유형으로 우리나라에서는 호봉을 바탕으로 하는 호봉제를 활용하였다(박성준, 2009: 13).

수록 축적된 지식과 기술로 업무를 보다 수월하게 할 수 있다는 경험주의 관점을 바탕으로 하고 있다(이근주 외, 2007: 100). 특히 [그림 11-3]에서 보듯이 연공급은 감독 및 관리비용을 줄이는데 기여할 수 있다. 연령과 생산성 관계를 살펴보면 근무기간이 얼마 되지 않은 시점에서는 보수가 생산성 보다 높지만, 어느 정도 숙련 기간이 지나면 반대로 생산성이 보수보다 증가하고, 이후 다시 일정시점이 지나면 보수가 생산성 보다 높아지게 된다. 따라서 연공급을 조직 내에서 운영할 때 구성원들은 생애후기에 받을 임금(이연임금: deferred payment)을 받기 위해 태만하지 않게 되어 이들을 감독 및 관리하는 비용이 줄어들 수 있다는 것이다(Lazear, 1979; 이병희, 2008: 98-99).

직무 기준에 따른 보수유형으로 첫째, 개인 또는 집단의 근로성과 및 조직 공헌도에 따라 보수를 차등 지급하는 성과급이 있다. 이는 성과와 보상을 직접 연계할 수 있다는 점에서 보수의 공정성이 높은 제도이며, <표 11-7>과 같이 개인 성과급과 팀/집단 성과급으로 분류할 수 있다. 성과급은 주인과 대리인의 정보 비대칭성에 의해 발생하는 대리인의 도덕적 해이 문제를 해결할 수 있다는 장점이 있다. 그럼에도 불구하고, 성과평가의 객관성과 신뢰성 확보가 어려우며, 보상 시스템의 정치화(politicization) 현상이 발생할 수 있어 보수 공정성이 더 낮아질 수 있다는 우려도 제기된다. 이와 관련해 보다 구체적으로 첫째, 성과급은 공공조직 특성상 공공조직 적용에 한계가 있다.

표 11-7 개인 성과급과 팀/집단 성과급 장단점 비교

구분	개인 성과급	팀/집단 성과급
장점	• 개인별로 직무동기와 의욕 고취 • 직무성과와 보수체계 연계 • 개인의 창의적인 아이디어 활용 • 무임승차하는 직원의 최소화	• 생산성·서비스·비용절감 효과 • 개인 간의 경쟁보다는 협력 증진 • 업무 분위기 개선, 개인 고충 감소 • 권한위임을 통한 팀조직 활성화 • 집단 내 응집력 강화
단점	• 조직응집력 및 개인 안정성 약화 • 성과평가와 교육훈련의 연계 미흡 • 성과목표만 중시, 다른 목표 경시 • 과도한 경쟁 유발, 협동·협조 약화 • 성과급 예산 증가 우려 • 성과급 배분의 온정주의 적용	• 개인 단위 보상보다 생산성 저하 우려 • 열심히 하는 개인들의 불만 증가 • 집단의 성과 측정 곤란 • 성과와 보상의 연계 약화 • 협력과 신뢰 조직에 적용 불필요 • 내부 집단 간 경쟁 심화

출처: 김정인(2018: 207).

표 11-8	보수유형 비교		
보수유형	개념	장점	단점
생활급 (직무 외 기준)	보수수준을 결정하는 기준이 조직구성원의 생활유지 비용인 경우	• 안정된 생활 유지 • 직무에 전념 • 부패방지	• 직무와 무관한 보수결정으로 직무의 효과성 낮음 • 보수가 직접적으로 조직 성과에 이어지기 어려움 • 보수지급의 공정성과 형평성 문제 발생 • 직무의욕 감소
연공급 (직무 외 기준)	조직구성원의 연령, 학력, 경력, 근속연수 등 속인적 요인에 따라 보수를 지급하는 제도	• 생활보장으로 조직에 대한 귀속의식 증진 • 연공존중의 유교문화적 풍토에서 질서 확립과 사기 유지 • 폐쇄적 노동시장 하에서 인력 관리가 용이함 • 실시가 용이함 • 성과평가가 어려운 직무에 적용이 용이함	• 동일직무에 대한 동일임금 실시가 곤란함 • 전문 기술인력의 확보가 곤란함 • 능력 있는 젊은 구성원의 사기 저하 • 인건비 부담 가중 • 소극적인 근무태도 야기
성과급 (직무기준)	개인 혹은 집단이 달성한 근로의 성과를 측정하여 그 결과에 따라서 보수를 차등 지급하는 방식	• 개인의 공헌에 대한 정당한 보상 • 조직 내 정보비대칭성 문제 해결 • 성과와 보상의 직접적인 연계	• 성과평가에 대한 객관성과 신뢰성 확보 어려움 • 평가시스템의 정치화 가능성
직무급 (직무기준)	해당 조직에 존재하는 직무들을 평가하여 이에 대한 상대적 가치에 따라 보수를 결정하는 제도	• 능력주의 인사풍토 조성 • 인건비의 효율성 증대 • 개인별 임금차 불만 해소 • 동일직무에 대한 동일임금 실현	• 절차 복잡 • 학력, 연공주의 풍토에서 오는 저항 • 종신고용 풍토의 혼란 • 노동의 자유이동이 수용되지 않는 사회에서는 적용이 제한적
직능급/ 역량급 (직무기준)	조직구성원이 보유하고 있는 직무수행능력(직능 또는 역량)을 기준으로 보수를 결정하는 제도	• 능력주의 임금관리를 실현 • 유능한 인재를 계속 보유 • 구성원의 성장욕구 충족 기회를 제공 • 승진적체를 완화시킬 수 있음	• 초과능력이 바로 성과로 이어지지 않기 때문에 임금부담 가중 • 직능(역량)평가가 어려움 • 적용할 수 있는 직종이 제한적(직능이 신장될 수 있는 직종에만 적용 가능) • 직무가 표준화되어 있어야 적용 가능

출처: 이창길(2019); 박경규(2016).

공공업무는 협력 업무가 많아 개인의 성과를 정확하게 평가하기 어려워 '동일노동 동일임금'운영에 한계가 있다. 둘째, 보상의 원칙이 명확하게 수립되지 않은 상황에서 성과급 제도의 운영은 오히려 공공조직 구성원들 간 지나친 경쟁을 유도하고 협업을 저해시킬 가능성이 높아 궁극적으로는 조직의 성과를 저해시킬 수 있다. 셋째, 성과급은 단기적 업무 적용에 적합하지만 연속성을 강조하는 업무가 많고 중·장기 업무가 많은 공공조직에는 적합하지 않을 수 있다.40) 넷째, 성과급과 같은 외적 보상을 지나치게 우선하면 공공조직 구성원들의 내재적 동기(예: 공공가치 실현)를 저해할 수 있는 한계가 있으며, 특히 공공조직 구성원들이 성과급을 자신들을 통제하기 위한 외부적 통제수단으로 간주한다면 그 효과가 부정적으로 나타날 수 있을 것이다(김정인, 2018: 206－207).

둘째, 직무급은 직무에 대한 상대적 가치에 따라 보수를 결정하는 제도로서, 동일한 직무에 동일한 보수(동일직무 동일보수 원칙)를 부여하는 방안이다(박경규, 2016). 이는 직무분석과 직무평가 결과, 직위별 담당 직무 난이도와 책임도, 즉 직무등급에 따라 보수를 결정하는 제도인 것이다(이창길, 2022: 432). 직무급은 크게 세 가지 방식으로 결정될 수 있다. 첫 번째 방식은 직무평가 점수를 바탕으로 이에 비례하게 보수를 결정하는 방식이다. 두 번째 방식은 직무평가 결과에 따른 점수구간을 설정하고 구간별 보수를 동일하게 지급하는 방식이다. 세 번째 방식은 직무평가 점수구간 설정 후 연공이나 업적 등을 고려하여 해당 구간 내에서 보수를 차등 지급하는 방식이다(김정인, 2018: 205). 직무급은 직무관련성이 가장 높은 보수제도로서 직무와 보상이 가장 직접적으로 연계되며, 직무 외적 요소를 최소화한다는 점에서 이상적인 제도이다. 직무급은 직무수행의 난이도와 중요성에 따라 보수가 결정되기 때문에 임금 차등분배의 타당성이 높다고 할 수 있다(이창길, 2022: 432). 그럼에도 불구하고, 직무급은 공공조직과 같이 직무에 대한 가치평가를 명확히 하기 힘든 경우 평가가 어려운 단점이 있다. 또한 직무평가에 지나치게 많은 비용이 들 수 있으며, 특히 직무성과가 보수에 반영되지 않을 수 있다는 한

---

40) 정부는 2024년도부터 3년 이상 연속 최상위등급(S등급)을 받은 국가공무원에게 최대 50%의 추가 성과급을 지급하는 '장기성과급' 제도를 신설하였다. 1년 단위로 업무실적에 대해 평가하고 그 결과에 따라 성과급이 지급되는 단기성과급의 한계를 극복하기 위해 장기성과급 제도를 도입함으로써 공무원이 지속적으로 높은 성과를 낼 수 있도록 유인하는 여건을 조성하였다(인사혁신처, 2023l).

계를 지닌다(이창길, 2022: 433).[41]

마지막으로, 직능급(역량급)은 조직구성원들이 지닌 직무수행 능력(역량)에 따라 보수를 지급하는 제도로서, 능력(역량)이 우수한 구성원들에게 더 많은 보수를 지급하는 제도이다(박경규, 2016). 이는 보수와 조직구성원 개인의 직무수행 능력(역량)을 연계하며, 조직구성원의 개인 학습과 자기개발에 도움을 주고, 개인의 욕구 중 고차원적 욕구 충족과 그들의 직무만족에 기여할 수 있으며, 승진적체 불만을 현실적으로 해결하기 위한 방안으로 고려할 수 있다는 점에서 의의가 있다. 그럼에도 불구하고, 직무수행 능력(역량)을 측정하기 어려우며, 능력(역량)이 성과와 직접적인 관계에 있지 않을 수 있고, 적용할 수 있는 직무가 제한되어 있다는 점에서 한계를 지닌다(박경규, 2016; 김정인, 2018).

(3) 보수수준 관리

적정한 보수수준의 관리를 위해서는 다음과 같은 기준을 준수해야 한다(이하 백종섭 외, 2018: 222-223). 첫째, 보수체계나 수준이 조직목표를 효과적으로 달성할 수 있어야 한다. 둘째, 보수 결정기준이 형평성과 공정성 기준에 부합되어야 하고, 불합리한 기준이 적용되어서는 안 된다. 셋째, 공무원 보수의 경우 국민의 관점에서 국민기본생활수준 등을 감안하여 적정수준을 유지해야 한다. 넷째, 보수는 업무의 난이도, 책임성, 곤란도 등을 감안하여 결정되어야 한다.

---

41) 따라서 성공적인 직무급 도입을 위해서는 다음 사항을 고려해야 한다(이창길, 2022: 433). 첫째, 직무분석과 직무평가를 통해 직무등급 보수 산정 기준을 명확히 해야 한다. 둘째, 직무별 차등 임금을 조직구성원들이 이해하고 인정할 수 있도록 하여 조직 내부공정성을 확보해야 한다. 셋째, 직급별 최고와 최저 범위, 직무등급 간 격차, 직무등급 수, 총보수 중 직무급 비율 등 직무급 설정에 전략적인 판단과 세부적인 절차가 마련되어야 한다.

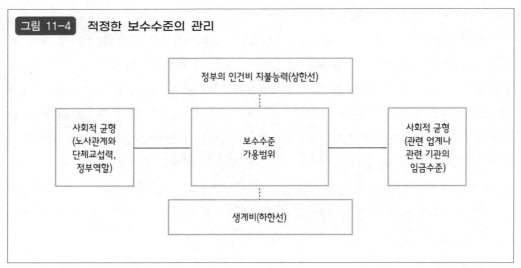

그림 11-4 적정한 보수수준의 관리

출처: 강성철 외(2018: 495).

(4) 한국 공무원의 보수제도

우리나라 공무원 보수에 대해서는 「국가공무원법」 제46조에 "공무원의 보수는 직무의 곤란성과 책임의 정도에 맞도록 계급별·직위별 또는 직무등급별로 정한다"라고 명시되어 있다(국가법령정보센터, 2023b). 또한 공무원의 보수는 「공무원보수규정」 제4조[42])에서 "봉급과 그 밖의 각종 수당을 합산한 금액"으로 규정하고 있다(강성철 외, 2018: 481). 앞서 언급한 것처럼 공무원의 보수는 법령을 기반으로 운영되는데, 이때 적용되는 법령은 「공무원보수규정」 외에도 「공무원수당 등에 관한 규정」, 「공무원보수 등의 업무지침」 등이 있다. 보다 구체적인 우리나라 공무원 보수제도 내용은 [그림 11-5]와 같다.

---

42) 다만 연봉제 적용대상 공무원에게 있어서는 연봉과 그 밖의 각종 수당을 합산한 금액을 말한다.

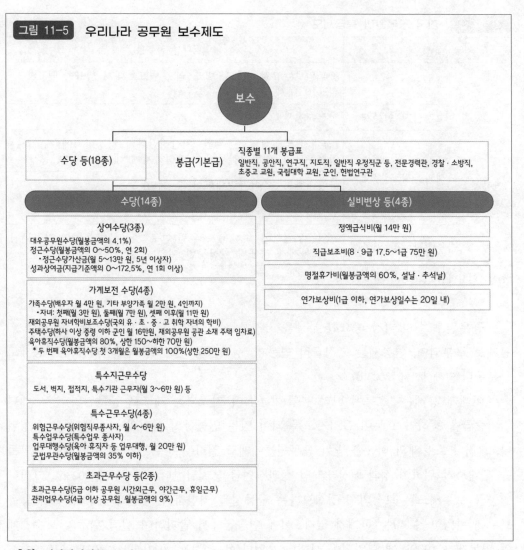

그림 11-5 우리나라 공무원 보수제도

보수

수당 등(18종)

봉급(기본급)
직종별 11개 봉급표
일반직, 공안직, 연구직, 지도직, 일반직 우정직군 등, 전문경력관, 경찰·소방직, 초중고 교원, 국립대학 교원, 군인, 헌법연구관

수당(14종)

실비변상 등(4종)

상여수당(3종)
대우공무원수당(월봉금액의 4.1%)
정근수당(월봉금액의 0~50%, 연 2회)
 ·정근수당가산금(월 5~13만 원, 5년 이상자)
성과상여금(지급기준액의 0~172.5%, 연 1회 이상)

가계보전 수당(4종)
가족수당(배우자 월 4만 원, 기타 부양가족 월 2만 원, 4인까지)
 ·자녀: 첫째(월 3만 원), 둘째(월 7만 원), 셋째 이후(월 11만 원)
재외공무원 자녀학비보조수당(국외 유·초·중·고 취학 자녀의 학비)
주택수당(하사 이상 중령 이하 군인 월 16만원, 재외공무원 공관 소재 주택 임차료)
육아휴직수당(월봉금액의 80%, 상한 150~하한 70만 원)
* 두 번째 육아휴직수당 첫 3개월은 월봉금액의 100%(상한 250만 원)

특수지근무수당
도서, 벽지, 접적지, 특수기관 근무자(월 3~6만 원) 등

특수근무수당(4종)
위험근무수당(위험직무종사자, 월 4~6만 원)
특수업무수당(특수업무 종사자)
업무대행수당(육아 휴직자 등 업무대행, 월 20만 원)
군법무관수당(월봉금액의 35% 이하)

초과근무수당 등(2종)
초과근무수당(5급 이하 공무원 시간외근무, 야간근무, 휴일근무)
관리업무수당(4급 이상 공무원, 월봉금액의 9%)

정액급식비(월 14만 원)

직급보조비(8·9급 17.5~1급 75만 원)

명절휴가비(월봉금액의 60%, 설날·추석날)

연가보상비(1급 이하, 연가보상일수는 20일 내)

출처: 인사혁신처(2023m).

| 표 11-9 | 한국 공무원의 봉급제도 |

구분		적용대상 공무원
호봉제		공무원보수규정 별표3, 별표3의2, 별표4 내지 별표6, 별표8, 별표10 내지 별표14 적용공무원
연봉제	고정급적 연봉제	정무직공무원
	성과급적 연봉제	1급내지 5급(상당) 공무원. 치안정감부터 경정까지에 해당하는 경찰공무원, 소방정감부터 소방령까지에 해당하는 소방공무원
		국립대학의 교원(국립대학의 장 제외)
		임기제공무원(한시임기제공무원 제외)
	직무성과급적 연봉제	고위공무원단에 속하는 공무원(연구직 공무원과 지도직공무원 등 호봉제가 적용되는 공무원 제외)

출처: 인사혁신처(2023n).

공무원 보수의 가장 중요한 부분을 차지하는 봉급(기본급)체계는 크게 호봉제와 연봉제로 구분되며, 연봉제는 고정급적 연봉제, 성과급적 연봉제, 직무성과급적 연봉제로 구분된다(인사혁신처, 2023n).

이때 호봉제는 "호봉에 따라 봉급(기본급)이 지급되는 제도로 공무원의 경우 매년 정기승급을 통하여 호봉이 올라가도록 되어 있는 연공급적 성격의 보수체계"로 구성된다. 그러나 호봉제의 적용을 받는 공무원들에게도 일하는 분위기와 열심히 일한 사람들을 우대하기 위하여 성과급(실적급)인 성과상여금을 지급한다(인사혁신처, 2023n). 그러나 연공급 보수제도는 보상의 공정성보다는 균등성을 지향하여 개인의 능력과 실적 등을 보수에 반영할 수 없는 한계가 있다. 이에 연공급에서 탈피하여 실적 위주의 보수체계인 연봉제가 1999년에 도입되어 시행되고 있다(인사혁신처, 2022).[43] <표 11-10>에서는 2024년 '일반직공무원과 일반직에 준하는 특정직 및 별정직공무원 등의 봉급표'가 제시되어 있다.

---

43) 이밖에도 "공무여행에 필요한 경비를 충당하기 위하여 지급되는 비용으로 운임, 숙박비, 식비, 일비, 이전비, 가족여비 및 준비금으로 구분"되는 '여비제도'가 있다(백종섭 외, 2018: 228, 229).

표 11-10 일반직공무원과 일반직에 준하는 특정직 및 별정직공무원 등의 봉급표(2024년)

(월지급액, 단위: 원)

계급·직무등급 호봉	1급	2급	3급	4급·6등급	5급·5등급	6급·4등급	7급·3등급	8급·2등급	9급·1등급
1	4,367,600	3,931,900	3,547,400	3,040,400	2,717,000	2,241,500	2,050,600	1,913,400	1,877,000
2	4,520,700	4,077,800	3,678,600	3,164,500	2,826,700	2,345,700	2,125,400	1,963,000	1,897,100
3	4,677,700	4,225,600	3,813,800	3,290,700	2,940,800	2,453,200	2,209,000	2,019,800	1,925,200
4	4,838,200	4,374,800	3,949,900	3,419,800	3,059,200	2,563,100	2,302,400	2,084,300	1,961,600
5	5,002,600	4,526,100	4,088,300	3,550,700	3,180,800	2,676,300	2,408,100	2,163,600	2,006,700
6	5,169,000	4,677,600	4,228,000	3,682,900	3,304,800	2,792,600	2,516,400	2,263,400	2,061,100
7	5,337,900	4,831,100	4,369,400	3,816,200	3,430,700	2,909,300	2,625,300	2,363,500	2,133,300
8	5,508,100	4,984,400	4,511,100	3,950,200	3,558,200	3,026,300	2,735,100	2,459,900	2,220,800
9	5,680,900	5,138,700	4,654,000	4,084,700	3,686,100	3,143,700	2,839,500	2,551,700	2,304,500
10	5,854,600	5,292,900	4,796,800	4,219,000	3,814,900	3,253,800	2,939,100	2,638,700	2,385,100
11	6,027,900	5,447,900	4,939,900	4,354,500	3,935,300	3,358,200	3,033,100	2,722,800	2,461,800
12	6,207,100	5,608,200	5,088,200	4,482,000	4,051,400	3,461,000	3,125,400	2,805,000	2,538,300
13	6,387,300	5,769,400	5,226,000	4,601,200	4,161,600	3,557,700	3,213,100	2,884,000	2,611,500
14	6,568,000	5,915,400	5,354,000	4,712,500	4,264,300	3,649,000	3,296,800	2,959,600	2,682,600
15	6,725,800	6,050,000	5,471,900	4,817,300	4,361,400	3,736,800	3,376,900	3,032,100	2,750,600
16	6,866,100	6,173,300	5,581,800	4,916,200	4,452,700	3,819,000	3,452,500	3,102,200	2,816,300
17	6,990,400	6,286,800	5,684,000	5,008,000	4,538,600	3,897,500	3,525,200	3,167,600	2,880,600
18	7,101,100	6,390,600	5,779,000	5,093,700	4,619,700	3,971,700	3,594,700	3,230,900	2,940,300
19	7,200,200	6,486,500	5,866,800	5,173,800	4,696,100	4,042,100	3,660,200	3,291,800	2,999,200
20	7,289,100	6,573,900	5,949,100	5,248,600	4,767,800	4,108,300	3,722,500	3,349,800	3,055,200
21	7,371,000	6,653,900	6,025,300	5,318,500	4,835,100	4,172,000	3,782,000	3,405,200	3,108,200
22	7,443,900	6,727,300	6,095,800	5,384,100	4,898,400	4,231,900	3,838,100	3,458,400	3,158,900
23	7,505,600	6,794,400	6,160,900	5,445,700	4,958,200	4,288,100	3,892,500	3,509,000	3,207,400
24		6,849,300	6,221,800	5,503,800	5,014,000	4,341,700	3,944,000	3,557,900	3,253,900
25		6,901,700	6,271,600	5,556,800	5,066,800	4,392,600	3,992,800	3,604,300	3,298,200
26			6,319,300	5,601,800	5,116,500	4,440,800	4,039,700	3,649,200	3,338,300
27			6,363,500	5,643,200	5,157,800	4,486,500	4,079,200	3,686,700	3,372,800
28				5,682,900	5,197,400	4,524,900	4,116,100	3,722,800	3,406,000
29					5,233,800	4,560,700	4,151,800	3,757,000	3,438,100
30					5,269,100	4,596,200	4,185,900	3,790,000	3,469,200
31						4,629,000	4,217,900	3,822,100	3,499,900
32						4,660,000			

비고: 다음 각 호의 공무원의 봉급월액은 해당 계급 및 호봉 상당액으로 한다. 다만, 제8조, 제9조 및 제11조(제61조에 따라 제8조, 제9조 및 제11조를 준용하는 경우를 포함한다)에 따라 획정한 호봉이 높은 경우에는 유리한 호봉을 적용한다.
  1. 교섭단체 정책연구위원 중 4급 상당: 4급 21호봉
  2. 국회의원 보좌관: 4급 21호봉, 국회의원 선임비서관: 5급 24호봉, 국회의원 비서관 중 6급 상당: 6급 11호봉, 7급 상당: 7급 9호봉, 8급 상당: 8급 8호봉, 9급 상당: 9급 7호봉

출처: 국가법령정보센터(2024). 「공무원보수규정」.

(5) 한국 공무원의 연금제도와 후생복지

① 공무원연금제도

공무원연금은 "퇴직한 공무원과 그 가족에게 안정적인 생계유지를 위하여 지급되는 금전적인 보상"이다(백종섭 외, 2018: 230). 이는 국가가 책임을 지고 공무원과 그들의 가족을 위해 운영하는 사회보장제도의 일환으로서 사회보험 원리에 의거하여 운영되고 있는 '장기 소득보장시스템'인 것이다. 공무원연금은 직업공무원제의 안정적 운영을 위하여 도입되었으며, 공무원연금 운영에 기반이 되는 학설로는 ① 공로보장설, ② 사회보장설, ③ 보수후불설, ④ 위자료설 등이 있다.[44] 연금에 대해서는 이처럼 다양한 시각이 존재하지만, 퇴직연금의 필요성과 중요성에 대해 언급하는 바는 동일하다고 할 수 있다.

우리나라에서는 1960년대 「공무원연금법」을 제정하면서 본격적으로 공무원연금제도를 시행하였다. 이는 "공무원이 10년 이상 성실히 근무하고 퇴직하거나 공무상 질병·부상으로 퇴직 또는 사망한 때에 연금 또는 일시금을 지급하여, 공무원과 그 유족의 노후 소득보장을 도모하는 한편, 장기재직과 직무충실을 유도하기 위한 인사정책"의 일환으로, 오늘날에도 많은 공무원들의 노후를 보장해 주는 든든한 보험으로서의 역할을 담당하고 있다. 특히 우리나라의 공무원연금제도는 '사회보험원리와 부양원리가 혼합된 제도로 운영비용 부담은 정부와 공무원이 균등부담하는 사회보험 성격'을 지니고 있다. 뿐만 아니라, '재정수지 부족액을 재정으로 보전하는 부양원리를 채택'하고 있다(인사혁신처, 2023o). 우리나라 공무원연금 운영주체를 표시하면 [그림 11−6]과 같다.

한국에서는 공무원연금 재정 확보를 위해 비용부담 방식은 '기여제(contributory system)'를 채택하고 있으며, 연금재정 운용방식은 '적립방식(funded system)'을 채택하고 있다(강성철 외, 2018: 518). 기여제는 "급여에 소요되는 비용을 국가 또는 지방자치단체와 공무원이 공동으로 부담하는 방식"이다. 이에 비해 비기여제(non−contributory sys−

---

44) 공로보장설은 장기근속자에 대한 고용주의 감사한 마음을 담아 지급하는 것이 연금이라는 주장이며, 사회보장설은 고용주가 직원의 퇴직 후 생계보장을 책임질 의무가 있다는 점을 강조하는 주장이다. 보수후불설은 직원들의 보수 일부가 재직 중에 지급되지 않고 적립되었다가 퇴직 후 지급되는 것이라고 주장한다. 마지막으로, 위자료설은 직원이 퇴직으로 직업세계를 떠나는 데 대한 위로를 표하는 것이 퇴직 연금이라는 주장이다(백종섭 외, 2018).

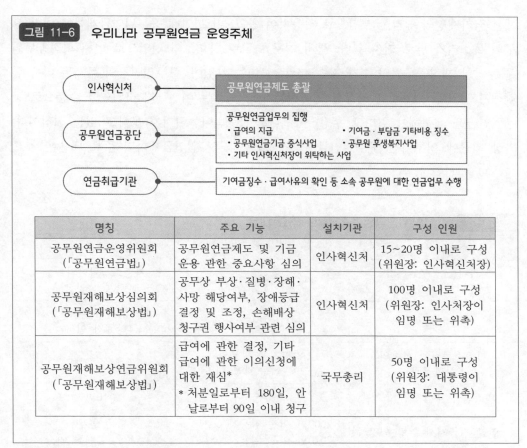

그림 11-6 우리나라 공무원연금 운영주체

명칭	주요 기능	설치기관	구성 인원
공무원연금운영위원회 (「공무원연금법」)	공무원연금제도 및 기금 운용 관한 중요사항 심의	인사혁신처	15~20명 이내로 구성 (위원장: 인사혁신처장)
공무원재해보상심의회 (「공무원재해보상법」)	공무상 부상·질병·장해·사망 해당여부, 장애등급 결정 및 조정, 손해배상 청구권 행사여부 관련 심의	인사혁신처	100명 이내로 구성 (위원장: 인사처장이 임명 또는 위촉)
공무원재해보상연금위원회 (「공무원재해보상법」)	급여에 관한 결정, 기타 급여에 관한 이의신청에 대한 재심* * 처분일로부터 180일, 안 날로부터 90일 이내 청구	국무총리	50명 이내로 구성 (위원장: 대통령이 임명 또는 위촉)

출처: 인사혁신처(2023o).

tem)는 "공무원은 비용을 부담하지 않고 국가 또는 지방자치단체가 소요비용 전액을 부담하는 방식"이다(인사혁신처, 2023o). 연금재정 운용방식에 있어 적립방식은 "장래에 소요될 급여비용의 부담액을 제도가입 기간 동안의 평준화된 보험료로 적립시키도록 계획된 재정방식"이며, 부과방식(pay-as-you-go)은 "일정기간 동안의 급여비용을 동일기간 내에 조달하도록 계획된 재정방식으로서, 적립금을 보유하지 않으며 보유하더라도 급여의 일시적 과다지출에 대비한 위험준비금 정도를 보유하는 재정방식"이다(인사혁신처, 2023o).

한국에서 처음 공무원연금제도를 도입한 1960년 이후 공무원연금 회계의 적자 문제는 국가재정의 심각한 부담으로 작용하여 왔고, 이로 인해 공무원연금개혁에 대한 요구의 목소리가 날로 커져 왔다. 특히 최근 초고령 사회로의 진입으로 인해 퇴직공무원을 부양할 재직공무원의 수가 지속적으로 줄어들고 있어, 공무원연금의 문제는 더욱 심각해지고 있다. 경제학을 전공한 연금전문가 중 일부는 이전부터 국민연금 수준으로 공무원연금을 개혁해야 한다고 주장하였으나, 이는 받아들여지지 못하고 있는 실정이다. 가장 최근에 이루어진 공무원연금개혁인 2015년 공무원연금개혁의 주요 내용은 <표 11-11>과 같다.

표 11-11   2015년 공무원연금개혁의 주요 내용

구분	종전	개정
기여율(공무원) 및 부담률(국가)인상	기준소득월액의 7%	기준소득월액의 9% (단계적 인상)
연금지급률 인하	재직기간 1년당 1.9%	재직기간 1년당 1.7% (단계적 인하)
기준소득월액 상한의 하향조정	1.8배(전체 공무원 평균기준소득 월액 대비)	1.6배로 하향조정
퇴직연금 수급요건 조정	20년	10년
연금 지급개시 연령 연장	2009년 이전 임용자 60세 2010년 이후 임용자 65세	모든 공무원 65세로 단계적 연장
유족연금지급률 하향조정	2009년 이전 임용자 70% 2010년 이후 임용자 60%	전·현직 공무원 모두 60% 적용
연금액 한시 동결	물가인상률 연동	5년간 동결(2016~2020년)

출처: 강성철 외(2018: 515).

② 공무원 후생복지[45), 46)]

공무원 후생복지는 앞서 제시한 [그림 11-5]의 수당이 대표적인 예라고 할 수 있다. 현재 한국 정부에서는 공무원 후생복지를 위해 맞춤형 복지제도를 운영하고 있는데, 이는 "공무원 개인에게 배정된 복지점수를 본인의 선호와 필요에 따라 자신에게 적합한 혜택을 선택하도록 하여 다양한 복지수요를 충족"시키기 위해 마련된 제도이다. 정부 중앙부처는 이를 2005년부터 전면 실시하였으며, 지방자치단체는 2006년부터 자율적으로 도입하고 있다(인사혁신처, 2023q). 보다 구체적인 맞춤형 복지업무 추진주체 및 복지항목 구성내용은 [그림 11-7]과 같다.

이외에도 공무원 후생복지를 위해 "대민(민원)업무 처리과정에서 법적 분쟁이 발생한 중앙 및 지자체 공무원을 대상"으로 정당한 대민업무처리 중 부득이하게 발생하게 된 고소, 고발 및 손해배상청구 등 법적 분쟁 관련 모든 사항에 대해 법률상담지원서비스를 제공하고 있다(인사혁신처, 2023q).[47)]

---

45) 공무원 후생복지와 관련된 부분은 인적자원의 다양성관리 측면으로도 논의될 수 있다.

46) 이외에 '공무원 재해보상제도'가 있다. 이는 공무원의 공무로 인한 부상·질병·장해·사망에 대해 적합한 보상을 하고, 공무상 재해를 입은 공무원의 재활 및 직무복귀를 지원하며, 재해예방을 위한 사업을 시행함으로써 공무원이 직무에 전념할 수 있는 여건을 조성하고, 공무원 및 그 유족의 복지향상에 이바지하고자 하는 제도이다(인사혁신처, 2023p). 2023년에는 공무수행 과정에서 유해하거나 위험한 환경에 상당 기간 노출되어 질병에 걸린 경우, 공무상 재해로 추정하는 제도인 '공상추정제'가 도입되어 소방·경찰·우정직 등 현장 공무원들의 재해 입증 부담을 완화하고자 하였다. 이는 신속한 공상승인과 보상체계를 구축하였다는 점에서도 의의가 있다(인사혁신처, 2023p). 또한, 최근에는 '공무원 마음건강센터' 기능을 강화하여 전체 공무원 및 그 가족(순직공무원 유가족 포함)들의 심리·정신에 대해서도 지원하고 있다(인사혁신처, 2023p).

47) 공무원 동호회 활동 지원 등도 공무원 후생복지제도의 일환으로 볼 수 있다. 특히 '동호인대회를 통해 일과 삶의 조화, 공직사회의 일체감 조성, 부처 간 친선 도모로 공직 생산성을 제고'하고자 하였다. 이는 「국가공무원법」 제52조, 「공무원 후생복지에 관한 규정」 제20조를 근거로 하고 있다(인사혁신처, 2023q).

그림 11-7	맞춤형 복지제도 추진주체 및 내용

■ 맞춤형복지업무 추진주체별 역할

인사혁신처	법령·제도 개선/기본항목 기준 제시
운영기관(각 부처)	복지비 예산 확보·집행/자율항목 구성 등 운영지침 마련

■ 복지항목 구성

복지 항목		주요 내용	비고
기본 항목	필수	정부차원에서 필요성을 판단하여 설정하고, 전체 구성원이 의무적으로 가입	생명/상해보험
	선택	각 운영기관의 장이 정책적 필요에 따라 설정하고, 각 구성원은 의무적으로 가입	본인 및 가족 의료비 보장 보험, 건강 검진 등
자율항목		각 운영기관의 장이 필요에 따라 설정하고, 각 구성원이 자유롭게 선택	건강관리, 자기계발, 여가활용, 가정친화

■ 복지점수 배정기준

기본복지 점수	변동복지 점수	
	근속복지 점수	가족복지 점수
● 전 직원에게 400점 일률 배정	● 1년 근속당 10점 ● 최고 300점 배정	● 배우자포함 4인 이내로 하되 자녀는 인원수에 관계없이 모두 배정 ● 배우자 100점/직계 존·비속 1인당 50점, 직계 비속 중 둘째 자녀는 100점, 셋째 자녀부터는 200점

출처: 인사혁신처(2023q).

ChatGPT와 함께 하는 **11장**의 **주요 개념** 정리

1. 전략적 인적자원관리(Strategic Human Resource Management, SHRM) 특징
- 전략적 인적자원관리는 조직의 목표와 전략에 부합하도록 인적자원을 효과적으로 관리하는 접근 방식
- 전략적 인적자원관리는 단순히 인사관리 기능을 넘어 조직의 핵심 전략과 긴밀하게 통합되어 있으며, 조직의 경쟁우위를 확보하는 데 결정적인 역할을 함

구분	내용
비즈니스 목표와 통합	• SHRM은 조직의 비즈니스 전략과 목표에 맞춰짐 • 인적자원관리는 단순히 인력 운영이 아니라 비즈니스 성과에 직접적으로 기여하는 전략으로 취급됨
장기적 관점	• SHRM은 단기적 목표뿐만 아니라 장기적 목표와 전략을 고려함 • 인적자원의 개발, 유지 그리고 활용에 대한 계획은 장기적인 조직적 성과에 영향을 미침
조직 전체적 관점	• SHRM은 전체적인 조직적 관점에서 인적자원을 관리함 • 조직의 다양한 부문과 기능 간의 협력을 강화하고, 인적자원을 통합하여 조직 전체의 성과를 향상시키려고 노력함
유연성과 대응성	• SHRM은 환경의 변화에 빠르게 대응할 수 있도록 조직과 인적자원을 유연하게 관리하려고 함 • 이는 경쟁 환경, 기술의 진보, 법규 제도 등에 빠르게 대응할 수 있는 능력을 의미함
전략적 파트너십	• SHRM은 인적자원관리를 기업의 전략적 파트너로 인식함 • 인적자원 담당자는 조직의 의사결정에 참여하고 전략적인 조언을 제공하는 역할을 수행함
인재 유지 및 발전	• SHRM은 인재를 발굴하고 유지하기 위한 노력을 강조함 • 이는 조직 내에서 인재의 개발, 육성 그리고 유지를 위한 전략을 수립하는 것을 의미함
성과 측정과 평가	• SHRM은 인적자원의 성과를 측정하고 평가하는 프로세스를 갖추고 있음 • 효과적인 성과 평가는 조직의 목표달성에 도움이 됨
전략적 리더십 강화	• SHRM은 조직의 리더들이 인적자원을 효과적으로 이끌고 개발하는 데

	중점을 둠
	• 리더십의 역할은 인적자원 전략과 정책을 전파하고 실행하는 데 있어서 중요함

출처: ChatGPT(2023). '전략적 인적자원관리의 특징은 무엇인가?' 질문으로 검색한 내용 저자 정리.

2. 한국 공무원연금제도의 장단점

- 한국의 공무원연금제도에는 여러 장단점이 있음
- 이러한 장단점은 공무원연금제도를 평가하고 개선할 때 고려되어야 하는 중요한 측면임
- 정부와 근로자(공무원)들 간의 상호 협력과 정책 개선을 통해 더 효과적이고 지속 가능한 연금제도를 구축하는 것이 중요

장점	단점
• 보장성과 안정성: 한국의 공무원연금제도는 고정된 금액의 연금을 제공하여 공무원에게 퇴직 후 안정적인 경제적 지원을 제공함	• 경제적 부담: 공무원연금제도는 국가 예산에서 출자되어 운영되기 때문에, 국가에 큰 경제적 부담을 일으킬 수 있음. 특히 연금 수령자 수가 늘어날수록 예산 부담이 증가할 수 있음
• 근로자 보호: 국가직공무원연금은 특히 국가에서 임기를 정하고 임명하는 공무원에게 적용되어, 일정 기간 동안의 근로에 대한 연금을 보장하여 근로자를 보호함	• 세대 간 불균형: 공무원연금은 현재 근무 중인 세대가 현재 노후 세대의 연금을 충당하는 형태이므로, 인구 구조 변화에 따라 세대 간 불균형이 발생할 수 있음
• 복지 측면 강화: 공무원연금은 근로자의 사후 생활을 고려하여 설계되어 있으며, 이는 근로자의 복지를 강화하는 측면에서 긍정적으로 평가됨	• 시스템의 유연성 부족: 공무원연금제도가 변화하는 노동 시장에 대응하기에는 유연성이 부족하다는 비판을 받음. 산업 구조나 노동 시장의 변화에 적응하기 어려울 수 있음

출처: ChatGPT(2023). '한국의 공무원연금제도의 장단점은 무엇인가?' 질문으로 검색한 내용 저자 정리.

행정사례 연습

■ 공무원 간 경쟁을 통한 전문성 증진 사례

공무원 무한경쟁 선언

울산시가 3급 행정직 직위인 정책기획관에 환경직을 전보 배치하는 등 공무원 직렬 파괴를 통한 무한경쟁 인사를 단행해 귀추가 주목된다. 울산시는 26일 이 같은 내용을 담은 5급 이상 221명에 대한 2023년 상반기 정기인사를 단행했다. 승진은 30명으로 2급 1명, 3급 3명, 4급 10명, 5급 16명이다. 전보는 총 136명, 인사교류 27명, 파견 28명이다. 이 가운데 행정직렬 직위인 정책기획관, 회계과장, 광역교통과장, 스마트도시과장, 총무과 공무원복지노사팀장, 정책기획관 의회협력팀장, 환경정책과 기후변화팀장에 기술직을 배치했다. 이 같은 인사와 관련해 울산시 행정부시장은 "창조적 파괴를 통한 변화와 혁신을 추구하고자 기존 고정관념에서 탈피해 직렬과 관계없이 인재를 고르게 등용했다"라고 배경을 설명했다. 이어 "과감하고 담대한 도전으로 위대한 울산의 기틀을 다지기 위해 일과 성과 중심의 인사 운영으로 개인과 조직의 경쟁력을 동시에 강화하는 것에 중점을 뒀다"라고 강조했다. 전문성 결여를 우려하는 지적에 대해서는 "기존 업무추진 과정에서 유사 업무의 경험이 축적돼 있고 새로운 업무에 대한 이해력, 추진력, 조직 장악력을 충분히 검토해서 배치했다"라고 설명했다. 울산시는 향후에도 자신의 업무에 책임감을 갖고 열정적으로 성과를 내는 직원에 대해서는 전격적인 발탁 인사를 도입하고, 직원들과 소통하고 공감하는 인사 운영을 위해 노력한다는 입장이다.

출처: 파이낸셜뉴스(2022).

■ 사례의 의의

본 사례는 울산시에서 공무원 간 경쟁을 통해 공무원의 전문성을 확보하고자 한 내용을 담고 있으며, 이는 공공부문에서의 변화하는 인사관리 방안을 나타내고 있다. 계급제를 기반으로 하는 한국의 정부조직에서는 승진에 있어 행정직이 기술직에 비해 유리한 입장에 있다. 전문성이 다소 부족하더라도 기술직보다 행정직 공무원이 승진에 있어서 우대를 받는다는 인식도 관가에서는 팽배해 있었다. 기술직의 경우 일반직에 비해 직렬의 범위가 협소하고 인원이 적어 관련 분야에 전문성이 있음에도 불구하고 승진에 있어 불이익을 받았던 경우도 많았다. 하지만 울산시는 공무원의 내부 경쟁을 통해 전문성 있고 능력 있는 공무원을 보직 임용함으로써 정부 내 생산성을 증진시키고자 하였다. 이러한 인사가 일회성이 아니라 지속적으로 시행된다면 행정직 위주의 인사관리의 한계를 극복할 수 있을 것이다. 다만, 이 제도의 성공적인 정착을 위해 객관적인 근무성적평정 기준 마련과 행정직 공무원의 수용성 확보가 필수적으로 뒷받침되어야 할 것이다.

제12장

다양성관리와 인사혁신

본 장에서는 바람직한 다양성관리 및 인사혁신에 대해 논의한다. 현대 행정에서는 공무원의 삶의 질 향상이 매우 중요한 화두로 대두되었다. 이와 관련해 조직의 다양성을 확보하고 나아가 조직구성원들의 다양성을 증진시킬 수 있는 일과 삶의 조화 정책 마련 등 효과적인 다양성관리 방안을 살펴본다. 또한 한국 정부조직에서 고려해야 할 인사혁신에 대해 논의한다.

제12장

다양성관리와 인사혁신

핵심 학습사항

1. 다양성관리의 필요성은 무엇인가?
2. 대표관료제의 장단점은 무엇인가?
3. 한국의 균형인사정책과 일과 삶의 조화(WLB) 정책은 무엇인가?
4. 유연근무제의 장점과 한계 및 성공적인 정착방안은 무엇인가?
5. 직무분석과 직무평가는 무엇인가?
6. 직무평가 방법에는 어떤 것이 있는가?
7. 역량기반 인적자원관리는 무엇이며, 이를 위한 정책에는 어떤 것이 있는가?
8. 디지털 인사관리의 의의는 무엇인가?
9. 퇴직관리의 중요성은 무엇이며, 임금피크제의 장단점에는 어떤 것이 있는가?

1. 다양성관리

1) 다양성의 의의와 다양성관리의 필요성

(1) 다양성의 의미와 유형

'종류가 다름' 또는 '서로 다름'의 의미를 지니는 다양성(diversity)[1]은 "독립된 개체들 간에 서로 '독특함'이 있어 '동일하지 않은' 상태 혹은 하나의 집단이 '서로 다른 구성요소'로 이루어진 것"이다. 특히 행정학을 비롯한 사회과학에서는 다양성을 '사람의 다

---

1) 국어사전에서 다양성은 "모양, 빛깔, 형태, 양식 따위가 여러 가지로 많은 특성"으로 정의된다(네이버국어사전, 2020).

름'에 초점을 두어 '개인들 사이의 차이' 또는 '집단 구성원 사이의 차이' 등으로 설명한다(백종섭 외, 2018: 328). 이와 같이 다양성은 두 가지 관점에서 해석된다. 첫 번째 관점은 다양성을 차이(difference)에 초점을 두어 '상호의존적인 조직구성원들 사이의 개인적 특성이 분포되어 있는 정도'로 해석한다(Jackson et al., 2003; 이근주·이수영, 2012: 17). 둘째, 다양성을 다름 또는 이종성(heterogeneity)으로 해석하여 문화적 다양성(예: 인종의 다양성)에 관심을 둔다(Jackson et al., 1995).

다양성은 외적 또는 표면적 다양성(surface-leveled diversity)과 내적 또는 내면적 다양성(deep-leveled diversity)으로 구분된다. 전자는 "성별, 인종, 민족, 나이, 장애상태 등 쉽게 파악할 수 있는 특성차이"를, 후자는 "가치관, 성격, 일에 대한 선호도 차이"를 의미한다(Robbins & Judge, 2014: 51). 이와 같이 표면적 다양성은 성별, 연령, 인종, 민족 등의 가시적이고 외재적인 것으로서 사람 간 다름을 나타내고, 내면적 다양성은 교육배경, 정치적 성향, 인지적 다양성 등 내재적이고 비가시적인 것으로서 사람의 다름을 일컫는다(이종열 외, 2023). 최근에는 MBTI 등 성격 유형에 기반한 내면적 다양성의 중요성이 더욱 커지고 있다(YTN, 2023).[2]

(2) 다양성관리의 의미와 중요성

다양성관리(diversity management)란 "표면적·내면적 차이를 지닌 다양한 노동력을 공평하고 효율적으로 활용하기 위한 체계적인 인적자원관리 과정"을 말한다(유민봉·박성민, 2013: 443). 즉, 다양성관리는 "관리자가 구성원으로 하여금 다른 사람들의 욕구와 차이점에 대한 인식을 철저히 하도록 주지시키는 과정 및 프로그램"이라고 할 수 있다(Robbins & Judge, 2014: 68).

다양성관리에 대한 관심이 최근 들어 급증하는 이유는 사회구조와 문화환경 등의 급격한 변화로 말미암아 표면적·내면적으로 서로 다름을 지닌 구성원들이 증가하면서 이들에 대한 효과적인 관리가 필요해졌기 때문이다(김철우, 2013: 6). 특히 우리나라에서도 외국인 근로자 고용 확대 정책이 활성화되면서 조직에서의 효과적인 다양성관리가 주목을 받고 있다(채널A, 2023; 미디어펜, 2023). 이밖에도 다양성관리가 중요한 이유는 조직 내 다양성관리가 어떻게 이루어지는가에 따라 개인과 조직차원의 생산성이 달라지

---

2) 이와 관련된 보다 구체적인 내용은 본서 제7장을 참조하기 바란다.

기 때문이다(김정인, 2018: 607). 표면적 차원에서 다양성관리가 이루어지지 않을 때 나타나는 대표적인 행동이 조직 내 '차별행위(discrimination behavior)'이다. 이는 "다른 대상과 비교하여 차이를 보이는 행위로서 흔히 불공정한 차별, 즉 개인에 대한 판단을 해당 집단의 특성에 대한 고정관념을 갖고 하는 행위"를 말한다(Robbins & Judge, 2014: 53; 김정인, 2018: 605). 이러한 차별행위[예: 유리천장(glass ceiling), 유리사다리(glass escalator)]가 조직 내에서 발생하면 생산성의 저하, 첨예한 갈등 및 이직률 증대 등과 같은 부정적인 결과가 유발되기 쉽다(Robbins & Judge, 2014: 54).3) 또한 내면적 다양성 차원에서도 다양성관리가 원활하지 않으면 성격의 차이, 가치관의 차이, 사고의 차이 등으로 인해 구성원 간의 커뮤니케이션 저해는 물론, 갈등증폭으로 개인과 조직 차원 모두의 생산성에 부정적인 영향을 미칠 수 있다(Robbins & Judge, 2014: 52). 반면에 조직에서 효과적인 다양성관리가 이루어지면 구성원들의 각기 다른 가치관과 신념들이 도리어 시너지를 창출하고 창의성을 증진시켜 종국에는 개인과 조직 차원에서의 생산성을 증진시킬 수도 있다(오화선 외, 2015).

다양성은 조직과 조직구성원들에게 긍정적인 영향과 부정적인 영향을 각각 미칠 수 있다(Robbins & Judge, 2014; Ely, 2004; 김호균·김정인, 2017). 긍정적인 측면에서 다양성은 구성원 간 창의성을 증진시키고, 혁신성을 강화할 수 있으며, 전략적 결정과 폭넓은 아이디어 창출을 가능하게 하고, 깊이 있는 통찰력을 제공함으로써 문제해결 능력을 향상시킬 수 있어 개인과 조직의 생산성 증진에 기여할 수 있다. 반면, 조직 내 다양성의 수준이 높을수록 조직통합과 원활한 의사소통을 지속하기 어려울 수 있으며, 조직구성원 간 갈등을 더욱 증폭시킬 가능성도 있다.4) 따라서 다양성관리가 더욱 중요해지는 것이다.

---

3) 유리천장은 1979년 미국의 경제주간지 「월스트리트저널」에 여성 승진의 어려움을 다룬 기사에서 처음 등장하였고, 1986년 동일한 잡지에 실린 다른 기사를 통해 '유리천장(glass ceiling)'이라는 용어가 재등장하면서 일반에서도 널리 사용되기 시작했다. 이는 현대 직장 여성들이 승진의 사닥다리를 오를 때마다 일정 단계에 이르면 부딪히게 되는 보이지 않는 장벽을 의미한다(두산백과, 2020). 이에 반해 유리사다리는 여성 위주의 직장에서도 남성의 승진이 빠르다는 의미이다(Robbins & Judge, 2014: 59; 김정인, 2018: 605).

4) 이와 같은 부정적 영향을 설명하는 대표적인 이론으로는 사회유형화 이론, 사회정체성이론, 유사성-유인이론(similarity-attraction) 등이 있다. 이들 이론에 의하면 사람들은 자신과 동일한 집단 내 구성원에게 호의적이고, 그렇지 않은 집단에게는 경계하고 차별하는 행위를 보인다(김호균·김정인, 2017).

2) 인적자원 확보 차원에서의 다양성관리

(1) 다양성관리의 타당성: 대표관료제

인적자원 확보 과정에서 다양성관리는 누구나 차별 없이 동등한 기회를 제공 받아야 한다는 소극적 관점에서의 다양성관리뿐만 아니라, 과거 차별받았던 집단에 대한 우대정책 시행과 같은 적극적 관점의 다양성관리 모두를 포함한다(김정인, 2018: 609). 인적자원 확보 과정에서의 다양성관리의 타당성은 대표관료제로 설명될 수 있다.

대표관료제(representative bureaucracy)란 "한 사회를 구성하는 모든 집단으로부터 인구비례에 따라 관료를 충원하고, 그들을 정부관료제 내의 모든 직무분야와 계급에 비례적으로 배치함으로써 정부관료제가 한 사회의 모든 계층과 집단에 공평하게 대응하도록 하는 인사제도"를 의미한다(백종섭 외, 2018: 94). 이는 1944년 영국의 킹슬리(J. D. Kingsley)에 의해 처음으로 사용되었다. 킹슬리에 의한 대표관료제 도입은 사실상 관료사회에 대한 통제를 목적으로 하고 있었다(Kingsley, 1944). 실제로 정부관료가 정책결정과 집행에서 상당한 영향력을 행사함에 따라 관료들이 국민에 대한 대응성을 증진시킬 수 있는 방안이 지속적으로 모색되어 왔다. 이에 킹슬리는 관료제를 개선하기 위해 '사회 내 지배세력들을 그대로 반영하여 구성된 관료제'인 대표관료제를 주창한 것이다(강성철 외, 2018: 70). 민주사회가 진전됨에 따라 대표관료제는 사회적 가치와 태도를 포함하거나, 비례대표로까지 확대되었다. 예를 들어, 반 라이퍼(Van Riper)는 인구학적 특성 이외에 사회적 가치를 대표관료제 요소에 포함시켜 직업, 사회계층, 지역 등과 같은 관점에서도 모든 집단과 계층을 합리적으로 대표할 뿐만 아니라 사회의 사조(ethos)와 태도까지도 대표할 수 있어야 한다고 주장하였다(Van Riper, 1958). 또한 크랜츠(H. Kranz)는 대표관료제를 비례대표(proportional representation)로 확대하여 사회집단 구성과 관료집단 구성의 비율을 동일하게 유지해야 한다고 주장하였다(Kranz, 1976).

특히 대표성은 '소극적 대표성(passive representation)'과 '적극적 대표성(active representation)'으로 구분할 수 있다(Mosher, 1968). 소극적 대표성(임용 전 사회화)은 "출신 집단의 실태나 입장에 관한 정보를 얻을 수 있는 기능"이며, 적극적 대표성(임용 후 행태)은 "자신의 출신 계층의 이익과 의사를 적극적으로 반영, 대변하려고 노력하는 것"이다(백종섭 외, 2018: 96). 모셔(F. C. Mosher)는 소극적 대표성이 자동적으로 적극적 대표성을 보장한다고 가정한다(Mosher, 1968).5) 하지만 관료조직 내에서 충분한 재량이 주어지지 않거나 관료 내 조직사회화가 발생하면 소극적 대표성이 적극적 대표성으로 전이되지 못할 수 있다(Sowa & Selden, 2003). 특히 윌킨스(V. M. Wilkins)와 윌리엄스(B. N. Williams)는 2008년 논문에서 흑인 경찰이 자신의 인종집단인 흑인을 옹호하는 정책을 펼치기보다, 경찰로서의 본인 실적을 높이기 위해 흑인들의 검거를 강화했다는 연구결과를 발표하면서 소극적 대표성이 반드시 적극적 대표성으로 전이되는 것은 아님을 다시 한 번 강조하였다(Wilkins & Williams, 2008).

앞서 언급한 것처럼 대표관료제가 대두된 배경은 관료제의 대응성과 책임성을 확보하여, 관료사회의 통제가 가능하도록 함에 있었다. 나아가 과거 소극적으로 해석되어 왔던 실적제(예: 기회균등과 공정한 경쟁요건의 형성)를 확장하여 적극적으로 해석하고자 했으며, 공무원 노조의 단체교섭권 활성화 등에 따른 근무환경을 개선하고자 함에 있었다(백종섭 외, 2018: 96-98). 따라서 대표관료제는 다음과 같은 효과성을 지닌다. 첫째, 행정의 대응성과 책임성을 향상시켰으며, 둘째, 행정의 민주성(사회적 형평성)을 제고하였다. 셋째, 장기적 차원에서 합리적인 의사결정을 가능하도록 하여 효율성과 책임성을 진작하였다(예: 소수자 참여로 행정순응 증대). 넷째, 전통적으로 차별받거나 소외되었던 집단의 반사회적 행위를 감소시켰으며, 다섯째, 관료제에 대한 외적 통제를 증진시켰다(강성철 외, 2018: 73-75).

그러나 대표관료제는 다음과 같은 한계점을 지닌다. 첫째, 무엇보다도 대표관료제가 확대되면 인사행정의 기본원리인 실적주의(예: 자격, 능력주의) 이념과 충돌할 수 있다. 둘째, 관료가 임용 이전 자신의 출신배경이나 집단의 이해관계를 적극적으로 반영하는 정책지향성을 보일 수 있다. 이러한 적극적 대표성은 새로운 갈등(예: 출신 집단의 이해와 조직의 이해가 충돌할 수 있음)을 야기할 수 있다.6) 셋째, 대표관료제는 할당제(quota system)를 강요하는 결과를 초래하며, 넷째, 할당제가 실시되면 우수한 능력을 지

---

5) 뿐만 아니라, 소극적 대표성은 상징적 대표성 확보 차원에서 장점을 지닌다. 상징적 대표성이 확보되면 시민들의 정부정책에 대한 순응성과 신뢰성이 증가한다(Riccucci & Van Ryzin, 2017). 따라서 소극적 대표성 증대는 정부가 공직자 구성에 있어서 사회적 특성(예: 인종, 성별 등)을 고려하고 있다는 점을 보여주는 행위이기 때문에 시민들의 정부정책 순응, 신뢰성, 정당성 증가라는 긍정적 효과를 가져올 수 있다(김정인, 2019: 302).

6) 물론 앞서 언급한 것처럼 소극적 대표성이 반드시 적극적 대표성을 보장하는 것은 아니다.

닌 개인이 오히려 불이익을 받는 '역차별(reverse discrimination)'[7]의 문제가 발생할 수 있다. 다섯째, 관료의 외적 통제가 지나쳐 관료제의 효율성이 저해될 수 있다(강성철 외, 2018: 75).

(2) 다양성관리 방안: 균형(통합)인사정책

한국에서도 인적자원 확보의 다양성관리 차원에서 대표관료제는 중요한 의의를 지닌다. 실제 대표관료제는 적극적 인사정책의 필요성을 증진시키는 계기가 되어 균형인사정책의 추진에 중요한 역할을 하였다. 특히 한국은 민족적·인종적·문화적·언어적 동질성을 유지하고 있어 대표관료제를 기계적으로 적용하는 데는 한계가 있다(김용철 외, 2022). 그럼에도 불구하고 한국에서는 산업화와 경제발전을 겪으면서 집단 간, 사회계층 간, 성별 간, 지역 간 대립이 더욱 심화되었고, 사회구성원들의 특징을 충분히 고려하여 공직을 형성하지 못하였다는 비판이 제기되었다(강성철 외, 2018: 76). 2022년 11월 기준으로 우리나라 '외국인 주민'이 226만 명(전체 인구의 약 4.4%)인 시대를 맞이하면서(세계일보, 2023), 인종과 관련한 사회구성원들의 특징을 충분히 고려하여 공직을 형성할 필요성이 있다는 주장도 제기되고 있다.[8] 이러한 맥락에서 1990년대 이후 한국에서는 소외된 집단들의 실질적인 정책과정 참여 확대를 통해 그들의 이익을 정부정책에 적극적으로 반영하고자 하는 '균형인사정책'을 확대·실행하고 있는 것이다(백종섭 외, 2018: 102).

적극적 평등실현조치

적극적 평등실현조치(affirmative action)는 "(과거로부터) 차별에 의해 고통받고, 오랫동안 취업 혹은 승진의 기회를 박탈당해 온 집단에 대한 고용을 늘리기 위한 체계적인 노력"이라고 정의할 수 있다(Kellough, 2006; 김정인, 2013: 101). 적극적 평등실현조치의 역사는

---

7) 역차별은 "역사적으로 불이익을 받았던 소수 그룹의 이익을 위해, 우세하거나 다수인 그룹에 행해지는 차별"로 정의될 수 있다(위키백과, 2020).

8) 이와 관련해 정부에서는 정부 업무 지침서를 발간하여 외국인 주민의 안정적인 정착을 지원하고자 노력하고 있다(세계일보, 2023).

미국 케네디(Kennedy) 대통령의 대통령령 10925(Executive Order 10925)에 근간을 두고 있으며, 1961년 평등고용기회에 관한 대통령자문위원회(President's Committee on Equal Employment Opportunity)에 의해 시행되었다(김정인, 2013: 100). 이는 소수자 집단에 대한 고용 및 승진 기회 등에 대한 차별을 방지하고자 시행되었으며, 연방정부 계약자들의 고용관행을 수정하는 데 역점을 두었다.

특히 1971년 5월에는 미국 중앙인사위원회 위원장인 햄프턴(Robert Hampton)에 의해 발안된 제안서를 바탕으로 공공조직에서 고용하는 여성이나 소수자들의 수를 정하는 수치목표(numerical targets) 및 적극적 평등실현조치를 시행하는 소수자 고용에 대한 일정표(timetables for minority employment)가 수립되어 오늘날까지도 일부 정부기관에서 활용되고 있다(Nigro et al., 2007). 1978년에 있었던 미국 캘리포니아 대학교(Regent of the University of California)와 배키(Bakke) 사이의 법정 공방은 "소수자와 여성을 고용하기 위한 목표와 일정표를 가진 적극적 평등실현조치 프로그램의 형태"를 보여 주는 좋은 예가 된다(Riccucci, 2006: 8). 그러나 수치목표(numerical targets) 및 일정표(timetables)는 역차별 문제와 결부되어 논란의 대상이 되어 왔다(Glazer, 1987).9)

출처: 김정인(2013: 100-101).

균형인사정책(balanced-personnel policy)은 "과거로부터의 차별적인 인사관행으로 인해 상대적으로 공직에서 소외되었던 여성, 장애인, 과학기술인력, 지방인재 등 소수집단을 적극적으로 공직에 임용하고 활용하는 인사제도"이다(유민봉·박성민, 2013: 418). 균형인사정책의 목적은 "균형 있는 인적자원의 활용과 육성을 통해 더불어 사는 균형발전사회를 달성"하는 것이다(백종섭 외, 2018: 104). 현재 정부는 2005년 「국가공무원법」을 개정하여 여성·장애인·지방인재·이공계전공자·저소득층 등 사회적 소수자 또는 약자의 공직진출 확대 및 적극적 우대정책 실시를 위한 법적 근거를 마련하였다.10) 이외에

9) 2023년 6월 29일 미국 연방대법원(Supreme Court)은 대학입시에서 소수 인종을 우대하는 적극적 평등실현조치가 위헌이라고 판결하였다. 미 연방대법원은 '공정한 입학을 위한 학생들(SFA)'이 하버드대학교와 노스캐롤라이나대학교를 상대로 제기한 헌법소원에서 적극적 평등실현조치가 위헌이라고 판결했다. 연방대법원 다수 의견에 따르면 해당 대학들이 학생 개개인의 기술, 학습, 경험이 아니라 인종에 따라 대학입시 합격을 결정한 것은 적절하지 않다는 것이다(한국일보, 2023).
10) 「국가공무원법」 제26조(임용의 원칙)에 의하면 "공무원의 임용은 시험성적·근무성적, 그 밖의 능력의 실증에 따라 행한다. 다만, 국가기관의 장은 대통령령 등으로 정하는 바에 따라 장애인·이공계전공자·저소득층 등에 대한 채용·승진·전보 등 인사관리상의 우대와 실질적인 양성평등을 구현하기 위한 적극적인

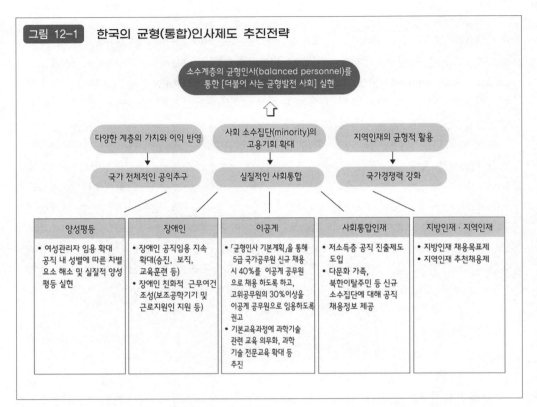

그림 12-1 한국의 균형(통합)인사제도 추진전략

출처: 인사혁신처(2023b) 재구성.[11]

도 「양성평등기본법」이나 「장애인 고용촉진 및 직업재활법」 등 정책대상자별 관련 법

정책을 실시할 수 있다"고 규정하여 균형인사정책의 법적 기반을 마련하였다(국가법령정보센터, 2023a). 최근 정부는 채용 및 인사관리 전반에서 과학기술 중심 인사제도 혁신을 추구하고 있다(인사혁신처, 2023a). 첫째, '기술직군'을 '과학기술직군'으로 변경하고 행정직군에 앞서 표기하였으며, 4급 행정·기술 직군 통합으로 과학기술 전문인력의 역량발휘 기회를 확대하였다. 둘째, 공공안전연구 및 정보통신 분야 직렬(류)을 신설하여 연구직렬(류)을 확대하였으며, 연구직 특성을 반영한 성과평가 체계를 수립하도록 하였다. 셋째, 블라인드 채용을 유연화하여 연구직 공무원 채용 시 각 기관별로 연구능력 검증을 위한 필요정보를 정할 수 있도록 하여 블라인드 채용을 탄력 적용하였다.

11) 지방인재 채용목표제는 5·7급 공채 및 외교관후보자 선발시험 중 선발예정인원이 10명 이상인 시험단위 에서, 지방인재(서울시를 제외한 지방소재 학교 출신 합격자)가 일정비율(5급·외교관 20%, 7급 30%)에 미달할 경우 선발예정인원 외에 추가로 선발하는 제도이며, 지역인재 추천채용제는 지역인재 7급의 경우 학사학위 취득(예정)자를 학교추천을 통해 선발하여 1년간 수습근무 후 일반직 7급 국가공무원으로 임용 여부를 결정하며, 지역인재 9급은 특성화고·마이스터고 등 졸업(예정)자를 학교추천을 통해 선발하여 6 개월간 수습근무 후 일반직 9급 국가공무원으로 임용여부를 결정하는 제도를 말한다(인사혁신처, 2023b).

률들을 바탕으로 균형인사정책을 추진하고자 노력하고 있다. 또한 2018년 6월에는 기존의 균형인사정책들이 정책대상별로 단기적·분절적으로 시행되어 온 한계를 극복하기 위해, 공직 내 균형인사정책의 중장기비전과 목표를 제시한 '제1차 균형인사 기본계획 (2018~2022)'이 수립되었다(인사혁신처, 2023b). 윤석열 정부에 들어서는 '균형인사'라는 용어 대신 '정부의 인사운영에 있어서도 실적주의 인사원칙과 함께 공직 구성의 다양성과 대표성, 형평성 등을 제고하는 통합인사'가 중요하다는 의미를 담아 '통합인사'라는 용어를 사용하고 있다(인사혁신처, 2023b).[12]

현재 시행되고 있는 균형(통합)인사정책으로는 양성평등, 장애인, 지방·지역인재, 이공계, 사회통합인재 채용제도가 있다(인사혁신처, 2023b). 이와 같이 공직사회 인적자원 확보의 다양성관리는 '인구통계학적 특성에 따른 다양성 증가'와 '공직채용 경로의 다양화'라는 특징으로 나타난다(백종섭 외, 2018: 328). 양성평등 균형(통합)인사정책은 가장 대표적인 '인구통계학적 특성에 따른 다양성 증가' 정책으로서 오랜 역사를 지니고 있다. 처음에는 여성공무원 채용확대 관련 정책으로 시작되었으며, 1995년 「여성발전기본법」에 따라 1996년부터 '여성채용목표제'를 최초 도입·운영하였다. 이후 여성공무원의 수가 지속적으로 증가하여 2003년부터는 '양성평등채용목표제'로 전환하여 운영하고 있다(김정인, 2018: 613). 그 결과 2023년 인사혁신통계연보에 의하면 행정부 국가공무원 중 여성공무원의 비율은 48.5%를 차지하고 있다. 여성 고위공무원의 비율도 과거보다 증가하고 있기는 하지만, 2022년 말 기준 10.8%에 불과해 지속적인 개선 노력이 필요한 실정이다(인사혁신처, 2023c).

균형(통합)인사정책의 일환으로 장애인 고용정책도 적극적으로 시행되고 있다. 정부는 신규채용 시 장애인 구분모집제를 실시하고 있으며, 중증장애인 경력경쟁채용시험을 운영하고 있고, 장애인공무원 인사관리지침을 제정하였으며, 장애인 수험편의 지원 강화 등과 같은 다양한 정책수단을 마련하였다. 이를 통해 장애인의 공직진출을 확대시키고자한 것이다. 그 결과 2022년 말 중앙행정기관의 장애인 고용률은 3.66%로 정부부문 장애인 법정 의무고용률인 3.2%(2019년부터는 3.4%)를 초과 달성하였다(인사혁신처, 2023c).

또한 4차 산업혁명 시대에 부응하는 공직 내 과학기술 인재의 적극 활용을 위해

---

12) 본서에서는 최초의 다양성 확보 정책 명이 '균형인사정책'이었던 만큼 '균형인사'와 '통합인사' 용어를 병행하여 사용하기로 한다.

440 제2부 효과적 A.D.A.P.T 정부 운영을 위한 행정관리

이공계 인력의 적극채용을 실시하고 있다. 뿐만 아니라, 저소득층 취업에 있어서의 불평등을 해소하고 경제적 자립 지원을 통한 빈곤의 악순환을 해소하기 위하여 2009년에 저소득층 공직 진출제도를 도입하여 사회통합에도 기여하고 있다(인사혁신처, 2023b). 지방시대를 맞이하여 중앙과 지방 간 인재의 불균형 문제를 극복하기 위한 적극적 평등실현조치의 일환으로 지역인재 육성정책도 시행하고 있다. 2005년부터 지역인재 추천채용제를 시행하여 해마다 7·9급 수습직원을 선발하고, 5·7급 공개경쟁채용시험에 지방인재 채용목표제를 도입함으로써 우수한 지방인재들의 공직입문을 확대하고자 한것이다(인사혁신처, 2023b).

이밖에도 2024년부터 만 18세 이상의 고등학교 3학년 학생의 경우에도 7급 이상 국가공무원 공개경쟁채용시험에 응시할 수 있도록 하여(기존 20세 이상에서 18세 이상으로 7급 이상 국가공무원 시험 응시연령 하향 조정), 연령의 다양성을 확대하고자 하였다(뉴시스, 2023). 뿐만 아니라, 2024년부터는 기존에 국가기관이나 중앙공공기관에서만 활용하던 국가인재데이터베이스(DB)를 지방공사나 지방공단 등 지방공기업의 임원이나 임원추천위원, 채용시험위원 모집 시에도 활용할 수 있도록 하여 공공부문에서의 다양한 인재활용 가능성을 지방에까지 확대하였다(뉴시스, 2023).

이와 같은 균형(통합)인사정책의 장점은 다음과 같다(이하 백종섭 외, 2018: 103). 첫째, 여성, 장애인, 과학기술인력 등 다양한 계층과 집단들이 지닌 가치, 지식, 경험 등을 정책에 적극적으로 활용할 수 있기 때문에 정책의 창의성과 유연성을 증진시킬 수 있어 국가경쟁력을 제고할 수 있다. 둘째, 중요한 정책결정과정에 다양한 생각과 가치관을 지닌 계층과 집단의 의견이 반영될 수 있다는 점에서 정책결정의 민주성과 대표성을 증진시키고 사회통합에 공헌할 수 있다. 셋째, 다양한 집단과 계층의 인적자원을 등용하여 국가전체의 균형발전에 기여할 수 있다. 넷째, 공직임용에서 소외되었던 여성, 장애인, 지방인재, 과학기술인력 등의 공직진출을 확대하여 그들의 잠재역량을 발휘할 수 있는 기회를 제공한다. 균형(통합)인사정책은 인재활용 차원에서도 긍정적인 역할을 하는 것이다.

그럼에도 불구하고 한국에서 운영되고 있는 균형(통합)인사정책은 다음과 같은 한계를 안고 있다. 첫째, 균형(통합)인사정책의 실행은 대표관료제의 한계(특히 역차별의 한계)를 나타낼 가능성이 높다. 둘째, 현행 정책들이 표면적이고 형식적인 법령준수(예: 근무여건이 갖추어지지 못한 채 장애인 고용)와 정책준수 측면(예: 여성관리자 임용목표 달성)을

주로 강조하고 있어 보다 근본적인 균형(통합)인사정책은 이루어지지 못하는 실정이다. 이러한 정책은 오히려 기계적인 소극적 대표성만을 조장할 가능성이 높다. 또한 균형(통합)인사정책이 채용정책에 집중되어 있고 승진, 성과관리, 보직관리, 교육훈련 등 인사관리 전반과 연계를 이루지 못한다는 한계가 있다(김상숙 외, 2020).

　　공직사회 인적자원 확보의 다양성관리에 있어서 최근에는 '공직채용 경로의 다양화'도 활발해지고 있다. 예를 들어, 국가공무원 채용현황을 살펴볼 때 신규채용의 경우 공개경쟁채용보다는 경력경쟁채용의 신규임용 인원이 증가하고 있다. 이로 인해 공직사회에 큰 변화가 일어나고 있는 것이다(예: 직업공무원제의 쇠퇴). 그리고 사회인구구성의 변화, 즉 저출산, 고령화, 다문화 등의 특징도 공직채용 경로의 다양화를 가속화시키고 있다.[13] 공직사회도 이러한 사회적 변화들을 적극 반영하여 실효성 있는 균형(통합)인사정책을 마련해야 할 것이다.

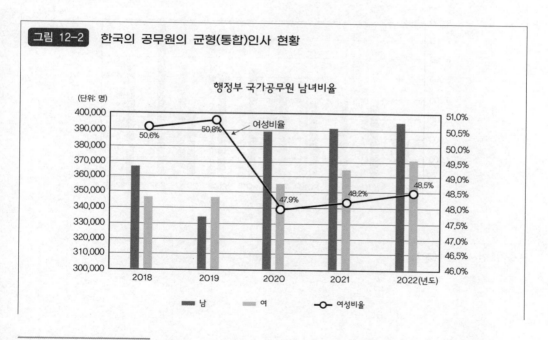

그림 12-2 한국의 공무원의 균형(통합)인사 현황

---

13) 범정부 차원에서 저출산 위기 극복을 위해 정부는 「공무원임용령」을 개정하여 다자녀 양육자에 대한 공무원 경력채용 시 경력인정 요건을 완화하고, 승진 우대 근거를 마련하였다. 경력채용의 경우 2명 이상의 미성년 자녀를 양육 중인 사람은 출산·양육으로 인한 경력단절기간을 감안해 퇴직 후 10년까지 응시할 수 있게 하였으며, 각 소속 장관이 8급 이하 다자녀 양육 공무원의 승진 우대를 위해 필요한 조치를 할 수 있는 근거 조항을 마련하였다(인사혁신처, 2023d).

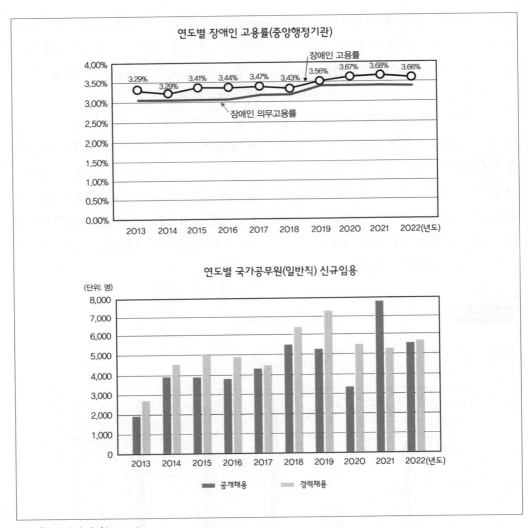

출처: 인사혁신처(2023e).

3) 인적자원 유지·활용 차원에서의 다양성관리

(1) 공무원의 삶의 질(QoL) 향상

균형(통합)인사정책과 같이 인적자원 확보 차원에서만 다양성관리가 실행된다고 해서 공직사회에서 효과적으로 다양성관리가 이루어지는 것은 아니다. 무엇보다도 공직사회의 근무여건 개선 등이 선행되지 않으면 다양성을 고려해 인적자원을 확보했다고 하더라도 인적자원이 자신들의 역량과 능력을 공직사회에서 충분히 발휘하기는 어려울 것이다. 또한 이는 향후 인적자원 확보 차원의 균형(통합)인사정책에도 부정적인 영향을 미칠 가능성이 높다(예: 장애인 편의시설 미비로 인한 부작용). 따라서 공직사회 인적자원 관리 전반, 특히 인적자원 유지·활용 차원에 있어서의 효과적인 다양성관리가 이루어질 필요가 있다. 기존의 다양성관리가 가시적인 요인(예: 인종, 성별 등)에 의한 표면적 다양성을 중심으로 시행되어 왔다면, 이제는 조직구성원들의 삶의 질에 직접적으로 영향을 미치는 내면적 다양성도 종합적으로 관리할 당위성이 있다(김정인, 2018: 621). 먼저 여기에서는 효과적인 내면적 다양성관리를 위한 조직구성원의 '삶의 질(Quality of Life, 이하 QoL)'에 대해 살펴본다.

QoL은 "개인이 추구하는 가치와 목적의 성취를 위해 필요한 물리적 상태나 상황", 그리고 "개인이 추구하는 제반 생활목표와 가치들이 성취되는 과정에서 나타나는 심리적 행복감의 수준" 모두를 의미한다(박천오 외, 2016: 323). 따라서 QoL은 조직구성원의 외재적인 측면과 내재적인 측면의 중요성 모두를 강조하는 개념인 것이다.[14] QoL에 대한 관심이 증가한 배경은 1970년대 이후 산업화에 따른 부정적인 현상(예: 인간소외 현상)이 증폭되고, 선진국을 중심으로 인간의 삶에 대한 가치를 중요하게 고려하게 되면서부터이다(김신복, 1984). 객관적이고 물질적인 생활상태뿐만 아니라 개인의 주관적 심리상태까지 중요하게 고려되면서 '주관적으로 인식하는 삶의 질 수준'에도 관심을 쏟게 된 것이다(박천오 외, 2016: 322).

한국에서는 2000년대 이후 공무원들의 QoL에 대한 관심이 증가하기 시작하였다. 이제까지 행정개혁의 객체로만 간주되었던 공무원을 행정의 주체로 인식하기 시작했으

---

14) QoL은 매우 복잡하고 다양한 개념이다. 관념적으로는 개인의 행복감, 생활에 대한 만족을 의미하며, 실용적으로는 개인의 QoL을 사회정책이나 행정과정에 적용하는 의미 등으로 다양하게 논의한다.

며, 경제적 보상만을 강조하던 복지 증진방안에서 벗어나 가족에 대한 책임, 조직 이외에 개인적 삶의 영역까지 고려해야 한다는 공감대가 형성되기 시작하였다. 따라서 공무원의 QoL은 "직장에서의 삶의 질(quality of working life)과 직장의 범위를 뛰어넘어 가족에 대한 책임이나 조직 이외의 개인적인 삶의 영역에 있어서의 삶의 질(quality of life and work-life balance)을 포함하는 개념"으로 확대되고 있는 것이다(박천오 외, 2016: 321).

(2) 다양성관리 방안: 일과 삶의 조화(WLB) 정책

공무원의 QoL은 '공직과 개인생활 또는 가족생활의 삶의 질을 균형적으로 유지'하는 데 초점을 두고 정책이 시행되어 왔다(박천오 외, 2016: 324). 즉, 공무원의 QoL은 '일과 삶의 조화(Work-Life Balance, 이하 WLB)'라는 관점으로 발전된 것이다. WLB는 "직장에서의 삶, 개인의 성장 및 자기개발 등과 같은 일 이외의 영역에 시간과 심리적·신체적 에너지를 적절히 분배함으로써 삶을 스스로 통제·조절할 수 있으며, 이를 통해 개인이 전반적인 자신의 삶에 대해 만족스러워하는 상태"로 정의된다(유민봉·박성민, 2013: 420-422). WLB의 타당성에 대한 이론적 논의로는 역할갈등이론(role conflict theory)과 전이이론(spillover theory)이 있다.[15]

WLB는 개인과 조직 차원 모두에 긍정적인 영향을 미친다(예: Grzywacz & Bass, 2003). 개인 차원에서 WLB는 개인의 심리적 안정감이나 정신건강을 유지시켜 줄 수 있으며, 직무몰입의 증진, 이직의도의 감소 등과 같은 행태적 측면에서도 긍정적인 영향을 미친다. 조직 차원에 있어서도 WLB는 과업성과를 증진시키는 데 기여한다. 조직구성원의 조직몰입도 증가로 인한 생산성 증가가 발생할 수 있는 것이다. 이와 같이 "WLB는 개인의 QoL, 가족관계에서의 QoL, 직장 내에서의 QoL을 모두 충족시킬 수 있는 개념이기 때문에 인적 구성원의 표면적 다양성과 내면적 다양성 모두를 통합적으로 접근할 수 있는 방안"이라고 할 수 있다(김정인, 2018: 623).

---

15) 역할갈등이론은 "개인이 자신에게 기대되는 다양한 역할 간에 충돌이 발생할 때 느끼는 부정적인 감정상태"이다. 이에 의하면 가정에서의 지위와 직장에서의 지위 차이에 따라 발생하는 역할모순 또는 역할갈등은 개인과 조직에 부정적인 영향을 미친다. 전이이론은 "한 영역에서의 태도와 행동이 다른 영역에서의 태도와 행동형성에 영향을 미친다"는 개념으로 직장과 가정 간 행동의 전이를 중요하게 고려하였다.

표 12-1 유연근무제 유형 및 장단점

유형		활용방법
탄력근무제	주 40시간 근무하되, 출퇴근 시간·근무시간·근무일을 자율 조정	
	시차출퇴근형	1일 8시간 근무체제 유지, 출퇴근시간 자율 조정
	근무시간선택형	1일 8시간에 구애받지 않음(1일 4~12시간 근무), 주 5일 근무 준수
	집약근무형	1일 8시간에 구애받지 않음(1일 4~12시간 근무), 주 3.5~4일 근무
재량근무제	• 근무시간, 근무장소 등에 구애받지 않고 구체적인 업무성과를 토대로 근무한 것으로 간주하는 근무형태 • 출퇴근 의무 없이 프로젝트 수행으로 주 40시간 인정 • 고도의 전문적 지식과 기술이 필요해 업무수행 방법이나 시간배분을 담당자의 재량에 맡길 필요가 있는 분야	
원격근무제	특정한 근무장소를 정하지 않고 정보통신망을 이용하여 근무	
	재택근무형	• 사무실이 아닌 자택에서 근무 • 1일 근무시간은 4~8시간으로 변동 불가
	스마트워크 근무형	• 자택 인근 스마트워크센터 등 별도 사무실에서 근무 • 1일 근무시간은 4~8시간으로 변동 불가
장점	• 일과 삶의 균형으로 효율성과 생산성 확보 • 직무자율성 부여로 근로의욕 고취 • 개인별 생활여건에 부응, 복지향상 • 자율근무를 통한 자기계발 기회 확대 • 유연한 조직문화 조성에 기여 • 통근시 혼잡 회피 등 사회적 비용 절감 가능	
단점	• 직장 내의 의사소통 어려움 • 관리자의 직원통제 부담 • 직장생활의 불규칙성 확대 • 근로시간 준수 여부 확인의 한계 • 시간 외 근무, 외출, 출장, 초과근무 등 근로시간과 복무관리의 어려움	

출처: 인사혁신처(2023f); 이창길(2019: 360).

한국의 공직사회에서 시행되는 WLB 다양성관리 프로그램으로는 '근무형태 다원화 (유연근무제, flexible workplace)', '친가족정책(family-friendly policy)', '개인신상지원정책

(support for individual growth)' 등이 있다(박천오 외, 2016: 324; 김정인, 2018: 624). 이를 구체적으로 살펴보면 아래와 같다.

첫째, 근무형태 다원화 정책으로 유연근무제를 정착하고자 노력하고 있다. 유연근무제는 조직구성원들의 동기부여를 증진시키기 위한 방안으로 "정형화된 근무형태에서 탈피하여 근무시간·근무장소·고용형태 등을 다양화함으로써 생산성을 높이려는 전략"이다(이창길, 2019: 359). 이는 "공직생산성을 향상시키고 삶의 질을 높이기 위해 개인·업무·기관별 특성에 맞는 유연한 근무형태를 공무원이 선택하여 활용할 수 있는 제도"인것이다(인사혁신처, 2023f).16), 17) 유연근무제의 유형과 장단점은 <표 12-1>에 제시되어 있다.

둘째, 친가족정책을 활성화 하고 있다. 이때 친가족정책은 "출산장려 프로그램 제공, 보육서비스 지원, 가족부양지원 등과 같은 지원제도로서 가족의 기능을 유지하기 위한 정책"이다(유민봉·박성민, 2013: 426). 이는 조직구성원의 건강과 안전을 우선 생각하고 가족과 같은 분위기에서 근무할 수 있는 직장을 만들기 위한 정책으로서, 임신, 출산, 육아, 교육, 재정, 노인부양 등 가족체제의 유지와 강화를 위한 가족지원정책이다(박천오 외, 2016: 326). 대표적인 가족친화정책으로는 공무원 휴가제도가 있는데 연가, 병가, 공가, 특별휴가(경조사휴가, 출산휴가) 등이 있다. 또 다른 가족친화정책의 대표적인 예로 육아휴직이 있다. 최근에는 남성공무원의 육아휴직도 증가하고 있다. 2011년에는 행정부 국가공무원 중 남성공무원 육아휴직 이용자가 623명이었으나, 2017년에는 1,882명, 2021년에는 7,352명으로 크게 증가하여 전체 육아휴직자 중 남성이 21%를 차

---

16) 유연근무제의 기본방침은 다음과 같다. "① 획일화된 공무원의 근무형태를 개인·업무·기관별 특성에 맞게 다양화하여 일과 삶의 균형 및 공직생산성 향상을 높이는 데 기여, ② 각급 행정기관장은 유연근무 이용자가 근무성적평정, 전보, 승진 등 인사상 불이익 처분을 받지 않도록 관리하여 유연근무 이용자에 대한 불이익을 금지, ③ 각 기관별 부서의 기능 및 개인별 업무성격 등을 종합적으로 고려하여 기관의 특성에 맞는 범위 내에서 자율적으로 실시, ④ 유연근무제를 공무원의 권리로 인정하여 적극 실시하되 유연근무로 인해 행정서비스가 소홀해지지 않도록 대민업무에 만전을 기함" 등이다(인사혁신처, 2023f).

17) 최근 유연근무제의 정착을 위해 다양한 방안들이 제시된다. 첫째, 인공지능기반 지능형(스마트) 복무 관리 시스템을 도입하여 운영한다. 예를 들어, 출장 전용 앱(App)을 통해 기존 출장 업무처리 7단계를 3단계로 줄였다. 이는 2024년 시범 운영하여 2025년 전 중앙행정기관에 본격 시행할 예정이다(인사혁신처, 2023g). 둘째, 2023년부터 현장공무원들에게 적용되는 '심리안정휴가(최대 4일 특별휴가)' 제도(소방, 경찰 등 생명과 신체에 대한 위험을 무릅쓰고 직무를 수행하는 현장 공무원에게 적시에 충분한 휴식을 제공하기 위한 제도)를 도입하였다(인사혁신처, 2023h).

지하고 있다. 특히 교육공무원을 제외하면 육아휴직 사용 남성공무원 비율은 41.5%에 이르렀다(인사혁신처, 2022). 더 나아가 서울시에서는 2024년부터 "임신부나 8세 이하 아이를 둔 서울시 공무원은 자녀의 나이에 따라 유연근무, 단축근무, 근무시간 선택제 등을 사용하고 필요에 따라 여러 제도를 동시에 쓸 수" 있도록 하는 등, 진취적인 친가족 정책의 일환으로 '서울형 일·육아 동행 근무제' 시행을 추진하고 있다(한국경제, 2023).

셋째, 개인신상지원정책이 확대되고 있다. 개인신상지원정책은 "구성원 개인의 성장과 복리를 위한 지원제도"이다(유민봉·박성민, 2013: 426). 이는 공무원 개인의 성장과 복리를 위한 각종 지원제도를 포함하며, 복리후생적 경비 확대, 선택적 복지 포인트 추가 지급, 특근매식비 등 추가 편성, 주택차입금, 학자금 대여 이자 인하 및 운영자금 확대, 직원 휴양시설 확대 등이 이에 해당한다(박천오 외, 2016: 326). 그리고 가족수당, 주택수당, 가계지원비 등 가계보전수당, 특수지근무수당 등의 수당을 지급하고 있다. 여가시간 활용과 관련해서는 주5일근무제, 시테크제(반일연가), 연가, 공가, 퇴직준비휴가, 특별휴가 중 경조사휴가 등을 운영하고 있다(김정인, 2018: 627).

한편, 한국 공무원들에게 시행되는 WLB 정책은 다음과 같은 문제점이 있다(이하 김정인, 2018: 629). 첫째, 공직사회에서 WLB 정책활용도가 여전히 높지 않은 것으로 나타난다. 코로나19 팬데믹 상황으로 재택근무 활성화 등 WLB 정책이 예전보다는 상당히 개선되었지만, 유연근무제 실시 현황이나 연가사용률 현황 등을 보면 기대를 밑돌고 있다. 특히 부처와 직급에 따라 유연근무제와 연가사용률의 차이가 많이 나 실효성 있는 WLB 정책운영방안 마련이 요구된다. WLB 정책을 획일적으로 시행하기보다는 부처의 특성을 고려하여 다르게 시행할 필요가 있다는 것이다.

둘째, WLB 정책이 공직사회에서 형식적으로만 운영되는 경우가 많다. '현실 따로 제도 따로'인 경우가 여전히 존재하여 다양한 WLB 정책이 도입되어도 실효성이 그리 높지 않다는 것이다. 예를 들어, 서울시의 경우 금요일 셧다운제를 실시하여 근무시간을 줄이고자 했지만 이에 대한 부작용도 나타나고 있는 실정이다.[18] 따라서 WLB 정책이 성공적으로 운영되기 위해서는 형식적인 제도도입에 그칠 것이 아니라, 이를 현실에 맞게 수정·보완하여 제도가 적극 실행될 수 있도록 노력해야 한다.

---

18) 서울시 공무원의 경우 금요일 셧다운제 실시로 금요일에 일찍 퇴근을 하지만 업무량이 줄어들지 않은 상황에서 오히려 이로 인해 토요일에 나와 밀린 일을 해야 하는 부작용도 발생했다(서울경제, 2019).

셋째, 같은 맥락으로 우리나라에서는 아직까지도 WLB 정책이 정착될 수 있는 공직문화 여건이 갖추어져 있지 않다. 여전히 관료제의 특징, 그리고 집단주의 조직문화가 강하게 남아 있어 공무원들이 WLB 정책을 시행하기에는 어려운 측면이 있다(예: 인사상 불이익 가능성). 특히 공직업무의 특성상 개인업무보다는 공동업무가 많기 때문에 WLB 정책이 자칫 개인의 일탈행위로 보일 수도 있어 여전히 공직 내 정착에 어려움이 따르는 것이다. 이러한 문제를 해결하기 위해서는 무엇보다도 관리자의 의지와 지속적인 관심, 그리고 조직구성원들이 함께 조직문화를 개선하려는 노력이 요구된다.

2. 인사혁신

다양한 조직구성원들이 함께 업무를 수행하고 개인 차원에서, 또 조직 차원에서 성과를 창출하기 위해서는 보다 합리적인 인사관리가 이루어질 필요가 있다. 본서에서는 최근 인사행정 환경변화에 적극적으로 대응하고, 합리적인 인사관리를 수행하기 위한 인사혁신의 대표적인 사례로 '직무 및 역량기반 인적자원관리'와 '퇴직관리'를 살펴본다.

1) 직무 및 역량기반 인적자원관리

(1) 직무분석과 직무평가

21세기 정부조직의 기능이 더욱 복잡화되고 전문화되면서 정부 내 공무원들은 전문적인 직무수행을 요구받고 있다(이창길, 2019). 이에 따라 인사관리 전반에서 직무기반 인적자원관리가 더욱 필요해지고 있다. 전문적 직무수행이 가능해지기 위해서는 직무분석과 직무평가가 선행적으로 이루어져야 한다. 직무분석(job analysis)은 "다른 직무와 구별되는 직무 관련 정보를 체계적으로 기술하는 과정으로, 직위별 직무의 종류와 유형을 결정하는 작업"이다(이창길, 2019: 186). 직무분석이 끝난 자료는 모집 및 선발(채용공고에서 지원자격의 명확한 제시, 지원서의 설계, 공정한 선발기준의 결정, 장애인 특별채용을 위한 직무선정, 시험의 타당성 제고 등), 보상(직무의 분류, 직무가치의 평가, 보상의 공정성 판단), 성과측정(성과표준의 결정, 평가기준의 결정), 직무설계(생산성의 제고, 직무확대[19] 및 직무충실화[20]), 훈련과 발전(훈련수요의 확인, 훈련과목 개발, 경력경로 확인) 등에 활용된다(박천오 외, 2016: 150).

직무평가(job evaluation)는 "직무분석에 의해 만들어진 직무기술서와 직무명세서를 기초로 해서 각 직무들을 상대적 가치에 따라 계층화시키기 위해 사용되는 도구"이다(박천오 외, 2016: 164).[21] 직무평가를 위해서는 서열법, 분류법, 점수법, 요소비교법 등이 활용된다.[22] 직무분석과 직무평가 결과를 바탕으로 '직무설계' 또는 '직무재설계'가 이루어지는데, 직무설계(job design)는 "직무의 하부단위 요소와 과업들을 서로 연결시키고 짜 맞추는 작업"이며, 직무재설계(job redesign)는 직무수행 결과에 따라 직무를 새롭게 설계하는 것이다. 다시 말해, 직무설계의 중요성 때문에 직무설계를 조직내에서 지속적으로 수행하는 것이 '직무재설계'이다(임창희, 2015: 86).

(2) 직무기반 인적자원관리와 역량기반 인적자원관리

인사혁신을 달성하기 위해서는 직무분석과 직무평가를 기반으로 하는 직무기반 인적자원관리(job based HRM)가 선행되어야 한다. 이를 위해 최근 정부조직에서는 다음과 같은 직무기반 인적자원관리 방안을 도입하였다. 첫째, 채용의 공정성을 확보하기 위하여 블라인드 채용방안과 공직 시험과목 개편을 시행하였다. 특히 '블라인드 채용'제도를

---

19) 직무확대는 "작업자가 수행하는 기존의 과업(task) 수(수평적 직무설계)는 증가하지만, 의사결정과 관련된 권한, 즉 재량과 책임은 거의 증가하지 않는 것을 의미"한다(김정인, 2018: 575).

20) 직무충실화는 "한 사람의 작업자가 수행해 왔던 일의 종류가 증가하여 의사결정권한과 책임의 크기가 증가한 것을 의미"한다(김정인, 2018: 575).

21) 「직무분석규정」 제4조 제3호에 의하면 '직무기술서'란 "직위별 주요 업무활동, 성과책임, 직무수행의 난이도 및 직무수행요건 등 직위에 관한 정보를 기술한 문서를 말한다"(국가법령정보센터, 2024). 반면 직무명세서는 "같은 직무를 수행하는 데 요구되는 숙련도, 노력, 책임 등 인적자격 요건을 상세히 기술하는 문서"이다(김동원, 2012: 187).

22) 서열법(ranking method)은 직무평가 요소들을 전체적으로 고려하여 직무 간에 서열을 부여하는 방법이며, 분류법(classification method)은 직무의 중요성, 난이도, 직무환경 등이 포함된 직무등급을 부여하는 방법이다. 점수법(point rating method)은 직무를 구성하는 하위 요소를 구분하고, 요소별 가치에 점수를 부여하여 측정하는 방식이며, 요소비교법(factor comparison method)은 점수법과 마찬가지로 계량화가 가능하지만 직무와 등급을 비교하기보다는 직무와 직무를 비교하는 방법이다(김정인, 2018: 569-571).

도입하여 채용 시 발생하는 연고주의의 한계를 극복하고 직무역량 중심의 채용제도를 도입하고자 하였다.23) 또한 직무역량을 갖춘 인재의 공직진출 확대를 위하여 9급 공채 시험과목을 개편하였으며, 이를 2022년부터 시행하였다. 기존 시험 선택과목인 사회, 과학, 수학 등 고교과목이 제외되고 직렬(류)별 전문과목이 필수화된 것이다(인사혁신처, 2019).24) 뿐만 아니라, 공직의 입직경로 다양화가 이루지고 있다. '국민추천제 활성화'와 '국가인재풀의 다양화'를 통하여 사회 각 분야의 인재풀을 체계적으로 관리하고 있는 것이다(인사혁신처, 2018). 둘째, 최근 동일직무 동일임금의 원칙을 실현하기 위하여 공조직(특히 공공기관)에 '직무급'제도를 도입하고자 하고 있다. 그 일환으로 2020년 공공기관 경영평가에서 직무급을 도입한 기관에 가점을 부여하는 등 공공기관에서의 직무급 도입을 활성화하고자 노력하고 있는 것이다(기획재정부, 2019).

특히 직무기반 인적자원관리 차원에서 디지털기반 인사관리를 시행하였다. 최근 우리나라에서는 정부 인사행정의 디지털 전환을 위해 「디지털인사관리규정」을 제정하였다(2024년부터 시행)(인사혁신처, 2023i). 제정된 「디지털인사관리규정」에 의하면 인사혁신처장은 디지털 인사관리기본계획을 매년 수립·시행하고, 표준인사관리시스템을 개발·보급하며, 공무원 인사관리는 전자적으로 처리하기에 적합하도록 재설계·표준화하고, 각 시스템별 권한 관리자를 지정하여 관련 정보를 보호하며, 디지털 인사관리 관련 민간 및 국제 협력을 추진하도록 하였다. 세부적인 내용은 <표 12-2>와 같다.

또한 최근 직무기반 인적자원관리와 함께 역량기반 인적자원관리(competency-based HRM)가 강조되고 있다. 역량기반 인적자원관리는 "조직목표·전략 달성에 관련된 성과를 산출하는 데 필요한 핵심적인 인적 특성·행태를 구체적·경험적으로 밝혀내어, 이를 인사활동의 제반 분야에 활용"하는 것이다(박천오 외, 2016: 293). 더 나아가 역량기반 인적자원관리는 "기존의 직무기반 인적자원관리 방식의 약점을 극복하고자 인적자원관리의 제 활동국면인 인적자원계획, 모집 및 선발, 승진, 교육훈련, 성과관리, 보상체계 등 전반에 걸쳐서 역량과 역량모델을 활용하는 것"이다(진재구, 2009: 10). 역량기반 인적자원관리는 전문성을 갖춘 양질의 인적자원을 확보하고, 개발하며, 유지·활용함으

---

23) 그러나 블라인드 채용이 연구기관 채용에는 적절하지 않다는 비판이 있어 2023년부터 과학기술 연구기관에서는 블라인드 채용을 폐지하기로 하였다(인사혁신처, 2023a).
24) 예를 들어, 세무직류는 세법개론과 회계학을, 일반행정직류는 행정법총론과 행정학개론을 필수과목으로 개편하였다.

| 표 12-2 | 「디지털인사관리규정」 제정 주요 내용 |

구분	주요 내용
디지털 인사관리기본계획 수립 및 운영실태 조사	• 인사혁신처장은 디지털 기반의 인사관리에 관한 기본방향, 법령·제도의 정비, 시스템의 발전·운영 등을 주요 내용으로 하는 디지털 인사관리기본계획을 매년 수립·시행 • 인사혁신처장은 운영실태 등을 조사하고, 그 결과에 따라 교육, 컨설팅, 포상 등 필요한 지원 실시
전자인사관리 시스템의 구축·운영	• 인사혁신처장은 표준인사관리시스템을 개발·보급하고, 각 행정기관은 표준인사관리시스템을 사용 • 인사혁신처장은 정부의 인사정책을 지원하고 인사업무를 전자적으로 처리하기 위하여 중앙인사정책지원시스템을 구축·운영
인사 업무의 재설계	• 공무원 인사관리에 필요한 업무처리 절차·방법 등을 전자적으로 처리하기에 적합하도록 재설계·표준화
정보 보호	• 정당한 권한이 없는 자가 개인정보 및 인사상 비밀 등에 접근하지 못하도록 조치 • 각 시스템별 권한관리자를 지정하여 접근권한 관리
민간 및 국제 협력	• 기술 및 인력의 교류, 환경 분석, 기술의 개발·응용 및 운영 지원, 협력체계 구축 등 민간 및 국제 협력 추진

출처: 인사혁신처(2023i).

로써 국민에게 보다 나은 서비스를 제공하고 이를 바탕으로 국가경쟁력을 향상시키고 자 한다(김정인, 2018: 134).[25] 이와 관련해 국가공무원인재개발원에서는 '역량진단시스템'을 구축하여 공무원들에게 필요한 역량, 특히 5급 이상 공무원들에게 필요한 역량을 제시하고 공무원 스스로가 역량을 진단하여 역량별 교육과정을 추천받을 수 있도록 하였다(국가공무원인재개발원, 2024).

---

[25] 공무원들의 역량강화를 위해 「공무원 인재개발법 시행령」에서 공무원의 자기개발계획을 적극 지원하고 있다. 공무원의 자기주도적 학습을 통한 창의적 직무수행과 공직의 전문성 향상을 도모하기 위해 각 정부 부처는 '공무원 연구모임'도 운영하고 있다(김정인, 2018: 166).

2) 퇴직관리

사회의 인구구성 변화는 정부조직의 인적자원관리 방안도 변화시키고 있다. 2022년 통계청 자료에 따르면 한국은 2025년 경에 고령인구 비중이 20.6% 정도를 차지하는 '초고령 사회'로 진입할 것이라는 전망이 제시되고 있다(조선비즈, 2022). 이와 관련된 대표적인 논의로 고령화에 따른 퇴직관리(retirement management) 방안을 살펴볼 필요가 있다. 퇴직은 "인적자원이 투입되어 일정기간 활동하다가 이를 종료하는 것"이며(유민봉·임도빈, 2016: 543), 퇴직관리는 "조직 내 인력의 퇴직상황을 파악·예측하고, 적정한 퇴직수준을 유지하며, 퇴직결정을 전후해 발생하는 문제들을 해결하는 일련의 조직관리 활동"이다(오석홍, 2013: 219). 퇴직관리가 중요하게 고려되는 이유는 다음과 같다(이하 이창길, 2022: 460-461). 첫째, 공무원 퇴직은 관리의 종료라기보다는 관리의 시작이기 때문에 인적자원관리 차원에서 중요하다. 둘째, 퇴직관리는 공무원 개개인에 대한 관리만을 의미하지 않는다. 조직 차원에서도 인적자원 구성 변화로 인한 관리의 필요성이 제기된다. 셋째, 인사행정의 사회적 환경변화(고령화)를 반영한다.

따라서 효과적인 퇴직관리 전략을 수립하기 위해서는 퇴직의 부정적 기능을 줄일 수 있는 방안이 마련되어야 한다. 다시 말해, 퇴직으로 인해 발생될 수 있는 '퇴직비용'(사기저하, 동료에게 미치는 부정적 영향, 숙련기술의 손실, 퇴직연금비용, 퇴직처리에 드는 행정경비, 퇴직과 대체임용 사이의 업무중단 비용과 초과근무수당 비용, 초과근무로 인한 감독비용, 신규자의 미숙달로 인한 비용 등)과 '퇴직편익'(새로운 사람이 들어옴으로써 발생하는 생산성 제고와 기술전파 효과, 문제행동자의 퇴직으로 인한 재직자의 사기충전, 젊은 사람으로의 대체임용으로 인한 비용 절감, 승진 및 경력발전 기회의 확대 등)을 고려하여 '퇴직비용＞퇴직편익'인 경우에는 '퇴직억제 전략'을, '퇴직비용＜퇴직편익'인 경우에는 '퇴직촉진전략'을 적절하게 활용할 필요가 있다(오석홍, 2013; 이창길, 2022).

퇴직관련 중요 용어

① 의원면직(voluntary retirement): 자발적 퇴직의 형태로서 스스로 퇴직을 결정
② 명예퇴직(honorary retirement): 장기간 조직에 기여한 공로를 인정하여 명예롭게 이루어지는 자발적 퇴직
③ 조기퇴직(early retirement): 장기간 근무로 인한 공로를 인정하기 곤란할 때 발생하는 자발적 퇴직
④ 비자발적 퇴직(강제퇴직): 개인의 의사보다는 조직의 결정에 의한 퇴직
⑤ 정년퇴직: 연령정년 · 근속정년 · 계급정년으로 구분
⑥ 연령정년: 일정 연령에 도달하면 신분을 상실하는 제도
⑦ 근속정년: 연령이라는 비직무적 요소보다는 근무기간이라는 직무적 요소를 정년 산정의 기준으로 하는 제도
⑧ 계급정년: 정년의 기준을 동일계급 재직기간으로 하는 방법으로 계급 내 위계질서를 유지하기 위한 제도
⑨ 징계퇴직: 위법한 활동이나 부정한 행동, 그리고 불충분한 성과를 보인 공무원을 공직에서 배제하는 제도
⑩ 직권면직: 직무수행 능력이 현저히 부족하거나 직제변경으로 인해 조직이 강제퇴직을 명하는 제도
⑪ 유사퇴직: 자발적 퇴직이나 강제퇴직과는 달리 일정기간 직무에서 배제하는 조치로 정직, 휴직, 직위해제, 대기명령 등이 대표적인 예

출처: 김정인(2018: 247-248).

공무원 퇴직관리와 관련해 중요하게 고려해야 할 이슈로는 '공무원 정년연장'과 '임금피크제'가 있다. 최근 고령화와 연금문제를 해결하기 위한 방안으로 정년연장의 필요성이 대두되고 있다.26) 이미 우리나라보다 먼저 초고령사회로 진입한 일본의 경우 2019년에 국가공무원의 정년을 65세로 연장하는 방안을 추진하였다(연합뉴스, 2019).27)

---

26) 최근 정부는 전문분야 퇴직공무원을 재임용하는 방안을 검토하고 있다. 전문성·노하우가 요구되면서 구인난이 있는 전문분야에 퇴직공무원 임기제 채용과 퇴직공무원 재취업을 지원하는 것이다(인사혁신처, 2023a). 일례로 특허청에서는 반도체 기술 전문성을 가진 민간분야 고경력 퇴직인력을 특허심사관으로 채용하여 특허심사에 활용하였다(인사혁신처, 2023j).
27) 이밖에도 일본에서는 공무원 정년 후 재임용제도를 도입·시행하고 있다. 이와 관련한 보다 구체적인 내

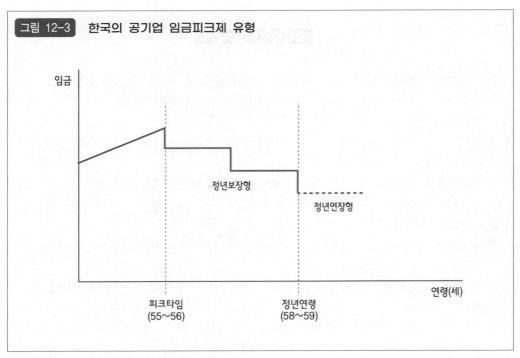

그림 12-3   한국의 공기업 임금피크제 유형

출처: 이선우·조경훈(2013: 224).

하지만 정년연장이 항상 긍정적인 효과만을 가져다주는 것은 아니다. 한국의 경우 민간 부문에서 「고령자고용촉진법」이 개정되어 2016년부터 60세 정년연장(정년 60세 이상 의무화) 제도를 시행하였지만, 오히려 조기퇴출 인원이 증가하는 부정적인 현상이 나타났다(노동연구원, 2019). 또한 정년이 연장되면 장년층의 성과하락, 저성과자 문제가 발생할 수 있어 이러한 부분에 대한 보완책이 반드시 마련되어야 할 것이다(김정인, 2018: 245).

한편 앞에서 언급한 문제를 극복하기 위해 공공기관에서는 임금피크제 도입을 시행하기도 한다. 임금피크제는 "고령자의 고용을 연장 또는 보장하면서 일정 연령 이후의 임금을 감액하는 제도"이다(기획재정부, 2015). 즉, "근속연수 증가에 따라 지속적으로 임금이 인상되는 임금결정 방식을 일정한 시기 이후에는 생산성이나 업무성과에 비례하여 기존의 임금을 줄여나가는 방식으로 변경하는 대신 정년을 보장하거나 연장하는

용은 김정인(2021)을 참조하기 바란다.

제도"를 임금피크제라고 하는 것이다(고용노동부, 2009). 정부는 2015년 '공공기관 임금
피크제 권고안'을 발표하고 난 뒤, 공공기관 경영평가에서 임금피크제 운영에 대한 평
가비중을 확대하는 등 공공기관 임금피크제 도입 확산을 추진하였다. 그러나 공공기관
의 임금피크제에 대한 경영평가는 제도설계 여부와 제도운영 여부 관련 평가가 주를 이
루고 있어 임금피크제의 긍정적 효과는 미흡한 실정이다(임욱빈 외, 2018: 177).

　　임금피크제의 도입은 연공제의 폐해(직무능력과 관계없이 연공에 따른 보수지급)를 극
복할 수 있도록 하고, 동시에 정년을 연장하여 고용안정을 증진시킴으로써 고령화 시대
의 적절한 인적자원관리를 가능하게 하는 데 기여한다(임욱빈 외, 2018). 다시 말해, 임금
피크제 도입은 고령사회에 대응하는 정년연장 효과가 있다. 또한 정년이 연장되어 연금
수급시기가 조정됨으로써 전체 연금 재정관리에도 긍정적인 영향을 미친다. 고비용이
필요한 고령의 고위직 근로자에 대한 임금을 줄일 수 있어 조직의 인건비가 절약될 수
있으며, 인건비 관리 차원에서 절약된 보수를 신규채용에 활용할 수 있는 장점이 있다.
또한 임금피크제는 연령을 고려한 인사와 성과관리를 가능하게 한다는 장점도 있다(이
선우·조경훈, 2013). 그러나 현실적으로 임금피크제는 오히려 조직구성원들에게 정년감
축으로 인식될 가능성이 크다. 특히 관리자 지위에 있던 고령의 근로자들이 관리를 받
는 위치로 전환되면 그들은 이를 조직이 퇴사를 압박하는 시그널로 인식할 수 있을 것
이다. 임금피크제 시행으로 인해 절감된 인건비를 실제 신규채용을 위해 사용하지 않을
수도 있다. 이처럼 임금피크제는 한계도 안고 있는 것이다(이선우·조경훈, 2013). 따라서
임금피크제가 성공적으로 수행되기 위해서는 연공이 높은 근로자들의 특성에 맞춘 직
무설계에 바탕을 둔 제도 도입 및 운영이 필요하다. 또한 임금피크제를 적용할 수 있는
적절한 직무개발과 관리가 선행되어야 한다(정진호 외, 2011).

ChatGPT와 함께 하는 **12장**의 **주요 개념** 정리

1. 외국인 근로자에 대한 다양성관리 방안

- 외국인 근로자의 다양성관리는 조직 내에서 다양한 문화, 언어, 배경을 가진 노동자들을 효과적으로 통합하고, 그들이 최대한의 업무 성과를 이룰 수 있도록 지원하는 것을 의미
- 이러한 다양성관리 방안을 통해 조직은 다양성의 이점을 최대한 활용하면서 긍정적인 조직문화를 구축할 수 있음

구분	내용
문화 교육 및 이해 증진	• 조직 내 교육 프로그램을 통해 다양한 문화 및 언어에 대한 이해를 증진시킴 • 근로자 간의 문화 충돌을 예방하고 조절하기 위한 교육을 제공
다양성 인식 교육	• 조직구성원들에게 다양성의 중요성과 이로 인한 이점에 대한 교육을 실시 • 편견 및 차별에 대한 인식 교육을 통해 조직문화에서 다양성을 포용하는 분위기를 조성
언어 지원 프로그램	• 다국적 근로자들에게 언어 지원 프로그램을 제공하여 원활한 소통을 도움 • 근로자들이 업무에서 사용하는 언어에 대한 지원을 제공하여 의사소통의 장벽을 최소화
다문화 팀 구성	• 다양한 국적의 근로자를 포함한 팀을 구성하여 다문화 팀 활동을 촉진 • 상호협력과 이해관계를 강화하여 팀의 성과를 향상시킴
유연한 근무 환경 제공	• 외국인 근로자들의 다양한 문화적 요구에 대응하기 위해 유연한 근무 환경을 제공 • 근무시간, 연차, 종교적 휴가 등을 고려하여 조직의 다양성을 존중
진로 개발 및 교육 기회 제공	• 외국인 근로자들에게 진로 개발 및 교육 기회를 제공하여 업무역량을 향상시키고 조직에서의 성과를 높임
다양성을 위한 리더십 강화	• 조직 리더십에서 다양성을 존중하고 지지하는 문화를 정착시킴 • 리더들이 다양성을 적극적으로 수용하고 팀을 다양한 역량을 갖춘 인재로 구성하도록 독려

출처: ChatGPT(2023). '외국인 근로자의 다양성관리 방안에는 무엇이 있는가?' 질문으로 검색한 내용 저자 정리.

2. 적극적 평등실현조치(Affirmative Action, AA)의 장단점

- 적극적 평등실현조치는 소외된 집단에 대한 기회를 늘려 과거와 현재의 차별을 해결하기 위한 일련의 정책 및 관행
- 다른 정책과 마찬가지로 적극적 평등실현조치에는 장점과 단점이 모두 있음
- 적극적 평등실현조치에 대한 관점은 매우 다양할 수 있으며 이에 대한 의견은 문화적, 사회적, 정치적 요인의 영향을 받을 수 있다는 점을 유념하는 것이 중요함
- 적극적 평등실현조치의 장단점은 복잡하고 다면적이며, 그러한 정책의 효과는 정책이 시행되는 구체적인 맥락에 따라 달라질 수 있음
- 다양한 사람과 사회는 가치와 신념에 따라 이러한 요소의 가중치를 다르게 평가할 수 있음

장점	단점
• 다양성 강화: 적극적 평등실현조치는 교육기관 및 직장의 다양성 증가로 이어질 수 있음. 이러한 다양성은 더 풍부한 학습 또는 작업 환경에 기여하고 더 넓은 범위의 관점을 육성하는 것으로 믿어짐 • 역사적 불의 해결: 적극적 평등실현조치는 특정 집단이 직면한 역사적 불의와 제도적 차별을 바로잡는 수단으로 간주됨. 이는 공평한 경쟁의 장을 마련하고 모든 사람에게 동등한 기회를 창출하는 것을 목표로 함 • 기술 개발: 적극적 평등실현조치는 소수 집단에게 기회를 제공함으로써 특정 직업이나 교육 프로그램에서 제외되었을 수 있는 숙련되고 교육받은 개인 풀을 개발하는 데 도움이 될 수 있음 • 사회적 조화: 적극적 평등실현조치는 공정성과 정의감을 고취함으로써 사회적 조화에 기여할 수 있음. 이는 사회가 과거의 불평등을 해결하기 위해 노력하고 있다는 메시지를 보냄 • 경쟁 우위: 다양성을 수용하는 조직은 고객 기반의 다양성을 반영하는 인력을 보유함으로써 경쟁 우위를 확보하고 의사결정 및 혁신을 향상시킬 수 있음	• 역차별: 비평가들은 소수집단의 개인이 입학이나 채용 과정에서 부당한 대우를 받거나 불이익을 당한다고 느끼는 상황을 개선하고자 하는 적극적 평등실현조치가 역차별로 이어질 수 있다고 주장 • 낙인: 일부 사람들은 적극적 평등실현조치가 소수집단의 개인에게 장점보다는 정체성을 기준으로 입사 또는 채용되었음을 암시함으로써 낙인을 찍을 수 있으며 잠재적으로 그들의 성취를 훼손할 수 있다고 주장 • 능력주의에 대한 우려: 비평가들은 일부 개인이 자신의 기술이나 자격 이외의 요인에 따라 입학하거나 고용될 수 있기 때문에 적극적 평등실현조치가 능력주의 원칙을 훼손할 수 있다고 주장 • 분노와 긴장: 적극적 평등실현조치 정책은 다양한 집단 간의 분노와 긴장으로 이어질 수 있으며 잠재적으로 사회의 불공평함과 분열을 조장할 수 있음 • 토큰주의(Tokenism): 어떤 경우에는 적극적 평등실현조치가 토큰주의로 이어질 수 있음. 즉, 진정한 통합이나 기회균등 없이 단지 다양성을 보여주기 위해 제대로 표현되지 않은 그룹의 구성원을 포함시킬 수 있음 • 고정관념의 영속화: 적극적 평등실현조치 정책은 특정 그룹이 성공하려면 특혜가 필요하다는 것을 암시함으로써 의도치 않게 고정관념을 영속시킬 수 있음

출처: ChatGPT(2023). 'What is the pros and cons of the affirmative action?' 질문으로 검색한 내용을 저자 번역(구글 번역기 사용)·정리.

행정사례 연습

■ 유연근무 사례

MZ세대 유연근무

3년차 지방직 공무원이던 30대 A씨는 지난해 가을 사표를 냈다. 주 2~3회씩 야근을 하는 노동 강도에 비해 받는 월급은 적다고 판단했기 때문이다. 공무원 주변에선 "퇴사하고 갈 자리는 마련해 두었냐"며 말렸지만 A씨는 일단 사표부터 냈다. 그는 "일은 아랫사람들이 다 하고, 공은 윗사람들이 차지하는 경직된 조직문화 역시 퇴사를 결심하게 된 주요 원인"이라고 말했다.

최근 저연차 공무원을 중심으로 퇴직자가 급증하면서 정부가 공직사회 동기부여에 나섰다. 20~30대 MZ세대가 공직사회의 주류로 부상하면서 이들이 요구하는 조직문화 변화없이는 이들의 조기 퇴직을 막을 수 없다는 절박함에서 나온 조처로 보인다.

인사혁신처는 17일 향후 공무원들에게 성과급 지급 시 동료평가를 반영하고, 원격근무 등 근무형태 유연화를 시범 도입하는 등의 내용을 담은 '공직문화 혁신 기본계획'을 발표했다.

(중략)

인사혁신처는 원격근무나 재택근무가 가능한 장소·시간을 유연하게 활용할 수 있도록 한다고도 밝혔다. 현재 원격근무는 자택이나 스마트워크센터에서만 할 수 있다. 스마트워크센터는 서울(10곳), 인천·경기(5곳) 등 전국에 있지만 각 센터마다 좌석수가 20개 안팎에 불과하다. 앞으로는 보안업무만 아니면 스터디카페나 정책 집행·발굴 현장에서 업무를 할 수 있게 된다.

출처: 경향신문(2022).

■ 사례의 의의

본 사례는 최근 MZ세대 공무원들의 퇴직이 급증하자 정부가 스마트워크 등 유연근무제를 장려하고, 공정한 성과평가 시스템을 도입하며, 공모직위를 확대하는 등 다양한 방안을 모색하는 모습을 나타내고 있다. MZ세대, 저연차 공무원들의 퇴직(이직의도)을 줄이고 직무만족도를 높이기 위해서는 그들의 수요를 적절하게 반영한 복무관리가 우선적으로 이루어질 필요가 있다. 무엇보다 코로나19 팬데믹 이후 재택근무에 익숙해져 버린 MZ세대 공무원의 직무만족도를 높이기 위해서는 유연근무제 활성화(예: 근무시간 및 근무장소 유연화 등)가 요구된다.

제13장

정부예산과 재무행정

시민들이 만족하는 공공서비스를 제공하기 위해서는 조직·인사 차원뿐만 아니라 재무 차원에서도 효과적인 관리가 이루어져야 한다. 본 장에서는 이 점에 대해서 살펴본다. 또한 정부예산은 공유재 성격이 강하기 때문에 이를 어떻게 관리·운용하는가에 따라 행정서비스의 질이 달라질 수 있다. 이와 관련해 재정개혁 방안에 대해서도 논의한다.

1. 정부예산의 의의
2. 예산과정
3. 정부예산 이론
4. 국가채무(부채)와 재정개혁

제13장

정부예산과 재무행정

핵심 학습사항

1. 머스그레이브가 제시한 세 가지 정부기능은 무엇인가?
2. 예산이 공유자원의 성격을 가지는 이유는 무엇인가?
3. 예산의 원칙에는 무엇이 있는가?
4. 일반회계, 특별회계, 기금의 차이는 무엇인가?
5. 예산팽창이론과 예산결정이론의 차이는 무엇인가?
6. 예산결정이론 중 총체주의와 점증주의의 특징은 무엇인가?
7. 한국의 예산과정에서 나타나는 특징은 무엇인가?
8. 국가재정운용계획과 top-down 예산제도의 특징은 무엇인가?
9. 예비타당성조사의 특징과 면제의 조건은 무엇인가?
10. 한국의 국가채무(부채) 유형은 무엇인가?
11. 재정준칙은 무엇인가?
12. 3+1 재정개혁의 종류와 특징은 무엇인가?
13. 품목별 예산제도, 성과예산제도, 계획예산제도, 영기준예산제도의 특징은 무엇인가?
14. 재정성과관리제도의 종류와 특징은 무엇인가?
15. 주민참여예산제도의 의의는 무엇인가?

1. 정부예산의 의의

1) 재무행정과 정부예산의 의의

국민들에게 효과적인 행정서비스를 제공하기 위해서 정부는 어떻게 재정적 재원을 마련(예: 세금징수)해야 하는가? 마련한 재정적 재원은 어떻게 효과적으로 관리·운영해야 하는가? 또한 자원을 국민들에게 어떻게 배분할 것인가? 정부는 이러한 질문들에 대한 답을 끊임없이 고민해야 한다. 이처럼 행정서비스 제공을 위한 재정적 재원을 마련하고, 효과적으로 관리하며, 이를 바탕으로 국민들에게 서비스를 효과적으로 배분하는 정부의 전반적인 활동을 재무행정이라 한다. 다시 말해, 재무행정은 "정부와 공공기관이 조직의 목적을 달성하는 데 필요한 재원을 조달·배분하며, 이를 관리·운용하는 것과 연관된 일련의 활동"이라 정의할 수 있다(하연섭, 2019: 4). 정부예산은 "목적달성에 필요한 일정기간 동안의 재원을 사전에 계획하고, 계획한만큼 거두어 효율적으로 사용하기 위한 모든 활동을 미리 문서화한 계산서"이다(원구환, 2019: 18). 이와 같이 재무행정과 정부예산은 상호 관련성이 있지만, 이 두 가지 개념에는 차이가 있다. 정부예산이 재원의 조달과 배분에 관한 의사결정에 보다 무게를 두고 있다면, 재무행정은 공공자원 관리와 관련된 기법에 무게를 두고 있다는 점에서 차이가 있는 것이다.

정부는 시장실패를 치유하기 위한 정책을 펼치기 위해 재정활동을 한다. 이러한 정부의 기능을 머스그레이브(R. A. Musgrave)는 세 가지로 제시하였다(Musgrave, 1959). 첫째, 자원배분기능(resource allocation)이다. 이는 "가격기제에 의한 효율적 배분이 불가능할 경우 정부가 경제에 개입하여 사회후생을 극대화시키는 방향으로 자원을 배분하는 기능"이다. 자원배분기능을 수행할 때 정부는 효율성이라는 가치를 가장 중요하게 고려한다. 둘째, 소득재배분기능이다. 이는 "정부가 조세정책 등을 통해 공평한 부와 소득의 배분"을 실현하는 활동이다. 이 활동을 수행할 때 정부는 형평성이라는 가치를 가장 중요하게 고려한다. 셋째, 정부의 경제안정 및 성장기능(economic stabilization and growth)이다. 정부는 국가와 국민의 행복한 생활영위를 위해 경제안정을 도모해야 하며, 국가의 발전을 통해 미래세대의 생활도 보장할 수 있어야 한다. 이때 정부는 안정성과 성장이라는 가치를 가장 중요하게 고려한다. [그림 13-1]은 정부재정의 기능을 보여 주고 있다.

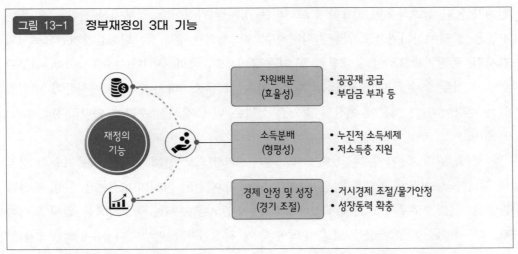

그림 13-1 **정부재정의 3대 기능**

출처: 국회예산정책처(2023: 3).

2) 정부예산의 특징

정부의 재정활동은 예산을 통해 이루어진다. 예산이란 "일정기간 동안의 정부 수입과 지출에 관한 계획"이다(하연섭, 2019: 38). 다시 말해, 예산은 정부가 추구하는 정책이자 정부의 미래계획이고, 중요한 정보이자 정부책무성 확보를 위한 수단이다. 이러한 예산은 다음과 같은 특징을 지닌다. 첫째, 예산의 가장 중요한 특징은 '예산의 제한성과 희소성'이다. 공공자원으로서의 예산이 충분하다면 정부가 예산을 어떻게 관리할 것인가는 문제가 되지 않는다. 그러나 예산은 국민의 세금을 원천으로 하여 마련되기 때문에 예산의 규모가 제한적일 수밖에 없고, 따라서 정부의 예산관리 활동도 제한을 받을 수밖에 없다(김정인, 2018: 515). 즉, 이용 가능한 공공자원(예산)은 한정되어 있어 이를 어떻게 배분할 것인지가 매우 중요한 문제가 되는 것이다(김용철 외, 2022). 따라서 예산은 합리적이고 효율적으로 배분되고 운영되어야 한다.

둘째, 예산은 정치성을 지닌다. 예산은 이윤극대화의 목적 이외에 다양한 목적을 지니며, 예산과정에 참여하는 행위자가 다수이고, 법적 강제성과 독점성을 지닌다. 또한 비용부담자·의사결정자·편익수혜자들 사이에 불일치가 존재하며, 다양한 제약이 존재한다는 측면에서 정치적 성격을 띠는 것이다(이종열 외, 2023). 특히 예산은 다양한 이해

관계자들 간 상호작용이 중요하게 고려되는 정치적 과정이다. 정부예산 관련 주요 행위
자들은 중앙예산기관으로서의 기획재정부, 각 행정관서의 장, 회계감사기관으로서의
감사원, 총괄기관으로서의 대통령 및 대통령비서실, 국회 등이다(원구환, 2019). 정부관
료들의 경우 보수, 명성, 권력 등 자신들의 이익을 증대하기 위하여 예산증가 행위를
하는 경향이 있기 때문에 예산의 정치적 성격은 더욱 강해질 수밖에 없다(조정래, 2010:
93-94).

　　셋째, 위의 두 가지 특징(예산의 희소성과 정치성)으로 인해 예산은 공유자원의 성격
을 지닌다. 예산은 무한대로 늘릴 수 없는 총량이 제한된 자원이며(제한된 자원), 예산과
관련된 많은 정부부처가 존재하고(다수의 사용자), 모든 부처는 예산확보를 위해 노력하
기 때문에 예산은 상한선을 넘을 수밖에 없어 재정적자가 발생(과다사용에 의한 고갈)한
다(하연섭, 2019: 126). 즉, 정부부처 간 소비의 경합성은 존재하나 배제는 할 수 없는 예
산은 '공유자원의 비극(tragedy of the commons)' 현상을 발생시킬 수밖에 없다(배득종,
2004).

　　한국에서 예산활동의 근간이 되는 관련 법률에는 「국가재정법」이 있다. 이는 국가
재정을 규정한 전반적인 법률로서 2006년에 제정되었으며, 제정목적은 "국가의 예산·
기금·결산·성과관리 및 국가채무 등 재정에 관한 사항을 정함으로써 효율적이고 성과
지향적이며 투명한 재정운용과 건전재정의 기틀을 확립하는 것"이다(국가법령정보센터,
2024). 「국가재정법」의 주요 특징은 '중기재정계획을 국가재정운용계획으로 새로 규정
하여 국회에 제출하는 것을 의무화'하고, '성인지 예산 근거를 마련'하며, '재정성과관리
시스템을 구축'하고, '효율적인 국가채무관리'를 하도록 하는 데 있다(최정묵, 2016: 583).

3) 정부예산의 원칙과 종류

　　[그림 13-2]에서 보듯이 한국의 재정구조는 중앙정부 재정과 지방정부 재정으로
구분된다. 중앙정부 재정은 다시 일반회계와 특별회계로 구성된 예산과 기금으로, 그리
고 지방정부 재정은 일반재정(예산+기금)과 교육재정으로 구분되어 운영된다(국회예산정
책처, 2023: 4). 따라서 한국의 재정규모가 어느 정도인지 파악하려면 중앙과 지방자치단
체의 예산규모를 살펴보아야 한다. 예산은 용도별 분류에 따라 '세입예산'과 '세출예산'

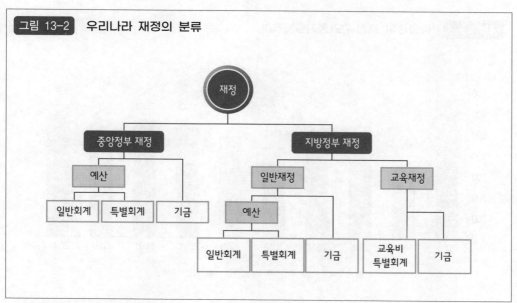

그림 13-2 우리나라 재정의 분류

출처: 국회예산정책처(2023: 4).

으로 분류되는데, 세입예산은 일정기간 동안 징수할 수입이며(정부재정 동원방법), 세출예산은 국가기능을 위해 정부가 필요로 하는 재원의 지출용도를 의미한다. 특히 세출예산은 입법부 심의를 거쳐서 결정되기 때문에 강제력과 구속력이 매우 높으며, 일반적으로 예산이라 함은 세입예산보다는 세출예산을 의미한다(윤영진, 2017: 63-64). 세출예산은 대리인인 행정부의 재정활동이기 때문에 입법부와 시민들의 엄격한 예산과정 통제가 이루어져 재정민주주의(fiscal democracy)가 실현되도록 하여야 한다(김정인, 2018: 518).

재정민주주의를 실현하기 위해서는 다음의 예산원칙이 지켜져야 한다(이하 하연섭, 2019: 48-53). 첫째, 예산완전성의 원칙이다. 이는 예산총계주의 원칙이라고도 하는데, "정부의 모든 재정적 거래와 활동의 내용이 예산에 포함되어야 한다는 원칙"이다(「국가재정법」 제17조). 그러나 예외적으로 수입대체경비, 현물출자와 전대차관, 차관물자대 등의 경우 세입·세출예산 외로 사용할 수 있어 예산총계주의 원칙의 예외가 적용될 수 있다(「국가재정법」 제53조). 둘째, 예산단일의 원칙이다. 이는 "예산의 효율적인 통제와 효과적인 관리를 위해서는 예산이 하나만 존재해야 한다는 원칙"이다. 다시 말해, 예산

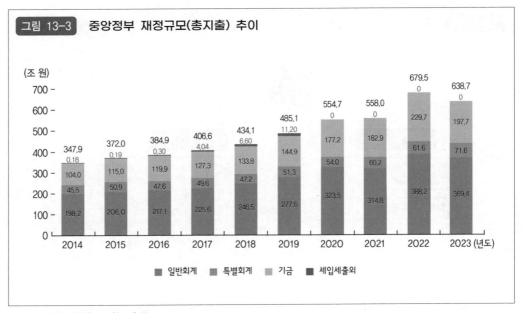

그림 13-3 중앙정부 재정규모(총지출) 추이

주: 예산(추경 포함) 기준.
출처: 국회예산정책처(2023: 8).

단일의 원칙은 예산이 일반회계만 존재해야 한다는 것인데 이에 대한 예외로 특별회계와 기금이 존재한다. 셋째, 예산한정성의 원칙이다. 이는 "예산이 입법부의 의결을 거친후 행정부의 예산집행을 얼마나 구속하느냐와 관련된 원칙"으로서, 예산집행이 입법부가 정한 대로 집행되어야 한다는 것이다. 대표적인 예외의 경우로는 예산의 이용, 전용, 이월, 계속비 등이 있다. 넷째, 예산사전의결의 원칙이다. 이는 "모든 예산은 집행이 이루지기 전에 입법부의 의결을 거쳐야 한다"는 원칙이다. 다섯째, 예산명료성의 원칙이다. 이는 "예산문서가 명쾌하고, 예산분류방식이 합리적이며, 예산에 대한 명료한 해석이 이루어져야 한다"는 원칙이다. 여섯째, 예산투명성(예산공개)의 원칙이다. 이는 "정부활동에 관한 신뢰할 만하고, 포괄적이며, 시의적절하고, 쉽게 이해할 수 있는 그리고 국제적으로 비교 가능한 정보를 국민들이 쉽게 접근할 수 있어야 한다는 원칙"이다. 마지막으로, 예산통일의 원칙이다. 이는 "세입과 세출이 분리되어 있는 것이 바람직하다는 것"이다. 이에 대한 예외로 특정 세입과 세출을 연계하는 특별회계가 있다. [그림 13-3]에서 제시되어 있듯이 한국의 총지출은 지속적으로 증가하고 있다. 따라서 향후

표 13-1 **분야별 재원배분**

(단위: 조원, %)

구분	2018년	2019년	2020년	2021년	2022년	2023년	연평균 증가율
1. 보건·복지·고용	144.7 (145.8)	161 (162.6)	180.5 (197.8)	199.7 (212.1)	217.7 (221)	226	9.3
2. 교육	64.2 (64.4)	70.6 (70.7)	72.6 (71.0)	71.2 (77.8)	84.2 (84.2)	96.3	8.4
3. 문화·체육·관광	6.5 (6.5)	7.2 (7.3)	8.0 (8.1)	8.5 (8.8)	9.1 (9.2)	8.6	5.8
4. 환경	6.9 (7.0)	7.4 (8.6)	9.0 (9.2)	10.6 (10.7)	11.9 (11.9)	12.2	12.1
5. R&D	19.7 (19.7)	20.5 (20.9)	24.2 (24.3)	27.4 (27.5)	29.8 (29.8)	31.1	9.6
6. 산업·중소기업·에너지	16.3 (18.2)	18.8 (20.5)	23.7 (35.5)	28.6 (40.1)	31.3 (43.8)	26.0	9.8
7. SOC	19.0 (19.1)	19.8 (20.4)	23.2 (22.9)	26.5 (26.6)	28.0 (28.1)	25.0	5.6
8. 농림·수산·식품	19.7 (19.8)	20.0 (20.3)	21.5 (21.4)	22.7 (23)	23.7 (23.7)	24.4	4.4
9. 국방	43.2 (43.2)	46.7 (46.7)	50.2 (48.4)	52.8 (52.3)	54.6 (54.6)	57.0	5.7
10. 외교·통일	4.7 (4.7)	5.1 (5.1)	5.5 (5.1)	5.7 (5.7)	6.0 (6)	6.4	6.4
11. 공공질서·안전	19.1 (19.1)	20.1 (20.2)	20.8 (20.7)	22.3 (22.3)	22.3 (22.3)	22.9	3.7
12. 일반·지방행정	69.0 (69.1)	76.5 (76.7)	79.0 (94.0)	84.7 (99.7)	98.1 (98.1)	112.2	10.2

주: 본예산 기준, 괄호는 추경 기준, 연평균증가율은 추경 기준.
출처: 국회예산정책처(2023).

에 엄격한 예산원칙이 지켜질 필요가 있다.

한국의 예산분포를 살펴보면 다음과 같은 특징이 있다. 국회에서 의결된 예산(총지

그림 13-4 우리나라 중앙정부 재정체계

일반회계	기업특별회계(5개)	기타특별회계(16개)	기금(68개)

세입
 	
• 내국세
• 관세
• 교통에너지환경세
• 교육세
• 종합부동산세
• 세외수입
 	
세출
 	
• 일반/지방행정
• 공공질서 및 안전
• 통일/외교
• 국방
• 교육
• 문화 및 관광
• 환경
• 사회복지
• 보건
• 농림수산
• 산업/중소기업 및
  에너지
• 교통 및 물류
• 국토 및 지역개발
• 과학기술
• 예비비
	• 우편사업
	• 우체국예금
	• 양곡관리
	• 조달
	• 책임운영기관
		• 교도작업
		• 국가균형발전
		• 농어촌구조개선
		• 등기
		• 행정중심복합도시
		  건설
		• 아시아문화중심도시
		  조성
		• 에너지 및 자원사업
		• 우체국보험
		• 주한미군기지이전
		• 환경개선
		• 국방군사시설이전
		• 혁신도시건설
		• 교통시설
		• 유아교육지원
		• 소재부품장비경쟁력
		  강화
		• 고등 · 평생교육지원
			• 사업성기금 49개
			• 사회보험성기금 6개
			• 금융성기금 8개
			• 계정성기금 5개

출처: 국회예산정책처(2023: 7).

출 규모)은 2021년 482.6조 원, 2022년 553.6조 원, 2023년 638.7조 원으로 지속적으로 증가하고 있다.1) 2023년 예산에서 높은 비중을 차지하는 영역은 보건·복지·고용, 교육, 일반·지방행정 등이다. 특히 보건·복지·고용 예산은 2023년 226조 원으로 가장 높

---

1) [그림 13-3]에서 제시한 재정규모(총지출)는 추가경정예산 등을 포함한 총지출 규모로서 국회에서 의결된 예산과는 차이가 있을 수 있다. 2023년의 경우 2024년에 추가경정예산 등을 포함한 총지출 규모가 제시되기 때문에 [그림 13-3]에서는 국회에서 의결된 예산으로 나타나 있다.

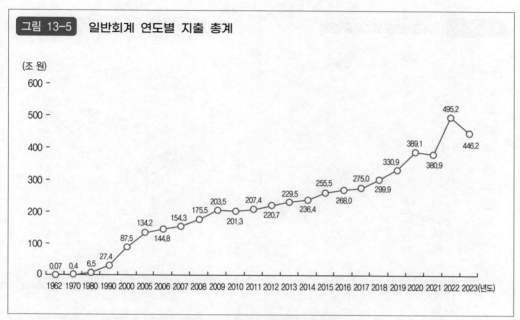

그림 13-5 일반회계 연도별 지출 총계

주: 2020년까지는 결산 기준, 2021년 이후는 예산(추경) 기준.
출처: 국회예산정책처(2023: 10).

은 분포를 차지하고 있다. 최근 들어서는 환경분야 예산 증가폭이 연평균 증가율 12.1%로 가장 높았다(2018년 6.9조 원 → 2023년 12.2조 원)(국회예산정책처, 2023).[2]

공공재원은 일반회계, 특별회계, 기금으로 구분할 수 있다. 2023년 중앙정부의 총지출(예산) 규모를 보면, 일반회계 369.4조 원, 특별회계 71.6조 원, 기금 197.7조 원으로 분포되어 있다(국회예산정책처, 2023).

일반회계는 "소득세·법인세·부가가치세 등 국세수입과 정부출자기업의 배당·지분 매각 수입 등 세외수입을 주요 재원으로 하여 국가의 일반적인 지출에 사용하기 위해 설치된 회계"이며, 이는 일반적 국가활동에 관한 총세입·총세출을 망라해 편성한 예산이다(국회예산정책처, 2022: 9). 일반회계는 기본적인 정부활동과 관련된 주요 재정사업을 모두 포괄하는 회계로서 국가의 일반적인 활동을 위한 예산이다.

특별회계는 "정부의 특정한 목적을 달성하기 위해 설치·운영되는 것"으로서, 「국

---

2) 국회에서 확정된 2024년 총지출 규모는 656.6조 원이다. 2024년 예산 중에서 가장 많은 부분을 차지하는 예산은 보건·복지·고용 분야 예산으로 242.9조 원이다(기획재정부, 2023).

그림 13-6　기금 연도별 지출순액

(조 원)

주: 2020년까지는 결산 지출순액 기준, 2022년은 수정계획 기준, 2023년은 기금운용계획 기준.
출처: 국회예산정책처(2023: 16).

가재정법」 제4조에 근거를 둔다.3) 이는 특히 예산단일의 원칙과 예산통일의 원칙에 대한 예외사항이 된다. 특별회계는 다음과 같은 장단점을 지닌다(이하 하연섭, 2019: 64). 특별회계는 별도의 재원으로서 별도의 세출을 충당하기 때문에 특정 사업을 안정적으로 추진할 수 있으며, 재정의 효율성을 증진시킬 수 있다는 점에서 장점을 지닌다. 그러나 이는 특정 세입을 특정 지출에 국한하여 사용하기 때문에 '재정 칸막이현상'을 초래할 수 있으며, 재정의 경직성을 심화시킬 수 있다. 또한 회계가 복잡하여 유사기능을 다른 회계에 포함하는 등 중복회계 발생 가능성의 위험도 있다. 또한 일반회계와 특별회계 간, 특별회계 상호 간 전출과 전입, 다시 말해 내부거래가 존재할 수 있어 재정활동의 효율성과 투명성을 저해할 우려가 있다.

　　기금은 "국가의 특수한 정책목적을 실현하기 위하여 예산원칙의 일반적인 제약으

---

3)「국가재정법」제4조에 의하면 특별회계는 국가에서 특정한 사업을 운영하고자 할 때, 특정한 자금을 보유하여 운용하고자 할 때, 특정한 세입으로 특정한 세출에 충당함으로써 일반회계와 구분하여 회계처리할 필요가 있을 때에 법률로써 설치한다(국가법령정보센터, 2024).

표 13-2 예산과 기금의 비교

구분	예산		기금
	일반회계	특별회계	
설치사유	국가고유의 일반적 재정활동	• 특정사업 운용 • 특정자금 운용 • 특정세입을 특정 세출에 충당	특정목적을 위해 특정자금을 운용
운용형태	공권력에 의한 조세 수입과 무상급부 원칙	일반회계와 기금의 운용형태 혼재	출연금·부담금 등 다양한 재원으로 다양한 목적사업 수행
수입·지출연계	특정수입과 지출의 연계 배제	특정수입과 지출의 연계	특정수입과 지출의 연계
확정절차	• 부처의 예산요구 • 기획재정부의 정부예산안 편성 • 국회의 심의·의결로 확정		• 기금관리주체의 기금운용 계획안 수입 • 기획재정부장관과 운용주체 간의 협의·조정 • 국회의 심의·의결로 확정
집행절차	• 합법성에 입각하여 엄격히 통제 • 목적외 사용금지		합목적성 차원에서 상대적으로 자율성과 탄력성 보장
계획변경	• 추경예산편성 • 이용·전용·이체		주요항목 지출금액의 20% 초과 변경시 국회 의결 필요 (금융성기금의 경우 30%)
결산	국회 심의·의결		

출처: 국회예산정책처(2023: 16).

로부터 벗어나 좀 더 탄력적으로 운용할 수 있도록 세입·세출예산에 의하지 않고 특정 사업을 수행하는 데 필요한 재원"으로(열린재정 재정정보공개시스템, 2024), 「국가재정법」 제5조에서 기금설치의 근거를 제시하고 있다.[4] 이는 조세수입이 아닌 출연금·부담금 등을 주요 재원으로 한다. 특정 목적 사업을 추진함에 있어 수입과 지출의 연계가 강하다는 점에서 특별회계와 유사하나, 계획변경 및 집행절차에 탄력성이 인정된다는 점에

---

4) 「국가재정법」 제5조(기금의 설치)에 따르면, 기금은 국가가 특정한 목적을 위하여 특정한 자금을 신축적으로 운용할 필요가 있을 때에 한정하여 법률로써 설치하되, 정부의 출연금 또는 법률에 따른 민간부담금을 재원으로 하는 기금은 별표 2에 규정된 법률에 의하지 아니하고는 이를 설치할 수 없다(국가법령정보센터, 2024).

표 13-3   예산의 종류

구분	본예산		추가경정예산	준예산
		수정예산		
관련법	「대한민국헌법」 제54조 제2항	「국가재정법」 제35조	「대한민국헌법」 제56조 「국가재정법」 제89조	「대한민국헌법」 제54조 제3항
편성	정부	정부	정부	정부
심의·확정	국회	국회	국회	-
국회 제출시기	회계연도 120일 전	회계연도 예산 확정 전	「국가재정법」에 규정된 조건에 해당하여 예산을 변경할 필요가 있을 경우	-
특징	국회의 심의·확정 시 '본예산'이 됨		'본예산'과 대비하여 '추경예산'이라 함	회계연도 개시일까지 예산이 확정되지 못할 경우 정부가 집행

주: 1. 「대한민국헌법」 제54조 제1항은 공통적으로 적용됨.
    2. 수정예산안은 추가경정예산에 대해서도 제출 가능.
출처: 국회예산정책처(2022: 121).

서 차이가 있다(국회예산정책처, 2023). 2023년 기금은 24개 부처에서 68개를 설치·운용
중이며, 기금의 운용규모는 빠르게 증가하여 2023년의 경우 기금 운용규모의 총계가
893.1조 원에 이른다(국회예산정책처, 2023: 16).[5]

이밖의 예산 종류는 다음과 같다. 예산안의 국회 제출시기에 따라 본예산, 수정예
산, 추가경정예산으로 나뉘는데, 본예산 또는 당초예산은 "정기국회 심의를 거쳐 확정
된 최초 예산"이고, 수정예산은 "정부가 예산안을 국회에 제출한 이후 국회의결 이전에
기존예산안 내용의 일부를 수정하여 다시 제출한 예산"이며, 추가경정예산은 "예산이
국회를 통과한 이후 예산집행 과정에 다시 제출되는 예산"이다.[6] 또한 예산 불성립 시

---

5) 대표적인 기금으로 사회보험성기금(6개: 국민연금 포함 5개 연금, 고용산재보험), 계정성기금(5개: 공공자
   금관리기금, 외국환평형기금, 공적자금상환기금, 양곡증권정리기금, 복권기금), 금융성기금(8개: 신용보증
   기금, 기술보증기금, 농림수산업자신용보증기금 등), 사업성기금(49개: 대외경제협력기금, 남북협력기금,
   국민건강증진기금, 국민체육진흥기금 등)이 있다.
6) 추가경정예산은 「국가재정법」 제89조에 규정되어 있다. 제89조(추가경정예산안의 편성) ① 정부는 다음
   각 호의 어느 하나에 해당하게 되어 이미 확정된 예산에 변경을 가할 필요가 있는 경우에는 추가경정예

조치에 따른 예산분류로 예산집행 기준에 따라 잠정예산, 가예산, 준예산으로 분류될 수 있다. 잠정예산은 "일정금액에 해당 되는 예산의 국고지출을 허용하는 제도"이고, 가예산은 "잠정예산과 유사하지만 사용기간이 1개월에 국한"되며, 준예산은 "예산이 법정기한 내에 국회의 의결을 받지 못할 경우에 대비한 제도"이다(이종수 외, 2014: 302-303).

2. 예산과정

1) 한국의 예산과정 단계

정부예산과정은 "행정부의 예산안 편성 및 국회 제출, 국회의 예산안 심의·확정, 각 부처의 예산집행을 거쳐 국회의 결산·승인으로 종료"된다(열린재정 재정정보공개시스템, 2024). 이러한 차원에서 예산과정의 주기는 3년으로 볼 수 있다. 예를 들어, 2023회계연도의 경우 2023년도 예산집행과 함께 전년도인 2022년도 예산결산, 다음 연도인 2024년도 예산편성 작업이 동시에 이루어지는 것이다. 예산편성권은 행정부에 있으며, 국회는 예산안을 심의·확정한다. 각 부처는 확정된 예산에 따라 사업을 집행하며, 예산집행 결과 결산은 국회심사로 종결되는 과정을 거친다. 보다 구체적인 예산과정은 <표 13-4>와 같다.

산안을 편성할 수 있다. 1. 전쟁이나 대규모 재해(「재난 및 안전관리 기본법」 제3조에서 정의한 자연재난과 사회재난의 발생에 따른 피해를 말한다)가 발생한 경우 2. 경기침체, 대량실업, 남북관계의 변화, 경제협력과 같은 대내·외 여건에 중대한 변화가 발생하였거나 발생할 우려가 있는 경우 3. 법령에 따라 국가가 지급하여야 하는 지출이 발생하거나 증가하는 경우, ② 정부는 국회에서 추가경정예산안이 확정되기 전에 이를 미리 배정하거나 집행할 수 없다(국가법령정보센터, 2024).

표 13-4 우리나라의 예산·결산 과정

구분	과정	내용	법정시한	근거규정
예산 과정	중기사업 계획서 제출	각 중앙관서의 장(기금관리주체)은 매년 1월 31일까지 당해 회계연도부터 5회계연도 이상의 신규사업 및 주요 계속사업에 대한 중기사업계획서를 작성하여 기획재정부 제출	매년 1월 31일	「국가재정법」 §28, §66①
	예산안편성 지침 통보	기획재정부는 매년 3월 31일까지 다음 연도의 예산안편성지침(기금운용계획안 작성지침)을 각 중앙관서의 장(기금관리 주체)에게 통보	매년 3월 31일	「국가재정법」 §29①, §66②
	예산요구서 작성 및 제출	각 중앙관서의 장(기금관리주체)은 예산안 편성지침(기금운용계획안 작성지침)에 따라 그 소관에 속하는 다음연도의 세입세출 예산·계속비·명시이월비·국고채무부담 행위요구서(기금운용계획안)를 작성하여 매년 5월 31일까지 기획재정부에 제출	매년 5월 31일	「국가재정법」 §31①, §66⑤
	정부예산안 편성	기획재정부는 예산요구서에 따라 예산안을 편성(기금운용계획안을 마련)한 후 국무회의 심의 및 대통령 승인	–	「국가재정법」 §32, §66⑥
	예산안 국회제출	정부는 대통령의 승인을 얻은 예산안(기금 운용계획안)을 회계연도 개시 120일 전 (9.3)까지 국회에 제출	회계연도 개시 120일전 (매년 9월 3일)	「국가재정법」 §33, §68①
	예산안 본회의 보고	국회 본회의에서 예산안에 대한 정부의 시정연설	–	「국회법」 §84①
	상임위원회 예비심사	국회는 각 상임위원회에 예산안(기금운용 계획안)을 회부하여 예비심사를 하고 그 결과를 의장에게 보고, 의장은 예산안 (기금운용계획안)에 각 상임위원회의 예비 심사 결과보고서를 첨부하여 예산결산특별 위원회에 회부	의장이 심사기간을 지정 가능	「국회법」 §84①,②,⑥
	예산결산 특별위원회 종합심사	예산결산특별위원회는 상임위원회의 심사 결과를 존중하여 예산안(기금운용계획안)을 종합심사하고 본회의에 상정	–	「국회법」 §84③,⑤
	본회의 심의·확정	본회의 부의 → 예결위원장 심사보고 → 토론 → 표결·확정	회계연도 개시 30일 전 (매년 12월 2일)	「대한민국헌법」 §54② 「국회법」 §84의2①
결산 과정	출납정리 기한	출납정리기한(해당 회계연도 말일)이 지나면 각급 기관이 소관장부를 정리·마감한 후 이를 기획재정부장관에게 보고하고	다음 연도 2월 10일	「국고금관리법」 §4의2① 「국고금관리법」

		기획재정부장관은 매년 2월 10일에 감사원장이 지정하는 감사위원 등이 참여한 가운데 직전 회계연도의 총세입부와 총세출부를 마감		시행령」 §94③
	중앙관서 결산보고서 작성 및 제출	각 중앙관서의 장은 매 회계연도마다 일반회계·특별회계 및 기금을 통합한 중앙관서결산보고서를 작성하여 다음연도 2월 말일까지 기획재정부장관에게 제출	다음 연도 2월 말일	「국가회계법」 §13② 「국가재정법」 §58①, §73
결산 과정	국무회의 심의 및 대통령의 승인	기획재정부장관은 매 회계연도마다 중앙관서결산보고서를 통합하여 국가결산보고서를 작성하고 국무회의의 심의를 거친 후 대통령의 승인을 얻어 다음 연도 4월 10일까지 감사원에 제출	다음 연도 4월 10일	「국가회계법」 §13③ 「국가재정법」 §59
	감사원 결산 감사	감사원은 국가결산보고서를 검사하고 그 보고서를 다음 연도 5월 20일까지 기획재정부장관에게 송부	다음 연도 5월 20일	「대한민국헌법」 §99 「국가재정법」 §60
	국가결산 보고서의 국회제출	정부는 감사원의 검사를 거친 국가결산보고서 및 첨부서류를 다음 연도 5월 31일까지 국회에 제출	다음 연도 5월 31일	「국가재정법」 §61
	상임위원회 예비심사	정부가 결산을 국회에 제출하면 국회는 각 상임위원회에 회부하여 예비심사를 하고 그 결과를 의장에게 보고, 의장은 각 상임위원회의 보고서를 첨부하여 예산결산특별위원회에 회부	의장이 심사기간을 지정 가능	「국회법」 §84①,②,⑥
	예산결산 특별위원회 종합심사	예산결산특별위원회는 각 상임위원회의 심사내용을 참고하여 결산을 종합심사하고 본회의에 상정	–	「국회법」 §84②,③,⑤
	본회의 심의·의결	결산은 본회의의 심의를 거쳐 의결하며, 국회는 결산에 대한 심의·의결을 정기회 개회 전까지 완료, 심사결과 위법·부당한 사항이 있는 때에 국회의 본회의 의결 후 정부 또는 해당기관에 변상 및 징계조치 등 그 시정을 요구	정기회 개회 전	「국회법」 §84②,③ §128의2

출처: 국회예산정책처(2022: 119-120).

예산과정의 첫 번째 단계는 정부의 예산편성 과정이다. 예산편성 과정은 "행정부 내부에서 다음 회계연도의 예산안을 마련하는 과정"으로, 이는 행정부처가 다음 회계연도에 추진하고자 하는 사업을 계획하고 이에 따르는 지출규모를 확정하는 단계이다(하연섭, 2019: 109). 행정부의 구체적인 예산편성 과정은 「국가재정법」 제2장 제2절에 규정되어 있다. 이 중에서 주요 사항은 ① 각 중앙관서장의 중기사업계획서 제출(제28조), ② 기획재정부장관의 예산안편성지침 통보(제29조), ③ 각 중앙관서장의 예산요구서 제출(제31조), ④ 기획재정부장관의 정부예산안 편성(제32조) 및 국회 제출(제33조)이다(국회예산정책처, 2023).

　　두 번째 단계는 의회의 예산심의 과정이다. 이는 "행정부가 제출한 예산안을 입법부가 검토하고 예산을 최종적으로 조정·배분하는 과정"이다(하연섭, 2019: 142). 예산심의 과정은 행정부 활동에 대한 재정동의권을 국회에 부여하여 재정민주주의를 실현할수 있는 과정이다. 예산심의 활동은 상임위원회의 예비심사에서 진행되며, 상임위원회의 예비심사를 거친 정부예산안은 예산결산특별위원회에 회부되어 심사되고, 계수조정소위원회에서 계수조정을 통해 실질적으로 예산안 심의를 마무리하면 국회 본회의에서 승인된다.[7] 그러나 현실에서 예산심의 과정은 합리적으로 작동되기 어렵다. 정치인들은 자신들의 지역구에 더 많은 예산을 배정받기 위해 선심성 예산 정치(pork barrel politics)를 하고, 본회의보다는 상임위원회 중심으로 예산심의가 이루어져 본회의가 형식적으로 운영되는 경향이 있으며, 예산편성은 총량을 설정한 하향적 예산결정을 하지만 예산심의는 상향식 방안을 채택하여 예산과정이 합리적으로 이루어지지 못한다(신가희·하연섭, 2015: 530).[8]

　　세 번째 단계는 예산집행 과정이다. 이는 "예산편성과 심의 과정을 통해 성립한 예

---

7) 예산결산특별위원회(이하 예결위)는 "1999년까지 전년도 결산 및 예산안이 본회의에서 의결될 때까지 존속되는 한시 조직이었으나 2000년 2월 국회법이 개정됨에 따라 50인으로 구성된 상설화된 특별위원회로 운영되고 있다. 예결위에 정부예산안이 상정되면 기획재정부장관의 제안설명과 국회 예결위 전문위원의 검토보고에 이어 종합정책질의가 열린다. 종합정책질의에서는 모든 부처를 대상으로 예산 관련 사항뿐만 아니라 국정 전반에 걸쳐 질의응답이 진행된다. 종합질의 이후 부처별 또는 분야별로 세부예산내역을 심사하는 부별심사가 열린다. 부별심사에서는 종합정책질의 때와는 달리 구체적인 세부사업에 대해 예결위원이 질의하고 부처관계자 및 예산당국이 설명하는 형태로 운영된다. 이어 정부예산안의 구체적인 금액을 조정하기 위하여 15명 내외의 예결위원으로 구성된 예산안조정소위원회가 열린다. 예산안조정소위는 각 상임위원회의 소관예산에 대한 예비심사결과, 종합정책질의 및 부별심의 결과 등을 토대로 사업별로 구체적인 예산금액을 조정한다. 예산안조정소위에서 조정된 예산안은 예결위 전체회의에 상정되어 의결된다"(열린재정 재정정보공개시스템, 2024).

8) 선거가 있을 경우 이러한 정치적 현상(선심성 예산 결정)은 더욱 심각하게 나타난다(열린재정 재정정보공개시스템, 2024). "선심성 예산 결정으로 인해 지역구의 소수 지역주민들만 혜택을 보고, 다수의 납세자들은 피해를 보는 경우가 많다. 이는 주인-대리인 문제로 인해 발생되는 피해로서, 정치인들은 재선을 위해 주민을 위한 선심성 예산 결정을 하게 되지만 이는 결국 지역주민들의 불합리한 선택을 초래하게 되는 경우가 많다는 것이다"(신가희·하연섭, 2015: 530; 김정인, 2018: 531).

산을 실행에 옮기는 과정"이다(이종수 외, 2022: 475). 예산집행 과정은 국회에서 확정된 예산에 따라 수입을 조달하고 경비를 지출하는 재정활동으로서, 정부는 세출예산을 집행함에 있어 국회에서 의결된 대로 그 목적과 금액의 한도 내에서 지출하는 것을 원칙으로 한다. 그러나 예산편성과 집행 시의 재정여건 변화에 보다 능동적으로 대처해 나가기 위해 일정 조건하에서 타 용도로 사용할 수 있는 예외를 인정하고 있다(「국가재정법」 제46조, 제47조)(열린재정 재정정보공개시스템, 2024).

네 번째 단계는 결산 과정이다. 이는 회계연도에서 국가의 수입과 지출의 실적을 확정적 계수로 표시하는 행위로서, 정부의 활동이 예산의 범위 내에서 이루어졌는지를 확인하는 것이다(열린재정 재정정보공개시스템, 2024).

2) 예산과정의 주요 예산제도

(1) 국가재정운용계획

정부예산안 편성과정에서 중요하게 고려해야 할 제도 중 국가재정운용계획은 "정부가 「국가재정법」 제7조에 따라 재정운용의 효율화와 건전화를 위하여 매년 당해 회계연도부터 5회계연도 이상의 기간에 대한 세입, 세출, 재정수지, 조세부담률, 국가채무 등의 재정운용계획을 수립하여 국회에 제출하는 문서"이다(국회예산정책처, 2022: 137). 이는 5년간의 재정운용 시계를 갖는 연동식 중기재정계획인 것이다. 한국에서는 2004년부터 해당 제도가 도입·운영되고 있으며, 중장기적 관점에서 국정과제를 체계적으로 실현하고 재정의 예측 가능성과 건전성 및 효율성을 증진시키고자 하는 목적으로 시행되고 있다(윤영진, 2017: 147).

한국에서 시행되고 있는 국가재정운용계획의 장단점은 다음과 같다(이하 윤영진, 2017: 148). 장점으로는 첫째, 재정건전성[9]을 확보하기 위한 예산총액의 효과적인 통제 장치가 될 수 있어 총량적 재정 규율제도 장치로 작동할 수 있다. 둘째, 배분적 효율성

---

9) 재정건전성(fiscal soundness)은 "단기적으로는 정부수입의 범위 안에서 정부지출을 사용함으로써 균형재정을 통해 재정을 운용하는 것이며, 중장기적으로는 국가부채를 적정수준으로 운용함으로써 국가부채에 대한 상환능력을 안정적으로 유지하는 재정의 지속가능성(fiscal sustainability)을 의미"한다. 반면 재정의 지속가능성(fiscal sustainability)은 "정부의 지불능력이나 정부부채 또는 공약한 지출을 위협하지 않고 현재의 지출과 조세를 장기적으로 유지하는 정부의 역량"으로 정의할 수 있다(유금록, 2023: 145-146).

표 13-5	국가재정운용계획의 포함사항 및 첨부서류

포함사항	첨부서류
① 재정운용의 기본방향과 목표 ② 중·장기 재정전망 및 그 근거 ③ 분야별 재원배분계획 및 투자방향 ④ 재정규모 증가율 및 그 근거 ⑤ 의무지출*의 증가율 및 산출내역 ⑥ 재량지출**의 증가율에 대한 분야별 전망과 근거 및 관리계획 ⑦ 세입·세외수입·기금수입 등 재정수입의 증가율 및 그 근거 ⑧ 조세부담률 및 국민부담률 전망 ⑨ 통합재정수지에 대한 전망과 근거 및 관리계획	① 전년도에 수립한 국가재정운용계획 대비 변동사항, 변동요인 및 관리계획 등에 대한 평가·분석보고서 ② 중장기 기금재정관리계획 ③ 국가채무관리계획 ④ 중·장기 조세정책운용계획

* 의무지출: 재정지출 중 법률에 따라 지출의무가 발생하고 법령에 따라 지출규모가 결정되는 법정지출 및 이자지출.
** 재량지출: 재정지출에서 의무지출을 제외한 지출.
출처: 국가법령정보센터(2024). 「국가재정법」 제7조.

을 실현하기 위해 정부의 전략적 목표와 비전에 따라 우선순위를 정하고 부문 간 자원배분을 체계화할 수 있다. 특히 전략적 기획의 성과관리와 같은 맥락에서 효과적인 자원배분을 가능하게 한다. 셋째, 국가재정운용계획은 다년도 예산으로서 계획과 예산의 연계가 가능하다. 이에 반해 단점은 다음과 같다(이하 박승준·나아정, 2010). 첫째, 중기사업계획서가 예산편성과정에서 정부예산안과 함께 국회에 제출되지만, 이는 국회의 심의 대상이 되지는 않는다(엄격한 심사가 이루어지지 않음). 둘째, 국가재정운용계획이 지나치게 낙관적인 경제전망을 바탕으로 하고 있다는 점이다.

(2) 예산총액배분 자율편성제도

예산편성과정에서 고려되는 중요한 제도로 '예산총액배분 자율편성제도(이하 top-down 제도)'가 있다. Top-down 제도는 "국가재정운용계획에 근거하여 부처별 지출한도를 먼저 정하고, 각 부처가 지출한도 범위 내에서 자율적으로 예산을 편성하는 방식"이다(국회예산정책처, 2022: 129). 즉, "중앙예산기관이 사전적으로 지출총액을 결정하고, 전략적 배분을 위한 분야별·부처별 지출한도를 설정하여 그 지출한도 내에서 각 부처가 사업별로 재원을 배분하는 제도"인 것이다(윤영진, 2017: 149). 과거 '부처요구·중앙편성(bottom-up) 제도'는 예산당국이 주도하여 단년도 재정운영 및 개별사업을 중심으로 예산을 편성하는 방식이었으나, top-down 제도는 중기적 관점에서 '국가재정운용계획'과 연계하여 거시적·전략적으로 재원을 배분하고, 예산편성에 관한 부처의 자율성과 책임성을 제고하기 위한 목적으로 시행되고 있다(국회예산정책처, 2023). 이는 지출총액을 먼저 설정하고 이후 분야별·부처별 지출을 설정하며, 사업별 계수조정에 착수하는 방안이다(배득종·유승원, 2014: 329). 한국은 2005년도 예산안 편성 시부터 해당 제도를 도입하였다. 이에 대한 구체적인 법적 근거는 「국가재정법」 제29조 제2항이다.[10]

　Top-down 예산제도 도입의 이유는 재정적자를 극복하기 위해서였다(윤영진, 2017: 149). 특히 top-down 예산제도는 총량적 재정준칙과 규범의 도입을 목적으로 하고 있다.[11] 이는 중앙예산기관(기획재정부)과 각 행정부처의 정보비대칭 문제를 극복하고, 재정총량을 각 부처 스스로가 자율적으로 관리함으로써 예산운용의 효율성을 증진시키고자 한 것이다. 이러한 차원에서 이 제도를 대표적인 신공공관리기반 성과관리제도라고도 할 수 있다.[12]

　따라서 top-down 예산제도는 다음과 같은 장점을 지닌다(국회예산정책처, 2022; 나중식, 2006: 145-147). 첫째, 우선순위에 입각한 정책의 전략적 자원배분을 통해 예산운용의 배분적 효율성을 달성할 수 있다. 특히 미시적 예산배분에서 벗어나 국가 전체의 거시적 재정정책을 실현할 수 있도록 한다. 둘째, 부처의 자율성과 전문성을 강화할 수 있다. 셋째, 이를 통해 부처의 정보비대칭성 문제를 극복하여 예산절감에 기여할 수 있다(이는 예산의 공유지 비극 문제를 극복할 수 있는 방안이 되기도 한다). 넷째, 기존의 과다요구-대폭삭감이라는 비합리적인 예산과정 관행을 극복할 수 있다. 다섯째, 예산을 금액

---

10) 「국가재정법」 제29조 제2항에 따르면, 기획재정부장관은 국가재정운용계획과 예산편성을 연계하기 위하여 예산안편성지침에 중앙관서별 지출한도를 포함하여 통보할 수 있다(국가법령정보센터, 2024).

11) 재무행정의 목표로 쉬크(A. Schick)의 세 가지 재정준칙을 제시할 수 있다(Schick, 1998). 총량적 재정규율(aggregate fiscal discipline)은 "정부지출의 지속적인 증가를 억제하면서 재정적자의 발생과 국가채무의 누적을 통제하는 것"이며, 배분적 효율성(allocative efficiency)은 "분야 간, 사업 간 자원의 배분과 관련된 개념으로 우선순위와 사업의 효과성에 기반한 전략적 자원배분"이며, 기술적 효율성(technical efficiency)은 "기본적으로 정부 운영과 관련된 효율성"이다. Top-down 제도는 총량적 재정규율과 관련성이 있다(하연섭, 2019: 54-56).

12) 특히 한국은 재정적자 감축 이유보다 재원의 효율적 배분을 위해 top-down 제도를 도입하였다(윤영진, 2017).

중심에서 정책 또는 사업 중심으로 편성할 수 있으며, 재정 칸막이 현상을 극복하는 데 도움을 준다.

　　그러나 다음과 같은 한계도 존재한다. 첫째, 대통령제를 택하고 있는 한국에서는 top－down 예산제도가 예산편성에만 적용되고 예산심의 과정에는 의무적으로 적용되지 않아(구속력이 없음) 실효성이 없다. 둘째, 이로 인해 국가재정운용계획과의 연계가 제대로 이루어지지 않는다. 셋째, 여전히 기획재정부에서 각 부처의 예산요구서에 대해 세세한 사항까지 원점에서 재검토하기 때문에 부처의 자율성에 한계가 있어 실효성이 낮다. 넷째, 국회 예산결산특별위원회에 중앙관서별 지출한도를 보고 하지 않아 지출한도의 실효성이 저하되는 등 문제점도 있다. 반면에 지출한도 준수율이 제대로 지켜지지 않을 수 있고, 오히려 너무 엄격한 지출준수로 인해 효율성과 자율성이 줄어들 수도 있다.

(3) 성인지 예산제도

　　성인지 예산제도(gender－responsive budgeting)란 "예산이 여성과 남성에게 미칠 영향을 미리 분석하여 이를 예산편성에 반영·집행하고, 여성과 남성이 동등하게 예산의 수혜를 받고 예산이 성차별을 개선하는 방향으로 집행되었는지를 평가하여, 다음 연도 예산편성에 반영하는 제도"이다(국회예산정책처, 2022: 181). 이는 예산이 여성과 남성에 미치는 효과를 고려하는 것으로 성인지 관점을 국가재정운용에 도입한 것이다(한국여성정책연구원, 2012). 즉, 성인지 예산은 여성을 위한 별도 예산, 여성과 남성의 50대 50의 예산배정이 아니라 성별의 수요를 반영하여 예산을 배정하는 것을 의미한다(국회예산정책처, 2023). 성인지 예산제도의 도입목적은 예산에 있어 양성평등에 대한 인식제고를 통해 정부의 책임성을 증진하는 것이며, 여성과 양성평등 지위 향상을 위한 예산과 정책의 실질적 변화를 도모하는 것이다(국회예산정책처, 2023). 「국가재정법」 제16조 제5호에서 이를 명문화하고 있다.[13]

　　그러나 성인지 예산제도 운영은 다음과 같은 한계점이 존재한다(한국여성정책연구원,

---

13) 「국가재정법」 제16조 제5호에 의하면 "정부는 성별영향평가의 결과를 포함하여 예산이 여성과 남성에게 미치는 효과를 평가하고, 그 결과를 정부의 예산편성에 반영하기 위하여 노력하여야 한다."고 명시하고 있다(국가법령정보센터, 2024).

2016). 성인지 예산의 고유영역에 대한 명확한 규정이 결여되어 있으며, 여성지위 향상 및 성평등 실현 목적사업에 대한 성과평가 및 예산반영이 미흡하고, 성별영향분석평가와 성인지 예산제도가 제대로 연계되지 못해 재정사업의 성평등 영향에 대한 평가가 예산편성에 환류되지 못하는 실정이다.

(4) 예비타당성조사

예비타당성조사는 「국가재정법」 제38조에 따라 "개발사업의 적정 투자시기, 재원조달 방법 등에 대한 타당성 검증을 통해 사업추진 여부를 투명하고 공정하게 결정함으로써 예산낭비를 방지하고 재정운영의 효율성을 제고하기 위한 제도"이다(국회예산정책처, 2022: 145).[14] 한국은 1999년에 예비타당성조사를 도입하여 운영하고 있다. 이는 기획재정부장관 주관으로 시행되는 사전적 타당성 검증제도로서 신규투자우선순위 설정, 예산낭비 방지, 재정운영의 효율성 제고를 목적으로 한다(신가희·하연섭, 2015: 531).

예비타당성조사 절차는 다음과 같다(이하 국회예산정책처, 2022: 147–148). 기획재정부 장관은 예비타당성조사 대상사업을 중앙부서 장의 신청 또는 직권으로 선정할 수 있다. 예비타당성조사 요구서가 제출되면 기획재정부장관은 중장기 투자계획과의 부합성, 사업계획의 구체성, 사업추진의 시급성, 국고지원의 요건, 지역균형발전 요인, 기술개발의 필요성(R&D 사업) 등 대상사업 선정기준에 따라 검토한다. 그 후 재정사업평가위원회 심의를 거쳐 대상사업을 선정한다. 1999년에 해당 제도가 도입된 이후, 10년간 총 822건, 364조 원 규모의 사업에 대해 예비타당성조사를 실시하여 그 결과 35.6%인 293개 사업의 추진을 억제하였다(열린재정 재정정보공개시스템, 2024).

[그림 13-7]에서 제시되고 있듯이 예비타당성조사는 경제성 분석(비용–편익분석), 정책적 분석, 지역균형발전 분석 등을 실시한 후 각 분석 결과를 바탕으로 계층화분석법(AHP)을 활용한 종합평가 등을 통해 사업 타당성 여부를 판단하고 예비타당성조사를 종료한다. 이외 「국가재정법」 제38조 제2항에서는 예비타당성조사 면제제도를 실시하

---

14) 「국가재정법」 제38조(예비타당성조사)에 의하면 기획재정부장관은 총사업비가 500억 원 이상이고 국가의 재정지원 규모가 300억 원 이상인 신규사업으로서 대규모사업에 대한 예산을 편성하기 위하여 미리 예비타당성조사를 실시하고, 그 결과를 요약하여 국회 소관 상임위원회와 예산결산특별위원회에 제출하여야 한다(국가법령정보센터, 2024).

고 있다.15), 16) 그러나 「국가재정법」 제38조 제4항에서는 국회가 의결로 요구하는 사업에 대해서 예비타당성조사를 실시하도록 규정하고 있어, 면제사업이라고 할지라도 예산안 심사과정에서 타당성에 대해 조사가 필요하다고 판단될 경우 국회가 의결을 통해 타당성조사를 요구할 수 있다.

　　예비타당성조사는 사업의 재정건전성 확보 차원에서 긍정적인 역할을 하지만 수행시 다음과 같은 한계점도 존재한다(이하 이현정·김재훈, 2017: 324). 첫째, 사업의 편익이 과대 추정되는 경우가 많다. 특히 오차율이 큰 도로 및 철도사업 등 교통수요 예측과 관련해 편익이 과대 추정되는 경우가 많다(예: 신분당선 건설사업). 둘째, 반대로 사업의 편익이 지나치게 보수적으로 추정될 수 있다. 무엇보다도 편익항목이 선진국에 비해 지나치게 제한적으로 운영된다는 점이다. 예를 들어, 문화관광사업에서 외국인 관광객 유치 등과 같은 비사용가치에 대한 고려가 부족하다는 비판이 있다. 셋째, 종합적인 평가

---

15) 다음 각 호의 어느 하나에 해당하는 사업은 대통령령으로 정하는 절차에 따라 예비타당성조사 대상에서 제외한다. 1. 공공청사, 교정시설, 초·중등 교육시설의 신·증축 사업 2. 문화재 복원사업 3. 국가안보와 관계되거나 보안이 필요한 국방 관련 사업 4. 남북교류협력과 관계되거나 국가 간 협약·조약에 따라 추진하는 사업 5. 도로 유지보수, 노후 상수도 개량 등 기존 시설의 효용 증진을 위한 단순개량 및 유지보수사업 6. 「재난 및 안전관리기본법」 제3조 제1호에 따른 재난(이하 "재난"이라 한다)복구 지원, 시설 안전성 확보, 보건·식품 안전 문제 등으로 시급한 추진이 필요한 사업 7. 재난예방을 위하여 시급한 추진이 필요한 사업으로서 국회 소관 상임위원회의 동의를 받은 사업 8. 법령에 따라 추진하여야 하는 사업 9. 출연·보조기관의 인건비 및 경상비 지원, 융자 사업 등과 같이 예비타당성조사의 실익이 없는 사업 10. 지역 균형발전, 긴급한 경제·사회적 상황 대응 등을 위하여 국가 정책적으로 추진이 필요한 사업(종전에 경제성 부족 등을 이유로 예비타당성조사를 통과하지 못한 사업은 연계사업의 시행, 주변지역의 개발 등으로 해당 사업과 관련한 경제·사회 여건이 변동하였거나, 예비타당성조사 결과 등을 반영하여 사업을 재기획한 경우에 한정한다)으로서 다음 각 목의 요건을 모두 갖춘 사업. 이 경우, 예비타당성조사 면제 사업의 내역 및 사유를 지체 없이 국회 소관 상임위원회에 보고하여야 한다. 가. 사업목적 및 규모, 추진방안 등 구체적인 사업계획이 수립된 사업 나. 국가 정책적으로 추진이 필요하여 국무회의를 거쳐 확정된 사업

16) 문재인 정부 들어서 2019년 국가균형발전과 지역균형발전을 위해 주요 사업에 대해서 예비타당성조사 면제를 시행하였다(기획재정부, 2019). 「국가재정법」 제38조에 근거하여 예비타당성조사 대상사업이라고 할지라도 국가균형발전을 위해 일부 사업에 있어서는 예비타당성조사를 면제하는 것이다. 이를 통해 문재인 정부는 지역과 수도권의 경제격차 심화를 완화하고, 지역발전에 필요한 대규모 프로젝트 추진에 따르는 어려움을 해소하며, 지역성장의 발판을 마련하기 위한 국가의 전략적 투자를 통하여 중앙과 지방의 상생을 도모하고자 하였다. 비록 예비타당성조사 면제에 대한 비판적 논의(예: 재정건전성 약화, 정치적 의도 가능성 등)가 있기는 하지만 국가균형발전이라는 명목하에 시행되었다. 이와 같이 진보 정권에서는 보수 정권보다 예비타당성 면제사업의 금액, 국가정책을 위한 사업에 관한 면제가 증가한 경향이 있다. 이를 고려할 때 예비타당성조사라는 경제적 논리를 우선해야 하는 관점에서도 여전히 정책이념이 중요한 영향을 미치고 있음을 알 수 있다(김봉환·최근혁, 2022).

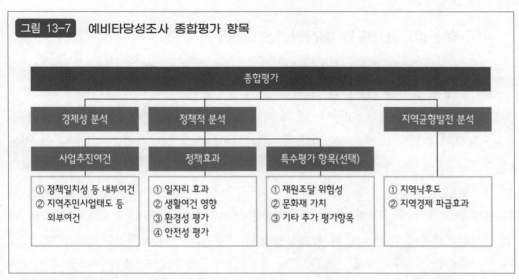

그림 13-7 예비타당성조사 종합평가 항목

출처: 국회예산정책처(2022: 148).

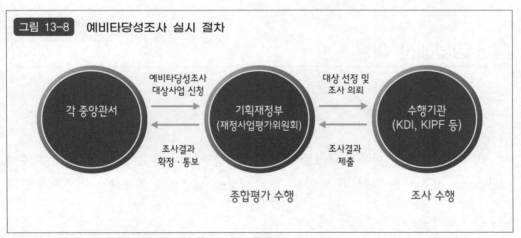

그림 13-8 예비타당성조사 실시 절차

출처: 열린재정 재정정보공개시스템(2024).

방법인 AHP분석기법 적용에 있어 연구자 및 평가대상자의 자의성이 존재할 수 있다는 비판이 있다. 연구자와 평가대상자에 따라 사업의 타당성 결과가 달라질 수 있는 것이다.

(5) 예산성과금제도와 예산낭비신고센터

예산성과금제도는 "예산의 집행방법 또는 제도의 개선 등으로 지출이 절약되거나 수입이 증대된 경우에 지출절약 또는 수입증대에 기여한 자에게 인센티브를 지급하는 제도"이다(열린재정 재정정보공개시스템, 2024). 다양한 인센티브(예: 스톡옵션, 특별상여금 등)를 통하여 수익성을 제고하고 비용을 절약하는 민간의 경영기법을 공공부문에 적용한 것으로서, 우리나라에는 1998년 5월 도입되어 운영되고 있다. 특히 예산성과금제도는 재정집행 현장에서 지출을 절약하고 수입을 증대하는 방안이며, 이는 공직사회의 일하는 방식을 개혁(예: 적극행정)하는 데 기여해 왔다(열린재정 재정정보공개시스템, 2024). 반면 예산집행과정에 대한 국민의 통제장치(예산감시운동)로 예산낭비신고센터가 있다. 이는 「국가재정법」 제100조에 근거를 두고 있으며, 예산과 기금의 불법 지출을 감시하는 국민감시제도이다(이종열 외, 2023).

3. 정부예산 이론[17], [18]

1) 예산팽창이론

정부예산 운영의 학문적 근거를 뒷받침하는 다양한 예산이론들이 있다. 이때 예산이론(budget theory)은 "예산과 관련된 제반 현상을 설명하고 예측하는 이론적체계"를

---

17) 해당 내용은 김정인(2018), 『인간과 조직: 현재와 미래』 내용을 기반으로 작성되었다.
18) 이외에도 제도가 재정성과에 어떤 영향을 미치는가를 분석하는 재정제도주의(fiscal institutionalism)도 있다. 재정제도주의는 어떻게 제도를 설계하여 예산의 공유지 비극 문제를 극복할 수 있는가에 관심을 지닌다(하연섭 외, 2022). 공유지 비극을 해결하기 위한 첫 번째 재정제도주의 방안은 예산편성 혹은 예산심의순서의 변화 방법으로 top-down 예산제도가 대표적인 예이다. 둘째, 예산과정의 집권화(centralization)로서 이는 "예산과정을 전체적인 시각에서 조망하고 통제할 수 있는 사람(혹은 기관)에게 예산에 대한 권한을 대폭 위임하는 방식"으로서 예산편성단계에서는 재무장관에게 예산총량과 분야별 배분 결정권한을 부여하고, 예산심의단계에서는 전체적 시각에서 예산을 통제할 수 있는 예산위원회가 예산 총량과 배분의 결정권을 갖는 위계적 모형 형태이다(하연섭 외, 2022: 266).

의미한다(이정희, 2010: 103). 예산이론은 다양하게 제시될 수 있으나, 일반적으로 '예산 규모와 관련된 이론(예산팽창이론)'과 '예산결정과 관련된 이론(예산결정이론)'으로 구분할 수 있다(원구환, 2019: 203). 예산팽창이론이 정부예산의 증가이유를 설명하는 데 초점을 두고 있다면, 예산결정이론은 정부예산이 어떻게 결정되는가에 초점을 두고 있다. 특히 이러한 예산팽창이론과 예산결정이론이 예산의 사용, 즉 예산이 어떻게 사용되는가와 관련이 있어 세입예산보다는 세출예산에 관심을 둔 이론이라고 할 수 있다.

보다 구체적으로, 예산팽창이론은 예산이 왜 증가하는가에 대한 원인을 밝히는 이론이다(이하 원구환, 2019: 203–206). 예산팽창이론은 다음과 같은 특징을 지니는데 첫째, 예산팽창의 원인으로 경제발전에 따른 수요 증가를 제시한다. 이러한 주장을 대표하는 이론으로는 와그너(A. Wagner)의 '국가활동 증대 법칙(Wagner's law of expanding state activity)'이 있다(Wagner, 1890). 이는 경제발전으로 국민들의 수요가 증가하면 국민의 수요 증가에 정부가 부응하기 위하여 예산을 더욱 증대시키는 현상을 설명하고 있다. 둘째, 예산팽창의 원인으로 공급부문의 인력증가를 들 수 있다. 이러한 주장을 제기하는 대표적인 논의가 '파킨슨 법칙(Parkinson's law)'과 '보몰 법칙(Baumol's law)'이다.19) 두 법칙 모두 국민들의 수요와 관계없이 공공부문 인력이 증가한다는 점을 설명하고 있다. 셋째, 예산팽창의 원인으로 대규모 사회변동(예: 저출산·고령화)이 있다. 이는 자연재해나 역사적 사건(예: 코로나19 팬데믹) 등으로 인해 공공부문 예산이 증대되는 현상을 설명한다. 넷째, 정부예산과 관련된 특수 이익집단의 압력이 강할 때 그들의 영향력에 의해서 예산이 증대될 수 있다. 다섯째, 예산팽창의 원인으로 행정관료나 정치인들의 효용극대화를 제시할 수 있다. 이와 관련된 대표적인 논의가 바로 니스카넨(W. Niskanen)이 주장한 관료의 '예산극대화(budget maximization)' 모형이다. 이에 따르면 관료들은 자신들의 영향력을 강화하기 위해 예산규모를 최대한 확대하고자 한다는 것이다(Niskanen, 1971). [그림 13–9]에 의하면 사회적 최적 공급수준(Q^*)은 한계비용(MC)과 한계편익(MB)이 일치되는 수준에서 예산이 결정되는 것이 가장 효율적이지만, 관료들은 총편익(TB)이 총비용(TC)보다 큰 범위(Q_1)까지 지속적으로 예산을 증가시키려는 특성을 보인다.

---

19) 보몰의 법칙은 '비용질병모형(Baumol's cost disease)'이라고도 명명된다(Wikipedia, 2020). 이는 "생산성 성장부문과 비성장부문 간의 생산성 격차를 통해 팽창원인을 분석하는 것이다. 즉, 양 부문에서 임금이 동일하게 높아질 경우 성장부문에서 생산성 증가가 임금인상을 억제하는 반면, 비성장부문에서는 이와 같은 상쇄효과가 작고 임금인상 모두가 비용의 추가적 상승을 초래한다는 것이다"(원구환, 2019: 204).

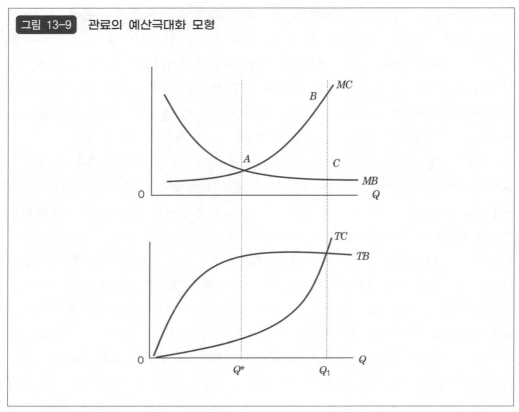

그림 13-9 관료의 예산극대화 모형

출처: 원구환(2019: 206).

2) 예산결정이론

(1) 총체주의(합리성)와 점증주의(정치성)

예산결정이론에서는 세출예산을 어떻게 배분할 것인가를 가장 중요한 이슈로 삼는다. 또한 예산결정이론은 예산의 특성과 관련된 예산의 합리성(rationality)과 정치성(politics)을 중요하게 고려한다. 예산운용은 합리적으로 이루어져야 한다는 이상적인 측면이 존재함과 동시에, 현실적으로는 예산과정에서 다양한 이해관계자가 존재하기 때문에 예산의 정치적 측면도 존재한다는 것이다(윤영진, 2017: 247). 이와 같이 예산결정이론의 논의는 "예산과정에 있어 합리성과 정치성(혹은 권력관계) 중 어느 것을 더 강조할 것인가에 대한 논쟁의 과정"이라고 할 수 있다(하연섭, 2019: 212).

예산의 합리성과 정치성에 대한 논의는 1940년 키(V. O. Key, Jr)에 의해 처음 제기되었다. 키는 품목별 예산제도를 비판하고 어떤 근거에 의해 예산이 배정되는지에 대해 연구했다. 즉, "어떠한 근거로 X 달러를 B 사업 대신 A 사업에 배분하도록 결정하는가(On what basis shall it be decided to allocate X dollars to activity A instead of B)"라는 근본적인 질문으로부터 예산결정이 어떻게 이루어지는지를 살펴본 것이다(Key, 1940; 윤영진, 2017: 246).

예산결정이론은 합리성을 우선으로 하는 '총체주의(synopticism)' 이론과 정치성을 우선하는 '점증주의(incrementalism)' 이론으로 전개되었다(이정희, 2010). 총체주의(합리주의)는 예산결정을 합리적 선택모형으로 가정하고, 경제적 과정을 우선시하였다(원구환, 2019: 207). 특히 예산결정의 분석적 사고, 기존 사업의 당위적 예산배분 제거, 과학적 기법을 활용한 예산분석 전문성 등을 강조하고 있다. 이와 같은 키의 합리성 이론을 더욱 발전시킨 학자가 바로 루이스(V. Lewis)이다. 루이스는 '예산의 편익을 어떻게 극대화할 수 있을 것인가?'와 같은 예산 합리성에 대한 관심을 증대시켰다(Lewis, 1952). 예산총체주의(합리성)는 예산배분 과정의 합리성을 설명하는 데 의의를 지니지만, 예산과정을 너무 단순하게 고려했다는 점에서 한계를 지닌다. 예산과정은 다양한 참여자들이 존재하고, 상호작용하는 매우 복잡한 과정이다. 따라서 예산결정자의 인지적 한계가 존재할 수밖에 없고, 예산의 명확한 목표설정이 어려우며, 객관적인 대안에 대한 비용과 편익분석이 어렵다는 한계도 있다. 이때문에 조직구성원들의 예산과정 참여를 저하시키는 한계도 지니고 있다(김정인, 2018: 526).

이에 반해 예산의 정치성을 강조한 학자들도 있다. 그 대표적인 학자가 바로 윌다브스키(A. Wildavsky)이다. 그는 "예산이란 정치과정의 핵심에 해당하는 사항이다(The budget lies at the heart of the political process)"라고 주장했다(Wildavsky, 1961: 5). 예산은 많은 참여자들의 다양한 요구를 반영하는 과정이라는 것이다(Wildavsky, 1961: 5). 예산과정에서 참여자들 간에 '누구의 선호를 더 많이 반영할 것인가?'에 관한 갈등상황이 초래될 수 있으며, 예산과정에서 '누가 어느 정도의 편익을 얻을 수 있을 것인가?'에 관한 논란도 초래될 수 있다(하연섭, 2019: 217). 이러한 상황에서 점증주의는 "예산의 정치적 과정을 중시하고, 현실적합성이 높으며, 예산결정에 참여하는 다양한 주체들 간 상호조절 과정을 통해 민주적 협상과 타협을 유도할 수 있는 장점"을 지닌다(김정인, 2018: 527). 예산에 참여하는 주체들 간 상호 조절과 조정에 따라 정치적 합리성을 달성할 수 있으며, 또한 실현 가능한 대안만을 검토해 매년 반복되는 예산과정을 단순화할 수 있다는 것이다(신가희·하연섭, 2015). 이는 윌다브스키에 의한 예산의 정치성 강조에서 더욱 뚜렷하게 나타난다. 그럼에도 불구하고 점증주의는 사회적 안정성 강조에 따른 보수주의 성향을 지니며, 다원주의의 한계가 나타나기에 이로 인해 결국은 예산팽창을 초래할 수도 있다(이종수 외, 2022). 또한 만약 정치적 다원주의가 성립되지 않는다면 불평등한 사회에서의 예산결정은 기득권 보호와 보수주의의 강화 도구로 전락할 수밖에 없다는 문제가 있다. 이밖에도 점증주의에서 점증성을 어느 정도 수준까지로 보아야 하는지 명확하게 판단할 수 없는 한계도 존재한다(윤영진, 2017: 205 – 266).

(2) 그 외 예산결정이론

총체주의(합리주의)와 점증주의 예산결정이론에 대응한 예산이론들이 오늘날에 이르기까지도 다양하게 제시되고 있다(이정희, 2010). 대표적인 현대 예산이론으로는 '다중 합리성 이론(multiple rationalities theory)'이 있다(Thurmaier & Willoughby, 2001). 이는 "예산을 결정하는 결정자 또는 예산을 결정하는 조직은 다양한 합리성(multiple rationalities, competing rationalities)을 내포하고, 다양한 합리성에 근거한 목적들을 추구하여 예산에 관련된 결정을 한다는 이론"이다(이정희, 2010: 105). 즉, 현대사회의 예산과정 복잡성을 고려해 볼 때 예산과정 단계별 특징에 따라 추구하는 합리성이 다르다는 것이 이 이론의 주장이다. 합리성은 경제적 합리성뿐만 아니라 정치·사회·법적 측면에서 다양한 유형의 합리성이 존재하기 때문에 예산과정에서 중요하게 고려되는 합리성은 각기 달라질 수 있다는 것이다.[20] 그 외에도 예산이론으로 단절적 균형이론, 공공선택론, 거래비용이론, 구조결정이론, 쓰레기통모형 등이 활용된다.[21]

---

20) 서메이어(K. M. Thurmaier)와 윌러비(K. G. Willoughby)에 의하면 "예산주기의 다양한 시점에 따라 단계별로 작용하는 합리성의 기준이 다르기 때문에 관료들의 의사결정은 일관적이지 않고 다중적인 형태로 나타나게 된다는 것"이다(Thurmaier & Willoughby, 2001; 김정인, 2018: 528).

21) 대부분의 이론은 이미 조직이론 및 의사결정모형에서 설명한 이론들이다. 이를 예산결정과정에 적용하면 된다. 특히 구조결정이론은 "주로 공공재 공급자인 정부를 둘러싸고 있는 외부 환경적요인을 정부의 예산과 세출의 결정인자로 보는 이론"이다(이정희, 2010: 115).

4. 국가채무(부채)와 재정개혁

1) 국가채무(부채) 현황

국가채무는 "정부가 민간이나 해외에 원리금의 상환의무를 지고 있는 채무"를 말한다(국회예산정책처, 2022: 93).[22] [그림 13-10]에 의하면 우리나라의 국가채무는 지속적으로 증가하고 있는 추세이다. 국가채무를 논의하기 이전에 고려해야 하는 것은 국가채무의 기준이다. 국제기준으로 국가채무는 IMF 기준에 의한 국가채무, EU 국가 기준에 의한 국가채무, OECD 기준에 의한 국가채무 등이 있다(이정희, 2016: 3).

한국에서 국가채무(부채)는 「국가재정법」에서 규정하는 '국가채무'와 「국가회계법」

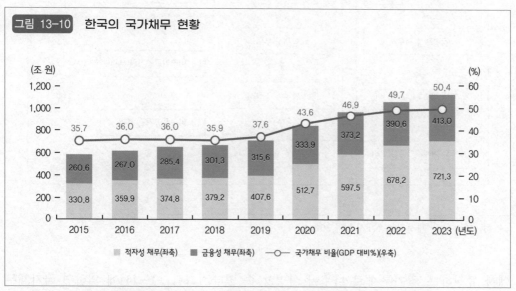

그림 13-10 한국의 국가채무 현황

주: 1. 2021년까지 결산 기준, 2022년 2회 추경 및 2023년 예산기준.
  2. 한국은행 신계열 GDP 기준(2010년 → 2015년 기준년 개편, 2019.6.4.).
출처: 국회예산정책처(2023).

---

22) "부채는 재정상태표에서 자산, 부채, 순자산의 관계에서 사용되고, 채무는 현금소요액 기준으로 사용된다. 회계학적으로는 부채 개념이 채무보다 더 포괄적인 개념이다"(윤영진, 2017: 461).

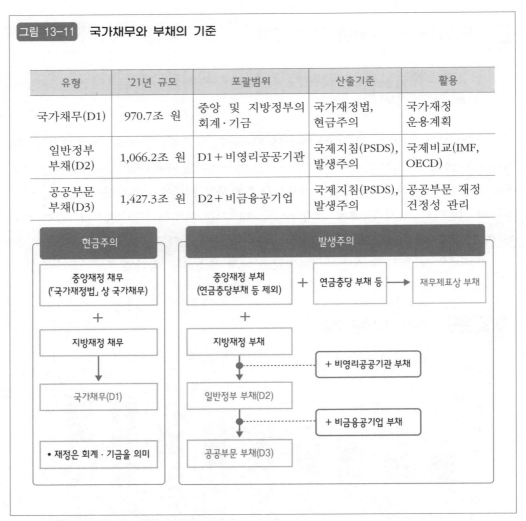

그림 13-11 국가채무와 부채의 기준

유형	'21년 규모	포괄범위	산출기준	활용
국가채무(D1)	970.7조 원	중앙 및 지방정부의 회계·기금	국가재정법, 현금주의	국가재정 운용계획
일반정부 부채(D2)	1,066.2조 원	D1 + 비영리공공기관	국제지침(PSDS), 발생주의	국제비교(IMF, OECD)
공공부문 부채(D3)	1,427.3조 원	D2 + 비금융공기업	국제지침(PSDS), 발생주의	공공부문 재정 건전성 관리

출처: 열린재정 재정정보공개시스템(2024).

에서 규정하는 '국가부채'로 나누어 설명할 수 있다. [그림 13-11]에 의하면 국가채무 또는 부채유형을 국가채무(D1), 일반정부 부채(D2), 공공부문 부채(D3) 등 세 가지로 나누어 설명하고 있다(열린재정 재정정보공개시스템, 2024). 국가채무(D1)는 '중앙정부와 지방정부의 회계와 기금에서 채무를 합산한 것'이며, 이에 비영리공공기관의 채무는 포함되지 않는다. 일반정부 부채(D2)는 '중앙정부와 지방정부 외에 비영리공공기관을 포함'하며, 「국가재정법」상의 채무항목과 함께 재무제표상 부채항목까지 포함한다. 이러한 관점에서 국제기준에 가장 부합한 기준이 되며, 국가 간 재정건전성을 비교할 때 자주 활용된다. 그러나 여기에는 연금충당 부채가 포함되지 않는다는 특징이 있다. 공공부문 부채(D3)는 "일반정부 부채에 비금융공기업 부채를 포함하는 개념으로서 공공부문의 재정위험을 관리하는 지표"로 자주 활용된다(윤영진, 2017: 465-466).

그러나 한국의 국가채무 및 부채 유형은 다음과 같은 문제가 있다. 첫째, 부채의 범주를 협소하게 설정하여 과소 측정하는 문제가 있다. 재정위험에 포함되어야 할 항목들을 배제하고 있는 것[예: 특히 일반정부 부채(D2)에서 공무원연금과 군인연금충당 부채를 포함하지 않음]이다. 둘째, 재정위험 가능성이 높은 우발부채와 잠재부채를 고려하지 않고 있다(이정희: 2016: 6-7). 셋째, 공공부문 부채(D3)는 금융공기업 부채를 제외하고 있어 공공부문 개념에 적합하지 않다.[23] 넷째, 정부기관 간 내부거래를 제거하는 방식을 산

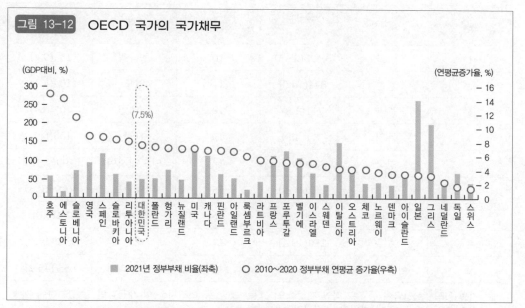

그림 13-12 OECD 국가의 국가채무

■ 2021년 정부부채 비율(좌측) ○ 2010~2020 정부부채 연평균 증가율(우측)

주: 1. 한국의 2021년 부채 비율은 신규 발표 기준(2022.1.2.)으로 업데이트.
　　2. 각 국가 통화로 집계된 일반정부 채무(general government gross debt)를 기준으로 작성.
출처: 국회예산정책처(2023).

---

23) 우리나라에서도 영국과 같이 재정위험 관리 차원에서 공공부문 순부채(금융부채에서 금융자산을 공제) 개념을 활용하는 것이 필요하다(윤영진, 2017: 466).

정하고 있어 부채가 과소측정될 가능성이 높다.[24]

[그림 13-12]에서 보듯이 한국은 OECD 국가들 중에서 2021년 기준 국가채무(부채)비율이 GDP 대비 약 50% 내외로 나타나, 타 OECD 국가에 비해 높지 않다. 그러나 한국은 2010~2020년 최근 10년 동안 국가채무(부채) 연평균 증가율이 약 7.5%로 OECD 국가 중에서 8번째로 높은 편이다. 이와 같이 국가채무(부채)의 빠른 증가율은 행정수요에 적극적으로 대응한 결과로 평가될 수 있다는 점에서 긍정적이지만 자칫 재정건전성을 저해할 수 있다는 한계가 있다.

최근 들어 코로나19 팬데믹이라는 예기치 않는 상황의 발생으로 국가채무(부채)가 급속하게 증가하였다. 2020년부터 코로나19 팬데믹으로 인한 사회적 거리두기가 강화

표 13-6 국가별 코로나19 대응 지출규모

(단위: 10억 달러, 2020년 GDP 대비 %)

순위	국가	지출규모[1] (비중)	순위	국가	지출규모 (비중)
1	미국	5,328(25.5)	10	브라질	133(9.2)
2	일본	844(16.7)	11	인도	109(4.1)
3	중국	711(4.8)	12	스페인	107(8.4)
4	독일	711(4.8)	13	한국	105(6.4)
5	영국	522(19.3)	14	인도네시아	99(9.3)
6	캐나다	262(15.9)	15	네덜란드	93.9(10.3)
7	프랑스	253(9.6)	16	러시아	74(5.0)
8	호주	250(18.4)	17	태국	73.2(14.6)
9	이탈리아	205(10.9)	18	오스트리아	65.7(15.2)

주: 지출규모는 실업급여 등 추가적인 재정소요, 고용보조금 등 이전지출 및 세금감면 등 단기간에 재정수지 또는 부채수준에 반영되는 재정지출을 의미.
출처: 국회예산정책처(2022).

24) 일괄적으로 내부거래를 제거하면 경제의 총부채 수준에 대한 과소측정 가능성이 발생해 중앙정부와 공공기관 간 부채 전가현상이 나타날 수 있다. 새로운 국가채무 산출제도는 공공부문의 재정상태를 파악하기 위해 내부거래를 제거함에 따라, 단순합산하는 경우보다 부채규모를 줄이는 경향이 있다(이정희, 2016).

되면서 실물 경제활동이 위축되고, 경제성장률 감소와 실업자 수 증가 현상이 나타났다
(국회예산정책처, 2022). 전 세계 대부분의 국가들은 이러한 경제적·사회적 위기를 최소
화하기 위하여 대규모 확장적 재정정책과 통화금융 정책을 추진하였다. 예를 들어, 전
국민을 대상으로 한 재난지원금 지급 실시, 조업단축 지원금 제도 도입 및 확대, 근로시
간 감축에 따른 지원금 제도 등을 운영하였다.25) <표 13-6>에서 제시되듯이 각 국
가들은 코로나19 팬데믹을 극복하기 위한 대안으로 확장적 재정정책을 실시하였다.

2) 재정개혁 방안 1: 재정규모 파악과 재정준칙 확립

(1) 통합재정수지와 관리재정수지

국가의 재정규모를 보다 정확하게 파악하기 위해서는 통합재정이 이루어질 필요가
있다. 통합재정은 "현대국가에서 다양한 형태로 이루어지고 있는 정부부문의 모든 재정
활동을 포괄하여 재정이 국민소득·통화·국제수지에 미치는 효과를 파악하기 위해 개
발된 재정규모에 관한 지표"이다(하연섭, 2019: 67). 재정은 중앙정부와 지방정부, 일반회
계·특별회계·기금 등으로 구분되어 있어 재정규모 모두를 파악하기는 어렵다. 이에
IMF에서 1974년 처음으로 국가 간 비교가 가능한 통합재정편제를 만들었다. 한국은
1979년 이를 도입하여 운영하다가 1997년 7월 월별 통합재정수지를 작성하였다. 이
후 2005년부터 지방재정까지 포함하여 사용하고 있다. 통합재정수지는 "당해 연도
의 순수한 수입에서 순수한 지출을 차감하는 수지"이지만, 순수한 재정활동 파악을
위해 회계·기금 간 내부거래 및 차입·채무·상환 등 보전거래는 제외한다(하연섭, 2019:
68-70).

---

25) 한국은 새희망자금, 버팀목자금 등 100~500만 원 규모의 소상공인 지원금 및 손실보상 지급, 특고·
프리랜서·영세자영업자 등의 구직급여 확대, 청년구직활동지원금 확대 등 일자리 관련 지원정책을 시행
하였으며, 미국은 2020년 12월 9,000억 달러 규모의 5차 재정지원법안 및 2021년 1월 1조 9,000억 달러
규모의 새로운 재정부양안을 발표하고, 제조업 경쟁력 강화를 위해 7,000억 달러 규모의 리쇼어링 촉진,
R&D 투자 등을 지원하였다. 영국은 총매출이 30% 이상 감소한 자영업자의 평균 수익 80%를 지원하는
자영업자소득지원제도(Self-employment Income Support Scheme)를 시행하였으며, 20%에서 5%로 부
가가치세(VAT)를 감면하고 50만 파운드 이하의 부동산에 대한 취득세 면제 등 조세완화 정책을 시행하
였다(국회예산정책처, 2022: 91).

국제적으로 통용되는 수지는 통합재정수지이지만, 한국에서는 통합재정수지와는 별도로 관리재정수지라는 개념을 만들어 재정수지를 파악하고 있다. 관리재정수지는 "통합재정수지에서 국민연금, 산재보험, 고용보험 등 사회보장성 기금의 수지를 제외하고 재정수지를 파악하는 것"이다(하연섭, 2019: 70). 관리재정수지를 선택하고 있는 이유는 다음과 같다. 한국은 이미 연금을 지급하고 있는 선진국과는 달리 아직 연금이나 보험을 적립하고 있어 사회보장기금에 흑자가 나타난다.[26] 이러한 상황에서 사회보장기금을 포함하면 재정수지가 왜곡될 수 있어 관리재정수지를 통해 재정수지를 파악하는 것이다.

(2) 재정준칙의 확립

재정준칙(fiscal rule)은 "재정수지, 재정지출, 국가채무 등의 총량적인 재정지표에 대해 구체적인 목표수치를 동반한 재정운영 목표를 법제화한 정책"으로서, 국가채무관리제도이다(윤영진, 2017: 45). 한국에서는 「국가재정법」 제5장에서 '재정건전화' 노력에 대해 규정하고 있다.[27] 재정준칙은 재정건전화 제도로서, 목표변수에 따라 수입준칙, 지출준칙, 재정수지준칙, 채무준칙 등으로 구분할 수 있다(국회예산정책처, 2022). 대표적인 재정준칙의 예로 '페이고(Pay As You Go, PAYGO)' 원칙이 있다. 이는 "미국 연방정부에서 1990년 도입한 제도로, 의무지출의 증가 또는 세입감소 내용으로 새로운 입법을 할 때는 반드시 이에 대응되는 세입 증가나 다른 법정지출 감소 등 재원조달 방안이 동시에 입법되도록 의무화함으로써 재정수지에 미치는 영향이 상쇄되도록 하는 제도"이다(이정희, 2015: 227−228).

IMF 적용 기준에 의하면 재정준칙 유형은 재정수지준칙(budget balance rules, BBR), 채무준칙(debt rules, DR), 지출준칙(expenditure rules, ER), 수입준칙(revenue rules, RR) 등으로 분류할 수 있다(국회입법조사처, 2022). 재정수지준칙은 정부 재정수입과 지출 사이의 재정수지적자(balance deficit) 목표치를 설정한 것이며, 채무준칙은 GDP 대비 채무

---

26) 그러나 최근 코로나19 팬데믹 발생으로 코로나19 검사·치료 관련 건강보험급여 등이 증가하면서 국민연금, 공무원연금, 국민건강보험 등 사회보장기금의 경우 흑자 규모가 2021년 37조 4천억 원에서 2022년 33조 2천억 원으로 감소하였다(연합뉴스, 2023).

27) 「국가재정법」 제86조(재정건전화를 위한 노력)에 의하면 정부는 건전재정을 유지하고 국가채권을 효율적으로 관리하며 국가채무를 적정수준으로 유지하도록 노력하여야 한다(국가법령정보센터, 2024).

표 13-7	재정준칙 유형별 장단점		
	장점	단점	운용국가
수입준칙	• 초과수입의 일부를 국가채무 상환에 사용하여 재정건전성에 기여	• 수입준칙 단독으로는 지속 가능성 측면에서 연관성이 부족	• 네덜란드
지출준칙	• 정부지출을 줄여 재정건전화에 기여 • 단순하고, 감독이 용이하여 통제 가능성이 높은 편임	• 재정의 지속가능성과는 직접적인 연관성은 부족 • 재정건전화 시기에는 효과적으로 사용될 수 있으나 조세지출 등을 통한 우회위험이 존재	• 스웨덴 • 미국 • 폴란드 • 네덜란드
재정수지 준칙	• 재정건전성 제고에 효과적 • 간단하고, 이해하기 쉽고, 투명하고, 모니터링이 용이하고, 대중들과 소통이 쉬움	• 경기안정화기능이 미약(경기 순응적)하여 거시경제 안정성이 저해될 가능성 존재	• 스위스 • 독일 • 이탈리아
구조적 재정수지 준칙	• 경기대응성을 유지하면서도 재정 건전성을 확보하는 데 유리하게 작용	• 잠재GDP, 수입 및 지출의 GDP 탄력성 등의 추정에 불확실성이 내재	• 오스트리아 • 포르투갈 • 스웨덴
채무 준칙	• 재정건전성 제고에 효과적 • 단순하고 감독이 용이하여 통제 가능성도 높은 편임	• 경기안정화기능이 미약(경기 순응적) • 최적의 부채 수준에 대한 사회적 합의가 어려움	• 독일 • 영국 • 스페인 • 체코

출처: 국회예산정책처(2022: 103).

비율(debt-GDP-ratio)의 상한선을 설정한 것이고, 지출준칙은 정부지출 규모, 증가율 또는 GDP 대비 비중에 제한을 두어 재정수지를 조정한 것이며, 수입준칙은 재정수입을 늘리거나 과도한 조세부담을 방지하기 위해 세입 상한선을 설정한 것이다(국회입법조사처, 2022: 2). <표 13-7>은 재정준칙 유형별 장단점을 제시하고 있다.

3) 재정개혁 방안 2: 예산제도 변천과 한국의 재정개혁

(1) 예산제도 변천

재정개혁은 예산제도의 변화에 따라 다르게 시행되어 왔다. 바람직한 예산제도를 운영하기 위해 가장 중요하게 고려해야 할 가치라고 할 수 있는 통제, 관리, 기획, 결과 (성과) 네 가지 가치 중 어떤 것을 우선하느냐(예산의 정향)에 따라 예산제도는 다르게 나타날 수 있다(이종수 외, 2022: 486-487). 첫째, 예산의 통제지향은 정부가 이용 가능한 재원한도를 엄격히 준수하고 예산운영의 합법성을 엄수하는 것이며, 정부지출은 의회에서 승인한 범위 내에서만 이루어지는 것이다. 둘째, 관리지향은 투입요소보다 정부활동 성과에 초점을 맞추는 것이다. 셋째, 기획지향은 예산의 계획기능을 수행하는 것이다.

이러한 예산의 정향과 관련된 예산제도는 1920년대 이후 품목별 예산제도(line-item budgeting system), 성과예산제도(performance budgeting system), 계획예산제도(planning-programming-budgeting system, PPBS), 영기준 예산제도(zero-based budgeting system) 그리고 최근의 결과(성과)주의 예산제도로 전개되었다. 품목별 예산제도는 '지출에 대한 중앙집권적 통제와 책무성 확보', 성과예산제도는 '내부관리의 향상과 효율적인 서비스 공급', 계획예산제도는 '합리적 선택을 위한 의사결정과정 강화', 영기준 예산제도는 '관리적 통제와 재정적 선택의 신축성 향상'을 강조하였다(하연섭, 2019: 236). 각각에 대한 보다 구체적인 내용은 <표 13-8>에 정리되어 있다.

1980년대 이후 시장지향적 행정개혁이 공공부문에 도입되면서 재정위기를 타파하기 위한 대표적인 예산제도 개혁으로 '결과 중심 예산개혁(budgeting for results)', 즉 '성과주의 예산제도'가 도입되었다(원구환, 2019). 결과(성과)지향은 성과지출 결과에 대해 책임을 지는 예산정향으로서(이종수 외, 2014: 334-335), OECD 국가들을 중심으로 다음과 같은 예산개혁의 특징들이 나타났다. 첫째, 중기적 시계에서 재정을 운영(중기재정계획체계의 활용)하고자 하였다. 둘째, top-down 예산제도의 도입을 통해 예산의 총체적 배분에 대한 중앙예산기관의 권한을 강화하고자 하였다. 셋째, 행정서비스를 직접적으로 공급하는 기관에 대한 예산운용권 위임과 자율성 및 신축성의 확대를 도모하였다. 넷째, 투입에 대한 사전적 통제를 중시하는 전통적 예산제도에서 탈피하고자 하였다. 다섯째, 결과 중심의 예산운용과 예산을 통한 성과관리 강화를 강조하였다. 마지막으로,

표 13-8 예산개혁의 특징

예산의 형식	특징	예산의 초점	예산의 지향
품목별 예산제도	• 구입한 재화나 자원에 의한 지출의 분류 • 지출대상에 대한 세부적인 분류 • 지출에 대한 집권적 통제와 지출을 둘러싼 행정권 남용의 최소화 • 지출통제의 책무성 확보	구입한 자원	통제
성과 예산제도	• 업무량 혹은 활동에 의한 지출의 분류 • 각 활동별 단위비용의 계산 • 과업과 활동의 효율적 수행 • 내부관리의 효율성 제고와 서비스 공급비용의 감소 • 사업의 목표는 주어진 것으로 받아들이되 사업 목표를 달성하기 위해 가장 비용이 적게 드는 방법을 추구	수행한 과업 혹은 활동	관리
계획 예산제도	• 목표에 따른 지출의 분류 • 조직의 경계를 뛰어넘어 비용을 계산 • 결과와 다년도 계획에 초점 • 합리적 선택을 위한 의사결정과정의 강화	성과(재화 혹은 산출), 제공된 서비스	기획
영기준 예산제도	• 과업 혹은 활동에 의한 지출의 분류 • 기존의 사업이 지속될 것이라고 가정하기보다는 예산의 기초에 초점 • 관리적 통제와 재정적 선택의 신축성 강조	대안적인 활동 수준	관리

출처: 하연섭(2019: 237).

예산, 성과평가, 감사를 연계하고자 하였다. 이와 같이 결과주의 예산정향을 지닌 '성과주의 예산제도'가 자리를 잡기 시작한 것이다. 성과주의 예산제도는 "성과에 대한 정보를 활용해서 예산운용의 결과와 예산배분을 연결시키는 예산제도"이다(하연섭, 2019: 262). 이는 목표와 전략적 계획을 중시하고, 신축적인 집행을 우선하며, 성과측정, 예산집행의 결과에 대한 보고 및 유인제공을 중요하게 고려하였다. 즉, 성과주의 예산제도는 신공공관리를 기반으로 한, 재정사업의 수행결과를 중요하게 고려하는 예산제도인 것이다(김정인, 2018: 546).

이러한 성과주의 예산제도는 다음과 같은 장단점이 있다(이하 하연섭, 2019: 268-272). 성과주의 예산제도의 장점으로는 첫째, 결과 중심 예산운용으로 책무성을 제고하는 데 기여하였다. 둘째, 예산운용의 합리성을 제고하였다. 셋째, 목표와 우선순위를 명확히 하는 등 예산관리의 개선을 가져왔다. 넷째, 예산운용의 투명성을 제고하는 데 기여하였다. 하지만 성과주의 예산제도는 다음과 같은 단점도 있다(Mikesell, 1995: 189; 윤영진, 2017: 364-365). 첫째, 결과측정의 문제가 예산운용과정에서도 존재한다. 둘째, 부처의 자율성이 확보되지 않은 상태에서 성과주의 예산을 운용하기가 어렵다. 셋째, 달성하기 쉬운 성과만을 목표로 삼을 가능성이 높다.

(2) 한국의 재정개혁[28]

재정환경의 변화로 인해 정부의 재정운용 방식에도 변화가 발생하였다. 민주화, 다원화, 정보화, 위험사회화 등 재정환경 변화에 적극적으로 대응하기 위하여 재정운영 패러다임이 지속적으로 변화한 것이다. <표 13-9>에서 보듯이 과거 재정운영 패러다임의 특징은 투입 중심, 유량 중심, 아날로그 정보시스템과 관리자 중심, 몰성인지적

표 13-9 재정환경의 변화로 인한 재정운영 패러다임 변화

패러다임 변화	관련 제도
투입 중심 → 성과 중심	재정성과관리제도
유량(flow) 중심 → 유량·저량(stock) 중심	복식부기·발생주의회계제도
아날로그정보시스템 → 디지털정보시스템	디지털예산회계시스템(dBrain system)
관리자 중심 → 납세자주권	주민참여예산제도·주민소송제
몰성인지적(gender blind) 관점 → 성인지적(gender sensitivity) 관점	성인지 예산제도

출처: 윤영진(2017: 37).

---

28) 정부회계제도의 개혁도 설명할 수 있다. 한국은 국가재정의 종합적·체계적 관리와 재정의 투명성 및 신뢰성 제고를 위해 민간기업들이 사용해 온 발생주의·복식부기 회계제도를 2009회계연도부터 정부에서도 도입하게 되었다. 동 제도의 도입으로 국가에 속하는 모든 회계실체는 국가의 재정활동에서 발생하는 경제적 거래 등의 발생사실에 따라 복식부기 방식으로 재무제표를 작성해야 하며, 2011년 회계연도 결산부터는 해당 재무제표를 국회에 제출하고 있다(열린재정 재정정보공개시스템, 2024). 복식부기는 "경제의 일반현상인 거래의 이중성을 회계처리에 반영해 기록하는 방식"이며, 발생주의는 "경제활동의 발생 시에 이를 기록하는 것"이다(윤영진, 2017: 427-428).

이었다면, 현대 재정운영 패러다임은 성과 중심, 유량·저량 중심, 디지털정보시스템, 납세자주권, 성인지적 특징을 나타낸다(윤영진, 2017: 37). 재정개혁의 핵심적 방향은 재정운용의 효율성을 중시하는 재정성과관리제도 도입과 재정운용의 민주성을 강화하는 참여예산의 확대에 있다.

① 한국의 재정개혁 현황

한국은 앞서 설명한 예산제도 개혁을 순차적으로 겪지는 않았지만 예산환경의 변화로 인해 끊임없는 재정개혁의 요구를 받고 있다. 재정개혁은 '재정규범(율)을 추구하는 활동'이라고 할 수 있다. 그리고 재정개혁은 단순히 예산제도의 개혁뿐만 아니라 회계제도, 조세제도 등을 포함하는 포괄적인 개혁으로서 "재정부문에서 더 나은 다른 하나의 상태로 인위적으로 변화시키는 것"을 의미한다(윤영진, 2017: 365).

한국의 재정개혁은 경제적 관점에서의 '재정운영의 효율성 달성'과 정치적 관점에서의 '재정민주주의를 공고히 함으로써 재정운영의 정당성을 수립'하는 것에 중점을 둔다. 보다 구체적으로 살펴보면 정부는 재정운영의 효율성을 추구하기 위해 총량적 재정목표, 자원의 효율적 배분 이용, 행정기관의 자율성, 성과책임 등을 강조하였다. 또한 재정운영의 정당성과 민주성을 증진시키기 위해서 투명성과 참여에 관심을 두었다(윤영진, 2017: 366-368).

대표적인 한국의 재정개혁으로는 '3+1 재정개혁'이 있다(이원희, 2017). 특히 한국에서는 1997년 외환위기를 겪으면서 경제위기를 극복하기 위한 확장적 재정정책이 촉진되었고, 이로 인해 한국의 재정상황은 더욱 악화되었다. 이러한 문제를 극복하기 위하여 참여정부에서는 2004년부터 재정개혁을 중요한 정부개혁 과제로 고려하고 '3+1 재정개혁(국가재정운용계획 수립과 예산총액배분 자율편성, 재정사업 성과관리, 디지털예산회계시스템 등 4대 재정혁신)'을 추진하였다. 그리고 이러한 재정개혁들을 뒷받침하기 위한 제도적 장치로서 2006년 「국가재정법」을 제정하였다(이원희, 2017: 35).

'3+1 재정개혁'의 내용 중에서 가장 기본이 되는 디지털예산회계시스템에 대해 먼저 살펴본다. 2007년에 구축된 디지털예산회계시스템(dBrain system)은 "예산편성집행·회계결산·성과관리 등 재정활동 전 과정이 수행된 후, 그 결과 생성된 정보가 관리되는 재정정보시스템"이다(이종수 외, 2014: 352). 기존의 재정정보시스템은 각 기관별로 중앙과 지방으로 분리되어 관리되었기에 통합적인 재정정보를 제공하지 못했다. 이를 극복

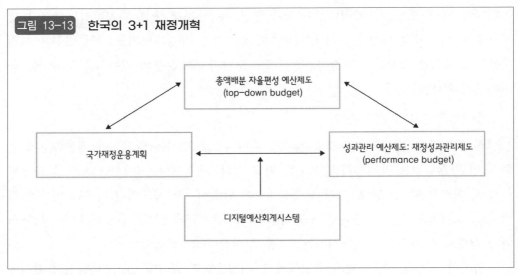

그림 13-13 한국의 3+1 재정개혁

출처: 원구환(2019: 300).

하기 위한 재정정보 통합시스템이 디지털예산회계시스템인 것이다. 해당 시스템에서는 '예산과 회계의 통합', '중앙정부/지방정부/교육재정의 통합', '통합재정정보시스템과 재정 관련 타 시스템과의 연계' 등이 강조되었다(윤영진, 2017: 296).

② 재정성과관리제도

1990년대부터 OECD 국가들은 1980년대 이후 누적된 재정적자에 대응하고 공공서비스 감축 없이 정부지출을 축소하기 위해 성과관리제도를 도입하였다. 한국도 같은 맥락에서 1999년부터 단계적으로 재정성과관리제도를 도입하였다(국회예산정책처, 2022). 재정성과관리제도는 성과관리 예산제도의 일환으로 재정지원사업의 효율성과 투명성을 제고하기 위해 도입되었다. 재정성과관리제도는 2003년 '성과목표관리제도', 2005년 '재정사업자율평가제도', 2006년 '재정사업 심층평가제도'를 단계적으로 도입하여 운영하였다. 이는 건전재정 기조 정착 및 재정운용 효율화를 위하여 성과목표관리, 자율평가, 심층평가의 3단계로 운영되었다. 그러나 2021년부터 「국가재정법」에 성과관리 조항을 신설하여 재정성과관리제도는 '성과목표관리'와 '성과평가'로 운영되고 있다(국회예산정책처, 2022). 구체적인 내용은 다음과 같다.

첫째, 2003년 도입된 재정사업 '성과목표관리제도'는 매년 각 부처가 재정사업에 대한 성과목표를 사전에 설정하고 목표달성 여부 등 성과정보를 재정운용에 활용하는 제도이다. 기본적으로 성과목표의 설정, 이에 바탕을 둔 재정사업의 집행 그리고 그 결과에 대한 보고체계로 구성된다(하연섭, 2019: 277). 차년도 재정사업에 대한 성과목표 및 목표치를 사전설정하는 성과계획서를 작성하여 예산안의 첨부서류로 국회에 제출하고, 전년도 사업실적을 토대로 목표달성도를 분석한 성과보고서를 작성하여 국가결산보고서의 구성항목으로 국회에 제출하도록 하고 있다. 둘째, 재정사업 자율평가제도는 2005년 도입된 이후 몇 차례의 제도변경이 있었다(이하 하연섭, 2019: 278). 이는 미국의 사업평가기법(Program Assessment Rating Tool, PART)을 참조하여 도입된 제도이다. 2005년부터 2015년까지는 기획재정부가 평가기준 및 평가지표 등을 사전에 제시하고, 이를 바탕으로 각 부처들이 재정사업에 대해 자율적으로 평가하도록 하였다. 그러나 2016년에 제도가 개편되면서 재정사업 자율평가제도는 '통합재정사업 평가제도'로 변경되었다. 이는 기존의 일반재정·R&D·지역사업 등 분야별로 운영되던 재정사업평가를 단일평가로 통합했기 때문이다. 특히 부처가 자율적으로 먼저 평가하고 기획재정부가 확인·점검하는 메타평가제도로 변경하여 부처 자율성이 보다 확대되도록 하였다. 이 제도는 다시 2018년에 변경된다. 바뀐 제도에서는 기존의 메타평가를 폐지하였으며, '핵심사업 평가제도'를 도입·운영하였다. 이는 부처 스스로가 미흡한 평가사업에 대하여 성과관리 대책을 마련하도록 함으로써 부처의 자율성과 책임성을 더욱 확대하고자 한 제도이다. 셋째, 재정사업 심층평가는 문제사업(낭비성·비효율적 사업, 유사·중복사업 등)을 대상으로 사업성과를 심층 분석·평가하여 지출효율화 방안을 마련하는 것이다.

그러나 현재 재정성과관리제도는 2021년 「국가재정법」 개정에 따라 일부 변경되었다. 「국가재정법」 제4장의2 성과관리 조항이 신설되어 재정사업 성과관리는 '성과목표관리'와 '성과평가'로 운영되고 있는 것이다.[29] '성과목표관리'는 재정사업에 대한 성과목표, 성과지표 등 설정 및 그 달성을 위한 집행과정·결과를 관리하는 제도이며, '성

29) 「국가재정법」 제85조2의(재정사업의 성과관리) 조항은 2021년 12월 21일 신설되었다. 주요 내용은 다음과 같다. "① 정부는 성과중심의 재정운용을 위하여 다음 각 호의 성과목표관리 및 성과평가를 내용으로 하는 재정사업의 성과관리(이하 "재정사업 성과관리"라 한다)를 시행한다. 1. 성과목표관리: 재정사업에 대한 성과목표, 성과지표 등의 설정 및 그 달성을 위한 집행과정·결과의 관리 2. 성과평가: 재정사업의 계획 수립, 집행과정 및 결과 등에 대한 점검·분석·평가. ② 재정사업 성과관리의 대상이 되는 재정사업의 기준은 성과관리의 비용 및 효과를 고려하여 기획재정부장관이 정한다. 다만, 개별 법령에 따라 실시되는 평가의 대상은 관계 중앙관서의 장이 별도로 정한다"(국가법령정보센터, 2024).

과평가'는 재정사업의 계획 수립, 집행과정 및 결과 등에 대한 점검·분석·평가하는 제도이다(국회예산정책처, 2022: 274). 개정된 「국가재정법」에서는 구체적인 재정사업 성과관리의 원칙, 재정사업 성과관리 기본계획 수립, 재정사업 성과관리의 추진체계, 성과목표관리를 위한 성과계획서 및 성과보고서의 작성, 성과계획서 및 성과보고서의 제출, 재정사업 성과평가 등을 제시하고 있다.

그 외에도 성과주의 재정개혁을 달성하기 위한 제도로 프로그램 예산제도가 있다. 한국은 1999년부터 성과예산제도가 발전되어 현재는 통합형 성과관리제도로 운영되고 있는데, 이는 프로그램 예산제도를 기반으로 한 것이다(최순영, 2016). 프로그램 예산은 "동일한 정책목표를 달성하기 위한 단위사업의 묶음(group)인 프로그램을 통해 정책과 예산을 연계하는 예산구조"이다(최순영, 2016: 135). 한국에서 프로그램 예산제도는 중앙정부에는 2007년, 지방정부에는 2008년에 각각 도입되었다. 이는 프로그램을 단위로 하여 성과와 예산을 연계시키는 제도이다.

또한 성과주의 예산제도의 한계를 극복(예산절감)하기 위한 방안으로 '전략적 지출검토'가 있다. 성과주의 예산제도는 평가받는 부처들이 높은 평가를 받기 위해 '평가받기 위한 관리'행태를 초래할 가능성이 높았다(하연섭, 2019: 282). 이러한 상황에서 성과관리에 대한 책임을 강화하기 위해 미시적 차원에서 책임은 각 부처들에 위임하고자 하였다. 또한 거시적 차원에서는 중앙예산기관이 예산배분 우순선위 설정과 재정건전성 확보를 위한 재원배분 기능에 초점을 맞추고자 하였다. 이를 위해 '지출검토(spending review)'를 도입한 것이다. 지출검토는 "기존 지출에 대한 체계적이고 심층적인 평가에 기초해서 예산절약을 추구하고 우선순위나 효과성이 낮은 사업의 예산을 삭감해 나가는 과정"이며, 전략적 지출검토는 "정책의 목표에 대한 재검토와 사업의 성과에 기초해서 우선순위를 재설정하고, 이에 기초해서 예산절약을 추구하는 제도"이다(하연섭, 2019: 284).30)

---

30) 이외에 재정개혁의 하나로 총액인건비제가 있다. 이는 인력과 예산 운영의 효율성을 제고하고 조직의 성과를 향상시키기 위해 각 시행기관이 당해 연도에 편성된 총액인건비예산의 범위 안에서 기구, 정원, 보수, 예산의 운영에 관한 자율성을 가지되, 그 결과에 대해 책임을 지도록 하는 제도이다(이종수 외, 2022: 435). 그리고 조세지출예산제도가 있는데, 조세지출은 정부가 받아야 할 세금을 비과세 감면 그리고 공제 등의 세제혜택을 통해 받지 않고 포기한 액수를 말한다. 조세지출예산제도는 조세지출의 내용과 규모를 주기적으로 공표하여 조세지출을 관리·통제하는 제도인 것이다(윤영진, 2017).

③ 재정민주주의와 참여예산제도[31]

재정개혁은 국민 또는 시민들이 적극적으로 참여할 수 있도록 개혁되어야 한다. 정부지출을 통제하고 예산운영의 책임성을 증진시키기 위해서는 시민참여를 적극적으로 확대할 필요가 있는 것이다. 대리인인 관료와 정치인들의 예산극대화 행태로 인해 정부의 지출은 지속적으로 증가하고 있고, 이로 인해 시민의 정부신뢰가 하락하고 있는 추세이다(이종수 외, 2014: 331). 이러한 문제를 해결하기 위한 방안으로서 시민들의 참여확대를 적극 추진할 필요가 있다. 구체적으로는 참여예산제도, 예산감시운동(납세자운동), 주민투표제도, 주민감사청구, 주민소환 등과 같은 제도적 방안을 활용하는 한편, 이를 통해 시민들의 국가 예산과정 참여를 확대하고, 이 과정에서 발생되는 문제는 소송 등을 통해 시정하도록 하는 것이다(윤영진, 2017: 393).

대표적인 참여예산제도로 주민참여예산제도와 국민참여예산제도가 있다. 주민참여예산제도는 "지방자치단체의 예산과정에 있어 주민이 직·간접적으로 참여하는 것으로 현대 민주주의 사회의 다양한 주민참여 방법 중 하나로서 민관의 상호작용을 전제로 주민들의 의견이 수렴되는 체계화된 과정"이라고 정의할 수 있다(강황묵·남창우, 2018: 28). 이러한 주민참여예산제도는 다음과 같은 의미를 지니고 있다(이하 임성일·서정섭, 2015: 12-13). 첫째, 주민참여예산제도는 과거 지방자치단체에 의해 독점되어 왔던 예산편성의 전 과정에 주민이 직접 참여해 영향력을 행사할 수 있다. 둘째, 과거 지역 공공자원 배분과정에서 소외되었던 주민들을 직접 참여시킴으로써 공공자원 배분활동에 있어서의 새로운 거버넌스 협력체계를 구축할 수 있다. 셋째, 세금을 직접 부담하는 주인인 주민과 세금사용을 위탁받아 대리집행하는 지방자치단체 간 예산 관련 의사소통이 원활해질 수 있다. 넷째, 예산 관련 의사결정이 민주적으로 이루어질 수 있다. 이를 통해 예산과정에 대한 참여와 통제가 함께 이루어질 수 있게 된다. 다시 말해, 주민참여예산제도는 정부와 주민 간 의사소통을 원활히함으로써 정부신뢰를 증진시키는 데 중요한 기여를 하고 있는 것이다. 이와 관련해 임성일·서정섭(2015: 13)은 주민참여예산제도의 핵

---

31) 이외에도 「국가재정법」 제27조에 '온실가스감축인지예산제도'가 도입되어 2022년 1월부터 시행되고 있다. 「국가재정법」 제27조(온실가스감축인지 예산서의 작성) 주요 내용은 "① 정부는 예산이 온실가스 감축에 미칠 영향을 미리 분석한 보고서를 작성하여야 한다. ② 온실가스감축인지 예산서에는 온실가스 감축에 대한 기대효과, 성과목표, 효과분석 등을 포함하여야 한다. ③ 온실가스감축인지 예산서의 작성에 관한 구체적인 사항은 대통령령으로 정한다"이다(국가법령정보센터, 2024).

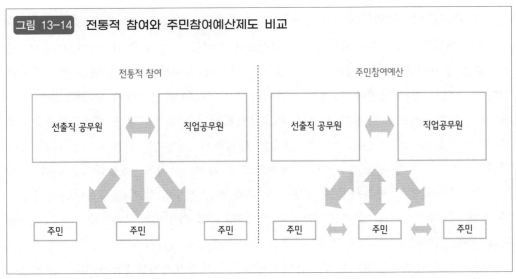

그림 13-14 전통적 참여와 주민참여예산제도 비교

출처: 임성일·서정섭(2015: 17) 재구성.

심가치를 "참여와 관심, '배제(exclusion)로부터 포용(inclusion)', 대화와 소통, 신뢰"로 제시하고 있다. [그림 13-14]는 전통적 주민참여와 주민참여예산제도의 행태가 어떤 차이가 있는지를 보여 주고 있다.

그렇다면 주민참여예산제도의 도입배경과 과정은 어떠했을까? 주민참여예산제도의 도입배경 및 과정은 다음과 같다. 1997년부터 시민단체들은 지방자치단체의 예산결정 및 운영 전 과정에 대한 '예산감시운동'을 펼치고, 이를 바탕으로 2001년 전국 40여 개 시민단체가 '예산감시 네트워크'를 구축하면서 예산과정에 대한 주민참여가 관심을 받기 시작하였다(이장욱·서정섭, 2018; 유태현, 2018). 주민주권주의 실현을 위해 2003년 광주광역시 북구 등에서 최초로 도입한 이후 정부(당시 행정자치부)에서 '지방자치단체 예산편성지침'을 통해 각 지방자치단체에서 주민참여예산제도를 도입할 것을 권고하였고, 2005년에는 참여예산 근거를 마련하였다. 이후 정부는 2006년과 2010년에 각각 '주민참여예산제도 표준조례안'과 '주민참여예산제 조례모델(안)'을 권고하였으며, 2011년 「지방재정법」 개정을 통해 주민참여예산을 의무화하였다(행정안전부, 2019). 이로 인해 주민참여예산제도는 2012년부터 지방자치단체의 예산편성 공식과정으로 시행되었다(강황묵·남창우, 2018: 26). 이후 2014년에는 주민의견서 제출을 의무화하였으며, 2018년 문재

인 정부에서는 주민참여예산제도 활성화를 100대 국정과제 중 '지방재정 자립을 위한
강력한 재정분권'에 포함하였으며, '지방자치단체 핵심 정책·사업까지로 주민참여예산
제를 확대함으로써 주민에 의한 자율통제 강화'를 위해 노력하였다(정부업무평가위원회,
2020). 뿐만 아니라 주민참여예산기구의 근거도 마련하였다(행정안전부, 2019).32)

공식적 제도를 통한 시민참여 활성화 방안으로서 주민참여예산제도는 2011년 「지
방재정법」 개정을 통해 법제화되었다. 특히 주민참여예산제도는 「지방재정법」 제39
조33)와 「지방재정법 시행령」 제46조에 그 근거를 두고 있다. 해당 법·제도를 바탕으로
주민참여예산제도는 주민참여예산위원회 등 기구를 구성하여 운영되고 있다.

주민참여예산제도는 다음과 같은 장점과 한계점을 지닌다. 첫째, 주민참여예산제도
는 예산과정을 주민에게 분권화하였고, 둘째, 지방자치단체와 주민, 그리고 주민 간 쌍
방향 의사소통이 가능하도록 하였으며, 셋째, 지방재정활동의 투명성을 제고하였고, 넷
째, 풀뿌리 민주주의 실현을 가능하게 하였으며, 다섯째, 주민참여 중심의 국정운영 실
현을 가능하게 하였다(서정섭, 2018: 18-19).

이에 비해 주민참여예산제도는 다음과 같은 한계도 있다(이하 서정섭, 2018: 23-27).
첫째, 주민참여 운영방식이 행정안전부에서 제시한 모델에 맞추다 보니 경직되어 있는
경향이 있다. 둘째, 젊은 층의 주민참여 기회가 저조하다(대표성 부족). 셋째, 주민참여의
수단이 설문이나 사업공모, 주민참여예산위원회를 통해 이루어지는 경우가 대부분이며,

---

32) 성공적인 주민참여예산제도 확산을 위해서 첫째, 주민참여 범위를 예산편성에서 예산집행까지 확대하며
(2018년 「지방재정법」 개정으로 주민참여 범위를 전 예산과정으로 확대할 수 있는 근거 마련), 둘째, 온
라인 참여의 근거를 명확히 하고, 셋째, 생활 SOC 사업 선정과정에 주민참여 의무화를 포함하며, 차세대
지방재정관리시스템과 연계한 온라인 주민참여 플랫폼을 구축하는 등 참여경로를 다양화하고 있다(행정
안전부, 2019).

33) 제39조(지방예산 편성 등 예산과정의 주민참여) ① 지방자치단체의 장은 대통령령으로 정하는 바에 따라
지방예산 편성 등 예산과정에 주민이 참여할 수 있는 제도를 마련하여 시행하여야 한다. ② 지방예산 편
성 등 예산과정의 주민참여와 관련되는 다음 각 호의 사항을 심의하기 위하여 지방자치단체의 장 소속으
로 주민참여예산위원회 등 주민참여예산기구를 둘 수 있다. 1. 주민참여예산제도의 운영에 관한 사항 2.
제3항에 따라 지방의회에 제출하는 예산안에 첨부하여야 하는 의견서의 내용에 관한 사항 3. 그 밖에 지
방자치단체의 장이 주민참여예산제도의 운영에 필요하다고 인정하는 사항 ③ 지방자치단체의 장은 주민
참여예산제도를 통하여 수렴한 주민의 의견서를 지방의회에 제출하는 예산안에 첨부하여야 한다. ④ 행
정안전부장관은 지방자치단체의 재정적·지역적 여건 등을 고려하여 대통령령으로 정하는 바에 따라 지
방자치단체별 주민참여예산제도의 운영에 대하여 평가를 실시할 수 있다. ⑤ 주민참여예산기구의 구성
·운영과 그 밖에 필요한 사항은 해당 지방자치단체의 조례로 정한다.

간담회 등 다른 방식의 주민참여는 제한되는 측면이 있다. 넷째, 주민참여예산위원회가 형식적으로 운영되는 측면이 있다. 다섯째, 주민참여 반영 예산규모가 감소하는 측면이 있으며, 주민참여의 범위도 제한되는 경우가 많다. 여섯째, 주민참여예산제도를 운영하는 지방자치단체의 운영역량이 미흡하여 효과적인 운영이 저해되는 경우가 발생한다.

이러한 한계를 개선하기 위해서는 첫째, 주민참여예산제도를 소통, 참여, 협력, 주민을 통한 풀뿌리 민주주의 실현이라는 정부의 국정운영 및 정부혁신 방향과 연계하여 인식할 필요가 있다. 둘째, 각 지방자치단체별로 특성에 맞는 주민참여예산제도 운영방안을 마련해야 하며, 셋째, 사회적 포용성장이라는 주민참여제의 가치를 명확히 인식하여 주민참여 범위를 확대하고, 실질적 주민참여와 소통을 활성화할 필요가 있다. 즉, 주민참여예산제도의 핵심은 바로 주민과 참여 그리고 소통임을 명심해야 한다. 마지막으로, 각 지방자치단체별 주민참여예산제도의 운영역량을 강화할 필요가 있다. 특히 예산, 제안서 심사 등과 관련해 예산학교[34]를 운영하는 등 시민역량도 함께 강화해 나가야 한다(강황묵·남창우, 2018; 이장욱·서정섭, 2018; 임성일·서정섭, 2015).

이러한 내용들은 주민참여예산제도와 유사한 개념인 국민참여예산제도에도 마찬가지로 적용될 수 있을 것이다. 국민참여예산제도는 국민이 예산사업의 제안, 심사, 우선순위 결정과정에 참여함으로써 재정운영의 투명성을 제고하고, 국민의 예산에 대한 관심도를 높이기 위한 제도로서, 국가예산 편성에도 국민의 의사와 목소리가 직접 반영될 수 있도록 한 제도이다(열린재정 재정정보공개시스템, 2024). 이 제도는 「국가재정법」 제16조 제4호 및 「국가재정법 시행령」 제7조의2에 근거하여 추진되고 있으며, 2017년 시범 도입 후 2018년부터 본격적으로 운영되었다. 2022년도 국민참여예산은 사업 수 71개, 예산액 1,429억 원 규모로 편성되었으며, 2021년도에 비해 사업 수 12.7%(8개), 예산액을 기준으로 22.3%(261억 원) 증가하였다(국회예산정책처, 2022).

국민참여예산제도를 통해 정부는 국민들에게 예산사업에 대한 정보를 제공하고, 예산학교 운영을 통해 국민들의 국가재정에 대한 이해도를 높인다는 점에서 효과가 있다. 또한 국가재정 규모, 사업의 방대함, 재정과정의 복잡성 등에 관한 정보제공과 국민

---

34) 예산학교는 서울 등 주민참여예산제도를 운영하고 있는 각 지방자치단체별로 시행하고 있으며, 서울시 예산학교의 경우 "참여예산제도 및 서울시 예산에 대한 실질적 이해를 통하여 시민이 보다 능동적으로 시민참여예산제도 운영에 참여할 수 있도록 역량을 강화하기 위한 교육"을 수행하고 있다(서울시, 2020).

표 13-10	2022년 국민참여예산제도 주요 내용	
구분	**주요 내용**	
의의	중앙정부 예산과정에 일반국민을 참여시킴으로써 재정의 민주성·투명성 제고	
유형	국민참여예산제도는 국민들의 참여방식에 따라 제안형·토론형 2가지 형태로 운영	
	제안형	• 국민 제안에 대한 소관 부처의 사업화 적격성 여부 심사 및 적격 제안에 대한 국민 참여 토론 및 전문가 논의를 통한 예산사업화 • [주요 운영 절차] 제안 접수 → 적격성 심사(소관부처) → 지원협의회 자문 → 정부예산안 요구(소관부처) → 요구사업 검토 및 선호도투표(예산국민참여단) → 정부예산안 확정(기재부 예산실)
	토론형	• 국가 재정과 관련된 주요 사회 현안(국민 공모 또는 부처 선정)에 대해 국민이 참여하는 숙성 토론을 거쳐 예산사업화 • [주요 운영 절차] 주제 선정 → 예산사업화를 위한 토론회 → 정부예산안 요구(소관부처) → 정부예산안 확정(기재부 예산실)

출처: 국회예산정책처(2022: 190).

이해도를 증진시킨다는 점에서 장점이 있다. 그러나 현재는 단순히 예산사업 제안(예산 편성 과정)에 그치고 있어 예산과정 전반으로 국민참여를 확대할 필요가 있다. 특히 예산집행 과정에 대한 국민 모니터링과 사업집행 후 결산 및 평가과정에 국민을 참여시킬 필요도 있다. 또한 국민참여 예산규모가 전체예산에 비해 미미하다는 한계도 존재한다 (이종수 외, 2022: 480).

ChatGPT와 함께 하는 **13장**의 **주요 개념** 정리

1. 성인지 예산(gender-responsive budgeting) 특징

- 성인지 예산은 성평등에 미치는 영향 측면에서 예산 할당과 정책을 분석하는 것을 목표로 성 관점을 통합하는 예산편성에 대한 접근 방식임
- 성인지 예산 책정은 남성과 여성 사이에 자원과 기회를 보다 공평하게 분배하기 위해 노력하는 역동적이고 진화하는 과정임
- 이는 성평등 목표를 달성하고 포용적이고 지속가능한 발전을 촉진하는 데 기여함

구분	내용
성별 분석	• 성 역할 및 관계에 초점: 성인지 예산 책정에는 예산정책 및 할당이 사회 내 성 역할 및 관계에 어떻게 영향을 미치는지에 대한 철저한 분석이 포함됨 • 다양한 남성과 여성 그룹이 어떻게 서로 다른 영향을 받을 수 있는지 고려함
포괄적인 데이터 수집	• 성별 구분 데이터: 성인지 예산 책정은 성별 구분 데이터를 수집하고 활용하는 데 의존함 • 여기에는 예산 조치가 다양한 성별 그룹에 어떻게 영향을 미칠 수 있는지 이해하기 위해 성별 별로 데이터를 분류하는 작업이 포함됨
성 불평등의 식별	• 격차 식별: 성인지 예산 책정은 기존의 성별 불평등과 격차를 식별하는 것을 목표로 함 • 남성과 여성이 자원, 기회 또는 혜택에 불평등하게 접근할 수 있는 영역을 살펴봄
젠더 대응 정책	• 성에 대응하는 정책 개발: 성인지 예산은 성 불평등을 해결하고 교정하는 정책 개발에 영향을 미치는 것을 목표로 함 • 이는 기존 정책과 새로운 정책에 성인지 대응 요소를 통합하는 것을 포함함
자원 할당 영향	• 자원 할당 영향 평가: 성인지 예산 편성에서는 이러한 할당이 성 불평등에 기여하거나 완화하는지 여부에 중점을 두고 공공자원이 할당되고 소비되는 방식을 평가함
참여 및 상담	• 포괄적인 의사결정: 성인지 예산은 예산의사결정과정에 남성과 여성의 참여를 장려함 • 이를 통해 예산정책 수립 및 시행에 다양한 관점이 고려됨
성별 반응 지표	• 성 반응 지표의 사용: 성인지 예산 책정은 성평등 달성의 진행 상황을 측정하고 모니터링하기 위해 특정 지표를 사용함

	• 이러한 지표는 성별 격차를 해결하는 데 있어 예산 조치의 효율성을 평가하는 데 도움이 됨
능력 배양	• 성별 분석을 위한 역량 구축: 성인지 예산 책정에 관여하는 정부와 기관은 정책 입안자와 분석가가 성별 분석을 수행하고 성별 고려 사항을 예산 과정에 통합할 수 있는 역량을 구축하는 데 투자하는 경우가 많음
투명성과 책임성	• 투명성과 책임성 증진: 성인지 예산은 예산과정의 투명성을 촉진하여 자원이 할당되고 지출되는 방식에 대한 정보에 접근할 수 있도록 보장함 • 또한 성별 불평등을 해결하는 데 있어 책임을 강조함
성평등 옹호	• 성평등 옹호: 성인지 예산은 성평등을 옹호하고 정책 입안자가 예산의 모든 측면에서 성 영향을 고려하도록 영향을 미치는 도구 역할을 함

출처: ChatGPT(2023). 'What is the characteristics of gender-responsive budgeting?' 질문으로 검색한 내용 저자 번역(구글 번역기 사용)·정리.

2. 국가채무와 부채의 기준

- 국가채무와 부채는 국가의 재정상태를 이해하는 데 중요한 개념이지만, 각각은 다르게 정의되고 측정됨
- 이러한 지표들은 국가의 재정 건강 상태를 평가하고, 국가채무의 지속가능성을 판단하는 데 사용됨
- 정부 및 국제 기구들은 이러한 지표들을 분석하여 국가의 재정정책 및 경제정책에 영향을 미칠 수 있는 다양한 결정을 내리게 됨

구분	국가채무(National Debt)	부채(Debt)
정의	• 국가채무는 국가가 외부 또는 내부에서 빌린 돈의 총액 • 이는 국가가 발행한 채권, 대출 또는 다른 금융 도구들의 누적된 가치를 나타냄	• 부채는 국가채무뿐만 아니라 다양한 금융 채무를 포함 • 국내 및 국외 채무, 정부 간 대출 그리고 다른 금융 채무들이 이에 속함
기준	• 국가채무는 일반적으로 특정 시점에서 측정되며, 국가채무의 규모는 국가의 경제 크기와 비교됨 • GDP(국내총생산) 대비 국가채무의 비율을 통해 국가채무의 상대적 크기를 파악할 수 있음	• 부채는 국내총생산(GDP) 대비 부채 비율도 측정됨 • 이 비율은 국가의 지속가능한 재무 상태를 판단하는 데 사용됨
측정	• 총 국가채무(Gross National Debt): 모든 외부 및 내부 채무를 합친 총액(측정 방법: 국채 발행, 대출, 정부 간 채권 등의 금융 도구들의 총액을 합산) • 순 국가채무(Net National Debt): 외부 및 내부	• 총 부채(Total Debt): 국내 및 국외 채무, 정부 간 대출, 기업 및 가계부채 등 모든 부채의 총액(측정 방법: 모든 금융 채무를 합산) • 순 부채(Net Debt): 외부 및 내부 자산을

자산을 감안하여 조정한 채무의 순액(측정 방법: 국채 발행, 대출, 채권을 총액에서 정부가 보유하고 있는 자산을 차감하여 계산) • GDP 대비 국가채무 비율(National Debt-to-GDP Ratio): 국가채무를 국내총생산(GDP)으로 나눈 비율(측정 방법: GDP 대비 국가채무의 상대적 크기를 파악하기 위해 사용)	감안하여 조정한 부채의 순액(측정 방법: 총 부채에서 국가가 보유하고 있는 자산을 차감하여 계산) • GDP 대비 부채 비율(Debt-to-GDP Ratio): 부채를 국내총생산(GDP)으로 나눈 비율(측정 방법: GDP 대비 부채의 상대적 크기를 파악하기 위해 사용)

출처: ChatGPT(2023). '국가채무와 부채의 기준은 무엇인가?' 질문으로 검색한 내용을 저자 정리.

행정사례 연습

■ 해외 재정준칙 사례

주요국의 재정준칙 시행 현황

1. 영국

영국은 재정수지준칙과 채무준칙을 도입하여 운영해 오고 있으며, 「재정법」(the Finance Act), 1998년에 승인된 재정안정화 규율(the Code of Fiscal Stability), 2010년 「재정책임법」(the Fiscal Responsibility Act), 2011년 「예산책임 및 감사에 관한 법률」(the Budget Responsibility and National Audit Act), 영국 의회가 주기적으로 개정·승인하는 예산책임 헌장(the Charter for Budget Responsibility) 등으로 규율하고 있다.

2. 일본

일본은 제2차 세계대전 직후 1947년에 재정수지준칙을 도입하였으며, 2006년에는 지출준칙을 추가 도입하여 시행해 오고 있다. 일본의 재정준칙은 1947년 제정한 「재정법」(the Public Finance Law), 1990년대 버블 붕괴 이후 1997년 재정구조 개혁을 위해 제정한 「재정구조개혁법」(the Fiscal Structure Reform Act), 국가전략실 주도로 2010년 6월 각의 결정한 재정운영 전략(the Fiscal Management Strategy) 등으로 규율된다.

3. 미국

미국은 1986년 재정수지준칙을 도입하였으며, 1990년에는 지출준칙을 추가 도입하였다. 미국의 재정준칙은 1985년에 제정된 「그램-루드만-홀링스법」(Gramm-Rudman-Hollings Act), 1990년 「예산집행법」(the Budget Enforcement Act of 1990), 2011년 「예산통제법」(the Budget Control Act of 2011) 등으로 규율된다. 페이고 원칙(Pay-As-You-Go Rule)의 경우 대규모 예산 총량에 수치 한도를 설정하지 않고 있어 일반적으로 절차적 규정(procedural rules)으로 인정하고 있다. 1990~2002년 기간 동안 1990년 「예산집행법」(the Budget Enforcement Act of 1990)에 근거하여 한시적으로 운영되었다. 페이고 원칙은 재정중립성을 유지하기 위하여 법률로 제정한 보장적 지출(entitlement spending) 또는 과세 변경 시에 적용이 되었다. 미국은 세계금융위기 이후 확대된 지출 및 채무를 감축하기 위해 한시적으로 적용하던 페이고 원칙을 2010년 2월, 「2010년 「법률상 페이고 법」(the Statutory Pay-As-You-Go Act of 2010)을 제정하고 재시행하였다. 이 법은 별도의 시효 규정이 없으며, 별도의 입법이 없는 한 계속 적용되는 영구법이다. 단, 재량 지출에 대한 제약이 없으며, 국가비상사태 및 사회보장기금 등과 같은 프로그램들은 제외된다.

출처: 국회입법조사처(2022).

■ 사례의 의의

　본 사례는 영국, 일본, 미국의 재정준칙 현황을 제시한 것이다. 세 국가 모두 오래 전부터 재정수지준칙, 채무준칙, 지출준칙 등 각 국가에 맞는 재정준칙을 법률 제정을 통해 시행하고 있다. 이렇듯 해외 선진국들은 법률을 통해 재정준칙을 확립하고 있는 것이다. 이에 반해 한국은 재정준칙 제도를 도입하고 있지만 여전히 미흡한 상태이다. 2022년 9월 20일 발의된 「국가재정법」 개정안은 여전히 국회 계류 중에 있다. 문재인 정부에서도 재정준칙 도입을 추진했으나 국회 소위원회의 문턱을 넘지 못했으며, 현재 윤석열 정부의 재정준칙 역시 미비한 상태이다(한국일보, 2023). 따라서 해외 선진국의 재정준칙 사례를 통해 한국에서도 법·제도적 근거가 바탕이 된 재정준칙을 확립할 필요가 있을 것이다.

Public Administration for People and Organizations

제3부

A.D.A.P.T. 정부에서의 공공서비스 정책

제14장
정책유형과 정책행위자

본 장에서는 정부가 효과적인 역할을 수행하기 위해 추진해야 할 바람직한 정책에 대해 살펴본다. 시민에게 더 좋은 서비스를 제공하기 위한 정책은 무엇이고, 이를 효과적으로 달성하기 위해 정책행위자들은 어떠한 역할을 해야 하는지에 대해서도 알아본다.

1. 정책의 개념과 유형
2. 정책에서의 정책행위자 관계

제14장

정책유형과 정책행위자

핵심 학습사항

1. 정책의 정의와 구성요소는 무엇인가?
2. 정책산출, 정책결과, 정책영향, 정책효과의 차이점은 무엇인가?
3. 정책수단과 정책대상집단의 의미는 무엇인가?
4. 정책유형의 의의는 무엇인가?
5. 로위의 정책유형 기준과 종류는 무엇인가?
6. 보호적 규제정책과 경쟁적 규제정책의 차이점은 무엇인가?
7. 윌슨의 규제정치모형의 내용은 무엇인가?
8. 공식적 행위자와 비공식적 행위자의 종류와 이들이 정책과정에 미치는 영향은 무엇인가?
9. 오늘날 의원입법이 증가하는 이유와 한계는 무엇인가?
10. 이익집단과 시민단체가 정책과정에 미치는 긍정적·부정적 영향은 무엇인가?
11. 다원주의, 엘리트주의, 조합주의의 특징은 무엇인가?
12. 신엘리트주의(무의사결정)의 의의는 무엇인가?
13. 정책네트워크 모형의 종류와 특징은 무엇인가?

1. 정책의 개념과 유형

1) 정책의 개념과 구성요소

정책(policy[1])은 학자마다 다르게 정의되고 있지만, 일반적으로 "바람직한 사회상

---

1) 이때 정책은 공공정책(public policy)을 의미하며, 본서에서도 공공정책이라는 용어보다 일반적인 '정책'
이라는 용어를 사용하기로 한다.

태를 이룩하려는 정책목표와 이를 달성하기 위해 필요한 정책수단에 대하여 권위있는 정부기관이 공식적으로 결정하는 기본방침"으로 정의된다(정정길 외, 2013: 35). 이러한 정책의 정의에서도 알 수 있듯이 정책은 정책목표, 정책수단, 정책대상집단이 가장 중요한 구성요소가 된다. 이외에도 인과모델과 정책의 집행이 정책의 주요 구성요소로 포함된다고 할 수 있다.

정책의 주요 구성요소에 대해 보다 구체적으로 살펴보면 첫째, 정책목표는 "정책을 통하여 이룩하고자 하는 바람직한 상태"를 의미한다(정정길 외, 2013: 37). 정책을 통해 이룩하고자 하는 바람직한 미래 상태는 정치체제 내부(예: 정부조직 내)가 아닌 사회상 태의 변화를 달성하는 것이다(예: 경제성장, 물가안정, 공해감소 등). 또한 정책목표는 정책 효과(policy effect)와 같은 맥락으로 사용되며, 정책산출(policy output), 정책결과(성과) (policy outcome), 정책영향(policy impact) 등으로 구성된다.[2] 정책산출은 정책집행으로 나타나는 일차적인 결과이며, 단기적이고 구체적인 산물로서 계량적 측정이 비교적 용이한 것이 특징이다(예: 적발된 범법자 수). 정책결과(성과)는 정책대상집단에 일어난 변화 로서, 산출보다 다소 계량화하기 어려우며, 보다 장기적인 효과라고 할 수 있다(예: 범죄율 감소). 정책영향은 정책의 집행으로 발생한 사회의 변화로서 장기적 결과를 의미한다 (예: 범죄 없는 안전사회)(권기헌, 2018: 103 – 104). 정책효과를 정책산출, 정책결과(성과), 정책영향 중 무엇으로 간주하느냐에 따라 정책효과가 다르게 평가될 수 있다. 특히 정책 산출과 정책영향 사이에는 상당한 시간적 차이가 발생하기 때문에 정책에 대한 명확한 인과관계를 규명하기가 쉽지 않다.

둘째, 정책수단(policy instruments)은 정책목표 달성을 위한 수단이라고 정의할 수 있으며, 이는 정책도구(policy tools)와 같은 맥락으로 사용된다(이용모 외, 2023).[3] 정책수 단은 정책의 실질적 내용을 의미하는 것으로 정책의 가장 중요한 구성요소이다. 정책수 단이 정책대상집단에게 직접적인 영향을 미치기 때문에 정책집행을 위해 어떠한 정책 수단을 선택하느냐에 따라서 이해관계자 간 갈등과 대립이 첨예하게 발생할 수 있다(예:

---

2) 정책효과에는 정책담당자가 처음에 의도하지 않았던 효과인 부수효과(side effect)도 포함된다. 부수효과 는 긍정적 부수효과와 부정적 부수효과로 구분할 수 있다. 전자의 예로 차량 정체를 해결하기 위해 도로 를 건설했는데 이로 인해 지역상권이 발전하는 현상을 들 수 있으며, 후자의 예로 차량속도가 빨라지면 서 사고가 증가하는 현상을 들 수 있다.

3) 정책수단 또는 정책도구에 관한 상세한 논의는 본서 제15장에 제시되어 있다.

타다와 카카오 택시 등의 플랫폼 사업자와 택시조합 간 갈등). 특히 최근에는 신공공관리와 뉴거버넌스의 영향으로 인해 다양한 정책수단이 제시되고 있는 실정이다.

셋째, 정책대상집단(policy target group)은 정책 적용을 받는 집단이나 사람들을 의미한다(권기헌, 2018). 정책대상집단은 집단의 성질에 따라 '수혜집단(beneficiary group)'과 '정책비용부담자'로 구분할 수 있다. 전자는 정책의 혜택을 받는 집단을 의미하고, 정책을 통해 재화나 서비스를 제공받는 집단이며, 후자는 정책(특히, 규제수단) 때문에 비용부담 등 희생을 당하는 집단을 말한다(이용모 외, 2023). 그 외 정책의 구성요소인 인과관계는 정책목표와 정책수단의 인과관계를 의미한다. 그러나 최근 행정환경의 복잡화와 행정난제의 증가로 인해 정책목표와 정책수단의 인과이론을 개발하는 것은 쉽지가 않다(Birkland, 2011). 마지막으로, 정책집행체제는 결정된 내용을 실현시키는 과정을 의미한다(<표 14-1> 참조).

표 14-1 정책의 구성요소

요소	쟁점 사항
정책목표	• 정책의 목표는 무엇인가? • 문제를 제거할 것인가? 완화할 것인가? 아니면 악화를 막을 것인가?
인과모델	• 인과모델은 무엇인가? • 만약 X를 실천하면 Y가 발생한다는 것을 알고 있는가? • 이를 어떻게 알게 되었는가? 만약 모른다면 어떻게 알 수 있을 것인가?
정책도구	• 정책이 효과를 발생하게 하려면 어떤 정책도구 또는 수단이 필요할 것인가? • 그 도구는 강제력에 어느 정도 의존하는가? 또는 인센티브, 설득, 정보 중 어느 것에 의존할 것인가?
정책대상집단	• 누구의 행동이 변화하도록 되어 있는가? • 직접 및 간접적인 대상집단이 존재하는가? • 대상집단의 사회적 구성에 관한 예측을 토대로 설계가 선택되었는가?
정책의 집행	• 정책이 어떻게 집행될 것인가? • 집행체제를 누가 배치할 것인가? • 하향적 또는 상향적 설계 가운데 무엇을 선택할 것인가? 그 이유는?

출처: 남궁근(2017: 17).

2) 정책유형

(1) 정책유형의 의의

보건정책, 국방정책, 환경정책, 노동정책 등 공공정책은 다양한 정부활동을 포함하고 있기 때문에 공통의 속성에 따라 정책을 유형화하려는 시도가 끊임없이 전개되어 왔다. 이 중 가장 일반적인 정책유형 구분기준은 실질적·기능별 분류이다(이용모 외, 2023). 정부조직이 담당하는 기능별 분류로는 국방, 외교, 산업, 보건 정책 등의 분류가 있다. 이러한 실질적·기능별 분류는 구분이 명확하고 이해가 쉬우며, 각 기능분야마다 필요로 하는 자료나 지식의 종류를 파악하는 데 유용하다는 측면에서 장점이 있다. 하지만 정부조직이 담당하는 기능에 해당되지 않는 기타 기능들도 존재하며(예: 조달청은 기능적 분류보다 보조적 기능으로 분류), 현실적으로 수많은 정책 모두를 연구하기는 어려워 공통되는 보편적 법칙과 원리를 찾기가 불가능하다는 한계가 있다(권기헌, 2018). 정책유형 분류에 대한 여러 가지 한계에도 불구하고 정책유형의 구분은 필요하다. 그 이유는 정책유형에 따라 정부, 이익집단, 시민단체 등 정책참여자들의 형성과 대응이 달라질 수 있으며, 정치적 권력관계마저 변화할 수 있기 때문에 정책유형 연구는 반드시 필요하다는 것이다. 따라서 아래에서는 현재까지 학계 등에서 가장 많이 활용되는 정책유형 분류를 살펴본다.

(2) 로위의 정책유형

로위(T. J. Lowi)의 정책유형은 학계에서 가장 많이 다루어지고 있는 정책유형이다. 로위는 1960년대 초 미국 정치학의 대논쟁이었던 다원주의와 엘리트주의자들의 논쟁을 통합하려는 의도에서 정책유형을 연구하였다(권기헌, 2018).[4] 로위는 기존의 정치체제이론에서 주장하는 '정치가 정책을 결정한다'는 주장을 비판하면서, 이와 반대되는 의견을 제시했다(Lowi, 1972). 즉, '정책이 정치를 결정한다'고 주장하면서 정책의 내용에 따라 정치과정 등 정치적 성격이 달라질 수 있음을 강조한 것이다. 정책의 유형에 따라 정책과정, 정책의제설정, 정책결정, 정책집행, 정책평가의 전 과정이 달라질 수 있다는 것이

---

4) 다원주의와 엘리트주의 그리고 로위의 통합논의에 대한 설명은 '정책참여자 관계' 부분에서 설명한다.

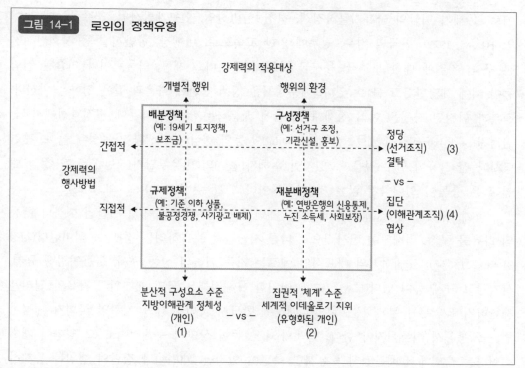

그림 14-1 로위의 정책유형

출처: Lowi(1972: 300).

다. 로위는 초기 주장에서 정책유형을 배분정책, 규제정책, 재분배정책 등 세 가지로 구분하였으나, 1972년 저술한 논문 *Four Systems of Policy, Politics, and Choice*에서는 [그림 14-1]과 같이 정책유형 기준을 제시하면서 기존 정책유형에 구성정책까지를 포함한 네 가지 정책유형을 제시하였다.

로위의 정책유형의 기준은 '강제력의 행사방법'과 '강제력의 적용대상'이다. 강제력의 행사방법은 강제력이 직접적으로 사용되는지 아니면 간접적으로 사용되는지의 차원이며, 강제력의 적용대상은 강제력의 적용대상이 개별적 행위인지 아니면 행위의 환경에 관한 것인지에 따라 구분하는 것이다(Lowi, 1972). 이러한 두 가지 기준에 따라 정책유형을 배분정책, 규제정책, 재분배정책, 구성정책 네 가지 유형으로 구분할 수 있다.

첫째, 배분정책(distributive policy)은 "국민들에게 권리나 이익 또는 재화나 서비스를 배분하는 내용을 지닌 정책"을 의미한다(정정길 외, 2013: 55). 배분정책의 대표적인 예로, 19세기 미국의 국유지불하정책, 하천·항만산업, 연구개발사업, 군수품구매 등이 있다(Lowi, 1972). 한국의 경우, 정부에 의한 고속도로, 비행장, 항만시설 등 사회간접자본 구축, 기업에 대한 보조금·융자금 지원, 교육서비스 제공, 박물관이나 미술관 건립 등이 이에 해당한다고 볼 수 있다. 배분정책은 정책 전반에 다음과 같은 영향을 미친다. 정부가 한정된 자원을 여러 정책대상집단에 배분하는 것이기 때문에 결정과정에서 '선심정치(pork barrel politics)[5]', 결탁(logrolling)[6] 등의 현상이 발생할 가능성이 높다. 관련 당사자 간 갈등이 일부 있을 수 있지만 수혜자(일부)와 비용부담자(국민다수) 간 정면 대결 혹은 충돌이 일어나지 않는 것이 특징이라고 할 수 있다(이용모 외, 2023).

둘째, 규제정책(regulatory policy)은 "개인이나 일부집단에 대해 재산권 행사나 행동의 자유를 구속·억제하여 반사적으로 다른 사람들을 보호하려는 정책"을 의미한다(정정길 외, 2013: 56). 규제정책의 대표적인 예로는 기준 이하의 상품 규제, 불공정경쟁 규제, 사기광고 규제 등이 있다(Lowi, 1972). 이러한 규제정책은 국민 개개인의 자유와 권리를 제한하거나 의무를 부과하는 것이기 때문에 반드시 국민의 대표 기관인 국회가 제정한 법률을 통해서 이루어져야 한다. 정책의 내용 등이 상당히 구체적이고 그 영향이 개별적이라는 측면에서 배분정책과 유사한 측면이 있지만, 개인이나 집단의 행위를 통제하기 위해 정부의 강제력이 직접 동원된다는 점, 피규제자와 수혜자가 명백히 구분된다는 점에서 배분정책과는 차이가 있다. 특히 피규제자와 수혜자 간 이해관계가 대립되기 때문에 이들 간 갈등수준이 높아 이해관계자들의 협상을 통해 정책결정과정이 이루어지는 경우가 많다(정정길 외, 2019).

셋째, 재분배정책(redistributive policy)은 "고소득층으로부터 저소득층으로의 소득이전을 목적으로 하는 정책"이다(정정길 외, 2013: 59). 재분배정책의 대표적인 예로는 누진

---

5) "영어의 'pork barrel'의 의미는 '연방의회 의원이 자기지역 선거인의 환심을 사기 위한 지방개발정부보조금 법안'이다. 선심정치란 '현직의 정치가나 정권 정당이 자신의 정치목적을 위해 예산을 비롯한 공적자금을 이용하는 것'이다. 이 말은 저널리즘에서는 상당히 광의로 사용되는 경향이 있지만 보다 엄격하게는 페어존(John Ferejohn)에 의해 정의되는 바와 같이 경제적으로 정당화할 수 없는 공적자금을 지출하는 것으로 이해할 수 있다. 또한 일본에서는 '지방환원형 정치', '이익유도형 정치'라는 용어가 사용되는 경우도 있지만 모두 동일한 현상을 가리킨다"(네이버지식백과, 2019a).

6) "이권(利權)이 결부된 몇 개의 법안을 관련 의원들이 서로 협력해서 통과시키는 행태를 가리키는 미국의 의회 용어이다. 개척자가 벌채한 통나무를 운반하면서 서로 협력해 굴리기를 한 데서 유래했다"(네이버지식백과, 2019b).

세를 통해 고소득층으로부터 보다 많은 조세를 징수하여 저소득층에게 사회보장지출을 함으로써 소득의 재분배를 달성하고자 하는 정책이 있다. 이외에도 사회보장제도나 연방은행의 신용통제 등이 재분배정책에 해당한다고 볼 수 있다(Lowi, 1972). 한국의 경우, 대표적인 재분배정책으로 종합부동산세 정책이 있다. 이는 "부동산 보유에 대한 조세부담의 형평성을 제고하고 부동산의 가격안정을 도모함으로써 지방재정의 균형발전을 기하기 위하여 고액의 부동산 보유자에 대하여 부동산보유세를 과세함에 있어서 지방세의 경우보다 높은 세율로 과세하는 것"이다(법률용어사전, 2015). 2005년에 종합부동산세가 신설되어 현재까지 부동산교부세가 운영되고 있다. 부동산교부세는 종합부동산세로 징수한 재원을 재정력이 부족한 지방자치단체에 재원감소분 보전 및 지역균형 재원으로 교부하는 것이다. 부동산교부세의 규모는 재정여건, 사회복지, 지역교육, 보유세 규모 등을 종합적으로 고려하여 산정된다(행정안전부, 2019; 연합뉴스, 2023). 이와 같이 종합부동산세는 주택 고소득자의 소득을 저소득층에 이전하는 데 목적을 두고 있다는 측면에서 재분배정책에 해당한다고 할 수 있다. 무엇보다도 재분배정책에는 이해관계보다 이데올로기가 중요하게 작용하며, 수혜자 개인의 정체성 보다 집단관계 속 개인의 지위가 더욱 중요하게 고려된다. 따라서 재분배정책으로 인해 집단 간 계급 대립이 발생할 가능성이 매우 높은 것이다(이종열 외, 2023). 또한 규제정책이나 배분정책과 달리 재산권 행사가 아닌 재산 자체를, 평등한 대우 문제가 아니라 평등한 소유 문제를 중요하게 고려하고 있다는 점에서 집단 간 정치적 갈등수준이 매우 높다고 할 수 있다(정정길 외, 2019).

넷째, 구성정책(constitutional policy)은 "헌정수행에 필요한 운영규칙에 관한 정책"을 의미하며, 이는 주로 정부기구 조정과 관련된 정책을 포함한다(주운현 외, 2018). 구성정책의 대표적인 예로는 선거구 조정, 정부의 새로운 조직 또는 기구 설립, 공직자 보수에 관한 정책 등이 있다(Lowi, 1972). 정치체제가 다소 안정되어 있는 서구국가에서는 급격한 변동이 발생하지 않기 때문에 구성정책에 대해서 큰 관심을 가지지 않았다. 하지만 최근 신제도론자들이 제도와 관련해 구성정책을 논의하기 시작하면서 다시 주목을 받고 있다.

표 14-2 **로위의 정책유형과 정치적 관계**

정책 영역	주요 정치단위	단위 간 관계	권력구조	구조의 안정성	주요 결정장소	집행
배분 정책	개인, 기업, 회사	결탁(log- rolling), 상호 불간섭, 공통점이 없는 이해관계	지지집단을 가진 비갈등 관계의 엘리트	안정적	의회의 위원회 또는 행정기관	기본적 기능단위로 집권화된 기관(관청)
규제 정책	집단	이해를 공유하는 집단의 '연합', 협상	다원적, 다중추적 균형	불안정	고전적 의미의 의회	위임에 의하여 중앙으로부터 분권화된 기관
재분 배정책	집단	정상연합, 계급, 이데올로기	갈등관계의 엘리트, 즉 엘리트와 대항 엘리트	안정적	대통령과 정상연합	집권화된 기관 (관청 이상)

출처: 남궁근(2017: 84).

(3) 로위의 정책유형에 대한 비판과 수정

로위의 정책유형은 정책유형 분류연구의 초석을 마련하는 데 기여했지만, 다음과 같은 측면에서 한계를 가진다(이하 정정길 외, 2013: 61-62). 첫째, 정책유형 분류 시 정책유형 간 배타성을 지녀야 하는데, 재분배정책은 배분정책 및 규제정책과 중복되는 성격을 지니고 있다. 재분배정책은 저소득층에게 혜택을 부여한다는 측면에서 배분정책적 성격을, 고소득층을 규제한다는 측면에서는 규제정책적 성격을 지니고 있는 것이다. 둘째, 로위의 정책유형에 포함되지 않는 정책유형도 존재할 수 있다.[7] 셋째, 정책유형 기준이 모호하다는 점에서 한계를 지니고 있다.

따라서 이러한 한계를 개선하기 위하여 다양한 학자들이 로위의 정책유형을 수정·보완하고자 하였다. 이와 관련해 대표적으로 리플리(R. B. Ripley)와 프랭클린(G. A. Franklin)의 정책유형 구분을 살펴볼 필요가 있다. 리플리와 프랭클린은 국내정책과 대

---

7) 대표적인 정책유형은 추출정책으로서, 이는 알몬드와 포웰의 논의에서 보충 설명한다.

외 및 국방정책으로 정책을 구분한 다음, 국내정책을 다시 배분정책, 보호적 규제정책, 경쟁적 규제정책, 재분배정책으로 분류하였다(Ripley & Franklin, 1987). 보호적 규제정책 (protective regulatory policy)은 "소비자나 사회적 약자 그리고 일반대중을 보호하기 위하여 개인이나 집단의 권리행사나 행동의 자유를 제한하는 정책"으로 정의할 수 있다(남궁근, 2017: 87). 이는 이전에 로위가 제시한 규제정책과 유사한 성격을 지닌다. 보호적 규제정책은 다수를 보호하기 위해 소수를 규제하는 정책이기 때문에, 다수의 수혜집단과 소수의 비용부담집단이 구분될 수 있다. 이때 규제대상자인 비용부담집단은 조직화가 용이하여 적극적으로 정책에 저항하지만, 다수의 수혜집단은 정책에 무임승차하려는 현상을 나타낸다.

이에 반해 경쟁적 규제정책(competitive regulatory policy)은 "많은 수의 경쟁자 중에서 몇몇 개인이나 집단에게 일정한 재화나 용역을 공급할 수 있도록 제한하려는 정책이나 사업"으로 정의할 수 있다(정정길 외, 2013: 58). 이는 공개입찰 과정에서 승리한 경쟁자들에게 공급권을 부여하는 동시에 공익을 위한 서비스 제공의 일정 측면을 규제하는 것으로서, 경쟁적 규제정책의 대표적인 예로는 방송권 부여 대신 방송윤리규정을 준수하도록 하는 것, 항공노선 취항 허가와 함께 서비스에 대한 여러가지 규정을 부과하는 것을 들 수 있다. 즉, 이는 배분정책과 규제정책을 동시에 추구하고 있다고 할 수 있다. 경쟁적 규제정책은 보호적 규제정책과 달리 소수의 집단들이 정부로부터 재화나 서비스 제공의 독점권을 획득하기 위하여 경쟁하며, 이를 위해 다양한 방법을 사용한다.

알몬드(G. A. Almond)와 포웰(B. G. Powell) 역시 로위의 정책유형을 수정·보완하여 정책의 유형을 배분·규제·추출·상징정책으로 분류했다(Almond & Powell, 1978).[8] 추출정책(extractive performance)은 "자원을 민간부문에서 추출하는 내용을 지닌 정책"이며, 상징정책(symbolic performance)은 "정치지도자들이 평등, 자유, 민주주의, 공산주의 등의 이념에 호소를 하거나, 미래의 업적 또는 보상을 약속하는 것"을 의미한다(정정길 외, 2013: 60). 전자의 예로는 징병, 물적자원의 조세정책, 토지수용, 부담금, 기부금, 성금 등을 들 수 있으며, 후자의 예로는 공공건물, 동상, 광장 등 상징적 물체, 국경일, 사열

---

8) 알몬드와 포웰은 정책을 성과(performance)로 표현하였다. 그리고 로위의 재분배정책 중에서 누진세는 조세정책(추출정책)에 포함시켰으며, 사회보장비 지출은 배분정책에 포함시켰다(권기헌, 2018). 배분정책과 규제정책의 의미는 다른 학자들이 제시하는 개념과 유사하기 때문에 별도로 재논의하지 않는다.

식 등 애국심 함양을 들 수 있다. 특히 상징정책은 국민들로부터 정치체제에 대한 정당성을 확보하고 다른 정책(예: 규제정책)의 순응을 확보하기 위해 주로 활용된다.

(4) 윌슨의 정책유형: 규제정치모형

윌슨(J. Q. Wilson)은 정책유형을 정책의 비용과 편익이 소수집단에 집중되는지 다수의 국민에게 분산되는지의 기준에 따라 <표 14-3>과 같이 네 가지 정책유형으로 분류하였다(Wilson, 1995). 네 가지 정책유형에 따라 정책참여자들의 정치적 상호작용 형태가 어떻게 달라지는가를 분석한 것이다. 특히 정치적 상호작용이 규제정치와 관련하여 많이 나타나기 때문에 윌슨의 정책유형을 규제정치모형이라 칭하기도 한다(이종수 외, 2022). 윌슨은 비용 또는 편익이 소수에게 집중될 경우 관련 집단은 쉽게 조직화되고, 정치적 동원도 이루어질 가능성이 높은 반면, 비용 또는 편익이 다수에게 분산될 경우에는 조직화가 어렵다고 주장한다(Wilson, 1995). 그러나 이러한 윌슨의 주장에서 중요하게 고려해야 할 것은 비용과 편익이 객관적으로 실제 계산되는 것이 아니라, 정책대상집단들이 이를 어떻게 인식(perception)하는지의 사회적 구성(social construction)에 따라 달라진다는 것이다(이혁우, 2021). 그 이유는 정책을 실제 혜택과 연계시키기 어렵

표 14-3 윌슨의 비용-편익배분에 따른 정책유형

구분		편익	
		소수에 집중	다수에 분산
비용	소수에 집중	이익집단정치 • 편익을 얻는 집단과 비용을 부담하는 집단 사이의 갈등 • 제로섬게임으로 간주됨	기업가정치 • 공익을 추구하는 집단과 지도자들이 공익을 위하여 정책결정자를 설득하지만 비용을 부담하는 집단의 강한 반대에 부딪힘
	다수에 분산	고객(지향)정치 • 정책결정자, 규제자, 피규제자가 긴밀한 '고객'관계를 형성	다수결정치 • 비교적 느슨한 집단 또는 그들을 위해 일하는 지도자가 실질적 또는 상징적으로 정책을 추진함 • 때때로 약한, 모호한 정책을 채택하게 됨

출처: Wilson(1995); 남궁근(2017: 89).

고, 비용과 편익은 객관적인 수치가 아닌 정책대상집단의 인식에 따라 달라질 수 있기 때문에 정책입안자들은 이를 고려해야 한다는 것이다(Wilson, 1995). 윌슨이 주장한 네 가지 정책유형은 다음과 같다.

첫째, 정책대상집단이 인식하는 비용과 편익이 모두 소수집단에 귀속되는 정책은 이익집단정치(interest group politics)이다. 비용을 부담하는 집단은 해당 정책에 대해 강력하게 반대하게 되고, 편익을 누리는 집단은 해당 정책의 채택을 강력하게 요구할 것이다. 따라서 두 집단 간 갈등은 매우 심각해질 수 있다. 이익집단정치의 대표적인 예로 직업안전과 관련된 노동계와 경제계의 투쟁을 들 수 있다(Wilson, 1995).9)

둘째, 비용은 소수집단에 집중되지만 그 편익은 일반대중에게 분산되는 기업가정치(entrepreneurial politics) 유형의 정책이 있다. 이 경우 비용을 부담하는 집단의 강력한 저항을 극복하기 위해 공익을 추구하는 집단과 지도자들이 비용부담집단을 설득해야 한다. 특히 편익이 다수에게 분산되기 때문에 집단행동의 딜레마가 발생할 가능성이 높다. 기업가정치의 대표적인 예로 식품과 약품규제, 환경규제, 자동차 안전규제 등을 들 수 있다(이혁우, 2021). 그러나 비용을 부담하는 집단의 조직화 가능성이 높기 때문에 다수의 잠재적 수혜자들보다 정책에 강력한 영향력을 미치게 될 가능성이 높다. 이와 관련된 예로 어린이 식품안전규제가 식품제조업자들의 반대에 부딪혀 집행되지 못한 사례(어린이 '신호등 표시제' 사례)가 있다.10)

셋째, 비용은 다수에게 분산되지만, 편익은 일부 정책대상집단에게 집중되는 고객(지향)정치(clientele-oriented politics) 유형의 정책이 있다. 이는 편익을 받는 소수집단은 쉽게 조직화되고 결집하는 반면에, 비용을 지불하는 일반국민들은 수동적이고 조직화하기 어렵기 때문에 관련 정책의 형성이 수월하다(이혁우, 2021). 고객(지향)정치의 대표적

9) 한국의 경우 의사와 약사 간 갈등, 의사와 한의사 간 갈등, 최저임금 설정과정에서 노동자와 사용자 간 갈등, 공유경제(예: 플랫폼 숙박, 교통 등) 집단과 기존 사업자들 간 갈등이 이에 해당된다고 할 수 있다.
10) 「어린이 식생활안전관리 특별법」 내 영양성분색상표시(이하 "신호등 표시제")는 어린이 기호식품에 들어있는 영양성분에 대하여 영양성분의 함량 및 열량의 등급에 따라 어린이들이 쉽게 알아볼 수 있도록 신호등 형태의 색깔로(녹색, 황색, 적색) 표시하도록 하는 것으로서 소비자와 소비자단체, 학계로부터 환영을 받은 정책이다. 신호등 표시제를 비롯한 어린이 식품안전규제를 도입하는 법안은 초기에 상당한 의욕을 가지고 시작되었으나, 실제 법의 제정 및 개정과정을 거치면서 논의가 축소되어 현재는 의무사항이 아닌 권고사항에 머물게 되었으며 결국 식품안전규제의 도입이 어렵다는 또 하나의 사례가 되었다"(고효진·이혜영, 2012: 332).

인 예로 수입규제 완화, 스크린쿼터제(국내영화 의무상영) 등이 있다(이종수 외, 2022).

넷째, 비용과 편익이 모두 불특정 다수에게 분산되는 다수결정치(majoritarian poli-tics) 유형의 정책으로서, 다수결(대중)정치의 대표적 예로 낙태에 대한 규제가 있다(이종수 외, 2022). 이는 비용과 편익 모두가 불특정 다수에게 적용되기 때문에 개인 또는 기업의 비용과 편익에 대한 인식은 크지 않다. 이러한 상황에서 대다수 국민들은 정책실행으로 인한 실질적인 효과를 기대하기보다는 상징적으로 정책이 시행되기를 원하기 때문에 이를 다수결정책결정이라 한다(남궁근, 2017: 90).

2. 정책에서의 정책행위자 관계[11]

1) 정책행위자와의 상호관련성

다수의 정책행위자(참여자)들이 정책과정에 참여하여 일련의 상호조정을 거친 후 정책이 결정된다. 누가 정책과정에 참여하는가도 중요하지만 행위자들 간 상호관계가 어떻게 형성되는가도 매우 중요하다. 먼저 정책과정에 참여하는 행위자는 참여의 공식성에 따라 정책결정에 참여하는 권한을 합법적으로 보유하고 있는 공식적 행위자(참여자)와, 정책과정에 실질적으로 참여하기는 하지만 합법적인 정책형성 권한이 존재하지 않는 비공식적 행위자(참여자)로 구분할 수 있다. 대표적인 공식적 행위자는 의회, 대통령, 행정부처, 사법부이며, 비공식적 행위자는 정당, 이익집단, 시민단체(NGO), 언론매체, 정책전문가·정책공동체·싱크탱크, 일반국민(시민)과 여론 등이다(정정길 외, 2019). 또한 각각의 정책행위자뿐만 아니라, 정책행위자들 간 관계도 정책과정에 중요한 영향을 미치게 된다. 따라서 여기에서는 공식행위자와 비공식행위자 각각의 특징에 대해 살펴보고, 이들 정책행위자들 간 관계에 대해 살펴본다.

---

11) 정책과정에 참여하는 주체를 행위자 또는 참여자라고 칭할 수 있다. 이는 행정의 참여자 및 행위자와 같은 맥락이라고 할 수 있다. 본서에서는 능동성을 보다 더 부각하기 위해 참여자(participants)라는 용어보다는 행위자(actors)라는 용어를 사용하기로 한다.

2) 공식행위자

정책과정에서의 공식행위자는 「헌법」과 법률에 의해 정책결정과정에 참여할 권한 및 책임이 부여된 행위자들을 의미한다. 공식행위자에는 의회(입법부), 대통령 및 정부 기관과 공무원(행정부), 사법부 등이 포함된다.

(1) 의회(입법부)

의회(입법부)는 법률 제·개정이라는 수단을 통해 정책의 최종 결정권인 입법권을 가진다. 특히 대의민주주의 국가에서 입법권이 정책과정에 미치는 영향은 매우 크다고 할 수 있다. 뿐만 아니라, 의회는 예산을 심의하고, 결정하며, 결산을 심사하는 권한을 가지기 때문에 정책과정에서 중요한 기능을 한다고 볼 수 있다(정정길 외, 2019). 과거 우리나라의 경우에는 행정부가 법률안을 제안하고, 국회에서 이를 채택하는 경우가 많았다. 하지만 최근에는 정부안보다 의원안 법률안의 제출 및 반영건수가 더 많아진 것으로 나타나고 있다. 우리나라 제15대 국회의 경우, 의원안과 정부안의 법률 반영건수는 거의 비슷한 것으로 나타났으나, 제19대 국회에서는 의원안이 6,626건 반영되었고 정부안은 803건이 반영되어 그 비율이 약 9:1 정도로 나타났다(현재은, 2017). 그러나 의원발의 법안의 가결률은 점차 낮아지고 있다. 제15대 국회에서는 의원발의 법안 가결률이 40.0%였으나 제20대 국회에서는 12.5%로 떨어져 입법 생산성은 미흡하다고 할 수 있다(유은지 외, 2022). 의원입법이 증가하는 데에는 국회 입법기능의 적극적 실현 그리고 국민 의견을 적극 반영한 결과라는 점에서는 긍정적인 측면이 있다. 하지만 특정 지역 유권자들의 이익반영, 유권자 표를 의식한 인기 영합적 입법, 실적 올리기 중복 입법, 의원 전문성 약화 및 국가재정의 과도한 부담을 유발하는 입법 증가, 국민 의견 수렴절차 생략과 같은 부작용 우려도 제기된다. 또한 의원입법의 기하급수적 증가는 국회의 법률 심사를 지연시키고, 효율적 국회운영을 저해할 수 있으며, 언론 또는 시민단체의 의정 평가활동 결과를 바탕으로 실적 부풀리기 경쟁만 하게 되는 등의 한계를 지닌다(현재은, 2017). 이러한 한계를 극복기 위해 2012년 「국회법」 제85조, 제106조[12] 등(일명 「국회선

---

[12] "다수당의 일방적인 법안이나 안건 처리를 막기 위해 2012년 제정된 국회법 개정안"을 의미한다(네이버 지식백과, 2019c).

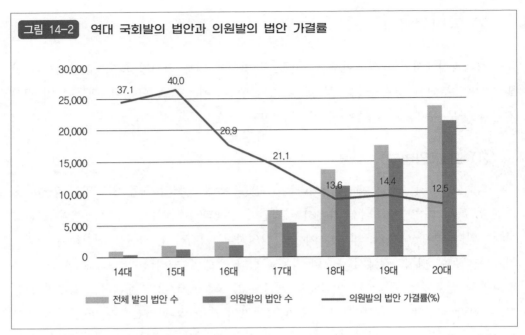

그림 14-2 역대 국회발의 법안과 의원발의 법안 가결률

출처: 유은지 외(2022: 144).

진화법」)이 개정되었다.

(2) 대통령: 행정수반과 정치집행부

대통령은 공식적 정책행위자이자 정치집행부(political executive)의 수장으로서, 대통령이 정책과정에 미치는 영향은 매우 강력하다. 정치집행부는 "대통령제의 경우 선출된 대통령과 그가 임명한 정무직 공무원들로 구성되며, 의원내각제의 경우 의원이 겸직하는 수장과 각료들로 구성"된다(남궁근, 2017: 182-183). 대통령은 국가의 행정수반으로서 입법권(예: 정부의 법률안을 국회에 제출, 대통령령 등 위임입법) 및 법률안 거부권을 행사할 수 있으며, 장·차관 등 고위공직자 인사권(예: 임용, 징계 등) 및 정부조직 구성권을 가진다. 의회와 마찬가지로 선거를 통해 국민이 직접 선출한 대통령은 국민으로부터 주권을 위임받은 대표성을 가진다. 대통령이 가지는 국민과 행정부에 대한 대표성으로 인해 대통령은 항상 언론이나 대중으로부터 높은 관심을 받게 된다. 특히 발전국가를 경험한 한국의 대통령은 행정수반으로서 막강한 권한과 영향력을 가진다. 또한 대통령은 대통령비서실이나 위원회 등 공식적인 보좌기구를 둘 수 있다. 특히 대통령비서실 조직은 대통령과 지근거리에서 대통령을 보좌하기 때문에 행정부처의 장관 등보다 정책결정에 직·간접적으로 미치는 영향력이 더 크다고 할 수 있다. 이밖에 "대통령의 국정방향과 정책결정을 도와주는 회의체"(유민봉, 2021: 95)인 위원회는 대통령이 보다 나은 정책의사결정을 할 수 있도록 자문하는 역할을 한다(예: 대통령직속 위원회).

(3) 정부기관(행정부처)과 공무원

정부기관(행정부처)은 대통령과 의회가 결정한 정책을 전문성과 정치적 중립성을 바탕으로 충실히 집행하는 기능을 한다. 특히 의회의 기능이 상대적으로 미약하고, 이익집단의 자율성이 충분히 보장되지 않는 국가에서는 정부기관의 역할이 매우 크다고 할 수 있다(정정길 외, 2019). 정부기관과 공무원이 충분한 재량권을 지니고 있으며, 정치적 행위자들은 직업공무원들의 정보에 의존할 수밖에 없고, 공무원들이 오랜 경험을 바탕으로 높은 전문성을 가지고 있는 경우 이들이 정책과정에 미치는 영향은 매우 크다고 할 수 있다. 또한 정부기관(행정부처)이 추진 정책과 관련하여 이익집단이나 의회 상임위원회와 긴밀한 관계를 유지하는 경우, 정부기관이 정책과정에 미치는 영향력은 더욱 커진다고 할 수 있다.

한국의 정책결정과정에서 나타나는 정부기관의 역할 및 특징은 다음과 같다. 첫째, 정부기관에서는 품의제 형식으로 내부 기안과정이 이루어진다. 품의제는 "부하가 의견을 제시하고 상관이 그 의견을 검토하되, 부하와 상의하여 최종결정을 내리는 제도"(정정길 외, 2013: 147)를 말한다. 예를 들어, 과원들이 정책을 제안하고, 과장, 국장, 차관, 장관 직급 순서대로 결재를 받는 것을 의미하는 것이다. 품의제는 종적 참여제도이기 때문에 누구나 정책결정에 소속감, 책임감, 참여감을 공유할 수 있다는 것이 장점이다. 또한 조직구성원들이 정책과정에 함께 참여하기 때문에 부하가 상관을 접촉할 기회가 많아지며, 상관은 소속된 조직에서 이루어지는 중요한 결정들을 빼놓지 않고 파악할 수 있는 기회를 가질 수 있다. 뿐만 아니라, 정책결정과정에서 상관과 부하가 서로 의견을 교환할 수 있는 기회가 제공되며, 부하들에게는 현장경험을 통해 정책을 학습할 수 있는 기회를 부여받게 된다는 점에서 긍정적이다. 반면에, 품의제는 다음과 같은 한계점도 지니고 있다. 최종 결재까지 많은 시간이 소요되며, 평등하고 충분한 토론 및 토의를 통해 합리적·분석적 결정에 도달하기 어렵다. 또한 권한이 상층부에 집중된 상황에서 품의제가 결합되면 상층부에서 중요한 정책결정에 시간을 할애하기보다, 쌓여 있는 결재업무에 더 많은 시간을 할애하게 될 가능성이 높아진다.

정부기관(행정부처)은 최근 복잡한 사회문제, 행정문제를 해결하는 가운데 급증하고 있는 부처 간 갈등을 해소하기 위하여 다음과 같은 정책조정 메커니즘을 시행하고 있다.13) 대통령과 정책보좌관들을 통해 정책에 직·간접적으로 개입하고, 국무총리와 국무조정실을 통해 부처 간 정책조정을 시행하며, 국무회의를 통해 국가 주요정책의 부처 간 이견을 조정한다. 또한 관계부처 장관회의를 통해 유사한 정책이슈들을 심도 있게 논의하여 조정하고, 갈등이 많은 부처 간 주무부처 장관을 부총리로 격상시켜 갈등을 완화시키기도 한다(예: 경제부총리, 사회부총리). 이밖에도 장관 가운데 한두 명을 조정전담 장관으로 임명하여 업무를 조정하도록 하고 있으며, 차관회의를 통해 국무회의 전에 갈등 사안에 대해 충분히 토론하여 정책을 조정하도록 하고 있다(이용모 외, 2023).

(4) 사법부

사법부는 입법부 및 행정부에 대한 통제기능을 담당하면서 정책과정 전반에 영향을 미친다. 특히 분쟁발생 시 최후의 분쟁해결 수단으로 기능을 한다(이종열 외, 2023).

---

13) 정책조정은 "공동의 목표를 달성하기 위하여 관련 부처의 정책결정 및 집행활동을 통합하려는 상호작용의 과정과 그 결과"로 정의할 수 있다(남궁근, 2022: 413). 정책조정은 '과정으로서 정책조정'과 '결과물로서의 정책조정'으로 구분할 수 있다(이하 남궁근·우하린, 2023: 29−31). 우선 과정으로서 정책조정은 "조직 간 상호의존관계 맥락에서 공유하는 목표를 달성하기 위해 행위자의 행동을 다른 행위자와 일치하도록 조절하는 노력"을 의미하며, 결과물로서의 정책조정은 "정책의 중복성이나 비일관성을 최소화하거나, 예상되는 부정적 결과를 회피, 감소, 상쇄 또는 억제하려는 목적이 달성된 상태"라고 할 수 있다. 그러나 이러한 정책조정은 쉽지 않다. 부처 간 칸막이(사일로) 현상, 정책지향에 대한 갈등, 기관의 관할권에 대한 갈등, 의사전달의 장애, 가외성, 최근 들어 급증하고 있는 행정난제로 인해 정책문제를 구조화하기 어렵기 때문이다(이광희·박정호, 2022). 따라서 이를 해결하기 위한 다양한 정책조정 메커니즘들이 제시될 수 있다. 정책조정 메커니즘은 계층제형, 시장형, 네트워크형으로 구분할 수 있다. 계층제형 정책조정은 정부핵심부의 중요 행위자인 대통령, 국무총리와 대통령 보좌진과 같은 참모들이 계선기관의 감독과 지원을 통해 조정하는 방식이다. 이에 의하면 정부정책은 전문화, 부성화, 통솔범위 등의 고전적 조직원리에 따라 정책이 결정되고 집행되어 정책조정이 이루어진다. 시장형 정책조정 메커니즘은 시장의 주요 원리인 경쟁과 인센티브를 활용하여 참여자의 행위를 통제하는 메커니즘이다. 반면 네트워크형 정책조정 메커니즘은 정책행위자들 간 상호의존성과 신뢰를 기반으로 하며 협의체나 심의기구와 같은 공무원과 시민 간 네트워크, 관계장관회의, 정책조정회의, 국무총리 주재 국정현안점검회의 등이 있다(남궁근·우하린, 2023: 29−31).

따라서 다른 행위자와는 달리 사법부는 사후적·수동적 성격을 지닌다. 사법부의 대표적인 행위자로는 헌법재판소와 법원[14]이 있다. 특히 「헌법」에 의하면 헌법재판소는 법원의 제청에 의한 법률의 위헌 여부 심판, 탄핵심판, 정당의 해산심판, 국가기관 상호 간·국가기관과 지방자치단체 간·지방자치단체 상호 간의 권한쟁의에 관한 심판, 법률이 정하는 헌법소원에 관한 심판을 담당하여 정책결정과정에 중요한 영향을 미치고 있다. 또한 법원은 "행정부가 내린 명령, 규칙, 처분이 그 형식상 하자가 있거나 그 내용이 상위법에 위반되는지의 여부를 심사"하면서 정책결정과정에 영향을 미친다(유민봉, 2021: 98). 그러나 이와 같은 사법부의 정책결정과정 영향에도 불구하고, 사법부의 기능이 다소 사후적이고, 수동적이며 일상적인 참여가 아닌 소송발생 시 비로소 개입이 이루어진다는 측면에서 한계를 지닌다.

3) 비공식적 행위자

비공식적 행위자는 정책결정과정 참여에 대해 명백한 법적 권한이 주어지는 것은 아니지만, 정책과정에서 실질적으로 중요한 역할을 수행하는 행위자를 말한다(주운현 외, 2018). 특히 최근 더욱 중요시되고 있는 정책이슈인 정책조정, 정책네트워크, 정책갈등 등을 이해하기 위해서는 반드시 비공식적 행위자에 대한 연구가 필요하다. 비공식적 행위자들이 정책과정에 미치는 영향의 중요성에 대해서는 일반국민과 여론, 이익집단과 시민단체, 정당의 순으로 알아본다. 그리고 그 외 정책전문가·싱크탱크, 언론 및 대중매체는 정책과정에서 보조적 기능을 담당하는 행위자로서 살펴본다(이용모 외, 2023).

(1) 일반국민(시민)과 여론

일반국민은 "국적을 가진 모든 사람"을 의미한다(유민봉, 2021: 104). 오늘날에는 국민들의 자율성과 시민의식 증진으로 인해 '국민(國民)'이라는 개념보다 '시민(市民)'이라는 개념도 많이 활용하고 있다.[15] 일반국민(시민)은 투표를 통해 대통령이나, 국회의원 등 공직자를 선출함으로써 정치과정에 중요한 영향을 미친다. 또한 정치체제의 일상적

---

14) 법원은 대법원, 고등법원, 지방법원 등 각급 법원으로 구분할 수 있다.
15) 따라서 본서에서는 일반국민과 시민 개념 모두를 활용하고자 한다.

운영과정에 직접 참여함으로써 정책과정에 영향을 미친다. 특히 최근에는 전 세계적으로 일반국민(시민)의 정책과정 참여가 확대되고 있다. 이는 정보·통신기술의 발달로 온라인 시민참여가 활성화되었기 때문으로도 볼 수 있다. 또한 지방자치가 확대되면서 지역주민들이 적극적으로 지방정부의 정책과정에 참여하고자 한다(예: 주민참여예산제도). 주민투표나 주민소환, 주민발의 등과 같은 제도를 통해 적극적으로 정책과정에 참여하고자 하는 것이다.

일반국민(시민) 개개인은 정책과정에 큰 영향을 미치지 못할 수 있지만, 이들이 물리적으로 조직화되지 않으면서도 정책과정에 전반적인 영향을 미치는 방안이 바로 '여론(public opinion)' 형성이다. 여론은 "일반국민이나 시민이 정책과 관련하여 지니고 있는 공통적 의견"으로 정의할 수 있다(정정길 외, 2013: 218). 대통령을 포함한 정책결정자나 정치지도자는 여론에 매우 민감하게 반응한다. 그 이유는 여론을 통해 정권이나 정책에 대한 국민의 지지 정도를 가늠할 수 있기 때문이다. 그러나 최근에는 시민들의 의견을 정책과정에 반영하는 방안으로 '공론화'가 활성화되고 있다. 공론화 과정을 통해 일반국민(시민)들의 의견을 경청하고, 이를 정책과정에 반영하고자 하는 것이다. 공론은 숙의를 바탕으로 한 '정제된 여론(refined opinion)'으로서 "여러 사람들의 의견을 단순히 소극적이고 수동적으로 구하고자 하는 여론 또는 중론과는 달리, 능동적이고 적극적인 의사소통"을 지칭한다(김정인, 2018: 345-346). 이처럼 공론화 과정을 통해서 일반국민(시민)들은 능동적이고 적극적으로 정책결정과정에 참여하고, 정부는 공론화 결과를 적극적으로 수용하고자 한다.[16)]

(2) 이익집단

이익집단(interest group)이란 "집단구성원들의 공동이익을 증진할 목적으로 결성된 단체"를 말한다(남궁근, 2017: 215). 이익집단은 자신들의 이익을 보호하고, 이해관계를 관철시키기 위해 정책과정에서 강력한 정치력을 행사하기 때문에 이들을 '압력집단 (pressure group)'이라 칭하기도 한다(정정길 외, 2019). 우리나라의 대표적인 이익집단으로는 전국경제인연합회, 한국노총·민주노총, 대한의사협회, 대한약사회, 대한변호사협회 등이 있다. 이익집단은 경제력(재정력)이 강할수록, 이익집단 자체 혹은 구성원들의

---

16) 물론 공론화의 결과가 100% 정부정책으로 수용되는 것은 아니다.

사회적 명성이 높을수록, 정책결정자와 친밀한 관계를 유지할수록, 집단의 규모가 클수록, 집단의 응집력이 높을수록 정책과정에 더욱 큰 영향을 미치게 된다.

다원주의(pluralism) 관점에서 이익집단은 정책과정에 긍정적인 영향을 미친다. 이익집단 간 자유롭고 공정한 경쟁과 타협이 가능한 '공론의 장'만 마련된다면, 이익집단 사이의 견제와 균형이 이루어져 건전한 정책결정이 이루어질 수 있다는 것이다(주운현 외, 2018). 이때 정부는 조정자의 역할만 하면 된다. 특히 다원주의에서는 잠재집단 (potential group)과 중복회원(overlapping membership) 개념을 활용해 이익집단 스스로가 사회문제를 해결할 수 있는 자기수정기제(self-correction mechanism)를 지닌다고 평가한 다(정정길 외, 2019).[17] 또한 이익집단은 전문성을 바탕으로 정부에 새로운 정책 어젠다를 제공함으로써 정책결정과정에 중요한 영향을 미친다(Kingdon, 1984; 김정인, 2019: 11). 정부관료들은 특정 이익집단과 밀접한 관계를 유지하고자 하며, 고도의 전문성을 요하는 정책일수록 이러한 경향은 더욱 강해진다.

그럼에도 불구하고 이익집단의 정치적 힘이 강해질수록 개별 특수이익(specific interest)이 사회 전체의 공공이익을 침해하거나 사회적 약자의 이익을 훼손할 가능성이 있다. 세력이 약한 이익집단이 세력이 강한 이익집단에 의해 희생될 가능성도 존재한다. 뿐만 아니라, 이익집단은 정책결정 시 자신들에게 유리한 정책이 결정될 수 있도록 관료에게 정치적 영향력을 미침으로써 관료의 중립성과 객관성을 저해할 가능성이 있다.[18] 이익집단이 피규제자인 경우 이들이 정책집행을 반대하여 정책을 유명무실하게 만들 가능성도 있다(정정길 외, 2019).

(3) 시민단체

시민단체는 "시민사회의 자발적인 행동을 기초로 하여 공익을 추구하는 민간기구"로 정의할 수 있다(정정길 외, 2013: 187). 시민단체는 비정부기구(Non-Government Organization,

---

17) 잠재집단은 "보통의 경우에는 집단화하지 않고 조용히 있다가 특수이익이 자신들의 이익을 저해한다고 느낄 때 집단화할 수 있는 상태에 있는 집단"으로 정의할 수 있다. 중복회원은 "집단의 구성원들이 하나의 집단에 소속되어 있지 않고 여러 집단에 소속되어 있는 것"이다.

18) 이는 '포획이론'으로 설명할 수 있다. 포획이론은 "보호를 필요로 하는 경제주체들(개인 또는 기업)이 이익집단을 형성하여 정부를 설득해 자기네들에게 유익한 각종 규제정책을 이끌어 내는 것이다. 포획이론이라는 개념은 미국의 경제학자(노벨경제학상 수상) 조지 스티글러(George Stigler)가 1971년에 발표한 「규제의 경제이론」이라는 논문에서 제시한 이론이다"(네이버지식백과, 2019d).

NGO), 비영리기구(Non‒Profit Organization, NPO), 자발적 단체(Voluntary Organization, VO), 시민사회단체(Civil Society Organization, CSO) 등으로 다양하게 불리고 있다. 이들 단체들은 조금씩 특징이 다르지만, 시민단체의 공통적인 특징으로는 ① 정부로부터의 거리 유지와 독립성 강조, ② 이윤을 추구하지 않음, ③ 공익추구, ④ 기본적인 조직구조를 갖추고 정기적인 활동을 함, ⑤ 조직구성원의 자발적인 참여 및 주요 재원의 자발적 충당을 꼽을 수 있다. 우리나라의 대표적인 시민단체로는 경제정의실천시민연합, 환경운동연합, 참여연대, 함께하는 시민행동, 한국투명성기구, 소비자시민모임, 바른사회시민회의 등이 있다(이종수 외, 2022).

시민단체가 시민사회와 같은 개념은 아니지만, 시민단체의 출발점은 시민사회의 등장에 있다(주운현 외, 2018). 시민사회는 본질적으로 국가권력에 반대하고 개인의 자유와 권리를 중요시하며, 동시에 공동체성을 유지하고자 한다. 개인의 자유를 침해할 위험이 있는 국가와 공동체성을 위협할 가능성이 있는 시장을 견제하고 감시하기 위해서 시민사회의 역할이 중요하게 고려되는 것이고, 이러한 차원에서 시민단체가 등장하게 되었다. 즉, 시민단체의 등장배경은 정부실패와 시장실패 관점에서 설명될 수 있다. 정부나 시장에서 공공재를 공급할 경우 공공재 공급의 한계(예: 공유재 비극 문제)가 발생할 수 있기 때문에 이러한 문제를 해결하기 위해서 자발적으로 조직된 공익추구 단체인 시민단체가 필요하다는 것이다(김태룡, 2002). 부언하면, 정부조직에서 공공재를 시민들에게 제공할 때 독점적이고, 경직적인 재화와 서비스제공 현상이 나타나 관료조직의 비효율성 문제가 초래될 수 있으므로, 이러한 문제를 극복하기 위해 공익을 추구하면서 동시에 유연성을 가지는 조직인 시민단체가 시민들에게 공공재를 제공할 필요가 있다는 것이다. 정부실패 문제 해결을 위해 시민단체가 대안으로 제시되는 것이다(James, 1987).

반면에 시민단체는 시장실패의 문제점도 극복할 수 있다. 시장이 시민들에게 공공재를 제공한다고 하더라도 시장실패 문제가 발생하면 공익 차원의 공공서비스 제공 가능성이 낮아진다. 사익추구 경향이 강한 시장과는 달리 공익달성을 목표로 하는 시민단체는 시장실패의 문제를 극복할 수 있다는 것이다. 이와 같이 시민단체는 정부와 시장에 대한 불신으로 국가역할 축소와 시장역할 축소 논의가 강화되는 가운데 발전하게 되었다고 볼 수 있다. 그러나 시민단체를 통한 정부실패와 시장실패 치유방안 모색은 시장체제와 민주주의를 채택한 국가에서는 적용 가능하나, 국가와 정부의 권력이 막강한 개발도상국이나 발전국가에는 적용이 적합하지 않다는 한계가 있다(김태룡, 2002). 뿐만 아니라, 최근 시민단체의 '정책선도자(policy entrepreneur)'역할이 중요하게 요구되고, 시민단체를 통한 행정혁신 요구가 강화되었으며, 시민사회 발전에 따른 시민들의 참여의식이 증진됨에 따라 시민단체는 정부와 시장부문의 '대안정치'로 고려되고 있다(이용모 외, 2023).

시민단체가 정책과정에 미치는 긍정적인 영향은 다음과 같다(권기헌, 2018). 첫째, 시민단체는 정책선도자의 역할을 수행한다. 시민단체는 국가권력과 시장의 권력에 맞서 공익을 수호한다는 점에서 정책과정에 긍정적인 영향을 미친다. 사회적 약자를 적극적으로 대변하며, 다양한 이슈(예: 부정부패 방지, 환경, 여성 등)를 적극적으로 의제화시킨다는 점에서도 긍정적인 영향을 미친다. 이 과정에서 다양한 시민의 의견을 적극적으로 '대표'하여 정책에 투영하는 역할을 한다(다양성과 대표성 중시). 둘째, 시민단체는 정책결정 시 내부자원을 동원하여 전문적인 지식과 자료를 제공할 수 있으며, 정부를 대신하여 정책의 중재자 역할을 수행할 수 있다. 셋째, 정책집행 과정에서 공익 차원의 감시와 비판, 견제기능을 수행할 수 있다. 넷째, 시민단체가 정부와 협력적인 관계를 유지하여 정책집행의 국정 파트너로 활동함으로써 시민들에게 공공서비스(예: 수재민에 대한 구호물품 공급)를 제공할 수 있다.

그러나 시민단체가 항상 긍정적인 역할만 하는 것은 아니다(권기헌, 2018). 한계점으로는 첫째, 시민단체에는 대표성 문제가 존재한다. 시민단체 참여자들은 소수이기 때문에 다수 국민(시민)의 의사를 지나치게 과잉대표하거나, 다수의 의사를 왜곡·조장할 수 있다. 둘째, 도덕성과 전문성이 부족할 때 시민단체의 정책과정 참여 타당성은 저하될 수밖에 없다. 시민단체 출신의 공직자 및 정치인이 급증하면서 정책결정의 중립성도 감퇴할 가능성이 있다. 또한 해당 정부기관보다 전문성이 부족한 상태에서 시민단체가 제기하는 정부비판은 시민단체에 대한 신뢰성을 오히려 떨어트리게 될 가능성이 높다. 셋째, 시민단체의 정부에 대한 지나친 감시와 통제는 정부정책을 지연시켜 정책의 효율성을 저하시킬 가능성이 높다. 시민단체의 반대로 정책결정이 이루어지지 않거나, 정책집행과정에서 정책이 지연될 가능성이 높아진다는 것이다. 넷째, 시민단체에 대한 감시와 통제장치 부족도 심각한 문제로 지적될 수 있다.

따라서 시민단체가 건전한 정치세력 혹은 정부실패와 시장실패의 대안으로서 역할을 해내기 위해서는 시민단체의 핵심역량을 증진시킬 필요가 있다. 또한 조직의 전문인력 확보 및 전문성 강화를 위해 시민단체의 교육훈련이 강화될 필요가 있다. 시민단체는 일반국민(시민)의 확장된 참여를 통해 대표성을 확보할 수 있도록 노력해야 하며, 다른 시민단체와 연대하거나 혹은 기존 정책네트워크에 적극적으로 참여할 수 있도록 해야 한다(권기헌, 2018).

(4) 정당

정권획득을 목적으로 하는 결사체인 정당은 공식행위자와 비공식행위자의 경계영역에 존재하며 정책과정에 영향을 미친다. 유민봉(2021: 112)에 따르면 정당은 "정치적 주의·주장을 같이하는 사람들이 자발적으로 모여 정치권력의 획득을 통해 그들의 정치적 견해를 실현시키고자 조직화한 정치단체"이다. 특히 정당에서 내세운 후보가 대통령선거나 국회의원선거, 지방의원선거 등에서 당선되면 이들이 바로 정책과정의 공식적인 행위자가 된다. 정당이 정책과정에 직접적으로 미치는 영향력은 미미하다고 할 수 있으나, 정당의 간접적인 영향은 매우 크다. 예를 들어, 정당이 행정부의 공직후보자를 선정하거나, 집권당으로서 정책결정에 참여할때 정부의 정책결정에 중대한 영향을 미친다는 것이다. 특히 한국의 경우 박정희 정권부터 집권여당과 행정부가 주요 정부정책을 협의하는 '당정협의회'를 운영함으로써, 정당이 정책과정에 미치는 영향력을 더욱 강화시켰다(윤견수, 2018).

(5) 언론과 대중매체

언론은 사회구성원들의 의사소통을 돕고 일반국민(시민)에게 정책 관련 주요 정보를 전달하는 중요한 역할을 한다. 유민봉(2021: 102)은 언론에 대해 "입법부, 사법부, 행정부 3부(府) 간의 견제와 더불어 국민을 대표하여 이들 3부를 견제하고 감시한다는 의미에서 제4부로 불리기도 한다"고 설명하고 있다. 언론이 정부의 정책 등에 대해 비판적인 의견과 개선방향을 제시함으로써 제4부로써의 역할을 수행한다는 것이다. 이밖에도 정책과정에서 언론은 정책의제설정에 중대한 영향을 미친다. 언론에서 다루는 이슈들은 선출직 공직자와 관료들의 적극적인 관심을 받게 되고, 이러한 관심이 정책의제화, 나아가 정책의사결정에 중요한 영향을 미치게 되는 것이다. 특히 언론은 정책 관련

이슈를 발굴하고, 이러한 이슈들을 한정된 집단으로부터 더 많은 광범위한 사람들에게 전파하는 역할을 하기 때문에 정책의제설정에 있어 막강한 영향을 미치게 되는 것이다. 최근에는 언론매체가 다양해지면서 언론의 역할이 광범위해지고 있다. 특히 인터넷 등 온라인 매체가 발달하면서 소셜네트워크(Social Network Service, SNS)19)의 정책과정 영향력이 강력해지고 있으며, 이와 유사한 다양한 언론매체들(예: 팟캐스트, 유튜브 등)의 영향력 또한 강화되고 있다. 그러나 이와 같은 다양한 언론매체들이 등장하면서 정보의 소비자가 정보의 생산자 역할까지를 겸하는 현상[예: 프로슈머(prosumer)의 등장]이 발생하게 되었고, 경쟁적인 정보생산 활동의 부작용으로 가짜 뉴스 혹은 거짓 뉴스(fake news)가 대량 생산·확산되고 있다.20) 이러한 언론의 부작용으로 인해 심각한 사회적 불신과 사회적 비용이 초래되고, 이는 정책과정에도 부정적인 영향을 미치고 있다.

(6) 정책전문가와 싱크탱크

정책전문가는 자신들의 전문지식을 바탕으로 정책과정에 정보와 지식을 제공한다는 점에서 의의를 지닌다. 특히 정책전문가는 정책결정과정에서 문제해결책이나 정책대안에 대한 지적·분석적 작업을 수행한다. 뿐만 아니라, 전문성을 바탕으로 정치적 갈등 조정 측면에서도 긍정적인 역할을 수행한다. 그럼에도 불구하고 정책전문가는 정책과정에서 다음과 같은 한계점을 지닌다. 전문성 수준 차이로 인한 일반국민(시민)들과의 소통문제가 발생할 수 있고, 전문가 중심의 폐쇄적 정책과정을 추구할 가능성이 있으며, 정책전문가의 윤리적 문제(예: 정치적 편향성)도 발생할 수 있다(이용모 외, 2023). 싱크탱크 역시 정부와 독립된 지위를 유지하면서 전문적인 연구를 통해 정책과정에 아이디어와 지식을 제공한다. 싱크탱크의 대표적인 예로는 미국의 브루킹스 연구소, 헤리티지 재단, 한국의 KDI 등이 있다. 이들은 공공포럼이나 학술대회, 세미나 등을 통해 정책 아이디어를 제공한다. 싱크탱크 인력이 정부기구에 진출하거나, 사적 통로를 통해 정책과정에 영향을 미치기도 한다(권기헌, 2018). 이처럼 정책전문가와 싱크탱크는 전문지식·정

19) 대표적인 SNS 유형으로는 페이스북, 트위터, 라인 등이 있다. SNS는 쌍방향 소통을 강화함으로써 일반국민(시민)들의 더욱 적극적인 정책과정 참여를 유도하고 있다.
20) 전 세계적으로 가짜 뉴스 혹은 거짓 뉴스에 대응하기 위한 다양한 방안들을 모색하고 있다. 한국에서도 무분별한 가짜 뉴스가 국민 분열과 갈등을 조장하고 공적 시스템에 대한 불신을 초래한다는 점을 강조하며, 가짜 뉴스에 적극 대응하는 방침을 마련하고 있다(뉴스1, 2024).

보 등을 제공함으로써 정책과정에 직·간접적으로 영향력을 행사하는 것이다.

4) 정책행위자 간 관계

이상에서 살펴본 개별적 정책행위자들의 정책과정 참여도 중요하지만, 정책행위자들 간 관계가 어떻게 형성되는가도 정책과정에 중대한 영향을 미친다. 정책행위자들의 관계는 다음과 같은 모형으로 살펴볼 수 있다. 먼저 권력모형이 있다. 이는 정책과정에 참여하는 행위자들이 자신들의 정치적 자원을 바탕으로 어떻게 상호작용하는지 알아보는 모형이다. 다음으로 정책네트워크 모형이 있다. 이는 행위자들 간 네트워크가 정책과정에 어떻게 영향을 미치는지 살펴보는 모형이다. 아래에서는 이들 각각에 대해 설명한다.

(1) 정책행위자 간 권력모형

정책과정의 참여범위가 소수에 국한되어 있는지, 아니면 다양하고 광범위한 참여를 바탕으로 하고 있는지에 따라서 다원주의(pluralism)와 엘리트주의(elitism)로 구분할 수 있다(이용모 외, 2023). 다원주의는 일반대중이 정책과정에 상당한 영향력을 미칠 수 있다고 보는 관점이다. 특히 미국의 정치학에서 다원주의는 이익집단의 중요성을 전제로 논의되어 왔다. 다원주의에서는 공공정책을 자신의 집합적 이해관계를 추구하기 위해 활동하는 이익집단 간 경쟁, 협력, 조정의 결과로 보고 있다. 같은 맥락에서 달(R. A. Dahl)은 정책참여자를 중심으로 다원주의를 설명하였다. 그에 의하면 모든 이슈영역의 정책결정은 소수 엘리트에 의해서 이루어지는 것이 아니라, 각 영역별 정책결정과정에 참여하는 서로 다른 다양한 집단의 논의 결과에 의해 결정된다는 것이다(Dahl, 1961).

이에 반해 엘리트주의는 소수의 엘리트에 의해 정책결정이 이루어진다고 보는 관점이다. 엘리트주의에 의하면 사회를 지배하는 소수의 엘리트들이 정책과정에 참여하여 정책과정 전반을 주도해 나간다는 것이다. 엘리트주의는 고전적 엘리트주의로부터, 1950년대 미국의 엘리트론, 신엘리트주의(무의사결정)로 발전되었다. 19세기 말 고전적 엘리트주의에서는 사회를 지배하는 계급인 엘리트 계급과 피지배계급이 분리됨을 강조하고, 엘리트들은 동질적이며, 폐쇄적이고, 자율적인 특징을 지닌다고 강조했다(이용모 외, 2023). 1950년대 미국의 엘리트론은 미국 사회에서 지배 엘리트의 존속형태, 지속성,

정치기능을 실증적으로 분석하는 데 집중하였다. 또한 신엘리트주의의 무의사결정 (non-decision making)은 바흐라흐(P. Bachrach)와 바라츠(M. S. Baratz)에 의해 주창된 개념으로 이는 "의사결정자의 가치나 이익에 대한 잠재적이거나 현재적인 도전을 억압하거나 방해하는 결과를 초래하는 결정"으로 정의할 수 있다(Bachrach & Baratz, 1970). 이는 엘리트 집단이 자신들에게 유리한 이슈만 정책의제화시키고, 그들에게 불리한 이슈는 처음부터 거론조차 되지 못하게 막는다는 점에 주목하였다. 바흐라흐와 바라츠는 권력의 두 얼굴, 즉 양면적 속성을 강조하였는데, 권력의 첫 번째 얼굴은 권력을 가진 집단이 그들에게 유리한 방향으로 정책결정이 이루어지도록 하는 것이며, 두 번째 얼굴은 그들에게 불리한 특정 이슈들은 논의조차 되지 못하도록 하는 것이다(Bachrach & Baratz, 1962). 이 중 권력의 두 번째 얼굴이 바로 '무의사결정'이 되는 것이다.

다원주의와 엘리트주의에 반해 정부의 보다 적극적인 정책과정에서의 역할을 인정하고 이익집단과의 상호협력을 중시하는 조합주의(corporatism)가 있다. 조합주의에 의하면 정부는 이익집단 간 중재자 역할에서 벗어나 국가이익과 공공선 달성을 위해 주도적인 역할을 담당해야 한다고 본다(이용모 외, 2023).

(2) 정책행위자 간 정책네트워크 모형

정책과정에서 현실적으로 나타나는 참여자 간 관계는 앞서 살펴본 다원주의나 엘리트주의, 조합주의에서의 설명처럼 이루어진다기보다 행정부나 의회 등 공식적 행위자뿐만 아니라 비공식적 행위자들을 포함한 다양한 행위자들이 상호작용하는 다소 복잡한 네트워크로 형성되어 있다고 볼 수 있다. 특히 1980년대 이후 이익집단뿐만 아니라 시민단체 등 시민사회 세력이 정책과정에 적극적으로 참여하기 시작하면서 참여자들 간 관계의 동태성과 상호작용성이 강조되는 정책네트워크 모형이 등장하였다. 이는 "다양한 공·사부문 행위자들이 관여되어 있는 상황에서 복잡한 정치적·경제적·기술적 특성과 자원의 상호의존성이 내포된 정책문제를 해결하는 데 매우 유용한 모형"으로 이해될 수 있다(정정길 외, 2013: 251).

정책네트워크 모형 중 여기에서는 하위정부모형(sub-government)과 이슈네트워크 (issue network), 정책공동체(policy community)를 살펴본다. 하위정부모형에서[21] 정책과

---

21) 하위정부모형은 "다원주의사회에서 특정 이익집단·관료·의회의 관련 위원회가 상호 간의 이해관계를 보

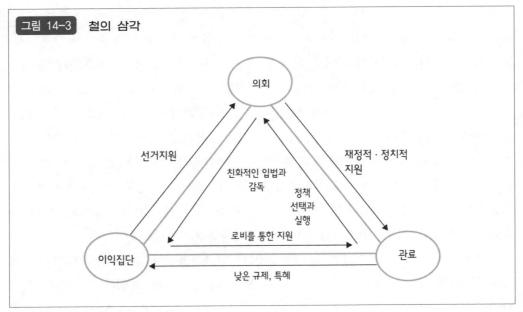

그림 14-3 철의 삼각

출처: 주운현 외(2018: 149).

정 참여자들은 특정 정책분야에서 지속적인 상호작용을 하게 되며, 이때 정책결정을 좌우하는 주요 정책과정 참여자들은 이익집단, 의회위원회, 행정관료가 된다(주운현 외, 2018). 하위정부모형은 '철의삼각(iron-triangle)'으로도 일컬어진다([그림 14-3] 참조). 이 모형에 따르면, 하위정부에서 정부와 밀접한 관계를 맺는 소수 특권집단이 정책과정의 주요 행위자가 되며, 다른 이해관계자들을 배제한 채 정책을 형성한다. 주어진 정책영역에서 발생하는 일상적인 정책의사결정은 비교적 효과적으로 달성될 수 있는 장점을 지니는 모형이다(한진이·윤순진, 2011: 88).

이에 반해 이슈네트워크는 헤클로(H. Heclo)에 의해 제시되었으며, 하위정부모형을 비판하는 가운데 모형을 발전시켜 나갔다(Heclo, 1978).[22] 헤클로는 하위정부모형이 잘

호하기 위해 각 정책영역별로 안정적인 관계를 형성해 해당 분야의 정책과정을 지배하는 현상을 가리키는 개념이다. 하위체제모형으로도 불리는 이 모형은 특정 정책영역에서 관련 이익집단, 관료조직, 의회의 해당 위원회 3자 간에 동맹이 형성되고 있는 현상을 가리키는 철의3각과 거의 동일한 의미를 지닌다"(네이버지식백과, 2019e).

22) 미국의 경우 개인주의적 시각을 반영하여 하위정부모형과 이슈네트워크를 중심으로 정책네트워크 모형이 구성되어 있다. 이에 비해, 영국은 지역공동체적 시각을 반영하여 정책공동체와 이슈네트워크로 정책

표 14-4 정책네트워크 모형의 유형

분석 차원 / 유형		하위정부 (sub-government)	이슈네트워크 (issue network)	정책공동체 (policy community)
행위자	참여자 수	매우 제한적	제한 없음	매우 제한적, 특정 집단 의식적 배제
	이해유형	입법부, 행정기관, 이익집단 간 공통된 이해	모든 이해관계 포함	경제적·전문가적 이해가 지배적
상호 작용	상호작용 빈도	세 부류의 행위자들 사이에 빈번한 상호작용 발생	빈도와 강도에 따라 접촉이 유동적	빈번, 정책이슈에 관련된 모든 문제에 대해 모든 집단이 상호작용
	합의	공통된 이해를 반영하므로 갈등이 거의 존재하지 않음	동의의 척도가 존재하나 갈등이 존재함	모든 구성원들이 기본적인 가치를 공유, 산출의 정당성을 수용
	자원	행정관료가 입법기관에 전문가적 조언을 제공	일부 참여자만 자원 보유, 제한적, 배분과 구성원 규제능력 다양	모든 참여자들이 자원 보유, 교환관계, 지도자가 구성원에게 자원배분 가능
구조(권력)		비교적 균형적, 자율적이고 안정적인 구조	불평등한 권력, 불평등한 자원 접근, 제로섬게임	구성원 간 권력균형, 한 집단이 지배해도 공동체가 지속되는 포지티브섬 (positive-sum)게임

출처: 한진이·윤순진(2011: 89).

못되었다기보다 해당 모형이 불완전하다고 강조한다. 헤클로가 주장한 이슈네트워크 (issue network)는 특정 이슈를 중심으로 이해관계나 전문성을 지니는 개인 및 조직이 네트워크를 구성한다는 모형으로서 참여의 경계가 존재하지 않는 특징을 지닌다.

정책네트워크의 마지막 모형으로 정책공동체(policy community)가 있다. 이러한 정책공동체는 로즈(R. A. W. Rhodes)에 의해 주창되었다. 로즈는 "정책네트워크를 자원의 존을 토대로 상호 연결된 조직의 클러스터 또는 복합체"로 정의하였으며, "이해관계, 구성원자격, 상호의존성, 자원이 견고하게 통합된 유형"을 정책공동체로 보았다(남궁근,

네트워크 모형을 유형화하였다.

2017: 272). 정책공동체는 대부분의 정책결정이 하위정부에 의해서 이루어진다고 보는 점에서 하위정부모형과 유사하나, 주요 정책과정 참여자로 전문가 등을 하위정부모형에 포함시켰다는 점에서 차이를 보인다(Rhodes, 1988). 이와 같은 세 가지 정책네트워크 모형의 상세한 내용 비교는 <표 14-4>에 제시되어 있다.

ChatGPT와 함께 하는 **14장**의 **주요 개념** 정리

1. 행정과 정책의 관계
- 공공행정(public administration, 이하 행정)과 공공정책(public policy, 이하 정책)은 밀접하게 관련된 분야이며, 이들의 관계는 정부 및 기타 공공기관의 기능에 기본이 됨
- 행정과 정책은 상호의존적임. 정책은 중요한 목표와 지침을 제공하고, 행정은 이러한 정책의 실질적인 실현을 보장함. 이러한 관계는 정부의 기능과 시민들에게 공공서비스를 제공하는 데 필수적임

구분	정책 (Public Policy)	행정 (Public Administration)
의의 및 기능	• 정책은 사회 문제를 해결하거나 특정 목표를 달성하기 위해 정부 및 기타 기관이 취하는 결정 및 조치를 의미함 • 교육, 의료, 환경 등 다양한 분야에서 문제를 해결하고, 자원을 할당하고, 의사결정을 안내하기 위한 정책이 수립됨	• 행정에는 공공정책의 구현, 관리 및 실행이 포함됨 • 여기에는 정책 수행을 담당하는 정부 기관, 부서 및 기타 공공조직의 일상적인 운영이 포함됨
관계	• 정책 수립 및 실행: 정책은 정책 입안자, 종종 선출직 공무원 또는 정책 전문가에 의해 수립되며, 행정은 이러한 정책을 실행할 책임이 있음. 행정가는 정책 목표를 구체적인 행동과 프로그램으로 전환하는 데 중요한 역할을 함 • 실행 및 평가: 행정가는 정책 실행에 참여하여 프로그램이 효율적이고 효과적으로 수행되도록 노력함. 그들은 또한 대상 인구에 대한 정책의 결과와 영향을 평가하는 데 참여할 수도 있음 • 피드백 루프: 행정과 정책 사이에는 지속적인 피드백 루프가 있음. 관리자는 정책을 구현하면서 정책 입안자에게 실질적인 과제, 성공, 개선 영역에 대한 피드백을 제공할 수 있음. 이 정보는 향후 정책결정에 영향을 미칠 수 있음 • 적응 및 변화: 효과적인 행정에는 변화하는 상황에 적응할 수 있는 유연성이 필요함. 정책이 구현됨에 따라 행정가는 조정이나 수정의 필요성을 식별하여 정책과 행정 간의 동적 관계를 이끌어낼 수 있음 • 정책 옹호: 행정가는 정책 개발 과정에서 특정 정책을 옹호하거나 전문가 의견을 제공하는 역할을 할 수도 있음. 그들의 실제 경험은 정책 입안자들에게 제안된 정책의 타당성과 잠재적인 과제에 대해 알려줄 수 있음

출처: ChatGPT(2023). 'What is the relationship between public administration and public policy?' 질문으로 검색한 내용 저자 번역(구글 번역기 사용) · 정리.

2. 이슈네트워크의 기능

- "이슈네트워크"라는 용어는 일반적으로 정치학 및 정책의 개념을 나타냄
- 이슈네트워크는 특정 정책 문제나 문제를 해결하기 위해 함께 모인 개인, 조직, 이해 집단의 느슨하고 유연한 연합
- 이슈네트워크는 정책과정에서 중요한 역할을 하며, 다양한 이해관계자들이 복잡한 문제를 해결하는 정책 개발에 협력하고 기여할 수 있는 메커니즘을 제공함

구분	내용
정책 옹호	• 이슈네트워크는 특정 정책 입장을 옹호하거나 정책 개발 및 실행에 영향을 미치기 위해 형성되는 경우가 많음 • 네트워크의 구성원은 특정 문제에 대한 공유된 관심과 관점을 홍보하기 위해 협력
정보 교환	• 이슈네트워크의 구성원은 특정 문제나 정책 영역과 관련된 정보, 전문 지식, 연구를 공유함 • 이러한 정보 교환은 네트워크의 집단적 지식을 향상시키는 데 도움이 되며 구성원의 입장과 전략을 알려줌
협업적 의사결정	• 이슈네트워크는 다양한 이해관계자가 토론과 협상에 기여하는 공동 의사결정 프로세스를 촉진함 • 목표는 공통점을 찾고 다양한 이해관계자의 이익을 수용하는 정책 솔루션을 개발하는 것임
정책 입안자에 대한 영향	• 이슈네트워크의 구성원은 종종 정책 입안자, 정부 관료, 입법자에게 영향을 미치려고 함 • 이러한 영향력은 로비, 전문가 증언 제공, 자문위원회 참여, 공공 옹호 캠페인 참여 등 다양한 형태로 나타날 수 있음
적응성과 유연성	• 이슈네트워크는 유연성과 적응성을 특징으로 하는 경우가 많음 • 정책 문제가 발전하거나 새로운 과제가 발생함에 따라 네트워크는 관련성과 효율성을 유지하기 위해 전략과 우선순위를 조정할 수 있음
연합 구축	• 이슈네트워크에는 서로 다른 관점을 가진 다양한 그룹이 특정 정책 목표에 대한 공통 기반을 찾는 연합의 생성이 포함될 수 있음 • 연합은 더 광범위한 행위자를 한데 모아 네트워크의 집단적 목소리를 강화함
모니터링 및 평가	• 이슈네트워크는 정책의 영향과 효과를 평가하기 위해 정책 구현을 모니터링하고 평가하는 데 참여할 수 있음 • 이 피드백 루프는 시간이 지남에 따라 정책 권장 사항과 전략을 개선하는 데 도움이 됨
대중 인식 및 교육	• 이슈네트워크는 종종 특정 이슈에 대한 대중의 인식을 높이고 제안된 정책의 의미에 대해 대중을 교육하기 위해 노력함 • 대중의 지지는 정책 입안자에게 영향을 미치고 여론을 형성하는 데 중요

출처: ChatGPT(2023). 'What is the function of the issue network?' 질문으로 검색한 내용 저자 번역(구글 번역기 사용) · 정리.

행정사례 연습

■ 무의사결정 사례

2009년 공무원연금개혁

2009년 공무원연금개혁의 초기에는 KDI 등에서 구조적 개혁과 같은 강도 높은 개혁을 주장하면서 2007년 국민연금과 같은 강도 높은 개혁이 이루어질 것처럼 보였다. 그러나 KDI안을 배제한 채 1기 발전위원회안이 마련되었으며, 더욱이 2기 발전위원회에서는 이해관계자들의 참여로 인하여 더욱 약한 수준으로 개혁이 마무리되었다. 발전위원회에서 공무원연금의 수혜자들이 절대다수를 차지한 상황에서 강도 높은 개혁안이 나타날 수 없는 구조적 한계를 보인 것이다.

우선 대통령은 공무원들에게 취임선물을 주는 행태를 보였다. 전직 대통령 임기말에 제안된 발전위원회를 그대로 수용하고 공무원 노조의 영향력이 많이 포함된 개혁안에 거부권 행사를 하지 않았던 것이다. 또한 2007년 국민연금개혁에서처럼 대통령이 개혁을 주도한 것은 아니었다. 결국 대통령은 행안부가 발전위원회를 교체하는 부분에 대한 견제도 하지 않고, 관료들의 이익 유지를 위한 개혁에 방관자적 입장을 보였다는 것이 특징이다.

공무원연금개혁 담당부처인 행안부는 주도적으로 법·제도를 변경시키는 권력을 행사하였다. 행안부는 발전위원회라는 제도적 장치를 변화시켜 그 속에서 자신들의 이해관계와 동일한 공무원 노조를 다수 투입시킴으로써 연금개혁을 전문가들이 아닌 이해관계자들의 다툼으로 변질시켰다. 또한 중앙예산기관은 행안부와의 묵시적 연합을 통하여 특수성을 더욱 강화하는 편견 강화의 메커니즘도 활용한 것이다.

공무원 노조와 단체는 대통령의 방관과 행정부의 지원 속에서 많은 이익을 확보하였다. 공무원 노조는 2003년 개혁에서는 의회를 포섭하여 의원입법 발의를 통하여 본인들만의 이익을 확보하였으나, 2009년에는 공식적 제도내에 편입되어 정부안에 영향력을 발휘하기 시작한 것이다. 이해관계자들이 주도적으로 정부개혁안을 만들게 되면서 외견상 사회적 비용의 축소는 이루었을지 모르지만, 개혁의 강도는 그만큼 낮아질 수밖에 없고 향후 개혁에서는 더욱 공무원 노조의 영향력이 증가할 것은 자명했다. 행안부의 보호와 대통령의 용인 등 행정부 전체의 지원 속에서 공무원 노조와 단체는 공무원연금개혁을 실질적으로 주도하는 지배엘리트의 지위를 확고하게 다진 것이다. 결국 이러한 사실들은 일반국민들을 정책결정과정에 대해서 알 수 없는 상태로 만들고, 지배엘리트로서 공무원연금개혁과정을 무의사결정으로 변형시킨 것이다.

마지막으로 국회에서 여당이 거대 다수당의 지위를 확보함으로써 야당의 반발에 상관없이 발전위원회의 개혁안을 큰 무리없이 국회에서 통과시켰다. 정부와 대통령이 공무원 노조의 이익을 유지시켜주는 상황에서 여당은 국회에서 거수기의 역할을 수행한 것이다.

결국 대통령과 정부가 강도 높은 개혁에 관한 의지가 없었던 상황에서 제도를 결정하는 위원회에 실제 혜택을 보는 이해관계자들이 다수의 지위를 확보하게 되었다. 공무원들로 이루어진 지배엘리트들은 다수의 지위를 활용하여 공무원연금개혁의 정책결정과정을 무의사결정으로 전환시켰고, 이로 인하여 공무원연금개혁의 강도는 초기의 목표와는 달리 단기적이고 제한적으로 나타난 것이다.

출처: 민효상·양재진(2012).

■ 사례의 의의

본 사례는 2009년 공무원연금개혁 과정에서 나타난 무의사결정 상황을 나타내 주고 있다. 공무원연금개혁의 주요 참여자는 대통령, 행정부, 이익집단(공무원 노조), 국회 등이었다. 공무원연금개혁의 특징은 개혁의 주체와 대상인 행정부와 이익집단(공무원 노조) 모두가 공무원이라는 점, 행정부와 이익집단(공무원 노조) 모두가 자신들의 이익을 극대화하고자 하는 동기를 지녔던 점이다. 특히 행정부와 이익집단(공무원 노조)은 모두 정책의제설정과 정책결정과정에서 자신들의 이익을 극대화하기 위해 무의사결정 행태를 나타낸 것이다. 대통령과 국회 역시 공무원의 기득권을 침해하지 않는 범위에서 제한적으로 영향력을 미쳤고, 공무원 노조의 영향력이 크게 작용한 측면에서 2009년 공무원연금개혁 정책과정은 무의사결정론으로 해석될 수 있다.

제15장

정책수단과 정책과정

본 장에서는 정부가 합리적인 정책과정을 추구하기 위해 활용하는 정책수단에는 어떤 것들이 있는지 알아본다. 정책수단 유형 및 각 정책과정의 특징을 고려한 성공적인 정책추진 방안에 대해서도 논의한다.

（제15장）

정책수단과 정책과정

핵심 학습사항

1. 정책수단의 개념과 중요성은 무엇인가?
2. 최근 정책수단 연구가 주목받는 이유는 무엇인가?
3. 세 가지 전통적인 정책수단 유형에는 무엇이 있는가?
4. 살라몬의 정책수단 유형 기준과 구체적인 정책수단은 무엇인가?
5. 정치·경제적 차원에서 바람직한 정책수단 선택방안에는 무엇이 있는가?
6. 정책과정 접근의 의의 및 정책과정 단계의 의미는 무엇인가?
7. 정책의제 유형 및 의제설정 과정의 네 가지 유형은 무엇인가?
8. 합리적인 정책결정의 의미와 한계는 무엇인가?
9. 상향식 정책집행과 하향식 정책집행의 특징과 차이는 무엇인가?
10. 정책평가, 정책학습, 정책변동의 의의는 무엇인가?
11. 다중흐름모형, ACF 모형, 단절적 균형모형의 특징은 무엇인가?
12. 델파이와 정책델파이의 특징과 차이는 무엇인가?
13. 비용－편익분석과 비용－효과분석의 차이는 무엇인가?
14. 정책실험의 의의는 무엇인가?

1. 정책수단

1) 정책수단의 의의

정책수단[policy instruments, 정책도구(policy tools)] 또는 통치도구(governing instru－

ments)는 "정부 또는 정책결정자가 정책목적 달성을 위하여 활용할 수 있는 도구"로 정의할 수 있다(남궁근, 2017: 91). 보다 구체적으로, 정책수단은 개인이나 집단이 공공정책에 부응하는 결정을 내리거나 행동을 취하도록 유도하기 위해 정부가 사용하는 개입수단(means of intervention)을 의미한다(Schneider & Ingram, 1990; 전영한·이경희, 2010: 96). 특히 어떤 정책수단이 선택되는가에 따라서 정책과정 전반을 이해하는 데 중요한 분석틀이 달라질 수 있다. 정책과정 전반을 이해하는 데 정책수단이 큰 도움을 준다는 것이다. 이와 같이 정책수단은 정부의 개입수단, 변화를 발생시키기 위한 정책설계 요인, 사회변화 기법으로서 중요한 의의를 지닌다(정정길 외, 2019). 어떤 정책수단이 선택되는가에 따라서 정책결과의 성패가 달라질 수 있어 정책수단의 선택은 정치적으로도 중요한 의미가 있다. 예를 들어, 저소득층 소득개선을 위해 정부가 직접 생산하고 공급하는 방식을 선택할 것인지, 아니면 간접방식인 바우처 또는 계약[1]방식을 선택할 것인지에 따라서 정책의 목표뿐만 아니라 관련 이해관계자들의 정치적 지지 또한 달라질 수 있는 것이다.

최근 들어 행정학과 정책학에서 정책수단에 대한 관심이 급증하고 있다. 살라몬(L. Salamon)은 정책수단에 대한 연구가 다시금 재조명받는 이유에 대해, '정부의 일하는 방식이 변화'하고 있기 때문이라고 주장한다(Salamon, 2002).[2] 행정환경이 복잡·다변화되면서 정부가 직접 공공서비스를 제공하기보다 기업이나 비영리조직 등 다수의 민간조직을 통해 간접적인 방식으로 공공서비스를 제공하기 시작하면서 정책수단에 대한 연구의 관심이 증가한 것이다(전영한·이경희, 2010: 92).[3]

---

1) 바우처와 계약에 대해서는 본서 제17장에서 설명한다.
2) 살라몬은 자신의 2002년 저서인 *The Tools of Government*에서 정책수단에 대한 백과사전적 지식을 소개하고 있다.
3) 최근 들어 정책수단에 대한 관심이 증가하는 이유는 기존의 행정학이 직면한 실천적 유용성 위기 때문이다. 현장에서 공무원들이 주로 담당하는 업무는 인허가, 민간기업과의 계약, 정부보조금 수혜자 결정, 법규위반 신고포상금 지급, 공공정보 수집 등이지만 기존 행정학에서는 이에 대해 설명해 줄 내용이 부족했다는 것이다(전영한·이경희, 2010).

2) 정책수단의 유형

(1) 전통적인 정책수단 유형

정책수단을 분류하는 가장 단순한 방법은 규제(regulation), 유인(incentives), 설득(persuasion)이라는 세 가지 방법을 활용하는 것이다. 이는 조직이 사용할 수 있는 세 가지 권력인 강제적 권력, 보상적 권력, 규범적 권력을 기반으로 하여 제시한 정책수단 분류방법이다(정정길 외, 2019). 먼저 조직의 강제적 권력을 기반으로 하는 규제는 "정부가 원하는 행동을 국민이 준수하도록 하기 위하여 법적인 의무를 부여하는 것"이며, 조직의 보상적 권력을 기반으로 하는 경제적 인센티브 제공, 즉 유인은 "정부가 국민들에게 재화와 서비스를 제공하거나 제공하지 않음으로써 특정 행동을 유도하는 것"이다. 마지막으로, 조직의 규범적 권력을 기반으로 하는 설득은 "강제력이나 경제적 인센티브를 개입시키지 않고 정보 및 지식의 전달을 통해 국민의 행동변화를 추구"하는 것이다(남궁근, 2017: 92).[4]

이와 유사한 정책수단 유형 구분으로 비덩(E. Vedung)이 제시한 정책수단 유형이 있다. 비덩은 강제성 정도에 따라 정책수단 유형을 몽둥이(sticks), 당근(carrots), 설교(sermons) 등으로 구분했다(Vedung, 1998). 이러한 전통적 정책수단 유형 구분은 정부가 직접 정책수단을 채택하여 집행한다는 특징을 지닌다. 그러나 전통적 정책수단 유형은 지나치게 추상적이어서 구체적인 정책수단의 특징 등을 파악하기 어렵고, 정부부문뿐만 아니라 민간부문에도 이러한 정책수단을 적용할 수 있어서 정부의 고유한 정책수단인지 여부도 불명확하다. 뿐만 아니라, 행정환경 변화에 따른 새로운 조직형태나 제도배치의 변화 등을 고려하지 않고 있다는 측면에서 한계를 지닌다(전영한, 2007).

전통적인 정책수단 유형 구분 이외에도 다양한 차원의 정책수단 유형이 제시된다. <표 15-1>에 의하면 후드(C. Hood)는 정책수단을 "정부와 외부세계가 접촉하는 지점에서 정부가 사회통제를 위하여 사용할 수 있는 수단"으로 고려하였으며(Hood, 1986),

---

4) 예를 들어, 환경오염 규제방안으로서 강제적 규제수단은 공해물질 배출에 대한 강력 규제가 있으며, 경제적 규제수단은 공해배출시설에 대한 보조금 지급을 통해 억제장치를 부착하도록 하는 것이고, 설득 규제수단은 대대적인 캠페인을 통해 공해배출을 억제하도록 하는 것이다(이용모 외, 2023).

이러한 기준에 따라 정책수단을 정보제공(Nodality),5) 권위(Authority), 재정(Treasure), 조직(Organization), 즉 일명 NATO로 분류하였다.6) 또한 정책수단은 단일 정책수단만 사용하는 것이 아니라 복수의 정책수단을 사용할 수 있다는 '정책수단 조합(policy mixes)' 논의도 제시되고 있다(Howlett, 2004). 특히 정치적 이해관계가 충돌하는 경우에는 다양한 이해관계자들의 요구를 받아들일 수 있도록 하는 정책수단 묶음(package)이 활용된다. 저소득층의 복지수준을 향상시키기 위해 정부가 직접 공공서비스를 제공하는 방법과 간접적으로 공공서비스를 제공하는 방법(예: 바우처)을 동시에 활용할 수 있다는 것이다. 이러한 논의 외에도 <표 15-1>에서 제시된 바와 같이 정책수단 유형은 매우 다양하며, 따라서 다양한 정책수단을 모두 포괄할 수 있는 정책수단 유형 구분은 제시되기 어렵다. 또한, 정책수단 간 상호배제성이 존재하는 정책수단 유형을 제시하기는 더더욱 어렵다는 한계를 지닌다(전영한, 2007).

---

5) 후드가 사용한 'Nodality' 용어를 국내 학자들은 '매개성', '결절성' 등과 같이 다양하게 번역하여 사용하고 있다. 본서에서는 후드가 제시한 정책수단 유형 예시, 그리고 전영한·이경희(2010)가 번역한 사례 등을 고려하여 '정보제공'이라는 용어를 사용하기로 한다.
6) 후드의 정책수단 유형 예시는 다음과 같이 제시될 수 있다.

	정보제공 (Nodality)	권위 (Authority)	재정 (Treasure)	조직 (Organization)
감지기 (변화감지)	설문조사(Surveys) 정보(Information) 대조(Collation) 등록(Registration)	레지스터(Registers) 인구조사(Censuses) 검사(Inspections)	컨설팅서비스 (Consultancy services) 유료제보(Paid informers)	연안경비대 (Coastguard) 공공기록보관소 (Public archives)
효과기 (변경효과)	조언(Advice) 홍보(Promotion) 알림(Reminders) 훈련(Training)	인증(Certification) 라이선스(Licenses) 금지(Prohibitions) 특허(Patents)	양여금(Grants)* 대출(Loans) 보조금(Subsidies) 세금(Taxes)	격리(Quarantines) 보세(Bonded) 창고(warehouses) 세관(Customs)

출처: Stead(2021: 298).
* 'Grants'를 양여금 또는 보조금으로 번역한다. 위의 표에서는 'Subsidies'와의 차이를 강조하기 위해 양여금으로 번역하였다.

표 15-1 기존 학자들의 정책수단 유형 분류 예시

학자	분류
Hood(1986)	정보제공(nodality), 재정(treasure), 권위(authority), 조직(organization)
Bardach(1980)	강제집행(enforcement), 유도(inducement), 혜택제공(benefaction)
McDonnell & Elmore (1987)	명령(mandate), 유도(inducement), 역량형성(capacity-building), 체제변화(system-changing)
Linder & Peters (1989)	운영복잡성, 공적 가시성, 사용자 적응성, 개입성, 상대적 비용, 실패가능성, 대상정밀성, 시장의존성 등 8개 연속적 기준(continuums)에 의한 분류
Doern & Phidd (1983)	강제성 정도에 따른 설득(exhortation), 지출(expenditure), 규제(regulation), 공적 소유(public ownership) 등 4개 유형
Vedung(1998)	강제성 정도에 따른 몽둥이(sticks), 당근(carrots), 설교(sermons) 등 3개 유형
전영한(2007)	강제성과 직접성 정도에 따른 직접규제, 간접규제, 직접유인, 간접유인 등 4개 유형 혹은 직접규제, 준직접규제, 간접규제, 직접유인, 준직접유인, 간접유인, 직접정보, 준직접정보, 간접정보 등 9개 유형

출처: 전영한·이경희(2010: 98).

(2) 살라몬의 정책수단 유형

살라몬은 새로운 환경변화 대응에 적합한 정책수단을 <표 15-2>에서와 같이 직접적 수단(direct tools)과 간접적 수단(indirect tools)으로 구분하였다. 직접적 정책수단은 정부활동을 위한 소비행위를 의미하는 직접정부(direct government)소비이고, 정부의 소유 또는 통제하에서 운영·관리되는 준독립기관인 공기업(government corporation) 등을 포함한다. 가격이나 공급, 기업의 진입 및 퇴출 등을 통제하는 경제적 규제(economic regulation)도 직접적 정책수단이 되며, 정부가 국민들(특정 개인 또는 기관)에게 직접적으로 자금을 빌려주고 그 채권을 관리하는 직접대출(loan)이나 정부가 직접 국민들에게 국가 정책 등과 관련된 정보를 제공하여 개인행동의 변화를 유도하는 정보제공 등도 직접적 정책수단이 된다. 반면에 간접적 정책수단으로는, 정부 외부로부터 재화나 특정 생산품 및 서비스에 대한 구매를 시도하는 계약(contracting) 혹은 서비스 구매계약

| 표 15-2 | 살라몬의 정책수단별 산출/활동, 전달수단, 전달체계 |

구분	정책 수단	정의	산출/ 활동	전달수단	전달체계
직접 수단	정부 소비	정부가 직접 지출하는 인건비와 물품구매를 위한 소비	재화, 서비스	직접제공	공공기관
	경제적 규제	가격, 산출량 또는 기업의 시장 진입과 퇴출 통제	가격	진입, 가격규제	규제기관
	직접 대출	정부가 개인 또는 기관에 직접 대출하는 형식의 자금지원	현금	대출	공공기관
	정보 제공	정부가 보유한 정보를 제공하여 개인의 행태변화를 유도	서비스	직접제공	정부, 공공기관
	공기업	정부 소유 또는 통제하에 운영되는 준독립적 기업	재화, 서비스	직접제공, 대출	준공공기관
간접 수단	사회적 규제	안전, 건강, 복지 및 환경보전 등을 위하여 개인, 기업의 행위규제	금지	규칙	공공기관, 피규제자
	계약	민간계약자와 위탁계약을 통한 재화와 서비스 공급	재화, 서비스	계약, 현금지급	기업, 비영리기관
	보조금	조직과 개인의 행태변화를 유도하기 위하여 정부가 제공하는 자금	재화, 서비스	보조금 제공, 현금지급	지방정부, 비영리기관
	대출 보증	민간은행의 개인과 기업에 대한 자금대출을 정부가 보증	현금	대출	민간은행
	공적 보험	상해·질병·노령·실업·사망 등 위험으로부터 국민 보호를 위한 강제보험	보호	사회보험	공공기관
	조세 지출	특정 활동 또는 특정 집단에 조세체계에서 세제상 혜택 제공	현금, 유인기제	조세	조세기관
	사용료 과징금	정부기관이 제공하는 서비스 이용료 및 법령위반에 대한 금전적 체계	재정적 제재	조세	조세기관
	불법 행위 책임법	물품 제조 또는 가공의 결함으로 입은 피해를 보상하는 규제	사회적 보호	손해배상법	사법제도
	바우처	특정 종류의 재화나 서비스를 구매할 수 있는 구매증서 제공	재화, 서비스	소비자 보조	공공기관, 소비자

출처: Salamon(2002); 남궁근(2017: 94).

(purchase-of-service contracting)이 있다. 또한 안전·건강·복지 및 환경보전을 위해 개인의 행위를 제한하는 사회적 규제(social regulation)나 특정 개인이 한정된 종류의 물건 또는 서비스를 구매할 수 있도록 보조하는 현물증서(voucher) 등도 간접적 정책수단에 포함될 수 있다(이종열 외, 2023).

살라몬은 평가기준(효과성, 효율성, 형평성, 관리가능성 등)과 네 가지 차원[직접성 (directness), 강제성(coerciveness), 자동성(automaticity), 가시성(visibility)]에 따라 정책수단 효과를 분석하였다(전영한, 2007: 278). 보다 구체적으로, 살라몬은 직접성, 강제성, 자동성, 가시성 정도에 따라 정책수단 유형을 분류하고, 그 정책수단의 효과(영향)를 효과성, 효율성, 형평성, 관리가능성, 정당성 등에 따라 평가하였다. 예를 들어, 경제적 규제와 같이 강제성이 높은 정책수단은 효과성이 높을 수는 있지만 반면 정당성은 높을 수도 혹은 낮을 수 있다. 이처럼 정책수단은 어떤 기준으로 평가하는지에 따라 정책수단 효과가 달라질 수 있다. 따라서 효과적인 정책수단을 마련하기 위해서는 관련 이해관계자들의 정치적 합의가 무엇보다 중요하다(권기헌, 2018).

살라몬의 정책수단 유형 구분 차원 첫 번째, 직접성은 "재화나 서비스 제공을 정부가 직접 하느냐 아니면 제3자를 통해 또는 민관이 공동으로 제공하느냐의 기준"을 의미하는데 이는 정책수단을 누가 제공하는가와 관련된 것이다(이종수 외, 2022: 298). 정부가 직접 공공문제를 해결하는가 아니면, 정부가 아닌 제3자를 통해 간접적으로 문제를 해결하는가의 여부를 중요하게 고려하는 것이다.7) <표 15-3>에서 보듯이 직접성이 낮은 대표적인 정책수단으로는 보조금과 바우처 등이 있다. 정부는 보조금과 바우처를 민간 참여자들에게 지급하여 이들로 하여금 공공문제를 해결하도록 한다. 이러한 간접적인 정책수단들이 증가하게 되면서 더 이상 시민들은 공공서비스를 제공받기 위해 직접적으로 정부와 접촉할 필요가 없게 되었다. 특히 간접적인 정책수단은 정부의 직접 개입이 논란이 되거나 정부의 개입이 민간부문의 이해관계를 크게 해칠 때, 중앙정부에서 지방정부로 권한이양이 필요할 때, 행정서비스 질을 높이고 고객지향성을 강조할 때, 정부가 직접 서비스를 수행하는 경우 유연성이 부족해지고 관련 자원이나 기술이 부족할 때 더욱 활성화된다(이종수 외, 2022: 302-303).

---

7) 특히 제3자적 정부(third party government)가 등장하면서 정부 업무수행 방식이 직접적이고 독점적인 방식에서 간접적이고 계약적 방식의 정책수단으로 변화하게 되었다(이종수 외, 2022: 302).

표 15-3	직접성 정도에 따른 정책수단 유형과 영향

수단		영향				
직접성 정도	종류	효과성	효율성	형평성	관리가능성	정당성 (정치적 지지)
낮음	손해책임법, 보조금, 대출보증, 정부출자기업, 바우처	낮음	높음	낮음	낮음	높음
중간	조세지출, 계약, 사회적 규제, 벌금	낮음/중간	중간	낮음	낮음	높음
높음	보험, 직접대출, 경제적 규제, 정보제공, 공기업, 직접정부소비	높음	중간	높음	높음	낮음

출처: Salamon(2002).

두 번째, 강제성은 정책수단을 어떻게 사용하는가의 의미로서, 강제적 수단(예: 규제)을 사용하는가 아니면 민간의 임의적인 판단(예: 소송)을 활용하는가에 대한 것이다(Salamon, 2002). 즉, 공공문제를 해결하기 위하여 강제적 정책수단(예: 정부의 일방적인 명령과 지시)을 사용하는지, 아니면 민간의 자발적인 참여(예: 보조금)를 유도하는지에 대한 것이다. 최근 정부의 강제적 수단이 시민들의 자유를 제한하고 시민들의 참여와 자발적 협력을 저해한다는 비판이 강해지면서, 정부 권위에 기반한 정책수단(예: 경제적 규제)의 당위성이 약화되고 있다(Salamon, 2002). 이로 인해 강제성이 낮은 자발적 협력 정책수단 개발이 중요하게 논의되고 있는 것이다. 강제성이 낮은 대표적인 정책수단에는 손해책임법, 정보제공, 조세지출 등이 있다. 강제성이 높은 정책수단(예: 경제적 규제)은 정책목표와 규제대상 집단이 명확하여 정책의 효과성과 형평성이 높은 것으로 나타난다.[8] 반면, 강제성이 낮은(자발적 협력이 높은) 정책수단(예: 배출권 거래제도)은 시장의 자율적 거래를 중요시하고, 재정적 인센티브를 부여하며(예: 조세지출), 행위자 스스로의 규제 준수(예: 법 위반 또는 규제 미준수 공개)를 유도할 수 있다는 특징을 지닌다.

---

8) 그러나 규제수단 효과는 정당성(정치적 지지) 기준과는 상반된다. 규제수단은 규제도입의 타당성과 정당성이 높아 정치적 지지가 높을 수 있지만, 반면 집행비용이 높고, 규제기관의 재량 남용이 발생하며, 규제 집행 과정에서 대상집단의 포획 현상이 발생한다는 점에서는 정치적 지지가 낮을 수도 있다.

표 15-4   강제성 정도에 따른 정책수단 유형과 영향

수단		영향				
강제성 정도	종류	효과성	효율성	형평성	관리가능성	정당성 (정치적 지지)
낮음	손해책임법, 정보제공, 조세지출	낮음	중간	낮음	중간	높음
중간	바우처, 보험, 보조금, 공기업, 대출보증, 직접대출, 계약, 벌금	중간	높음	중간	중간	중간
높음	경제적 규제, 사회적 규제	높음	높음/낮음	높음	낮음	높음/낮음

출처: Salamon(2002).

표 15-5   자동성 정도에 따른 정책수단 유형과 영향

수단		영향				
자동성 정도	종류	효과성	효율성	형평성	관리가능성	정당성 (정치적 지지)
낮음	경제적 규제, 사회적 규제, 직접정부소비, 공기업, 정보제공, 직접대출, 보험	높음	낮음	높음	중간/낮음	높음
중간	보조금, 계약, 대출보증, 라벨링 요구사항(labeling requirements)	중간	높음	중간	낮음	중간
높음	바우처, 조세지출, 교정세(corrective taxes/charges), 벌금	낮음	높음	중간/낮음	높음/중간	중간

출처: Salamon(2002).

이외에 자동성은 "재화나 서비스를 제공하기 위해 새로운 기구나 방법을 도입하지 않고 기존의 수단을 그대로 사용할 수 있는지 여부"를 의미하며, 가시성은 "정책수단을

| 표 15-6 | 가시성 정도에 따른 정책수단 유형과 영향 |

수단		영향				
가시성 정도	종류	효과성	효율성	형평성	관리가능성	정당성 (정치적 지지)
낮음	경제적 규제, 사회적 규제, 라벨링 요구사항 (labeling requirements), 보험, 벌금	N/A	낮음	낮음	낮음	높음
중간	계약, 정보제공 운동, 대출보증, 조세지출	N/A	중간	중간	중간	중간
높음	직접정부소비, 공기업, 보조금, 직접대출, 바우처, 교정세(corrective taxes/charges)	N/A	높음	높음	낮음	낮음

출처: Salamon(2002).

적용할 때 정책과정, 특히 예산과정이 가시적인지 여부"를 의미한다(이종수 외, 2022: 298).

정책수단의 효과는 일관적이지 않고 기준에 따라 달라지기에 효과적인 정책수단을 선택하기는 사실상 쉽지 않다. 그럼에도 불구하고 1980년대 이후 정부역할 축소, 민간 등 제3자적 역할의 중요성, 정치권력의 분산, 공공문제의 복잡성 증대로 인해 직접성과 강제성이 낮으며, 자동성이 높은 정책수단이 자주 활용되고 있다.[9]

3) 정책수단의 정치·경제학적 성격

정책과정에서 어떠한 정책수단이 선택되느냐에 따라서 이해관계자들에게 미치는 영향이 달라질 수 있기 때문에, 정책수단은 정치적 성격과 이념지향적 가치를 지닌다

---

9) 다만 간접적이고 자발적 협력 그리고 자동적인 정책수단의 활용은 다수의 참여로 책임이 분산되고, 다양한 행위자가 참여하기 때문에 복잡한 관리기술이 요구되어 관리가 어려우며, 형평성과 재분배 목표달성이 어렵다는 한계가 있다(이종수 외, 2022).

(정정길 외, 2019). 특정 정책수단이 다른 정책수단보다 무조건적이고 절대적으로 우선시되는 경우는 없다. 다시 말해 유일 최선의 정책수단은 존재하지 않는다는 것이다. 정책수단은 시대적·맥락적·역사적 상황 등을 고려하여 다양하게 활용되어 왔다. 예를 들어, 살라몬은 직접적 정책수단이 간접적 정책수단보다 자주 활용되는 경우는 다음과 같다고 설명한다(Salamon, 2002). ① 합법적 강제력 사용이 필요한 경우, ② 보건의료나 재난통제, 안전관리 등과 같이 시급성이 강조되는 경우, ③ 형평성에 대한 고려가 특히 중요한 경우, ④ 재화나 서비스 공급시장이 부재하거나 충분히 마련되지 않은 경우, ⑤ 정부기능 유지가 필수적인 경우 등에 정부가 직접적인 정책수단을 더 많이 활용하게 된다는 것이다.

효과적인 정책수단을 활용하기 위해서는 국가·사회의 상황적·맥락적 환경을 고려할 필요가 있다. 어떤 정책수단을 선택하는지에 따라 수혜자와 비용부담자 사이의 이해관계 또한 달라질 수 있기 때문에 반드시 정책을 둘러싼 다양한 상황적·맥락적 환경을 고려할 필요가 있다는 것이다. 무엇보다도 정책문제를 정의할 때 정책수단의 선택으로 인한 비용부담자와 수혜자의 상황 등을 고려해야 한다(김태영, 1997: 153). 같은 맥락에서 정책수단이 성공적으로 집행되기 위해서는 정치적 실현가능성도 고려할 필요가 있다. 다시 말해, 정치적으로 실현가능성이 높은 정책수단을 선택할 필요가 있다는 것이다(하현상, 2012). 이와 더불어 국가의 성장과 발전관점에서 경제적·재정적 효과성을 달성할 수 있는 정책수단 활용도 신중하게 고려할 필요가 있다. 그러나 경제적 불균형이 극심한 현대사회에서는 형평성이나 포용성, 상생 등과 같은 가치, 상황적 맥락이나 이해관계자 간 상호작용 등과 같은 정치적·제도적 요인을 고려하여 정책수단을 선택할 필요성이 있다. 이러한 맥락에서 최근 규제혁신과 관련해 급증하고 있는 사회적 갈등상황(예: 개인을 식별할 수 없도록 처리된 '가명 정보'를 데이터로 활용하고 개인정보 보호체계를 일원화하는 데이터 규제완화 논쟁)은 정책수단 선택의 정치·경제적 성격을 잘 드러내고 있다고 볼 수 있다.

2. 정책과정

1) 정책과정의 의의

정책행위자들은 관련 정책문제를 해결하기 위하여 바람직한 정책목표를 설정하고, 이에 적합한 정책수단을 선택하여 집행하는 등의 과정에 적극적으로 참여하게 되는 데, 이러한 전반의 과정을 정책과정이라고 한다. 이때 정책문제가 정의되고, 이를 바탕으로 정책의제가 설정되며, 정책결정을 통해 어떠한 정책수단을 활용할 것인지 등이 결정된다. 정책을 집행하여 종결될 때까지 정책은 생애주기(life cycle)에 따라 일정한 정책과정의 단계를 거치게 되는 것이다([그림 15-1] 참조). 이러한 정책과정 접근은 다음과 같은 장점과 한계를 지닌다. 정책과정 접근은 정책 관련 단계별 활동과정을 순차적으로 설명하는 데 적합하고, 변화에 개방적이며, 동적·발전적 관점에서 정책을 설명할 수 있고, 특정 문화에 구속되지 않기 때문에 외국을 포함한 다양한 국가의 정책결정체제 연구에도 적합하다는 장점이 있다. 그러나 정책과정 단계가 서로 독립적 혹은 단절적 단계로 분리될 수 있는가에 대한 비판이 제기된다. 또한 정책과정 전반을 인과이론을 통해 설명하기 어려우며, 각 단계에서 상정한 정책과정 순서에 관한 설명이 모호하다는 한계가 있다(이용모 외, 2023).10)

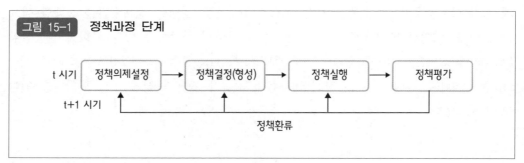

그림 15-1 정책과정 단계

출처: 남궁근(2017: 499).

---

10) 대표적인 예로, 사바티어(P. A. Sabatier)는 정책과정의 인과모형을 설명하기 위하여 정책결정, 정책집행,

표 15-7	학자들의 정책과정 단계 구분				
정책과정	라스웰 (Lasswell, 1951)	다이 (Dye, 1972)	앤더슨 (Anderson, 1975)	던 (Dunn, 1981)	존스 (Jones, 1984)
정책의제설정	정보수집	문제확인	문제규명	의제설정	정책문제의 정부귀속단계
정책형성 (결정)	주장, 처방	정책대안형성, 정책합법화	정책형성, 정책채택	정책형성	정부 내 행동단계
정책집행	행동화 적용	정책집행	정책집행	정책집행	정부의 문제해결단계
정책평가와 변동	종결 평가	정책평가	정책평가	정책평가, 정책적응, 정책승계, 정책종결	추진정책의 재검토

출처: 남궁근(2017: 322).

1950년대 라스웰(H. D. Lasswell)에 의해 정책 관련 연구가 처음 시작된 이후, 대부분의 정책연구자들은 일련의 과정(단계)으로 정책을 연구하였다(Lasswell, 1956). 예를 들어, 가장 단순한 정책과정 분류로 정책형성, 정책집행, 정책평가의 과정(단계)이 있으며, 이는 계획(plan) − 집행(do) − 평가(see)의 기본틀을 기반으로 하여 고안된 것이다. 이외에도 <표 15−7>에 제시된 바와 같이 학자들에 따라 정책과정이 다르게 논의되고 있다. 하지만 가장 일반적으로는 정책과정을 정책의제설정, 정책결정(형성), 정책집행, 정책평가 및 변동으로 구분한다(권기헌, 2018).

2) 정책의제설정

정책과정의 첫 번째 단계로 볼 수 있는 정책의제설정(policy agenda setting)은 "정부가 사회문제를 공식적으로 해결하기 위해 이를 정책문제로 전환하는 행위"라고 정의할 수 있다(정정길 외, 2013: 283). 이는 단순한 의견표명이 아니라 정부가 공식적으로 사회

정책변동을 하나로 파악할 수 있는 '정책옹호연합모형(Advocacy Coalition Framework, ACF 모형)'을 제시하였다(Sabatier, 1988). 이에 대한 상세한 설명은 이 장의 후반부에 제시된다.

문제를 정책문제로 전환하는 행위이다. 사회문제(social problem)는 개인의 문제가 아니라 관련 당사자가 많으며, 그와 동일한 문제로 고민하고 고통받는 사람이 많은 문제를 말한다. 이에 비해 정책문제(policy problem)는 사회문제를 해결하기 위하여 심각하게 검토하기로 한 문제를 지칭한다. 이와 관련해 정책의제설정에 있어 '정책문제의 정의(definition of policy problem)'는 매우 중요하다고 할 수 있다. 정정길 외(2013: 342)에 따르면 정책문제의 정의란 "정책문제의 내용을 규정하는 행위, 활동 또는 과정(행위나 활동의 종합으로서의 과정)을 의미"하며, "정책문제의 구성요소(components), 원인(causes), 결과(consequences) 등의 내용을 규정하여 '무엇이 문제인지'를 밝히는 것"이다.11) 정책의제설정 단계는 정의된 정책문제를 해결하기 위한 정치갈등이 일어나는 첫 단계이며, 정책대안과 정책수단의 범위를 사실상 결정하는 단계이다. 정책의제화 수준에 따라서 나머지 정책과정에도 중대한 영향을 미칠 수 있어 정책의제설정은 중요한 단계로 인식된다.

정책의제 유형은 [그림 15-2]에서 제시되는 바와 같이, 의제화가 진행되는 순서에 따라 의제모집단(agenda universe), 공공의제(public agenda), 정부의제(government agenda), 결정의제(decision agenda)로 구성된다(Birkland, 2011: 169-174).

'의제모집단'은 정치체제에서 정책의제가 될 가능성이 있는 모든 정책이슈와 공공문제를 포함하며(일명 사회문제), '공공의제'는 정부가 해결해야 한다고 믿는 정책이슈나 사회문제를 의미한다.12) '정부의제'는 공식적인 권한을 가진 정책결정자가 신중하게 검토하기로 한 정책문제를 의미하며(이는 제도의제, 공식의제, 공적 의제라고도 일컬어짐),13)

---

11) 의사가 환자에게 정확한 치료방법을 제시하기 위해서는 환자가 가지고 있는 문제가 무엇인지, 즉 환자가 어떤 병을 앓고 있는지를 명확하게 정의·규정하는 것이 필요하다. 환자의 문제를 정확하게 파악하지 못한 상태에서는 의사가 적절한 치료방법을 제시할 수 없기 때문이다. 마찬가지로 정책과정 전반을 포함한 정책의 성공을 위해서는 정책문제에 대한 명확한 정의가 우선될 필요가 있는 것이다.

12) 콥(R. W. Cobb)과 엘더(C. D. Elder)에 의하면 공공문제가 공중의제화되기 위해서는 많은 사람들이 해당 문제와 이슈를 알고 있거나, 상당수의 사람들이 그 문제에 대하여 정부 조치의 중요성과 관련해 공감대를 형성할 필요가 있다고 주장한다. 또한 문제해결이 정부의 정당한 권한이라는 공동체의 공유된 인식이 있어야 한다고 주장한다(Cobb & Elder, 1983). 특히 의제모집단이 공공의제로 진입하기 위해서는 지지집단과 주도자의 노력인 이슈확산전략(issue expansion strategy)이 필요하다는 것이다(권기헌, 2018). 한국에서는 국민청원제도가 이에 해당된다고 할 수 있을 것이다.

13) 이 과정에서 정책문제에 반대하는 집단은 해당 문제가 정부의제화되는 것을 저지하고자 한다. 이와 관련된 대표적인 전략으로 무의사결정이 있다(이용모 외, 2023).

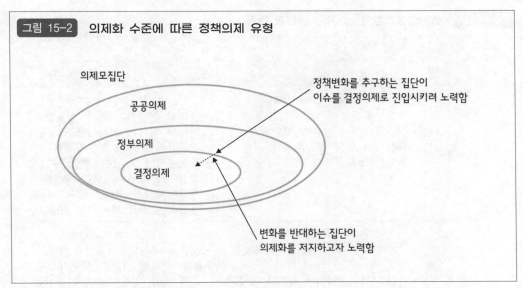

그림 15-2 의제화 수준에 따른 정책의제 유형

출처: Birkland(2011); 남궁근(2017: 327).

마지막의 '결정의제'는 법률적 결정권한이 있는 정부기관에서 구체적인 대안을 마련하여 결정을 앞두고 있는 의제라고 할 수 있다(Birkland, 2011).

　　정책의제화 과정, 특히 공공의제(또는 체제의제)에서 정부의제(또는 제도의제)로 전환되는 과정에서 의제설정과정 유형을 네 가지 모형으로 구분할 수 있다(Cobb et al., 1976). 해당 모형들은 정책의제설정 과정의 주도집단과 관련이 있다. 첫째, '외부주도형'은 민간집단에 의해 이슈가 제기되어 공공의제로 채택된 후, 대중들의 높은 관심을 받아 최종적으로 정부의제로 채택되는 경우이다. 이러한 모형은 특히 민주화·다원화된 사회에서 주로 나타난다. 둘째, '동원모형'은 외부주도형 모형과는 반대로 정부가 의도적으로 문제를 제기하여 정부의제로 채택한 다음, 이를 대중들에게 알리기 위하여 홍보 등을 통해 공공의제로 전환하는 경우이다. 셋째, '내부접근형'은 관료집단이나 정책결정자에게 쉽게 접근할 수 있는 민간에 의해서 의제가 설정되고 최고정책결정자에게 접근하여 정부의제화하는 것이다. 마지막으로, '공고화'는 대중의 지지가 높은 정책문제에 대해 정부가 그 과정을 주도하여 해결하는 방안을 의미한다(<표 15-8> 참조).

| 표 15-8 | 의제설정과정의 네 가지 유형과 특징 |

구분		대중의 관여 정도	
		높음	낮음
의제 설정 주도자	민간	외부주도(outside-initiation) • 자유민주주의 국가: 시민집단 주도 • 민간집단에서 이슈가 제안되고 확산되어 먼저 공공의제가 되고 뒤이어 정부의제에 이름	내부접근(inside-access) • 관료적 권위주의 국가: 상당한 전문적 지식과 이해관계가 있는 전문가집단 또는 정부기관이 주도 • 정책결정에 특별한 접근권이 있는 영향력을 가진 집단이 정책을 제안하지만 공개적으로 확대되고 경쟁하는 것을 바라지는 않음
	정부	공고화(consolidation) • 국가의 유형과 관계없음: 정책결정자 주도 • 민간집단의 광범위한 지지가 형성된 이슈에 대하여 정책결정자가 지지의 공고화를 시도하여 정부의제와 공공의제로 동시 설정	동원(mobilization) • 일당제 국가: 정책결정자 주도 • 정부에 의해 이슈가 정부의제에 오른 다음, 일반대중에게 확산됨

출처: 남궁근(2017: 335－338).

3) 정책결정

정책결정(policy decision－making)은 "정책문제를 해결하기 위하여 정책목표와 정책수단을 선택하는 과정"으로 정의할 수 있다(남궁근, 2017: 357). 정부가 정책의제화한 이슈를 해결하기 위하여 적합한 대안을 찾는 일련의 과정이 정책결정 단계인 것이다. 구체적으로는 "정책목표를 제시하여 이를 해결할 수 있는 정책수단을 구성하고 이들 간의 관계를 예측하고, 예측된 정책수단 간의 비교분석을 통해 최적의 선택을 하는 과정"이 정책결정과정인 것이다(이용모 외, 2019: 159).

복잡하고 다양한 오늘날의 사회에서 정책목표에 따른 적절한 정책수단을 선택하고 처방하기 위해서는 합리적인 정책결정이 전제되어야 한다. 이러한 측면에서 정책결정과정은 합리성을 추구하는 과정이라고도 할 수 있다. 행정학에서의 합리성(rationality)은 행정가치에서도 설명하였듯이, 베버의 관료제 논의 이후 발달한 가치개념으로서 '주어진 목표를 달성하기 위해 최적의 수단을 선택하는 것', 즉 목표의 극대화 또는 과업의 최적화라는 의미로 활용된다(김영평, 2000). 따라서 합리적 의사결정은 "정치적 이해관계를 떠나 정책문제의 본질을 체계적으로 분석하고 문제해결을 위한 가장 최적의 대안을 선택하는 의사결정"이라고 할 수 있다(정정길 외, 2013: 325).

그러나 현실세계에서는 이러한 합리적 정책결정을 추구하는 데 있어 다음과 같은 제약이 따른다. 첫째, 합리적이고 분석적인 정책결정 자체가 지니는 논리, 기법, 방법상의 약점이 존재한다(예: 비용-편익분석의 한계). 둘째, 합리적·분석적 의사결정을 수행하는 데에는 많은 비용이 소요된다. 셋째, 개인이든 조직이든 현실적으로 정책결정자가 합리적·분석적 의사결정을 수행하는 데에는 많은 시간과 노력을 기울여야 한다. 넷째, 조직이나 집단 차원의 제약(예: 조직문화의 한계 등)이 발생할 가능성이 높다. 다섯째, 정치적인 이유(정치세력들의 자기이익 추구)로 합리적·분석적 의사결정이 방해받을 수 있다(정정길 외, 2019).[14), 15)]

4) 정책집행

정책집행(policy implementation)이란 "정책의 내용을 실현시키는 과정(process)"을 말한다(정정길 외, 2013: 511). 즉, 정책집행은 곧 정책수단의 실현을 의미하는 것이다. 과거에는 정책결정이 이루어지면 이에 따라 정책이 집행되는 것으로 보았다. 하지만 최근에는 행정환경이 급격히 변화하면서 집행과정에서 정책의 내용이 수정·보완되기도 한다.[16)] 초기의 정책집행연구에서 이론적 접근은 크게 '하향식 접근방법(top-down approach)'과 '상향식 접근방법(bottom-up approach)'으로 구분된다. 전자는 "정책결정자가 분명한 정책목적을 제시하고 집행단계를 통제할 수 있는 능력이 있다는 점을 강조하는 정책결정자 또는 정책 중심적 접근방법"이다(이용모 외, 2019: 214). 이러한 하향식 정책

---

14) 일례로 지방자치단체의 지방상수도 요금 결정에도 정치적 영향력이 작용하였다. 실증분석에 의하면 지방선거 주기, 지방자치단체장의 임기 등 정치적 요인들은 합리적 결정을 우선해야 하는 지방상수도 요금 결정에 중요한 영향을 미쳤다(이태천·엄태호, 2021). 그럼에도 불구하고 최근에는 정보·통신기술 등의 급격한 발달로 다양한 방법으로의(예: 온라인 참여 등) 국민정책결정 참여가 증가하면서 '참여적 의사결정(participatory decision-making)'이 활용되고 있다.

15) 따라서 이러한 합리적 의사결정의 제약을 극복하기 위한 모형으로 점증주의 의사결정모형이 제시된다. 합리적 의사결정모형과 점증주의 의사결정모형을 비교하면 다음 표와 같다.

집행은 정책결정 단계에서 채택된 정책목표가 얼마나 잘 실행되는가를 주요 연구주제로 하기 때문에, 정책결정자 입장을 강조하는 시각이 우세하다. 하향식 접근방법의 장점은 다음과 같다. 첫째, 집행과정의 법적 구조화를 추구할 수 있다. 둘째, 정책결정 단계에서 집행과정에 발생할 수 있는 변수들을 미리 예견하여 사전대응을 준비할 수 있다. 셋째, 소수의 집행영향변수에 관심을 집중시킴으로써 정책과정 관리를 원활하게 할 수 있다. 넷째, 객관적인 집행평가가 이루어진다. 그러나 다음과 같은 한계점도 지닌다. 하향식 접근방법에서 중요하게 고려하는 명확하고 일관된 정책목표 설정은 다원주의 체제하에서는 불가능한 것이 현실이며, 정책과정 관리 전반에 있어서의 현실성이 결여된 측면이 있고, 집행현장의 특수성을 정확하게 파악하지 못한다는 측면이 있다(권기헌, 2018).

상향식 접근방법은 "일선집행자와 정책대상집단 관점에서 시작하는 정책집행의 연구"이다(남궁근, 2017: 437). 상향식 정책집행을 연구한 대표적인 학자로는 립스키(M. Lipsky)가 있다. 립스키는 '일선관료(street-level bureaucrats)'의 역할을 강조하면서 상향식 정책집행의 필요성을 주장하였다(Lipsky, 1980). 그에 따르면, 일선관료는 국민들과

	합리적 의사결정 모형	점증적 의사결정 모형
문제정의	다른 문제와 분리되도록 문제를 정의	문제는 맥락 속에서 발생하며, 이러한 문제는 서로 구별되지 않는 것으로 받아들여짐
목표설정	모든 목표와 목표, 상대적 가중치 또는 값을 나열·확인	지침 기준은 프로그램 목표
대안제시	모든 대안을 나열	몇 가지 대안을 고려하고 있는데, 이는 기존 프로그램과 약간의 차이가 있을 뿐임
대안검토	• 각 대안의 비용과 결과를 나열 • 각 대안에 대한 편익 대비 비용 비율 계산 • 목표와 목표달성을 극대화하는 대안을 확인	• 각 대안의 결과 중 일부를 고려 • 문제는 원하는 목적을 달성하기 위해 다른 수단이 제안됨에 따라 지속적으로 재정의될 수 있으며, 보다 관리하기 쉽도록 조정됨 • 가능한 최선의 해결책이 아니더라도 적어도 하나의 좋은 해결책에 대해서는 합의가 이루어짐
대안 의사결정	가장 좋은 대안은 주어진 목표를 가장 효율적으로 달성하는 것. 이에 따른 대안 의사결정	좋은 결정은 합의된 결정이고 단기적으로 더 나은 조건을 만드는 결정. 이에 따른 대안 의사결정

출처: https://home.csulb.edu/~msaintg/ppa590/decision.htm 재정리.

이밖에 보다 구체적인 정책결정모형과 관련해서는 본서 제7장의 의사결정모형을 참조하기 바란다.
16) 이러한 측면에서 정책집행을 또 따른 의사결정이라고 부르기도 한다(이용모 외, 2019: 207).

직접적으로 접촉하는 공무원으로서 교사, 일선경찰관, 법집행공무원, 사회복지요원, 보건요원 등을 포함한다. 특히 일선관료들은 정책집행 현장에서 업무를 추진하는 가운데 높은 재량권을 행사하기 때문에 이들이 사실상 정책결정자의 성격을 가진다는 것이다 (Lipsky, 1980). 그러나 그들이 처한 업무환경에는 다음과 같은 문제점이 지적되기도 한다. 즉, 일선관료들은 정책집행에 있어 자원의 부족 혹은 과도한 서비스 요구, 일선관료의 업무수행에 대한 모호한 기대 혹은 갈등(예: 국민들의 일선관료에 대한 이중적 태도), 목표달성 성과측정의 어려움 등의 상황에 처해 있으며, 이러한 환경에서 일선관료는 단순화, 상례화(루틴화)된 업무행태를 노정할 수밖에 없다는 것이다. 결국 상향식 정책집행은 일선관료의 정책집행이 정책내용 등에 중대한 영향을 미친다는 점을 강조한다(권기헌, 2018).

상향식 접근방법은 다음과 같은 장점을 지닌다. 첫째, 집행과정이 상세하게 기술됨으로 인해 집행과정의 인과관계 파악이 용이하다. 둘째, 집행현장의 특성 등을 현실적으로 파악할 수 있기 때문에 정책의 의도하지 않은 효과까지도 분석이 가능하다. 셋째, 문제해결 방법을 마련하는 가운데 사조직 및 시장의 역할까지도 중요하게 고려한다. 넷째, 정책집행 현장에서 다양한 이해관계자들의 의견을 청취할 수 있기 때문에 정책문제의 원인을 보다 구체적으로 파악할 수 있다. 다섯째, 시간의 경과에 따른 집행현장의 전략적 상호작용 파악에 용이하다.

반면에 상향식 접근방법은 다음과 같은 한계점도 지니고 있다. 상향식 접근방법에서는 일선 집행관료의 영향력이 과도하게 강조될 수 있다. 또한 현장을 지나치게 중요시한 나머지 공식적인 정책목표를 주요 변수로 고려하지 못할 수도 있다. 뿐만 아니라, 일선관료와 정책대상집단이 인지하지 못하는 정책문제들은 무시되기 쉽다. 선출직 공무원의 정책결정 및 그에 따른 책임과 같은 민주주의의 가치가 소홀히 될 수 있으며, 정책집행과정 분석에 있어서 일관적인 분석틀을 제시하기 어렵다는 한계도 안고 있다(주운현 외, 2018).[17]

하향식 정책집행과 상향식 정책집행 두 가지 정책집행 접근방법 중 어떤 것이 정

---

17) 하향식 접근방법과 상향식 접근방법을 포괄한 통합적 접근방법도 있다. 이러한 방법은 1980년대 중반 이후에 제기되기 시작하였다. 통합적 접근방법은 두 가지 접근방법의 장점을 종합하였다는 측면에서 긍정적인 측면이 있으나, 도구적 합리성을 강조하는 하향식 접근방법과 제한된 합리성을 강조하는 상향식 접근방법을 통합하여 설명하는 것 자체가 모순이라는 점에서는 비판을 받고 있다(이용모 외, 2023).

표 15-9	하향식 접근방법과 상향식 접근방법의 특성 비교	
구분	하향식 접근방법	상향식 접근방법
연구전략	정치적 결정으로부터 행정적 집행으로 변화	개별 관료로부터 행정 네트워크로 변화
분석목표	예측/정책 건의	기술/설명
정책과정의 모형	단계주의자 모형	융합주의자 모형
집행과정의 특징	계층적 지도	분권화된 문제해결
민주주의 모형	엘리트 민주주의	참여민주주의
평가기준	• 공식목표 달성에 초점 • 정치적 기준과 의도하지 않은 결과도 고찰되지만 이는 선택적 기준임	• 분명하지 않음. 평가자가 선택한 정책이슈와 정책문제 • 공식목표는 중요하지 않음
전반적 초점	• 정책결정자가 의도한 정책목표를 달성하기 위해 집행체계를 어떻게 운영하는지에 초점을 둠	• 집행 네트워크 행위자의 전략적 상호작용에 초점을 둠

출처: 남궁근(2017: 444).

답이라고 말하기는 어렵다. 정책의 특성 및 내용 그리고 정책집행 과정을 둘러싼 여러 가지 환경적인 요인들을 고려하여 접근방법을 달리할 필요가 있는 것이다. 그러나 분명한 점은 정책집행을 성공적으로 추진하기 위해서는 정책대상집단을 포함한 다양한 이해관계자들의 '순응(compliance)'을 확보할 필요가 있다는 것이다. 정책과 관련해 순응은 "정책이나 법규에서 요구하는 행동에 따르는 행위를 의미"하며, 이에 반대되는 용어가 '불응'이다(정정길 외, 2013: 550). 정책을 집행할 때 이해관계자의 순응을 이끌어 내는 것은 정책의 성패를 좌우하는 중요 요인이 된다. 다시 말해, 정책집행 과정에서 정책대상 집단 및 정책집행을 담당하는 일선관료 또는 중간매개 집단의 순응 또한 중요하게 고려할 필요가 있다는 것이다.

정책집행과 관련해 사바티어(P. A. Sabatier)와 마즈매니안(D. A. Mazmanian)은 효과적인 정책집행을 위해 여러 가지 요인들을 통합적으로 관리할 필요성이 있다고 주장하였다(Sabatier & Mazmanian, 1981). [그림 15-3]에서는 정책집행 과정에서 고려해야 할 요소들을 나타내고 있다.

그림 15-3   정책집행 과정의 개념적 틀

문제의 용이성(Tractability of the Problem)

1. 유효한 기술 이론 및 기술의 가용성
2. 대상 그룹 행동의 다양성
3. 인구 대비 대상 그룹
4. 행동변화가 필요한 정도

법령의 체계적 이행 능력 (Ability of Statute to Structure Implementation)	집행에 영향을 미치는 법령 외 변수 (Nonstatutory Variables Affecting Implementation)
1. 명확하고 일관된 목표 2. 적절한 인과이론의 접목 3. 재원 4. 집행 기관과의 계층적 통합 및 구현 기관 간 통합 5. 집행기관의 의사결정 규칙 6. 이행공무원 채용 7. 외부인에 의한 공식 접근	1. 사회경제적 조건과 기술 2. 문제에 대한 미디어의 관심 3. 공공지원 4. 선거구 집단의 태도와 자원 5. 주권자로부터의 지원 6. 공무원의 업무수행에 대한 책임과 리더십 능력

출처: Sabatier & Mazmanian(1981: 7).

5) 정책평가 및 변동

정책평가는 "실제로 집행되고 있는 정책이 의도한 성과를 내고 있는지, 그리고 그 정책들이 추구하는 목적을 달성하기 위하여 채택한 수단들이 효과가 있었는지를 발견하는 과정"이다(남궁근, 2017: 473). 정책평가는 정책에 대한 책임성 확보를 목적으로 하고 있다. 정책결정자, 정책관리자, 정책집행자들에게 정책평가 정보가 환류되어 정책발전을 위한 유용한 정보로 활용되기도 한다. 이러한 정책평가는 "정책이 집행되고 난 후에 정책이 사회에 미친 영향(impact)을 추정하는 판단활동", 즉 "정책결과를 평가대상"으로 하는 '총괄평가(summative evaluation)'[18]와, 정책수단이 어떤 경로를 통해 정책효과

---

18) 남궁근(2017: 671)에 따르면 총괄평가는 '영향평가(impact evaluation)'로도 불리며, "정책집행의 결과 또

를 초래하였는지를 구체적인 정책집행 및 활동과정, 즉 정책집행 과정을 통해 평가하는 '과정평가(process evaluation)'로 분류할 수 있다(정정길 외, 2013: 623, 627).

정책평가의 결과는 정책환류(feedback)를 통하여 정책학습과 정책변동의 토대가 된다.[19] 정책학습(policy learning)은 "정책과정에 참여하는 개인이나 조직이 특정한 정책목표나 수단의 효과성과 적절성 또는 효율성 등과 관련된 경험이나 체계적 사고를 통하여 목표와 수단을 바꾸어 나가는 과정"이다(노화준, 2007). 이는 정책을 수행하는 과정에서의 시행착오(trial and error)를 통한 시정활동을 의미한다. 반면에 정책변동(policy change)은 "정책환류와 정책학습의 결과에 따라 정책내용(목표, 수단, 대상집단 등)과 정책집행 방법에 변화가 발생하는 것"을 의미한다(남궁근, 2017: 499). 정책변동은 새로운 정책이 도입되는 '정책혁신', 현재의 정책(목표와 수단)을 기본적으로 유지하면서 부분적인 정책수단만 변화하는 '정책유지', 정책목표는 유지하되 이전의 프로그램과 조직이 크게 대체되는 '정책승계', 정책이 완전히 종료되는 '정책종결'로 구분된다(정정길 외, 2019).

3. 정책과정 모형 및 방법

1) 정책과정 설명 모형[20]

(1) 다중흐름모형

다중흐름모형(Multiple Streams Framework, MSF)은 코헨(M. D. Cohen), 마치(J. G.

는 영향을 평가하는 것"이다. 영향평가의 경우 정책집행 과정 전반 혹은 정책집행 종료 후에 수행될 수 있으나, 대부분의 경우 정책집행이 종료된 후 수행되며 정책평가의 핵심은 바로 이 영향평가에 있다고 본다.

19) 이밖에도 "정책의 환류효과는 크게 보면, 정치 엘리트들의 전략에 미치는 영향, 이익집단의 활동에 미치는 영향, 일반대중의 여론형성에 미치는 영향 등으로 나눌 수 있다. 이러한 환류효과는 현존 정책의 지속성으로 이어지는 '긍정적 환류효과(positive feedback effect)'와 정책의 변동으로 이어지는 '부정적 환류효과(negative feedback effect)'로 나눌 수 있다"는 것이다(구현우, 2013: 69).

20) 이는 정책변동 모형으로 고려되기도 한다. 그 외 정책결정모형에 관한 내용은 본서 제7장의 의사결정모형을 참고하기 바란다.

March), 올슨(J. P. Olsen)이 1972년 고안한 '쓰레기통모형(garbage can process model)'[21] 을 킹던(J. Kingdon)이 발전시킨 모형으로, 정책의제설정 과정의 기회가 항상 열려 있는 것인지, 그리고 그 기회가 열리고 닫히는 데 영향을 미치는 중요한 요인은 무엇인지를 설명한 모형이다(Kingdon, 1995).

[그림 15-4]에 제시되어 있듯이 별도로 존재하던 세 가지 흐름[문제흐름, 정책(대안)흐름, 정치흐름][22]이 정책선도자(policy entrepreneur)에 의해 '정책의 창(policy window)'이 열리는 순간 결합[23]하여 정책산출을 이루어 낸다는 것이다. 즉, 정책선도자는 서로 독립적으로 존재하던 세 가지 흐름을 동시에 고려하고 정책의 창이 열리는 결정적인 시기를 포착해 정책을 산출하는 것이다(Zahariadis, 2003).[24]

다중흐름모형은 다음과 같은 장단점을 지닌다(이하 이윤석·김정인, 2022: 201-202). 다중흐름모형은 정책변동과정에서 다양한 행위자와 구조를 연계시켜 분석할 수 있다는 점에서 장점을 지닌다. 특히 특정 사회문제가 세 가지 흐름 속에 어떻게 정책변동을 발생시키는지를 설명하고, 사회문제가 관련 행위자들 사이에서 어떻게 정책문제로 인식되

---

21) 쓰레기통모형은 "조직구성원 사이의 응집력이 아주 약한 상태, 즉 조직화된 무정부상태하에서 의사결정이 이루어지는 과정을 설명하려고 시도한 대표적인 기술적 모형"이다. 이때 조직화된 무정부상태는 '문제성 있는 선호(problematic preference)', '불명확한 기술(unclear technology)', '유동적인 참여자(fluid participants)'와 같은 특징이 나타난다고 보고 있으며, 이러한 상태에서 의사결정을 하기 위해서는 '문제(problem)', '해결방안(solution)', '참여자(participants)', '선택기회(choice opportunity)'와 같은 요소들이 문제해결, 끼워 넣기, 미뤄 두기 등과 같은 의사결정 결과를 초래한다고 보았다(남궁근, 2017: 375-378).

22) 문제흐름(stream of problems)은 정부와 시민들이 정부정책 개입을 통해 사회문제 해결이 필요하다고 인식하는 흐름이며, 대표적인 예로 문제 상황을 구체적으로 알려주는 지표(예: 재정지표), 우연한 사건과 사고(초점사건) 등이 있다. 정책(대안)흐름(stream of policy)은 정책문제를 해결하기 위하여 전문가 집단을 포함한 정책공동체들이 구체적인 정책문제 해결을 위해 아이디어와 상세한 문제해결 방안을 제시하는 상황을 의미하며, 정치흐름(stream of politics)은 정부의제를 결정의제로 변화시키기 위한 사회적·국가적 분위기, 여론, 권력구조 변화와 같은 정치적 사건 등을 포함한 것으로, 이와 관련된 대표적인 지표로는 국내 분위기 변동, 선거결과, 행정부 교체, 의회 구성원 변화, 이익집단 시위 등이 있다(Kingdon, 1995; 이윤석·김정인, 2022: 202).

23) 정책의 창은 주도적 흐름이 무엇인가에 따라 달라진다. 심각한 사건 또는 우연한 사건 등 문제의 흐름에 의해 정책의 창이 열리는 경우에는 '문제의 창(problems window)'이 열렸다고 하며, 선거에 따른 정권교체 또는 의원 수 교체 등 정치적 흐름이 주도적 역할을 하여 정책의 창이 열리는 경우에는 '정치의 창(political window)'이 열렸다고 한다(Kingdon, 1995; 이윤석·김정인, 2022: 203).

24) "정책선도자의 역할은 문제를 정의하고, 이에 적합한 대안을 선택하며, 정책결정자들이 정책을 채택할 수 있도록 적극적으로 요구하는 것이다. 특히 공공영역에 혁신적인 아이디어를 제공하고, 혁신에 대한 긍정적인 태도를 지녀 혁신을 주도하는 행위자가 바로 정책선도자인 것이다"(이윤석·김정인, 2022: 203).

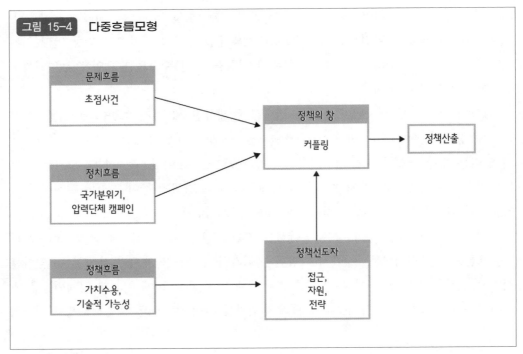

그림 15-4 다중흐름모형

출처: Zahariadis(2003).

느가를 설명할 수 있으며, 이 과정에서 정치적 요인이 주목받는다는 점에서 장점을 지닌다. 또한 다중흐름모형은 우연한 사건에 의해서 짧은 시간에 정책변동이 발생할 수 있음을 설명하는 데 유용하며, 한국사회와 같이 갑자기 정책이 결정되거나 수시로 정책변동이 발생하는 상황을 설명하는 데 장점이 있다. 특히 정책변동과정에서 정책선도자들이 지닌 자원, 리더십, 전략이 미치는 영향력 설명에 유용성을 지닌다. 그럼에도 불구하고 다중흐름모형은 정책변동 과정에서 제도적 분석 및 제도의 역할에 대한 설명이 제한적이라는 점에서 한계를 지닌다. 또한 세 가지 흐름의 역할과 초점사건 등과 같은 우연한 기회에 의한 정책의 창 열림을 강조하여 사전 예측과 시스템 분석이 어렵다는 점에서 한계를 지닌다. 또한 정책변동 분석이 엄격한 인과관계에 의한 분석보다는 정책변동 발생 과정 기술에 치중한다는 점에서 한계를 지닌다.

(2) 정책옹호연합모형

정책옹호연합모형(Advocacy Coalition Framework, 이하 ACF)은 사바티어와 젠킨스미스(H. C. Jenkins-Smith)가 1993년에 최초로 고안한 모형으로서 장기적인 정책의 변화과정을 설명하는 데 매우 유용하다(전진석, 2014).[25] 이 모형은 기존의 정책과정 또는 정책단계 접근이 인과적 설명을 제시하는 데 한계가 있다는 비판으로부터 시작되었다. 따라서 ACF는 정책과정에서의 인과성을 강조하며, 비공식적 요소(예: 정책신념)의 중요성을 강조하고, 일선관료의 역할을 중요하게 고려하였다(Sabatier & Weible, 2007).

[그림 15-5]에서 제시되고 있듯이, ACF는 안정적인 외적변수(변화의 속도가 느림)

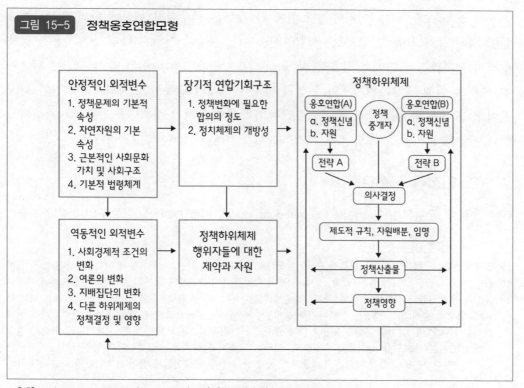

그림 15-5 **정책옹호연합모형**

출처: Sabatier & Weible(2007: 202); 최성구·박용성(2014: 374).

---

25) 해당 모형은 1993년 고안된 이후 몇 차례의 수정과정을 거치게 된다.

들과 역동적인 외적변수들(변화의 속도가 상대적으로 빠름)이 장기적 연합기회구조(예: 정책 변화에 필요한 합의 정도 및 체제 개방성)에 영향을 미친다. 그리고 환경변화와 장기적 연합 기회구조의 변화는 정책하위체제(policy subsystem) 행위자들에게 중대한 영향을 미치게 된다. 정책하위체제는 정부, 이익집단, 대중매체, 연구기관 등과 같은 정책참여자들에 의해 구성된다. 정책하위체제 내에서 정책참여자들은 자신들의 신념과 유사한 신념을 지닌 집단을 찾아 동맹을 형성한다. 다시 말해, 유사한 신념체계(belief system)를 바탕으로 정책참여자들이 '옹호연합(advocacy coalition)'을 형성한다는 것이다. 이러한 옹호연합은 복수로 존재할 수 있다. 이러한 가운데 정책하위체제 내에서 동일한 옹호연합의 구성원 간 결속은 더욱 강화되며, "특정 정책을 지지하는 지지연합과 이를 반대하는 연합", 즉 특정 정책에 대해 경쟁관계에 있는 옹호연합 간 갈등은 더욱 악화된다(최성구·박용성, 2014: 376-377). 이러한 옹호연합 간 갈등은 외부환경 변화에 따라 정책중개자들에 의해 중재되며, 그 결과로 정책이 산출된다. 산출된 정책은 다시 환류작용을 통해 정책의 외부환경 요인에 영향을 준다(Sabatier & Weible, 2007). 이와 같이 ACF는 외부환경 변화로 인해 정책하위체제의 구성원 간 신념체계의 갈등이 조정되고, 그 결과로 정책이 산출되는 과정을 잘 설명해 준다.26) 따라서 대표적인 정책변동모형으로 간주되고 있다(예: 배출권거래제도 도입 사례, 행정수도 이전 사례 등 정책변동을 설명).27)

(3) 단절적 균형모형28)

단절적 균형모형(Punctuated Equilibrium Model, 이하 PEM)은 점증주의(변화가 조금씩

---

26) 정책변동의 핵심적 경로는 외부적 충격, 정책하위체계의 내부 사건, 정책지향적 학습, 교섭된 합의 등이다(이하 남궁근, 2017: 517-519). 첫째, 외부적 충격은 정책하위체제 외부의 동태적 사건 또는 충격으로 인해 옹호연합의 신념체계가 변화되는 것을 의미한다(예: 경기후퇴로 인한 규제완화 신념체계 변화). 둘째, 내부적 충격 또는 사건은 정책하위체제 내부에 발생하는 충격으로 이는 옹호연합의 신념체계를 변화시킨다(예: 태안 앞바다 원유수송선 기름 유출사고로 에너지정책의 변화). 셋째, 정책지향적 학습은 경험에 의한 정책옹호연합 신념체계 수정으로, 이러한 정책지향적 학습은 장기적이고 점진적인 정책변동을 촉진시킨다. 넷째, 교섭된 합의는 정책중개자 등을 통해 찬성 옹호연합과 반대 옹호연합이 교섭하여 합의에 도달하는 것이다.

27) ACF 모형은 정책의 변동과정을 설명하는 정책변동모형으로 설명될 수 있으며, 정책변동 과정에서 나타나는 정책집행 영향요인도 고려할 수 있다는 측면에서 정책집행 분석모형으로도 설명될 수 있다(권기헌, 2018).

28) 이는 본서 제9장에 제시되어 있는 역사적 제도주의 이론을 참고하기 바란다.

발생) 시각을 보완하기 위해 형성된 모형으로, 크래즈너(S. D. Krasner)에 의해 1984년 처음으로 행정학에 도입되었다.[29] 이는 "동일한 제도와 규칙 안에서 미약한 수준의 점증적인 변동을 겪을 뿐 오랜 시간 안정적으로 유지되던 정책이 어느 순간 단절적인 변동을 일으키는 현상을 설명"하는 데 활용된다(Krasner, 1984; Baumgartner & Jones, 1991; 김향미·이삼열, 2015: 76). 다시 말해, 이 모형은 "제도가 상당 기간 안정성을 유지하다가 비교적 급격한 제도의 변화를 가져오는 위기에 의하여 주기적으로 중단되며, 그 이후 다시 제도의 균형상태가 유지된다는 것"을 의미한다(남궁근, 2017: 176). 따라서 PEM은 외부환경(예: 전쟁, 경제공황 등)에 따른 정책의 점증적인 변화와 급격한 변화를 모두 포괄하여 설명할 때 유용하게 활용될 수 있다(김향미·이삼열, 2015). 이는 정책변동을 설명하는 전형적인 모형인 것이다. 미국의 이민정책을 급변시킨 9.11 테러사건(2001년 발생), 전 세계 보건·복지정책에 획기적인 변화를 가져온 코로나19 팬데믹(2019년 11월 최초 발생하여 이후 전 세계로 확산) 등이 PEM 모형을 통해 설명될 수 있을 것이다.

2) 정책과정 분석·평가방법

(1) 집단토의, 델파이, 정책델파이

집단토의(brainstorming)는 "즉흥적이고 자유분방하게 여러 가지 기발한 아이디어를 창안하는 활동"을 말한다. 이는 여러 가지 문제 해결책을 고안하기 위해서 제안된 방안이다. 반면, 델파이(delphi)는 전문가들의 의견을 종합하여 보다 합리적인 아이디어를 만들려는 시도로서, 전문가들의 주관적 판단에 의한 미래예측을 위해 주로 활용된다(정정길 외, 2013: 363). 정책델파이(policy delphi)의 경우, 델파이기법의 한계점을 극복하여 정책문제의 복잡성에 맞는 새로운 절차를 만들어 내려는 시도를 일컫는다. 델파이가 참여자들의 익명성 보장, 제시된 의견의 반복성과 환류강화, 합의도출을 목적으로 하고 있다면, 정책델파이는 선택적 익명성 보장, 정책관계자의 의견중시, 유도된 의견대립 등을 강조한다(이용모 외, 2023). 이러한 집단토의, 델파이, 정책델파이는 모두 정책과정을 분석하고 평가하는 데 활용된다.

---

29) '단절적 균형(punctuated equilibrium)'은 생물학에서 차용된 용어로 제도의 변화를 설명하는 데 유용하다.

(2) 비용-편익분석

비용－편익분석(Cost Benefit Analysis, CBA)은 "공공지출에 관한 결정으로서 공공투자사업의 효과가 비용보다 많은지를 평가하는 체계적인 분석수단"이다. 정책대안(정책목표와 정책수단의 조합)의 총화폐적 비용과 총화폐적 편익을 계량화하여 비교하는 분석방법으로, 대표적인 정책과정 분석·평가방법으로 제시된다. 즉, 정책대안의 모든 비용과 편익을 화폐가치로 환산하여 비교함으로써 이를 바탕으로 최적의 대안선택에 기여할 수 있도록 하는 것이다. 비용과 편익을 화폐가치로 환산한 이후 최적대안을 선택하는 방안으로는 ① 순현재가치(net present value)(편익의 총현재가치－비용의 총현재가치), ② 편익－비용비(B/C ratio)(편익의 총현재가치/비용의 총현재가치), ③ 내부수익률(순현재가치를 0으로 만드는 할인율) 등이 있다(정정길 외, 2013: 777－780). 특히 비용－편익분석 방법은 정책 관련 예비타당성 조사에 주로 활용되고 있다.

비용－편익분석은 비용과 편익 모두 가치의 공통단위인 화폐가치로 측정하며, 하나의 정책이나 프로그램을 뛰어넘어 편익을 사회 전체 소득과 연결시킬 수 있고, 편익이 화폐단위로 측정되기 때문에 전혀 다른 프로그램(예: 보건과 교통 비교)에도 적용할 수 있는 장점이 있다. 그럼에도 불구하고, 비용－편익분석은 형평성을 강조하는 정책을 분석·평가하는 데에는 활용되기 어려우며, 공공부문의 특성을 고려할 때 화폐가치로 측정할 수 없는 부분도 존재한다는 측면에서 비판을 받고 있다. 또한 화폐가치가 개인의 만족과 사회후생을 측정하기에는 적절하지 않은 단점을 안고 있다(정정길 외, 2019).

(3) 비용-효과분석

비용－효과분석(Cost Effectiveness Analysis, CEA)은 공공부문 사업 중에서 비용과 편익을 화폐가치로 측정할 수 없는 경우에 활용되는 방안이다. 특히 효과의 화폐가치 계산이 어렵거나 비용과 효과의 측정단위가 달라 비용－편익분석 방법이 활용되지 못할 때 사용된다. 남궁근(2017: 637－640)에 따르면, "정책대안의 비용은 화폐단위로 측정되지만, 그 효과는 재화단위나 서비스단위 또는 기타 가치 있는 효과단위로 측정될 수 있을 때 이들을 비교하여 평가하는 방법"이 비용－효과분석인 것이다. 비용－효과분석 방안으로는 ① 비용－효과비 분석(예: 비용 대 보건서비스 단위의 비), ② 효과－비용비 분석

(예: 보건서비스 단위 대 비용의 비) 등이 있다. 다시 말해, 비용－효과분석에 의한 대안선택은 일정 수준으로 효과수준을 정한 다음 이 수준에 도달하는 몇 개의 대안 중에서 가장 적은 비용이 드는 대안을 선택하는 방안(고정효과 또는 최소비용 기준) 또는 비용의 최고한도를 정해 놓고 한도를 넘는 대안은 제거하고 나머지 대안 중에서 최대효과를 창출하는 대안을 선택하는 방안(고정예산 또는 최대효과 기준)이 있다는 것이다. 비용－효과분석이 적용되는 대표적인 예로는 국방, 치안, 운수, 보건 등의 영역을 꼽을 수 있다.

비용－효과분석의 장점은 화폐가치로 측정이 불가능한 집합재(collective goods) 혹은 준집합재(quasi－collective goods)에 대한 정책분석이 가능하다는 것이다. 또한 목표가 모호하고 집행과정이 복잡한 정부정책과정을 이해할 수 있도록 돕고, 비가시적인 외부효과 등을 분석하는 데 적합한 측면도 있다. 그러나 비용－효과분석은 다음과 같은 측면에서 단점을 가진다. 비용과 효과의 측정가치 차이로 인해 정책대안에 대한 정확한 분석이 어렵다는 한계가 있다. 이 때문에 비용－효과의 분석결과를 사회 전반의 바람직성과 연계시켜 논의하기는 어렵다는 문제점이 발생한다(권기헌, 2018).[30]

(4) 정책실험 또는 사회실험

최근 들어 정책과정의 분석·평가에 있어 정책실험(사회실험) 방법을 활용하는 경우가 많다. 정책실험(사회실험)이란 대대적인 사업집행이나 전면적인 정책추진에 앞서 소규모로 일정 정책대상집단에게 정책을 실시해 보는 일종의 시범적, 시험적, 실험적 성격의 사업집행 또는 정책집행을 말한다(정정길 외, 2019). 특히 이는 이론이나 모형을 통해 정책대안의 결과예측 등이 불확실할 때 자주 활용되는 방법으로 대표적인 예로는 핀란드의 기본소득 실험이 있다(Kangas, 2017).[31], [32] 정책실험의 장점은 다음과 같다. 소

---

30) 이밖에도 "비용－편익의 기본적 틀 속에서 편익을 효용(utility)으로 측정"하는 '비용－효용분석(cost－utility analysis)' 방법도 있다. 또한 "비용을 위험으로 측정"하는 '위험－편익분석(risk－benefit analysis)' 방법도 있다.

31) 핀란드에서는 2017년 1월부터 기본소득에 대한 정책실험을 2년 동안 실시하였다. 실험집단에 할당된 2,000명에게는 한 달에 560유로(약 72만 원)의 기본소득을 제공하였고, 통제집단에 포함된 사람들에게는 기존의 실업급여만을 지급했다. 그 결과 기본소득을 제공받은 집단의 평균 고용일수와 자영업 종사자의 비중이 실업급여를 지급받은 집단에 비해 높게 나타났다. 하지만 이러한 결과가 통계적으로 유의미한 차이를 나타낸 것은 아니다. 이러한 실험의 결과로 핀란드는 기본소득 정책실험을 더 이상 실시하지 않기로 하였다(한겨레신문, 2019).

32) 우리나라에서도 청년기본소득 등의 정책과 관련해 정책실험 방법에 대한 관심이 높아지고 있다(정이윤

수집단을 중심으로 정책실험의 대상자를 설정하기 때문에 대규모로 정책이 시행되었을 때의 정책실패 우려를 감소시킬 수 있다. 또한 정책실험 결과는 본격적으로 정책을 추진하기 전에 정책을 수정, 보완할 수 있는 기초자료로 활용할 수 있다. 그러나 정책실험은 다음과 같은 한계점을 지닌다. 우선 정책실험의 참여대상자들에게 실험의 취지나 목적, 절차 등을 충분히 이해시키기 어렵고, 실험대상의 이탈이 발생할 경우 실험결과의 정확성을 보장할 수 없다. 정책실험이 실패할 경우 비용 및 시간 낭비라는 비판을 받을 우려도 있다. 뿐만 아니라, 실험설계[33] 방법에 따라 정책실험 진행방식, 소요비용, 시간 및 실험결과 등 전반이 달라질 수 있기 때문에 결과에 대한 타당성을 담보하기 어려운 측면이 있다(김승연 외, 2019).

외, 2019).

33) 실험설계의 예로 "실험집단과 통제집단을 무작위로 배정한(randomization) 진실험설계(true experimental design 혹은 randomized−control−treatment, RCT)" 방법 등이 있다(정이윤 외, 2019: 50). 대표적인 진실험설계인 고전적 실험설계는 "① 연구대상을 실험집단과 통제집단에 무작위적으로 배정하고, ② 실험집단에 독립변수(정책프로그램이나 개입 방법)를 도입하는 반면에 통제집단에는 도입하지 않고, ③ 실험집단과 통제집단의 종속(영향)변수 값의 변화정도를 비교"하는 것이다. 반면 준실험설계는 "무작위배정에 의하여 실험집단과 통제집단의 동등화를 꾀할 수 없을 때 사용하는 설계방법으로서, 무작위배정에 의한 방법 대신에 다른 방법을 통해 실험집단과 유사한 비교집단을 구성하려고 노력하는 설계"이며, 비실험설계는 "인과적 추론의 세 가지 조건을 모두 갖추지 못한 설계, 즉 진실험 또는 준실험 설계를 제외한 인과관계의 추론방법"을 의미한다(남궁근, 2017: 691−692, 695, 706).

ChatGPT와 함께 하는 **15장**의 **주요 개념** 정리

1. 비용-편익분석과 비용-효과분석의 장단점

- 비용-편익분석(Cost-Benefit Analysis, CBA)과 비용-효과분석(Cost-Effectiveness Analysis, CEA)은 정책이나 프로젝트의 효과와 비용을 평가하는 데 사용되는 두 가지 주요 경제학적 도구
- 두 분석 방법은 목적과 상황에 따라 선택되어야 함. CBA는 전체적인 사회적 효과를 고려하고자 할 때 사용되며, CEA는 자원이 제한된 상황에서 특정 목표를 가장 효과적으로 달성하기 위한 대안을 선택할 때 사용됨

구분	비용-편익분석 (Cost-Benefit Analysis, CBA)	비용-효과분석 (Cost-Effectiveness Analysis, CEA)
장점	• 종합적 평가: CBA는 정책이나 프로젝트의 모든 비용과 이익을 종합적으로 고려하므로, 전체적인 사회적 효과를 파악할 수 있음 • 효과적인 의사결정: 정부와 기업은 자원을 효과적으로 할당할 수 있도록 다양한 정책 옵션을 비교하는 데 CBA를 사용하여 의사결정을 내릴 수 있음	• 상대적 측정: CEA는 대안 간의 상대적 효율성을 평가하므로 특정 목표를 달성하는 데 어떤 대안이 가장 효과적인지 비교하기 쉬움 • 간단성: CEA는 특정 효과 달성에 따른 비용을 측정하므로, CBA보다 데이터 수집과 분석에 덜 번거로울 수 있음
단점	• 주관성: 일부 이익이나 비용은 화폐적 가치로 측정하기 어려우며, 평가자의 주관적 판단에 영향을 받을 수 있음 • 시간과 비용: CBA는 데이터 수집, 분석 및 평가에 많은 시간과 비용이 소요될 수 있음 • 이자율 및 할인율의 민감성: CBA에서는 이자율과 할인율이 결과에 민감하게 영향을 미침	• 좁은 범위: CEA는 비용을 최소화하면서 얼마나 많은 목표를 달성하는지만을 고려하므로, 정책이나 프로젝트의 전체적인 사회적 효과를 고려하지 않을 수 있음 • 상대적 단위의 사용: 각 대안의 비용과 효과가 서로 다른 상대적인 측정 단위를 가질 수 있어, 비교가 어려울 수 있음

출처: ChatGPT(2023). '비용-편익분석과 비용-효과분석의 장단점은 무엇인가?' 질문으로 검색한 내용 저자 정리.

2. 정책실험 사례

- 정책실험은 특정 정책이나 제도의 효과를 평가하고 예상되는 결과를 확인하기 위해 시뮬레이션하거나 실험하는 과정
- 정책실험은 정부, 연구기관 혹은 국제기구와 같은 다양한 기관에서 실시할 수 있음
- 이러한 정책실험은 실제로 정책을 시행하기 전에 예상 결과를 예측하거나, 이미 도입된 정책의 효과를 평가하고 정책을 수정하기 위해 사용될 수 있음

구분	내용
교육 정책실험	• 소득기반 장학금 프로그램의 효과: 특정 지역이나 국가에서 소득기반 장학금 프로그램을 도입하여 학생들의 학업 성과와 대학 진학률에 어떤 영향을 미치는지를 평가
건강 정책실험	• 건강보험 제도의 변화 효과: 새로운 건강보험 제도를 도입하여 의료 서비스 접근성, 비용, 환자 만족도 등을 평가하는 실험을 실시
경제 정책실험	• 최저임금 인상의 영향: 최저임금을 인상하는 정책을 실험적으로 도입하여 고용, 소비, 경제 성장 등에 어떤 영향을 미치는지를 분석
환경 정책실험	• 친환경 에너지 보조금의 효과: 친환경 에너지를 사용하는 기업에 대한 보조금을 도입하여 온실 가스 감축, 새로운 기술 도입 등의 효과를 평가할 수 있음
사회복지 정책실험	• 기본소득제도의 영향: 기본소득을 시범적으로 도입하여 사회 경제적 안전망과 노동 시장에 어떤 영향을 미치는지를 조사
범죄 및 법률 정책실험	• 지역 커뮤니티 경찰 프로그램의 효과: 특정 지역에서 지역 경찰 프로그램을 시행하여 범죄율, 경찰-시민 관계, 안전성 등을 평가
인프라 정책실험	• 대중교통 확장의 영향: 대도시에서 대중교통 시스템을 확장하여 교통 체증, 대기오염, 경제활동 등에 어떤 영향을 미치는지를 실험

출처: ChatGPT(2023). '정책실험 사례에는 무엇이 있는가?' 질문으로 검색한 내용을 저자 정리.

행정사례 연습

■ 정책옹호연합모형 사례

김포 거물대리(里) 사례

　김포 거물대리 사례는 김포시 대곶면 거물대리(里) 주민들의 환경오염 피해 구제급여를 선지급한 환경정의 실천 사례이다. 2019년 9월 환경부 환경오염 피해구제심의회가 오랫동안 환경오염 피해를 겪어오던 김포시 거물대리 주민들에게 구제급여를 선지급한 최초 사례이다. 구체적인 거물대리 환경오염 피해 구제급여 주요 일정은 아래 표와 같다. 본 사례는 외부환경 변화, 정책중개자 역할, 정책옹호연합 신념체계 변화에 따라 정책변동(환경오염 피해 구제급여 선지급)이 발생할 수 있다는 점을 정책옹호연합모형(ACF)으로 설명하였다는 점에서 의의가 있다.

일자	주요과정
2012	거물대리 지역 환경오염 문제 제기(언론 보도 및 민원 증가)
2013~2015	김포시가 인하대 산업협력단에 의뢰해 환경오염 역학조사 진행
2015.2	환경부 중앙기동단속반 김포시 대곶면 거물대리 일대 환경오염물질 배출사업장 특별단속(총 86개 사업장에서 72%인 62개소 적발)
2015.10	유엔 인권이사회 화학물질 특별보고관이 거물대리에 방문하여 주민들과 면담
2016.1	「환경오염 피해 배상책임 및 구제에 관한 법률」(약칭: 환경오염 피해구제법)을 시행(제정: 2014.12.31)
2016.12~2017.1	환경부(환경산업기술원) 주민들의 환경오염 구제급여 지급 기각
2017.8	환경부 환경오염 피해 구제급여 선지급 시범사업 실시
2017~2018	환경부 거물대리 환경오염 정밀 재조사
2019.9	환경부 '환경오염 피해구제심의회'에서 거물대리 주민 8명에게 환경오염 피해 구제급여 지급 결정
2019.11	환경오염 피해구제 사업 확대(환경오염 피해 구제급여 선지급 신청 확대)

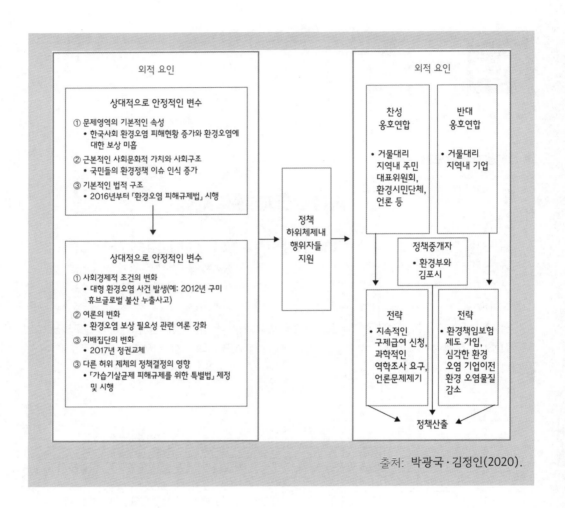

출처: 박광국·김정인(2020).

■ 사례의 의의

본 사례는 환경오염 피해 보상의 정책변동(구제급여 선지급 사례)을 정책옹호연합모형(ACF)으로 분석하였다. 환경오염 피해 보상 정책변동이 발생한 과정은 다음과 같다. 한국사회에서 환경오염 피해가 증가함에 따른 보상 미흡 인식 확산, 국민들의 환경정책 이슈 관심 증가, 2016년부터 「환경오염 피해구제법」 시행 등과 같이 안정적인 외적변수 변화가 발생하였다. 또한 여러가지 대형환경오염 사고 발생(예: 2012년 구미 휴브글로벌 불산 누출사고), 환경보호 여론 증가, 2017년 진보정권으로의 정권교체 등 역동적인 외적 사건도 발생하였다. 이러한 거시적 요인(안정적인 외적 요인과 역동적인 외적 사건) 변화는 서로 다른 신념체계를 지닌 옹호연합(적극적 환경오염 피해구제를 요구하는 집단 vs. 이를 반대하는 기업)에 영향을 미쳤다. 또한 환경부와 김포시의 적극적인 정책중개자 역할을 통해 찬성 및 반대 옹호연합 간 조정(정책학습)이 발생하여 새로운 정책산출(구제급여 선지급)이 이루어진 것이다. 이처럼 정책옹호연합모형(ACF)은 장기간 대립되던 옹호연합들이 거시적 요인 변화와 정책중개자의 역할을 통해 갈등문제를 조정해 나가는 과정을 설명하는 데 유용성을 지닌다.

제16장

지방 거버넌스와 지방자치 관련 정책

본 장에서는 결정된 정책을 시민들에게 전달하는 공공서비스 전달자인 지방자치단체의 기능과 역할에 대해 살펴본다. 중앙정부와 지방자치단체의 관계, 지방자치단체와 지방자치단체 간의 관계 등을 통해 시민들에게 효과적인 공공서비스를 전달할 수 있는 추진체계가 무엇인지를 지방 거버넌스 차원에서 설명한다.

1. 지방자치의 의의
2. 지방 거버넌스: 정부 간 관계
3. 지방자치단체장과 지방의회
4. 지방재정과 지방 거버넌스
5. 지방자치 관련 정책 개혁

제16장

지방 거버넌스와 지방자치 관련 정책

1. 지방자치의 의의

1) 지방자치와 지방 거버넌스 논의

오늘날 지방정책은 대부분이 지방자치와 관련된 것이다. 따라서 지방정책을 이해하기 위해서는 무엇보다도 지방자치와 관련된 주요 행위자, 즉 중앙정부, 광역 및 기초 지방자치단체(지방정부), 주민들과의 상호관련성을 살펴볼 필요가 있다.[1] [그림 16-1]에서 보듯이 지방자치단체를 중심으로 지방자치 행위자들 간 지방 거버넌스 관계가 형성된다. 지방자치단체는 중앙정부와의 수직적 관계, 지방자치단체 간(광역 및 기초)의 수평적 관계를 지니게 된다. 또한 지역주민들과도 공공서비스 제공과 주민참여를 통한 지방 거버넌스를 형성한다. 과거에는 중앙정부와 지방자치단체의 관계가 중앙정부 위주의 수직적 관계였으나, 최근에는 (지방)자치분권 활성화로 인해 중앙정부 중심의 권위적이고 종속적인 관계에서 벗어나 상호협력적인 관계로 변모하고 있다. 현대 행정에서 지방자치단체 간 수평적 관계는 지역이기주의 발생으로 인해 지방 간 갈등이 급증하는 가운데, 이를 어떻게 상호협력관계로 전환할 수 있는가가 중요 이슈가 되고 있다(강인호, 2023).

또한 지방자치단체와 주민의 관계도 과거에는 지방자치단체가 중앙정부의 결정에 따라 일방적으로 주민들에게 공공서비스를 전달하였다면, 최근에는 주민들이 공공서비스 전달과정에 직·간접적으로 개입하는 등 정책결정과 집행에 대한 주민참여가 증가하고 있다(Bovaird, 2007; 오수길·류일환, 2018). 이와 같이 최근 지방자치 활성화로 인해 지방자치단체는 지방자치 주요 행위자들과의 공동통치, 파트너십 구축, 협력과 상생, 참여를 중시하는 지방 거버넌스를 형성하고 있는 것이다(Ilcan & Basok, 2004; 이승종, 2014). 따라서 이 장에서는 지방자치와 관련된 기본적인 논의들을 살펴보고, 지방자치단체와 중앙정부의 관계, 지방자치단체 간 관계, 지방자치단체 내 지방자치단체장과 지방의회

---

[1] 한국은 「지방자치법」 등에서 지방자치단체라는 용어를 사용하며, 지방사법권이 지방자치단체에 부여되지 않는다는 점에서(이종수 외, 2022), 본서에서는 지방정부라는 용어보다는 지방자치단체(자치단체)라는 용어를 사용한다.

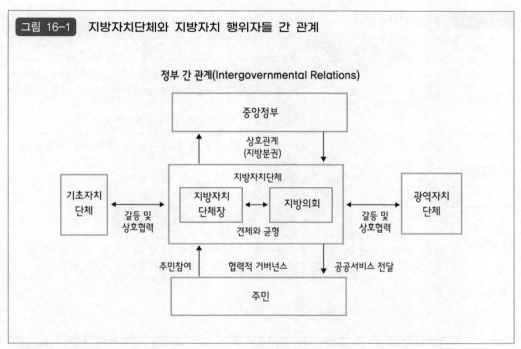

그림 16-1 지방자치단체와 지방자치 행위자들 간 관계

출처: 저자 작성.

관계, 지방재정 등에 대해 알아본다.2)

2) 지방자치의 의미

(1) 지방자치의 개념과 유형

지방자치는 "한 국가의 일정지역에 거주하는 주민이 그 지역과 관련된 공공분야의 일을 스스로 결정하고 처리하는 것"이다(이종수 외, 2022: 183). 지방자치제가 어떻게 실시되고 있는가는 각 나라의 역사적 발전 및 정치적 역학관계 등에 따라 다양하게 논의될 수 있다. 하지만 지방자치의 대표적인 세 가지 유형으로 단방제국가(unitary govern-ments), 연방제국가(federal governments), 연합제국가(confederations governments) 등을 제

---

2) 지역주민들의 참여 및 공공서비스 전달과 관련된 내용은 본서 제17장에서 설명한다.

표 16-1 지방자치제 유형

유형	사례 국가	주요 특징
단방제	한국, 프랑스, 일본, 덴마크, 뉴질랜드	• 주민의 지방정부에 대한 참정권은 중앙정부의 법률에 의해 제한되며, 지방정부의 과세권도 마찬가지로 법률로 제약됨 • 책임소재가 명확해 행정의 중복 문제가 적음
연방제	미국, 캐나다, 호주, 독일, 인도, 브라질, 멕시코	• 주인으로서의 주민이 대리인인 중앙정부와 지방정부를 각각 창설 • 중앙정부와 지방정부는 원칙적으로 대등한 관계임 • 다원성과 소수자 보호에 유리
연합제	유럽연합, 건국 초기의 미국, 독립국가연합(CIS)	• 주민이 투표하고 과세권을 보유하는 주체는 하위(지방)정부 • 중앙정부는 하위정부에 의해 재위임된 사항만 관장. 하위정부 권한변경에는 하위정부의 비준 필요

출처: 이종수 외(2014: 411).

시할 수 있다(이하 이종수 외, 2014: 410-411)(<표 16-1> 참조). 단방제국가는 주민이 투표를 통해 중앙정부와 지방정부를 창설하는 형태를 결정한 후 중앙정부만 창설하고 지방정부는 중앙정부의 출장소 역할을 하는 형태로 구성된다. 단방제국가에서 지방정부의 권한은 「헌법」과 중앙정부가 제정한 법률에 따라 규정된다. 연방제국가는 연방을 구성하는 주정부가 주권을 가지며, 「헌법」을 제정하고, 각 주가 주권의 일부를 연방정부에 위임하는 형태로 구성된다. 원칙적으로는 연방과 주의 권한이 대등하지만 이는 국가에 따라 다르게 나타난다. 반면, 연합제국가에서 연합정부는 주민의 대리인이 아니라 지방정부의 대리인으로서 역할을 하고, 과세권은 지방정부에서만 보유한다.

(2) 지방자치의 구성: 주민자치와 단체자치

지방자치는 주민자치와 단체자치로 구성된다. 주민자치는 "주민들이 지역문제를 처리하기 위해 자치단체(기구)를 만들어 자치를 하는 방식"이다(이달곤 외, 2012: 9). 이는 지역주민들의 의사와 참여를 통해서 지방자치단체 운영이 이루어져야 한다는 의미이다. 중앙정부의 대의민주주의를 보완하기 위하여 정치적 차원에서 지방자치 실현을 목적으로 하는 것이 주민자치인 것이다(이종열 외, 2023). 주민자치를 시행하는 대표적인 국가로는 영국, 미국 등이 있다. 반면, 단체자치는 "중앙정부에서 중앙정책을 집행하거나 지역의 문제를 처리할 지방행정기관을 설치하여 운영하다 이후 법인격과 자치권을 부여"하는 방식이다(이달곤 외, 2012: 8). 이는 지방자치단체가 국가로부터 일정한 권한과 재원을 이양받아 자율적인 사무처리가 가능함을 의미하며, 지방분권화를 통해 법률적 차원의 자치를 실현하는 것을 목적으로 한다. 이처럼 지방자치는 '주민자치'와 '단체자치' 모두를 포함하는 종합적 의미인 것이다.3)

(3) 지방자치의 가치: 민주성과 효율성

지방자치의 핵심가치는 '민주성'과 '효율성' 차원에서 설명할 수 있다(이하 임승빈, 2019). 민주성 차원에서 지방자치의 효용성은 다음과 같다. 첫째, 지방자치가 실현되면, 중앙과 지방의 권력분립이 달성될 수 있어 주민들의 자유와 인권이 보장될 수 있다. 둘째, 지방자치는 주민들이 지역 현안에 직접 참여하고 유권자로서 의사를 표명할 수 있는 기회를 부여하기 때문에 참여를 통한 시민교육의 장을 제공할 수 있다(이러한 의미에서 지방자치는 '민주주의 학교'라고 일컬어진다).4) 셋째, 주민들의 직접참여를 통해서 지방행정을 통제할 수 있는 기능을 제공할 수 있다(예: 주민소송제, 주민투표제, 주민소환제 등 실시).

반면, 효율성 차원에서 지방자치의 장점은 다음과 같다. 첫째, 지방자치가 실현되면 자치단체가 주민들의 선호를 적극 반영하여 공공서비스를 제공할 수 있어 주민들의 선호반영이 증가(효용 증가)한다. 둘째, 더 좋은 공공서비스를 주민들에게 제공하기 위한

---

3) 이와 관련해 전영평(2023)은 지금까지 한국의 지방자치 학계 등에서는 "단체자치는 국가로부터 법인체로 인정받은 지방자치단체가 단체 설립, 구성, 운영에 관한 규범을 자율적으로 결정하고 그 자치규범에 따라 행정사무와 자치사무를 처리하는 것을 의미하는 것으로서 중앙정부와 지방정부와의 관계에 초점을 맞추고 있으며 프랑스 및 독일 등과 같은 유럽에서 발전한 개념"이며, 이에 반해 주민자치는 "주민 스스로가 지역의 주인이 되어 지역 문제에 관심을 가지고 주민 스스로의 참여를 통해 지역의 문제를 직접 해결하는 것으로, 주민자치는 영국과 미국에서 발전한 개념으로 주민과 지방자치단체 간의 관계에 초점"을 두고 정의되어 왔다고 언급했다. 하지만 그는 이러한 개념 정의는 "한국의 지방자치제도가 일본식 지방자치를 모방하는 과정에서 일본식 자치규범과 관행을 그대로 따른 데서 기인하는 것"으로 보며, 진정한 주민자치를 위해서는 이러한 이분법적 시각에서 벗어나 급격한 환경변화에 맞도록 주민들의 관심과 편익을 유도할 필요가 있다고 주장하였다.

4) '민주주의 학교' 개념은 토크빌(Alexis de Tocqueville)에 의해서 주장된 것으로, 그는 1831년에 9개월 간의 미국기행을 바탕으로 『미국의 민주주의(Democracy in America)』를 저술하였다. 이때 해당 개념을 소개한 것이다(이승종 외, 2021).

지방자치단체 간 경쟁으로 인해 획일적·독점적 중앙정부 서비스 공급보다는 자원배분의 효율성이 증가될 수 있다.[5] 셋째, 지방자치단체는 전국적으로 시행할 수 없는 정책실험을 실시할 수 있어 정책 부작용을 최소화할 수 있다. 지방자치단체의 성공적인 정책실험 결과에 대해서는 타 지방자치단체나 중앙정부에서도 적극적으로 수용하는 경향이 있다.[6]

그러나 지방자치 실시로 인해 민주성과 효율성 차원에서의 한계도 발생할 수 있다. 민주성 차원에서 첫째, 지방자치 실시로 지방분권이 확대되면서 대도시 쏠림현상이 나타나 오히려 지역 간 격차가 더욱 심각해질 수 있다(예: 수도권과 비수도권 격차). 둘째, 지방자치가 실시되면 지역단위로 권력이 분산되기 때문에 중앙 정치·관료엘리트가 지방 정치·관료엘리트로 대체될 가능성이 높다[소수전제(minority tyranny)의 가능성]. 셋째, 현실적으로는 주민의 참여가 매우 낮다는 점에서 한계점이 있으며, 동시에 지역사회가 동일한 이해관계자들로 구성될 때 다수집단이 소수의 기본권을 무시하고 자신들의 이익만 추구할 가능성도 존재한다[다수전제(majority tyranny)의 가능성]. 효율성 차원에서도 마찬가지로 다음과 같은 한계점이 있다. 첫째, 주민들의 지나친 개입이나 간섭 등으로 인해 정책결정과 집행이 지연될 수 있어 의사결정의 비효율성이 증가할 수 있다. 둘째, 지방자치단체의 지나친 정책실험은 중앙정부와의 정책혼선을 초래할 가능성이 높다. 셋째, 지방자치 실시로 지역이기주의와 칸막이 행정이 증가할 가능성이 높아 국가 전체적으로 행정 비효율을 초래할 가능성이 높다(예: 기업, 공공기관 등 선호시설 적극 유치, 쓰레기 처리장, 화장장 등 비선호시설 기피현상 심화). 이로 인하여 국가 전체적인 통합성은 줄어들고 국가경쟁력이 낮아질 수 있다. 넷째, 지방자치단체로 공공서비스 처리권이 이양되면 지방자치단체 간 갈등이 심화되는 등 부정적 외부효과(spillover, 의도하지 않은 손해를 초

---

5) 이는 티부(C. M. Tiebout)의 '발로하는 투표(vote with feet)' 개념으로 설명될 수 있다(Tiebout, 1956). 같은 맥락에서 일본의 오마에 겐이치(大前研一)에 의해 주장된 도주제(道州制)가 있다. 도주제는 국세의 개념을 없애고 조세징수권을 모두 지금의 도·도·부·현(都道府顯)보다 훨씬 큰 규모의 지방정부인 도주(道州)로 이양할 것과 지방정부(道州)에 외교통상 권한까지 부여할 것을 주장하였다. 또한 획기적인 분권화와 지방정부 간 경쟁은 일반지방정부의 경쟁력을 높이는 방안이라고 주장하였다(김병준, 2019: 29 – 30).

6) 정책실험에 의한 정책확산의 대표적인 예로는 미국의 'Proposition 13'이 있다. 급등하는 재산세를 통제하고자 한 주민발의 'Proposition 13'을 1978년 미국 캘리포니아주가 채택하고, 이후 미국의 다른 주정부와 연방정부도 이를 받아들였다.

표 16-2	지방자치의 민주성과 효율성 차원에서의 장단점	
구분	민주성	효율성
장점	• 중앙과 지방의 권력분립 • 주민 개개인의 자유와 인권 향상 • 주민참여 및 교육기회의 장 • 지방행정에 대한 주민통제 강화	• 지방자치단체 간 경쟁으로 효율적인 자원 배분 • 주민들의 선호를 적극 반영하여 주민들의 효용 증가 • 정책실험을 통한 정책 부작용 최소화
단점	• 지역 간 격차 심화로 형평성 악화 • 지방엘리트의 참여 독점 및 소수전제 (minority tyranny) 가능성 • 현실적으로 주민들의 낮은 참여 • 주민들의 다수전제(majority tyranny) 가능성	• 주민들의 참여 증가로 정책결정과 집행의 지연현상 발생 가능성 • 지역이기주의와 칸막이 행정 초래(국가 전체 통합성 저해와 국가경쟁력 저하) • 부정적 외부효과 발생 가능성

출처: 김병준(2019)을 기반으로 저자 재구성.

래하는 효과)가 발생할 가능성이 높다(<표 16-2> 참조).

3) 지방자치단체의 종류

한국의 「지방자치법」 제2조에서는 지방자치단체 종류를 ① 일반(보통)지방자치 단체와 ② 특별지방자치단체로 규정한다.[7] 전자인 일반(보통)지방자치단체는 주민의 복리 증진이라는 일반적 목적을 달성하려는 포괄적 성격의 특징을 지니며, 후자인 특별지방 자치단체는 한정적인 특정 목적을 달성하려는 제한적 성격의 특징을 지닌다(이승종 외, 2021). 법인격을 지니지 않아 지방자치단체로 분류할 수는 없지만, 지방행정기관 역시 지방자치의 중요 기능을 담당하므로 이 장에서 설명하도록 한다.

---

7) 제2조(지방자치단체의 종류) ① 지방자치단체는 다음의 두 가지 종류로 구분한다. 1. 특별시, 광역시, 특별자치시, 도, 특별자치도 2. 시, 군, 구 ② 지방자치단체인 구는 특별시와 광역시의 관할 구역의 구만을 말하며, 자치구의 자치권의 범위는 법령으로 정하는 바에 따라 시·군과 다르게 할 수 있다. ③ 제1항의 지방자치단체 외에 특정한 목적을 수행하기 위하여 필요하면 따로 특별지방자치단체를 설치할 수 있다. 이 경우 특별지방자치단체의 설치 등에 관하여는 제12장에서 정하는 바에 따른다(국가법령정보센터, 2024a).

(1) 지방자치단체의 종류

일반(보통)지방자치단체는 "존립목적이나 수행하는 기능이 포괄적인 지방자치단체"를 의미한다(김병준, 2019: 149). 이는 지역주민의 생활과 이에 관련된 전반적인 사무(예: 교통·환경·주택·복지 등)에 대해 종합적인 기능을 수행한다. 「지방자치법」에 의하면 광역자치단체(특별시, 광역시, 특별자치시, 도, 특별자치도), 기초자치단체[시, 군, 구(자치구)]가 여기에 해당된다. 특히 2006년 7월 1일 「제주특별자치도 설치 및 국제자유도시 조성을 위한 특별법」에 의해 이전 제주도·제주시·서귀포시·북제주군·남제주군에서 제주도(광역자치단체)만 남기고 나머지 기초자치단체들은 폐지하여 제주시와 서귀포시의 두 개 행정시(行政市)를 설치한 사례도 있다.[8] 또한 「세종특별자치시설치 등에 관한 특별법」에 의해 2012년 7월 1일부터 세종특별자치시가 출범하였는데, 이는 17번째 광역자치단체로서 기초자치단체가 없는 광역자치단체이다.

(2) 특별지방자치단체

특별지방자치단체는 "지방행정상 특정한 목적으로 행정사무를 처리하기 위해 혹은 행정사무를 공동으로 처리하기 위해 설치되는 공공단체로서 담당하는 구역과 기능이 한정적인 기관"을 의미한다(임승빈, 2019: 55).[9] 이는 종합적인 기능을 하는 일반(보통)지방자치단체와 달리, 상·하수도, 하천관리, 소방, 도서관, 공원, 주택, 방역 등 특정한 기능을 수행한다. 중앙정부와 상급 지방자치단체 그리고 단수 또는 복수의 지방자치단체 등 다양한 주체에 의해 설립되며, 때로는 주민과 지역사회 안팎의 이해관자들에 의해서

---

8) 이외에 「강원특별자치도 설치 등에 관한 특별법」에서는 강원도의 지역적·역사적·인문적 특성을 살려 고도의 자치권이 보장되는 강원특별자치도 설치 사항을 명시하고 있다. 이는 실질적인 지방분권을 보장하고, 지역의 경쟁력을 제고하여 도민의 복리증진을 실현하며, 국가발전에 이바지함을 목적으로 하여 2023년 6월 11일부터 시행되고 있다(국가법령정보센터, 2024b). 같은 맥락에서 「전북특별자치도 설치 등에 관한 특별법」도 2022년 12월 제정되었으며, 2024년 1월부터 전라북도특별자치도가 출범하였다(국가법령정보센터, 2024c).

9) 「지방자치법」 전부개정을 통해 동법 제12장에 특별지방자치단체 관련 내용을 신설하였다. 제199조(설치)에 의하면 2개 이상의 지방자치단체가 공동으로 특정한 목적을 위하여 광역적으로 사무를 처리할 필요가 있을 때에는 특별지방자치단체를 설치할 수 있다. 이 경우 특별지방자치단체를 구성하는 지방자치단체는 상호 협의에 따른 규약을 정하여 구성 지방자치단체의 지방의회 의결을 거쳐 행정안전부장관의 승인을 받아야 한다(국가법령정보센터, 2024a).

설립되기도 한다(강인호, 2023). 특별지방자치단체에는 법인격이 부여되어 자치권을 부여받을 수 있는 주체가 되며, 기업 또는 시민단체와는 달리 정부기관으로서의 자격을 지닌다. 또한 일정수준의 자치권을 지닌다는 점에서 일반(보통)지방자치단체와 공통점을 지닌다. 그러나 일반(보통)지방자치단체가 지방자치의 필수존재이고 통치기구 성격을 지니는 데 반해, 특별지방자치단체는 일종의 부가적이고 보조적인 조직으로서 공공서비스 제공기관의 성격을 지닌다는 차이점이 있다. 특별지방자치단체의 유형은 단일목적형과 복수목적형(두 가지 이상의 사무 담당), 기업형(예: 가스 또는 전기 등 재화판매)과 비기업형(예: 소방 또는 보건위생), 독립형과 종속형(설립주체와의 관계에 따라 구분), 단일주체형과 복수주체형(설립주체의 수에 따라 구분)으로 구분된다.

이와 유사한 예로 미국, 영국, 일본 등에서는 특별지방자치단체를 적극적으로 활용하고 있다. 미국은 특별구(special district)를 설치하여 운영하는데, 이와 관련한 대표적인 예로 학교특별구(school special district)가 있다. 일본은 재산구(財産區), 지방개발사업단, 일부사무조합 등으로 특별지방자치단체를 운영하고 있다(송재복, 2023).[10], [11]

특별지방자치단체는 광역행정 문제를 합리적으로 처리하기 위해 설립된 효과적인 수단(예: 상·하수도 및 홍수 문제 처리)이며, 규모의 경제를 통해 사무처리의 경제성과 효율성을 증진시킬 수 있다. 또한 운영상의 독립성을 기반으로 사무처리 및 관리상의 탄력성을 높일 수 있다는 장점이 존재한다. 그러나 특별지방자치단체는 다음과 같은 단점도 가진다. 지방자치단체 난립을 가져와 구역·조직·재무 등 지방제도의 복잡과 혼란을 초래할 수 있으며, 할거주의가 초래되어 공공기관 간 사무통합 및 조정을 어렵게 할 수 있다. 뿐만 아니라, 책임소재가 불분명해질 수 있으며, 주민의 지방행정에 대한 관심과 통제력을 저하시킬 수 있고, 특수전문가나 이해관계자들에 의해서 특별지방자치단체의 운영 등이 좌우될 수 있다. 더욱이 운영주체가 명확하지 않아 경영이 방만해질 수 있으며, 임원과 직원 인사가 정치적으로 이루어질 수 있는 한계도 문제로 지적된다(금창호,

---

10) 일본의 일부사무조합(복합사무조합과 반대되는 의미)은 지방자치단체들이 환경·위생업무, 방재업무, 후생·복지업무 등을 공동으로 처리하기 위하여 만들어진 단체이다.

11) 한국은 2022년 4월 부산, 울산, 경남 특별연합을 행정안전부 승인 및 고시를 거쳐 특별지방자치단체로 설립하였다. 그러나 그 이후 메가시티 특별법 제정이 난항을 겪었고, 경상남도를 비롯한 일부 지방자치단체가 특별지방자치단체 실효성 미흡 등을 이유로 2022년 9월에 탈퇴 및 중단을 발표하였으며, 10월에 참여 자치단체 간 공동선언문에서 초광역경제동맹 대체 등을 천명하여 여전히 특별지방자치단체 운영은 불투명한 상태이다(한국지방행정연구원, 2022).

2022).

(3) 지방행정기관

지방행정기관은 지방자치단체는 아니지만, "국가(또는 지방자치단체)의 공공사무를 지역적으로 분담·처리하기 위하여 현지에 설치된 국가(또는 지방자치단체)의 하급기관으로서의 행정기관"이다. 지방행정기관은 일반지방행정기관과 특별지방행정기관으로 구성된다. 일반지방행정기관은 "국가(또는 지방자치단체)의 관할구역 안에서 시행되는 공공사무(특별지방행정기관의 소관사무를 제외한 사무)를 종합적으로 처리하며, 국가(또는 지방자치단체)의 일반적인 지휘·감독을 받는 지방행정기관"이다(임승빈, 2019: 51-52). 일반지방행정기관의 대표적인 예는 자치단체가 아닌 일반행정구(청장), 읍(장), 면(장), 동(장)이다.

특별지방행정기관이란 "국가 또는 지방자치단체의 특정한 행정부서에 소속하여 특수한 전문분야의 행정사무를 처리하는 행정기관"을 말한다. 이는 관할구역에 속한 행정사무를 수행하는 기관이며, 전국적인 사무의 통일성, 전문성, 특수성을 위해 설립된 일선기관이다(소진광, 2010). 특별지방행정기관의 대표적인 예로는 고용노동행정기관으로 지방고용노동청, 지방고용노동지청/출장소 등이 있고, 세무행정기관으로 지방국세청, 세관, 세무서, 세관감시소 등이 있다. 또한 공안행정기관으로 지방교정청, 고등검찰청, 지방경찰청, 지방해양경비안전본부 등이 있고, 현업행정기관으로 지방우정청, 우체국, 우편집중국, 우편물류센터 등이 있다. 기타행정기관으로 지방보훈청, 지방조달청, 지방병무청, 지방중소기업청, 지방환경청, 지방국토관리청 등이 있다(민기·홍주미, 2022).

그러나 특별지방행정기관의 지방이관 필요성이 지속적으로 요구되고 있는 실정이다. 그 이유는 특별지방행정기관의 남설 가능성, 지방자치단체와의 업무 중복성, 낮은 수준의 주민 접근성 및 편의성, 예산 낭비 등과 같은 부정적인 효과가 존재하기 때문이다. 따라서 지방분권의 활성화, 중앙정부 사무의 지방이양을 통한 자치역량 증가, 공공서비스 생산 및 전달체계 적절화를 통한 주민들의 삶의 질 향상을 위해 특별지방행정기관의 기능정비 필요성이 끊임없이 제기되고 있는 것이다(이세진 외, 2012: 32).

4) 지방자치단체의 계층과 구역

지방자치단체가 설립되기 위해서는 공공서비스가 제공되는 일정한 관할구역을 지녀야 하고, 그러한 관할구역은 원칙적으로 중첩되지 않아야 한다. 한국은 자치 2계층(광역자치단체 시·도와 기초자치단체 시·군·구)으로 구성된다. 자치계층은 "지방자치단체 간 수직적 계층"이며, 이는 자치권을 가진 지방자치단체 간 수직적 구조를 포함한다. 이에 반해 행정계층은 "행정기관 간 수직적 구조"로서, 광역자치단체의 시·도, 기초자치단체의 시·군·구, 행정시, 행정구, 읍면동 등을 포함하는 보다 복잡한 구조이다(이달곤 외, 2012: 150-151). 한국의 자치계층과 행정계층 관계는 [그림 16-2]와 같다.

자치계층의 수에 따라 단층제(single-tier system)와 다층제(중층제, multi-tier system)로 구분할 수 있다. 전자는 자치계층이 하나만 존재하는 것이며, 후자는 둘 이상의 자치계층이 존재하는 것이다. 일반적으로 단층제는 지방자치 업무의 효율성에 기여하고 다층제는 민주성에 기여하는 측면이 있다(현성욱 외, 2010: 89). 우선 단층제는

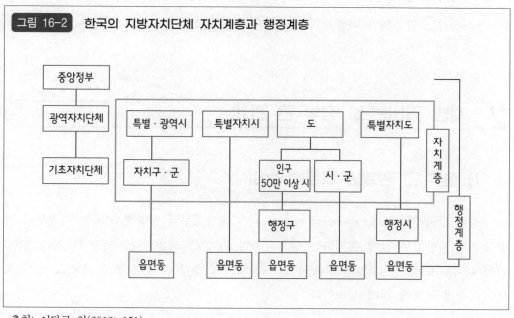

그림 16-2 한국의 지방자치단체 자치계층과 행정계층

출처: 이달곤 외(2012: 151).

표 16-3	단층제와 다층제의 장단점 비교

	단층제	다층제
장점	• 행정의 효율성 제고 • 행정의 대응성과 고객지향성 실현에 기여 • 행정의 책임성을 명확히 할 수 있음	• 광역행정수요에 대한 대응 용이 • 지방자치단체 간 수직적 협력 강화 • 지방분권 촉진과 중앙정부의 불필요한 통제 예방
단점	• 광역행정과의 정책조정이 어려울 수 있음 • 지방자치단체 간 수직적 협력과 경쟁이 저해될 우려가 있음 • 지방분권 저해와 중앙집권 강화	• 행정의 비효율성과 낭비 초래 • 주민의사 왜곡 가능성 • 책임전가와 회피 가능성

출처: 김병준(2019).

행정기구의 중복설치를 방지하고, 정책결정의 단계를 줄임으로써 정책지연을 완화하여 행정의 효율성을 증진시킨다는 장점이 있다. 다층제는 소규모 행정조직이 주민과 밀접한 관계를 유지해 민주성을 확보할 수 있고, 행정의 조정기능을 강화하여 지역 간 형평성을 고취시킬 수 있다는 긍정적인 측면을 지닌다(주운현 외, 2018: 340-341). <표 16-3>에서는 단층제와 다층제의 장단점을 구체적으로 비교하고 있다.

2. 지방 거버넌스: 정부 간 관계

1) 정부 간 관계의 이론적 논의

정부 간 관계(intergovernmental relations)는 "중앙정부와 지방정부 또는 주정부나 지방정부와 지방정부 간에 존재하는 상호작용의 관계"를 의미한다(이달곤 외, 2012: 120). 아래에서는 미국, 영국, 일본을 중심으로 각 국가의 정부 간 관계를 살펴보고, 이후 정부 간 관계 모형에 대해 설명한다.

(1) 각 국가의 정부 간 관계 모형

정부 간(중앙정부－지방자치단체, 지방자치단체 간) 관계는 각 국가마다 다르게 운용된다. 첫째, 미국의 정부 간 관계의 핵심은 연방주의모형을 따르고 있다는 것이다(주재복, 2013). 미국 건국 초기는 연방의 권한이 상대적으로 약하고 연방과 주의 권한이 명확하게 설정되지 않았다(dual federalism). 건국 초기의 '분리형 연방제'는 대공황과 세계대전 이후 변화하여, 연방정부의 권한은 점차 확대되었으며, 연방정부의 주정부에 대한 보조금 지급과 의무사무 등을 연방정부와 주정부가 공동으로 협력해 처리(cooperative federalism)하는 사무가 증가하였다. 1960년대 들어서는 미국 내 인종갈등과 빈곤문제를 처리하기 위해 연방정부의 역할이 더욱 증대되었다. 프로젝트형 보조금(일정요건 충족을 전제로 한 보조금 수령) 정책이 시행되었고, 연방정부·주정부·지방정부가 동시에 업무를 수행하는 창조적 연방주의(creative federalism) 사례가 증가하였다. 1970년대에는 지방정부의 자율성을 증진시키기 위해 용도 제한을 완화하는 포괄보조금과 세입공유제도(일정한 공식에 의해 재원을 배분)가 도입되었다(new federalism). 1980년대 이후 보수주의 정권인 공화당이 집권하면서 건국 초기의 분리형 연방제로 회귀하여 세입공유제도를 폐지하고, 연방정부의 주정부에 대한 재정지원을 폐지하였으며, 주정부의 권한을 다시 확대하는 분권화를 추진하였다. 이는 이후 민주당 집권인 클린턴 정권에서도 유지되었다.12)

둘째, 영국의 정부 간 관계는 중앙·지방 간 상호의존모형을 따르고 있다(김순은, 2005). 영국의 지방자치단체 권한은 개별적으로 수권받은 사무에 대해서는 지방자치단체가 거의 완전한 자치권을 가지게 되지만, 그 범위를 벗어나는 행위에 대해서는 엄격히 금지하는 '월권금지의 법칙(principle of ultra vires)'이 적용된다. 이로 인해 지방자치단체 사무수임 범위는 상당히 제한적이라고 볼 수 있으며, 중앙정부가 부처별로 특별지방행정기관(Quango)을 설치하여 주민들에게 공공서비스를 제공한다. 그러나 영국이 복지국가를 지향하면서 지방정부의 기능이 중앙정부로 흡수되는 집권화 현상이 발생하게 되었는데, 이와 관련된 대표적인 예가 바로 1979년 보수당 정권의 런던광역시(Greater London Council) 대해체 결정이다. 그러나 영국의 집권화된 중앙과 지방 간 관계에서는 상호의존 현상이 발생하였다. 중앙정부는 입법권한과 재원확보 차원에서, 지방정부는

---

12) 미국의 정부 간 관계에 대한 보다 자세한 사항은 주재복(2013)의 연구를 참조하기 바란다.

행정서비스 집행의 필수 조직자원과 정보수집·처리 능력 차원에서 각각 우위에 있기 때문에 중앙정부와 지방정부가 부족한 자원을 교환하기 위해 상호협력한 것이다(Rhodes, 1981; 이종수 외, 2014: 420). 영국은 지방 계층구조의 단층제 도입, 자치규모 재조정과 함께 주민·민간단체·기업 등이 참여하는 지역전략 파트너십 확대, 주요 의사결정과 집행의 민관 공동수행, 중앙과 지방정부의 성과협약 체결 등을 시행함으로써 공공서비스의 질을 개선하기 위해 노력하였다. 이와 관련해 영국은 2011년부터 국민투표를 통해 지역별로 다양한 권한을 부여하는 지방분권을 강화하여 행정의 효율성을 증대시키고 있다(대한민국시도지사협의회, 2020).13)

    셋째, 일본의 정부 간 관계는 수평적 경쟁모형을 따르고 있다고 할 수 있다(윤재선, 2001). 일본은 근대화 이후 강력한 중앙집권형 체제를 바탕으로 수직적인 중앙과 지방 관계를 유지하였다. 그러나 일본의 중앙과 지방 간 관계는 제도상으로는 수직적 통제모형이지만, 실제는 수평적 경쟁모형을 취하고 있다. 특히 1990년대 이후 일본은 경기침체(예: 부동산 경기 급락)를 극복하기 위한 전략으로 '지방분권화' 전략을 선택하였다. 이와 관련해 1999년 일본에서는 「지방분권일괄법」을 제정하여 기관위임사무를 폐지하였으며, 지방자치단체의 조직 및 인사 규제를 대폭 완화하였다. 이는 지방자치의 강화를 위해 사무처리의 효율화와 합리화를 도모한 것이다(김정숙·하동현, 2021). 일본의 중앙과 지방의 정부 간 관계는 2000년대 이후 수직적 관계에서 수평적 관계로, 지시집행 관계에서 협력관계로 재정립되는 개혁기를 맞이하게 된다(양기호, 2010). 특히 2001년 시작된 '삼위일체 개혁'(국고보조금, 지방세수입, 지방교부세 포괄적 개혁), 그리고 2006년 「지방분권추진법」 개정을 통해 지방교부세를 삭감하는 대신 국고보조금에 대한 국가 관여를 축소하고 세원을 지방으로 이양하는 개혁을 단행하였다(대전일보, 2018). 이와 관련해 특히 사회보장·복지 부담의 국비/지방비 배율이 1990년 5배에서 2015년에는 2.4배로 낮아지는 현상이 나타났다(국종호, 2018).14)

(2) 라이트의 정부 간 관계 모형

    각국의 정부 간 관계를 설명할 수 있는 대표적인 정부 간 관계 모형으로는 라이트

---

13) 영국의 정부 간 관계에 대한 보다 자세한 사항은 대한민국시도지사협의회(2020)의 연구를 참조하기 바란다.
14) 일본의 정부 간 관계에 대한 보다 자세한 사항은 윤재선(2001)의 연구를 참조하기 바란다.

(D. Wright)가 1978년에 제시한 모형이 있다. 이는 특히 연방제국가의 중앙과 지방 간 관계를 설명하는 대표적 모형으로서, [그림 16-3]과 같이 연방정부, 주정부, 지방정부의 관계를 분리권위모형(separated-authority model), 내포권위모형(포괄권위모형, inclusive-authority model), 중첩권위모형(overlapping-authority model)으로 구분하였다(Wright, 1978). 라이트의 모형은 미국의 연방정부제도하에 각급 정부 간 관계를 유형화하는 데 적합한 모형으로, 타 연방정부국가에도 해당 모형의 적용이 가능하다는 점에서 의의가 있다(이종열 외, 2023). 첫째, '분리권위모형'은 연방정부와 주정부가 동등한 권한을 지니며, 지방정부는 주정부에 소속되는 관계임을 강조한다. 연방정부와 주정부는 독자적인 사무와 대등한 권한을 가지는 독립적인 존재이며, 상호협력하거나 의존할 필요성이 거의 없다(하혜수·전성만, 2019: 268). 둘째, '내포권위모형'은 주정부는 연방정부에 종속되며, 지방정부는 주정부에 종속되는 관계를 의미하는 모형으로서 정부 간 관계는 수직적인 지배복종 관계이며, 하급정부(주정부와 지방정부)는 상급정부에서 결정한 정책을 단순히 집행하는 대리인의 지위만을 지니는 것으로 본다(하혜수·전성만, 2019: 268). 셋째, '중첩권위모형'은 분리권위모형과 내포권위모형의 중간적 형태로서 연방정부, 주정부 그리고 지

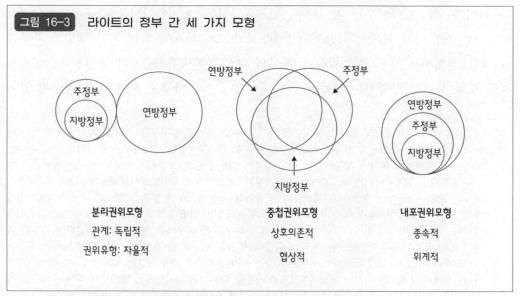

그림 16-3 **라이트의 정부 간 세 가지 모형**

출처: Wright(2001: 75).

방정부가 서로 자신의 독립적 기능을 수행하지만, 모두 제한된 권한을 지니며 상황에 따라 협력하면서 공적 사무를 수행한다. 즉, 연방·주·지방정부가 독자성과 자율성을 존중하면서 상호의존적인 관계를 유지하는 것이 특징이다(하혜수·전성만, 2019).

2) 중앙정부와 지방자치단체 관계

(1) 중앙정부와 지방자치단체 사무배분

중앙정부와 지방자치단체의 관계는 중앙과 지방의 사무배분을 통해 파악할 수 있다. 사무배분이란 "공공사무를 적합성을 기준으로 분류하여 중앙정부와 지방정부에 역할과 권한을 부여하는 것"이다(이달곤 외, 2012: 137). 특히 사무배분은 지방자치단체의 행정적·재정적 능력과 관련된 것이기 때문에 지방자치단체의 자치권을 판단하는 중요한 근거가 될 수 있다(주운현 외, 2018). 「지방자치법」에서는 사무배분이 어떻게 이루어져야 하는가에 대해 비경합의 원칙(중복금지의 원칙), 보충성의 원칙, 포괄성의 원칙을 규정하고 있다.[15]

국가사무와 구분되는 지방사무는 "지방자치단체의 관할구역 내에 속한 공적사무"를 의미하는데, 지방사무는 자치사무, 단체위임사무, 기관위임사무로 구성된다(주운현 외, 2018: 350). 자치사무는 "지방자치단체가 스스로의 필요에 의해 자기 책임과 부담하에 의결·집행하는 사무"를 의미하며, 사무의 형성은 지방자치단체가 책임진다. 이는 자치권 강화에 가장 부합하는 사무라고 할 수 있다. 자치사무는 사무 관련 경비에 있어

---

15) 비경합의 원칙(중복금지의 원칙)은 시·도와 시·군·구 및 자치구가 사무를 처리할 때 서로 경합하지 않는다는 원칙이며, 보충성의 원칙은 기초지방정부가 할 수 있는 일을 상급정부가 관여해서는 안 된다는 원칙이다. 포괄성의 원칙은 사무배분에 있어 동종의 업무나 상호 밀접하게 연관된 업무는 함께 배분해 주어야 한다는 원칙이다(강인호, 2023). 전면 개정된 「지방자치법」 제11조(사무배분의 기본원칙) 내용은 다음과 같다. ① 국가는 지방자치단체가 사무를 종합적·자율적으로 수행할 수 있도록 국가와 지방자치단체 간 또는 지방자치단체 상호 간의 사무를 주민의 편익증진, 집행의 효과 등을 고려하여 서로 중복되지 아니하도록 배분하여야 한다. ② 국가는 제1항에 따라 사무를 배분하는 경우 지역주민생활과 밀접한 관련이 있는 사무는 원칙적으로 시·군 및 자치구의 사무로, 시·군 및 자치구가 처리하기 어려운 사무는 시·도의 사무로, 시·도가 처리하기 어려운 사무는 국가의 사무로 각각 배분하여야 한다. ③ 국가가 지방자치단체에 사무를 배분하거나 지방자치단체가 사무를 다른 지방자치단체에 재배분할 때에는 사무를 배분받거나 재배분받는 지방자치단체가 그 사무를 자기의 책임하에 종합적으로 처리할 수 있도록 관련 사무를 포괄적으로 배분하여야 한다(국가법령정보센터, 2024a).

원칙적으로 지방자치단체가 부담하고, 사무운영 책임도 지방자치단체가 지며, 기관위임 사무와 달리 중앙정부의 통제도 최소화하도록 한다. 중앙정부는 원칙적으로 지방정부가 법령을 위반했느냐 등을 사전통제하지 않으며, 사무가 처리되는 과정이나 사후에 위법 한 행위가 발견되면 이를 바로잡는 교정적 통제만 행하게 된다. 이에 반해 위임사무는 "중앙정부가 지방정부에 위임하여 처리하는 사무"로서 이는 단체위임사무와 기관위임 사무로 구분된다. 단체위임사무는 "사무를 지방정부 그 자체, 즉 법인격을 지닌 단체 그 자체에 위임하는 방식"으로서, 국가 혹은 상위 지방자치단체가 하위정부 단위인 지 방자치단체에게 위임한 사무이다.[16] 단체위임사무의 대표적인 예로는 보건소 운영이나 시·군의 재해구호사업 등 지방적 차원의 이해관계와 국가적 차원의 이해관계가 함께 적용되는 사무들이 포함된다. 반면 기관위임사무는 "중앙정부가 사무를 지방정부의 집 행기관장에게 위임하여 처리하게 하는 방식"으로서 국가가 집행기관장에게 위임하는 사무이며, 기관위임사무의 대표적인 예로는 경찰사무, 도로·하천·공원 등 유지 및 관 리 업무들이 포함된다(송재복, 2023)(<표 16-4> 참조).

표 16-4 **자치사무, 단체위임사무, 기관위임사무 비교**

구분	자치사무	단체위임사무	기관위임사무
사무의 형성	지방자치단체	국가	국가
사무의 성질	지방자치단체 스스로 형성해 집행	개별적인 법적 근거를 통해 지방자치단체에 위임	국가의 지위에서 처리
경비	원칙적으로 자기부담	공동부담	전액보조
감독	합법성 감독	합법성, 합목적성 감독	합법성, 합목적성, 예방적 감독(지시)
의회의 역할	조례안 형성	추진을 위한 관여기능	거의 없음
배상책임	지방자치단체	공동책임	국가책임

출처: 주운현 외(2018: 350).

---

16) 단체위임사무는 사무가 위임된 이상 그 자치단체의 사무가 되기 때문에 자주적 책임하에 처리되며 지방 의회의 의결을 거쳐 집행되는데, 고유사무와 그 취급에 있어서는 다르지 않다는 것을 의미한다. 그러나 국가 또는 다른 자치단체가 지방자치단체에 대하여 그 사무를 위임한 경우, 그 경비는 이를 위임한 국가 또는 다른 자치단체에서 부담해야 한다.

한국의 사무배분에 있어서는 기관위임사무 비중이 지나치게 높아 지방자치단체의 자율성과 자치권이 낮아질 수 있다는 우려가 제기된다(행정안전부, 2017). 따라서 국가사무와 자치사무에 대한 원칙적 기준에 따라 기관위임사무를 지방으로 이양하거나 국가사무로 환원하는 방안의 추진을 검토할 필요가 있다.[17]

(2) 중앙정부와 지방자치단체의 관계 변화

중앙정부와 지방자치단체의 관계는 역사적으로 계속 변화하여 왔다. 과거 전통적인 중앙과 지방의 관계는 중앙의 통제와 감독이 큰 수직적 관계의 성격이 강했다. 중앙정부는 사무의 감독, 지도, 조정과 같은 교정적 방법뿐만 아니라 교섭이나 협상과 같은 수평적인 방법, 원조나 지원 같은 적극적 수단 제공 등 다양한 방법을 활용하여 지방자치단체를 통제하였다. 대표적인 중앙정부의 지방자치단체 통제방법으로는 지방이 「헌법」과 관련 법률에 의해 부여된 권한만 행사할 수 있도록 하는 입법적 통제, 사법부에 의해 이루어지는 지방자치단체의 사법적 통제, 그 외 지방자치단체 인사기준 설정 및 지방자치단체에 대한 보조금 지급과 같은 행정적 통제 등이 있다(이종열 외, 2023).

그러나 중앙정부의 지방자치단체에 대한 지나친 통제는 자치권영역을 침해할 수 있기 때문에 신중하게 제한적으로 이루어질 필요가 있다.[18] 중앙정부의 지방자치단체 자치권영역 침해, 즉 중앙정부의 통제로부터 지방자치단체의 자치권을 확보하기 위한 방안으로는 사법적 행정쟁송과 「헌법」상의 권한쟁의심판 등이 있다. 또한 중앙－지방 분쟁조정기구인 '행정협의조정위원회'를 통해 조정을 시도하기도 한다(송재복, 2023).[19] 최근 지방자치의 환경변화로 인해 중앙정부와 지방자치단체의 관계는 상호의존적·협력적 관계로 전환되고 있으며, 어느 한쪽의 일방적 권력관계가 아닌 함께 문제를 해결해

---

17) 일본은 1999년에 「지방분권일괄법」을 제정하여 기관위임사무를 폐지하고, 이에 대한 대체로서 법정수탁사무(法定受託事務)를 신설하였다(최우용, 2011).

18) 지방자치단체의 자치권을 제약하기 위해서는 ① 비례의 원칙(자치권을 제약하는 경우에는 입법목적에 적합한 최소한에 머물러야 함)을 준수하고, ② 지방자치단체의 위법한 업무처리가 국가의 감독권 발동요건을 충족시키는 경우에도 자치권을 존중하는 방향으로 개입해야 하며, ③ 지방정부에 대한 호의적인 원칙(의심스러울 때는 지방자치단체의 이익을 존중하는 방향으로 해석)을 준수할 필요가 있다(이달곤 외, 2012: 132).

19) 「지방자치법」 제187조(중앙행정기관과 지방자치단체 간 협의·조정)에서는 '중앙행정기관의 장과 지방자치단체의 장이 사무를 처리할 때 의견을 달리하는 경우 이를 협의·조정하기 위하여 국무총리 소속으로 행정협의조정위원회를 둔다'라고 규정하고 있다(국가법령정보센터, 2024a).

가는 상호협력적 거버넌스 구축의 필요성이 강조되고 있다(하혜수·전성만, 2019). 이에 대한 구체적 방안으로 2022년부터 전면 개정된 「지방자치법」에서는 중앙과 지방 간 협력관계를 증진하기 위해 제9장의 명칭을 '국가와 지방자치단체 간의 관계'로 규정하였으며, '중앙지방협력회의'를 새롭게 조직하고, 균형적 공공서비스 제공과 균형발전 등을 위한 국가-자치단체 관계와 지방자치단체 간 협력의무, 자치단체장의 중앙행정기관장이나 시·도지사의 조언·권고·지도에 대한 의견제출권 조항 등을 신설하였다(국가법령 정보센터, 2024a).

(3) 지방분권과 자율성 강화 필요

중앙정부와 지방자치단체의 관계는 두 기관의 행정적·재정적 권한배분 정도에 따라 집권과 분권의 개념으로 설명될 수 있다. 정책결정권에서 중앙정부가 권한우위에 있으면 중앙집권(centralization)적이라고 할 수 있다. 반면에 지방분권(decentralization)은 "정책결정권한을 비교적 자율적인 지방정부 또는 법적인 특별기관에 이양하는 것으로 정치적 분권 또는 민주적 분권"을 의미한다. 지방분권은 권한이양(devolution)이라는 의미로 사용되며, 중앙이 책임을 지면서 권한의 일부를 지방자치단체로 넘기는 위임(delegation)과는 구분되어야 한다. 이러한 차원에서 지방분권은 일정한 사안에 있어서 책임과 권한의 완전한 이양을 의미한다.[20] 지방분권화는 정치적 차원에서 지방자치단체의 역할이 강조되는 정부간 역할배분 원리로서, 권력분산을 통한 중앙과 지방의 기능 분화를 전제로 한다. 반면에 경제적 차원에서의 지방분권화는 지방공공서비스에 대한 수요표출(예: 소비자 선택권 향상)과 공공재 공급의 효율성 향상 수단으로서 의의를 지닌다(이종열 외, 2023).

지방분권의 적정수준을 논의하기는 어렵다. 너무 높은 수준의 지방분권화가 이루어지면 국가 전체의 통합이 저하될 우려가 있다. 반면에 너무 낮은 수준의 지방분권화가 이루어지면 지방의 창의력과 주도성에 의한 지역발전과 국가발전이 어려워진다는 우려가 있다. 따라서 적정수준의 지방분권화에 대한 논의는 지속적으로 제기될 필요가

---

[20] 지방분권이 지방자치를 강화하는 데 중요한 역할을 하지만, 만약 지방분권이 활성화된다고 하더라도 소수의 지역 엘리트들이 지방을 지배하거나 획일적이고 중앙의존적인 자치가 이루어진다면 진정한 의미의 지방자치가 이루어졌다고 볼 수 없다(이종수 외, 2022).

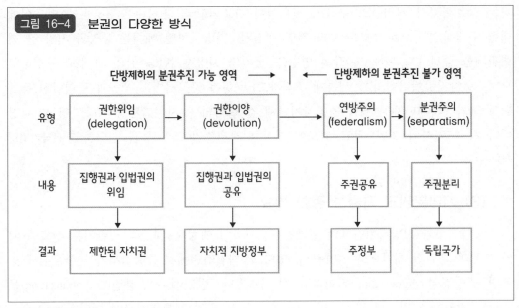

그림 16-4   분권의 다양한 방식

출처: 이달곤 외(2012: 60).

있지만, 지방분권이 중앙과 지방 간 적합한 권한 및 역할분담을 통해 국가경쟁력을 증
진시키는 방향으로 이루어질 수 있도록 하는 노력이 반드시 전제되어야 할 것이다(이종
열 외, 2023).[21]

(4) 지방자치단체의 자치권 논의

중앙정부와의 관계에서 지방자치단체의 개선방안은 지방자치단체의 자치권 확보를
중심으로 논의된다. 자치권(rights of local autonomy)은 "지방자치단체가 그 존립목적을
달성하기 위하여 가지는 일정한 범위의 권리 혹은 권한"이라고 할 수 있다(김찬동, 2019:
4). 이는 지방자치단체가 중앙정부로부터 지역문제 해결에 필요한 권한을 확보해 가는
과정이라고 할 수 있다. 자치권은 '자치정부'로서 가지는 일정한 범위의 권리로서, 지역
사회나 지역주민과 관련된 일을 지방자치단체 스스로가 결정하는 것을 의미한다. 자치

---

21) 최근에는 신중앙집권화와 신지방분권화에 대한 논의가 제시된다. 전자는 최근 다시 광역행정수요가 증가
하는 가운데 지방정부의 기능과 권한이 중앙정부로 이전되어야 한다는 논의이며, 후자는 상급단체의 감
독완화, 지방재정개혁 강화, 자치단체의 권리보장 등을 강조해야 한다는 논의이다.

권은 자치입법권, 자치행정권, 자치조직권, 자치재정권, 자치사법권으로 구분할 수 있다. 우선 자치입법권(legislative power)은 "지방자치단체가 규칙과 규정을 만들어 운영할 수 있는 권한"(예: 조례 및 규칙)이며, 자치행정권(administrative power)은 "지방자치단체가 자기 권한에 속한 사무를 스스로 처리할 수 있는 권한"(예: 사무배분)을 의미한다. 자치조직권(organizational power)은 "지방자치단체를 운영하는 데 필요한 조직을 지방자치단체 스스로 설치하여 운영하거나 폐지할 수 있는 권한"(예: 조직 및 인력)이며, 자치재정권(financial power)은 "지방자치단체를 운영하는 데 필요한 재원을 확보할 수 있는 권한과 이를 자율적으로 관리·운영하는 권한"(예: 지방세)이다. 마지막으로, 자치사법권(judicial power)은 "지방자치단체가 만들어 운영하는 자치법규를 위반했을 때 지방자치단체가 독자적인 재판기구를 통해 자율적으로 이에 대한 판결을 내릴 수 있는 권리"를 의미한다(김병준, 2019: 338-340).

그러나 현실적으로는 자치입법권, 자치행정권, 자치조직권, 자치재정권, 자치사법권 등에서 제약이 존재한다.[22] 향후 바람직한 자치권을 수립하기 위해서는 "지방자치단체의 책임성을 중앙정부의 통제와 규제로 확보할 것인가, 아니면 지역주민의 통제를 강화하고 지방의회를 의회답게 만드는 제도개혁을 통해서 확보할 것인가에 대한 근본적인 논의"가 반드시 제기되어야 할 것이다(김병준, 2019: 360). 아래에서는 지방자치단체 간 관계에 대해서도 살펴본다.

3) 지방자치단체 간 관계

(1) 지방자치단체 간 갈등: 지역이기주의

지방자치와 지방분권에 대한 요구의 목소리가 확대되면서 지역이기주의로 인한 지방자치단체 간 갈등 양상은 이전보다 더욱 심화되었다. 특정 지역의 주민들과 지방자치단체가 자신들의 지역이익을 앞세워 국가 전체의 이익이나 혹은 다른 지역의 이익에 반

---

22) 한국에서 자치입법권은 국가의 법률과 상위 지방자치단체 조례 안에서 제정이 이루어져야 하며(법령우위의 원칙), 주민권한을 침해한 행위에 대해 처벌하는 조항을 제정하기 위해서는 법률위임이 필요하다(법률유보의 원칙). 또한 중앙정부의 지나친 감시와 통제가 있어 자치행정권과 자치조직권이 제약되는 경향이 있으며, 세입자치가 거의 존재하지 않아 자치재정권이 제약되고, 자치사법권은 전혀 인정되지 않는다는 한계가 존재한다(강인호, 2023).

하는 행동이나 주장을 펼치는 지역이기주의가 최근 들어 급증하고 있다. 이와 관련된 대표적인 현상이 바로 지역 내 혐오시설 유치를 반대하는 'NIMBY(Not In My Back Yard)' 현상(예: 지역 내 방폐장 시설, 쓰레기 처리시설 등의 유치반대)과 지역 내 선호시설 유치를 적극 환영하는 'PIMFY(Please In My Front Yard)' 현상(예: 지역 내 지하철역, GTX 노선 등 유치 노력)이다(헤럴드경제, 2021).

지역이기주의가 발생하는 원인으로는 첫째, 행정환경의 변화가 있다. 구체적으로 민주화의 심화에 따른 주민의 권리의식 신장 그리고 중앙정부의 지방자치단체에 대한 통제 완화로 지역 간 요구가 충돌하면서 지역이기주의가 발생하게 되는 것이다. 둘째, 새로운 제도 및 관행의 미비가 지역이기주의를 발생시키기도 한다. 주민참여 메커니즘 미비(지역사회 의견 미반영의 예: 부안방사성폐기물처리장), 지방자치단체의 참여 메커니즘 미비(혹은 지방자치단체 정책결정 참여 미비), 조정 및 협의제도의 미비와 조정자 부족, 보상체계 미비, 비합리적인 사무배분과 불명확한 사무구분(예: 위임사무와 자치사무의 구분 미흡) 등으로 인해 지역이기주의가 발생하기도 한다는 것이다(강인호, 2023).

(2) 지방자치단체 간 협력: 광역행정

지방자치단체 간 갈등과 지역이기주의를 해결하기 위한 방안으로 지방자치단체 간 협력체계인 광역행정을 마련하는 방안이 제시된다. 광역행정은 "자치단체 간의 문제를 해결하고 행정의 능률성·경제성·효과성 등을 향상시키기 위하여 기존의 행정구역을 초월하여 더 넓은 지역에 걸쳐 행정을 종합적으로 수행함"을 의미한다. 이와 같은 광역행정 수요의 대표적 예로는 광역상수도 사업, 환경오염방지 및 수질 보호의 공동 관리가 있다(임승빈, 2019: 83). 현대 행정환경에서 광역행정의 필요성은 다음과 같다. 첫째, 지방자치단체의 문제가 광역화되어 이를 공동 대처할 필요성이 있다. 광역행정으로 다루어질 수 있는 대표적인 문제로는 환경문제, 안전과 재난 문제, 저출산 문제, 일자리 창출 문제, 범죄문제 등이 있다. 둘째, 지방자치단체 간 분쟁과 갈등이 심화되면서 이를 해결할 수 있는 방안으로 광역행정이 요구된다. 셋째, 대규모 개발사업의 경우 하나의 지방자치단체가 독자적으로 이를 수행하기 어렵기 때문에 광역행정을 통해 지역발전의 효율성을 도모할 필요가 있다. 마지막으로, 지방자치단체의 주민들에게 균등한 서비스를 제공하기 위하여 지방자치단체 간 협력방안인 광역행정이 필요한 것이다(이승종 외,

| 표 16-5 | 지방자치단체 간 주요 협력제도(광역행정) |

구분	광역행정 (협력제도)	제도 내용	운영 현황
법인격 없음	협력사업 (협약에 의한 공동 사무처리)	광역적 업무로 지방자치단체가 단독으로 처리하기 곤란하거나 중복투자가 예상되는 경우 타 지방 자치단체와 협력하여 처리 (「지방자치법」 제164조 근거)	공동연구용역, 박람회 개최, 산업단지 조성
	사무위탁	업무 중복방지 등 예산절감 효과를 높이기 위해 당해 지방자치단체 사무 일부를 타 지방자치단체에 위탁하여 처리, 지방자치단체 간 협의로 규약제정 필요 (「지방자치법」 제168조 근거)	상하수도, 폐기물 처리, 화장장 등 위탁처리
	행정	광역계획 및 집행, 공공시설 공동설치, 정보교환, 업무 조정 등을 위해 지방자치단체 간 구성 (「지방자치법」 제2절 근거)	권역별, 기능별 행정 협의회
	지방자치 단체장 등 협의체	지방자치단체의 장이나 지방의회 의장이 상호 간의 교류와 협력을 증진하고, 공동의 문제를 협의하기 위해 설립 (「지방자치법」 제4절 근거)	대한민국 시도지사협의회 등
법인격 있음	지방자치단체 조합	2개 이상 지방자치단체가 구성원이 되어 공동 사무 처리. 조례제정권 없음. 의결기관은 조합회의 설치 시 시·도지사 혹은 행정안전부 장관 승인 필요. 주민참여제도 없음 (「지방자치법」 제3절 근거)	경제자유구역청, 지역상생발전기금조합, 지리산권관광개발 조합 등
	특별지방자치 단체	2개 이상 지방자치단체가 공동으로 광역적 사무 처리. 조례제정권 있음. 의결기관은 특별지방 자치단체의회 설치 시 행정안전부 장관 승인 필요. 조례 제·개정의 주민참여. 국가 또는 시·도사무 위임 수행 가능(「지방자치법」 제12장 근거)	「지방자치법」전부 개정으로 제도 구체화

출처: 이종수 외(2022: 200); 최용환(2019: 15-16).

2021).

　광역행정의 수행방식은 크게 점진적 방식과 급진적 방식으로 구분할 수 있다(주운
현 외, 2018: 364-365). 점진적 방식은 이해관계에 있는 지방자치단체가 협상과 협의를
통해 공통의 문제를 해결하는 방식으로, 이와 관련된 대표적인 예로 사무위탁, 협력사

업, 행정협의회, 지방자치단체조합 등이 있다(<표 16-5> 참조).23) 이에 반해 급진적 방식의 광역행정 수행방식은 "둘 이상의 지방자치단체의 경계변경을 통해 광역행정을 구현하는 방식"으로, 이와 관련한 대표적인 방법으로는 합병 또는 통합이 있다. 급진적 방식의 광역행정 수행에 대한 구체적인 예로는 마산시, 창원시, 진해시의 통합(2010년)과 청주시와 청원군의 통합(2014년)을 제시할 수 있다(주운현 외, 2018: 365). 이는 하나의 생활권과 경제권 내에 위치하면서 협력 필요성이 높은 지방자치단체들을 통합하는 방식이다. 통합은 같은 생활권의 지역을 하나의 지방자치단체 경계로 묶음으로써 생활권 중심의 통합행정을 가능하게 한다는 취지로 시행된다(송재복, 2023).

또한 지방자치단체 간 갈등을 줄이고 협력을 증진하는 방안으로 '분쟁조정위원회'가 운영되고 있기는 하지만, 능동적이고 적극적인 운영은 이루어지지 못하고 있는 실정이다. 예를 들어, 행정안전부 소속 '지방자치단체중앙분쟁조정위원회', 시·도지사 소속 '지방자치단체지방분쟁조정위원회'가 운영되고 있기는 하지만,24) 이들 분쟁조정위원회의 운영실적은 모두 미흡한 상황이다. 그에 대한 다양한 이유가 존재하기는 하지만, 가장 중요한 이유는 분쟁조정위원회 등의 정치·행정적 위상 자체가 분쟁을 조정할 수 있을 정도로 강하지 않고 당사자들이 이용의 필요성을 느끼지 못하기 때문으로 볼 수 있다(강인호, 2023).

이와 같이 다양한 지방자치단체 간 조정제도가 있지만, 한국은 여전히 지방자치단체 간 분쟁조정과 협력 도모의 기제가 부족한 실정이다. 따라서 이를 개선하기 위한 방안으로 '지방 4단체 협의회'(시·도지사협의회, 시장·군수·구청장협의회, 시·도의회의장협의회, 시·군·구의회의장협의회)의 보다 적극적인 역할이 필요하다. 뿐만 아니라, 지방자치단체에 보다 강력한 자치권을 부여하고 폭넓은 사무의 이양을 추진할 필요가 있다(이승종

---

23) 「지방자치법」 제8장에서 지방자치단체 상호 간의 관계 조항을 통해 지방자치단체 간 협력을 도모하고 있다. 동법 제2절에서는 '행정협의회'[예: 동북4구 행정협의회(2016년 4월 출범)-서울 노원구, 강북구, 도봉구, 성북구], 동법 제3절에서는 '지방자치단체조합'[예: 충남혁신도시 지방자치단체조합(2022년 12월 행정안전부 승인, 2023년 출범)-충청남도, 홍성군, 예산군], 동법 제4절에서는 '지방자치단체의 장 등의 협의체'[예: 대한민국시도지사협의회(1999년 1월 출범)]에 관한 사항을 규정하고 있다(국가법령정보센터, 2024a).

24) 이와 관련해 「지방자치법」 제165조(지방자치단체 상호 간의 분쟁조정)와 제166조(지방자치단체중앙분쟁조정위원회 등의 설치와 구성 등), 제167조(분쟁조정위원회의 운영 등)에서는 지방자치단체 간 분쟁조정 방안에 관한 규정을 제시하고 있다(국가법령정보센터, 2024a).

외, 2021).

3. 지방자치단체장과 지방의회

1) 지방자치단체장과 지방의회 관계

지방자치단체의 기관구성은 의결기능(지방의회)과 집행기능(지방자치단체장)으로 이루어지며, 이들의 관계가 어떻게 형성되는가에 따라 지방자치단체장과 집행기관의 위상이 달라진다. 지방자치단체의 권력구조는 의결기관과 집행기관의 구성형태에 따라서 일원형인 '기관통합형', 이원형인 '기관대립형', 이 두 유형의 '절충형'으로 구분할 수 있다. 기관통합형은 정책의 결정기능과 집행기능 모두 지방의회에 귀속되는 유형으로서, 지방의회의 의장이 단체장직을 겸임하면서 정책결정과 집행기능을 동시에 수행하는 것이다

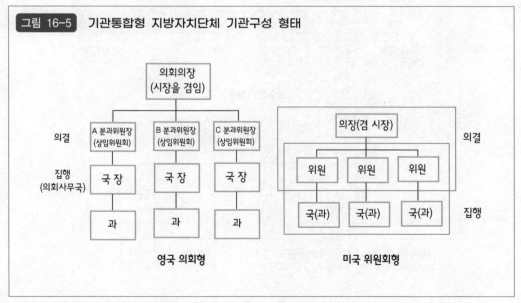

그림 16-5 **기관통합형 지방자치단체 기관구성 형태**

출처: 이달곤 외(2012: 241) 수정.

(이종수 외, 2022). [그림 16-5]에서와 같이 기관통합형은 영국식 의회형과 미국식 위원회형이 있다. 이들의 공통점은 의회기관이 집행기관을 하위에 두면서 집행기능도 함께 책임을 진다는 것이다.

기관대립형은 의사결정기구인 지방의회와 집행기관을 대립시켜 상호 견제와 균형(check and balance)을 견지하도록 하는 형태로 한국 등 일부 국가가 채택하고 있다(송재복, 2023). 기관대립형은 의결기관인 지방의회와 집행기관인 지방자치단체장 모두 주민들의 직접선거에 의해 선출되기 때문에 지방의회와 집행기관 모두 민주적 정당성을 확보하는 이원적 민주적 정당성(dual democratic legitimacy)을 지닌다(이승종 외, 2021). 마지막으로, 절충형은 의결기관인 지방의회가 존재하고, 집행기관이 존재하나 이들이 지방의회하에 존재하는 경우이다. 민의를 반영하는 데에는 절충형이 긍정적으로 고려될 수

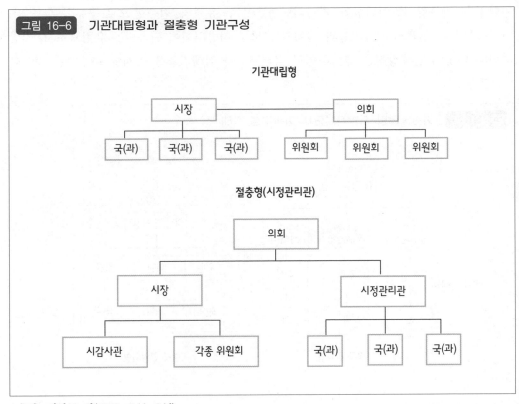

그림 16-6 기관대립형과 절충형 기관구성

출처: 이달곤 외(2012: 244, 246).

있으나, 집행기관이 이원화되어 있기 때문에 행정책임성이 분산된다는 한계가 있다([그림 16-6] 참조). 절충형의 대표적인 예가 의회-시정관리관 유형(council-manager form)이다. 이는 20세기 초 미국 워싱턴주 시애틀시에서 처음 채택된 유형으로, 기능상으로는 의회와 집행기관의 분리가 이루어지나 실질적으로는 의회가 집행기관을 총괄하는 시정관리관을 임명한다(강인호, 2023). 한국은 현재 집행기관이 의결기관보다 높은 권한을 지닌 기관대립형을 지니고 있으나, 전면 개정된 「지방자치법」 제4조에서는 지방자치단체의 기관구성 형태 다양화 규정을 도입하여 주민투표를 거쳐 지방의회와 집행기관의 구성을 변경 가능하도록 하였다(국가법령정보센터, 2024a).[25]

2) 지방자치단체장의 권한

협의의 의미에서 집행기관은 "지방의회에 대응하는 위치를 가진 최고집행기관으로 지방자치단체장을 지칭"하며, 단체장 1인이 집행기관장이 된다. 광의의 의미에서 집행기관은 "집행의 최고기관인 단체장과 이를 보조하는 보조기관 및 하부행정 기관 그리고 소속행정기관으로 구성되는 일반집행기관을 포함"한다(이달곤 외, 2012: 248). 특히 지방자치단체장은 대표기능과 통할기능을[26] 수행하는 수장이며, 지방자치단체 대표(자치단체 대표로서의 지위)와 국가의 행정을 일선에서 책임지는 국가기관장의 지위(국가집행기관으로서의 지위)를 지닌다.

한국에서 자치단체장의 권한은 통할대표권(지방자치단체를 대표하고 사무를 총괄하는 권한), 지휘감독권(국가행정기관으로서의 지휘감독권, 광역자치단체장의 기초자치단체에 대한 지휘감독권, 관할구역 내의 공공단체 지휘감독권), 관리 및 집행권(사무관리 및 집행, 사무의 위임 위탁권, 조직권 및 인사권, 규칙제정권, 재정관리권)을 지닌다(송재복, 2023). 특히 지방의회와 관련하여 자치단체장은 다음과 같은 권한을 지닌다. 지방의회 견제방안으로 재의요구

---

25) 제4조(지방자치단체의 기관구성 형태의 특례) ① 지방자치단체의 의회(이하 "지방의회"라 한다)와 집행기관에 관한 이 법의 규정에도 불구하고 따로 법률로 정하는 바에 따라 지방자치단체의 장의 선임방법을 포함한 지방자치단체의 기관구성 형태를 달리 할 수 있다. ② 제1항에 따라 지방의회와 집행기관의 구성을 달리하려는 경우에는 「주민투표법」에 따른 주민투표를 거쳐야 한다.

26) 통할(統轄, supervision)은 "상급행정기관 또는 상급자가 하급행정기관 또는 하급자의 행위를 지휘·조정하는 것을 말한다. 예를 들어, 행정 각부는 대통령의 통할하에 있으며, 국무총리는 행정에 관해 대통령의 명을 받아 행정 각부를 통할한다"(네이버지식백과, 2019).

권, 선결처분권을 가진다. 재의요구권은 "지방자치단체장이 지방의회의 의결 중 월권, 위법, 부당, 공익위배 등이 인정될 경우 지방의회에 재심의를 요구하는 권한"을 의미하고, 선결처분권은 "지방의회의 의결이 필요한 사항인데도 불구하고 특정한 이유로 의결받기 이전에 집행기관이 처분하는 행위"를 의미한다. 또한 지방의회에 대한 견제와 협력을 모색하기 위한 권한으로 의안발의권, 의회출석권, 의견진술권 등을 가진다(이달곤 외, 2012: 255 – 256).

3) 지방의회의 권한과 제약

지방의회는 "주민으로부터 선출된 의원으로 구성되어, 지방자치단체의 의사를 결정하고 그 집행기관을 감시하는 합의제 의결기관"이다. 특히 지방의회는 기본적으로 자치단체의 의사를 결정하고, 집행기관을 감시하며, 각기 다른 주민들의 이해를 반영하고 조정하는 데 있어 중요한 역할을 수행한다(이달곤 외, 2012: 202 – 203).

지방의회의 권한으로는 첫째, 주요 의사결정권(발의권 및 의결권)을 가진다. 이는 지방의회의 핵심적 기능이 된다. 둘째, 지방의회의 가장 기본적인 권한으로서 조례 제·개정권을 가진다. 셋째, 지방의회 권한의 핵심인 예산 심의·확정권을 가진다. 넷째, 행정사무 감사권 및 조사권을 가진다. 즉, 지방의회는 집행부의 행정과정과 결과에 대해 관여할 수 있는 권한을 지니는 것이다. 마지막으로, 지방의회는 주민의 청원을 듣고 이에 대한 적절한 조치를 취할 수 있는 청원 관련 권한을 가진다. 그러나 지방의회의 권한은 다음과 같은 측면에서 제한되기도 한다. 지방의회가 제대로 운영되지 않을 경우에 대비한 외부통제 기능으로서 국가의 지도·감독기능이 있다. 이를 통해 지방의회의 권한이 제한될 수 있다는 것이다. 또한 자치단체장의 재의요구권과 선결처분권으로 인해 지방의회의 권한이 제한될 수 있다(강인호, 2023).[27]

---

27) 전면 개정된 「지방자치법」에서는 지방의회의 인사권 독립(제103조)이 확보되었다. 이전에는 의회 사무처 소속 사무직원의 임용권은 단체장 권한이었으나, 개정된 법률에서는 지방의회 소속 사무직원 임용권을 지방의회 의장에게 부여하였다. 그리고 지방의회 권한을 강화하기 위해 정책지원 전문인력(정책지원관)을 도입(제41조)하여 모든 지방의회에서 의원정수 1/2 범위에서 정책지원 전문인력 운영이 가능하도록 하였다. 또한 지방의회 운영 자율화를 위해 조례에 위임하여 지역 특성에 맞게 의회운영을 정하도록 하였다(국가법령정보센터, 2024a).

4. 지방재정과 지방 거버넌스

1) 지방재정의 의미

지방재정(local finance)은 "지방자치단체의 존립목적을 달성하기 위해 재화를 강제적 또는 비강제적으로 획득하고 이를 관리·사용하는 일련의 연속적 활동"을 의미한다(주운현 외, 2018: 353). 이는 예산, 결산, 회계 및 기타 재화에 관한 지방자치단체의 모든 활동을 일컫는다. 지방자치단체의 재원은 자주재원과 이전재원으로 나뉘는데, 자주재원은 "지방자치단체가 그 자체의 재원으로부터 자주적으로 거두어들이는 수입"이라고 할 수 있으며, 이전재원은 "중앙정부나 상급지방자치단체 등 외부로부터 받는 자금"을 의미한다(김병준, 2019: 403).

2) 지방재정의 구성

(1) 자주재원

자주재원의 수입은 '지방세'와 '세외수입'으로 구성된다. 지방세는 "지방정부가 그 운영과 사업수행에 필요한 경비를 충당할 목적으로 그 자체에 속한 세원을 대상으로 거두어들이는 세금"을 말한다(김병준, 2019: 404).

지방세는 [그림 16-7]과 같이 구성된다. 도세의 경우, 보통세는 취득세, 등록면허세, 레저세, 지방소비세 등을 포함하며, 목적세는 지역지원시설세, 지방교육세를 포함한다. 시·군세의 경우, 보통세는 담배소비세, 주민세, 지방소득세, 재산세, 자동차세 등을 포함한다. 세외수입은 "조세와 국공채를 제외한 나머지 모든 자체수입"을 일컫는다(이재원, 2019: 166). 세외수입은 사용료(지자체가 설치한 공공시설을 이용할 때 편익에 대한 반대급부로 부과·징수하는 공과금)와 수수료[행정서비스를 이용하면서 인지(印紙) 또는 증지(證紙)를 구입할 때 발생하는 세외수입], 부담금(분담금, 임시적 세외수입으로 형평성 가치가 상대적으로 높은 수입원), 재산임대 및 재산매각 수입, 사업수입, 이자수입, 징수교부금 등으로 이루어진다. 특히 세외수입은 조세에 대한 대안으로서 사용자부담금과 같이 특정 공공서비

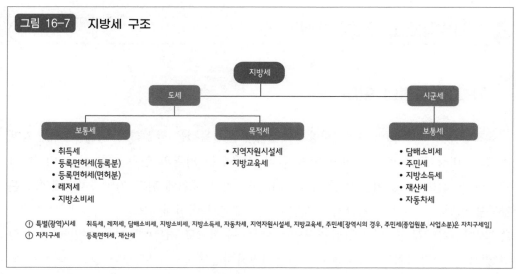

그림 16-7 **지방세 구조**

출처: 위택스(2024).[28]

스에 대한 직접적인 대가로 징수되는데, 지방세와 달리 조세법률주의가 적용되지 않는 다는 특징이 있다. 또한 세외수입은 지방재정의 자주재원에서 자율성을 높일 수 있다는 장점이 있다(이재원, 2019: 166-167).

(2) 이전재원

이전재원은 지방자치단체의 부족한 재원을 보전해 주는 기능만이 아니라 외부효과 가 큰 공공사업에 대해 지방정부의 관심을 끌어들이는 기능도 한다. 특히 지역 간 불균 형을 시정해 주며, 국가 차원의 통합성과 통일성을 유지하는 데 긍정적인 기능을 한다. 그러나 지원하는 방식에 따라 지방자치단체의 자치권이 크게 달라질 수 있으며, 이전재 원의 운영이 잘못되는 경우 지방자치단체의 자치권이 오히려 제약될 수 있다. 뿐만 아 니라, 지방자치단체 간 형평성과 공정성을 약화시킬 수 있는 문제점도 지니고 있다(강인 호, 2023). 이전재원은 '국고보조금', '지방교부세', '조정교부금' 등으로 구성된다.

---

28) 보다 구체적인 지방세 개요, 납세대상자, 과세표준 등의 사항과 관련해서는 위택스 홈페이지를 참조하기 바란다(https://www.wetax.go.kr/main/?cmd=LPTIIA1R1).

국고보조금은 "지방자치단체가 수행하는 업무 중에서 국가사업과 지방자치단체 사업의 연계를 강화하고자, 중앙정부가 지방자치단체의 특정 사업에 대하여 경비의 일부를 용도 지정하여 부담하는 것"이다(이달곤 외, 2012: 294). 즉, 중앙정부가 특정사업의 수행과 관련하여 지방자치단체에 교부하는 자금이 국고보조금인 것이다. 국고보조금은 「보조금관리에 관한 법률」, 「국고보조금 통합관리지침」과 같은 법령에 근거하며(국가법령정보센터, 2024d; 2024e), 'e나라도움 국고보조금통합관리시스템'도 운영 중에 있다.[29] 국고보조금을 통해 중앙의 지방자치단체에 대한 재정적 통제가 이루어져 국가 차원의 이익 증진에 기여할 수 있다는 장점이 있다. 하지만 이와는 반대로 오랫동안 우리나라에서는 국고보조금이 중앙정부의 지방자치단체에 대한 통제수단으로만 고려되었다는 문제점이 있다. 특히 국고보조금 사업이 지나치게 세분화 되어 운영에 제약이 따르며, 보조율(전체 사업경비 중 중앙정부가 지원하는 금액비율) 산정에 객관적 기준이 결여되는 한계가 있다(조미옥·노희천, 2022).

「지방교부세법」 제1조(목적)와 제2조(정의)에 따르면 지방교부세는 "지방자치단체의 행정 운영에 필요한 재원(財源)을 교부하여 그 재정을 조정함으로써 지방행정을 건전하게 발전시키도록 함을 목적"으로 "제4조[30])에 따라 산정한 금액으로서 제6조, 제9조, 제9조의3 및 제9조의4에 따라 국가가 재정적 결함이 있는 지방자치단체에 교부하는 금액을 말한다"(국가법령정보센터, 2024f). 이는 재정능력이 상대적으로 뒤쳐지는 지방자치단체의 재정을 보전해 지방자치단체 간 재정격차를 줄이고, 모든 지역에 기초적인 행정서비스가 제공될 수 있도록 하는 것을 목적으로 한다(박혜림·김경민, 2021). 지방교부세에는 보통교부세(지방자치단체 간 재정력 격차를 해소하고 지방재정의 균형화를 위하여 국세

---

29) https://www.gosims.go.kr/hg/hg004/retrieveGovsuby.do#menu를 참조하기 바란다.

30) 제4조(교부세의 재원)에 따르면 ① 교부세의 재원은 다음 각 호로 한다. 1. 해당 연도의 내국세(목적세 및 종합부동산세, 담배에 부과하는 개별소비세 총액의 100분의 45 및 다른 법률에 따라 특별회계의 재원으로 사용되는 세목의 해당 금액은 제외한다. 이하 같다) 총액의 1만분의 1,924에 해당하는 금액, 2. 「종합부동산세법」에 따른 종합부동산세 총액, 3. 「개별소비세법」에 따라 담배에 부과하는 개별소비세 총액의 100분의 45에 해당하는 금액, 4. 제5조 제3항에 따라 같은 항 제1호의 차액을 정산한 금액, 5. 제5조 제3항에 따라 같은 항 제2호의 차액을 정산한 금액, 6. 제5조 제3항에 따라 같은 항 제3호의 차액을 정산한 금액, ② 교부세의 종류별 재원은 다음 각 호와 같다. 1. 보통교부세: (제1항 제1호의 금액＋제1항 제4호의 정산액)×100분의 97, 2. 특별교부세: (제1항 제1호의 금액＋제1항 제4호의 정산액)×100분의 3, 3. 부동산교부세: 제1항 제2호의 금액＋제1항 제5호의 정산액, 4. 소방안전교부세: 제1항 제3호의 금액＋제1항 제6호의 정산액(국가법령정보센터, 2024f).

중 일정액을 법정화하여 자치단체별 재정력을 반영하여 산정 및 배정하는 제도), 특별교부세(보통교부세 산정 시 반영할 수 없었던 예기치 못한 재정수요에 충당하는 재원), 부동산교부세(종합부동산세를 재원으로 하는 부동산교부세제도를 2005년 도입. 자치단체의 재산세와 거래세 세수 감소분을 보전하고 지역균형발전 재원으로 활용), 소방안전교부세(지방자치단체의 소방 및 안전시설 확충, 안전관리 강화 등을 위하여 소방안전교부세를 2015년 신설)와 같은 종류가 있다. 이와는 별도로 특별시와 광역시에서는 재정력이 취약한 자치구를 대상으로 한 '자치구 조정교부금제도'도 운영된다.

(3) 지방채

지방채(local borrowing, local debt)는 "지방자치단체가 공공부문이나 민간부문의 재원을 일정기간 동안 차입해서 사용하는 채무"이다(이재원, 2019: 238). 이는 지방자치단체가 재정수입 보충을 위해 과세권을 실질적인 담보로 하여 자금을 조달하는 것으로, 지방채를 발행할 수 있는 주체는 지방자치단체와 지방자치단체조합이다(이승종 외, 2021). 특히 지방채는 복수의 회계연도에 걸쳐서 부담하는 채무행위의 특징을 지니며, 증서차입 또는 증권발행의 형식을 취한다.

지방채의 기능으로는 첫째, 재원조달 기능으로서 지방자치단체 수행사업 중에서 초기에 많은 재원을 필요로 하는 경우에 활용될 수 있다. 둘째, 지하철, 도로, 상하수도, 하수종말처리장 등과 같은 시설의 비용에 대해 세대 간 불평등을 해소하기 위하여 지방채를 발행할 수 있다. 셋째, 재정적자가 누적될 때 이를 보전하기 위해 지방채를 발행할 수 있다(이현우·가선영, 2020).

3) 지방재정력과 지방재정조정제도

지방재정력은 '재정자립도'와 '재정자주도'로 측정한다. 재정자립도는 "지방자치단체의 자체 충당 능력을 나타내는 세입분석지표로서 지방자치단체의 세입에서 지방세와 세외수입이 차지하는 비중"을 의미하며, '재정자립도＝자체수입(지방세＋세외수입)/일반회계 예산규모'로 측정된다(지방재정365, 2024a). 그러나 재정자립도는 지방자치단체가 자유롭게 사용할 수 있는 자주재원을 포함하지 않는다. 이 때문에 지방자치단체가 자유롭게 사용할 수 있는 자주재원을 포함한 재정현황인 재정자주도가 지방재정력 측정방법으로 자주 활용된다(이승종 외, 2021). 재정자주도는 "지방자치단체 일반회계의 세입 중에서 특정 목적이 정해지지 않아서 지방자치단체가 재량대로 쓸 수 있는 일반재원이

표 16-6 우리나라 정부 간 재정조정제도 현황

주제		도구	내용
수직적 재정조정 관계	중앙정부 ↔ 지방자치단체	조세	국세 - 지방세
		이전재원	지방교부세, 국고보조금, (균특회계)
	광역자치단체 ↔ 기초자치단체	조세	특별·광역시세 - 자치구세 도세 - 시·군세
		이전재원	특별·광역시 → 자치구: 자치구 조정교부금, 시비보조금 도 → 시·군: 시·군 조정교부금, 도비보조금
	중앙정부 ↔ 교육자치단체	조세·이전재원	지방교육재정교부금(교육세 포함), 국고보조금
수평적 재정조정 관계	동일계층 자치단체	조세·이전재원	지역상생발전기금, 서울시 재산세 공동세31)
	광역자치단체 ↔ 교육자치단체	조세·이전재원	지방교육세, 담배소비세 및 시도세 전입금 등

주 1: 지방교부세의 경우 특별·광역시의 자치구에는 직접 교부되지 않음. 2015년 소방안전교부세가 신설됨.
주 2: 도에서 시·군에 교부되는 재정보전금은 2015년부터 시·군 조정교부금으로 명칭이 변경됨.
주 3: 서울시 재산세 공동세(50%)는 형식적으로는 수직적 재정이전이지만 실질적·수평적 재정이전에 해당함.
출처: 임승빈(2019: 359).

---

31) 서울시 재산세 공동세는 "1995년부터 시작된 서울시 자치구 간 수평적 재정불균형의 완화를 위한 정책대안"으로서(손화정·이희선, 2008: 155), "서울시 재산세 공동과세와 서울시 재산세 공동세의 용어의 차이는 엄밀하게 재산세의 과세권을 서울시와 자치구들이 공통으로 가지는 경우에는 재산세 공동과세라는 용어가 적당하지만, 자치구들이 재산세의 과세권을 갖고 재산세의 일부를 서울시에 납입하는 경우에는 재산세 공동세라는 용어가 적당하다고 판단된다. 그러나 재산세의 일부를 공통으로 자치구들이 공유한다는 의미에서는 같은 의미로 쓰일 수 있다"고 한다(손화정·이희선, 2008: 157).

차지하고 있는 비중"을 뜻한다. 따라서 '재정자주도＝(자체수입＋자주재원)/일반회계 예산규모'로 측정된다(지방재정365, 2024b).

　　지방자치단체의 재정력이 낮을 때에는 정부 간 재정조정제도가 필요하다. 지방재정조정제도는 "지방자치단체 간 경제력의 차이 등으로 인한 재정상의 불균형을 완화하기 위해 국가나 상위자치단체가 재정력이 취약한 지방자치단체 재원을 이전하여 주는 제도"이다(임승빈, 2019: 358). 우리나라 정부 간 재정조정제도 현황은 ＜표 16−6＞과 같다.

5. 지방자치 관련 정책 개혁

　　대표적인 지방자치 관련 정책의 개혁방안은 (지방)자치분권과 지역균형발전 강화로 제시될 수 있다. (지방)자치분권은 "민주주의와 지방자치의 구현을 위하여 중앙과 지방 사이에 정치·행정권한을 배분하는 것"으로(김순은, 2018: 39), 「지방자치분권 및 지역균형발전에 관한 특별법」 제2조에서는 이를 "국가 및 지방자치단체의 권한과 책임을 합리적으로 배분하거나 행정수요 및 지역 특성에 따라 지방행정체제를 개편함으로써 국가 및 지방자치단체의 기능이 서로 조화를 이루도록 하고, 지방자치단체의 정책결정 및 집행과정에 주민의 직접적 참여를 확대하는 것"으로 정의한다(국가법령정보센터, 2024g). 최근 나타나는 (지방)자치분권 관련 정책의 특징은 다음과 같다. 2020년 1월, 참여정부에서 추진된 이후 16년 만에 '지방이양일괄법'이 제정되었다. 「중앙행정권한 및 사무 등의 지방 일괄 이양을 위한 물가안정에 관한 법률 등 46개 법률 일부개정을 위한 법률」(일명: 지방이양일괄법)이 제정되어 지방자치단체의 권한이 확대되고 있다. 해당 법률의 제정이유를 다음과 같이 제시하고 있다. "저출산·고령화 등 행정환경의 변화와 다변화된 주민의 행정 수요에 효율적으로 대응하고, 자치분권 확대를 통하여 지방의 인구·지리·경제적 여건과 특성에 적합한 정책결정 및 행정서비스 제공을 촉진하기 위하여 「지방자치분권 및 지방행정체제개편에 관한 특별법」에 따른 자치분권위원회가 지방자치단체에 이양하기로 심의·의결한 권한과 사무를 조속히 이양할 수 있도록 「물가안정에 관한 법률」 등 46개 법률을 일괄하여 개정하려는 것"을 목적으로 하고 있는 것이다 (국가법령정보센터, 2024h). 그 결과 16개 부처 소관 46개 법률의 400개 사무가 지방에 이양되었다(행정안전부, 2020).[32] 이와 함께 지방소비세 확대 등 관계법률을 개정하여 재정분권을 촉진하였다. 또한 윤석열 정부에서는 전국의 고른 발전을 위해 (지방)자치분권과 지역균형발전[33] 정책을 통합적으로 추진하였다.[34], [35]

이와 함께 고려해야 할 것은 '자치경찰(自治警察)제' 도입이다. 한국에서는 2006년부터 '제주자치경찰제'가 시행되었으며, 2021년 7월 1일부터는 자치경찰제가 전국에서 시행되고 있다(박재희 외, 2021).[36] 자치경찰제는 "국가경찰제도에 대비되는 개념으로 볼

---

32) '지방이양일괄법'을 통해 지방자치단체로 이양되는 주요 사무(국가사무 → 자치사무)는 다음과 같다(행정안전부, 2020). 첫째, 해양수산부의 지방관리항 항만시설의 개발, 운영권한 등 「항만법」상 지방관리항 관련 41개 사무가 국가에서 시·도로 이양된다. 둘째, 국토교통부가 수행하던 지역 내 개발사업으로 인해 발생하는 초과이익에 대한 개발부담금 부과 관련 20개 사무가 이양된다. 셋째, 보건복지부의 외국인환자 유치 의료기관의 등록 등 9개 사무도 시·도로 이양된다.

33) 「지방자치분권 및 지역균형발전에 관한 특별법」에 의하면 '지역균형발전'은 지역 간 발전 격차를 줄이고 지역의 자립적 발전역량을 증진함으로써 삶의 질을 향상하고 지속가능한 발전을 도모하여 전국이 개성 있게 골고루 잘 사는 사회를 구현하는 것이다(국가법령정보센터, 2024g).

34) 이와 관련해 대표적으로 2023년 「지방자치분권 및 지역균형발전에 관한 특별법」이 제정되었다. 해당 법률은 기존의 「지방자치분권 및 지방행정체제개편에 관한 특별법」과 「국가균형발전 특별법」을 통합한 것이다. 이 법률의 목적은 "지역 간 불균형 해소, 지역의 특성에 맞는 자립적 발전 및 지방자치분권을 통하여 지역이 주도하는 지역균형발전을 추진함으로써 국민 모두가 어디에 살든 균등한 기회를 누리는 지방시대를 구현하는 것"이다(국가법령정보센터, 2024g). 법률의 주요 내용은 다음과 같다(이하 행정안전부, 2023). 첫째, 시·도별 지방시대 계획을 기초로 중앙부처가 수립한 부문별 계획을 반영한 '지방시대 종합계획(5년 단위)'을 국무회의 심의·대통령 승인을 거쳐 수립하고 매년 시행계획(1년 단위)의 이행상황을 평가한다. 둘째, 기존 지방분권·균형발전 시책은 물론, 지역의 자생력 확보를 위해 '기회발전특구'(개인 또는 법인의 대규모 투자를 유치하기 위하여 관계 중앙행정기관과 지방자치단체의 지원이 필요한 곳) 등 지정·운영 근거 조항을 신설하였다. 셋째, 지방분권과 균형발전의 통합적 추진체계로서 '지방시대위원회'를 설치하여 주요정책을 총괄하도록 하고, 지방시대위원회 심의·의결사항의 이행력 확보를 위해 국무회의 뿐만 아니라 중앙지방협력회의에도 이행상황 점검 결과를 보고할 수 있게 하였다.

35) 이외에도 지역균형발전 및 지역경제활성화 정책 사례로 고향사랑기부제가 2023년부터 도입 및 운영되고 있다. 「고향사랑 기부금에 관한 법률」 및 동법 시행령, 지방자치단체 조례에 따라 고향사랑기부제는 개인이 주소지 이외의 지방자치단체에 기부하면 지방자치단체는 이를 모아 주민복리 증진 등에 사용하는 제도이다. 이 제도의 추진 배경은 개인의 자발적 기부문화 조성을 통한 지방재정 확충과 지역특산품 등 답례품 사업을 통해 지역경제를 활성화함으로써 국가균형발전을 도모하고자 하는 것이다(행정안전부, 2022).

36) 이와는 반대로, 소방공무원은 국가직으로 전환되었다(행정안전부, 2019). 2019년 11월 관련 법률 등이 통과되어 2020년 4월 1일부터 소방공무원의 지위가 국가직으로 변경되었다. 이 법의 취지는 지방자치단체별 소방공무원의 처우 격차를 줄이는 것이다. 소방사무는 기존처럼 시·도지사가 지휘·감독권을 행사

수 있는데, 지방분권의 정치사상에 따라 지방경찰이 지방자치단체의 권한과 책임하에 지역주민의 의사에 기하여 치안업무를 자주적으로 수행하는 제도"이다(최천근, 2014: 277). "지방분권의 이념에 따라 지자체에 경찰권을 부여하고, 지자체가 경찰의 조직·인사·예산·운영 등에 관한 책임을 지는 제도"인 것이다(노컷뉴스, 2023). 즉, 자치경찰은 지역주민의 의사에 기초하여 경찰서비스를 제공한다. 국가경찰은 "전국단위의 획일적 경찰활동을 수행하는 데 효율적인 경찰"인 데 반하여, 자치경찰은 "지역주민의 의사에 기초하여 지역적 특성과 여건을 충분히 반영함으로써, 소위 다양한 '맞춤형' 경찰서비스를 제공"하는 경찰인 것이다(최종술, 2009: 61). 자치경찰제가 도입되면서 주민밀착 치안서비스가 제공될 수 있으며, 자치단체가 경찰조직을 민주적이고 자주적으로 운영할 수 있을 것이라는 기대를 모았다. 또한 기존 국가경찰과 지방자치단체와의 갈등이 완화될 수 있으며, 주민들이 원하는 양질의 치안서비스가 제공될 수 있다는 장점도 부각되었다. 그러나 이에 반해 경찰조직의 통일성과 체계성이 저해되며, 지방자치단체장의 인사권 강화로 경찰의 정치적 중립성이 저해될 수 있고, 자치경찰이 지역세력과 결탁하여 부정부패가 오히려 더 증가할 수 있다는 우려도 있다(이승종 외, 2021). 또한 자치경찰제의 업무에 대한 개념이 다소 모호해, 조직 구성이 유명무실하며, 예산 마련이 용이하지 않다는 한계도 제시된다(한겨레, 2022).

　　이와 같이 중앙의 권한이 지방으로 이양되는 다양한 제도·정책들이 마련되면서 (지방)자치분권의 실질적 권력분립이라는 측면에서는 호평을 받기도 한다. 하지만, 반대로 새로운 갈등을 야기한다는 비판을 받기도 한다. 즉, 정책과정에서 중앙과 지방의 갈등, 지방과 지방 간 갈등이 발생할 가능성이 매우 높다는 것이다. 예를 들어, 광역단위 자치경찰제가 도입되면 광역자치단체장의 권한은 매우 커지게 된다.37) 이때 중앙정부와 광역자치단체장의 정치적 성향이 다른 상황에서는 주민치안 정책 등과 관련해 중앙과 지방 간 갈등이 크게 증폭될 수 있는 것이다. 이러한 지방분권을 위한 다양한 정책

하지만 소방청장이 화재예방이나 대형재난 등 필요한 경우에는 시·도 소방본부장과 소방서장을 지휘·감독할 수 있도록 하였다.

37) "애초 광역단위 자치경찰제 도입은 이원화 모델을 기초로 추진됐지만, 결과적으로는 국가－자치경찰 일원화 모델로 변경돼 도입됐다. 국가경찰사무·자치경찰사무로 사무만 구분돼 있고, 조직과 인력은 분리돼 있지 않은 일원화 모델"로 운영 중에 있는 것이다. 이와 관련해 "지역 주민을 위한 맞춤형 치안 서비스 제공을 위해서는 자치경찰제 강화와 함께 '이원화' 모델", 즉 "시·도 소속 조직과 인력을 통해 자치경찰 사무 집행"으로의 변경이 필요하다는 주장이 제기된다(노컷뉴스, 2023).

들이 성공적으로 추진되고 실효성을 가지기 위해서는 향후 중앙정부와 지방자치단체 간 적극적인 협력적 거버넌스 구축 방안이 마련될 필요가 있을 것이다.

이밖에도 최근에는 저출산·고령화에 따른 인구소멸 위기와 더불어 지방소멸의 위기를 극복하고 지방의 균형발전을 이끌어내는 방법으로 '메가시티(Megacity) 구축' 정책들이 쏟아져 나오고 있다. 메가시티는 "핵심도시를 중심으로 일일 생활이 가능하도록 연결된 대도시권으로, 글로벌 비즈니스 창출이 가능한 경제규모를 갖춘 인구 1,000만 명 이상 거대도시"를 의미한다(부산광역시, 2024). 한국에서 메가시티 구상이 가장 활발하게 이루어진 지역이 바로 부산, 울산, 경남, 일명 부울경 메가시티이다. 부울경 메가시티는 "수도권 집중화로 인한 공동문제 해결 및 글로벌 도시 경쟁력제고를 위해 생활·경제·문화·행정공동체를 형성하여 부산·울산·경남이 함께 생활하고 성장하는 초광역 단일 경제권 구축전략"으로 고안되었으며, 전면개정된 「지방자치법」의 특별지방자치단체 설치 규정을 근거로 추진되고 있다(부산광역시, 2024). 부울경 메가시티 외에도 2023년에는 서울 메가시티 등 다양한 지역의 메가시티 구상이 발표되고 있다. 메가시티는 수도권 편중 심화, 강력한 중앙정부 권한, 지역 불균형 문제를 극복할 수 있는 대안이 될 수 있으며(한겨레 2021), "경제 활동의 중심지가 되어 투자와 일자리를 집중적으로 유치할 수 있고, 대규모 인구를 수용하기 위한 인프라가 집중되어 관리와 투자 효율을 높일 수 있는 유리한 면"이 있으며, "다양한 문화적, 교육적 기회가 제공됨으로서 인재 유치와 지식기반 경제성장의 촉진을 기대"할 수 있다는 장점도 있다(경북매일, 2023). 하지만, 메가시티에 "자원과 기회가 집중되면서 다른 지역과의 격차가 커질 수 있고, 인구과밀과 함께 환경오염, 교통혼잡, 주거문제 등이 심화될 수 있다. 아울러 지역적 특성과 다양성이 희석되어 문화적 단일성을 불러일으킬 수 있으며, 국가의 지속 가능한 발전을 저해할 수 있다"는 우려도 제기된다(경북매일, 2023).

최근 들어 지역소멸에 대한 위기감이 더욱 고조되면서 지방소멸 대응 정책의 일환으로 '지방소멸대응기금'(지역주도의 지방소멸 대응 사업 추진에 대한 재정지원) 제도가 마련되었다. 이는 "연 1조 원(광역 25%, 기초 75%)을 10년('22년~'31년)간 지원하는 것으로 총 122개 지자체(광역 15개, 기초 107개)를 지원하는데, 광역은 서울과 세종을 제외하고, 기초자치단체는 인구감소지역 89개, 관심지역 18개로 구분하여 지원"하는 제도이다(주상현, 2023: 119 – 120).

이와 같은 다양한 지방자치 관련 정책을 개혁함에 있어서 반드시 고려해야 할 점은 지역의 주인인 지역주민들의 의견을 충분히 반영하되 중앙과 지방, 지방과 지방이 모두 함께 상생하며 지속가능한 발전을 이룩할 수 있는 방안을 모색하는 것이다.

ChatGPT와 함께 하는 16장의 주요 개념 정리

1. 중앙정부와 지방정부의 역할과 기능

- 중앙정부와 지방정부는 국가나 국가에 속한 지역 단위 간에 권한과 책임이 어떻게 나누어지는지에 대한 기본적인 원칙에 따라 서로 다른 역할과 기능을 갖게 됨. 이는 국가나 정부의 형태, 체계, 법률 등에 따라 다를 수 있음
- 중앙정부와 지방정부의 역할과 기능은 국가나 지역에 따라 다르며, 특정 국가의 「헌법」이나 법률 체계, 정부 체계에 따라 세부 내용이 상이할 수 있음
- 중앙정부와 지방정부 간의 권한과 책임 분배는 분권원칙을 기반으로 하는 경우도 있음

중앙정부 (Central Government)	지방정부 (Local Government)
• 국가 수준의 정책 수립과 통제: 중앙정부는 국가의 전반적인 정책을 수립하고 관리함. 이는 국방, 외교, 재정, 법률 등 다양한 분야에 해당함 • 법률의 제정과 집행: 중앙정부는 국가 법률의 제정과 이를 집행하는 주체가 됨. 법률은 국가 전체에 적용됨 • 국가 안전 및 방위: 중앙정부는 국가의 안전과 방위를 책임지며 국방력을 유지하고 외교적인 활동을 통해 국가를 대표함	• 지역사회 및 경제 발전: 지방정부는 지역 내에서의 사회, 경제, 문화 등 다양한 측면에서 발전을 촉진하고 조절함 • 지방 세금과 예산 운용: 일반적으로 지방정부는 자체 세금을 징수하고 자체 예산을 운용하여 지역사회의 필요에 맞게 자원을 분배함 • 지방 경찰 및 안전: 일부 국가에서는 경찰력이나 안전과 관련된 일부 권한을 지방정부가 갖기도 함 • 교육과 보건: 지방정부는 교육 및 보건 서비스를 제공하고 관리하는 역할을 함

출처: ChatGPT(2023). '중앙정부와 지방정부의 역할과 기능은 무엇인가?' 질문으로 검색한 내용 저자 정리.

2. 지역균형발전을 위한 지방정책

- 지역균형발전을 위한 지방정책은 특정 지역이나 지방과 다른 지역 간의 경제, 사회, 문화 등의 균형을 유지하고 발전시키기 위한 정책들을 포함
- 이 정책들은 각 국가나 지역의 상황, 문제, 우선순위에 따라 다양하게 구성될 수 있음
- 이러한 지방정책들은 특정 지역의 특성과 요구에 맞게 조절될 수 있으며, 다양한 정부와 지방정부 간의 협력을 필요로 함

구분	내용
재정지원 및 투자	• 지방정부 지원: 특정 지역에 있는 지방정부에 재정적인 지원을 제공하여 그 지역의 발전을 촉진함 • 인프라 투자: 인프라 구축 및 향상을 위한 투자를 촉진하여 교통, 통신, 에너지 등의 인프라를 향상시킴
산업 및 일자리 창출	• 산업 육성: 특정 지역의 산업 발전을 지원하고 새로운 산업 분야에 투자하여 일자리를 창출 • 지역기업 지원: 현지 기업을 지원하여 그들이 성장하고 지역사회에 긍정적인 영향을 미치도록 함
교육과 연구	• 고등교육 기관 육성: 지역 내에 고등교육 기관을 육성하여 인재양성과 지식 기반 산업 발전을 촉진 • 연구 및 혁신 센터: 연구 및 혁신 센터를 설립하고 지원하여 기술혁신을 촉진하고 지역경제를 다각화
지역 문화 및 관광 촉진	• 문화예술 지원: 지역의 문화와 예술 활동을 지원하여 지역의 독특한 아이덴티티를 강화 • 관광 촉진: 지역의 자연환경, 역사, 문화 등을 강조하여 지역 관광을 촉진하고 지역 경제에 기여
지역사회 개발	• 주거 환경 개선: 지역 내 주거 환경을 개선하고 주택 건설을 지원하여 시민의 삶의 질을 향상시킴 • 사회복지 프로그램: 지역 내에서 사회적인 불평등을 해소하기 위한 사회복지 프로그램을 실시
지역 간 협력과 교류	• 지역 간 협력 강화: 인접한 지역 간의 협력을 촉진하여 지역 간 균형을 유지하고 상호 발전을 도모 • 지역 교류 프로그램: 다양한 지역 간의 교류를 촉진하여 상호 이해와 경험 공유를 지원

출처: ChatGPT(2023). '지역균형발전을 위한 지방정책에는 무엇이 있는가?' 질문으로 검색한 내용을 저자 정리.

행정사례 연습

■ 지방자치단체 간 갈등사례

경기도 · 용인시 · 성남시, 고기교 개선 상생협약

경기도는 용인시, 성남시와 함께 상습적인 차량 정체를 겪는 고기교 주변 교통개선을 위해 공동 노력하기로 합의하고 상생 업무협약을 체결했다. 고기교는 용인시와 성남시를 잇는 소규모 교량으로, 주변 개발에 따른 통행량 증가로 확장 및 재가설이 추진됐으나 양측의 의견이 상충해 갈등을 겪어왔는데 이번 합의로 해결방안을 찾게 됐다. 고기교는 성남시 분당구 대장동과 용인시 수지구 고기동을 잇는 길이 25m · 폭 8m 다리로 용인시가 1986년 건설했다. 교량 북단은 성남시가, 남단은 용인시가 각각 소유하고 있어 고기교를 재가설하거나 확장하려면 양 시의 합의가 필요하다. 용인시는 고기교 인근 상습적인 차량 정체, 하천 범람으로 인한 고충 민원 등으로 고기교 확장을 추진했던 반면 성남시는 유입될 교통량 분산 대책을 요구하는 등 의견 차이를 보였다.

상생협력 협약안에는 고기교 주변 난개발 방지 및 도로 등 기반시설 확충, 고기동 주변 민자도로 사업과 연계한 주변지역 교통난 해소, 고기교 주변 도로 교통영향분석 연구용역 추진 및 고기교 확장사업 협력, 인근 도로(용인시 중로3-177호선) 조기 건설 및 확장을 통한 교통량 분산 등이 담겼다.

경기도는 협약사항 이행을 위해 고기교 주변 도로 교통영향분석을 추진하기로 했다. 교통영향분석은 용인시와 성남시가 분담하고, 용역의 공정성과 중립성을 위해 도가 주관해 추진한다. 도는 이번 협약식에서 합의된 사항이 적극적으로 이행될 수 있도록 협약기관 간 협력관계를 계속 유지하면서 진행 상황을 점검할 계획이다.

출처: 연합뉴스(2022).

▪ 사례의 의의

본 사례는 최근 인구증가와 교통량 증가로 인해 발생하는 지방자치단체 간 갈등 상황을 나타내 주고 있다. 기초지방자치단체(성남시와 용인시) 간 다리(고기교)에 대한 소유권이 달라 오랫동안 다리 이용과 관리에 있어서 두 지방자치단체 간 갈등이 있어 왔다. 이러한 기초지방자치단체 간 갈등을 해결하기 위하여 광역지방자치단체(경기도)는 상생협의체를 출범시키고 각 의제별 교통 개선을 위한 상생 업무협약을 체결하였다. 이 사례를 통해 기초지방자치단체의 갈등 해결을 위해서는 지방자치단체 간 상호협력뿐만 아니라 상급 지방자치단체의 역할도 매우 중요하다는 점을 알 수 있다.

제17장

공공서비스 전달과 시민참여 정책

본 장에서는 시민이 만족할 수 있도록 공공서비스를 전달할 수 있는 방안에 대해 살펴본다. 공공서비스의 특징을 바탕으로 다양한 공공서비스 전달 추진체계를 비교 설명한다. 특히 최근 행정 및 정책 과정에 시민들의 참여가 활발해지고 있는데, 공공서비스 전달체계에서 시민참여의 의의는 무엇인지, 시민참여 정책에는 무엇이 있는지를 논의한다.

1. 공공서비스 전달과정
2. 공공서비스 전달과 시민참여

제17장

공공서비스 전달과 시민참여 정책

1. 공공서비스 전달과정

1) 공공서비스의 의의

공공서비스란 "정부가 국민에게 공급하는 유·무형의 생산물"을 말한다(이종수 외, 2022: 637). 협의의 관점에서 공공서비스는 지역주민에 대한 사회적 보호, 사회적 안전망 확충을 위한 취약계층 보호 차원의 공공부조 의미를 담고 있다고 볼 수 있다. 또한 광의의 관점에서 공공서비스는 공공행정, 국방, 교육, 소득보조, 질병관리 등 국가가 시민에게 제공하는 모든 혜택과 서비스를 총망라하는 의미를 담고 있다(하미승, 2023).

시민들에게 제공되는 공공서비스는 '경합성'과 '배제성'이 시장의 사적 서비스에 비해 상대적으로 낮은 특징(비경합성과 비배제성)이 있다.1) 이 때문에 시민들의 공공서비스에 대한 과다소비가 발생할 수 있다. 하지만 시장에서 공공서비스를 공급할 경우 공공서비스를 과소공급할 가능성이 높아 적정수준의 공공서비스 공급이 어려운 측면이 있다(김병준, 2019: 535-536). 다시 말해, 공공서비스에 대한 정확한 시장수요를 파악하기 힘들 뿐만 아니라, 일단 공급된 공공서비스는 어느 누구든지 배제되지 않고 자유롭게 소비할 수 있어 대가를 지불하지 않고 소비하는 '무임승차자(free-rider)'가 발생할 가능성이 높다(주운현 외, 2021). 이러한 특징 때문에 공공서비스를 어떤 주체가 어느 정도까지 시민들에게 제공할 것인가 하는 문제가 역사적으로 매우 중요한 과제가 되어 왔다(김병준, 2019: 537).

---

1) 사바스(E. S. Savas)는 경합성과 배제성을 기준으로 공공서비스를 ① 시장재 성격을 가지는 공공서비스(경합성과 배제성 모두 높음: 공공부문 개입 최소화), ② 공유재 성격을 가지는 공공서비스(경합성 존재, 배제성 낮음: 공공부문에서 공급비용을 부담하고, 무분별한 사용에 대한 규칙을 설정), ③ 요금재 성격을 가지는 공공서비스(경합성 낮음, 배제성 존재: 자연독점이 발생할 가능성이 높아 시장실패 대응이 필요), ④ 집합재 성격을 가지는 공공서비스(경합성과 배제성 모두 낮음: 원칙적으로 공공부문에서 공급)로 분류한다(Savas, 1987).

2) 공공서비스의 전달방식 유형: 사바스 유형을 중심으로

공공서비스를 어떤 방식으로 시민들에게 전달하느냐는 매우 중요하다. 이는 본서 제15장 정책수단에서 논의했던 내용과도 일맥상통하는 면이 많다. 즉, 정책목표를 효과적으로 달성하기 위해 어떤 정책수단을 선택하는가가 매우 중요한 것처럼, 공공서비스 제공목적을 달성하기 위해 어떤 공공서비스 전달방식을 선택하는가가 매우 중요하다는 것이다. 공공서비스 전달방식에 따라 공공서비스 유형을 설명할 수 있는데, 여기서는 사바스가 제시한 유형을 중심으로 논의한다(Savas, 1987; 2000). 사바스는 크게 두 가지 기준에서 공공서비스 전달방식을 설명하고 있다. 첫 번째 기준은 공공서비스 생산 및 전달과 관련된 결정 또는 기획을 어떤 주체(정부 혹은 민간)가 주도적으로 하는지(결정의 주체)에 대한 것이며,2) 두 번째 기준은 시민들에게 공급(제공)하기로 결정한 서비스나 재화를 어떤 주체(정부 혹은 민간)가 실제 생산하여 공급(delivery)하는지(공급의 주체)에 대한 것이다(김병준, 2019: 539). 이러한 기준에 따라 [그림 17-1]과 같이 공공서비스 전

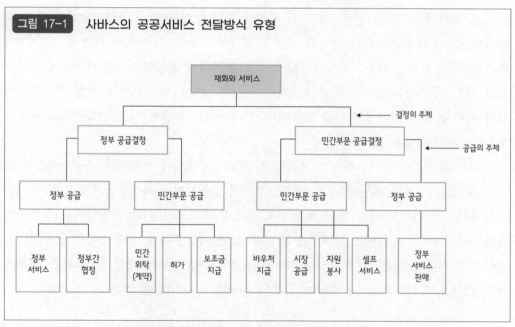

그림 17-1 사바스의 공공서비스 전달방식 유형

출처: Savas(1987: 63); 김병준(2019: 539).

달방식을 네 가지 유형으로 나눌 수 있다.

(1) 정부결정 및 정부공급 유형

첫 번째 공공서비스 전달방식 유형은 '정부가 결정'하고 '정부가 공급'하는 유형이다. 이러한 공공서비스 전달방식은 전통적으로 정부 중심의 공급자 입장에서 국가 권력에 바탕을 둔 수직적 관리통제의 특성이 있는 '행정행위' 성격을 지닌다(이종수 외, 2022: 642). 이는 직접제공방식의 정책수단으로도 이해될 수 있으며, 정부가 공공서비스 전달체계를 직접 결정하고 공급하는 이유는 시장실패를 해결하기 위해서이다(유민봉, 2021).

이러한 유형에 해당되는 대표적인 예로는 '정부서비스(government service)'와 '정부 간 협정에 의한 방식(government agreement)'이 있다. 전자인 정부서비스 방식은 정부가 자체 인적·물적 자원을 활용하여 시민들에게 직접 공공서비스를 제공하는 방식이다. 공무원이 예산, 조직, 인력을 배정하여 시민들에게 공공서비스를 제공하는 방식이다. 일례로 동주민센터(혹은 동행정복지센터)에서 공무원이 직접 시민들에게 주민등록등본 등의 서류를 발급해 주거나, 구청 소속 청소원이 거리를 청소하는 경우 등이 이에 해당한다(김병준, 2019: 539). 이에 반해, 정부 간 협정에 의한 방식은 한 지방자치단체가 다른 지방자치단체에 공공서비스의 생산과 공급을 위탁하거나(비용지불의 예: 인근 타 지방자치단체의 소방시설 이용), 여러 지방자치단체가 상호 협력하여 공공서비스를 시민들에게 공동으로 생산·공급하는 방식이다(예: 화장장 공동 설치·운영). 그러나 이는 연방정부제를 채택하는 미국 등의 국가에서 자주 활용되며, 한국에서는 활용이 다소 미흡한 공공서비스 제공방식이다(김병준, 2019: 540).

정부의 직접적인 공공서비스 제공이 시민들 누구에게나 평등하게 공공서비스를 제공할 수 있는 장점을 지님에도 불구하고, 정부의 공공서비스 독점공급으로 인하여 시민 입장에서는 서비스 선택의 폭이 제한되며, 독점적 공급으로 인한 자원낭비가 발생하여 효율성이 낮아질 수 있다는 한계점을 지닌다. 또한 민간부문에 비해 정부의 공공서비스 생산성이 저하될 수 있으며, 공공서비스의 직접제공이 정부에 대한 불신과 큰 정부에 대한 반감을 불러일으킬 수 있다는 한계도 지니고 있다(유민봉, 2021).

---

2) 민간부문이 공공서비스 공급을 결정한다는 의미는 정부가 공공서비스 생산에 있어 아무런 역할을 하지 않는 것이 아니라, 공공서비스 생산 및 제공 결정에 있어 민간부문의 역할이 크다는 것을 의미한다.

(2) 정부결정 및 민간공급 유형

두 번째 공공서비스 전달방식 유형은 '정부가 결정'하고 '민간이 공급'하는 유형이다. 이러한 유형으로는 민간위탁(계약)(contracting-out), 민간부문에 허가를 내주는 허가방식(franchises), 민간부문에 보조금을 제공하는 보조금(granting) 방식이 있다(Savas, 1987; 김병준, 2019: 540-541).

첫째, 민간위탁(계약)은 "외부계약 방식을 통해 국가 및 지방자치단체가 자신들의 사무(기능)를 민간부문에서 대신 수행하도록 위탁하는 것"을 말한다(이종수 외, 2022: 644).3) 특히 정부는 특정 업무와 서비스를 직접 처리하지 않고 전문인력 및 설비를 지닌 민간부문의 개인, 기업, 혹은 단체와 계약을 맺어 그들로 하여금 시민들에게 공공서비스를 공급하도록 하기도 한다(예: 정부가 민간기업에 쓰레기 수거를 위탁하거나 민간 건설회사에 도로나 항만 건설을 맡김)(김병준, 2019: 540). 민간위탁의 범위는 매우 광범위하게 이루어지고 있다. 교도업무, 식품업무, 규제업무 등 비시장영역에까지 민간위탁이 확대되고 있으며, 민간위탁 대상도 반드시 개인이나 기업일 필요없이 비영리 사회복지단체까지로 확대되고 있다(예: 보육 및 간병 서비스).4)

민간위탁 방식으로 공공서비스가 제공되는 이유는 정부 직접제공 방식에 비해 고용 및 인건비 측면 등에 있어서 유용성을 증진시킬 수 있으며, 민간위탁을 의뢰받은 회사가 공공서비스를 제공하면 규모의 경제효과로 효율성을 높일 수 있기 때문이다. 뿐만 아니라, 수의계약이 아닌 경쟁입찰이 이루어지는 경우 다수의 입찰자 참여로 공급비용이 절감되는 효과도 발생하기 때문이다(유민봉, 2021). 그러나 민간위탁은 다음과 같은 한계도 있다. 민간위탁이 실제로 비용절감의 효과를 나타내는지에 대한 의문(예: 계약과

---

3) 민간위탁은 넓은 의미의 민영화로 볼 수 있다. 이러한 관점에서 민간위탁은 매우 광범위하게, 다양한 분야에서 활용될 수 있다. 민간위탁을 계약, 보조금, 바우처, 자원봉사방식 등을 모두 포함하는 포괄적인 개념으로 사용하기도 한다. 뿐만 아니라, 민간위탁은 "특정 사업에서 공공서비스 생산과정 '전체'에 대해 계약방식으로 위탁"하여 업무 일부를 대행하는 아웃소싱(outsourcing)과 구분되기도 한다(이종수 외, 2022: 644).

4) 민간위탁 대상과 범위의 확대는 장점을 지니지만 부작용도 함께 지니고 있다. 예를 들어, 세월호 참사와 구의역 스크린 도어 사망사고도 민간위탁의 부작용으로 설명할 수 있다. 세월호 참사가 발생한 원인 중 하나인 선박의 무리한 증·개축이 민간위탁 대상인 한국선급에서 선박 안전검사를 소홀히 했기 때문에 발생한 측면이 있으며, 스크린 도어 사망사고도 민간위탁기업의 관리·감독업무 소홀로 인해 발생한 측면이 있기 때문이다(김병섭·김정인, 2016: 13).

정의 비용발생)이 제기되며, 지나친 비용절감으로 인해 서비스 질이 오히려 저하되는 문제가 나타날 수 있다. 이밖에도 계약관리능력 문제와 부패 가능성 문제가 제기될 수 있으며, 적정 경쟁과 합리적 시장가격에 대한 의문이 제기될 수 있다. 또한 민간위탁 시장의 공급 안정성 문제(예: 서비스 공급자 도산 가능성)도 제기될 수 있다(김병준, 2019: 549-550). 현실적으로도 민간위탁 시장이 활성화되지 못하거나(예: 민간위탁 시장 공급독점 발생), 관료들이 퇴직 후 관변조직을 만들어 정부의 업무를 민간위탁하려는 시도가 나타나기도 한다.5) 민간위탁 선정과정에서 경영성보다 정치성이 작용하거나, 정부조직과 인력감축을 위한 구조조정의 대안으로 민간위탁이 추진되는 상황도 발생해 민간위탁의 효과성이 기대만큼 높지 않다는 한계도 지적된다(임도빈·정지수, 2015).

　　이러한 한계를 극복하고 성공적인 민간위탁 운영을 하기 위해 OECD(1997)에서는 다음과 같은 측면을 고려할 필요가 있다고 제안한다. ① 최고 관리자의 지지 확보, ② 직원에 대한 고려, ③ 투입이 아닌 성과 중심으로 서비스 내용 규정, ④ 감독과 모니터링 필요성 강조, ⑤ 위탁기관과 수탁기관의 협조적 관계 조성, ⑥ 수탁기관 선정 시 공정하고 타당한 비교기준 설정, ⑦ 관련 공공부문의 내부입찰 기회 부여, ⑧ 서비스의 적절한 분할과 입찰과정의 간소화를 통한 경쟁 촉진, ⑨ 위탁 관련 지식과 기술의 개발과 보유 등이 바로 그것이다(이종수 외, 2022: 648).6)

　　둘째, 허가방식은 "민간부문의 개인이나 단체 또는 기업에 대하여 공공성을 띤 특정의 업무나 서비스를 제공할 수 있게 하는 방식"이다. 허가방식의 대표적인 예로 교통의 원활한 소통을 위해 불법 차량을 견인할 수 있도록 허가하는 것, 공원 내 위락시설을 설치·운영할 수 있도록 허가하는 것, 폐기물 수거·처리를 허가하는 것 등이 있다(김병준, 2019: 541). 이는 민간부문의 개인 또는 단체나 기업이 일정한 구역내에서 공공서비스를 제공할 수 있는 권리를 인정하는 협정을 담은 면허방식으로서, 정부가 서비스

---

5) 일례로 환경부 고위공무원 출신이 환경부 소관 민간협회에 임원으로 재취업을 하였는데, 이 협회는 정부 예산 지원을 통해 환경부의 위탁업무를 맡고 있으며, 기관감사도 환경부로부터 받고 있다는 사실이 밝혀져 논란이 되기도 하였다(동아일보, 2020).

6) 나아가 박중훈(1999)은 성공적인 민간위탁을 위해서는 위탁대상기능의 성격 및 여건이 서비스 수준을 구체적으로 명시할 수 있고, 효율성을 증진시키기 용이하며, 대상기능을 둘러싼 민간분야 경쟁이 활발해야 한다고 주장한다. 또한 위탁실시과정에서의 운영방식은 경쟁에 입각한 위탁사업자 선정, 구체적 서비스 수준을 명시한 계약체결 및 체계적 모니터링이 이루어질 필요가 있다고 주장한다. 마지막으로, 이러한 성공 요건들을 충족시킬 수 있는 제도 마련이 필수적이라고 강조한다.

수준 및 요금체제를 통제하면서 동시에 공공서비스 생산을 민간부문에 이양하는 방식
이다.

셋째, 보조금 방식은 "공공성을 띤 서비스를 제공하는 민간부문의 개인이나 단체
또는 기업에 대하여 그러한 서비스를 계속할 수 있도록 보조금을 지급하는 방식"이다
(김병준, 2019: 541). 이는 민간조직 또는 개인에게 재정 혹은 현물을 지원하여 그들이 공
공서비스 제공활동을 지속할 수 있도록 하는 방식으로서, 공공서비스에 대한 요건이 명
확하지 않을 때 자주 활용되는 방식이다. 보조금 방식의 대표적인 예로 민간이 설립한
노인복지시설이나 직업훈련원에 대해 보조금을 지급하거나, 지역사회에 봉사하는 시민
단체에 대해 보조금을 지급하는 경우가 있다(김병준, 2019: 541). 보다 구체적으로, 보조
금은 정부를 대신해 재화와 서비스를 제공하는 중간전달자에게 지급하는 좁은 의미의
양여금(grant)과 최종수혜자에게 제공하는 보조금(subsidy) 등 두 가지 방식이 있다(유민
봉, 2021).

(3) 민간결정 및 민간공급 유형

세 번째 공공서비스 전달방식 유형은 '민간이 결정'하고 '민간이 공급'하는 유형이
다. 이와 관련한 대표적인 방법으로 바우처(voucher) 지급, 시장공급방식(markets), 자원
봉사방식(voluntary service), 셀프서비스(self-service) 등이 있다.

첫째, 바우처는 "식권이나 숙박권과 같은 이용권을 나누어 주고 이들(시민들)로 하
여금 민간부문에서 관리·운영하는 서비스나 시설을 이용할 수 있도록 하는 방식"(김병
준, 2019: 541)이다. 바우처의 대표적인 예로 영세민에게 제공하는 교육바우처, 식품구입
권(food stamps), 숙박권 발행이 있다. 더 나아가 최근에는 맞춤형 사회서비스 제공이 중
요하게 고려되면서 노인, 장애인, 그리고 보육정책에서도 이러한 바우처 지급방식이 활
발히 활용되고 있다(예: 돌봄서비스의 전자바우처 등)(하미승, 2023). 바우처의 가장 중요한
특징은 앞서 설명한 보조금 방식이 공급자 중심의 공공서비스 전달방식이라면, 바우처
는 공급자가 아닌 수요자 중심의 공공서비스 전달방식이라는 점이다. 즉, 바우처를 수
요자(소비자)에게 제공하여 수요자가 보다 폭넓은 선택권을 행사할 수 있도록 하는 시장
지향적 공급방식인 것이다(김병준, 2019: 541; 김진, 2007). 이는 수요자들의 서비스 구입
부담을 완화시키는 제도이다.

바우처의 목적 및 유용성은 다음과 같다. 첫째, 공공서비스의 효율성(선택권 행사에 따른 만족도 증가와 경쟁에 따른 생산비용 절감)과 형평성을 제고(저소득층을 위한 기회균등 제공)할 수 있다. 둘째, 공공서비스의 수요와 공급을 조정하고자 할 때 바우처가 활용될 수 있다. 이와 관련된 대표적인 예로 정부가 특정 분야의 의도적인 소비를 장려하는 경우에 바우처가 사용될 수 있다(예: 코로나19 팬데믹 기간 중 여행 바우처). 셋째, 경쟁 등 시장 메커니즘이 적용되는 바우처를 활용하면 비효율성 문제를 극복할 수 있다. 넷째, 바우처는 특정 공공서비스에 대한 구매액을 한정하여 정부예산을 통제하는 기능을 할 수 있다. 다섯째, 바우처는 계약방식에 수반되는 대리인비용을 줄일 수 있다(정광호, 2007: 64-65). 그러나 바우처 운영과정에서 다음과 같은 한계점도 나타날 수 있다. 바우처 시장에서 공급자가 자의적으로 수요자를 선택하는 경우, 수요자의 선택권이 행사되지 않을 수 있다. 바우처 시장에서 수요자를 유치하기 위해 공급자 간 과도한 경쟁이 유발될 수 있으며, 만약 공급자가 제한되는 경우에는 경쟁의 원리가 적용되지 않은 채 바우처가 공급자 보호수단으로 전락할 가능성이 높다. 또한 바우처는 정책대상자들에게 낙인효과(stigma effect)로 작용할 수 있는 우려도 제기된다(유한욱, 2005; 정광호, 2007).

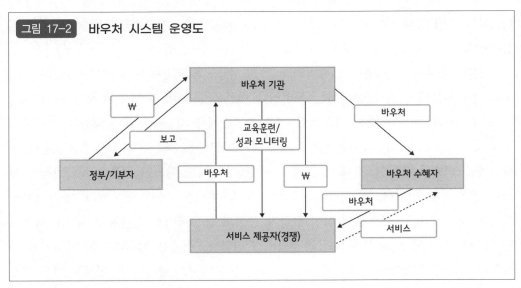

그림 17-2 바우처 시스템 운영도

출처: 강창현 외(2012: 7).

둘째, 시장공급방식은 "정부개입이 없거나 최소한의 상태에서 자유로운 경제논리에 의해서 서비스나 재화가 공급되는 형태"를 말한다(김병준, 2019: 541). 시장공급방식의 대표적인 예로 전문 보안업체들이 지역주민과 계약을 맺고 지역사회의 치안을 담당하는 사례가 있다. 셋째, 자원봉사방식은 "서비스의 생산과 관련된 현금 지출에 대해서만 보상받고 직접적인 보수는 받지 않으면서 정부를 위해 봉사하는 사람들을 활용하는 방식"이다(이종수 외, 2022: 647). 이는 레크리에이션, 안전 모니터링, 복지사업 등에서 활용된다. 자원봉사방식은 공공서비스 생산과 관련하여 신축적인 인력 운영을 가능하게 하고, 예산 삭감에 따른 서비스 수준의 하락 영향을 최소화할 수 있는 장점이 있다. 넷째, 셀프서비스는 "공공성을 띤 재화나 서비스를 생산하여 공급하거나 자급하는 경우"를 의미한다(김병준, 2019: 542). 셀프서비스의 대표적인 예로 집 앞의 눈을 치우는 일이 있다. 셀프서비스는 사실상 한국에서 자주 활용되는 공공서비스 전달방식은 아니다(김병준, 2019: 543).[7]

(4) 민간결정 및 정부공급 유형

마지막 공공서비스 전달방식 유형은 '민간이 결정'하고 '정부가 공급'하는 유형이다. 이러한 유형의 대표적인 방법으로 '정부(서비스)판매(government vending)'가 있다. 미국 지방정부의 경찰서비스 판매가 정부(서비스)판매의 예에 해당한다고 볼 수 있다. 미국에서 경찰은 민간 기획사로부터 일정한 금액을 받은 뒤 기획사가 원하는 대로 특정 음악회 등과 같은 행사의 경비를 담당해 주거나, 특정인에 대해 특별경호를 제공하기도 한다. 이밖에도 지방자치단체의 경우 민간기업의 요청에 따라 이들 기업의 사원들을 대상으로 지방자치단체 운영 연수원에서 교육을 시행해 주고 그에 대한 대가로 수수료를 받기도 한다(김병준, 2019: 542).

(5) 한국 공공서비스의 전달방식 유형

한국 공공서비스의 전달방식 유형은 앞서 설명한 사바스의 유형과 유사한 측면이

---

7) 특히 자원봉사방식과 셀프서비스는 공공서비스의 공급비용을 줄일 수 있다는 측면에서 시장접근형 공공서비스 제공방식으로 볼 수 있다. 동시에 이는 시민들의 참여를 기반으로 하는 시민공동생산으로도 고려될 수 있다.

있다. 그럼에도 불구하고 사바스의 유형에 포함되지 않는 공공서비스 전달방식도 존재한다. 첫째, '민관합동'(또는 제3섹터: 민관합동의 법인설립을 통한 서비스의 생산과 공급)으로서, 이는 "정부와 민간부문이 합동으로 결정하고 공급"하는 것을 일컫는다(김병준, 2019: 542-543). 민관합동의 대표적인 형태로는 '민관공동출자기업', 지방정부 투자기관인 지방공기업(예: 지방직영기업, 지방공사, 지방공단)[8] 등이 있다(김병준, 2019: 558).

둘째, 공기업을 통한 공공서비스 전달이 있다.[9] 공기업은 공익성 증대를 기관의 경영목표로 설정하고, 운영원리에 있어서는 기업적 특징을 가진 기관이다(김동신 외, 2021).

표 17-1 행정기관, 공기업, 사기업 비교

구분		행정기관	공기업	사기업
최상위 목적성		공익추구	공익추구	사익추구
재화의 성격		공공재	요금재 (준공공재적 성격)	민간재
소유구조		공적 소유	공적 소유	사적 소유
경영원리		독점	독점	경쟁
재원조달		조세	요금	시장가격
경영관리 요소	조직	정부조직	독립된 법인체	개별 조직
	인사	공무원	민간 (형법상 준공무원)	민간
	재무	공적규제	독립재산 + 공적규제	시장원리
	배분	국민을 위한 자원배분 및 재분배	국민 재투자 + 일부배당	주주배당

출처: 김동신 외(2021: 274).

---

8) 지방공기업은 지방자치단체가 주민의 복리증진을 목적으로 직·간접적으로 경영하는 사업 중 「지방공기업법」의 적용을 받는 사업을 의미한다. 지방공기업은 직접경영(지방직영기업)과 간접경영(지방공사, 지방공단)으로 구성된다. 전자는 지방자치단체가 직접 사업을 수행하기 위해 공기업특별회계를 설치하고, 일반회계와 구분하여 독립적으로 회계를 운영하는 형태로 조직·인력은 지방자치단체 소속(상수도, 하수도, 공영개발 등)이다. 반면에 후자는 지방자치단체가 50% 이상 출자한 독립법인으로서 지방자치단체와는 별도로, 독립적으로 운영되며 종사자의 신분은 민간인이다(클린아이, 2024).

<표 17-1>에서 보듯이 공기업은 정부조직인 행정기관과 민간기업인 사기업과는 차이가 있다. 특히 공기업은 사기업과 달리 공법적 강제단체인 국가 또는 지방자치단체가 소유자이며, 독점성을 지녀 경쟁이 없거나 제한되고, 공익을 추구하며, 사기업에 비해 시장에 대한 노출이 적어 수입보다 국가 예산에 의존하는 경향이 있고, 비용 절감이나 운영상 효율성 추구에 노력을 기울이지 않는 특징이 있다(주운현 외, 2021: 429). 또한 공기업은 정부를 대신하여 공공서비스를 시민들에게 제공한다. 특히 공기업은 수익성을 목적으로 하면서, 이와 동시에 공공성 성격을 지닌 공공서비스(예: 가스)를 시민들에게 제공하는 것이 특징이다(김동신 외, 2021).[10]

공기업의 범위는 정부기업(예: 우정사업본부, 조달청),[11] 책임운영기관[12] 등도 포함시킬 수 있지만 일반적으로는 「공공기관의 운영에 관한 법률」에 의거하여 지정된 공공

---

9) 위에서 제시한 지방공기업도 포함할 수 있다.

10) 이러한 공기업은 사기업과의 차이와 공기업 특징으로 인하여 다음과 같은 장단점이 존재한다(이하 주운현 외, 2021: 431-432). 장점에 있어 공기업은 자본조달이 용이하고, 독점적 지위로 인해 필요한 자재 구매나 생산물 판매가 유리하다. 단점으로는 정부의 통제 및 간섭이 심해 자율성이 낮으며, 법령이나 예산 제약으로 인해 자율적 경영관리가 어렵고, 비합리적인 경영은 경영 부실화와 경영 전문성 부족을 초래할 수 있으며, 정권교체 등으로 인해 예기치 못하게 발생하는 공기업 기관장 교체로 공기업 운영 방향이 일관적이지 않을 수 있다.

11) 정부기업은 "행정부의 부처와 같은 조직 형태를 지닌 공기업"을 의미하며, 이는 일반 행정기관과 같이 「정부조직법」의 적용을 받고, 소관 부처가 관리통제한다. 정부기업의 주요 특징은 ① 매년 국회 의결을 거친 예산으로 운영되며, ② 이윤보다는 공익성에 더 큰 비중을 두고, ③ 일반 행정기관과는 달리 「정부기업예산법」을 적용하는 특별회계를 마련하고(예: 우편사업특별회계, 우체국예금특별회계, 양곡관리특별회계, 조달특별회계)(국가법령정보센터, 2024a), 독립채산제를 취하며, ④ 소속 직원은 공무원의 신분이고, ⑤ 정부기업은 당사자의 능력이 없어 민사소송 시 국가 명의로 대응하게 된다. 정부기업은 비록 독립채산제로 운영되기는 하지만 공익성을 더 추구하고, 조직 경직성으로 인해 자율성과 효율성이 제한되는 경향이 있다(하동석 외, 2019).

12) 「책임운영기관의 설치·운영에 관한 법률」(약칭: 책임운영기관법) 제2조에 따르면, 책임운영기관은 "정부가 수행하는 사무 중 공공성(公共性)을 유지하면서도 경쟁 원리에 따라 운영하는 것이 바람직하거나 전문성이 있어 성과관리를 강화할 필요가 있는 사무에 대하여 책임운영기관의 장에게 행정 및 재정상의 자율성을 부여하고 그 운영 성과에 대하여 책임을 지도록 하는 행정기관을 말한다"(국가법령정보센터, 2024b). 동법 제2조 제2항에 따르면 책임운영기관은 기관의 지위에 따라 '1. 소속책임운영기관: 중앙행정기관의 소속 기관으로서 제4조에 따라 대통령령으로 설치된 기관, 2. 중앙책임운영기관: 「정부조직법」 제2조 제2항에 따른 청(廳)으로서 제4조에 따라 대통령령으로 설치된 기관'으로 구분되며, 사무의 성격에 따라 '1. 조사연구형 책임운영기관, 2. 교육훈련형 책임운영기관, 3. 문화형 책임운영기관, 4. 의료형 책임운영기관, 5. 시설관리형 책임운영기관, 6. 그 밖에 대통령령으로 정하는 유형의 책임운영기관'으로 구분된다(국가법령정보센터, 2024b). 책임운영기관은 행정안전부의 책임운영기관 종합평가를 매년 받게 되며, 해당 평가와 관련해서는 본서 제18장에서 설명한다(보다 자세한 내용은 제6장을 통해서도 확인할 수 있다).

표 17-2 「공공기관의 운영에 관한 법률」에 지정된 공공기관 유형

구분	공공기관 유형	특징	예
공기업	직원정원이 300명, 총수입액 200억 원, 자산규모가 30억 원 이상이면서, 총수입액 중 자체수입액이 차지하는 비중이 50%(기금관리기관은 85%) 이상인 공공기관		
	시장형 공기업(13개)	자산규모가 2조 원 이상이고, 총 수입액 중 자체수입액이 85% 이상인 공기업	한국가스공사, 한국석유공사, 한국수력원자력㈜, 한국전력공사, 인천국제공항공사 등
	준시장형 공기업(19개)	시장형 공기업이 아닌 공기업	한국조폐공사, 그랜드코리아레저㈜, 한국마사회, 한국수자원공사 등
준정부 기관	직원정원이 300명, 총수입액이 200억 원, 자산규모가 30억 원 이상이면서, 총수입액 중 자체수입액이 차지하는 비중이 50%(기금관리기관은 85%) 미만인 공공기관		
	기금관리형 준정부기관(11개)	국가재정법에 따라 기금을 관리하거나, 기금의 관리를 위탁받은 준정부기관	국민체육진흥공단, 국민연금공단, 공무원연금공단 등
	위탁집행형 준정부기관(44개)	기금관리형 준정부기관이 아닌 준정부기관	한국장학재단, 한국국제협력단, 한국관광공사, 한국에너지공단, 국민건강보험공단 등
기타 공공기관 260개		공기업, 준정부기관이 아닌 공공기관	경제·인문사회연구회, 한국수출입은행 등

* 2023년 기준으로 총 347개 공공기관이 「공공기관의 운영에 관한 법률」 관리 대상이 됨.
출처: 2023년 기준 공공기관 경영정보 공개시스템(ALIO) 자료 재구성.

기관,13) 「지방공기업법」에 적용되는 지방공기업을 의미한다(주운현 외, 2021). 특히 「공공기관의 운영에 관한 법률」에 의해 지정된 공공기관은 공기업, 준정부기관, 기타 공공기관으로 구분된다.14) 각 유형별 자격 조건, 특징, 구체적인 공공기관의 예는 <표

---

13) 「공공기관의 운영에 관한 법률」에 의하면 공공기관은 정부의 투자·출자 또는 정부의 재정지원 등으로 설립·운영되는 기관으로서, 동법 제5조에 의거 자체수입 비율 및 정원 기준에 따라 크게 공기업·준정부기관·기타 공공기관으로 구분된다. 공기업은 자산규모와 자체수입액 규모 등을 고려하여 시장형·준시장형으로, 준정부기관은 기금관리 유무를 기준으로 기금관리형·위탁집행형으로 세분화하여 운영되고 있다(국가법령정보센터, 2024c).

14) 이외에도 공기업 조직형태에 따라 ① 정부부처 형태 정부기업(우편사업, 조달사업, 양곡관리사업, 상하수도사업 등), ② 주식회사 형태 공기업(정부가 50% 이상 출자하여 정부가 지배하나 소유하지 않는 공기업으로 상법 적용), ③ 공사형 공기업(공단·공사형 공기업으로 직원은 준공무원이며, 독립채산제 실시)으

17-2>와 같다.

공기업은 정부조직과 법적으로 독립된 법인격체로서 관리 자율성과 재량권을 지닌다. 그러나 공기업이 수행하는 사업 대부분은 수익성이 부족하여(예: LH 임대주택사업) 재정적으로 정부에 의존할 수밖에 없는 현실이 있다. 공기업 기관장의 임명 또한 정치적 영향을 받게 되어 정부(정치)와의 관계에 있어서는 통제 관계 더 나아가 지배-종속 관계에 있다고 할 수 있다. 또한 공기업은 설립 목적 및 목표가 분명하지 않고 모호하며, 본질적으로 소유권이 명확하게 설정되지 않아 연성예산제약의 한계(예산이 지출 제약 조건으로 작동하지 못하는 한계)가 발생하여 공기업의 예산낭비가 발생할 수 있고, 독과점 시장구조로 인해 방만 경영 및 도덕적 해이와 같은 경영상 문제[예: 복대리인(이중대리인) 문제]가 발생할 수 있다. 뿐만 아니라, 공기업 내 다양한 구성원들의 의견이 충분히 반영되지 못하여 지배구조의 민주성에 한계가 존재하며, 정부(기획재정부 및 관계 부처)의 높은 통제력으로 인해 공공기관 스스로 자율적인 사업을 수행하지 못하는 한계(예: 물가 상승을 고려한 한국전력의 전기료 인상 제약)가 발생한다(민진·강인호, 2022).

이러한 특성을 고려하여 공기업이 시민들에게 높은 수준의 공공서비스를 제공하기 위해서는 다음과 같은 방안들을 고려할 필요가 있다(이하 김동신 외, 2021). 첫째, 공기업 운영 철학과 원칙의 확립이 필요하다.[15] 공기업은 공공성과 효율성 모두를 추구해야 하며 각 공기업마다 고유의 특성이 있어 공기업 운영 철학과 원칙을 명확히 할 필요가 있다. 둘째, 공기업 경영 효율화를 위해 구조조정과 민영화(시장화) 방안도 고려할 필요가 있다. 급변하는 행정환경에 보다 적극적으로 대응하기 위해 우선적으로 공기업에서는 공기업 존립 목적에 부합하는 고유사업과 핵심사업 중심으로 사업구조를 개편하는 구조조정을 단행할 필요가 있다. 이때 공기업 운영 조직 개편, 업무 프로세스 개선, 일하는 방식 개선, 사업 개편 등의 방안을 함께 고려할 수 있다. 더 나아가 공기업의 비효율성을 제거하기 위해 공기업 민영화(민간으로의 소유권 이전) 방안도 고려할 수 있을 것이다. 공기업 민영화 옹호론자들은 공기업 민영화가 경쟁의 범위를 넓히고, 소비자의 선

로 구분된다(민진·강인호, 2022).
15) 예를 들어, 뉴질랜드는 모든 공기업의 기본목적을 '성공적인 기업(successful business)'으로 설정하였으며, 이에 따라 공기업은 ① 민간기업과 같이 수익성과 효율성을 확보하고, ② 좋은 고용주로서 역할을 담당하며, ③ 공동체 이익에 관심을 가지며 사회적 책임성을 다하고, ④ 정부와 공기업 간 협약을 통해 공공서비스 제공에 소요되는 비용 전부 또는 일부를 부담하도록 하였다(이종수 외, 2022: 260).

택권을 확대하며, 과잉 규제 철폐 등과 같이 비효율성을 제거하고, 복대리인 문제와 같은 정보비대칭성 문제를 해결할 수 있다고 주장한다(주운현 외, 2021: 434).[16] 이처럼 공기업 구조조정과 민영화를 통해 경영 효율화와 경영성과 증진을 도모할 수 있을 것이다. 셋째, 공기업 구성원들의 도덕적 해이[17] 행동을 억제하고, 공기업의 효과적인 경영성과관리 및 자율적 책임경영체제 구축을 위해 공기업 경영평가제도 활성화 방안도 고려할 수 있을 것이다.[18] 넷째, 공기업 내부 의견을 적극적으로 반영하여 공기업 내 지배구조를 민주화 할 필요가 있다. 이와 관련한 대표적 방안이 최근 시행된 '공공기관 노동이사제도' 도입·운영이다.[19]

3) 공공서비스의 전달방식 변화

전통적인 공공서비스 전달방식은 정부가 표준적으로 설계한 프로그램을 시민에게 전달하는 공급자 지원방식이었다. 또한 20세기 행정국가에서 정부는 국가경제를 관리하고 국민의 복지를 증진시키기 위해, 국민들이 필요로 하는 공공서비스를 직접적이고 신속하게 전달하는 기능을 수행하였다(고재권, 2014: 296). 정부는 계층제 거버넌스를 기반으로 하면서, 권한이 상부에 집중된 집권체제를 유지함으로써 다양한 공공서비스를 제공하기

---

16) 다만 공기업 민영화는 신중하게 고려되어야 한다는 주장도 제기된다. 공기업 민영화는 초기 투자자본이 큰 영역을 시장으로 민영화 하는 것이기에 독과점 등의 시장실패 현상이 나타날 수 있으며, 민영화 과정에서 조직 축소를 이유로 대규모 구조조정(대규모 인력 감축)이 발생하여 사회적 비용이 증가될 수 있고, 공기업이 제공하는 대부분 서비스(예: 전력, 수자원 등)는 국민생활과 밀접한 관련성이 높아 이를 민영화 할 경우 가격 상승 등(예: 영국의 철도 민영화 이후 요금 상승)의 한계가 발생하여 사회적 약자(예: 저소득층)의 서비스 이용에도 제약이 발생할 수 있다.

17) 한국 공공기관의 도덕적 해이 수준 및 영향 요인을 분석한 결과에 따르면 공공기관 구성원 스스로가 주관적으로 평가했을 때 공공기관의 도덕적 해이 수준이 100점 만점(100점인 경우 도덕적으로 완전히 해이함)에 47.9점인 것으로 나타났다. 도덕적 해이에 미치는 가장 큰 영향요인으로는 사익추구요인이 제시되었으며, 그 다음으로 영향력이 큰 요인은 무사안일요인, 그 다음이 국가의존요인, 마지막으로 방만경영 요인으로 나타났다. 이 연구결과에 따르면 한국 공공기관의 도덕적 해이는 '사익추구'가 가장 큰 원인이 되는 것이다(국민권익위원회, 2017). 이는 한국토지주택공사(LH)사태에서도 잘 나타났다. 최근에도 LH 전직 간부가 95억 원에 달하는 전세금을 편취한 혐의로 입건된 사건이 세간의 주목을 받았다(이코노미스트, 2023).

18) 공기업 경영평가에 관한 내용은 본서 제18장 성과평가제도에서 설명한다.

19) 공공기관 노동자 대표가 공공기관 이사가 되어 주요 의사결정 및 경영에 참여하는 노동이사제는 2022년 8월부터 시행되었다(대한민국 정책브리핑, 2022).

보다는 획일화되고 일방적인 공공서비스를 공급하는 데 그쳤다(유재원·이승모, 2008: 197).

특히 이 시기에는 시민들의 공공서비스에 대한 요구가 기초적인 상황이었으며, 정부를 제외한 시장과 시민단체의 역량이 미미하였기 때문에 정부가 직접 시민들에게 공공서비스를 제공했다. 또한 이 시기의 시민들은 지속적이고 안정적으로 공공서비스를 제공받기 원해 이러한 시민들의 요구에 가장 부합할 수 있는 공공서비스 공급 주체는 정부가 유일했다. 당시 정부가 제공한 공공서비스는 높은 공공성을 지녔다. 대표적인 공공서비스로는 규제서비스(예: 대기오염규제), 독점적 서비스(예: 경찰, 소방), 핵심적 서비스(예: 상하수도, 우정) 등이 있으며, 정부가 직접 시민에게 전달하는 방식을 취했다. 그러나 정부가 직접 공공서비스를 전달하는 방식은 시민들의 수요를 적극적으로 반영하지 못했고, 조직화된 압력단체들의 영향으로 인해 소비자 선택권이 제약당하는 부작용이 발생했다. 뿐만 아니라, 관료제적 운영방식으로 인해 공공서비스 전달에 비효율이 초래되었다(고재권, 2014: 296).

이러한 문제를 해결하기 위한 대안으로 공공서비스 수요자들의 선호를 적극적으로 반영하는 '수요자 중심의 공공서비스 지원방식'이 등장하였다. 정부지출의 낭비요인을 제거하고, 시민 만족을 증진시키기 위한 시장형 공공서비스 전달방식이 채택되기 시작한 것이다. 앞서 설명한 사바스의 모형 중 '정부 또는 민간이 결정'하고, '민간이 제공'하는 형태인 민간위탁, 보조금, 바우처 등이 여기에 해당된다고 할 수 있다.

또한 공공부문 적자를 해소하고 국채발행을 통한 재정투자 한계를 극복하기 위해 민간투자사업도 진행되었다. 이는 민간사업자를 통해 재원을 조달하는 방식으로, "도로, 학교, 병원 등 사회기반시설을 민간자금으로 건설하고 민간이 운영하는 제도로서 정부의 공공기능과 민간의 자본 및 기술이 융합되어 공공시설물을 건설, 운영하여 국민들에게 주요 공공시설을 적기에 공급함으로써 사회적 효용을 제공하고 정부는 부족한 재정을 보완하는 역할을 수행"하였다(기획재정부, 2011: 1). KDI 공공투자관리센터(2024)는 민간투자사업을 "전통적으로 정부예산으로 건설·운영하여 온 도로, 항만, 철도, 학교, 환경시설 등 사회기반시설에 대한 민간의 투자를 촉진하여 창의적이고 효율적인 사회기반시설의 확충·운영을 도모함으로써 국민경제의 발전에 이바지함을 목적으로 「사회기반시설에 대한 민간투자법」에 따라 추진하는 사업"으로 정의하고 있다.[20] 즉, 민간투자

---

20) 한국에서는 "1994년 8월 「사회간접자본시설에 대한 민자유치촉진법」 제정을 계기로 사회기반시설의 건

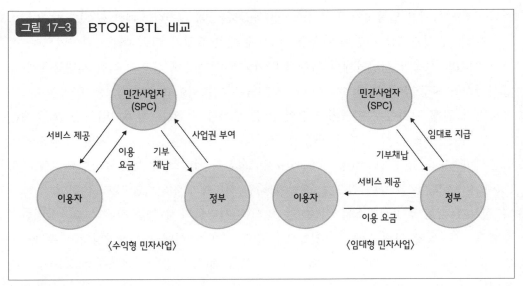

출처: 기획재정부(2011).

사업은 과거 정부 중심의 독점적 공공서비스 제공방식에서 벗어난 것으로서, 그 대표적인 유형으로는 '수익형 민자사업(Build−Transfer−Operate, BTO)'과 '임대형 민자사업(Build−Transfer−Lease, BTL)'이 있다. [그림 17−3]에서 제시되어 있듯이 전자는 민간이 자금을 투자하여 사회기반시설을 건설(build)하고, 소유권은 정부로 이전(transfer)되며, 그 대가로 민간사업자에게는 일정기간 사용수익권이 보장되는 방식이다. 주로 도로, 철도 등 수익(통행료 등) 창출이 용이한 시설에 적용되는 방식으로(기획재정부, 2011: 2),[21] 이는 민간이 사업 위험을 대부분 부담하는 대신에 요금 결정권을 갖게 된다(연합뉴스, 2015). 반면, 후자는 민간자금으로 건설(build)하고, 소유권은 정부로 이전(transfer)되며, 협약된 기간 동안 민간이 관리·운영을 하고 정부는 민간사업자에게 시설임차(lease) 및

설·운영에 민간투자방식이 도입되었으며, 1998년 12월 「사회간접자본시설에 대한 민간투자법」으로 전면 개정되면서 많은 사업들이 민간투자방식으로 추진되었다. 2005년에는 「사회기반시설에 대한 민간 투자법」으로 개정하여 그동안 추진해 오던 수익형 민간투자사업(BTO) 방식뿐만 아니라 임대형 민간투자사업(BTL) 방식도 도입함으로써, 민간투자사업에 대한 참여의 폭이 넓어지고 참여기회도 다양하게 확대" 되고 있다(KDI 공공투자관리센터, 2024).

21) BTO 방식의 대표적인 예가 바로 인천공항고속도로, 서울 지하철9호선, 서울시 우면산 터널이다(연합뉴스, 2015).

표 17-3	BTO와 BTL의 비교	
구분	수익형 민자사업(BTO)	임대형 민자사업(BTL)
대상시설	• 최종사용자에게 사용료 부과로 투자비회수가 가능한 시설(독립채산형)	• 최종사용자에게 사용료 부과로 투자비회수가 어려운 시설(서비스 구매형)
투자비회수	• 최종 이용자의 사용료	• 정부의 시설 임대료
사업리스크	• 민간이 통행량 등 수요위험 부담	• 민간의 수요위험 배제
사업예시	• 고속도로, 항만, 철도, 하수처리장	• 학교, 군인 APT, 하수관거, 문화복지 등

출처: 조혁종(2010: 8).

사용료를 지급하는 방식이다. 주로 학교, 문화시설 등 수요자(학생, 관람객 등)에게 사용료를 부과하는 것으로는 투자비회수가 어려운 시설에 적용되며, 사업 위험 대부분을 정부가 부담하게 된다(기획재정부, 2011: 2; 연합뉴스, 2015). 이러한 민간투자사업은 국가적으로 필요한 공공서비스를 최소한의 정부 부담으로 시민들에게 적기에 공급하고, 민간부문 운영의 효율성을 증진시킬 수 있다는 장점이 있다. 하지만 민간투자사업 역시 중·장기적으로는 부채적 성격을 지니기 때문에 오히려 이러한 방식이 정부 재정적자의 원인이 되기도 한다(기획재정부, 2011).

이처럼 기존의 민간투자사업의 경우 정부 또는 민간 한쪽에서 사업 위험을 크게 떠안는 측면이 있었다. 하지만 새롭게 개발되는 민간투자사업 유형은 정부와 민간이 공동위험을 부담하는 것을 핵심으로 하고 있다(이하 연합뉴스, 2015). 위험분담형 민자사업(Build·Transfer·Operate—risk sharing, BTO—rs)은 정부와 민간이 시설 투자비용과 운영비용, 즉 손실과 이익을 일정 비율로 함께 분담하는 방식으로서 민간이 사업 위험 대부분을 부담하는 BTO와 정부가 부담하는 BTL의 단순화된 기존 민간투자사업 방식을 보완하는 제도로서 도입되었다. 손익공유형 민자사업(Build·Transfer·Operate—adjusted, BTO—a)은 정부가 전체 민간 투자 금액의 70%에 대한 원리금 상환액을 보전해 주고 초과 이익 발생 시 공유하는 방식으로서 손실 발생 시 민간이 30%까지 떠안고 30% 이상의 손실 발생 시 재정지원을 받는 방식이다. 초과이익에 대해서는 정부와 민간이 7대 3의 비율로 나누게 된다. 이 방식은 민간의 사업 위험을 줄이는 동시에 시설 이용요금을 낮출 수 있다는 장점도 지니고 있어, 하수·폐수처리시설과 같은 환경시설에 적용할 수 있다.

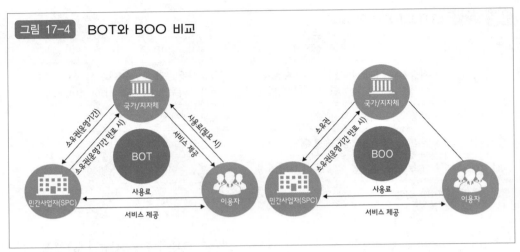

그림 17-4 BOT와 BOO 비교

출처: KDI 공공투자센터(2024).

　　이외에도 민간투자사업 유형으로 BOT(Build−Operate−Transfer) 방식과 BOO(Build−Own−Operate) 방식이 활용되기도 한다. 우선 BOT 방식은 "시설의 준공 후 일정기간 동안 사업시행자에게 해당 시설의 소유권이 인정되며 그 기간이 만료되면 시설소유권이 국가 또는 지방자치단체에 귀속되는 방식"이며, BOO 방식은 "건설의 준공과 동시에 사업시행자에게 해당 시설의 소유권이 인정되는 방식"이다(KDI 공공투자센터, 2024). 최근에는 이같은 BOT 방식과 BOO 방식도 많이 활용되고 있다. 다만, 이러한 방식에 있어서는 투자사업 계약 개념을 어떻게 해석할 것인지에 따라 법적 분쟁의 소지가 발생할 수 있다는 한계가 있다(법률신문, 2022).

2. 공공서비스 전달과 시민참여[22]

1) 시민참여와 공공서비스 관계

최근 다원화, 민주화, 정보화로 인한 행정환경의 변화로 과거와 같이 중앙정부가 일방적으로 정책을 결정하고 집행하는 권위주의 방식에서 벗어나, 지방자치단체와 중앙정부가 상호 협력적 관계를 유지하면서 상호 협의·조정하에 공공서비스 제공방식을 결정하는 사례가 급증하고 있다. 물론 현실적으로는 여전히 지방자치단체보다 중앙정부의 정책결정 영향력이 높다고 할 수는 있지만(이승종, 2014), 최근 들어서 중앙정부가 지방자치단체의 의견을 적극 수용하고 협력하여 정책을 결정하고 집행하는 사례가 증가하고 있는 것이다. 뿐만 아니라, 특히 최근에는 시민들의 생활에 밀접한 영향을 미치는 공공서비스 전달과정에 시민참여가 증가하고 있다. 앞서 설명한 민간투자사업 역시 이와 같은 맥락에서 이해할 수 있을 것이다. 복잡성, 예측불가능성, 다양성과 같은 행정환경의 변화로 말미암아 정부 또는 시장 우위의 거버넌스 체계를 기반으로 한 공공서비스 전달체계 방식은 이제 더 이상 적절하지 않게 된 것이다. 민주화 등에 따라 시민들의 정치 인식이 높아져 정치적 참여 욕구와 기회가 증진되면서, 공공서비스의 생산과 전달 과정 전반에도 시민들의 적극적 참여가 이루어지고 있다. 그렇다면 이러한 시민참여와 관련된 이론적 근거에는 어떤 것이 있는지 아래에서 살펴본다.

2) 시민참여의 이론적 근거: 사회자본

시민참여의 대표적인 이론적 근거로 '사회자본(social capital)'을 제시할 수 있다. 다양한 영역에서 사회자본 개념이 발달해 왔기 때문에 사회자본에 대해 단정적으로 개념

---

22) 본서에서는 중앙정부에서 주로 사용하는 '국민참여'(예: 국민참여단, 국민참여예산제도)와 지방정부에서 주로 사용하는 '주민참여'(예: 주민참여예산) 개념 모두와 상호 교차적으로 사용될 수 있는 용어인 '시민참여'라는 용어를 사용한다. 그리고 시민참여는 시민공동생산과 같은 맥락에서도 살펴볼 수 있다(자세한 내용은 후술한다). 또한 시민참여와 관련된 뉴거버넌스 논의 등은 본서 제2장을 참조하기 바란다.

정의하기는 어렵다(소진광, 2000). 학문적인 측면으로는 사회자본을 사회학적 관점과 정치학적 관점으로 구분하여 설명할 수 있다(김태룡, 2017). 사회학적 관점에서는 사회자본을 "개인이 다른 사람과 관계를 맺음으로써 획득할 수 있는 자원"으로 정의하고 있으며, "사람과 사람 간의 관계를 통해 얻을 수 있는 사회적 자원"으로 고려한다. 반면 정치학적 관점에서는 사회자본을 "다양한 비공식적 네트워크와 공식적 시민조직에 관여하는 정도와 성격"으로 정의하고 있으며, "주어진 지역사회 내의 주민이 상호작용하는 다양한 방법"으로 고려한다(김태룡, 2017: 457).

이밖에도 사회자본을 '공동체적 관점(communitarian view)', '네트워크 관점(networks view)', '제도적 관점(institutional view)', '상승적 관점(synergy view)' 등과 같은 네 가지 관점으로 바라보는 시각도 있다(이하 김태룡, 2017: 457-458). 우선 '공동체적 관점'에서는 사회자본의 긍정적인 측면을 강조한다. 지역사회 내 모든 구성원들에게 사회자본의 혜택이 자동적으로 부여된다고 가정하는 것이다. 그러나 이러한 접근은 폐쇄적인 지역사회나 고립된 네트워크와 같은 부정적 측면에 대해서는 설명하지 못한다는 한계가 있다. '네트워크 관점'은 수평적 결사체와 마찬가지로 수직적 결사체의 중요성도 강조한다. 사회자본은 네트워크 내 구성원들에게 가치 있는 공공서비스 제공이 가능하도록 하지만, 오히려 네트워크에 대한 복종과 몰입을 요구함으로써 부정적인 결과를 초래할 수도 있다. '제도적 관점'은 지역사회 네트워크와 시민사회가 주로 정치적·법적·제도적 환경의 산물이라고 보는 관점이다. 이때 사회자본을 종속변수로 간주한다.[23] 마지막으로, '상승적 관점'은 네트워크 관점과 제도적 관점을 통합한 것으로 경제적 번영과 사회적 질서를 보완관계로 본다. 이처럼 다양한 차원의 의미를 포함한 사회자본은 "공동체적인 환경 속에서, 상호 간에 네트워크를 구축하면서 제도와 영향을 주고받는 관계를 통해 좋은 거버넌스를 구축하는 원동력"으로 정의할 수 있을 것이다(김태룡, 2017: 459).

사회자본의 주요 구성요소로는, 네트워크(network, 연결망), 신뢰(trust), 호혜성(reciprocity, 규범)을 제시할 수 있다(이하 김태룡, 2017: 461-465; 박종화, 2018). 첫째, 네트워크는 "사람 사이의 유대를 기반으로 연결된, 개인이나 집단 등 행위자 간의 전반적인 연계형태를 의미하는 관계구조"이며, 이는 사람 간의 상호작용을 통해서 형성된다. 네트워크는 공동체를 유지하고 사회구조를 구성하는 데 필수적인 요소가 된다. 둘째, 신뢰는 "타인

---

23) 이에 반해 공동체적 관점과 네트워크 관점은 사회자본을 독립변수로 간주한다.

이 행위를 할 때 나의 이해와 관심을 고려할 것이라는 기대"이며, 구성원 간 신뢰와 협력은 긴밀한 관계에 있고, 구성원 상호 간에 자발적 협력 발생을 가능하게 한다. 만약 신뢰가 형성되지 않으면 구성원 간 정보가 원활하게 전달되지 못하고, 구성원들 개개인의 기회주의적인 행동이 유발되어 이로 인한 비용이 발생할 수 있다. 일반적으로 개인은 비공식적 네트워크 속에서 특별한 신뢰(사적 신뢰)를 형성하고, 공식적 네트워크 속에서는 기관에 대한 신뢰(공적 신뢰)를 형성하는 경향이 있다. 간혹 비공식적 네트워크에서 공식적 네트워크로 조직화하는 경우가 있는데, 이러한 과정에서 신뢰의 역할은 매우 중요하다. 이때 신뢰를 형성하는 단계는 ① 이해타산적 신뢰(신뢰를 지키는 것이 신뢰를 어기는 것보다 더 많은 이익을 초래하기 때문에 신뢰를 지키고자 함) → ② 지식기반 신뢰(상호 간 교류가 증가함에 따라 상대방에 대한 경험과 이해도가 증진되면서 신뢰를 지키고자 함) → ③ 동일화에 따른 신뢰(상호 간 목표나 가치 등이 일치함을 확인한 뒤 서로를 동일시 할 정도로 신뢰) 단계를 거친다. 최종 단계까지의 신뢰가 형성되면, 개인은 사회나 공동체의 타인들과 함께 규범과 기대 가치를 공유하고 내면화하게 되어 사회나 공동체가 추구하는 목표의 달성을 보다 원활하게 할 수 있다. 마지막으로, 호혜성은 "일반적으로 주어야 하는 의무, 받아야 하는 의무, 되돌려 주어야 할 의무가 서로 얽혀 있는 것"으로 정의될 수 있다. 이는 개인과 집단의 목적성취를 촉진하는 데 기여한다. 호혜성의 유형으로는 "제한된 호혜성(균형 잡힌 호혜성)과 일반화된 호혜성, 부정적 호혜성"이 있다.

　　사회자본은 긍정적인 기능을 하기도 하지만 부정적인 기능을 하기도 한다. 다시 말해, 사회자본이 누군가에게는 긍정적인 영향을 미칠 수 있지만, 또 다른 누군가에게는 부정적인 영향을 미칠 수 있는 양면성을 지닌다는 것이다. 구체적으로 설명하면, 긍정적 사회자본은 신뢰를 바탕으로 거래비용을 감소시킬 수 있고, 네트워크 속에서 구축된 양질의 정보를 활용할 수 있도록 하며, 사회적 규범을 마련해 사회구성원들에게 바람직한 행동을 유도함으로써 사회 전반의 감시·감독비용을 절감할 수 있도록 한다. 그러나 부정적 사회자본은 집단폐쇄성을 강화시켜 사회적 부패현상 증가의 원인이 되기도 하고,[24] 지나치게 강한 결속력을 요구함으로써 개인의 사생활이나 자유가 침해될 수 있으며, 집단구성원 모두가 비슷한 처지에 있어야 한다는 지나친 동일시 의식이 사회 '규범의 하향평준화'를 초래하기도 한다는 한계를 지닌다(김태룡, 2017: 467-468). 따라서 사

---

24) 이는 결속적 사회자본의 부정적 현상이라고도 할 수 있다(김태룡, 2017: 467).

회자본의 긍정적인 측면만을 무조건적으로 부각시킬 것이 아니라, 부정적인 측면도 함께 신중하게 검토함으로써 효과적인 방향으로 사회자본을 구축하고 활용할 수 있도록 하는 방안이 마련될 필요가 있다.

　　이처럼 사회자본이 어떻게 형성되는가에 따라 지방자치 활성화 등 시민참여에 미치는 영향도 달라질 수 있다(소진광, 2000). 사회자본의 구성요소와 관련하여 네트워크 관점에서는 중앙과 지방정부 간, 지방정부 간, 정부와 지역주민 간, 혹은 지역주민들 간에 비공식적·공식적 네트워크 구축이 활성화될 때, 신뢰 관점에서는 서로를 믿고 존중하며 함께 협력할 수 있다는 확신을 가지고 위험까지도 감수할 수 있을 때, 호혜성 관점에서는 지역주민들이 다른 사람의 이익이나 편익도 중요하게 고려할 수 있을 때 지방자치가 활성화될 수 있다는 것이다(소진광, 2000: 103-104). 이와 같이 사회자본의 긍정적 기능이 강화될 때 타인에 대한 신뢰는 더욱 높아질 수 있고, 사회적 상호작용에 대한 선호도도 높게 형성될 수 있다. 이를 통해 시민참여는 더욱 촉진될 수 있을 것이다(Green & Brock, 1998; 한상일, 2006).

3) 시민참여의 개념과 유형

　　버바(S. Verba)에 의하면 참여(participation)는 "공식적 의사결정권이 없는 사람들이 공식적 의사결정권이 있는 사람들의 행동에 대해 영향력을 미치고자 하는 행위"이다(Verba, 1967: 55). 이러한 관점에서 시민참여는 "정부에 영향력을 미치기 위한 시민의 행위"로 정의될 수 있다(이승종, 2014: 167). 또한 시민참여는 전반적 사회문제와 관련된 의사결정에서 일반시민들이 권력을 행사하는 과정이며(Cunningham, 1972), 정부의 정책결정과정에 직·간접적으로 관여하여 의도적으로 정책결정에 영향력을 행사하는 활동과 절차를 의미하는 것으로 볼 수 있다(Huntington & Nelson, 1976). 따라서 시민참여는 시민들이 적극적으로 정부정책과정에 참여하여 영향력을 행사하는 행위로 이해될 수 있다. 다시 말해, 시민참여는 "정부기관 및 그 구성원인 공직자의 의사결정에 영향을 미치고자 하는 일반시민들의 행위로, 제도적 행위(예: 주민제안, 주민발의, 주민투표 등)와 비제도적 행위(예: 시위, 주민불복종운동) 모두를 포함하는 것"으로 정의할 수 있다(김병준, 2019: 616).

표 17-4　시민참여 유형

참여수준	학자			
	아른슈타인 (1969)	짐머만 (1986)	샤프 (1990)	프리티 외 (1995)
참여수준 높음 ↑	8단계: 주민통제단계 (citizen control)			
	7단계: 권한위임단계 (delegated power) — 실질적 참여	2단계: 능동적 참여 (active form)	3단계: 적극적 (active) 참여	7단계: 자율적 참여
	6단계: 동반자단계 (partnership)			6단계: 상호작용 참여
	5단계: 유화단계 (placation)		2단계: 교호적 (interactive) 참여	5단계: 기능적 참여
	4단계: 의견수렴단계 (consultation) — 형식적 참여	1단계: 수동적 참여 (passive form)		4단계: 인센티브 참여
	3단계: 정보제공단계 (informing)			3단계: 협의적 참여
	2단계: 교정단계 (therapy)		1단계: 반응적·소극적 (reactive or passive) 참여	2단계: 정보제공 참여
참여수준 낮음 ↓	1단계: 계도단계 (manipulation) — 비참여			1단계: 수동적 참여

출처: Arnstein(1969); Pretty et al.(1995); Sharp(1990); Zimmerman(1986) 내용을 기반으로 저자 재구성.

시민참여의 유형은 학자마다 다르지만 공통적인 의견은 시민들의 역량에 따라 시민참여의 수준이 달라질 수 있다는 것이다. 이러한 측면에서 <표 17-4>와 같은 시민참여 유형이 제시될 수 있다.

첫 번째 시민참여 유형은 아른슈타인(S. R. Arnstein)이 1969년 그의 논문에서 제시한 '참여 8단계' 유형이다(Arnstein, 1969; 김병준, 2019: 616-618; 김정인, 2023). 아른슈타인에 따르면 시민참여는 다음과 같은 8단계로 구분된다. 첫째, 시민참여가 가장 낮은 단계인 '계도단계(manipulation)'로 정부가 주도적으로 시민에게 접촉하고자 하는 단계이다. 둘째, '교정단계(therapy)'로 참여라는 명목하에 정부가 시민들의 태도나 행태를 교정하고자 하는 단계이다. 처음 두 단계는 시민의 자발적 참여가 거의 이루어지지 않는 '비참여단계'로 볼 수 있다. 셋째, '정보제공단계(informing)'로 정부가 시민들에게 일방적으로 정보를 제공하는 단계이다. 넷째, '의견수렴단계(consultation)'로 정부가 시민들의 의견을 듣는 데 보다 적극적인 태도를 취하는 단계이다. 다섯째, '유화단계(placation)'로 형식적으로는 시민의 참여가 있지만 시민들이 실질적으로 의사결정에 영향을 미치지는 못하는 단계이다. 이와 같은 정보제공단계, 의견수렴단계, 유화단계는 '형식적 참여단계'로 볼 수 있다. 여섯째, '동반자단계(partnership)'로 정부와 시민이 함께 정책을 결정하는 단계이다. 일곱째, '권한위임단계(delegated power)'로 시민이 정책결정을 주도하는 단계이다. 마지막, '시민통제단계(citizen control)'로 진정한 주인으로서의 시민이 정책결정을 주도한다.

두 번째 시민참여 유형은 짐머만(B. J. Zimmerman)에 의해 제시된 유형이다. 짐머만은 참여의 적극성에 따라 시민참여의 유형을 수동적 참여(passive form)와 능동적 참여(active form)로 구분하였다(Zimmerman, 1986). 수동적 참여는 "관료나 공직자들이 전해주는 정보를 통해 공직자와 정책을 판단하는 소극적 행위 또는 태도를 취하는 것"으로 이는 정부에 대한 시민의 낮은 참여를 뜻한다(김병준, 2019: 619). 반면, 적극적 참여는 "시민 스스로 능동적으로 참여하는 것"으로 시민들이 정책을 주도하거나 적극적으로 참여하는 행위를 뜻한다(김병준, 2019: 619).

세 번째 시민참여 유형은 샤프(E. B. Sharp)가 제시한 유형이다. 샤프는 정부와 시민의 영향력 또는 권력(결정권)관계를 중심으로 세 가지 시민참여 유형을 제시하였다(Sharp, 1990). 첫 번째 유형은 반응적·소극적(reactive or passive) 참여로서 정부가 주도권을 갖는 참여유형이다. 시민이 참여를 하기는 하지만 제도적 절차에 따라 소극적으로 반응하는 데 그칠 뿐 참여 결과에 유의미한 영향을 미치지 못하는 다소 형식적인 참여라고 할 수 있다(예: 민원실, 고충처리, 정보공개 등). 두 번째 유형은 교호적(interactive) 참여로 정부와 시민 간 대등한 상호작용을 통해 참여가 이루어진다(예: 공청회, 간담회, 자문위원회 등). 세 번째 유형은 적극적 참여(active)로 시민이 상당한 주도권을 가지고 참여하는 유

형이며, 민주정치의 이상에 가까운 형태의 참여가 이루어진다[예: 숙의민주주의, 직접민주
제(주민발의, 소환, 투표) 등].

마지막 시민참여 유형은 프리티(J. N. Pretty) 외가 제시했다. 프리티 외는 정부의 통
제와 시민의 통제 차원에서 시민참여를 7단계로 구분하였다(Pretty et al., 1995; 이하 강인
성, 2008: 219−220). 보다 구체적으로 살펴보면, 첫 번째 단계는 수동적 참여단계로 정부
관료들이 시민들의 견해를 경청하지 않고 일방적으로 정책을 결정해 발표하는 경우인
데 정책 관련 정보공유는 외부전문가 집단에만 한정된다. 두 번째 단계는 정보제공 참
여단계로서 설문조사나 이와 유사한 방식의 조사에 시민들이 응답하는 형태로 정책과
정에 참여하게 된다. 세 번째 단계는 협의적 참여로서 정부가 시민의 견해를 듣고자 하
는 요청에 응하는 형태를 나타낸다. 이러한 협의적 참여의 예로는 정부의 각종 위원회
에 직능대표 주민들이 참여하는 것을 들 수 있다. 네 번째 단계는 인센티브 참여로 시
민들이 식량이나 교육지원금 등 물질적 보상을 받고 노동과 시간 등 자원을 제공하며
참여하는 것이다. 다섯 번째 단계는 기능적 참여로서 시민들이 자신들의 이해와 목표를
달성하기 위해 단체를 조직하여 정부정책이나 사업에 참여하는 것을 의미한다. 여섯 번
째 단계는 상호작용 참여로 정부 주도가 아닌 시민들의 적극적인 참여를 통해 정책의
사결정이 이루어지는 것을 의미한다. 마지막 단계는 자율적 참여로 정부의 개입 없이
시민단체를 중심으로 자발적 조직이 형성되며, 해당 조직이 주도적으로 프로젝트를 개
발·운영하는 참여를 말한다.

4) 시민참여의 방법

시민참여의 방법은 '직접형' 시민참여와 '간접형' 시민참여로 분류할 수 있다(임승
빈, 2019: 453−459). 첫째, 직접형 시민참여제도는 대의제 보완, 지방공직자의 책임성 확
보, 주민 지위 강화를 위해 실시된 것으로, 우리나라에서는 주민발안, 주민소환, 주민투
표, 주민소송제도, 주민감사제도, 주민참여예산제도 등을 채택하고 있다(임승빈, 2019:
455).25) 주민발안(initiative)은 1998년 8월 「지방자치법」 개정으로 도입되었으며, "지방
선거 유권자 중 일정한 수 이상의 연서에 의하여 지방자치단체의 자치헌장이나 조례의

---

25) 숙의민주주의의 공론화 방안도 직접형 주민참여 방안으로 제시될 수 있다.

제정 또는 개·폐에 관하여 주민이 직접 발안하는 제도"를 의미한다(임승빈, 2019: 455 – 456).[26] 이는 지방의회 또는 의원의 부작위에 대하여 간접적으로 책임을 추궁하는 역할을 한다. 주민소환(recall)은 2006년 5월 「주민소환에 관한 법률」이 제정되면서 도 입되었다.[27] 주민소환은 "유권자 일정 수 이상의 연서에 의하여 지방자치단체의장, 의 원, 기타 일정한 주요 간부 공무원의 해직이나 의회의 해산 등을 그 임기만료 전에 청 구하여 주민투표(또는 의회의 동의)로 참정하는 제도"이다(임승빈, 2019: 456). 우리나라에 서는 주민소환의 여건을 지나치게 엄격하게 적용함으로써 그 실효성에 한계가 있다는 비판을 받고 있다(김병준, 2019: 631). 주민투표(referendum)는 2004년 「주민투표법」이 제 정된 후 시행되고 있으며, 이는 "지방자치의 중요사항에 대하여 또는 주민들의 주민투 표 청구에 의하여 시행되는 일반투표제도"이다(임승빈, 2019: 457).[28] 주민소송제도는 「지방자치법」 제22조에 근거를 두고 있으며(국가법령정보센터, 2024d), "「헌법」 또는 법 률에 위반된다고 인정하는 지방자치단체의 조례 또는 그 장의 명령·처분에 대하여 주 민이 불복하는 것"으로서, 자기의 권리나 이익에 침해가 없다고 하더라도 소송을 제기 할 수 있다(임승빈, 2019: 460).[29] 이에 반해 주민감사제도는 "지방자치단체의 사무처리

---

26) 전면 개정된 「지방자치법」 제19조(조례의 제정과 개정·폐지 청구)에서 주민발안에 관한 법률적 근거를 상세히 제시하고 있다(주민은 지방자치단체의 조례를 제정하거나 개정하거나 폐지할 것을 청구할 수 있 다. 조례의 제정·개정 또는 폐지 청구의 청구권자·청구대상·청구요건 및 절차 등에 관한 사항은 따로 법률로 정한다)(국가법령정보센터, 2024d). 또한 「주민조례발안에 관한 법률」을 2021년 제정하였는데, 이 법률에는 주민조례청구 청구자 요건(연령 18세) 완화, 주민 서명수 요건 인구규모별로 세분화 및 완 화, 주민조례 청구절차 간소화 및 지원제도 강화, 전자적 방식을 통한 주민조례 청구가 가능하도록 정부 가 정보시스템 구축·운영 지원, 주민이 청구한 조례안에 대한 이행력 강화(지방의회가 1년 이내 심의· 의결 의무화 등) 등을 포함하고 있다(국가법령정보센터, 2024e).

27) 「지방자치법」 제25조에서도 주민소환에 관한 사항을 규정하고 있다(국가법령정보센터, 2024d).

28) 2022년 「주민투표법」 일부 조항을 개정하였다. 주요 개정 내용은 주민투표 개표요건 폐지 및 확정요건 완화, 주민투표에 전자서명청구제도를 도입하여 주민 투표권 확대, 정보통신기술 발전에 따라 전자주민 투표 도입 법적 근거를 마련하여 주민참여 활성화 등이다(행정안전부, 2022).

29) 동법 제22조 제2항에 따르면 주민이 제기할 수 있는 소송의 유형은 다음과 같다. "1. 해당 행위를 계속하 면 회복하기 어려운 손해를 발생시킬 우려가 있는 경우에는 그 행위의 전부나 일부를 중지할 것을 요구 하는 소송(당해 행위의 전부 또는 일부의 중지를 구하는 소송), 2. 행정처분인 해당 행위의 취소 또는 변 경을 요구하거나 그 행위의 효력 유무 또는 존재 여부의 확인을 요구하는 소송(당해 행위의 취소 또는 무효 등 확인소송), 3. 게을리한 사실의 위법 확인을 요구하는 소송(부작위위법 확인소송), 4. 해당 지방 자치단체의 장 및 직원, 지방의회의원, 해당 행위와 관련이 있는 상대방에게 손해배상청구 또는 부당이득 반환청구를 할 것을 요구하는 소송(손해배상 등을 청구할 것을 요구하는 소송). 다만, 그 지방자치단체의 직원이 「회계관계직원 등의 책임에 관한 법률」 제4조에 따른 변상책임을 져야 하는 경우에는 변상명령을

가 법령에 위반하거나 공익을 현저히 침해한다고 판단될 때 주민 일정 수 이상의 서명을 받아 상급정부에 감사를 청구할 수 있는 제도"이다(김병준, 2019: 634). 주민감사제도 역시 「지방자치법」 제21조에 근거를 두고 있다(국가법령정보센터, 2024d).[30] 주민참여예산제도는 "지방자치단체의 예산 과정에 주민을 참여시켜 재정운영의 투명성과 책임성을 높이고자 하는 민주주의 제도"로서 "지방자치단체의 예산편성 과정에 지역주민의 직접적인 참여를 보장하여 지역주민의 의사가 예산에 보다 적절히 반영"되는 데[31] 의의를 두고 있다(임성일·서정섭, 2015: ii).[32]

둘째, 간접형 시민참여제도에는 반상회, 공청회, 고충민원(진정·건의·요구), 간담회, 각종 위원회와 심의회, 집단민원 등이 있다. 최근에는 '주민자치회'도 주목을 받고 있다. 보다 구체적으로, 반상회는 "행정조직의 최하위단위인 반(班)에서 이루어지는 월례 주민모임"이며, 공청회는 "정책사안에 따라 개최되는 것으로 이해관계자 및 전문가들의 의견수렴을 목적으로 하는 모임"이다(김병준, 2019: 632). 또한 민원은 "지역주민이 지방자치단체 집행기관에 제기"하는 것이며, 청원은 "시민이 특정 문제에 대해 문서로 진정하는 행위"를 말한다(김병준, 2019: 634).

이밖에도 최근 지방자치단체마다 활성화되고 있는 주민자치회는 "주민 중심의 생활·근린 자치를 강화하여 지역공동체를 활성화하고 지역발전을 위해 읍·면·동 단위로 설치하는 새로운 형태의 주민자치 조직"이다(설선미·오재일, 2016: 51-52). 주민자치회는 주민 중심 생활자치 강화 추세에 따라 다양한 지역문제를 주민 스스로 해결하기 위해 민주적 참여의식을 고양시키고자 동네자치의 활성화 필요성에 따라 형성되는 조직인

할 것을 요구하는 소송을 말한다"(강원석 외, 2013; 국가법령정보센터, 2024d).

30) 동법 제21조 제1항에 따르면 "① 지방자치단체의 18세 이상의 주민으로서 다음 각 호의 어느 하나에 해당하는 사람(「공직선거법」 제18조에 따른 선거권이 없는 사람은 제외한다. 이하 이 조에서 "18세 이상의 주민"이라 한다)은 시·도는 300명, 제198조에 따른 인구 50만 이상 대도시는 200명, 그 밖의 시·군 및 자치구는 150명 이내에서 그 지방자치단체의 조례로 정하는 수 이상의 18세 이상의 주민이 연대 서명하여 그 지방자치단체와 그 장의 권한에 속하는 사무의 처리가 법령에 위반되거나 공익을 현저히 해친다고 인정되면 시·도의 경우에는 주무부장관에게, 시·군 및 자치구의 경우에는 시·도지사에게 감사를 청구할 수 있다"(국가법령정보센터, 2024d).

31) 주민참여예산제도는 「지방재정법」 제39조를 근거로 하고 있다(국가법령정보센터, 2024f; 오영민, 2017). 다만 국민참여예산제도의 경우 「국가재정법」 제16조 및 동법 시행령 제7조의 2에 근거를 두고 있다(국민참여예산, 2024).

32) 주민참여예산제도에 대한 보다 자세한 사항은 본서 제13장을 참조하기 바란다.

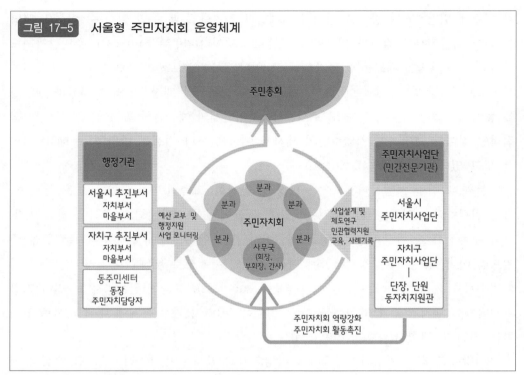

그림 17-5 서울형 주민자치회 운영체계

출처: 서울시(2018: 24).

것이다. 주민자치회는 '주민자치위원회'와 구분할 필요가 있다. 주민자치위원회는 읍·면·동의 문화·복지 및 자치기능 강화 등을 위해 조례로 설치한 조직으로서 주민자치센터 관련 심의·자문 및 운영 기능을 담당한다(행정안전부, 2017). 이와는 다른 개념인 주민자치회의 법적 근거는 「지방자치분권 및 지역균형발전에 관한 특별법」 제40조이다. 해당 법에 지방자치단체 광역화로 인한 주민참여 약화 및 민주성 보완 차원에서 주민자치회 도입을 명시하고 있는 것이다(다만 주민자치회는 선택조항임).33) 즉, 주민자치회는

33) 제40조(주민자치회의 설치 등) ① 풀뿌리자치의 활성화와 민주적 참여의식 고양을 위하여 읍·면·동에 해당 행정구역의 주민으로 구성되는 주민자치회를 둘 수 있다. ② 제1항에 따라 자치회가 설치되는 경우 관계 법령, 조례 또는 규칙으로 정하는 바에 따라 지방자치단체 사무의 일부를 자치회에 위임하거나 위탁할 수 있다. ③ 자치회는 다음 각 호의 업무를 수행한다. 1. 자치회 구역 내의 주민화합 및 발전을 위한 사항 2. 지방자치단체가 위임하거나 위탁하는 사무의 처리에 관한 사항 3. 그 밖에 관계 법령, 조례 또는 규칙에서 위임하거나 위탁한 사항 ④ 자치회의 위원은 조례로 정하는 바에 따라 지방자치단체의 장이

읍·면·동 민관협치기구인 것이다. 이는 읍·면·동 주민 또는 해당 읍·면·동에 주소를
두고 있는 사업장·단체 근무자를 대상으로 20~30명의 명예직 위원이 위촉되고, ① 주
민생활과 밀접한 업무는 읍·면·동과 협의하도록 하며, ② 일부 업무를 위탁수행(작은
도서관 등 공공시설)하고, ③ 근린자치영역의 사무를 직접수행[주민자율청소(제설), 봉사단
운영, 도시미관 개선 벽화사업, 벼룩시장 운영 등]할 수 있다(행정안전부, 2017). [그림 17-5]
는 서울시의 주민자치회 운영체계를 나타내고 있다.

5) 시민참여의 효용성과 한계

시민참여는 다음과 같은 측면에서 장점을 지닌다(이하 김병준, 2019: 620-625). 첫
째, 불확실성이 강화되는 오늘날의 시대에 대의정치의 한계를 보완하는 데 긍정적인 기
능을 한다. 둘째, 기업과 시장우위의 상황에서 특수이익(예: 기업)을 견제하기 위한 수단
으로서 시민참여가 유용하게 활용될 수 있다. 셋째, 정부와 시민 간 상호 정보교환을 통
해 정부행정기관(중앙정부, 지방자치단체)의 정책역량을 강화하는 데 기여할 수 있다. 넷
째, 시민참여를 통해 정책순응을 증진시킬 수 있고, 시민들이 보유한 다양한 자원을 정
부정책과정에 보다 적극적으로 활용할 수 있다. 다섯째, 시민참여는 행정에 대한 민주
적 통제를 보완하는 기능을 하며, 동시에 책임성과 대응성을 제고하는 데 긍정적인 역
할을 한다. 여섯째, 시민참여는 사회갈등 해소기능을 담당할 수 있으며, 사회통합에도
기여하여 사회적 형평성을 달성할 수 있도록 한다(이달곤 외, 2012: 96).

이러한 장점에도 불구하고, 시민참여는 다음과 같은 한계점도 지닌다(이하 이달곤
외, 2012: 98-100; 김병준, 2019: 625-627; 임승빈, 2019; 김정인, 2018). 첫째, 시민참여에 따
른 여러 가지 사회적 비용 등이 증대될 수 있으며, 전문성이 결여된 시민들의 참여는
오히려 의사결정의 질적 저하 문제를 초래할 수 있다. 다시 말해, 시민들의 참여로 인해
의사결정에 소요되는 여러 가지 금전적·비금전적 비용이 증가할 수 있고, 비전문가인

위촉한다. ⑤ 제4항에 따라 위촉된 위원은 그 직무를 수행할 때에는 지역사회에 대한 봉사자로서 정치적
중립을 지켜야 하며 권한을 남용하여서는 아니 된다. ⑥ 자치회의 설치 시기, 구성, 재정 등 자치회의 설
치 및 운영에 필요한 사항은 따로 법률로 정한다. ⑦ 행정안전부장관은 자치회의 설치 및 운영에 참고하
기 위하여 자치회를 시범적으로 설치·운영할 수 있으며, 이를 위한 행정적·재정적 지원을 할 수 있다(국
가법령정보센터, 2024g).

시민들의 참여로 인해 정책 결정의 질이 낮아질 수 있다는 것이다. 둘째, 일부 사익추구의 목적을 가진 사람들이 공익을 내세워 정책과정에 참여할 경우 공익이 침해될 수 있다. 특히 시민 전체의 이익인 일반이익의 경우, 무임승차 문제가 발생할 수 있어 이로 인한 공익침해 우려도 제기된다. 셋째, 제한된 시민(특정 계층의 대변)의 참여로 인해 정책결정에서의 대표성 또는 공정성에 문제가 발생할 수 있다. 즉, 각종 참여기구에서 활동할 주민 선정이 불공정하게 이루어질 수 있으며, 관변단체나 소수 시민운동가가 시민이라는 이름으로 참여해 대표성과 공정성을 저해할 수 있다. 넷째, 시민참여에 있어 조작적 참여 가능성이 존재해 여론이 왜곡될 가능성이 있다. 다섯째, 정부가 시민참여 확대를 정책의 정당화나 책임회피 도구로 활용할 수 있다.

6) 시민참여와 공공서비스의 시민공동생산

시민참여가 활성화됨으로 인해 오늘날에는 정부가 단독으로 공공서비스 전달방식을 결정하거나, 공공서비스를 정부가 직접적으로 혹은 시장을 통해 간접적으로 제공하는 방식은 더 이상 적절하지 않다. 이러한 환경에서 최근 '프로슈밍(prosuming)'이라는 용어가 강조되고 있다. 프로슈밍은 미래학자인 토플러(A. Toffler)가 고안한 용어로 생산을 의미하는 'production'과 소비를 의미하는 'consumption'을 융합하였다(Toffler, 1980). 즉, '소비자에 의한 생산·소비활동'의 의미로 사용되는 것이다(김병준, 2019: 643). 이러한 프로슈밍은 공공부문에서 중요한 의미를 지닌다. 전통적으로 시민은 정부나 시장이 제공하는 재화와 서비스의 소비자로만 고려되었는데, 이들의 생산적 활동 내지는 프로슈밍이 정부정책에 중대한 영향을 주어 정책의 질과 경쟁력 향상에 긍정적인 영향을 미칠 수 있다는 것이다. 이러한 관점에서 대두된 개념이 1970년대 말부터 시작되어 1990년대 활성화된 '시민공동생산(citizen co-production)'이다. 이는 공공재와 공공서비스 공급에 있어 시민을 정부(공공)기관에 의해 생산된 서비스를 소비하기만 하는 단순 소비자로서 인식하는 것이 아니라, 자신과 공동체를 위해 정부와 함께 공공재와 공공서비스를 생산하는 생산주체로서 간주하는 것이다. 즉, 프로슈밍은 "정부와 시민이 재화와 서비스를 같이 생산하는 활동"으로 정의할 수 있다(김병준, 2019: 646- 647). 시민공동생산의 대표적인 예로는 시민경찰학교 등과 같은 치안공동생산이 있다.

최근에는 사용자(시민) 주도와 혁신, 공동창조, 개방형·참여형 혁신 모델로 리빙랩 (living lab)이 제시되고 있다.[34] 리빙랩은 정부부문에 과학기술을 적극 활용하여 시민과 정부가 공동으로 행정문제를 해결하고자 하는 행정혁신 방안이다(정병걸·성지은, 2019). 대표적인 리빙랩 사업으로는 2018년 선정된 「치안현장 맞춤형 연구개발사업」인 '폴리스랩 사업'이 있다. 리빙랩은 2004년 미국 MIT 미첼(W. Michell) 교수에 의해 처음 제안 되었는데, 최초의 리빙랩은 사람들을 특정 아파트에 거주하게 하고 그들이 어떻게 기술을 활용하는지 살펴보기 위해 ICT 기술과 센서 기술을 이용하여 실험한 것이다(과학기 술정보통신부, 2019: 17). 리빙랩은 "사용자와 시민들이 실제로 생활하는(living) 공간에서 연구를 진행하는 실험실(lab)"을 의미하며(과학기술정보통신부, 2019: 16), '사회문제 해결 R&D의 핵심 방법론'으로 이해할 수 있다. 리빙랩 방식은 "기술·제품을 먼저 개발하고 활용처를 찾는 기존 혁신 모델과 다르다. 리빙랩은 기존의 전문가 중심의 실험에서 벗 어나, 기술을 최종적으로 사용하는 시민들이 기술전문가들과 함께 문제를 정의하고, 정 책대안을 적극적으로 탐색하며 실험하는 참여형·협력형·개방형 공간을 의미한다(과학 기술정보통신부, 2019: 16). 이와 같이 리빙랩은 일선행정의 혁신이며 동시에 시민공동생 산의 대표적인 방안인 것이다. 리빙랩의 의의는 다음과 같다(이하 과학기술정보통신부, 2019; 성지은 외, 2019). 첫째, 리빙랩은 철저히 사용자 입장에서의 행정혁신을 추구한다. 기존의 행정혁신은 정부 중심, 공급자 중심이었다면 리빙랩은 시민이 문제를 해결하는 시민형 문제 해결방안이다. 둘째, 사회문제를 해결하는 데 있어 기술혁신을 적극 활용 한다. 이러한 차원에서 리빙랩은 4차 산업혁명 시대에 적합한 정부혁신이라고 할 수 있 다. 셋째, 리빙랩은 현장기반 지역혁신 모델이기 때문에 지역문제를 적극적으로 해결할

---

34) 같은 맥락에서 정부와 시민들 간 협력적 관계형성(개방, 참여, 소통)을 통해 정부신뢰를 달성하는 대표적 인 예로 정책랩이 있다. 정책랩(policy lab)은 "우리 사회의 복잡한 문제를 실질적으로 해결할 수 있는 정책이 무엇이며, 어떠한 내용을 담아야 할지, 구체적으로 어떻게 설계되고 실행될지에 대해 여러 행위자 가 모여 함께 만들어 가는 개방적이고 참여적인 공간"이며, 정책랩의 주요 참여자는 현장전문가, 관련 정 책전문가, 정책실무자 등이다. 이들이 현안문제를 두고 함께 정책결정에 참여하기에 정책랩을 '개방형 정 책설계' 과정으로 볼 수 있는 것이다(정서화, 2019: 24). 즉, 기존의 정책문제 해결방식인 정부 중심의 '하 향식(top-down) 방식'은 복잡하고 불확실한 행정환경에 신속히 대응할 수 없어 정부와 시민이 함께 정 책랩을 통해 사회문제를 해결해 나가고자 하는 것이다(조세현 외, 2019). 정책랩은 단순히 정책설계에만 머무르는 것이 아니라 정책과정 전반에서 중요한 역할을 한다. 또한 정부와 시민 등 다양한 행위자가 함 께 모여 정책을 형성해 나가는 공동생산 형태이기 때문에, 협력적 혁신을 지향하고, 상호 학습을 지원하 며, 근본적이고 총체적인 문제해결을 모색할 수 있다(조세현 외, 2019).

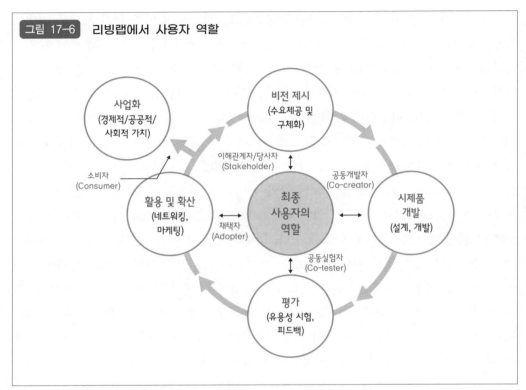

그림 17-6 리빙랩에서 사용자 역할

출처: 과학기술정보통신부(2019: 18).

수 있다. 대표적으로 스마트시티, 도시재생, 농촌활성화 사업에 활용될 수 있다. 넷째, 리빙랩은 사용자와의 끊임없는 피드백(환류)을 통해 새로운 기술을 보다 구체화하고 이를 실용화하는 데 도움을 준다. <표 17-5>에서는 우리나라의 대표적인 리빙랩 사례들을 제시하고 있다.

　시민공동생산이 행정환경 변화에 따른 공공서비스 제공에 있어 적합한 방안이 될 수 있음에도 불구하고 다음과 같은 한계도 있다(이하 김병준, 2019: 655-658). 시민공동생산도 생산하는 재화나 서비스의 공공재적 특징(비배제성)으로 인해 여전히 무임승차 문제를 유발시킬 수밖에 없다. 시민참여 확대로 의사결정 비용이나 정보제공 비용 등이 증대된다는 점을 고려해 볼 때 기회비용 증가로 인한 효율성 저하 문제도 발생할 수 있다. 또한 시민공동생산이 주로 금전이나 시간 등 여유자원이 있는 계층만의 참여로 운영될 가능성이 높아 형평성 문제를 유발시킬 수 있고, 정치적 신념이나 이념이 강한 집단들이 이를 정치적으로 악용할 가능성이 상존한다. 따라서 시민의 지식, 기술, 정보가 충분하지 않을 경우 시민공동생산은 성공을 거두기 어렵다는 한계를 지닌다.

표 17-5 우리나라의 대표적 리빙랩 사례

사례	주요 내용
환경미화원 LED 안전조끼	• 환경미화원들이 사업에 직접 참여 • 환경미화원, 특히 야간작업 환경미화원의 사고를 줄이기 위해 일반 안전복보다 14배의 밝은 빛을 내는 LED 안전 작업복 개발
휴대용 안저 카메라	• 대학병원 3곳과 일반의원 2곳 그리고 원주의 의료생활협동조합이 함께 참여하였으며, 2016년부터 약 2년 동안 570여 명의 의료진과 시민들이 개발에 참여 • 한번 고장이 나면 돌이킬 수 없는 안과 질환은 조기진단을 통해서 실명을 예방할 수 있기 때문에 안과 의사들은 눈 속을 관찰하기 위해서 안저 카메라를 이용하는데, 장비 가격이 매우 비쌈. 가격을 1/10로 줄이고 기존 거치형 안저 카메라의 무게 24kg 대비 1/40의 무게 600g으로 크기와 무게를 획기적으로 감소시킴
폴리스랩	• 과기정통부와 경찰청 2개 부처가 공동으로 지원하는 형태로 추진체계 상으로는 연구개발을 지원하는 KIST 폴리스랩 사업단, 치안 현장의 니즈를 피드백 해줄 수 있는 실증랩의 현장경찰, 이 구성원들을 연결해 주고 연구개발 방향에 대한 멘토링을 지원하는 폴리스랩 디렉터(시민, 전문가) 등으로 구성 • 경찰 등 치안 현장과의 끊임없는 소통/피드백을 통해 실제 현장에서 쓰일 수 있는 경찰의 장비를 개발(예: '접이식 경량 방패', '지문 인식 모듈 장착 폴리폰' 등)
인라이튼 (ENLIGHTEN)	• 20대 청년들과 퇴임한 기술 장인들이 서울새활용프라자에서 협업 • 전자 폐기물을 줄이기 위해 배터리 교체를 넘어 가전제품 자체를 수리하는 영역으로 사업을 확장
암 경험자 리빙랩 : 룰루랄라 합창단	• 20세부터 78세까지 암 경험자들로 구성 • 암 병역이 편견이 되지 않는 사회를 꿈꾸며 합창공연, 나아가 법률적인 제도변경, 조금 더 포용적인 직장 내 환경 마련 같은 것을 하기 위해 자조 모임 지원, 암 환자 동행 서비스, 사회 복귀지원 프로그램을 개발해서 운영
에너지자립마을 성대골	• 기술인과 상인 등 성대골 마을주민 • 우리나라 리빙랩의 대표 성공 사례로써 환경문제를 고민하던 주민들이 재생에너지(태양광)를 대안으로 고안하고, 지속가능한 에너지자립마을

	모델을 만든다는 목표로 폭염·한파 취약가구를 발굴, 기술인과 상인 등 마을주민이 직접 문제를 해결하는 실험을 진행 • 도시재생과 에너지 신산업까지 사업영역을 확대하고 대도시형 에너지 자립마을 선도모델을 만들어 가면서 국내는 물론 세계적으로도 주목받고 있음
시니어 리빙랩	• 성남시에서 300여 명 이상의 시니어 평가단이 참여 • 어르신들의 수요를 반영해 제품을 만들고 만든 제품을 다시 시니어들이 평가하는, 시니어로 시작해서 시니어의 평가로 끝나는 시니어들의 행복 공간. 생산자와 연구원 그리고 소비자까지 연계된 진정한 리빙랩을 운영
마을'e'척척	• 광주광역시 일곡동 주민들로 구성 • 스마트폰 '마을e척척' 앱을 통해 불법주정차 현황을 직접 점검 • 주민이 주체가 돼 사회문제를 해결하는 '디지털 사회혁신' 우수 사례로 행정안전부 주관 '2019 디지털 사회혁신 우수 사례'에서 광주시 지역문제 해결 플랫폼 최우수상을 수상

출처: Lifein(2020); 서울시공익활동지원센터(2018) 저자 재구성.

ChatGPT와 함께 하는 **17장**의 **주요 개념** 정리

1. 공공서비스 전달을 위한 주요 정책

- 공공서비스 전달을 위한 주요 정책은 국가나 지방정부에서 시행되는 정책들을 포함
- 이러한 정책들은 시민들에게 효과적이고 효율적인 공공서비스를 제공하고 국가나 지역의 발전을 촉진하기 위해 만들어짐
- 또한 이러한 정책들은 국가나 지역의 특정 상황과 우선순위에 따라 다양하게 변할 수 있으며, 이 정책들은 상호작용하여 종합적으로 공공서비스의 효율성과 시민생활의 향상을 추구

구분	내용
디지털화 및 정보화 정책	• 정보기술을 적극적으로 활용하여 행정서비스를 디지털화하고 효율적으로 운영하는 정책 • 온라인으로 서비스를 신청하고 정보를 제공함으로써 시민들에게 빠르고 편리한 서비스를 제공하는 것을 목표로 함
투명성 및 공개성 강화 정책	• 정부의 의사결정 및 행정 프로세스를 투명하게 하고 시민들에게 정보를 공개하는 정책 • 시민들이 정부의 활동을 쉽게 이해하고 참여할 수 있도록 하는 것이 중요
참여 및 소통 정책	• 정부와 시민 간의 상호작용을 강화하기 위한 정책으로, 여론 조사, 공청회, 시민 피드백 수렴 등을 통해 시민들의 의견을 수렴하고 반영하는 것을 목표로 함
지역 개발 및 사회 포용 정책	• 지역 간 불평등을 줄이고 사회적 통합을 촉진하기 위한 정책으로, 다양한 계층의 시민들에게 공평한 서비스를 제공하고 지역발전을 도모함
안전 및 보안 정책	• 시민들의 안전을 보장하고 범죄를 예방하기 위한 다양한 안전 정책이 포함됨 (예: 경찰 활동, 자연재해 대비, 응급 서비스 등)
환경보호 정책	• 지속가능한 개발을 위한 정책으로, 자연환경보호 및 에너지 효율성 증진을 목표로 함
사회복지 및 보건 정책	• 시민들의 복지와 건강을 증진하기 위한 정책(예: 교육, 의료 서비스, 사회 보장 등)

출처: ChatGPT(2023). '공공서비스 전달을 위한 주요 정책에는 무엇이 있는가?' 질문으로 검색한 내용 저자 정리.

2. 시민참여 정책

- 시민참여 정책은 정부나 지방자치단체에서 시민들이 정책결정 및 집행에 직접 참여할 수 있도록 하는 방안
- 다양한 형태와 수준의 시민참여가 있으며, 이는 민주주의의 핵심원리 중 하나로 간주됨
- 이러한 시민참여 정책은 민주주의를 강화하고 정책결정의 투명성, 정당성을 높이는 데 기여함
- 또한, 시민들이 정부의 의사결정에 직접 참여함으로써 정책의 효과적인 실행과 시민들의 만족도를 높일 수 있음

구분	내용
공청회 및 열린 토론	• 정부가 새로운 정책을 시행하거나 변경할 때, 시민들에게 의견을 묻고 공개 토론의 기회를 제공하는 것 • 공청회는 시민들이 직접 의견을 나누고 정책 제안에 참여할 수 있는 플랫폼을 제공함
시민 패널 및 자문위원회	• 특정 주제나 이슈에 대한 의견을 수렴하기 위해 시민 패널이나 자문위원회를 구성 • 이들은 정부에 조언을 제공하고 시민들의 다양한 관점을 반영하는 역할을 함
전자정부 및 온라인 참여	• 디지털플랫폼을 통해 시민들이 정부의 의사결정에 온라인으로 참여할 수 있는 환경을 조성 • 온라인 서베이, 의견 제출 플랫폼, 토론 포럼 등을 통해 더 많은 시민들이 참여할 수 있도록 함
주민참여예산/ 국민참여예산	• 일정 부분의 예산을 주(시)민들이 직접 관리하고 결정하는 방식으로, 지역사회의 우선순위에 대한 주(시)민들의 의견을 반영
주민투표 및 주민제안	• 특정 정책이나 사업에 대한 결정을 주민투표를 통해 진행하거나, 주민들이 직접 제안한 아이디어를 정부가 검토하고 채택하는 방식
시민 교육 및 의식 확산	• 시민들에게 정책결정 프로세스에 대한 교육을 제공하고, 사회 및 정치에 대한 의식을 높이는 노력을 포함(예: 시민학교)
지역 자치제 및 지방행정 참여	• 지방자치단체에서 시민들의 직접적인 참여를 강화하는 제도나 프로그램을 도입

출처: ChatGPT(2023). '시민들이 참여하는 정책에는 무엇이 있는가?' 질문으로 검색한 내용을 저자 정리.

행정사례 연습

■ 에너지바우처 사례

> **취약계층 에너지바우처 지원 확대**
>
> 정부가 기록적 한파에 각종 에너지요금 급등으로 '난방비 폭탄'을 맞은 취약계층의 부담을 덜기 위해 에너지바우처 지원과 가스요금 할인 폭을 올겨울 한해 2배씩 확대하는 긴급 대책을 발표했다. 대통령실 경제수석은 서울 용산 대통령실 브리핑에서 "정부는 겨울 취약계층 난방비 지원 확대를 위해 에너지바우처 지원 확대와 한국가스공사의 가스요금 할인을 대폭 확대하기로 했다"고 밝혔다. 에너지바우처 지원금은 15만 2,000원에서 30만 4,000원으로 2배로 늘어난다. 대상은 생계·의료·주거·교육급여 기초생활수급가구 및 노인질환자 등 취약계층 117만 6,000가구다. 가스공사도 사회적 배려 계층에 해당하는 160만 가구에 대해 요금 할인 범위를 9,000~3만 6,000원에서 올겨울 한해 1만 8,000~7만 2,000원으로 확대하기로 했다. 올겨울 난방비 급등 이유로 "지난 몇 년간 인상 요인을 억제했고, 국제 액화천연가스(LNG) 가격이 2021년 1분기 대비 최대 10배 이상 급등한 데 기인했다"고 설명했다.
>
> 출처: 문화일보(2023).

■ 사례의 의의

본 사례는 취약계층에 대한 에너지바우처 지원 내용을 담고 있으며, 이는 공공서비스 전달 유형의 한 사례로 제시될 수 있다. 에너지바우처는 취약계층의 에너지 사용 선택권을 확대시켜 주는 방안이다. 이처럼 수요자들의 에너지 사용 선택권 확대를 통해 그들이 다양한 에너지 서비스를 사용할 수 있도록 지원한다는 측면에서 에너지바우처는 에너지 서비스(자원)를 효율적으로 운용할 수 있는 제도로 제시된다. 동시에 에너지바우처 지급 대상이 사회적 취약계층이라는 점에서 에너지바우처는 사회적 약자를 보호하기 위한 형평성 증진 정책수단이 되기도 한다.

제18장

성과관리와 성과평가

본 장에서는 효과적인 공공서비스 제공을 위한 공공부문의 성과관리 전반에 대해 살펴보고, 정부조직 내 성과향상을 위한 관리 및 평가 방안을 제시한다. 특히 공공부문에서 성과관리가 도입된 배경은 무엇인지, 공공부문에서 성과관리가 원활하게 이루어지기 어려운 이유는 무엇인지에 대해서도 논의한다. 또한 현재 한국 공공부문에서 시행되고 있는 다양한 성과평가 제도에 대해 살펴본다.

1. 공공부문 성과관리 개혁방향
2. 공공부문 성과관리제도
3. 공공부문 성과관리제도의 유용성,
   한계와 대안
4. 공공부문의 성과평가

제18장

성과관리와 성과평가

1. 공공부문 성과관리[1] 개혁방향

1) 성과의 의의

본격적으로 공공부문 성과관리(performance management in the public sector)에 대해 논의하기에 앞서 성과(performance)와 정부성과(government performance)가 무엇인지 개념부터 살펴볼 필요가 있다. 국어사전에서는 '성과'를 "이루어 낸 결실"로 풀이하고 있다(네이버국어사전, 2020). 이를 조직에 확대·적용하여 보면, 성과는 "조직활동을 통하여 조직목표를 달성하는 정도"(조연숙·이충정, 2005: 163) 혹은 "조직이 목표를 달성하기 위하여 행하는 활동의 산출이나 결과"로 정의될 수 있다(최정우 외, 2013: 287). 더 나아가 공공부문에서의 성과란 "시민이나 주민들에게 적극적으로 대응하고 그들이 원하는 서비스를 제공하는 것"이라고 할 수 있을 것이다(Ostrom, 1975; 김정인, 2018: 582). 이와 같이 성과는 다차원적이며, 다소 추상적인 의미를 지니고 있다.

그럼에도 성과는 다음과 같은 특징을 지닌다. 첫째, 성과는 일반적 목표가 아닌 '특정' 목표달성과 관련되어 있다(이윤식, 2007: 3-4). 둘째, 달성하고자 하는 '목표'가 무엇인가에 따라 성과의 의미가 달라질 수 있다(최정우 외, 2013: 287). 이는 정책목표(정책효과)와 연계해 설명할 수 있다. 달성하고자 하는 목표가 산출(output), 결과(outcome), 영향(impact) 중 어떤 것인가에 따라 성과달성 수준이 달라질 수 있다. 예를 들어, 만약 고용노동부가 청년취업 향상과 관련하여 달성하고자 하는 성과목표를 산출로 설정한다면(예: 청년취업프로그램 이수율), 얼마나 많은 사람들이 청년취업프로그램을 이수했는가가 성과달성 기준이 된다. 그러나 이러한 산출달성이 자동적으로 결과(예: 청년취업률)나 영향(예: 청년취업 만족)으로 전이 되는 것은 아니다. 이와 같이 성과목표가 어떻게 설정되는가에 따라서 성과지표나 성과달성 수준이 달라질 수 있는 것이다. 이러한 측면을 고려할 때, 성과관리에서 가장 중요한 부분은 '무엇이 성과인가'에 대해 명확하게 정의하

[1] 본장에서는 '정부부문 성과관리'라는 용어보다 '공공부문 성과관리'라는 용어를 사용한다. 물론 정부(중앙정부와 지방자치단체)에 한정하여 성과관리를 논의할 수도 있지만, (지방)공기업 경영평가 등을 통해 공기업 성과관리도 이루어지고 있는 만큼 조금 더 폭넓은 의미로 '공공부문 성과관리'라는 용어를 사용하고자 하는 것이다.

는 것이라고 할 수 있다.

특히 정부성과는 "정부활동을 통해 달성되거나 성취된 목표"이다(고명철, 2013: 4).[2] 그러나 정부성과가 정부의 목표달성을 의미함에도 불구하고, 정부 목표설정의 어려움 등을 고려해 볼 때 정부성과를 명확하게 정의하고 측정하기는 쉽지 않다. 뿐만 아니라, 정부성과는 관점에 따라 다르게 평가될 수 있다. 정부성과는 전통 행정학적 시각, 결과 중심 관리적 시각, 시민중심 시각의 세 가지 범주로 설명되기도 한다(이하 고명철, 2013: 4-6). 첫째, 전통 행정학적 시각에 의하면 정부성과는 '관리적 효율성(administrative ef-ficiency)'을 의미한다. 이러한 관점에 따르면, 정부성과는 정부 내부 역량(capacity)을 증진시킴으로써 달성될 수 있다. 다시 말해, 정부성과는 투입된 자원이 정부 내부에서 효과적으로 관리되었을 때 증진될 수 있어, 정부가 어느 정도의 관리역량을 갖추느냐에 따라 정부성과가 달라지는 것이다(Ingraham et al., 1999). 둘째, 결과중심 관리적 시각에 의하면 정부성과는 정부조직 활동으로 인한 산출과 결과로서, 정책효율성과 정책효과성으로 측정할 수 있다(Halachmi & Bouckaert, 1996). 이는 정부가 무엇을 하는지에 대해 주로 연구한다. 마지막으로, 시민중심 시각에서 정부성과란 정부활동이 궁극적으로 시민에게 미치는 영향을 말한다. 이는 정부가 무엇을 하는가보다 정부가 어떻게 일을 하는가를 중요하게 고려한다. 이때 정부성과는 측정 가능한 객관적인 지표보다 주관적인 정성지표에 의해 주로 측정된다. 무엇보다도 시민들에 대한 책임성 확보가 정부성과의 핵심이 된다고 할 수 있다. 즉, 정부 책임성과 대응성이 증대될 때 정부성과는 향상된다고 할 수 있는 것이다.

이처럼 정부성과는 다양한 관점에서 해석될 수 있지만, 공통적으로는 '정부가 갖추어야 할 바람직한 특성'으로 인식될 수 있다(고명철, 2013: 6). 정부는 정부조직 내 우수한 관리역량을 바탕으로 투입(input)된 자원을 효과적으로 관리해야 하며, 동시에 정부조직 활동의 산출 또는 결과는 효율적이고 효과적이어야 하고, 나아가 궁극적으로 정부

---

2) 정부성과가 증대되면 시민들의 정부에 대한 신뢰도 증진될 수 있다. 시민들은 자신들의 요구가 반영된 정책을 정부가 성공적으로 실현하여 성과를 낼 때 정부를 신뢰할 가능성이 높아진다(Ross & Escobar-Lemmon, 2011). 만약 정부가 시민들의 기대만큼 성과를 내지 못했을 경우에 시민들은 정부를 신뢰할 수 없게 되는 것이다. 시민들은 자신의 세금을 위탁운영하는 대리인인 정부가 성과를 내지 못하면 그 이유를 정부의 무능, 부패 등에서 찾게 되며, 이로 인해 더욱 더 정부를 불신하게 된다. 결국 정부에 대한 불신(mistrust)은 더욱 증가할 가능성이 높아진다(Miller, 1974). 이처럼 정부성과와 시민의 정부신뢰는 밀접하게 연관되어 있다.

표 18-1 세 가지 정부성과 관점

구분	전통적 시각	결과중심 관리적 시각	시민중심 시각
분석대상	정부조직의 내부 관리역량	정부조직 활동에 의한 산출물 및 결과물	정부활동이 시민에게 미치는 영향
연구초점	투입된 자원을 얼마나 잘 관리하는가	정부가 무엇을 하는가	정부가 어떻게 하는가
비판	관리역량과 정부성과 간의 불확실한 관계	전반적 수준에서의 정부성과 측정의 어려움	주관적 정성지표에 대한 타당성 한계
정부 특성	관리적 효율성 (administrative efficiency)	정책효과성 (policy effectiveness)	정부 책임성과 대응성(responsiveness)

출처: 고명철(2013: 6).

활동이 시민들의 수요와 만족도를 증진시킬 수 있을 때 정부성과가 달성되었다고 할 수 있는 것이다.

정부 운영의 안정성과 계속성을 강조하는 관료제는 정부성과, 특히 관리적 차원에서의 정부성과를 증진시키는 데에는 매우 적합하다. 법 규정, 실적주의, 전문화와 분업화, 계층제적 의사결정 등 관료제시스템은 관리적 효율성을 증진시키는 데 중요한 역할을 하는 것이다. 그럼에도 불구하고 관료제가 생산한 정부산출물이 과연 효과적인지, 그리고 정부가 시민들에 대한 책임성을 증진시킬 수 있는지에 대해서는 여전히 논란이 제기되고 있다. 특히 민주화, 다원화, 참여 등 행정환경 변화의 특징을 고려해 볼 때 정부성과 향상을 위해서 더 이상 투입 중심의 관리적 시각만을 강조하는 것은 무의미하다고 볼 수 있다. 이제까지 정부성과에 대한 평가는 지나치게 정부 중심의 성과평가로만 이루어져 왔다. 하지만 최종적인 정부성과는 주인인 시민들에 대한 책임성이 증진되고, 이를 시민들도 체감할 수 있을 때 제대로 평가받을 수 있을 것이다.

정부성과는 객관적 지표로 측정될 수도 있지만 시민들이 판단하고 평가하는 주관적 지표로도 측정될 수 있다. 시민들이 중요하다고 판단하는 이슈와 정부가 추진하고자 하는 정책이슈가 일치하고, 이들이 지향하는 바가 같을 때 시민들의 정부성과에 대한 평가는 긍정적으로 나타난다(Uslaner, 2001). 정부의 성과관리와 성과평가 역시 '시민주도형 정부성과관리(citizen-driven government performance)'로 시행될 때 정부의 시민에 대한 책임성 확보를 달성할 수 있을 것이다(이석환, 2011: 3). 이제는 정부입장이 아닌 시민의 입장에서 정부성과가 평가되고 정부성과 증진방안이 마련될 필요가 있는 것이다. 같은 맥락에서 정부성과는 가치지향성을 지닌다. 정부성과와 기업성과의 가장 중요한 차이는 정부성과는 행정의 본질적 가치를 추구할 때 증대될 수 있다는 것이다(유희정·이숙종, 2010: 32).

2) 공공부문 성과관리 의의

앞서 살펴보았듯이 성과 및 정부성과의 개념이 다소 모호하고 관점이 다양하여 '성과관리(performance management)' 역시 구체적인 정의를 내리기가 쉽지는 않다. 일반적으로 성과관리는 "조직의 비전과 전략에 기초해 목표와 활동계획을 수립·시행하고, 그 성과를 평가해 정책 및 기관관리에 환류시킴으로써 성과를 극대화하려는 일련의 과정과 노력"이라고 할 수 있다(강성철 외, 2018: 356). 보다 구체적으로 설명하면, 우리나라 「정부업무평가 기본법」 제2조에서는 성과관리를 "정부업무를 추진함에 있어서 기관의 임무, 중·장기 목표, 연도별 목표 및 성과지표를 수립하고, 그 집행과정 및 결과를 경제성·능률성·효과성 등의 관점에서 관리하는 일련의 활동"으로 규정하고 있다(국가법령정보센터, 2024). 이와 같이 성과관리는 구체적인 성과를 달성하기 위한 결과 중심의 관리이다. 또한 성과관리는 '목표'라는 비교적 추상적인 지침을 통해 조직목표 달성 활동을 관리하는 성격을 지니기보다, '성과'라는 보다 구체적인 지향점을 향해 조직목표 달성 활동을 관리함으로써 조직을 변화시키고자 하는 변화관리의 성격을 지닌다고 볼 수 있다.

이와 관련해 성과관리를 효과적으로 수행하기 위해서는 성과지표 설정이 매우 중요하다. 성과지표는 성과를 구성하는 요소로서, 관리자가 조직 성취와 부하의 성과를 측정하는 도구이면서, 담당자와 담당부서는 동기유발과 업무처리 방향을 설정하고, 조직을 비전과 목표달성을 위해 체계화시키는 도구이다(김용철 외, 2022; 이종열 외, 2023). 구체적인 성과지표는 성과측정과 관련해 설정되는데, 투입에 대한 측정(예: 예산, 인력, 장비), 산출에 대한 측정(예: 민원 발급건수, 제품의 생산량, 직업교육훈련 수료자 수), 결과에 대한 측정(예: 민원만족도 증가율, 제품의 만족도, 직업교육을 받은 교육자의 취업률) 등으로 구성된다. 특히 시장지향적 개혁의 성격을 지닌 공공부문 성과관리는 투입에 대한 측정보다는 산출에 대한 측정, 더 나아가 결과에 대한 측정 성과지표를 중요하게 고려한다. 성과관리 전반에 있어서 평가자와 피평가자(개인과 조직 포함)는 합의하에 성과지표의 목표달성 수준을 설정하고 성과계약(성과협약)을 체결한다. 이후 성과계약에 합의된 기준에 따라 평가자가 피평가자의 목표달성 여부를 평가한다(이석환, 2006a). 그렇다면 시장지향적 성과관리를 공공부문에 어떻게 도입하게 되었을까?

3) 공공부문 성과관리의 도입배경

공공부문에서의 성과관리에 대한 관심은 관료제적 정부 운영 방식의 한계(정부실패)에 대한 대안을 모색하는 가운데 시작되었다. 관료제적 정부주도의 행정 운영 방식은 경제침체와 세계화의 압력 등 대외적 환경변화에 능동적으로 대응하지 못했으며, 관료의 비효율성으로 인해 국민의 정부에 대한 신뢰 또한 저하되었다(이재원, 2002). 1980년대 이후 시장주의 행정개혁의 일환인 신공공관리의 영향으로 영미권 국가들을 중심으로 공공부문 성과관리를 강화하려는 움직임이 시작되었다(정정길 외, 2019). 또한 정부운영의 핵심 가치로 효율성과 경제성이 강조되면서 공공부문에서의 성과관리에 대한 관심이 높아졌다(최정우 외, 2013: 285).

성과지향 행정개혁은 영미 국가들을 중심으로 1980년대에 등장하였지만, 정부성과에 대해 본격적인 관심을 갖게 된 것은 1990년 이후, 특히 미국 클린턴 정부에서 1993년 「정부성과 및 결과에 관한 법」(Government Performance and Results Act of 1993: GPRA)을 제정한 후부터이다. 이 법을 통해 미국 연방정부는 성과주의 개혁이론과 실천기반을 정비하고, 미국 국민들의 낮은 정부성과에 대한 불신감을 해소함으로써 정부신뢰를 회복하고자 노력하였다(Melkers & Wiloughby, 1998; 이재원, 2002: 216). 성과관리 개혁은 결과 중심의 정부활동을 강조하였으며(결과 강조), 정부활동결과를 적극적으로 국민들에게 공개하고자 하였고(투명성 강조), 국민들에게 더 좋은 공공서비스를 제공함(고객 강조)으로써 성과 증진(성과 강조)을 통한 정부신뢰 회복을 도모하였다. 우리나라의 경우에는 1997년 시작된 IMF 외환위기를 극복하고자 1990년대 후반 성과관리시스템을 중앙정부에 먼저 도입하고, 이후 지방자치단체로 확산하게 되었다(최정우 외, 2013: 285; 이종열 외, 2023). 즉, 우리나라에서는 공공부문의 성과관리가 미국보다 5년여 정도 늦게 시작된 것이다. 미국이 자체적인 개혁 필요에 의해 공공부문 성과관리를 강조하였다면, 우리나라의 경우에는 외환위기라는 어쩔 수 없는 급격한 환경변화에 의해 공공부문 성과관리가 강조된 측면이 있다.

4) 공공부문 성과관리 개혁의 특징

공공부문 성과관리 개혁의 특징은 다음과 같다. 첫째, 성과관리는 공공부문의 미래지향적인 행정개혁으로 볼 수 있다(Kaplan & Norton, 1992). 다시 말해, 성과관리는 급변하는 행정환경(예: 지식정보화)에 효과적으로 대응하고 미래를 성공적으로 준비하기 위한 계획(plan)을 세우는 과정이다. 이러한 과정에서 공공부문 성과관리와 성과측정이 필수적으로 이루어지게 되며, 이를 통해 수집된 정보들은 최고 의사결정자가 미래를 위한 의사결정을 내리는 데 근거 자료로 활용된다(이석환, 2006a: 127).

둘째, 시장지향적 정부개혁 차원에서 정부경쟁력 향상을 위한 조직·인사·예산개혁이 강조되었다. 이와 관련해 성과급, 개방형 임용제, 책임운영기관 도입과 확산, 재정성과관리제도 등 민간 경영방식이 공공부문에 도입된 것이다. 이러한 성과관리제도들은 '성과'정보를 적극적으로 활용하여 공공부문의 정책역량을 증진시키고자 하였다(이재원, 2002: 216). 특히 예산부문에서도 기존의 투입 중심 재정체제에서 벗어난 결과지향적·성과지향적 예산개혁방안(예: top-down 예산제도)들이 개발되어 정부부문에 도입·운용되었다. 이를 통해 예산(재정)부문 성과책임성 및 통제를 강화할 수 있도록 하였으며, 이 과정에서 관료들의 전문성과 정교한 관리시스템의 중요성이 강조되었다. 또한 예산과 정책 운영을 통합함으로써 성과에 대한 책임성을 높였으며, 전략기획과 예산을 종합적으로 운영하고자 하였다. 이와 관련해 예산안 제출 시 각 부서에서 5개년 전략계획, 연간성과계획 그리고 성과보고서 등에 측정 가능한 성과지표를 종합적이고 체계적으로 연계시키도록 했다(이재원, 2002: 218). 예를 들어, 한국의 중앙행정기관의 경우 2007년부터 기관의 임무 및 비전, 전략목표, 5년 단위 성과목표가 포함된 '성과관리 전략계획'(5년)을 수립하여 제시하고 있으며, 이를 실행하기 위한 '성과관리 시행계획'(1년)을 수립해 당해 연도 성과목표와 이를 달성하기 위한 사업(정책) 및 성과지표를 함께 제시하도록 하고 있다(정부업무평가위원회, 2024).

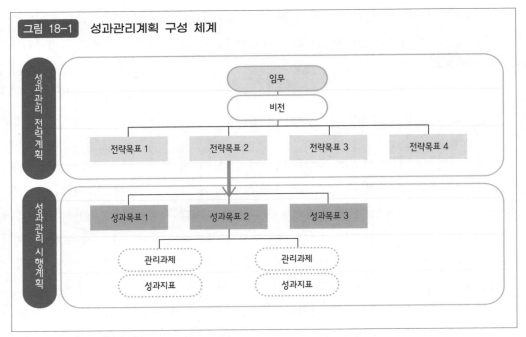

그림 18-1   성과관리계획 구성 체계

출처: 정부업무평가위원회(2024).

2. 공공부문 성과관리제도[3)]

1) 목표관리제

공공부문에서 성과관리제도(performance management system)를 효과적으로 수행하기 위해서는 공공부문 내 목표달성을 위한 목표관리가 성공적으로 이루어져야 한다. 이

---

3) 이외에도 균형성과관리(BSC)제도와 목표와 핵심결과(Objectives and Key Results: OKR) 제도가 있다. BSC는 본장의 균형성과표에서 후술한다. OKR은 목표(Objective)와 핵심 결과(Key Results)의 약자를 의미하며, 팀이 측정 가능한 팀 목표를 설정하는데 도움이 되는 목표설정 방법론이다. 이는 성과를 향상시키기 위해서는 절차보다 결과에 집중할 필요가 있다고 강조한다. 이때 더 좋은 성과를 달성할 수 있다는 것이다. 특히 목표지향적 성과관리를 중시하는 OKR은 비정형화된 애자일 조직에서 많이 활용되고 있다 (Stray et al., 2022).

처럼 목표달성과 성과창출을 위해 조직의 체계적인 관리활동이 이루어지는 것을 '목표관리제'로 볼 수 있다. 이는 1950년대 드러커(P. Druker), 맥그리거(D. McGregor) 등에 의해 창시되었으며, 1970년대에 미국 정부에 도입되었다(Drucker, 1954). 우리나라에는 성과급제의 한계를 보완하기 위해 1990년대 후반 도입되었다(박영강, 2000: 52). 2003년 중앙행정기관에서 4급 이상 공무원 평가를 위해 목표관리제를 도입하였으며, 2004년 10월부터 직무성과계약제도(현 성과계약 등 평가제)로 발전시켜 평가대상 공무원 개인의 평가제도에 활용하고 있다(정부업무평가위원회, 2024).

목표관리제(Management by Objectives, MBO)는 개인 또는 부서 목표를 조직 관리자가 일방적으로 제시하는 것이 아니라, 하급자나 하위부서가 상급자나 상급기관과 협의(합의)해 목표를 설정하고 협의(합의)기간 후 목표달성도를 평가해 평가결과를 예산, 연봉, 인사 등에 반영하는 제도이다(김판석·권경득, 2000; Drucker, 1954). 이처럼 목표관리제는 구성원의 참여를 강조한다는 측면에서 상향식 성과관리 방안이라고 할 수 있다. 특히 목표관리제는 다음과 같은 장점을 지닌다. 첫째, 목표와 산출을 연계시켜 구성원들의 직무몰입을 증진시킨다. 둘째, 목표를 설정하는 과정에서 평가자와 피평가자의 의사소통이 활성화 되어 갈등을 줄일 수 있고, 민주적 조직운영을 가능하게 한다. 셋째, 평가자와 피평가자가 상호 합의하에 목표를 설정하고 관리하기 때문에 개인목표와 조직목표의 통합을 가능하게 한다. 넷째, 평가결과의 환류기능 등을 통해 조직과 구성원들을 통제할 수 있다(박종혁·권석균, 2005).

목표관리의 단계는 목표설정, 목표실행, 평가 및 환류 단계로 이루어진다(이하 이종수 외, 2022: 370-371). 첫째, 목표설정 단계는 조직 내 구성원들의 참여를 통해 목표가 설정되고 부하직원과 관리자 간 목표달성을 위해 협약(성과계약)을 맺는 단계이다. 목표는 바람직하고 구체적으로 제시되어야 하며, 상세하고 실현가능하면서도 측정가능하고, 지나치게 쉽지 않은 도전성을 지닌 목표여야 한다. 둘째, 목표실행 단계는 구성원들이 참여를 통해 설정한 목표를 구현하는 단계로서, 실행의 주체는 피평가자인 개인 또는 하위부서이다. 이 과정에서는 성과목표를 달성하기 위해 세부적인 실행지표의 개발과 함께 부서장의 리더십도 중요하게 고려된다. 셋째, 평가 및 환류 단계로서 성과계약 종료 이후 피평가자들의 목표달성 여부를 평가하고 이에 따라 개인과 하위부서의 보상, 인력규모, 예산수준 등의 변화가 발생하는 단계이다. 이 과정에서 평가의 공정성과 수용성 확보가 중요하며, 평가결과는 개인의 동기부여에 기여해야 한다.

그럼에도 공공부문에서의 목표관리제 운영은 다음과 같은 한계점을 지닌다. 첫째, 공공부문의 목표특성(예: 목표의 모호성, 다양성 등) 때문에 바람직한 목표를 설정하기 어렵고, 실제 이를 측정하기도 어렵다. 둘째, 목표관리를 실현하는 데 시간과 비용이 너무 많이 든다. 특히 평가자와 피평가자가 달성하고자 하는 목표를 협의하는 과정에서 갈등이 발생하면 목표설정조차도 어려워질 수 있다. 셋째, 조직문화가 목표관리제를 운영하는 데 적합하지 않으면, 즉 참여적·민주적 조직문화가 아닌 권위적·위계적 조직문화 속에서는 조직구성원의 저항이 강해 목표관리제를 운영하기 어렵다. 이와 같이 목표관리제는 구성원들의 참여적·상향적 성과관리라는 차원에서 긍정적인 평가를 받고 있음에도 불구하고, 현실적으로는 조직구성원들이 지나치게 쉽게 달성할 수 있거나 중요하지 않은 목표를 설정하여 조직 전체의 목표 및 전략과는 일치하지 않는 등의 부작용이 발생하였다(김판석·권경득, 2000; Kyriakopoulos, 2012).

따라서 목표관리제를 성공적으로 운영하기 위해서는 다음과 같은 측면을 고려할 필요가 있다. 첫째, 조직목표를 명확하게 설정하여 구성원들의 적극적인 참여를 유도해야 한다(김정인, 2018: 593). 이는 다른 성과관리제도의 성공여건과도 같은 맥락으로 이해될 수 있다. 그러나 구성원의 참여가 더욱 중요하게 고려되는 목표관리제는 조직구성원들에게 더욱 명확한 조직목표를 제시할 필요가 있다. 둘째, 능력 있는 중간관리자가 존재할 때 목표관리제는 성공을 거둘 수 있기 때문에, 중간관리자 양성에 노력을 기울일 필요가 있다. 목표관리제가 성공적으로 운영되기 위해서는 일방적인 상부의 지시와 명령, 정립되지 않은 하부의견보다 상부와 하부의 의견을 조율할 수 있는 중간관리자의 역할이 매우 중요하다. 따라서 이러한 중간관리자의 역할이 성공적으로 수행될 수 있도록 하려면 중간관리자의 전문성과 권한을 확대시켜 주어야 한다. 또한 이를 위해서는 권한위임이 이루어질 필요가 있다. 마지막으로, 조직구성원들의 적극적인 조직몰입이 이루어질 때 상향식 성과관리 방안인 목표관리제가 성공적으로 운영될 수 있을 것이다 (김정인, 2018: 593).

2) 전략적 기획

통합적 성과관리가 이루어지기 위해서는 공공부문을 둘러싸고 있으면서 끊임없이 변화하는 행정환경을 장기적이고, 체계적이며, 종합적으로 관리할 필요가 있다. 불확실한 환경변화에 효과적으로 대응하기 위해서는 공공부문의 전략적 기획 역할이 강화될 필요가 있다(이환범, 2002: 24). 특히 이종열 외(2023)는 전략적 기획을 바탕으로 한 전략적 성과관리의 필요성과 중요성을 강조하고 있다. 이때 전략적 기획(strategic planning)은 "급속한 기술발전과 불확실한 미래에 보다 체계적이고 자주적으로 대응하기 위한 전략을 만드는 과정"이다(유민봉, 2021: 287).[4] 특히 전략적 기획은 일반적 기획에 비해 내·외부 환경요소에 대한 체계적인 분석과 종합적인 진단을 통해 실현 가능한 전략설계를 추구한다. 전략적 기획은 1980년대에 장기적 관점의 조직생산성 관리 차원이 강조되면서 행정학·정책학 등의 학문분야에서 활발하게 연구되었다. 그러나 현실적으로는 공공부문이 지닌 특수성, 즉 법규 해석 및 적용범위의 차이, 규율 및 규칙의 제약, 정치적 영향, 고객과 이익집단의 압력으로 인한 내·외부 환경변수 분석의 한계 등으로 인해 공공부문 적용에 많은 어려움을 겪었다(이환범, 2002).

공공부문에서 전략적 기획을 효과적으로 운영하기 위한 전략적 기획의 과정은 [그림 18-2]와 같이 제시될 수 있다(Hudak, 1985; 이환범, 2002). 전략적 기획의 과정은 첫째, 1·2단계로서 공조직 스스로가 당면한 이슈들을 명확히 인식한다. 이때 조직의 미션과 비전을 확인하고 이를 재정립한다.[5] 이 과정에서 주된 고객이 누구인지, 이해관계자가 누구인지, 그들이 요구하는 바는 무엇인지, 궁극적으로 기대하는 변화 내지 결과는 무엇인지 등, 고객과 이해관계자들을 대상으로 요구(니즈) 분석을 실시한다(Hudak, 1985). 둘째, 3·4단계로서 공조직이 직면한 이슈들에 대해 외부환경 분석 및 전망(3단계)을 하며, 공조직 내부 분석과 평가(4단계)를 시행한다. 이때 강점(Strength)—약점(Weakness)—기회(Opportunity)—위협(Threat) 분석, 일명 SWOT 분석을 통해 조직이 취하는 조직 외부기회와 위협요소 등을 분석하며, 공조직이 지닌 강점과 약점을 파악한

---

4) 여기서 전략(strategy)은 "대규모 전쟁에서 승리 목표를 쟁취하기 위하여 인적·물적 자원 등의 여러 조건과 상황을 이용하려는 고차원적인 접근"을 의미한다(이환범, 2002: 24).

5) 미션은 조직이 왜 존재해야 하는지에 대한 것이며, 비전은 조직의 미래상을 의미한다. 이때 비전은 조직 구성원 모두가 공유할 수 있는 '공유의 비전'이 되어야 한다(이석환, 2008).

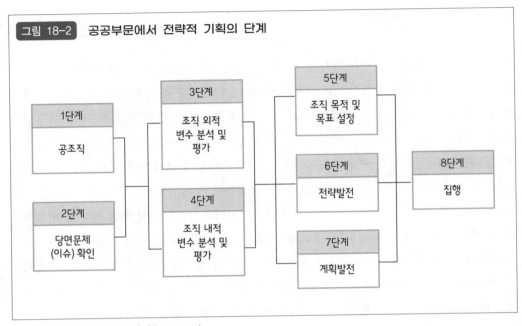

그림 18-2   공공부문에서 전략적 기획의 단계

출처: Hudak(1985); 이환범(2002: 29).

다. 이러한 분석과정을 기반으로 공조직은 당면 이슈들에 대한 해결 우선순위를 정한다 (이환범, 2002: 29). 구체적으로 설명하면, 다음 <표 18-2>와 같이 공조직의 SWOT 분석을 시행할 수 있다. 현재 환경에서 공조직의 강점과 약점, 미래환경에서 공조직의 기회와 위협요인을 분석하고, 이에 따라 4개의 전략방안인 S−O 이슈(활용전략), W−O 이슈(탐구전략), S−T 이슈(대응전략), W−T 이슈(회피전략)를 제시할 수 있다(류재현, 2011).

셋째, 공조직 환경분석 이후 5단계에서는 공조직의 임무·목적·목표에 대한 설정이 이루어진다. 그리고 6단계인 전략발전 단계에서는 5단계에서 제시된 목표달성을 위한 여러 대안들을 비교·분석·평가한다. 이때 공공부문의 특징을 고려한 양적 평가기준과 질적 평가기준 모두가 검토되어야 한다. 7단계인 계획발전 단계에서는 누가, 무엇을, 언제, 어디서, 어떻게, 왜 (자원)조달하는가에 대한 세부적인 계획내용이 포함된다. 그리고 마지막 8단계에서는 이를 집행한다. 특히 전략적 기획과정에서는 실천지향적이고 행동지향적인 측면을 강조하기 때문에 전체 과정 중 7~8단계가 중요하게 고려된다(이환범, 2002: 29−30).

표 18-2 공조직의 SWOT 분석틀

공조직의 SWOT 이슈 분석

시점 역량	현재환경 (내부환경)	미래환경 (외부환경)
잠재력과 경쟁력 (중점과제)	강점요소 (Strength)	기회요소 (Opportunity)
한계와 문제점 (극복과제)	약점요소 (Weakness)	위협요소 (Threat)

↓

공조직의 SWOT 전략 분석

내부역량 외부환경	강점(S)	약점(W)
기회(O)	S-O 이슈(활용전략): 강점으로 기회를 활용하는 전략	W-O 이슈(탐구전략): 약점이지만 기회를 탐구하는 전략
위협(T)	S-T 이슈(대응전략): 강점으로 위협에 맞서는 전략	W-T 이슈(회피전략): 약점과 위협을 회피하는 전략

출처: 류재현(2011: 79).

3) 총체적 품질관리

총체적 품질관리(Total Quality Management, TQM)는 "조직의 과정·산출물·서비스의 계속적 개선을 위한 수량적 방법 이용과 종업원의 참여를 통해 고객의 요구와 기대를 만족시키는 총체적이며 종합적인 조직관리의 접근방법"이다(김용철 외, 2022: 162). 이는 조직 내 품질에 초점을 두고 조직구성원 모두의 참여를 중시하며, 고객만족뿐만 아니라 조직 및 사회의 이익창출을 장기적 성공으로 간주하는 조직 전체의 체계적인 노력을 의미한다(행정학용어사전, 2020). 총체적 품질관리의 기본 철학은 첫째, 고객이 조직 품질관리의 가장 중요한 결정권자이며, 둘째, 효과적인 품질관리를 위해 생산과정의 첫 단계부터 마지막 단계까지 총체적인 관리가 이루어져야 하고, 셋째, 조직구성원 모두의 참여를 통해 품질관리가 달성되어야 하며, 넷째, 품질관리는 투입·전환·산출 등 모든 단계에서 요구되고, 다섯째 품질관리는 조직구성원 모두의 참여와 관심으로 이루어지며 지속적인 순환과정을 발생시킨다(김용철 외, 2022: 162). 이러한 철학적 기반을 둔 총체적 품질관리는 일종의 관리시스템으로서 고객만족을 넘어 고객 즐거움(customer delight)까지 창출할 수 있어야 하며, 재화와 용역 생산과정을 중시하는 인간 중심의 관리시스템 (people-focused management system)을 지향한다. 또한 끊임없는 교육훈련에 의해 개발된 과학적인 품질관리기법과 합리적 사고방식을 중시하며 장기적 성장을 지향하는 성과관리시스템이라 할 수 있다(행정학용어사전, 2020).[6] 한국에서 총체적 품질관리는 주로 지방자치단체에서 활용되었다. 예를 들어, 충청북도는 1994년에 품질관리 운동을 도정에 도입·운영하였으며, 서울시 강서구 역시 행정서비스 분야(예: 복지서비스 중심)에 공인된 품질인증제도를 도입하였다. 즉, 한국에서는 지방자치단체를 중심으로 행정의 합리화, 신뢰성 제고, 생산성 향상, 시민들에 대한 양질의 행정서비스 제공을 위해 총체적 품질관리제도를 운영한 것이다(박세정, 1998).

　　총체적 품질관리는 다음과 같은 장점을 지닌다(이하 행정학용어사전, 2020: 637). 첫째, 고객만족의 품질개선을 가장 최우선으로 한다. 둘째, 조직 내에서 고객 욕구를 충족시키기 위해 조직구성원들의 참여를 증대시키고, 업무담당자들에게 권한을 부여하며, 최고 관리층과 최하위층의 팀워크를 강조한다. 셋째, 단기적 성과만을 강조하는 전통적 조직관리와 달리 성과에 대한 조직과 개인의 책임을 강조하고, 고객 반응에 근거하여 공공서비스를 제공함으로써 행정서비스의 질 개선과 행정 대응성 제고에 기여한다. 넷째, 참여, 팀워크, 상향적 의사전달 등의 강조로 조직 내 민주화를 도모할 수 있다.

　　그러나 공공부문에서는 총체적 품질관리 운영에 있어 한계가 존재한다(이하 김용철 외, 2022: 164-165). 첫째, 측정의 어려움이 존재한다. 민간기업은 생산품에 초점을 맞추고 있으나 공공부문은 시민들에게 제공하는 더 좋은 행정서비스에 초점을 맞추고 있다. 그러나 이를 측정하는 것은 쉽지 않다. 둘째, 고객 범위 설정이 어렵다. 다양한 산출물에 따라 고객 대상이 다르게 정의되기 때문에 고객이 누구인가를 설정하기 어렵다. 셋째, 공공부문에서는 리더의 교체 주기가 비교적 짧기 때문에 리더의 지속적인 관심과

---

6) 총체적 품질관리는 성과를 향상시킨다는 점에서 목표관리제와 유사성을 지닌다. 하지만 다음과 같은 차이점이 있다. 첫째, 목표관리제는 세부조직단위의 명확한 목표설정과 측정을 강조하지만, 총체적 품질관리는 집단, 팀 단위 활동을 중시한다. 둘째, 목표관리제는 정량적 목표달성을 우선하지만, 총체적 품질관리는 품질관리를 가장 우선으로 한다. 셋째, 목표관리제는 개인과 조직 단위의 내부적 관점을 중시하지만 총체적 품질관리는 외향적 관점(고객관점)을 우선한다(행정학용어사전, 2020: 636).

지지를 유지하기 어려워 총체적 품질관리가 성공적으로 운영되기 힘들다. 넷째, 경직적 조직문화를 지닌 관료조직에서는 사실상 조직구성원들의 참여가 어려울 수 있다. 따라서 공공부문에 총체적 품질관리를 효과적으로 정착시키기 위해서는 무엇보다도 고객의 개념을 재설정하고 고객만족을 내실화할 필요가 있다. 특히 고객을 단순한 정책대상자가 아니라 주인(owner)으로 간주해야 한다. 또한 총체적 품질관리는 리더를 비롯한 모든 구성원들의 관심이 필수적이며, 조직 차원에서도 이를 달성하기 위한 적극적인 지원이 이루어져야 한다. 따라서 조직 내 핵심 성과달성을 위해 조직업무 과정을 근원적이며, 고객지향적으로 재설계하는 리엔지니어링(reengineering)이 필요하다(김용철 외, 2022: 165).

3. 공공부문 성과관리제도의 유용성, 한계와 대안[7]

1) 공공부문 성과관리제도 운영의 유용성

공공부문에서의 성과관리제도 도입 및 운영 시 다음과 같은 유용성이 있다(이하 이종열 외, 2023; 김정인, 2018). 첫째, 공공부문에서 성과관리제도가 운영되면 성과지향적 문화를 정착시키는 데 유용하다. 공공부문에서는 오랫동안 관료제적·경직적 조직관리가 이루어짐에 따라 많은 부작용(예: 복지부동, 무사안일 행태 발생)이 초래되었다. 연공서열 인사 및 호봉제 등 보수제도로 인해 동일노동 동일임금 체계가 적용되지 못하였으며, 이로 인해 조직구성원들의 근로의욕이 감소되는 현상까지 나타났다. 이러한 공공부문에 성과연봉제, 성과예산, 성과주의 인사 등이 도입·운영되면 조직구성원들의 성과지향 인식, 근로의식을 고취시킬 수 있고 조직 내 성과주의 조직문화 형성에도 기여할 수 있다. 둘째, 성과관리제도가 도입되면 공공부문 내 합리적이고 과학적인 관리가 가능해진다. 특히 성과평가와 환류 기능을 통해 조직과 조직구성원들의 성과수준을 합리적·체계적으로 측정하고, 평가결과에 따라 성과가 미흡한 부분을 개선하는 등 합리적이고

---

7) 특히 이와 관련된 내용은 본서 제2장의 신공공관리 한계 부분을 참조하기 바란다.

과학적인 조직관리가 이루어질 수 있다는 것이다. 또한 조직과 조직구성원들의 성과는 데이터베이스(DB)로 구축되어 향후 조직관리 방향 설정에도 활용될 수 있다. 셋째, 공공부문에서 목표관리제 등을 활용하여 성과관리를 할 경우 조직구성원들의 참여와 합의에 의해 성과목표를 설정할 수 있다. 이는 조직구성원 간 의사소통을 강화하고, 조직과 구성원들 사이에 결속력을 공고히 할 수 있으며, 조직목표의 정당성을 확보하는 데 기여할 수 있다. 또한 고객의 요구사항을 적극적으로 반영할 수 있게 되어 조직의 지속가능성에도 기여할 수 있다.

2) 공공부문 성과관리제도 도입 및 운영의 한계와 대안

공공부문에서의 성과관리제도 도입은 공공부문의 효율성 향상과 성과책임성 증진에 기여하였다. 하지만 공공부문에 성과관리제도를 도입·운영하는 데 있어서는 사실상 다음과 같은 한계가 존재한다. 첫째, 성과관리 '목표 설정 및 달성' 차원에 한계가 있다. 공공부문과 민간부문의 본질적인 차이, 즉 공공부문의 목표설정 모호성과 추상성, 다양한 이해관계자의 정치적 압력 존재, 강력한 법적 환경영향 등으로 인해 민간부문의 성과관리제도가 공공부문에 그대로 적용되기 어려운 측면이 있는 것이다(김정인, 2018: 585-586). 무엇보다도 공공부문에서는 구체적인 목표설정이 어렵기 때문에 정확한 성과측정도 이루어지기 어렵다. 예를 들어, 목표관리제에서 평가자와 피평가자의 합의에 의해 목표가 설정된다고 하더라도 기업의 목표(예: 매출액 달성)와 같은 구체적인 목표를 설정하기 어렵다 보니 공공부문에서의 성과측정도 한계를 지니게 된다(Kellough & Lu, 1993). 또한 공공부문에서 성과목표를 높게 설정한 경우, 만약 이를 달성하지 못하면 외부로부터(특히 시민단체) 강력한 비난을 받을 가능성이 있어 가능한 성과목표를 하향조정하게 되는 한계가 있다(예: 단기적이고 달성 가능한 목표만 설정)(김인, 2008: 4). 따라서 이러한 한계를 극복하기 위해서는 공공부문의 성과달성에 대한 충분한 보상체계를 마련할 필요가 있다. 공공부문 종사자들에게 목표달성에 대한 적합한 보상제도를 설정해 줌으로써 성과 증진을 위한 동기가 강화될 수 있다.

둘째, 공공부문의 성과관리는 '평가 및 측정'에 있어 한계점을 지닌다. 앞서 설명한 바와 같은 맥락에서 공공부문 성과목표 설정이 모호하고 불명확하다보니 성과측정 또한 평가자의 자의적이고 정치적인 판단에 의해 이루어질 가능성이 높아진다. 평가자인 관리자의 재량 확대로 평가의 공정성에 문제가 발생할 수도 있다(Kellough & Lu, 1993; 김정인, 2018: 586). 이와 같은 평가의 정치성으로 인해 발생되는 공공부문 성과관리제도의 한계는 재정성과관리시스템 구축의 한계에서도 명백히 나타난다(이재원, 2002: 218). 예산과정에서는 관료와 정치인의 이익극대화 욕구 그리고 이해관계자들의 선호 반영 욕구 등으로 인해 정치적인 이해관계가 첨예하게 대립하게 된다. 이러한 예산과정에서는 효율성과 합리성을 강화하고자 하는 재정성과관리시스템(예: top-down 예산제도)이 효과적으로 운영되지 못한다. 따라서 이와 같은 한계를 극복하기 위해서는 성과평가와 측정에 있어 자의성 또는 정치성의 적용범위를 대폭 제한하는 방안을 마련할 필요가 있다. 성과평가자에 대한 전문성 교육 및 윤리교육을 철저히 시행하고, 표준화된 성과평가 기준을 마련하며, 성과평가 결과를 투명하게 공개함으로써 성과평가 및 측정에서의 자의성, 불공정성 문제를 극복해 갈 수 있을 것이다.

　셋째, 공공부문 성과관리는 '성과지표 설정 및 관리'에서도 한계를 지닌다. 보다 성공적으로 성과관리 체계를 구축하기 위해 필요한 성과지표의 개발이 쉽지만은 않은 것이다. 특히 성과지표에 있어 산출(output)지표와 결과(outcome)지표 모두를 사용하는 경우, 이러한 지표의 개발은 더욱 어렵다(이재원, 2002: 227). 결과지표의 경우 단기간에 달성될 수 있는 지표라기보다 장기간에 걸쳐 달성되는 지표가 많으며, 객관적인 지표보다는 주관적 인식과 관련된 지표가 많기 때문에 결과지표를 설정했을 때, 이에 대한 측정이 쉽지 않은 것이다(이재원, 2002). 특히 성과지표가 산출보다 결과, 더 나아가 영향을 측정하고자 할 때 평가는 더욱 어려워진다(강윤호, 2009). 따라서 이러한 성과지표 설정 및 관리의 한계를 극복하기 위해서는 조직에서 달성하고자 하는 성과목표가 무엇인지 구성원 간 합의를 통해 명확하게 설정하고, 이를 바탕으로 성과목표 달성에 필요한 구체적인 성과지표를 설정할 필요가 있다.8)

---

8) 성공적인 성과관리를 위해서는 성과관리가 성과지표 중심으로 이루어질 필요가 있다. 이와 관련해 이석환(2008)은 좋은 성과지표 조건을 다음과 같이 제시하였다. ① 지표가 측정가능한가?, ② 지표가 공공부문 시민(고객)에 대한 책임성 향상에 도움이 되는가?, ③ 지표가 공무원의 조직에 대한 책임성을 향상시키는가?, ④ 지표가 공무원 직급 간의 책임성을 향상시키는가?, ⑤ 지표가 물적 자원 배분의 효율성을 향상시키는가?, ⑥ 지표가 분석, 계획, 운영의 효율성을 향상시키는가?, ⑦ 지표가 공무원들에게 긍정적 동기부여가 되어 성과를 개선하게 하는가?, ⑧ 지표가 조직에 새로운 개선 전략을 가져다줄 수 있을 만한 정보를 제공하는가? 등이다.

넷째, 공공부문의 성과관리제도 도입·운영은 세계 각국의 행정문화 및 정치·사회적 맥락에 따라 달라질 수 있다. 다시 말해, 세계의 모든 국가에서 보편·타당하게 일괄적으로 적용될 수 있는 공공부문 성과관리제도가 있는지 의문이 제기된다는 것이다. 공공부문 성과관리제도의 도입효과는 각국의 전통적·토착적 행정문화 특성에 따라 다르게 나타날 수 있다(강윤호, 2009: 44). 도입된 성과관리제도(예: 성과급)가 효율적인 운영제도라고 하더라도 그 나라의 행정문화에 맞지 않으면 운영효과가 부정적으로 나타날 수도 있다는 것이다. 예를 들어, 여전히 권위주위, 집단주의, 연공서열 등 관료주의 문화가 강한 한국에서는 개인들의 성과 차이를 중요시하는 성과급의 도입효과가 의도한 만큼 나타나지 않았다(강인재 외, 1998). 만약 특정 국가에서 정실주의와 연고주의 행정문화가 지배적일 경우, 성과관리제도는 형식적으로만 운영될 가능성이 높다. 정실주의와 연고주의 행정문화로 인해 개인에 대한 정확한 성과평가가 이루어진다기보다 개인의 친밀도에 의한 성과평가가 이루어질 가능성이 높아 성과관리제도의 부작용마저 우려될 수 있는 것이다(강윤호, 2009: 46). 특히 공조직이 자율성·분권성을 확립하지 못한 권위주의 행정문화가 지배적일 경우, 성과목표와 성과지표는 조직의 특성 및 자율성을 고려하기보다 상부기관의 일방적인 결정에 의해 설정될 가능성이 높아진다. 따라서 이러한 한계를 극복하기 위해서는 성과를 중시하는 행정문화로의 조직문화 개선이 필요할 것이다. 그러나 행정문화를 바꾸는 데에는 오랜 시간이 소요된다는 점을 고려해 볼 때, 각국의 행정문화에 적합방식으로 성과관리제도를 도입하는 방안을 모색해 볼 수 있을 것이다.

다섯째, 공공부문 성과관리에 있어 '시민주도형 정부성과관리(citizen-driven government performance)'가 제대로 시행되지 못한다는 한계가 있다. 공공부문의 성과관리 핵심은 성과관리의 최종 수혜자인 '시민에 대한 책임성 확보'에 있다(이석환, 2011: 3). 그러나 현재 시행되고 있는 공공부문 성과관리제도(예: 균형성과표)의 경우 시민의 대리인인 공무원에 의해서 성과목표와 성과지표가 설정되는 경우가 대부분이다. 특히 공무원들이 인식하는 성과문제와 시민들이 인식하는 성과문제에는 차이가 있어 공공부문 성과관리에 시민들의 적극적인 참여가 필수적으로 고려되어야 한다. '고객의 관점'에서 나아가 '시민의 관점' 또는 '주인(owner)으로서의 시민' 관점에서 성과관리를 할 필요가 있다는 것이다(이석환, 2011: 4). 다시 말해, "진정한 의미의 공공부문 성과관리란 시민을 위한 것이어야 하며 시민에 대한 책임성(accountability)을 고려하지 않은 성과관리는 무의미한 것"이다(이석환, 2011: 2). 따라서 시민주도형 정부성과관리를 효과적으로 수행하기 위해서는 '성과관리 소통(communication for performance management)'을 강화할 필요가 있다. 공공부문 성과관리 담당자들은 시민과의 적극적인 소통이 공공부문 성과관리의 기초가 된다는 점을 인지할 필요가 있다(이석환, 2011: 11). 시민과의 성과관리 소통을 강화함으로써 공공부문 성과에 대한, 나아가 정부에 대한 시민의 신뢰도 증진될 수 있을 것이다.

3) 저성과자 원인과 대책

공공부문의 저성과자 문제도 공공부문에서의 성과관리제도 도입·운영의 한계로 고려해 볼 수 있다. 우선 저성과자는 "업무능력이 부족하거나 불성실한 근무태도 등으로 인해 객관적으로 기대·요구되는 성과수준이나 주어진 목표를 달성하기 어려운 조직구성원"을 일컫는다(황정윤 외, 2014: 116). 이와 같은 저성과자를 어떻게 관리할 것인가는 효과적인 공공부문 성과관리에 있어 중요한 과제 중 하나였다. 우리나라에서도 일부 자치단체에서 저성과자관리제도[예: 서울시의 '현장시정추진단9)'(2007년), 울산시의 '무능공무원 퇴출제10)'(2007년)]를 시행한 바가 있다(김정인, 2018: 587).11)

---

9) 서울시의 현장시정추진단은 "업무능력이 부족하거나 근무태도가 극히 불량한 일부 공무원들을 열심히 일하고 있는 직원들과 분리하여, 이들에게 재교육과 봉사활동을 통해 스스로를 돌아보게 하는 동시에, 공직자로서의 자세를 새롭게 다지고 부족한 역량을 높여 가도록 하는 한편, 현장근무를 통하여 다시 한 번 일하고 평가받을 기회를 부여"하는 제도이다(미디어워치, 2007). 최근 서울시에서는 보다 강력한 저성과자 대책을 마련하였다. 서울시는 2023년 말 근무평가에서 최하위 등급을 받은 대상자 중 1명을 직위해제하였다. 직위해제 대상자는 심화교육을 받게 되며, 이후에도 개선의 여지가 없으면 법령에 따라 직권면직할 수 있게 된다(이데일리, 2024).
10) 서울시의 현장시정추진단과 유사한 제도로 "업무 능력이 떨어지는 공무원들을 일선 업무에서 배제하는 인사 조치"이다. 이들에게는 원래 업무 대신 "'시정지원단'이라는 곳에서 단순 업무 등을 맡도록 하는 제도"로 운영되었다(서울경제, 2007).
11) 같은 맥락에서 미국 남부의 일부 주정부(예: 조지아, 플로리다, 텍사스 주 등)에서는 임의고용(at will employment)제도를 도입하고 있다. 임의고용제도는 "언제나, 어떤 이유건, 아무런 사전통지 없이 고용 및 해고가 가능한 경우를 말한다. 임의고용은 과도한 신분보호에 따른 무사안일을 타파하고 고용의 유연성과 효율성을 증대하기 위한 차원에서 도입·발전된 것으로 인력규모 감축, 예산절감 등을 위한 관리수단으로 인식되고 있다"(김판석·정성호, 2010: 59). 우리나라에서는 2007년 경부터 공공부문에 확산되던 서울시의 현장시정추진단과 같은 무능공무원 퇴출제도가 불과 몇년 후에는 유야무야되었다(매일경제,

공공부문에서 저성과자가 발생하는 원인은 다양하다. 이를 개인 차원, 조직 차원, 제도 차원에서 살펴볼 때 첫째, 개인 차원에서는 본인의 건강문제나 가족문제 등 부정적인 개인상황으로 인해 업무집중도가 저하됨으로써 저성과자가 발생하는 경우가 많다. 둘째, 조직 차원에서는 공조직의 "명확하지 않은 목표, 기술격차, 온정주의 조직문화, 성과주의 조직문화 부재, 관리자 역할 부재"로 인해 저성과자가 발생하는 경우가 많다(김정인, 2018: 587). 마지막으로, 제도 차원에서는 "부적절한 구성원 선발, 교육훈련 미비, 미흡한 성과평가, 부적절한 보상체계, 인사관리시스템 부재" 등으로 인해 저성과자 발생하게 된다(김정인, 2018: 588).

저성과자 발생원인이 공무원 개인의 단순한 문제에 의한 것일 수도 있지만, 정부조직의 업무특성(예: 공동업무 특성), 인사제도(예: 계급제), 조직문화(예: 집단주의 문화) 등과 같은 조직·제도적 요인이 더욱 크게 작용한 것일 수 있다는 점에서 저성과자 문제를 극복할 수 있는 대안 마련이 시급하다(김미현·이종수, 2012; 황정윤 외, 2014). 따라서 정부조직을 포함한 공공부문에서 저성과자 문제를 해결하기 위해서는 무조건적인 공무원 퇴출제 확대보다 개인의 역량을 강화하는 등 공무원 개인역량 강화방안을 우선적으로 고려해 볼 필요가 있다(김미현·이종수, 2012).[12] 이를 위해서는 공무원 개인의 보유역량을 정확하게 진단하고, 담당업무에 요구되는 역량과 공무원 개인의 역량격차를 정확하게 파악하여 공무원의 역량을 증진시키는 교육·훈련을 제공할 필요가 있다(김정인, 2018: 589).

또한 조직과 제도 차원에서의 저성과자 개선방안도 마련할 필요가 있다. 특히 우리나라 지방공무원들의 저성과자 현황을 조사한 연구에 의하면(박천오·박시진, 2017: 126), 여전히 우리나라 지방자치단체의 저성과자 관리방안은 단순히 저성과자들의 업무량을 줄여 주거나, 타 공무원들에게 업무를 전가하는 등 임시방편적 해결방안이 주를 이루고 있다. 또한 저성과자들의 업무를 임시적으로 보조해 주는 비체계적인 성과관리 방식이 주를 이루고 있다. 이러한 측면들을 고려해 볼 때 조직·제도 차원에서 저성과자 교육을 강화하고 업무에 집중할 수 있는 동기를 부여해 주는 등 보다 체계적인 성과관리제도를

2007).

12) 이밖에도 저성과자 관리방안에는 현재 개인에게 맞는 직무로 재배치하는 '직무관리형 방안'과 고용의 조건을 변경(예: 계약직화, 급여조정 등)하는 '관계조정형' 방안이 있다. 이에 대한 자세한 내용은 김정인(2018: 589−591)의 『인간과 조직: 현재와 미래』 저서를 참조하기 바란다.

마련해야 한다. 조직 차원에서는 저성과자에 대한 명확한 기준을 설정하고, 객관적이고 공정한 평가시스템을 바탕으로 성과를 측정하여 충분한 역량을 갖춘 구성원들이 저성과자로 낙인찍히는 일이 발생되지 않도록 평가시스템을 철저히 운영·관리해야 한다. 이와 더불어 봐주기식의 온정주의 조직문화를 타파하고, 열심히 일하는 구성원이 정당하게 대우받고 보상받을 수 있도록 '노동을 중시하는 조직문화'를 구축해 나가야 할 것이다(박천오 외, 2016: 308−309; 김정인, 2018: 590).

4. 공공부문의 성과평가

1) 성과관리와 성과평가의 연계

성과관리와 성과평가(performance evaluation)는 밀접한 관계가 있다. 공공부문 내 성공적인 성과관리를 위해서는 성과평가와 적절히 연계할 필요가 있는 것이다. 우리나라의 정부업무평가제도 역시 이러한 차원에서 해석할 수 있다. 한국의 정부업무평가제도는 평가대상기관의 성과향상을 위해 평가를 제도화한 것이다(이종열 외, 2023). 정부조직의 성과관리는 "각 기관이 그 임무달성을 위해 전략적 관점에서 계획을 수립하고, 한정된 자원을 효율적으로 활용하여 업무를 추진한 후, 조직의 역량과 성과를 정확히 측정하여 그 결과를 정책의 개선이나 자원배분, 개인의 성과보상에 반영함으로써 조직의 전반적인 효율성을 높이고자 하는 과정"으로 정의된다(정부업무평가위원회, 2024). 다시 말해, 성과관리와 성과평가는 긴밀하게 연계되어 있다는 것이다.

성과관리와 성과평가 과정은 계획 수립(plan) → 집행·점검(do) → 평가(check) → 환류(act)라는 일련의 과정을 거치면서 상호 연계되어 있다(이하 정부업무평가위원회, 2024). 보다 구체적으로는 첫째, 중앙행정기관은 5년 단위 중·장기 계획인 '성과관리 전략계획'(① 기관의 임무·비전 전략목표, ② 5년 단위 성과목표 설정, ③「국가재정법」의 중·장기 재정운용계획, ④ 다른 법령의 중·장기 계획)과 1년 단위 실행계획인 '성과관리 시행계획'(① 당해 연도 성과목표·성과지표, ② 재정부문 과거 3년간 성과결과)을 수립한다. 둘째, 각 중앙

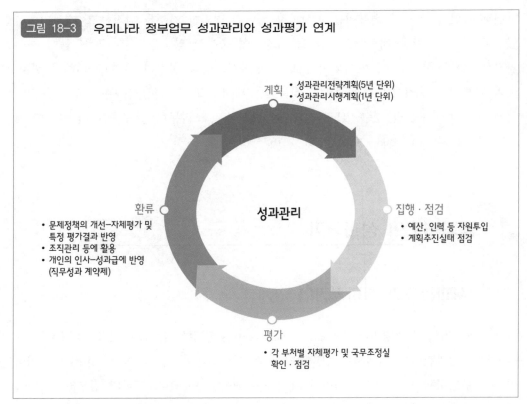

그림 18-3 우리나라 정부업무 성과관리와 성과평가 연계

출처: 정부업무평가위원회(2024).

행정기관은 효율적으로 자원을 배분하고 정책을 추진한다. 그리고 각 과제의 추진과정과 실적 등 이행상황을 면밀히 점검하고 목표달성을 관리한다. 셋째, 중앙행정기관은 먼저 자체평가를 시행하며, 평가총괄 관련기관(예: 국무조정실, 기획재정부, 행정안전부 등)은 이를 확인하고 점검한다. 이때 중앙행정기관은 자체평가 시 '성과관리 시행계획'의 관리과제와 과제별 성과지표를 활용한다. 마지막으로, 평가결과는 기관과 개인 차원의 평가결과 환류에 활용한다. 기관(조직) 차원의 평가결과 환류는 '정책개선'(문제 있는 정책의 시정과 개선)과 '조직관리'(평가결과에 따른 각 부처의 직급별 정원 조정, 인력증원, 자율권 차등 부여)에 활용되며, 개인 차원의 평가결과 환류는 '공무원 개인성과 및 인사연계'[과제 평가결과와 과제 추진 공무원 성과를 연계하여 인사 반영, 4급 이상 공무원 등 직무성과계약제(성과계약 등 평가제) 반영, 5급 이하 공무원 근무성적 평가 반영 등]에 활용된다. 그리고 이를 바

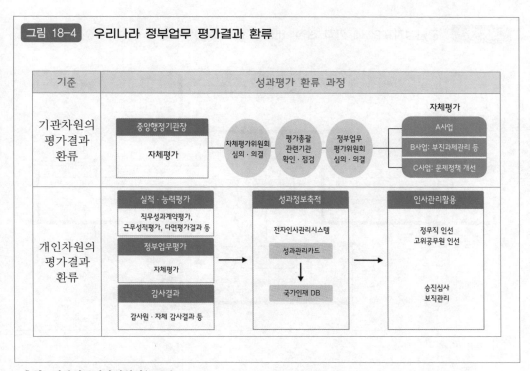

그림 18-4 우리나라 정부업무 평가결과 환류

출처: 정부업무평가위원회(2024).

탕으로 성과정보 종합관리체계를 형성하는 데 기여한다. 이처럼 공공부문의 성과평가는 성과관리 과정에서 다른 여러 성과관리 요소들과 긴밀하게 연계되어 운영되고 있는 것이다. 또한 정부업무 성과관리는 「정부업무평가 기본법」 제4조에 따라 정책 등의 계획 수립과 집행과정에 있어서는 부처에 자율성을 부여하고, 그 결과에 대하여는 책임을 지도록 하며, 정부업무의 성과·정책품질 및 국민의 만족도 제고 원칙을 준수하도록 한다.

2) 공공부문의 성과평가제도

(1) 균형성과표

균형성과표(Balanced Scorecard, BSC)는 과거의 성과평가가 재무성과(예: 당기순이익 등) 지표를 중심으로 이루어진 것에 대한 비판에서 시작되었다(이석환, 2006a). 균형성과

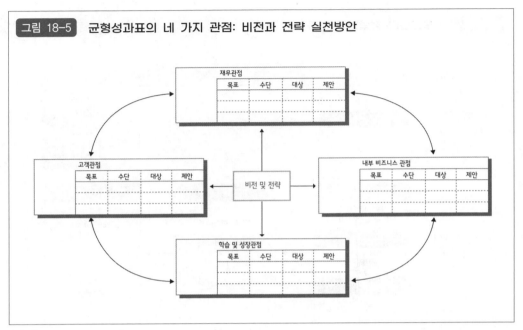

그림 18-5 균형성과표의 네 가지 관점: 비전과 전략 실천방안

출처: Kaplan(2010: 4).

표는 1990년대 카플란(R. S. Kaplan)과 노턴(D. P. Norton)에 의해 개발된 사조직의 새로운 평가시스템으로서, 이는 장기적 관점에서 조직의 비전과 전략을 실행하기 위해 '재무관점(financial)'뿐만 아니라, '고객관점(customer)', '내부 비즈니스(업무처리) 과정관점(internal business process)', '학습과 성장관점(learning and growth)'을 강조한 성과측정시스템이다(Kaplan & Norton, 1992; Kaplan, 2010: 4). 이때 재무관점과 고객관점은 업무수행 결과평가에, 내부 비즈니스(업무처리) 과정관점 및 학습과 성장관점은 업무수행 과정평가에 주로 연관되어 있다(강윤호, 2009: 27). 모든 조직은 계층별로 비전과 전략을 설정하고, 이 비전과 전략을 실행시키기 위해 앞서 제시한 네 가지 관점에서 '핵심 성공요인(critical success factor)'을 설정하며, 이 핵심 성공요인을 측정하기 위해 '핵심 성과지표(key performance indicator)'를 개발한다(Kaplan & Norton, 1992).

[그림 18-5]에 제시되어 있듯이 이 과정에서 조직의 비전과 전략에 따른 네 가지 관점의 핵심 성공요인과 핵심 성과지표들은 인과관계를 기반으로 형성되어야 한다(강윤호, 2009: 27). 특히 균형성과표는 조직 내 구성원들의 효율적인 소통을 중시하여 조직의

미래지향적 계획(plan)을 설정하고 문제를 해결하는 방식이며, 개인보다는 팀을 우선하는 방안이다(이석환, 2006a: 128). 이처럼 균형성과표는 조직 내·외부의 다양한 측면에서 성과평가를 수행할 수 있고, 체계적이고 합리적인 평가결과를 도출할 수 있으며, 구성원의 평가결과 수용성을 높일 수 있는 유용성을 지닌다. 하지만 그럼에도 불구하고 균형성과표는 사조직에서 개발된 성과평가 방안(성과관리기법)이기 때문에 이를 공공부문에 그대로 적용하는 데에는 한계가 있다. 따라서 균형성과표를 공공부문에 도입할 때에는 조직의 특수성을 고려하여 적용할 필요가 있다(이석환, 2006a: 129).13), 14)

따라서 여기서는 균형성과표의 네 가지 관점을 카플란과 노턴의 견해에 따르되 공공부문의 특징을 고려하여 설명한다.

첫째, 고객관점은 고객이 어떻게 조직을 평가하는가('how do customers see us')에 초점을 맞추는 관점이다. 이 관점에서는 기업 비전을 바탕으로 생산되는 상품과 서비스를 고객들이 어떻게 인식하는지가 중요하다(Kaplan & Norton, 1992: 73). 이때 고객층이 누구이고 시장이 어디인지를 파악하고, 이들의 요구가 무엇인지를 파악하여 성과지표를 설정하는 것이 중요한데, 성과지표로는 고객만족도, 고객충성도, 신규고객 수 등이 고려된다(박영강, 2006). 그러나 공공부문은 민간부문의 고객 개념을 그대로 적용할 수 없다. 공공부문 고객은 정의되기 어렵고, 불특정 다수인 경우가 많다. 일반적으로 중앙행정기관은 국민을, 지방자치단체는 주민을, 공공기관은 해당 기관이 공급하는 공공서비스 이용자를 고객으로 간주할 수 있다. 이러한 관점에서 고객의 만족도가 중요하게 고려된다. 구체적인 성과지표의 예로 정책집행 과정에서 국민과 주민의 정책만족도, 잘못된 업무처리 수, 불만민원 건수, 정책순응도, 삶의 질 등이 제시될 수 있다(김용철 외, 2022). 앞서 언급한 대로 공공부문에서 고객관점을 고려할 때, 무엇보다도 고객대상이 누구인가를 명확하게 판단하는 것이 우선되어야 한다(김인·우양호, 2012: 383).

둘째, 재무관점은 조직이 성공적으로 미션을 완수하기 위해서 주주들에게 어떻게 보여야 하는가('how do we look to shareholders')의 문제이다(Kaplan & Norton, 1992: 77).

---

13) 예를 들어, 고객관점에서 고객이라는 의미는 사조직과 공조직에서 다르게 인식된다. 또한 공조직 중에서도 중앙행정기관, 지방자치단체, 공공기관의 고객 개념 역시 다르다. 중앙행정기관보다는 지방자치단체가, 지방자치단체보다는 공공기관의 고객 개념이 더욱 명확하게 나타난다.

14) 한국에서도 2005년 경기도 부천시에서 전국 지방자치단체 최초로 균형성과표를 도입하였으며, 이후 여러 지방자치단체가 균형성과표를 운영해 오고 있다(김인·우양호, 2012: 381).

이는 기업의 궁극적인 목표로서 반드시 달성해야 할 목표이다. 재무관점의 대표적인 성과지표로는 매출액과 당기순이익 등이 있다(김인·우양호, 2012). 그러나 앞서 고객관점과 마찬가지로 재무관점을 공공부문에 그대로 적용하기는 어렵다. 공공부문, 특히 정부조직에서 재무관점은 '정부예산'이라는 제약조건에 따라야 하며, 주어진 예산에서 자원을 효율적으로 배분하는 것이 중요하게 고려된다(Kaplan, 2010; 김인·우양호, 2012: 383). 이러한 측면에서 재무관점은 '국민주권'(재정민주주의)의 원리에 따라 접근할 수 있다. 즉, 주어진 예산범위 내에서 이를 효율적으로 배분하여 집행하는 것, 특히 정책집행 과정에서 '사업집행이나 서비스 제공에 대한 비용과 편익(효과)'이 주요한 성과지표로 고려될 수 있다(하미승, 2023). 지방자치단체 재무관점 지표의 예로는 재정 조기집행률, 예산현액대비 불용률, 자체사업 연말지출 원인행위 비율, 예산확보 노력도를 제시할 수 있다(김인·우양호, 2012).

셋째, 내부 비즈니스(업무처리) 과정관점은 고객의 기대를 충족시키기 위해 기업내부의 일처리 방식을 어떻게 할 것인지('what must we excel at')에 관한 것이다(Kaplan & Norton, 1992: 74). 이는 개별 일처리 방식이 아닌 조직 전체 차원에서의 통합적 일처리 방식이 신속하고 신뢰성 있게 이루어져야 하는 것을 의미한다(이석환, 2006b). 따라서 내부 비즈니스 과정관점은 조직의 경쟁력과 생산성 향상에 중대한 동력이 되는 것이다. 공공부문에서의 내부 비즈니스 과정관점은 업무 수행관점, 사업 운영관점, 활동관점을 포함하며 조직, 인사, 정책 전반이 이에 해당된다고 볼 수 있다(김인·우양호, 2012: 383). 내부 비즈니스 과정관점의 대표적인 성과지표로는 이해관계자들의 참여 보장, 정책 관련 정보공개, 정책수단의 적실성, 「행정절차법」의 절차준수, 결재수단 축소, 조직구조 개편 등이 광범위하게 적용될 수 있다.

마지막으로, 학습과 성장관점은 단기적인 관점이라기보다는 장기적인 관점으로 이해될 수 있다. 이는 조직과 조직구성원이 끊임없이 혁신하여 발전할 수 있으며, 가치를 창출할 수 있는가의 문제와 관련되어 있다('can we continue to improve and create value')(Kaplan & Norton, 1992: 75). 대부분 이와 관련된 지표는 인적자원 개발과 발전에 관한 내용들을 포함하고 있다. 공공부문에서도 학습과 성장은 매우 중요한 성과평가 요소로 고려되고 있다. 구성원들의 직무만족, 지식관리, 자기혁신, 직무수행 능력, 조직문화 쇄신 등이 중요한 성과지표가 된다(이석환, 2006b). 특히 행정조직 문화와 구성원들의 의식변화 간 상호작용은 학습과 성장 차원에서 중요하게 고려된다(강윤호, 2009)(<표 18-3> 참조).

표 18-3 균형성과표의 네 가지 관점과 성과지표 예

관점	성과지표(항목) 예
고객관점	의견반영 제도 및 절차에 대한 만족도
	최종 서비스 처리과정에 대한 만족도
	최종 서비스 산출물에 대한 만족도
	상시적 고객서비스 관리체계
재무관점	재정적 지원의 외부환경 안정성
	예산편성 및 운영절차의 합리성
	예산과 전략계획, 경영평가와의 연계성
	성과지향적 예산시스템
내부 비즈니스(업무처리) 과정 관점	조직에 대한 몰입도
	상관에 대한 몰입도
	동료에 대한 몰입도
	효율적 조직구조
	내부통제기능
학습과 성장관점	상관에 대한 신뢰
	동료에 대한 신뢰
	조직에 대한 신뢰
	가외적 노력
	혁신적 행태
	혁신적 조직문화
	교육훈련
	파트너십

출처: 이석환(2006b: 140).

공공부문에서의 균형성과표 활용 유용성은 다양한 측면에서 나타난다. 첫째, 균형성과표는 기존의 재무관점 중심의 평가에서 벗어나 비재무관점을 포함한 다양한 관점에서의 평가를 가능하게 한다. 또한 평가 역시 분리되어 운영되는 것이 아니라, 서로 연계되어 통합적인 성과평가시스템을 갖추고 있다(강윤호, 2009). 네 가지 관점 간 연계뿐만 아니라 네 가지 관점의 성과목표와 성과지표가 상위 개념인 조직의 비전·전략과 인과적으로 연계(cascading)되어 있다는 것도 장점으로 꼽을 수 있다. 둘째, 균형성과표는 단기적 관점보다는 장기적 관점에서 보다 통합적이고 종합적인 성과관리 체계를 구축할 수 있도록 하는 점에서 장점을 지닌다(강윤호, 2009). 현재의 이익보다는 조직구성원들의 학습과 성장 그리고 혁신을 중시하면서 미래에 대비한 성과관리 및 성과평가를 가능하게 한다는 장점이 있는 것이다(이석환, 2006b). 기존의 성과관리 및 평가가 현재에 만족한 개별 단위의 미시적이고 분산적인 특성을 지녔다면, 균형성과표는 미래에 대비한 거시적이고 통합적인 관리시스템의 특성을 지니고 있다. 셋째, 공공부문에서 비재무적 관점을 중요하게 고려한다는 점에서 균형성과표는 중요한 의의가 있다. 특히 고객의 입장에서 정책결정과 집행을 평가하도록 한 것은 매우 바람직하며, 공조직의 구성원을 비용이 아닌 투자 관점에서 바라본다는 것도 매우 바람직하다고 할 수 있다(김인·우양호, 2012).

그럼에도 균형성과표를 공공부문에 도입하는 데에는 다음과 같은 한계가 있다. 첫째, 공공부문은 민간부문과 달리 다양한 이해관계자들(예: 선출직 공직자, 의회 등)이 존재하고 이들의 이해관계 조정이 어려워 균형성과표 관리·감독이 제대로 이루어지지 못하는 측면이 있다. 특히 선출직 공직자의 경우 단기적 시간 프레임(자신의 임기 중에 문제해결 시도)을 지니기 때문에 장기적 비전과 전략을 달성하려는 균형성과표와 다른 시각을 지닐 수 있다(Kaplan, 2000; 김인, 2008: 4-5). 둘째, 성과목표와 성과지표 설정이 명확하게 이루어지지 않을 수 있다. 앞서 언급한 것처럼 공공부문의 특성(추상성과 모호성)으로 인해 '핵심 성공요인'과 '핵심 성과지표' 설정이 쉽지가 않다(강윤호, 2009). 셋째, 균형성과표는 장기적 관점의 전략적 사고를 중시하는데 공공부문 특히 정부조직은 담당자의 짧은 재직기간(순환보직으로 인한 잦은 인사이동)으로 인해 전략적이고 연속적인 사고가 어려운 측면이 있다(이종열 외, 2023). 넷째, 조직의 미션과 비전이 안정적으로 유지되어야 하는데, 공공부문 특히 정부조직은 정치적 요인, 기관장의 임기제한 등으로 인하여 비전과 전략이 안정적으로 유지되지 못하는 한계가 발생한다. 다섯째, 해당 조직구 성원들의 적극적인 지지가 없으면 균형성과표 운영이 어려워진다. 특히 구성원들이 균 형성과표를 학습과 성장의 관점으로 이해하는 것이 아니라, 통제수단으로만 인식한다면 (수용성이 확보되지 않는다면) 균형성과표는 성공을 거두기 어려울 것이다. 여섯째, 균형성 과표가 성공적으로 운영되는 조직은 기관장의 재량이나 책임성이 상대적으로 높은 조 직이다(이석환, 2008). 그러나 우리나라 공조직의 경우, 특히 중앙행정기관장과 공공기관 장의 경우 자율성과 재량이 그리 높지 않아 현실적으로는 균형성과표 운영이 제한적일 수밖에 없다.

(2) 논리모형

균형성과표는 여러 가지 장점이 있음에도 불구하고 이를 공공부문 전역에 전면적 으로 활용하기 어려운 몇 가지 한계를 가진다. 또한 균형성과표는 조직 차원에서 네 가 지 관점을 평가하는 체계이기 때문에 조직 차원에서의 성과관리 및 성과평가 도구로서 는 적절할 수 있지만, 프로그램(정책 또는 사업) 단위의 성과평가에는 적절하지 않은 측 면이 있다. 프로그램 차원의 성과평가는 다른 성과평가시스템, 즉 (프로그램) 논리모형 (logic model)이 더 적절하게 활용될 수 있다. 성과평가 '적용대상' 기준에 따라, 다시 말 해 기관(조직) 전체 평가인지 단위사업(프로그램) 평가인지에 따라 평가제도가 달라져야 하며, 전자는 균형성과표가 후자는 논리모형이 더욱 적합한 평가방법이 될 수 있다는 것이다(서원석·박홍엽, 2006: 96). 논리모형은 "하나의 프로그램에 대해 투입(input)이 이 루어지는 시작부터 여러 가지 조직 내부적인 활동(activity)을 거쳐 산출물(output)이 나 오고, 그것이 국민 삶의 질이나 정책 또는 사업 등 대상 객체에 대해 어떠한 결과 (outcome)를 주는지를 '일의 논리적 순서'에 따라 추적하는 방식"이다(서원석·박홍엽, 2006: 108). <표 18-4>에 제시된 바와 같이 "프로그램을 실행하는 데 투입되는 자원 이나 실행 이후 나타난 결과의 전후관계를 논리적으로 연결시켜 그림이나 표로 도식화 한 것"을 (프로그램) 논리모형이라고 하는 것이다(유민봉, 2021: 686).

투입은 프로그램(사업)에 투입된 자원을 의미하며, 대표적 자원으로는 자금, 인력, 사업진행에 필요한 정보 등이 있다. 활동은 사업을 집행하기 위한 행위이며, 산출을 도 출하기 위하여 요구되는 모든 활동이라고 할 수 있다. 이에 영향을 받아 나온 결과물이

표 18-4	논리모형 기본틀과 예시(휴먼서비스 프로그램)

단계	투입 →	활동 →	산출 →	결과		
				단기	중기	장기 (정책영향)
	자원	서비스	산물	학습	행위	상황
주요 내용	돈, 인력, 자원, 자원봉사자, 시설, 장비 및 보급품	피신처, 훈련, 교육, 상담, 멘토링	교육시간, 상담회수, 배부된 교재, 서비스 전달시간, 참여자 수	지식, 기술, 태도, 가치, 의견, 동기 등의 변화	형태, 실제, 결정, 사회적 행위 등의 변화	사회적, 경제적, 시민사회, 환경적 상황 등의 개선
금연 캠페인 사례	예산, 자원, 작업	광고디자인 및 테스트, 광고제작, 광고시간 구입	TV 광고 실시	시청자가 광고를 봄	시청자의 태도 변화, 시청자의 흡연량 감소	흡연 관련 질병발생률 감소
시정서비스 사례	공중보건 공무원과 설비를 위한 금전적 지출	공무원들 사이의 사기	서비스를 받은 총 거주지역 수			거리가 청결해짐

출처: 남궁근(2017: 658).

산출(output), 결과(outcome), 영향(impact)이라고 할 수 있다.

　　논리모형의 장점은 다음과 같다. 첫째, 프로그램과 관련된 다양한 이해관계자들의 프로그램에 대한 이해도를 높일 수 있다. 둘째, 단계별 과정을 통해 프로그램이 왜 성공/실패했는지에 대한 구체적인 파악이 용이하다. 셋째, 투입 및 활동 과정 등을 통해 어떤 정책 프로그램이 수행되었는지 종합적으로 판단할 수 있다. 넷째, 성과 역시 산출, 결과, 영향으로 구분하여 판단할 수 있기 때문에 정량적인 측면뿐만 아니라 정성적인 측면의 성과까지도 모두 측정할 수 있다(남궁근, 2017: 662). 하지만 논리모형은 다음과 같은 한계점도 지니고 있다. 무엇보다도 성과측정에서 산출, 결과, 영향의 구분이 명확하게 이루어지기 어렵기 때문에, 성과평가에 대한 신뢰도가 약화되기 쉽다. 둘째, 특히 성과에 있어 결과와 영향의 경우 장기적인 시간관점에서 논의되기 때문에 이를 측정하

표 18-5	균형성과표와 논리모형 비교	
구분	균형성과표	논리모형
평가초점	다양한 관점 사이의 균형 중시	결과 중시
성과지표	기관의 미션, 비전, 전략적 기획과 성과지표 간 연계가 필수적으로 요구됨	기관의 미션, 비전과 성과지표 간 연계가 취약
적용원칙	공공성 + 효율성(수익성)	공공성
적용대상	기관 전체 차원의 성과평가	단위 프로그램에 대한 깊이 있는 분석과 성과평가
기관운영	예산·인사에 있어 상당한 독립성을 가지고 운영	예산·인사에 있어 독립성 결여
애로사항	공공부문에 적용 시 선행요인과 후행요인 등의 인과관계 훼손 가능성	결과측정 지표 개발의 어려움 등
적용기관	공공기관, 책임운영기관, 지방공기업, 지방자치단체	중앙행정기관, 지방자치단체

출처: 서원석·박홍엽(2006: 127).

기 쉽지 않은 한계가 있다(이재원, 2002).

<표 18-5>에 제시된 바와 같이 균형성과표와 논리모형은 장단점을 모두 지니고 있다. 따라서 어떤 성과평가제도를 활용하는 것이 성과평가에 더 적절한지를 일방적으로 판단하기보다, 어떤 성과를 평가할 것인가(평가초점: 산출, 결과, 영향), 측정하고자 하는 성과지표는 무엇인가, 적용원칙(가치)(예: 공공성 vs. 효율성)은 무엇인가, 적용대상은 무엇인가 등을 충분히 고려하여 성과평가제도를 도입·운영할 필요가 있다.

3) 한국의 공공부문 성과평가제도[15)]

그렇다면 우리나라에서 공공부문의 성과평가는 어떻게 수행되고 있을까? 현재 한국 정부의 성과평가시스템은 크게 행정부와 국회로 나뉘어져 시행되고 있다(남궁근, 2017: 497). 첫 번째로, '성과관리를 기반으로 한 기관단위의 정부업무평가'가 있고, 두

---

15) 이하 내용은 정부업무평가위원회(2024) 내용을 바탕으로 하고 있다.

번째로, 국회예산정책처의 국가 주요 사업에 대한 평가가 있다(남궁근, 2017: 498).[16] [그림 18-6]을 중심으로 정부업무평가에 대해 보다 구체적으로 살펴본다.

현재 한국의 모든 공공업무 평가는 2006년 4월 1일부터 시행된 「정부업무평가 기본법」에 의해 통합적으로 시행되고 있다. 「정부업무평가 기본법」 제1조에 의하면 "정부업무평가에 관한 기본적인 사항을 정함으로써 중앙행정기관·지방자치단체·공공기관 등의 통합적인 성과관리체제의 구축과 자율적인 평가역량의 강화를 통하여 국정운영의 능률성·효과성 및 책임성을 향상시키는 것을 목적으로 한다"라고 규정되어 있다(국가법령정보센터, 2024). 평가의 추진방향은 ① 국정과제 등 핵심정책 평가를 통한 국정성과 창출 유도 그리고 ② 정책소통, 소통만족도 등 국민 체감성과 창출 유도에 있다.[17]

정부업무평가 추진체계는 중앙행정기관 평가(특정평가, 개별평가, 자체평가), 지방자치단체 평가(합동평가, 개별평가, 자체평가), 공공기관 평가(개별법에 의한 평가)로 구분된다([그림 18-6] 참조).[18] 보다 구체적으로, 첫째, 중앙행정기관 평가는 '특정평가', '자체평

---

16) 「국회예산정책처법」 제3조에 의하면, 국회예산정책처는 국가의 예산결산·기금 및 재정운용과 관련된 다음 각호의 사무를 처리한다. 1. 예산안·결산·기금운용계획안 및 기금결산에 대한 연구 및 분석, 2. 예산 또는 기금상의 조치가 수반되는 법률안 등 의안에 대한 소요비용의 추계, 3. 국가재정운용 및 거시경제동향의 분석 및 전망, 4. 국가의 주요 사업에 대한 분석·평가 및 중·장기재정소요 분석, 5. 국회의 위원회 (이하 "위원회"라 한다) 또는 국회의원이 요구하는 사항의 조사 및 분석 등이 그것이다(로앤비, 2020).

17) 보다 구체적인 정부업무평가 방향은 ① 기관별 주요정책 중점 평가(각 기관이 국정과제 추진과 국정성과 창출을 위해 역점 추진하는 주요 정책을 중심으로 평가하여 기관의 정책성과와 책임성 제고), ② 국민체감 정책 성과 중심 평가[가시적 정책성과를 중점 평가하기 위해 주요정책 부문 정책효과 평가 비중을 확대하고 정량평가 비중을 축소. 부문별 국민만족도 비율을 균형있게 반영(10%)하여 평가 정합성 제고], ③ 청년정책을 평가에 반영(정책과정 전반에 청년참여를 확대하고 청년정책 발전 도모), ④ 평가 결과의 환류 강화(평가결과 확인된 미흡사항에 대해서는 필요한 조치사항을 구체적으로 제시하고, 그 후속조치 결과는 다음해 평가 시 반영), ⑤ 개별평가제도의 효율적 운영·관리를 통해 피평가기관의 부담 완화(개별평가 남설 방지, 평가 간 유사·중복 해소, 평가체계의 타당성 제고 및 환류기능 강화 등을 통해 생애주기기반 관리 체계화)이다(정부업무평가위원회, 2024).

18) 정부업무평가 범위에는 포함되지 않으나 이외의 공공부문 평가로 '책임운영기관 종합평가제도'가 있다. 책임운영기관 평가는 「책임운영기관의 설치·운영에 관한 법률」 제12조 및 제51조에 근거하여 실시된다. 이 평가의 목적은 단기적으로는 소속책임운영기관 운영성과 책임성 확보, 해당 기관장의 성과연봉 책정 및 임용약정 연장여부를 결정할 수 있는 근거자료 마련, 소속 공무원에 대한 성과급 지급 등 인센티브 부여를 위한 준거자료 확보 등이며, 장기적으로는 책임운영기관의 운영성과를 체계적으로 평가하여 성과에 대한 책임성을 확보하고 해당 기관의 효율성을 제고하고자 하는 것이다. 평가지표는 '고유사업지표 (50%)'와 '관리역량지표(50%)'로 구분된다(2022년도 책임운영기관 종합평가 평가지표). 고유사업지표는 자체사업 평가로서 이는 기관별 자체 사업성과(85%), 고객만족도 평가(15%)로 구성된다. 관리역량지표는 기관장 리더십(20%), 전략 및 조직운영 부문[사업계획의 적합성(15%), 자체평가의 적절성(16%), 조

가', '개별평가'로 이루어진다. '특정평가'는 국정을 통합적으로 관리·운영하기 위해 주요정책 및 기관역량 등을 평가하는데, 평가부문은 주요정책, 규제혁신, 정부혁신, 정책소통, 적극행정 등으로 구성된다.[19] 또한 중앙행정기관이 소관정책 등을 스스로 평가하는 '자체평가'는 중앙행정기관이 주요정책(성과관리 시행계획의 관리과제), 재정사업(일반재정, R&D, 재난안전, 균형발전, 일자리, 중소기업), 행정관리역량(조직·인사·정보화 분야 행정관리역량)에 대하여 자체적으로 평가하는 제도이다.[20] 그리고 '개별평가'는 중앙행정기관 및 그 소속기관이 수행하는 사업·정책 중에서 통합실시가 곤란한 경우 주관 부처에서 평가하는 것(예: 행정안전부 재난관리평가, 기획재정부 보조사업 연장평가 등)이다.

둘째, 지방자치단체의 평가 역시 국가 위임사무 등에 있어 행정안전부 등 지방자치단체 합동평가위원회 산하 합동평가단의 '합동평가(행정안전부 장관이 관계중앙행정기관장과 합동으로 국가위임사무 등 평가)', 지방자치단체의 '자체평가', 중앙행정기관의 '개별평가'(예: 국토교통부 지자체 건축행정평가 등)로 시행된다. 특히 합동평가는 국정 주요시책 등 지방자치단체 추진상황을 평가·환류함으로써 국정의 통합성, 효율성, 책임성 확보 및 지방자치단체 부담 완화를 주요 목적으로 하고 있으며, 평가대상은 17개 시·도(시·군·구 실적 포함)이고, 평가주체는 지방자치단체 합동평가위원회 산하 합동평가단이 된다. 평가의 기본방향은 정부 국정목표에 부합하는 국가 주요시책 중심으로 평가 항목 구성, 자치분권 강화에 따른 분권형 평가체계 구축, 국민 눈높이 평가 추진 등이다. 평가방법은 정량평가, 정성평가, 국민평가로 구성되고, 평가결과는 공개하며(내고장알리미 사이트), 부진분야 행정컨설팅, 우수사례·결과보고서 발간, 재정인센티브 지급, 기관표창 및

직·인사 재정성과관리 적절성(21%)], 성과 및 환류 부문[서비스 혁신(18%), 전년도 개선요구사항 반영(10%)]로 구성된다(행정안전부, 2023). 그러나 책임운영기관의 성과평가에 있어 성과계획서 및 보고서의 활용도가 낮으며, 재정성과관리 평가지표의 규모 및 가중치가 작고, 전통적 관료문화와 계층적 관행들이 여전히 강하게 남아있어 평가가 원활하게 이루어지지 못한다는 비판도 제기된다(조성한, 2020).

19) 국정기조를 고려하여 탄력적으로 부문별 배점을 조정하고 있다. 윤석열 정부의 특정평가 배점(100점 만점 기준)은 주요정책(50점), 규제혁신(20점), 정부혁신(10점), 정책소통(20점), 적극행정(가점 3점)으로 구성된다. 그리고 특정평가 결과는 개선·보완 필요사항에 대한 조치계획 수립·이행, 부처별 이행상황 점검, 다음해 평가 반영, 자체평가 시 활용, 기관 평가등급 공표, 우수기관 포상금 지급, 업무유공자 포상 실시 등에 활용된다.

20) 중앙행정기관별로 자체평가계획을 수립하고, 민간전문가 중심으로 구성된 각 기관별 자체평가위원회가 자체평가를 실시하며, 평가 관대화 방지를 위해 상대평가(등급제)를 적용하고, 기관별 자체평가 결과에 대해 부문별 평가 총괄기관에서 점검하며, 평가결과를 공개한다.

| 표 18-6 | 공공기관 경영평가 평가항목 | | |

평가항목	공기업	준정부기관(위탁집행형)	준정부기관(기금관리형)
경영 관리	1. 경영전략(9)	1. 경영전략(9)	1. 경영전략(9)
	2. 사회적 책임(15)	2. 사회적 책임(12)	2. 사회적 책임(12)
	3. 재무성과관리(20)	3. 재무성과관리(13)	3. 재무성과관리(18)
	4. 조직 및 인적자원관리(4)	4. 조직 및 인적자원관리(4)	4. 조직 및 인적자원관리(4)
	5. 보수 및 복리후생관리(7)	5. 보수 및 복리후생관리(7)	5. 보수 및 복리후생관리(7)
	경영관리 소계: 총 55점	경영관리 소계: 총 45점	경영관리 소계: 총 50점
주요 사업	• 주요사업 계획·활동· 성과를 종합평가(45)	• 주요사업 계획·활동· 성과를 종합평가(55)	• 주요사업 계획·활동· 성과를 종합평가(50)
	주요사업 소계: 총 45점	주요사업 소계: 총 55점	주요사업 소계: 총 50점

※ 공공기관 혁신 계획 실행 노력과 성과 가점(5점) 지표 포함.

유공자 포상 등으로 활용된다.

　마지막으로, 공공기관에 대한 평가는 평가실시기관(중앙행정기관)이 공공기관 경영 실적을 평가한다. 공공기관 경영평가의 목적은 공공기관의 경영 노력과 성과를 평가하고, 그 결과를 인사 및 성과급 등에 반영하여 기관의 자율책임경영 체제를 확립하며, 공공기관의 공공성·경영효율성을 향상하고, 대국민 서비스를 제고하고자 함에 있다.[21] 공공기관 경영평가는 개별법에 따라 평가가 이루어지는 데 평가대상 기관에는 공기업 및 준정부기관, 지방공기업, 과학기술분야 연구기관, 경제·인문사회분야 연구기관, 기금 등이 있다.[22] 여기서는 공공기관(공기업 및 준정부기관)과 지방공기업을 중심으로 경영평가 사항을 살펴보도록 한다. 우선 공공기관 평가대상은 「공공기관의 운영에 관한 법률」 제4조에 의거해 지정된 공기업 및 준정부기관이며, 평가항목은 <표 18-6>과

---

21) 같은 맥락으로 공공기관 경영평가의 필요성은 사회적 기여도(사회성과 및 사회적 책무성 제고) 확보, 대리인 문제 해소(대리인 비용 최소화, 구성원 직무몰입 강화), 준공공재 공급(국민 실생활과 직접적으로 연관된 공공서비스 공급), 공적규제 확보(공공기관 사업 추진 정합성 확보), 경영 효율성 및 혁신경영체계 확보 등으로 제시된다(원구환, 2018).

22) 공기업 및 준정부기관은 「공공기관의 운영에 관한 법률」, 기금은 「국가재정법」, 과학기술분야 연구기관은 「과학기술기본법」, 경제·인문사회분야 연구기관은 「정부출연기관법」 등이 적용된다.

같다. 매년 공기업·준정부기관의 경영실적보고서를 기초로 전년도 경영실적을「공공기관 경영평가 편람」에 따라 평가하고, 평가의 전문성·공정성 확보를 위해 기획재정부 주관하에 민간 전문가들로 구성된 경영평가단이 평가를 수행한다. 평가결과는 성과급 등에 반영하며, 공공기관의 자율·책임경영체계 확립 및 공공서비스 개선 유도에 활용된다. 그러나 공공기관 경영평가제도는 정성평가의 객관성 부재(평가위원별 판단기준 상이), 평가지표 운영 한계(정부의 정책과 시책 중심의 평가지표 과다, 주요사업 성과관리 적정성 지표에 대한 적절성 한계), 현장실사 한계(현장실사의 유효성에 대한 의문), 평가결과 고착화(평가대상기관 인력, 조직규모, 성과관리 활동 수준 차이가 평가결과에 영향), 평가결과 활용 등의 한계(직전연도 평가결과가 연중에 보고되어 차년도에 바로 반영되지 않음)가 존재한다(김동신 외, 2021: 290; 성시경·이재완, 2023).

　　지방공기업 평가제도는 행정안전부 주관으로 1993년에 본격적으로 시행되었으며, 지방공기업 경영평가를 통해 경영혁신을 도모하고 지역발전과 주민서비스를 제고하고자 하는 것이 목적이다. 평가대상은 지방공사·공단, 지방직영기업(상·하수도, 상수도는

표 18-7 지방공기업 경영평가 평가항목

평가항목(공사·공단 배점/직영기업 배점)			세부지표(20개 내외)	평점	비중
'22년	'23년	중분류			
지속가능 경영	경영 관리	리더십	경영층의 리더십, 전략경영, 혁신성과	정량/ 정성	63점
		경영시스템	조직·인사관리, 재무관리		
사회적 가치		일자리 확대	일자리 창출 및 일·가정 양립		
		사회적 책임	소통·참여, 윤리경영, 재난·안전관리, 지역상생발전		
경영성과		주요사업	주요사업 활동 및 성과 ※ 유형별 맞춤형 지표	정량/ 정성	37점
		경영효율성과	경영효율성과 ※ 유형별 맞춤형 지표		
		고객만족성과	고객만족성과		

출처: 정부평가위원회(2024).

격년제)이며, 평가방향은 공공성과 효율성의 균형 있는 평가를 위해 평가체계 재정립, 국정과제 반영, 재무건전성 강화, 평가부담 완화 등을 중점사항으로 고려하고 있다. 평가결과는 클린아이 홈페이지(https://www.cleaneye.go.kr)에 공개하며, 평가결과, 즉 평가등급(가~마)에 따라 평가급 차등지급, 경영진단 등을 실시하고, 가·나 등급 기관 대상 지방공기업 발전유공 포상 지급에도 활용하고 있다. 그럼에도 불구하고 지방공기업 경영평가제도는 경영관리 전반이 평가대상이 되어 평가기준이 광범위하고, 기관 또는 지역특성 반영이 모호하며, 평가주체인 자치단체가 선정한 평가위원이 평가를 수행하여 평가결과의 타당성 및 신뢰성이 미흡하고, 평가결과 환류방안에 대한 지침 및 규정사항이 미비하다는 한계가 있다(손지은·박정호, 2022).

그림 18-6 정부업무평가 체계도

중앙행정기관				지방자치단체			
평가유형	평가부문	근거법률	평가주관	평가유형	평가부문	근거법률	평가주관
특정평가 (45개)	주요정책	정부업무평가법	국무조정실 등	합동평가	27개 기관, 112개 지표	정부업무평가법	행정안전부 등
	규제혁신			자체평가	중앙행정기관과 통일	정부업무평가법	지자체장
	정부혁신			개별평가		개별근거법률	주관부처
	정책소통			공공기관			
	적극행정			공기업(36개)		공공기관운영법	기획재정부
자체평가 (46개)	주요정책	정부업무평가법	국무조정실	준정부기관(94개)			
	재정사업 일반재정사업	국가재정법	기획재정부	기금(존치평가 24개, 자산운용평가 31개)		국가재정법	기획재정부
	R&D	연구성과평가법	과학기술정보통신부	과학기술분야 연구기관 (47개)	국가과학기술연구회 소관(25개)	과학기술기본법 과기출연기관법 연구성과평가법	국가과학기술연구회
	재난안전	재난안전법	행정안전부		과학기술정보통신부 산하(16개)		과학기술정보통신부
	균형발전	국가균형발전법	국가균형발전위원회		해양수산부 산하(3개)		해양수산부
	일자리	고용정책기본법	고용노동부		원자력안전위원회 산하(2개)		원자력안전위원회
	중소기업	중소기업기본법	중소벤처기업부		방위사업청 산하(1개)		방위사업청
	행정관리 역량 조직	정부업무평가법	행정안전부	경제·인문사회분야 연구기관(26개)		정부출연기관법	경제·인문사회연구회
	인사		인사혁신처	지방공기업(279개)		지방공기업법	행정안전부
	정보화		행정안전부				
개별평가		개별근거법률	주관부처				

출처: 정부평가위원회(2024).

「정부업무평가 기본법」이 직접적으로 적용되는 중앙행정기관의 평가는 균형성과 표가 적용되기보다는 실제 평가대상인 국정과제와 밀접하게 관련된 '정책(사업)'이기 때문에 PDCA(Plan−Do−Check−Act) 사이클 모형이 적용된다([그림 18−3] 참조). 이러한 성과관리와 성과평가를 연계한 방안은 한국의 공공부문 성과관리 체계화 및 성과향상에 기여하였다. 그러나 이러한 순환주기에 의한 정부업무평가제도는 몇 가지 한계점을 지닌다(이종열 외, 2023: 260−261; 유민봉, 2021: 698−701). 첫째, 성과지표 중심의 자체평가보고서 작성이 여전히 미흡하며 성과지표가 자주 바뀌는 한계가 있다. 둘째, 평가결과가 평가등급으로만 공개되고 시민들이 쉽게 이해할 수 있는 성과지표로 제시되지 못해 시민에 대한 성과책임이 확보되지 못하는 측면이 있다. 셋째, 기관(조직)평가와 정책평가 방식이 통합적으로 운영되지 않고 병렬적으로 운영된다. 특히 자체평가의 평가부문인 '재정사업'과 '행정관리역량'의 평가연계성 및 통합성이 부족한 측면이 있다. 넷째, 현재 정부업무평가의 평가방식은 기관 차원의 성과와 기관장 책임성 확보에 적절하지 못한 측면이 있다. 다섯째, 정부업무평가는 평가를 통한 기관 학습과 프로그램 개선 노력이 부족한 측면이 있다. 여섯째, 주요 평가기관들의 유기적 협력이 미흡하다. 마지막으로, 특정평가의 비중이 높게 나타나는 측면이 있다. 특정평가는 주로 국정과제와 국정철학을 중심으로 이루어지는데, 성과평가 결과를 반영하여 대통령 임기 동안 국정과제와 국정철학을 변경하는 것이 쉽지 않다는 한계가 존재한다. 향후 효과적인 공공부문 성과관리 정착을 위해서는 이러한 성과평가제도의 한계점들이 지속적으로 개선될 필요가 있을 것이다.

ChatGPT와 함께 하는 **18장**의 **주요 개념** 정리

1. 성과관리와 성과평가 관계
- 성과관리와 성과평가는 조직 내에서 개인 또는 팀의 성과를 평가하고 향상시키기 위한 두 가지 핵심 개념
- 이 두 개념은 서로 밀접하게 연관되어 있지만 목적과 범위에서 차이가 있음
- 성과관리는 조직의 목표달성을 지원하고 지속적인 향상을 위해 개인 또는 팀과 함께 작동하는 프로세스이며, 성과평가는 성과를 측정하고 평가하여 보상 및 인사 결정에 영향을 미치는 종합적인 프로세스임

구분	성과관리 (Performance Management)	성과평가 (Performance Appraisal)
목적	• 성과관리는 조직의 목표와 전략을 달성하기 위해 개인 및 팀의 노력을 지원하고 향상시키기 위한 과정 • 주로 조직의 비전, 목표, 전략과 개인 또는 팀의 목표와 성과를 조화시키는 데 중점을 둠	• 성과평가는 특정 기간 동안 개인 또는 팀의 성과를 측정하고 평가하는 것을 목적으로 함 • 주로 보상, 승진, 향후 역할 배정 등과 관련된 결정을 지원하기 위해 사용됨
과정	• 목표 설정, 계획 수립, 피드백 및 지원, 성과 감독 등을 포함하는 종합적인 프로세스를 의미함 • 주기적인 성과 관련 대화 및 피드백이 성과관리의 중요한 부분이 됨	• 정기적인 성과평가 주기가 있으며, 일반적으로 정해진 평가 기준을 기반으로 개인 또는 팀의 성과를 평가함 • 성과평가는 종종 점수, 등급 등의 형태로 결과물을 도출함
특징	• 성과관리는 지속적인 과정으로, 성과를 개선하기 위한 목표 설정과 개발 계획을 강조함 • 목표는 주로 더 큰 비전 및 전략과 연결되어 있음	• 성과평가는 정해진 시기에 성과를 측정하고 평가하여 개인 또는 팀의 보상, 인사 결정 등에 영향을 미침 • 성과관리의 결과물 중 하나로, 개인 또는 팀이 얼마나 성과목표를 달성했는지를 평가함
관계	• 상호 보완적 관계: 성과평가는 성과관리의 결과물 중 하나로, 성과평가의 결과를 토대로 성과관리에서 목표를 수정하거나 다음 성과평가 주기에 대비하는 등 성과관리의 지속적인 향상을 지원함 • 성과평가를 통한 피드백: 성과평가는 성과평가 주기 동안의 개인 또는 팀의 성과를 측정하고 피드백을 제공. 이러한 피드백은 개인 또는 팀의 개발에 활용될 수 있음	

출처: ChatGPT(2023). '성과관리와 성과평가의 관계는 무엇인가?' 질문으로 검색한 내용 저자 정리.

2. 공공부문 성과관리와 민간부문 성과관리

- 공공부문 성과관리와 민간부문 성과관리는 목표달성과 효율성을 향상시키기 위한 노력으로서 유사한 목표를 가지고 있지만, 각각의 환경과 특징에 따라 다양한 차이가 있음
- 이러한 차이점들은 각 부문이 고유한 환경에서 운영되고, 각각의 목표와 이해관계자에 따라 성과를 관리하는 방식이 다르다는 것을 반영함

구분		공공부문 성과관리	민간부문 성과관리
유사점		• 목표 지향성: 공공부문 및 민간부문 모두 목표달성을 중요시하며, 조직의 비전과 전략을 달성하기 위해 성과를 향상시키려고 노력함 • 평가 및 피드백: 성과평가와 피드백은 두 섹터에서도 중요한 요소로 간주되며, 개인 또는 팀의 성과를 측정하고 향상시키기 위한 정보를 제공함 • 투명성과 책임감: 투명하고 책임감 있는 운영을 강조하며, 이를 통해 조직 내에서 효율성을 높이고 공공의 신뢰를 유지하려는 공통된 목표를 가지고 있음	
차이점	목적 및 이해관계자	• 공공부문은 공공의 이익을 위한 서비스를 제공하고 공익을 추구하는 것이 주된 목적	• 민간부문은 이윤을 창출하고 주주 가치를 극대화하는 것이 핵심
	자원 및 예산	• 일반적으로 정부예산에 의존하며, 이는 정책, 법률, 규제 등에 영향을 받음	• 민간부문은 시장 경쟁에 노출되어 있으며, 자체 자금 조달 및 투자에 중점을 둠
	성과측정 지표	• 공공부문은 종종 고객 만족도, 효율성, 공익 달성 등을 중시	• 민간부문은 주로 경제적 지표와 이윤 관련 지표에 중점을 둠
	의사결정 구조	• 공공부문에서는 의사결정이 정부정책, 규제, 법률 등 다양한 영향 요소에 의해 제약을 받을 수 있음	• 민간부문은 경영 구조와 시장 조건에 따라 보다 유연한 의사결정을 할 수 있음
	장기적 vs. 단기적 관점	• 공공부문은 종종 장기적인 공익과 지속가능성에 중점을 둠	• 민간부문은 시장 경쟁과 이윤 추구에 따라 보다 단기적인 성과를 강조할 수 있음
	보고 및 투명성	• 공공부문은 투명성과 공개성을 강조하여 시민들에게 보고하는 것이 일반적	• 민간부문도 이러한 요소에 중요성을 부여하지만, 경쟁의 민감성에 따라 덜 공개적일 수 있음

출처: ChatGPT(2023). '공공부문 성과관리와 민간부문 성과관리의 유사점과 차이점은 무엇인가?' 질문으로 검색한 내용을 저자 정리.

행정사례 연습

■ 정부조직 SWOT 분석 사례

2023년 인사혁신처 SWOT 분석과 성과관리

인사혁신처는 2023년 업무추진을 위해 SWOT 분석을 다음과 같이 실시하였다. 이를 기반으로 하여 2023년 인사혁신처 업무추진방안을 구성하였다.

강점: 탄탄한 전문성	약점: 경직적인 공직문화
• 전문직공무원, 필수보직기간 등 공직 전문성 확보 • IT기반 인사지원 시스템으로 신속·정확한 서비스 및 데이터 중심 정책결정 기반 마련	• 국가공무원 중 20대 61.5%, 30대 52.7%가 이직 고민 • 주요 이유인 조직문화 회의감, 민원 등 업무 스트레스 해소를 위한 공직문화 혁신 필요
기회: 디지털 전환기 도래 및 청년세대 비중 증가	위협: 경제위기·저출산 및 공직 매력도 감소
• 빅데이터·인공지능기반 디지털 전환 가속화는 신산업 창출 등 빠른 속도로 경제·사회 순분야 변화 견인 • 자율성과 공정성을 중시하는 청년세대 비중 증가, 일과 삶에 대한 인식 변화 등을 반영한 새로운 인사관리 필요성 증대	• 글로벌 경기둔화, 금리 및 물가 상승 등 경제 불확실성이 확대되는 추세 • 공공부문 효율화 및 생산성 제고에 관한 관심과 요구 증대 • 저출산·고령화 심화로 인한 생산가능인구 감소 전환, 낮은 청년고용률에 대비되는 공무원 조기퇴직 증가 등 복합적 위기상황 직면

출처: 인사혁신처(2023).

■ **사례의 의의**

　본 사례는 정부조직 성과관리 방안으로 전략적 기획을 어떻게 활용하고 있는지를 보여주고 있다. 인사혁신처는 2023년 주요 업무 추진계획을 설정하기 위해 SWOT 분석을 실시하였다. 이를 통해 인사혁신처 내부 강점과 약점을 파악하고, 외부 기회와 위협 요인을 진단하였다. 인사혁신처에서는 SWOT 분석 결과를 바탕으로 하여 조직의 비전, 목표, 핵심과제를 설정하였다. 이처럼 정부조직의 효과적인 성과관리를 위해서 조직 내·외부의 현황을 진단할 필요가 있으며, 이를 기반으로 하여 달성할 비전, 전략목표 및 성과목표를 설정함으로써 전략적 기획을 통한 성과관리를 할 수 있다.

제19장

정부규제, 갈등조정 그리고 정부혁신

본 장에서는 급변하는 행정환경에 적합한 정부혁신에 대해 논의한다. 정부혁신을 논의하기 이전에 우선 정부규제와 갈등조정(관리) 관련 내용에 대해 설명한다. 정부규제의 특징과 영향을 살펴보고, 효과적인 정부규제를 위한 갈등조정(관리) 방안을 검토한다. 그리고 정부혁신 의의와 함께 디지털정부를 비롯한 미래정부 설계 방향(A.D.A.P.T. 정부)을 제시한다.

1. 정부규제와 규제개혁
2. 갈등조정
3. 정부혁신

제19장

정부규제, 갈등조정 그리고 정부혁신

1. 정부규제와 규제개혁

1) 정부규제의 의의와 유형

정부규제는 시민들의 생활에 밀접한 영향을 미친다. 앞서 본서의 제14장 규제정치 모형을 통해서도 살펴보았듯이 규제는 일부 시민들의 권익을 침해하고 의무를 부과하는 행위이기에 실생활에서 규제의 영향은 매우 크다고 할 수 있다. 합리적 규제가 만들어지면 국민의 복지를 증진시키는 데 도움이 될 수 있지만, 불합리한 규제는 오히려 민간의 비효율적인 행동을 야기하며 사회적 자원의 왜곡을 초래할 가능성도 있는 것이다 (민진·강인호, 2022). 한국에서 규제개혁에 관한 법·제도적 기반은 1998년 제정된 「행정규제기본법」에서 찾아볼 수 있다.[1] 「행정규제기본법」에 의하면 행정규제는 "국가나 지방자치단체가 특정한 행정 목적을 실현하기 위하여 국민의 권리를 제한하거나 의무를 부과하는 것으로서 법령 등이나 조례·규칙에 규정되는 사항"을 의미한다(국가법령정보센터, 2024a). 이에 근거하여 규제개혁 전담기관(규제개혁위원회),[2] 규제개혁 대상, 규제개혁 전략 등이 실행된다.

정부규제는 다음과 같은 특징을 지닌다(이하 이혁우, 2021: 20-24). 첫째, 법규를 통해 형성되는 정부규제는 강제성과 공식성을 지닌다. 정부규제는 일반국민을 대상으로 공식적인 지시와 명령을 통해 피규제자에게 제약을 가하기 때문에 강제성을 지닌다. 둘째, 정부규제는 획일성과 경직성을 지닌다. 정부규제는 피규제자나 정책 개개의 특성을 고려하지 않고 인위적으로 동질화하려는 획일성을 지니며, 동시에 규제상황이 변함에도 불구하고 규제가 만들어지면 수정이 곧바로 이루어지지 않고 일정기간 동안 지속되는 경직성도 지닌다. 셋째, 정부규제는 법률에 근거하며 그 내용은 알기 쉬운 용어로 구체

---

1) 「행정규제기본법」의 목적은 "행정규제에 관한 기본적인 사항을 규정하여 불필요한 행정규제를 폐지하고 비효율적인 행정규제의 신설을 억제함으로써 사회·경제활동의 자율과 창의를 촉진하여 국민의 삶의 질을 높이고 국가경쟁력이 지속적으로 향상되도록 함"에 있다(국가법령정보센터, 2024a).
2) 「행정규제기본법」 제23조(설치)에 의하면 "정부의 규제정책을 심의·조정하고 규제의 심사·정비 등에 관한 사항을 종합적으로 추진하기 위하여 대통령 소속으로 규제개혁위원회를 둔다"라고 규정되어 있다(국가법령정보센터, 2024a).

적이고 명확하게 규정되는 규제법정주의의 특징을 지닌다. 넷째, 정부규제는 정치적 특징이 나타난다. 규제로 인해 발생하는 편익과 비용은 정치적 상황과 관련이 있다. 이와 관련된 대표적인 논의가 바로 윌슨(J. Q. Wilson)의 규제정치모형이다.3) 다섯째, 규제는 피규제자의 규제 부담이 점차 증가하는 규제피라미드 특성을 지닌다.

정부규제는 기준에 따라 다음과 같이 분류할 수 있다. 첫째, 규제 영역에 따라 경제적 규제와 사회적 규제로 분류된다(김태윤, 2012). 경제적 규제는 시장에 대한 정부개입(예: 가격규제)으로 정부는 경제적 규제를 통해 경제메커니즘과 시장가격에 개입해 시장행위자들의 교환과정과 결과에 영향을 미친다. 반면 사회적 규제는 민간 경제주체의 사회적 역할을 중시해 이와 관련한 책임과 부담을 가하는 규제로서 사회적 규제의 대표적인 예로는 환경규제, 식품규제 등이 있다. 그러나 사회적 규제 역시 시장 메커니즘에 영향을 미칠 수 있어 현실적으로는 경제적 규제와 사회적 규제를 뚜렷하게 구분하는 것이 쉽지 않다.

둘째, 규제대상에 따라서 수단(투입)규제, 성과(산출)규제, 관리규제로 분류할 수 있다. 수단(투입)규제는 정부의 목표를 달성하기 위해 필요한 기술이나 행위에 대해 사전적으로 규제하는 것이다. 수단(투입)규제는 "규제목표의 달성을 위해 반드시 갖추어져야 할 요건이나 이행해야 할 행동 등에 대한 기준(투입요소 기준)을 설정하고, 피규제자가 이 기준에 부합되는 조치나 행동을 취하고 있는지를 확인·감시하는 방식으로 이루어지는 규제"를 의미한다(최병선, 2009: 3). 수단(투입)규제는 규제목표를 달성하기 위한 구체적인 규제수단이며, 문제의 원인에 대한 처방적 기준을 제시하고, 피규제자가 이행해야 할 사항을 명령하고 지시하는 특징을 지닌다. 반면 성과(산출)규제는 "피규제자가 도달해야 할 최소목표치를 설정하고 이 기준치에 도달(부합)하기 위한 수단과 방법은 전적으로 피규제자의 자율적인 선택에 맡기는 방식의 규제"이다(최병선, 2009: 9). 마지막으로, 관리규제는 수단(투입)과 성과(산출)가 아닌 과정을 규제하는 것이다. 이는 수단(투입)규제나 성과(산출)규제와 달리 규제대상자 스스로 만든 규제목표 달성계획의 타당성을 규제하는 것이다. 대표적인 관리규제의 예로는 식품위해요소 중점관리기준(Hazard Analysis Critical Control Points: HACCP) 등이 있다(김주찬 외, 2009).

셋째, 정부주도 여부에 따라 명령지시 규제와 대안적 규제인 시장유인적 규제수단

---

3) 상세한 내용은 본서 제14장 정책유형을 참조하기 바란다.

으로 분류할 수 있다(이혜영, 2012). 명령지시 규제의 경우 정부의 직접적인 규제를 의미한다. 이에 비해 대안적 규제인 시장유인적 규제수단은 모든 규제대상자에 대해 동일한 기준의 이행을 강제(투입규제)하고 동일한 수준의 규제성과 달성을 강제(성과규제)하는 규제수단과는 차이가 있다.4) 시장유인적 규제수단은 경제유인 규제(regulation by economic incentives)와 시장기반 규제(market-based regulation)로 구분된다. 경제유인 규제 혹은 유인기반 규제(incentive-based regulation)는 "경제적 유인을 부여함으로써 피규제자가 규제목표의 달성에 기여하도록 유도하는 방식의 규제"를 의미한다. 이는 규제목표를 달성하기 위해 피규제자에게 경제적 유인을 제공하여 자발적인 협조를 유도하는 규제인데, 이와 관련된 대표적인 예로 쓰레기 종량제 봉투 사용이 있다. 반면 시장기반 규제는 "규제목표 달성을 위한 의무와 권리가 시장을 통해 경제행위자 간에 적절하게 배분되도록 유도된 규제"로서 이와 관련된 대표적인 예로 배출권거래 제도가 있다(최병선, 2009: 13).5)

넷째, 규제 개입 범위에 따라 네거티브 규제와 포지티브 규제로 분류할 수 있다(이민창·김주찬, 2015). 네거티브 규제는 '원칙허용', '예외금지'를 의미하는 것으로, 명시적으로 금지하는 것 이외의 모든 것을 자유로이 할 수 있음을 의미한다(법률·정책상으로 금지한 행위가 아니면 모든 것을 허용하는 방식). 반면 포지티브 규제는 '원칙금지', '예외허용'을 의미하는 것으로, 명시적으로 허용하는 것 이외에는 모든 행위를 원칙적으로 금지하는 것이다(법률·정책상으로 허용하는 것을 구체적으로 나열한 뒤 나머지는 모두 금지하는 방식)(한경 경제용어사전, 2024).6) 마지막으로, 규제 수행주체에 따라 직접규제, 자율규제, 공동규제로 분류할 수 있다(이혜영, 2012). 직접규제는 정부의 규제 수행을 의미하고, 자율규

---

4) 정부의 직접적인 규제방식인 명령지시 규제는 규제의 유연성이 낮기 때문에, 신산업 육성 등을 위해서는 시장유인적 규제수단 개발이 활성화 될 필요가 있다는 주장이 제기된다(김태윤, 1999; 대한경제, 2022).

5) 배출권거래제도는 "특정 오염물질의 배출권을 신형의 재산권으로 설정해 줌으로써 오염의 제거 의무가 시장에서의 배출권 거래를 통하여 가장 효율적으로 배분될 수 있도록 하는 규제방식"이다(최병선, 2009: 17).

6) 일반적으로 포지티브 규제(예:「자동차관리법」제3조(자동차의 종류)에서는 자동차를 승용차, 승합차, 화물차, 특수차, 이륜차로 분류하여 이 중 하나에 해당하지 않는 경우 자동차가 아닌 것으로 봄)가 네거티브 규제[한국에서는 최근 최소 규제(네거티브 방식)의 규제 특례를 위해「지역특구법」제4조에 이미 규정되어 있는 우선허용·사후규제 원칙을 적용하기 위한 절차를 마련하고자「규제자유특구 및 지역특화발전특구에 관한 규제특례법 시행령」(약칭:「지역특구법 시행령」) 일부개정] 보다 규제 강도가 세다(국무조정실, 2023; 시사상식사전, 2024; 한경 경제용어사전, 2024).

제는 개인과 기업 등 피규제자가 스스로 합의된 규범을 만들고 이를 구성원들에게 적용하는 규제방식을 의미하며, 공동규제는 정부로부터 위임을 받은 민간집단에 의해 이루어지는 규제를 의미한다.

2) 정부규제의 효과

정부규제는 시장실패를 해결하는 데 기여할 수 있다는 점에서 긍정적 효과를 지니지만 의도하지 않은 부정적 영향도 미칠 수 있다. 규제의 부정적 영향에 대한 대표적인 예가 바로 '규제의 역설'이다. 규제의 역설은 "정부에 의해 만들어진 규제가 실제로 집행되는 과정에서 의도와는 달리 반대의 효과가 발생하는 현상"을 의미하며, 이는 정부규제가 정부의 의도대로 항상 바람직한 결과를 초래하지만은 않는다는 것이다(Sunstein, 1990; 김대연, 2017: 28). 이러한 규제역설이 발생하는 이유는 규제증가로 인해 규제를 위한 불필요한 기관들이 증설되고, 규제대상자들이 뇌물 등을 이용해 규제를 회피하거나[7] 제도의 맹점을 이용하여 합법적으로 규제를 피하고자 하며, 정부의 시장에 대한 정보 부족 등으로 인해 불완전한 규제가 형성되기 때문이다(김대연, 2017). 대표적인 규제의 역설 현상은 다음과 같다(이혜영, 2018). 첫째, 과도한 규제가 오히려 과소한 규제가 되는 경우로 환경오염을 줄이기 위해 현실적으로 달성하기 어려운 규제수준을 설정하는 경우(과도한 규제), 오히려 규제가 제대로 이루어지지 못하는 상황이 발생할 수 있다(과소한 규제). 둘째, 새롭게 발생하는 위험만을 규제할 때 기존에 존재하는 위험들은 사각지대에 놓이게 되어, 오히려 규제가 제대로 이루어지지 않을 수 있으며 이는 오히려 사회전체의 위험비용을 증가시킬 수 있다(예: 공기정화장치, 안전장치 의무를 새 차에 부과하면 소비자는 오히려 낡은 차를 구매하여 환경오염은 증가할 수 있음). 셋째, 최고의 기술을 요구하는 분야에 규제를 강화하면 오히려 민간의 기술 개발 의욕이 약화되어 기술 개발이 지연될 수 있다(예: 코로나19 팬데믹 상황에서 규제로 인한 바이오 기업들의 백신 및 치료제 개발 의욕 저하).[8] 넷째, 소득재분배를 달성하기 위한 규제는 오히려 사회적 약자를 보호하

---

7) 이러한 차원에서 규제의 역설은 포획이론(capture theory)으로도 설명할 수 있다.
8) 이와 같은 규제역설을 개선하기 위해 최근 정부에서는 '규제샌드박스'를 확대·적용하고자 하고있다(규제정보포털, 2024a). 규제샌드박스에 대한 보다 자세한 내용은 후술한다.

지 못할 수 있다(예: 최저임금제 인상으로 인해 기업들은 인건비 감소 목적으로 노동자들을 해고 할 가능성이 높음).

3) 규제개혁 합리화와 한계

(1) 규제개혁 의의

규제개혁은 "불합리한 규제를 개선하기 위해 규제의 생성, 운용, 소멸의 모든 과정에서 정부가 체계적으로 개입하는 것"이다(이종수 외, 2022: 678). 이를 위해 규제 정보는 규제등록제9) 등을 통해 국민들에게 제공되고 있으며, 규제개혁을 위한 추진체계는 [그

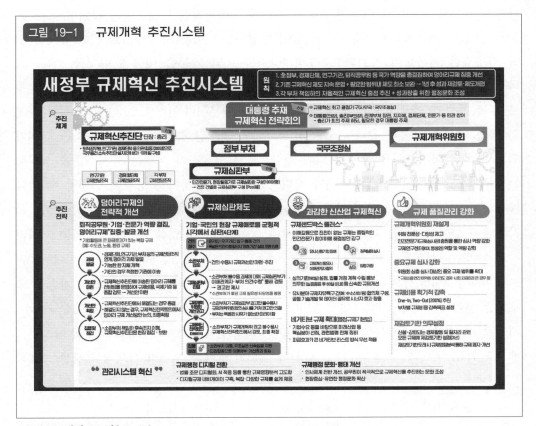

그림 19-1 규제개혁 추진시스템

출처: 규제정보포털(2024b).

림 19-1]과 같이 이루어지고 있다.

대표적인 규제개혁 방안에는 '규제샌드박스'가 있다. 특히 한국에서는 최근 신사업 규제개혁을 위해 규제샌드박스를 다양한 분야(예: 금융, 바이오 산업 등)에 확대·적용하고 있다. 국무조정실(2024)에 따르면 규제샌드박스는 "사업자가 신기술을 활용한 새로운 제품과 서비스를 일정 조건하에서 시장에 우선 출시해 시험·검증할 수 있도록 현행 규제의 전부나 일부를 적용하지 않는 것을 말하며 그 과정에서 수집된 데이터를 토대로 합리적으로 규제를 개선하는 제도"이다. 규제샌드박스는 2016년에 영국 정부가 처음 도입하여 현재 한국뿐 아니라 전 세계 60여개 국에서 운영 중인 제도로 "아이들이 모래놀이터(sandbox)에서 안전하게 뛰어놀 수 있는 것처럼 시장에서의 제한적 실증을 통해 신기술을 촉진하는 동시에 이 기술로 인한 안전성 문제 등을 미리 검증하는 것을 목적"으로 하고 있다(국무조정실, 2024). 이처럼 아이들이 모래놀이터에서 더 자유롭게 놀고, 성장하는 것과 같이 '규제 프리존'에서 새로운 산업이 더 발전할 수 있다는 취지하에 한국은 2017년 9월 7일 규제샌드박스 도입을 발표한 이후, 1년 여의 준비기간을 거쳐 2019년 1월 정보통신융합(ICT)·산업융합 분야를 시작으로 제도를 시행하고 있다. 규제샌드박스는 제도의 기획과 총괄운영을 담당하는 국무조정실을 중심으로 각 분야별 주관부처가 협업하는 체계로 운영하고 있다. 주관부처는 소관 법률에 따라 분야별 전문성을 토대로 제도를 운영하며, 부처간 이견이 있는 쟁점과제의 경우에는 국무조정실 주관의 '규제샌드박스 관계부처 TF'를 통해 점검·조정하고 있다. 각 부처는 규제샌드박스 관련 사항의 심의·의결을 위해 장관을 위원장으로 하는 민관 합동의 '특례 심의위원회'를 구성·운영하고, 규제자유특구 분야는 국무총리를 위원장으로 하는 상위 위원회인 '규제자유특구 위원회'를 두고 있다(규제정보포털, 2024a). 보다 자세한 규제샌드박스 운영체계 및 현황은 [그림 19-2]와 [그림 19-3]을 참조하기 바란다.

---

9) 정부는 국민과 기업 등 정책수요자에게 규제의 내용을 알기 쉽게 제공하기 위해 1998년 「행정규제기본법」을 시행하였으며, 이에 따라 '규제등록제도'를 도입하였다. 「행정규제기본법」 제6조와 동법 시행령 제4조, 제5조에 따라 중앙행정기관의 장은 소관 규제를 신설하거나 등록된 규제를 변경·폐지하는 경우에는 당해 규제에 관한 법령 등이 공포 또는 발령된 날부터 30일 이내에 소관 규제의 명칭·내용·존속기한 등을 규제개혁위원회에 등록하여야 한다. 또한 규제개혁위원회는 등록된 규제를 인터넷 홈페이지 등을 통해 국민에게 알리고 매년 6월 말까지 국회에 제출하여야 한다(규제정보포털, 2024b).

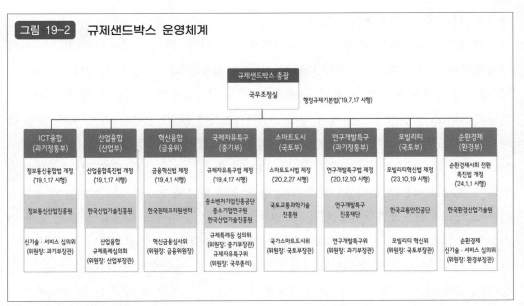

출처: 규제샌드박스(2024a).

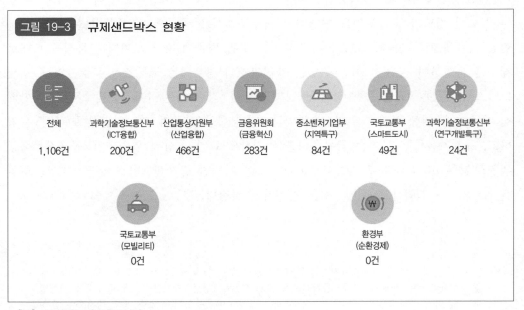

출처: 규제샌드박스(2024b).

(2) 규제개혁 단계

규제개혁이 원활하게 이루어지기 위해서는 규제개혁 단계별로 세밀한 검토가 필요하다(이하 행정학용어사전, 2020: 529-530). OECD에 의하면 규제개혁의 첫 번째 단계는 '규제완화(deregulation)'이다. 이는 절차와 구비서류의 간소화, 규제순응비용의 감소 및 규제폐지를 통한 규제총량의 감소를 의미한다.[10) 규제완화는 과다한 정부규제에 따른 비용 발생, 산업구조 왜곡, 행정부조리 등의 문제점을 해결하기 위해 도입되었으며, 한국의 경우 1990년대 이후 규제관리의 핵심 사항으로 활용되어 왔다. 규제완화의 대표적인 예로 김대중 정부 초기에 있었던 규제총량 50% 감소 사례, 2009년 한시적 규제유예제도 도입 등이 있다.[11)

두 번째 단계는 '규제품질관리(regulatory quality management)'이다. 이는 규제완화를 통해 총량적 규제관리가 이루어지고 난 후 개별 규제의 질적 관리에 초점을 두는 단계이다. 이 단계는 사회경제적 여건의 변화에 따라 개별 규제수단이 적정하고 효율적인지, 유연하고 단순한 규제수단 혹은 비규제수단을 활용할 수 있는 방안은 없는지 등을 고려하는 단계이다. 한국에서는 규제영향분석제도를 통해 규제품질관리를 실현하고 있다. 성공적인 규제품질관리를 위해서는 규제영향분석을 통해 해당 규제의 정당성을 입증하고, 투입규제보다 성과기준 규제를 도입하며, 보조금이나 정책홍보와 같은 비규제 대안을 검토하고, 중소기업에 대한 규제효과를 분석하며, 규제 존속기간을 설정할 필요가 있다.

세 번째 단계는 '규제관리(regulatory management)'이다. 이는 총량적 개혁이나 개별 규제의 질적 관리 문제에만 국한하지 않고 한 국가의 전반적인 규제체계까지 관심을 갖는 단계이다. 이 단계에서는 규제와 규제 간 상호관계와 이들 규제와 전체 국가규제체계의 정합성을 판단한다는 점에서 거시적 관점 및 규제체계의 정합성이 중요하게 고려

---

10) 이와 관련해 '규제일몰제'가 시행되고 있다. 규제일몰제는 국민의 권리를 제한하거나 의무를 부과하는 법령(법률·대통령령·총리령·부령 및 고시 등)상 행정규제에 존속기한 또는 재검토 기한을 설정하고 기한 도래 시 폐지하거나 개선을 검토하는 제도로써, 경제·사회 환경변화에 따른 규제의 타당성을 제고하고 국민과 기업의 규제 부담을 완화하기 위한 제도이다(규제정보포털, 2024b).

11) 이와 유사한 예로 영국 정부는 2010년 9월 '규제비용총량제(one-in, one-out)'를 도입하였으며, 2013년부터는 규제완화에 대한 정치적 의욕 증대를 반영하기 위해 이를 '규제감량제(one-in, two-out)'로 변경하였다(김명환, 2015).

된다. 규제관리의 대표적인 예로 개인정보보호규제를 들 수 있다. 개인정보보호규제는 사회 전체적으로 개인정보의 위험에 비례하여 설정되어야 한다는 것이다.

(3) 합리적인 규제개혁 방향

합리적인 규제개혁을 위해서는 규제영향분석을 실시할 필요가 있다. 「행정규제 기본법」 제2조에 의하면, 규제영향분석은 "규제로 인하여 국민의 일상생활과 사회·경제·행정 등에 미치는 여러 가지 영향을 객관적이고 과학적인 방법을 사용하여 미리 예측·분석함으로써 규제의 타당성을 판단하는 기준을 제시하는 것"을 말한다(국가법령정보센터, 2024a).[12] 신설·강화되는 행정규제 모두는 '규제영향분석서'를 작성해야 하는데, 규제영향분석이 필요한 이유는 다음과 같다(이혁우, 2021: 207−208). 첫째, 규제영향분석은 규제로 발생할 수 있는 비용과 편익을 모두 고려하기 때문에 사회적 자원의 효율적 배분을 위해서도 시행이 필요하다. 둘째, 규제영향분석은 규제의 사회적·경제적 영향을 과학적 분석(비용−편익분석) 방법을 활용하여 분석하므로 이러한 결과를 정부가 합리적인 의사결정을 하는 데 긍정적으로 활용할 수 있다. 셋째, 규제영향분석에서는 다양한 이해관계자의 이해관계도 분석에 포함하기 때문에 이해관계 갈등을 조정하는 데 기여한다. 넷째, 규제영향분석은 관료들에게 규제비용에 대한 책임성을 확보하는 데 있어서도 긍정적인 역할을 할 수 있다.

그러나 한국의 규제개혁은 다음과 같은 한계점을 지닌다(이하 이혁우, 2021: 283−297). 첫째, 규제개혁이 지나치게 양적 측면에서의 규제완화를 강조하고 있다. 이로 인해 규제품질관리 단계와 규제관리 단계의 개혁을 상대적으로 소홀히 한 경향이 있다. 둘째, 규제품질관리 단계 차원에서의 한계를 지닌다. 규제 비용과 편익 분석이 심층적으로 실시되지 않아 규제영향분석이 체계적으로 이루어지지 못하는 측면이 있다. 또한 의원입법 규제는 규제품질관리 대상 심사에서 제외되기 때문에 규제품질관리의 사각지

---

12) 같은 맥락에서 '규제비용관리제(Cost−In, Cost−Out)'를 고려할 수 있다. 이는 규제 신설·강화 시 이에 상응하는 비용의 규제 폐지·완화를 통하여 피규제자의 부담을 경감할 수 있도록 규제비용을 관리하는 제도이다. 규제를 도입할 때, 피규제자에게 어떠한 비용과 편익이 발생하는지 분석하도록 하고, 순비용이 발생하면 기존의 규제 중에서 개선이 필요한 규제를 찾아내어 정비(폐지·완화)하려는 노력을 유도함으로써 신규로 도입되는 규제의 품질은 높이고 기존 규제는 개선하는 것을 목적으로 하고 있다(규제정보포털, 2024b).

대로 존재하였다. 셋째, 규제관리 단계 차원에서도 한계가 존재한다. 규제 간 연계가 부족하여 전체적인 규제 총량 파악이 쉽지 않으며, 규제 간 관계에 대한 정보도 파악하기 어렵다.

따라서 향후 보다 합리적인 규제개혁을 시행하기 위해서는 다음과 같은 사항들을 고려할 필요가 있다.[13] 첫째, 규제대상자들의 규제 수용성 증진방안을 고려해야 한다. 규제 수용성은 "감독기관이 규제나 감독을 추진하는 과정에서 대상집단(예: 금융기관) 종사자들이 규제를 긍정적으로 받아들이려는 내면적 가치체계나 태도"이다(김효기·심준섭, 2012: 45). 규제기관은 독립성, 책임성, 투명성, 공정성, 전문성 등을 확보하여 규제대상자들로 하여금 규제기관에 대한 신뢰를 확보할 필요가 있다. 둘째, 규제개혁 과정, 특히 규제품질관리 단계에서 다양한 이해관계자를 참여시켜 민주성을 증진시켜야 한다. 특히 참여적 규제개혁 방안을 고려할 필요가 있다(박선주·이종한, 2019). 규제개혁 이해당사자인 규제대상자들의 참여가 중요한데, 특히 규제개혁 추진과정에서 규제 비용부담자와 편익수용자 모두가 참여할 수 있도록 해야 한다(박선주·이종한, 2019).[14] 최근에는 규제개혁의 합리성과 민주성을 증진시키기 위해 전 세계적으로 '규제협의(regulatory con-sultation)'에 대한 중요성이 부각되고 있다(한국행정연구원, 2019: 37). 규제협의는 다양한 이해관계자와 사회구성원들이 규제정책과정에 참여하여 의견을 조율하고 정치적 합리성을 추구하고자 하는 데 목적을 두고 있다. 최근 한국 정부에서도 규제개혁에 대한 국민참여 및 정보제공을 확대하고 있다(한국행정연구원, 2018: 37). 마지막으로, 규제영향분석의 사전적 비용과 편익 분석도 중요하지만, 사후적인 규제비용 검증과 같은 '규제사후영향평가제도'도 적극 활용해야 한다(이민호, 2018).[15] 앞에서도 살펴보았듯이 규제영향분석이 효과적인 규제품질관리 수단임에도 불구하고 실행이 잘되지 않고 있다. 또한 규제효과의 사전적 예측이 실제 규제효과와는 상당한 차이가 발생할 수 있음을 고려할 때 규제영향분석과 같은 사전적 제도와 함께 사후적 규제비용 검증도 반드시 시행될 필

---

13) 합리적 규제개혁을 위해서는 무엇보다도 관료들의 적극행정이 필수적이다. 이와 관련된 내용은 본서 제8장을 참조하기 바란다.

14) 이는 합리적인 규제개혁을 위해 공론화 방안이 활용될 수 있음을 보여준다. 공론화에 대해서는 갈등조정 부분에서 후술한다.

15) 규제사후영향평가제도는 「행정규제기본법」에서 규정되고 있지는 않지만 규제업무매뉴얼 등에서 권고사항으로 제시되고 있어 이에 대한 제도설계가 필요하다(이민호, 2018).

요가 있다. 이때 규제비용 실제 부담자들과 외부전문가들의 참여도 함께 이루어져야 할 것이다(박선주·이종한, 2019).

이처럼 규제개혁 합리화를 위해 규제개혁 신문고(불합리한 규제에 대한 의견 청취), 규제영향분석, 규제일몰제, 규제협의, 규제협상(regulatory negotiation)[16] 등 다양한 방안을 제시하고 있지만 규제의 특성, 특히 규제의 정치성으로 인해 합리적인 규제개혁은 사실상 많은 어려움을 겪고 있다. 향후 AI 활용 본격화, 디지털 전환, 4차 산업혁명, 공유경제 등과 관련된 규제개혁 논의는 이해관계자들 간에 상당한 갈등이 예상되기에 이에 대한 갈등조정 방안도 수립되어야 한다.

2. 갈등조정

1) 갈등의 의의와 기능

갈등이란 "한 개인이 그가 소중히 여기는 어떤 것에 대해 다른 사람이 부정적인 영향을 미쳤거나 미칠 것이라 인식할 때 시작되는 과정"이라고 할 수 있다(Robbins & Judge, 2014: 530). 이러한 갈등은 전통적 관점과 상호작용적 관점에 따라 다르게 해석될 수 있다. 전통적 관점에서는 갈등을 부정적으로 해석하며, '갈등은 발생해서도 안 되고, 발생 즉시 해결되어야 하는 것'으로 인식한다. 반면에, 상호작용적 관점에서는 갈등의 순기능에 초점을 두어 해석하며, '갈등은 환경변화에 따라 자연스럽게 발생하는 것이고, 갈등의 순기능을 살려 적극적으로 관리할 필요가 있는 것'으로 인식한다(진종순 외, 2016:

---

16) 이는 1970년대 미국에서 시작되었으며, 정부의 규제정책에 영향을 받는 이해관계자와 기관들이 상호협의 하에 합의를 도출하는 것을 목적으로 한다. 규제협상의 목적은 규제불응을 줄이고자 하는 것이다(신고리 5·6호기 공론화위원회, 2017). 이 역시 앞서 논의한 공론화의 한 방안으로 볼 수 있다. 한국에서는 규제협상 방식의 예로 '한걸음 모델'이 활용된 바 있다. 2019년 규제샌드박스나 규제입증책임제(정부에 규제 합리성 입증책임을 부여하는 것) 등이 도입되었으나 신사업의 신속한 정착이 이루어지지 않고 기존 사업자와의 이해충돌로 인해 사회적 갈등이 증폭되었다. 이를 해결하기 위해 '한걸음 모델'이 도입되었는데, 이는 이해관계자들이 아래로부터의 합의를 통해 상생의 사회적 타협 메커니즘을 구축하고자 하였으며, 신사업 진입 촉진을 위한 규제개선과 갈등해결을 목적으로 하였다(김학린, 2022).

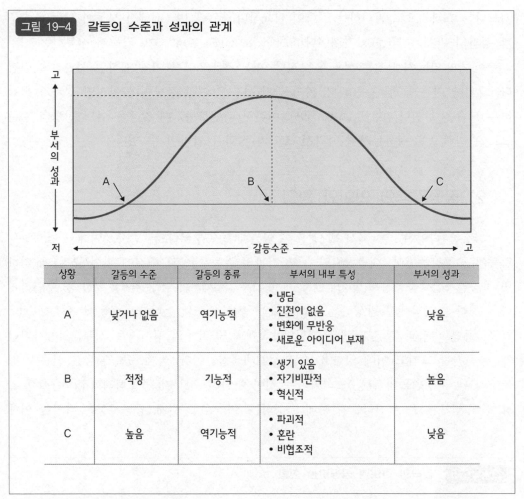

그림 19-4 갈등의 수준과 성과의 관계

상황	갈등의 수준	갈등의 종류	부서의 내부 특성	부서의 성과
A	낮거나 없음	역기능적	• 냉담 • 진전이 없음 • 변화에 무반응 • 새로운 아이디어 부재	낮음
B	적정	기능적	• 생기 있음 • 자기비판적 • 혁신적	높음
C	높음	역기능적	• 파괴적 • 혼란 • 비협조적	낮음

출처: Robbins & Judge(2014: 557).

287). 이와 같은 갈등에 대한 두 가지 관점을 따를 때, 갈등은 역기능과 순기능을 모두 지닌다고 할 수 있다. 갈등은 구성원 간 원만한 의사소통을 방해하며, 신뢰와 개방성을 저해하고, 때로는 파괴, 폭력, 비합리성을 동반하는 역기능이 있는가 하면(Robbins & Judge, 2014: 531), 반면에 갈등은 집단 또는 구성원 간 역동성을 증진시키며, 조직에 생동감을 제공하고, 창조적 사고를 불러일으키며, 때로는 경쟁을 촉발시켜 의사결정의 질을 높이는 순기능도 있는 것이다(김호정, 2009: 99). 따라서 갈등을 무조건적으로 억제하

기보다는 효과적으로 관리하는 전략이 필요하다. [그림 19-4]에서 보듯이 갈등의 수준
과 성과의 관계는 역(逆) U자형이다(Robbins & Judge, 2014: 557). 갈등이 잠복하는 시기
(갈등이 거의 없는 시기)에는 성과가 낮지만, 어느 정도의 갈등이 존재하면 성과가 올라간
다. 그러나 이는 특정 수준(B시점)까지 증가하다 그 이상 갈등이 높아지면 성과가 하락
하는 모습을 보인다(김정인, 2018a: 495). 이러한 측면을 볼 때 갈등을 어느 정도의 수준
으로 관리하고 조정하는가에 따라서 조직의 성과가 달라질 수 있다.

2) 공공갈등의 의의와 원인

갈등은 다양한 분야에서 발생할 수 있는데 공공부문 또는 공공영역에서 발생하는
갈등이 공공갈등이다. 대통령령인 「공공기관의 갈등 예방과 해결에 관한 규정」에 의하
면 공공갈등은 "공공정책(법령의 제정·개정, 각종 사업계획의 수립·추진을 포함)을 수립하거
나 추진하는 과정에서 발생하는 이해관계의 충돌"을 일컫는다(국가법령정보센터, 2024b).
공공갈등은 다음과 같은 특징을 지닌다. 첫째, 공공갈등의 당사자는 정부, 지방자치단
체, 공공기관 그리고 이에 영향을 받는 정책대상집단이다. 둘째, 공공갈등은 단순히 정
부조직 내 구성원들의 갈등을 의미하는 것이 아니라, 정부가 공공정책과정(의제설정, 결
정, 집행, 평가 등)을 추진하는 가운데 발생하는 갈등이다. 셋째, 공공갈등은 다양한 이해

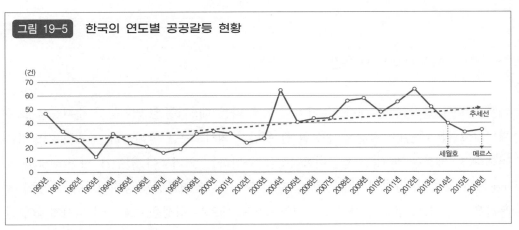

그림 19-5 한국의 연도별 공공갈등 현황

출처: 충남연구원(2018).

관계자들의 이해관계가 대립하는 갈등이라고 할 수 있다. 대표적인 공공갈등 사례로는 방폐장 입지선정 사례, 한탄강 댐 건설 사례, 동남권 신공항 건설 사례 등이 있다. [그림 19-5]에 제시되어 있듯이 한국의 공공갈등 건수는 과거에 비해서 점차 증가하고 있다.

공공갈등의 유형 구분에 대해서 학자들 간에 합의된 바는 없지만, 공공갈등의 당사자, 공공갈등 원인, 공공갈등 내용, 갈등의 성격 및 표출 여부 등에 따라 다음과 같이 분류할 수 있다(이하 이달곤 외, 2012; 김종호 외, 2004; 이용훈, 2013; 정용덕, 2010; 김정인, 2018b: 25-27). 첫째, 공공갈등 당사자에 따라 정부와 주민 간 갈등, 정부와 정부 간 갈등으로 분류할 수 있다. 둘째, 공공갈등 원인에 따라 이해갈등, 가치갈등, 사실갈등, 구조적 갈등 또는 이익갈등, 가치관의 이념갈등, 개인이나 집단의 정체성(예: 성, 연령, 인종) 갈등 등으로 분류할 수 있다. 셋째, 갈등내용에 따라 입지갈등, 권한갈등, 환경갈등, 문화갈등 등으로 분류할 수 있다.

그렇다면 공공갈등은 왜 발생하는가?(이하 김정인, 2018b: 27-34). 첫째, 공공갈등은 권력구조적(권위주의적 정치체제 → 민주화된 정치체제로 이양과정 갈등), 사회문화적(예: 저신뢰 사회에 따른 타협과 대화 경시), 법·제도적(갈등해결을 위한 제도적 장치 미비) 요인들에 의해 발생할 수 있다(이달곤 외, 2012: 434-436). 둘째, 공공정책과정에서 정책이 불분명한 경우, 정보공개 및 투명성이 확보되지 못한 경우, 주민참여가 보장되지 않은 경우 등에 의해서 공공갈등이 발생할 수 있다(나태준, 2004: 59-70). 셋째, 갈등참여자들의 프레임 (frame)[17] 차이에 의해서 공공갈등이 발생할 수 있다(심준섭·김지수, 2011). 넷째, 공공정책과정의 절차적 차원에서 정부정책이 일방적이고 폐쇄적인 경우 공공갈등이 발생할 수 있다(정지범, 2010: 151-152). 다섯째, 공공갈등 대상자들이 인식하는 시간적(현재세대와 미래세대 갈등)·공간적(공간적 차이 갈등)·집단적(집단 차이 갈등) 형평성 차이 때문에 공공갈등이 발생할 수 있다(정지범, 2010: 147-151). 아래에서는 공공갈등을 효과적으로 관리(갈등해결 또는 적정수준으로의 갈등관리)할 수 있는 방안에 대해 살펴본다.

---

17) 프레임이란 "표상과 인식을 인도하는 기본적인 인지적 구조(cognitive structure)"를 말한다(심준섭·김지수, 2010: 232). 대표적인 프레임의 예로 정체성 프레임은 자신이 속한 집단과 구성원에 대한 의미 부여이고, 특징부여 프레임은 상대방이 속한 집단과 구성원에 대한 의미 부여이며, 위험프레임은 위험에 대한 인식이고, 손익프레임은 이익과 손실에 대한 인식을 의미한다.

3) 공공갈등 관리방안

(1) 전반적 방향

공공갈등의 해결에는 다양한 방안이 제시될 수 있다. 한국은 현재 공공갈등관리를 위한 '갈등관리에 관한 기본법'이 제정되어 있지 않고,[18] 대통령령인 「공공기관의 갈등 예방과 해결에 관한 규정」만 존재하여 종합적인 공공갈등관리 법체계가 마련되어 있지 않은 실정이다. 국무조정실을 중심으로 갈등관리체계가 형성되어 있기는 하지만 여전히 미흡한 실정이다(김정인, 2018b: 34-38).[19] 향후 효과적인 공공갈등관리를 위해서는 한 국에도 미국의 「행정분쟁해결법」(The Administrative Dispute Resolution Act of 1996), 「협상에 의한 규칙제정법」(Negotiated Rule Making Act of 1996), 「대안적 분쟁해결법」(Alternative Dispute Resolution Act of 1998)이나, 프랑스의 예방적·사전적 갈등관리제도인 '공공토론위원회(Commission Nationale du Débat Public, CNDP)'와 '민의조사(Enquete Publique)'제도, 사후적 갈등관리기구인 '공화국조정처(Mediateur de la Republique, MR)' 등의 제도(공론화의 제도화) 도입을 검토할 필요성이 있다.[20]

(2) ADR

과거 공공갈등의 해결방안은 정부 중심의 강압적이고 일방적인 방안이 주로 활용되었다(예: Decide-Announce-Defend, DAD 방식). 그러나 행정환경의 변화로 더 이상 이러한 방안은 적합하지 않으며, 최근 대안적 갈등해결 방안(Alternative Dispute Resolution, 이하 ADR)이 주목을 받고 있다. ADR은 "갈등해결에 있어서 법원심리(court hearing)나 소송(litigation) 이외의 대안이 되는 갈등해결 방식이며, 이는 갈등당사자들이 제3자의 도움(없이)으로 갈등을 해결하는 방법으로, 공식적인 법원의 소송 등 법률적 절차(과정) 이외의 갈등해결 방식과 기법"이라고 할 수 있다(임동진, 2013: 132). 즉, ADR은 "소송으

---

18) 한국에서는 2005년 이후 다수의 갈등관리 관련 법안들이 국회에 상정되었지만, 결국 법제화되지 못했다. 이와 관련해 '갈등관리기본법'을 제정하고, 지원센터를 설립해야 한다는 요구의 목소리가 지속되고 있다(연합뉴스, 2023).

19) 「공공기관의 갈등 예방과 해결에 관한 규정」은 대통령령이기 때문에 중앙행정기관에만 적용되는 한계가 있다.

20) 보다 자세한 내용은 김정인(2018b)을 참조하기 바란다.

로 갈등을 해결하는 것이 아니라 비소송 분쟁해결 수단으로서 당사자 사이 또는 중립적이고 객관적인 제3자를 활용하여 협상하거나, 조정하거나, 중재하는 분쟁해결 방안"을 의미하는 것이다(이선우 외, 2014: 170). 따라서 ADR은 갈등당사자 간 자율성을 강조하는 대안적 분쟁해결 방안이며, 특히 제3자의 협상,[21] 조정·중재과정이 매우 중요하게 고려된다(이선우 외, 2014: 170). 여기서 조정(mediation)은 "갈등해결에 제3자인 조정자가 참여를 하지만 중재의 중재자와 달리 조정자의 경우 갈등당사자들의 갈등해결에 조언자 또는 자문의 역할을 수행"한다.[22] 반면, 중재(arbitration)는 "갈등의 해결에서 갈등당사자들의 직접적인 갈등해결이 아닌 중립적인 제3자가 갈등당사자들의 동의를 얻어 협상에 개입"하는 것으로서 이때 "중재자의 결정은 법적 구속력을 갖는 경우가 많다"(국정관리학회, 2014: 346; 임동진, 2013: 133).

　ADR은 갈등당사자의 일방적인 승패를 구분하는 방식이 아니라, 갈등당사자 모두가 자발적인 협력을 통해 공동상생을 추구하는 방안이라는 데 의의가 있다(Bowers, 1980). 또한 시간 및 비용절약, 예측 가능성과 자기결정권 증대, 대안의 창의성 증대, 당

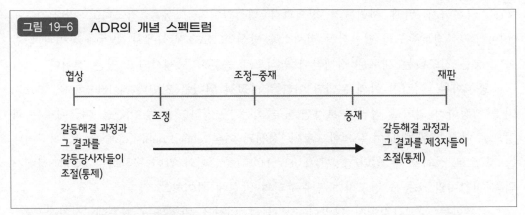

그림 19-6 ADR의 개념 스펙트럼

출처: 임동진(2013); 김정인(2018b: 77).

---

21) 협상(negotiation)은 "개인 혹은 조직이 원하는 무엇인가를 얻어 내거나 이해관계자들이 분쟁을 해결하는 방법"이다(김정인, 2018a: 503). 협상전략은 배분적 협상(distributive bargaining)과 통합적 협상(integrative bargaining)으로 살펴볼 수 있다(Robbins & Judge, 2014). 전자는 "제한된 자원을 나눔에 있어 각자가 가능한 한 많은 자원을 갖고자 하는 제로섬(zero-sum) 협상"이며, 후자는 "전체 목표를 증대시키는 플러스섬(plus-sum) 협상"을 의미한다(김정인, 2018a: 505).

22) 이때 당사자 간 합의내용, 즉 조정내용은 법적 효력이 약하다(김정인, 2018a: 508).

사자 간 관계 향상, 학습의 기회 증대 등에서 ADR은 긍정적 측면을 지닌다(국정관리학회, 2014: 348).

그러나 ADR을 공공갈등관리에 적용하는 데에는 한계가 따른다. 공공갈등은 법·제도적 제약으로 인해 조정과 타협이 실현되기 어려우며, 한국의 경우 ADR이 위원회 형태로 운영되기 때문에 실효성이 낮은 측면이 있는 까닭이다. 또한 ADR은 강제력과 구속력이 부족하다는 것이 약점으로 지적되곤 한다(김정인, 2015: 762).

공공갈등의 해결은 쉽지 않다. 따라서 효과적인 갈등조정을 위해서는 상황과 맥락에 맞는 다양한 방안들이 제시되어야 할 것이다. 결론적으로 미래의 성공적인 정부 운영은 효과적인 갈등관리에 달려 있다고 보아도 무방할 것이다.

(3) 공론화

공론화는 '참여적 거버넌스(participatory governance)'의 일환으로 여러 가지 사회문제 해결, 공공갈등 관리에 시민의 참여를 활성화하는 중요 기제로 등장하고 있다. 특히 공론화는 대의민주주의에서 발생하는 여러 가지 문제들(예: 정보비대칭 등과 같은 대리인문제)을 극복하기 위해 시민들의 정책과정 직접참여와 소통을 강조하고 있다(김주환, 2019). 과거 정부주도의 일방적인 정책소통 방식인 DAD 방식에서 벗어나 참여와 쌍방향 소통을 강조하는 새로운 정책참여 방식으로 공론화가 제시되고 있는 것이다.

공론화는 "여럿이 함께 논의함"이라는 사전적 의미를 지닌다(네이버국어사전, 2020). 이를 행정학적 의미로 정리해 보자면, 공론화는 "공정하고 바른 의견을 이끌어내는 과정으로 다수가 함께 모여 논의함으로써 '정제된 여론(refined public opinion)'을 이끌어내는 것"으로 정의할 수 있다(김정인, 2018b: 119-120). 이와 같이 공론화는 정책과정에서의 시민참여와 소통을 강조하며 민주주의의 발전에 기여하고 있다.

공론화는 정책과정에서 다양한 시민들의 의견을 반영하는 가운데 '정치적 평등(political equality)'과 '숙의(deliberation)'의 가치를 강조한다. 이 중 정치적 평등은 "사회구성원 모두의 의견을 포괄 또는 포용하는 것"을 의미한다(Fishkin, 2009: 1). 숙의는 "참여자의 사려 깊음"(김정인, 2018b: 120)을 의미하는데, 이때 사려 깊음은 학습과 토론, 토의를 통해 합리적인 의사결정을 도출할 수 있는 사고를 의미한다고 볼 수 있다. 이 때문에 공론화를 숙의민주주의(deliberative democracy)의 발전을 이끄는 중요한 장치로 인식하는 경우가 많다. 숙의민주주의는 시민들이 "일정한 기간 동안 관련 정책에 대해 정확하고 충분한 정보를 제공받고 토론과 토의를 통해 학습한 뒤 의사결정에 참여"한다는 의미를 가진다(김정인, 2018b: 127). 즉, 숙의민주주의 활성화에 공론화가 중요한 역할을 하는 것이다.

공론화의 유형은 다양하게 제시될 수 있다. 하지만 보다 현실적인 숙의민주주의의 활성화 방안으로는 시민의회(citizens' assembly), 공론조사(deliberative polls), 플래닝 셀 (planning cells), 합의회의(consensus conferences), 시민배심원제(citizens' juries) 등과 같은 다섯 가지 공론화 유형이 제시될 수 있다(Niemeyer, 2011; 김정인, 2019). 이들 유형은 'mini−publics'[23]로서 전국 규모보다 작은 규모의 지역사회 정책과정에 보다 유용하게 활용될 수 있다(Bachtiger et al., 2010; 김정인, 2018b). 보다 구체적인 mini−publics 특징은 <표 19−1> 및 <표 19−2>와 같다.

우리나라에서 공론화를 도입하게 된 배경은 1990년대 이후 민주주의의 급격한 발전으로 인해 시민들의 정책과정 참여에 대한 욕구가 강해진 데 있다(은재호, 2017). 특히 민주화 과정에서 시민들의 다양한 의견 표출은 긍정적인 영향도 초래(예: 사회적 다양성과 창의성 증진)하였지만, 민간과 민간 간, 민간과 정부 간, 정부와 정부 간 갈등이나 분쟁의 급증현상을 초래하기도 했다. 이러한 갈등이나 분쟁을 극복하고자 하는 노력으로 공론화가 관심을 받기 시작한 것이다. 1990년대 후반부터 2000년대 초반까지 극심한 갈등을 빚었던 울산북구 음식물자원화시설 건립문제에 시민배심원제가 시행되면서 공론화가 정책과정의 시민참여를 통해 상호 소통하고 이해하며, 신뢰를 구축하는 가운데 갈등상황을 타개해 갈 수 있는 중요한 기능을 담당할 수 있음을 확인하게 되었다(채종헌 외, 2018). 2013년에는 국가적 차원의 공론화 기구인 '사용후핵연료 공론화위원회'가 구성되어 1년 8개월여간 운영되었으며(정정화, 2018), 이후 2017년 '신고리 5·6호기 공론화 위원회' 그리고 2018년 '대입제도개편 공론화 위원회' 등과 같은 국가 차원의 공론화 위원회가 구성·운영된 바 있다. 그 밖에도 많은 지방자치단체에서 지역의 정책추진과정에 공론화를 통한 주민참여 강화 방안을 모색하고 있다(예: 제주 녹지병원 공론화, 대전 월평공원 공론화).

---

23) 이는 "달(R. Dahl)의 'Minipopulus'라는 용어에서 유래했으며(Dahl, 1989), 정책결정과정에 모든 대중이 아닌 관심 있는 주민들의 참여를 유도하는 방안을 의미"한다(김정인, 2019: 119).

표 19-1 Mini-publics의 분류

구분		최종 의사결정 방법	
		공통의견 (common statement)	개인투표 (individual voting)
참여자 수	다수의 참여자 (100명 초과 참여자)	시민의회	공론조사, 플래닝 셀
	소수의 참여자 (30명 미만)	합의회의, 시민배심원제	없음

출처: 김정인(2018b: 136).

표 19-2 Mini-publics 주요 특징 비교

구분	시민의회	공론조사	플래닝 셀	합의회의	시민배심원제
최초 고안자	G. Gibson (Canada, 2002)	J. Fishkin (U.S., 1984)	Dienel (German, 1970s)	덴마크 기술위원회 (Demark, 1987)	Crosby (U.S., 1971)
참여자 수	103~160명	100~500명	100~500명	10~18명	12~26명
특정 장소 집합 숙의기간	20~30일	2~3일	4~5일	7~8일	4~5일
선발방법	무작위 추출+ 자기선택 선발	무작위 추출	무작위 추출	무작위 추출 + 자기선택 선발	무작위 추출
활동	정보공유+ 컨설팅+숙의	정보공유+ 숙의	정보공유+ 숙의	정보공유+ 숙의	정보공유+ 숙의
결과	구체적 정책 제안	설문조사	설문조사+ 집합적 지위 보고서	집합적 지위 보고서	집합적 지위 보고서
활용처	정부와 공공 국민투표	후원자와 대중매체	후원자와 대중매체	의회와 대중매체	후원자와 대중매체

출처: 김정인(2018b: 141).

그러나 이처럼 다양한 측면에서 공론화가 활용되고 있고, 그 중요성이 부각되고 있음에도 불구하고 우리나라에서는 아직까지 공론화에 대한 법·제도적 기반이 미비한 실

정이다.[24] 프랑스나 영국 등 선진국의 경우에는 공론화에 대한 법·제도적 기반이 마련되어 있다. 특히 프랑스의 경우에는 독립성과 자율성이 보장되는 '국가공공토론위원회(Commission Nationale du Débat Public, CNDP)'가 1997년부터 설립되어 운영 중에 있다(은재호, 2017). 이 기구는 국가 대규모 정책 사업추진 과정에 시민들의 참여를 보장하고 있다. 이해관계자들을 포함한 다양한 시민들이 숙의과정을 통해 정책에 대한 공감대를 형성하여 정책추진과정에서 발생 가능한 갈등이나 이로 인한 정부불신을 최소화하기 위해 노력하고 있는 것이다(김정인, 2018b). 영국의 경우에도 '시민협의제도'[25]를 통해 정부정책과정에 시민참여를 제도적으로 보장하고 있다. 한국에서도 다른 국가들과 마찬가지로 법·제도를 기반으로 한 안정적인 공론화 운영 방안을 모색할 필요가 있을 것이다.

공론화는 다음과 같은 장단점이 있다. 우선 공론화의 장점으로는 첫째, 공론화를 통해 다양한 시민들의 정책과정 참여가 가능해짐으로써 정책의 공공성이 더욱 강화될 수 있다. 둘째, 숙의과정에서 시민들은 충분한 정보를 제공받고, 정책에 대해 학습하며, 다른 의견을 가진 사람들과 토론하고 토의하면서 정책내용에 대해 공감대를 형성할 수 있다. 셋째, 공론화를 통해 도출된 정책의사결정에 대해 시민들의 수용성이나 정책의 정당성 확보에 유리한 측면이 있다. 넷째, 시민들이 정책에 대해 학습할 기회를 가지게 됨으로써 시민역량도 증진될 수 있다(김주환, 2019).

반면, 공론화는 다음과 같은 단점도 있다(김정인, 2018b: 171−172). 첫째, 공론화 과정에서 시민들의 다양한 의견개진으로 인해 의사결정의 비일관성이 나타날 수 있다. 둘째, 일반시민들의 전문성 부족으로 인해 정책결정과정의 합리성이 저해(전문가들의 주장에 시민들의 의견이 편향될 우려가 있음)될 수도 있다. 셋째, 숙의과정에서 집단사고(group−thinking)[26] 문제가 유발될 수 있다. 넷째, 공론화 참여자 수는 제한되기 때문에 정책결

---

24) 우리나라에는 「공공기관의 갈등 예방과 해결에 관한 규정」이 존재하지만, 앞서 언급한 것처럼 아직 갈등관리에 관한 기본법은 제정되지 않고 있다.

25) 시민협의제도는 '서면협의에 관한 시행규칙(Code of Practice on Written Consultation, CPWC)', '공공참여(Public Involvement, PI)', 그리고 '공공개입(Public Engagement, PE)' 등을 통해 시민참여를 독려하고 있다(김정인, 2018b: 49).

26) 집단사고는 "집단구성원들 간에 강한 응집력을 보이는 집단에서, 의사결정 시에 만장일치에 도달하려는 분위기가 다른 대안들을 현실적으로 평가하려는 경향을 억압할 때 나타나는 구성원들의 왜곡되고 비합리적인 사고방식을 의미"한다(네이버지식백과, 2020). 자세한 내용은 본서 제7장 의사결정 부분을 참조하

정에 대표성 문제가 발생할 수 있다. 이는 공론화의 가장 중대한 문제점으로 지적되기도 한다(최태현, 2018). 다섯째, 정책결정과정에서의 시간·비용 소요가 크다. 여섯째, 정부의 정책결정 책임회피 수단으로 활용될 수도 있다. 다만 일부 학자들(예: Collingwood & Reedy, 2012; Fishkin, 2009)은 이러한 공론화의 단점은 보완될 수 있으며, 대의민주주의의 한계를 보완하는 데 공론화가 여전히 매우 중요한 역할을 한다고 주장한다. 따라서 공론화의 한계를 극복하기 위해서는 다음과 같은 측면들을 고려할 필요가 있을 것이다. 첫째, 국가·사회적 맥락에 맞는 적절한 공론화 이슈가 선정될 필요가 있다. 구체적으로 말하면 공론화의 의제가 명료성, 숙의 가능성, 포괄성을 지녀야 한다(김주환, 2019: 40). 먼저 공론화 의제는 시민들의 이해도를 높이기 위해 간단하고 명료하게 제시되어야 한다. 또한 공론화 의제는 시민들의 숙의를 위해 다양한 정보를 제공할 수 있을 정도로 충분한 정보가 있는 내용이어야 한다. 이와 더불어 공론화 의제는 일부 시민에게만 한정된 이슈를 다루는 것이 아니라, 다수의 사람들에게 골고루 영향을 미칠 수 있는 포괄성을 지녀야 한다. 둘째, 효과적인 공론화를 위해 대표성과 집합적 합리성을 증진시킬 수 있는 공론화 과정을 정립해야 한다. 이를 위해서는 공론화의 법·제도적 기반이 보다 구체적으로 제정되어야 하며, 정책이슈에 적합하게 활용될 수 있는 다양한 공론화 방안이 개발될 필요가 있다.[27] 특히 코로나19 팬데믹으로 인해 비대면 거리두기가 강화되었던 기간 동안 비대면 온라인 소통 기술(예: 줌 회의)들이 급격하게 발달하면서 온라인 공론화의 적극 도입 혹은 온라인과 오프라인 공론화 방식을 혼합한 '하이브리드형 공론화'의 도입 방안들을 모색해야 한다는 주장들도 제기되었다(김정인, 2022).

(4) 사전적 갈등관리[28]

지금까지는 사후적 갈등관리 방안에 초점을 맞추었다면 이제는 예방적 차원에서의 사전적 갈등관리 방안을 적극적으로 도입·활용할 필요가 있다. 대표적인 사전적 갈등관리 방안으로 '갈등영향분석(conflict assessment)'이 제시된다. 「공공기관의 갈등 예방과 해결에 관한 규정」에 의하면 갈등영향분석은 "공공정책을 수립·추진할 때 공공정책이

기 바란다.

27) 현재 우리나라에서는 공론조사형 공론화가 주를 이루고 있다.

28) 이하의 내용은 「공공기관의 갈등 예방과 해결에 관한 규정」을 기반으로 하고 있다.

사회에 미치는 갈등의 요인을 예측·분석하고 예상되는 갈등에 대한 대책을 강구하는 것"이라 정의된다. 갈등영향분석은 1973년 워싱턴 주 스노퀄미(Snoqualmie) 강 댐 공사 과정에서 법적 분쟁을 해결하기 위한 사전적 협의 과정으로 처음 논의되었다(조경훈 외, 2015). 한국의 「공공기관의 갈등 예방과 해결에 관한 규정」에 의하면 "중앙행정기관의 장은 공공정책을 수립·시행·변경함에 있어서 국민생활에 중대하고 광범위한 영향을 주거나 국민의 이해 상충으로 인하여 과도한 사회적 비용이 발생할 우려가 있다고 판단되는 경우에는 해당 공공정책을 결정하기 전에 갈등영향분석을 실시할 수 있다"라고 규정하고 있다.

갈등영향분석 순서는 다음과 같다. 첫째, 중앙행정기관의 장은 갈등영향분석서를 작성하여 갈등관리심의위원회29)에 심의를 요청한다. 둘째, 갈등영향분석서에는 ① 공공정책의 개요 및 기대효과, ② 이해관계인의 확인 및 의견조사 내용, ③ 관련 단체 및 전문가의 의견, ④ 갈등유발요인 및 예상되는 주요 쟁점, ⑤ 갈등으로 인한 사회적 영향, ⑥ 갈등의 예방·해결을 위한 구체적인 계획, ⑦ 그 밖에 갈등의 예방·해결을 위하여 필요한 사항이 포함되어야 한다. 셋째, 중앙행정기관의 장은 정당한 사유가 있는 경우를 제외하고는 갈등관리심의위원회의 심의결과를 공공정책의 수립·추진과정에 성실히 반영하여야 한다. 이 과정에서 중앙행정기관의 장은 참여적 의사결정방법을 활용할 수 있다. 즉, 중앙행정기관의 장은 갈등영향분석에 대한 심의결과 갈등의 예방·해결을 위하여 이해관계인·일반시민 또는 전문가 등의 참여가 중요하다고 판단되는 경우에는 이해관계인·일반시민 또는 전문가 등도 참여하는 의사결정방법을 활용할 수 있으며, 공공정책을 결정함에 있어 참여적 의사결정방법의 활용 결과를 충분히 고려하여야 한다.30)

(4) 기타 갈등관리 방안

이상에서 살펴본 갈등관리 방안 외에도 지방자치단체에서는 지역 내 공공갈등을

---

29) "제11조(갈등관리심의위원회의 설치) 중앙행정기관은 소관 사무의 갈등관리와 관련된 사항을 심의하기 위하여 갈등관리심의위원회를 설치하여야 한다"(국가법령정보센터, 2024b).

30) 이외에도 최근에는 사전적 갈등예방을 위해 지방자치단체를 중심으로 하여 '갈등경보제', '사전진단제' 등과 같은 갈등예방 제도를 도입하고 있다. 갈등에 선제적으로 대응하기 위하여 서울시, 충청남도, 인천광역시, 제주도 등 다수의 지방자치단체에서 갈등경보제를 도입하여 운영하고 있다(충남연구원, 2020).

체계적으로 관리하고자 조례 제·개정을 통해 '갈등관리심의위원회'를 설치·운영하고 있다(윤종설, 2014). 일례로 서울시에서는 2012년 9월 「서울특별시 공공갈등 예방 및 조정에 관한 조례」를 제정하여 갈등관리심의위원회를 구성·운영하고 있다. 동법 제7조 제1항에 따르면 "시장은 서울시의 공공갈등관리와 관련된 사항을 심의하기 위하여 갈등관리심의위원회(이하 "위원회"라 한다)를 둘 수 있다"(국가법령정보센터, 2024c).

이밖에도 정부부처(예: 방위사업청)나 지방자치단체에서 '옴부즈만제도(Ombudsman)'를 도입·운영하고 있다.[31], [32] "옴부즈만은 행정기관의 결정이나 작위(作爲) 또는 부작위(不作爲)로 인한 국민의 고충을 처리하는 사람으로서 행정청의 권력남용, 불공정한 권한 행사 또는 실정에 대항하여 국민을 보호하고, 행정기관의 업무가 국민에게 보다 개방되게 하며, 행정기관이 국민에 대한 책임성을 강화시키는 역할을 담당"하며, "1809년 스웨덴을 시작으로 영국, 프랑스, 독일, 미국, 캐나다, 일본 등 100여개 국가에서 운영"하고 있는 제도이다(경기도 옴부즈만, 2024). 일례로 경기도 옴부즈만의 경우, 2013년 11월 「경기도 옴부즈만 구성 및 운영에 관한 조례」, 2014년 5월 「경기도 옴부즈만 구성 및 운영에 관한 조례 시행규칙」을 제정·공포하면서 본격적으로 시행되었다. 특히 옴부즈만제도는 시민들의 고충민원을 조사하여 '시정권고, 의견표명, 조정, 중재' 등을 할 수 있으며, 위법·부당한 행정처분에 대한 감사의뢰 등을 통해 공공갈등을 관리하는 데 기여한다(경기도 옴부즈만, 2024).

3. 정부혁신[33]

1) 정부혁신의 의의

행정학의 학문적 토대를 형성한 윌슨(W. Wilson)이 1887년에 논문 *The Study of*

---

31) 일부 지방자치단체(예: 파주시)에서는 '시민고충처리위원회'라는 명칭으로 운영되고 있다.
32) 옴부즈만제도는 정부의 청렴도 증진을 위한 방안으로도 활용되고 있다.
33) 정부혁신 방안은 아래에서 제시된 방안들만 존재하는 것이 아니다. 이제까지 설명한 모든 공공관리와 정책수단들이 정책혁신 방안으로 활용될 수 있다.

*Administration*에서 '정치적 중립성'과 '전문성'을 바탕으로 한 '행정의 개혁'[34]을 강조한 이후부터 행정학이 지속적으로 관심을 가진 영역은 바로 행정개혁, 그중에서도 행정의 주체가 되는 '정부의 혁신'이다. 정부혁신은 "조직개편이나 관리기술의 개선을 넘어 시장과 관계에서 정부의 역할, 조직운영 방식과 공무원의 가치관·태도에서 변화까지"를 망라한 개념으로 사용된다(이종수 외, 2014: 577). 이러한 정부혁신의 특징을 고려해볼 때 지금까지 본서에서 다루었던 행정학에 대한 전반적 논의, 즉 행정학의 발달과 역사, 행정환경의 변화, 행정의 참여자 구성과 역할변화, 행정가치의 우선순위 변화, 정부-시장-시민사회의 역할변화, 정책과정 변동, 지방자치의 변천, 공공서비스 전달방식 변화, 정부 내 성과관리, 조직, 인사, 재무 등 모든 것이 정부혁신과 관련되어 있는 것이다.

정부혁신은 다음과 같은 특징을 지닌다(이하 권기헌, 2007). 첫째, 정부혁신은 행정을 인위적으로 변화시키는 것이기 때문에 소극적 변화와는 차이가 있다. 둘째, 정부혁신은 일시적인 현상이 아닌 계속적인 과정이다. 셋째, 정부혁신은 환경과 단절된 정태적인 현상이 아니라 환경과 지속적으로 상호작용하는 동태적인 과정이다. 넷째, 정부혁신 과정에서 반드시 긍정적인 현상만 나타나지는 않는다. 혁신과정에서 의도하지 않았던 부작용이 발생할 수 있으며, 특히 정부혁신 대상자들로부터 혁신의 정당성과 수용성을 확보하지 못하면 정부혁신은 과거로 회귀하는 병리현상을 유발시키기도 한다. 다섯째, 정부혁신은 정부 내부뿐만 아니라 정부와 사회관계의 변화까지를 모두 포함한다.

2) 정부혁신과 정부신뢰

정부혁신이 성공적으로 달성되기 위해서는 정부신뢰가 전제되어야 한다. 정부신뢰

---

34) 윌슨은 그의 논문에서 '정부(government)'라는 용어보다, '행정(administration)'이라는 용어를 사용하고 있다. 사실 '행정개혁'과 '정부혁신' 등은 상당히 유사한 용어로 사용되고 있다. 특히 행정개혁(administrative reform)이라는 용어는 모셔(F. G. Mosher) 등의 학자들에 의해 사용되었는데, 이는 "행정을 현재보다 더 바람직한 상태로 변화시키기 위한 계획적이고 의도된 변화"로 정의할 수 있다(Mosher, 1968; 권기헌, 2007: 32-33). 행정개혁이 가치지향적이고 조직개편과 같은 거시적 관점에 초점을 두고 있는 개념이라면, 우리나라에서 참여정부부터 사용하기 시작한 정부혁신(government innovation)이라는 용어는 가치중립적이며, 조직개편뿐만 아니라 일하는 방식의 변화까지를 포함한 광범위한 개념으로 사용되고 있다(권기헌, 2007: 33). 따라서 본서에서는 '정부혁신'에 초점을 맞추어 논의를 진행하도록 한다.

에 대한 합의된 정의는 없지만 다음과 같은 특징들을 통해 그 의미를 파악해 볼 수 있다(이하 이승종, 2010: 103-104). 우선 '신뢰'라는 말은 "사람이나 집단의 행동과 의도에 대한 믿음과 확신"(Deutsch, 1958), "피신뢰자의 바람직한 행동을 획득할 가능성에 대한 믿음 또는 기대"(이헌수, 1999), "상대방의 선의와 의존 가능성의 평가"(Cummings & Bromiley, 1996), "상대방이 자신에게 중요한 행동을 할 것이라고 기대되는 상황에서 그를 감독하거나 통제할 수 있는 능력과 관계없이 자신의 취약성(vulnerability)을 받아들이려는 의지"(Zand, 1972; Boss, 1978) 등으로 정의할 수 있다. 즉, 이러한 신뢰의 특징들을 고려해 볼 때 정부신뢰란 "정부에 대하여 국민이 갖는 긍정적 태도", "정부가 국민의 기대에 부응하여 운영되고 있는가에 대한 긍정적 평가", "시민들이 정부조직에 대한 긍정적인 기대를 갖고 정부와의 관계에서 발생할 수 있는 취약성(위험)을 수용하려는 심리적 태도" 등으로 정의할 수 있는 것이다(이승종, 2010: 104; 이현국·김윤호, 2014: 3). 즉, 정부신뢰는 '정부에 대한 시민들의 긍정적 평가'라고 할 수 있다.

정부신뢰는 정책과정을 성공적으로 추진하는 데 있어 매우 중요하다. 특히 정부신뢰는 정책에 대한 시민들의 수용성을 증대시키기 때문에 정책집행의 순응과 효과성을 증진시킬 수 있다(신상준·이숙종, 2016: 1). 다시 말해, 정부신뢰가 증가하면 정부가 효과적으로 업무를 수행할 수 있으며, 정치체제의 정당성을 유지할 수 있고, 사회의 안정성을 증진시키는 데 긍정적인 역할을 한다는 것이다(Mayer et al., 1995; 박희봉 외, 2003). 이러한 정부신뢰의 중요성을 요약하면 다음과 같다(이하 이승종, 2010: 103). 첫째, 시민으로부터 신뢰를 얻지 못한 정부는 존재이유가 불명확해지기 때문에 정부신뢰는 정부존립의 도덕적 기초가 된다. 둘째, 정부신뢰는 시민의 정부 권위에 대한 수용성을 증진시킬 수 있다. 셋째, 정부신뢰는 행정과정의 거래비용을 낮출 수 있어 정부성과와 긍정적인 관계에 있다. 넷째, 정부신뢰가 증진될 때 정부는 단기적·미시적 정책관점보다 거시적·장기적 정책에 관심을 둘 수 있다.

정부신뢰의 정의가 다양하듯이 정부신뢰의 종류 역시 다양하게 논의될 수 있다. 먼저 정부신뢰를 신뢰 대상과 범주에 따라 구분할 수 있다. 정부신뢰의 대상에 따라 정치적 신뢰와 공공부문 신뢰로 구분하고, 범위에 따라 미시적, 중범위적, 거시적 차원의 신뢰로 분류할 수 있다(Grimmelikhuijsen, 2012). 이에 따르면 정부신뢰는 <표 19-3>과 같이 여섯 가지 정부신뢰로 분류할 수 있다. 첫째, 정치적 차원에서 거시적 수준의 정부

표 19-3	정부신뢰의 종류	
구분	정치적 신뢰	공공부문 신뢰
거시적	• 민주주의에 대한 신뢰	• 정부신뢰(일반적) • 관료(일반)에 대한 신뢰
중범위적	• 정치적 기관(의회 등)에 대한 신뢰	• 정부조직(행정부)에 대한 신뢰 • 공공기관에 대한 신뢰(경찰, 소방 등)
미시적	• 정치인/특정한 정치인에 대한 신뢰	• 공무원에 대한 신뢰 • 경찰에 대한 신뢰

출처: Grimmelikhuijsen(2012); 이현국·김윤호(2014: 3).

신뢰는 민주주의에 대한 신뢰를 의미한다. 둘째, 정치적 차원에서 중범위 수준의 정부신뢰는 정치적 기관(예: 국회)에 대한 신뢰를 의미한다. 셋째, 정치적 차원에서 미시적 수준의 정부신뢰는 정치인 개개인 또는 특정 정치인에 대한 신뢰를 의미한다. 행정학에서는 정치적 신뢰보다는 공공부문에 대한 신뢰에 더욱 관심을 갖는다. 공공부문의 신뢰 유형은 다음과 같다. 첫째, 공공부문 차원에서 거시적 수준의 정부신뢰는 관료 전반에 대한 신뢰로 나타난다. 둘째, 공공부문 차원에서 중범위 수준의 정부신뢰는 행정부 특히 정부조직에 대한 신뢰를 의미하며, 이는 행정을 집행하는 집행기관(예: 경찰, 소방)에 대한 신뢰를 의미하기도 한다. 셋째, 공공부문 차원에서 미시적 수준의 정부신뢰는 공무원 개개인에 대한 신뢰를 의미한다. 이와 같이 정부신뢰의 개념도, 종류도 다양하지만, 정부는 포괄적이고 적극적으로 정부신뢰를 증진시키고자 한다. 정부신뢰는 시민들의 정부에 대한 주관적인 믿음이기 때문에, 정부신뢰 형성에는 '정부'와 '시민' 모두 중요한 역할을 할 수 있다.

정부신뢰를 증진시키기 위해 가장 중요하게 고려되어야 할 부분이 바로 정책과정 상의 '개방(openness), 참여(participation), 소통(communication)'일 것이다. 이 세 가지 개념은 각각이 별개로 존재하는 것이 아니라 상호 연계되어 있다고 볼 수 있다. 정책과정의 개방성(공개성)이 높아지면 시민의 참여가 증진될 수 있고, 시민참여 증대로 인해 정부와 시민 간 소통 및 협력도 강화될 수 있는 것이다. 개방성이란 "시민참여와 정보접근성을 제고하여 정부신뢰를 향상"시키는 것을 말한다(김재일, 2017: 87). 개방성 강화를 위해 OECD 국가들에서는 정책과정에 대한 정보접근성을 강화하고 시민의 참여를 활성화하기 위한 노력들을 기울이고 있다. 이는 '열린정부정책(open government policies)'의 일환으로 많은 국가에서 추진되고 있다. 이러한 노력 중 '예산투명성(budget trans- parency)'은 정책과정에 대한 개방성과 시민참여를 증진시키고, 시민과 정부의 소통을 강화하는 중요한 요소로 자리 잡고 있다(김재일, 2017).

사실 학계에서는 정부신뢰가 높을수록 시민참여가 증진된다는 주장(예: Citrin, 1974; Rosenstone & Hansen, 1993)과 정부신뢰가 낮을수록 시민들의 직접 참여 욕구가 증진된다는 주장(예: Scholz & Lubell, 1998; Hetherington, 1999)이 아직까지 서로 대립하고 있는 실정이다(배귀희·임승후, 2009). 하지만 이러한 상반된 주장에도 불구하고 한 가지 공통적인 의견은 바로 시민의 참여와 정부신뢰가 높은 관련성을 가진다는 것이다(김민혜·이승종, 2017). 이는 곧 시민참여를 통해 정부신뢰를 강화할 수 있다는 뜻이기도 하다. 마찬가지로 시민참여는 정책에 대한 시민과 정부의 소통을 증진시켜 정부신뢰를 강화하는 데 기여한다. 특히 최근 들어 사회적 난제(예: 메르스 사태, 코로나19 팬데믹)가 급증하면서 소통부재로 인한 시민들의 정부불신은 더욱 커지고 있는 상황이다. 앞서 언급한 것처럼 정부불신은 정책과정의 폐쇄성이 강하고 시민참여의 기회가 제한되면, 그리고 이로 인해 소통이 감소되면 더욱 심각해진다(Grimmelikhuijsen et al., 2013). 과거 정부는 위험상황에 대해 시민들에게 정보를 차단하고, 적극적으로 소통하지 않음으로써 불신을 키워 왔다(김은성, 2015). 이러한 가운데 정부는 정부혁신 방안으로 개방성을 강화하고 시민참여의 기회 폭을 넓힘으로써 소통을 활성화하고 정부신뢰를 증진시키기 위해 더욱 노력할 필요가 있다. 최근 정부신뢰를 증진시키고자 하는 정부혁신 노력의 일환으로 숙의(熟議)를 바탕으로 한 시민의 합리적인 '참여'와 '소통' 중요성이 더욱 부각되고 있으며, 정책과정에의 시민참여 활성화 방안들이 모색되고 있다.

3) 정부혁신과 미래정부 설계: A.D.A.P.T. 정부 구현을 위하여

정부는 끊임없이 변화하는 행정환경에 대응하기 위해 정부혁신을 추진해 왔지만 어느 국가든지 정부혁신을 성공적으로 완성하는 것은 쉽지 않다. 최근에는 행정환경이 더욱 복잡하고, 예측불가능하며, 불확실해지면서 정부혁신이 더욱 어려워지는 '난제'로 부각되고 있다. 다양한 이해관계자들이 정책과정에 참여하면서 이념과 가치가 충돌하고, 기후위기나 새로운 질병의 등장, 자원고갈 현상들이 발생하면서 이러한 문제 상황들에 어떻게 대처해야 하는가가 미래정부의 큰 과제로 다가온 것이다.[35] 이에 본 서에서는 정부혁신을 위한 미래정부 설계 방향으로 'A.D.A.P.T. 정부'를 제시한다. 'A.D.A.P.T. 정부'는 어떠한 환경변화에도 적응할 수 있는 정부로서, '민첩한(Agile) · 디지털 방식의(Digital) · 예견적(Anticipatory) · 참여적(Participatory) · 사고적(Thinking) 정부'를 의미한다.

(1) 애자일 정부: 유연하고 지속가능한 정부[36]

미래 행정환경의 변화에 보다 유연하고 민첩하게 대응할 수 있는 애자일 정부를 구현할 필요가 있다. 애자일 정부는 예측불가능하고 복잡한 행정환경에 효과적으로 대응하기 위해 조직구조, 조직문화, 구성원 행동과 인식, 성과관리, 조직관리 등 정부의 모든 내 · 외부 활동이 유연하고 능동적으로 운영되는 정부를 의미한다. 불확실성과 예측불가능성이 더욱 심화되는 만큼 이제 더 이상 과거 경험에 기반한 예측과 정형화된 접근 방식으로의 정부 운영은 적합하지 않다. 보다 창조적이고 혁신적인 정부 운영 방식이 필요해진 것이다. 특히 정부조직의 내 · 외부 환경을 다방면으로 감지할 수 있는 전략적 민감성을 바탕으로 하여 환경변화에 유연하고 신속하게 대응해야 한다(이종열 외, 2023: 406). 앞으로는 정부 운영과 일하는 방식을 '일 잘하는 생산적 정부'에 맞게 변형시킬 필요가 있다. 유연하고 생산적인 정부체계를 구축하기 위해서는 구조개혁을 통해 유사기능 및 중복기능을 효율적으로 관리하고, 정원조정 등을 통해 정부조직 내 체계적인 정원관리를 실시하며, 책임행정을 구현하기 위한 조직 운영의 자율성을 확보하고, 미래 행정수요에 효과적으로 대응하기 위한 디지털기반 과학인사를 실시할 필요가 있다. 또한 조직성과를 창출하기 위하여 공무원의 직무전문성을 더욱 강화할 필요가 있다. 유연하고 민첩한 정부가 구축 · 운영될 때 정부성과와 정부신뢰는 증진될 것이며, 궁극적으로 성공적인 정부혁신이 달성될 수 있을 것이다. 특히 미래사회에서의 지속가능한 정부 운영을 위해서는 끊임없는 성과 창출이 필요하다.[37]

---

35) 행정환경과 관련된 내용은 본서 제4장을 참조하기 바란다.

36) 애자일 관련 내용은 이미 본서 제6장을 비롯한 제2부 조직, 인사, 재무 각 파트에서 설명하였다. 이러한 내용들을 참조하기 바란다.

37) 이러한 차원에서 이석환(2021)은 기초가 튼튼한 정부(Basics), 연계가 튼튼한 정부(Linkages), 조화와 통

(2) 디지털 방식의 정부: 디지털플랫폼정부와 데이터기반행정 그리고 증거 기반 의사결정

① 지식정보화와 전자정부

앞으로의 미래는 예상할 수 없는 위험(위기)의 시대이기에 이러한 위험사회에 보다 효과적으로 대응하기 위해서는 데이터기반행정과 증거기반 의사결정을 강조하는 디지털플랫폼정부가 구현되어야 한다. 현대 행정환경이 복잡하고 불확실해지면서 공공부문의 정보화는 매우 중요해지고 있다. 공공부문의 정보화는 복잡한 환경 속에서 의사결정 및 사업 추진과정에서의 효율성, 투명성, 대응성을 증진시키는 데 긍정적인 기여를 할 수 있다(국정관리학회, 2014: 266).[38] 특히 현대사회에서 정보화가 확대됨에 따라 사회는 점차 지식정보사회에 직면하고 있다. 지식정보사회의 도래가 행정에 미치는 영향은 매우 컸다. 사무자동화로 인하여 업무 처리시간이 단축되었으며, 조직 내 계층의 수가 줄어들었다. 조직구조를 보다 신축적으로 변화시켰으며, 조직구성원 간 양방향 소통이 가능하도록 했고, 조직구성원들의 참여 증가로 조직 내 민주화가 더욱 확대되었다(국정관리학회, 2014: 276). 지식정보화가 행정에 미친 영향은 '전자정부(e-government)'에서 집대성된다고 할 수 있다. 「전자정부법」에 의하면 전자정부는 "정보기술을 활용하여 행정기관 및 공공기관의 업무를 전자화하여 행정기관 등 상호 간의 행정업무 및 국민에 대

합을 추구하는 정부(Unity), 평형을 추구하는 정부(Equilibrium), 즉 BLUE 정부를 달성해야 한다고 주장한다. 기초가 튼튼한 정부는 핵심 목적, 핵심 가치, 핵심 이념이 명확하고 내재화된 정부이며, 연계가 튼튼한 정부는 달성하고자 하는 성과지표와 조직을 연계하는 정부이고, 조화와 통합을 추구하는 정부는 구성원들이 공유된 가치와 공동 목표를 지니고 각자 역할에 맞게 행동하여 조화를 추구하는 정부이며, 평형을 추구하는 정부는 대국민 책임성이 높은 정부를 의미한다.

38) 「지능정보화 기본법」 제2조에 의하면 '정보(information)'는 "광(光) 또는 전자적 방식으로 처리되는 부호, 문자, 음성, 음향 및 영상 등으로 표현된 모든 종류의 자료 또는 지식"이다(국가법령정보센터, 2024d). 정보는 함축된 내용을 담고 있어 언제든지 확장이 가능한 확장성이 있으며, 다시 생산할 수 있는 자원의 비고갈성을 지니고, 다른 자원과 대체가능하며, 어디든지 이동할 수 있는 이동성을 지닌다. 또한 소멸되지 않고 다수에게 배포될 수 있는 확산 가능성과 공유가능성을 지닌다고 할 수 있다(국정관리학회, 2014: 268). 이러한 "정보를 생산·유통 또는 활용하여 사회 각 분야의 활동을 가능하게 하거나 그러한 활동의 효율화를 도모하는 것"이 '정보화'이다(국가법령정보센터, 2024d). 또한 「지능정보화 기본법」 제2조에 따르면 '지능정보사회'는 "지능정보화를 통하여 산업·경제, 사회·문화, 행정 등 모든 분야에서 가치를 창출하고 발전을 이끌어가는 사회"를 의미한다(국가법령정보센터, 2024d). 즉, 지식정보사회는 "지식과 정보가 사회적·경제적 교환수단으로 중요한 기능을 하는 사회"로서, 이는 산업사회와 달리 '다양화, 탈동시화, 분권화'의 특징을 지닌다(국정관리학회, 2014: 270).

표 19-4	정보통신기술 발달과 전자정부 단계			
발전단계	내용	주요 가치	국민	사례
행정정보화형 전자정부	행정업무 효율성 정부 내부 중심(G2G)	효율성	외부인	행정정보시스템, 온나라시스템
행정서비스형 전자정부	행정서비스 제공 G4C(Government for Citizen) G2B(Government to Business)	효과성, 만족도	고객	민원 24, 홈택스, 전자조달
참여형 전자정부	국민의 참여와 소통 C2G(Citizen to Government)	참여성, 민주성, 대응성	정치적 주체	국민신문고, 천만상상오아시스 (현 상상대로 서울)
공동생산형 전자정부	정부와 국민 공동생산자 GNC(Government and Citizen)	협력, 참여, 공유, 공개	프로슈머, 협력자	Challenge. gov[39]

출처: 정정길 외(2019: 406).

한 행정업무를 효율적으로 수행하는 정부"이다(국가법령정보센터, 2024e).

전자정부는 정보통신기술에 상당한 영향을 받는다고 할 수 있다. 따라서 전자정부를 정보통신기술의 발달에 따라 네 가지 단계, 즉 ① 행정정보화형 전자정부 단계, ② 행정서비스형 전자정부 단계, ③ 참여형 전자정부 단계, ④ 공동생산형 전자정부 단계로 구분할 수 있다(이하 정정길 외, 2019: 401-406). 첫 번째 단계인 행정정보화형 전자정부는 "정부 내부 행정업무의 효율성을 제고하기 위한 기초적인 행정정보화" 단계이다. 이는 관리적 효율성을 최우선 가치로 고려하며 정부 내, 즉 정부 대 정부(G2G)의 행정정보화에 역점을 둔다. 두 번째 단계인 행정서비스형 전자정부는 온라인 환경(예: 인터넷) 발달에 따른 정부의 대국민서비스 제공 강화단계이다. 즉, 이는 원스톱 행정서비스 정보포털 구축에 역점을 둔 '온라인서비스 전자정부'인 것이다. 세 번째 단계인 참여형 전자정부는 기존에 행정서비스의 객체로 인식되던 시민을 행정의 주체로 인식하면서 시민이 적극적으로 정책에 참여할 수 있게 하는 '시민참여형 전자정부'를 강조한다. 이는 주민의 정책결정 참여를 활성화하는 전자거버넌스(e-governance) 또는 사이버 거버넌스(cyber-governance) 단계인 것이다. 마지막 네 번째 단계인 공동생산형 전자정부

---

39) 이는 미국 오바마 정부의 공동생산형 전자정부이다. 'Challenge.gov'를 통해 각 부처가 해결해야 할 다양한 정책문제들을 공개하고 시민들이 이를 해결할 수 있는 방안을 제시하면 포상을 지급하는 프로그램이다.

(coproduction e-government)는 '크라우드 소싱(crowd sourcing)'[40] 단계로 시민이 단순한 참여에 그치지 않고 행정서비스의 생산자로서 부각되며, 시민과 정부가 공공서비스를 공동으로 생산하는 단계이다. 이 단계에서 시민은 '생산자적 소비자(prosumer)'로서 역할을 하며 공유, 참여, 협력 등을 중시한다.

전자정부의 특징은 다음과 같다(이하 명승환, 2023). 첫째, 전자정부는 정보통신기술의 의존성이 매우 높으며, 정보통신기술에 따라 전자정부의 의미·형태·기능이 지속적으로 변화한다. 둘째, 전자정부는 범정부 차원의 개념으로서 행정 내부의 관리와 행정 외부의 행정서비스 제공 등 모든 행정과정에 걸쳐 광범위하게 적용된다. 셋째, 전자정부는 관리 차원에서의 효율성과 행정서비스 제공 차원에서의 민주성 가치를 중요하게 고려한다. 따라서 전자정부는 정부조직의 대내적 차원에서 효율성 가치를 우선하는 행정혁신과 대외적 차원에서 민주성 가치를 우선하는 전자민주주의를 모두 다룬다. 넷째, 전자정부는 정부의 대내적 차원에서 정보통신기술이 행정관리에 미치는 영향을 부각시킬 수도 있고, 정부의 대외적 차원에서 행정의 민주화 영향을 부각시킬 수도 있다. 전자정부의 특성을 정부 대내적 측면과 정부 대외적 측면으로 구분하여 구체적으로 살펴보면 아래와 같다.

첫째, 정부 대내적 측면으로는 행정혁신 차원에서 정보통신기술이 정부조직 내 행정관리에 미친 영향이 크다. 즉, 업무의 효율성과 신속화가 가능해져 업무의 비용이 줄어들었으며, 대국민 서비스 질이 높아져 행정의 대응성이 증가하였고, 정부조직 내 형식주의를 줄이고 성과를 증진시켰다(정정길 외, 2019: 409). 지식정보화에 따른 행정관리 혁신의 대표적인 예는 '업무재설계(Business Process Reengineering, BPR)'이다. 업무재설계는 "비용, 품질, 속도와 같은 현대 조직의 핵심적인 성과를 획기적으로 향상시키기 위해 업무 프로세스를 근본적으로 제고하여 혁신적으로 설계하는 것"을 이른다. 업무재설계는 조직 내 점진적 개선이 아니라 근본적 개혁이며, 업무를 프로세스 중심으로 재구축하는 작업이다. 업무는 수평적 업무 흐름을 중심으로 구성하고, 구성원들 간에 동등한 입장에서 의사결정권을 가지도록 한다(유민봉, 2021: 618-619).

---

40) 크라우드 소싱은 "'대중(crowd)'과 '외부자원활용(outsourcing)'의 합성어로, 기업이 제품이나 서비스 개발과정에서 외부 전문가나 일반대중이 참여할 수 있도록 하고 참여자 기여로 혁신을 달성하면 수익을 참여자와 공유하는 방법이다"(매경시사용어사전, 2020).

둘째, 정부 대외적 측면으로는 전자민주주의 차원에서 온라인 시민참여를 증진시킨다. 즉, 전자정부로 인해 시민들의 행정 및 정책과정 참여가 늘어나고, 이를 통해 대표성, 책임성, 대응성 등이 증대될 수 있다. 온라인 시민참여는 정보접근성을 높이며, 시민들의 정책결정 거래비용을 줄일 수 있다. 또한 다양한 시민들이 참여할 수 있어, 대표성과 다양성이 증진된다(박은형, 2018). 온라인 시민참여가 확산되면 대면 정치의 어려움과 불평등한 권력관계를 극복할 수 있다(Evans–Cowley & Hollander, 2010). 특히 과거 오프라인에서 소외된 계층(예: 청소년)의 정책과정 참여가 확대된다. 시민들의 신속한 참여가 이루어지면 정부에서도 이에 대해 적극적으로 대응해야 하기 때문에, 정부 대응역량을 강화할 수밖에 없다. 결국 이로 인해 정책에 대한 정부의 책임성과 대응성이 높아지는 것이다. 예를 들어, 서울시는 시민과 서울시가 함께 정책을 제안하고 토론하며 정책과정에 공동참여하는 온라인 플랫폼인 '상상대로 서울'을 운영하고 있다. 이는 시민과 서울시가 함께 일상의 제안, 일상의 토론, 일상의 정책을 만드는 시민참여 플랫폼인 것이다(서울시, 2024). 이를 통해서 다양한 시민들의 정책과정 참여를 돕고, 정부와 시민들이 함께 토론하고 숙고하여 정책을 결정함으로써 정책의 대표성, 책임성, 대응성을 증진시키고 있다.

그러나 전자정부가 정부 대내·외적으로 모두 긍정적인 영향만 미치는 것은 아니다. 정부조직 내 전자정부는 업무의 효율성을 증진시켰지만 이에 따른 의도하지 않은 역기능도 나타났다. 새로운 정보시스템이 정부조직 내 도입될 경우 공무원들은 이를 학습해야 하는 비용이 들며, 해킹 등의 보안상 문제점이 발생하고, 그로 인해 새로운 규제가 발생하게 된다. 또한 전자민주주의 차원에서도 역기능이 발생한다. 참여주체 간 '정보격차(digital divide)'로 인해 참여기회가 불평등하게 될 가능성이 높다. 특히 디지털 기기를 사회경제적 수준이 높은 사람들만 주로 활용하게 되어 '강자들만의 무기'가 될 가능성이 높아 정책과정 참여에서의 대표성은 오히려 낮아질 수도 있다(Schlozman et al., 2010). 최근에는 참여자들의 성향에 따라서 참여의 접근양태 차이가 분명하게 나타난다(예: 진보와 보수의 성향 차이). 이로 인해 자신들의 이해관계에 맞는 '선택적 정보접촉'을 할 가능성이 높아지기도 한다(정정길 외, 2019: 421).

또한 최근 가장 심각한 사회문제를 유발하고 있는 부분이기도 한 '가짜 정보 생산'의 문제도 우려된다. 온라인 참여자들이 익명성 등에 기대어 '가짜 뉴스'를 양산할 가능

그림 19-7 '상상대로 서울' 운영 과정

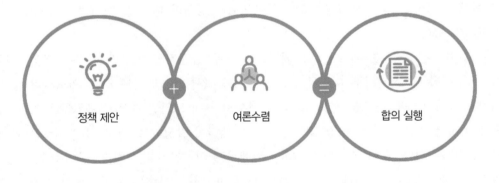

1. 시민제안

제안 + 공감 + 제안

'시민제안'에서는 시민들이 일상에서 변화가 필요한 부분에 대해 해결 방법을 제안합니다.
시민들은 "상상대로 서울"에서 제안하는 것 외에도, 다른 시민들의 제안을 읽고 공감을 하거나 제안에 대한 의견을 적으며
토론에 참여할 수 있습니다. 또한 상상대로 서울은 시민들의 제안을 발굴하기 위한 활동을 진행합니다.

2. 서울시가 묻습니다

서울시는 '서울시가 묻습니다' 온라인 공론장을 통해 정책 수립 전·후 주요 쟁점 사항에 대한 시민들의 생각을 듣습니다.
시민들은 서울시 정책의 주요 쟁점에 대해 찬성, 반대 등의 입장을 낼 수 있으며, 더 많은 토론을 할 수 있습니다.
서울시는 시민들의 의견을 반영하여 더 나은 정책, 더 나은 서울을 만들어갑니다.

정책 제안 + 여론수렴 = 합의 실행

출처: 서울시(2024).

성이 높은 것이다. 이와 관련해 정보와 전염병을 합친 의미인 '인포데믹스(infordemics)'
가 발생할 가능성이 높다(정정길 외, 2019: 419). 뿐만 아니라, 온라인 참여의 새로운 자원
인 '디지털 리터러시(digital literacy)'와 '온라인 네트워크(online network)'를 고려할 필요
성이 있다(박은형, 2018: 191). 디지털 리터러시는 "소프트웨어 활용능력이나 정보검색 능
력에서 나아가 검증된 정보를 올바르게 활용하는 능력, 정보생산 및 유통, 공유 등의 활

동을 일상생활에서 자유롭게 누릴 수 있는 능력을 포괄"하는데, 각 개인의 디지털 리터러시 역량 차이에 따라 참여가 다르게 나타난다. 그리고 온라인 참여자들의 관계를 의미하는 온라인 네트워크에 따라서 참여 영향력이 달라진다(예: SNS의 팔로어 수)(박은형, 2018: 192). 이와 같이 전자정부가 행정에 미치는 영향은 매우 크다. 하지만 그 영향은 순기능과 역기능을 모두 지니고 있기 때문에 성공적인 정부혁신을 위해서는 전자정부의 역기능 관리에도 관심을 기울여야 한다.

특히 전자정부의 역기능을 효과적으로 관리하기 위한 윤리적 가이드라인이 마련될 필요가 있다. 이에 「지능정보화 기본법」 제62조(지능정보사회윤리)에서는 지능정보화사회 윤리적 가이드라인으로서 기본원칙인 'PACT'를 제시하고 있다.[41] 즉, 공공성 (Publicness), 책무성(Accountability), 통제성(Controllability), 투명성(Transparency)의 네 가지 기본원칙이 제시되는 것이다. 이외에도 '인간의 존엄과 가치 존중 원칙'도 포함되어, 정부는 지능정보기술을 개발·활용하거나 지능정보서비스를 제공·이용하고자 할 때 다섯 가지 원칙을 준수해야 한다(박정훈, 2021: 92).[42]

② 디지털 전환과 디지털플랫폼정부

전 세계적으로 ICT 기술이 발전하고 스마트폰 이용 등이 보편화됨에 따라 디지털 전환이 가속화되면서 정부 운영도 디지털 중심으로 전환해야 한다는 '디지털정부' 구현

---

41) 제62조(지능정보사회윤리) ① 국가기관과 지방자치단체는 지능정보기술을 개발·활용하거나 지능정보서비스를 제공·이용할 때 인간의 존엄과 가치를 존중하고 공공성·책무성·통제성·투명성 등의 윤리원칙을 담은 지능정보사회윤리를 확립하기 위하여 다음 각 호의 사항을 포함한 시책을 마련하여야 한다. 1. 지능정보사회윤리 확립을 위한 교육, 전문인력 양성 및 홍보 2. 지능정보사회윤리 교육 콘텐츠 개발·보급 3. 지능정보사회윤리 관련 연구 및 개발 4. 지능정보사회윤리 관련 단체에 대한 지원 ② 정부는 지능정보기술을 개발 또는 활용하는 자, 지능정보서비스를 제공 또는 이용하는 자가 인간의 존엄과 가치를 훼손하거나 기본적인 지능정보사회윤리를 침해하지 않도록 윤리교육·홍보 및 제도개선을 적극적으로 추진하여야 한다. ③ 정부는 제2항에 따른 윤리교육·홍보를 위하여 학교교육, 평생교육과 언론·인터넷 등을 통한 홍보 등에 사용하는 프로그램 및 콘텐츠를 개발하여 보급하여야 한다. ④ 정부는 지능정보기술 또는 지능정보서비스 개발자·공급자·이용자가 준수하여야 하는 사항을 정한 지능정보사회윤리준칙을 제정하여 보급할 수 있다(국가법령정보센터, 2024d).

42) 최근 정부는 메타버스 활용에 관한 윤리원칙도 마련하였다. 메타버스 참여자들의 윤리적 지향점으로서 3대 지향 가치인 온전한 자아(sincere identity), 안전한 경험(safe experience), 지속가능한 번영 (sustainable prosperity)을 제시하고, 이를 달성할 수 있는 8대 실천 원칙인 진정성(authenticity), 자율성 (autonomy), 호혜성(reciprocity), 사생활 존중(respect for privacy), 공정성(fairness), 개인정보 보호 (personal information protection), 포용성(inclusiveness), 책임성(responsibility for future)을 강조하였다(과학기술정보통신부, 2022).

이 주요 화두로 등장하였다(행정안전부, 2021).[43] 특히 코로나19 팬데믹으로 인해 모든 분야에서 비대면·디지털화가 이루어지면서 공공서비스를 누구나 차별없이 디지털로 쉽게 활용할 수 있도록 하는 데이터기반 디지털정부로의 전환이 매우 중요해졌다. 디지털 정부는 지능형 서비스 혁신(국민이 원하는 곳에서 공공서비스를 이용, 마이데이터와 전자증명서 활용 확대, 모바일 신원증명과 간편인증 확산, 선제적·맞춤형 서비스 혁신), 데이터 행정강화(데이터기반의 과학적 행정 확산, 현장데이터 기반으로 안전관리 강화, 수요중심으로 공공데이터·서비스 개방 확대, 클라우드기반 스마트 업무환경 확립), 디지털기반 확충(포용적 디지털 서비스 이용환경 강화, 디지털 서비스 개선을 위한 민관협력, 디지털 선도국에 걸맞는 국제협력, 디지털 혁신을 뒷받침하는 제도혁신)을 중시한다(행정안전부, 2021).

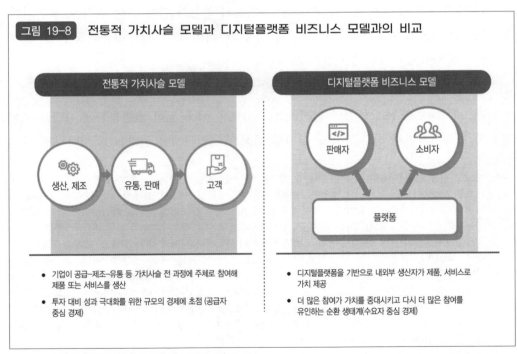

그림 19-8   전통적 가치사슬 모델과 디지털플랫폼 비즈니스 모델과의 비교

출처: 한국지능정보사회진흥원(2022: 7).

---

43) 디지털 대전환의 시대, "미래의 정부는 보이지 않는 손에 의해서 밀실에서 이루어지는 정책이 아닌, 정책의 목적가치인 실현가능성, 소망성, 능률성, 민주성 등을 '보이는 손'의 새로운 정책 패러다임 효용극대화를 추구"하는 보이는 정부(visible government)로 변해야 한다(명승환 외, 2022: 15).

표 19-5	디지털플랫폼정부 특징	
구분	내용	장점과 유의사항
디지털 플랫폼 공급자 (운영주체)	정부가 디지털플랫폼 구축· 운영·제공, 플랫폼 운영방식에 대한 조정·결정을 통해 플랫폼 생태계 활성화	• 민간의 자유로운 참여를 통해 국민의 니즈에 맞는 서비스로의 혁신 가능 • 정부 핵심 기능의 클라우드 전환 등 디지털 기술 진화에 따른 빠른 플랫폼 혁신이 요구됨
공급자 (생산자)	기업 및 개발자는 정부에서 제공 하는 클라우드, 공공데이터 등을 활용하여 정부서비스를 제안· 개발·공급·혁신하는 역할 수행	• 정부 제안에 따른 수동적 개발 대신, 보유 역량을 토대로 혁신적 서비스 창출 가능 • 국내외 글로벌 기업의 공공서비스 분야 진입에 따른 우려
이용자 (소비자)	국민은 서비스 수혜자이자 데이터 및 의견 제공을 통한 디지털플랫폼정부 참여자로서 디지털플랫폼정부 기능 강화에 참여	• 신청 없이 확인하면 서비스가 가능한 맞춤형 서비스 본격 시행 • 개인정보 등 프라이버시 침해에 대한 철저한 감시 필요
생태계 전반	국민 편익, 정부 행정 효율화, 민간 혁신 등 국민, 정부, 민간 모두에게 가치 발생. 운영상 수집되는 모든 데이터가 가치화됨	• 공공서비스기반 스타트업 및 혁신기업 창업 활성화 기대 • 국가계약법 등 법제도 혁신 필수

출처: 한국지능정보사회진흥원(2022).

최근 윤석열 정부에서는 디지털플랫폼 비즈니스 모델을 정부 및 공공분야에 확대 적용하는 디지털플랫폼정부 구축 비전을 제시하였다(한국지능정보사회진흥원, 2022: 6).[44] 디지털플랫폼정부의 특징은 정부가 직접 서비스를 생산하고 제공하는 방식 또는 민간 과의 계약을 통해 서비스를 제공하는 일방향 프로세스에서 벗어나, "디지털플랫폼 서비 스를 제공하는 주체로서 정부가 제공하는 디지털플랫폼 상에는 정부 및 민간에서 개발 한 다양한 정부 서비스가 존재하고 소비자인 국민은 디지털플랫폼에서 필요한 서비스 를 찾아 이용하는 구조"이다(한국지능정보사회진흥원, 2022: 6).[45]

---

44) 디지털플랫폼정부는 모든 데이터가 연결되는 디지털플랫폼 위에서 국민, 기업, 정부가 함께 사회문제를 해결하고, 새로운 가치를 창출하는 정부이다. 이를 달성하기 위해 윤석열 정부에서는 대통령직속 '디지털 플랫폼정부위원회'를 신설하였다(디지털플랫폼정부위원회, 2024).

45) 디지털플랫폼정부 구현 사례로 과학적 재난안전관리를 들 수 있다. 현재 재난관리책임기관별로 분산되어 운영되는 데이터를 통합하고 공동으로 활용하기 위해 '재난안전정보통합플랫폼'을 구축한 것이다. 이와 관련해 행정안전부(2024)에서는 재난데이터 통합·개방·공유와 대국민 재난안전정보 원스톱 서비스 제

③ 데이터기반행정과 증거기반 의사결정

또한 효과적인 디지털플랫폼정부 구현을 위해서는 데이터기반행정과 과학적 근거를 기반으로 하는 증거기반(evidence-based) 의사결정이 이루어져야 한다.46) 특히 데이터기반행정을 위해서는 정부 내 의사결정이 데이터와 증거에 기반하여 이루어지는 '증거기반 의사결정'이 되어야 한다. '증거기반'이라는 용어는 의학과 보건의료 분야에서 처음 사용되어 보건, 사회복지, 행정, 정책, 경찰 등 다양한 영역으로 확대되었는데, 행정학 영역에서의 증거기반은 정책결정 및 정부개혁, 혁신 차원에서 주로 활용되었다(윤영근, 2014). 예를 들어, 영국은 토니 블레어 정부인 1999년에 정부현대화백서(The Modernizing Government White Paper)에서 증거기반 정부개혁 방향을 제시하였으며, 미국은 오바마 정부에서 증거기반정책위원회(U.S. Commission on evidence-based policymaking)를 운영하여 정부개혁과 혁신을 주도적으로 이끌어 나갔다.47) 한국 역시 2014년부터 통계기반 정책평가제도가 확대 시행되고 행정 및 정책영역의 의사결정에서 활용되고 있다(양은진·김병조, 2022: 106).

증거에 기반한 의사결정은 다음과 같은 장점을 지닌다. 첫째, 정책의 합리성을 제고한다. 이용할 수 있는 최선의 정보, 증거들을 활용하여 정책결정을 할 수 있기 때문에 장기적 시각을 중시하고 효과적인 정책집행 기회를 제공한다(최영준 외, 2016). 둘째, 정부신뢰 증진에 기여한다. 정책 수립 시 적절한 대안을 설정하고 이를 활용하여 시민들에게 필요한 정책을 제공할 수 있다. 셋째, 정책결정자들에게 새로운 시각의 문제 접근

공 목적으로 '국민재난안전포털'을 운영하고 있다. 또한 이러한 디지털플랫폼정부 확산을 통해 정부와 시민사회가 공동으로 정책문제를 해결하는 시빅테크(civic-tech) 방안도 검토된다. 시빅테크는 정책문제를 해결하기 위해 정부가 관련 데이터를 제공하고 국민이 직접 문제를 해결하는 방식으로, 대표적인 예로 정부가 장애인 시설정보(데이터)를 제공하면 시민들이 그 정보(데이터)를 활용하여 장애인 이동경로 제공앱을 개발하는 방안이 있다(행정안전부, 2023).

46) 데이터기반행정은 「데이터기반행정 활성화에 관한 법률」 제2조 제2호에 의해 다음과 같이 정의된다. "공공기관이 생성하거나 다른 공공기관 및 법인·단체 등으로부터 취득하여 관리하고 있는 데이터를 수집·저장·가공·분석·표현하는 등의 방법으로 정책 수립 및 의사결정에 활용함으로써 객관적이고 과학적으로 수행하는 행정"을 의미한다. 「데이터기반행정 활성화에 관한 법률」에 의하면 데이터기반 행정의 목적은 "데이터를 기반으로 한 행정의 활성화에 필요한 사항을 정함으로써 객관적이고 과학적인 행정을 통하여 공공기관의 책임성, 대응성 및 신뢰성을 높이고 국민의 삶의 질을 향상시키는 것"이다(국가법령정보센터, 2024f).

47) 미국 연방정부의 경우 2018년에 「증거기반정책법」(Foundations for Evidence-Based Policymaking Act of 2018)을 제정하여 데이터 중심 행정을 시행하고 있다.

관점을 제공한다는 점에서 교육적 기능도 수행한다(Weiss, 1977). 그럼에도 불구하고, 증거기반 의사결정은 다음과 같은 한계도 지니고 있다. 첫째, 합리성을 지나치게 강조한 나머지 행정과 정책의 복잡성, 맥락성, 민주성 요소를 간과할 수 있다. 둘째, 과연 증거가 객관적이고 중립적인가에 대한 의문이 제기된다.48) 오히려 증거는 하나의 지식에 불과하며, 증거들이 때로는 정치적 행위자들에 의해 구성될 수 있기 때문에 편향성을 지니게 되는 한계가 있다(최영준 외, 2016). 이로 인해 '선택적 증거활용(cherry‑picking of evidence)'의 문제가 발생할 수 있다. 셋째, 정책증거 간 충돌되는 경우 이를 어떻게 활용할 것인가의 문제가 발생할 수 있다. 예를 들어, 주택시장을 안정시키기 위한 정책수단으로 규제강화 정책수단(예: 대출규제 강화)과 규제완화 정책수단(예: 대출규제 완화)이 대립할 때 어떠한 정책증거를 선택할 것인가에 대해 논쟁이 발생할 수 있다. 넷째, 대부분의 증거는 과거를 기반으로 하여 축적된 정보이기에 이를 기반으로 하여 미래를 예측하는 것은 시차 문제를 유발시킬 수 있다(윤영근, 2013).

(3) 예견적 정부: 위험관리와 회복탄력적 정부

복잡성이 높고 예측할 수 없는 환경에 보다 더 효과적으로 대응하기 위해서는 예견성(anticipation)과 회복탄력성(resilience) 모두를 동시적으로 확보할 필요가 있다(Comfort et al., 2001; Wildavsky, 1988). 정부는 미래 위험(위기)을 선제적으로 예측하고 대비해야 하며 만약 예측할 수 없는 위험(위기)이 발생할 때에는 이러한 위험에서 즉각적으로 회복될 수 있는 회복탄력성을 지녀야 한다는 것이다. 특히 예견성과 회복탄력성은 코로나19 팬데믹과 같은 예기치 않은 위험을 경험하면서 미래정부의 핵심 역량으로 자리잡고 있다. 미래 예견적 정부는 데이터와 증거를 기반으로 하여 미래상황을 과학적이고 합리적으로 예측할 수 있는 정부이다. 동시에 예견적 정부는 통찰(foresight) 역량을 증진하여 체계적으로 미래 위험에 대비(예방 혹은 준비 포함)하고, 새로운 기술을 개발하

---

48) 증거의 범위에 관해서는 다양한 논의가 제기될 수 있다. 증거가 과학적 방법론을 활용한 과학적 지식에 한정한다는 주장과 함께 과학적 지식뿐만 아니라 전문가 견해, 정책집행 경험, 정책당사자의 이해관계 등도 포함한다는 의견도 있다. 이처럼 증거의 범위에 대한 의견 대립이 있지만 성공적인 정부개혁과 혁신을 위해서는 주요 의사결정자들이 증거기반 정책결정을 할 필요가 있다. 이를 위해 한국적 맥락에서 정책의 고품질 데이터기반 구축, 데이터 관련 전문가 양성, 정치적·조직 내 증거기반 분석 활용 의지 강화 및 인센티브 제공 등과 같은 증거기반정책 방안들이 요구된다(한승훈·안혜선, 2021).

여 신속한 조치를 할 수 있도록 하며, 주도적으로 혁신의 잠재력을 개발하고, 단기적·근시안적 이슈에 매몰되기 보다 중장기적 시각을 가지고 국정을 운영하는 정부라고 할 수 있다(김윤권·최순영, 2021).

그러나 현대사회가 더욱 복잡해지고 예측할 수 없는 사회로 변화하면서 예견적 정부는 위험(위기) 발생 시 다시 정상으로 복원할 수 있는 회복탄력성도 지니고 있어야 한다. 윌다브스키(A. Wildavsky, 1988)는 예측불가능하고 불확실한 사회에서는 정부가 우선적으로 회복탄력성을 갖추어야 한다는 점을 강조하고 있다. 회복탄력성은 재난관리 등에서 자주 사용되는 용어로서 이는 재난으로 인한 시스템 피해를 최소화하고 손상된 시스템을 복구할 수 있는 역량이라고 정의할 수 있다(Cutter et al., 2008). 이와 같이 위험(위기)과 재난이 발생했을 때 회복탄력성 역량이 어느 정도 갖추어져 있는가에 따라 정부의 역량도 결정될 수 있다. 특히 사회가 취약계층을 위한 재난대응시스템과 회복시스템을 마련하고 있는가에 따라 사회 전반적인 회복탄력성이 달라진다고 할 수 있다(문명재, 2021). 이는 코로나19 팬데믹과 같은 사회재난과 태풍, 홍수, 지진 등의 자연재해 모두에 적용될 수 있는 것이다.49) 따라서 미래 예견적 정부는 높은 회복탄력성도 지녀야 한다. 이를 위해서는 과거의 경험과 실패를 기반으로 다양한 사회구성원들이 함께 참여하는 정책학습이 필요하며, 또한 정부 간 협력적 거버넌스 체계구축을 통해 회복탄력성의 통합적 증진방안이 모색될 필요가 있다(이대웅, 2019). 다시 말해, 예견적 회복탄력성은 시민을 비롯한 다양한 이해관계자들의 참여와 협력을 통해 강화될 수 있는 것이다.

---

49) 「재난 및 안전관리 기본법」에 의하면 자연재난은 태풍, 홍수, 호우(豪雨), 강풍, 풍랑, 해일(海溢), 대설, 한파, 낙뢰, 가뭄, 폭염, 지진, 황사(黃砂), 조류(藻類) 대발생, 조수(潮水), 화산활동, 소행성·유성체 등 자연우주물체의 추락·충돌, 그 밖에 이에 준하는 자연현상으로 인하여 발생하는 재해이며, 사회재난은 화재·붕괴·폭발·교통사고(항공사고 및 해상사고를 포함한다)·화생방사고·환경오염사고 등으로 인하여 발생하는 대통령령으로 정하는 규모 이상의 피해와 국가핵심기반의 마비, 「감염병의 예방 및 관리에 관한 법률」에 따른 감염병 또는 「가축전염병예방법」에 따른 가축전염병의 확산, 「미세먼지 저감 및 관리에 관한 특별법」에 따른 미세먼지 등으로 인한 피해를 의미한다. 이러한 재난을 관리하는 재난관리는 "재난의 예방·대비·대응 및 복구를 위하여 하는 모든 활동"을 의미한다(국가법령정보센터, 2024g). 특히 재난의 회복탄력성은 재난의 빠른 복구를 의미하는 것이다.

(4) 참여적 정부: 시민과 함께 생산하고 조정하는 협력적 정부[50)]

성공적인 정부혁신을 달성하기 위해 미래정부는 시민을 비롯한 다양한 이해관계자들의 정책과정 참여를 활성화하여야 한다. 민주화, 다원화, 분권화로 인해 시민들의 권리가 증진되고, 정보통신기술 등의 발달로 인해 다양한 정책과정 참여방안들이 마련되면서 참여 거래비용이 감소함으로써 시민들의 참여가 더욱 확대되고 있다. 그러나 이와는 반대로 청년들을 비롯한 젊은층의 참여는 여전히 기성세대에 비해 미온적인 상황도 나타나고 있다(김정인, 2023). 따라서 미래정부는 다양한 계층들이 모두 정책과정에 참여할 수 있도록 참여의 대표성과 포괄성을 확보할 필요가 있다. 최근 심각한 저출산과 고령화로 인하여 젊은층에 비해 노년층의 인구가 다수를 차지하고 있다. 또한 노년층의 높은 투표율 등으로 인해 청년층은 과소대표되고 노년층은 과대대표되는 현상들도 나타나고 있다. 이로 인해 전 세계적으로 정년연장, 연금개혁과 같은 노년층을 위한 다양한 정책들이 급속도로 생겨나고 있는 것이다.[51)]

또한 AI 등 인공지능을 기반으로 한 로봇 기술의 성장으로 인하여 인간과 로봇이 서로 공존하고 협력해야 하는 상황에 이르고 있다. 때로는 로봇이 인간의 노동력을 대체하여 인간이 담당하는 직업의 수가 줄어들고, 인간의 일자리를 AI 로봇이 대체하여 인간의 대량 해고 사태가 발생할 수 있다는 우려가 제기된다.[52)] 이러한 상황에서 더욱더 로봇과 인간(시민)의 공존 방안을 마련할 필요가 있는 것이다. 이와 관련해 인간(시민)은 로봇 등 AI를 시민의 삶의 질 향상에 활용하는 방안들(예: 리빙랩과 정책랩 활용)을

---

50) 이 부분은 본서 제2장의 협력적 거버넌스, 제16장 지방자치, 제17장 시민참여, 제19장 갈등조정 내용을 참조하기 바란다.

51) 셔만(Schurman, 2020)은 인구 20%가 65세 이상, 18세 이하 인구보다 65세가 더 많게 되는 새로운 세대를 슈퍼에이지(Super Age) 시대라고 명명하였다. 이러한 시대에 정부는 노년층을 위한 연금정책, 복지정책, 주택정책 등에 관심을 가지며, 미래사회는 이들이 주가 되는 엘더노믹스(eldernomics)가 도래할 것이라 예측하였다. 엘더노믹스 시대에는 노동력이 부족하여 근로수명이 연장되고, 인간의 노동력을 로봇이 대체하는 세대가 된다는 것이다.

52) 특히 "전 미국 백악관 경제자문위원회(CEA) 위원장인 글렌 허버드 컬럼비아대 교수는 생성형 AI의 출현으로 인해 사회 전반에서 '현대판 러다이트 운동'이 일어날 수 있다고 우려했다"(한국경제, 2024). 러다이트 운동은 "1811~1817년 영국의 중부·북부의 직물공업지대에서 일어났던 기계 파괴운동"으로서 산업혁명으로 인해 기계에 의한 상품 대량 생산이 가능해 지면서 숙련노동자들의 임금이 하락하고, 대량 해고 사태가 발생한데 대해 노동자들이 "실업과 생활고의 원인을 기계의 탓으로 돌리고 기계 파괴운동"을 벌인 것을 뜻한다(두산백과, 2024).

마련할 필요가 있다. 특히 AI와 같은 기술을 정부와 시민이 함께 생산하는 공동생산에 활용할 때 인간은 AI, 로봇 등과 효과적으로 협업할 수 있으며, 사회의 다양한 계층 참여를 유도할 수 있고, 동시에 시민과 정부가 함께 공공서비스를 생산하는 협력적 정부도 구현할 수 있을 것이다.

이 과정에서 무엇보다도 중요하게 고려되는 것은 바로 정부의 '갈등의 조정' 기능일 것이다. 미래사회에는 더욱 다양한 이해관자들이 정책과정에 참여할 것이며, 이에 따라 기존의 갈등뿐만 아니라 새로운 갈등(예: 인간과 로봇 간 갈등 또는 AI, 로봇 등 신산업 발전으로 인한 갈등)들도 발생할 가능성이 높다. 이러한 갈등들을 어떻게 조정하고 관리할 수 있는가가 향후 미래정부의 지속가능성을 결정할 수도 있다. 이미 오래 전부터 우리사회는 갈등의 시대를 맞이하였다. 민주화, 다원화, 불확실성 등 행정환경 변화와 새로운 행정난제의 도래로 더 이상 일관적이고 체계화된 사회 운영방식은 적합하지 않게된 것이다. 어쩌면 복잡사회에서 갈등시대의 전개는 너무도 당연한 일인지 모른다. 따라서 향후 정부의 역량은 얼마나 사회갈등을 효과적으로 조정할 수 있는가에 따라 평가될 것이며, 효과적인 갈등조정은 곧 정부혁신과 직결되는 일이 될 것이다.

(5) 사고(思考)하는 정부: 학습하는 지능형 정부

복잡한 미래 환경에서 과거의 관행을 답습하고 기존의 규칙과 규율에 의거하여 문제를 해결하고자 하는 정부는 더 이상 지속가능하기 어렵다. 인간과 마찬가지로 미래의 정부도 끊임없이 학습하고 개발되어야 할 것이다.[53] 이러한 차원에서 셍게(Senge, 1990)의 학습조직(learning organization) 모형을 재조명할 필요가 있다. 본서 제11장 인사관리의 교육훈련 부분에서도 언급한 것처럼 학습조직은 "조직원들이 진실로 원하는 성과를 달성하도록 지속적으로 역량을 확대시키고, 새롭고 포용력 있는 사고능력을 함양하여, 집중될 열정이 자유롭게 설정되고, 학습방법을 서로 공유하면서 지속적으로 배우는 조직"을 의미한다(이홍민, 2013: 212). 셍게(Senge, 1990)는 성공적인 학습조직을 달성하기 위한 다섯 가지 주요 구성요소를 다음과 같이 제시하였다(이하 김정인, 2018a: 157-158). 첫째, 공유의 비전(shared vision)으로서 이는 조직구성원들이 공유하는 조직의 사명과

---

53) 이와 비슷한 맥락에서 배유일(2023)은 정부도 시민들에 대한 깊은 공감을 바탕으로 사용자 중심적 사고를 통해 문제 해결을 시도하는 '디자인사고'를 할 필요가 있다고 강조한다.

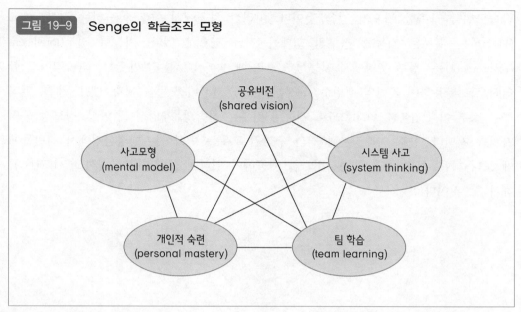

그림 19-9 Senge의 학습조직 모형

출처: Senge(1990).

목표를 의미한다. 즉, 학습하는 조직은 그 구성원들이 공유하는 비전을 우선 공유해야한다. 둘째, 시스템 사고(system thinking)이다. 이는 사명과 구조, 전략, 행정관행, 문화와 같은 조직의 일상적인 면을 검토하고 반성하는 것으로서 조직구성원이 끊임없는 사고와 상호작용을 통해 조직 내 문제점이 없는지를 점검하는 것이다. 셋째, 사고모형(mental model)으로서 이는 조직구성원들의 가치, 신념, 태도 모두를 포괄할 수 있는 모형이다. 이는 개인의 행동지침에 영향을 줄 수 있는 기반이 된다. 넷째, 학습하는 조직은 개인적 숙련(personal mastery)이 기반이 된다. 이는 각 구성원 개개인이 교육, 학습활동 등을 통해 전문성을 숙달해 가는 것이다. 마지막으로, 학습조직을 달성하기 위해서는 의사소통과 협력을 통해 조직구성원들 간 시너지 효과를 높이는 팀 학습(team learning)이 필요하다.

이와 같이 미래정부는 학습하는 조직의 형태를 지녀야 할 것이다. 정부 구성원들은 시민들에게 최상의 행정서비스를 제공한다는 공유의 비전을 지니고, 이를 달성하기 위해 구성원 개개인과 조직이 끊임없이 사고하고 학습함으로써 다양한 노하우가 축적된

학습모형을 구축할 필요가 있을 것이다. 이러한 차원에서 향후 학습하는 정부, 사고(思考)하는 정부는 지능형 정부의 형태를 지닐 필요가 있다. 지능형 정부(Intelligent Government)는 "정부 운영에서 지능형 인프라(예: 빅데이터, 블록체인 등)를 과학적이고 합리적으로 활용하여 국민의 행정수요, 정책문제, 정부서비스 등을 예측, 대응, 해결, 관리하는 정부"이다(김윤권, 2021: 2261). 지능형 정부는 신속성, 개방성, 투명성, 정보성 등의 가치를 지닌다. 향후 미래정부 조직과 구성원 모두는 변화하는 행정환경에서 시민들에게 보다 나은, 보다 좋은 행정서비스를 제공하기 위하여 끊임없이 학습하고 사고(思考)해야 할 것이다.

ChatGPT와 함께 하는 **19장**의 **주요 개념** 정리

1. 옴부즈만제도의 장단점

- 옴부즈만(Ombudsman)은 정부나 기업, 기관 등에서 시민들의 이익을 보호하고 공정한 조치를 취하기 위해 설치된 독립적인 조직이나 인물을 가리키는 용어
- 옴부즈만제도는 시민 보호와 공정한 사회를 유지하는 데에 중요한 역할을 할 수 있지만, 한정된 권한과 자원 부족 등의 제약을 고려해야 함

장점	단점
• 시민 보호 및 권리 보장: 옴부즈만은 시민들의 권리를 보호하고, 정부나 기업의 부정행위로부터 시민을 보호하는 역할을 함. 이를 통해 공정한 사회를 유지하고 시민들에게 신뢰감을 제공할 수 있음 • 독립성 및 중립성: 옴부즈만은 독립적이고 중립적인 입장에서 업무를 수행함. 이는 정부나 기업의 영향을 받지 않고 공정하게 사안을 판단할 수 있다는 것을 의미하며, 이로써 타 부처나 기관에서 해결하기 어려운 문제들을 다룰 수 있음 • 투명성 강화: 옴부즈만의 업무는 대체로 투명하게 이루어짐. 시민들은 옴부즈만을 통해 어떤 문제가 제기되었는지, 어떤 조치가 취해지는지 등에 대한 정보를 얻을 수 있어서 행정의 투명성을 높일 수 있음	• 제한된 권한: 옴부즈만이 가진 권한은 한정적일 수 있음. 따라서 일부 심각한 문제나 고위 정부 당국자의 부정행위 등에 대해 충분한 대응을 하기 어려울 수 있음 • 효과적인 대응의 어려움: 옴부즈만은 의견 제시와 권고를 통해 문제를 해결함. 그러나 이러한 권고가 구체적인 법적 효력을 갖지 않을 경우, 해당 당국이나 기업이 이를 무시하거나 따르지 않을 수 있음 • 자원 부족: 옴부즈만이 효과적으로 역할을 수행하기 위해서는 충분한 자원과 인력이 필요함. 그러나 이러한 자원이 부족할 경우, 업무 수행에 어려움이 있을 수 있음

출처: ChatGPT(2023). '옴부즈만제도의 장단점은 무엇인가?' 질문으로 검색한 내용 저자 정리.

2. 미래지향적 정부혁신 방안

- 미래지향적인 정부혁신은 기존의 틀을 넘어서고 미래의 도전과 기회에 대응하기 위해 새로운 방향과 전략을 고려하는 것을 의미
- 미래지향적 정부혁신 방안들은 빠르게 변화하는 환경에서 정부의 역할을 새롭게 정립하고 지속적인 혁신을 추진하는 데 도움을 줄 수 있음

구분	내용
디지털 전환 및 혁신	• 디지털 기술을 적극적으로 도입하여 공공서비스를 개선하고 효율성을 높임 • 클라우드 컴퓨팅, 인공지능, 빅데이터 등을 활용하여 미래에 필요한 혁신적인 솔루션을 개발하고 적용
열린 혁신과 협력	• 미래지향적 정부는 다양한 이해관계자와의 협력을 강화하고 열린 혁신을 장려함 • 시민, 기업, 학계, 비정부 기관과의 협력을 통해 다양한 아이디어와 전문성을 결합하여 문제를 해결하고 정부 운영을 개선함
데이터 중심의 의사결정	• 미래를 대비하기 위해 데이터기반의 의사결정을 강화함 • 빅데이터 분석과 예측 분석을 통해 정책 수립과 실행을 지원하며, 실시간 데이터를 활용하여 정부의 반응성을 높임
스마트 시티 개발	• 도시기반의 혁신을 통해 미래 도시의 지능화를 추진 • 스마트 도시 기술을 도입하여 교통, 환경, 에너지 등 다양한 분야에서 지속 가능하고 효율적인 도시 관리를 실현
오픈 데이터와 투명성 강화	• 공공데이터를 개방하고 시민들과 기업이 자유롭게 활용할 수 있도록 지원함 • 이를 통해 투명성을 강화하고 시민들의 참여와 협력을 유도
새로운 교육 및 능력 개발	• 미래를 대비하여 정부는 새로운 직업과 기술에 대한 교육 및 훈련 프로그램을 개발하고 시민들의 능력을 강화함 • 디지털 리터러시와 혁신에 대한 이해를 촉진하는 노력이 필요함
사용자 경험 중심 서비스	• 정부는 시민 중심의 서비스 디자인을 채택하여 사용자 경험을 향상시키고 서비스 제공의 편의성을 강화함 • 디자인 thinkings(문제해결 및 혁신적인 아이디어 도출을 위한 창의적인 접근 방법)와 사용자 피드백을 활용하여 서비스를 지속적으로 개선함

출처: ChatGPT(2023). '미래지향적 정부혁신 방안에는 무엇이 있는가?' 질문으로 검색한 내용을 저자 정리.

행정사례 연습

■ 정부혁신 사례

국민연금 개혁 논쟁

국민연금을 현행대로 유지할 경우 연금 기금이 2041년 적자로 돌아서 2055년이면 완전히 바닥난다는 전망이 나왔다. 보건복지부 산하 국민연금 재정추계전문위원회가 올 3월 5차 연금 재정추계 발표를 앞두고 어제 공개한 잠정 추계치다. 2018년 4차 재정추계보다 적자가 시작되는 시점과 기금 소진 시점이 각각 1, 2년씩 앞당겨졌다.

2055년이면 1990년생이 연금을 받기 시작하는데 적립해 둔 기금이 바닥날 경우 연금이 부과식으로 전환돼 그때부터는 직장인이 월급의 30%를 회사와 반반씩 내 고령자의 연금을 지급해야 한다. 문제는 이 암울한 추계마저 기대 섞인 사회 경제 지표들에 근거하고 있다는 점이다. 핵심 변수인 출산율부터 문제다. 5차 추계에서는 합계출산율이 내년에 0.7명까지 떨어진 뒤 반등해 2050년 1.21명이 된다고 가정했다. 하지만 출산율은 정부의 전망치보다 더 빠르게 하락하고 있으며 반등할 만한 계기도 없는 상황이다.

경제 변수도 5차 추계에서는 2023~2030년 생산연령인구(15~64세)의 경제활동 참가율을 71.6%로 예상했지만 고용노동부는 지난해 발표 자료에서 이보다 낮은 71.1~71.4%로 전망했다. 실질경제성장률도 2050년 이후 0.2~0.4%로 잡았는데 그때쯤이면 마이너스 성장을 할 것이라는 해외 전문기관의 보고서가 나왔다. 전망치는 실제와 차이가 나기 마련이나 정부 정책의 기본이 되는 추계는 비 올 때를 대비해야 하는 것 아닌가.

정부는 이번 잠정 추계에서는 출산율 전망 가운데 중간치를 활용했으며, 최종 추계에서는 최악의 시나리오까지 반영한다고 밝혔다. 하지만 4차 추계 때도 낙관적인 지표들에 근거했다는 비판이 나왔다. 당시 2020년 출산율을 1.24명으로 전망했지만 실제로는 0.84명이었고, 경제활동참가율(남성 기준)도 2020년엔 80%로 오른다고 봤는데 실제로는 72.6%로 떨어졌다.

연금개혁의 기초 자료인 추계가 나올 때마다 신뢰도 논란이 제기되면 제대로 된 개혁안을 만들기 어렵고 개혁의 동력 자체도 떨어지게 된다. 정부는 속도를 내기 위해 잠정 전망치를 미리 발표했다고 하지만 시작부터 낙관적 추계를 내놓으니 개혁 의지가 없는 것 아니냐는 우려까지 나온다. 3월 발표하는 최종 추계는 세계적으로 유례없이 빠른 저출산 고령화 속도를 감안해 가장 비관적인 시나리오를 반영해야 한다. 추계의 신뢰도를 높이기 위해 외부 전문가의 검증을 받는 방안도 검토할 필요가 있다.

출처: 동아일보(2023).

■ 사례의 의의

본 사례는 연금개혁의 필요성을 제시하고 있다. 국민연금 재정추계전문위원회의 재정추계에 따르면 국민연금의 고갈 시기가 앞당겨질 것으로 예상된다. 물론 이러한 추계 역시 출산율을 지나치게 희망적으로 간주하고 추계한 것이기 때문에 실제 국민연금의 고갈 시기는 더욱 앞당겨질 수 있다. 이러한 상황들을 고려해 볼 때 국민연금 개혁은 반드시 필요하다는 의견이 주를 이룬다. 보건복지부를 비롯하여 관련부서는 국민연금 개혁을 위한 다양한 정책수단들을 고려하고 있지만 정책대안을 설정하여 의사결정하는 것이 쉽지만은 않다. 군인연금, 공무원연금 등 타 연금과의 형평성 문제, 세대 간의 갈등 문제, 납부자와 비납부자의 형평성 문제 등 다양한 갈등 요소가 존재하기 때문이다. 이러한 갈등을 효과적으로 관리하기 위해서는 정부가 전문성을 기반으로 하는 과학적인 의사결정과 함께 이러한 데이터 및 증거에 기반하여 다양한 이해관계자들을 적극적으로 설득하고 조정할 필요가 있다. 행정은 경영(합리성)과 정치의 특성을 모두 지니고 있기 때문에 성공적인 행정개혁 혹은 정책의 개혁을 이루기 위해서는 보다 합리적이고 과학적인 의사결정 역량(경영적 관리성) 그리고 다양한 이해관계자들의 의견을 조정하고 통합하는 역량(정치성) 모두를 갖출 필요가 있는 것이다.

인간과 조직을 위한 행정학: A.D.A.P.T. 정부 구현을 위하여(전면개정판)

참고문헌

이 QR 코드를 스캔하면 『인간과 조직을 위한 행정학』의
참고문헌을 열람할 수 있습니다.

찾아보기

저자 약력

김 정 인 (金貞忍)

서울대학교 행정대학원과 미국 University of Southern California(USC)에서 행정학(정책학 전공) 및 정책학 석사를, 미국 University of Georgia에서 인사혁신 논문으로 박사 학위를 취득한 후 한국인적자원연구센터 선임연구원으로 재직하였다.

현재는 수원대학교 행정학 전공 교수로 재직하고 있다. 주요 연구 관심분야는 인사정책, 조직관리, 조직행태, 공공갈등관리 등이 있다. 5급, 7급, 9급 국가공무원 공채 출제위원으로 활동하였다.

주요 저서로는 『인간과 조직: 현재와 미래』(2018), 『참여형 공공갈등관리의 이해』(2018, 2019년 세종도서 학술부문 선정), 『뉴노멀 시대, 위험과 정부 책임성: 안전사회 건설을 위하여』(2020) 등이 있다.

전면개정판
인간과 조직을 위한 행정학

초판발행	2020년 3월 12일
전면개정판발행	2024년 2월 29일
지은이	김정인
펴낸이	안종만·안상준
편 집	장유나
기획/마케팅	정연환
표지디자인	BEN STORY
제 작	고철민·조영환
펴낸곳	㈜ 박영사
	서울특별시 금천구 가산디지털2로 53, 210호(가산동, 한라시그마밸리)
	등록 1959. 3. 11. 제300-1959-1호(倫)
전 화	02)733-6771
f a x	02)736-4818
e-mail	pys@pybook.co.kr
homepage	www.pybook.co.kr
ISBN	979-11-303-1941-4 93350

정 가   35,000원